Handbuch der Grundrechte
in Deutschland und Europa

Handbuch der Grundrechte

in Deutschland und Europa

Herausgegeben von

Detlef Merten und Hans-Jürgen Papier

In Verbindung mit
Horst Dreier, Josef Isensee, Paul Kirchhof,
Karl Korinek, Jörg Paul Müller, Georg Ress,
Heinz Schäffer, Hans-Peter Schneider,
Wassilios Skouris, Klaus Stern, Daniel Thürer

Band I
Entwicklung und Grundlagen

Band II
Grundrechte in Deutschland: Allgemeine Lehren I

Band III
Grundrechte in Deutschland: Allgemeine Lehren II

Band IV
Grundrechte in Deutschland: Einzelgrundrechte I

Band V
Grundrechte in Deutschland: Einzelgrundrechte II

Band VI
Europäische und internationale Grund- und Menschenrechte
(2 Teilbände)

Band VII
Grundrechte in Österreich, der Schweiz und in Liechtenstein
(2 Teilbände)

Band VIII
Grundrechte in West-, Nord- und Südeuropa

Band IX
Grundrechte in Ostmittel- und Osteuropa

Handbuch der Grundrechte

in Deutschland und Europa

Herausgegeben von

Detlef Merten und Hans-Jürgen Papier

Band VII/1
Grundrechte in Österreich

In Koordination mit
Heinz Schäffer

Mit Beiträgen von
Gerhard Baumgartner · Andreas Hauer · Michael Holoubek
Dietmar Jahnel · Benjamin Kneihs · Karl Korinek
Thomas Kröll · Gabriele Kucsko-Stadlmayer · Georg Lienbacher
Magdalena Pöschl · Michael Potacs · Heinz Schäffer
Gerhard Strejcek · Ewald Wiederin

C.F. Müller Verlag
Heidelberg

Manz Verlag
Wien

Redaktion
Professor Dr. Dr. Detlef Merten
– unter Mitarbeit von
Dr. Christian Koch, Christiane Merten
und Inge Patschull

Zitiervorschlag:
Heinz Schäffer, Die Entwicklung der Grundrechte,
in: HGR VII/1, § 186 RN 1 ff.

Die Thyssen-Stiftung
hat die wissenschaftliche Vorbereitung dieses Bandes
großzügig gefördert.

Bibliographische Information der Deutschen Nationalbibliothek

Die Deutsche Nationalbibliothek verzeichnet diese Publikation in der Deutschen Nationalbibliographie; detaillierte bibliographische Angaben sind im Internet unter der Adresse http://dnb.d-nb.de abrufbar.

© 2009 C.F. Müller, Verlagsgruppe Hüthig Jehle Rehm GmbH, Heidelberg
Satz: Mitterweger & Partner, Plankstadt
Druck und Buchbindung: Druckerei Friedrich Pustet, Regensburg
ISBN 978-3-8114-7505-2

MANZ'sche Verlags- und Universitätsbuchhandlung GmbH, Wien:
Vertrieb und Auslieferung in Österreich
ISBN 978-3-214-13300-9

Vorwort

Im Jahre 2007 erschienen „Die Grundrechte in der Schweiz und in Liechtenstein" als Band VII/2 dieser Handbuch-Reihe. Mit den „Grundrechten in Österreich" als Gegenstand dieses Halbbandes 1 liegt nunmehr Band VII komplett vor.

Für die europäische Verfassungsvergleichung ist die österreichische Grundrechtsentwicklung angesichts gemeinsamer Wurzeln und Rechtsquellen von besonderer Bedeutung. Österreich hatte auf die Revolutionen des Jahres 1848 wie andere Glieder des Deutschen Bundes mit dem Erlaß von Verfassungsgesetzen, insbesondere dem „Grundrechtspatent" von 1849 geantwortet. In der darauffolgenden Reaktionszeit wurden diese nicht nur aufgehoben, sondern „Grundrechte" wurden auch „als unvereinbar mit dem öffentlichen Wohl" begrifflich stigmatisiert – vergleichbar den Menschenrechten nach Überwindung der Französischen Revolution 1789. Letztlich bis heute sind daher „Grundrechte" in Österreich weithin ein wissenschaftlicher, grundsätzlich aber kein legistischer Begriff, zumal alle Versuche, einen modernen Grundrechtskatalog zu schaffen, bisher nicht verwirklicht werden konnten. Dennoch hat Österreich nach Rückkehr zur konstitutionellen Monarchie 1867 eine „Pilotrolle" (*J.D. Kühne*) übernommen, als es die Beschwerde beim Reichsgericht wegen Verletzung der – anders als im bündisch verfaßten Deutschen Reich von 1871 – reichsgesetzlich gewährleisteten (politischen) Rechte der Staatsbürger einführte und damit, wenn nicht das erste Verfassungsgericht, so zumindest das erste Grundrechtsgericht in Europa schuf. Zur Herausbildung einer gemeineuropäischen Grundrechtsdogmatik haben Rechtsprechung und Wissenschaft in Österreich namentlich in den letzten fünfzig Jahren Wesentliches beigetragen.

Den vorliegenden Band haben Herausgeber und Wissenschaftlicher Beirat mit ihrem Salzburger Kollegen *Heinz Schäffer*, der auch die Koordination übernommen hatte, konzipiert. Ihm, der nach kurzer, schwerer Krankheit am 1. Dezember 2008 verstarb, werden alle Beteiligten ein ehrendes Angedenken bewahren.

Auch dieser Band ist ein Gemeinschaftswerk von Autoren, Beirat und Herausgebern. Letztere tragen die Verantwortung für die Marginalien und die Verweisungen innerhalb des Gesamtwerks. Die wissenschaftliche Vorbereitung des Bandes wurde infolge der großzügigen und nachhaltigen Förderung durch die Fritz Thyssen-Stiftung ermöglicht, der damit ausdrücklich gedankt wird. Dank gilt auch der Montan-Stiftung-Saar für die Unterstützung des Projekts. Schließlich sei die angenehme und verständnisvolle Zusammenarbeit mit dem Verlag C.F. Müller dankbar vermerkt.

Speyer und München/Karlsruhe, im März 2009

Detlef Merten   *Hans-Jürgen Papier*

Inhalt Band VII/1

Vorwort V
Hinweise für den Leser IX
Verfasser XI
Abkürzungsverzeichnis XIII
Literaturverzeichnis XXVII

Dreizehnter Teil
Die Grundrechte in Österreich

I. Allgemeine Lehren

§ 186 Die Entwicklung der Grundrechte
Heinz Schäffer 3

§ 187 Die allgemeinen Strukturen der Grundrechte
Gabriele Kucsko-Stadlmayer 49

§ 188 Institutsgarantien und institutionelle Garantien
Gerhard Baumgartner 103

II. Einzelgrundrechte

1. Freiheit und Gleichheit

§ 189 Schutz von Leib und Leben sowie Achtung der Menschenwürde
Benjamin Kneihs 137

§ 190 Schutz der Privatsphäre
Ewald Wiederin 175

§ 191 Freiheit der Person und Freizügigkeit
Andreas Hauer 229

§ 192 Gleichheitsrechte
Magdalena Pöschl 251

2. Der Einzelne in Staat und Gemeinschaft

§ 193 Religiöse Rechte
Georg Lienbacher 319

§ 194 Kulturelle Rechte
Thomas Kröll 351

§ 195 Kommunikationsfreiheit
Michael Holoubek 377

§ 196 Wirtschaftliche Freiheiten
Karl Korinek 411

§ 197 Recht auf Zusammenschluß
Michael Potacs 437

§ 198 Rechte der Staatsbürger und der Fremden
Gerhard Strejcek 455

§ 199 Zur Problematik sozialer Grundrechte
Heinz Schäffer 473

§ 200 Grundrechtliche Organisations- und Verfahrensgarantien
Heinz Schäffer 525

III. Schutz und Durchsetzung der Grundrechte

§ 201 Bestandsschutz und Durchsetzung der Grundrechte
Dietmar Jahnel 569

Anhang: Zusammenstellung der geltenden nationalen Grundrechte
I. Staatsgrundgesetz vom 21. Dezember 1867 599
II. „Zensur-Beschluß" vom 30. Oktober 1918 602
III. Bundes-Verfassungsgesetz vom 1. Oktober 1920 (Auszug) 603
IV. Datenschutzgesetz 2000 (Auszug) 605

Personenregister 607

Sachregister 609

Hinweise für den Leser

1. Aus bibliographischen Gründen werden die Verfasser von Monographien sowie die Herausgeber von Sammelwerken u.ä. mit Vor- und Nachnamen zitiert. Autoren von Zeitschriftenaufsätzen, Beiträgen in Sammelwerken, Festschriften etc. werden mit Nachnamen, bei Verwechslungsgefahr mit abgekürztem Vornamen angeführt.
2. Werke, die in der Bibliographie des jeweiligen Beitrags erscheinen, werden verkürzt mit dem Zusatz (Bibl.) zitiert. Gängige Grundrechts- und Staatsrechtsliteratur erschließt sich bei abgekürzten oder verkürzten Angaben aus dem Abkürzungs- und/oder Literaturverzeichnis.
3. Die Marginalientexte am Rande der Beiträge sowie die mit einem Pfeil (→) gekennzeichneten Verweisungen innerhalb des Handbuchs fallen in die Verantwortung der Herausgeber.

Verfasser

Professor Dr. *Jean-François Aubert*, Universität Neuenburg (Neuchâtel)
Professor Dr. *Peter Badura*, Universität München
Professor Dr. *Gerhard Baumgartner*, Universität Salzburg
Professor Dr. *Giovanni Biaggini*, Universität Zürich
Professor Dr. Dr. h.c. *Georg Brunner* †, Universität zu Köln
Professor Dr. *Brun-Otto Bryde*, Universität Gießen
Professor Dr. *Christian Calliess*, Freie Universität Berlin
Professor Dr. *Otto Depenheuer*, Universität zu Köln
Professor Dr. *Horst Dreier*, Universität Würzburg
Dr. *Elisabeth Dujmovits*, Universität Wien
Professor Dr. *Bernhard Ehrenzeller*, Universität St. Gallen
Professor Dr. *Christoph Engel*, Max-Planck-Institut Bonn
Professor Dr. *Astrid Epiney*, Universität Freiburg (Fribourg)
Professor Dr. Dr. *Udo Di Fabio*, Universität Bonn
Professor Dr. Dr. h.c. *Thomas Fleiner-Gerster*, Universität Freiburg (Fribourg)
Professor Dr. Dr. h.c. *Peter Häberle*, Universität Bayreuth
Professor Dr. *Walter Haller*, Universität Zürich
Professor Dr. *Peter Hänni*, Universität Freiburg (Fribourg)
Professor Dr. *Andreas Hauer*, Universität Linz
Professor Dr. *Markus Heintzen*, Freie Universität Berlin
Professor Dr. *Werner Heun*, Universität Göttingen
Professor Dr. *Wolfram Höfling*, Universität zu Köln
Professor Dr. *Michael Holoubek*, Wirtschaftsuniversität Wien
Professor Dr. *Michel Hottelier*, Universität Genf (Genève)
Professor Dr. *Peter M. Huber*, Universität München
Professor Dr. Dr. h.c. *Josef Isensee*, Universität Bonn
Professor Dr. *Dietmar Jahnel*, Universität Salzburg
Professor Dr. *Hans D. Jarass*, Universität Münster
Professor Dr. *Helen Keller*, Universität Zürich
Professor Dr. *Bernhard Kempen*, Universität zu Köln
Professor Dr. *Regina Kiener*, Universität Bern
Professor Dr. *Paul Kirchhof*, Universität Heidelberg
Professor Dr. *Eckart Klein*, Universität Potsdam
Professor Dr. *Hans Hugo Klein*, Universität Göttingen
Professor Dr. *Andreas Kley*, Universität Zürich
Professor Dr. *Michael Kloepfer*, Humboldt-Universität zu Berlin
Professor Dr. *Benjamin Kneihs*, Wirtschaftsuniversität Wien
Professor Dr. Dr. *Juliane Kokott*, Generalanwältin, Luxemburg
Professor Dr. Dr. h.c. mult. *Karl Korinek*, Universität Wien
Professor Dr. *Walter Krebs*, Freie Universität Berlin
Dr. *Thomas Kröll*, Bundeskanzleramt Wien
Professor Dr. *Gabriele Kucsko-Stadlmayer*, Universität Wien

Verfasser

Professor Dr. *Jörg-Detlef Kühne*, Universität Hannover
Professor Dr. *Georg Lienbacher*, Wirtschaftsuniversität Wien
Professor Dr. *Giorgio Malinverni*, Universität Genf (Genève)
Professor Dr. Dr. *Detlef Merten*, Deutsche Hochschule Speyer
Professor Dr. *Georg Müller*, Universität Zürich
Professor Dr. Dr. h.c. *Jörg Paul Müller*, Universität Bern
Professor Dr. *Dietrich Murswiek*, Universität Freiburg
Professor Dr. *Fritz Ossenbühl*, Universität Bonn
Professor Dr. Dres. h.c. *Hans-Jürgen Papier*, Universität München
Professor Dr. *Walter Pauly*, Universität Jena
Professor Dr. *Anne Peters*, Universität Basel
Professor Dr. *Bodo Pieroth*, Universität Münster
Professor Dr. *Magdalena Pöschl*, Universität Graz
Professor Dr. *Michael Potacs*, Universität Klagenfurt
Professor Dr. *Albrecht Randelzhofer*, Freie Universität Berlin
Professor Dr. *Gerhard Robbers*, Universität Trier
Professor Dr. *Wolfgang Rüfner*, Universität zu Köln
Professor Dr. *Hans Heinrich Rupp*, Universität Mainz
Professor Dr. *Michael Sachs*, Universität zu Köln
Professor Dr. *Heinz Schäffer* †, Universität Salzburg
Professor Dr. Dr. h.c. mult. *Herbert Schambeck*, Universität Linz
Professor Dr. *Markus Schefer*, Universität Basel
Professor Dr. Dr. h.c. *Eberhard Schmidt-Aßmann*, Universität Heidelberg
Professor Dr. *Edzard Schmidt-Jortzig*, Universität zu Kiel
Professor Dr. *Friedrich E. Schnapp*, Universität Bochum
Professor Dr. Dr. h.c. *Hans-Peter Schneider*, Universität Hannover
Professor Dr. *Rainer J. Schweizer*, Universität St. Gallen
Professor Dr. *Peter Selmer*, Universität Hamburg
Professor Dr. *Karl-Peter Sommermann*, Deutsche Hochschule Speyer
Professor Dr. *Christian Starck*, Universität Göttingen
Professor Dr. *Torsten Stein*, Universität des Saarlandes
Professor Dr. Dr. h.c. mult. *Klaus Stern*, Universität zu Köln
Professor Dr. *Gerhard Strejcek*, Universität Wien
Professor Dr. *Peter J. Tettinger* †, Universität zu Köln
Professor Dr. Dr. h.c. *Daniel Thürer*, Universität Zürich
Professor Dr. *Pierre Tschannen*, Universität Bern
Professor Dr. *Klaus A. Vallender*, Universität St. Gallen
Professor Dr. Dr. h.c. *Wolfgang Graf Vitzthum*, Universität Tübingen
Professor Dr. *Uwe Volkmann*, Universität Mainz
Professor Dr. *Rainer Wahl*, Universität Freiburg
Professor Dr. *Bernhard Waldmann*, Universität Freiburg (Fribourg)
Professor Dr. *Beatrice Weber-Dürler*, Universität Zürich
Professor Dr. *Ewald Wiederin*, Universität Salzburg
Professor Dr. *Thomas Würtenberger*, Universität Freiburg
Professor Dr. *Ulrich Zimmerli*, Universität Bern

Abkürzungsverzeichnis

a.A.	anderer Ansicht
aaO.	am angegebenen Ort
AB	Ausschußbericht
Abg.	Abgeordnete, -n, -r
ABGB	Allgemeines bürgerliches Gesetzbuch für die gesammten Deutschen Erbländer der Oesterreichischen Monarchie (Allgemeines Bürgerliches Gesetzbuch für Österreich) vom 11.6.1811 (JGS 1811/946) i.d.g.F
abgedr.	abgedruckt
ABl.	Amtsblatt
ABl.EG	Amtsblatt der Europäischen Gemeinschaften
ABl.EU	Amtsblatt der Europäischen Union (ab 1.2.2003)
Abschn.	Abschnitt
AEMR	Allgemeine Erklärung der Menschenrechte
AEUV	Vertrag über die Arbeitsweise der Europäischen Union (EG-Vertrag i.d.F. des Reformvertrags von Lissabon)
a.F.	alte Fassung
AfP	Archiv für Presserecht
Ah.	Allerhöchster, -e, -es
AK-GG	Kommentar zum Grundgesetz für die Bundesrepublik Deutschland (Reihe Alternativkommentare)
AlVG	Arbeitslosenversicherungsgesetz (Kundmachung der Bundesregierung vom 14.11.1977 über die Wiederverlautbarung des Arbeitslosenversicherungsgesetzes 1958) (BGBl 1977/609, vom 21.12.1977) i.d.g.F
a.M.	anderer Meinung
AMFG	Bundesgesetz vom 12.12.1968 betreffend die Arbeitsmarktförderung (Arbeitsmarktförderungsgesetz) (BGBl 1969/31, vom 21.1.1969) i.d.g.F
AMSG	Bundesgesetz über das Arbeitsmarktservice (Arbeitsmarktservicegesetz) (BGBl 1994/313, vom 28.4.1994) i.d.g.F
AngG	Bundesgesetz vom 11.5.1921 über den Dienstvertrag der Privatangestellten (Angestelltengesetz) (BGBl 1921/292, vom 2.6.1921) i.d.g.F
AnwBl.	Österreichisches Anwaltsblatt
AöR	Archiv des öffentlichen Rechts
APG	Allgemeines Pensionsgesetz und Pensionsharmonisierungsgesetz (BGBl I 2004/142, vom 15.12.2004) i.d.g.F
Appl. Nr.	Application Number

XIII

Abkürzungsverzeichnis

ARB	Assoziationsratsbeschluß
ArbAbfG	Bundesgesetz vom 23.2.1979, mit dem Abfertigungsansprüche für Arbeiter geschaffen sowie das Angestelltengesetz, das Gutsangestelltengesetz, das Vertragsbedienstetengesetz und das Insolvenz-Entgeltsicherungsgesetz geändert werden (Arbeiter-Abfertigungsgesetz) (BGBl 1979/107, vom 15.3.1979) i.d.g.F
ArbVG	Bundesgesetz vom 14.12.1973 betreffend die Arbeitsverfassung (Arbeitsverfassungsgesetz) (BGBl 1974/22, vom 15.1.1974) i.d.g.F
ARG	Bundesgesetz vom 3.2.1983 über die wöchentliche Ruhezeit und die Arbeitsruhe an Feiertagen (Arbeitsruhegesetz) (BGBl 1983/144, vom 8.3.1983) i.d.g.F
ARHG	Bundesgesetz vom 4.12.1979 über die Auslieferung und die Rechtshilfe in Strafsachen (Auslieferungs- und Rechtshilfegesetz) (BGBl 1979/529, vom 28.12.1979) i.d.g.F
ASchG	ArbeitnehmerInnenschutzgesetz (BGBl 1994/450, vom 3.12.1999) i.d.g.F
ASRÄG	Arbeits- und Sozialrechts-Änderungsgesetz 1997 (BGBl 1997/139, vom 29.12.1997)
ASVG	Bundesgesetz vom 9.9.1955 über die Allgemeine Sozialversicherung (Allgemeines Sozialversicherungsgesetz) (BGBl 1955/189, vom 30.9.1955) i.d.g.F
AußerstreitG	Bundesgesetz über das gerichtliche Verfahren in Rechtsangelegenheiten außer Streitsachen (Außerstreitgesetz) (BGBl I 2003/111, vom 12.12.2003) i.d.g.F
AVG	Allgemeines Verwaltungsverfahrensgesetz 1991 (i.d.F.d. Wiederverlautbarung BGBl 1991/51, vom 31.1.1991) i.d.g.F
BAG	Bundesarbeitsgericht
BayVBl.	Bayerische Verwaltungsblätter
BayVerfGH	Bayerischer Verfassungsgerichtshof
BEinstG	Bundesgesetz vom 11.12.1969 über die Einstellung und Beschäftigung Invalider (Behinderteneinstellungsgesetz) 1969 (BGBl 1970/22, vom 20.1.1970) i.d.g.F
BG	Bundesgesetz
BGBl	Bundesgesetzblatt
bgld L-VG	Landes-Verfassungsgesetz vom 14.9.1981 über die Verfassung des Burgenlandes (LGBl 1981/42) i.d.g.F
bgld	burgenländisch
BlgKNV	Beilage(n) zu den stenographischen Protokollen der Konstituierenden Nationalversammlung

Abkürzungsverzeichnis

BlgNR	Beilage (-n) zu den stenographischen Protokollen des Nationalrates
BMI	Bundesministerium für Inneres
BMJ	Bundesministerium für Justiz
BMSK	Bundesministerium für Soziales und Konsumentenschutz
BPGB	Bundespflegegeldgesetz (BGBl 1993/110, vom 12.2.1993) i.d.g.F
Bfr.	Beschwerdeführer
BSGV	Bauern-Sozialversicherungsgesetz vom 11.10.1978 (BGBl 1978/559, vom 23.11.1978) i.d.g.F
Budw	Sammlung Budwinsky (Erkenntnisse des Verwaltungsgerichtshofes (1878 ff.)
BV	Bundesverfassung
BVerfG	Bundesverfassungsgericht
BVerfGE	Entscheidungen des Bundesverfassungsgerichts
B-VG	Bundes-Verfassungsgesetz
BVG	Bundesverfassungsgesetz(e)
BVG-RD	Bundesverfassungsgesetz vom 3.7.1973 zur Durchführung des internationalen Übereinkommens über die Beseitigung aller Formen rassischer Diskriminierung (BGBl 1973/390, vom 9.8.1973)
BVG-Rundfunk	Bundesverfassungsgesetz vom 10.7.1974 über die Sicherung der Unabhängigkeit des Rundfunks (BGBl 1974/396, vom 19.7.1974)
CCPR	International Covenant on Civil and Political Rights
CDU	Christlich Demokratische Union
Co	Company
DDR	Deutsche Demokratische Republik
DE	Deutsche Fassung
DET	Dimotiki Etairia Pliroforissis
Diss.	Dissertation
DÖV	Die Öffentliche Verwaltung
DR	Decisions and Reports/décisions et rapports (Entscheide der EKMR ab 1975)
DRdA	Das Recht der Arbeit
dRGBl	Deutsches Reichsgesetzblatt
DSG 1978	Bundesgesetz vom 18.10.1978 über den Schutz personenbezogener Daten (Datenschutzgesetz) (BGBl 1978/565, vom 28.11.1978)
DSG 2000	Bundesgesetz über den Schutz personenbezogener Daten (Datenschutzgesetz 2000) (BGBl I 1999/165, vom 17.8.1999) i.d.g.F
DSG	Datenschutzgesetz

Abkürzungsverzeichnis

DSK	Datenschutzkommission
dt.	deutsch
DVBl.	Deutsches Verwaltungsblatt
E	Entscheidung, -en; Entscheidungsband
ECHR	European Court of Human Rights (siehe EGMR)
ecolex	[Zeitschrift für Wirtschaftsrecht, Wien]
ECOSOC	Economic and Social Council / Wirtschafts- und Sozialrat
EFZG	Bundesgesetz vom 26.6.1974 über die Fortzahlung des Entgelts bei Arbeitsverhinderung durch Krankheit (Unglücksfall), Arbeitsunfall oder Berufskrankheit (Entgeltfortzahlungsgesetz) (BGBl 1974/399, vom 23.7.1974) i.d.g.F
EG	Einführungsgesetz; Europäische Gemeinschaft(-en); Vertrag zur Gründung der Europäischen Gemeinschaft in der nach dem 1.5.1999 geltenden Fassung
EG/EU	Europäische Gemeinschaft bzw. Europäische Union
EGMR	Europäischer Gerichtshof für Menschenrechte
EGV	Vertrag zur Gründung der Europäischen Gemeinschaft in der bis zum 1.5.1999 geltenden Fassung / Vertrag zur Gründung der Europäischen Gemeinschaft (i.d.F. des Reformvertrags von Lissabon)
EGVG	Einführungsgesetz zu den Verwaltungsverfahrensgesetzen 1991 (BGBl 1991/50, vom 31.1.1991) i.d.g.F
EKMR	Europäische Kommission für Menschenrechte
EKUG	Bundesgesetz vom 12.12.1989, mit dem ein Karenzurlaub für Väter geschaffen (Eltern-Karenzurlaubsgesetz) und (...) geändert werden (BGBl 1989/651, vom 29.12.1989) i.d.g.F
EMRK	Konvention zum Schutze der Menschenrechte und Grundfreiheiten vom 4.11.1974 (Europäische Menschenrechtskonvention), zuletzt i.d.F. des 11. ZPEMRK
endg.	endgültig
EP	Europäisches Parlament
Erk.	Erkenntnis
Erl.	Erläuterung
ERT	Elliniki Radiophonia Tiléorassi AE
ESC	Europäische Sozialcharta / European Social Charter, vom 18.10.1961 (BGBl. 460/1969, vom 31.12.1969)
ESSOSS	Europäisches System Integrierter Sozialschutzstatistiken
EStG	Bundesgesetz vom 7.7.1988 über die Besteuerung des Einkommens natürlicher Personen (Einkommensteuergesetz 1988) (BGBl 400/1988, vom 29.7.1988) i.d.g.F

Abkürzungsverzeichnis

EU	Europäische Union; Vertrag über die Europäische Union (in der nach dem 1.5.1999 geltenden Fassung)
EU-Begleit-BVG	Bundesverfassungsgesetz, mit dem das Bundes-Verfassungsgesetz in der Fassung von 1929 geändert wird sowie das EWR-Bundesverfassungsgesetz und das EGKS-Abkommen-Durchführungsgesetz aufgehoben werden (Bundes-Verfassungsgesetz-Novelle 1994) (BGBl 1994/1013, vom 21.12.1994)
EuG	Europäischer Gerichtshof erster Instanz
EuGH	Gerichtshof der Europäischen Gemeinschaften
EuGRZ	Europäische Grundrechte-Zeitschrift
EU-JZG	Bundesgesetz über die justitielle Zusammenarbeit in Strafsachen mit den Mitgliedstaaten der Europäischen Union (BGBl I 2004/36 i.d.F. BGBlI 2007/112 vom 28.12.2007)
EUROSTAT	Statistisches Amt der Europäischen Gemeinschaften/ Statistical Office of the European Communities
EUV	Vertrag über die Europäische Union in der bis zum 1.5.1999 geltenden Fassung / Vertrag über die Europäische Union (i.d.F. des Reformvertrags von Lissabon)
EvBl	Evidenzblatt der Rechtsmittelentscheidungen (bis 1938), seit 1946 als Beilage der ÖJZ
EWG	Europäische Wirtschaftsgemeinschaft
EWR	Europäischer Wirtschaftsraum
EWRA	Abkommen über den Europäischen Wirtschaftsraum
FG	Festgabe
FinStrG	Bundesgesetz vom 26.6.1958, betreffend das Finanzstrafrecht und das Finanzstrafverfahrensrecht (Finanzstrafgesetz) (BGBl 1958/129, vom 4.7.1958) i.d.g.F
FN	Fußnote
FPÖ	Freiheitliche Partei Österreichs
FS	Festschrift
FSVG	Bundesgesetz vom 30.11.1978 über die Sozialversicherung freiberuflich selbständig Erwerbstätiger (Freiberufliches Sozialversicherungsgesetz) (BGBl 1978/624, vom 22.12.1978) i.d.g.F
F-VG	Bundesverfassungsgesetz vom 21.1.1948 über die Regelung der finanziellen Beziehungen zwischen dem Bund und den übrigen Gebietskörperschaften (Finanz-Verfassungsgesetz 1948) (BGBl 1948/45, vom 28.2.1948) i.d.g.F

Abkürzungsverzeichnis

GA	Gutachten
GBlÖ	Gesetzblatt für das Land Österreich (1938–1940)
GebührenG	Gebührengesetz 1957 (Kundmachung der Bundesregierung vom 2.12.1957 über die Wiederverlautbarung des Gebührengesetzes 1946) (BGBl 1957/267, vom 19.12.1957) i.d.g.F
GewArch	Gewerbearchiv (1.1955 ff.)
GewO	Gewerbeordnung 1859 – Gewerbliches Hilfspersonal (BGBl. 1859/227, zuletzt geändert durch Bundesgesetz vom 26.6.1974 [BGBl. 1974/399, vom 23.7.1974]); später: Bundesgesetz vom 29.11.1973, mit dem Vorschriften über die Ausübung von Gewerben erlassen werden (Gewerbeordnung 1973) (BGBl 1974/50, vom 25.1.1974); heute: Gewerbeordnung 1994 (Wiederverlautbarung BGBl 1994/194) i.d.g.F
GG	Grundgesetz für die Bundesrepublik Deutschland vom 23.5.1949
GK	Große Kammer (des EGMR)
GlBG	Bundesgesetz über die Gleichbehandlung (BGBl I 2004/66, vom 23.6.2004) i.d.g.F.; zuvor: Bundesgesetz über die Gleichbehandlung von Frau und Mann im Arbeitsleben 1979 (Gleichbehandlungsgesetz) (BGBl. 1979/108, vom 15.3.1979)
GmbH	Gesellschaft mit beschränkter Haftung
GOG	Gerichtsorganisationsgesetz (RGBl 1896/217, i.d.F. BGBl I 2006/92, vom 23.6.2006)
GOGNR	Geschäftsordnungsgesetz des Nationalrates
GP	Gesetzgebungsperiode
GR	Die Grundrechte. Handbuch der Theorie und Praxis der Grundrechte. 4 Bde., hg. Von Karl August Bettermann u.a. (s. im Literaturverzeichnis)
GRBG	Bundesgesetz über die Beschwerde an den Obersten Gerichtshof wegen Verletzung des Grundrechtes auf persönliche Freiheit (Grundrechtsbeschwerde-Gesetz) (BGBl 1992/864, vom 30.12.1992)
GR-Charta	Charta der Grundrechte der Europäischen Union vom 7.12.2000
GS	Gedächtnisschrift
GSVG	Bundesgesetz vom 11.10.1978 über die Sozialversicherung der in der gewerblichen Wirtschaft selbständig Erwerbstätigen (Gewerbliches Sozialversicherungsgesetz) (BGBl 1978/560, vom 23.11.1978) i.d.g.F
H.	Heft
h.A.	herrschende Ansicht
Halbbd.	Halbband

Abkürzungsverzeichnis

HarvLR	Harvard Law Review
HausrechtsG	Gesetz zum Schutze des Hausrechts (Hausrechtsgesetz) (RGBl 1862/88, vom 4.12.1862)
h.L.	herrschende Lehre
HRLJ	Human Rights Law Journal
Hs.	Halbsatz
HVG	Bundesgesetz vom 5.2.1964 über die Versorgung der den Präsenzdienst leistenden Wehrpflichtigen und ihrer Hinterbliebenen (Heeresversorgungsgesetz) (BGBl 1964/27, vom 26.2.1964) i.d.g.F
IA	Initiativantrag
i.d.g.F.	in der geltenden Fassung
i.d.S.	in diesem Sinne
i.e.	id est
i.e.S.	im engeren Sinne
IESG	Bundesgesetz vom 2.6.1977 über die Sicherung von Arbeitnehmeransprüchen im Falle der Insolvenz des Arbeitgebers (Insolvenz-Entgeltsicherungsgesetz) (BGBl 1977/324, vom 22.6.1977) i.d.g.F
ILO	International Labour Organisation
IPbürgR	Internationaler Pakt über bürgerliche und politische Rechte vom 16.12.1966 (UNO-Pakt II) samt Vorbehalten (BGBl 1978/591, vom 7.12.1978)
IP-TV	Internet Protocol Television / Internet-Protokoll-Fernsehen
i.w.S.	im weiteren Sinne
JAP	Juristische Ausbildung und Praxis-Vorbereitung (seit 1990)
JBl	Juristische Blätter (1.1872–67.1938; 68.1946 ff.)
JGS	Justizgesetzsammlung (1780–1848)
Jh.	Jahrhundert
JournG	Gesetz vom 11.2.1920 über die Rechtsverhältnisse der Journalisten (Journalistengesetz) (BGBl 1920/88, vom 29.2.1920)
JRP	Journal für Rechtspolitik
JZ	Juristenzeitung
KAKuG	Krankenanstalten- und Kuranstaltengesetz vom 18.12.1956 (BGBl 1957/1, vom 7.1.1957) i.d.g.F
KartG	Bundesgesetz vom 22.11.1972, mit dem Bestimmungen über Kartelle und Vorschriften zur Erhaltung der Wettbewerbsfreiheit erlassen werden (Kartellgesetz) (BGBl 1972/460, vom 13.12.1972) i.d.g.F
KNV	Konstituierende Nationalversammlung

Abkürzungsverzeichnis

KOVG	Kundmachung der Bundesregierung vom 4.6.1957 über die Wiederverlautbarung von Rechtsvorschriften auf dem Gebiete des Kriegsopferversorgungswesens (Kriegsopferversorgungsgesetz) (BGBl 1957/152, vom 11.7.1957) i.d.g.F
KPÖ	Kommunistische Partei Österreichs
KPzStG	Kundmachungspatent zum Strafgesetz (1852)
K-SVFG	Bundesgesetz über die Errichtung eines Fonds zur Förderung der Beiträge der selbstständigen Künstler zur gesetzlichen Sozialversicherung (Künstler-Sozialversicherungsfondsgesetz) (BGBl I 2000/131, vom 29.12.2000), zuletzt i.d.F. BGBl I 2008/55, vom 9.4.2008
leg. cit.	legis citati
Lfg.	Lieferung
LGBl	Landesgesetzblatt
lit.	littera (Buchstabe)
LitVerz.	Literaturverzeichnis
Loseblattslg.	Loseblattsammlung
Ls.	Leitsatz
L-VG	Landesverfassungsgesetz
m.E.	meines Erachtens
MBG	Militärbefugnisgesetz (BGBl I 2000/86, vom 10.8.2000)
MedienG	Bundesgesetz vom 12.6.1981 über die Presse und andere Publizistische Medien (Mediengesetz) (BGBl 1981/314 i.d.F. zuletzt BGBl I 2007/112)
m.H.	mit Hinweis(en)
MISSOC	Mutual Information System on Social Protection / Informationssystem zur gegenseitigen Information über die soziale Sicherheit
MRB	Menschenrechtsbeirat (beim Bundesministerium für Inneres)
MRK	(Europäische) Menschenrechtskonvention
MSchG	Mutterschutzgesetz (Kundmachung der Bundesregierung vom 17.4.1979, mit der das Bundesgesetz über den Mutterschutz wiederverlautbart wird) (BGBl 1979/221, vom 31.5.1979) i.d.g.F
m.w.N.	mit weiteren Nachweisen
m.z.H.	mit zahlreichen Hinweisen
N.	Nachweis, -e
ND	Neudruck
NJW	Neue Juristische Wochenschrift

Abkürzungsverzeichnis

NL	Newsletter (des ÖIMR)
nö L-VG	Niederösterreichisches Landesverfassungsgesetz (derzeit i.d.F. LGBl0001-14)
nö	niederösterreichisch
Nov	Novelle
NR	Nationalrat
NSDAP	Nationalsozialistische Deutsche Arbeiterpartei
NS-Regime	nationalsozialistisches Regime
NVwZ	Neue Zeitschrift für Verwaltungsrecht
ÖA	Der österreichische Amtsvormund
ÖAKR	Österreichisches Archiv für Kirchenrecht
ÖBl	Österreichische Blätter für gewerblichen Rechtsschutz und Urheberrecht
OGH	Oberster Gerichtshof
ÖGZ	Österreichische Gemeindezeitung
ÖIMR	Österreichisches Institut für Menschenrechte
ÖJK	Österreichische Juristenkommission
ÖJT	Österreichischer Juristentag; Verhandlungen des Östereichischen Juristentages
ÖJZ	Österreichische Juristenzeitung (seit 1946)
oö L-VG	oberösterreichisches Landesverfassungsgesetz (LGBl 1991/122)
oö	oberösterreichisch
ORF	Österreichischer Rundfunk
ORF-G	Bundesgesetz über den Österreichischen Rundfunk (Wiederverlautbarung des Bundesgesetzes über die Aufgaben und die Einrichtung des Österreichischen Rundfunks, Kundmachung des Bundeskanzlers vom 21.9.1984) (BGBl 1984/379, vom 28.9.1984) i.d.g.F
Österr. Akad. Wiss.	Österreichische Akademie der Wissenschaften
OSZE	Organisation für Sicherheit und Zusammenarbeit in Europa
o.V.	ohne Verfasser
ÖVP	Österreichische Volkspartei
ÖZöR	Österreichische Zeitschrift für öffentliches Recht (bis 1980)
ÖZP	Österreichische Zeitschrift für Politikwissenschaft
ÖZW	Österreichische Zeitschrift für Wirtschaftsrecht
Parl.	Parlamentarisch, -er
PersFrG	Bundesverfassungsgesetz vom 29.11.1988 über den Schutz der persönlichen Freiheit (BGBl 1988/684, vom 20.12.1988)
PGS	Politische Gesetzessammlung (1790–1848)
Phil.-hist. Kl.	Philosophisch-historische Klasse,

Abkürzungsverzeichnis

Pkt.	Punkt
PNV	Provisorische Nationalversammlung
PresseG	Bundesgesetz vom 7.4.1922 über die Presse (BGBl 1922/218, vom 20.4.1922)
Prot	Protokoll
RabelsZ	Zeitschrift für ausländisches und internationales Privatrecht
RassDiskrBVG	Bundesverfassungsgesetz vom 3.7.1973 zur Durchführung des Internationalen Abkommens über die Beseitigung aller Formen rassischer Diskriminierung (BGBl 1973/390, vom 9.8.1973)
RdA	Recht der Arbeit (seit 1948)
RdM	Recht der Medizin
RdS	Recht der Schule (1.1979–3.1981; 4.1982–10.1988)
RdW	Österreichisches Recht der Wirtschaft
Red.	Redakteur/Redaktion
RelKEG	Bundesgesetz über die religiöse Kindererziehung (Kundmachung des Bundeskanzlers und des Bundesministers für Justiz vom 5.4.1985, mit der das Gesetz über die religiöse Kindererziehung wiederverlautbart wird) (BGBl 1985/155, vom 30.4.1985)
RfR	Rundfunkrecht (Beilage zu: ÖBl)
RG	Reichsgericht
RGBl	Reichsgesetzblatt (1848–1918)
RGE	Entscheidungen des Reichsgerichts
RJD	Reports of Judgements and Decisions
RL	Richtlinie
RL-BA (Anwälte)	Richtlinien für die Ausübung des Rechtsanwaltsberufes, für die Überwachung der Pflichten des Rechtsanwaltes und für die Ausbildung der Rechtsanwaltsanwärter (Satzung des Österreichischen Rechtsanwaltskammertages vom 8.10.1977, erstmals kundgemacht im Amtsblatt zur Wiener Zeitung am 14.12.1977) i.d.g.F
RN	Randnummer(n)
Rs.	Rechtssache(n)
RSB	Rechtsschutzbeauftragte(r) der Republik Österreich
R-ÜG	Rechts-Überleitungsgesetz (StGBl 1945/6)
RV	Regierungsvorlage
RZ	Richterzeitung
sbg	salzburgisch
Sess.	Session
SIPE	Societas Iuris Publici Europaei e.V
Sitz.ber.	Sitzungsberichte
Slg.	Sammlung

Abkürzungsverzeichnis

Sp.	Spalte
SPG	Bundesgesetz über die Organisation der Sicherheitsverwaltung und die Ausübung der Sicherheitspolizei (Sicherheitspolizeigesetz) (BGBl 1991/566, vom 31.10.1991) i.d.g.F
SPÖ	Sozialdemokratische Partei Österreichs
SSt	Entscheidungen des österreichischen Obersten Gerichtshofes in Strafsachen und Disziplinarangelegenheiten (1920–1938; seit 1946)
st. Rspr.	ständige Rechtsprechung
StEG 2005	Bundesgesetz vom 15.11.2004 über den Ersatz von Schäden aufgrund einer strafgerichtlichen Anhaltung oder Verurteilung (Strafrechtliches Entschädigungsgesetz 2005) (BGBl I 2004/126, vom 16.11.2004)
Sten. Ber.	Stenographischer Bericht, Stenographische Berichte
StenProtAH	Stenographische Protokolle über die Sitzungen des Hauses der Abgeordneten
StenProtRT	Verhandlungen des österreichischen Reichstages nach der stenographischen Aufnahme 1849–1850
StG	Strafgesetz (1852)
StGB	Bundesgesetz vom 23.1.1974 über die mit gerichtlicher Strafe bedrohten Handlungen (Strafgesetzbuch) (BGBl 1974/60, vom 29.1.1974) i.d.g.F
StGBl	Staatsgesetzblatt für die Republik Österreich (1918–1920, 1945)
StGG	Staatsgrundgesetz über die allgemeinen Rechte der Staatsbürger (Staatsgrundgesetz vom 21.12.1867 über die allgemeinen Rechte der Staatsbürger für die im Reichsrathe vertretenen Königreiche und Länder, RGBl 1867/142, zuletzt geändert durch Bundesverfassungsgesetz vom 29. November 1988 über den Schutz der persönlichen Freiheit (BGBl 1988/684, vom 20.12.1988)
StPO	Kundmachung der Bundesregierung vom 9.12.1975 über die Wiederverlautbarung der Strafprozeßordnung 1960 (Strafprozeßordnung) (BGBl. 1975 I S. 631, vom 30.12.1975) i.d.g.F
StV St. Germain	Staatsvertrag von Saint-Germain-en-Laye vom 10.9.1919 (StGBl 1920/303, vom 21.7.1920)
StV Wien	Staatsvertrag vom 15.5.1955 betreffend die Wiederherstellung eines unabhängigen und demokratischen Österreich (BGBl 1955/152, vom 30.7.1955)
StVO	Bundesgesetz vom 6.7.1960, mit dem Vorschriften über die Straßenpolizei erlassen werden (Straßenverkehrsordnung 1960) (BGBl. 1960/159, vom 30.7.1960) i.d.g.F

Abkürzungsverzeichnis

SUG	Bundesgesetz vom 30.11.1973 über die Gewährung einer Sonderunterstützung an Personen, die in bestimmten, von Betriebseinschränkung oder Betriebsstilllegung betroffenen Betrieben beschäftigt waren (Sonderunterstützungsgesetz) (BGBl. 1973/642, vom 28.12.1973) i.d.g.F
TESS	Telematik in der sozialen Sicherheit
TP	Tarifpost (in: Kundmachung der Bundesregierung vom 2.12.1957 über die Wiederverlautbarung des Gebührengesetzes 1946 [Gebührengesetz 1957, BGBl. 1957/267, vom 19.12.1957]) i.d.g.F
UG	Universitätsgesetz 2002 sowie Änderung des Bundesgesetzes über die Organisation der Universitäten und des Bundesgesetzes über die Organisation der Universitäten der Künste, Bundesgesetz über die Organisation der Universitäten und ihre Studien (Universitätsgesetz 2002) (BGBl I 2002/120, vom 9.8.2002) i.d.g.F
UN	United Nations/Vereinte Nationen
UOG	Bundesgesetz über die Organisation der Universitäten (Universitäts-Organisationsgesetz 1993), abgelöst durch das Universitätsgesetz 2002
UrhG	Urheberrechtsgesetz (BGBl 1936/111) i.d.F. der Urheberrechtsgesetz-Novelle 2003 (BGBl I 2003/32, vom 6.6.2003) i.d.g.F.
U.S., US	United States
u.v.a.	und viele andere
UVS	Unabhängiger Verwaltungssenat
UWG	Gesetz gegen den unlauteren Wettbewerb vom 26.9.1923, wiederverlautbart durch Kundmachung des Bundeskanzlers und des Bundesministers für Handel, Gewerbe und Industrie vom 16.11.1984 (BGBl 1984/448, vom 22.11.1984) i.d.g.F.
v.	versus; von, vom
VA	Volksanwalt(schaft)
verb.	verbunden(e)
VerbotsG	Verfassungsgesetz vom 8. Mai 1945 über das Verbot der NSDAP (Verbotsgesetz) (BGBl 1945/13), neu bekanntgemacht als Verbotsgesetz 1947 (BGBl 1948/85, vom 25.5.1948, i.d.F. BGBl 1992/148, vom 19.3.1992)
Verf.	Verfasser; Verfassung
VfGH	Verfassungsgerichtshof

Abkürzungsverzeichnis

VfSlg	Sammlung der Erkenntnisse und wichtigsten Beschlüsse des Verfassungsgerichtshofs, Neue Folge (1921–1933, seit 1946)
VG	Verwaltungsgericht
Vlbg	Vorarlberg
VO	Verordnung
VOG	Bundesgesetz vom 9.7.1972 über die Gewährung von Hilfeleistungen an Opfer von Verbrechen (Verbrechensopfergesetz) (BGBl 1972/288, vom 28.7.1972) i.d.g.F.
VStG	Verwaltungsstrafgesetz 1991 (Wiederverlautbarung) (BGBl 1991/52, vom 31.1.1991) i.d.g.F.
VVDStRL	Veröffentlichungen der Vereinigung der Deutschen Staatsrechtslehrer
VwGG 1875	Verwaltungsgerichtsgesetz 1875
VwGH	Verwaltungsgerichtshof
VwSlg	Sammlung der Erkenntnisse und Beschlüsse des Verwaltungsgerichtshofes
wbl.	„wirtschaftsrechtliche blätter" (Beilage zu: JBl)
WehrG	Wehrgesetz (Wiederverlautbarung des Wehrgesetzes 1990) (BGBl I 2001/146, vom 21.12.2001) i.d.g.F.
w.H.	weitere Hinweise
WHO	World Health Organisation/Weltgesundheitsorganisation
Wr	Wien(er)
ZAS	Zeitschrift für Arbeitsrecht und Sozialrecht
ZDG	Gesetz über den Zivildienst der Kriegsdienstverweigerer (Zivildienstgesetz 1986 [Kundmachung des Bundeskanzlers und des Bundesministers für Inneres vom 11.12.1986, mit der das Zivildienstgesetz wiederverlautbart wird]) (BGBl 1986/679, vom 23.12.1986) i.d.g.F.
ZfRV	Zeitschrift für Rechtsvergleichung, Internationales Privatrecht und Europarecht
ZfV	Zeitschrift für Verwaltung
ZfVB	Die administrativrechtlichen Entscheidungen des VwGH und die verwaltungsrechtsrelevanten Entscheidungen des VfGH in lückenloser Folge (Beilage zur ZfV)
Ziff.	Ziffer
ZNR	Zeitschrift für Neuere Rechtsgeschichte
ZÖR	Zeitschrift für öffentliches Recht (1914–1918, seit 1948)
ZPEMRK, ZPMRK	Zusatzprotokoll zur EMRK
ZP	Zusatzprotokoll

Abkürzungsverzeichnis

ZPO Gesetz über das gerichtliche Verfahren in bürgerlichen Rechtsstreitigkeiten (Zivilprozessordnung) vom 1.8.1895 (RGBl 1895/113, i.d.F. durch das Schiedsrechts-Änderungsgesetz 2006, BGBl 2006/7, vom 13.1.2006) i.d.g.F.
ZUM Zeitschrift für Urheber- und Medienrecht

Literaturverzeichnis
(Nachweis häufig zitierter Werke)

Adamovich, Ludwig/ Funk, Bernd-Christian/ Holzinger, Gerhart	Österreichisches Staatsrecht, Bd. I: Grundlagen; Bd. II: Staatliche Organisation; Bd. III: Grundrechte, 2003.
Berka, Walter	Die Grundrechte. Grundfreiheiten und Menschenrechte in Österreich, 1999.
ders.	Lehrbuch Grundrechte, 2000.
ders.	Lehrbuch Verfassungsrecht, ^{2}2008.
Berchtold, Klaus	Verfassungsgeschichte der Republik Österreich, Bd. I, 1998.
Bonner Kommentar zum Grundgesetz	siehe *Dolzer, Rudolf* u. a. (Hg.).
Brauneder, Wilhelm	Die historische Entwicklung der modernen Grundrechte in Österreich, 1987.
Clayton, Richard/ Tomlinson, Hugh	The Law of Human Rights, Oxford 2000, Supplement, 2003.
van Dijk, Peter/ van Hoof, Godefridus J.H.	Theory and Practice of the European Convention on Human Rights, Deventer, ^{3}1998.
Dolzer, Rudolf/ Waldhoff, Christian/ Graßhof, Karin (Hg.)	Bonner Kommentar zum Grundgesetz (Loseblattausg.), Stand: 2009.
Ehlers, Dirk (Hg.)	Europäische Grundrechte und Grundfreiheiten, ^{2}2005.
Ermacora, Felix	Handbuch der Grundfreiheiten und der Menschenrechte, 1963.
Frowein, Jochen Abr./ Peukert, Wolfgang	Europäische Menschenrechtskonvention. EMRK-Kommentar, ^{2}1996.
Golsong, Heribert/ Karl, Wolfram/ Miehsler, Herbert (Hg.)	Internationaler Kommentar zur Europäischen Menschenrechtskonvention, 1986 ff. (Loseblattausg., Stand: 2008).
Grabenwarter, Christoph	Europäische Menschenrechtskonvention, ^{3}2008.
Harris, David/ O'Boyle, Michael/ Warbrick, Colin	Law of the European Convention on Human Rights, London/Dublin/Edinburgh, 1995.
Heselhaus, Sebastian/ Nowak, Carsten (Hg.)	Handbuch der europäischen Grundrechte, 2006.

Literaturverzeichnis

Jarass, Hans D.	EU-Grundrechte, 2005.
Joseph, Sarah/ Schultz, Jenny/ Castan, Melissa	The International Covenant on Civil and Political Rights: Cases, Materials, and Commentary, Oxford/New York, ²2004.
Korinek, Karl/ Holoubek, Michael (Hg.)	Österreichisches Bundesverfassungsrecht. Textsammlung und Kommentar, 1999 ff. (Loseblattausg., Stand: 2007).
Machacek, Rudolf/ Pahr, Willibald P./ Stadler, Gerhard (Hg.)	Grund- und Menschenrechte in Österreich. Bd. I: Grundlagen, 1991; Bd. II: Wesen und Werte, 1992; Bd. III: Wesen und Werte, 1997.
Mayer, Heinz	Das österreichische Bundes-Verfassungsrecht. Kurzkommentar, ⁴2007.
Meyer, Jürgen (Hg.)	Charta der Grundrechte der Europäischen Union, ²2006.
Meyer-Ladewig, Jens	Europäische Menschenrechtskonvention, ²2006.
Nowak, Manfred	U.N. Covenant on Civil and Political Rights: CCPR Commentary, ²2005.
Öhlinger, Theo	Verfassungsrecht, ⁷2007.
Oestreich, Gerhard	Geschichte der Menschenrechte und Grundfreiheiten im Umriß, ²1978.
Peters, Anne	Einführung in die Europäische Menschenrechtskonvention, 2003.
Reiter, Ilse	Texte zur österreichischen Verfassungsentwicklung 1848–1955, 1997.
Rill, Heinz Peter/ Schäffer, Heinz (Hg.)	Bundesverfassungsrecht. Kommentar, 2001 ff. (Loseblattausg., Stand: 2006).
Sachs, Michael (Hg.)	Grundgesetz, Kommentar, ⁵2009.
Vedder, Christoph/ Heintschel von Heinegg, Wolff (Hg.)	Europäischer Verfassungsvertrag, 2007.
Villiger, Mark E.	Handbuch der Europäischen Menschenrechtskonvention (EMRK), ²1999.
Walter, Robert/ Mayer, Heinz/ Kucsko-Stadlmayer, Gabriele	Bundesverfassungsrecht, ¹⁰2007.

Dreizehnter Teil
Grundrechte in Österreich

I. Allgemeine Lehren

§ 186
Die Entwicklung der Grundrechte

Heinz Schäffer

Übersicht

		RN
A.	Vorgeschichte	1–30
	I. Ideengeschichtliche Grundlagen	1– 2
	II. Vorläufer	3–10
	1. Grundrechtliche Anklänge in der Privatrechtskodifikation	3– 5
	2. Grundrechte im Vormärz?	6–10
	III. Die Epoche der Verfassungsexperimente: Von der März-Revolution 1848 bis zur Dezemberverfassung 1867	11–30
	1. Revolution 1848 und Einführung konstitutioneller Zustände	11–12
	2. Die erste geschriebene Verfassung Österreichs (Pillersdorffsche Verfassung)	13–17
	3. Der Grundrechtsentwurf des Reichstags	18–21
	4. Verfassung 1849	22–24
	5. Der Zeitraum 1852 bis 1867	25–30
B.	Die Grundrechte in der konstitutionellen Monarchie	31–44
	I. Entstehung	31–34
	II. Kein System	35–40
	III. Grundrechtsbeschwerde beim Reichsgericht	41–44
C.	Die Grundrechte in der Republik	45–63
	I. Verfassungsentstehung und Grundrechte	45–52
	1. Das Verfassungsprovisorium 1918/1919	45–48
	2. Das Ringen um die Grundrechte	49–52
	II. Erste Republik	53–60
	1. Die Bundesverfassung vom 1. Oktober 1920 (B-VG)	53–58
	2. Grundrechte unter der ständisch-autoritären „Verfassung 1934"	59
	3. Exkurs: Zeit der deutschen Okkupation Österreichs (1938 bis 1945)	60
	III. Zweite Republik	61–63
	1. Vorläufige Verfassung	61–62
	2. Rückkehr zum B-VG	63
D.	Die punktuelle Weiterentwicklung der nationalen Grundrechte	64–65
E.	Die Internationalisierung der Grundrechte	66–84
	1. Nach dem Ersten Weltkrieg	66–84
	2. Nach dem Zweiten Weltkrieg	69–84
	a) Allgemeine Erklärung der Menschenrechte	69
	b) Staatsvertrag von Wien	70
	c) Die Europäische Menschenrechtskonvention	71–72
	d) Die Europäische Sozialcharta	73–75
	e) Die Menschenrechtspakte der Vereinten Nationen	76–80
	f) Österreichische und europäische Grundrechte	81–84
F.	Grundrechtsreform – die „unendliche Geschichte"	85–93
	1. Österreichische Grundrechtsreform 1963 bis 1983	85–93
	2. „Politische" Grundrechtsreformkommission (1983 bis 1992)	88
	3. Österreich-Konvent (2003 bis 2005)	89–92
	4. Staatsreformkommission (ab 2007)	93
G.	Zusammenfassung	94
H.	Bibliographie	

A. Vorgeschichte

I. Ideengeschichtliche Grundlagen

1
Gemeinsame europäische Quellen

Ideengeschichtlich speist sich die österreichische Grundrechtsentwicklung aus den allen späteren europäischen Grundrechten gemeinsamen Quellen. Die im Christentum schon in der Antike vorhandene Vorstellung von der Gottebenbildlichkeit des Menschen und der Gleichheit aller Menschen vor Gott hat wohl in Verbindung mit Gedankengängen vorchristlicher Philosophen das gedankliche Fundament für die abendländische Rechtsphilosophie und für die Postulate nach Freiheit und Gleichheit abgegeben. In den späteren Lehren des christlichen Naturrechts wurzelt die Idee fundamentaler Rechte, die sich aus der Natur des Menschen ergeben und daher für alle Menschen schlechthin Geltung beanspruchen. Eine säkularisierte Variante bietet das Vernunft-Naturrecht der Aufklärung, welches in verschiedenen Spielarten mit der Theorie vom Gesellschaftsvertrag den Ausgleich von Freiheit und Bindung rational konstruieren wollte.

Christentum als Fundament

Vernunft-Naturrecht der Aufklärung

2
Grundrechtskataloge des 18. Jahrhunderts

Schließlich waren die ersten positiven Grundrechtskataloge am Ende des 18. Jahrhunderts (Bills of Rights in den amerikanischen Neu-Englandstaaten ab 1776, dann im Ersten Verfassungszusatz der Vereinigten Staaten von Amerika und die Erklärung der Menschen- und Bürgerrechte der französischen Nationalversammlung) überall in Europa aufmerksam registrierte Dokumente, die den Geist einer neuen Epoche atmeten und die Vorstellung von staatlich ausdrücklich deklarierten bzw. verankerten Grundrechten nährten – und zwar ungeachtet ihrer philosophischen oder staatstheoretischen Ausrichtung (man denke etwa an „pursuit of happyness" in den USA oder an die Gewaltentrennungsdoktrin der französischen Erklärung der Menschen- und Bürgerrechte).

II. Vorläufer

1. Grundrechtliche Anklänge in der Privatrechtskodifikation

3
„Angeborene Rechte"

Als die Zivilrechtskodifikation unter *Maria Theresia* mit einer Kompilationskommission begann, hatte die Naturrechtslehre noch keinen erkennbaren Einfluß. Erst gegen Ende des 18. Jahrhunderts enthielten die Ansätze zur Privatrechtskodifikation in Österreich *grundrechtsähnliche Bestimmungen*. Die Rede war von „angeborenen Rechten", die sich gedanklich offenbar aus dem Naturrecht herleiteten[1]. So kannte bereits das (unvollständig gebliebene) Allgemeine Bürgerliche Gesetzbuch 1786 (Teil-ABGB) ein eigenes Hauptstück „Von den Rechten der Unterthanen überhaupt", welches diesen „ohne Ausnahme die vollkommene Freyheit" zuerkannte. Zur Zeit des aufgeklärten

---

1 Hinweise auf „angeborene Rechte" finden sich schon bei *Hugo Grotius*, *Christian Thomasius* und *Christian Wolff*.

Absolutismus (Josephinismus) gab es kurzfristig sogar eine weitreichende – nur durch das Verbot von Schmähschriften eingeschränkte – Pressefreiheit (Zensuredikt 1781 bis 1790), und die Polizeibehörden wurden in einer eigenen „Amtsinstruktion" 1785 ausdrücklich angewiesen, die „bürgerliche Freiheit" zur respektieren[2]. Unter dem Vorsitz von *Karl Anton von Martini*[3] in der Kodifikationskommission kamen (deutsche) Naturrechtslehren in den Entwurf. Dementsprechend enthielt das Westgalizische Gesetzbuch 1797[4] einen umfangreichen Katalog „Von den Rechten der Person". Dazu zählte dieses Hauptstück des Gesetzbuchs unter anderem „das Recht sein Leben zu erhalten, das Recht die dazu nötigen Dinge sich zu verschaffen ..., endlich das Recht mit dem, was (einer Person) ganz eigen ist, frei zu schalten und zu walten"[5]. Diese noch naturrechtlich inspirierten Kodifikationsansätze hatten keine dauerhafte Wirkung.

<small>Westgalizisches Gesetzbuch 1797</small>

Als das österreichische Privatrecht nach der französischen Revolution endlich 1811 im Allgemeinen Bürgerlichen Gesetzbuch (ABGB) kodifiziert wurde, enthielt es keinen vergleichbar umfangreichen Rechtekatalog. In seiner Einleitung (die manche wegen der allgemeinen Bestimmungen als so etwas wie eine rudimentäre materielle Verfassung des Kaisertums Österreich gesehen haben[6]) besagt das Allgemeine Bürgerliche Gesetzbuch in seinem § 16 immerhin und bis heute: „Jeder Mensch hat angeborne, schon durch die Vernunft einleuchtende Rechte, und ist daher als eine Person zu betrachten. Sklaverei oder Leibeigenschaft, und die Ausübung einer darauf sich beziehenden Macht wird in diesen Ländern nicht gestattet"[7]. Das Allgemeine Bürgerliche Gesetzbuch denkt offenbar auch an eine grundsätzliche Schutzpflicht des Staates, wenn es in § 21 „Minderjährige und Personen, die aus einem anderen Grund ... alle oder einzelne ihrer Angelegenheiten selbst gehörig zu besorgen nicht vermögen, ... dem besonderen Schutz der Gesetze" unterstellt. Alle diese Normen verblieben im Bereich des Privatrechts. Freilich hatte die am Prinzip der Privatautonomie orientierte Privatrechtskodifikation in vorkonstitutioneller Zeit insgesamt die Funktion des Schutzes von Freiheit und Eigentum, wenngleich ständische Sonderrechte noch einige Zeit aufrechterhalten blieben.

<small>**4**
ABGB</small>

<small>Schutz für Freiheit und Eigentum</small>

Die rechtspolitischen Motive für die Aufnahme des § 16 in die Kodifikation sind umstritten[8]. Fest steht immerhin: Nach der Auffassung *Franz von Zeiller*s

<small>**5**</small>

<small>2 *Hermann Oberhummer*, Die Wiener Polizei. 200 Jahre Sicherheit in Österreich (Neue Beiträge zur Geschichte des Sicherheitswesens), Bd. II, 1938, S. 133 (162).
3 → Bd. II: *Merten*, Begriff und Einteilung der Grundrechte, § 35 RN 15.
4 Als Beispiel experimenteller Gesetzgebung bekannt geworden.
5 Vgl (zur zweiten Satzhälfte) die heute noch geltende Eigentumsdefinition in §§ 353, 354 ABGB.
6 *Mayer-Maly*, Multikulturalismus und Recht, JBl 1996, S. 681 f.
7 § 17 ABGB besagt überdies: „Was den angebornen natürlichen Rechten angemessen ist, dieses wird solange als bestehend angenommen, als die gesetzmäßige Beschränkung dieser Rechte nicht bewiesen wird". Ein allgemeines Persönlichkeitsrecht ist damit nicht formuliert. Konkret findet sich noch ein allgemeiner Schutz des Namensrechts (auch von Decknamen) in § 43 ABGB.
8 *Zeiller* war an sich der Meinung, daß naturrechtliche Bestimmungen nicht in ein Zivilgesetzbuch gehören. Später wurde allerdings die Auffassung vertreten, die Formulierung von den „angebornen Rechten" sei als Zugeständnis (Angst vor Napoleon) zu werten. Der Formulierungsvorschlag dürfte aber von *Zeiller* selbst ausgegangen sein. Dazu *Brauneder*, „Angst vor Napoleon!" Die Entstehungsgeschichte von § 16 ABGB. Eine schaurige Geschichte, ZNR 2003, S. 291 f.</small>

§ 16 AGBG als Auffangnorm

sollte „... an einem schicklichen Orte der Einleitung gesagt werden ..., dass von der obersten Macht sowohl angeborene Rechte, die jedem durch die Vernunft bekannt sind, als auch die erwerblichen Rechte durch die Gesetze gesichert werden". Diese Kategorie der Persönlichkeitsrechte und die ganze Grundauffassung sind sichtlich von der aufgeklärten Naturrechtslehre geprägt. Speziell der Personsbegriff ist ein Produkt der *Kant*schen Philosophie[9], welche die Selbstbestimmung der Persönlichkeit und das Recht auf Freiheit und Selbstverantwortung in den Mittelpunkt rückte[10]. Die spätere Beurteilung schwankt. Selbst in der Zivilrechtslehre betrachtete man § 16 ABGB als „müßig und praktisch bedeutungslos"[11]. Später haben ihn jedoch einige Öffentlichrechtler pathetisch als „zeitloses Rechtsinstrument der Aufklärung"[12] und „materielle Grundnorm"[13] gerühmt oder ihn gar als „Baugesetz der Baugesetze der österreichischen Rechtsordnung"[14] bezeichnet. Juristisch Erhellendes wird damit nicht ausgesagt. In der neueren Zivilrechtslehre spricht man zwar auch gelegentlich von einer „Zentralnorm"[15]; der Sache nach wäre § 16 ABGB wohl besser als eine Art Auffangnorm zu bezeichnen, soweit keine spezielleren Normen für Persönlichkeitsrechte Platz greifen.

2. Grundrechte im Vormärz?

6
Deutscher Bund

Gründungsdokumente einer neugeordneten Staatlichkeit in Deutschland nach den napoleonischen Kriegen waren die auf dem Wiener Kongreß beschlossene Deutsche Bundesakte vom 8. Juni 1815[16] und die Wiener Schlußakte vom 15. Mai 1820[17]. Der Deutsche Bund definierte sich selbst als „völkerrechtlicher Verein der deutschen souveränen Fürsten und freien Städte zur Bewahrung der Unabhängigkeit und Unverletzlichkeit ihrer im Bund begriffenen Staaten, und zur Erhaltung der inneren und äußeren Sicherheit Deutschlands" [18].

---

9 Nach *Kant* ist das angeborene Recht nur ein einziges, denn die Freiheit sei das einzige, jedem Menschen durch seine Menschheit zukommende Recht. Diese Freiheit sei als „Unabhängigkeit von eines anderen nötigender Willkür zu verstehen und könne gleichzeitig mit jeder anderen Freiheit existieren". *Kant* definiert das Recht als das Verhältnis der Willkür des einen zur Willkür des anderen, wobei entscheidend sei, ob die Handlung des einen mit der Freiheit des anderen nach einem allgemeinen Gesetz vereinigt werden könne. Über die philosophischen Grundlagen des ABGB *Ernst Swoboda*, Das allgemeine bürgerliche Gesetzbuch im Licht der Lehren Kants, 1926, und *ders.*, Das österreichische Allgemeine bürgerliche Gesetzbuch, Bd. 1, 1940, S. 12 ff.
10 Ganz im Zeitgeist schreibt *Franz Edler v. Zeiller*, Das natürliche Privat-Recht, Wien ³1819, S. 65: „Das Persönlichkeitsrecht ist das Urrecht, die Würde eines vernünftigen, frei handelnden Wesens zu behaupten. Dieses erste, oberste Recht steht allen Individuen aufgrund ihres Menschseins zu".
11 *Joseph Unger*, System des österreichischen allgemeinen Privatrechts, Bd. I, Leipzig 1876, S. 496 ff und 504 ff.
12 *Klecatsky*, Unvergessliche Erinnerungen an § 16 ABGB, in: Kurt Ebert (Hg.), FS Kohlegger, 2001, S. 295 ff.
13 *Ermacora*, Handbuch (LitVerz.), S. 60.
14 *Marcic*, Die Grundrechte in Österreich, in: Hans Klecastky (Hg.), Die Republik Österreich – Gestalt und Funktion ihrer Verfassung, 1968, S. 140.
15 Z.B. *Helmut Koziol/Rudolf Welser*, Grundriss des bürgerlichen Rechts, Bd. I, ¹³2006, S. 83 f.
16 Zitiert nach *Philipp v. Meyer* (Hg.), Staats-Acten für Geschichte und öffentliches Recht des Deutschen Bundes [Corpus Iuris Confoederationis Germanicae] ²1833, 2. Teil, S. 1 ff.
17 Bei *v. Meyer* aaO., S. 148 ff. Vgl. → Bd. I: *Würtenberger*, Von der Aufklärung zum Vormärz, § 2 RN 18.
18 Art. II der Wiener Schlußakte.

Im Art. XIII der Bundesakte war ganz knapp verheißen: „In allen Bundesstaaten wird eine landständische Verfassung stattfinden". Dementsprechend sollte auch Österreich landständische Verfassungen einführen. Ansätze auf Ebene der Kronländer blieben alsbald stecken, und vor allem für den Gesamtstaat wurde keine derartige Verfassung geschaffen[19].

> **7** Landständische Verfassungen

Ansätze zur Übernahme des französischen Grundrechtsbeispiels gab es in deutschen Landen freilich schon vor der Bundesakte: Zu erwähnen sind die Grundrechte in der Verfassung für Bayern (1808)[20] und Rechtsgewährungen in der Präambel der Verfassung von Nassau (1814). Frühkonstitutionelle Grundrechtskataloge mit der Freiheit und Eigentum-Formel sowie einigen weiteren Grundrechten verwirklichten jedenfalls schon die süd(west)deutschen Staaten Bayern (1818), Baden (1818), Württemberg (1819), Hessen-Darmstadt (1820)[21]. Die Verfassungen der durch die Juli-Revolution in Frankreich inspirierten zweiten deutschen Verfassungswelle enthielten schon ausführliche Grundrechtskataloge[22]. Nicht zu Landesverfassungen kam es während des Vormärzes in Österreich und Preußen[23]. Im Gegensatz zu den konstitutionell regierten Staaten gab es in Österreich (noch) keine Wissenschaftsdisziplin „Verfassungsrecht", weder in der Forschung noch in der Lehre. Das Wissen um ausländische Verfassungen, rechtsstaatliche Postulate und über die Theorie der Verfassung und der Grundrechte erwarb sich das Bürgertum in dieser Zeit durch Bildungsreisen, durch die Lektüre des als „Verfassungsbibel der Liberalen" geltenden Staatslexikons von *Carl von Rotteck* und *Carl Theodor Welcker* sowie in Wien im Rahmen des überaus rührigen Juridisch-politischen Lesevereins[24].

> **8** Übernahme des französischen Grundrechtsbeispiels

Einige wenige grundrechtsartige Bestimmungen kannte auch die Deutsche Bundesakte selbst. Nach Artikel XVI Abs. 1 sollte „[d]ie Verschiedenheit der christlichen Religionspartheien ... in den Ländern und Gebieten des Deutschen Bundes keinen Unterschied in dem Genusse der bürgerlichen und politischen Rechte begründen". Diese Gleichberechtigung der Angehörigen der drei christlichen Hauptkonfessionen sollte aber wohl nur die individuelle

> **9** Grundrechte in der Bundesakte?

---

19 Anders als in Preußen (dort erst 1847) unterblieb in Österreich die Einberufung eines Generallandtages gänzlich. Die Präsidialmacht des Deutschen Bundes verhielt sich also nicht bundeskonform. Vgl. → Bd. I: *Würtenberger*, Von der Aufklärung zum Vormärz, § 2 RN 19f.
20 U.a. Schutz der Person, des Eigentums der Religions- und Preßfreiheit.
21 → Bd. I: *Würtenberger*, Von der Aufklärung zum Vormärz, § 2 RN 54 m. FN 162.
22 Kurhessen und Sachsen (1831); Braunschweig und Hannover (1832). Die Verfassung von Kurhessen gewährte bereits Meinungsäußerungsfreiheit, Berufsfreiheit sowie Rechtsschutz bei verfassungswidrigem Verhalten der Behörden. Vgl. → Bd. II: *Merten*, Begriff und Abgrenzung der Grundrechte, § 35 RN 18.
23 Die spärliche österreichische Literatur blieb, soweit sie sich überhaupt mit Verfassungsfragen beschäftigte, apologetisch für die herrschenden Zustände. Vgl. z.B. *Bernard Baron*, Die Constitution, oder Staatsform und bürgerliche Erziehung, Wien 1816; *Adam Heinrich Müller*, Vermischte Schriften über Staat, Philosophie und Kunst, Wien 1812. Im übrigen wurden Verfassung und politische Organisation der Staaten im Fach „Statistik" gelehrt und literarisch beschrieben.
24 Näheres zur geistigen und politischen Situation im Vormärz bei *Brauneder*, Die Verfassungsentwicklung in Österreich 1848–1918, in: Helmut Rumpler/Peter Urbanitsch (Hg.), Die Habsburgermonarchie. 1848-1918, Bd. VII: Verfassung und Parlamentarismus, 2000, S. 69 (74ff.). Vgl. auch → Bd. I: *Schmidt-Jortzig*, Grundrechte und Liberalismus, § 10 RN 31, 33.

Glaubens- und Gewissensfreiheit sichern und bedeutete noch keineswegs eine Bestimmung über Zulassung und Gleichberechtigung aller christlichen Glaubensrichtungen (somit keine allgemeine Religionsfreiheit, keine Gleichheit der korporativen Religionsfreiheit und auch kein Recht auf öffentliche Religionsausübung)[25]. Hinsichtlich der „Bekenner des jüdischen Glaubens" war eine Verbesserung der bürgerlichen Rechtsstellung späteren Beratungen und Beschlüssen der Bundesversammlung vorbehalten[26]. Noch wichtiger als die zitierte Bestimmung erscheint Art. XVIII der Bundesakte, in welchem den Untertanen eine Reihe von Freizügigkeitsrechten „zugesichert" wird:

<small>Art. XVIII der Bundesakte</small>

a) Liegenschaftserwerbsfreiheit[27];
b) Freizügigkeit[28] und Freiheit zum Eintritt in den Zivil- und Militärdienst eines anderen Staates, „sofern keine Verbindlichkeit zu Militärdiensten gegen das bisherige Vaterland im Wege steht"[29];
c) Freiheit von aller Nachsteuer (jus detractus, gabella emigrationis) – also Auswanderungsfreiheit![30];

und schließlich enthielt die Bundesakte die Promesse:

d) „Die Bundesversammlung wird sich bei ihrer ersten Zusammenkunft mit Abfassung gleichförmiger Verfügungen über die Preßfreiheit und die Sicherstellung der Rechte der Schriftsteller und Verleger gegen den Nachdruck beschäftigen"[31].

10
<small>Programmatisch-appellative Funktion</small>

Elemente der Entstehungsgeschichte und manche Meinungen aus der Frühzeit des Deutschen Bundes legen nahe, daß die in der Bundesakte niedergelegten „Befugnisse" und „Rechte" der Untertanen von Zeitgenossen bereits als geltende Rechte gesehen worden sind[32]. Letztlich erwiesen sie sich aber doch nur als Sätze mit „programmatisch-appellativer Funktion"[33] – ihre Konkretisierung oblag der Politik. Daß die im Jahr 1815 formulierten Ansätze in der Folge nicht ausgebaut und nicht zu allgemein anerkannten durchsetzbaren Rechtspositionen entwickelt werden konnten, beruhte auf jenem Politikwandel zur Restauration, der mit den „Karlsbader Beschlüssen" und der Wiener Schlußakte durchgesetzt wurde. Das Bekenntnis zur Preßfreiheit blieb Programmsatz, der einer allgemeinen (die Pressehoheit der einzelnen Staaten beseitigenden) Einführung der *Zensur* nicht entgegenstand.

---

25 *Ernst Rudolf Huber*, Deutsche Verfassungsgeschichte seit 1789, Bd. I, ²1960, S. 412ff., 543ff., 742ff.
26 Art. XVI Abs. 2 der Bundesakte.
27 „Grundeigentum außerhalb des Staates, den sie bewohnen, zu erwerben und zu besitzen", und zwar ohne Mehrbelastung im Vergleich zu den eigenen Staatsangehörigen.
28 Die Befugnis „des freien Wegziehens aus einem deutschen Bundesstaat in den anderen, der erweislich sie zu Unterthanen annehmen will".
29 Die Einführung „möglichst gleichförmiger Grundsätze" über die Militärpflichtigkeit sollte von der Bundesversammlung in Beratung genommen werden.
30 Dazu erging wenig später ein konkretisierender Bundesbeschluß über die Nachsteuer und Abzugsfreiheit vom 23. 6. 1817 (XXXVIII. Sitzung § 254; abgedruckt bei v. Meyer [FN 16], S. 68ff.).
31 Dazu eingehend *Elmar Wadle*, Grundrechte in der Deutschen Bundesakte? Notizen zu „Preßfreiheit" und „Rechte der Schriftsteller und Verleger gegen den Nachdruck" (Artikel XVIII d), in: *ders.*, Verfassung und Recht. Wegmarken ihrer Geschichte, 2008, S. 166ff.
32 *Wadle* aaO., S. 187.
33 → Bd. I: *Würtenberger*, Von der Aufklärung zum Vormärz, § 2 RN 76.

III. Die Epoche der Verfassungsexperimente: Von der März-Revolution 1848 bis zur Dezemberverfassung 1867

1. Revolution 1848 und Einführung konstitutioneller Zustände

Die eigentliche Geschichte der Grundrechtsentwicklung beginnt mit der März-Revolution 1848. Nachdem das Streben des Bürgertums um Garantie von Freiheitsrechten und das Postulat der demokratischen Bewegung nach Repräsentation aller, auch der unteren Schichten, im Vormärz lang zurückgehalten worden war, entluden sich die Spannungen – entsprechend den Vorbildern in Frankreich bzw. in deutschen Staaten – auch in Österreich am 13. März 1848 in einer Revolution[34]. In Petitionen an den Kaiser verlangten die Wiener Bürger und Studenten Pressefreiheit, Einführung von Geschworenengerichten, Lehr- und Lernfreiheit an den Universitäten, Bauernbefreiung und Grundentlastung sowie die Gewähr von Grundrechten. Unter dem Eindruck der Straßenkämpfe kam es nicht nur zum Rücktritt des Staatskanzlers *Clemens Fürst von Metternich*, sondern auch zu raschen politischen Zugeständnissen: Einsetzung eines verantwortlichen Ministeriums, Aufhebung der Zensur sowie Errichtung einer Nationalgarde[35]. Schon am 15. März 1848 erließ Kaiser *Ferdinand I.* ein Patent, mit welchem er zur Beruhigung der Gemüter die Einberufung aller Provinzialstände und die Erlassung einer „Constitution des Vaterlandes" verhieß[36].

11 Märzrevolution 1848

Tatsächlich trat am 10. April 1848 ein „Ständischer Zentralausschuß" (Landstände der österreichischen Reichshälfte) in Wien zusammen, dem dann freilich kein wesentlicher Einfluß auf die Verfassungsentwicklung zukam. Auch scheint diesem Gremium – abgesehen von der Frage der politischen Gleichstellung – die Verankerung von Grundrechten kein besonderes Anliegen gewesen zu sein[37]. Die Initiative verblieb also bei der Regierung, in der sich die Meinung durchsetzte, die Verfassung solle einseitig erlassen („oktroyiert") werden.

12 Ständischer Zentralausschuß

2. Die erste geschriebene Verfassung Österreichs (Pillersdorffsche Verfassung)

Dem Ministerrat lagen bereits am 12. April 1848 „Grundlinien" einer zukünftigen Verfassung vor, deren Autorschaft allgemein dem Minister des Inneren *Franz Xaver Freiherr von Pillersdorff* zugeschrieben wird[38]. Mit dem Ständischen Zentralausschuß geführte Verfassungsgespräche waren in kürzester

13 „Mit monarchischen Einrichtungen verträgliche" Grundrechte

---

34 Ein lebendiges Bild bietet das „Volksbuch": „Oestreich's Befreiungstage! oder der 13. 14. und 15. März 1848 IN WIEN", geschildert von einem Augenzeugen, mit allen bezüglichen Proklamationen und den wichtigsten Flugschriften (Wien, 1848, Jaspers's Verlag – die Schrift bezeichnet sich selbst als „Erste censurfreie Broschüre").

35 Ah. Cabinet-Schreiben Seiner k.k. Majestät vom 14. 3. 1848 an den obersten Kanzler wegen Errichtung einer Nationalgarde (PGS 1848/28).

36 Ah. Patent vom 15. 3. 1848, PGS 1848/29 (wiedergegeben bei *Karl Hugelmann*, Jahrbuch für Landeskunde von Niederösterreich 1918 und 1919, S. 235 f., und bei *Reiter*, Texte [LitVerz.], S. 1). Am selben Tage erfolgte die Bildung eines „*verantwortlichen* Ministeriums" anstelle der (alten) kollegialen Hofstellen, mitgeteilt durch Ministerialerlaß vom 17. 3. 1848 an sämtliche Länderstellen (PGS 1848/30).

37 *Brauneder*, Gesetzgebungsgeschichte, in: Machacek/Pahr/Stadler (LitVerz.), Bd. I, S. 189 (199 f.).

38 *Brauneder* aaO., S. 202; *Friedrich Walter*, Die Österreichische Zentralverwaltung, S. 42 (46); *Gschliesser*, Zur Geschichte der Grundrechte in der österreichischen Verfassung in: Leo Santifaller (Hg.), FS zur Feier des zweihundertjährigen Bestandes des Haus-, Hof- und Staatsarchivs, 1949 ff., Bd. 2.2, 1951, S. 45 f.

§ 186   *Dreizehnter Teil: I. Allgemeine Lehren*

Frist abgeschlossen, und das Ministerium gab schon am 15. April 1848 (vor der Endredaktion) die Grundzüge der Konstitution an die Öffentlichkeit bekannt[39]. Noch am selben Tage legte *Pillersdorff* die Verfassung dem Kaiser zur Sanktion vor. Ohne die Grundrechte im einzelnen zu erläutern, betonte *Pillersdorff* in seinem Vortrag nur den allgemeinen Grundsatz, „daß alle diejenigen Freiheiten, welche mit monarchischen Einrichtungen verträglich, und sich als solche im monarchischen Staate bewährt haben, zugleich aber bei den jetzt vorherrschenden Ideen und Gesinnungen als ein unabweisbares Bedürfniß anerkannt werden, in die Verfassungsurkunde aufgenommen werden sollen"[40].

14
Staatsbürgerliche und politische Rechte

Die „Verfassungsurkunde des österreichischen Kaiserstaates"[41] vom 25. April 1848 (sog. *Pillersdorff*sche Verfassung)[42] verankerte nach den allgemeinen Bestimmungen über den Kaiserstaat (I.) und über den Kaiser (II.) erst in einem III. Abschnitt „Staatsbürgerliche und politische Rechte der Staatseinwohner", nämlich Glaubens- und Gewissensfreiheit, persönliche Freiheit, Meinungsfreiheit, Briefgeheimnis, Petitionsrecht, Vereinsfreiheit, Auswanderungsfreiheit, Liegenschaftserwerb ohne ständische Schranken, Erwerbsfreiheit, Ämterzugänglichkeit und einen – als Gebot der Rechtsanwendungsgleichheit konzipierten – Gleichheitssatz. Hervorzuheben ist auch eine Bestimmung, die „allen Volksstämmen ... die Unverletzlichkeit ihrer Nationalität und Sprache" gewährleisten sollte. Diese Bestimmung stand allerdings im Rahmen der allgemeinen staatsorganisatorischen Bestimmungen, nicht im Grundrechtsteil, und bedeutete (noch) keine Gleichstellung aller Nationalitäten.

15
Belgische Verfassung von 1831 als Vorbild

Im allgemeinen wird angenommen, daß die *Pillersdorff*sche Verfassung sehr stark von der Belgischen Verfassung 1831[43] beeinflußt gewesen sei, welche ihrerseits (nach der französischen Charte constitutionelle von 1814) zum Musterbeispiel einer damals modernen europäischen Konstitution geworden war und deren Formulierungen sozusagen als „Urtext" der Grundrechtskataloge der Entwicklung in vielen anderen Staaten im 19. Jahrhundert Pate standen[44]. *Pillersdorff* selbst hat diese Auffassung genährt[45]. Bei näherer Betrachtung trifft dies systematisch wie inhaltlich wohl nur teilweise zu. Ohne Vorbild in der belgischen Verfassung war insbesondere der Zusammenhang, den die

---

39 Wiener Zeitung vom 15.4.1848 (siehe *Hugelmann* [FN 36], S. 247).
40 *Hugelmann* (FN 36), S. 249 (252).
41 Sie vereinigte zum ersten Mal die westlichen Länder der Monarchie zu einem Staat (sollte jedoch weder für Lombardo-Venetien noch für Ungarn gelten)!
42 An die breite Öffentlichkeit verlautbart in der Wiener Zeitung vom 25.4.1848, kundgemacht in PGS 1848/49. Text bei *Edmund Bernatzik*, Die österreichischen Verfassungsgesetze, ²1911, S. 102ff., sowie bei *Reiter*, Texte (LitVerz.), S. 1ff. Vgl. → Bd. I: *Kühne*, Von der bürgerlichen Revolution bis zum Ersten Weltkrieg, § 3 RN 40f.
43 Text bei Günther Franz (Hg.), Staatsverfassungen, ³1964/1975, S. 54ff. Vgl. → Bd. I: *Würtenberger*, Von der Aufklärung zum Vormärz, § 2 RN 16; vgl. auch ebd. *Kühne*, Von der bürgerlichen Revolution bis zum Ersten Weltkrieg, § 3 RN 50.
44 *Felix Ermacora*, Menschenrechte in einer sich wandelnden Welt, I.Bd.: Historische Entwicklung der Menschenrechte und Grundfreiheiten, 1974, S. 116, 132ff.
45 *Franz Xaver Freiherr von Pillersdorff*, Rückblicke auf die politische Bewegung in Österreich in den Jahren 1848 und 1849, Wien 1849, S. 37. Über mögliche weitere Vorbilder *Brauneder*, Gesetzgebungsgeschichte, in: Machacek/Pahr/Stadler (LitVerz.), Bd. I, S. 189 (203).

Aprilverfassung zwischen der Gleichheit und dem Recht auf ein Verfahren vor dem ordentlichen Richter herstellte[46]. Ähnlichkeiten gibt es offenbar mit den Beschlüssen des Frankfurter Vorparlaments (vom 31. März und vom 1. bis 3. April 1848). Daneben gab es auch Grundrechtserörterungen (meist zu konkreten Fragen) in den Ländern[47]. Insgesamt kam es aber – schon angesichts des Zeitdrucks – zu keiner grundlegenden Diskussion über Wesen und Wirkungen der Grundrechte. Die Grundrechte waren in dieser Phase auf Gesetzgeber und Behörden hin ausgerichtet und wohl noch nicht als subjektive Rechte (im heutigen Sinne) gedacht.

16 Grundrechtsrelevante Reformen

An konkreten grundrechtsrelevanten Staatsakten ergingen unmittelbar nach der Revolution die Abschaffung der Zensur[48] sowie die Einführung eines Preßgesetzes[49] und eines Preßprozesses mit Geschworenengerichten[50]. Als Anfang Mai 1848 die Reichstagswahlordnung erlassen wurde[51], herrschte trotz der Konzessionen an die Volksstimmung große Unzufriedenheit, insbesondere wegen des den Adel begünstigenden Zweikammersystems und wegen des Wahlzensus, zumal die Wahlen zur Deutschen Nationalversammlung[52] kurz zuvor – auch in Österreich – bereits auf Grundlage des allgemeinen Wahlrechts stattgefunden hatten. Auf neuerliche Aufstände in Wien[53] reagierte der Kaiser mit einer Proklamation vom 16. Mai 1848, mit welcher der erste *Reichstag* zu einem *konstituierenden* (mit nur einer Kammer) erklärt und die frühere Wahlordnung deutlich abgeändert wurde[54].

17 Reichstag

Der erste österreichische Reichstag wurde auf Grund der zweimal geänderten Wahlordnung gewählt. Er trat am 22. Juli 1848 in Wien zusammen, wo er bis zu seiner Verlegung nach Kremsier am 22. Oktober 1848 tagte[55]. Er brachte nur ein, allerdings praktisch höchst bedeutsames Gesetz zustande: die Grundentlastung, Ablösung der Robot und Aufhebung der patrimonialen Gerichtsherrlichkeit und Polizei[56].

---

46 Dazu näher *Magdalena Pöschl*, Gleichheit vor dem Gesetz, 2008, S. 9 ff., 19 ff.
47 *Brauneder*, Gesetzgebungsgeschichte, in: Machacek/Pahr/Stadler (LitVerz.), Bd. I, S. 189 (203 ff.).
48 Mit kaiserlicher Proklamation vom 14. 3. 1848
49 Mit „provisorischer Verordnung" vom 18. 5. 1848 (PGS 1848/66).
50 PGS 1848/67.
51 Patent vom 8. 5. 1848 (PGS 1848/57).
52 Auf Grund des Bundestagsbeschlusses vom 7. 4. 1848.
53 „Sturmpetition" vom 15. 5. 1848; vgl. Rudolf Hoke/Ilse Reiter (Hg.), Quellensammlung zur österreichischen und deutschen Rechtsgeschichte, 1993.
54 In der (geänderten) provisorischen Wahlordnung (vom 30. 5. 1848, PGS 75) war dann der Zensus abgeschafft, das Wahlalter (von 30) auf 24 Jahre herabgesetzt und Wahlrecht auch den Arbeitern eingeräumt. (Ausgenommen vom Wahlrecht blieben Frauen sowie Dienstboten und Fürsorgeempfänger).
55 Nach den Oktoberunruhen in Wien wurde der Reichstag am 22. 10. 1848 nach Kremsier verlegt, wo er tatsächlich erst ab 22. 11. 1848 wieder tagen konnte.
56 Vgl. Ah. Patent vom 7. 9. 1848 (PGS 1848/112); ausgeführt durch Kaiserliches Patent vom 4. 3. 1849 (RGBl 152), wodurch die Durchführung der Aufhebung des Unterthans-Verbandes und der Entlastung des Grund und Bodens angeordnet wird. Vgl. → Bd. I: *Kühne*, Von der bürgerlichen Revolution bis zum Ersten Weltkrieg, § 3 RN 42 f. (insb. m. FN 121).

3. Der Grundrechtsentwurf des Reichstags

18
Kremsierer Entwurf

Für die eigentliche Verfassungsarbeit wählte der Reichstag einen Verfassungsausschuß[57]. Dieser bildete sogleich zwei Unterausschüsse: einen Dreier-Ausschuß, dem die Erarbeitung eines Grundrechtskataloges aufgetragen war und einen Fünfer-Ausschuß, der den Entwurf der übrigen Teile der Verfassung erarbeiten sollte. Beide Entwurfsteile, sowohl der staatsorganisatorische[58] als auch der die Grundrechte betreffende Teil („Entwurf der Grundrechte des österreichischen Volkes")[59] sind ziemlich eigenständige Schöpfungen und haben in der späteren Verfassungsentwicklung mehrfach als Inspirationsquelle eine Rolle gespielt. Die Grundrechte sollten in der Konstitutionsurkunde, systematisch gesehen, an prominenter Stelle, nämlich gleich nach den einleitenden Bestimmungen über das Staatsgebiet und dessen Einteilung ihren Platz finden. Der ganze Kremsierer Entwurf atmet einen modernen und liberalen Geist. Bemerkenswerter Weise beginnt der Grundrechtsentwurf – deutlich nach französischem und belgischem Vorbild – mit einer Berufung auf die Volkssouveränität („Alle Staatsgewalten gehen vom Volk aus und werden auf die in der Konstitution festgesetzte Weise ausgeübt".). In den Beratungen nahmen die österreichischen Abgeordneten immer wieder Bezug auf den mittlerweile, am 19. Juni 1848, in der Frankfurter Paulskirche beschlossenen Entwurf der „Grundrechte des deutschen Volkes", wenngleich man grundsätzlich die Schaffung eines eigenständigen österreichischen Grundrechtskataloges anstrebte[60].

19
Bemühen um normative Grundrechte

Während des Fortgangs der Arbeiten war eine Abnahme grundsätzlicher staatsphilosophischer Festlegungen zu konstatieren. Anfangs sollte an der Spitze des Grundrechtskataloges der Satz stehen: „Alle Menschen sind frei geboren, alle haben gleiche, angeborene und unveräußerliche Rechte...". Der Schutz dieser Rechte als Staatsaufgabe und die Herrschaft des Volkswillens als unveräußerliches Recht des Volkes sollten weitere grundsätzliche Aussagen bilden. Im weiteren Verlauf der Beratungen und mit fortschreitender juristischer Präzisierung entschloß man sich, solche Formulierungen weitgehend wegzulassen, denn ein Gesetz solle „nicht mit philosophischen Spekulationen beginnen" bzw. „keine theoretischen Abhandlungen liefern"[61]. Diese „Abmagerung" zu einem normativ gehaltenen Grundrechtskatalog hatte aber den Vorteil, daß man in der späteren Verfassungsentwicklung ohne große Schwierigkeiten auf Formulierungen des Kremsierer Entwurfs zurückgreifen konnte.

---

57 Zu den Grundrechtsdiskussionen vgl. *Alfred Fischel*, Die Protokolle des Verfassungsausschusses über die Grundrechte. Ein Beitrag zur Geschichte des österreichischen Reichstags vom Jahre 1848, 1912.
58 Entwurf einer Konstitutionsurkunde für die österreichischen Staaten; Text bei *Bernatzik* (FN 42), S. 115 ff.
59 Text (samt Minoritätsvoten) bei *Bernatzik* aaO. S. 133 ff.; *Reiter*, Texte (LitVerz.), S. 12 ff.
60 *Ermacora*, Menschenrechte I (FN 44), S. 134; *Brauneder*, Gesetzgebungsgeschichte, in: Machacek/Pahr/Stadler (LitVerz.), Bd. I, S. 189 (225 ff.). → Bd. II: *Merten*, Begriff und Abgrenzung der Grundrechte, § 35 RN 25.
61 Über staatsphilosophische Orientierungen (insbesondere an Carl von Rotteck/Carl Theodor Welcker [Hg.], Staatslexikon – Encyclopaedie der Staatswissenschaften, Altona, 1834 ff.) und ausländische Vorbilder siehe *Brauneder* aaO., S. 221 ff.

Ihrem äußeren Ablauf nach gingen die Verfassungsberatungen ziemlich zügig vonstatten: Ein erster Entwurf des Unterausschusses zu den Grundrechten wurde im Verfassungsausschuß und anschließend in den Abteilungen des Reichstags beraten; auf dieser Basis wurde im Verfassungsausschuß eine zweite Version der Grundrechte für die Beratung im Plenum fertiggestellt (19. Dezember 1848)[62]. Der Entwurf war zugleich Ausgangspunkt einer neuen Entwicklung: Die Regierung debattierte den Entwurf, fand ihn angesichts der Berufung auf die Volkssouveränität unannehmbar, kündigte dem Parlament die Zusammenarbeit auf und entwickelte in kürzester Frist einen eigenen Entwurf[63]. Anfang Jänner 1849 nahm der Innenminister *Franz Seraph Graf Stadion* im Reichstag gegen den Volkssouveränitäts-Paragraphen Stellung und bedeutete, es dürfe „das monarchisch-constitutionelle Princip nicht verletzt, das Recht der Krone von dieser hohen Versammlung nicht in Frage gestellt" werden, wodurch sich das Parlament brüskiert fühlte. Eine Verständigung zwischen Reichstag und Regierung scheiterte, und der Reichstag wurde – nach Veränderung der äußeren und inneren politischen Verhältnisse (Niederwerfung des ungarischen Aufstands mit russischer Hilfe!) – am 7. März 1849 aufgelöst.

20 Verfassungsberatungen

Festzuhalten bleibt: Trotz der intensiven Grundrechtsdiskussion hat offenbar keine Erörterung über Wesen und Wirkungen der Grundrechte stattgefunden. Angeklungen ist sowohl eine Grundlagen- bzw. Grundsatz-Funktion als auch eine Schutzfunktion sowie eine Sperrfunktion gegen abgeschaffte Rechtseinrichtungen. Eine Durchsetzbarkeit der Grundrechte (im Sinne subjektiver öffentlicher Rechte) kam in keiner Phase der Debatten zur Sprache. Eine Art sekundärer Rechtsschutz in Form einer Amtshaftung (Klage auf Genugtuung „wegen Verletzung konstitutioneller Rechte" vor dem obersten Reichsgericht) war zwar angedacht, hätte aber jedenfalls einer entsprechenden Ausführungsgesetzgebung bedurft[64].

21 Keine Erörterung der Grundrechtsfunktion

4. Verfassung 1849

Als nach der Abdankung *Ferdinand*s am 2. Dezember 1848 der junge Kaiser *Franz Joseph I.* den Thron bestieg, bekundete er von Anfang an seinen Willen, „alle Lande und Stämme der Monarchie zu einem großen Staatskörper zu vereinigen". Ziel seiner Regierung war es, dem Kaisertum neue Autorität zu verschaffen.

22 Franz Joseph I.

---

62 Die Arbeiten am übrigen Verfassungsteil begannen erheblich später, nämlich erst im November 1848 in Kremsier und dauerten bis zur Auflösung des Reichstags. In diesem Verfassungsteil fanden sich grundrechtlich so wichtige Elemente wie die Unabsetzbarkeit der Richter, „unveräußerliche Rechte" der Gemeinde und die Kompetenzen eines Reichsgerichts. Die 1. Lesung und darauf folgend die Annahme des Verfassungsentwurfs sollte am 15.3.1849 stattfinden. Dem ist die Regierung durch Oktroyierung der „Märzverfassung" (4.3.1849) und Auflösung des Reichstags (7.3.1849) zuvorgekommen.
63 Dieser sollte noch dazu als Abänderungsvorschlag eines Abgeordneten lanciert werden.
64 *Brauneder*, Zum Wesen der Grundrechte des „Kremsierer Verfassungsentwurfs", ÖJZ 1989, S. 417 ff.; a.M. *R. Walter*, Waren die „Grundrechte" des „Kremsierer Verfassungsentwurfs" bloße „Staatszielbestimmungen"?, ÖJZ 1990, S. 609 ff.

§ 186 Dreizehnter Teil: I. Allgemeine Lehren

23
Oktroyierte März-
verfassung 1849

Zeitgleich mit der Auflösung des Kremsierer Reichstags wurde am 4. März 1849 eine neue „Reichsverfassung für das Kaisertum Österreich"[65] (sog. Oktroyierte Märzverfassung 1849) sowie ein Grundrechtspatent[66] erlassen. Die Verfassung 1849 verhinderte also den Kremsierer Entwurf und ersetzte die Verfassung 1848. Politischer Kerngedanke war es, wieder die monarchische Legitimität durchzusetzen und die Verfassung als Klammer für den monarchischen Gesamtstaat zu verwenden. Inhaltlich lehnte sich die Verfassung in Form und Aufbau an den Kremsierer Entwurf an; insbesondere bei den Grundrechtsbestimmungen ist dieses Vorbild unverkennbar. Interessanterweise galten die Selbstverwaltungsbefugnisse der Gemeinde als Grundrechte. Dem Einzelnen verbriefte die Reichsverfassung (im Abschnitt III. „Von dem Reichsbürgerrechte") allerdings nur einen Teil der typisch frühkonstitutionellen Grundrechte. Die übrigen Grundrechte sind in ein eigenes Grundrechtspatent aufgenommen, das nur in der österreichischen Reichshälfte galt; nur in dieser sollten alle Grundrechte gewährt werden. Sie sind als Staatsbürgerrechte konzipiert. Ihrer Natur nach waren sie gewiß Staatszielbestimmungen; ob damit subjektive öffentliche Rechte eingeräumt sein sollten, ist unklar. Das in der Verfassung vorgesehene Reichsgericht sollte unter anderem als oberste Instanz „bei Verletzung der politischen Rechte" fungieren (§ 106 II). Ob dies schon als eine Verfassungsgerichtsbarkeit gemeint war[67], bleibt ungewiß, zumal die nähere gesetzliche Regelung unterblieb und dieses Reichsgericht nicht eingerichtet wurde.

Grundrechtspatent

24
Rechtsstaatliche
Verfassung

Verfassungs-
wirklichkeit

Insgesamt erhielt damit Österreich erstmals eine überwiegend rechtsstaatliche Verfassung. Obrigkeitliches Handeln sollte nicht mehr monarchischer und behördlicher Willkür überlassen, sondern von der Verfassung und durch Grundrechte beschränkt sein. In der Verfassungswirklichkeit wurde die konstitutionelle Staatsform jedoch alsbald verlassen. Praktisch trat die Märzverfassung – mit Ausnahme des als Beratungsorgan für Kaiser und Regierung konzipierten Reichsrates – nicht in Wirksamkeit. Gesetze wurden vom Kaiser unter Berufung auf sein interimistisches Gesetzgebungsrecht erlassen, und zwar auch in einigen grundrechtsrelevanten Materien[68].

---

65 RGBl 1849/150.
66 Kaiserliches Patent vom 4.3.1849 „über die durch die konstitutionelle Staatsform gewährleisteten politischen Rechte" (RGBl 1849/151) – das Grundrechtspatent galt allerdings nicht für die Länder der ungarischen Krone und Lombardo-Venetien! Die hierin verbrieften Rechte waren: Individuelle Glaubens- und Kultfreiheit (häusliche Religionsübung), öffentliche Religionsausübung und Autonomie der gesetzlich anerkannten Kirchen und Religionsgesellschaften, die Wissenschaftsfreiheit sowie eine Art Verfassungsauftrag, für allgemeine Volksbildung zu sorgen; ferner (allerdings für suspendierbar erklärt): Meinungsäußerung und Pressefreiheit, Zensurverbot, Vereins- und Versammlungsfreiheit, Schutz der persönlichen Freiheit, des Hausrechts und des Briefgeheimnisses. Das Patent enthielt die Ermächtigung, daß auf Grund näherer gesetzlicher Bestimmungen ein Teil der Grundrechte zeitlich und örtlich außer Wirksamkeit gesetzt werden konnte.
67 Dies wäre angesichts des sehr ähnlichen Textes der Frankfurter Reichsverfassung denkbar gewesen und wurde so auch von *Lemayer* (Rechtsschutz im öffentlichen Recht, A. Das Reichsgericht, in: Ernst Mischler/Josef Ulbrich [Hg.], Österreichisches Staatswörterbuch, ²1909, Bd. 4, S. 18) vermutet.
68 Auf diese Weise ergingen z.B. die Landesverfassungen für alle (heutigen) österreichischen Länder und das Provisorische Gemeindegesetz (RGBl 1849/170). Auch das Grundrechtspatent wurde zum Teil ausgeführt; vgl. dazu das Patent über das Vereins- und Versammlungsrecht (RGBl 1849/171), Verordnungen betreffend das Verhältnis zwischen Staat und katholischer Kirche (RGBl 1850/156, 157) und eine Besserstellung der Angehörigen der evangelischen Konfession (RGBl 1849/107).

5. Der Zeitraum 1852 bis 1867

Diese Periode wird gelegentlich als eine „schreckliche" (verfassungs- und grundrechtslose) Zeit angesehen, bedarf jedoch einer differenzierteren Betrachtung[69]. Die allgemeine politische Entwicklung führte dazu, daß sich der Schwerpunkt der staatlichen Willensbildung wieder zum Kaiser verlagerte. Ab August 1851 stand der Ministerrat dem Kaiser nicht mehr beratend-vorschlagend zur Seite, sondern war ihm vollziehend untergeordnet. Vor allem aber wurde der bewußt konservativ besetzte Reichsrat zum bloßen Kronrat des Monarchen diminuiert.

25 „Grundrechtslose" Zeit

Im Sinne des Neoabsolutismus wurde die Verfassung 1849 durch zwei Kaiserliche Patente vom 31. Dezember 1851 mit Wirkung vom 1. Januar 1852 aufgehoben[70]. An deren Stelle traten „Grundsätze für organische Einrichtungen in den Kronländern des österreichischen Kaiserstaates"[71], die nach Art von Staatszielbestimmungen die „organische Gesetzgebung" leiten sollten. Einige Grundrechte wurden dabei inhaltlich bestätigt (zum Beispiel: Aufhebung des Untertänigkeitsverbandes, Gleichheit, Religionsausübung und Autonomie der Kirchen), einige ausdrücklich aufgehoben (so etwa die Garantie der Schwurgerichte), andere immerhin als richtunggebend pauschal erwähnt. Mit der Herabstufung zahlreicher grundrechtlicher Anliegen zu „legislativen Grundsätzen" hat man eigentlich die Grundrechtsidee, die verfassungsrechtliche Verbürgung grundlegender Rechtspositionen, weitgehend verlassen.

26 „Sylvesterpatente" 1851

Nach dem 1859 verlorenen Krieg in Oberitalien bahnte sich ein langsamer Wandel an, als im März 1860 der Reichsrat „verstärkt", das heißt personell erweitert und unter anderem mit der Beratung über „alle wichtigeren Entwürfe in Sachen der allgemeinen Gesetzgebung" betraut wurde[72]. Ein entscheidender Wandel in Richtung Konstitutionalismus trat ein, als mit dem Diplom vom 20. Oktober 1860 „zur Regelung der inneren staatsrechtlichen Verhältnisse der Monarchie" bekanntgegeben wurde, der Kaiser werde fortan das „Recht, Gesetze zu geben, abzuändern und aufzuheben, ... nur unter Mitwirkung der gesetzlich versammelten Landtage beziehungsweise des Reichsrathes" ausüben[73].

27 Oktoberdiplom 1860

---

69 Dazu im einzelnen *Brauneder*, Gesetzgebungsgeschichte, in: Machacek/Pahr/Stadler (LitVerz.), Bd. I, S. 189 (264 ff.).
70 Von diesen derogierte eines der Reichsverfassung und eines dem Grundrechtspatent (RGBl 1852/2 und 3); vgl. → Bd. II: *Merten*, Begriff und Abgrenzung der Grundrechte, § 35 RN 26.
71 Sie konfigurierten den Staat als eine „neuständische beschränkte Monarchie mit starker Dominanz des Monarchen" (*Brauneder*, Verfassungsentwicklung [FN 24], S. 138).
72 Kaiserliches Patent vom 5.3.1860 (RGBl 1860/56).
73 Dieses Diplom bezeichnet sich in seiner Präambel selbst als *Staatsgrundgesetz*. In der Präambel werden auch grundrechtliche Themen apostrophiert: „Dass die Elemente gemeinsamer organischer Einrichtungen und einträchtigen Zusammenwirkens durch die Gleichheit Unserer Unterthanen vor dem Gesetze, die Allen verbürgte freie Religionsübung, die von Stand und Geburt unabhängige Aemterfähigkeit und die Allen obliegende gemeinsame und gleiche Wehr- und Steuerpflichtigkeit, durch die Beseitigung der Frohnen und die Aufhebung der Zwischenzoll-Linie in Unserer Monarchie sich erweitert und gekräftigt haben; ...".

28
Februarpatent 1861

Mit dem „Februarpatent" vom 26. Februar 1861 wurde ein neues Grundgesetz über die Reichsvertretung erlassen[74]. Die damit geschaffene Verfassungslage enthielt zwar keine Grundrechte, aber das nunmehr erstmals wieder ermöglichte parlamentarische Leben führte alsbald zu Initiativen für eine klare Verankerung von Grundrechten, wie sie zuletzt 1849 existiert hatten. Tatsächlich kam es in dieser Phase zur Verabschiedung einiger ganz zentraler Garantien, die 1862 in Kraft traten.

29
Persönliche Freiheit und Hausrecht

Als erster Schritt zum Abbau autoritär-polizeistaatlicher Strukturen und zur Liberalisierung erwiesen sich das Gesetz zum Schutz der persönlichen Freiheit und das Gesetz zum Schutz des Hausrechts, beide vom 27. Oktober 1862[75]. In beiden Fällen wurden Eingriffe grundsätzlich an das Erfordernis eines „richterlichen Befehls" gebunden; darüber hinaus wurde aber dazu ermächtigt, durch Gesetze in bestimmten näher umschriebenen Fällen auch Eingriffe von Verwaltungsorganen vorzusehen. Zu erwähnen ist ferner das Reichsgemeindegesetz 1862, das endlich die Gemeindeautonomie verwirklichte und eine Abgrenzung der Wirkungsbereiche von Staat und Gemeinde traf, die fortan (bis heute) bestimmend blieb[76].

Gemeindeautonomie

30
Sistierungsepoche 1865–1867

Um die seit 1848 ungelöste Frage der staatsrechtlichen Stellung Ungarns einer Lösung zuzuführen, sistierte der Kaiser im Herbst 1865[77] das Grundgesetz über die Reichsvertretung. Durch Einberufung des ungarischen (und kroatischen) Landtages sollte der Weg der Verständigung geöffnet werden[78]. Nach dem verlorenen Krieg von 1866 kam es zum „Ausgleich" mit Ungarn und dadurch zu jenem staatsrechtlichen Dualismus Österreich-Ungarn, der bis zum Untergang der Monarchie bestimmend bleiben sollte.

---

74 RGBl 1861/20, Beil. I. Es enthielt ferner 15 Landesordnungen (und Landtagswahlordnungen) und stellte somit eigentlich eine neue Verfassung („Februarverfassung") dar. Politisch war dies der letzte Versuch, dem Konstitutionalismus eine prinzipiell andersartige Verfassungskonstruktion auf dem Boden des „historischen Staatsrechts" und der monarchischen Legitimität entgegenzustellen. Dieses Konzept wurde von den nichtdeutschen Nationalitäten der Monarchie boykottiert.
75 RGBl 1862/87 und 88.
76 Gesetz vom 5.3.1862, womit die grundsätzlichen Bestimmungen zur Regelung des Gemeindewesens vorgezeichnet werden (RGBl 1862/18). Es unterscheidet einen selbständigen und einen übertragenen Wirkungskreis der Gemeinde. In Art. V umschreibt das Gesetz den *selbständigen Wirkungskreis* als denjenigen, „in welchem die Gemeinde mit Beobachtung der bestehenden Reichs- und Landesgesetze nach *freier Selbstbestimmung* anordnen und verfügen kann" – er „umfaßt überhaupt Alles was das Interesse der Gemeinde zunächst berührt und innerhalb ihrer Gränzen durch ihre eigenen Kräfte besorgt und durchgeführt werden kann" (Hervorhebungen vom Verf.). Ganz ähnlich umschreibt den eigenen Wirkungsbereich der Gemeinden heute Art. 118 Abs. 2 B-VG (seit der Gemeindeverfassungsnovelle 1962).
77 Mit einem Manifest vom 20.9.1865 (RGBl 88; ohne Kontrasignatur!) und mit einem Patent vom selben Tage (RGBl 1865/89).
78 Historische Details und Dokumente bei *Bernatzik* (FN 42), S. 315–366.

B. Die Grundrechte in der konstitutionellen Monarchie

I. Entstehung

Nach der militärischen Niederlage gegen Preußen bei Königgrätz (1866) kehrte Österreich 1867 zur konstitutionellen Monarchie zurück[79]. Damit setzten sich endgültig die Verfassungsbewegung und das politische Gedankengut des Liberalismus durch. Nachdem schon am 15. November – gleichsam als Vorgriff auf die kommende Liberalisierung – ein freiheitliches Vereins- und Versammlungsrecht[80] erlassen worden war, hat schließlich der mühsam erzielte „Ausgleich" mit Ungarn das Verfassungswerk bis in den Dezember verzögert, weshalb man es gemeinhin als „Dezemberverfassung 1867" bezeichnet. Sie besteht aus fünf Staatsgrundgesetzen, wovon eines „die allen Ländern der österreichischen Monarchie gemeinsamen Angelegenheiten und die Art ihrer Behandlung" betraf[81] und somit die Grundlage für die schwierige Verfassungskonstruktion der Doppelmonarchie Österreich-Ungarn schuf. Die für die österreichische Reichshälfte („die im Reichsrat vertretenen Königreiche und Länder" – gemeinhin „Cisleithanien" genannt) geltende Verfassung gliederte sich in folgende Gesetze, die der Gliederung der Staatsgewalten folgten: Den neugeordneten Parlamentarismus betraf das Grundgesetz über die Reichsvertretung[82]; ferner entstanden ein Staatsgrundgesetz über die Ausübung der Regierungs- und der Vollzugsgewalt[83], ein Staatsgrundgesetz über die richterliche Gewalt[84], ein Staatsgrundgesetz über die Einsetzung eines Reichsgerichtes[85]. Das Staatsgrundgesetz über die allgemeinen Rechte der Staatsbürger für die im Reichsrate vertretenen Königreiche und Länder (StGG)[86] setzte den eigentlichen Akzent. Denn nun war endlich ein Grundrechtskatalog vorhanden, der inhaltlich weitgehend an 1849 anschloß und über die Verfassungsbeschwerde beim Reichsgericht tatsächlich erstmals durchsetzbare Grundrechte bot[87].

31
Dezemberverfassung 1867

Verfassungsgliederung

---

79 Einer der ersten Schritte war das Gesetz vom 25.7.1867 (RBGl 101) über die Verantwortlichkeit der Minister.
80 Vereinsgesetz (RGBl 1867/134) und Versammlungsgesetz (RGBl 1867/135). Beide Gesetze galten (in mehrfach modifizierter Form) bis in die jüngste Zeit weiter. Erst 2002 erging ein neues Bundesgesetz über Vereine, Vereinsgesetz 2002 (BGBl I 2002/66), welches immer noch die Grundstrukturen des alten liberalen Vereinsrechts wahrt. Das Versammlungsgesetz 1953 (BGBl 1953/98 i.d.g.F.) ist eine Wiederverlautbarung des alten Gesetzes von 1867 (mit verschiedenen Novellierungen).
81 RGBl 1867/146.
82 Dieses stellt sich formell nur als eine Novellierung des bestehenden Grundgesetzes über die Reichsvertretung vom 26.2.1861 (RGBl 1867/141) dar.
83 RGBl 1867/145.
84 RGBl 1867/144.
85 RGBl 1867/143.
86 RGBl 1867/142.
87 Demgegenüber kannten weder die Verfassung des Norddeutschen Bundes von 1867 noch die deutsche Reichsverfassung 1871 Grundrechtskataloge. Vgl. → Bd. I: *Kühne*, Von der bürgerlichen Revolution bis zum Ersten Weltkrieg, § 3 RN 77, 81, 82. Allerdings wurden in beiden Bundesstaaten grundrechtsartige Regelungen (wie z.B. Freizügigkeit, Bekenntnisfreiheit, Preßfreiheit und Briefgeheimnis) in einfachen Gesetzen verankert. Gab es auf der Ebene des Oberstaates gar keine Grundrechtskataloge, so existierten solche auf gliedstaatlicher Ebene (nach der Situation *vor* 1848/49). In manchen Staaten (wie Preu-

32
Ablaufphasen
(StGG)

In ihrem äußeren Ablauf ähnelte die Entstehung des Staatsgrundgesetzes über die allgemeinen Rechte der Staatsbürger jener der Kremsierer Grundrechte. Der Reichsrat bestimmte zunächst aus seiner Mitte einen Verfassungsausschuß, welcher seinerseits ein Subkomitee bildete; dieses wiederum betraute einen Referenten mit der Ausarbeitung des Grundrechtsentwurfs. Nach Verhandlung im Subkomitee und im Verfassungsausschuß wurde der Entwurf dem Plenum des Reichsrates zugewiesen[88]. Nach dem komplizierten Prozedere der Verhandlung zwischen den beiden gleichberechtigten Kammern (Abgeordnetenhaus und Herrenhaus)[89] wurde das Staatsgrundgesetz vom Kaiser sanktioniert und kundgemacht.

33
Bericht des Verfassungsausschusses

Der Bericht des Verfassungsausschusses stellt an die Spitze die nun schon unumstößliche These: „Das constitutionelle Staatsrecht erfordert neben der Teilnahme des Volkes an der gesetzgebenden Gewalt auch die Errichtung verfassungsmäßiger Garantien für das dem einzelnen Staatsbürger zukommende Recht, unter dem Schutze der Staatsgewalt den materiellen und geistigen Fortschritt der bürgerlichen Gesellschaft in freier Entwicklung anzustreben. Die Verfassungen aller constitutionellen Staaten enthalten daher entweder in einer Constitutionsurkunde selbst oder in speziellen Grundgesetzen die Feststellung derjenigen Principien, von welchen die Gesetzgebung und Verwaltung im Staate gegenüber der Freiheit des einzelnen Staatsbürgers geleitet sein soll".

34
Orientierung an der März-Verfassung 1849

Der Referent im Subkomitee des Verfassungsausschusses, *Eduard Sturm*, hat sich bei der Ausarbeitung des Grundrechte-Entwurfes bewußt an der März-Verfassung 1849 orientiert[90], um die Zustimmung des Kaisers leichter zu erlangen. Darüber hinaus wurde auch auf den Kremsierer Grundrechtsentwurf und die in anderen europäischen Verfassungen gewährten Grundrechte Bedacht genommen. Der Bericht des Verfassungsausschusses berührt nach dieser allgemeinen Orientierung eine Reihe von Einzelgrundrechten (jedoch

---

ßen und Sachsen) waren die liberalen Garantien durch die Staaten selbst, in anderen (wie etwa Kurhessen und Hannover) auf Weisung des deutschen Bundes zurückgenommen worden. Eine Modernisierung im Sinn verfassungskräftiger Verankerung von Grundrechten fand in den deutschen Staaten bis zum Ende der monarchischen Verfassungen (1918) nicht statt. Bei dieser Lage blieben die Grundrechte dort gleichsam philosophische Prinzipien. Das Vertrauen auf den bürgerlichen Rechtsstaat sah im Gesetzesvorbehalt und damit im Parlament einen hinlänglichen Garanten gegen staatliche Eingriffe; → Bd. II: *Merten*, Begriff und Abgrenzung der Grundrechte, § 35 RN 27.

[88] Beraten wurde der Entwurf zuerst im Abgeordnetenhaus (in erster Lesung am 19.6.1867) und anschließend im Herrenhaus, welches (nach Vorberatung in einer von ihm eingesetzten „Juridisch-politischen Commission") seine Änderungswünsche an das Abgeordnetenhaus übermittelte. Dieses wies den Entwurf neuerlich dem Verfassungsausschuß zu, wo nach Beratung die Änderungswünsche und Vorschläge teilweise angenommen, teilweise abgelehnt wurden. Schließlich hat auch die Juridisch-politische Commission des Herrenhauses die Fassung des Abgeordnetenhauses angenommen. Die Beratungen sind dokumentiert in dem Werk [o.V.], Die neue Gesetzgebung Österreichs. Erläutert aus den Reichsraths-Verhandlungen, 1868; hinsichtlich des StGG über die allgemeinen Rechte der Staatsbürger s. dort insb. S. 305–394.

[89] Näher zum äußeren Ablauf *Gschliesser* (FN 38), S. 50f.; *Brauneder*, Gesetzgebungsgeschichte, in: Machacek/Pahr/Stadler (LitVerz.), Bd. I, S. 189 (275 ff.); *Barbara Haider*, Die Protokolle des Verfassungsausschusses des Reichsrates vom Jahre 1867, 1997.

[90] Das wird auch im Bericht des Verfassungsausschusses (P. 4) deutlich gemacht. Vgl. Die neue Gesetzgebung Österreichs (FN 88), S. 311.

gar nicht alle!) und begründet eher, warum bestimmte Regelungen nicht getroffen wurden[91], als den Inhalt und die Intention der einzelnen Grundrechtsformulierungen darzustellen. Hervorgehoben wird mit drastischen Worten die Bedeutung einer grundsätzlich verankerten Schadenersatzpflicht des Staates für gesetzwidrige Verhaftungen[92]. Ohne weiter ins Detail zu gehen, resümiert der Bericht: „Alle übrigen Bestimmungen des beiliegenden Staatsgrundgesetzes betrachtet der Ausschuß als *allgemein anerkannte Postulate des constitutionellen Staatsrechtes,* welcher einer besonderen Erläuterung oder Rechtfertigung nicht bedürfen"[93].

II. Kein System

Inhaltlich muß dieser Grundrechtskatalog nicht näher analysiert werden, weil er – mit Ausnahme der Suspensionsklausel (Art. 20 StGG) – noch heute geltendes Recht ist (indem er später in die Republik rezipiert wurde)[94].

35
Allgemeine Rechte der Staatsbürger

Die Rechte werden – zur Stiftung nationaler Identität – im Titel des Staatsgrundgesetzes als *„allgemeine Rechte* der Staatsbürger" bezeichnet, in der konkreten Normierung sind sie teils als Staatsbürger-Rechte, teils als Jedermann-Rechte formuliert. Dem Katalog fehlt ein einigendes philosophisches bzw. ideologisches Band; er enthält keine Präambel, keine Menschenwürde-Klausel, keine allgemeine Handlungsfreiheit – all dies war wohl nach Jahrzehnten der Verfassungsdiskussion entweder Selbstverständlichkeit oder galt als entbehrliche Theorie. Der österreichische Grundrechtskatalog bietet daher kein systematisches und vollständiges Tableau von Grundwerten und Grundrechten.

36
Fehlende Systematik

Verbrieft waren nun die historisch erkämpften Rechte, insbesondere Freiheitsrechte:

37
Grundrechtskatalog 1867

- Gleichheit (der Staatsbürger) „vor dem Gesetz" (Art. 2)[95];
- gleiche Ämterzugänglichkeit (Art. 3);
- Freizügigkeit der Person und des Vermögens im Staatsgebiet (Art. 4);
- Unverletzlichkeit des Eigentums. „Eine Enteignung gegen den Willen des Eigentümers kann nur in den Fällen und in der Art eintreten, welche das Gesetz bestimmt" (Art. 5);

---

91 So wird beispielsweise ausgeführt, warum man (auch im Hinblick auf unterschiedliche Wünsche und Forderungen aus den Kronländern) keine konkretere Regelung der Nationalitätenrechte getroffen hat und warum man im Zusammenhang mit der Liegenschaftserwerbsfreiheit den Grundsatz der Freiteilbarkeit des Grundeigentums nicht aufgenommen hat (um nämlich je nach agrarischen Verhältnissen der Landesgesetzgebung Spielraum zu belassen).
92 „... Genugthuungspflicht des Staates für die schwerste und schreiendste ämtliche Verletzung der persönlichen Freiheit, für welche voller Ersatz gar nicht erlangt werden kann, ...".
93 Hervorhebung vom Verf. dieses Beitrags.
94 Dazu galt in der Monarchie ein detailliertes Gesetz vom 5.5.1869 (RGBl 66), „womit auf Grund des Artikel 20 ... die Befugnisse der verantwortlichen Regierungsgewalt zur Verfügung zeitweiliger und örtlicher Ausnahmen von den bestehenden Gesetzen bestimmt werden".
95 Der Gleichheitssatz blieb bezeichnender Weise an der Spitze des Katalogs. Er behielt seine demokratisierende Stoßkraft und wurde später in der Republik – wohl nicht zufällig – zu einer Art Auffangnorm im Rahmen der österreichischen Grundrechte.

- Niederlassungsfreiheit, (standesunabhängige) Liegenschaftserwerbsfreiheit und Berufsfreiheit (Art. 6);
- Aufhebung des Untertänigkeits- und Hörigkeitsverbands „für immer". (Art. 7);
- Freiheit der Person (Art. 8)[96];
- Hausrecht (Art. 9)[97];
- Briefgeheimnis (Art. 10)[98];
- Petitionsrecht (Art. 11);
- Vereins- und Versammlungsrecht (Art. 12)[99];
- Meinungsäußerungsfreiheit, Pressefreiheit (Art. 13);
- Glaubens- und Gewissensfreiheit (Art. 14);
- Kultfreiheit und Autonomie der Religionsgesellschaften (Art. 15, 16)[100];
- Wissenschaftsfreiheit; Zulässigkeit von Privatschulen und häuslichem Unterricht (unter staatlicher Oberaufsicht über das „gesamte Unterrichts- und Erziehungswesen") (Art. 17);
- Berufsausbildungsfreiheit (Art. 18);
- Gleichberechtigung der „Volksstämme" und „unverletzliches Recht auf Wahrung und Pflege [ihrer] Nationalität und Sprache" (Art. 19).

38
Festigung dogmatischer Grundkategorien

Ein überzeugendes System der Grundrechte war zu dieser Zeit in der Lehre noch nicht entwickelt, dogmatische Grundkategorien waren keineswegs gefestigt, wenngleich in Ansätzen vorhanden. So sollte etwa nach damaliger Lehre der Begriff der politischen Rechte durchaus sowohl subjektive (öffentliche) Rechte der Staatsorgane (heute würde man wohl sagen: die Kompetenzen der Organe und die Rechte der Organwalter „aus dem Amt") als auch die „subjektiv-öffentlichen Rechte der Staatsglieder und Staatsbewohner" („politische Unterthanenrechte") umfassen[101]. In ähnlicher Sicht wie später in *Georg Jellinek*s Statuslehre wurden „positive" und „negative Handlung" gegen die Staatsgewalt unterschieden[102]. Die Freiheitsrechte wurden zutreffend als Unterlassungsanspruch gegen den Staat gesehen. Ein Individualanspruch auf bestimmte positive Staatshandlungen wurde verneint und als „bloße Rückwirkung objektiven Rechts" gedeutet (etwa Sicherung von Leben, Gesundheit,

---

96 Das (bestehende) Gesetz zum Schutze der persönlichen Freiheit (RGBl 1862/87) wurde zum Bestandteil des StGG erklärt.
97 Das (bestehende) Gesetz zum Schutze des Hausrechtes (RGBl 1862/88) wurde zum Bestandteil des StGG erklärt.
98 Dazu ergingen die Gesetze zum Schutze des Briefgeheimnisses (RGBl 1870/42 und 1879/79).
99 Diese beiden Grundrechte standen von Anfang an unter Ausführungsvorbehalt; Vereins- und Versammlungsgesetz waren aber kurz vor Erlassung des StGG (und zwar gleichsam im Vorgriff auf dieses) erlassen worden. Damit stand der „Wesenskern" dieser Grundrechte fest!
100 Den Anhängern eines gesetzlich nicht anerkannten Religionsbekenntnisses war die „häusliche" Religionsübung gestattet, „insoferne dieselbe weder rechtswidrig noch sittenverletzend ist" (Art 16 StGG) – dieser Einschränkung auf den häuslichen Kult ist seit dem Staatsvertrag von St.Germain materiell derogiert.
101 *Theodor Dantscher Ritter von Kollesberg*, Die politischen Rechte der Unterthanen, Wien 1888–94 (ND 1970), I. Lfg., S. 53.
102 *Dantscher* aaO., I. Lfg., S. 86 ff, II. Lfg. S. 42 ff. Als „Vorformen" der Statuslehre charakterisiert bei → Bd. I: *Kühne*, Von der bürgerlichen Revolution bis zum Ersten Weltkrieg, § 3 RN 92 m. FN 275.

Ehre, Vermögen usw. als Reflexwirkung der Rechtspflege)[103]. Angesichts des weit verstandenen Begriffes der politischen Rechte wurde die Klagbarkeit nicht als begriffliches Erfordernis bezeichnet.

Die Systematisierung der Grundrechte nach ihrem normativen Gehalt ließ in der Theorie an Klarheit und Stringenz zu wünschen übrig, sie war wohl zum Teil auch noch älteren Vorstellungen verhaftet. So unterschied *Theodor Dantscher Ritter von Kollesberg*:

39
Systematik nach Dantscher

(1.) Ganz allgemeine Prinzipien (wie Wissenschaftsfreiheit, Glaubens- und Gewissensfreiheit [die man eigentlich schon damals als individuelle Rechte gesehen hat], aber anderseits – wohl zutreffend hier eingeordnet – die Gleichberechtigung der Volksstämme);

(2.) „Constatierung staatsrechtlicher Zustände" (allgemeines Staatsbürgerrecht, Gerichtsmonopol des Staates, Aufgehobenheit des Untertänigkeits- und Hörigkeitsverbandes);

(3.) Verheißung künftiger Gesetze und Anführung legislativer Prinzipien für dieselben (ohne Beispiel);

(4.) Aufzählung einzelner politischer Rechte der Staatsbürger, „so namentlich des Rechtes der politischen Persönlichkeit, des öffentlichen Eigentumsrechtes, Auswanderungsrechtes etc".;

(5.) rechtliche Normierung und Aufzählung politischer Rechte der Staatsgewalt gegen den Einzelnen, so des Verhaftungs-, Hausdurchsuchungs-, Brieferöffnungs-, Expropriationsrechtes der Staatsbehörden (eigentlich konkret normierte Eingriffsermächtigungen mit konkreten inhaltlichen Schranken!);

(6.) „politische Wünsche (wie: dass die Justiz und die Verwaltung getrennt seien, Ausnahmsgerichte nie stattfinden, Unbemittelte auf allen öffentlichen Unterrichtsanstalten freien Unterricht genießen sollen)";

(7.) „gesetzliche Möglichkeiten" (etwa Beschränkungen des Grunderwerbs für die tote Hand);

(8.) „rechtlich inhaltslose Phrasen", worin namentlich die französischen Menschenrechte mit ihrem hohlen Doktrinarismus hervorleuchten ..." (sic!)[104].

Die bei Rechtsvergleichung sichtbar werdende Verschiedenheit der Formulierung von Grund- und Freiheitsrechten hat *Dantscher* zutreffend auf verschiedene historische Gefährdungslagen zurückgeführt, für die eine Abwehr staatlicher Willkür gesichert werden sollte. Grundrechte galten der (deutschen) Lehre vielfach als „Aufstellung ... allgemeiner Prinzipien und theoretisierender Fundamentalsätze, welche sofort nach ihrer Proklamierung in den Grundrechten selbst eine vielfache Durchbrechung und Einschränkung erleiden. Immerhin sah auch *Dantscher* – beim damaligen Entwicklungsstand des öffentlichen Rechts – das rechtsstaatliche Erfordernis der näheren gesetzli-

40
Reflexe historischer Gefährdungslagen

Grundrechtskonformes Gesetzesrecht

---
103 *Dantscher* aaO., II. Lfg., S. 45.
104 *Dantscher* aaO., II. Lfg., S. 101.

chen (grundrechtskonformen) Ausgestaltung des einfachen Gesetzesrechts und der zulässigen Eingriffe[105].

III. Grundrechtsbeschwerde beim Reichsgericht

41
Die Grundrechte in der Praxis des Reichsgerichts

In seiner praktischen Bedeutung für den Bürger und für die weitere Rechtsentwicklung kann die Rolle des Reichsgerichts gar nicht hoch genug eingeschätzt werden[106]. Dieses hatte über Beschwerden der Staatsbürger „wegen Verletzung der ihnen durch die Verfassung[107] gewährleisteten politischen Rechte" endgültig zu entscheiden, „nachdem die Angelegenheit im gesetzlich vorgeschriebenen administrativen Wege ausgetragen worden ist"[108]. Mit der Kompetenz zur Entscheidung über Grundrechtsbeschwerden (und seinen sonstigen Kompetenzen) war das österreichische Reichsgericht der erste Verfassungsgerichtshof in Europa[109]!

In seiner Spruchpraxis[110] hat das Reichsgericht fast alle im „StGG über die allgemeinen Rechte der Staatsbürger" enthaltenen Rechte (mit Ausnahme des Eigentums!) als politische Rechte qualifiziert[111]. Wenngleich das Reichsgericht noch nicht befugt war, Verwaltungsakte (oder gar Gesetze) aufzuheben[112], sondern die Verletzung politischer Rechte *nur feststellen* konnte, hatten seine Urteile (Erkenntnisse) höchste Autorität und wurden durchwegs respektiert[113].

42
Schöpferische Rechtsprechung

Die Rechtsprechung des Reichsgerichts hat die Deutung der Grundrechte auf die Dauer entscheidend geprägt und in mancher Beziehung großzügig entwickelt. Das lag angesichts der weitmaschigen Formulierungen der Grundrechte und ihrer gedanklichen Anknüpfung an die Jahre 1848 und 1849 nahe.

---

105 *Dantscher* aaO., II. Lfg., S. 105: „Und in dieser gesetzlichen Anerkennung der ... wichtigsten Rechte ..., des Rechtes der politischen Persönlichkeit wie auch des Rechtes der Unverletzlichkeit ihrer Sach- (Rechts)-Güter und der Detailirung namentlich des ersteren nach seiner positiven und negativen Seite in den Grundrechten liegt auch deren Wert und Bedeutung für den Rechtsstaat. Denn indem die Grundrechte – nebst einigen anderen politischen Rechten – diese beiden wichtigsten Rechte gesetzlich anerkennen, gesetzlich aussprechen, dass der *Mensch* nicht im *Bürger* aufgehe, bringen sie die ... öffentliche Rechtsstellung ... zur Staatsgewalt zum Ausdrucke, sie nehmen das Grundprinzip des Rechtsstaates zum festen und sicheren Fundamente, das dann allerdings in den einzelnen Gebieten des staatlichen Verwaltungsrechtes, im Strafprozessrecht, inneren Verwaltungs-, Finanz- und Polizeirechte seine consequente Durchführung und Spezialisirung finden muss".
106 Zutreffend gewürdigt durch → Bd. I: *Kühne*, Von der bürgerlichen Revolution bis zum Ersten Weltkrieg, § 3 RN 93–96 (er spricht von „Lichtblick" und „freiheitsrechtlicher Pilotrolle").
107 Gemeint waren damit die Staatsgrundgesetze. Der Ausdruck wurde aber weiter verstanden: Auch das Wahlrecht zum Reichsrat und zur Gemeinde gehörte nach der Praxis des Reichsgerichts dazu, obwohl sie in keinem der Staatsgrundgesetze enthalten waren.
108 Art. 3 lit. b StGG über die Einsetzung eines Reichsgerichtes.
109 *Georg Jellinek*, Ein Verfassungsgerichtshof für Österreich, Wien, 1885.
110 Anton Hye Freiherr v. Gluneck und (ab Bd. 10) Karl Hugelmann (Hg.), Sammlung der Erkenntnisse des k.k. österr. Reichsgerichts, Wien 1874 ff.
111 So schon *Bernatzik* (FN 42), S. 428 FN 5 und 6. Vgl. ferner *Stanislaus Poray Ritter von Madeyski*, Studien zur Rechtsprechung des Reichsgerichtes über die Verletzung politischer Rechte, 1900, und *Melichar*, Die Freiheitsrechte der Dezember-Verfassung 1867 und ihre Entwicklung in der reichsgerichtlichen Judikatur, ZÖR 1966, S. 256 ff.
112 Die Befugnis zur Kassation von Verwaltungsakten wegen (einfachgesetzlicher) Rechtswidrigkeit erhielt erst der später (mit dem VwGG 1875) eingerichtete Verwaltungsgerichtshof.
113 *W.R. Svoboda*, Die tatsächliche Wirkung der Erkenntnisse des österreichischen Reichsgerichts (1869–1918), ZÖR 1971, S. 183 ff.

Teilweise hat das Reichsgericht das einzelnen Grundrechten innewohnende telos rechtsschöpferisch entwickelt. Dies gilt besonders für die den Wortlaut sprengende und teleologisch erweiternde Deutung des Rechts auf den „ordentlichen [gesetzlichen] Richter". Von großer politischer Bedeutung war naturgemäß auch die Rechtsprechung zu den Nationalitätenrechten.

43
Teleologische Weiterungen

Schon die Normierung der Zuständigkeit des Reichsgerichts und die Handhabung seiner Kompetenz haben von Anfang an keinen Zweifel aufkommen lassen, daß es sich bei den Grundrechten der Dezemberverfassung größtenteils um subjektive Rechte handelt; einzelne Garantien, wie etwa der Gleichheitssatz, wurden zum Teil nur als programmatische Gewährleistungen aufgefaßt. Wenngleich die Unterscheidung zwischen einfachen Gesetzen und Verfassungsgesetzen in der Theorie anerkannt war, so daß eigentlich auch der Gesetzgeber an die Grundrechte gebunden war, blieb dies nach damaliger Staatsauffassung und Staatskonstruktion praktisch folgenlos. Zwar hat man gelegentlich ein Gesetz als verfassungswidrig bezeichnet. Um dies zu sanktionieren, fehlte es aber an einer Kompetenz zur Gesetzesprüfung[114], die den Vorrang der Grundrechte gegen die (einfache) Gesetzgebung zur Geltung hätte bringen können[115].

44
Subjektive Rechte

C. Die Grundrechte in der Republik

I. Verfassungsentstehung und Grundrechte

1. Das Verfassungsprovisorium 1918/1919

Nach dem Untergang der Monarchie galt es zunächst, das Staatsgebiet des verbliebenen kleinen Deutschösterreich zu sichern und dem Staatswesen eine dauerhafte Staatsform zu geben (strittig war vor allem die Frage Einheitsstaat oder Bundesstaat); die Grundrechte standen zunächst nicht im Zentrum der

45
Rezeption des StGG

---

114 In England haben die Gerichte seit altersher – wie später auch in anderen Staaten – ein (inzidentes) richterliches Prüfungsrecht in Anspruch genommen, ob überhaupt ein gemäß grundlegenden Vorschriften erzeugtes Gesetz vorliegt. Ähnliches galt übrigens nach altem Reichsstaatsrecht und nach der Einführung geschriebener Verfassungen in deutschen Landen. Bei fehlender Zustimmung der Stände oder der parlamentarischen Vertretungen bzw. bei fehlender (korrekter) Promulgation wurde die Nichtigkeit der Gesetze als die „der Würde und Autorität der gesetzgebenden Gewalt entsprechende Konsequenz" angesehen; (nur) diese beiden Aspekte konnten die Gerichte im Rahmen ihres Zuständigkeitsbereiches prüfen. Hingegen stand den Gerichten – nach den im monarchischen Konstitutionalismus waltenden Vorstellungen – keine Prüfung darüber zu, ob die verfassungsmäßigen Organe von ihrer Befugnis, Gesetze zu geben, den „rechten Gebrauch" gemacht hatten. Vgl. die gründliche Studie von *R. v. Gneist*, Soll der Richter auch über die Frage zu befinden haben, ob ein Gesetz verfassungsmäßig zu Stande gekommen?, Gutachten für den 4. Deutschen Juristentag, Berlin 1863.
115 Anerkannt war in der Monarchie nur eine (diffuse) inzidente Verordnungskontrolle der Gerichte (Art 7 StGG über die richterliche Gewalt). Entsprechendes normierte auch § 30 des Gesetzes betreffend die Organisation des Reichsgerichtes (RGBl 1869/44): „Das Reichsgericht ist wie jedes andere Gericht berufen, die Gültigkeit von Verordnungen zu prüfen und darüber zu entscheiden; die Prüfung der Gültigkeit gehörig kundgemachter Gesetze steht aber auch ihm nicht zu".

§ 186 Dreizehnter Teil: I. Allgemeine Lehren

Bruch der Rechtskontinuität

Verfassungsdebatte. Unter Bruch der Rechtskontinuität hatte die Provisorische Nationalversammlung (PNV) mit Beschluß vom 30. Oktober 1918 über die grundlegenden Einrichtungen der Staatsgewalt[116] (sog. „Verfassungsbeschluß") die „oberste Gewalt des Staates Deutschösterreich" in Anspruch genommen (§ 1), einige grundlegende Regeln für die Organisation des neuen Staatswesens verfügt und im übrigen angeordnet (§ 16): „Insoweit Gesetze und Einrichtungen, die in den im Reichsrate vertretenen Königreichen und Ländern in Kraft stehen, durch diesen Beschluß nicht aufgehoben oder abgeändert sind, bleiben sie bis auf weiteres in vorläufiger Geltung". Damit waren, soweit mit dem neuen republikanischen Staatswesen vereinbar, die Institutionen und Rechtsvorschriften der Monarchie rezipiert – sie waren also insoweit (ungeachtet der materiellen Kontinuität) in Wahrheit durch die neue Rechtsetzungsautorität in (vorläufige) Geltung gesetzt.

46 Weiterentwicklung

So war das Staatsgrundgesetz über die allgemeinen Rechte der Staatsbürger von Anfang an Bestandteil der republikanischen Rechtsordnung, allerdings mit einigen noch am selben Tag beschlossenen Änderungen. Mit dem – umgangssprachlich sogenannten – *Zensurbeschluß* der Provisorischen Nationalversammlung[117] wurden drei wesentliche Erweiterungen des Grundrechtsbestandes vorgenommen, die der Realisierung einer wirklich freiheitlichen Demokratie und der politischen Gleichberechtigung von Mann und Frau Bahn brachen:

Erweiterungen des Grundrechtsbestandes

– „1. Jede Zensur ist als dem Grundrecht der Staatsbürger widersprechend als rechtsungültig aufgehoben.
– 2. Die Einstellung von Druckschriften und die Erlassung eines Postverbotes gegen solche findet nicht mehr statt.
– Die bisher verfügten Einstellungen und Postverbote sind aufgehoben, die volle Freiheit der Presse ist hergestellt.
– 3. Die Ausnahmsverfügungen betreffs des Vereins- und Versammlungsrechtes sind aufgehoben. Die volle Vereins- und Versammlungsfreiheit ohne Unterschied des Geschlechts ist hergestellt".

47 Ausbau republikanischer Gleichheit

Der weiteren Herstellung republikanischer Gleichheit dienten das Habsburgergesetz vom 3. April 1919[118], das Gesetz vom 3. April 1919 über die Aufhebung des Adels, der weltlichen Ritter- und Damenorden und gewisser Titel

---

116 StGBl 1918/1.
117 Beschluß der PNV vom 30.10.1918 (StGBl 3). Dieser Beschluß gilt bis heute (gemäß Art. 149 B-VG) als Verfassungsgesetz! Erstmals erscheint in diesem Beschluß das Wort „Grundrecht".
118 Dieses Gesetz „betreffend die Landesverweisung und die Übernahme des Vermögens des Hauses Habsburg-Lothringen" (StGBl 1919/209) stellt natürlich eine schwerwiegende Durchbrechung des Gleichheitssatzes und eine Diskriminierung bestimmter österreichischer Staatsbürger (einer Familie) dar, wurde aber bei der Gründung der Republik zur Verhinderung einer Restauration als geradezu notwendig angesehen. Siehe zum ganzen Problemkreis das Editorial von *Schäffer* zum Sonderheft der ZÖR (anläßlich der in neuerer Zeit noch einmal erörterten Restitutionsfrage) „Restitution von ehemaligem Habsburgervermögen?", ZÖR 60 (2005), Heft 4 (vor allem die Beiträge von *Rill* und *Schäffer* m.w.N.) sowie die Kommentierung von *Kolonovits*, Habsburgergesetz (HabsbG), in Korinek/Holoubek, Bundesverfassungsrecht (LitVerz.).

und Würden[119] sowie auf den Minderheitenschutz und den Gleichheitssatz bezogene Bestimmungen des Staatsvertrags von St. Germain vom 10. September 1919[120].

Auch der verfassungsgerichtliche Rechtsschutz gegen Grundrechtsverletzungen wurde schon in das republikanische Verfassungsprovisorium übernommen, ja teilweise ausgebaut. An die Stelle des Reichsgerichts trat der deutschösterreichische Verfassungsgerichtshof. Seine Erkenntnisse über Beschwerden wegen Verletzung der „verfassungsmäßig gewährleisteten politischen Rechte" hatten nun schon *kassatorische* Wirkung. Es bestand auch schon ein Ansatz zur Normenkontrolle, allerdings nicht in grundrechtlicher Hinsicht[121].

48
Verfassungsgerichtlicher Rechtsschutz

2. Das Ringen um die Grundrechte

Die Arbeiten an der definitiven Verfassung für die Republik (erst ab Herbst 1919) sollten auch die Grundrechtsfrage einschließen, freilich war dieses Thema – wegen der grundlegenden unterschiedlichen weltanschaulichen Wertungen der politischen Lager – eines der am meisten umstrittenen[122]. Letzten Endes hat ein in den meisten Verfassungsentwürfen enthaltener Abschnitt für einen (neuen) Katalog der Grund- und Freiheitsrechte keinen Eingang in den endgültigen Verfassungstext gefunden. Die Bundesverfassung ist insoweit ein Torso geblieben, weil sich die politischen Kräfte nicht einigen konnten, wie die Grund- und Freiheitsrechte (neu) zu gestalten wären.

49
Verfassungstorso ohne Grundrechte

Die Quellenforschung hat folgende Ansätze und Entwürfe für einen neuen Grundrechtskatalog identifiziert[123].

50
Verfassungsverhandlungen und -entwürfe

a) Die Verfassungsentwürfe (I bis VI) von *Hans Kelsen* haben zwar das Institutionengefüge der später beschlossenen Bundesverfassung maßgeblich geprägt. Sie haben – in unterschiedlicher Ausprägung – auch jeweils ein Hauptstück mit menschenrechtlichen Bestimmungen enthalten, das aber insoweit im Verlauf der Verfassungsverhandlung keinen Einfluß geübt hat.

Entwürfe Kelsens

---

119 StGBl 1919/211.
120 StGBl 1920/303, Abschnitt V des III. Teiles.
121 Die provisorische Verfassung 1918/19 hatte zunächst das StGG über die richterliche Gewalt ohne Änderung übernommen. Damit stimmte auch § 10 des Grundgesetzes über die richterliche Gewalt vom 22.11.1918 (StGBl 38) inhaltlich überein. Weiter ging dann erst das Gesetz über die Volksvertretung vom 14.3.1919 (StGBl 179) in Art. 15: Es gab dem deutschösterreichischen Verfassungsgerichtshof die Zuständigkeit, zwar nicht Gesetze schlechthin, aber doch Gesetzesbeschlüsse der Landesversammlungen auf Antrag der Staatsregierung auf ihre Verfassungswidrigkeit hin zu prüfen (präventive Normenkontrolle!). Hier stand allerdings die Einhaltung der Kompetenzverteilung im Vordergrund, eine Inhaltsprüfung am Maßstab der Grundrechte war nicht vorgesehen. Siehe dazu näher *Schäffer*, in: Rill/ders. (Hg.), Bundesverfassungsrecht (LitVerz.), Art. 140 B-VG RN 2.
122 Vgl. *Ignaz Seipel*, Der Kampf um die österreichische Verfassung, 1930, S. 96.
123 Vgl. dazu vor allem die Forschungen von *Ermacora*, Zur Entstehung, in: Herbert Schambeck (Hg.), Das österreichische Bundes-Verfassungsgesetz und seine Entwicklung, 1980, S. 3 ff., unter Verweis auf *Ermacora*, Die Grundrechte in der Verfassungsfrage 1919/20, in: Wissenschaftliche Kommission des Theodor-Körner-Stiftungsfonds und des Leopold-Kunschak-Preises zur Erforschung der österreichischen Geschichte der Jahre 1918 bis 1938 (Hg.), Die österreichische Verfassung von 1918 bis 1938. Protokoll des Symposiums in Wien am 19. Oktober 1977, S. 53 ff.

Staatskanzlei	b) Ähnliches gilt für eine offenbar von der Staatskanzlei verfaßte Unterlage „Systematischer Aufbau der deutsch-österreichischen Bundesverfassung".
Entwurf der Christlichsozialen Partei	c) Am 14. Mai 1919 wurde der Konstituierenden Nationalversammlung (KNV) ein erster Entwurf der Christlichsozialen Partei für eine „Verfassung des deutschen Bundesfreistaates Österreich" vorgelegt, der sich noch relativ eng an die tradierten Grundrechtsvorstellungen hielt[124].
Entwurf Dr. Mayrs	d) Weiter ging dann der Privatentwurf des Staatssekretärs Dr. *Michael Mayr*, der über die geltenden Grundrechte hinaus auch Gesetzgebungsaufträge (etwa für ein einheitliches Arbeitsrecht) bzw. Schutzpflichten (bezüglich staatlichen Schutzes des Religionsunterrichts, des Schutzes von Kunst, Wissenschaft und ihrer Lehre, sowie des Schutzes der Landschaft, der Denkmale von Kunst, Geschichte und Natur und sogar des Fremdenverkehrs) sowie eine Bestandsgarantie (für theologische Fakultäten) vorsehen wollte[125].
Salzburger Länderkonferenz	e) Ein im zeitlichen Nahbereich der Salzburger Länderkonferenz (im Februar 1920) erstellter Vorentwurf einer Bundesstaatsverfassung ist im Grunde eine legistisch überarbeitete Version des Privatentwurfs *Mayr* und enthielt einen Sechsten Abschnitt „Von den Grund- und Freiheitsrechten".

Einen weltanschaulichen Trend in Bezug auf die Grundrechte erhielten die Texte offenbar erst knapp vor den Verhandlungen der Linzer Länderkonferenz.

Danneberg-Entwurf	f) Dazu legte die Sozialdemokratische Partei im April 1920 einen ersten Entwurf vor, der auch – zum Teil neuartig konzipierte – Grundrechte enthielt (sogenannter *Danneberg*-Entwurf).
Verfassungsentwurf der Großdeutschen	g) Es folgte ein Verfassungsentwurf der Großdeutschen vom 18. Mai 1920[126], der sich an die wenig später in Kraft getretene Weimarer Reichsverfassung anlehnte. Er ging über die klassischen Freiheitsrechte hinaus, zumal auch Gesetzgebungsaufträge (zum Schutz der Ehe, Schutz von Mutterschaft und Kindern, Schutz der Arbeitskraft und Schaffung eines Systems sozialer Sicherheit) ebenso wie Staatszielbestimmungen (Grundsätze für die staatliche Wirtschaftspolitik) und gewisse soziale und kulturelle Rechte (Recht auf Schulbildung, Grundrecht und Grundpflicht zur Arbeit ohne Rücksicht auf den Besitz) vorgeschlagen wurden.
Linzer Entwurf	h) Ein nach der Linzer Länderkonferenz erstellter „Linzer Entwurf"[127] (dritte Fassung des Privatentwurfs *Mayr*) bildete späterhin die Grundlage für Parteienverhandlungen und für die Verhandlungen im Verfassungsunterausschuß[128].

---

[124] 231 BlgKNV.
[125] Vgl. *Felix Ermacora*, Quellen zum Österreichischen Verfassungsrecht (1920). Die Protokolle des Unterausschusses des Verfassungsausschusses samt Verfassungsentwürfen mit einem Vorwort, einer Einleitung und Anmerkungen, 1967, S. 43 ff. Vgl. ferner → Bd. II: *Merten*, Begriff und Abgrenzung der Grundrechte, § 35 RN 41.
[126] 342 BlgKNV.
[127] Vgl. *Ermacora*, Quellen (FN 125), S. 106 ff.
[128] Trotz dürftiger Quellenlage ist zu erkennen, daß diese Entwürfe von den Formulierungen der WRV (Grundrechte und Grundpflichten) nicht beeinflußt waren.

i) Am 25. Juni 1920 wurde der Konstituierenden Nationalversammlung ein zweiter christlich-sozialer Entwurf vorgelegt, der freilich nur als eine Art Orientierungsgesetz konzipiert war und außer einem Hinweis auf den Gleichheitssatz keine näheren Regelungen der Grundrechte vorsah[129].

Zweiter christlich-sozialer Entwurf

j) Wenig später, am 7. Juli 1920, folgte der Entwurf der Sozialdemokratischen Partei (verbesserte und erweiterte Fassung des *Danneberg*-Entwurfs)[130]. Vor allem dieser Entwurf trug neben (modifizierten) klassischen Grundrechten neue Grundrechtsideen vor. Abgesehen von einer ausgesprochen laizistischen Ausrichtung (Trennung von Staat und Kirche, obligatorische Zivilehe, keine Pflicht zur Offenbarung der Religionsüberzeugung, Unzulässigkeit religiöser Eidesformeln vor Behörden) sollten Aufträge an den Gesetzgeber für eine bestimmte Gestaltung des sozialen Lebens sorgen. Gedacht war an Aufträge bezüglich eines Rechts auf Ehescheidung, auf Gleichstellung unehelicher Kinder mit ehelichen, Chancengleichheit in der Schulbildung, insbesondere durch Erziehungsbeihilfen, ein „Recht auf Arbeit" und auf Arbeitslosenversicherung, an einen Auftrag zur Schaffung eines Systems der Sozialversicherung auf Selbstverwaltungsbasis sowie an den Auftrag zur Schaffung eines bundeseinheitlichen Arbeitsrechts; vorgeschlagen war ferner die Gewährleistung des Koalitionsrechts und eine Gewährleistung der zugunsten der Arbeiter geschaffenen Rechtseinrichtungen, insbesondere der Betriebsräte.

Entwurf der Sozialdemokratischen Partei

Aufträge an den Gesetzgeber

Trotz der gegensätzlichen Positionen gab es Verhandlungen zwischen Sozialdemokraten und Christlich-Sozialen, allerdings konnten die gravierenden Auffassungsunterschiede in weltanschaulichen Fragen nicht leicht und in kurzer Frist überbrückt werden. Klar war jedenfalls, daß den Grundrechten zwei essentielle Funktionen zugedacht waren: einerseits im klassischen Sinne die Sicherung eines Freiheitsraums für den Einzelnen, aber andererseits auch eine Art Sozialgestaltungsauftrag mit (für den Gesetzgeber geltenden) Festlegungen hinsichtlich der Sozial- und Wirtschaftordnung. Letzteres war auch der Grund für die schroffen und letztlich unüberbrückbaren Gegensätze.

Freiheitssicherung und Sozialgestaltung

h) Angesichts des Zerbrechens der Regierungskoalition versuchte *Karl Renner* die schon erzielten Übereinstimmungen, die gar nicht unbedeutend waren, festzuhalten. Dieser sogenannte *Renner-Mayr*-Entwurf[131] bezeichnet sich selbst als Kompromißformulierung[132]. Während man sich einerseits in

Renner-Mayr-Entwurf

---

129 888 BlgKNV; *Ermacora*, Quellen (FN 125), S. 141 ff.
130 904 BlgKNV; *Ermacora*, Quellen (FN 125), S. 152 (177 ff.).
131 Vgl. *Ermacora*, Quellen (FN 125), S. 188 ff. Der Entwurf wurde von *Karl Renner* in der Wiener Zeitung vom 8. 7. 1920 veröffentlicht; er hat dabei zur Grundrechtsfrage ausgeführt: „Die Grund- und Freiheitsrechte... rollen die Grundfragen des staatlichen, sozialen und kulturellen Lebens auf und regeln insbesondere die Kulturfragen, über die seit jeher zwischen den Parteien der größte Streit geherrscht hat. Eine Einigung ist in diesem Punkte zwischen den Teilnehmern an den Konferenzen nicht gelungen. Sie zu bereinigen wäre eben Aufgabe der Koalitionsverhandlungen gewesen, die infolge des Zusammenbruchs der Koalition unterblieben sind".
132 *Renner* sagte in seiner Vorrede zu dem Entwurf: „Soweit ein einheitlicher Text vereinbart oder wenigstens vorläufig angenommen wurde..., erscheint der betreffende Artikel nur in einer Fassung. Hierbei sei ausdrücklich hervorgehoben, daß diese Fassung somit weder jene der Christlichsozialen, noch jene der Sozialdemokraten, sondern schon Kompromißfassung ist und nunmehr, da die Koalition gelöst ist, weder die eine noch die andere Partei bindet". Wo eine Vereinbarung nicht gelang, wurden beide Fassungen einander gegenübergestellt (zweite Fassung „Mayr" in Klammern beigefügt).

§ 186   Dreizehnter Teil: I. Allgemeine Lehren

wichtigen Fragen beträchtlich angenähert hatte, blieben grundsätzliche Differenzen bezüglich Eigentumsschutz, Sonntagsarbeit, der Stellung von Religion(sausübung) und Kirchen sowie hinsichtlich Schule und Unterricht.

51
Einigung auf den status quo

In seiner Analyse der Verfassungsverhandlungen bezeichnet *Felix Ermacora* den *Renner-Mayr*-Entwurf als den „konsensmäßig am meisten angenäherten Text", da dieser im Gegensatz zum alten Staatsgrundgesetz auch sehr grundsätzliche Vorstellungen über wirtschaftliche, kulturelle und soziale Rechte enthalten und die klassische Vorstellung vom Vorrang der staatsbezogenen Abwehrrechte weit hinter sich gelassen habe. Er spricht etwas pathetisch davon, daß dieser Entwurf den Geist der neuen republikanischen Gesellschaftsordnung atmet. Historisches Faktum ist aber, daß nach dem Zerbrechen der Regierungskoalition im Sommer 1920[133] nur mehr mühsam überhaupt eine Einigung über eine Bundesverfassung gezimmert werden konnte und daß man sich letzten Endes in grundrechtlicher Hinsicht nur auf die Beibehaltung des status quo einigen konnte.

52
Verfassungsausschuß

Beschluß über die Bundesverfassung

In den über den Sommer 1920 folgenden Verfassungsverhandlungen im Unterausschuß des Verfassungsausschusses der Konstituierenden Nationalversammlung[134] blieben die Grundrechte ausgespart[135]. Nachdem schließlich ein Minimalkonsens über die Bundesverfassung erzielt worden war, wurde im Bericht des Verfassungsausschusses[136] einbekannt, „daß das vorliegende Bundes-Verfassungsgesetz nicht alle Bestandteile einer erschöpfenden Verfassungsurkunde enthält. Vor allem fehlt ihm ein Abschnitt über die Grund- und Freiheitsrechte, der zum typischen Requisit moderner Staatsverfassungen gehört. Über diesen Punkt, in dem mehr als in allen anderen nicht nur die verschiedenen Parteiprogramme, sondern die Weltanschauungen miteinander im Widerstreit stehen, konnte bei der gedrängten Zeit ein Übereinkommen der Parteien nicht zustande kommen, weshalb das geltende Staatsgrundgesetz über die allgemeinen Rechte der Staatsbürger vom 21. Dezember 1867[137], mit der einen Einschränkung des den Ausnahmezustand vorsehenden Artikels 20 vorläufig übernommen wurde". Beim Beschluß über die Bundesverfassung 1920 blieben auch manche anderen Fragen offen, die später – zu unterschied-

---

133 Nach dem Ende der Koalition verlagerten sich die Verfassungsdebatten ins Parlament, das nun mangels einer Regierungsvorlage selbst einen Verfassungsentwurf ausarbeiten mußte. Ein Verfassungsausschuß wurde eingesetzt, der seinerseits am 8. 7. 1920 einen Unterausschuß (unter dem Vorsitz von *Otto Bauer*) mit der Ausarbeitung eines Verfassungsausschusses betraute. Auf Antrag *Seipel*s (in der 1. Sitzung des Unterausschusses des Verfassungsausschusses) wurde im wesentlichen der Linzer Entwurf zur Grundlage der Verhandlungen genommen. Daneben standen der Renner-Mayr-Entwurf und (als parlamentarische Materialien) die drei Partei-Entwürfe zur Verfügung. Der Unterausschuß beschloß in seiner konstituierenden Sitzung die Verfassungsfrage in fünf Themen zu gliedern. Eines davon waren die Grundrechte, für die allerdings – im Gegensatz zu den anderen Themen – kein Berichterstatter bestellt wurde.
134 Siehe dessen Protokolle bei *Ermacora*, Quellen (FN 125), S. 268 ff. Der Unterausschuß beendete seine Arbeiten am 23. 9. 1929 und erstattete tags darauf dem Verfassungsausschuß Bericht.
135 Der vorläufige Verfassungstext des Verfassungsunterausschusses enthält zum Abschnitt „Von den Grund- und Freiheitsrechten" nur den Vermerk „bleibt vorläufig offen". Dieser Abschnitt wurde schließlich völlig gestrichen.
136 991 BlgKNV S.4. Den Bericht des Verfassungsausschusses im Plenum der KNV erstattete *Ignaz Seipel*.
137 RGBl Nr. 142.

lichen Zeitpunkten – manchmal recht und schlecht gelöst werden konnten[138]. Ein Torso blieb die Verfassung aber auf Dauer in grundrechtlicher Hinsicht.

II. Erste Republik[139]

1. Die Bundesverfassung vom 1. Oktober 1920 (B-VG)

a) Die Bundesverfassung 1920 hat also den grundrechtlichen Normenkomplex der Monarchie übernommen, allerdings mit einer wesentlichen Modifikation: Art. 20 StGG, der eine Suspendierung von Grundrechten im Ausnahmezustand ermöglichte, wurde nicht in die bundesstaatliche Verfassungsordnung übernommen. Rechtstechnisch wurde dies dadurch bewerkstelligt, daß sowohl das Staatsgrundgesetz über die allgemeinen Rechte der Staatsbürger 1867 als auch zwei damit in Zusammenhang stehende ältere Normen aus 1862 (das Gesetz zum Schutz der persönlichen Freiheit und das Gesetz zum Schutze des Hausrechts) im Art. 149 B-VG als „Verfassungsgesetze" im Sinne des Bundes-Verfassungsgesetzes bezeichnet wurden[140].

53 Kontinuität der Grundrechtsgewährleistungen

Im selben Sinne wurden auch jene weiteren grundrechtsergänzenden oder grundrechtsändernden Vorschriften, die während des Verfassungsprovisoriums bis zum Bundes-Verfassungsgesetz ergangen waren, mit diesem durch *formelle Verweisung* verknüpft: „Zensurbeschluß", Habsburgergesetz, Adels(aufhebungs)gesetz, Wappengesetz und die grundrechtsrelevanten Bestimmungen des StV von St. Germain (Abschnitt V. des III. Teils). Die Bedeutung der Inkorporierung all dieser Vorschriften in das formelle Verfassungsrecht (wenn auch nicht in das Stammgesetz!) liegt darin, daß die Verletzung daraus fließender Rechte mit Verfassungsbeschwerde vor dem Verfassungsgerichtshof geltend gemacht werden kann.

54 Nebenverfassungsrecht

b) Immerhin enthält aber die Bundesverfassung im Text des Stammgesetzes selbst zwei Grundrechte, die von allgemeinem Konsens getragen waren und in der Folge weitreichende Bedeutung gewannen: den (allgemeinen) Gleichheitssatz (Art. 7 B-VG) und das Recht auf den gesetzlichen Richter (Art. 83 Abs. 2 B-VG). Diese beiden Grundrechte wurden überaus dynamisch ausgelegt; ihr Schutzbereich wurde von der Rechtsprechung weit über das im alten Grundrechtskatalog ihnen offenbar zugedachte Maß hinaus ausgedehnt. Den „gesetzlichen Richter" hatte schon das Reichsgericht in teleologischer Sicht

55 Grundrechte im B-VG

---

138 Vgl. z. B. die Schulkompetenzen ursprünglich in § 42 ÜG 1920 – heute Art 14 (seit 1962) und 14a B-VG (seit 1975); die finanziellen Beziehungen zwischen Bund und Ländern sind dann erst durch das F-VG 1922 (und in der Zweiten Republik erst durch das F-VG 1948) geregelt worden; die Organisation der Verwaltung in den Ländern war nach § 8 Abs. 5 ÜG 1920 ein Verfassungsprovisorium, das bis zur Föderalismusnovelle 1974 dauerte (erst seit damals hat sich der Bund auf die Organisation der Bundesbehörden zurückgezogen: Art 10 Abs 1 Z 16 B-VG).

139 Zur Grundrechtslage und -entwicklung in der Zwischenkriegszeit: *Brauneder*, Gesetzgebungsgeschichte, in: Machacek/Pahr/Stadler (LitVerz.), Bd. I, S. 189 ff.; *Ermacora*, Die Grundrechte in Österreich, in: GR I/1 (LitVerz.), S. 125 ff.; → Bd. I: *H. Dreier*, Die Zwischenkriegszeit, § 4 RN 59–63.

140 Art. 149 B-VG ist also keine Rezeptionsnorm! Rezipiert waren die in Rede stehenden Normen schon durch den Verfassungsbeschluß (StGBl 1918/1).

auf Verwaltungsbehörden erstreckt; der Verfassungsgerichtshof hat daraus ein allgemeines verfassungsgesetzlich gewährleistetes Recht auf Entscheidung durch die zuständige Behörde gemacht[141]. Noch weiter ging die Entwicklung beim Gleichheitsgrundsatz, der längst nicht mehr nur Gleichheit in der Rechtsanwendung gebietet, sondern auch den Gesetzgeber bindet und in dieser Beziehung später zu einem die gesamte Rechtsordnung durchwaltenden Sachlichkeitsgebot (allgemeine Verfassungsdirektive) entwickelt worden ist[142].

56
Grundrechtsschutz

c) War mit dem Bundes-Verfassungsgesetz auch kein neuer Grundrechtskatalog gelungen, so brachte es doch die Grundlagen für einen neuartig konzipierten und wesentlich erweiterten Schutz gegen Verletzungen der Grundrechte[143]. Das Hauptstück „Garantien der Verfassung und Verwaltung" hat vor allem dem Verfassungsgerichtshof eine zum Teil revolutionär neue Position gegeben.

57
Grundrechtsbeschwerde

aa) In Bezug auf die Grundrechtsbeschwerde ist der Verfassungsgerichtshof „Kompetenz-Erbe" des alten Reichsgerichtes. Neu ist jedoch seit 1920, daß der Einzelne gemäß Art. 144 B-VG die Verletzung jedes *verfassungsgesetzlich* gewährleisteten Rechtes (und nicht nur eines „politischen" Rechtes) durch Verwaltungsakte geltend machen kann.

58
Funktionswandel der Grundrechte

bb) Außerdem war es bekanntlich eine bahnbrechende Neuerung, daß beim Verfassungsgerichtshof die Normenkontrolle, insbesondere die *Gesetzesprüfung* zentralisiert wurde. Nach Art. 140 B-VG kann jedes Gesetz auf seine Übereinstimmung mit der Verfassung geprüft werden – und zwar nicht nur im Hinblick auf die Beachtung der bundesstaatlichen Kompetenzverteilung und die Einhaltung der Verfahrensregeln über die Rechtserzeugung, sondern eben auch hinsichtlich aller inhaltlichen Schranken und Vorgaben, welche die Verfassung dem Gesetzgeber macht. Im Falle der Verfassungswidrigkeit ist das Gesetz (mit Wirkung erga omnes) aufzuheben. Damit ist die Bindung des Gesetzgebers an die Grundrechte normatives Programm und prinzipiell durchsetzbar geworden[144]. Daß der Verfassungsgerichtshof in seinen Anfängen bei der Inhaltskontrolle Zurückhaltung (judicial self-restraint) übte, hat ihn letztlich nicht daran gehindert, im Laufe der Zeit die Grundrechte immer mehr und immer bewußter als Kontrollmaßstab heranzuziehen[145].

---

141 → Unten *Schäffer*, Verfahrensgarantien, § 200.
142 → Unten *Pöschl*, Gleichheitsrechte, § 192.
143 → Unten *Jahnel*, Bestandsschutz und Durchsetzung der Grundrechte, § 201; *Korinek/Gutknecht*, Der Grundrechtsschutz, in: Herbert Schambeck (Hg.), Das österreichische Bundes-Verfassungsgesetz und seine Entwicklung, S. 293 ff.
144 Auffällig ist (im Kontrast zur WRV) das Fehlen einer grundrechtstheoretischen Diskussion; → Bd. I: *H. Dreier*, Die Zwischenkriegszeit, § 4 RN 62; Erklärungsansätze bei *R. Walter*, Grundrechtsverständnis und Normenkontrolle in Österreich, in: Klaus Vogel (Hg.), Grundrechtsverständnis und Normenkontrolle, 1979, S. 1 ff.
145 Zur Interpretation der Grundrechte und zur Entwicklung eines neuen Entscheidungsstils („neue Rechtsprechung") → unten *Kucsko-Stadelmayer*, Die allgemeinen Strukturen der Grundrechte, § 187.

2. Grundrechte unter der ständisch-autoritären „Verfassung 1934"

Nach der sogenannten Selbstausschaltung des Nationalrats[146] begann die Bundesregierung (unter – rechtswidriger – Berufung auf das kriegswirtschaftliche Ermächtigungsgesetz[147]) mit Verordnungen zu regieren. Die Rechtskontrolle des Verfassungsgerichtshofs wurde auf eben diese Weise ausgeschaltet[148]. Unter Bruch der Rechtskontinuität wurde schließlich eine sogenannte „Verfassung 1934" erlassen[149], die zwar rechtstechnisch sehr ausgefeilt und systematisch war und auch einen Grundrechtsteil enthielt; doch war nur noch ein Teil der Grundrechte verfassungsfest formuliert, ein großer Teil der Grundrechte war hingegen der Abänderung durch Gesetz zugänglich[150] („biegsame" Grundrechte)[151]. Eine Art positiver Gewährleistung (wenn auch de facto nicht mehr als eine politische Promesse) war es, daß den Bundesbürgern (diplomatischer und konsularischer) Schutz gegen das Ausland zugesagt wurde. Die „Verfassung 1934" blieb bis zum Ende des austrofaschistischen Regimes größtenteils unausgeführt. Die Verfassungswirklichkeit wurde wesentlich vom Verfassungsübergangsgesetz 1934 geprägt, welches das „Ermächtigungsgesetz" ausdrücklich in Geltung beließ[152].

59 „Ständestaat"

„Biegsame" Grundrechte

Verfassungsübergangsgesetz 1934

3. Exkurs: Zeit der deutschen Okkupation Österreichs (1938 bis 1945)

Die Zeit der reichsdeutschen Besetzung Österreichs kann hier überhaupt übersprungen werden, weil in dieser Periode zwar theoretisch die Grundrechtsnormen der Weimarer Reichsverfassung gegolten hätten, die faktische Rechtsentwicklung des totalitären NS-Staates aber völlig darüber hinwegging

60 Keine Grundrechte im NS-Staat

---

146 Nach dem Rücktritt der drei Präsidenten des NR (4.3.1933) wurde ein neuerlicher Zusammentritt des NR von der Regierung unter Androhung von Gewalt verhindert.
147 Gesetz vom 24.7.1917 (RGBl 307).
148 BGBl 1933/191. Darüber im Detail *R. Walter*, Die Ausschaltung des Verfassungsgerichtshofes im Jahre 1933, in: Verfassungsgerichtshof der Republik Österreich (Hg.), Verfassungstag 1997, 1998.
149 Verordnung der Bundesregierung vom 24.4.1934 über die Verfassung des Bundesstaates Österreich (BGBl 1934 I/239) – Text bei *Reiter*, Texte (LitVerz.), S. 230 ff. –, angesichts des Verbotes der NSDAP und der SPÖ von einem Rumpfparlament „abgesegnet". Dies geschah – zur Wahrung des Scheins von Legalität und Kontinuität – mit einem eigenen BVG über außerordentliche Maßnahmen im Bereich der Verfassung vom 30.4.1934 (BGBl 1934 I/255), das allerdings zugleich den Nationalrat und den Bundesrat auflöste und die Befugnis zur (einfachen und Verfassungs-)Gesetzgebung der Bundesregierung übertrug („Ermächtigungsgesetz").
150 So waren Meinungs- und Pressefreiheit nur „innerhalb der gesetzlichen Schranken" gewährleistet und standen überdies unter dem Vorbehalt, daß „zur Verhütung von Verstößen gegen die öffentliche Ruhe, Ordnung und Sicherheit oder gegen die Strafgesetze eine vorgängige Prüfung der Presse, ferner des Theaters, des Rundfunks ..." angeordnet werden könne.
151 Dazu *Adolf Merkl*, Die ständisch-autoritäre Verfassung Österreichs, 1935, S. 34 (36, 56, 162 ff.); er kam beim normativen Vergleich mit der früheren Verfassungsrechtslage zu dem – verhalten kritischen – Urteil, „dass zwar nur noch ein Rest von Demokratie, aber ein ansehnliches Stück Liberalismus in der neuen Verfassung verankert ist". Kritisch zur Verfassung 1934 und ihrer Staatspraxis später – aus nationalsozialistischer Zeit und Sicht – *Hans von Frisch*, Die Gewaltherrschaft in Österreich 1933 bis 1938, 1938, S. 84 ff.
152 BGBl 1934 II/75 (bei *Reiter*, Texte [LitVerz.], S. 270 ff.). Das VÜG 1934 zentralisierte das Sicherheitswesen beim Bund und gab den Polizeibehörden „bis zur Erlassung bundesgesetzlicher Bestimmungen über die ... Sicherheitspolizei" ein weitreichendes selbständiges Verordnungsrecht.

§ 186　　　　Dreizehnter Teil: I. Allgemeine Lehren

Ermächtigungsgesetz　　und die Grundrechte ignorierte. Im NS-Staat mußten die Grundrechte der Weimarer Reichsverfassung gar nicht mehr formell aufgehoben werden, zumal schon Ende März 1933 durch ein Ermächtigungsgesetz[153] eine Regierungsgesetzgebung geschaffen worden war, die an die Weimarer Reichsverfassung kaum mehr gebunden war[154].

III. Zweite Republik

1. Vorläufige Verfassung

61
Rückkehr zum alten Grundrechtekatalog

Als am Ende des Zweiten Weltkriegs ein unabhängiges Österreich wiedererrichtet wurde, proklamierte schon die Unabhängigkeitserklärung vom 27. April 1945[155] in ihrem Artikel I: „Die demokratische Republik Österreich ist wiederhergestellt und im Geiste der Verfassung von 1920 einzurichten". Mit dem 1. Verfassungs-Überleitungsgesetz[156] wurde die Grundsatzentscheidung getroffen, daß Österreich zur Verfassungsrechtslage der Ersten Republik nach dem Stande vom 5. März 1933 (als die Regierung den Boden der rechtsstaatlichen Demokratie verlassen hatte) zurückkehrt[157]. Damit gewann der alte Grundrechtskatalog – vorbehaltlich der Einschränkungen durch die Alliierten und der Verfolgung nationalsozialistischer Verbrecher oder Parteigänger – wieder Gültigkeit. Angesichts der Notwendigkeit eines schrittweisen Wiederaufbaus der staatlichen Institutionen galt freilich zunächst anstelle des Bundes-Verfassungsgesetzes eine Vorläufige Verfassung[158] (vom 1. Mai 1945) mit Regierungsgesetzgebung; sie war ein Organisationsstatut ohne eigene Grundrechtsbestimmungen. Das Rechtsüberleitungsgesetz[159] vom selben Tage traf keine ausdrückliche Anordnung; es rezipierte – nur für die unterverfassungsrechtliche Ebene – Rechtsvorschriften aus nationalsozialistischer Zeit, soweit sie als „politisch unbedenklich"[160] angesehen werden konn-

Vorläufige Verfassung

153　Gesetz zur Behebung der Not von Volk und Reich vom 24.3.1933 (RGBl. I S. 141).
154　Die wichtigsten Grundrechte (Art. 114, 115, 117, 118, 124 und 153 WRV) hatte bereits zuvor eine Verordnung des Reichspräsidenten vom 28.2.1933 (RGBl. I S. 83) „zur Abwehr kommunistischer staatsgefährdender Gewaltakte ... bis auf weiteres außer Kraft gesetzt". Damit waren weitreichende Eingriffe in die persönliche Freiheit, die freie Meinungsäußerung, die Pressefreiheit, das Vereins- und Versammlungsrecht und das Briefgeheimnis sowie Hausdurchsuchungen, Beschlagnahmen und Beschränkungen des Eigentumsrechts möglich. → Bd. II: *Merten*, Begriff und Entwicklung der Grundrechte, § 35 RN 31; → ferner Bd. I: *Dreier*, Die Zwischenkriegszeit, § 4 RN 52 und *Pauly*, Grundrechtstheorien im Nationalsozialismus und Faschismus, § 14 RN 14 ff. (m.w.N.).
155　StGBl 1945/1.
156　Verfassungsgesetz vom 1.5.1945 über das neuerliche Wirksamwerden des Bundes-Verfassungsgesetzes in der Fassung von 1929 (StGBl 1945/4), erlassen von der Provisorischen Staatsregierung!
157　Überflüssigerweise explizit aufgehoben wurden die Vorschriften verfassungsrechtlichen Inhalts aus ständestaatlicher und reichsdeutscher Zeit (§§ 2 und 3 des 1. V-ÜG.).
158　StGBl 1945/5.
159　Verfassungsgesetz vom 1.5.1945 über die Wiederherstellung des Rechtslebens in Österreich (Rechts-Überleitungsgesetz, R-ÜG), StGBl 1945/6.
160　Vorschriften, „die mit dem Bestand eines freien und demokratischen Staates Österreich oder mit den Grundsätzen einer echten Demokratie unvereinbar sind, die dem Rechtsempfinden des österreichischen Volkes widersprechen oder typisches Gedankengut des Nationalsozialismus enthalten", waren von der Rechtsüberleitung ausgeschlossen (§ 1 Abs. R-ÜG).

ten[161]. Sohin ist davon auszugehen, daß auch schon im Verfassungsprovisorium 1945 wieder die alten Grundrechte galten[162]. Der Verfassungsgerichtshof (mit seinen alten Kompetenzen) und damit der Grundrechtsschutz konnten freilich erst nach der Oktober-Novelle zur Vorläufigen Verfassung[163] reaktiviert werden.

Eine die Parteienfreiheit beschränkende und die Gleichheit durchbrechende Regelung wurde gleich zu Anfang der Zweiten Republik (unter der Herrschaft der Vorläufigen Verfassung) von der Provisorischen Staatsregierung mit dem *NS-Verbot* verfügt[164]. Der verbrecherische und totalitäre Charakter des Nationalsozialismus war in so frischer Erinnerung und so sehr im allgemeinen Bewußtsein verankert, daß eine nationalsozialistische Wiederbetätigung ganz pauschal verpönt wurde. Die Unterstellung eines nach politischen Gesichtspunkten erfaßten Bevölkerungsteiles unter ein Sonderrecht wurde dabei nicht als Durchbrechung des Demokratieprinzips gesehen; gleichwohl ist Österreich hierdurch zu einer partiell wehrhaften Demokratie geworden[165].

62
NS-Verbot

2. Rückkehr zum B-VG

Das noch längere Zeit (bis 1955) von Truppen der vier Alliierten Hauptmächte besetzte Österreich hat sich jedenfalls nicht den Luxus einer Verfassunggebenden Versammlung geleistet, sondern ist – nach herrschender Lehre und Staatspraxis – bereits am 19. Dezember 1945 wieder zur vollen Anwendung der Regelungen der Bundesverfassung (in der Fassung *vor* der Ausschaltung demokratischer Zustände)[166] zurückgekehrt. Spätestens zu diesem Zeitpunkt ist daher zweifelsfrei auch der grundrechtliche Normenkomplex der Ersten Republik vollumfänglich wieder in Kraft getreten und demselben Rechtsschutzmechanismus zugänglich gewesen, wie ihn das Hauptstück „Garantien der Verfassung und Verwaltung" schon in der Ersten Republik vorgesehen hatte.

63
Rückkehr zur Verfassung der 1. Republik

---

161 Die Rechtsprechung hat – angesichts einer werdenden Rechtsordnung – allerdings einen kühnen Größenschluß gezogen und auch Rechtsvorschriften aus der Zeit *vor* der deutschen Besetzung Österreichs als vom Sinn der Rezeption mit umfaßt angesehen (*VwSlg* 1100 A: „Obwohl nun diese beiden Gesetze – V-ÜG und R-ÜG – keine Bestimmung über die Rechtsgeltung der in der Zeit ... bis zur Besetzung Österreichs erlassenen [Vorschriften] enthalten, muß aus dem Zusammenhang der beiden Verfassungsgesetze, die ausdrücklich bestimmen, welche Vorschriften aufgehoben sind, geschlossen werden, daß wenn sogar die von einer fremden Staatsgewalt während der Besetzungszeit erlassenen generellen Vorschriften grundsätzlich als österreichische Rechtsvorschriften in Geltung gesetzt worden sind, umso mehr die von der österreichischen ... Staatsgewalt ... erlassenen Rechtsvorschriften als übernommen gelten müssen"). Man ging insoweit von einem stillschweigenden Rezeptionsakt aus. Dieser Gedanke gilt auch für das ABGB, welches mit dem sog Wiedervereinigungsgesetz 1938 in die reichsdeutsche Rechtsordnung übergeleitet worden war und demzufolge in Österreich ununterbrochen gegolten hat!
162 *Ermacora*, Handbuch (LitVerz.), S. 4, behauptet ihre Geltung als leges posteriores gegenüber den übergeleiteten unterverfassungsrechtlichen Rechtsquellen, übersieht aber, daß Verfassungsüberleitung und Rechtsüberleitung am selben Tage von der – als provisorischer (Verfassungs-)Gesetzgeber agierenden – Provisorischen Staatsregierung verfügt wurden. Die neuerliche Geltung der Grundrechte kann also nur aus ihrem (intendierten) höheren Rang begründet werden.
163 Verfassungsgesetz vom 12. 10. 1945 (StGBl 1945/196).
164 Verbotsgesetz (StGBl 1945/13), mehrfach novelliert (zuletzt BGBl 1992/148).
165 *Rill/Schäffer*, Bundesverfassungsrecht (LitVerz.), Art 1 B-VG RN 35.
166 B-VG 1920 i.d.F. von 1929 nach dem Stand der Verfassungsgesetzgebung vom 5. 3. 1933.

D. Die punktuelle Weiterentwicklung der nationalen Grundrechte

64 Internationale Verpflichtungen und Modernisierungsbedarf

Zu nennen sind hier jene Verfassungsgesetze und Verfassungsbestimmungen, die den grundrechtlichen Normenkomplex im Laufe der Zweiten Republik – teilweise in Erfüllung internationaler Verpflichtungen, teilweise zur Modernisierung des alten Normenbestandes – punktuell weiterentwickelt haben:

- Minderheiten-Schulgesetz für Kärnten[167];
- Bundesverfassungsgesetz vom 3. Juli 1973 zur Durchführung des Internationalen Übereinkommens[168] über die Beseitigung aller Formen rassischer Diskriminierung[169];
- Einfügung eines Fernmeldegeheimnisses[170] (in Art. 10a StGG);
- Recht auf Leistung eines Zivildienstes (aus Gewissensgründen) nach der Verfassungsbestimmung des § 1 Zivildienstgesetz[171], inzwischen hinsichtlich der verfahrensmäßigen Durchsetzung verändert; heute gilt das Gesetz mehrfach novelliert: Grundrecht auf Befreiung von der Wehrpflicht auf Grund einer Zivildiensterklärung[172];
- Bundesverfassungsgesetz vom 10. Juli 1974 über die Sicherung der Unabhängigkeit des Rundfunks[173]; es erteilt einen Verfassungsauftrag an den Gesetzgeber, die Objektivität und Unparteilichkeit der Berichterstattung, die Berücksichtigung der Meinungsvielfalt, die Ausgewogenheit der Programme sowie die Unabhängigkeit der mit Rundfunkaufgaben befaßten Personen zu gewährleisten;
- Parteiengesetz[174]; die Verfassungsbestimmung des Art. I enthält nicht nur die explizite Verfassungsentscheidung für eine Mehrparteiendemokratie, sondern vor allem die dazu erforderliche Garantie von Gründungsfreiheit und Betätigungsfreiheit politischer Parteien;
- Einführung eines Grundrechts auf Datenschutz durch Art. I Datenschutzgesetz 1978[175], inzwischen ersetzt durch das neue Datenschutzgesetz 2000[176]. Hier wird – ausnahmsweise – der Begriff „Grundrecht" als verbum legale verwendet und erstmals ausdrücklich die Drittwirkung angeordnet;

---

167 Das Gesetz (BGBl 1959/101, zuletzt i.d.F. I 2001/76) erging zur Ausführung von Art. 7 § 2 StV von Wien.
168 BGBl 1972/377.
169 BGBl 1973/390.
170 Mit BVG BGBl 1974/8.
171 Ursprünglich: BGBl 1974/187, wiederverlautbart: BGBl 1986/679.
172 Zuletzt BGBl I 2006/40. Umgekehrt wurde die Zivildienst*pflicht* später in der Bundesverfassung (Art. 9a Abs. 4) verankert (BVG BGBl I 2005/106).
173 BGBl 1974/396.
174 BGBl 1975/404, zuletzt i.d.F. I 2008/2.
175 BGBl 1978/565.
176 BGBl I 1999/165, zuletzt i.d.F. I 2005/13. Dessen Anwendung muß auch im Zusammenhang mit der europäischen Datenschutzrichtlinie gesehen werden. Das Problem bestand darin, ob eine – das nationale Grundrecht durchbrechende – verfassungsrechtliche lex specialis (§ 8 BezügebegrenzungsBVG) oder die europäische Datenschutzrichtlinie prävaliere, die ihrerseits auf Art. 8 EMRK Bezug nimmt. Nach einem Vorabentscheidungsersuchen des VfGH sprach der *EuGH*, Urt. v. 20. 5. 2003, Rs. C-465/00, C-138/01 u. C-139/01 (Österreichischer Rundfunk u.a), Slg. 2003, I-4989, aus, daß ein Widerspruch zur Datenschutz-RL dann vorliege, wenn die nationale Verfassungsregelung nicht mit Art. 8 EMRK in Einklang gebracht werden kann. So wurde der Vorrang von Art 8 EMRK qua Gemeinschaftsrecht durchgesetzt!

- Auslieferungs- und Rechtshilfegesetz[177]: Verbot der Auslieferung und Durchlieferung österreichischer Staatsbürger[178];
- Einfügung einer Garantie für die Freiheit der Kunst[179];
- Bundesverfassungsgesetz zum Schutz der persönlichen Freiheit[180];
- Minderheiten-Schulgesetz für das Burgenland[181], § 1.
- Mehrere Ergänzungen des B-VG betreffen die Stellung der Frau. Ein neu eingefügter Art. 7 Abs. 2 B-VG[182] besagt: „Bund, Länder und Gemeinden bekennen sich zur tatsächlichen Gleichstellung von Mann und Frau. Maßnahmen zur Förderung der faktischen Gleichstellung von Frauen und Männern insbesondere durch Beseitigung tatsächlich bestehender Ungleichheiten sind zulässig." Ermöglicht wurde auch die freiwillige Dienstleistung als Soldatin[183].
- Eine weitere Akzentuierung ergab sich beim Gleichheitssatz durch Einfügung einer Staatszielbestimmung in Artikel 7 Abs. 1 dahingehend, daß sich die Republik (Bund, Länder und Gemeinden) dazu bekennt, die Gleichbehandlung von behinderten und nichtbehinderten Menschen in allen Bereichen des täglichen Lebens zu gewährleisten[184].
- Erwähnenswert ist ferner eine neue Programmnorm[185] (Art. 8 Abs. 2 B-VG), womit sich die Republik „zu ihrer gewachsenen sprachlichen und kulturellen Vielfalt" bekennt, die in den autochthonen Volksgruppen zum Ausdruck kommt. Sprache und Kultur, Bestand und Erhaltung dieser Volksgruppen sind zu achten, zu sichern und zu fördern.

Das Ergebnis ist ein Konglomerat aus zahlreichen Rechtsquellen (verschiedener Epochen und verschiedenen – teils nationalen, teils internationalen – Ursprungs). Hinzukommt, daß Grundrechte (ebenso wie anderes Verfassungsrecht) in Österreich durch „Verfassungsbestimmungen" durchbrochen werden können, weil ein Inkorporationsgebot (wie in Art 79 Abs. 3 GG) fehlt. Ob und wann derartige Regelungen die Rechtsprechung des Verfassungsgerichtshofs paralysieren oder ein Grundprinzip der Bundesverfassung preisgeben, ist nicht endgültig geklärt[186].

65
Konglomerat diverser Rechtsquellen

---

177 ARHG (BGBl 1979/529 i.d.g.F.).
178 Allerdings eingeschränkt durch das BG über die Zusammenarbeit mit internationalen Gerichten (BGBl 1996/203) bzw. mit dem Internationalen Strafgerichtshof (BGBl I 2002/135).
179 In Art. 17a StGG mit BVG BGBl 1982/262.
180 BGBl 1988/684. Ersetzte (unter detaillierter Berücksichtigung von Art. 5 EMRK) das alte G zum Schutz der persönlichen Freiheit von 1862. Näher → unten *A. Hauer*, Freiheit der Person und Freizügigkeit, § 191.
181 BGBl 1994/641.
182 Mit BVG BGBl I 1998/68.
183 Art. 9a Abs. 3 B-VG, mit BVG BGBl I 2005/106. Eine explizite Festlegung erfolgte, weil dies früher angesichts der verfassungsmäßigen Wehrpflicht der Männer für Frauen zweifelhaft war und diese Rechtslage als Berufszugangshindernis europarechtlich verpönt erschien.
184 BVG BGBl I 1997/87.
185 Eingefügt durch BVG BGBl I 2000/68.
186 Dazu *Rill/Schäffer*, Bundesverfassungsrecht (LitVerz.), Art 44 B-VG RN 36 f., 42 f.; *Berka*, Grundrechte (LitVerz.), RN 78 ff.

E. Die Internationalisierung der Grundrechte[187]

1. Nach dem Ersten Weltkrieg

66
Schutznormen für Minderheiten

Erste Ansätze zur Internationalisierung von Grundrechtsvorstellungen zeigten sich bereits im 19. Jahrhundert. Nach den Kriegen mit dem Osmanischen Reich wurden diesem Schutznormen für christliche Minderheiten vertraglich auferlegt. In Europa blieben die Grundrechte hingegen eine domaine reservée des Verfassungsstaates.

67
Völkerbund

Als nach dem Ersten Weltkrieg die Vielvölker-Monarchien fielen und zahlreiche neue Nationalstaaten gebildet wurden, hat man bei der Grenzziehung in den Friedensverträgen gleichwohl nicht durchwegs auf nationale Homogenität geachtet. Deswegen enthielten die „Pariser Vororte-Verträge" vielfach Bestimmungen grundrechtlicher Art, die den Minderheiten Schutz im neuen staatlichen Verband bieten sollten. Mit dem Friedensvertrag von Versailles wurden auch zwei bedeutende internationale Organisationen geschaffen: der Völkerbund als Vorläufer der Vereinten Nationen und das Internationale Arbeitsamt als Grundlage der späteren Internationalen Arbeitsorganisation (ILO). Zur Einhaltung der völkerrechtlichen Verpflichtungen aus den Pariser Vororte-Verträgen setzte der Völkerbund einen Minderheitenausschuß ein; auch der Ständige Internationale Gerichtshof (StIGH) beschäftigte sich wiederholt mit Minderheitenfragen.

68
Staatsvertrag von St. Germain

Arbeits- und Sozialrechtliches

Für Österreich handelt es sich um Art. 62 bis 69 des Staatsvertrages von St. Germain vom 10. September 1919[188], die als Verfassungsbestimmungen in die Bundesverfassung rezipiert wurden (Art. 149 B-VG.). Zum ersten Mal wurden damit Grundrechte aus einer völkerrechtlichen Rechtsquelle in österreichisches Verfassungsrecht transformiert. Arbeits- und sozialrechtliche Anliegen wurden in der Zwischenkriegszeit in beachtlichem Umfang im Rahmen von Übereinkommen der Internationalen Arbeitsorganisation verankert, blieben jedoch internationales Recht, das der Umsetzung im nationalen Rahmen bedurfte und bedarf.

2. Nach dem Zweiten Weltkrieg

a) Allgemeine Erklärung der Menschenrechte

69
Vereinte Nationen

Nach den Greueln der totalitären Regime und des Zweiten Weltkrieges richtete sich die Hoffnung für eine bessere und gerechtere Weltordnung auf die Vereinten Nationen, die in Zukunft Kriege verhindern und die Achtung der Menschenwürde auf der Grundlage der Menschenrechte wiederherstellen sollte. Die Wurzeln des universalen Menschenrechtsgedankens[189] reichen

---

187 Dazu allgemein *Manfred Nowak*, Einführung in das internationale Menschenrechtssystem, 2002.
188 BGBl 1920/303.
189 → Bd. VI/2: *Stern*, Menschenrechte als universales Leitprinzip, § 185.

zurück in die Vorgeschichte[190] und Gründungsgeschichte der Vereinten Nationen. Niederschlag fand er schon in den Zielen der UNO-Charta 1945, der Inhalt wurde später in der Allgemeinen Erklärung der Menschenrechte (vom 10. Dezember 1948)[191] programmatisch niedergelegt. Die Satzung der Vereinten Nationen hatte den Begriff „Menschenrechte" nicht definiert, sondern gleichsam vorausgesetzt. Die 1946 gegründete Menschenrechtskommission sollte in mehreren Schritten (unverbindliche Deklaration – verbindliche Konvention – internationaler Implementierungsmechanismus) eine Gesamtkonzeption entwickeln. In erstaunlich kurzer Zeit gelang die Formulierung der Allgemeinen Erklärung der Menschenrechte 1948, in der sowohl „klassische" (bürgerliche und politische) als auch „moderne" (wirtschaftliche, soziale und kulturelle) Rechte angesprochen sind. Die Weiterentwicklung zu weltweiten Konventionen kostete angesichts der Spaltung der Welt in Lager noch viele Jahre. An der Formulierung der Allgemeinen Erklärung der Menschenrechte hatte Österreich – bis 1955 nicht voll souverän und noch nicht Mitglied der Vereinten Nationen – keinen Anteil.

Gesamtkonzeption

b) Staatsvertrag von Wien

Der Staatsvertrag von Wien[192] hat nicht nur Österreichs Souveränität wieder hergestellt und seine Stellung in der Staatenwelt bestimmt, er enthält auch einige grundrechtliche Bestimmungen. Artikel 7 betrifft die „Rechte der slowenischen und kroatischen Minderheiten", und Artikel 8 verbürgt das freie, gleiche und allgemeine Wahlrecht[193] den Staatsbürgern[194].

70
StV von Wien

c) Die Europäische Menschenrechtskonvention

Die bei weitem wichtigste Ergänzung des Grundrechtskatalogs erfolgte mit der Ratifizierung der Europäischen Menschenrechtskonvention vom 4. November 1950[195]. Sie ist der bedeutendste Schritt zum Schutz der „Menschenrechte und Grundfreiheiten" international und national. Es bestehen bis heute dreizehn Zusatzprotokolle (von denen insbesondere das 1., 4., 7. und 13. Zusatzprotokoll den Katalog der Konventionsrechte erweitert haben)[196].

71
EMRK als zugleich nationales Verfassungsrecht

---

190 Erinnert sei an das vom Präsidenten der Vereinigten Staaten von Amerika, *Franklin D. Roosevelt* (Kongreßrede vom 6.1.1941) – zeitbedingt verständlich – aufgestellte Postulat von vier elementaren Freiheiten: Freiheit von Not, Freiheit von Furcht, Freiheit der Meinungsäußerung und Freiheit des religiösen Bekenntnisses. Erinnert sei ferner an die Atlantik-Charta (14.8.1941) und an die Erklärung von Philadelphia (1944).
191 Zu ihr → Bd. VI/2: *Nettesheim*, Die Allgemeine Erklärung der Menschenrechte und ihre Rechtsnatur, § 173.
192 BGBl 1955/152.
193 Was an sich seit jeher in Art. 26 B-VG verankert ist.
194 Überdies hatte sich Österreich in Art. 6 unter dem Titel „Menschenrechte" zu einem absoluten Diskriminierungsverbot für Staatsbürger und zur diskriminierungsfreien Gewährleistung der „Menschenrechte einschließlich der Meinungsäußerung, der Presse und Veröffentlichung, der Religionsausübung, der politischen Meinung und der öffentlichen Versammlung" für alle unter österreichischer Staatshoheit lebenden Personen zu verpflichten. Diese Bestimmung wurde als verfassungsändernd bezeichnet, offenbar weil alle diese Rechte längst als gewährleistet anzusehen sind.
195 Bestandteil der österreichischen Rechtsordnung seit BGBl 1958/210; der ursprünglich umstrittene *Verfassungsrang* wurde zweifelsfrei festgelegt durch BVG BGBl 1964/59.
196 Das Inkrafttreten des 14. ZP EMRK (wesentliche Verfahrensvereinfachung und -beschleunigung für den EGMR) wird immer noch durch die fehlende Ratifikation Rußlands behindert.

§ 186 Dreizehnter Teil: I. Allgemeine Lehren

International einmalig ist die Europäische Menschenrechtskonvention, weil sie dem Normunterworfenen ein individuelles Beschwerderecht (wegen Verletzung von Konventionsrechten) gegen jeden Konventionsstaat, also auch gegen seinen eigenen Heimatstaat verbürgt. Damit hat sie ein supranationales System des Grundrechtsschutzes etabliert, und insoweit hat sie das Individuum (partiell) zum Völkerrechtssubjekt gemacht! Das ursprünglich auf Unterwerfungserklärungen beruhende Rechtsschutzsystem ist seit seiner Reform durch das 11. ZP EMRK durch ein System der obligatorischen Gerichtsbarkeit ersetzt.

Obligatorische Gerichtsbarkeit

72
Ausbau von Jedermann-Rechten

Von nationaler Bedeutung ist, daß die Europäische Menschenrechtskonvention nicht nur den Grundrechtsbestand partiell erweitert (beispielsweise durch das Recht auf Bildung), sondern manche Grundrechte in ihrem personellen Geltungsbereich von Staatsbürgerrechten zu Jedermann-Rechten gewandelt hat (zum Beispiel die Vereins- und Versammlungsfreiheit). Die Freiheits- und Verfahrensgarantien (Art. 5 und 6 EMRK) hatten wesentliche Reformen im Strafprozeß und im System der Verwaltungsrechtspflege zur Folge. Langfristig hat der Europäische Gerichtshof für Menschenrechte durch *„evolutive Interpretation"* (der Konvention, die er als „living instrument" betrachtet) manche Konventionsrechte sehr kreativ und modern gedeutet. Dementsprechend haben die Grundrechte in der Wertschätzung des Einzelnen und auch (argumentativ) im politischen Prozeß immer mehr an Bedeutung gewonnen. Nach anfänglichem Zögern[197] haben die österreichischen Höchstgerichte, insbesondere der Verfassungsgerichtshof den Straßburger Instanzen Gefolgschaft geleistet und das Prinzip der *konventionskonformen Auslegung* konsequent zur Anwendung gebracht. Das Verhältnis der Konvention zu den (meist älteren) österreichischen Grundrechtsnormen ist nicht durch den Grundsatz der lex posterior, sondern durch das Günstigkeitsprinzip bestimmt[198]. Anwendungsvorrang hat daher jeweils jene Grundrechtsnorm, welche den für einen Grundrechtsträger günstigeren Standard ergibt. Die Beurteilung kann im Einzelfall schwierig sein und hängt nicht selten von einer harmonisierenden Auslegung ab. Insgesamt hat die Straßburger Rechtsprechung bedeutenden Einfluß auf die Judikatur des Verfassungsgerichtshofs und auf die Grundrechtsdogmatik gehabt (Lehre vom Gesetzesvorbehalt, Verhältnismäßigkeitsprinzip, Abwägungsmethode und „margin of appreciation", grundrechtliche Schutzpflichten, etc.)[199].

Anwendungsvorrang nach Günstigkeitsprinzip

---

197 Zweifel an der unmittelbaren Anwendbarkeit der Konvention (*VfSlg* 3767/1960, 4122/1961); ursprünglich kein Verfassungsrang der EMRK vor dem „Staatsverträgesanierungsgesetz" (*VfSlg* 4049/1961; später bejaht: *VfSlg* 4924/1965); Ablehnung einer weittragenden, die österreichische Rechtsordnung geradezu umstürzenden Folgerung für die Organisation des Rechtsschutzes (*VfSlg* 5102/1965).
198 Ursprünglich Art. 60, jetzt Art. 53 EMRK. Zum Günstigkeitsprinzip → Bd. VI/2: *Grabenwarter*, Nationale Grundrechte und Rechte der Europäischen Menschenrechtskonvention, § 169; Bd. VI/1: *Giegerich*, Menschenrechtsübereinkommen des Europarats, § 148 RN 33.
199 Vgl. *Berka*, Die Europäische Menschenrechtskonvention und die österreichische Grundrechtstradition, ÖJZ 1979, S. 365, 428 ff.; *Schäffer*, Grundrechte im Spannungsverhältnis von nationaler und europäischer Perspektive, ZÖR 62 (2007), S. 1 ff.

d) Die Europäische Sozialcharta

Im Gegensatz zur Europäischen Menschenrechtskonvention war Österreich bereits an der Ausarbeitung[200] der Europäischen Sozialcharta (ESC) beteiligt, die am 18. Oktober 1961 von dreizehn Mitgliedstaaten des Europarates in Turin unterzeichnet wurde. Dieser völkerrechtliche Vertrag wurde erst Ende 1969 ratifiziert[201]. Seine Transformation in nationales Recht erfolgte schließlich in der schwächsten möglichen Form, nämlich unter „Erfüllungsvorbehalt" gemäß Art. 50 Abs. 2 B-VG. Damit wurde von vornherein klargestellt, daß der Vertrag non-self-executing ist. Außerdem wurde die Europäische Sozialcharta nicht als verfassungsändernder Vertrag behandelt und somit bewußt im Range einfachen Gesetzesrechts in die österreichische Rechtsordnung übernommen. Die Bindungswirkung der Europäischen Sozialcharta – als völkerrechtlicher Vertrag – ist zwar stärker als die der Allgemeinen Erklärung der Menschenrechte der Vereinten Nationen von 1948, aber geringer als jene der Europäischen Menschenrechtskonvention. Man hat die Europäische Sozialcharta nicht zu Unrecht als die „ungleiche Schwester der MRK" bezeichnet. Sie verbrieft nur Ziele der Sozialpolitik, nicht subjektive Rechte[202].

73 Entstehung und Wirkung

Bindungswirkung

Anders als die Europäische Sozialcharta wurde die (UN-) Konvention über die politischen Rechte der Frau[203] zur Gänze in Verfassungsrang ratifiziert, jedoch mit Erfüllungsvorbehalt[204].

74 Politische Rechte der Frau

In weiterer Folge ist ein weltweiter Konsens über Menschenrechte erst später entwickelt worden, oft mit weiten Formeln und weichen Sicherungsmechanismen. Dies gilt zunächst für das Internationale Übereinkommen über die Beseitigung aller Formen rassischer Diskriminierung[205]. Es wurde mit Erfüllungsvorbehalt genehmigt und durch ein eigenes Bundesverfassungsgesetz umgesetzt[206].

75 Rassendiskriminierung

e) Die Menschenrechtspakte der Vereinten Nationen[207]

Vorarbeiten der Vereinten Nationen für Menschenrechtspakte – getrennt nach klassischen Freiheitsrechten und „modernen", nämlich wirtschaftlichen, sozialen und kulturellen Rechten – liefen 1946 bis 1950 und waren danach

76 UN-Pakte

---

200 An einer Sozialcharta als Gegenstück und Ergänzung zur EMRK wurde im Europarat bereits seit 1954 gearbeitet.
201 BGBl 1969/460.
202 Einzelheiten → unten *Schäffer*, Zur Problematik sozialer Grundrechte, § 199.
203 BGBl 1969/256.
204 Nach h.A. ist diese Konvention bereits durch die geltende Rechtsordnung erfüllt.
205 BGBl 1972/377; dazu *Nikolaus Marschik*, Die UN-Rassendiskriminierungskonvention im österreichischen Recht, 1999.
206 BGBl 1973/390. Darüberhinaus wurde – auf Grund eines konkreten Anlaßfalles (*Harry Belafonte!*) – ein eigener Verwaltungsstraftatbestand geschaffen: Demnach begeht eine Verwaltungsübertretung, wer Personen allein auf Grund ihrer Rasse, ihrer Hautfarbe, ihrer nationalen oder ethnischen Herkunft oder ihres religiösen Bekenntnisses ungerechtfertigt benachteiligt oder sie hindert, Orte zu betreten oder Dienstleistungen in Anspruch zu nehmen, die für den allgemeinen öffentlichen Gebrauch bestimmt sind (BGBl I 1992/143, jetzt wiederverlautbart als Art. III Abs. 1 Z 3 EGVG 2008).
207 Dazu im einzelnen *Nowak*, Einführung (FN 187), S. 87 ff.; weiters → Bd. VI/2: Allgemeine Menschenrechtspakte, § 174.

Erfüllungs-vorbehalte

lange Zeit durch den Kalten Krieg blockiert. Daher verfolgte man längere Zeit das Konzept des in möglicherweise homogenen Weltregionen gedachten regionalen Menschenrechtsschutzes. Es dauerte viele Jahre, bis die beiden Welt-Pakte am 16. Dezember 1966 von der UN-Generalversammlung beschlossen werden konnten. Nochmals wesentlich später wurden die beiden Pakte von Österreich ratifiziert, nämlich der Internationale Pakt über wirtschaftliche, soziale und kulturelle Rechte[208] und der Internationale Pakt über bürgerliche und politische Rechte[209]; hinzu traten später zwei Fakultativprotokolle, betreffend Individualbeschwerden und zur Abschaffung der Todesstrafe[210]. Alle diese Übereinkommen sind (mit Ausnahme des Fakultativprotokolls) mit Erfüllungsvorbehalt, jedoch nicht im Verfassungsrang ratifiziert worden. Bei den sozialen Rechten[211] hat man den schon zur Europäischen Sozialcharta eingeschlagenen Weg weiter verfolgt, bei den klassischen Freiheitsrechten hat man offenbar um der Gleichbehandlung der beiden Pakte willen (und auch zur Vermeidung noch größerer Normkomplikationen) auf den Verfassungsrang verzichtet[212].

77
Beseitigung der Diskriminierung der Frau

Einige Jahre später wurde die UN-Konvention zur Beseitigung jeder Form von Diskriminierung der Frau vom Nationalrat genehmigt[213]. Artikel 1 bis 4 dieser Konvention wurden als verfassungsändernd behandelt und bezeichnet. Die gesamte Konvention steht jedoch unter Erfüllungsvorbehalt und ist durch die Erlassung von Gesetzen umzusetzen.

78
Folter-Konvention

Das UN-Übereinkommen gegen Folter und andere grausame, unmenschliche oder erniedrigende Behandlung oder Strafe von 1984 wurde von Österreich ohne Verfassungsrang, aber auch ohne Erfüllungsvorbehalt ratifiziert[214].

79
Kinderrechte-Konvention

Hingegen wurde die UN-Konvention über die Rechte des Kindes[215] von Österreich bloß als gesetzesrangiger Staatsvertrag mit Erfüllungsvorbehalt ratifiziert[216]. Als Kinder gelten Personen, die das 18. Lebensjahr noch nicht vollendet haben (also alle Jugendlichen). Die Kinderrechte-Konvention verspricht einen umfassenden Katalog von Freiheitsrechten, sozialen, wirtschaft-

---

208 BGBl 1978/590; siehe → unten *Schäffer*, Zur Problematik sozialer Grundrechte, § 199.
209 BGBl 1978/591.
210 BGBl 1988/105 und BGBl 1993/333.
211 Entwicklungsrechte, keine subjektiven Rechte. Die Ziele sind nach dem Konzept des UN-Paktes durch gesetzgeberische Maßnahmen, jedoch unter Berücksichtigung der *ressources disponibles* anzustreben.
212 Neben anderen (verfassungs)politischen Gründen war dafür auch hier z.T. die Einschätzung maßgeblich, daß die meisten der in diesen Pakten verankerten Rechte innerstaatlich in der Regel zumindest durch die einfache Gesetzgebung gewährleistet sind oder als unbestimmte Gesetzgebungsaufträge zu werten sind. Immerhin erging knapp nach der Ratifikation der UN-Pakte das Gleichbehandlungsgesetz (BGBl 1979/108) hinsichtlich der Gleichbehandlung von Frauen und Männern in der Arbeitswelt, heute: Gleichbehandlungsgesetz (BGBl I 2004/66).
213 BGBl 1982/443. → Bd. VI/2: *v. Heinegg*, Spezielle Menschenrechtspakte, § 175 RN 7ff.
214 BGBl. 1987/492. Beachte dazu ferner das Europäische Übereinkommen zur Verhütung von Folter und unmenschlicher oder erniedrigender Behandlung oder Strafe (BGBl 1989/74 i.d.g.F.).
215 Zwei Fakultativprotokolle richten sich gegen die Beteiligung von Kindern an bewaffneten Konflikten (BGBl III 2002/92) sowie gegen Kinderhandel, Kinderprostitution und Kinderpornographie (BGBl III 2004/93). → Bd. VI/2: *v. Heinegg*, Spezielle Menschenrechtspakte, § 175 RN 45ff.
216 BGBl 1993/7. Vgl. *Helmut Sax/Christian Hainzl*, Die verfassungsrechtliche Umsetzung der UN-Kinderrechtskonvention in Österreich, 1999.

lichen und politischen Rechten für Kinder; sie orientiert sich an vier Grundprinzipien: Diskriminierungsverbot, Kindeswohl bei allen Maßnahmen, die Kinder betreffen, Recht auf Leben und bestmögliche Entwicklung, Recht auf Partizipation.

Die erwähnten Menschenrechtspakte und -konventionen sehen auf internationaler Ebene verschiedene Durchsetzungsmechanismen vor; meist handelt es sich um Berichtssysteme. Ein Individualbeschwerdeverfahren ist bezüglich des UN-Paktes über bürgerliche und politische Rechte im Fakultativprotokoll vorgesehen. Danach entscheidet der Menschenrechtsausschuß der Vereinten Nationen über die Zulässigkeit und Begründetheit von Individualbeschwerden, er kann Verletzungen des Paktes feststellen und seine Auffassung den Parteien mitteilen. Mit Veröffentlichung der Sachentscheidung endet die Kompetenz des Ausschusses, wenngleich er in der Praxis die Staaten einlädt, ihn über jede rechtliche und faktische Reaktion zu informieren. Eine weitere Überwachungskompetenz ist nicht vorgesehen, daher werden die „views" auch nicht als rechtsverbindlich angesehen[217].

80
Durchsetzungsmechanismen

f) Österreichische und europäische Grundrechte[218]

Mit dem Eintritt in die Europäische Union zum 1. Januar 1995 hatte Österreich den gesamten *acquis communautaire* zu übernehmen, somit auch die damals schon entwickelte Rechtsprechung des Europäischen Gerichtshofs zu den Grundrechten des Gemeinschaftsrechts. Das daraus für den Nationalstaat und sein Rechtsschutzsystem resultierende Beziehungsdreieck zwischen nationalem Grundrechtsschutz, Menschenrechtsschutz vor dem Europäischen Gerichtshof für Menschenrechte in Straßburg und Grundrechtsschutz im Rahmen der Wahrung des Gemeinschaftsrechts durch den Europäischen Gerichtshof in Luxemburg wirft schwierige grundrechtsdogmatische und rechtspolitische Fragen auf. Die Höchstgerichte agieren zwischen Konfrontation und Kooperation[219].

81
EU als Grundrechtsverbund

Das langjährige Fehlen eines geschriebenen Grundrechtskataloges im Gemeinschaftsrecht ist vom Europäischen Gerichtshof durch die Annahme von Grundrechten kompensiert worden, die er als „allgemeine Rechtsgrundsätze" im Primärrecht verortet. Seit dem Vertrag von Amsterdam sind u. a. das rechtsstaatliche Prinzip und die Achtung der Grundrechte ausdrücklich unter jenen Grundsätzen verankert, auf denen die Europäische Union beruht

82
Grundrechtekompensation durch „allgemeine Rechtsgrundsätze"

---

217 *Nowak*, CCPR Commentary (LitVerz.); so auch jüngst *OGH*, 6. 5. 2008, 1 Ob 8/08w, NL 2008/3, S. 180 f. → Bd. VI/2: *Dederer*, Die Durchsetzung der Menschenrechte, § 176; *E. Klein*, „Allgemeine Bemerkungen" der UN-Menschenrechtsausschüsse, § 177.
218 *Griller*, Grundrechtsschutz in der EU und in Österreich, in: Verhandlungen des 12. Österreichischen Juristentages, 1994, Bd. I/2, S. 7 ff.; *Gerhard Baumgartner*, EU-Mitgliedschaft und Grundrechtsschutz, 1997; *Hengstschläger*, Grundrechtsschutz kraft EU-Rechts, JBl 2000, S. 409 ff. und 494 ff.; *Berka*, Grundrechte (LitVerz.), RN 330 ff.; *Michael Schweitzer/Waldemar Hummer/Walter Obwexer*, Europarecht. Das Recht der Europäischen Union, 2007, RN 1102 ff.
219 Dazu *Schäffer*, Grundrechte im Spannungsverhältnis von nationaler und europäischer Perspektive, ZÖR 62 (2007), S. 1 ff.

§ 186   *Dreizehnter Teil: I. Allgemeine Lehren*

(Art 6 EUV: Homogenitätsklausel)[220]. Bei der Herleitung der verschiedenen Einzelgrundrechte ließ sich der Europäische Gerichtshof von den gemeinsamen Verfassungstraditionen der Mitgliedstaaten ebenso leiten wie von Hinweisen, die sich aus völkerrechtlichen Verträgen zum Menschenrechtsschutz ergeben, an deren Abschluß die Mitgliedstaaten beteiligt waren oder denen sie später beigetreten sind[221]. Besondere Bedeutung wurde und wird der Menschenrechtskonvention zugemessen.

83
Gemeinschaftsgrundrechte

Auf dieser Grundlage hat der Europäische Gerichtshof zahlreiche Gemeinschaftgrundrechte anerkannt und dogmatisch konkretisiert; so unter anderem: Gleichbehandlungsgrundsatz, Schutz des Eigentums, der Berufsfreiheit, der Privatsphäre, der Meinungs- und Informationsfreiheit, schließlich den gemeinschaftsrechtlichen Grundsatz, daß jedermann Anspruch auf einen wirksamen Rechtsschutz und auf einen fairen Prozeß durch gerichtliche Instanzen hat[222]. Dieses Gemeinschaftsgrundrecht gilt für alle Verfahrensarten und hat – im Gegensatz zum unterschiedlichen Rang der Menschenrechtskonvention in den EU-Mitgliedstaaten – Vorrang vor dem nationalen Recht[223].

84
Grundrechtecharta

Ein wichtiger Schritt zur Schaffung eines kodifizierten Kataloges war die vom Grundrechtskonvent entworfene und anläßlich der Regierungskonferenz von Nizza feierlich proklamierte Grundrechtecharta. Sie blieb allerdings unverbindliches Dokument. Die Umwandlung in einen echten Grundrechte-Katalog sollte durch Einfügung in den Verfassungsvertrag für Europa erfolgen. Mit dessen Scheitern mußte nach einem anderen rechtstechnischen Weg gesucht werden. Im Reformvertrag von Lissabon ist eine weniger spektakuläre Lösung angepeilt. Durch Verweisung soll die Grundrechtecharta den Verträgen des Primärrechts (Vertrag über die Europäische Union [EUV] und Vertrag über die Arbeitsweise der Europäischen Union [AEUV]) gleichgestellt und damit rechtsverbindlich werden.

Praktische Konkordanz und Harmonisierung als Ziel

Anderseits will die Europäische Union als solche neben den Mitgliedstaaten der Europäischen Menschenrechtskonvention beitreten, und es ist daran gedacht, daß sich die bisher nur für Staaten zur Ratifikation offen stehende Europäische Menschenrechtskonvention der Europäischen Union öffnet. Gleich, ob dies gelingt oder nicht, müssen die beiden Europäischen Höchstgerichte auf eine praktische Konkordanz und Harmonisierung ihrer Rechtsprechung achten und hinarbeiten.

---

220 Und in der Fassung des Reformvertrags von Lissabon spricht der EUV (nunmehr in Art. 2) von den „Werten", auf die sich die Union gründet und die allen Mitgliedstaaten gemeinsam sind, nämlich „Achtung der Menschenwürde, Freiheit, Demokratie, Gleichheit, Rechtsstaatlichkeit und Wahrung der Menschenrechte ...".
221 → Bd. VI/1: *Skouris*, Methoden der Grundrechtsgewinnung in der Europäischen Gemeinschaft, § 157.
222 Diese Rechtsprechung des EuGH wurde später durch Art. F Abs. 2 EUV (Fassung Amsterdam) bzw. Art. 6 Abs. 2 EUV (Fassung Nizza) bekräftigt.
223 Dieses Grundrecht findet heute eine detaillierte Formulierung in der Europäischen Grundrechte-Charta (Art. 47: Recht auf einen wirksamen Rechtsbehelf und ein unparteiisches Gericht).

F. Grundrechtsreform[224] – die „unendliche Geschichte"

1. Österreichische Grundrechtsreform 1963 bis 1983

Bereits nach Wiedererlangung der Souveränität und Konsolidierung der Zweiten Republik im Jahre 1955 hat man erkannt, daß der Grundrechtsbestand infolge seines Alters, seiner relativ starken Ausrichtung an liberalen Idealen und des Fehlens sozialer Grundrechte sowie in rechtstechnischer Hinsicht wegen der Zersplitterung der Rechtsquellen reformbedürftig ist. Der Reformdruck wurde durch die internationale Rechtsentwicklung[225] noch erhöht.

85 Reformbedarf

1964 wurde von Bundeskanzler *Josef Klaus* ein Expertenkollegium für die Neuordnung der Grund- und Freiheitsrechte eingesetzt, welchem Vertreter der im Parlament vertretenen politischen Parteien (zusätzlich zu von ihnen namhaft gemachten Spitzenjuristen) sowie Vertreter der Rechtsberufe und der Wissenschaft angehörten[226]. Das Expertenkollegium hat in siebenundachtzig Arbeitstagungen vom 22. Januar 1965 bis 1. März 1974 die Gegenwartsprobleme der Grund- und Freiheitsrechte unter Einschluß der europäischen und weltweiten Menschenrechtsentwicklung diskutiert und auf Grund eines Fragenprogramms die Vorstellungen der einzelnen Mitglieder zu Grundwerten und Grundrechten ermittelt[227].

86 Expertenkollegium

Von 1974 bis 1983 war dann ein Redaktionskomitee damit befaßt, die Beratungsergebnisse in präzise, vom Einzelnen im Rahmen eines zeitgemäßen Rechtsschutz-Systems zu verteidigende Formulierungen zu gießen. Eine einheitliche Formulierung kam wegen divergierender Auffassungen über manche Grundwerte und über die Realisierbarkeit sozialer Grundrechte nicht zu Stande; zahlreiche Grundrechte wurden daher in Alternativen textiert. Die

87 Redaktionskomitee

---

224 Dazu *Rack* (Hg.), Grundrechtsreform, 1985; *Pernthaler*, Die Grundrechtsreform in Österreich, AöR 94 (1969), S. 31 ff.; *Loebenstein*, Die Behandlung des österreichischen Grundrechtskataloges durch das Expertenkollegium zur Neuordnung der Grund- und Freiheitsrechte, EuGRZ 1985, S. 365 ff., bzw. *ders.*, Die Behandlung des österreichischen Grundrechtskatalogs durch das Expertenkollegium zur Neuordnung der Grund- und Freiheitsrechte, in: Machacek/Pahr/Stadler (LitVerz.), Bd. I, S. 365 ff.; *Holzinger*, Grundrechtsreform in Österreich, in: Machacek/Pahr/Stadler (LitVerz.), Bd. I, S. 459 ff.; *Adamovich/Funk/Holzinger*, Staatsrecht (LitVerz.), Bd. III, S. 12 ff. (m.w.N.).
225 Siehe oben E.
226 Dabei sollte es nicht nur um ein einheitliches System, sondern auch darum gehen, den Veränderungen in Politik, Gesellschaft, Wissenschaft und Technik seit 1867 angemessen Rechnung zu tragen. Aufgabe der Neuordnung sollte es sein, „in dem Widerstreit der politischen und weltanschaulichen Meinungen einen vertretbaren Ausgleich zu finden, der den Sinngehalt einer Grund- und Freiheitsordnung widerspiegelt, nämlich die Freiheit durch das Gesetz zu sichern. Ziel einer solchen Neuordnung war es, den Einzelmenschen auch unter veränderten Umständen und Vorstellungen von Staat und Gesellschaft gegen willkürliche Eingriffe des Staates sowie parastataler Einrichtungen und Machtträger zu schützen und jedem in Österreich Lebenden das Gefühl der Geborgenheit in der staatlichen Gemeinschaft bei voller Wahrung der Eigenständigkeit und freien Entfaltung der Persönlichkeit zu bieten. So ausdrücklich der ehemalige Bundeskanzler *J. Klaus*, Die „Ära Klecatsky" oder: Der Rechtsstaat ist nicht bequem, in: Ludwig Adamovich/Peter Pernthaler (Hg.), FS Klecatsky, 1980, S. 415 (422 f.).
227 Die erste Hälfte der Beratungen und das Fragenprogramm sind dokumentiert bei Peter Goller/Gerhard Oberkofler (Hg.), Österreichische Grundrechtsreform. Die Protokolle des Expertenkollegiums für Probleme der Grund- und Freiheitsrechte (1962–1965), 2003.

§ 186 *Dreizehnter Teil: I. Allgemeine Lehren*

Beratungsergebnisse wurden schließlich vom Geschäftsführenden Vorsitzenden, dem Leiter des Bundeskanzleramt-Verfassungsdienstes *Edwin Loebenstein*, zusammengefaßt[228], aber nicht offiziell publiziert.

2. „Politische" Grundrechtsreformkommission (1983 bis 1992)

88
Magere Ausbeute

Nach dem Ende der Ära *Bruno Kreisky* versuchte Bundeskanzler *Fred Sinowatz* das Reformprojekt wieder zu beleben. Angekündigt wurde 1983 die baldige Einberufung einer politischen Kommission zur Reform der Grund- und Freiheitsrechte"[229]. Anfang 1985 sollte sie tatsächlich tätig werden; von vornherein war allerdings beabsichtigt, sie solle sich nur „schrittweise" vorwärtsbewegen und hierbei auch Wert auf eine öffentliche Diskussion legen. Eine breite öffentliche Diskussion fand indes nicht statt; es kam nur zu einer Erörterung von Entwürfen im Rahmen von (auf einen kleinen Teilnehmerkreis beschränkten) Teil-"Enqueten". Die Teilentwürfe und die darüber veranstalteten Enqueten sind in vom Bundeskanzleramt-Verfassungsdienst herausgegebenen Broschüren („Beiträge zum Verfassungsrecht") dokumentiert:
Nr. 1: „Schutz der persönlichen Freiheit" (21. Februar 1986);
Nr. 2: „Recht auf ein faires Verfahren" (3. November 1986);
Nr. 3: „Recht auf soziale Sicherheit" (2. Juli 1987);
Nr. 4: „Wirtschaftliche und soziale Rechte, Recht auf Arbeit" (13. Juni 1990);
Nr. 5: „Das Recht auf Achtung des privaten Lebensbereiches" (1. Oktober 1992).

Von diesen Entwürfen hat bloß der erstgenannte zu einer keineswegs revolutionären, eigentliche nur der Nachführung gegenüber der Europäischen Menschenrechtskonvention dienenden „Neuregelung" des Schutzes der persönlichen Freiheit geführt[230]. Vor allem die Debatten über soziale Grundrechte erwiesen sich letztlich als frucht- und wirkungslos[231], und zwar teils wegen beständiger Zweifel an ihrer rechtstechnischen Realisierbarkeit, vor allem aber wegen des Fehlens einer geeigneten ökonomischen Basis.

3. Österreich-Konvent (2003 bis 2005)

89
Verfassungskonvent ohne Erfolg

Inspiriert vom Verfassungskonvent der Europäischen Union kam später auch in Österreich eine grundsätzliche Verfassungsreformdebatte in Gang. In einem „Österreich-Konvent" genannten politischen Forum[232] wurden auf brei-

---

228 „Zusammenstellung der Beratungsergebnisse des Redaktionskomitees für die Neuordnung der Grund- und Freiheitsrechte 1974–1983" (BKA-VD 25. 9. 1984, GZ. 600.635/14-V/1/84) sowie in einem auf Grund der Beratungsergebnisse von *Edwin Loebenstein* erstatteten „Gutachten".
229 Parl. Anfragebeantwortung (II-642 BlgNR. 16. GP.).
230 BVG BGBl 1988/684.
231 → Unten *Schäffer*, Zur Problematik sozialer Grundrechte, § 199.
232 Dieser Konvent war freilich keine gewählte Versammlung, ja er beruhte nicht einmal auf einem Gesetz, sondern auf einem politischen Pakt! Beschlossen wurde lediglich ein Bundesgesetz betreffend die finanzielle und administrative Unterstützung des Österreich-Konvents (BGBl I 2003/39), nachdem sich der Konvent bereits konstituiert hatte. Vgl. ferner → Bd. II: *Merten*, Begriff und Abgrenzung der Grundrechte, § 35 RN 43.

ter Basis durch Vertreter der Parteien, der Gebietskörperschaften, der Interessenvertretungen und unter Heranziehung eines „Expertenpools" sowie unter Anhörung von Vertretern der „Zivilgesellschaft" Vorschläge für eine grundlegende Staats- und Verfassungsreform beraten. Die Vorarbeit in zehn Ausschüssen und mehreren Plenarsitzungen des Konvents vom 30. Juni 2003 bis 31. Januar 2005 erbrachte reiches Material, aber trotz mannigfacher inhaltlicher Übereinstimmung keinen Verfassungsentwurf. Als Hindernis erwies sich vor allem die seit langem umstrittene Kompetenzverteilung. Der „große Wurf" ist also nicht gelungen.

Im Ausschuß 4 („Grundrechte") war man anfangs sehr optimistisch und hielt auch die Zeit „reif für soziale Grundrechte"[233]. Bei den leistungsstaatlichen Garantien wurden freilich die Konsenschancen mit fortschreitender Detaildebatte geringer; letztlich gab es dazu keine Lösung. Im Präsidium und in Verhandlungen zwischen den großen Interessenvertretungen der Wirtschaft und der Arbeitnehmer wurde aber hinsichtlich der Formulierung verschiedener Grundrechte Konsens erzielt.

90 Soziale Grundrechte

Der Konventspräsident versuchte dann noch vor Ende der Konventsarbeiten, die konzertierten Lösungen und weitgehend konsensfähig erscheinenden Punkte, darunter auch einige soziale Grundrechte, im Textentwurf einer neuen Bundesverfassung zusammenzuführen; dieser Text muß freilich als sein Privatentwurf gelten (*Fiedler*-Entwurf). Zum Abschluß seiner Arbeitsperiode präsentierte der Österreich-Konvent am 28. Januar 2005[234] einen umfassenden Bericht.

91 Fiedler-Entwurf und Abschlußbericht

Aus den anschließenden parlamentarischen Beratungen ist der Meinungsstand aller Parlamentsfraktionen durch eine synoptische Darstellung der Entwürfe hervorragend dokumentiert[235]. Dabei zeigten sich hinsichtlich der klassischen Grundrechte weitgehende Übereinstimmungen bis in die Formulierungen, weiterreichende Auffassungsunterschiede verblieben bei den sozialen und kulturellen Rechten.

92 Meinungsstand

---

233 Zu Zielen, Strategie und Taktik von Grundrechtsreformen *Holoubek*, Grundrechtskompilation oder Grundrechtsreform?, in: Walter Berka/Heinz Schäffer/Harald Stolzlechner/Ewald Wiederin (Hg.), Verfassungsreform – Überlegungen zur Arbeit des Österreich-Konvents, Dokumentation des Symposions zum Gedenken an Friedrich Koja vom 2. 4. 2004, 2004, S. 31 ff.

234 Der Bericht umfaßt ca. 1200 Seiten. Er kann – gegliedert nach Teilbereichen – auf der Website des Konvents abgerufen werden: http://www.konvent.gv.at/portal/page?_pageid=905,844401&_dad=portal&_schema=PORTAL (der Fiedler-Entwurf ist Teil 4 B des Gesamtberichtes).
Der Gesamtbericht wurde dann vom Bundeskanzler dem Nationalrat übermittelt (III-136 BlgNR 22. GP.), wo in einem „Besonderen Ausschuß" (nicht im Verfassungsausschuß!) über den weiteren Weg der Staats- und Verfassungsreform beraten werden sollte. Die Meinungen über die Ausschußarbeit blieben bis zum Ende der 22. Gesetzgebungsperiode geteilt.

235 Vgl. Synopse der Gesamtvorschläge und Positionen der parlamentarischen Klubs zum Themenbereich „Grundrechte" (17. 1. 2006), 1/ARB (XXII. GP).

§ 186   *Dreizehnter Teil: I. Allgemeine Lehren*

4. Staatsreformkommission (ab 2007)

93
Weiterführung oder Scheitern der Reform?

Die nach den Wahlen vom Herbst 2006 gebildete Regierung einer neuen „Großen Koalition" versuchte, ihre Existenzberechtigung durch große „Projekte" zu legitimieren. Dazu gehört neben geplanten Sozialreformen auf dem Pensions- und Gesundheitssektor eine Staatsreform, die von einer siebenköpfigen Expertengruppe[236] in drei „Paketen" vorbereitet werden sollte[237]. Eine Verfassungsbereinigung und Reform der Kontrollinstitutionen ist nur halbherzig realisiert worden[238], die Föderalismusreform (Reform von Kompetenzverteilung und Bundesrat) blieb in den Interessengegensätzen der Gebietskörperschaften stecken, und das dritte Paket „Grundrechtsreform" barg trotz hoffnungsvoller Ansätze und weit gediehener Konsense immer noch genügend Konfliktpotenzial. Relativ weit angenähert hatte man sich hinsichtlich der Verankerung sozialer Grundrechte; angedacht war sogar eine Art „Gewährleistungsklage" vor dem Verfassungsgerichtshof auf Durchsetzung sozialer Ansprüche gegen den fehlsamen Gesetzgeber. Strittig blieb zwischen der sozialdemokratischen und konservativen Seite unter anderem,

– ob und wie die seinerzeit (mit dem Strafgesetzbuch 1974) eingeführte „Fristenlösung" in oder gegen einen neuen Grundrechtskatalog abgesichert werden könne (explizit oder durch Nichterwähnung); ferner
– die Volksgruppenfrage: ob neben den Slowenen und Kroaten weitere Volksgruppen einbezogen und mit mehr Förderungen ausgestattet werden sollen oder ob es beim status quo bleiben solle;
– der Gleichheitssatz: ob man ihn explizit zu einem Menschenrecht erweitern solle oder es bei der (durch die Rechtsprechung ohnedies großzügig ausgebauten) Sachlichkeitsgarantie belassen solle.
– Eine weniger ideologisch als rechtstechnische Streitfrage geht dahin, wie die Grundrechtsvorbehalte formuliert sein sollten: als allgemeiner Vorbehalt für alle Grundrechte gemeinsam oder als konkrete und differenzierte Vorbehalte bei jedem Einzelgrundrecht.

Es scheint, als würde die innenpolitische Entwicklung 2008 auch diesen Anlauf zur Staats- und Grundrechtsreform scheitern lassen.

---

236 Unter dem Vorsitz des Leiters des BKA-VD agieren je drei von den beiden Regierungsparteien nominierte Experten (die SPÖ nominierte Volksanwalt *Peter Kostelka*, die Landeshauptfrau von Salzburg *Gabi Burgstaller* und den Verfassungsrechtler *Theo Öhlinger*, die ÖVP entsandte den früheren Nationalrats-Präsidenten *Andreas Khol*, den Landeshauptmann von Vorarlberg *Herbert Sausgruber* sowie den ehemaligen RH-Präsidenten *Franz Fiedler*).
237 Zum Grundkonzept und ersten Reformschritt Österreichische Juristenkommission (Hg.), Staatsreform, 2008.
238 B-VG-Novelle (BGBl I 2008/2).

G. Zusammenfassung

Österreich besitzt eine kontinuierliche Grundrechtsentwicklung, die 1848/49 ihren Ausgang nimmt und auf eine (nahezu) ununterbrochene Tradition verfassungsgerichtlichen Grundrechtsschutzes seit 1867 zurückblicken kann. Die Internationalisierung der Grundrechte erfuhr für Österreich ihren entscheidenden Akzent durch den Beitritt zur Europäischen Menschenrechtskonvention (1958), welche zum nationalen Verfassungsbestand gehört und ihn zunehmend dominiert. Die neuere Entwicklung seit 1995 ist durch das europäische Gemeinschaftsrecht mitgeprägt.

94
Kontinuierliche Grundrechtsentwicklung

H. Bibliographie

Adamovich Ludwig (sen.), Der Kremsierer Entwurf und die österreichische Bundesverfassung, ZÖR 1927, S. 561 ff.

Bernatzik, Edmund, Die österreichischen Verfassungsgesetze, ²1911.

Brauneder, Wilhelm, Die Gesetzgebungsgeschichte der österreichischen Grundrechte, in: R. Machacek u. a. (Hg.), Grund- und Menschenrechte in Österreich (LitVerz.), Bd. I, S. 189 ff.

Dantscher von Kollesberg, Theodor, Die politischen Rechte der Untertanen, I.–III. Lieferung, Wien 1888–1894 (ND 1970).

Ermacora, Felix, Quellen zum Österreichischen Verfassungsrecht (1920). Die Protokolle des Unterausschusses des Verfassungsausschusses samt Verfassungsentwürfen, 1967.; *ders.*, Die Entstehung der Bundesverfassung 1920, Band I: Materialien zur österreichischen Bundesverfassung. Die Länderkonferenz 1919/20 und die Verfassungsfrage, 1989; Band IV: Die Sammlung der Entwürfe zur Staats- bzw. Bundesverfassung, 1990.

ders., Die Grundrechte in Österreich, in: Karl August Bettermann u. a. (Hg.), Die Grundrechte (LitVerz.), Bd. I, Halbbd. 1, S. 125 ff.

Fischel, Alfred, Die Protokolle des Verfassungsausschusses über die Grundrechte. Ein Beitrag zur Geschichte des österreichischen Reichstags vom Jahre 1848, 1912.

Goller, Peter/Oberkofler, Gerhard (Hg.), Österreichische Grundrechtsreform. Die Protokolle des Expertenkollegiums für Probleme der Grund- und Freiheitsrechte (1962–1965), 2003; *dies.*, Grundrechtskatalog für Österreich? Historisch-politische Anmerkungen zur österreichischen Grundrechtsreform (1962–1965), 2004.

Holzinger, Gerhard, Grundrechtsreform in Österreich, in: R. Machacek u. a. (Hg.), Grund- und Menschenrechte in Österreich (LitVerz.), Bd. I, S. 459 ff.

Kelsen, Hans, Österreichisches Staatsrecht, entwicklungsgeschichtlich dargestellt, 1923.

Lehne, Friedrich, Grundrechte achten und schützen? 1862 und 1867, JBl 1986, S. 341 ff.; S. 424 ff.

Loebenstein, Edwin, Die Behandlung des österreichischen Grundrechtskataloges durch das Expertenkollegium zur Neuordnung der Grund- und Freiheitsrechte, EuGRZ 1985, S. 365 ff.

Melichar, Erwin, Die Freiheitsrechte der Dezember-Verfassung 1867 und ihre Entwicklung in der reichsgerichtlichen Judikatur, ZÖR 1966, S. 256 ff.

Österreichische Juristenkommission (Hg.), Der Österreich-Konvent. Zwischenbilanz und Perspektiven, 2004.

Pernthaler, Peter, Grundrechtsreform in Österreich, AöR 94 (1969), S. 31 ff.

Planitz, Hans, Zur Ideengeschichte der Grundrechte, in: Hans Carl Nipperdey (Hg.), Die Grundrechte und Grundpflichten der Reichsverfassung, Bd. III, 1930, S. 597 ff.

Stourzh, Gerald, Wege zur Grundrechtsdemokratie, 1989.

Walter, Friedrich, Die österreichische Zentralverwaltung, III. Abteilung: Märzrevolution 1848 bis zur Dezemberverfassung 1867, Band 1, 1964.

Walter, Robert, Die Entstehung des Bundes-Verfassungsgesetzes 1920 in der Konstituierenden Nationalversammlung, 1984.

§ 187
Die allgemeinen Strukturen der Grundrechte

Gabriele Kucsko-Stadlmayer

Übersicht

		RN
A.	Begriff und Arten der Grundrechte	1–22
	I. Die verfassungsgesetzlich gewährleisteten Rechte	1–11
	II. Liberale, politische und soziale Rechte	12–15
	III. Gleichheitsrechte, Minderheitenrechte, Freiheitsrechte, Organisations- und Verfahrensgarantien	16–18
	IV. Rangstrukturen innerhalb der Grundrechte?	19–22
B.	Grundrechtsberechtigte	23–32
	I. Natürliche Personen	23–27
	II. Juristische Personen	28–32
C.	Grundrechtsverpflichtete	33–48
	I. Gesetzgebung	34–36
	II. Verwaltung	37–38
	III. Gerichtsbarkeit	39–42
	IV. Private	43–48
D.	Bindungswirkungen der Grundrechte	49–63
	I. Allgemeines	49
	II. Abwehrrechte	50–53
	III. Teilnahmerechte	54
	IV. Gewährleistungspflichten	55–60
	V. Institutsgarantien und institutionelle Garantien	61–63

		RN
E.	Grundrechtsbeschränkungen	64–104
	I. Allgemeines	64–77
	1. Grundrechte ohne Vorbehalt	66–70
	a) Absolute Grundrechte	66–67
	b) Grundrechte mit immanenten Schranken	68–70
	2. Grundrechte mit Gesetzesvorbehalt	71–77
	a) Formelle und materielle Eingriffsvorbehalte	71–74
	b) Ausgestaltungsvorbehalte	75–77
	II. Der Schutzbereich der Grundrechte	78–80
	III. Der Grundrechtseingriff	81–89
	1. Bedeutung der Rechtsfigur	81–82
	2. Eingriffsqualität	83–87
	3. Eingriffsintensität	88
	4. Bloße „Reflexwirkung" von Maßnahmen	89
	IV. Die Rechtfertigung des Eingriffs	90–104
	1. Gesetzliche Grundlage	90–92
	2. Öffentliches Interesse	93–96
	3. Verhältnismäßigkeit	97–104
	a) Eignung	98–99
	b) Notwendigkeit	100–101
	c) Angemessenheit	102–104
F.	Bibliographie	

A. Begriff und Arten der Grundrechte

I. Die verfassungsgesetzlich gewährleisteten Rechte

1
Zentraler Verfassungsbegriff

Der zentrale Rechtsbegriff, mit dem die österreichische Verfassungsordnung die Grundrechte bezeichnet, ist jener des „verfassungsgesetzlich gewährleisteten Rechts": Wer behauptet, in einem solchen Recht durch einen letztinstanzlichen Bescheid verletzt zu sein, kann Beschwerde beim Verfassungsgerichtshof erheben (Art. 144 Abs. 1 B-VG). Damit werden alle subjektiven Rechte, die dem Rechtsunterworfenen auf Grund einer Rechtsvorschrift in Verfassungsrang zustehen, vor jenem Gericht durchsetzbar, dem in Österreich auch das Normprüfungsmonopol zukommt.

2
Subjektivrechtlicher Charakter

Der Begriff der „verfassungsgesetzlich gewährleisteten Rechte" ist als Verweis auf das positive österreichische Verfassungsrecht zu verstehen[1]. Unter „subjektivem Recht" wird eine Norm des objektiven Rechts verstanden, an deren Einhaltung ein „hinlänglich individualisiertes Parteiinteresse" besteht. Ob dies der Fall ist, muß durch Interpretation der jeweiligen Bestimmung ermittelt werden; es kommt dabei darauf an, ob die Regelung auf Einzelpersonen „abstellt" und den Schutz ihrer Interessen bezweckt[2]. Ein Recht auf gesetzmäßige Verwaltungsführung, das heißt auf Einhaltung des Legalitätsprinzips (Art. 18 B-VG), wird demzufolge nach ständiger Rechtsprechung verneint[3]. Ebenso werden etwa die Verpflichtung der Verwaltungsorgane zur Erteilung von Auskünften[4] sowie das zum Schutz sprachlicher Minderheiten normierte Gebot zur Anbringung zweisprachiger Ortstafeln[5] nicht als subjektivrechtliche Garantien verstanden. Auch bloße Staatszielbestimmungen konstituieren keine subjektiven Rechte.

Der Begriff der „Grundrechte" kommt im positiven österreichischen Verfassungsrecht nur an wenigen unbedeutenden Stellen vor[6] und spielt insofern als Rechtsbegriff keine Rolle. Im juristischen Sprachgebrauch wird er freilich oft

---

1 In diesem Sinn schon *Kelsen/Froehlich/Merkl*, Die Bundesverfassung vom 1. Oktober 1920, 1922, S. 279. Keine Grundrechte werden in Österreich aus ungeschriebenem Recht, also etwa aus Gewohnheitsrecht, oder aus vorpositiven Prinzipien abgeleitet (vgl. z. B. *Stelzer*, Die Quellen der Grundrechte, ZÖR 1999, S. 9 [15]).
2 *VfSlg* 723/1926, 9744/1983, 12.836/1991, 17.507/2005. Vgl. auch *Walter/Mayer/Kucsko-Stadlmayer* (LitVerz.), RN 1317 f; *Kurt Ringhofer*, Über verfassungsgesetzlich gewährleistete Rechte und die Kompetenzgrenze zwischen Verfassungsgerichtshof und Verwaltungsgerichtshof, in: Heinz Schäffer/Klaus König/ders. (Hg.), FS Melichar, 1983, S. 161 (169); *K. Heller*, Das System des Rechtsschutzes, in: Machacek/Pahr/Stadler (LitVerz.), Bd. I, S. 165; *Heinz Mayer*, Die Normativität faktischer Amtshandlungen, in: ders. (Hg.), FS Walter, 1991, S. 463 (475); *Dieter Kolonovits*, Sprachenrecht in Österreich, 1999, S. 30.
3 *VfSlg* 1324/1930, 5800/1968, 7736/1976, 10.241/1984, 15.270/1998, 16.177/2001. Ein allumfassendes Recht auf Verfassungsmäßigkeit der Gesetzgebung schlechthin existiert also nicht (vgl. *Ringhofer*, Über Grundrechte und deren Durchsetzung im innerstaatlichen Recht, in: Rechtswissenschaftliche Fakultät der Universität Salzburg [Hg.], FS Hellbling, 1981, S. 355 [363]). Allerdings kann bei einem Individualantrag gegen ein Gesetz oder eine Verordnung (Art. 139 Abs. 1 und Art. 140 Abs. 1 B-VG) im Ergebnis jede Verfassungswidrigkeit einer Norm geltend gemacht werden: *VfSlg* 8009/1977.
4 *VfSlg* 12.838/1991.
5 *VfSlg* 9744/1983, 9801/1983.
6 Zur historischen Entwicklung der Terminologie vgl. → Bd. II: *Merten*, Begriff und Abgrenzung der Grundrechte, § 35 RN 41–43; → oben *Schäffer*, Die Entwicklung der Grundrechte, § 186.

als Synonym für die „verfassungsrechtlich gewährleisteten Rechte" verwendet[7]. Mit „Menschenrechten"[8] werden in Österreich meist jene verfassungsgesetzlich gewährleisteten Rechte bezeichnet, die allen Menschen, das heißt natürlichen Personen unabhängig von der Staatsbürgerschaft zustehen; der Gegenbegriff ist jener der „Bürgerrechte". Menschenrechte im Sinne von Jedermann-Rechten sind im wesentlichen in der Europäischen Menschenrechtskonvention, zum Teil aber auch im Staatsgrundgesetz normiert[9]. Davon zu unterscheiden ist die völkerrechtliche Bedeutung des Begriffs, die von der Allgemeinen Erklärung der Menschenrechte[10] und den Menschenrechtspakten der Vereinten Nationen[11] bestimmt wird; diesen Rechtsakten fehlt in Österreich die innerstaatliche Geltung. Keine Rolle in der aktuellen juristischen Diskussion spielt das traditionell naturrechtliche Verständnis der Menschenrechte, dem zufolge bestimmte fundamentale Rechte den Menschen schon auf Grund ihrer angeborenen Würde, also ihres bloßen „Menschseins" zustehen[12].

3
„Grundrechte" als sprachliches Synonym
Menschenrechte

In Österreich sind die verfassungsgesetzlich gewährleisteten Rechte weder im Bundes-Verfassungsgesetz noch in einem anderen Verfassungsdokument kodifiziert. Es fehlt somit an einem geschlossenen „Grundrechtskatalog". Vielmehr finden sich die einzelnen Rechte verstreut an mehreren Stellen der Verfassungsordnung, die aus verschiedenen historischen Epochen und sowohl nationalen als auch internationalen Rechtsakten stammen. Inhaltlich führt dies im Ergebnis dazu, daß den österreichischen Grundrechten kein einheitliches systematisches Konzept zugrundeliegt und die einzelnen Garantien einander in unklarer Weise überschneiden und überlagern[13]. Daß diese Rechtslage bis heute nicht bereinigt wurde, ist darauf zurückzuführen, daß die Rechtsentwicklung auf dem Gebiet der Grundrechte in Österreich schon früh – im Jahr 1867 – mit einem relativ fortschrittlichen Katalog konkreter und durchsetzbarer Rechte[14] begonnen hatte; diese ließ man bei Schaffung des Bundes-Verfassungsgesetzes 1920 – mangels neuerlicher Einigung – in Kraft[15].

4
Fehlender geschlossener Grundrechtskatalog

StGG 1867

Die in Österreich in Verfassungsrang stehende Europäische Menschenrechtskonvention[16], ihre Zusatzprotokolle und die stark rechtschöpfende Judikatur des Europäischen Gerichtshofs für Menschenrechte haben das Staatsgrundgesetz 1867 zunehmend verdrängt; es hat jedoch seine Bedeutung nie ganz verloren. Von den älteren Grundrechten spielen heute noch der allgemeine

5
Bedeutung der EMRK

---

[7] Vgl. dazu *Peter Pernthaler*, Österreichisches Bundesstaatsrecht, 2004, S. 606.
[8] Vgl. etwa den „Menschenrechtsbeirat" im BMI (§ 15 a SPG).
[9] Z.B. Art. 9, 10, 10 a, 11, 17, 17 a StGG. Näher unten B I, RN 23 ff., 27.
[10] Diese wurde von der Generalversammlung der Vereinten Nationen am 10. 12. 1948 beschlossen und verkündet, ist also Teil des Völkerrechts, aber nicht der innerstaatlichen Rechtsordnung.
[11] Diese wurden von Österreich ratifiziert; sie haben aber keinen Verfassungsrang und stehen überdies unter Erfüllungsvorbehalt, so daß sie auch auf einfachgesetzlicher Ebene nicht unmittelbar anwendbar sind (vgl. unten A II, RN 14).
[12] → Oben *Schäffer*, Die Entwicklung der Grundrechte, § 186 RN 1; vgl. auch oben FN 1.
[13] Vgl. dazu unten A IV, RN 19 ff.
[14] Zu diesen Rechten vgl. näher → oben *Schäffer*, Die Entwicklung der Grundrechte, § 186 RN 28, 31 ff.; zu ihrer Durchsetzbarkeit vor dem Reichsgericht vgl. → oben *Schäffer*, § 186 RN 41 ff.
[15] Näher → oben *Schäffer* § 186 RN 31 ff.
[16] Zur Bedeutung der EMRK vgl. → oben *Schäffer*, § 186 RN 71 f.; allgemein → Bd. VI/1: *Bernhardt*, Entwicklung und gegenwärtiger Stand, § 137.

§ 187 *Dreizehnter Teil: I. Allgemeine Lehren*

Gleichheitssatz (Art. 2 StGG, Art. 7 B-VG), die Erwerbsfreiheit (Art. 6 StGG) und das Recht auf ein Verfahren vor dem gesetzlichen Richter (Art. 83 Abs. 2 B-VG) die größte Rolle: Ihnen steht kein vergleichbarer Schutz in der Europäischen Menschenrechtskonvention gegenüber. Überdies blieben alle innerstaatlichen Grundrechtsquellen dort unberührt, wo sie – wenn auch nur punktuell – stärkeren Schutz als die Europäische Menschenrechtskonvention gewähren (Art. 53 EMRK). Inwieweit dies der Fall ist, ist Gegenstand einer ausdifferenzierten Judikatur des Verfassungsgerichtshofs zu den einzelnen Garantien und läßt sich nicht abstrakt formulieren[17].

6
Gemeinschaftsrechtliche Grundrechtsnormen

Auch das Europäische Gemeinschaftsrecht, das in Österreich mit dem Beitritt zur Europäischen Union am 1. Januar 1995 bzw. im Zuge der darauf folgenden Rechtsentwicklung in Geltung trat, enthält Normen grundrechtlichen Inhalts[18]. Die entsprechenden Bestimmungen, insbesondere Art. 6 EUV, sein Verweis auf die Grundrechte der Europäischen Menschenrechtskonvention, aber auch die Diskriminierungsverbote der Grundfreiheiten des EG-Vertrags, wurden vom Europäischen Gerichtshof in reichhaltiger Rechtsprechung ausdifferenziert. Für innerstaatliche Stellen kommt die normative Bedeutung dieser Grundrechte allerdings nur insoweit zum Tragen, als sie Gemeinschaftsrecht durchführen[19], wenn sie also Normen erlassen, die Gemeinschaftsrecht umsetzen[20], oder wenn sie dieses wegen seines Anwendungsvorrangs unmittelbar anwenden müssen. Vertreten wird auch die Bindung innerstaatlicher Stellen an die Grundrechte der Europäischen Union bei der Einschränkung von Grundfreiheiten des Binnenmarktes durch innerstaatliche Rechtsakte[21]. Die Europäische Grundrechtecharta[22], die bei der Regierungs-

---

17 Zu den Unterschieden, die sich aus den verschieden formulierten Gesetzesvorbehalten ergeben, vgl. auch unten E I 2, RN 71 ff.
18 Ausführlich dazu *Jarass*, EU-Grundrechte (LitVerz.); zentrale Bedeutung für den dabei verwendeten Begriff des „Grundrechts" haben sein subjektivrechtlicher Charakter und seine Einklagbarkeit (S. 92 f.). Vgl. auch *Hengstschläger*, Grundrechtsschutz kraft EU-Rechts, JBl 2000, S. 409 ff. u. S. 494 ff.
19 *Jarass*, EU-Grundrechte (LitVerz.), S. 32 u. 37 ff.; *Berka*, Lehrbuch Verfassungsrecht (LitVerz.), RN 1192 ff., sowie unter Berufung auf die Rechtsprechung des EuGH in den Fällen Cinéthèque (Slg 1985, 2605) und Kremzow (Slg 1997, I-2629): VfSlg 18.153/2007. Vgl. weiters z. B. die Fälle *EuGH*, Urt. v. 10. 7. 2003, Rs. C-20/00 (Booker Aquaculture u. Hydro Seafood), Slg 2003, I-7411; Urt. v. 10. 4. 2003, Rs. C-276/01 (Deutschland ./. Joachim Steffensen), Slg 2003, I-3735; Urt. v. 18. 12. 2008, Rs C-349/07 (Sopropé–Organizaçãs de Calçado Lda ./. Fazenda Pública, Beteiligter: Ministério Público).
20 Hier wird eine Bindung an die EU-Grundrechte mitunter insofern verneint, als die Mitgliedstaaten bei der Umsetzung einen Handlungsspielraum haben: z. B. *Kingreen*, in: Christian Calliess/Matthias Ruffert (Hg.), EUV/EGV. Das Verfassungsrecht der Europäischen Union mit Europäischer Grundrechtecharta, Kommentar, ³2007, Art. 51 GRCh RN 12. Anderer Ansicht *Jarass*, EU-Grundrechte (LitVerz.), S. 39. Vgl. außerdem zur Grundrechtsbindung bei der mittelbaren Anwendung generell kritisch: *Korinek*, Zur Bedeutung des gemeinschaftlichen Grundrechtsschutzes im System des nationalen und europäischen Schutzes der Grund- und Menschenrechte, in: Michael Brenner/Peter M. Huber/Markus Möstl (Hg.): Der Staat des Grundgesetzes – Kontinuität und Wandel, 2004, S. 1099 ff.; vgl. auch *Berka*, Lehrbuch Verfassungsrecht (LitVerz.), RN 1194.
21 *Jarass*, EU-Grundrechte, S. 40; *G. Winkler*, in: Heinz Mayer (Hg.), Kommentar zu EU- und EG-Vertrag, 2003, Art. 6 EUV RN 126; anderer Ansicht etwa *Ruffert*, Die Mitgliedstaaten der Europäischen Gemeinschaft als Verpflichtete der Gemeinschaftsgrundrechte, EuGRZ 1995, S. 518 (528 f.). → Bd. VI/1: *Streinz*, Grundrechte und Grundfreiheiten, § 151.
22 Vgl. dazu den Kommentar von *J. Meyer*, Charta der Grundrechte (LitVerz.); zu Entstehungsgeschichte und Materialien *Norbert Bernsdorff/Martin Borowsky*, Die Charta der Grundrechte der Europäischen Union, 2002.

konferenz von Nizza im Jahr 2000 feierlich proklamiert wurde, ist bislang noch nicht rechtsverbindlich geworden.[23]

Keinesfalls normieren die aus dem Europäischen Gemeinschaftsrecht ableitbaren Rechte per se, selbst wenn sie nach gemeinschaftsrechtlicher Beurteilung als „Grundrechte" gelten, bereits „verfassungsgesetzlich gewährleistete Rechte" im Sinne von Art. 144 B-VG[24], die vor dem Verfassungsgerichtshof direkt einklagbar wären[25]. Dies schließt freilich nicht aus, daß innerstaatliche Garantien durch Europäisches Gemeinschaftsrecht in ihrem persönlichen und sachlichen Geltungsbereich erweitert werden[26].

7
Eigenständigkeit der „verfassungsgesetzlich gewährleisteten Rechte"

Nach einhelliger Auffassung können subjektive Rechte des Gemeinschaftsrechts die Beschwerdelegitimation vor dem Verfassungsgerichtshof erweitern und insofern den Grundrechtsbestand der österreichischen Rechtsordnung verändern: Im Wege des umfassenden Anwendungsvorrangs gegenüber innerstaatlichem Verfassungsrecht können sie etwa den persönlichen Geltungsbereich bloßer Staatsbürgerrechte auf Unionsbürger ausdehnen. Dies trifft nach herrschender Lehre insbesondere bei der Erwerbsfreiheit, einem reinen Staatsbürgerrecht (Art. 6 StGG), sowie beim Recht auf gleichen Zugang zu öffentlichen Ämtern (Art. 3 StGG) zu[27]. Die subjektiven Rechte des Gemeinschaftsrechts können aber auch gegenläufig zu innerstaatlichen Grundrechten wirken und Eingriffe in diese legitimieren: So hat der Europäische Gerichtshof im österreichischen Fall *Schmidberger* etwa die Versammlungsfreiheit der auf der Brennerautobahn für den Umweltschutz demonstrierenden Transitgegner (Art. 11 EMRK) durch die Warenverkehrsfreiheit der Transportunternehmer eingeschränkt gesehen (Art. 28 EGV)[28]. Jedoch erachtete er eine Interessenabwägung der beiden Grundrechte für geboten, so daß im konkreten Fall die Versammlungsfreiheit vorrangig zum Tragen kam.

8
Modifikationen österreichischer Grundrechte durch Gemeinschaftsrecht

Zur Schaffung „verfassungsgesetzlich gewährleisteter Rechte" im Sinne von Art. 144 B-VG ist – im Sinn der „Verfassungsautonomie" der Länder – auch der Landesverfassungsgesetzgeber ermächtigt[29]. Er darf dabei allerdings die Grundrechte des Bundesverfassungsrechts nicht „berühren" (Art. 99 Abs. 1 B-VG)[30]. Den Begriff des „Berührt-Werdens" legt der Verfassungsgerichtshof

9
Grundrechte der Länder

---

23 Näher → oben *Schäffer*, Die Entwicklung der Grundrechte, § 186 RN 81 ff. Vgl. auch *Stefan Griller*, Der Anwendungsbereich der Grundrechtscharta und das Verhältnis zu sonstigen Gemeinschaftsrechten, Rechten aus der EMRK und zu verfassungsgesetzlich gewährleisteten Rechten, in: Alfred Duschanek/ders. (Hg.), Grundrechte für Europa, 2002, S. 131 ff.; *Grabenwarter*, Auf dem Weg in die Grundrechtsgemeinschaft, EuGRZ 2004, S. 563 ff.
24 VfSlg 15.810/2000. *Walter/Mayer/Kucsko-Stadlmayer* (LitVerz.), RN 1209; *Berka*, Lehrbuch Verfassungsrecht (LitVerz.), RN 1161.
25 VfSlg 15.810/2000. Vgl. auch *Jarass*, EU-Grundrechte (LitVerz.), S. 96 f.
26 Vgl. allgemein → Bd. VI/1: *Skouris*, Methoden der Grundrechtsgewinnung in der Europäischen Gemeinschaft, § 157.
27 *Walter/Mayer/Kucsko-Stadlmayer* (LitVerz.), RN 1377, 1494; *Öhlinger* (LitVerz.), RN 702, 805; *Berka*, Lehrbuch Verfassungsrecht (LitVerz.), RN 1230, 1709; *Adamovich/Funk/Holzinger* (LitVerz.), Bd. I, RN 42.244. Dazu näher auch → *Korinek*, Wirtschaftliche Freiheiten, § 196 RN 51.
28 EuGH, Urt. v. 12. 6. 2003, Rs. C-112/00 (Schmidberger), Slg. 2003, I-5659. → Bd. VI/1: *Streinz*, Warenverkehrs- und Dienstleistungsfreiheit, § 153.
29 *Walter/Mayer/Kucsko-Stadlmayer* (LitVerz.), RN 1318.
30 *Berka*, Grundrechte (LitVerz.), RN 1034 ff.

§ 187 *Dreizehnter Teil: I. Allgemeine Lehren*

im Sinn eines „Einander-Widersprechens" aus[31]. Die Länder dürfen also die durch Bundesverfassungsgesetz normierten Grundrechte zwar erweitern und ergänzen, sie aber in ihrem Geltungsbereich nicht einschränken[32].

10
Zerklüftete Lage der Grundrechtsquellen

Diese gewissermaßen „zerklüftete" Rechtslage auf dem Gebiet der österreichischen Grundrechtsquellen wird auch in Grundrechtsdogmatik und Judikatur widergespiegelt. Beide waren lange Zeit stark auf den „eingriffsabwehrrechtlich" konzipierten Katalog des Staatsgrundgesetzes fokussiert und begannen ungeachtet des Verfassungsrangs der Europäischen Menschenrechtskonvention erst spät, deren Inhalte, insbesondere auch deren evolutive Auslegung durch den Straßburger Gerichtshof[33], zu reflektieren. Innerhalb des skizzierten positivrechtlichen Rahmens sind Lehre und Rechtsprechung zu den österreichischen Grundrechten auch von konzeptionellen Elementen und Strömungen der deutschen Grundrechtsdogmatik geprägt. So kommt heute etwa dem Verhältnismäßigkeitsprinzip, der Idee positiver Pflichten des Gesetzgebers oder der Drittwirkung der Grundrechte allgemein große Bedeutung zu[34].

11
Kompetenzabgrenzung zwischen VfGH und VwGH

Der Begriff der „verfassungsgesetzlich gewährleisteten Rechte" hat auch für die Kompetenzabgrenzung zwischen Verfassungsgerichtshof und Verwaltungsgerichtshof Bedeutung. Bei beiden Gerichtshöfen kann Beschwerde gegen ein- und denselben letztinstanzlichen Bescheid erhoben werden; Prüfungsmaßstab beim Verfassungsgerichtshof sind die verfassungsgesetzlich gewährleisteten, beim Verwaltungsgerichtshof nur die einfachgesetzlich eingeräumten subjektiven Rechte (Art. 131 Abs. 1 Ziff. 1 B-VG). Der Verfassungsgerichtshof ist damit dem Verwaltungsgerichtshof nicht übergeordnet, sondern steht mit ihm auf gleicher Stufe; beide sind Höchstgerichte mit einer Art „Parallelzuständigkeit"[35]. Die dadurch entstehenden Koordinationsprobleme werden in der Praxis damit bewältigt, daß der Verfassungsgerichtshof – in einem vereinfachten Verfahren – jene Beschwerden ablehnt, von deren Entscheidung nicht „die Klärung einer verfassungsrechtlichen Frage ... zu erwarten ist", und diese an den Verwaltungsgerichtshof „abtritt" (Art. 144 Abs. 2 und 3 B-VG). Dies sind jene Fälle, in denen als „Verfassungsfrage" nur die Grundrechtsverletzung durch qualifizierten Verstoß gegen eine einfachgesetzliche Bestimmung (z. B. denkunmögliche oder willkürliche Gesetzesanwendung) zur Debatte steht.

---

31 *VfSlg* 16.593/2002.
32 *Berka*, Lehrbuch Verfassungsrecht (LitVerz.), RN 1728 ff.; *Öhlinger* (LitVerz.), RN 691. Zu den landesverfassungsgesetzlichen Quellen im einzelnen vgl. *Kienberger*, Grundrechtsverbürgungen in den österreichischen Landesverfassungen, in: Machacek/Pahr/Stadler (LitVerz.), Bd. II, S. 27 ff.; *Schreiner*, Grundrechte und Landesverfassungen, ZÖR 1999, S. 89 ff; *Häberle*, Textstufen in österreichischen Landesverfassungen – ein Vergleich, Textanhang, JöR NF 54 (2006), S. 367 ff.
33 Dazu *Matscher*, Methods of Interpretation of the Convention, in: Ronald St. J. Macdonald/Franz Matscher/Herbert Petzold (eds.), The European System for the Protection of Human Rights, Dordrecht 1993, S. 63 ff. Zu Problemen bei der innerstaatlichen Umsetzung *Grabenwarter*, Die Auslegung der EMRK im Spannungsfeld zwischen Straßburg und Wien, in: Armin Bammer u. a. (Hg.), FS Rudolf Machacek und Franz Matscher, 2008, S. 133
34 Vgl. die Ausführungen unten E IV 3, RN 97 ff.; D IV, RN 55 ff.; C IV, RN 43 ff.
35 Näher → unten *Jahnel*, Bestandsschutz und Durchsetzung der Grundrechte, § 201; *Schäffer/Jahnel*, Der Schutz der Grundrechte, ZÖR 1999, S. 71 ff.; *Kucsko-Stadlmayer*, Die Beziehungen zwischen dem Verfassungsgerichtshof und den anderen Gerichten, einschließlich der europäischen Rechtsprechungsorgane, EuGRZ 2004, S. 16 ff.

II. Liberale, politische und soziale Rechte

Die meisten in Österreich geltenden Grundrechte sind klassisch liberal konzipiert („liberale Grundrechte"). Ihr Kern ist der Schutz individueller Freiheitssphären vor staatlichen Eingriffen. Im Sinn der klassischen Einteilung der Grundrechte von *Georg Jellinek* ist damit ein „status negativus" („status libertatis") geschaffen, innerhalb dessen der Staat die Einzelpersönlichkeit des Menschen respektiert[36]. Die liberalen Grundrechte bilden auch den Kern des sogenannten „liberalen Grundprinzips", dem zufolge gewisse Lebensbereiche des Menschen von staatlicher Regulierung frei bleiben müssen. Die österreichische Verfassung normiert dieses Prinzip nicht als ausdrückliche Staatsfundamentalnorm, die herrschende Lehre leitet es aber aus der Gesamtprägung der verfassungsrechtlich gewährleisteten Grund- und Freiheitsrechte ab[37].

12
Schutz individueller Freiheitssphären als Kern

Mit der Entwicklung des demokratischen Gedankens kam es zur verfassungsgesetzlichen Verankerung von Rechten, die den Bürgern auch Ansprüche auf Mitwirkung an der staatlichen Willensbildung einräumen. Sie werden als „politische Rechte" (oft auch „politische Rechte im engeren Sinne") bezeichnet[38]. Nach der geschilderten Statuslehre *Jellineks* begründen sie einen „status activus", in dessen Rahmen der Einzelne ermächtigt ist, für den Staat tätig zu werden. Zu diesen Rechten zählt man in Österreich das verfassungsrechtlich geregelte aktive und passive Wahlrecht[39] sowie das Recht auf Teilnahme an den Instrumenten der unmittelbaren Demokratie: Volksbegehren, Volksabstimmungen und Volksbefragungen[40]. Auch die Rechte zur Gründung politischer Parteien (§ 1 Abs. 3 ParteienG[41] – Verfassungsbestimmung), auf gleiche Zugänglichkeit zu öffentlichen Ämtern (Art. 3 StGG) und auf Bestellung zum Geschworenen (Art. 91 B-VG) sind dabei zu nennen[42]. Nicht zu dieser Kategorie gehören dagegen die Rechte auf Kommunikations-, Vereins- und Versammlungsfreiheit einschließlich der Koalitionsfreiheit sowie das Petitionsrecht: Sie zielen nicht unmittelbar auf Beteiligung an der staatlichen Willensbildung, vielmehr sollen sie die freie Entfaltung von Tätigkeiten in deren

13
status activus

---

36 *Georg Jellinek*, System der subjektiven öffentlichen Rechte, ²1919, S. 87. Näher dazu → Bd. II: *Merten*, Das Prinzip Freiheit im Gefüge der Staatsfundamentalbestimmung, § 27.

37 So *Walter/Mayer/Kucsko-Stadlmayer* (LitVerz.), RN 164; *Öhlinger* (LitVerz.), RN 76; *Adamovich/Funk/Holzinger* (LitVerz.), Bd. I, RN 10.002; *Gutknecht*, Das liberale Bauprinzip und die Wirtschaftsverfassung, in: Dieter Bös u. a. (Hg.), FS Franz Korinek, 1972, S. 77 ff.; vgl. weiters die Nachweise bei → Bd. II: *Merten*, § 27 FN 314; vgl. auch VfSlg 2455/1952, 3118/1956. Anderer Ansicht *Berka*, der einen „effektiven Grundrechtsschutz" als Teil des rechtsstaatlichen Prinzips sieht (Lehrbuch Verfassungsrecht [LitVerz.], RN 115, 198).

38 Vgl. auch Art. 7 Abs. 4 B-VG. Zur historischen Entwicklung des Begriff der „politischen Rechte" in Österreich vgl. *Manfred Nowak*, Politische Grundrechte, 1988, S. 8 ff.

39 Im B-VG geregelt sind die sog. „politischen" Wahlen: zum Europäischen Parlament, zum Nationalrat, den Landtagen und den Gemeinderäten sowie für das Amt des Bundespräsidenten, des Bürgermeisters und Gemeindevorstands (Art. 23 a, 26, 60, 95, 117 B-VG).

40 Art. 41 Abs. 2, Art. 46 Abs. 2, Art. 49 b Abs. 3 B-VG.

41 Bundesgesetz über die Aufgaben, Finanzierung und Wahlwerbung politischer Parteien (i.d.F. BGBl I 2008/2).

42 Zu diesem Begriff der „politischen Rechte" in Österreich vgl. *Kucsko-Stadlmayer*, in: Korinek/Holoubek (LitVerz.), Art. 7 B-VG RN 4.

§ 187   *Dreizehnter Teil: I. Allgemeine Lehren*

gesellschaftlichem Umfeld schützen. Abseits von der verfassungsrechtlichen Terminologie werden sie freilich oft als „politische Rechte im weiteren Sinne" oder als „politische Grundrechte" bezeichnet[43].

14
status positivus

Die weltweiten Bestrebungen, den liberalen und politischen Grundrechten auch „soziale Grundrechte" zur Seite zu stellen und damit auch Ansprüche auf soziale Leistungen des Staats zu sichern („status positivus"), fanden in den letzten Jahren in der verfassungspolitischen Diskussion auch in Österreich Niederschlag. Im Österreich-Konvent[44] wurde etwa die Schaffung von Rechten auf Schutz der Gesundheit, auf Daseinsvorsorge, auf soziale Sicherheit, auf Wohnen, auf Vereinbarkeit von Beruf und Familie, auf sichere, gesunde, würdige, gerechte und angemessene Arbeitsbedingungen und auf unentgeltliche Arbeitsvermittlung erwogen[45]. Diese Bemühungen haben bislang aber noch nicht zu einer verfassungsgesetzlichen Verankerung solcher Rechte

Keine Staatszielbestimmungen oder Programmsätze

geführt[46]. Diese als bloße Staatszielbestimmungen oder Programmsätze zu formulieren, wird – der spezifisch österreichischen Grundrechtstradition folgend – zu Recht abgelehnt; vielmehr wird eine Formulierung echter Leistungsansprüche mit individueller Durchsetzbarkeit gefordert. Einigkeit besteht noch darin, diese anders als bei liberalen Grundrechten zu gestalten, weil staatliche Pflichten zur Gewährung sozialer Leistungen auf Verfassungsebene nicht präzise definierbar sind und weitgehende Gesetzes- bzw. Finanzierbarkeitsvorbehalte brauchen[47]. Dies wäre zwar nichts strukturell Neues; politisch strittig ist aber, ob soziale Rechte dabei nicht nur als Verpflichtung des Gesetzgebers zur Schaffung bestimmter Einrichtungen, eines sozialen Mindeststandards und eines diskriminierungsfreien Zugangs zu staatlichen

„Vermittlung" durch den Gesetzgeber

Leistungen definiert werden sollen. Die Alternative wäre, soziale Rechte auch ohne „Vermittlung" durch den Gesetzgeber, also auch bei fehlender oder unzureichender gesetzlicher Regelung einklagbar zu machen[48]. Im Ergebnis ist festzuhalten, daß die österreichische Bundesverfassung bis heute keine sozialen Grundrechte (bzw. sog. Grundrechte der „zweiten Generation") enthält. Fremd sind ihr auch Grundrechte der sogenannten „dritten Generation",

---

43 Vgl. *Pernthaler*, Bundesstaatsrecht (FN 7), S. 608.
44 Vgl. → oben *Schäffer*, Die Entwicklung der Grundrechte, § 186 RN 89 ff.
45 Vgl. den Endbericht des Österreich-Konvents, III-136 BlgNR, 22. GP, 1/ENDB-K, Teil 4A, Anlage 1.
46 Die Europäische Sozialcharta (BGBl 1969/460 i.d.F. 1970/284) und die sog. Menschenrechtspakte der Vereinten Nationen (Internationaler Pakt über wirtschaftliche, soziale und kulturelle Rechte [BGBl 1978/590]; Internationaler Pakt über bürgerliche und politische Rechte [BGBl 1978/591; vgl. auch die Fakultativprotokolle BGBl 1988/105 und BGBl 1993/333]), die derartige Ansprüche normieren, wurden von Österreich nicht als verfassungsändernd ratifiziert und überdies mit Erfüllungsvorbehalt ausgestattet. Sie sind damit innerstaatlich nicht wirksam. Vgl. → Bd. VI/2: *Vedder*, Allgemeine Menschenrechtspakte, § 174.
47 Zu dieser Problematik ausführlich → unten *Schäffer*, Zur Problematik sozialer Grundrechte, § 199; *Öhlinger*, Soziale Grundrechte im Verfassungsrecht, in: Margit Appel/Markus Blümel (Hg.), Soziale Grundrechte – Kriterien der Politik, 1998, S. 29 ff.; *Holoubek*, Zur Struktur sozialer Grundrechte, in: Stefan Hammer u. a. (Hg.), FS Öhlinger, 2004, S. 507 ff.; *Thienel*, Überlegungen zur Ausgestaltung sozialer Grundrechte, in: Metin Akyürek u. a. (Hg.), FS Schäffer, 2006, S. 859 ff.; *Wiederin*, Soziale Grundrechte in Österreich?, in: Österreichische Juristenkommission (Hg.), Aktuelle Fragen des Grundrechtsschutzes, 2005, S. 153 ff.
48 Ausführlich dazu → unten *Schäffer*, Zur Problematik sozialer Grundrechte, § 199 RN 107 ff.

also kollektive Rechte auf Teilhabe an Entwicklung, Nahrung, Umwelt oder Nachhaltigkeit[49].

Die geschilderte Gliederung der Grundrechte nach dem durch sie begründeten „Status" wird wegen ihrer Anschaulichkeit in der österreichischen Grundrechtsdogmatik noch immer gebraucht. Sie ist freilich stark entwicklungsgeschichtlich orientiert und von der inhaltlichen Neuausrichtung der Grundrechte im 20. Jahrhundert so stark überlagert, daß sie heute nur noch wenig zu einer präzisen oder gar erschöpfenden Systematik beiträgt. So lassen sich insbesondere die Gleichheitsrechte[50], die Rechte der Minderheiten[51] sowie die Organisations- und Verfahrensgarantien[52] in diese Gliederung nicht einordnen. Darüber hinaus haben die neueren Grundrechte meist verschiedenartige Funktionen, die in der Grundrechtsdogmatik differenziert gesehen werden. Dabei wird vor allem berücksichtigt, daß auch klassisch liberale Grundrechte oft eine soziale Dimension enthalten[53].

15
Entwicklungsgeschichtlich orientierte „Status"-Lehre

III. Gleichheitsrechte, Minderheitenrechte, Freiheitsrechte, Organisations- und Verfahrensgarantien

Da die Grundrechte in Österreich über zahlreiche Rechtsquellen nationalen und internationalen Ursprungs verstreut sind, liegt ihnen kein positivrechtliches System zu Grunde. Es ist aber auch schwer, sie nach funktionellen Kriterien zu gliedern, weil man bei den Wirkungsdimensionen der einzelnen Grundrechte heute zahlreiche Divergenzen, aber auch Überschneidungen erkennt. Auch Zwecke und historische Hintergründe der einzelnen Rechte sind vielfältig. Darstellungen in Lehrbüchern sehen daher von einer Gliederung der Grundrechte manchmal überhaupt ab und zählen diese nur – in einer Art. „Rangfolge" – auf[54]. Andere Darstellungen trachten, zum Zweck größerer Übersichtlichkeit einzelne Gruppen ähnlicher Grundrechte zusammenzufassen: So bietet sich eine Unterscheidung nach vier Gruppen an: Gleichheitsrechte, Rechte der Minderheiten, Freiheitsrechte sowie Organisations- und Verfahrensgarantien[55]. Damit sind die einzelnen Garantien nach der Struktur ihrer primären Bindungswirkung gruppiert. Gleichheitsrechte normieren Dis-

16
Probleme einer Gliederung der Grundrechte

Gruppierung nach primärer Bindungswirkung

---

49 Auf diesem Gebiet gibt es in Österreich nur Zielbestimmungen ohne subjektivrechtlichen Charakter (vgl. insb. das BVG über den umfassenden Umweltschutz [BGBl 1984/491], und das BVG für ein atomfreies Österreich [BGBl I 1999/149]).
50 Vgl. → unten *Pöschl*, Gleichheitsrechte, § 192.
51 *Walter/Mayer/Kucsko-Stadlmayer* (LitVerz.), RN 1378 ff.; *Berka*, Lehrbuch Verfassungsrecht (LitVerz.), RN 1717 ff.; *Öhlinger* (LitVerz.), RN 978 ff.
52 Dazu näher → unten *Schäffer*, Verfahrensgarantien, § 200. Für letztere hat *Häberle* die Bezeichnung „status activus processualis" geprägt: Grundrechte im Leistungsstaat, in: VVDStRL 30 (1972), S. 44 (86 ff.).
53 Näher → Bd. II: *Jarass*, Funktionen und Dimensionen der Grundrechte, § 38 RN 10. In Österreich trifft dies insb. auf die in der EMRK normierten Grundrechte zu; diesen wird wegen § 1 EMRK durchwegs ein objektiver Grundrechtsgehalt zugemessen (*Walter/Mayer/Kucsko-Stadlmayer* [LitVerz.], RN 1333).
54 Vgl. etwa *Öhlinger* (LitVerz.), S. 324.
55 Vgl. *Walter/Mayer/Kucsko-Stadlmayer* (LitVerz.), RN 1348 ff.

§ 187   *Dreizehnter Teil: I. Allgemeine Lehren*

kriminierungsverbote, die zu einer Beurteilung der „Sachlichkeit" von Differenzierungen, aber auch von Einzelregelungen und Vollzugsakten verpflichten[56]. Die Rechte der Minderheiten hatten in Diskriminierungsverboten gegenüber ihren Angehörigen nur ihren Ursprung; heute gehen sie darüber weit hinaus und räumen diesen eine punktuell „bevorzugte" Rechtsstellung ein[57]. Ganz anders ist das Konzept der Freiheitsrechte: Diese gewährleisten – dem Kern des liberalen Gedankens entsprechend – staatsfreie Sphären und sind primär als Abwehrrechte des Einzelnen gegen Eingriffe durch den Staat konstruiert[58]. Für viele von ihnen typisch ist freilich auch, daß sie dem Gesetzgeber zumindest gewisse Eingriffe vorbehalten (Eingriffsvorbehalte)[59]. Davon wieder völlig abweichend normieren die Organisations- und Verfahrensgarantien Rechte, die sich auf die wirksame verfahrensmäßige Durchsetzung anderer subjektiver Rechte beziehen[60].

17
Primärer Gewährleistungszweck als Gliederungskriterium

Die Einteilung von *Walter Berka* deckt sich mit der geschilderten insofern, als auch er Gleichheitsrechte, Rechte der Minderheiten sowie Organisations- und Verfahrensgarantien als eigene Kategorien definiert. Innerhalb der Gruppe der Freiheitsrechte unterscheidet er aber noch Grundrechte der Person, des Gemeinschaftslebens und des Wirtschaftslebens[61]. Er legt damit den primären Zweck der einzelnen Gewährleistungen als Gliederungskriterium zu Grunde. Während es bei den Grundrechten der Person vorwiegend um Rechte natürlicher Personen und deren Integrität bzw. engere persönliche Sphäre geht, sind Rechte des Gemeinschaftslebens für ihn jene, die das Leben der Menschen im Kollektiv und deren unterschiedliche Arten und Formen der Kommunikation betreffen. Für die Grundrechte des Wirtschaftslebens sei es dagegen typisch, daß sie in erster Linie die wirtschaftliche Betätigung von Menschen schützen.

18
Gliederung nach thematischer Verwandtschaft

Hier wird in der Darstellung der österreichischen Grundrechte keines der geschilderten Systeme verwendet. Vielmehr werden kleinere Gruppen thematisch verwandter Garantien (z. B. Gleichheitsrechte, religiöse Rechte, kulturelle Rechte) definiert, jeweils einer von zwei größeren Kategorien zugeordnet – erstens: Freiheit und Gleichheit; zweitens: Der Einzelne in Staat und Gemeinschaft. Damit wird eine neue Einteilung geschaffen, die zwar keine Entsprechung in der österreichischen Grundrechtsdogmatik hat, aber dem besseren Vergleich mit der Rechtslage in Deutschland, der Schweiz und Liechtenstein dienen kann. Auch hier findet sich dabei an der Spitze jener Kernbestand von Grundrechten, deren fundamentale Bedeutung aus dem von ihnen bezweckten Schutz der engsten persönlichen Sphäre und dem Recht auf Nichtdiskriminierung hervorgeht. Die anderen Garantien werden der zweiten

---

56 Näher → unten *Pöschl*, Gleichheitsrechte, § 192 RN 32 ff.
57 *VfSlg* 9224/1981; vgl. auch → unten *Baumgartner*, Institutsgarantien und institutionelle Garantien, § 188 RN 43 ff.
58 Zur Abwehrwirkung der Grundrechte näher unten D II, RN 50 ff.
59 Näher zur Struktur dieser Grundrechte unten E I 1 b, RN 68 ff.
60 Dazu näher → unten *Schäffer*, Verfahrensgarantien, § 200.
61 Vgl. *Berka*, Lehrbuch Verfassungsrecht (LitVerz.), RN 1334, 1451 u. 1540 f.; *Berka*, Grundrechte (LitVerz.), S. 209, 313, 399.

– sehr allgemeinen – Kategorie zugeordnet. Damit soll aber nicht der Eindruck einer rechtserheblichen Rangordnung innerhalb der einzelnen Grundrechte erweckt werden.

Keine Rangordnung

IV. Rangstrukturen innerhalb der Grundrechte?

Da Definitionsmerkmal der Grundrechte ihre „verfassungsgesetzliche Gewährleistung" ist, stehen sie alle auf der Stufe von Bundesverfassungsrecht im formellen Sinn, und ist ihr Rang im Stufenbau nach der derogatorischen Kraft der gleiche[62]. Kein Grundrecht ist prinzipiell höherwertig als ein anderes; kollidierende Grundrechtspositionen sind gegeneinander abzuwägen[63].

19
Ranggleichheit der Grundrechte

Zwar gibt es auch innerhalb des Verfassungsrechts eine Schicht höherrangiger Normen; diese wird als „verfassungsrechtliche Grundordnung" bezeichnet und ist nur durch Gesamtänderung der Verfassung – das heißt Verfassungsgesetz mit obligatorischer Volksabstimmung – abänderbar (Art. 44 Abs. 3 B-VG)[64]. Diese Grundordnung wird nach einhelliger Auffassung durch das demokratische, republikanische, bundesstaatliche und rechtsstaatliche Grundprinzip, nach herrschender Lehre auch durch ein gewaltentrennendes und ein eigenständiges liberales Prinzip konstituiert[65]. Dieses „liberale" Grundprinzip oder Baugesetz wird durch die Gesamtheit der staatsbegrenzend konzipierten Grund- und Freiheitsrechte der österreichischen Bundesverfassung gebildet[66]. Der Verfassungsgerichtshof hat in diesem Zusammenhang im Jahr 1988 angedeutet, eine „Durchbrechung der Grundrechtsordnung" könne in Widerspruch zu einem solchen Grundprinzip geraten[67]. Daraus folgt aber noch nicht, daß ein einzelnes der Grundrechte – für sich genommen – den Anspruch erheben könnte, wesentliches Element dieser höchsten Normschicht zu sein. Nicht anerkannt werden in Österreich auch vorpositive Prinzipien – wie etwa die Menschenwürde – als Maßstab für die Auslegung der übrigen Grundrechte.

20
Höherrangigkeit der „verfassungsrechtlichen Grundordnung"

Keine Rangordnung ergibt sich auch aus dem Umstand, daß es Grundrechte mit und ohne Gesetzesvorbehalt gibt (z. B. Verbot der Folter, Verbot der Vorzensur, Freiheit der Wissenschaft und ihrer Lehre, Freiheit der Kunst). Dieser rechtliche Unterschied bezieht sich nämlich nur auf die Beschränkbarkeit der jeweiligen Garantie durch einfaches Gesetz, nicht aber durch ein anderes

21
Keine Rangdifferenz infolge unterschiedlicher Beschränkbarkeit

---

62 In diesem Sinn auch für Deutschland → Bd. II: *H.H. Rupp*, Einteilung und Gewichtung der Grundrechte, § 36 RN 30.
63 Vgl. dazu insb. jüngst *VfGH*, Erk. v. 9. 10. 2008, B 1695/07: Der gegen eine Versammlungsuntersagung Beschwerde führende Tierschutzverein hatte behauptet, das Grundrecht auf Versammlungsfreiheit sei „grundsätzlich als wichtiger" einzustufen als jenes auf Freiheit der Erwerbsbetätigung. Der VfGH qualifizierte diese Auffassung ausdrücklich als „verfehlt".
64 Vgl. *Walter/Mayer/Kucsko-Stadlmayer* (LitVerz.), RN 146; *Öhlinger* (LitVerz.), RN 62 ff.; *Berka*, Lehrbuch Verfassungsrecht (LitVerz.), RN 111 ff.; *Adamovich/Funk/Holzinger* (LitVerz.), Bd. I, RN 10.001 ff.
65 Vgl. näher die Ausführungen bei *Anna Gamper*, Die verfassungsrechtliche Grundordnung als Rechtsproblem, 2000, S. 124. An diesen Grundprinzipien muß die Auslegung des „einfachen" Bundesverfassungsrechts orientiert sein: VfSlg 11.403/1987; vgl. auch VfSlg 1030/1928, 2977/1956, 8891/1980.
66 Dazu oben FN 37.
67 VfSlg 11.829/1988.

(gegenläufiges) Grundrecht. Ein Gesetzesvorbehalt ist zwar ein eindeutiger Hinweis darauf, daß Eingriffe in die geschützte Sphäre auch durch andere Grundrechte stattfinden können[68]. Das Fehlen eines solchen Vorbehalts bedeutet aber nicht, daß schlechthin keine Abwägung mit gegenläufigen Grundrechten anzustellen wäre. Hier ist auf die Ausführungen zu den „immanenten Schranken" auch vorbehaltloser Grundrechte zu verweisen[69].

22
Herausgehobene Bedeutung des Gleichheitssatzes

Ungeachtet dieser dogmatisch unumstrittenen Parität der Grundrechte im Verhältnis zueinander räumt der Verfassungsgerichtshof einem von ihnen besondere Bedeutung ein: dem Gleichheitssatz. Das aus diesem abgeleitete „Sachlichkeitsgebot" wird umfassend verstanden, als Auslegungsmaßstab für alle anderen Grundrechte gebraucht und damit implizit zu einem höchstrangigen Wert gemacht[70]. Daß von Grundrechtseingriffen in ständiger Rechtsprechung verlangt wird, sie mögen – abgesehen von allen sonstigen Anforderungen – auch „sachlich" sein[71], läßt sich methodisch mit der umfassenden Grundrechtsbindung der Vollziehung begründen. Diskussionswürdig ist aber die jüngst eingeschlagene Richtung, der zufolge der Gleichheitssatz „als wesentlicher Bestandteil der Grundrechtsordnung und des demokratischen Baugesetzes einen nicht ohne Volksabstimmung ... abänderbaren festen Kern hat" und selbst dem Verfassungsgesetzgeber „nicht zur beliebigen Disposition

Keine rationale Grenzziehung für einen „festen Kern"

steht"[72]. Dies findet im positiven Recht keine Stütze; dem Judikat, das dies so formulierte, ist keine rationale Grenzziehung für den angesprochenen „festen Kern" entnehmbar. Es war Reaktion auf eine politisch problematische Praxis, verfassungsgerichtliche Erkenntnisse durch Erlassung von Gesetzen im Verfassungsrang für bestimmte Konstellationen unwirksam zu machen und der Kontrolle durch den Verfassungsgerichtshof zu entziehen[73]; dogmatisch ist es aber kaum begründet. Die beschriebene Auffassung trifft insoweit zu, als gleichheitsrechtliche Garantien untrennbar mit Grundprinzipien der Verfassung verknüpft sind: So wäre etwa die Aufhebung des allgemeinen oder gleichen Wahlrechts als Verletzung des demokratischen Prinzips oder ein Ausschluß der Frauen vom Erwerbsleben als Verletzung des liberalen Prinzips zu werten. Ist keine Verbindung zu einem Grundprinzip gegeben, so ist aber auch der Gleichheitssatz (verfassungsgesetzlich) gestaltbar[74].

---

68 Vgl. insb. die in den Gesetzesvorbehalten der EMRK vorgesehenen Eingriffsmöglichkeiten im Interesse der „Rechte anderer" (Art. 8 Abs. 2, 9 Abs. 2, 10 Abs. 2, 11 Abs. 2 EMRK).
69 Vgl. unten E I 1 b, RN 68 ff. → Bd. III: *Papier*, Beschränkungen vorbehaltlos gewährleisteter Grundrechte, § 64.
70 In diesem Sinn auch *Adamovich/Funk/Holzinger* (LitVerz.), Bd. I, RN 41.048.
71 Näher unten E IV 1 c, RN 104.
72 VfSlg 15.373/1998; kritisch *Hiesel*, Gleichheitssatz, verfassungsrechtliche Grundordnung und das Erkenntnis VfSlg 15.373/1998, ÖJZ 2000, S. 281 ff.
73 Kritisch dazu *Öhlinger*, Verfassungsgesetzgebung und Verfassungsgerichtsbarkeit, ÖJZ 1990, S. 2 ff.; *Funk*, Wer schützt die Verfassung vor dem Verfassungsgesetzgeber?, JRP 1993, S. 91 ff.; *Loebenstein*, Von der Verfassungskultur zu Verfassungsunkultur, ÖJZ 1993, S. 433 ff.; *ders.*, Nochmals: Von der Verfassungskultur zu Verfassungsunkultur – Ein Nachwort, ÖJZ 1994, S. 361 ff.
74 In diesem Sinn auch → unten *Pöschl*, Gleichheitsrechte, § 192 RN 16.

B. Grundrechtsberechtigte

I. Natürliche Personen

Als Rechtssubjekt ist jeder Mensch Grundrechtsträger. Dies gilt ausnahmslos; die Grundrechtssubjektivität hängt weder vom Alter noch vom Geisteszustand eines Menschen ab[75]. Die Lehre vom „besonderen Gewaltverhältnis", der zufolge Personen in bestimmten Rechtsverhältnissen gar nicht oder nur beschränkt Träger von Grundrechten sind (z. B. Beamte, Soldaten, Strafgefangene), ist in der österreichischen Grundrechtsdogmatik seit langem überholt; sie wird seit dem Durchdringen rechtsstaatlichen Gedankenguts nicht mehr vertreten[76]. Auch bei solchen Personen ist die Verfassungsmäßigkeit von Grundrechtseinschränkungen am jeweiligen Gesetzesvorbehalt zu messen.

23
Menschen als Grundrechtsträger

Die Grundrechtssubjektivität beginnt mit dem Zeitpunkt der Geburt. So hat dies auch der Verfassungsgerichtshof im Fall des Rechts auf Leben – in dem die Grundrechtsträgerschaft des Fötus zur Debatte stand – entschieden[77]. Mit dem Tod endet die Fähigkeit, Grundrechtsträger zu sein; dessen Eintritt wird mit dem Hirntod gleichgesetzt[78]. In Bezug auf die Beschwerdelegitimation des Opfers einer staatlichen Tötung nimmt der Verfassungsgerichtshof allerdings dem Europäischen Gerichtshof für Menschenrechte folgend[79] an, daß diese auf die nahen Angehörigen (Ehepartner, Eltern, Kinder, Geschwister) übergeht[80]. Dies wird aus dem spezifischen Charakter des Rechts auf Leben abgeleitet; dieses Recht könne sonst gerade im Fall des schwersten möglichen Eingriffs nicht geltend gemacht werden[81]. Eine Beendigung der Grundrechtssubjektivität durch Grundrechtsverzicht ist nicht möglich[82].

24
Geburt als Beginn der Grundrechtssubjektivität

---

75 So etwa für das Recht auf persönliche Freiheit *VfSlg* 10.627/1985.
76 Dazu auch *Berka*, Lehrbuch Verfassungsrecht (LitVerz.), RN 1237; *Öhlinger* (LitVerz.), RN 704.
77 *VfSlg* 7400/1974; vgl. auch *OGH* SZ 72/91.
78 Maßgeblich ist der „irreversible Gesamthirntod", nicht der Herz-Kreislauf-Tod: vgl. *Kopetzki*, in: Korinek/Holoubek (LitVerz.), Art. 2 EMRK RN 19.
79 Vgl. z. B. *EGMR*, Urt. v. 5. 9. 1995, McCann (Beschwerde durch die Eltern der Getöteten), ÖJZ 1996, S. 233; Urt. v. 9. 10. 1997, Andronicou and Constantinou (Beschwerde durch die Eltern und die Schwester der Getöteten), ÖJZ 1998, S. 674; Urt. v. 26. 10. 2004Çaçan, Beschwerde Nr. 33.646/96, sowie in jüngerer Zeit: Urt. v. 16. 10. 2008, Salatkhanovy, Beschwerde Nr. 17945/03 (Beschwerde durch die Eltern); Urt. v. 4. 12. 2008, Tagirova, Beschwerde Nr. 20580/04 (Beschwerde durch die Eltern, die Geschwister und die Ehefrau); Urt. v. 11. 12. 2008, Trapeznikova, Beschwerde Nr. 21539/02 (Beschwerde durch die Ehegattin).
80 *VfSlg* 16.109/2001 und 16.179/2001. Vgl. dazu *Grabenwarter*, EMRK (LitVerz.), S. 102. Die Verbindung zwischen Schwager und Schwägerin reicht nicht aus (*EGMR*, Urt. v. 28. 3. 2000, Çaçan, Beschwerde Nr. 33646/96). Nicht beschwerdelegitimiert ist die Verlassenschaft des Getöteten (*VfSlg* 16.108/2001).
81 Vgl. *VfSlg* 16.109/2001. Zu fragen wäre, ob die Angehörigen hier nicht in Wahrheit eigene Rechte geltend machen. So hat der EGMR etwa in Fällen des Verschwindens von Personen in Tschetschenien – wegen der den Angehörigen verursachten psychischen Qualen – deren eigenes Recht nach Art. 3 EMRK als verletzt erachtet: *EGMR*, Urt. v. 9. 11. 2006, Luluyev, Beschwerde Nr. 69480/01; Urt. v. 15. 11. 2007, Khamila Isayeva, Beschwerde Nr. 6846/02; Urt. v. 15. 11. 2007, Kukajev, Beschwerde Nr. 29361/02.
82 So auch *Merten*, Der Grundrechtsverzicht, in: Hans-Detlef Horn u. a. (Hg.), FS Schmitt Glaeser, 2003, S. 73 ff.; *Kucsko-Stadlmayer*, Der Verzicht auf öffentliche Rechte, in: Heinz Schäffer/Walter Berka u. a. (Hg.), FS Koja, 1998, S. 581 (587 f.). Dies bedeutet allerdings nicht, dass man von grundrechtlich garantierten Freiheiten oder Ermächtigungen immer Gebrauch machen (z. B. an Wahlen teilnehmen, Versammlungen veranstalten, Vereinen beitreten, eine Ehe schließen) oder diese – im Fall ihrer Verletzung – auch gerichtlich durchsetzen müßte. Dabei handelt es sich um die Nichtausübung eines Grundrechts, nicht aber um einen Verzicht im Rechtssinn. Des weiteren liegt bei der Zustimmung zu bestimmten Maßnahmen durch den Grundrechtsträger kein „Grundrechtseingriff" vor; dazu unten E III 2, RN 86.

25
Grundrechts-
mündigkeit

Unabhängig davon kann die selbständige Ausübung von Grundrechten manchmal ein gewisses Ausmaß an geistiger Entwicklung voraussetzen. Man spricht vom Erfordernis der „Grundrechtsmündigkeit"[83]. Diesbezügliche Anforderungen können schon verfassungsgesetzlich bestimmt sein (z. B. Wahlalter, Ehefähigkeit) oder sich – insbesondere bei zivilrechtlichen Instituten – aus der zivilrechtlichen Handlungsfähigkeit ableiten (z. B. Verfügungsbefugnis über Eigentum, Beitritt zu einem Verein). Auch in diesem Fall ist allerdings zu prüfen, inwieweit einfache Gesetze, die für die Grundrechtsausübung Altersgrenzen festlegen, von einem Gesetzesvorbehalt gedeckt sind[84].

Urteilsfähigkeit

Der Verfassungsgerichtshof hat dies bereits in zwei Fällen ausdrücklich bejaht: So erachtete er die Altersgrenze von vierzehn Jahren für die Ausübung der Glaubens- und Gewissensfreiheit – durch Austritt aus der katholischen Kirche – für notwendig, weil vor Erreichen dieses Alters keine ausreichende Urteilsfähigkeit bestehe[85]. Die Möglichkeit zur Ausübung der Vereinsfreiheit sah er – wegen des zivilrechtlichen Charakters der Beitrittserklärung – an die allgemeine Regelung der Geschäftsfähigkeit gebunden: Wegen der für mündige Minderjährige normierten Beschränkung auf altersgemäß „übliche" Geschäfte (§ 151 Abs. 3 ABGB) sei diesen der Beitritt nur beispielsweise zu einem Mittelschülerverein möglich[86]. Damit wird im Ergebnis die Grundrechtssubjektivität von Minderjährigen bejaht, bei einfachgesetzlichen Altersgrenzen für die Grundrechtsausübung jedoch geprüft, inwieweit diese vom Gesetzesvorbehalt oder von immanenten Grundrechtsschranken umfaßt sind[87]. In beiden bisher judizierten Fällen konnte der Verfassungsgerichtshof dies positiv beurteilen, weil die Altersgrenzen einen legitimen, wirksamen Schutz vor unüberlegten Entscheidungen und Druck von außen bezweckten.

26
Prozeßfähigkeit

Eine dritte Frage ist, ob eine Person ihre Grundrechte vor Gericht auch selbst durchsetzen kann. Im Verfahren vor dem Verfassungsgerichtshof ist dies nicht ausdrücklich geregelt, vielmehr sind die Regelungen der ZPO anzuwenden (§ 35 Abs. 1 VerfGG). Diese knüpfen die Prozeßfähigkeit an die zivilrechtliche Geschäftsfähigkeit (§ 1 ZPO), die in verschiedenen Stufen eintritt: beschränkt schon mit dem Alter der Mündigkeit (14 Jahre: § 151 ABGB) und zur Gänze mit der Volljährigkeit (18 Jahre: § 21 Abs. 2 ABGB). Auch für die Legitimation zur verfassungsgerichtlichen Beschwerde hat der Verfassungsgerichtshof daher grundsätzlich Volljährigkeit verlangt[88]. Im Fall der Verhaftung eines zehnjährigen Schülers mußten dessen Eltern als gesetzliche Vertreter die Be-

---

[83] Berka, in: Rill/Schäffer (LitVerz.), Vorbem. zum StGG, RN 49; ders., Lehrbuch Verfassungsrecht (LitVerz.), RN 1231.
[84] Vgl. auch Berka, Lehrbuch Verfassungsrecht (LitVerz.), RN 1235.
[85] VfSlg 800/1927.
[86] VfSlg 7526/1975.
[87] Vgl. auch Berka, Lehrbuch Verfassungsrecht (LitVerz.), RN 1235; Berka, in: Rill/Schäffer (LitVerz.), Vorbem. zum StGG, RN 52; Feik, Der räumliche und persönliche Geltungsbereich der Grundrechte, ZÖR 1999, S. 19 ff.
[88] Vgl. allerdings VfSlg 7526/1975, wonach jene beschränkte Geschäftsfähigkeit, die für den Vereinsbeitritt im besonderen Fall genügt hatte, auch für die Prozeßführung beim VfGH ausreiche.

schwerde einbringen[89]. Die größte praktische Rolle spielt diese Problematik für minderjährige Asyl- und Aufenthaltswerber[90].

Einige – vor allem ältere – Grundrechte der österreichischen Rechtsordnung sind nur Staatsbürgern eingeräumt und stehen Fremden nicht zu. Diese Beschränkung des persönlichen Geltungsbereichs der historisch frühen Quellen wurde freilich durch das innerstaatliche Inkrafttreten der Europäischen Menschenrechtskonvention in den meisten Fällen aufgehoben: Sämtliche Konventionsrechte gelten für alle Menschen und sind als günstiger nun vorrangig anwendbar (Art. 53 EMRK)[91]. Darüber hinaus ist bei ihrer Handhabung jede Diskriminierung – auch nach nationaler Herkunft – verboten (Art. 14 EMRK). Parallel dazu hat die Judikatur den persönlichen Geltungsbereich auch bei Grundrechten, denen keine Konventionsgarantien gegenüberstehen, auf alle Menschen ausgedehnt (insbesondere den Gleichheitssatz: Art. 7 B-VG und Art. 2 StGG)[92]. Spezifisch für Unionsbürger haben schließlich auch die Diskriminierungsverbote des Europäischen Gemeinschaftsrechts die Geltung mancher Grundrechte erweitert (insbesondere die Erwerbsfreiheit: Art. 6 StGG; den Zugang zu öffentlichen Ämtern: Art. 3 StGG)[93]. Im Ergebnis stehen heute nur mehr ganz wenige Grundrechte ausschließlich Staatsbürgern zu (z. B. das aktive und das passive Wahlrecht zu gesetzgebenden Körperschaften).

27
Staatsbürgerschaft

II. Juristische Personen

Nach dem Wortlaut der Grundrechte und ihren geistesgeschichtlichen Wurzeln scheinen diese nur für natürliche Personen konzipiert. Zu Recht ist heute allerdings unbestritten, daß dort, wo die Verfassung dies nicht ausdrücklich ausschließt[94], auch juristische Personen Grundrechtssubjekte sein können. Ob dies der Fall ist, muß bei jeder einzelnen Garantie geprüft werden. Es hängt davon ab, ob sie „ihrem Wesen nach" auf juristische Personen anwendbar sein kann[95]. Abgelehnt hat die Rechtsprechung dies bisher in Bezug auf die Glaubens- und Gewissensfreiheit (Art. 14 StGG)[96], die religiösen Minderheitenrechte (Art. 67 StV von St. Germain)[97] und die Freiheit der Berufswahl (Art. 18 StGG)[98]. *Berka* fügt dem zu Recht das Grundrecht auf persönliche Freiheit (Art. 5 EMRK, PersFrG)[99] und das Verbot der Folter (Art. 3 EMRK)

28
Garantiespezifische Grundrechtsträgerschaft

---

89 *VfSlg* 10.627/1985.
90 Vgl. *Rohrböck*, Die Prozeßfähigkeit minderjähriger Asylwerber, ZfV 1991, S. 1 ff. Als Beispiel vgl. *VfSlg* 14.306/1995.
91 Näher → unten *Strejcek*, Rechte der Staatsbürger und Fremden, § 198.
92 Dazu im einzelnen → unten *Pöschl*, Gleichheitsrechte, § 192 RN 20 ff.
93 → Unten *Korinek*, Wirtschaftliche Freiheiten, § 196 RN 51.
94 Dies ist etwa beim Recht auf Leben der Fall (Art. 2 EMRK).
95 *VfSlg* 2088/1951, 3495/1959, 5531/1967, 7380/1974, 7716/1975, 8320/1978, 14.105/1995, 15.440/1999. So auch *Öhlinger* (LitVerz.), RN 705; *Berka*, Lehrbuch Verfassungsrecht (LitVerz.), RN 1238 f.
96 *VfSlg* 1408/1931, 1430/1932, 10.547/1985, 13.513/1993
97 *VfSlg* 1408/1931, 1409/1931. Aus dem Staatsvertrag von St. Germain en Laye v. 10. 9. 1919 (StGBl 1920/303 i.d.F. BGBl. 1924/394, II 1934/154, III 2002/179) vgl. vor allem Art. 62–69.
98 *VfSlg* 8968/1980.
99 Bundesverfassungsgesetz v. 29. 11. 1988 über den Schutz der persönlichen Freiheit (BGBl 1988/684, v. 20. 12. 1988).

hinzu[100]. Als weitere Grundrechte, die nach ihrem Zweck eindeutig nur Menschen berechtigen, sind das Verbot der Sklaverei und Leibeigenschaft (Art. 4 Abs. 1 EMRK), der Schutz des Familienlebens (Art. 8 EMRK) und das Recht auf Eheschließung (Art. 12 EMRK) zu nennen.

29
Grundrechtssubjektivität in der Rechtsprechung

Für die meisten Grundrechte hat der Verfassungsgerichtshof die Grundrechtssubjektivität juristischer Personen dagegen in den letzten Jahren bejaht: so insbesondere für den Gleichheitssatz[101], viele wirtschaftliche Freiheiten (Schutz des Eigentums, Erwerbsfreiheit, Freiheit des Liegenschaftsverkehrs)[102], aber auch für das Hausrecht[103], die Kommunikationsfreiheit[104], die Vereins- und Versammlungsfreiheit[105], das Grundrecht auf Datenschutz[106] und für die Organisations- und Verfahrensgarantien[107]. Bemerkenswert ist, daß auch der Europäische Gerichtshof für Menschenrechte heute die Grundrechtssubjektivität juristischer Personen bei Rechten annimmt, bei denen dies keineswegs aus ihrem primären Zweck hervorleuchtet: So judiziert er etwa zur Freiheit der Religionsausübung (Art. 9 EMRK), daß diese nicht nur eine individuelle, sondern – für kirchliche und religiöse Körperschaften – auch eine korporative Garantie gewährt (vgl. auch Art. 15 StGG)[108]. Ebenso dehnt er die Grundrechte auf Privatsphäre, Wohnung und Briefverkehr (Art. 8 EMRK) auf juristische Personen aus[109]. Selbst beim Verbot der Zwangsarbeit (Art. 4 EMRK) kann man, wie die Formulierung der Ausnahmen zeigt (Absatz 3), eine Berechtigung juristischer Personen annehmen. Letztlich ist auch damit ein Schutz von natürlichen Personen bezweckt.

30
Juristische Personen des öffentlichen Rechts

Ohne dies ausdrücklich zu problematisieren, hat der Verfassungsgerichtshof auch für juristische Personen des öffentlichen Rechts – einschließlich der Gebietskörperschaften Bund und Länder – die Möglichkeit bejaht, Grundrechtsträger zu sein[110]. Hier sind freilich weitere Differenzierungen nötig[111]. Die Auffassung des Verfassungsgerichtshofs trifft jedenfalls auf Fälle zu, in denen staatliche Rechtsträger oder ausgegliederte (staatlich beherrschte) Unternehmen sich in gleichartigen Situationen wie Private befinden: wenn sie

---

100 *Berka*, Lehrbuch Verfassungsrecht (LitVerz.), RN 1240.
101 *VfSlg* 2088/1951, 10.000/1984, 11.790/1988, 13.544/1993, 14.107/1995, 15.440/1999. Dies gilt auch für das aus dem Gleichheitssatz abgeleitete „Recht auf Gleichbehandlung von Fremden untereinander", das vor allem den Willkürschutz auf Fremde ausdehnt: *VfSlg* 15.668/1999, 16.703/2002.
102 *VfSlg* 13.303/1992, 14.211/1995, 16.120/2001.
103 *VfSlg* 11.981/1989.
104 *VfSlg* 11.314/1987.
105 *VfSlg* 5161/1965, 7007/1973.
106 *VfSlg* 12.228/1989.
107 *VfSlg* 7380/1974, 14.211/1995, 17.732/2005.
108 *VfSlg* 17.021/2003; *Walter/Mayer/Kucsko-Stadlmayer* (LitVerz.), RN 1446; *Grabenwarter*, EMRK (LitVerz.), S. 241; *Grabenwarter*, in: Korinek/Holoubek (LitVerz.), Art. 9 EMRK RN 10. Nur juristische Personen, bei denen die Gewinnabsicht im Vordergrund steht, sind von dieser Grundrechtsträgerschaft ausgenommen.
109 Vgl. *Walter/Mayer/Kucsko-Stadlmayer* (LitVerz.), RN 1420; *Grabenwarter*, EMRK (LitVerz.), S. 192.
110 *VfSlg* 8854/1980 (Österreichische Bundesbahnen), 9320/1982 (Bund), 9379/1982 (Österreichische Bundesforste), 10.000/1984 (BVA – Sozialversicherungsanstalt), 11.828/1988 (Länder).
111 So die einhellige Lehre: *Walter/Mayer/Kucsko-Stadlmayer* (LitVerz.), RN 1326; *Berka*, Lehrbuch Verfassungsrecht (LitVerz.), RN 1242 ff.; *ders.*, in: Rill/Schäffer (LitVerz.), Vorbem. zum StGG, RN 55 ff.; *Öhlinger* (LitVerz.), RN 705; *Adamovich/Funk/Holzinger* (LitVerz.), Bd. I, RN 41.064.

also beispielsweise als Liegenschaftseigentümer um eine Baubewilligung ansuchen, eine Betriebsanlagengenehmigung beantragen, man ihnen eine Steuerpflicht auferlegt oder man sie enteignet (vgl. Art. 17 B-VG). Im Ergebnis spielt es vor allem dort eine Rolle, wo juristische Personen des öffentlichen Rechts erwerbswirtschaftlich tätig sind. Die bisher betroffenen Grundrechte waren das Eigentumsrecht und der Gleichheitssatz[112].

Problematisch ist die Grundrechtssubjektivität solcher Rechtsträger jedoch, wenn diese öffentliche Aufgaben oder sogar Hoheitsverwaltung besorgen. Jedenfalls für die klassischen liberalen Abwehrrechte gilt, daß sie Freiräume gegenüber dem Staat gewähren und – für diesen – Verpflichtungen zu umfassender Grundrechtswahrung enthalten. Diese Bindung würde in ihr Gegenteil verzerrt, räumte man dem Staat selbst die genannten Freiheiten ein[113]. So kann der Bund nicht etwa sein Eigentum an Autobahnen als grundrechtlichen Anspruch gegen die Zulässigkeit einer dort angemeldeten Versammlung ins Spiel bringen. Ebensowenig kann er unter Stützung auf die Meinungsfreiheit Wahlwerbung für eine bestimmte politische Partei betreiben. In besonderen Fällen und auf Grund ausdrücklicher verfassungsrechtlicher Anordnung kann staatlichen Rechtsträgern freilich auch bei Besorgung von Hoheitsaufgaben Grundrechtssubjektivität zukommen. Dies spielt insbesondere für Gemeinden (Recht auf Selbstverwaltung: Art. 116 B-VG) und für Universitäten (Recht zur autonomen Aufgabenbesorgung: Art. 81 c B-VG) eine Rolle[114].

31
Erfüllung öffentlicher Aufgaben, Hoheitsverwaltung

Spezifische Probleme entstehen in der bundesstaatlichen Ordnung Österreichs im Zusammenhang mit der Gleichbehandlung der Länder durch Gesetzgebung und Vollziehung des Bundes. In verschiedenen Konstellationen hat der Verfassungsgerichtshof hier den Gleichheitssatz für anwendbar erklärt[115]. Dies gilt unabhängig davon, daß – auch auf Grund des bundesstaatlichen Prinzips – die von den Ländern geschaffenen Rechtsordnungen ganz verschieden sein können[116].

32
Gleichbehandlungsgrundsatz im Bundesstaat

C. Grundrechtsverpflichtete

In Österreich besteht keine dem Art. 1 Abs. 3 GG vergleichbare Norm, der zufolge die Grundrechte für alle Staatsfunktionen unmittelbar gelten. Dennoch geht die Lehre heute davon aus, daß alle „verfassungsgesetzlich gewährleisteten" Rechte der österreichischen Rechtsordnung eine solche umfas-

33
Umfassende Bindung aller Staatsfunktionen

---

112 Vgl. → unten *Korinek*, Wirtschaftliche Freiheiten, § 196 FN 62.
113 In diesem Sinn kritisch auch *Walter/Mayer/Kucsko-Stadlmayer* (LitVerz.), RN 1326; *Öhlinger* (LitVerz.), RN 705; *Berka*, Lehrbuch Verfassungsrecht (LitVerz.), RN 1242 ff.; *Berka*, in: Rill/Schäffer (LitVerz.), Vorbem. zum StGG, RN 57 ff.
114 Vgl. auch *VfSlg* 9520/1982.
115 *VfSlg* 7461/1974, 8578/1979, 17.981/2006.
116 *VfSlg* 3093/1956, 5847/1968, 5910/1969, 5951/1969, 7038/1973, 7374/1974, 8161/1977, 8247/1978, 8934/1980, 9116/1981, 9804/1983, 11.641/1988, 11.690/1988, 11.979/1988, 12.949/1991, 14.783/1997, 14.846/1997.

sende Rechtswirkung ausüben[117]. Diese wird im folgenden näher dargestellt; dabei ist auch zu erörtern, inwieweit die österreichischen Grundrechte Private verpflichten.

I. Gesetzgebung

34
Fehlende gerichtliche Normenkontrolle im 19. Jahrhundert

Die österreichischen Grundrechte des Jahres 1862 und 1867[118] sind als subjektive Rechte des Einzelnen gegen die Vollziehung, insbesondere gegen die Verwaltung entstanden. Der Rechtsschutz vor dem Reichsgericht war daher auch nur gegen Akte der Verwaltung gerichtet. Eine Kompetenz zur Gesetzesprüfung, die dem – in der Rechtsdogmatik damals schon durchaus anerkannten – Vorrang der Verfassung gegenüber dem einfachen Gesetz hätte zum Durchbruch verhelfen können, bestand nicht[119].

35
Aufbau der Normenkontrollkompetenz des VfGH

Erst der im Jahr 1920 eingerichtete Verfassungsgerichtshof erhielt auch die Kompetenz, Gesetze auf ihre Verfassungsmäßigkeit zu prüfen und allenfalls aufzuheben (Art. 140 B-VG)[120]. Damit gewannen die Grundrechte eine neue Zielrichtung: Auch der Gesetzgeber wurde nun als durch sie gebunden erachtet[121]. Mit der gleichzeitigen Einführung einer individuellen Beschwerdebefugnis gegen Verwaltungsakte, die Grundrechte verletzen (Art. 144 B-VG), und der Ermächtigung des Verfassungsgerichtshofs, die dabei angewendeten Gesetze von Amts wegen zu prüfen (Art. 140 Abs. 1 Satz 1 B-VG), wurde diese Bindung erstmals für jeden Rechtsunterworfenen durchsetzbar[122].

36
Dimensionen legislatorischer Verfassungsbindung

Die Wirkungsdimensionen dieser Bindung des Gesetzgebers werden heute freilich anders und noch viel umfassender gesehen als im Jahr 1920. Wesentlich dafür waren drei getrennte Entwicklungen. Zum einen waren die damals geltenden Grundrechte so konzipiert, daß sie dem Gesetzgeber selbst sehr weitgehende Eingriffe ermöglichten. Die dafür vorgesehenen „formellen Eingriffsvorbehalte"[123] enthielten keine ausdrücklichen Schrankenschranken; solche wurden nur aus dem jeweiligen „Wesensgehalt" der Grundrechte abgeleitet, den man in der verfassungsgerichtlichen Judikatur nur selten und bei

---

117 Dazu oben A I, RN 1 ff. Keine unmittelbare Geltung kommt dagegen jenen Grundrechten völkerrechtlichen Ursprungs zu, die nicht in Verfassungsrang bzw. unter Erfüllungsvorbehalt stehen, sodaß sie innerstaatlich überhaupt nicht anwendbar sind. Dies trifft etwa auf die AEMR und die Menschenrechtspakte der Vereinten Nationen zu.
118 Zu deren Inhalt vgl. näher die historische Betrachtung von → oben *Schäffer*, Die Entwicklung der Grundrechte, § 186 RN 28 f., 31 ff.
119 Vgl. Art. 3 lit. b StGG über die Einsetzung eines Reichsgerichtes (RGBl 1867/143); näher → oben *Schäffer*, Die Entwicklung der Grundrechte, § 186 RN 41–44.
120 Näher → unten *Jahnel*, Bestandsschutz und Durchsetzung der Grundrechte, § 201, RN 36 ff.
121 Dazu *Kelsen*, Die Entwicklung des Staatsrechts in Oesterreich seit dem Jahre 1918, in: Gerhard Anschütz/Richard Thoma (Hg.), Handbuch des deutschen Staatsrechts, 1930, Bd. I, S. 147 (154 f.); *R. Walter*, Grundrechtsverständnis und Normenkontrolle in Österreich, in: Klaus Vogel (Hg.), Grundrechtsverständnis und Normenkontrolle. Eine Vergleichung der Rechtslage in Österreich und in Deutschland, 1979, S. 1 (14 f.).
122 Dieses von *Hans Kelsen* verfassungslegistisch stark beeinflußte Modell wird heute als „modèle kelsénien" und als wegweisend für die Entwicklung der europäischen Verfassungsgerichtsbarkeit bezeichnet (vgl. Louis Favoreu, Les Cours Constitutionnelles, Paris, ³1996, S. 11).
123 Näher dazu unten E I 2 a, RN 71 ff.

sehr schweren Eingriffen als verletzt ansah. Diese Rechtsprechung ist heute so gut wie überholt: Mit der Europäischen Menschenrechtskonvention und ihren Zusatzprotokollen traten Grundrechte in Kraft, die „materielle" Gesetzesvorbehalte, damit aber erhebliche Einschränkungen für Eingriffe des Gesetzgebers vorsahen. Der Maßstab für ihre Zulässigkeit wird heute aus dem „Verhältnismäßigkeitsprinzip" abgeleitet[124]. Nahezu parallel dazu hat der allgemeine Gleichheitssatz (Art. 2 StGG, Art. 7 B-VG) in der Judikatur Schritt für Schritt an Bedeutung gewonnen: In der vom Verfassungsgerichtshof gewählten Interpretation wird dem Einzelnen damit heute – über einen reinen Diskriminierungsschutz hinaus – ein subjektives Recht auf allgemeine „Sachlichkeit" gesetzlicher Regelungen gewährleistet. Diese liegt nur bei Wahl „vertretbarer Zielsetzungen" vor[125]. Bei der Kontrolle, ob dies der Fall war, kann der Gerichtshof in sämtlichen Rechtsgebieten, etwa auch im Steuerrecht, erhebliche Systemkorrekturen vornehmen. Der Gleichheitssatz wurde damit nicht nur zu einer Art „Auffanggrundrecht", sondern auch zu einer relativ engmaschigen Garantie entwickelt, über deren Inhalt vielfach die in der Judikatur getroffenen Wertungen entscheiden[126]. Die dritte wesentliche Neuerung liegt darin, daß die Garantien der Europäischen Menschenrechtskonvention – anders als die älteren, rein abwehrrechtlich konstruierten Grundrechte[127] – verfassungs- und völkerrechtliche Verpflichtungen normieren, die von den Staaten in umfassender Weise zu „sichern" sind (Art. 1 EMRK). Sie werden daher als Verpflichtung des Gesetzgebers nicht nur zur Unterlassung von Eingriffen, sondern auch zu „positivem" Handeln gedeutet[128]. Diese objektive Grundrechtsdimension[129], die weit über die reine Abwehrfunktion hinausgeht, ist also positivrechtlich verankert. Der Inhalt dieser Bindung und ihre Wirkungsweise sind durch Interpretation der einzelnen Grundrechte sowie durch Abwägung ihres Verhältnisses zueinander zu ermitteln. Nur ihre Durchsetzbarkeit ist oft schwierig, insbesondere, weil der Verfassungsgerichtshof nur schon erlassene Gesetze aufheben, aber keine fehlenden Regelungen erlassen kann[130].

Verhältnismäßigkeit

Subjektives Recht auf „Sachlichkeit"

Objektive Grundrechtsdimension

II. Verwaltung

Daß die Grundrechte die Staatsfunktion Verwaltung binden, ja geradezu in erster Linie vor Eingriffen durch diese schützen, stand in Österreich immer außer Frage. Ihren besonderen Ausdruck findet diese Bindung in Art. 144

37

Grundrechtsbindung der Verwaltung

---

124 Näher dazu unten E IV 3, RN 97 ff.
125 So VfSlg 4711/1964, 6541/1971, 6697/1972, 9655/1983, 11.369/1987, 13.543/1993, 13.576/1993, 15.031/1997. Vgl. auch → unten *Pöschl*, Gleichheitsrechte, § 192 RN 36 ff.
126 *Magdalena Pöschl*, Gleichheit vor dem Gesetz, 2008, S. 185.
127 → Bd. I: *H.H. Klein*, Grundrechte am Beginn des 21. Jahrhunderts, § 6 RN 60. In diesem Sinn VfSlg 7400/1974, 8136/1977. Näher auch unten D II, RN 50.
128 Vgl. *Walter/Mayer/Kucsko-Stadlmayer* (LitVerz.), RN 1333; *Öhlinger* (LitVerz.), RN 706.
129 Dazu für Deutschland → Bd. I: *Bryde*, Programmatik und Normativität der Grundrechte, § 17 RN 35 ff.; → Bd. I: *Wahl*, Die objektiv-rechtliche Dimension der Grundrechte im internationalen Vergleich, § 19.
130 Näher unten D V, RN 61.

B-VG: Danach können letztinstanzliche verwaltungsbehördliche Bescheide mit der Behauptung der Grundrechtsverletzung beim Verfassungsgerichtshof angefochten werden. In Bezug auf Akte unmittelbarer verwaltungsbehördlicher Befehls- und Zwangsgewalt ist zuerst Beschwerde an den Unabhängigen Verwaltungssenat zu erheben (Art. 129 a Abs. 1 Ziff. 2 B-VG); gegen dessen Bescheide kann man den Verfassungsgerichtshof anrufen. Indem die Anfechtungsbefugnis vor dem Verfassungsgerichtshof an die Rechtsform Bescheid anknüpft, kann der individuelle Rechtsschutz im Bereich der Verwaltung nahezu lückenlos gewährleistet werden.

38
Bindung des Verordnungsgebers

Auch die Bindung von Verordnungen – als generellen Akten der Verwaltung – an die Grundrechte war in Österreich nie zweifelhaft. Da sie in der Regel als „Durchführungsverordnungen", also zur Ausführung von Gesetzen konzipiert sind, die ihrerseits verfassungskonform sein müssen (Art. 18 Abs. 2 B-VG), kommt diese Bindung in der Praxis freilich selten zum Tragen: Fehlt die gesetzliche Grundlage nicht überhaupt bzw. ist diese nicht schon selbst verfassungswidrig, so kommt bei ihnen ein Verfassungsverstoß nur in Frage, wenn bei der Auslegung des Gesetzes ein grober Fehler erfolgt. Einen solchen kann etwa das Außerachtlassen einer verfassungskonformen Interpretation bedeuten: So hat der Verfassungsgerichtshof etwa in Bezug auf Flächenwidmungspläne der Gemeinden immer wieder betont, der Verordnungsgeber habe die ihm eingeräumten Gestaltungsspielräume in grundrechtskonformer Weise wahrzunehmen[131]. Eine Rolle spielt dabei vor allem das allgemeine Sachlichkeitsgebot, das nach ständiger Rechtsprechung dem Gleichheitssatz entspringt.

III. Gerichtsbarkeit

39
Umfassende Grundrechtsbindung

Auch die Gerichte sind bei der Vollziehung der Gesetze an die Grundrechte gebunden. Daran ändert der Umstand nichts, daß dem Verfassungsgerichtshof, bei dem die Verfassungsgerichtsbarkeit monopolisiert ist, keine allgemeine Kompetenz zur Kontrolle von Gerichtsurteilen zukommt[132]. Die Bindung der Justiz an die Grundrechte ist von den Zivil- und Strafgerichten selbst, letztlich dem Obersten Gerichtshof als Höchstgericht wahrzunehmen. Ähnliches gilt für den Verwaltungsgerichtshof, der die – in Österreich nur einstufige – Verwaltungsgerichtsbarkeit ausübt und dessen Urteile durch gar kein innerstaatliches Gericht – auch nicht durch den Verfassungsgerichtshof – mehr kontrollierbar sind.

40
Keine fachgerichtliche Normenkontrolle

Die geschilderte Grundrechtsbindung der Gerichte schließt keine Kompetenz zur Normenkontrolle mit ein. Vielmehr sind diese an gehörig kundgemachte Gesetze gebunden, und sie müssen diese selbst im Fall ihrer Verfassungswidrigkeit anwenden (Art. 89 Abs. 1 B-VG). Die Grundrechte genießen also im

---

131 Vgl. z. B. *VfSlg* 4211/1962, 5581/1967, 10.492/1985, 15.104/1998, 15.553/1999, 16.373/2001, 16.372/2001, 17.266/2004, 17.894/2006; *VfGH*, Erk. v. 27. 2. 2008, V 42/06.
132 Eine Ausnahme bildet seit 1. 7. 2008 die Kontrolle der Urteile des Asylgerichtshofes (Art. 144 a B-VG).

Verhältnis zu den Gesetzen keinen Anwendungsvorrang[133]. Jedes Gericht zweiter Instanz, das ein im konkreten Fall anzuwendendes Gesetz für grundrechtswidrig oder –bedenklich hält, kann (und muß) dieses aber beim Verfassungsgerichtshof anfechten (Art. 140 Abs. 1 B-VG)[134].

41 Grundrechtskonforme Auslegung

Darüber hinaus verpflichtet die Grundrechtsbindung die Gerichte dazu, Gesetze im Rahmen von Interpretationsspielräumen „grundrechtskonform" auszulegen. Dies spielt für die Auslegung des Straf- und Strafprozeßrechts, vor allem aber auch für die Interpretation privatrechtlicher Institute eine Rolle (z. B. Gute-Sitten-Klauseln, Rechtswidrigkeit und Rechtfertigungsgründe im Schadenersatzrecht). Insgesamt hatten die Gerichte in den letzten Jahren die Grundrechte zunehmend im Blick[135]. Im Strafrecht kommt die größte praktische Bedeutung dem Recht auf persönliche Freiheit (Art. 5 EMRK) und dem Recht auf faires Verfahren in Zivil- und Strafsachen (Art. 6 EMRK), im Privatrecht der Meinungsfreiheit (Art. 10 EMRK), dem Eigentumsrecht (Art. 1 1. ZP EMRK[136]) und dem Gleichheitssatz (Art. 2 StGG, Art. 7 B-VG) zu. Die Umsetzung der Grundrechtsbindung durch die Gerichte ist grundsätzlich positiv zu bewerten. In der dogmatischen Begründung ist sie freilich nicht immer hinreichend. Zuzustimmen ist ihr vor allem dort, wo den Grundrechten nach herrschender Lehre „Drittwirkung" zukommt[137]. Methodisch problematisch ist sie aber, wo Grundrechte gegen einen ausdrücklichen Gesetzeswortlaut ins Treffen geführt werden und nicht der Weg einer Anfechtung beim Verfassungsgerichtshof gewählt wird. Dabei wird etwa die Figur der „Lückenschließung" gebraucht[138]. Übersehen wird auch gelegentlich, daß eine mehrpolige Grundrechtskonstellation vorliegt und die unmittelbare Anwendung eines Grundrechts gesetzlos in ein gegenläufiges Grundrecht dritter Personen eingreift[139].

Drittwirkung

Lückenschließung

42 Grundrechtsbeschwerde

Ein spezifisch auf die Wahrung der Grundrechte im Bereich der Strafjustiz zielendes Rechtsmittel ist die „Grundrechtsbeschwerde" an den Obersten Gerichtshof[140]. Mit dieser kann man – nach Erschöpfung des gerichtlichen

---

133 Kritisch zur Praxis des OGH *Kucsko-Stadlmayer*, Verfassungsrechtliche Grenzen des Urheberrechts, in: Guido Kucsko (Hg.), Urheber.recht. Systematischer Kommentar zum Urheberrechtsgesetz, 2008, S. 659.
134 Die Parteien im gerichtlichen Verfahren haben allerdings kein subjektives Recht auf eine solche Anfechtung.
135 Ausführlich dazu *Griss*, Die Grundrechte in der zivilrechtlichen Rechtsprechung, in: ÖJK (Hg.), Aktuelle Fragen des Grundrechtsschutzes, 2005, S. 54 ff.
136 BGBl 1958/210 i.d.F. BGBl 1964/59, III 1998/30.
137 Näher dazu sogleich IV, RN 43 ff.
138 Vgl. die problematische Entscheidung des *OGH* v. 23. 10. 2007, 11 Os 132/06f, EvBl 2008/8 (Erneuerung des Strafverfahrens); s etwa auch den in FN 163 angeführten Fall der Bundesbetreuung von Asylwerbern.
139 So werden regelmäßig gegen den Wortlaut des UrhG, direkt aus dem Schutz der Meinungsfreiheit, freie Werknutzungen abgeleitet und damit Eingriffe in das Eigentumsrecht ohne gesetzliche Grundlage postuliert: wegweisend *OGH* 12. 6. 2001, 4 Ob 127/01 g – Medienprofessor, MR 2002, S. 304 ff. mit Anm. von *Swoboda* und *M. Walter*, sowie SZ 74/108; kritisch dazu *Kucsko-Stadlmayer*, Verfassungsrechtliche Grenzen des Urheberrechts, in: Kucsko (FN 133), Urheber.recht, 2008, S. 659; *Bammer*, Die Grundrechte in der Rechtsprechung der Zivilgerichte, in: ÖJK (Hg.), Aktuelle Fragen des Grundrechtsschutzes, 2005, S. 63 ff.
140 Vgl. das Grundrechtsbeschwerde-Gesetz – GRBG (BGBl 1992/864).

Instanzenzuges – die Verletzung des Rechts auf persönliche Freiheit durch eine strafgerichtliche Entscheidung oder Verfügung beim Obersten Gerichtshof anfechten. Bestrebungen, dieses Rechtsmittel auf die Verletzung anderer Grundrechte auszudehnen, wurden bisher nicht umgesetzt.

IV. Private

43
Horizontalgeltung der Grundrechte

Die Bindung von Privatpersonen an die Grundrechte wird in der Tradition der österreichischen Grundrechtsdogmatik unter dem Titel der „Drittwirkung" („Horizontalgeltung") thematisiert. Es geht um die Frage, ob die Grundrechte – über ihre „Staatsgerichtetheit" hinaus – auch im nichtstaatlichen Bereich, also für die Beziehungen der Bürger untereinander gelten. Dabei werden, je nach der möglichen Wirkungsweise, die Institute der „unmittelbaren" und der „mittelbaren Drittwirkung" unterschieden[141].

44
Keine unmittelbare Drittwirkung

Unter „unmittelbarer Drittwirkung" wird die voraussetzungslose, also direkte Wirkung der Grundrechte im Verhältnis Privater zueinander verstanden. Im Privatrecht wäre diese Konstruktion durchaus denkbar: Rechtsgeschäfte könnten etwa schon allein aus dem Grund nichtig sein, daß sie einem Grundrecht zuwiderlaufen; so etwa, wenn jemand seine Vertragspartner nach beliebigen Kriterien auswählt und damit gegen Diskriminierungsverbote verstößt. Eine so weit gehende Wirkung der Grundrechte wird in der österreichischen Grundrechtsdogmatik abgelehnt: Zum einen ist sie dem positiven Verfassungsrecht nicht entnehmbar; zum anderen würde sie die Vertragsfreiheit – also ein ebenfalls grundrechtlich geschütztes Gut – so sehr beschränken, daß „das Freiheitsrecht zu einer Freiheitsbeschränkung" würde[142]. Auch im Strafrecht wäre eine Konstruktion unmittelbarer Drittwirkung – schon wegen des Verbots „nulla poena sine lege" (Art. 7 EMRK) – geradezu grundrechtswidrig. Ein allgemeines Institut unmittelbarer Drittwirkung ist für die österreichische Rechtsordnung also abzulehnen. Methodisch problematisch sind in diesem Zusammenhang Gerichtsentscheidungen, die Grundrechte ohne Rücksicht auf einen entgegenstehenden Gesetzeswortlaut anwenden[143].

45
Ausdrücklich angeordnete Drittwirkung

Nicht ausgeschlossen ist, daß ein bestimmtes Grundrecht eine unmittelbare Drittwirkung ausdrücklich vorsieht: So ist dies etwa beim Grundrecht auf Datenschutz der Fall, das auch Private bindet und zur Durchsetzung dieser Bindung den Zivilrechtsweg vorsieht (§ 1 Abs. 5 DSG). Beim Gleichbehandlungsgebot wird eine unmittelbare Drittwirkung vielfach durch das Europäische Gemeinschaftsrecht bewirkt (vgl. insbesondere Art. 12 und 141 EGV, Gleichbehandlungsrichtlinien[144]). Manchmal ist auch nur einfachgesetzlich vorgesehen, daß Private in bestimmten Beziehungen oder Tätigkeitsberei-

---

141 Näher hierzu → Bd. II: *Papier*, Drittwirkung der Grundrechte, § 55.
142 So *Walter/Mayer/Kucsko-Stadlmayer* (LitVerz.), RN 1336; *Öhlinger* (LitVerz.), RN 741; *Berka*, Lehrbuch Verfassungsrecht (LitVerz.), RN 1271; in diesem Sinn auch → Bd. II: *Papier*, § 55 RN 22.
143 Vgl. dazu unten RN 48 sowie oben RN 41 mit FN 135.
144 Zu deren Umsetzung wurden in Österreich auf Bundes- und auf Landesebene Gleichbehandlungsgesetze erlassen.

chen Grundrechte achten müssen: so etwa für Rundfunkveranstalter (§ 16 PrivatradioG, § 31 PrivatfernsehG, § 10 ORF-G), gegenüber Journalisten (§ 2 MedienG) oder Universitätsangehörigen (§ 105 UG). Solche Grundrechtsbindungen sind regelmäßig im Zivilrechtsweg durchsetzbar. Eine unmittelbare Drittwirkung mit strafrechtlicher Sanktion normiert Art. III Abs. 1 Ziff. 3 EGVG[145]: Danach sind Diskriminierungen aus Gründen der Rasse, Hautfarbe, nationalen Herkunft, Behinderung etc. bei allen privaten Tätigkeiten, etwa auch beim Zutritt zu Lokalen, verwaltungsbehördlich strafbar.

Nach der Theorie der „mittelbaren Drittwirkung"[146] sind die Grundrechte für Private zwar nicht allgemein bindend. Jedoch können gesetzliche Bestimmungen mit Auslegungsspielraum eine solche Bindung „vermitteln". Dazu gehören insbesondere die Generalklauseln und Sanktionsinstrumente des Privatrechts[147]. Diese Art der Drittwirkung der Grundrechte wird in der österreichischen Lehre grundsätzlich bejaht: Auch Regelungen des Privatrechts seien „grundrechtskonform" auszulegen und daher grundsätzlich geeignet, Private an die Grundrechte zu binden[148]. Uneinigkeit besteht allerdings über die verfassungsdogmatische Begründung dieser Wirkung und über deren Reichweite. Die Auffassung, schon der Verfassungsrang der Grundrechte und die umfassende Bindung des Gesetzgebers an diese erzwinge die Annahme der Drittwirkung[149], greift zu kurz und wird von der herrschenden Lehre zu Recht abgelehnt[150]. Die Verpflichtung zur Erlassung grundrechtskonformer Gesetze – auch im Privatrecht – bedeutet nämlich noch nicht, daß die Grundrechte auch Private zu grundrechtskonformem Handeln verpflichten: So muß zwar das Familienrecht für Mann und Frau gleiche Rechte normieren; es muß sie deshalb aber noch nicht zur Gleichbehandlung von Söhnen und Töchtern verpflichten. Es ist auch nicht möglich, privatrechtliche Handlungsfreiheit – selbst wenn sie in einer zivilrechtlichen Kodifikation normiert ist – als „staatlichen" Eingriff in ein Grundrecht zu deuten. Überzeugend ist daher nur die Auffassung, die Drittwirkung eines bestimmten Grundrechts sei ein Rechtsinhaltsproblem und müsse sich aus dessen Interpretation selbst ergeben[151]. Eine positive Antwort liegt vor allem bei jenen Grundrechten nahe, die in der Europäischen Menschenrechtskonvention und ihren Zusatzprotokollen normiert sind und die den Gesetzgeber zu positivem Handeln, also auch zum

46
Theorie der „mittelbaren Drittwirkung"

Inhaltsproblem des einzelnen Grundrechts

---

145 Einführungsgesetz zu den Verwaltungsverfahrensgesetzen 2008 (BGBl I 2008/87).
146 Dazu *Dürig*, Grundrechte und Zivilrechtsprechung, in: Theodor Maunz (Hg.), FS Nawiasky, 1956, S. 157 ff.; → Bd. II: *Papier*, § 55 RN 23 ff.
147 Z.B. §§ 16, 879, 1295 Abs. 2, §§ 1311, 1328 a, 1330 ABGB; §§ 1, 2 UWG.
148 *Walter/Mayer/Kucsko-Stadlmayer* (LitVerz.), RN 1335 f.; *Öhlinger* (LitVerz.), RN 742 f.; *Berka*, Lehrbuch Verfassungsrecht (LitVerz.), RN 1263 ff.; *Adamovich/Funk/Holzinger* (LitVerz.), Bd. I, RN 41.084.
149 So in Österreich insb. *Griller*, Der Schutz der Grundrechte vor Verletzung durch Private, JBl 1992, S. 205 ff., 289; *ders.*, Drittwirkung und Fiskalgeltung von Grundrechten, ZfV 1983, S. 1 ff. und S. 109 ff.
150 Vgl. *Heinz Mayer*, Der „Rechtserzeugungszusammenhang" und die sogenannte „Drittwirkung" der Grundrechte, JBl 1990, S. 768 ff.; *dens.*, Nochmals zur sogenannten „Drittwirkung" der Grundrechte, JBl 1992, S. 768 ff.; *Walter/Mayer/Kucsko-Stadlmayer* (LitVerz.), RN 1336; *Berka*, Lehrbuch Verfassungsrecht (LitVerz.), RN 1268; *dens.*, in: Rill/Schäffer (LitVerz.), Vorbem. zum StGG, RN 78.
151 *Berka*, Lehrbuch Verfassungsrecht (LitVerz.), RN 1268; *ders.*, in: Rill/Schäffer (LitVerz.), Vorbem. zum StGG, RN 79.

§ 187   Dreizehnter Teil: I. Allgemeine Lehren

Schutz vor nichtstaatlichen Eingriffen verpflichten[152]. Werden solche Schutzpflichten bejaht, so sind auch Private daraus berechtigt, und kann grundrechtskonforme Auslegung privatrechtlicher Institute zu einer Drittwirkung führen.

47
Arbeitsrecht, Persönlichkeitsschutz

Kontrahierungszwang bei Monopolen

Der Oberste Gerichtshof nimmt das Bestehen einer mittelbaren Drittwirkung der Grundrechte, vor allem auch beim Gleichheitssatz, sehr allgemein und ohne besondere Differenzierungen an[153]. Die größte praktische Rolle spielt dies im Arbeitsrecht (Gleichheitskonformität des Inhalts von Kollektivverträgen und Betriebsvereinbarungen) sowie beim zivilrechtlichen Persönlichkeitsschutz (Ausgleich zwischen Meinungsfreiheit und Privatsphäre)[154]. Überdies wird aus der Drittwirkung des Gleichheitssatzes ein Kontrahierungszwang in Fällen abgeleitet, in denen die faktische Übermacht eines Beteiligten bei bloß formaler Parität diesem die Möglichkeit einer Fremdbestimmung über andere gibt, also insbesondere bei Innehabung einer Monopolstellung. Jeder Monopolist müsse einen guten (sachlichen) Grund für die Verweigerung eines Vertragsabschlusses haben[155]. So nahm der Oberste Gerichtshof einen Abschlußzwang etwa für eine Gebietskörperschaft zum Verkauf von Werbeflächen auf öffentlichen Straßen[156] oder für einen Sportverband zur Zulassung von Sportlern zu einem Radrennen[157] an. Der Gerichtshof betont ausdrücklich, daß diese Pflicht nicht auf Leistungen der Daseinsvorsorge beschränkt sei[158].

48
Fiskalgeltung

Keine „Flucht ins Privatrecht"

Eine besondere Problematik liegt in der Frage, ob Grundrechte – ähnlich wie für die hoheitliche Vollziehung – auch für den privatrechtlich handelnden Staat gelten, auch wenn die Kriterien für die Drittwirkung nicht vorliegen („Fiskalgeltung der Grundrechte"). In der älteren Lehre und Judikatur war die Frage lange Zeit sehr umstritten[159]. Heute nimmt der Oberste Gerichtshof die Geltung der Grundrechte für das privatwirtschaftliche Handeln staatlicher Rechtsträger – das sind Gebietskörperschaften und sonstige Körperschaften öffentlichen Rechts mit öffentlichen Aufgaben – in ständiger Rechtsprechung nahezu voraussetzungslos an: Der Staat könne sich nicht durch Wahl der privatrechtlichen Handlungsform der Geltung der Grundrechte entziehen; die privatrechtlichen Institute – gesetzliche oder vorvertragliche Schuldverhältnisse, Nichtigkeitsgründe, Kontrahierungszwang, Rechtfertigungsgründe im Schadenersatzrecht und ähnliches – seien unter Bedachtnahme auf alle Grundrechte verfassungskonform auszulegen[160]. Damit hat sich der Gedanke

---

152 Vgl. unten RN 48.
153 Vgl. z. B. *OGH* v. 1.3.1979, 7 Ob 555/79, EvBl 1979/100; v. 27.5.1998, 6 Ob 93/98i; v. 8.9.2004, 7 Ob 193/04i; v. 17.11.2004, 9 Ob A 98/04h; v. 15.11.2006, 9 Ob A 193/05f; v. 10.7.2008, 8 Ob A 47/08 g.
154 Vgl. die Judikaturanalyse bei *Berka*, Lehrbuch Verfassungsrecht (LitVerz.), RN 1272ff., sowie *dens*. in: Rill/Schäffer (LitVerz.), Vorbem. zum StGG, RN 81ff. Vgl. neuerdings auch OGH v. 24.4.2008, 4 Ob 121/08k; v. 23.9.2008, 4 Ob 150/08z.
155 Vgl. die ständige Rechtsprechung seit SZ 44/138; jüngst *OGH* v. 14.12.2005, 7 Ob 287/05i; v. 6.10.2005, 6 Ob 191/05i; v. 31.1.2002, 6 Ob 48/01d.
156 *OGH* v. 14.12.2005, 7 Ob 287/05i; 6.10.2005, 6 Ob 191/05i.
157 *OGH* v. 19.11.2003, 6 Ob 273/03b.
158 Vgl. insb. *OGH* v. 31.1.2002, 6 Ob 48/01d.
159 Vgl. *Puck*, Nichthoheitliche Verwaltung – Typen und Formen, in: Felix Ermacora/Günther Winkler/Friedrich Koja u.a (Hg.), Allgemeines Verwaltungsrecht, 1979, S. 275 (284ff.).
160 *Griss*, Die Grundrechte in der zivilrechtlichen Rechtsprechung (FN 135), S. 54ff.; *Kodek*, Die Wahrung von Grundrechten in der Gerichtsbarkeit, ÖJZ 2008, S. 216ff.

der Fiskalgeltung in der ordentlichen Gerichtsbarkeit fest etabliert[161]. Diese ist nicht davon abhängig, ob die genannten Rechtsträger als Monopolisten auftreten, und kann weder vertraglich abbedungen noch gesetzlich ausgeschlossen werden. Die wichtigste praktische Rolle spielt dies für die Anwendung des Gleichheitssatzes im Subventionsrecht: Hier sei der Staat zur Gleichbehandlung aller abstrakt als Empfänger in Betracht kommenden Personen verpflichtet; diese sind damit vor willkürlicher bzw. unsachlicher Subventionsvergabe geschützt[162]. Unmittelbar aus dem Gleichheitssatz hat der Oberste Gerichtshof auch einen Anspruch von Asylwerbern auf Bundesbetreuung abgeleitet – dies freilich problematischerweise ungeachtet dessen, daß der Wortlaut des entsprechenden Selbstbindungsgesetzes dies ausdrücklich ausschloß[163]. Auch der Verfassungsgerichtshof geht allgemein von der Verpflichtung staatlicher Rechtsträger zu grundrechtskonformem Vorgehen im Rahmen der Privatwirtschaftsverwaltung aus[164]. In der Lehre wird die Frage der Fiskalgeltung daher kaum mehr problematisiert. Ihre verfassungsdogmatische Begründung wird vor allem in der umfassenden Schutzwirkung der Europäischen Menschenrechtskonvention und dem damit zusammenhängenden neuen allgemeinen Verständnis der Grundrechte, insbesondere auch des Gleichheitssatzes gesehen[165].

Subventionsrecht

D. Bindungswirkungen der Grundrechte

I. Allgemeines

Die Ausführungen zu den Grundrechtsverpflichteten haben gezeigt, daß die österreichischen Grundrechte alle Staatsfunktionen binden. Dies sagt noch nichts darüber aus, in welcher Weise diese Bindung wirkt. Heute wird diese Wirkung differenziert gesehen. Man unterscheidet verschiedene Arten von Bindungswirkungen, die zum Teil auch von ein- und demselben Grundrecht ausgehen.

49

Differenzierte Bindungswirkung

---

161 So *R. Novak*, Lebendiges Verfassungsrecht (2004), JBl 2007, S. 220 (225).
162 OGH v. 18. 12. 1992, 6 Ob 563/92, SZ 65/166; 6 Ob 514/95, JBl 1995, S. 582. Zur Vergabe von Krankenkassenverträgen vgl. *OGH* v. 11. 7. 2001, 7 Ob 299/00x; v. 13. 9. 2006, 3 Ob 127/06 g; zur Vergabe öffentlicher Aufträge OGH v. 19. 10. 1994, 7 Ob 568/94, in: ecolex 1995, S. 95; v. 22. 11. 1994, 4 Ob 573/94, in: ecolex 1995, S. 328.
163 *OGH* 1 Ob 272/02k, JBl 2004, S. 384; 9 Ob 71/03 m, in: migralex 2003, S. 106. Zur methodischen Problematik der Anwendung von Grundrechten gegen den ausdrücklichen Gesetzeswortlaut vgl. auch oben bei FN 135.
164 Vgl. *VfSlg* 11.651/1988, 13.975/1994 und 17.600/2005 unter Berufung auf *Karl Korinek/Michael Holoubek*, Grundlagen staatlicher Privatwirtschaftsverwaltung, 1993, S. 146 ff. Vgl. auch VfSlg 13.310/1992.
165 *Walter/Mayer/Kucsko-Stadlmayer* (LitVerz.), RN 1337; *Öhlinger* (LitVerz.), RN 737 ff.; *Berka*, Lehrbuch Verfassungsrecht (LitVerz.), RN 1258 ff.; näher *ders.*, in: Rill/Schäffer (LitVerz.), Vorbem. zum StGG, RN 72 ff.

II. Abwehrrechte

50
Negatorische Funktion

Die älteren der österreichischen Grundrechte, insbesondere jene des Staatsgrundgesetzes, waren fast ausschließlich als Abwehrrechte konzipiert. Der „Abwehrcharakter" ist somit die entwicklungsgeschichtlich erste und wichtigste Grundrechtswirkung; sie bedeutet, daß dem Staat Eingriffe in bestimmte geschützte Freiheitssphären untersagt sind. Durchsetzbar wird dies im Weg der individuellen Anfechtbarkeit jener staatlichen Normsetzungs- und Vollzugsakte, die solche Eingriffe regelmäßig statuieren: In Österreich sind dies Gesetze, Verordnungen, Staatsverträge, Bescheide, Akte unmittelbarer verwaltungsbehördlicher Befehls- und Zwangsgewalt sowie Akte der Gerichtsbarkeit.

Kontrollzuständigkeit des VfGH

Die Zuständigkeit zur Kontrolle dieser Akte ist in Österreich sehr weitgehend beim Verfassungsgerichtshof monopolisiert und – über die ausdrückliche Nennung der anfechtbaren Staatsakte, also durch ein stark formalisiertes System – nahezu lückenlos geregelt[166].

51
Grundrechtliche Schutzpflichten

Auch die neueren österreichischen Grundrechte, insbesondere jene der Europäischen Menschenrechtskonvention, sind zu einem großen Teil eingriffsabwehrend formuliert. Bei ihnen ist diese Wirkung jedoch nicht mehr die einzige. Vielmehr nimmt man an, daß der Staat auch Grundrechtsbeeinträchtigungen von nichtstaatlicher Seite verhindern muß, ihn also auch positive Pflichten treffen[167].

52
Fehlende Abwehrfunktion

Manchen Gruppen der in Österreich verfassungsgesetzlich gewährleisteten Rechte fehlt der Abwehrcharakter überhaupt. Dies sind die politischen Grundrechte[168], die Organisations- und Verfahrensgarantien[169], die Gleichheitsrechte[170] sowie die sozialen Grundrechte[171].

53
Grundrechte mit negativer Komponente

Eine Kategorie der „negativen Grundrechte"[172] ist der österreichischen Grundrechtsdogmatik fremd. Gleichwohl finden sich auch in Österreich Gewährleistungen, die nicht nur als Befugnis zu einem positiven Verhalten (Handeln), sondern auch als Rechte zu negativem Verhalten (Unterlassen) aufgefaßt werden. Einige davon kann man als „benannte" negative Grundrechte[173] bezeichnen: so etwa das in Zusammenhang mit der Glaubens- und Gewissensfreiheit ausdrücklich normierte Recht, nicht zu einer kirchlichen Handlung oder zur Teilnahme an einer kirchlichen Feierlichkeit gezwungen zu werden (Art. 14 Abs. 3 StGG), das Verbot der Zwangs- und Pflichtarbeit (Art. 4 EMRK) oder das Recht auf Wehrpflichtverweigerung (§ 1 ZDG[174]; Art. 9a Abs. 4 B-VG). Andere, „unbenannte" Rechte auf Unterlassen leitet

---

[166] Art. 139, 140, 140a, 144, 144a B-VG. Nicht beim VfGH anfechtbar sind nur Akte der Gerichtsbarkeit; dazu oben C III, RN 40.
[167] Dazu unten IV, RN 55 ff.
[168] Dazu oben A II, RN 13 f.
[169] Näher → unten *Schäffer*, Verfahrensgarantien, § 200.
[170] Näher → unten *Pöschl*, Gleichheitsrechte, § 192.
[171] Näher → unten *Schäffer*, Zur Problematik sozialer Grundrechte, § 199.
[172] Dazu ausführlich → Bd. II: *Merten*, Negative Grundrechte, § 42.
[173] So die prägnante Terminologie bei → Bd. II: *Merten*, § 42 RN 33.
[174] Bundesgesetz über den Zivildienst – Zivildienstgesetz 1986 (BGBl 1986/679 i.d.F. BGBl I 2008/2).

man indirekt aus einzelnen Freiheitsrechten ab: So enthält etwa die Glaubens- und Gewissensfreiheit nach herrschender Lehre und Rechtsprechung auch Rechte auf Nichtglauben und auf Religionsaustritt[175], das Recht auf faires Verfahren ein Recht, sich im Zivil- und Strafverfahren nicht selbst zu beschuldigen (nemo tenetur-Grundsatz)[176], und die Vereinsfreiheit ein Recht, Vereinigungen nicht beizutreten (negative Vereinsfreiheit)[177]. Der Verfassungsgerichtshof folgt hier der Rechtsprechung des Europäischen Gerichtshofs für Menschenrechte in Straßburg. Demzufolge sind der Judikatur auch Rechte auf Selbsttötung („negatives" Recht auf Leben), auf Verweigerung einer Heilbehandlung (negative Gesundheitsfreiheit) oder auf Nichterziehung von Kindern (negative Erziehungsfreiheit) fremd. Nach Auffassung des Verfassungsgerichtshofs haben allerdings zwei Grundrechte eine Art Auffangfunktion als negative Freiheiten: das Recht auf ein Verfahren vor dem gesetzlichen Richter als allgemeines Recht auf Nichtarrogation einer nicht zustehenden Entscheidungskompetenz[178]; vor allem aber der Gleichheitssatz als allgemeines Recht darauf, nicht sachlich ungerechtfertigt einer Verhaltenspflicht unterworfen zu werden[179].

„Unbenannte" Rechte auf Unterlassen

III. Teilnahmerechte

Der Begriff der „Teilnahmerechte" ist in der österreichischen Grundrechtsdogmatik kaum gebräuchlich. Zu der in Deutschland so bezeichneten staatsrechtlichen Kategorie[180] wären in Österreich – im Anschluß an die Statuslehre *Jellineks* – primär jene Grundrechte zu zählen, die zur Mitwirkung an der staatlichen Willensbildung berechtigen (politische Grundrechte, „status activus")[181]. Manchmal werden diese auch als „politische Teilhaberechte" bezeichnet[182]. Da staatliche Willensbildung unstreitig auch im Bereich der Vollziehung, der Verwaltung und Gerichtsbarkeit stattfindet, gehören zum Typus der Teilnahmerechte weiters jene Grundrechte, die Rechte zur Mitwirkung in Verwaltungs- und Gerichtsverfahren (Art. 6 EMRK) sowie der Eltern und Schüler im Bildungswesen vorsehen (Art. 2 1. ZP EMRK). Dagegen wird der allgemeine Begriff „Teilhaberechte" in Österreich meist mit jenem der „sozialen Grundrechte" synonym verwendet[183].

54
Rechte des status activus

Soziale Grundrechte als „Teilhaberechte"

---

175 → Unten *Lienbacher*, Religiöse Rechte, § 193 RN 18.
176 → Unten *Schäffer*, Verfahrensgarantien, § 200 RN 80.
177 → Unten *Potacs*, Recht auf Zusammenschluß, § 197 RN 12. Dies hindert nicht die Zwangsmitgliedschaft in juristischen Personen des öffentlichen Rechts (Berufsvertretungen): *VfSlg* 2333/1952
178 Vgl. → unten *Schäffer*, Verfahrensgarantien, § 200 RN 14–22.
179 So beispielsweise zur „Inpflichtnahme" für staatliche Vollzugstätigkeiten (*VfSlg* 15.773/2000, 16.808/2003, 17.426/2004), der Pflicht zur Beseitigung rechtswidriger Zustände (*VfSlg* 16.989/2003), zu Anzeigepflichten (*VfSlg* 15.201/1998, *VfSlg* 16.452/2002) oder zur Kostentragungspflicht für bestimmte Projekte (*VfGH*, Erk. v. 15. 12. 1994, B 940/93; 27. 2. 2003, G 37/02).
180 Dazu → Bd. I: *P. Kirchhof*, Grundrechtsinhalte und Grundrechtsvoraussetzungen, § 21 RN 16; → Bd. II: *Starck*, Teilnahmerechte, § 41.
181 Vgl. zu diesen im einzelnen oben A II, RN 13 f.
182 So etwa *Adamovich/Funk/Holzinger* (LitVerz.), Bd. I, RN 41.076.
183 So etwa *Berka*, Grundrechte (LitVerz.), RN 97.

IV. Gewährleistungspflichten

55
Negatorische Funktion des StGG

Die Grundrechte des Staatsgrundgesetzes waren – wie aus der Entstehungszeit erklärlich ist – von der klassisch-liberalen Vorstellung getragen, dem Einzelnen Schutz gegen Akte der Staatsgewalt zu gewähren. Der Verfassungsgerichtshof deutete sie daher immer als reine Abwehrrechte und lehnte es ab, aus ihnen auch positive Pflichten des Staats zum Schutz vor nichtstaatlichen Eingriffen abzuleiten. Dem „System des StGG" lasse sich daher keinesfalls eine Pflicht zur Bestrafung des Schwangerschaftsabbruchs („Fristenlösung") entnehmen[184].

56
Gewährleistungspflichten auf Grund der EMRK

In Bezug auf das in der Europäischen Menschenrechtskonvention normierte „Recht auf Leben" (Art. 2) ließ der Verfassungsgerichtshof diese Frage jedoch ausdrücklich dahingestellt: Die darin gewählte Formulierung „Das Recht jedes Menschen auf das Leben wird gesetzlich geschützt" deutet klar auf eine umfassende staatliche Schutzpflicht hin[185]. In der Lehre werden heute – weit darüber hinaus – aus allen Grundrechten der Europäischen Menschenrechtskonvention und ihrer Zusatzprotokolle positive Pflichten des Staats abgeleitet. Sie werden als „Gewährleistungspflichten" bezeichnet[186]. Oft wird unreflektiert synonym dafür der Begriff „Schutzpflichten" verwendet. Bei genauerer Betrachtung dient der Terminus „Gewährleistungspflichten" jedoch als Überbegriff für alle positiven staatlichen Pflichten, die sich aus Grundrechten ergeben („positive obligations", „obligations positives"). Dabei werden verschiedenartige Wirkungen differenziert: Schutzpflichten, Einrichtungsgarantien, Organisations- und Verfahrensgarantien[187] sowie Teilhaberechte[188]. Manchmal sind diese Wirkungen in selbständigen Grundrechten konzentriert (z. B. Art. 6 und 13 EMRK), vielfach sind sie aber auch den Freiheitsrechten – als zusätzliche Wirkungsdimension – entnehmbar.

57

Auch die Rechtsprechung des Europäischen Gerichtshofs für Menschenrechte[189] und diesem folgend der Verfassungsgerichtshof haben einzelne

---

184 *VfSlg* 7400/1974. Im gleichen Sinn *VfSlg* 8136/1977, wo der VfGH es ablehnte, aus Art. 17 StGG (Wissenschaftsfreiheit) eine Pflicht des Staats zu positiven Vorkehrungen durch maßgebliche Mitwirkung an der unmittelbaren Wissenschaftsverwaltung einzuräumen.
185 Dennoch hat der VfGH die Verfassungswidrigkeit der Fristenlösung damals verneint; dies jedoch mit der Begründung, das ungeborene Leben falle überhaupt nicht in den Schutzbereich von Art. 2 EMRK. Zu der aus dieser Bestimmung abzuleitenden Schutzpflicht vgl. → unten *Kneihs*, Schutz von Leib und Leben sowie Achtung der Menschenwürde, § 189.
186 *Walter/Mayer/Kucsko-Stadlmayer* (LitVerz.), RN 1333; *Öhlinger* (LitVerz.), RN 694 ff.; *Berka*, Lehrbuch Verfassungsrecht (LitVerz.), RN 1221 ff.; *Adamovich/Funk/Holzinger* (LitVerz.), Bd. I, RN 41.078 ff.
187 In diesem Sinn *Berka*, Lehrbuch Verfassungsrecht (LitVerz.), RN 1223.
188 So *Michael Holoubek*, Grundrechtliche Gewährleistungspflichten, 1997, der vier Typen von Grundrechtsgewährleistungen unterscheidet: solche durch Schutzpflichten, solche durch Organisation und Verfahren, solche aufgrund institutioneller Begründung sowie solche durch Teilhaberechte (aaO., S. 385); ähnlich *Grabenwarter*, EMRK (LitVerz.), S. 124.
189 Vgl. insb. *EGMR*, Urt. v. 21. 6. 1988, Plattform „Ärzte für das Leben", ÖJZ 1988, S. 734 (Recht auf Leben); Urt. v. 27. 7. 2000, Klein, NJW 2001, S. 213; Urt. v. 26. 10. 2000, Kudła, ÖJZ 2001, S. 904; Urt. v. 3. 10. 2000, Löffler, ÖJZ 2001, 234; Urt. v. 2. 10. 2003, Hennig, ÖJZ 2004, S. 314 (Recht auf angemessene Verfahrensdauer); Urt. v. 28. 5. 1985, Abdulaziz, EuGRZ 1985, S. 567; Urt. v. 27. 11. 1992, Olsson, ÖJZ 1993, S. 353; Urt. v. 24. 2. 1998, Botta, ÖJZ 1999, S. 76; Urt. v. 26. 2. 2002, Kutzner, EuGRZ 2002, S. 244; Urt. v. 24. 9. 2002, M.G., ÖJZ 2004, S. 65 (Recht auf Privat- und Familienleben); Urt. v. 20. 9. 1994, Otto-Preminger-Institut, ÖJZ 1995, S. 154; Urt. v. 25. 11. 1996, Wingrove, ÖJZ 1997, S. 714; Urt. v. 13. 9. 2005, I.A. ./. Türkei, NJW 2006, S. 3263 (Gedanken-, Gewissens- und Religionsfreiheit); Urt. v. 29. 6. 2006, Öllinger, ÖJZ 2007, S. 79 (Versammlungsfreiheit); Urt. v. 25. 4. 1996, Gustafsson, ÖJZ 1996, S. 869 (Vereinsfreiheit).

Grundrechte in diese Richtung gedeutet (Art. 2, 8, 9, 10, 11 EMRK)[190]. Sowohl der Gesetzgeber als auch Verwaltungsorgane unmittelbar werden als positiv verpflichtet erachtet, wobei man auch von „administrativen Schutzpflichten" spricht[191]. In diesem Sinne grundrechtskonform ausgelegt werden auch Gesetze, die einen allgemeinen Schutz von Rechtsgütern normieren und deren Verletzung unter Sanktion stellen (z. B. Straftatbestände, Schadenersatzrecht). Die größte praktische Rolle spielt dies beim Recht auf Leben[192], beim Recht auf Privat- und Familienleben[193] und bei der Versammlungsfreiheit[194].

Rechtsprechung des EGMR und VfGH

Die dogmatische Begründung der Gewährleistungs- bzw. Schutzpflichten liegt primär in einer teleologischen Interpretation der Europäischen Menschenrechtskonvention, die den Grundrechten eine umfassende Bindungswirkung zumißt: Nach Art. 1 EMRK sind die Konventionsstaaten zur umfassenden innerstaatlichen „Sicherung" der in der Konvention festgelegten Rechte und Freiheiten verpflichtet[195]. Daraus wird eine positive Verpflichtung des Gesetzgebers zur Schaffung von Regelungen abgeleitet, welche die in den Grundrechten definierten Rechtsgüter vor allen Arten von Gefährdungen und Verletzungen schützen, auch solchen, die durch staatliches Unterlassen und nichtstaatliches Verhalten entstehen[196]. Wie weit diese Verpflichtung geht und wie sie in die Verhältnisse zwischen Privaten hineinwirkt (Drittwirkung)[197], ist dem jeweiligen Einzelgrundrecht, dessen Gesetzesvorbehalt bzw. der Abwägung mit konkurrierenden Grundrechtspositionen zu entnehmen. Eine allgemeine Dogmatik der Grundrechte als „objektiver Grundsatznormen" oder als „Wertordnung" hat sich in der österreichischen Dogmatik bislang nicht durchgesetzt[198].

58
Teleologische Interpretation

Da das verfassungsrechtliche Rechtsschutzsystem in Österreich an Grundrechtseingriffe durch Staatsakte anknüpft, fragt sich, wie Gewährleistungs- oder Schutzpflichten durchsetzbar sind. Diese Durchsetzbarkeit scheitert nicht schon daran, daß es sich um eine objektive Grundrechtsdimension handelt: Zum einen besteht kein Grund zur Annahme, subjektivrechtliche

59
Durchsetzbarkeit

---

190 VfSlg 6850/1972, 8609/1979, 12.501/1990, 14.258/1995, 14.869/1997, 16.638/2002, 17.734/2005, 18.022/2006. Positive Pflichten des Gesetzgebers werden auch aus einzelnen politischen Rechten, insb. dem Recht auf geheime, freie und persönliche Wahlen (VfSlg 3000/1956, 4527/1963, 10.412/1985, 17.418/2004) und aus der Gesamtheit der Bestimmungen über den Minderheitenschutz abgeleitet (VfSlg 9224/1981).
191 Vgl. etwa *Öhlinger* (LitVerz.), RN 695.
192 → Unten *Kneihs*, Schutz von Leib und Leben sowie Achtung der Menschenwürde, § 189 RN 31, 43.
193 Vgl. → unten *Wiederin*, Schutz der Privatsphäre, § 190 RN 15 ff.
194 Vgl. → unten *Potacs*, Recht auf Zusammenschluß, § 197 RN 17.
195 Näher *Holoubek*, Gewährleistungspflichten (FN 188), S. 45.
196 Zur Konventionsdogmatik vgl. *Grabenwarter*, EMRK (LitVerz.), S. 123 ff.; *Cordula Dröge*, Positive Verpflichtungen der Staaten in der Europäischen Menschenrechtkonvention, 2003; *K. Blau*, Neue Entwicklungen in der Schutzpflichtdogmatik des EGMR am Beispiel des Falles „Vo/Frankreich", in: ZEuS 2005, S. 397 ff.
197 Dazu oben C IV, RN 43 ff.
198 Vgl. dazu → Bd. I: *Wahl*, Die objektiv-rechtliche Dimension der Grundrechte im internationalen Vergleich, § 19. Zu entsprechenden Ansätzen in der österreichischen Dogmatik vgl. *Berka*, in: Rill/Schäffer (LitVerz.), Vorbem. zum StGG, RN 22 ff.; *Adamovich/Funk/Holzinger* (LitVerz.), Bd. I, RN 41.044.

Untätigkeit des Gesetzgebers

Ansprüche seien hier generell ausgeschlossen; zum anderen muß die Beschwerdebehauptung Einzelner vor dem Verfassungsgerichtshof nicht auf Verletzung „verfassungsgesetzlich gewährleisteter Rechte" lauten, sie kann vielmehr auch eine Verletzung in sonstigen Rechten wegen Anwendung verfassungswidriger Gesetze geltend machen (Art. 144 Abs. 1 B-VG). Durchsetzungsprobleme entstehen aber dann, wenn der Verstoß gegen die Gewährleistungspflicht in einer Untätigkeit des Gesetzgebers besteht: Der Verfassungsgerichtshof kann nur verfassungswidrige Gesetze aufheben, aber keine fehlenden Normen erlassen (Art. 140 B-VG). Damit kann er nur tätig werden, wenn ein Gesetz eine verfassungsrechtlich gebotene Regelung beseitigt oder eine unzureichende, nicht völlig fehlende Regelung enthält, beispielsweise einen für den Grundrechtsschutz zu eng umschriebenen Straftatbestand. Eine Effektuierung von Gewährleistungspflichten kann auch im Weg verfassungskonformer Auslegung erfolgen: So wurde aus Art. 8 EMRK eine Pflicht des Gesetzgebers, den Familiennachzug zu ermöglichen, und eine entsprechende Pflicht zur verfassungskonformen Interpretation des Fremdenrechts abgeleitet[199]. Keine Möglichkeit, einen gesetzlichen Schutz von Grundrechten durchzusetzen, besteht allerdings dann, wenn der Gesetzgeber einen bestimmten Problembereich überhaupt nicht regelt. In solch einem Fall kann nur eine Beschwerde beim Europäischen Gerichtshof für Menschenrechte Abhilfe schaffen, dessen Entscheidung freilich nicht unmittelbar in das innerstaatliche Recht hineinwirkt[200].

60
Amtshaftung als Sanktion

Für die Durchsetzung administrativer Schutzpflichten, die bereits gesetzlich verankert sind, enthält das österreichische Rechtsschutzsystem differenziertere Möglichkeiten. Für jedes Unterlassen im Bereich der Hoheitsverwaltung steht zunächst das Sanktionssystem der Amtshaftung zur Verfügung, dem zufolge jeder vom Staat verursachte Schaden unmittelbar einklagbar ist (Art. 23 B-VG, AHG). Säumnis bei der Bescheiderlassung kann überdies – nach Erschöpfung des administrativen Instanzenzugs – beim Verwaltungsgerichtshof bekämpft werden (Art. 132 B-VG). Eine Ausnahme gilt nur für Strafbescheide, deren Zweck der Schutz eines grundrechtlich garantierten Rechtsguts ist (z. B. § 81 SPG, Art. III Abs. 1 Ziff. 3 EGVG): Auf Bestrafung Dritter besteht nämlich grundsätzlich kein Anspruch. Sehr weit geht aber nach Auffassung des Verfassungsgerichtshofs die Möglichkeit, Akte unmittelbarer Befehls- und Zwangsgewalt anzufechten, bei deren Setzung rechtserhebliches Unterlassen erfolgt (Art. 129a B-VG): Ein in diesem Sinn tauglicher Anfechtungsgegenstand wurde etwa in Bezug auf die Haftanhaltung eines Drogenhändlers angenommen, bei der eine medizinische Betreuung trotz vermuteten Verschluckens von Drogenpäckchen unterlassen worden war und die zum Tod des Häftlings geführt hatte[201].

---

199 *VfSlg* 17.734/2005.
200 So ausdrücklich *VfSlg* 14.453/1996; dazu *Morscher*, Untätigkeit von Staatsorganen, in: Bernd-Christian Funk/Gerhard Holzinger/Hans Klecatsky (Hg.), FS Adamovich, 2002, S. 477 (490).
201 *VfSlg* 16.638/2002. Der VfGH zitiert dazu *Köhler*, Art. 129a B-VG, in: Korinek/Holoubek (LitVerz.), RN 45 ff.

V. Institutsgarantien und institutionelle Garantien

In der österreichischen Grundrechtsdogmatik werden Institutsgarantien und institutionelle Garantien meist besonders behandelt. Es geht dabei um eine objektiv-rechtliche Wirkungsdimension von Grundrechten, der zufolge der Gesetzgeber zu Aufrechterhaltung und umfassendem Schutz bestimmter rechtlicher Institutionen verpflichtet ist. Während man unter „Institutsgarantien" die Absicherung privatrechtlicher Einrichtungen (z. B. Ehe, Eigentum, Vertragsfreiheit) versteht, bezeichnet der Begriff „institutionelle Garantien" die verfassungsrechtliche Verpflichtung zu Einrichtung bzw. Erhaltung öffentlich-rechtlicher Institute (z. B. Gerichte, Universitäten)[202]. Als Überbegriff wird meist jener der „Einrichtungsgarantien" verwendet[203].

61
Objektiv-rechtliche Wirkungsdimension

Verfassungsdogmatisch läßt sich der „institutionelle Gehalt" eines Grundrechts nach einhelliger Lehre nur aus dessen konkreter Auslegung begründen[204]. Auch bei typischen Freiheitsrechten ist keineswegs ausgeschlossen, daß sie Einrichtungsgarantien enthalten: Ohne sie kann ein abwehrrechtlicher Anspruch geradezu wirkungslos sein (z. B. Garantie des Eigentums als Privatrechtsinstitut). Bei Bejahung eines institutionellen Gehalts ist die sensibelste Frage, welches Ausmaß an rechtspolitischem Spielraum dem Gesetzgeber bei seinen – die jeweilige Institution gestaltenden – Regelungen zukommt. Maßgeblich dafür ist meist der historische Hintergrund einer grundrechtlichen Gewährleistung. In Österreich besonders strittig war etwa lange Zeit die Frage, ob das Grundrecht auf Freiheit der Wissenschaft und ihrer Lehre (Art. 17 StGG) eine Aufrechterhaltung der Universitäten in ihrer überkommenen Organisationsform verlangt. Während der Verfassungsgerichtshof dies strikt verneinte, hat die Lehre diese Frage immer sehr differenziert beantwortet und verfassungsrechtliche Grenzen einer Neugestaltung der Universitätsorganisation betont[205]. Dennoch konnten schrittweise Neuerungen in diesem Bereich auf einfachgesetzlichem Weg erfolgen[206]. Heute hat das Problem an Aktualität verloren, weil seit 1. Januar 2008 ein besonderer Verfassungsartikel eine ausdrückliche institutionelle Garantie der Universitäten – ohne Zusammenhang mit einem Individualgrundrecht – vorsieht (Art. 81 c B-VG)[207]. Darüber hinaus sind die grundrechtlichen Einrichtungsgarantien in der österreichischen Rechtsordnung variantenreich und vielfältig[208].

62
Institutioneller Grundrechtsgehalt

Spielraum des Gesetzgebers

Institutionelle Garantie der Universität

---

202 *Walter/Mayer/Kucsko-Stadlmayer* (LitVerz.), RN 1338; *Berka*, Lehrbuch Verfassungsrecht (LitVerz.), RN 1225.
203 Vgl. etwa *Öhlinger* (LitVerz.), RN 699; *Berka*, Lehrbuch Verfassungsrecht (LitVerz.), RN 1225.
204 Dazu ausführlich → unten *Baumgartner*, Institutsgarantien und institutionelle Garantien, § 188.
205 Völlig ablehnend dagegen *VfSlg* 8136/1977; näher vgl. → unten *Kröll*, Kulturelle Rechte, § 194 RN 9–12.
206 So insb. im Jahr 1975 zur demokratisch organisierten Gruppenuniversität (UOG 1975) und im Jahr 2002 zur vollrechtsfähigen, stark monokratisch organisierten, autonomen Universität (UG 2002).
207 In diesem Sinn auch *Berka*, Lehrbuch Verfassungsrecht (LitVerz.), RN 1225; *Kucsko-Stadlmayer*, Kommentar zu Art. 81c B-VG, in: Heinz Mayer (Hg.), UG 2002, Onlineausgabe 2008 – http://ug.manz.at/ –.
208 Vgl. näher → unten *Baumgartner*, Institutsgarantien und institutionelle Garantien, § 188.

63
Prozessuale Durchsetzbarkeit

Spezifische Fragen entstehen in Zusammenhang mit der prozessualen Durchsetzbarkeit grundrechtlicher Einrichtungsgarantien durch betroffene Einzelpersonen. Immerhin erfolgen Verletzungen solcher Garantien – anders als jene der Gewährleistungspflichten – selten durch staatliche Untätigkeit, sondern durch Gesetze auf dem Gebiet des Organisationsrechts, so daß diese grundsätzlich vom Verfassungsgerichtshof aufgreifbar sind (Art. 140, Art. 144 Abs. 1 B-VG).

E. Grundrechtsbeschränkungen

I. Allgemeines

64
Vorbehaltlose Grundrechte und Grundrechte mit Gesetzesvorbehalt

Einige der österreichischen Grundrechte sind so umfassend gewährleistet, daß sie auch durch Gesetz nicht beschränkt werden dürfen. Die meisten von ihnen weisen aber einen ausdrücklichen – oder sonst aus der Verfassung ableitbaren[209] – Gesetzesvorbehalt auf. Von diesem Unterschied ausgehend definiert man zwei Gruppen von Grundrechten: „vorbehaltlose Grundrechte"[210] und „Grundrechte mit Gesetzesvorbehalt". Wenn auch die Grenze zwischen diesen beiden Typen teilweise undeutlich ist, so handelt es sich doch um einen rechtserheblichen Unterschied, an den die Kriterien für die Zulässigkeit von Grundrechtsbeschränkungen anknüpfen.

65
Maßgeblichkeit der Unterscheidung für Freiheitsrechte

Hinzuzufügen ist freilich, daß die strukturelle Unterscheidung zwischen Grundrechten mit und ohne Gesetzesvorbehalt nur bei den Freiheitsrechten zum Tragen kommt, bei den übrigen Grundrechten aber keinen Erkenntniswert hat[211]. Nur die Freiheitsrechte garantieren nämlich individuelle Schutzbereiche, die von staatlichen Eingriffen grundsätzlich frei bleiben sollen und diese ausnahmsweise dem „Gesetz vorbehalten". Dagegen sind die anderen Grundrechte[212] meist von vornherein als Schranken für Gesetzgebung und Vollziehung (z. B. Gleichheitssatz, ne bis in idem), als Regelungsaufträge (z. B. Recht auf Zugang zu einem Gericht, Recht auf wirksame Beschwerde) oder als Ermächtigung der Grundrechtsträger zu einem rechtserheblichen Verhalten gestaltet (z. B. Wahlrecht, Verteidigungsrechte im Strafverfahren, Recht auf Gebrauch der Minderheitensprache als Amtssprache).

---

[209] Bei einigen Grundrechten leitet der VfGH den Gesetzesvorbehalt seit jeher nicht aus ihrem Wortlaut, sondern aus einer historischen Interpretation (Freiheit des Liegenschaftserwerbs: Art. 6 StGG) bzw. aus dem Zusammenhang mit einem anderen Grundrecht ab (Freiheit von Berufswahl und Berufsausbildung: Art. 18 StGG). *Berka* spricht in diesem Zusammenhang von „ungeschriebenen" Gesetzesvorbehalten (Verfassungsrecht [LitVerz.], RN 1315; *ders.*, Grundrechte [LitVerz.], RN 288).

[210] Für Deutschland → Bd. III: *Papier*, Vorbehaltlos gewährleistete Grundrechte, § 64.

[211] Vgl. auch *Walter/Mayer/Kucsko-Stadlmayer* (LitVerz.), RN 1339; *Öhlinger* (LitVerz.), RN 721.

[212] Dies sind nach der unter A III, RN 16ff., gewählten Systematik Gleichheitsrechte, Minderheitenrechte sowie Organisations- und Verfahrensgarantien.

1. Grundrechte ohne Vorbehalt

a) Absolute Grundrechte

Jene Grundrechte, die gar keinen Gesetzesvorbehalt normieren, sind in Österreich das Verbot von Folter, unmenschlicher und erniedrigender Strafe oder Behandlung (Art. 3 EMRK), das Verbot der Sklaverei und Leibeigenschaft (Art. 4 Abs. 1 EMRK), nulla poena sine lege (Art. 7 EMRK), das Verbot der Todesstrafe (Art. 85 B-VG; 13. ZP EMRK[213]), ne bis in idem (Art. 4 7. ZP EMRK[214]), das Verbot der exekutiven Schuldhaft (Art. 1 4. ZP EMRK[215]; Art. 2 Abs. 2 PersFrG), der Ausschluß von Ausweisung und das Einreiseverbot für eigene Staatsbürger (Art. 3 4. ZP EMRK), das Verbot der Kollektivausweisung von Fremden (Art. 4 4. ZP EMRK), das Verbot der Vorzensur (Art. 13 Abs. 2 StGG i.V.m. Ziff. 2 des Beschlusses der Provisorischen Nationalversammlung vom 30. Oktober 1918) sowie die Wissenschafts- und die Kunstfreiheit (Art. 17, 17a StGG). Soweit die hier genannten Grundrechte in der Europäischen Menschenrechtskonvention verankert sind, sind sie explizit „notstandsfest" und dürfen auch bei Krieg oder einem anderen öffentlichen Notstand nicht außer Kraft gesetzt werden (Art. 15 Abs. 2 EMRK)[216]. Nur sie – und das in Österreich seit 1918 verankerte Verbot der Vorzensur – werden daher von der Rechtsprechung als „absolut" gewährleistet angesehen[217]. Zum Folterverbot hat der Europäische Gerichtshof für Menschenrechte erst jüngst klargestellt, daß der Staat dieses unter keinen wie immer gearteten Umständen antasten darf, auch dann nicht, wenn es um die erhoffte Verhinderung eines schweren Verbrechens geht[218]. Auch das Verbot einer Vorzensur für die Presse sieht der Verfassungsgerichtshof in ständiger Rechtsprechung als absolut gewährleistet an; es sei also nicht etwa unter dem Aspekt des Jugendschutzes einschränkbar[219].

66
Uneinschränkbarkeit und Notstandsfestigkeit

Bei den absoluten Gewährleistungen ist jeder Eingriff in die geschützte Sphäre als Verletzung des Grundrechts zu werten. Ein gewisser Spielraum steht Gesetzgebung und Vollziehung freilich manchmal bei der näheren Definition des Schutzbereichs dieser Grundrechte zu: so etwa beim Verbot der „unmenschlichen" und „erniedrigenden" Strafe oder Behandlung (Art. 3 EMRK)[220].

67
Eingriff als Verletzung

---

213 BGBl III 2005/22 i.d.F. BGBl III 2005/53, III 2005/127.
214 BGBl 1988/628 i.d.F. BGBl 1992/662, III 1998/30, III 2002/179.
215 BGBl 1969/434 i.d.F. BGBl III 1998/30.
216 Vgl. auch Art. 6 4. ZP EMRK; Art. 7 7. ZP EMRK; Art. 2 13. ZP EMRK.
217 Dazu *Morscher*, Freiheitsrechte ohne ausdrücklichen Gesetzesvorbehalt – welche werden wirklich „absolut" gewährleistet und warum?, JBl 2003, S. 609 ff.
218 *EGMR*, Urt. v. 30.6.2008, Gäfgen, EuGRZ 2008, S. 466.
219 VfSlg 8461/1978, 12.394/1990. Es bedeutet, daß nicht schon durch präventive Maßnahmen vor ihrer Verbreitung eine inhaltliche Kontrolle von Druckwerken ausgeübt werden darf; näher → unten *Baumgartner*, Institutsgarantien und institutionelle Garantien, § 188, RN 21.
220 Dazu *Michael Holoubek*, Die Struktur der grundrechtlichen Gesetzesvorbehalte, 1997, S. 31; *Berka*, Grundrechte (LitVerz.), RN 287; *Morscher*, JBl 2003, S. 609 (619).

b) Grundrechte mit immanenten Schranken

68 *Freiheit der Wissenschaft und der Kunst*

Anderes gilt für die Grundrechte der Wissenschafts- sowie der Kunstfreiheit (Art. 17 u 17a StGG). Auch ihr Wortlaut weist keinen Gesetzesvorbehalt auf, so daß Eingriffe in ihren Schutzbereich unzulässig sind. Dennoch gelten sie nach herrschender Lehre und Rechtsprechung nicht unbeschränkt. Für sie bestehen „immanente Schranken", die in den „allgemeinen Gesetzen"[221] liegen: Das sind jene über die gesamte Rechtsordnung verstreuten Bestimmungen, die zum Schutz eines anderen Rechtsguts, das heißt für das „geordnete Zusammenleben der Menschen", erforderlich und verhältnismäßig sind[222]. „Allgemein" bedeutet dabei, daß der Geltungsbereich solcher Gesetze sich nicht nur auf Grundrechtsträger, sondern auf grundsätzlich alle Menschen erstreckt. Es kann sich auch um entgegenstehende Grundrechte handeln. Auch Wissenschafter und Künstler haben somit bei ihren Tätigkeiten die Rechte anderer auf Leben, menschenwürdige Behandlung, Eigentum, das Organisations- und Dienstrecht der Universitäten, Steuergesetze, Gesetze über Ausländerbeschäftigung, Lärmverbote oder Bauvorschriften zu beachten. Eine Tötung von Menschen wird auch dann nicht rechtmäßig, wenn sie in einem Theaterstück vorkommt. Die Judikatur dazu ist reichhaltig[223]. Ähnliches gilt für das Recht der gesetzlich anerkannten Kirchen und Religionsgesellschaften, ihre „inneren Angelegenheiten" selbständig zu besorgen (Art. 15 StGG). Auch in diesem Bereich ist dem Gesetzgeber die Befugnis zur staatlichen Regulierung genommen; hier ist allerdings ausdrücklich vorgesehen, daß diese Institutionen den „allgemeinen Staatsgesetzen" unterworfen bleiben.

„Innere Angelegenheiten" der Kirchen und Religionsgesellschaften

69 *Intentionale und nichtintentionale Eingriffe*

Als Grundrechtsverletzung werden in solchen Fällen alle Regelungen qualifiziert, die den Anforderungen an ein „allgemeines Gesetz" nicht entsprechen. Sind sie direkt auf die Grundrechtsbeschränkung gerichtet, so spricht man von „intentionalen", jedenfalls verfassungswidrigen Eingriffen[224]. Aber auch nichtintentionale Regelungen können mit einem Grundrecht in Konflikt geraten und sind nicht unbeschränkt zulässig: Vielmehr müssen sie dem Schutz eines anderen Rechtsguts dienen und den Anforderungen der Verhältnismäßigkeit[225] entsprechen. So dürfen etwa Konzertpianisten nicht ohne weiteres wegen Klavierspielens am Vormittag für ungebührliche Lärmerregung bestraft werden[226]. Die jeweils geschützten Rechtsgüter sind also gegeneinander abzuwägen. Findet dies im Gesetz keinen Ausdruck oder wird die gesetzliche Grundlage in diese Richtung verfassungswidrig interpretiert, so kann auch dadurch das Grundrecht verletzt sein.

Verhältnismäßigkeit

---

221 Zu diesem Begriff vgl. Art. 15 StGG; dazu → unten *Lienbacher*, Religiöse Rechte, § 193 RN 57.
222 *VfSlg* 3447/1958, 3565/1959, 5150/1965, 8136/1977, 10.401/1985, 11.567/1987, 11.737/1988, 13.978/1994, 14.485/1996, 14.923/1997, 17.565/2005. In diesem Sinn auch *Walter/Mayer/Kucsko-Stadlmayer* (LitVerz.), RN 1339; *Öhlinger* (LitVerz.), RN 735; *Berka*, Lehrbuch Verfassungsrecht (LitVerz.), RN 1316 ff.; näher *ders.*, Das allgemeine Gesetz als Schranke der grundrechtlichen Freiheit, in: FS Koja (FN 82), S. 221 ff.
223 Näher → unten *Kröll*, Kulturelle Rechte, § 194, dort zur Wissenschaftsfreiheit RN 13 ff., zur Kunstfreiheit RN 51 ff.
224 *Pöschl/Kahl*, Die Intentionalität – ihre Bedeutung und Berechtigung in der Grundrechtsjudikatur, ÖJZ 2001, S. 41 ff.
225 Zu dieser Rechtsfigur vgl. unten E IV 3, RN 97 ff.
226 So *VfSlg* 11.567/1987; vgl. auch *VfSlg* 11.737/1988 (Beschäftigungsbewilligung für ausländische Künstler) und 13.978/1994 (Disziplinarstrafe für öffentliche Kritik eines hohen Beamten).

Die dogmatische Begründung für die immanenten Schranken der Wissenschafts- und Kunstfreiheit wird auf die zum Teil dokumentierte historische Absicht des Verfassungsgesetzgebers gestützt[227]. Implizit spielt auch eine restriktive Interpretation der Figur des Grundrechtseingriffs eine Rolle: Die sogenannten „allgemeinen Gesetze" können nach ihrem Zweck und Geltungsbereich die Grundrechtsposition in der Regel nur in einer Art Reflexwirkung berühren und sind so nicht als „Eingriffe" qualifizierbar[228]. Hier wird freilich ein gewisses Defizit an allgemeiner Eingriffsdogmatik spürbar[229]. Auch die Rechtsprechung zu diesem Thema war einem Wandel unterworfen: Während die ältere Judikatur nur „intentionale" Eingriffe in die beiden Grundrechte für unzulässig erachtete, werden in der neueren Rechtsprechung auch nichtintentionale Beschränkungen auf ihre Verhältnismäßigkeit hin geprüft. Diese kaum begründete Auffassungsänderung läßt auf Unsicherheit über das zugrunde zu legende Eingriffsmodell schließen.

70
Dogmatische Begründung

2. Grundrechte mit Gesetzesvorbehalt

a) Formelle und materielle Eingriffsvorbehalte

Die meisten Gesetzesvorbehalte sind als Eingriffsvorbehalte gestaltet, das heißt der Gesetzgeber wird damit zu Eingriffen in den geschützten Bereich – und damit zu Einschränkungen des Grundrechts – ermächtigt. Die Kernfrage ist, wie weit dabei der Gestaltungsspielraum des Gesetzgebers reicht. Nur wenn dieser überschritten wird, ist ein „Grundrechtseingriff" auch als „Grundrechtsverletzung" und damit als verfassungswidrig qualifizierbar[230].

71
Ermächtigung zu Eingriffen in den Schutzbereich

Um den Gestaltungsspielraum des Gesetzgebers näher zu bestimmen, unterscheidet die österreichische Grundrechtsdogmatik zwei Arten von Eingriffsvorbehalten: erstens formelle (oder allgemeine) Vorbehalte, wie sie vor allem im Staatsgrundgesetz vorkommen, und zweitens materielle (oder spezielle) Vorbehalte, wie sie vor allem die Europäische Menschenrechtskonvention enthält. Für formelle Eingriffsvorbehalte ist typisch, daß sie jeden Grundrechtseingriff zulassen, wenn er nur auf einem Gesetz im formellen Sinne basiert. Dagegen stellen materielle Eingriffsvorbehalte an solche Gesetze auch inhaltliche Anforderungen. Daß in Österreich beide Arten von Gesetzesvorbehalten vorkommen, ist historisch erklärbar: Während die Grundrechte zur Zeit des beginnenden Konstitutionalismus nur als Abwehrrechte gegen gesetzlose und willkürliche Vollziehung gedacht waren und man von der „freiheitssichernden Kraft des Gesetzes" ausging[231], war 1953 – bei Schaffung der Europäischen Menschenrechtskonvention – schon die politische Pro-

72
Gestaltungsspielraum des Gesetzgebers

Formelle Eingriffsvorbehalte

Materielle Eingriffsvorbehalte

---

227 Dazu insb. *Morscher*, JBl 2003, S. 609 (610 ff.); zur Kunstfreiheit vgl. den AB 978 BlgNR, 15. GP, 2.
228 In diesem Sinn sind etwa *VfSlg* 3565/1959, 8136/1977 und 10.401/1985 deutbar.
229 Dazu *Holoubek*, Der Grundrechtseingriff – Überlegungen zu einer grundrechtsdogmatischen Figur im Wandel, in: Detlef Merten/Hans Jürgen-Papier (Hg.), Grundsatzfragen der Grundrechtsdogmatik, 2007, S. 17 ff.
230 Vgl. näher *Holoubek*, Gesetzesvorbehalte (FN 220); *Berka*, Die Gesetzesvorbehalte der Europäischen Menschenrechtskonvention, ZÖR 1986, S. 71 ff.
231 So zutreffend die Formulierung von *Berka*, Grundrechte (LitVerz.), RN 260; *ders.*, Lehrbuch Verfassungsrecht (LitVerz.), RN 1296.

blematik von Grundrechtseingriffen durch den Gesetzgeber geläufig[232]. Die Staatsrechtslehre ging auch bereits von einer Grundrechtsbindung des Gesetzgebers aus[233]. Infolge der Überleitung der älteren Grundrechte in die österreichische Bundesverfassung und deren Weitergeltung trotz Inkrafttretens der Europäischen Menschenrechtskonvention steht nun häufig ein Grundrecht mit formellem Gesetzesvorbehalt (meist des Staatsgrundgesetzes) einem parallelen Grundrecht mit materiellem Gesetzesvorbehalt (meist der Europäischen Menschenrechtskonvention oder ihrer Zusatzprotokolle) gegenüber (z. B. Recht auf Eigentum, Religionsfreiheit, Meinungsfreiheit, Vereins- und Versammlungsfreiheit). Da Grundrechte mit materiellem Eingriffsvorbehalt dem Gesetzgeber inhaltliche Schranken setzen und den Grundrechtsträger damit stärker schützen, gehen sie – nach dem Günstigkeitsprinzip der Europäischen Menschenrechtskonvention (Art. 53 EMRK) – dem parallelen Grundrecht mit bloß formellem Eingriffsvorbehalt meist vor[234]. Im Ergebnis haben damit diese älteren Grundrechte ihre praktische Bedeutung weitgehend verloren. Nur manchmal gewähren sie nach ihrer Gesamtkonzeption stärkeren Schutz als die jeweils korrespondierenden Grundrechte der Europäischen Menschenrechtskonvention: so etwa, wenn ihr Schutzbereich über jenen hinausgeht[235] oder wenn sie sich direkt an die Vollziehung richten[236]. Einem einzigen Grundrecht des Staatsgrundgesetzes steht überhaupt kein Schutz durch die Europäische Menschenrechtskonvention gegenüber: der Erwerbsfreiheit nach Art. 6 StGG („ ... kann ... unter den gesetzlichen Bedingungen ... jeden Erwerbszweig ausüben"). Von den Grundrechten mit bloß formellem Eingriffsvorbehalt ist es damit das einzige, dessen praktische Bedeutung noch immer erheblich ist.

Bedeutungsverlust älterer Grundrechte

73
Schrankenschranken

Die Eigenschaft dieses Gesetzesvorbehalts als rein „formell" ist nach der Rechtsprechung des Verfassungsgerichtshofs freilich kaum mehr relevant[237]. Der Gerichtshof hat seine frühere Judikatur, der zufolge der Gesetzgeber bei Grundrechtseingriffen nur durch eine „Wesensgehaltssperre" und den Gleichheitssatz begrenzt war, völlig aufgegeben[238]. Heute wird auch dieser formelle

---

232 Im demokratischen Verfassungssystem des B-VG war es zu einem Abbau der Gewaltentrennung von Legislative und Exekutive gekommen, so daß die Gelegenheit zu Grundrechtseingriffen durch den Gesetzgeber zunehmend als praktisch-politisches Problem erkannt wurde.
233 Seit der Einführung des umfassenden Legalitätsprinzips in Art. 18 B-VG im Jahr 1920 mußte der Gehalt der Grundrechte als bloßer Legalitätsgebote jedenfalls als überholt betrachtet werden.
234 Näher *Siess-Scherz*, in: Korinek/Holoubek (LitVerz.), Art. 53 EMRK.
235 Vgl. etwa die korporative Garantie für gesetzlich anerkannte Kirchen und Religionsgesellschaften in Art. 15 StGG (dazu → unten *Lienbacher*, Religiöse Rechte, § 193 RN 48).
236 So wird etwa für Hausdurchsuchungen grundsätzlich ein richterlicher Befehl verlangt: § 1 HausrechtsG (Gesetz zum Schutze des Hausrechts, RGBl 1862/88, i.d.F. BGBl 1920/1, 1974/422); dazu → unten *Wiederin*, Schutz der Privatsphäre, § 190 RN 88).
237 Näher dazu → unten *Korinek*, Wirtschaftliche Freiheiten, § 196 RN 55 ff.
238 Vgl. das grundlegende Erkenntnis VfSlg 10.179/1984 (Schrottlenkung), von dem die weitere Judikaturentwicklung ihren Ausgang nahm (näher *Karl Korinek*, Entwicklungstendenzen in der Grundrechtsjudikatur des Verfassungsgerichtshofes, 1992; *Holoubek*, Die Interpretation der Grundrechte in der jüngeren Judikatur des VfGH, in: Machacek/Pahr/Stadler [LitVerz.], Bd. I, S. 43; *R. Novak*, Verhältnismäßigkeitsgebot und Grundrechtsschutz, in: Bernhard Raschauer [Hg.], FS Winkler, 1989, S. 39 ff.; *Korinek*, Die Verfassungsgerichtsbarkeit im Gefüge der Staatsfunktionen, in: VVDStRL 39 [1981], S. 7 ff.). Judikative Ansätze für diese Entwicklung finden sich allerdings auch schon in der Rechtsprechung zum Eigentumsschutz (Art. 5 StGG), die gewisse Beschränkungen des Gesetzgebers aus dem historischen Begriff der „Enteignung" abgeleitet hatte.

Eingriffsvorbehalt „materiell", das heißt als Schrankensschranke für den Gesetzgeber verstanden: Eingriffe bedürfen nicht nur einer gesetzlichen Grundlage, sondern müssen auch durch ein öffentliches Interesse gerechtfertigt, zu dessen Schutz geeignet und angemessen sein[239]. Eine dogmatische Begründung für diesen Judikaturwandel hat der Verfassungsgerichtshof freilich nie geliefert. Die Lehre hat ihn als Gewinn an Rationalität begrüßt, weil das frühere Abstellen auf Wesensgehaltssperre und Gleichheitssatz[240] dem Gerichtshof großen Beurteilungsspielraum zugemessen und das Grundrecht im Ergebnis fast völlig bedeutungslos gemacht hatte[241]. Es zeigt jedoch einen bemerkenswerten methodischen Wandel, daß der Verfassungsgerichtshof seinen Übergang zu einem „materiellen" Verständnis der Grundrechte als zunehmend engeren Grenzen für den Gesetzgeber gerade bei einer Garantie einleitete, die einen nur formellen Gesetzesvorbehalt und keinen positivrechtlichen Ansatz für eine inhaltliche Bindung des Gesetzgebers enthält. Freilich muß man hier mit *Berka* die Europäische Menschenrechtskonvention und ihre materiellen Gesetzesvorbehalte als eine Art „Katalysator" betrachten, die – seit 1964 in Verfassungsrang geltend – bei der Grundfrage der Bindung des Gesetzgebers an die Grundrechte zu einem grundlegenden Umdenken geführt haben[242]. Im Ergebnis werden heute jedenfalls alle Freiheitsrechte, die überhaupt unter Gesetzesvorbehalt stehen, nur insoweit als beschränkbar angesehen, als dies durch Gesetz vorgesehen ist, einem öffentlichen Interesse entspricht und ein dafür geeignetes, notwendiges sowie angemessenes Mittel ist – kurz: dem Grundsatz der Verhältnismäßigkeit[243] entspricht[244].

EMRK als „Katalysator"

Für die Vollziehung hat das Konzept des „Grundrechts mit Gesetzesvorbehalt" folgende Wirkung: Ein Vollzugsakt, der von einem grundrechtskonformen Gesetz gedeckt ist, kann das Grundrecht nicht verletzen. Dies ist vielmehr nur dann möglich, wenn die gesetzliche Deckung fehlt. In der Praxis kommen dafür verschiedene Varianten in Betracht: Dies sind – nach der sogenannten „Bescheidprüfungsformel" des Verfassungsgerichtshofs – erstens ein „gesetzloser" Bescheid, zweitens ein das Gesetz „denkunmöglich" anwenden-

74
Wirkungen für die Vollziehung

---

239 Vgl. zur Prüfung der Verhältnismäßigkeit von Grundrechtseingriffen unten E IV 3, RN 97 ff.
240 Vgl. etwa noch VfSlg 3118/1956, 3505/1959, 4163/1963, 4486/1963, 5150/1965, 6316/1970, 8981/1980, 9750/1983.
241 So etwa *Walter/Mayer/Kucsko-Stadlmayer* (LitVerz.), RN 1342; *Schäffer/Jahnel*, Der Schutz der Grundrechte, ZÖR 1999, S. 75. Zur dogmatischen Begründung der neuen Judikatur vgl. *Korinek*, Gedanken zur Lehre vom Gesetzesvorbehalt bei Grundrechten, in: Max Imboden u. a. (Hg.), FS Merkl, 1970, S. 171 ff.; *Berka*, Die EMRK und die österreichische Grundrechtstradition, ÖJZ 1979, S. 365 ff. und 428 ff.; *R. Novak*, in: FS Winkler (FN 238), S. 39 ff.; *Manfred Stelzer*, Das Wesensgehaltsargument und der Grundsatz der Verhältnismäßigkeit, 1991; *Holoubek*, Zur Begründung des Verhältnismäßigkeitsgrundsatzes – verwaltungs-, verfassungs- und gemeinschaftsrechtliche Aspekte, in: Stefan Griller u. a. (Hg), FS Rill, 1995, S. 97 ff., *ders.*, Gesetzesvorbehalte (FN 220). Für Deutschland vgl. *Merten*, Zur verfassungsrechtlichen Herleitung des Verhältnismäßigkeitsprinzips, in: Johannes Hengstschläger u. a. (Hg.), FS Schambeck, 1994, S. 349 ff.
242 *Berka* (LitVerz.), RN 263; *ders.*, Lehrbuch Verfassungsrecht (LitVerz.), RN 1298; ausführlich zum Judikaturwandel *Holoubek*, Die Interpretation der Grundrechte in der jüngeren Judikatur des VfGH, in: Machacek/Pahr/Stadler (LitVerz.), Bd. I, S. 43.
243 Zu dieser Rechtsfigur vgl. näher unten E IV 3, RN 97 ff.
244 Zu den dabei getroffenen Differenzierungen ist auf die Ausführungen zu E IV, RN 90 ff, unten sowie zu den einzelnen Grundrechten zu verweisen.

der Bescheid und drittens ein dem Gesetz einen verfassungswidrigen Inhalt unterstellender, also die verfassungskonforme Interpretation außer Acht lassender Bescheid. Im Bescheidprüfungsverfahren nach Art. 144 B-VG muß der Verfassungsgerichtshof also zunächst beurteilen, ob die gesetzliche Grundlage den Kriterien der Verhältnismäßigkeit entspricht und, wenn dies der Fall ist, das Vorliegen einer der drei Varianten prüfen. Man spricht üblicherweise von „Grobprüfung", weil der Verfassungsgerichtshof dabei nur schwere Vollzugsfehler aufgreifen kann und die Prüfung sonstiger Mängel („Feinprüfung") dem Verwaltungsgerichtshof überlassen muß[245].

b) Ausgestaltungsvorbehalte

75
Ermächtigung zu inhaltlicher Umschreibung

Von den Eingriffsvorbehalten unterscheidet die österreichische Grundrechtsdogmatik die sogenannten „Ausgestaltungsvorbehalte". Diese ermächtigen den einfachen Gesetzgeber nicht nur zu Eingriffen in das jeweilige Grundrecht, sondern auch zu dessen näherer inhaltlicher Ausgestaltung. In diesen Fällen ist das Gesetz nicht Schranke, sondern Bedingung des grundrechtlich geschützten Handelns. Jede das Grundrecht ausgestaltende gesetzliche Regelung hat quasi selbst grundrechtlichen Gehalt. Besonders wichtig ist die prozessuale Konsequenz dieser Konstruktion: Jede Verletzung eines das Grundrecht ausgestaltenden Gesetzes wird materiell als Grundrechtsverletzung gewertet und kann im Bescheidbeschwerdeverfahren vor dem Verfassungsgerichtshof geltend gemacht werden (Art. 144 B-VG). Für eine Anrufung des Verwaltungsgerichtshofs bleibt daher kein Raum mehr (Art. 131 B-VG)[246].

76
Ausgestaltungsvorbehalt für Vereins- und Versammlungsfreiheit

Die wichtigsten beiden Grundrechte der österreichischen Rechtsordnung, die einen Ausgestaltungsvorbehalt aufweisen, sind die Vereins- und Versammlungsfreiheit (Art. 12 StGG): Danach können – ohne weitere inhaltliche Determinante – „besondere Gesetze" die „Ausübung dieser Rechte" regeln[247]. Es handelt sich also um einen formellen Ausgestaltungsvorbehalt. Parallel dazu schützt auch Art. 11 EMRK diese Freiheiten, der freilich einen materiellen Eingriffsvorbehalt normiert. Nach der Rechtsprechung ist das Verhältnis dieser beiden Gewährleistungen zueinander folgendes: Da der materielle Eingriffsvorbehalt dem Gesetzgeber Grenzen setzt, geht Art. 11 EMRK als günstigeres Grundrecht grundsätzlich vor (Art. 53 EMRK) und wurde Art. 12 StGG insoweit derogiert. Als weiterhin aufrecht gesehen wird jedoch die oben geschilderte prozessuale Folge des Ausführungsvorbehalts: die ausschließliche Zuständigkeit des Verfassungsgerichtshofs für die Prüfung von Vollzugsakten am Maßstab des einfachen Gesetzes, verbunden mit der Unzu-

---

[245] Nach der spezifisch dualistischen Struktur der Gerichtsbarkeit des öffentlichen Rechts in Österreich kann bei Bekämpfung eines letztinstanzlichen Vollzugsakts (Bescheids) beim VfGH nur die Verletzung „verfassungsgesetzlich gewährleisteter Rechte" geltend gemacht werden (Art. 144 B-VG), und muß die Anfechtung wegen Verletzung einfachgesetzlich gewährleisteter Rechte beim VwGH erfolgen (Art. 131 B-VG).
[246] *VfSlg* 9103/1981, 9303/1981, 9646/1983, 9783/1983, 10.443/1985, 11.832/1988, 14.365/1995, 14.366/ 1995, 14.367/1995, 14.772/1997, 15.170/1998, 15.680/1999, 16.842/2003.
[247] Grund dafür ist wohl, daß gerade knapp vor dem StGG das VereinsG (RGBl 1867/134) und das VersG (RGBl 1867/135) erlassen worden waren.

ständigkeit des Verwaltungsgerichtshofs. Anderes gilt nur für Fremde, die sich (mangels Staatsbürgerschaft) nur auf Art. 11 EMRK berufen können[248]. In der Lehre stoßen diese Differenzierungen auf erhebliche Kritik; rechtsdogmatisch sind sie kaum begründbar[249].

Einen Ausgestaltungsvorbehalt kann man auch im Recht auf Auskunft zu bzw. auf Richtigstellung und Löschung von personenbezogenen Daten sehen, das nur „nach Maßgabe gesetzlicher Bestimmungen" eingeräumt ist (§ 1 Abs. 3 DSG)[250]. Daß § 1 Abs. 4 DSG „Beschränkungen" dieser Rechte an die Voraussetzungen des Art. 8 Abs. 2 EMRK bindet, bedeutet jedoch, daß darin ein verfassungsrechtlicher Regelungsauftrag gesehen wird, der vom Gesetzgeber im Kern nicht antastbar ist. Die erwähnte Judikatur über die Zuständigkeitskonzentration beim Verfassungsgerichtshof auch auf dieses Grundrecht zu übertragen, erschiene damit dogmatisch zweifelhaft[251].

77
Schutz personenbezogener Daten

II. Der Schutzbereich der Grundrechte

Die österreichischen Grundrechte der beiden Hauptdokumente Staatsgrundgesetz und Europäische Menschenrechtskonvention sind im wesentlichen liberal konzipiert: Sie garantieren dem Individuum bestimmte Freiheitssphären und sollen staatliche Eingriffe in diese abwehren. Die so geschützten Sphären werden heute durchwegs als „Schutzbereich" des jeweiligen Grundrechts bezeichnet[252]. Wie weit dieser reicht, ist durch Auslegung der einzelnen Garantie zu ermitteln. Erst danach kann beurteilt werden, ob ein auf seine Grundrechtskonformität zu prüfender Staatsakt (z.B. Gesetz, Verordnung, Bescheid) diesen Schutzbereich in einer Weise beschränkt, daß er einen „Grundrechtseingriff" darstellt. Akte, die den grundrechtlichen Schutzbereich gar nicht berühren, sind nie als Grundrechtseingriff zu werten. Damit ist der Begriff „Schutzbereich" das Basiselement im Strukturaufbau der Freiheitsrechte, der bei Rechten mit Eingriffsvorbehalt ein dreistufiges Prüfungsschema („Schutzbereich – Eingriff – Rechtfertigung des Eingriffs"), bei vorbehaltlosen Rechten nur ein zweistufiges Schema aufweist („Schutzbereich – Eingriff"). Auch positive Gewährleistungspflichten, die man gegebenenfalls aus einem Freiheitsrecht ableitet, können nur im Rahmen des Schutzbereichs des jeweiligen Grundrechts bestehen. Von dessen Definition hängt also der Umfang der gesamten Bindungswirkung des Freiheitsrechts ab.

78
Reichweite des Schutzbereichs als Auslegungsfrage

Ein Auffanggrundrecht wie die allgemeine Handlungsfreiheit (Art. 2 Abs. 1 GG) nach deutschem Verfassungsrecht, deren Schutzbereich alle Betätigungen des menschlichen Willens außerhalb spezieller Freiheitsrechte umfaßt, existiert in Österreich nicht. Eine Auffangfunktion in einem anderen Sinn

79
Auffangfunktion des Gleichheitssatzes

---
248 Vgl. näher → unten *Potacs*, Recht auf Zusammenschluß, § 197 RN 7 ff.
249 Vgl. kritisch *Walter/Mayer/Kucsko-Stadlmayer* (LitVerz.), RN 1467; *Öhlinger* (LitVerz.), RN 711; *Berka*, Grundrechte (LitVerz.), RN 634; → unten *Potacs*, § 197 RN 9.
250 So *Schäffer/Jahnel*, Der Schutz der Grundrechte, ZÖR 1999, S. 71 (77 f.).
251 Vgl. auch → unten *Jahnel*, Bestandsschutz und Durchsetzung der Grundrechte, § 201 RN 21.
252 Zum deutschen Recht → Bd. III: *Merten*, Grundrechtlicher Schutzbereich, § 56.

kommt jedoch dem allgemeinen Gleichheitssatz zu (Art. 2 StGG, Art. 7 Abs. 1 B-VG): Dieser wird von der Judikatur des Verfassungsgerichtshofs als „Sachlichkeitsgebot" verstanden, der ein Recht auf „sachliche" Gesetze schlechthin und auf willkürfreie Vollzugsakte normiert. Damit hat er einen universellen Anwendungsbereich, der für die Adressaten von Staatsakten jedenfalls immer dann zum Tragen kommt, wenn kein spezielleres Grundrecht verletzt wird[253].

80
„Geltungsbereich" statt „Schutzbereich"

Bei Grundrechten, die keine Freiheitsrechte sind und daher nicht primär Abwehrfunktionen erfüllen (das heißt bei Gleichheitsrechten, Minderheitenrechten sowie Organisations- und Verfahrensgarantien) wird meist nicht vom „Schutzbereich" gesprochen. Zwar haben auch solche Grundrechte einen Geltungsbereich (in persönlicher, sachlicher, räumlicher und funktionaler Hinsicht), von dessen Umfang der Grundrechtsschutz abhängt: So ist etwa Art. 6 Abs. 1 EMRK sachlich nur auf „zivilrechtliche Ansprüche und Verpflichtungen" und „strafrechtliche Anklagen" anwendbar. Dieser dient jedoch nicht der Abwehr von Eingriffen, sondern ist Anknüpfungspunkt für verschiedenartige positive Verpflichtungen von Gesetzgebung und Vollziehung sowie für prozeßrechtliche Ermächtigungen der Grundrechtsträger. Er impliziert auch nicht die Anwendbarkeit des geschilderten drei- bzw. zweistufigen Prüfungsschemas, so daß man hier eher von „Geltung" oder „Anwendbarkeit" des Grundrechts spricht[254]. Davon wiederum abweichend wird etwa der Gleichheitssatz in seiner Wirkung meist darauf fokussiert, daß er Gesetzgebung und Vollziehung Schranken setzt[255].

III. Der Grundrechtseingriff

1. Bedeutung der Rechtsfigur

81
Freiheitsrecht primär als Abwehrfunktion

Das Freiheitsrecht – der Haupttypus der österreichischen Grundrechte – schützt bestimmte Lebensbereiche des Menschen vor staatlicher Regulierung. Damit erfüllt es primär Abwehrfunktion. Bei Grundrechten ohne irgendeinen Vorbehalt[256] ist es daher konsequent, jeden Eingriff in den Schutzbereich als Grundrechtsverletzung zu werten. Die grundrechtsdogmatische Fallprüfung endet dann bereits auf der zweiten Stufe. Nur wenn sich die verfassungsgerichtliche Kontrolle auf die Einhaltung solcher Grundrechte richtet, wird also der „Eingriff" zur ausschlaggebenden dogmatischen Figur.

82
Beachtung der Schrankenschranken

Bei allen anderen Grundrechten, ob sie nun immanente Schranken oder einen Gesetzesvorbehalt aufweisen, ist der Gesetzgeber zu Eingriffen in den Schutzbereich ermächtigt, muß dabei aber Schrankenschranken wahren, also Rechtfertigungskriterien erfüllen. Nur bei negativem Ausgang auch dieser Prüfung

---

253 Näher → unten *Pöschl*, Gleichheitsrechte, § 192 RN 15.
254 Zum deutschen Recht → Bd. III: *Merten*, Grundrechtlicher Schutzbereich, § 56 RN 24, 29 ff., 44 f.
255 Vgl. z. B. *VfSlg* 14.039/1993, 16.407/2001, 18.017/2006; *VfGH*, Erk. v. 14. 3. 2007, V 82/06; Erk. v. 13. 3. 2008, B 1700/07.
256 Dazu oben E I 1, RN 66 ff.

kann man den „Grundrechtseingriff" als „Grundrechtsverletzung" werten. In der Praxis der verfassungsgerichtlichen Judikatur liegt der Schwerpunkt der Kontrolle eindeutig auf dieser Stufe.

2. Eingriffsqualität

Zur Figur des „Grundrechtseingriffs" existiert in Österreich wenig allgemeine Dogmatik[257]. Dies hängt unter anderem auch damit zusammen, daß die Beschwerdebefugnis im verfassungsrechtlichen Verfahren in Österreich stark formalisiert ist: Nur bestimmte, ausdrücklich genannte Rechtsakte sind mit der Behauptung der Grundrechtsverletzung beim Verfassungsgerichtshof anfechtbar (insbesondere Gesetze, Verordnungen und Bescheide), nicht aber staatliches Verhalten, das sich nicht in einem Rechtsakt äußert[258]. Informelles Verwaltungshandeln wie Warnungen, Informationen, Empfehlungen, aber auch staatliches Unterlassen sind diesem Rechtsschutz von vornherein nicht zugänglich[259]. Die Figur des „mittelbaren Grundrechtseingriffs" ist in der österreichischen juristischen Diskussion daher kein Thema[260]. Grundrechtsdogmatik und verfassungsgerichtliche Judikatur haben auch keine systematischen Kriterien für die Eingriffsqualität einer Maßnahme entwickelt. Der Verfassungsgerichtshof prüft die Frage, ob ein Eingriff vorliegt, daher für jeden konkreten Sachverhalt gesondert und bezieht diese Prüfung auf die nach ihrem Schutzbereich jeweils in Betracht kommenden Grundrechte. Praktisch wird dieser Vorgang oft auf einen einzigen Auslegungsschritt verkürzt[261], so daß mit Hilfe der Eingriffsqualifikation die Konkretisierung des Schutzbereichs stattfindet. Dabei können Redundanzen auftreten: So werden zum Beispiel als Eingriffe in die Freiheit der Erwerbsausübung (Art. 6 StGG)[262] „Vorschriften über die Ausübung von Berufen" betrachtet. Dies ist weiters ein Beispiel dafür, daß die Judikatur über einen extensiven Eingriffsbegriff auch den Schutzbereich von Grundrechten sehr weit auslegt, um die

83
Formalisierte Beschwerdebefugnis

Informelles Verwaltungshandeln

Weiter Eingriffsbegriff

---

257 Näher *Holoubek*, Der Grundrechtseingriff (FN 257), S. 17; grundlegend *Bethge* und *Weber-Dürler*, Der Grundrechtseingriff, in: VVDStRL 57 (1998), S. 7 ff., 57 ff.; → Bd. III: *Peine*, Der Grundrechtseingriff, § 57; *Bethge*, Mittelbare Grundrechtsbeeinträchtigungen, § 58.
258 In eine interessante neue Richtung geht die Judikatur freilich dort, wo sie neuerdings auch das Verhalten Privater – das sich überhaupt nicht in der Setzung von Rechtsakten äußerte – als „verwaltungsbehördliche Befehls- und Zwangsgewalt" qualifizierte, weil es im Rahmen einer Polizeikontrolle gesetzt wurde und deshalb der Eindruck einer Duldungspflicht bestand (*VfSlg* 17.774/2006; *VfGH*, Erk. v. 6. 3. 2008, B 2150/06; dazu *Helm*, Maßnahmen ohne Befehl oder Zwang – eine Neuschöpfung des VfGH?, in: UVS aktuell 2008, S. 148 ff.). Über solche Maßnahmen sei vom UVS durch Bescheid zu entscheiden (Art. 129 a B-VG), der wiederum der Anfechtung beim VfGH unterliege.
259 In gewissem Rahmen wäre allerdings ein zivilrechtlicher Rechtsschutz möglich (Art. 23 B-VG: Amtshaftung).
260 Zu der vom Grundrechtseingriff verschiedenen Rechtsfigur der „Beschwer", deren Nichtvorhandensein die Beschwerdelegitimation ausschließt, vgl. z. B. *VfSlg* 13.293/1990, 13.788/1994, 14.810/1997, 15.770/2000, 17.104/2004, 17.861/2006; *VfGH*, Erk. v. 25. 9. 2008, B 1744/06; Erk. v. 29. 9. 2008, B 473/08; Erk. v. 20. 6. 1994, B 1252/93.
261 Manchmal ist der Schutzbereich eines Grundrechts auch durch die ausdrückliche Nennung der möglichen Eingriffe definiert: vgl. z. B. Art. 2 PersFrG.
262 Art. 6 StGG: „Jeder Staatsbürger kann ... unter den gesetzlichen Bedingungen jeden Erwerbszweig ausüben".

entscheidende Prüfung dann auf der Rechtfertigungsebene, insbesondere bei der Frage der Verhältnismäßigkeit des Eingriffs, vorzunehmen²⁶³.

84
Eingriff als jede Art staatlichen Zwangs

Allgemein kommt als Grundrechtseingriff jede Art von staatlichem Zwang in Frage, wenn dieser ein Verhalten im Schutzbereich von Freiheitsrechten verhindert oder beschränkt. In Frage kommen dafür sowohl gesetzliche Ermächtigungen zur Setzung von Zwangsakten als auch diese Akte selbst. So greifen etwa gesetzliche Geldstrafdrohungen und die entsprechenden Strafbescheide in das Recht auf Eigentum (Art. 5 StGG, Art. 1 1. ZP EMRK), Regelungen über Aufenthaltsverbote und die entsprechenden Vollzugsakte in das Privat- und Familienleben Fremder (Art. 8 EMRK), Konzessionspflichten für Berufe in die Erwerbsfreiheit (Art. 6 StGG) oder Ermächtigungen zur Versammlungsuntersagung – ebenso wie diese Untersagung selbst – in die Versammlungsfreiheit ein (Art. 12 StGG, Art. 11 EMRK). Da sehr viele Vorschriften des Verwaltungsrechts in Österreich durch Strafdrohungen sanktioniert sind, sind diese jedenfalls als Eigentumseingriff, wegen der meist vorgesehenen Ersatzfreiheitsstrafen auch als Eingriff in das Recht auf persönliche Freiheit zu werten. Manchmal greifen sie zusätzlich in ein anderes Grundrecht ein: So ist zum Beispiel ein Verwaltungsstraftatbestand „Beleidigung" auch ein Eingriff in das Recht auf Freiheit der Meinungsäußerung. Ähnliches trifft auf manche Tatbestände des gerichtlichen Strafrechts zu (z. B. § 111 StGB: üble Nachrede; § 188: „Herabwürdigung religiöser Lehren"; § 283: „Verhetzung"). Auch eine bloße Ermahnung, die einen Schuldspruch (ohne Verhängung einer Strafe) enthält, wurde als Grundrechtseingriff gewertet²⁶⁴.

Zusätzliche Eingriffsdimension

85
Rein prozessuale Erledigungen

Rein verfahrensrechtliche Bescheide – das heißt Bescheide, die im Zuge eines Verwaltungsverfahrens erlassen werden und nur prozessuale Rechtsfolgen auslösen²⁶⁵ – können nach Auffassung des Verfassungsgerichtshofs nur in ein formelles, nie aber in ein materielles Recht eingreifen²⁶⁶. Als solche „formelle Rechte" werden nach der Rechtsprechung insbesondere das Gleichheitsrecht und das Recht auf ein Verfahren vor dem gesetzlichen Richter betrachtet²⁶⁷. Auch die Verfahrensgarantien des Art. 6 EMRK oder etwa der Grundsatz ne bis in idem sind auf prozessuales Handeln gerichtet und können durch verfahrensrechtliche Erledigungen verletzt sein.

86
Einwilligung und Eingriff

Eine heikle Frage ist, ob und inwieweit die Zustimmung des Grundrechtsträgers zu bestimmten staatlichen Maßnahmen deren Eingriffscharakter ausschließt. Ohne weitere Diskussion wurde dies etwa in der Judikatur dann bejaht, wenn jemand eine polizeiliche Hausdurchsuchung zuließ²⁶⁸, mit einem Wachebeamten zu einer Gendarmeriedienststelle mitging²⁶⁹ oder eine Blutab-

---

263 Vgl. dazu im einzelnen *Eva Schulev-Steindl*, Wirtschaftslenkung und Verfassung. Gesetzgebungskompetenz und grundrechtliche Schranken direkter Wirtschaftslenkung, 1996, S. 141 ff.; *Holoubek*, Der Grundrechtseingriff (FN 229), S. 24 ff.
264 *VfGH*, Erk. v. 29. 9. 2008, B 2355/07.
265 z.B. Abweisung eines Antrags auf Wiederaufnahme des Verfahrens, Zurückweisung einer Berufung.
266 *VfSlg* 12.110/1989, 13.380/1993, 13.759/1994.
267 *VfSlg* 3779/1960, 5135/1965, 5592/1967, 7555/1975, 9328/1982, 11.951/1989, 13.414/1993.
268 *VfSlg* 7062/1973, 11.130/1986, 11.895/1988, 12.072/1989.
269 *VfSlg* 12.791/1991; vgl. auch *VfSlg* 8045/1977, 8145/1977, 8231/1977.

nahme erlaubte[270]. Freilich sind damit auch grundsätzliche Fragen angesprochen, die meist im Zusammenhang mit der allgemeinen Problematik des „Grundrechtsverzichts" erörtert werden[271]. Die Terminologie dabei ist oft unscharf und überdies uneinheitlich. Im Kern geht es um die Frage, welche Grenzen den genannten „Zustimmungen" und ihrer Rechtsverbindlichkeit gesetzt sind und inwieweit man sie als „Verzicht" auf die (zukünftige) Grundrechtsausübung deuten kann. Nicht disponierbar sind jedenfalls Grundrechtspositionen, die auch öffentliche Interessen schützen (z. B. geheimes und persönliches Wahlrecht, Recht auf Leben, ne bis in idem, Zensurverbot, Verbot der Zwangsarbeit). Darüber hinaus muß die Zustimmung wirklich freiwillig abgegeben worden sein, was – angesichts der ungleichen Positionen von Staat und Grundrechtssubjekt – streng zu beurteilen ist[272].

Auch privatrechtliche Sanktionssysteme können in Grundrechte eingreifen. Vor allem bei der Entscheidung über Klagen gegen Ehrenbeleidigungen und kreditschädigende Behauptungen, die unter Berufung auf das Recht auf Meinungsfreiheit (Art. 10 EMRK) erfolgten, war der Oberste Gerichtshof immer wieder mit solchen Konstellationen befaßt. Zu Recht ging er dabei regelmäßig davon aus, daß die für solche Fälle vorgesehene Schadenersatzpflicht in das erwähnte Grundrecht eingreift[273]. Bei seiner Ausdifferenzierung der Kriterien für die Haftpflicht wog er die gegenläufigen Interessen ab und berücksichtigte damit das Erfordernis der Verhältnismäßigkeit des Eingriffs.

87
Eingriffsdimension privatrechtlicher Sanktionssysteme

3. Eingriffsintensität

Im grundrechtsdogmatischen Prüfungsschema bedeutsam ist auch die Intensität des Eingriffs für den Grundrechtsträger. Sie ist ein wichtiger Parameter für den Abwägungsvorgang, der bei der Verhältnismäßigkeitsprüfung stattfindet[274]. Dazu ist es bei bestimmten Grundrechten üblich, die Eingriffsarten nach ihrer Schwere zu typisieren: So werden insbesondere beim Recht auf Eigentum (Art. 5 StGG, Art. 1 1. ZP EMRK) die „Enteignungen" den bloßen „Eigentumsbeschränkungen und -belastungen"[275], beim Recht auf Erwerbsfreiheit (Art. 6 StGG) „objektive und subjektive Antrittsbeschränkungen" den bloßen „Ausübungsschranken" gegenüber gestellt[276]. Beim Recht auf

88
Parameter für den Abwägungsvorgang

---

270 *VfSlg* 8138/1977.
271 Vgl. etwa *Berka*, in: Rill/Schäffer (LitVerz.), Vorbem. zum StGG, RN 62; *dens.*, Grundrechte (LitVerz.), RN 179; *Grabenwarter*, EMRK (LitVerz.), S. 122 f. Im Rahmen der deutschen Dogmatik vgl. sehr differenzierend die Analyse von *Merten*, Der Grundrechtsverzicht, in: Hans-Detlef Horn (Hg.), FS Schmitt Glaeser, 2003, S. 53 (56 ff.). Vgl. im übrigen auch *Pietzcker*, Die Rechtsfigur des Grundrechtsverzichts, in: Der Staat 17 (1978), S. 527 ff.; *Robbers*, Der Grundrechtsverzicht, in: JuS 1985, S. 925 ff.; *Knut Friess*, Der Verzicht auf Grundrechte, 1968. → Bd. III: *Merten*, Grundrechtsverzicht, § 73.
272 *Berka*, in: Rill/Schäffer (LitVerz.), Vorbem. zum StGG, RN 62; *ders.*, Grundrechte (LitVerz.), RN 179; *Grabenwarter*, EMRK (LitVerz.), S. 122 f.
273 Vgl. *Griss*, Die Grundrechte in der zivilrechtlichen Rechtsprechung (FN 135), S. 54 (59 f.); insb. *OGH* SZ 73/181; *OGH* 6 Ob 119/99i m.w.N.
274 Zu dieser Rechtsfigur näher unten E IV 3, RN 97 ff.
275 Näher → unten *Korinek*, Wirtschaftliche Freiheiten, § 196 RN 27–29.
276 Näher → unten *Korinek*, § 196 RN 62–64.

Schwerste Eingriffe

Leben wurde der vorsätzliche tödliche Schußwaffengebrauch[277], beim Grundrecht auf Privatsphäre die namentliche Veröffentlichung von Einkommensdaten als jeweils besonders schwerer Eingriff bewertet[278]. Bei den als „schwerste" Eingriffe in das jeweilige Grundrecht qualifizierten Maßnahmen[279] wird geprüft, ob andere Möglichkeiten bestehen, um den erstrebten Zweck in einer gleich wirksamen, aber das Grundrecht weniger einschränkenden Weise[280] zu erreichen[281]. Selbst wenn dies nicht der Fall ist, werden sie nur dann als angemessen erachtet, wenn für sie „besonders wichtige öffentliche Interessen" sprechen[282]. Bei geringfügigeren Eingriffen wird dem Gesetzgeber dagegen größerer Gestaltungsspielraum zugestanden; die Eingriffe werden in der Regel nur dann als unzulässig erachtet, wenn die mit ihnen verfolgten Ziele keinesfalls im öffentlichen Interesse liegen[283]. Zusammenfassend gilt: Je intensiver ein bestimmter Eingriff in ein Grundrecht ist, umso strenger muß die Erforderlichkeits- und Angemessenheitsprüfung ausfallen und umso eher kann es zu seiner Unverhältnismäßigkeit kommen[284]. Im Text des Grundrechts auf Datenschutz wird dieser Gedanke explizit zum Ausdruck gebracht (§ 1 Abs. 2 DSG)[285]. Auch die verfassungsgerichtliche Rechtsprechung zum Gleichheitssatz und zu dem daraus abgeleiteten Vertrauensschutz für öffentlich-rechtliche Anwartschaften mißt der Eingriffsintensität eine maßgebliche Rolle zu[286].

Erforderlichkeits- und Angemessenheitsprüfung

4. Bloße „Reflexwirkung" von Maßnahmen

89

Faktische Nebenwirkung einer staatlichen Maßnahme

Kein Grundrechtseingriff liegt nach der Judikatur vor, wenn eine bestimmte gesetzliche Regelung den grundrechtlichen Schutzbereich nicht beschränkt, sondern auf diesen nur eine faktische „Reflexwirkung" ausübt. So hat der Verfassungsgerichtshof etwa festgehalten, die Kürzung einer Politikerpension

---

277 *VfSlg* 17.257/2004; vgl. auch *Kopetzki*, Art. 2 EMRK, in: Korinek/Holoubek (LitVerz.), RN 43.
278 *VfSlg* 17.065/2003; *VfGH*, Erk. v. 28. 11. 2003, KR 2/00.
279 Als solche wird in ständiger Rechtsprechung etwa beim Grundrecht auf Erwerbsfreiheit die Bedarfsprüfung als objektive (nicht aus eigenem überwindbare) Antrittsschranke beim Berufszugang gewertet.
280 Zur Erforderlichkeitsprüfung (Erwägung von „gelinderen Mitteln") vgl. unten E IV 3 b, RN 100 f.
281 *VfSlg* 12.009/1989, 13.023/1992, 13.555/1993, 13.955/1994, 15.103/1998, 15.672/1999, 16.740/2002, 17.257/2004, 17.682/2005; *VfGH*, Erk. v. 26. 6. 2008, G 12/08.
282 Zur Angemessenheitsprüfung vgl. unten E IV 3 c, RN 102 ff.
283 *VfSlg* 13.576/1993, 17.577/2005.
284 *VfSlg* 12.677/1991.
285 § 1 Abs. DSG sieht ein Recht auf Geheimhaltung personenbezogener Daten vor. Eingriffe, zu denen das Gesetz ermächtigt, müssen zur Wahrung öffentlicher Interessen i.S.v. Art. 8 Abs. 2 EMRK notwendig sein; in Bezug auf „besonders schutzwürdige" (sensible) Daten müssen „wichtige öffentliche Interessen" vorliegen (und angemessene Geheimhaltungsgarantien bestehen). Bemerkenswert ist überdies die allgemeine Regel, daß jeder Grundrechtseingriff „nur in der gelindesten, zum Ziel führenden Art" vorgenommen werden dürfe.
286 Näher → unten *Pöschl*, Gleichheitsrechte, § 192 RN 64–66; *Kucsko-Stadlmayer*, Der Schutz von auf öffentlich-rechtlicher Grundlage entstandenen „Anwartschaften" vor gesetzlichen Eingriffen, in: Michael Holoubek/Michael Lang (Hg.), Vertrauensschutz im Abgabenrecht, 2004, S. 93 (100). Dabei kommt es – wegen der Struktur des Gleichheitssatzes – freilich nicht auf die Intensität des Eingriffs in einen grundrechtlichen Schutzbereich, sondern des Eingriffs in jene „wohlerworbenen Rechte" an, auf deren Beibehaltung der Berechtigte mit guten Gründen vertrauen konnte. Bei hoher Eingriffsintensität (z. B. Kürzungen von Pensionsansprüchen um 20 v.H.: *VfSlg* 17.254/2004) wird etwa verlangt, daß deren Auswirkungen durch Einschleif- oder Übergangsregelungen gemildert werden (*VfSlg* 12.485/1990, 12.732/1991, 14.846/1997, 15.269/1998, 16.381/2001, 16.764/2002, 18.010/2006).

möge zwar unter Umständen ein Motiv sein, eine bestimmte (private) Erwerbstätigkeit nicht auszuüben, bewirke aber keinen Eingriff in das Grundrecht auf Erwerbsfreiheit[287]. Desgleichen sei die Versagung einer grundverkehrsbehördlichen Genehmigung kein Eingriff in das Privat- und Familienleben, auch wenn sie eventuell die finanziellen Möglichkeiten des Verkäufers zur Unterstützung seiner Tochter beeinträchtige: Dies sei nur eine wirtschaftliche Reflexwirkung[288]. Synonym wird dabei auch von einer bloß „mittelbaren", „faktischen" Behinderung einer Grundrechtsposition bzw. der „faktischen Nebenwirkung" einer staatlichen Maßnahme gesprochen[289]. Meist geht es dabei um Auswirkungen von Gesetzen und Vollzugsakten, die für diese nicht typisch sind und nur in bestimmten Konstellationen eintreten. In diesem Zusammenhang wird nur mehr sehr selten die Figur „nicht intentionaler Betroffenheit" gebraucht[290]. Auf die Absicht, eine Beschränkung der Grundrechtsposition herbeizuführen, kann es nämlich keinesfalls ankommen.

IV. Die Rechtfertigung des Eingriffs

1. Gesetzliche Grundlage

Wo auch immer verfassungsrechtliche Ermächtigungen zu Beschränkungen von Grundrechten bestehen, ist dafür eine gesetzliche Grundlage nötig. Es bedarf also der Erlassung eines Gesetzes im formellen Sinn (Art. 41 ff. B-VG). Dies folgt nicht nur daraus, daß die meisten Grundrechte ausdrückliche Vorbehalte zu Gunsten des Gesetzgebers (Gesetzesvorbehalte) enthalten[291], sondern auch aus dem verfassungsrechtlichen Legalitätsprinzip: Danach hat die gesamte staatliche Verwaltung[292] auf Grund der Gesetze zu erfolgen, und diese müssen ausreichend inhaltlich bestimmt sein (Art. 18 B-VG). Auch die Gesetzesvorbehalte der Menschenrechtskonvention, die nach der autonomen Auslegung durch den Europäischen Gerichtshof für Menschenrechte kein Erfordernis eines Gesetzes im formellen Sinn aufstellen[293], sind im Zusammenhalt mit dieser innerstaatlichen Verfassungsrechtslage auszulegen. Damit ist eine formelle gesetzliche Grundlage für Grundrechtseingriffe subjektivrechtlich gewährleistet und im verfassungsgerichtlichen Beschwerdeverfahren nach Art. 144 B-VG durchsetzbar.

90
Gesetz im formellen Sinne

Legalitätsprinzip

---

287 *VfSlg* 14.871/1997; ähnlich *VfSlg* 17.427/2004; 15.431/1999.
288 *VfSlg* 15.138/1998. Ähnliches trifft auf ein von einem fremdenrechtlichen Bescheid gar nicht adressiertes Familienmitglied zu: *VfSlg* 17.047/2003; 15.744/2000.
289 *VfSlg* 3404/1958, 3968/1961, 6898/1972, 7856/1976, 8309/1978, 8512/1979, 9238/1981, 9324/1982, 9456/1982, 10.026/1984, 11.516/1987, 11.705/1988, 13.405/1993, 13.856/1994, 13.859/1994, 14.685/1996, 17.914/2006; *VfGH*, Erk. v. 28.11.1994, B 270/94; Erk. v. 14.12.2007, B 1844/06; Erk. v. 25.2.2008, B 184/07.
290 *VfSlg* 14.169/1995; vgl. auch *Pöschl/Kahl*, ÖJZ 2001, S. 41. Eine gewisse Rolle spielt diese Figur jedoch noch immer bei den Eingriffen in das Recht auf persönliche Freiheit (dazu → unten *Hauer*, Freiheit der Person und Freizügigkeit, § 191 RN 5 ff.) und bei den Grundrechten ohne Gesetzesvorbehalt (dazu oben E I 1, RN 66).
291 Dazu oben E I 2, RN 71 ff.
292 Nach herrschender Lehre gilt das Legalitätsprinzip auch für die Gerichtsbarkeit: *Walter/Mayer/Kucsko-Stadlmayer* (LitVerz.), RN 569, 572; *Berka*, Lehrbuch Verfassungsrecht (LitVerz.), RN 494.
293 *Matscher*, Der Gesetzesbegriff der EMRK, in: Ludwig Karl Adamovich/Alfred Kobzina (Hg.), FS Loebenstein, 1991, S. 105 ff.; *Grabenwarter*, EMRK (LitVerz.), S. 108.

91 Bestimmtheits-erfordernis „eingriffsnaher Gesetze"	Nach der Rechtsprechung des Verfassungsgerichtshofs müssen Gesetze, die Grundrechtseingriffe vorsehen – sogenannte „eingriffsnahe Gesetze" – ein besonders hohes Maß an inhaltlicher Bestimmtheit aufweisen[294]. Dies entspricht einem „differenzierten Verständnis" vom Legalitätsprinzip, wie der Verfassungsgerichtshof es seit Beginn der neunziger Jahre entwickelt hat. Damit ist der Determinierungsgrad für Grundrechtseingriffe nahezu so hoch wie jener, der für strafrechtliche Vorschriften verlangt wird (Art. 7 EMRK)[295].
92 Unmittelbare Anwendung von Grundrechten	Dessen ungeachtet hat der Verfassungsgerichtshof die Verwaltungsbehörden gelegentlich für verpflichtet angesehen, auch ohne entsprechende einfachgesetzliche Regelung die in der Europäischen Menschenrechtskonvention für Grundrechtseingriffe vorgesehenen Determinanten unmittelbar anzuwenden[296]. Er hat in diesem Zusammenhang kein Verfahren zur verfassungsrechtlichen Prüfung der Gesetze eingeleitet[297]. In allen diesen Fällen war allerdings der Grundrechtseingriff – aufenthaltsbeendende Maßnahmen gegenüber Fremden – gesetzlich vorgesehen; es fehlte nur an einschränkenden Regelungen, die dabei im Sinn des Verhältnismäßigkeitsprinzips zur Abwägung des staatlichen Ordnungsinteresses mit der grundrechtlich geschützten Position verpflichtet hätten (Art. 8 Abs. 2 EMRK).

2. Öffentliches Interesse

93 Schutz der Allgemeinheit oder von Gruppen Legitimes Ziel	Liegt eine gesetzliche Regelung vor, die man als Eingriff in ein Freiheitsrecht mit Gesetzesvorbehalt wertet, so ist des weiteren zu prüfen, ob dieser ein „öffentliches Interesse" verfolgt. Dabei wird ermittelt, ob Ziel der Regelung der Schutz der Allgemeinheit oder auch einer durch Gattungsmerkmale definierten anderen Personengruppe und ihrer Rechte oder schutzwürdigen Interessen ist: Nur ein solches Ziel ist „legitim", also geeignet, einen Grundrechtseingriff zu begründen. In der Rechtsprechung wird das öffentliche Interesse – ganz allgemein – als wesentliches Element einer zulässigen Grundrechtseinschränkung betrachtet, und zwar auch bei jenen Grundrechten, die dies nicht ausdrücklich vorsehen, sofern sie nur überhaupt einen Gesetzesvorbehalt aufweisen. Es kommt also keineswegs nur bei den Gewährleistungen der Europäischen Menschenrechtskonvention zum Tragen, welche die zulässigen Gründe für Freiheitseinschränkungen explizit normieren (z. B. Art. 8 Abs. 2, Art. 10 Abs. 2 EMRK)[298].
94 Weiter Rahmen „öffentlicher" Interessen	Bei der Frage, welche Interessen „öffentliche" sind und damit als legitime Ziele einer Regelung in Betracht kommen, nimmt der Verfassungsgerichtshof keine allzu strenge Prüfung vor. Meist wird ihr Vorliegen rasch bejaht. Etwas differenziert wird allerdings zwischen Grundrechten, die bestimmte Schutzgü-

---

294 *VfSlg* 10.737/1985, 11.455/1987, 14.179/1995, 14.802/1997, 14.850/1997, 15.633/1999.
295 Art. 7 EMRK normiert nicht nur das Gebot „nulla poena sine lege", sondern auch ein besonderes Klarheitsgebot: *VfSlg* 11.776/1988, 12.947/1991, 13.012/1992, 15.200/1998, 15.543/1999, 16.588/2002; *VfGH*, Erk. v. 27. 6. 2008, G 240/07.
296 *VfSlg* 14.091/1995, 14.300/1995.
297 Kritisch zu Recht *Gerhard Muzak*, Die Aufenthaltsberechtigung im österreichischen Fremdenrecht, 1995, S. 17.
298 Näher oben E I 2 a, RN 73.

ter ausdrücklich nennen, und solchen, bei denen dies nicht der Fall ist. Zur ersten Gruppe zählen die meisten Freiheitsrechte der Menschenrechtskonvention mit materiellem Gesetzesvorbehalt (Art. 8 bis 11 EMRK; Art. 2 4. ZP EMRK). Diese nennen als zulässige Ziele für Grundrechtseingriffe – weitgehend deckungsgleich[299] – die nationale (bzw. öffentliche) Sicherheit, die öffentliche Ruhe und Ordnung, die Aufrechterhaltung der Ordnung, die Verhinderung von strafbaren Handlungen (oder Verbrechensverhütung), den Schutz der Gesundheit und der Moral, den Schutz der Rechte und Freiheiten anderer[300]. Zum Teil werden – jeweils grundrechtsspezifisch – das wirtschaftliche Wohl des Landes (Privat- und Familienleben: Art. 8 Abs. 2 EMRK), der Schutz des guten Rufes anderer, die Verhinderung der Verbreitung von vertraulichen Nachrichten sowie Ansehen und Unparteilichkeit der Rechtsprechung (Kommunikationsfreiheit: Art. 10 Abs. 2 EMRK) sowie der „ordre public" (Freizügigkeit: Art. 2 4. ZP EMRK) für relevant erklärt. Wegen der großen Zahl und generalklauselartigen Formulierung dieser Interessen[301] kommt es in der Praxis selten vor, daß dieser Prüfungsschritt negativ ausgeht[302]. Wichtig ist in diesem Zusammenhang auch, daß das Ziel „Schutz der Rechte und Freiheiten anderer" nach allgemeiner Auffassung auch Eingriffe erlaubt, die nicht der Allgemeinheit schlechthin, aber doch immerhin einer bestimmten Personengruppe oder Institution zu Gute kommen[303]. Damit sind standes- bzw. disziplinarrechtliche Beschränkungen für die Tätigkeit und Werbung bestimmter Berufsgruppen (z. B. Ärzte, Rechtsanwälte, Wirtschaftstreuhänder) grundsätzlich zulässige Einschränkungen der Meinungsfreiheit. So hat der Verfassungsgerichtshof auch etwa die Abberufbarkeit eines Mitglieds des Universitätsrats wegen bestimmter, eine unkritische Haltung zum Nationalsozialismus bekundender Meinungsäußerungen als zum Schutz der Universität als einer juristischen Person und daher zum Schutz der „Rechte anderer" für notwendig erachtet[304].

Gruppennützige Eingriffslagen

Die zweite Gruppe bilden jene Freiheitsrechte, die das „öffentliche Interesse" nur als allgemeines Eingriffsziel normieren (insbesondere das Eigentumsrecht: Art. 1 1. ZP EMRK) oder überhaupt nur einen formellen – also inhaltlich nicht determinierten – Gesetzesvorbehalt aufweisen (insbesondere die

95

„Öffentliches Interesse" als allgemeines Eingriffsziel

---

299 Hier wird von der deutschen Übersetzung des Konventionstextes, also von einer nicht authentischen Fassung der EMRK ausgegangen. In dieser finden sich zum Teil Differenzierungen, die in den Originalsprachen englisch und französisch nicht vorkommen: So wurde etwa der Ausdruck „prevention of crime" einmal mit „Verhinderung von strafbaren Handlungen" (Art. 8 Abs. 2 EMRK), einmal mit „Verbrechensverhütung" übersetzt (Art. 10 EMRK).
300 Dazu gehören etwa auch kollidierende Grundrechte dritter Personen: Dies spielt etwa bei der Ausübung der Versammlungsfreiheit auf Friedhöfen, durch die Religionsausübung Dritter gestört wird (*VfSlg* 16.054/2000) oder bei Ausübung der Meinungsfreiheit, durch die Versammlungsfreiheit einer anderen Personengruppe beeinträchtigt wird (*VfSlg* 12.501/1990), eine Rolle.
301 Diese muß man freilich autonom, am Maßstab eines europäischen Standards demokratischer Gesellschaften auslegen (so zutreffend in Bezug auf die Klausel „Schutz der Moral" *VfSlg* 15.632/1999; *Berka*, Grundrechte [LitVerz.], RN 270).
302 So insb. auch für die Straßburger Judikatur *Grabenwarter*, EMRK (LitVerz.), S. 114.
303 Freilich geht nach Auffassung des VfGH das Wohl der staatlichen Gesamtheit als das höhere dem Wohl etwa einer Gemeinde vor: *VfSlg* 1853/1949.
304 *VfGH*, Erk. v. 6. 3. 2008, B 225/07.

§ 187 *Dreizehnter Teil: I. Allgemeine Lehren*

Erwerbsfreiheit: Art. 6 StGG). Strenger als früher wird heute auch bei Eingriffen in solche Grundrechte allgemein verlangt, daß sie einem öffentlichen Interesse dienen, unabhängig davon, welche Intensität der Eingriff aufweist[305]. Hier kommt jedes nur denkbare, unmittelbar oder mittelbar dem Allgemeinwohl dienende Ziel als rechtfertigend in Betracht (z. B. Art. 6 StGG: Sicherung eines bestimmten Standards fachlicher Leistungen[306], Schutz der Arbeitnehmer vor übermäßiger Beanspruchung durch den Arbeitgeber[307], Verhinderung des Mißbrauchs von Marktmacht[308], Sicherung der wirtschaftlichen Existenz gemeinnütziger Einrichtungen[309], Verläßlichkeit und wirtschaftliche Potenz eines Spielbankenunternehmens[310], Situierung von Einkaufszentren[311]). Der Verfassungsgerichtshof hält ausdrücklich fest, daß er die Zweckmäßigkeit der rechtspolitischen Zielsetzung des Gesetzgebers, insbesondere auch wirtschafts- und sozialpolitischer Überlegungen, nicht beurteile; bei der Anerkennung von Interessen als „öffentliche" räumt er diesem also einen großen Einschätzungsspielraum ein. Nur wenn die mit einer Maßnahme verfolgten Ziele „keinesfalls" im öffentlichen Interesse liegen, wird schon auf dieser Stufe eine Grundrechtsverletzung angenommen[312]. Dies war in der Vergangenheit etwa bei Regelungen der Fall, die mit Beschränkungen der Erwerbsfreiheit bloß einen Konkurrenzschutz[313] oder eine wirtschaftliche Besserstellung Einzelner bezweckten [314] oder für die überhaupt keine öffentlichen Interessen erkennbar waren[315]. Dies wurde auch als „Vertretbarkeitskontrolle" bezeichnet[316].

Weiter Einschätzungsspielraum

96
Proportionalität von Ziel und Eingriff

Gleichzeitig verlangt der Verfassungsgerichtshof heute zunehmend eine Proportionalität zwischen dem vom Gesetzgeber verfolgten Ziel und dem dafür vorgesehenen Eingriff: Für als „schwer" zu qualifizierende Eingriffe müssen „besonders wichtige"[317] bzw. „schwerwiegende, durch detaillierte Feststellun-

---

305 Insb. wird heute auch bei bloßen „Eigentumsbeschränkungen" (also gelinderen Eigentumseingriffen als Enteignungen) und bloßen „Regelungen der Erwerbsausübung" (also gelinderen Eingriffen in die Erwerbsfreiheit als „Regelungen des Erwerbsantritts") das Vorliegen eines öffentlichen Interesses geprüft (näher → unten *Korinek*, Wirtschaftliche Freiheiten, § 196 RN 32, 57; *Holoubek*, Die Interpretation der Grundrechte in der jüngeren Judikatur des VfGH, in: Machacek/Pahr/Stadler [LitVerz.], Bd. I, S. 43 [51]). Grundlegend *VfSlg* 9911/1983 (Atomkraftwerk Zwentendorf).
306 *VfSlg* 13.094/1992, 14.038/1995, 14.414/1996, 15.683/1999, 16.734/2002.
307 *VfSlg* 15.305/1998.
308 *VfSlg* 14.259/1995.
309 *VfSlg* 15.456/1999, 15.740/2000.
310 *VfSlg* 12.165/1989.
311 *VfSlg* 14.685/1996, 14.691/1996.
312 *VfSlg* 9911/1983, 11.483/1987, 12.094/1989, 12.227/1989, 13.576/1993, 17.577/2005. Abweichend freilich *VfSlg* 17.819/2006.
313 Vgl. z. B. *VfSlg* 13.555/1993.
314 Vgl. z. B. *VfSlg* 12.227/1989.
315 So etwa für den Schutz von Schischulbewerbern vor unrentablen Investitionen: *VfSlg* 15.700/1999.
316 So ausdrücklich *Öhlinger* (LitVerz.), RN 716; → unten *Korinek*, Wirtschaftliche Freiheiten, § 196 RN 32 f.; vgl. auch *Berka*, Lehrbuch Verfassungsrecht (LitVerz.), RN 1302. Deutlich abweichend von dieser Linie *VfSlg* 17.819/2006, wo der VfGH die Verpflichtung der Hauseigentümer zur Anbringung sog. „EU-tauglicher" neuer Briefkästen als geradezu ausschließlich im privaten Interesse der „teilweise miteinander konkurrierenden Anbieter von Postdienstleistungen" gelegen und deshalb als Verletzung des Rechts auf Eigentum ansah. Näher dazu *W. v. Wiesentreu*, Zur Verfassungswidrigkeit der umstrittenen Hausbriefachanlagenregelung, in: immolex 2006, S. 198 ff. Strenger auch – allerdings mit einer gleichheitsrechtlichen Argumentation – *VfSlg* 16.636/2002.
317 *VfSlg* 11.483/1987, 11.749/1988, 12.165/1989, 15.509/1999, 16.538/2002, 16.740/2002, 17.682/2005.

gen belegte" öffentliche Interessen vorliegen[318]. Für die Qualifikation eines Interesses als „besonders wichtig" oder „schwerwiegend" sind freilich keine allgemeinen Kriterien ersichtlich; es wird von Fall zu Fall beurteilt. „Erhebliches Gewicht" wurde etwa dem Interesse an einer „rigiden Beschränkung der Freizeitwohnsitze" durch Regelungen des Raumordnungsrechts zuerkannt[319].

3. Verhältnismäßigkeit

Die weiteren Prüfschritte, die den Grundrechtseingriff im Verhältnis zu dem von ihm verfolgten Ziel auf seine Eignung, Notwendigkeit und Angemessenheit beurteilen, strukturieren den Abwägungsvorgang, den man in der Regel als „Verhältnismäßigkeitsprüfung" bezeichnet[320]. Auch der Verfassungsgerichtshof legt dieses weite Verständnis von Verhältnismäßigkeit zu Grunde, wenn er in ständiger Rechtsprechung seit 1984[321] Eingriffe in Freiheitsrechte nur zuläßt, sofern sie „im öffentlichen Interesse liegen" und „nicht unverhältnismäßig" sind[322]. „Verhältnismäßigkeit" ist in diesem Sinn als komplexe Schrankenschranke zu verstehen, die die Herstellung einer differenzierten, dreigliedrigen Ziel–Mittel–Relation verlangt. Die Verwendung dieser Figur ermöglicht es dem Verfassungsgerichtshof, sich inhaltlich an den Konventionsgrundrechten zu orientieren, sich aber terminologisch von diesen zu lösen und sämtliche unter Gesetzesvorbehalt stehenden Freiheitsrechte der österreichischen Rechtsordnung – in ihrer schwer auflösbaren Verquickung – in ein einheitliches dogmatisches Konzept zu fassen. In der Lehre ist diese Judikatur heute durchaus anerkannt, auch wenn sie in dieser Allgemeinheit nicht im positiven Recht zum Ausdruck kommt[323]. Zu beachten ist auch, daß der Europäische Gerichtshof für Menschenrechte den Begriff der Verhältnismäßigkeit oft enger, nämlich als Synonym für die in der Menschenrechtskonvention mehrfach postulierte „Notwendigkeit" eines Eingriffs „in einer demokratischen Gesellschaft" verwendet[324].

97
Komplexe Schrankenschranke

---

318 *VfSlg* 12.310/1990, 13.576/1993.
319 *VfSlg* 14.679/1996.
320 Vgl. nur etwa *Stelzer*, Das Wesensgehaltsargument (FN 241), der von „drei Teilgrundsätzen" der Geeignetheit, Erforderlichkeit und Verhältnismäßigkeit spricht (S. 96) ; *Berka*, Grundrechte (LitVerz.), RN 263 ff.; ähnlich für die EMRK auch *Grabenwarter*, EMRK (LitVerz.), S. 115 ff.
321 Den Beginn dieser Rechtsprechung hat der VfGH selbst später auf *VfSlg* 10.079/1984 (Schrottlenkung I) fokussiert, wo er erstmals die Notwendigkeit eines Eingriffs in die Erwerbsfreiheit im Licht öffentlicher Interessen forderte. In Fortführung dieser Judikaturlinie nahm er dann erstmals in *VfSlg* 10.932/1986 (Bedarfsprüfung Taxis) ausdrücklich auf das Prinzip der „Verhältnismäßigkeit" Bezug. Inhaltlich hat er dieses freilich schon früher, beim Recht auf Eigentum, als Element der Zulässigkeit von Enteignungen berücksichtigt (vgl. auch oben FN 238).
322 So die ständige Rechtsprechung bei Eigentumsbeschränkungen (*VfSlg* 14.075/1995, 17.071/2003, 17.817/2006, 18.150/2007, 18.257/2007, 18.264/2007), bei Beschränkungen der Liegenschaftsverkehrsfreiheit (*VfSlg* 14.701/1996, 14.704/1996, 14.742/1997, 17.455/2005) und der Erwerbsfreiheit (*VfSlg* 13.471/1993, 13.576/1993, 13.635/1993, 13.704/1994, 14.259/1995, 16.927/2003).
323 So auch *Berka*, Grundrechte (LitVerz.), RN 265.
324 Vgl. *Grabenwarter*, EMRK (LitVerz.), S. 115.

a) Eignung

98
Taugliches Mittel

Liegt ein Grundrechtseingriff im öffentlichen Interesse, so ist zunächst zu prüfen, ob er zu dessen Schutz auch „geeignet", also dazu auch ein taugliches Mittel ist. Dies ist dann der Fall, wenn sein Einsatz das angestrebte Ziel auch tatsächlich erreichen kann. Um dies festzustellen, ist eine Prognose nötig, die anzustellen primär dem Gesetzgeber selbst obliegt. Der Verfassungsgerichtshof tritt ihm daher nur entgegen, wenn die Eignung „von vornherein auszuschließen ist", es sich also um eine offensichtliche Fehleinschätzung handelt[325], und zur Zielerreichung völlig ungeeignete Mittel gewählt wurden[326]. Bei Enteignungen wird besonders streng geprüft, ob das Enteignungsobjekt einen konkreten Bedarf, der im öffentlichen Interesse liegt, unmittelbar decken kann.[327]

99
Regelmäßige Bejahung der Eignung

In der Praxis der Judikatur kommt es selten vor, daß die Eignung eines Grundrechtseingriffs zur Zielerreichung verneint wird. So wurde etwa die Pflicht der Rauchfangkehrer zur unentgeltlichen Überprüfung von Kehrobjekten als ungeeignet zur Verfolgung des öffentlichen Interesses „Brandsicherheit" erachtet[328]. Eine Bedarfsprüfung bei der Erteilung von Fahrschulbewilligungen verhindere den Wettbewerb und sei für die flächendeckende Versorgung der Bevölkerung mit Fahrschulen ungeeignet[329]. Dem Gesetzgeber wurde jedoch darin zugestimmt, daß ein Zugabenverbot zur Verhinderung eines Mißbrauchs von Marktmacht[330] oder die Verpflichtung von Skischulen zum Anbieten bestimmter Leistungen – unabhängig von der Nachfrage – zur Garantie eines qualitativen und quantitativen Mindeststandards wirksam beitrage[331]. Auch Ausnahmeregelungen zu einem Verbot stellen nach Auffassung des Verfassungsgerichtshofs dessen Eignung zur Zielerreichung noch nicht per se in Frage[332]. Wenn kein besonderer Anhaltspunkt für eine Fehleinschätzung des Gesetzgebers besteht, wird die Frage der Eignung des Grundechtseingriffs zur Zielerreichung vom Verfassungsgerichtshof gar nicht thematisiert oder nur implizit geprüft.

b) Notwendigkeit

100
Erforderlichkeit zur Zielerreichung

Um verfassungskonform zu sein, muß ein gesetzlich vorgesehener Grundrechtseingriff für die Zielerreichung nicht nur geeignet, sondern auch „geboten", also notwendig sein. Die Grundrechte der Europäischen Menschenrechtskonvention betonen dieses Element durchwegs ausdrücklich, indem sie die „unbedingte Erforderlichkeit" des Grundrechtseingriffs (Art. 2 EMRK: Recht auf Leben) bzw. dessen „Notwendigkeit in einer demokratischen

---

325 *VfSlg* 13.725/1994.
326 *VfSlg* 15.632/1999.
327 *VfSlg* 10.236/1984, 15.044/1997, 16.753/2002, 18.320/2007.
328 *VfSlg* 17.932/2006.
329 *VfSlg* 11.276/1987.
330 *VfSlg* 14.259/1995.
331 *VfSlg* 18.115/2007.
332 *VfSlg* 14.259/1995.

Gesellschaft" verlangen (z. B. Art. 8: Privat- und Familienleben; Art. 10: Kommunikationsfreiheit). All diese Formulierungen sind streng, im Sinn eines „zwingenden sozialen Bedürfnisses" der vorgesehenen Maßnahme („pressing social need") zu verstehen[333]. Auch dabei steht dem Staat freilich Spielraum für die Einschätzung zu, bei er die Umstände des konkreten Falls berücksichtigen kann. Die Notwendigkeit eines Eingriffs wird vor allem dann angenommen, wenn der Gesetzgeber sich bei seiner Notwendigkeitsprognose auf Fachmeinungen beruft[334].

Zwingendes soziales Bedürfnis

Das Gebot der „Erforderlichkeit" eines zum Schutz öffentlicher Interessen an sich geeigneten Eingriffs impliziert, daß auch Alternativen zu prüfen sind: Vor allem bei als „schwer" zu qualifizierenden Eingriffen[335] muß man die Möglichkeit eines erfolgreichen Einsatzes „gelinderer Mittel" erwägen[336]. Auch diese müssen sich dann freilich noch zur Zielerreichung eignen. Ausdrücklich verlangt so etwa das Recht auf Datenschutz, Eingriffe nur „in der gelindesten, zum Ziel führenden Art" vorzunehmen[337]. Einen besonders strengen Maßstab legt die Judikatur bei geheimen Überwachungsmaßnahmen[338], bei Enteignungen[339], bei Untersagungen[340] und Auflösungen von Versammlungen[341] an. Der Grundrechtseingriff kann auch in Bezug auf seine räumliche Erstreckung zu schwer sein: So betrachtete der Verfassungsgerichtshof strenge Freizeitwohnsitzregelungen, die sich auf das ganze Land Tirol erstreckten, als überschießend, weil die zu Grunde gelegten Nachteile für die ansässige Bevölkerung nur punktuell oder regional bestanden[342]. Zu bedenken ist allerdings, daß in nicht sehr vielen Konstellationen Grundrechtseingriffe abgestufter Intensität für die Verfolgung ein- und desselben Ziels alternativ zur Verfügung stehen. Überdies unterliegen grundsätzlich auch geringfügige Grundrechtseingriffe (z. B. bloße Eigentumsbeschränkungen) einer Erforderlich-

101
Prüfung gelinderer Mittel

---

333 Vgl. dazu z. B. *EGMR*, Urt. v. 25.3.1983 Silver, EuGRZ 1984, S. 147; Urt. v. 26.11.1991, Observer and Guardian, EuGRZ 1995, S. 16; Urt. v. 21.1.1999, Janowski, EuGRZ 1999, S. 8; Urt. v. 15.1.2009, Association of Citizens Radko & Paunkovski, Beschwerde Nr. 74651/01. Dem folgt auch der VfGH: z. B. *VfSlg* 10.700/1985.
334 *VfSlg* 18.150/2007.
335 Dazu oben E III 3, RN 88.
336 Dazu bereits oben RN 88.
337 § 1 Abs. 2 letzter Satz DSG 2000 (BGBl I 1999/165 i.d.F. BGBl I 2008/2). Auf einfachgesetzlicher Ebene vgl. etwa § 77 FremdenpolizeiG (BGBl I 2005/100 i.d.g.F.), wonach die Schubhaft durch „gelindere Mittel" wie die Anordnung, in bestimmten Räumen Unterkunft zu nehmen oder sich in periodischen Abständen bei der Behörde zu melden, ersetzt werden kann (dazu *VfSlg* 17.918/2006, 17.891/2006, 18.196/2007).
338 *EGMR*, Urt. v. 4.5.2000, Rotaru, ÖJZ 2001, S. 74.
339 Hier wird ausdrücklich von der „Subsidiarität der Enteignung" gesprochen: *VfSlg* 9763/1983, 10.236/984, 13.579/1993, 15.044/1997, 16.753/2002, 18.320/2007. Dazu muß insb. auch versucht werden, das Eigentum oder Nutzungsrecht an einem Grundstück auf privatrechtlichem Weg zu erwerben.
340 Vgl. etwa *VfSlg* 12.155/1989, 15.170/1998. Vor der Untersagung einer Versammlung, die ein Sicherheitsrisiko darstellt, muß die Behörde insb. versuchen, dem Veranstalter einen „Alternativversammlungsort" anzubieten (*VfSlg* 15.952/ 2000, 17.259/2004) oder eine Präzisierung der Ortsangabe zu verlangen (*VfGH*, Erk. v. 29.9.2008, B 624/08; Erk. v. 7.10.2008, B 972/08). Vgl. auch *Berka*, Probleme der grundrechtlichen Interessenabwägung – dargestellt am Beispiel der Untersagung von Versammlungen, in: FS Rill (FN 241) S. 3.
341 *VfSlg* 10.443/1985, 14.367/1995.
342 *VfSlg* 14.679/1996.

keitsprüfung³⁴³. Praktisch wird eine solche vom Verfassungsgerichtshof aber nur in Ausnahmefällen vorgenommen.

c) Angemessenheit

102
Adäquanz bzw. Verhältnismäßigkeit i.e.S.

Als drittes Element der Verhältnismäßigkeit des Grundrechtseingriffs ist dessen „Angemessenheit" zur Zielerreichung zu prüfen; diese wird auch als „Adäquanz" oder „Verhältnismäßigkeit im engeren Sinne" bezeichnet³⁴⁴. Es geht dabei um die Frage, ob ein zum Schutz eines öffentlichen Interesses geeignetes und notwendiges Mittel auch angemessen ist, also zu seinem Ziel nicht außer Verhältnis steht. Dazu ist in jedem Einzelfall eine Güterabwägung zwischen den vom Grundrecht geschützten Interessen und den für den Eingriff sprechenden Gründen anzustellen; es kommt auf deren jeweiliges „Gewicht" im Verhältnis zueinander an. Wiegt eine Maßnahme im Verhältnis zu dem von ihr geschützten Interesse zu schwer, so wird sie als „unangemessen" „inadäquat", „überschießend" oder „nicht maßhaltend" bewertet. Es liegt daher auf der Hand, daß die Angemessenheitsprüfung – ebenso wie die Erforderlichkeitsprüfung (Erwägung „gelinderer Mittel")³⁴⁵ – besonders bei sehr eingriffsintensiven Maßnahmen eine Rolle spielt. Diese sind immer dann unangemessen, wenn sie nicht durch „besonders wichtige" öffentliche Interessen gerechtfertigt sind³⁴⁶. Die Notwendigkeit dieses Prüfschritts wird vom Verfassungsgerichtshof vor allem bei schweren Eingriffen in die Erwerbsfreiheit betont³⁴⁷. Besonders bedeutsam ist die Angemessenheitsprüfung bei Ausweisungen und Aufenthaltsverboten gegenüber Fremden, die unter Berufung auf den Schutz der öffentlichen Ordnung in das Privat- und Familienleben eingreifen³⁴⁸: Hier kann die Erforderlichkeitsprüfung – mangels gleich geeigneter „gelinderer" Mittel – keinen tauglichen Filter abgeben. Ähnlich ist es bei Fällen, in denen es darum geht, gegenläufige Grundrechtspositionen verschiedener Grundrechtsträger gegeneinander abzuwägen³⁴⁹.

Güterabwägung

Maßgeblichkeit der Eingriffsintensität

Ausweisung und Aufenthaltsverbot

103
Inkonsequente Adäquanzprüfung

Nach einer Formel der ständigen Rechtsprechung ist die Adäquanz als drittes eigenständiges Element der Verhältnismäßigkeit – neben der Eignung und Notwendigkeit des Eingriffs – zu prüfen³⁵⁰. Die Judikaturpraxis ist dabei freilich sehr inkonsequent. Vielfach wird der Begriff eher unreflektiert, so etwa

---

343 *VfSlg* 12.472/1990, 14.141/1995.
344 Zu dieser Terminologie vgl. insb. *Berka*, Grundrechte (LitVerz.), RN 274.
345 Dazu oben 3b, RN 100f.
346 Dazu oben 2, RN 95.
347 Besonders markant z. B. in *VfSlg* 16.287/2001.
348 *VfSlg* 16.845/2003; *VfGH*, Erk. v. 29. 9. 2007, B 1150/07; Erk. v. 29. 9. 2007, B 328/07; Erk. v. 5. 3. 2008, B 1918/07; Erk. v. 5. 3. 2008, B 16/08; Erk. v. 5. 3. 2008, B 61/08; Erk. v. 5. 3. 2008, B 1859/07; Erk. v. 13. 3. 2008, B 1032/07; Erk. v. 25. 6. 2008, B 2369/07; Erk. v. 10. 6. 2008, B 1327/07.
349 Vgl. z. B. *VfSlg* 16.054/2000 (Versammlungsfreiheit gegen Religionsfreiheit), *VfSlg* 12.501/1990 (Versammlungsfreiheit gegen Meinungsfreiheit), *VfGH*, Erk. v. 9. 10. 2008, B 1695/07 (Versammlungsfreiheit gegen Erwerbsfreiheit) oder *OGH* v. 25. 5. 1994, JBl 1995, S. 658 (Versammlungsfreiheit gegen Eigentumsrecht). Dazu *Grabenwarter*, Kontrolldichte des Grund- und Menschenrechtsschutzes in mehrpoligen Rechtsverhältnissen, EuGRZ 2006, S. 487 ff.
350 Danach sind insb. Eingriffe in die Erwerbsfreiheit nur zulässig, „wenn das öffentliche Interesse sie gebietet" und sie überdies „zur Zielerreichung geeignet und adäquat" sind (*VfSlg* 12.742/1991, 12.873/1991, 13.023/1992, 16.287/2001, 17.682/2005).

synonym für die Erforderlichkeit des Eingriffs[351] oder für die Verhältnismäßigkeit im weiteren Sinne[352] verwendet. Vielfach fließt der Aspekt der Angemessenheit auch nur implizit in die Fallprüfung mit ein oder spielt überhaupt keine Rolle. Einzuräumen ist dabei, daß die drei genannten Prüfschritte sich nicht immer exakt voneinander abgrenzen lassen und auch der allgemeine juristische Sprachgebrauch oft unpräzis ist[353].

Über die Angemessenheit hinaus hebt der Verfassungsgerichtshof für die Zulässigkeit von Grundrechtseingriffen stets noch ein viertes Erfordernis hervor: jenes der „Sachlichkeit". Ein in ein Grundrecht eingreifendes Gesetz müsse nicht nur durch das öffentliche Interesse geboten, zur Zielerreichung geeignet und adäquat sein, sondern „auch sonst sachlich gerechtfertigt werden" können[354]. Damit bringt der Gerichtshof zum Ausdruck, daß er – neben der Verhältnismäßigkeit – immer auch den Gleichheitssatz mit dem daraus abgeleiteten Sachlichkeitsgebot[355] als Schranke für Grundrechtseingriffe betrachtet. Nicht klar wird allerdings, ob sich dadurch wirklich ein zusätzliches Erfordernis ergibt und ob das Sachlichkeitsgebot bei Grundrechtseingriffen nicht letztlich im Verhältnismäßigkeitsprinzip aufgeht[356].

104
Beachtung des „Sachlichkeitsgebots"

---

351 So *VfSlg* 15.700/1999, 15.509/1999. Inkonsequent auch *VfSlg* 11.860/1988: „Unentbehrlich" sei eine Regelung nur dann wenn sie zur Zielerreichung „geeignet und adäquat" sei.
352 So z. B. *VfSlg* 13.023/1992: Schwere Grundrechtseingriffe seien nur „angemessen", wenn dafür besonders wichtige Interessen sprechen und keine Alternativen bestehen.
353 So wird ein nicht „erforderlicher" Eingriff, der durch ein gelinderes Mittel ersetzt werden kann, oft auch als „unangemessen" bezeichnet. In diese Richtung auch *Öhlinger* (LitVerz.), RN 717.
354 So die übliche Formel bei der Erwerbsfreiheit z. B. *VfSlg* 11.494/1987, 11.558/1987, 11.853/1988, 12.094/1989, 13.073/1992, 13.725/1994, 14.895/1997, 15.587/1999, 16.688/2002, 17.682/2005; *VfGH*, Erk. v. 11. 12. 2008, G 43/07; ähnlich beim Eigentumsrecht *VfSlg* 14.503/1996, 15.099/1998, 15.577/1999, 17.311/2004, 15.771/2000, 16.636/2002, 17.348/2004, 17.604/2005, 18.018/2006, 18.101/2007; beim Privat- und Familienleben *VfSlg* 15.632/1999.
355 Näher → unten *Pöschl*, Gleichheitsrechte, § 192, insb. RN 36 ff.
356 Der im Text zitierten Grundrechtsformel wird nämlich häufig der Satz angefügt: „Das bedeutet, dass Ausübungsregeln bei einer Gesamtabwägung zwischen der Schwere des Eingriffs und dem Gewicht der ihn rechtfertigenden Gründe verhältnismäßig sein müssen" (*VfSlg* 12.481/1990, 12.492/1990, 15.316/1998). Eine weitgehend synonyme Verwendung der Rechtsfiguren Verhältnismäßigkeit und Sachlichkeit kommt auch in *VfGH*, Erk. v. 13. 3. 2008, G 194/07, zum Ausdruck.

F. Bibliographie

Berka, Walter, Das allgemeine Gesetz als Schranke der grundrechtlichen Freiheit, in: Heinz Schäffer u. a. (Hg.), FS Koja, 1998, S. 221 ff.
ders., Die Gesetzesvorbehalte der Europäischen Menschenrechtskonvention, ZÖR 1986, S. 71 ff.
ders., Konkretisierung und Schranken der Grundrechte, ZÖR 54 (1999), S. 31 ff.
Feik, Rudolf, Der räumliche und persönliche Geltungsbereich der Grundrechte, ZÖR 54 (1999), S. 19 ff.
Grabenwarter, Christoph, Kontrolldichte des Grund- und Menschenrechtsschutzes in mehrpoligen Rechtsverhältnissen, EuGRZ 2006, S. 487 ff.
ders. u. a. (Hg), Allgemeinheit der Grundrechte und Vielfalt der Gesellschaft, 1994.
Griller, Stefan, Der Schutz der Grundrechte vor Verletzung durch Private, JBl 1992, S. 205 ff., 289 ff.
ders., Drittwirkung und Fiskalgeltung von Grundrechten, ZfV 1983, S. 1 ff. und S. 109 ff.
Griss, Irmgard, Die Grundrechte in der zivilrechtlichen Rechtsprechung, in: ÖJK (Hg.), Aktuelle Fragen des Grundrechtsschutzes, 2005, S. 54 ff.
Heller, Kurt, Judicial self restraint in der Rechtsprechung des Supreme Court und des Verfassungsgerichtshofes, ZÖR 1988, S. 89 ff.
Holoubek, Michael, Grundrechtliche Gewährleistungspflichten, 1997.
ders., Zur Begründung des Verhältnismäßigkeitsgrundsatzes – verwaltungs-, verfassungs- und gemeinschaftsrechtliche Aspekte, in: Stefan Griller u. a. (Hg), FS Rill, 1995, S. 97 ff.
ders., Funktion und Interpretation der Grundrechte, ZÖR 54 (1999), S. 97 ff.
Kodek, Georg, Die Wahrung von Grundrechten in der Gerichtsbarkeit, ÖJZ 2008, S. 216 ff.
Korinek, Karl, Entwicklungstendenzen in der Grundrechtsjudikatur des Verfassungsgerichtshofes, 1992.
Mayer, Heinz, Der „Rechtserzeugungszusammenhang" und die sogenannte „Drittwirkung" der Grundrechte, JBl 1990, S. 768 ff.
ders., Nochmals zur sogenannten „Drittwirkung" der Grundrechte, JBl 1992, S. 768 ff.
Öhlinger, Theo, Die Grundrechte in Österreich, EuGRZ 1982, S. 216 ff.
Okresek, Wolf, Der Einfluß der EMRK und der Judikatur der Straßburger Konventionsorgane auf die österreichische Rechtsordnung, Newsletter 1997, S. 144 ff.
Pöschl, Magdalena/Arno Kahl, Die Intentionalität – ihre Bedeutung und Berechtigung in der Grundrechtsjudikatur, ÖJZ 2001, S. 41 ff.
Ringhofer, Kurt, Über Grundrechte und deren Durchsetzung im innerstaatlichen Recht, in: Rechtswissenschaftliche Fakultät der Universität Salzburg (Hg.), FS Hellbling, 1981, S. 355 ff.
Spielbüchler, Karl, Grundrecht und Grundrechtsformel, in: Oswin Martinek u. a. (Hg.), FS Floretta, 1983, S. 289 ff.
Stelzer, Manfred, Das Wesensgehaltsargument und der Grundsatz der Verhältnismäßigkeit, 1991.
Walter, Robert, Grundrechtsverständnis und Normenkontrolle in Österreich, in: Hans-Jochen Vogel (Hg.), Grundrechtsverständnis und Normenkontrolle, 1979, S. 1 ff.

§ 188
Institutsgarantien und institutionelle Garantien

Gerhard Baumgartner

Übersicht

	RN		RN
A. Allgemeine Überlegungen	1–21	3. Die Familie im Sinne des Art. 8 EMRK	35–38
I. Begriffsbildung	1–7	II. Das elterliche Erziehungsrecht	39–42
II. Zur Bedeutung grundrechtlicher Einrichtungsgarantien	8–14	III. Schutz der Volksgruppen (Minderheiten)	43–45
III. Negative Einrichtungsgarantien	15–21	IV. Die Gemeinde als Selbstverwaltungseinrichtung	46–48
B. Einzelne Einrichtungsgarantien	22–48	C. Schlußbemerkung	49
I. Ehe und Familie	23–38	D. Bibliographie	
1. Die Ehe	25–32		
2. Die Familie im Sinne des Art. 12 EMRK	33–34		

A. Allgemeine Überlegungen

I. Begriffsbildung

1
Objektiv-rechtliche Gehalte der Grundrechtsbestimmungen

Wenngleich die Grundrechte der österreichischen Bundesverfassung in erster Linie als staatsgerichtete Abwehrrechte konzipiert sind, so läßt sich doch nicht bestreiten, daß aus Grundrechtsbestimmungen nicht nur subjektive Rechte abzuleiten sind, sondern diese Normen auch objektiv-rechtliche Gehalte aufweisen[1]. Um eine derartige ihrer Art nach objektiv-rechtliche Rechtsfigur handelt es sich bei den sogenannten grundrechtlichen Einrichtungsgarantien[2]. Eine solche grundrechtliche Einrichtungsgarantie liegt nach dem klassischen Verständnis dann vor, wenn durch Grundrechtsbestimmungen Einrichtungen der Rechtsordnung unterhalb der Verfassungsstufe unter besonderen Schutz vor Aushöhlung oder Beseitigung durch die einfache Gesetzgebung gestellt werden[3]. Das Grundrecht garantiert hier einen bestimmten Inhalt und damit eine bestimmte Ausgestaltung der einfachgesetzlichen Rechtslage[4]; es schützt nicht nur konkrete subjektive Rechte eines individuellen Rechtssubjekts, sondern bedeutet auch eine Garantie der betreffenden Rechtseinrichtung. Voraussetzung für die Annahme einer Einrichtungsgarantie ist freilich, daß die Verfassung auf die Gewährleistung einer vorgefundenen Rechtseinrichtung abzielt. Es reicht nicht aus, daß die Verfassung an vorgefundene Einrichtungen lediglich anknüpft oder bestimmte Institute oder Institutionen bloß erwähnt[5]. Die Feststellung einer solchen Garantie wird daher in der Regel eines Rückgriffs auf die historische Dimension sowie auf systematische und teleologische Überlegungen bedürfen, zumal das österreichische Bundesverfassungsrecht keine ausdrückliche Einrichtungsgarantie kennt[6].

Gewähr vorgefundener Rechtseinrichtungen

---

1 Zum Nebeneinander von subjektivem Gehalt und objektiv-rechtlicher Funktion der Grundrechte vgl. auch *Berka*, Die Grundrechte (LitVerz.), RN 89 ff., 99 ff., der in diesem Zusammenhang den Begriff der „objektiven Grundsatznormen" vorschlägt.
2 Für das deutsche Staatsrecht *Stern*, Staatsrecht III/1 (LitVerz.), S. 754. → Bd. II: *Kloepfer*, Einrichtungsgarantien, § 43.
3 Ein erweitertes Begriffsverständnis findet sich etwa bei *Ludwig Adamovich*, Handbuch des österreichischen Verfassungsrechts, ⁶1971, S. 503, und *Ludwig Adamovich/Bernd-Christian Funk*, Österreichisches Verfassungsrecht, ³1985, S. 377, die in Anlehnung an *Friedrich Klein* (in: v. Mangoldt/ders., GG [LitVerz.], Bd. I, S. 84 ff.) die Auffassung vertreten, daß außer Einrichtungen öffentlich-rechtlicher oder privatrechtlicher Art auch „gesellschaftliche Sachverhalte" garantiert sein können. Vgl. auch *Brigitte Gutknecht*, Grundrechtsschutz für Ehe und Familie, 1988, S. 12. Zu dieser Position zu Recht kritisch *Stern*, Staatsrecht III/1 (LitVerz.), S. 787 ff. m.w.N.
4 Vgl. *Michael Holoubek*, Grundrechtliche Gewährleistungspflichten, 1997, S. 166. Wenngleich der Hauptzweck der Einrichtungsgarantien darin besteht, den einfachen Gesetzgeber am Zugriff auf die geschützte Einrichtung zu hindern, kann doch nicht zweifelhaft sein, daß derartige verfassungsrechtliche Garantien auch die Verwaltung binden. Auch Verordnungen können daher wegen Mißachtung einer Institutsgarantie oder einer institutionellen Garantie verfassungswidrig sein.
5 Vgl. *Stern*, Staatsrecht III/1 (LitVerz.), S. 789.
6 Vgl. *Adamovich* (FN 3), S. 503; *Melichar*, Die Entwicklung der Grundrechte in Österreich, in: Verhandlungen des Zweiten Österreichischen Juristentages, Wien 1964, Bd. I, 2. Teil, S. 27.

In der österreichischen Grundrechtsdogmatik[7] werden die verfassungsrechtlichen Einrichtungsgarantien in Anlehnung an die von *Carl Schmitt* entwickelte Terminologie[8] üblicherweise in Institutsgarantien und institutionelle Garantien unterschieden[9]. Mit der Berufung auf die traditionelle Unterscheidung in Institutsgarantien und institutionelle Garantien ist allerdings noch nicht die notwendige Klarheit geschaffen, zumal schon ein flüchtiger Blick auf das einschlägige Schrifttum zeigt, daß die genannten Termini nicht einheitlich verwendet werden. Es erweist sich daher als erforderlich, die hier verwendete Begriffsbildung offenzulegen und damit zugleich das Thema der Untersuchung abzugrenzen.

2
Institutsgarantien und institutionelle Garantien

Nach hergebrachtem Verständnis wird die grundsätzliche verfassungsrechtliche Absicherung eines privatrechtlichen Instituts als Institutsgarantie bezeichnet[10]. Ein privatrechtliches Rechtsinstitut ergibt sich aus der Summe der (privatrechtlichen) gesetzlichen Vorschriften, die sich auf ein bestimmtes Lebensverhältnis beziehen. Es handelt sich dabei um ein gleichsam als Inbegriff von Normen aufzufassendes Abstraktum (Normenkomplex), um eine vom positiven Recht inhaltlich bestimmte und nach außen abgegrenzte Grundform, in der die tatsächlichen Lebensverhältnisse rechtlich erfaßt werden können[11]. Zu den durch Grundrechtsbestimmungen geschützten Rechtsinstituten zählen insbesondere die Ehe (Art. 12 EMRK) und das Eigentum (Art. 5 StGG[12]).

3
Hergebrachtes Begriffsverständnis der Institutsgarantie

Mit dem Begriff der institutionellen Garantie wird die verfassungsrechtliche Gewährleistung öffentlich-rechtlicher Einrichtungen umschrieben[13]. Der Ausdruck „Institution" als Bestandteil der überkommenen Rechtsfigur der Einrichtungsgarantie bezeichnet somit eine durch öffentlich-rechtliche Normen geprägte Rechtseinrichtung. Eine institutionelle Garantie wird von einem Teil der Lehre etwa für die Universitäten aus der Wissenschaftsfreiheit

4
Begriff der institutionellen Garantie

---

7 Für die deutsche Lehre von den Einrichtungsgarantien vgl. statt vieler *Stern*, Staatsrecht III/1 (LitVerz.), S. 751 ff.; *Ute Mager*, Einrichtungsgarantien, 2003; → Bd. II, *Kloepfer*, Einrichtungsgarantien, § 43.
8 *Carl Schmitt*, Verfassungslehre, 1928, S. 117; *ders.*, Freiheitsrechte und institutionelle Garantien der Reichsverfassung, in: Verfassungsrechtliche Aufsätze aus den Jahren 1924–1954, ²1973, S. 140 (143 ff.). Zur Lehre von *Carl Schmitt* s. auch *Mager* (FN 7), S. 21 ff.
9 Vgl. *Berka*, Die Grundrechte (LitVerz.), RN 108; *dens.*, in: Rill/Schäffer (LitVerz.), Vorbem. zum StGG, RN 30; *Melichar* (FN 6), S. 26 f. Der Oberbegriff „Einrichtungsgarantien" geht zurück auf *Friedrich Klein*, Institutionelle Garantien und Rechtsinstitutsgarantien, 1934, S. 2.
10 Vgl. *Walter/Mayer/Kucsko-Stadlmayer* (LitVerz.), RN 1338; *Adamovich/Funk* (FN 3), S. 377; *Dürig*, in: Maunz/ders., GG (LitVerz.), Art. 1 Abs. III RN 97 (Erstbearb.).
11 Vgl. *Helmut Koziol/Rudolf Welser*, Grundriß des bürgerlichen Rechts. Bd. I, ¹²2002, S. 47; *Josef Aicher*, Grundfragen der Staatshaftung bei rechtmäßigen hoheitlichen Eigentumsbeeinträchtigungen, 1978, S. 88, 90.
12 *Melichar* (FN 6), S. 27 leitet die Institutsgarantie aus dem ersten Satz des Art. 5 StGG („Das Eigentum ist unverletzlich.") ab. Art. 1 des 1. ZP EMRK ist hingegen nach herrschender Ansicht keine Institutsgarantie des Eigentums zu entnehmen. Vgl. *Holoubek* (FN 4), S. 188. Eine eigenständige Institutsgarantie des Erbrechts, wie sie in Art. 14 Abs. 1 GG verankert ist, wurde in Österreich soweit ersichtlich bislang nicht behauptet.
13 Vgl. *Walter/Mayer/Kucsko-Stadlmayer* (LitVerz.), RN 1338; *Adamovich/Funk* (FN 3), S. 377; *Dürig*, in: Maunz/ders., GG (LitVerz.), Art. 1 Abs. III RN 97 (Erstbearb.).

§ 188 *Dreizehnter Teil: I. Allgemeine Lehren*

Verfahrensrechtliche Einrichtungen

(Art. 17 StGG) abgeleitet[14]. Ein weiteres Beispiel für eine mit verfassungsgesetzlich gewährleisteten Rechten verbundene institutionelle Garantie bietet die Selbstverwaltung der Gemeinden (Art. 116 Abs. 1 B-VG). Dehnt man den Begriff der Einrichtungsgarantie auch auf verfahrensrechtliche Einrichtungen aus, so müssen noch weitere, vor allem in der Europäischen Menschenrechtskonvention verankerte Grundrechtsbestimmungen in diesem Zusammenhang genannt werden[15]. In Art. 5 Abs. 4 EMRK und Art. 6 des Bundesverfassungsgesetzes über den Schutz der persönlichen Freiheit (PersFrG) wird die Prüfung von Maßnahmen des Freiheitsentzuges durch ein Gericht bzw. durch eine andere unabhängige Behörde[16] garantiert. In Art. 6 Abs. 1 EMRK wird gewährleistet, daß über zivilrechtliche Ansprüche und Verpflichtungen oder über die Stichhaltigkeit einer strafrechtlichen Anklage ein unabhängiges und unparteiisches, auf Gesetz beruhendes Gericht („tribunal") entscheidet. Gemäß Art. 13 EMRK hat jedermann im Falle einer Verletzung der in der Konvention festgelegten Rechte und Freiheiten das Recht, eine wirksame Beschwerde bei einer nationalen Instanz einzulegen, selbst wenn die Verletzung von Personen begangen worden ist, die in amtlicher Eigenschaft gehandelt haben. Durch die genannten Bestimmungen wird jeweils die Existenz der entsprechenden Einrichtungen (Gericht, unabhängige Behörde, nationale Instanz) verfassungsrechtlich gefordert. So gesehen kann aus der Europäischen Menschenrechtskonvention, vor allem aus Art. 6 EMRK, eine institutionelle Garantie einer entsprechend ausgestalteten Gerichts- bzw. Verwaltungsorganisation abgeleitet werden[17].

5
Einrichtungsgarantie als Oberbegriff

Freilich ist nicht zu leugnen, daß es sich bei der hier angebotenen Definition nur um eine grobe Unterscheidung handelt, die der zum üblichen wissenschaftlichen Sprachgebrauch avancierten begrifflichen Trennung Rechnung trägt. Im übrigen wäre allerdings zu erwägen, die Unterscheidung in institutionelle Garantien und Institutsgarantien aufzugeben, weil – wie vor allem das Bemühen der deutschen Staatsrechtslehre gezeigt hat[18] – einwandfreie Abgrenzungskriterien nicht zu finden sind. Dies käme auch dem allgemeinen Sprachgebrauch entgegen, der zwischen „Institution" und „Institut" praktisch

---

14 Vgl. *Walter/Mayer/Kucsko-Stadlmayer* aaO., RN 1506 f.; a.M. *Holoubek* (FN 4), S. 41, 202 ff. m.w.N. Nach dem UOG-Erkenntnis *VfSlg* 8136/1977 hat Art. 17 StGG keinen institutionellen Gehalt und gibt kein bestimmtes Organisationsmodell der Universität vor.

15 Vgl. *Adamovich* (FN 3), S. 503, *Melichar* (FN 6), S. 29; *Pernthaler*, Zur verfassungsrechtlichen Verankerung von Ehe und Familie in der österreichischen Rechtsordnung, in: Ludwig Adamovich/ders. (Hg.), FS Klecatsky, Bd. II, 1980, S. 743 (752).

16 An eine unabhängige Behörde i.S.d. Art. 6 PersFrG sind dieselben Anforderungen zu stellen wie an ein Tribunal i.S.d. Art. 6 EMRK (*VfSlg* 14.939/1997).

17 Die herausragende Bedeutung des Art. 6 EMRK in der Rspr. der Straßburger Instanzen beruht freilich nicht auf einem institutionellen Verständnis dieser Bestimmung, sondern läßt sich auf die Berücksichtigung der besonderen Stellung der Grundsätze des „due process of law" und des „fair trial" im common law und dessen Einfluß auf die Auslegung dieser Konventionsbestimmung durch die Straßburger Instanzen zurückführen. So *Holoubek* (FN 4), S. 64 f. → Bd. II: *Schmidt-Aßmann*, Grundrechte als Organisations- und Verfahrensgarantien, § 45 RN 53.

18 Einen Überblick geben die Ausführungen von *Stern*, Staatsrecht III/1 (LitVerz.), S. 776 ff.; → Bd. II: *Kloepfer*, Einrichtungsgarantien, § 43, insb. RN 21 ff.

nicht unterscheidet[19]. Für die Verwendung des Oberbegriffs „Einrichtungsgarantie" anstelle von Institutsgarantie und institutioneller Garantie spricht ferner, daß die traditionelle Unterteilung in Institutsgarantien und institutionelle Garantien auf der Unterscheidung zwischen öffentlichem und privatem Recht beruht und die Abgrenzung dieser beiden Rechtsbereiche ihrerseits problematisch sein kann[20]. Hinzu kommt, daß die begriffliche Trennung für das Wesen der verfassungsrechtlichen Einrichtungsgarantie und ihre Schutzfunktion ohne Relevanz ist[21]. Maßgeblich ist vielmehr, daß bestimmte Rechtseinrichtungen verfassungsrechtlich abgesichert wurden und damit nicht zur freien Disposition des einfachen Gesetzgebers stehen. Ob es sich dabei um privatrechtliche oder um öffentlich-rechtliche Einrichtungen handelt, ist insoweit nicht wesentlich. Entscheidend ist vielmehr, daß Gegenstand einer verfassungsrechtlichen Einrichtungsgarantie immer nur eine Rechtseinrichtung, das heißt ein vom Recht geformtes und abgegrenztes Gebilde sein kann. Bei den durch eine verfassungsrechtliche Einrichtungsgarantie geschützten „Instituten" bzw. „Institutionen" handelt es sich demnach um eine normative Kategorie[22]. Rein tatsächliche Institutionen, gesellschaftliche Sachverhalte oder bloße Lebensformen bilden demgegenüber kein taugliches Objekt einer Einrichtungsgarantie[23].

Maßgeblichkeit verfassungsrechtlicher Absicherung

Zur Vermeidung von Mißverständnissen sei schließlich betont, daß nach herkömmlichem Verständnis neben den Grundrechtsbestimmungen auch andere Verfassungsvorschriften Einrichtungsgarantien enthalten. Diese binden zwar den Gesetzgeber und sind daher als Aufträge und Schranken für die einfache Gesetzgebung zu werten. Sie vermitteln aber dem einzelnen keine subjektiven verfassungsgesetzlich gewährleisteten Rechte[24]. So wird beispielsweise durch Art. 92 B-VG der Bestand des Obersten Gerichtshofes als oberste Instanz in Zivil- und Strafrechtssachen verfassungsrechtlich gewährleistet, ohne daß dadurch individuelle Rechtsansprüche begründet werden. Gleiches gilt für die aus verschiedenen Bestimmungen der österreichischen Bundesverfassung ableitbare – im Vergleich mit Deutschland freilich vergleichsweise vage –

6
Aufträge und Schranken für die einfache Gesetzgebung

---

19 So *Stern*, Staatsrecht III/1 (LitVerz.), S. 782 unter Hinweis auf *F. Klein* (FN 9), S. 96 ff. Auch in der Judikatur und im Schrifttum werden die Begriffe häufig vermengt.
20 Vgl. *Melichar* (FN 6), S. 27; *Pernthaler* (FN 15), S. 751 FN 32; anschaulich auch *Öhlinger*, Eigentum und Gesetzgebung, in: Machacek/Pahr/Stadler, Grund- und Menschenrechte in Österreich (LitVerz.), Bd. II, S. 643 (659), der von der „brüchigen Grenze von öffentlichem Recht und Privatrecht" spricht.
21 Vgl. *Stern*, Staatsrecht III/1 (LitVerz.), S. 781.
22 Zur Abgrenzung vom „metaphysischen" Begriffsverständnis vgl. *Aicher* (FN 11), S. 88 f. und dort FN 238 m.z.w.N.
23 So *Stern*, Staatsrecht III/1 (LitVerz.), S. 785; vgl. auch *Mager* (FN 7), S. 405 ff., die betont, daß die Zusammenfassung von Rechtsinstitutsgarantien und institutionellen Garantien unter den Oberbegriff „Einrichtungsgarantie" nach spezifischen Gemeinsamkeiten verlange. Diese sieht sie einerseits in der Angewiesenheit auf Rechtsetzung (strukturelle Gemeinsamkeit) und andererseits in der Gewährleistung von Autonomie als Schutzzweck (funktionelle Gemeinsamkeit); a.M. offenbar *Felix Ermacora*, Grundriß der Menschenrechte in Österreich, 1988, RN 947 ff., 1023 et passim. S. auch o. FN 3.
24 Vgl. *Adamovich/Funk* (FN 3), S. 377.

§ 188   *Dreizehnter Teil: I. Allgemeine Lehren*

Institutionelle Garantien abseits der Grundrechte

institutionelle Absicherung des Berufsbeamtentums[25]. Sofern die betreffende Einrichtungsgarantie jedoch nicht in Kombination mit grundrechtlichen Garantien (verfassungsgesetzlich gewährleisteten Rechten) auftritt, kann von einer grundrechtlichen Einrichtungsgarantie nicht gesprochen werden. Gerade bei der Ermittlung institutioneller Garantien abseits der Grundrechte stellt sich allerdings das bereits von *Erwin Melichar* in seinem Gutachten zum Zweiten Österreichischen Juristentag identifizierte Problem, daß die Verfassung auch die von ihr geschaffenen und geregelten staatlichen Einrichtungen gewährleistet. Es erscheint aber nur wenig sinnvoll, den Begriff der Einrichtungsgarantie (institutionellen Garantie) auf alle diese Einrichtungen auszudehnen. Zweckmäßigerweise wird man daher öffentlich-rechtliche Einrichtungen typisch staatsrechtlicher Art (z.B. die Gerichtsbarkeit des öffentlichen Rechts) aus dem Begriff der institutionellen Garantie bzw. der Einrichtungsgarantie herausnehmen. Eine klare Grenzziehung ist allerdings nicht möglich, weil der Begriff der staatsrechtlichen Einrichtung als solcher positivrechtlich nicht fixiert ist[26].

7
Prüfungsmaßstab der Normenkontrolle

Im Hinblick auf die Ausgestaltung des verfassungsgerichtlichen Rechtsschutzes ist die Unterscheidung zwischen grundrechtlichen Einrichtungsgarantien und sonstigen verfassungsrechtlichen Einrichtungsgarantien freilich ohnedies zu relativieren, zumal der einzelne im Wege eines Individualantrages auf Normenkontrolle (Art. 140 Abs. 1 B-VG) ausnahmslos jede Verfassungswidrigkeit des angefochtenen Gesetzes geltend machen kann. Der Antragsteller ist nicht auf die Behauptung der Verletzung in verfassungsgesetzlich gewährleisteten subjektiven Rechten beschränkt, sondern er hat die Möglichkeit – sofern im übrigen die Prozeßvoraussetzungen für den Individualantrag vorliegen – auch die objektive Verfassungswidrigkeit von ihn direkt betreffenden gesetzlichen Bestimmungen vor dem Verfassungsgerichtshof zu bekämpfen[27].

II. Zur Bedeutung grundrechtlicher Einrichtungsgarantien

8

Grundrechtliche Einrichtungsgarantien beschränken die Gestaltungsbefugnisse des (einfachen) Gesetzgebers auf Grund seiner Bindung an das vom Verfassungsgesetzgeber vorausgesetzte Verständnis der jeweils garantierten

---

25 Demnach stellt die Besorgung der Verwaltung durch Berufsbeamte ein prägendes Element der vom B-VG vorgezeichneten Verwaltungsorganisation dar. Insbesondere in leitenden Funktionen und in jenen Funktionen, die in besonderem Maße mit dem Einsatz von Hoheitsgewalt verbunden sind (Zivil- und Strafgerichtsbarkeit, Unabhängige Verwaltungssenate, Verwaltungsgerichtsbarkeit) sollen nach den Vorstellungen des Verfassungsgesetzgebers Beamte zum Einsatz kommen. Vgl. *Baumgartner*, Zur verfassungsrechtlichen Verankerung des Berufsbeamtentums, ZfV 2003/624, S. 270 (281 ff.). → Bd. V: *Merten*, Der Beruf des Beamten und das Berufsbeamtentum, § 114.

26 Vgl. *Melichar* (FN 6), S. 28 f.; s. auch schon *C. Schmitt*, Freiheitsrechte und institutionelle Garantien (FN 8), S. 153. Eine andere Lösung des Abgrenzungsproblems hat jüngst *Mager* versucht, die als Kriterium für die Zuordnung zur verfassungsdogmatischen Kategorie der Einrichtungsgarantie u.a. die Sicherung von Autonomie nennt. Demzufolge wäre etwa auch die Garantie des Berufsbeamtentums mangels ihres Charakters als Autonomiegewährleistung nicht als institutionelle Garantie zu qualifizieren; s. *Mager* (FN 7), S. 405 ff., 482 ff. sowie FN 23.

27 *VfSlg* 8009/1977; *Schäffer*, in: Rill/ders. (LitVerz.), Art. 140 B-VG, RN 61; *Adamovich/Funk* (FN 3), S. 377 f.; a.M. *Walter/Mayer/Kucsko-Stadlmayer* (LitVerz.), RN 1161.

Institution oder des gewährleisteten Rechtsinstituts[28]. Der Gesetzgeber darf die betreffende Rechteinrichtung nicht abschaffen, aber auch nicht durch eine Neuregelung derart in ihrem Wesen verändern, daß dies einer Aufhebung gleichkommt[29]. Die grundsätzliche Schutzwirkung von verfassungsrechtlichen (grundrechtlichen) Einrichtungsgarantien entfaltet sich somit in der Wahrung der Existenz der jeweiligen Einrichtung als Institut oder Institution[30]. Das heißt, daß die Verfassung die wesentlichen Ordnungsprinzipien der geschützten Einrichtung gewährleistet und dem einfachen Gesetzgeber nur die Ausführung dieser Grundsätze überläßt[31]. Einrichtungsgarantien schützen freilich nur bereits vorhandene, historisch geprägte Rechtseinrichtungen. Institutionen oder Institute, die erst geschaffen werden müssen, sind hingegen nicht Gegenstand von Einrichtungsgarantien[32]; darauf Bezug nehmende verfassungsrechtliche Vorschriften wären vielmehr als Programmsätze des Verfassungsgesetzgebers zu qualifizieren.

<small>Auf Existenzwahrung gerichtete Schutzwirkung</small>

In der Regel knüpfen verfassungsrechtliche Einrichtungsgarantien daher an eine bestimmte, zum Zeitpunkt der verfassungsrechtlichen Verankerung geltende einfachgesetzliche Rechtslage an und setzen ihre Ordnungsgrundsätze als Inhalt der Verfassungsgarantie voraus[33]. Die verfassungsrechtliche Gewährleistung einer vorgefundenen Rechtseinrichtung darf allerdings deswegen nicht als Gebot zur Versteinerung der diese Einrichtung konstituierenden historischen Normen mißverstanden werden. Eine derartige Versteinerung der bei der Schaffung der in Rede stehenden Einrichtungsgarantie geltenden einfachgesetzlichen Rechtslage stünde vielmehr im Widerspruch zu der dem Gesetzgeber von Verfassungs wegen zukommenden rechtspolitischen Gestaltungsfreiheit. Daraus folgt, daß auch die Annahme einer verfassungsrechtlichen Einrichtungsgarantie den geschützten Normenkomplex nicht in allen Details konserviert und die geschützte Einrichtung für künftige Entwicklungen offen ist[34]. Die Reichweite dieser Entwicklungsmöglichkeiten hat die österreichische Lehre insbesondere am Beispiel der Institutsgarantie des Eigentums diskutiert und herausgearbeitet:

9
<small>Anknüpfung der Verfassung an einfachgesetzliche Rechtslage</small>

<small>Entwicklungsoffenheit</small>

Der verfassungsrechtliche Schutz des Eigentums als Institut enthält demnach einen besonderen Gestaltungsauftrag an den Gesetzgeber. Dessen Aufgabe ist es, dieses Rechtsinstitut näher auszugestalten. Er ist dabei aber insofern gebunden, als es ihm verfassungsrechtlich verwehrt ist, „dem Eigentum seine

10
<small>Leitbildgebundener Gestaltungsauftrag an den Gesetzgeber</small>

---

28 Vgl. *Berka*, Die Grundrechte (LitVerz.), RN 110. → Bd. II: *Kloepfer*, Einrichtungsgarantien, § 43 RN 31.
29 So *Melichar* (FN 6), S. 27; vgl. auch *Adamovich* (FN 3), S. 503; *Adamovich/Funk* (FN 3), S. 377.
30 Vgl. *Berka*, in: Rill/Schäffer (LitVerz.), Vorbem. zum StGG, RN 30; für die deutsche Staatsrechtslehre *Stern*, Staatsrecht III/1 (LitVerz.), S. 768 f. et passim.
31 Vgl. *Pernthaler* (FN 15), S. 752.
32 Vgl. *Stern*, Staatsrecht III/1 (LitVerz.), S. 788 f. m.w.N.
33 Vgl. *Pernthaler* (FN 15), S. 752. Besonderes gilt freilich für Einrichtungsgarantien, die ihren Ursprung in der Europäischen Menschenrechtskonvention haben. S. dazu die einleitenden Bemerkungen zur Klärung der Begriffe „Ehe" und „Familie" in Art. 8 und 12 EMRK unten B I, RN 23 ff.
34 Mit Argumenten der sog. Versteinerungstheorie allein ist daher der normative Gehalt von Einrichtungsgarantien nicht zu ermitteln. Vgl. zur Eigentumsgarantie *Holoubek* (FN 4), S. 194 ff.; *Öhlinger* (FN 20), S. 661; *Peter Pernthaler*, Raumordnung und Verfassung, Bd. II, 1978, S. 286 f.

§ 188

Privatnützigkeitsfunktion zu entziehen oder es seiner gesellschafts- und wirtschaftsordnungspolitischen Funktion zu entkleiden oder es insofern grundlegend zu verändern; derartiges bedeutete einen Eingriff in den Wesensgehalt der Eigentumsverbürgung"[35]. Der Gesetzgeber ist nach Auffassung der Lehre vielmehr „zur Ausgestaltung der Eigentumsordnung im Sinne des vorgefundenen ‚Leitbildes' verpflichtet bzw. muß eine in diesem Sinn bereits ausgestaltete einfachgesetzliche Rechtslage aufrechterhalten und bewahren sowie unter Umständen sogar an geänderte soziale Bedingungen anpassen"[36]. Damit wird zum Ausdruck gebracht, daß es einen gewissen Kernbereich des „Eigentums" gibt, über den auch der einfache Gesetzgeber nicht disponieren darf (gesetzesfester Kern)[37]. Die grundrechtliche Garantie verhindert nicht nur die völlige Beseitigung, sondern auch eine Aushöhlung oder Funktionsentleerung der geschützten Einrichtung durch gesetzliche Maßnahmen. Als Verletzung der Institutsgarantie des Eigentums wären beispielsweise eine konfiskatorische Besteuerung oder ein uneingeschränktes staatliches Vorkaufsrecht beim Grundeigentum anzusehen[38]. Ferner wird deutlich, daß der grundrechtlichen Einrichtungsgarantie auch eine positive Handlungspflicht innewohnt, zumal sie den Gesetzgeber zur Aufrechterhaltung der geschützten Einrichtung sowie zur leitbildgerechten Ausgestaltung der einfachgesetzlichen Rechtsordnung verpflichtet. Die grundrechtlichen Einrichtungsgarantien werden daher in der österreichischen Grundrechtsdogmatik zu Recht als eine Art von grundrechtlichen Gewährleistungspflichten qualifiziert[39].

Grundrechtliche Gewährleistungspflicht

11

Bestimmung des konkreten normativen Gehalts

Die zentrale dogmatische Problematik der Einrichtungsgarantien besteht in der Bestimmung des konkreten normativen Gehalts der betreffenden Garantie. Die Reichweite des verfassungsrechtlichen Schutzes der vorhandenen Einrichtungen hängt im einzelnen davon ab, welche ihrer Elemente als so wesentlich angesehen werden, daß sie auch bei gesetzgeberischen Veränderungen erhalten bleiben müssen bzw. den Gesetzgeber bei der Ausgestaltung der einfachgesetzlichen Rechtsordnung (als „Leitbild") determinieren. Es müssen daher die struktur- und typusbestimmenden Merkmale, die der grundrechtlich geschützten Einrichtung das spezifische Gepräge geben und ihr cha-

---

35 So *Korinek*, in: ders./Holoubek (LitVerz.), Art. 5 StGG, RN 59; vgl. auch *Öhlinger*, Anmerkungen zur verfassungsrechtlichen Eigentumsgarantie, in: FS Klecatsky (FN 15), S. 699 (712 f. m.w.N.); *Öhlinger* (FN 20), S. 659 ff., 681 ff., der in diesem Zusammenhang von der „objektiven Wesensgehaltssperre" spricht (S. 661); *Aicher* (FN 11), S. 96 f., 120 ff.; *dens.*, Verfassungsrechtlicher Eigentumsschutz und Enteignung, in: Verhandlungen des Neunten Österreichischen Juristentages, Wien 1985, Bd. I, 1. Teil, 1985, S. 11, 39 f.; kritisch *Holoubek* (FN 4), S. 172 ff. Zur Wesensgehaltssperre des Art. 5 StGG in der Judikatur des Verfassungsgerichtshofs vgl. etwa VfSlg 3118/1956 (Verstaatlichungs-Erk.), 9911/1983 (Atomsperrgesetz-Erk.).
36 *Öhlinger* (FN 20), S. 661; vgl. auch *Aicher* (FN 11), S. 123; *dens.*, Eigentumsschutz (FN 35), S. 10, 39 f.; *Berka*, Die Grundrechte (LitVerz.), RN 110; kritisch *Holoubek* (FN 4), S. 198 ff.
37 Vgl. *Berka* aaO., RN 743 f.; *Öhlinger* (FN 20), S. 660; *Holoubek* aaO., S. 172 ff.
38 Zu diesen Beispielen vgl. *Holoubek* aaO., S. 174 FN 41.
39 Vgl. *Berka*, Die Grundrechte (LitVerz.), RN 104; *dens.*, in: Rill/Schäffer (LitVerz.), Vorbem. zum StGG, RN 26 ff.; zum Eigentum etwa *Korinek*, in: ders./Holoubek (LitVerz.), Art. 5 StGG, RN 60 ff.; *Öhlinger* (FN 20), S. 661 f.; ausführlich *Holoubek* aaO., S. 170 ff., 292 FN 527. Neben den Einrichtungsgarantien werden im Schrifttum die staatlichen Schutzpflichten, die Grundrechtssicherung durch Organisation und Verfahren und die Teilhaberechte als Kategorien grundrechtlicher Gewährleistungspflichten genannt.

rakteristisches Erscheinungsbild ausmachen, herausgearbeitet werden. Dabei spielt die historische Komponente eine besondere, wenngleich nicht die alleinig entscheidende Rolle[40]. Je enger die Bindung an das geschichtliche Erscheinungsbild angenommen wird, desto geringer sind freilich die Gestaltungsmöglichkeiten des Gesetzgebers. Werden dagegen nur elementare Ziele oder Funktionen des Instituts oder der Institution als von der Einrichtungsgarantie umfaßt angesehen, ist dem einfachen Gesetzgeber ein größerer Spielraum eröffnet[41]. So wurde beispielsweise für die eben angesprochene Eigentumsgarantie eine weitgehende Bindung des Gesetzgebers an die präkonstitutionelle Eigentumsordnung des Allgemeinen Bürgerlichen Gesetzbuches behauptet[42], während die herrschende Lehre dem Gesetzgeber bei der leitbildgerechten Ausgestaltung der einfachgesetzlichen Eigentumsordnung einen deutlich weiteren Spielraum einräumt[43].

Bedeutung der historischen Komponente

Von anderen verfassungsrechtlichen Einrichtungsgarantien unterscheiden sich die grundrechtlichen Einrichtungsgarantien auf Grund ihrer positivrechtlichen Verknüpfung mit den entsprechenden Grundrechten (im subjektiven Sinn)[44]. Es erhebt sich daher die Frage nach dem Verhältnis der Einrichtungsgarantien zu den in denselben Verfassungsbestimmungen verankerten subjektiven Rechten. Dieses Verhältnis kann als komplementäres Nebeneinander von grundrechtlicher Einrichtungsgarantie und abwehrrechtlichen Schutzwirkungen des Grundrechts beschrieben werden. Durch die Einrichtungsgarantie werden bestimmte, in Grundrechtsbestimmungen enthaltene Einrichtungen zusätzlich zur subjektiven Rechtsgewährung geschützt, wodurch die abwehrrechtliche Grundrechtsposition ergänzt bzw. verstärkt wird[45]. Besonders augenscheinlich wird das Zusammenspiel von grundrechtlicher Einrichtungsgarantie und subjektivem Recht bei jenen Grundrechten, die eine bestimmte rechtliche Regelung oder Ordnung voraussetzen, ohne die von der gewährleisteten Freiheit kein Gebrauch gemacht werden kann. So setzt das verfassungsgesetzlich gewährleistete Recht auf Unverletzlichkeit des Eigentums beispielsweise eine privatrechtliche Eigentumsordnung voraus, ohne die Eigentum als rechtliche Kategorie gar nicht existent wäre[46]. Deren Gestaltung obliegt dem einfachen Gesetzgeber, der dabei allerdings durch die grundrechtliche Institutsgarantie des Eigentums gebunden ist. Wird durch den einfachen Gesetzgeber das grundrechtlich garantierte Institut „Eigentum" aus-

12

Komplementarität von Einrichtungsgarantie und subjektivem Recht

Ergänzung der abwehrrechtlichen Position

---

40 Zum Eigentum etwa *Aicher* (FN 11), S. 91 und dort insb. FN 246. Für die deutsche Staatsrechtslehre *Stern*, Staatsrecht III/1 (LitVerz.), S. 869 f. m.w.N. → Bd. II: *Kloepfer*, Einrichtungsgarantien, § 43 RN 76 ff.
41 Vgl. *Berka*, Die Grundrechte (LitVerz.), RN 110; *Holoubek* (FN 4), S. 194 ff.; *Öhlinger* (LitVerz.), RN 700.
42 Vgl. *Rill*, Eigentum, Sozialbindung und Enteignung bei der Nutzung von Grund und Boden, in: VVDStRL 51 (1992), S. 177 (180 ff., 206).
43 Vgl. z. B. *Korinek*, in: ders./Holoubek (LitVerz.), Art. 5 StGG, RN 61; *Aicher* (FN 11), S. 91 ff.; *Pernthaler* (FN 34), S. 292 ff.; *Öhlinger* (FN 20), S. 661; *Holoubek* (FN 4), S. 195 f.
44 Zur Unterscheidung zwischen Grundrechten im subjektiven Sinn und Grundrechten im objektiven Sinn vgl. etwa *Öhlinger* (LitVerz.), RN 677.
45 Vgl. *Stern*, Staatsrecht III/1 (LitVerz.), S. 792 ff., 795; zur Institutsgarantie des Eigentums *Öhlinger* (FN 35), S. 712 f.; *Aicher* (FN 11), S. 86 f., 96 f.; *Pernthaler* (FN 34), S. 286; *Holoubek* (FN 4), S. 202.
46 Vgl. *Berka*, Die Grundrechte (LitVerz.), RN 247.

Schutz vor gesetzlicher Denaturierung

geformt und dadurch das Grundrecht aktualisiert, so erhält dadurch auch das sich auf das garantierte Institut beziehende subjektive öffentliche Recht seinen konkreten Inhalt[47]. Die verfassungsrechtliche Institutsgarantie schützt damit nicht nur den Bestand der privatrechtlichen Einrichtung Eigentum an sich gegenüber dem Gesetzgeber, sondern sie dient auch dem Zweck, das subjektive Recht vor der „gesetzespositivistisch möglichen Denaturierung" zu schützen[48].

13
Priorität des abwehrrechtlichen Grundrechtsgehalts

Gesetzliche Regelungen, die im Widerspruch zu der aus einer Einrichtungsgarantie erfließenden Bindung des Gesetzgebers stehen, werden freilich oftmals auch am abwehrrechtlichen Gehalt des entsprechenden Grundrechts, insbesondere an der Verhältnismäßigkeitsprüfung als Schrankenschranke scheitern[49]. Dies gilt speziell dort, wo die Schutzwirkungen der Einrichtungsgarantie auf ein Verbot massiver und weitreichender Beschränkungen grundrechtlicher Positionen hinauslaufen[50]. Angesichts einer ausgereiften abwehrrechtlichen Grundrechtsdogmatik verwundert es daher nicht, daß die grundrechtlichen Einrichtungsgarantien in Österreich bislang kaum eine eigenständige Bedeutung entwickeln konnten.

14
Durchsetzung grundrechtlicher Gewährleistungspflichten aus Einrichtungsgarantien

Hinzu kommt, daß die Durchsetzung der vom normativen Gehalt einer Einrichtungsgarantie umfaßten grundrechtlichen Gewährleistungspflichten auf Schwierigkeiten stoßen kann. Denn einer Untätigkeit des Gesetzgebers ist im Rechtsschutzsystem des Bundes-Verfassungsgesetzes dem Grundsatz nach nicht zu begegnen, weil der Verfassungsgerichtshof im Rahmen eines Gesetzesprüfungsverfahrens lediglich bestehende Gesetze wegen Verfassungswidrigkeit aufheben kann, selbst jedoch fehlende Regelungen nicht erlassen darf. Die Durchsetzung legislativer Handlungspflichten ist dennoch nicht gänzlich ausgeschlossen, zumal das Fehlen einer bestimmten gesetzlichen Regelung zur Verfassungswidrigkeit einer (anderen) gesetzlichen Vorschrift führen kann. Eine solche kontrollierbare Verfassungswidrigkeit hat der Verfassungsgerichtshof schon früher dort angenommen, wo der Verfassung ein klarer Verfassungsauftrag, das heißt, eine bestimmte Handlungspflicht des Gesetzgebers, etwa zur Schaffung einer ergänzenden Regelung, unzweifelhaft zu entnehmen ist. Die Verletzung eines Verfassungsauftrages kommt aber nicht in Betracht, soweit die Grundrechte im wesentlichen Abwehrrechte darstellen oder als solche gedeutet werden. Nur insoweit als manchen Grundrechten (vor allem der Europäischen Menschenrechtskonvention) bestimmte Regelungsaufträge entnommen werden können, würde die Beseitigung einer bestehenden Grundrechtskonkretisierung oder eine hinsichtlich zwingender

---

47 Vgl. *Aicher* (FN 11), S. 96 f.
48 Vgl. *Aicher* aaO., S. 87 m.w.N.
49 Vgl. auch *Holoubek* (FN 4), S. 198 ff., der die Auffassung vertritt, daß der Institutsgarantie des Eigentums überhaupt kein eigenständiger objektiv-rechtlicher Gehalt zukommt, der über das hinausreicht, was dem einzelnen als seine individuelle subjektive Grundrechtsposition gewährleistet ist.
50 Vgl. *Holoubek* aaO., S. 174; *Öhlinger* (FN 20), S. 660, 681 ff.; s. in diesem Zusammenhang auch *Aicher* (FN 11), S. 124, 131. Ein (hypothetisches) Beispiel wäre etwa ein Gesetz, mit dem Grund und Boden zur Gänze verstaatlicht würden. Ein solches Gesetz würde nicht nur eine verfassungswidrige Aushöhlung des Rechtsinstituts Eigentum bewirken, sondern bedeutete auch einen massiven Eingriff in das Eigentumsgrundrecht der betroffenen Liegenschaftseigentümer.

Anforderungen mangelhafte Grundrechtskonkretisierung das Gesetz als verfassungswidrig anfechtbar machen. In jüngerer Zeit sieht der Gerichtshof eine Konstellation, die ihm die Prüfung angefochtener Gesetzesbestimmungen erlaubt, außerdem auch in Fällen, in denen das (teilweise) Fehlen einer – auf Grund sonst bestehender Regelungen – erwartbaren Anordnung, also ein gesetzgeberisches Unterlassen, gegen den Gleichheitssatz verstößt[51]. Eine Untätigkeit des Gesetzgebers kann demnach dann auf ihre Verfassungsmäßigkeit geprüft werden, wenn es sich bloß um ein partielles Unterlassen handelt, wenn also ein Zusammenhang zu einer bestehenden Norm gegeben ist, der es erlaubt, diese als Bezugspunkt für die Auswirkungen anzusehen, die das gesetzgeberische Unterlassen nach sich zieht. Ein gänzliches Untätigbleiben des Gesetzgebers kann der Verfassungsgerichtshof allerdings nicht aufgreifen, weil weder Art. 140 B-VG noch eine andere Bestimmung der Bundesverfassung den Gerichtshof ermächtigt, den Gesetzgeber zu einem Gesetzgebungsakt zu verpflichten[52].

Gesetzgeberisches Unterlassen

III. Negative Einrichtungsgarantien

Im Zusammenhang mit der grundrechtlich verbürgten Verpflichtung des Staates, gewisse Individualrechtspositionen zu achten, erweist sich mitunter auch die Verfassungswidrigkeit bestimmter Rechtseinrichtungen, die vor allem durch ihre historische Erscheinungsform identifiziert werden können. Im Hinblick auf solche verpönten Rechtseinrichtungen, die zufolge einer verfassungsrechtlichen Anordnung verfassungskräftig abgeschafft sind, kann man von negativen Einrichtungsgarantien[53] sprechen. Die Schutzwirkung derartiger negativer Einrichtungsgarantien besteht im verfassungsrechtlichen Verbot der (Wieder-)Einführung der betreffenden Rechtseinrichtung durch den Gesetzgeber[54].

15
Verbot bestimmter Rechtseinrichtungen

Als Beispiel für eine solche negative Einrichtungsgarantie kann etwa das in Art. 85 B-VG normierte ausnahmslose Verbot der Todesstrafe angeführt werden. In Verbindung mit Art. 2 EMRK und dem 6. Zusatzprotokoll zur Europäischen Menschenrechtskonvention ergibt sich daraus auch ein absolutes und uneinschränkbares subjektives Recht jedes Menschen, nicht zur Todesstrafe verurteilt zu werden[55]. Mit Inkrafttreten des 13. Zusatzprotokolls[56],

16
Verbot der Todesstrafe

---

51 So *Schäffer*, in: Rill/ders. (LitVerz.), Art. 140 B-VG, RN 29 ff. m.w.N. Vgl. z.B. *VfSlg* 5409/1966, 6944/1972, 11.585/1987 (Verfassungsauftrag) bzw. *VfSlg* 8017/1971 (Gleichheitssatz).
52 Vgl. *Walter/Mayer/Kucsko-Stadlmayer* (LitVerz.), RN 1331; *Öhlinger* (FN 20), S. 662; *Berka*, Die Grundrechte (LitVerz.), RN 103; *VfSlg* 14.453/1996. Zur Entschärfung des Problems der Untätigkeit des Gesetzgebers durch entsprechende Abgrenzung des Prüfungsgegenstandes s. *Öhlinger* (LitVerz.), RN 1007, und die dort zitierte Judikatur.
53 → Bd. II: *Merten*, Negative Grundrechte, § 42 RN 15 f.
54 Bei den gegenständlichen Grundrechten handelt es sich folglich um „absolute" Freiheitsrechte. Vgl. *Morscher*, Freiheitsrechte ohne ausdrücklichen Gesetzesvorbehalt – welche werden wirklich „absolut" gewährleistet und warum?, JBl 2003, S. 609 (616 ff.).
55 Vgl. *Öhlinger* (LitVerz.), RN 629, 746; *Berka*, Die Grundrechte (LitVerz.), RN 366; *VfSlg* 13.981/1994.
56 Das 13. ZP zur Europäischen Menschenrechtskonvention wurde am 3.5.2002 für alle Mitgliedstaaten der Europäischen Menschenrechtskonvention zur Unterzeichnung aufgelegt. Nach der Ratifikation durch mehr als 10 Staaten trat es am 1.7.2003 in Kraft. Zum Ratifikationsstand s. http://conventions.coe.int.

§ 188   *Dreizehnter Teil: I. Allgemeine Lehren*

Weitere Intensivierung der negativen Einrichtungsgarantie

demgemäß die Todesstrafe unter allen Umständen, auch in Kriegszeiten und in Zeiten der unmittelbaren Bedrohung durch einen Krieg, verboten ist, wird diese negative Einrichtungsgarantie weiter verstärkt. Mit Blick auf den von der Europäischen Menschenrechtskonvention erfaßten Rechtsraum ist außerdem darauf hinzuweisen, daß auch der Europäische Gerichtshof für Menschenrechte (EGMR) auf Grund der Entwicklung der rechtlichen Situation in den Vertragsstaaten davon auszugehen scheint, daß die Todesstrafe in Friedenszeiten inzwischen als inakzeptable, wenn nicht unmenschliche Form der Bestrafung zu beurteilen ist, die nicht länger durch Art. 2 EMRK gestattet ist. Bemerkenswert ist, daß der Gerichtshof damit im Ergebnis die Verbindlichkeit des 6. Zusatzprotokolls auch auf jene Vertragsstaaten erstrecken würde, die dieses Zusatzprotokoll bislang nicht ratifiziert haben[57].

17
Verbote von Folter, unmenschlicher oder erniedrigender Strafe oder Behandlung

Zu erwähnen ist ferner das in Art. 3 EMRK verankerte uneingeschränkte Verbot der Folter sowie unmenschlicher oder erniedrigender Strafe oder Behandlung. Während bei einer unmenschlichen Behandlung und Folter intensive körperliche und seelische Leiden zugefügt werden, steht bei der erniedrigenden Behandlung nicht die Zufügung von Schmerzen, sondern das Element der Demütigung im Vordergrund. Die Unterscheidung zwischen Folter und unmenschlicher Behandlung liegt im Grad der Schwere der Handlungen[58]. Eine Maßnahme ist dann als Folter anzusehen, wenn eine unmenschliche oder erniedrigende Behandlung vorbedacht ist und sehr ernstes und grausames Leiden hervorruft[59]. Folter liegt insbesondere vor, wenn einer Person schwere physische oder psychische Leiden durch oder auf Grund einer Anordnung öffentlicher Organe zugefügt werden, um von ihr oder einer dritten Person Informationen oder ein Geständnis zu erhalten[60]. Als legales Mittel der Strafrechtspflege wurde die Folter in Österreich freilich schon durch ein Dekret Kaiser *Joseph*s II. (mit Ermächtigung seiner Mutter *Maria Theresia*) im Jahre 1776 abgeschafft[61].

---

57 *EGMR*, Urt. v. 12. 3. 2003, Öcalan ./. Türkei, Appl. Nr. 46221/99, Ziff. 189 ff., Newsletter des Österreichischen Instituts für Menschenrechte 2003/2, abrufbar unter: http://www.sbg.ac.at/oim. Der Europäische Gerichtshof für Menschenrechte erachtete es im Ausgangsfall allerdings nicht als notwendig, eine endgültige Entscheidung zu treffen, ob die Todesstrafe immer noch nach Art. 2 EMRK zulässig wäre.
58 Vgl. *Grabenwarter*, EMRK (LitVerz.), § 20 RN 25; *EGMR*, Urt. v. 25. 4. 1978, Tyrer ./. Vereinigtes Königreich, EuGRZ 1979, S. 162 Z. 30. → Unten *Kneihs*, Der Schutz von Leib und Leben sowie Achtung der Menschenwürde, § 189 RN 40 ff., 45, 55.
59 Vgl. *Grabenwarter* aaO., § 20 RN 22; *EGMR*, Urt. v. 28. 7. 1999, Selmouni ./. Frankreich, Appl. Nr. 25.803/94, Ziff. 96 ff.; *EGMR*, Urt. v. 18. 1. 1978, Irland ./. Vereinigtes Königreich, EuGRZ 1979, S. 149 Ziff. 164 ff. Nach der Rspr. des Europäischen Gerichtshofs für Menschenrechte kann für die Ermittlung des Folterbegriffs auf Art. 1 (bzw. Art. 16) der UN-Konvention gegen Folter und andere grausame, unmenschliche oder erniedrigende Strafen oder Behandlungen zurückgegriffen werden.
60 Vgl. *Öhlinger* (LitVerz.), RN 749; *EKMR* 14. 12. 1976, Tyrer ./. Vereinigtes Königreich, EuGRZ 1977, S. 486 Ziff. 30.
61 Vgl. *Max Neuburger*, Ferdinand Edlen von Lebers Verdienste um die Aufhebung der Tortur in Oesterreich, Separatabdruck aus der Wiener klinischen Wochenschrift 1909, Nr. 30; *Hartl*, Humanität und Strafrecht. Zum 200jährigen Jubiläum der Aufhebung der Folter in Österreich, ÖJZ 1976, S. 147 ff.; *Zellenberg*, Der grundrechtliche Schutz vor Folter, unmenschlicher oder erniedrigender Strafe oder Behandlung – Art. 3 EMRK –, in: Machacek/Pahr/Stadler, Grund- und Menschenrechte in Österreich (LitVerz.), Bd. III, S. 441 (444); *Berka*, Die Grundrechte (LitVerz.), RN 377; *Ermacora* (FN 23), RN 222.

Grundrechtlich verboten ist auch die exekutive Schuldhaft, das heißt die Freiheitsentziehung wegen Nichterfüllung einer vertraglichen Verpflichtung (Art. 2 Abs. 2 PersFrG und Art. 1 des 4. ZP EMRK). Das verfassungsrechtliche Verbot richtet sich im wesentlichen gegen die alte Regelung des „Schuldturms" bzw. der „Schuldknechtschaft"[62]. In Österreich wurde die exekutive Schuldhaft in bezug auf Geldforderungen im Jahre 1868 durch Reichsgesetz[63] aufgehoben.

18 Verbot exekutiver Schuldhaft

Verfassungsrechtlich verpönt ist ferner die Grundherrschaft[64], zumal Art. 7 StGG bestimmt, daß jeder Untertänigkeits- und Hörigkeitsverband für immer aufgehoben ist, jede aus dem Titel des geteilten Eigentums auf Liegenschaften haftende Schuldigkeit oder Leistung ablösbar ist und keine Liegenschaft mehr mit einer derartigen unablösbaren Leistung belastet werden darf. Der erste Satz des Art. 7 StGG bezieht sich nicht nur auf ehemalige[65] Untertänigkeits- und Hörigkeitsverbände, sondern wirkt auch in die Zukunft, indem er ein Verbot der Begründung von Untertänigkeits- und Hörigkeitsverbänden zum Ausdruck bringt[66]. Von einer negativen Einrichtungsgarantie im Sinne eines Verbotes des geteilten, durch die Aufspaltung in ein Ober- und ein Nutzungseigentum gekennzeichneten Eigentums wird man hingegen nicht sprechen können. Denn Art. 7 StGG statuiert nach herrschender Ansicht kein verfassungsrechtliches Verbot des geteilten Eigentums, sondern verbietet lediglich, Liegenschaften nach Art des geteilten Eigentums mit unablösbaren Leistungen zu belasten[67]. Freilich handelt es sich beim geteilten Eigentum ungeachtet dessen um eine historische Erscheinungsform des Eigentums; die einschlägigen Rechtsvorschriften des Allgemeinen Bürgerlichen Gesetzbuches[68] sind heute bedeutungslos und damit totes Recht[69].

19 Verbot von Untertänigkeits- und Hörigkeitsverbänden

---

62 Vgl. *Kopetzki*, in: Korinek/Holoubek (LitVerz.), Art. 2 PersFrG, RN 84; zur Schuldhaft im mittelalterlichen Stadtrecht s. *Ursula Floßmann*, Österreichische Privatrechtsgeschichte, ^{4}2001, S. 205. → Unten *A. Hauer*, Freiheit der Person und Freizügigkeit, § 191 RN 18.
63 RGBl 1868/34.
64 Dazu *Bohuslav Rieger*, Grundherrschaft, in: Ernst Mischler/Josef Ulbrich (Hg.), Österreichisches Staatswörterbuch, Bd. I, ^{2}1905, S. 34 ff.
65 Durch Art. 7 StGG wurden Untertänigkeits- und Hörigkeitsverbände nicht aufgehoben, sondern vielmehr ein staatsrechtlicher Zustand festgestellt. Zum Zeitpunkt seiner Erlassung war die Grunduntertänigkeit bereits beseitigt, und auch die Grundentlastung war schon weitgehend abgeschlossen. Vgl. *Zellenberg*, in: Korinek/Holoubek (LitVerz.), Art. 7 StGG, RN 7; *Felix Ermacora*, Handbuch der Grundfreiheiten und der Menschenrechte, 1963, S. 198 f. Zur Aufhebung der Grunduntertänigkeit und zur Grundentlastung s. etwa *Marchet*, Grundentlastung, in: Ernst Mischler/Josef Ulbrich (Hg.), Österreichisches Staatswörterbuch, Bd. I, ^{2}1905, S. 58 ff.; *Ernst C. Hellbling*, Österreichische Verfassungs- und Verwaltungsgeschichte, ^{2}1974, S. 370 f.; *Floßmann* (FN 62), S. 192 f.; instruktiv *Oskar Lehner*, Österreichische Verfassungs- und Verwaltungsgeschichte, ^{3}2002, S. 177, 179.
66 Arg. „für immer"; zutreffend *Zellenberg* aaO., RN 9.
67 So *Zellenberg* aaO., RN 12 m.w.N.; *Armin Ehrenzweig*, System des österreichischen allgemeinen Privatrechts, Bd. I, Zweite Hälfte, ^{6}1923, S. 158; a.M. offenbar *Floßmann* (FN 62), S. 155, die vom verfassungsrechtlichen „Verbot des geteilten Eigentums" spricht. Zur Bedeutung des Art. 7 StGG vgl. auch *Ermacora* (FN 65), S. 199; *Heinz Mayer*, Das österreichische Bundes-Verfassungsrecht (LitVerz.), S. 603.
68 §§ 357 ff. ABGB. Anwendungsfälle des geteilten Eigentums nach dem ABGB waren die Erbpacht- und Erbzinsgüter, die Lehngüter, der Bodenzins (§ 1125) sowie die Familienfideikommisse. Vgl. *Floßmann* (FN 62), S. 155, 191 ff., 328 ff.; *Ehrenzweig* (FN 67), S. 155 ff.
69 Vgl. *Zellenberg* in: Korinek/Holoubek (LitVerz.), Art. 7 StGG, RN 12; *Koziol/Welser* (FN 11), S. 263. Die Bestimmungen des ABGB über die Familienfideikommisse (§§ 618 bis 645) sind durch das Gesetz vom 6. 7. 1938, (RGBl I S. 825) über das Erlöschen der Familienfideikommisse und sonstiger gebundener Vermögen außer Kraft getreten.

20
Staatengerichtetes Verbot von Sklaverei und Leibeigenschaft mit Drittwirkung

Im Zusammenhang mit grundrechtlichen Schutzpflichten bzw. der Drittwirkungsproblematik der Grundrechte[70] ist das in Art. 4 Abs. 1 EMRK niedergelegte verfassungsrechtliche Verbot der Sklaverei[71] und der Leibeigenschaft zu sehen[72], das ebenfalls als negative Einrichtungsgarantie verstanden werden kann[73]. Es handelt sich um ein absolutes Verbot, das heißt jeder Eingriff in den Schutzbereich dieses Grundrechts stellt zugleich einen Verstoß des Konventionsstaates gegen dieses Verbot dar[74]. Da sich das Verbot der Sklaverei und der Leibeigenschaft an die Staaten richtet, haben diese ihre Rechtsordnung so zu gestalten, daß es auf ihrem Territorium keine Sklaverei und keine Leibeigenschaft gibt[75]. Die demnach geforderte Gestaltung der Privatrechtsordnung ist in Österreich durch die Untersagung der Sklaverei und der Leibeigenschaft in § 16 ABGB[76] gewährleistet[77]. Das Strafgesetzbuch (StGB) stellt in § 104 den Sklavenhandel und in § 217 einen Teilaspekt des Menschenhandels („Mädchenhandel") unter Strafe.

21
Absolutes Verbot der Präventivzensur

Zu erwähnen ist schließlich auch noch das schon auf der Grundlage genuin österreichischen Bundesverfassungsrechts, nämlich durch Art. 13 Abs. 2 StGG in Verbindung mit Z. 1 des Beschlusses der Provisorischen Nationalversammlung vom 30. Oktober 1918[78] gewährleistete Zensurverbot[79]. Dieses Verbot richtet sich gegen die Vorzensur und erfaßt damit alle präventiven, vor dem Erscheinen eines Mediums ausgeübten Formen einer staatlichen Inhaltskontrolle[80]. Nach der Rechtsprechung des Verfassungsgerichtshofes hat der Verfassungsgesetzgeber mit der Entscheidung, die Präventivzensur ohne Gesetzesvorbehalt zu verbieten, dem einfachen Gesetzgeber „absolut verboten", diese Methode zur Beschränkung der Meinungsfreiheit vorzusehen[81].

---

70 Zum Verhältnis von Drittwirkung und Schutzpflichten s. *Grabenwarter*, EMRK (LitVerz.), § 19 RN 14 f.
→ Bd. II: *Papier*, Drittwirkung der Grundrechte, § 55 RN 9 f.
71 Die Europäische Menschenrechtskonvention enthält keine Definition von „Sklaverei". Nach herrschender Ansicht versteht man darunter den Zustand oder die Stellung einer Person, an der die mit dem Eigentumsrecht verbundenen Befugnisse oder einzelne davon ausgeübt werden.
72 Dazu ausführlich *Tretter*, in: Korinek/Holoubek (LitVerz.), Art. 4 EMRK, RN 5 ff.; *Machacek/Grof*, Verbot von Sklaverei und Zwangsarbeit – Art. 4 EMRK und Art. 7 StGG –, in: Machacek/Pahr/Stadler, Grund- und Menschenrechte in Österreich (LitVerz.), Bd. III, S. 497 ff.
73 Vgl. *Karl Wolff*, § 16 ABGB, in: Heinrich Klang/Franz Gschnitzer (Hg.), Kommentar zum Allgemeinen bürgerlichen Gesetzbuch, Bd. I, erster Halbbd., ²1964, S. 125 (131). Zur historischen Form der Leibeigenschaft vgl. etwa *Rieger*, Untertans- und Urbarialverhältnisse, in: Ernst Mischler/Josef Ulbrich (Hg.), Österreichisches Staatswörterbuch, Bd. I, ²1905, S. 43 (51 f.).
74 Vgl. *Grabenwarter*, EMRK (LitVerz.), § 20 RN 38.
75 Vgl. *Tretter*, in: Korinek/Holoubek (LitVerz.), Art. 4 EMRK, RN 5; *Machacek/Grof* (FN 72), S. 511.
76 § 16 ABGB lautet: „Jeder Mensch hat angeborene, schon durch die Vernunft einleuchtende Rechte, und ist daher als eine Person zu betrachten. Sklaverei oder Leibeigenschaft, und die Ausübung einer darauf sich beziehenden Macht, wird in diesen Ländern nicht gestattet".
77 Dazu *Wolff* (FN 73), S. 131. Vgl. auch *Zellenberg*, in: Korinek/Holoubek (LitVerz.), Art. 7 StGG, RN 1.
78 StGBl Nr. 3.
79 Zur Geschichte der Zensur in Österreich vgl. *Walter Berka*, Das Recht der Massenmedien, 1989, S. 51 ff. m.w.N.
80 VfSlg 6615/1971; vgl. auch *Berka*, Die Grundrechte (LitVerz.), RN 564; *Öhlinger* (LitVerz.), RN 915; *Walter/Mayer/Kucsko-Stadlmayer* (LitVerz.), RN 1463 f.
81 VfSlg 8461/1978, 12.394/1990; *Morscher* (FN 54), S. 616.

B. Einzelne Einrichtungsgarantien

Es ist hier gewiß nicht der Raum, alle als Quelle von Einrichtungsgarantien in Betracht kommenden Grundrechtsbestimmungen der österreichischen Bundesverfassung im einzelnen zu behandeln. Die demnach notwendige Auswahl von Beispielsfällen orientiert sich nicht nur an der Bedeutung des jeweiligen Grundrechts, sondern berücksichtigt auch, daß verschiedene grundrechtliche Regelungen, in denen auch eine institutionelle Seite enthalten ist (z. B. Art. 5 StGG: Eigentum), an anderer Stelle in diesem Band ausführlich dargestellt werden.

22
Auswahl von Beispielsfällen

I. Ehe und Familie

Anders als im deutschen Grundgesetz, das in seinem Art. 6 Abs. 1 Ehe und Familie unter den besonderen Schutz der staatlichen Ordnung stellt[82], finden sich in Österreich in den genuin innerstaatlichen Grundrechtsbestimmungen keine Hinweise auf Ehe und Familie[83]. Insbesondere ist im österreichischen Verfassungsrecht auch kein ausdrückliches Verbot begründet, Ehe und Familie gegenüber anderen Lebens- und Erziehungsgemeinschaften zu benachteiligen[84]. Nach dem Ende der Monarchie im Jahre 1918 hatten zwar einzelne Verfassungsentwürfe der politischen Parteien grundrechtliche Garantien von Ehe und Familie vorgesehen; diese fanden jedoch keine Aufnahme in das Bundes-Verfassungsgesetz vom Oktober 1920, weil eine Einigung über die Grundrechte nicht zustande gekommen war und stattdessen die Grundrechtsbestimmungen aus der Monarchie übernommen wurden[85]. Ende der achtziger Jahre wurde zwar ein neuerlicher Anlauf zur Verankerung von Ehe und Familie in der Verfassung unternommen, der jedoch ebenfalls zu keinem Ergebnis führte[86]. Bis heute enthalten daher lediglich einzelne Landesverfassungen Staatszielbestimmungen zum Schutz von Ehe und Familie, die – freilich ohne dem einzelnen subjektive Rechte zu vermitteln – dem Land Schutz und Förderung dieser Einrichtungen auftragen[87].

23
Keine Verankerung im B-VG

---

82 Vgl. dazu *Merten*, Eheliche und nichteheliche Lebensgemeinschaften unter dem Grundgesetz, in: Josef Isensee/Helmut Lecheler (Hg.), FS Leisner, 1999, S. 615ff.; aus österreichischer Sicht *Berka*, Die Familie in der Verfassung – Überlegungen anhand des Familienbegriffs des Art 6 Abs 1 Grundgesetz, in: Friedrich Harrer/Rudolf Zitta (Hg.), Familie und Recht, 1992, S. 211ff. → Bd. II: *Kloepfer*, Einrichtungsgarantien; § 43 RN 65ff.

83 In der Kompetenzbestimmung des Art. 10 Abs. 1 Z. 17 B-VG wird die „Familie" zwar angesprochen. Es handelt sich dabei aber um keine grundrechtliche Schutzgarantie. Vgl. *Pernthaler/Rath-Kathrein*, Der grundrechtliche Schutz von Ehe und Familie, in: Machacek/Pahr/Stadler, Grund- und Menschenrechte in Österreich (LitVerz.), Bd. II, S. 245 (249); *Pernthaler* (FN 15), S. 747 f.; ferner *Gutknecht* (FN 3), S. 16.

84 Vgl. *Ferdinand Kerschner*, Bürgerliches Recht, Bd. V, Familienrecht, ²2002, RN 1/13.

85 Vgl. *Pernthaler/Rath-Kathrein* (FN 83), S. 249 m.w.N.

86 Vgl. *Gutknecht*, in: Korinek/Holoubek (LitVerz.), Art. 12 EMRK, RN 8; s. auch *dies.* (FN 3), S. 7 f., 18 ff.

87 Art. 4 Niederösterreichische Landesverfassung 1979; Art. 13 Oberösterreichisches Landes-Verfassungsgesetz; Art. 9 Salzburger Landes-Verfassungsgesetz 1999; Präambel und (implizit) Art. 9 Tiroler Landesordnung 1989; Art. 8 Verfassungsgesetz über die Verfassung des Landes Vorarlberg. Dazu *Berka*, Die Grundrechte (LitVerz.), RN 478; *Gutknecht*, in: Korinek/Holoubek (LitVerz.), Art. 12 EMRK, RN 2; *dies.* (FN 3), S. 17; *Wiederin*, in: Korinek/Holoubek (LitVerz.), Art. 8 EMRK, RN 3.

24

Schutz durch die EMRK

Einen grundrechtlichen Schutz von Ehe und Familie begründet allerdings die in Österreich als Bundesverfassungsrecht[88] geltende Europäische Menschenrechtskonvention, die in ihrem Art. 12 normiert, daß Männer und Frauen mit Erreichung des heiratsfähigen Alters gemäß den einschlägigen nationalen Gesetzen das Recht haben, eine „Ehe" einzugehen und eine „Familie" zu gründen. Auch Art. 8 EMRK nimmt auf die „Familie" Bezug, indem er jedermanns Familienleben dem Schutz der Konvention unterstellt. Schließlich ist auch noch Art. 5 des 7. ZP EMRK zu erwähnen, der die Gleichberechtigung der Ehegatten bei der Eheschließung, während der Ehe und nach deren Auflösung regelt[89]. Die Bedeutung der Konventionsbegriffe „Ehe" und „Familie" läßt sich nicht direkt dem Text der Europäischen Menschenrechtskonvention entnehmen. Sie muß vielmehr durch eine vergleichende Betrachtung der Bestimmungen über Ehe und Familie in den europäischen Rechtsordnungen und unter Einbeziehung der Rechtsprechung der zur Auslegung der Europäischen Menschenrechtskonvention berufenen Straßburger Konventionsorgane gewonnen werden. Der so ermittelte europäische Standard ist nicht nur für die rechtliche Begriffsbildung heranzuziehen, sondern bildet auch die Grundlage für die Identifikation der in der Europäischen Menschenrechtskonvention – und damit im österreichischen Verfassungsrecht – enthaltenen institutionellen Grundgedanken von Ehe und Familie[90].

1. Die Ehe

25

Verfassungsrechtliche Garantie

In der österreichischen Grundrechtsdogmatik ist weitgehend unbestritten, daß Art. 12 EMRK eine Garantie für das Rechtsinstitut der Ehe enthält[91]. Auch der Verfassungsgerichtshof sieht die Ehe als eine „rechtliche Institution, die ein wesentliches Element der rechtlichen Ordnung menschlicher Beziehungen bildet", ohne jedoch ausdrücklich auf Art. 12 EMRK Bezug zu nehmen[92]. Der Oberste Gerichtshof spricht von der „Rechtsinstitution der Ehe" als Schutzgegenstand des Art. 12 EMRK und betont die Verfassungswidrigkeit einer Gesetzesbestimmung, welche die Ehe abschaffte und die Möglichkeit der Eingehung einer Ehe und der Gründung einer Familie beseitigte[93].

---

88 → Oben *Schäffer*, § 186 RN 71.
89 Zu allem → Bl. VI/1: *Mückl*, Ehe und Familie. Ein spezieller Aspekt von Ehe und Familie ist in Art. 2 des 1. ZP EMRK (Elternrecht) angesprochen. Darauf wird später zurückzukommen sein (vgl. B II, RN 39 ff.).
90 Vgl. *Pernthaler/Rath-Kathrein* (FN 83), S. 250 f., 293; *Kerschner* (FN 84), RN 1/13.
91 *Walter/Mayer/Kucsko-Stadlmayer* (LitVerz.), RN 1338; *Berka*, Die Grundrechte (LitVerz.), RN 109; *Gutknecht*, in: Korinek/Holoubek (LitVerz.), Art. 12 EMRK, RN 11; *Kerschner* (FN 84), RN 1/13; *Berthold Moser*, Die Europäische Menschenrechtskonvention und das bürgerliche Recht, 1972, S. 159; einschränkend *Ermacora* (FN 23), RN 962, 968. Vgl. auch EKMR 15. 3. 1984, B., J. u. R. ./. Deutschland, Appl. Nr. 9639/82, DR 36, S. 130 (140): „Article 12 shows that the institution of marriage is protected by the Convention, as it is by many constitutions, e.g. Article 6 of the German Basic Law (GG)" und S. 141: „... Article 12 of the Convention ... protects marriage as an official institution".
92 VfSlg 10.064/1984. Aus der Bezugnahme auf die „Grundregelungen des österreichischen Ehe- und Familienrechtes" und das „Wesen der Ehe i.S.d. österreichischen Normenordnung" in VwSlg 11.436 A/1984 ist hingegen im vorliegenden Zusammenhang nichts zu gewinnen.
93 OGH 27. 6. 1979 (1 Ob 641/79), EvBl. 1979, S. 234; dazu *Berka*, Diskussionsbeitrag, in: VVDStRL 45 (1987) S. 94 (97).

Wie schon der Wortlaut des Art. 12 EMRK verdeutlicht, kann eine Ehe nur zwischen Personen unterschiedlichen Geschlechts geschlossen werden (Heterosexualität)[94]. Der Verwaltungsgerichtshof hat daher zu Recht betont, daß Art. 12 EMRK nur die traditionelle Verbindung zwischen Mann und Frau meint[95]. Auch der Europäische Gerichtshof für Menschenrechte, der vor allem im Zusammenhang mit dem Problem der Transsexualität bereits mehrfach Gelegenheit hatte, sich mit dem Ehebegriff der Konvention auseinander zu setzen, vertritt die Auffassung, daß das von Art. 12 EMRK garantierte Recht, eine Ehe einzugehen, auf die traditionelle Ehe von Personen verschiedenen biologischen Geschlechts Bezug nimmt und die rechtliche Unmöglichkeit der Eheschließung durch Personen gleichen Geschlechts nicht den Wesensgehalt dieses Grundrechts verletzt[96]. Betrachtet man die Verbindung von Mann und Frau als typusbildendes Merkmal des Rechtsinstituts, wird man im Gegenteil davon ausgehen müssen, daß die gesetzliche Öffnung der Ehe für Homosexuelle die äußerste Grenze des verfassungsrechtlich Zulässigen überschreiten würde. Eine Änderung dieses Befunds ist trotz des dynamischen Interpretationsstils des Europäischen Gerichtshofs für Menschenrechte, der die Konvention als ein „lebendes Instrument" betrachtet, welches im Lichte der gegenwärtigen Verhältnisse ausgelegt werden muß[97], auch in Zukunft nicht zu erwarten[98]. Es ist zwar richtig, daß die Konvention und ihre Protokolle mit Blick auf die aktuellen Zustände ausgelegt werden müssen. Allerdings kann der Gerichtshof „nicht im Wege einer evolutiven Auslegung aus diesen Texten ein Recht ableiten, welches nicht von vornherein darin mitenthalten war"[99]. Die Grenze der zulässigen Auslegung scheint der Europäische Gerichtshof für Menschenrechte sohin im Wortlaut des Art. 12 EMRK zu sehen, aus dem sich jedoch – jedenfalls unter Einbeziehung systematischer

26
Heterosexualität

Keine evolutive Auslegung

---

[94] Art. 12 EMRK spricht ausdrücklich von einem Recht der „Männer und Frauen", während als Grundrechtsträger ansonsten in der Regel „jedermann" angesprochen wird (z.B. Art. 5, 6, 8, 9, 10; Art. 11: „alle Menschen"; e contrario Art. 3, 4, 7: „niemand"). Damit wird deutlich, daß Ehe und Familie i.S.d. Art. 12 EMRK auf der Verbindung von Mann und Frau basieren. Ergänzend ist darauf hinzuweisen, daß auch schon Art. 16 Abs. 1 AEMR, auf dem die endgültige Fassung des Art. 12 EMRK beruht, von einem Recht der heiratsfähigen „Männer und Frauen" spricht, „eine Ehe zu schließen und eine Familie zu gründen".
[95] *VwSlg* 14.748 A/1997. Operativ geschlechtsveränderte Transsexuelle sind nach der Judikatur des Verwaltungsgerichtshofs grundsätzlich als Personen jenen Geschlechts anzusehen, das ihrem äußeren Erscheinungsbild entspricht. § 44 ABGB steht demnach einer Heirat mit einer Person des Geschlechts, dem der oder die Transsexuelle früher angehörte, nicht entgegen, weil es sich hierbei um zwei Personen verschiedenen Geschlechts handelt.
[96] *EGMR*, Urt. v. 17. 10. 1986, Rees ./. Vereinigtes Königreich, Appl. Nr. 9532/81, Ziff. 49 f.; *EGMR*, Urt. v. 27. 9. 1990, Cossey ./. Vereinigtes Königreich, ÖJZ 1991, S. 173 Ziff. 43; *EGMR*, Urt. v. 30. 7. 1998, Sheffield u. Horsham ./. Vereinigtes Königreich, ÖJZ 1999, S. 571 Ziff. 66. Zu der in diesen Entscheidungen angesprochenen Thematik der Eheschließung von Transsexuellen s. nunmehr aber *EGMR*, Urt. v. 11. 7. 2002, I. ./. Vereinigtes Königreich, Appl. Nr. 25.680/94, Ziff. 74 ff.; *EGMR*, Urt. v. 11. 7. 2002, Christine Goodwin ./. Vereinigtes Königreich, Appl. Nr. 28.957/95, Ziff. 94 ff.
[97] St. Rspr. seit *EGMR*, Tyrer (FN 58), S. 162 Ziff. 31; vgl. aus der jüngeren Judikatur *EGMR*, I. ./. Vereinigtes Königreich (FN 96), Ziff. 54 f.; *EGMR*, Christine Goodwin (FN 96), Ziff. 74 f.
[98] Vgl. dazu auch *Gutknecht*, in: Korinek/Holoubek (LitVerz.), Art. 12 EMRK, RN 23.
[99] *EGMR*, Urt. v. 18. 12. 1986, Johnston ./. Irland, EuGRZ 1987, S. 313 Ziff. 51 ff. (insb. Ziff. 53) betreffend das Recht auf Scheidung.

§ 188   *Dreizehnter Teil: I. Allgemeine Lehren*

Argumente – ergibt, daß ein Recht auf Eheschließung nur Personen unterschiedlichen Geschlechts zusteht[100].

27
Bestätigung durch den Verfassungsgerichtshof

Der Verfassungsgerichtshof hat sich dieser Rechtsprechung angeschlossen und zur Frage der Eheschließung durch Homosexuelle den Standpunkt eingenommen, daß weder der Gleichheitssatz der österreichischen Bundesverfassung noch die EMRK (arg. „Männer und Frauen" in Art. 12) eine Ausdehnung der auf die grundsätzliche Möglichkeit der Elternschaft ausgerichteten Ehe auf Beziehungen anderer Art gebieten. Am Wesen der Ehe ändere auch nichts, daß eine Scheidung (Trennung) möglich ist und es Sache der Ehegatten ist, ob sie tatsächlich Kinder haben können oder wollen. Daß gleichgeschlechtliche Lebensgemeinschaften mit ein Teil des Privatlebens sind und solcherart den Schutz des Art. 8 EMRK genießen – der auch die Benachteiligung nach unsachlichen Merkmalen verbietet (Art. 14 EMRK) –, verpflichte daher nicht zur Änderung des Eherechts[101].

Diese Position hat der Gerichtshof jüngst weiter präzisiert und klargestellt, daß der Umstand, daß Beziehungen anderer Art anderswo der Ehe gleichgestellt sind oder als Ehe anerkannt werden, nichts an der grundsätzlichen Freiheit des Gesetzgebers ändert, die von ihm für Ehegatten vorgesehenen Rechtsfolgen nur auf Verbindungen von Personen unterschiedlichen Geschlechts anzuwenden. An den Bestand einer Ehe anknüpfende Rechtsfolgen seien nicht schon allein deshalb unsachlich, weil sie nicht auch für andere Beziehungen vorgesehen sind. Es müsse aber ein Sachzusammenhang zwischen der Ehe und diesen Rechtsfolgen bestehen. Ein solcher könne im zulässigen Bestreben des Gesetzgebers gesehen werden, das Zusammenleben von Ehegatten wie von Eltern und Kindern zu fördern und zu erleichtern. Stellt der Gesetzgeber aus sachlichen Gründen auf den Bestand einer Ehe ab, könne dadurch auch nicht das Recht auf Achtung des Privat- und Familienlebens nach Art. 8 EMRK verletzt sein. Auch aus dem Gebot, (bloße) Lebensgemeinschaften ohne Rücksicht auf das Geschlecht gleich zu behandeln, lasse sich für deren Gleichbehandlung mit der Ehe nichts gewinnen[102].

28
Rechtsverbindlichkeit der Ehe als weiteres Kernelement

Als weiteres Kernelement des konventionsrechtlichen Ehebegriffs kann die Rechtsverbindlichkeit der Ehe identifiziert werden, die somit ebenfalls vom verfassungsrechtlichen Schutz der Institutsgarantie erfaßt ist. So hat auch die Europäische Kommission für Menschenrechte (EKMR) hervorgehoben, daß

---

100 Dazu *Gutknecht*, in: Korinek/Holoubek (LitVerz.), Art. 12 EMRK, RN 18f., 23; *Grabenwarter*, EMRK (LitVerz.), § 22 RN 60; zur systematischen Interpretation s. FN 94. Zum Wortlaut des Art. 12 EMRK s. jüngst auch *EGMR*, I. ./. Vereinigtes Königreich (FN 96), Ziff. 80 (Einleitungssatz); *EGMR*, Christine Goodwin (FN 96), Ziff. 100 (Einleitungssatz). Diese ausdrückliche Bezugnahme auf „Männer und Frauen" fehlt bemerkenswerterweise im Art. 9 der EU-Grundrechtecharta, der ebenfalls das Recht auf Eheschließung und Familiengründung gewährleistet. Vgl. dazu *EGMR*, I. ./. Vereinigtes Königreich (FN 96), Ziff. 41, 80; *EGMR*, Christine Goodwin (FN 96), Ziff. 58, 100; *Grabenwarter* aaO., § 22 RN 58.
101 *VfSlg* 17.098/2003 unter Hinweis auf *EGMR*, Urt. v. 27. 9. 1990, Cossey ./. Vereinigtes Königreich, ÖJZ 1971, S. 173ff.
102 *VfSlg* 17.337/2004 betreffend die Versagung einer Niederlassungsbewilligung für den homosexuellen Lebensgefährten.

der Wesensgehalt des Grundrechts auf Eheschließung in der Bildung einer rechtlich verbindlichen Gemeinschaft („legally binding association") zwischen einem Mann und einer Frau bestehe[103]. Dieses Merkmal der Ehe ist in engem Zusammenhang mit zwei weiteren struktur- und typusbildenden Elementen dieses Rechtsinstituts zu sehen, nämlich der Formgebundenheit und dem Konsensprinzip[104]. Ehe im Sinne des Art. 12 EMRK ist eine auf dem freien Entschluß und dem übereinstimmenden Willen der Nupturienten beruhende, unter Beachtung bestimmter staatlicher Formvorschriften begründete Verbindung, wobei der geforderte Konsens zumindest dem Grunde nach auf die Herbeiführung einer rechtsverbindlichen Gemeinschaft gerichtet sein muß. Nichteheliche heterosexuelle Lebensgemeinschaften, die tatsächlich wie eine Ehe gelebt werden und in der sozialen Wirklichkeit daher wie eine solche wahrgenommen werden, fallen auf Grund der Formlosigkeit ihrer Begründung und ihrer weitgehenden rechtlichen Bindungsfreiheit nicht unter die Institutsgarantie der Ehe[105]. Nimmt man die verfassungsrechtliche Garantie des Rechtsinstituts der Ehe ernst, stellt sich vielmehr die Frage, inwieweit die Verfassung allfälligen Tendenzen zur rechtlichen Gleichstellung von Ehe und Lebensgemeinschaft in der Gesetzgebung, aber auch in der Rechtsprechung Grenzen setzt[106]. Denn eine weitgehende Angleichung der Rechtswirkungen einer (langjährigen) heterosexuellen Lebensgemeinschaft an jene der Ehe könnte als Aushöhlung des Rechtsinstituts der Ehe und damit als Mißachtung der grundrechtlichen Institutsgarantie gedeutet werden.

Formgebundenheit und Konsensprinzip

Zweifelhaft ist, ob mittlerweile auch das die Gleichberechtigung der Ehegatten zum Ausdruck bringende Partnerschaftsprinzip[107] zu jenen Strukturmerkmalen des europäischen Ehebegriffs zu zählen ist, die den Inhalt der verfassungsrechtlichen Einrichtungsgarantie determinieren[108]. Da der Ehebegriff des Art. 5 des 7. ZP EMRK demjenigen des Art. 12 EMRK entspricht[109], bezieht sich das in Art. 12 EMRK verbürgte Recht zur Eheschließung im Ergebnis zwar auf eine Ehe, die auf einem dem Gleichbehandlungsgrundsatz

29
Partnerschaftsprinzip nicht konstitutiv

---

103 So *EKMR* 13.12.1979, Hamer, Appl. Nr. 7114/75, DR 24, S. 5 Ziff. 71 (s. auch Ziff. 58), sowie EuGRZ 1982, S. 531. Vgl. auch *EKMR* 10.7.1980, Draper, Appl. Nr. 8186/78, DR 24, S. 72 Ziff. 60 (s. auch Ziff. 45), sowie EuGRZ 1982, S. 531; *EKMR* 12.12.1985, F. ./. Schweiz, Appl. Nr. 11.329/85, EuGRZ 1986, S. 687 („rechtliche Solidargemeinschaft").
104 Zu den Merkmalen des europäischen Ehebegriffs *Gutknecht*, in: Korinek/Holoubek (LitVerz.), Art. 12 EMRK, RN 19ff.; *Pernthaler/Rath-Kathrein* (FN 83), S. 250f. Zum Konsensprinzip im besonderen *Gutknecht*, in: Korinek/Holoubek (LitVerz.), Art. 12 EMRK, RN 20 m.w.N.; *Irene Fahrenhorst*, Familienrecht und Europäische Menschenrechtskonvention, 1994, S. 193 f.; zur Formgebundenheit *Grabenwarter*, EMRK (LitVerz.), § 22 RN 60.
105 Die fehlende Rechtsverbindlichkeit der Lebensgemeinschaft hatte auch der Verfassungsgerichtshof vor Augen, als er in VfSlg 10.064/1984 davon sprach, daß sich Lebensgemeinschaften von Ehen wesentlich unterscheiden.
106 Vgl. *Stern*, Staatsrecht III/1 (LitVerz.), S. 825 m.w.N.; *Steiger*, Verfassungsgarantie und sozialer Wandel – Das Beispiel von Ehe und Familie, in: VVDStRL 45 (1987) S. 55 (78f.); s. auch *Gutknecht* (FN 3), S. 26.
107 In Österreich löste das Gleichbehandlungs- bzw. Partnerschaftprinzip 1976 das bis dahin geltende patriarchalische Prinzip ab. Vgl. *Kerschner* (FN 84), RN 1/19, 1/25.
108 Vgl. *Pernthaler/Rath-Kathrein* (FN 83), S. 250.
109 Vgl. *Grabenwarter*, EMRK (LitVerz.), § 26 RN 20.

verpflichteten Ehe- und Familienrecht basiert[110]. Daraus kann jedoch nicht abgeleitet werden, daß nur bei entsprechender Ausgestaltung des Eherechts von einer Ehe im Sinne der Konvention gesprochen werden kann. Der Gleichbehandlungsgrundsatz im Ehe- und Familienrecht wird somit zwar im Rahmen des Art. 5 des 7. ZP EMRK konventionsrechtlich gefordert. Das Partnerschaftsprinzip wird dadurch jedoch nicht zum Inhalt des Ehebegriffs des Art. 12 EMRK und ist somit auch nicht durch die verfassungsrechtliche Institutsgarantie der Ehe geschützt.

30
Monogamie als Strukturmerkmal

Unbestreitbar dürfte hingegen sein, daß der in Art. 12 EMRK verwendete Begriff der Ehe auf die im christlich geprägten Europa seit Jahrhunderten etablierte und in allen Konventionsstaaten geltende[111] Einehe Bezug nimmt (Monogamie)[112]. Die Einführung der Mehrfachehe ist dem einfachen Gesetzgeber daher verfassungsrechtlich verwehrt, weil darin ein Eingriff in den änderungsfesten Kernbereich des Rechtsinstituts der Ehe gelegen wäre. Ebenso wäre die vorbehaltlose staatliche Anerkennung konfessioneller Eheschließungen verfassungsrechtlich problematisch, weil auf diesem Wege Mehrfachehen in der staatlichen Rechtsordnung Gültigkeit beanspruchen könnten. Zu denken ist hier insbesondere an das islamische Eherecht, das dem muslimischen Mann grundsätzlich die Ehe mit bis zu vier Frauen gleichzeitig ermöglicht[113].

31
Ehe als Dauerverbindung

Nach dem Ehebegriff aller europäischen Rechtsordnungen wird schließlich unter „Ehe" übereinstimmend nur eine auf Dauer angelegte Verbindung von Mann und Frau verstanden[114], womit ein freies „Kündigungsrecht" der Ehepartner[115] oder die Einführung einer Ehe „auf Zeit" oder „zur Probe" unvereinbar wäre. Die Unauflöslichkeit des Ehebandes ist demgegenüber nicht Bestandteil des Begriffs der Ehe in Art. 12 EMRK. Es ist den Vertragsstaaten daher grundsätzlich gestattet, die Möglichkeit zur Auflösung einer Ehe durch Scheidung vorzusehen[116].

---

110 Art. 5 des 7. ZP EMRK begründet eine positive Pflicht des Staates, entsprechende Rechtsgrundlagen für die Gleichstellung der Ehegatten zu erlassen und durchzusetzen. Vgl. *Gutknecht*, in: Korinek/Holoubek (LitVerz.), Art. 5 7. ZP EMRK, RN 5, 20.
111 Vgl. *Gutknecht*, in: Korinek/Holoubek (LitVerz.), Art. 12 EMRK, RN 20; zur islamisch geprägten Türkei s. *Fahrenhorst* (FN 104), S. 235; ferner FN 113. Eine deutsche Übersetzung des türkischen Zivilgesetzbuches findet sich auf der Website: http://www.tuerkei-recht.de/Recht.htm.
112 *EGMR*, Johnston (FN 99), S. 313 Ziff. 52; vgl. auch *Fahrenhorst* (FN 104), S. 235 ff.
113 In der Türkei sind allein nach islamischem Recht geschlossene Ehen – sog. *Imamehen* – ungültig, weil die Türkei dem islamischen Ehe- und Familienrecht keine Geltung zuerkennt. Für türkische Muslime entsteht damit die widersprüchliche Situation, nach islamischem Recht gültig verheiratet zu sein, während die Ehe nach türkischem Recht ungültig ist. Der türkische Staat ermöglicht den betroffenen Personen allerdings immer wieder eine Legalisierung der Verhältnisse, indem sie die Ehe und die daraus hervorgegangenen Kinder bis zu einem bestimmten Stichtag nachträglich beim zuständigen Standesamt registrieren lassen. Vgl. *Thomas Lemmen/Melanie Miehl*, Islamisches Alltagsleben in Deutschland, 2001, S. 38 (abrufbar über die Digitale Bibliothek der Friedrich-Ebert-Stiftung: http://library.fes.de).
114 So *Grabenwarter*, EMRK (LitVerz.), § 22 RN 60; vgl. auch *Gutknecht*, in: Korinek/Holoubek (LitVerz.), Art. 12 EMRK, RN 21.
115 Vgl. zu Art. 6 Abs. 1 GG *Schmitt-Kammler/von Coelln*, in: Sachs, GG (LitVerz.), Art. 6 RN 5.
116 *OGH* 27.6.1979 (1 Ob 641/79), EvBl. 1979, S. 234; *Gutknecht*, in: Korinek/Holoubek (LitVerz.), Art. 12 EMRK, RN 47. Nach der Rspr. des Europäischen Gerichtshofs für Menschenrechte vermittelt allerdings Art. 12 EMRK ebenso wie Art. 5 des 7. ZP EMRK kein Recht auf Scheidung (*EGMR*, Johnston [FN 99], S. 313 Ziff. 51 ff.).

Zusammenfassend kann somit festgehalten werden, daß unter Ehe im Sinne des Art. 12 EMRK eine auf Dauer gerichtete, rechtsförmlich eingegangene und rechtverbindliche freiwillige Verbindung zwischen einem Mann und einer Frau zu verstehen ist. Damit sind zugleich die den normativen Gehalt der Institutsgarantie bildenden zentralen Strukturmerkmale des geschützten Rechtsinstituts umschrieben. Man mag der Auffassung sein, daß die rechtliche Anerkennung auch anderer Partnerschaften rechtspolitisch wünschenswert ist; diese wären indes keine „Ehen" im Sinne des österreichischen Bundesverfassungsrechts.

32 Normativer Gehalt der Institutsgarantie

2. Die Familie im Sinne des Art. 12 EMRK

Nach herrschender, wenn auch umstrittener Auffassung ist das in Art. 12 EMRK verbriefte Recht auf Familiengründung nur Ehepaaren, nicht jedoch unverheirateten Paaren garantiert[117]. Diese Auffassung klingt auch in der Judikatur der Straßburger Organe an, wonach der Wortlaut des Art. 12 EMRK klarmache, daß diese Bestimmung vor allem „die Ehe als Grundlage der Familie" schützen soll[118]. Auch nach der Rechtsprechung des Verfassungsgerichtshofes hat das Recht auf Familiengründung neben dem Recht, eine Ehe einzugehen, nur akzessorische Bedeutung. Da das Recht, eine Ehe einzugehen, mit der Eheschließung konsumiert ist, könne „das Recht auf Familiengründung nur in dem Recht eines Ehepaares bestehen, Kinder zu haben"[119]. Folgt man dieser Abgrenzung des Schutzbereichs des Art. 12 EMRK, so kann die in dieser Konventionsbestimmung nach Ansicht eines Teils der Lehre mit enthaltene Institutsgarantie nur die eheliche Familie, das heißt, ein Ehepaar mit seinen Kindern, erfassen[120]. Dementsprechend meint auch der Verfassungsgerichtshof die eheliche Familie, wenn er davon spricht, daß „die Familie als Rechtsinstitution ein wesentliches Element der rechtlichen Ordnung

33 Recht zur Familiengründung als akzessorischer Schutzbereich

---

117 Dazu ausführlich *Gutknecht*, in: Korinek/Holoubek (LitVerz.), Art. 12 EMRK, RN 25 ff. m.w.N.; vgl. auch *Frowein/Peukert*, EMRK (LitVerz.), Art. 12 EMRK, RN 6; *Mark E. Villiger*, Handbuch der Europäischen Menschenrechtskonvention (EMRK), ²1999, RN 646. A.M. *Pernthaler/Rath-Kathrein* (FN 83), S. 251 ff.; *Pieter van Dijk/Godefridus J. H. van Hoof* (ed.), Theory and Practice of the European Convention on Human Rights, Deventer/Boston, ³1998, S. 613 f.; *Baumgartner*, Familienrecht und Gewissensfreiheit in Österreich, ÖJZ 2000, S. 781 (785 FN 34); ebenso wohl auch *Berka*, Die Grundrechte (LitVerz.), RN 476.

118 *EGMR*-Nachweise (FN 96). Vgl. ferner etwa *EKMR*, B., R. u. J. ./. Deutschland (FN 91), S. 140.

119 *VfSlg* 7400/1974 („Fristenlösung"). Auch die *EKMR* hat das Recht der Familiengründung umschrieben als das Recht, Kinder zu haben. EKMR 10. 7. 1975, X. ./. Belgien u. Niederlande, Appl. Nr. 6482/74, DR S. 7, 75 (77); s. auch EKMR 15. 12. 1977, X. u. Y. ./. Vereinigtes Königreich, Appl. Nr. 7229/75, DR 12, S. 32 (34 f.). Zur Konsumtion vgl. EKMR 3. 10. 1978, Graf-Zwahlen ./. Schweiz, Appl. Nr. 8166/78, DR 13, S. 241 (244), sowie EuGRZ 1978, S. 518, wo im Ergebnis das Recht auf Familiengründung mit dem Recht auf Eheschließung gleichgesetzt wird.

120 Vgl. *Gutknecht*, in: Korinek/Holoubek (LitVerz.), Art. 12 EMRK, RN 11. Für die Annahme einer Institutsgarantie *Melichar* (FN 6), S. 28; *Pernthaler/Rath-Kathrein* (FN 83), S. 293; *Adamovich* (FN 3), S. 503; wohl auch *Günther Hanslik*, Grundrechtliche Anforderungen an die Familienbesteuerung, 1999, S. 58; vgl. ferner *Ermacora* (FN 23), RN 961 f. Auch *Siegbert Morscher* spricht von den verfassungsrechtlich geschützten „Institutionen" Ehe und Familie; vgl. *Morscher*, Das Abgabenrecht als Lenkungsinstrument der Gesellschaft und Wirtschaft und seine Schranken in den Grundrechten, in: Verhandlungen des Achten Österreichischen Juristentages, Graz 1982, Bd. I, 1. Teil B, S. 78, 135.

Nichteheliche Familie?	menschlicher Beziehungen ist"[121]. Vertritt man hingegen im Hinblick auf den mittlerweile eingetretenen Wandel in den gesellschaftlichen und rechtlichen Gegebenheiten die Auffassung, daß das in Art. 12 EMRK garantierte Recht auf leibliche Kinder zumindest auch nicht verheirateten heterosexuellen Lebenspartnern zukommt[122], so wird man die Familie als Schutzobjekt der Institutsgarantie dementsprechend weiter definieren müssen. Familie im Sinne der Institutsgarantie wäre demnach die Gemeinschaft von (auch unverheirateten) Eltern und Kindern. Freilich stellt sich bei dieser Auslegung des Begriffs der Familie die Zweifelsfrage, ob auch hinsichtlich der „nichtehelichen Familie" die für die Annahme eines Rechtsinstituts erforderliche rechtliche Formung und Verfestigung bejaht werden kann. Für die österreichische Rechtsordnung muß diese Frage meines Erachtens verneint werden. Geht man nämlich davon aus, daß es sich bei der außerehelichen Lebensgemeinschaft noch nicht um ein allgemeines Rechtsinstitut handelt[123], so wird man wohl auch die auf einer solchen Verbindung beruhende „Familie" nicht als Rechtseinrichtung qualifizieren können. Es handelt sich hier vielmehr um eine soziale Organisationsform, die rechtlich nur unvollständig erfaßt ist, weil zwar zwischen Eltern und Kindern sowie zwischen den Kindern[124] untereinander ein entsprechendes Rechtsband besteht (Verwandtschaft[125] bzw. Obsorge und Unterhaltsanspruch[126]), nicht jedoch unmittelbar zwischen den beiden nicht verheirateten Elternteilen.
34 Familiengründungsfreiheit ohne Leistungsanspruch	Die praktische Relevanz des in Art. 12 EMRK zugrunde gelegten Rechts auf Familiengründung ist ungeachtet der von manchen daraus abgeleiteten verfassungsrechtlichen Garantie eines Rechtsinstituts „Familie" gering[127]. Weder im Schrifttum noch in der Rechtsprechung finden sich Aussagen zu substantiellen Inhalten einer solchen Institutsgarantie bzw. zu daraus resultierenden Bindungen des einfachen Gesetzgebers. Insbesondere schließt Art. 12 EMRK nach der Rechtsprechung des Verfassungsgerichtshofes nicht die Pflicht der Allgemeinheit in sich, in diesem Zusammenhang finanzielle Leistungen zu

---

[121] VfSlg 4678/1964.
[122] Diese Auslegungsvariante klingt bereits an in *EKMR*, X. ./. Belgien u. Niederlande (FN 119), S. 77. Nach Ansicht der EKMR sei selbst unter der Annahme, daß das Recht der Familiengründung unabhängig von einer Heirat gewährt werde, zumindest ein Paar für die Familiengründung erforderlich („The existence of a couple is fundamental".).
[123] Vgl. *Kerschner* (FN 84), RN 3/1.
[124] Zur Rechtsbeziehung zwischen Geschwistern s. ausführlich *Mader*, Die Geschwister in der Familie, in: Friedrich Harrer/Rudolf Zitta (Hg.), Familie und Recht, 1992, S. 85 ff.
[125] Die Rechtslage beim unehelichen Kind unterscheidet sich allerdings von jener beim ehelichen Kind: Während beim ehelichen Kind der Ehemann der Mutter als Vater vermutet wird, muß sich das außerehelich geborene Kind zunächst einen Vater suchen (durch Anerkenntnis oder Vaterschaftsklage). Vgl. *Kerschner* (FN 84), RN 4/1 ff.
[126] Unterhaltsansprüche bestehen nur im Verhältnis Eltern-Kinder. Einen Unterhaltsanspruch zwischen Geschwistern kennt das österreichische Familienrecht nicht. Vgl. *Mader* (FN 124), S. 94.
[127] So hat der Verfassungsgerichtshof bisher noch nie eine Verletzung von Art. 12 EMRK festgestellt. Dies liegt freilich auch daran, daß der Gerichtshof familienpolitische Maßnahmen in erster Linie am Gleichheitsgrundsatz prüft. Darüber hinaus besteht eine Tendenz des Verfassungsgerichtshofes, Art. 8 EMRK gegenüber Art. 12 EMRK als Prüfungsmaßstab den Vorzug zu geben, auch wenn Art. 12 EMRK als solcher sogar primär in Frage käme. So *Gutknecht*, in: Korinek/Holoubek (LitVerz.), Art. 12 EMRK, RN 13 m.w.N.

erbringen. Die Bestimmung begründet daher keinen Anspruch auf staatliche Förderung der Familien oder ihre steuerliche Begünstigung[128]. Auch die Lehre lehnt Verpflichtungen des Staates zur Bereitstellung der materiellen Voraussetzungen für Eheschließung und Familiengründung einhellig ab[129]. Ebenso verneinte der Verfassungsgerichtshof[130] einen Verstoß gegen Art. 12 EMRK, den die antragstellende Landesregierung im Ausschluß der Strafbarkeit des Schwangerschaftsabbruches in den ersten drei Monaten (Fristenlösung) gesehen hatte. Art. 12 EMRK enthält demnach kein Gebot an den Gesetzgeber, zur Wahrung der Familiengründungsfreiheit des Vaters die Abtreibung unter Strafe zu stellen[131].

3. Die Familie im Sinne des Art. 8 EMRK

Beim Begriff des Familienlebens in Art. 8 EMRK handelt es sich nach Auffassung der Europäischen Kommission für Menschenrechte und des Europäischen Gerichtshofs für Menschenrechte um einen autonomen Begriff, der – ähnlich wie etwa der „civil rights-Begriff" des Art. 6 EMRK – unabhängig vom innerstaatlichen Recht der Vertragsstaaten auszulegen ist[132]. Er umfaßt jedenfalls das Verhältnis zwischen Ehepartnern untereinander, wobei es nicht darauf ankommt, ob die genannten Personen tatsächlich zusammenleben[133]. Nach der Rechtsprechung der Konventionsorgane ist das Konzept des Familienlebens allerdings nicht auf Familien beschränkt, die sich auf eine Heirat gründen, sondern es kann auch andere de facto Beziehungen einschließen („de-facto-Familie"). Bei der Entscheidung, ob Familienleben vorliegt, kann eine Reihe von Faktoren maßgebend sein, wie etwa das Zusammenleben des Paares, die Dauer der Beziehung sowie die Demonstration der gegenseitigen Verbundenheit durch gemeinsame Kinder oder auf andere Weise[134]. Neben der auf einer Ehe beruhenden Lebenspartnerschaft können daher auch hete-

35
Begriff des Familienlebens

---

128 *VfSlg* 6071/1969 und dazu kritisch *Morscher* (FN 120), S. 79 f.; *VfSlg* 8037/1997. Steuerrechtliche Benachteiligungen für Familien können jedoch vor allem unter Berufung auf den Gleichheitssatz aufgegriffen werden (vgl. die Erkenntnisse zur Familienbesteuerung *VfSlg* 12.940/1991, 12.941/1991, 14.992/1997, 15.023/1997, 16.026/2000). Vgl. *Berka*, Die Grundrechte (LitVerz.), RN 477 f.; *Gutknecht*, in: Korinek/Holoubek (LitVerz.), Art. 12 EMRK, RN 14; *Hanslik* (FN 120), S. 83 ff. Zur Bedeutung von Art. 8 und 12 EMRK bei der Beurteilung von Abgabenregelungen s. auch *Morscher* (FN 120), S. 80 ff.
129 Vgl. *Gutknecht*, in: Korinek/Holoubek (LitVerz.), Art. 12 EMRK, RN 40, 48; *van Dijk/van Hoof* (FN 117), S. 602, 611. Die dort zitierte Entscheidung der EKMR 4. 3. 1986, Andersson u. Kullmann, Appl. Nr. 11.776/85, DR 46, S. 251 bezieht sich allerdings auf Art. 8 EMRK.
130 *VfSlg* 7400/1974.
131 Vgl. *Pernthaler/Rath-Kathrein* (FN 83), S. 254 f.; *Gutknecht*, in: Korinek/Holoubek (LitVerz.), Art. 12 EMRK, RN 48.
132 Vgl. *Baumgartner*, ÖJZ 1998, S. 761 f.; *Stolzlechner*, Der Schutz des Privat- und Familienlebens (Art. 8 MRK) im Licht der Rechtsprechung des VfGH und der Straßburger Instanzen, ÖJZ 1980, S. 85 (126).
133 *EGMR*, Urt. v. 28. 5. 1985, Abdulaziz ./. Vereinigtes Königreich, EuGRZ 1985, S. 567 insb. Ziff. 62; *EGMR*, Urt. v. 21. 6. 1988, Berrehab ./. Niederlande, ÖJZ 1989, S. 220.
134 Vgl. etwa die Entscheidung *EGMR*, Urt. v. 27. 10. 1994, Kroon ./. Niederlande, ÖJZ 1995, S. 269 Ziff. 30, in welcher der Gerichtshof auch die Bedeutung der biologischen und gesellschaftlichen Realität bei der Achtung des Familienlebens hervorhebt (Ziff. 40); ferner *EGMR*, Urt. v. 23. 4. 1997, X., Y. u. Z. ./. Vereinigtes Königreich, ÖJZ 1998, S. 271 Ziff. 36.

rosexuelle Lebensgemeinschaften Familienleben im Sinne des Art. 8 EMRK darstellen und somit grundrechtlich geschützt sein, insbesondere wenn die Partner ständig zusammenleben und einen gemeinsamen Haushalt führen[135]. Homosexuelle Lebensgemeinschaften fallen hingegen nach herrschender Auffassung (noch) nicht unter den Begriff des Familienlebens im Sinne des Art. 8 EMRK[136].

36
Schutz familiärer Bande

Neben der Beziehung zwischen Mann und Frau schützt Art. 8 EMRK auch die Beziehung zwischen einem Kind und seinen Eltern bzw. einem Elternteil. Dies gilt sowohl für eheliche als auch für uneheliche Kinder[137]. Nach Auffassung des Europäischen Gerichtshofs für Menschenrechte besteht auch zwischen einem unehelichen Kind und seinen Eltern allein aufgrund der Geburt ein Band, das einem Familienleben gleichkommt, selbst wenn die Eltern zur Zeit seiner Geburt nicht mehr zusammenleben oder wenn ihre Beziehung ein Ende gefunden hat[138]. Unter Familienleben fallen auch die Beziehungen zwischen Adoptiveltern und Adoptivkindern[139]. Ob auch das Verhältnis zwischen Pflegeeltern und Pflegekindern Familienleben im Sinne der Konvention darstellt, ist demgegenüber zweifelhaft[140].

37
Verwandtschaftliche Beziehungen

Der Begriff des Familienlebens in Art. 8 EMRK enthält schließlich auch verwandtschaftliche Beziehungen, sofern diese Beziehungen eine bestimmte Intensität erreichen. Als Kriterien hiefür kommen etwa das Vorliegen eines gemeinsamen Haushalts oder das Bestehen eines spezifischen Abhängigkeitsverhältnisses in Betracht. Eine generelle Aussage, bis zu welchem Verwandtschaftsgrad der grundrechtliche Schutz reicht, läßt sich – soweit ersichtlich – der Straßburger Rechtsprechung nicht entnehmen. Bereits anerkannt wurde in der bisherigen Spruchpraxis das Verhältnis zwischen Enkel und Großeltern[141], geschwisterliche Beziehungen[142] sowie die Beziehung zwischen Onkel bzw. Tante zu Neffen bzw. Nichten[143].

---

135 Vgl. *Villiger* (FN 117), RN 571; *Pernthaler/Rath-Kathrein* (FN 83), S. 265; ferner *Berka*, Die Grundrechte (LitVerz.), RN 469; *Wiederin*, in: Korinek/Holoubek (LitVerz.), Art. 8 EMRK, RN 75; *EGMR*, Urt.v. 26. 5. 1994, Keegan ./. Irland, ÖJZ 1995, S. 70 Ziff. 44; *EGMR*, Kroon (FN 134), Ziff. 30; *EKMR* 14. 7. 1977, X. u. Y. ./. Schweiz, Appl. Nr. 7289/75 u. Appl. Nr. 7349/76, EuGRZ 1977, S. 497 Ziff. 4.
136 Vgl. *Baumgartner*, ÖJZ 1998, S. 761 (763 m.w.N.); *Wiederin* aaO., RN 75. Homosexuelle Beziehungen stehen allerdings unter dem Schutz des Rechts auf Achtung des Privatlebens. Vgl. *Gutknecht*, in: Korinek/Holoubek (LitVerz.), Art. 12 EMRK, RN 33.
137 Vgl. *VfSlg* 12.103/1989; *EGMR*, Urt. v. 13. 6. 1979, Marckx ./. Belgien, EuGRZ 1979, S. 454 Ziff. 31; *EGMR*, Johnston (FN 99), Ziff. 55f.; *Gutknecht*, in: Korinek/Holoubek (LitVerz.), Art. 12 EMRK, RN 35; *Villiger* (FN 117), RN 571.
138 *EGMR*, Keegan (FN 135), Ziff. 44; auch schon *EGMR*, Berrehab (FN 133), Ziff. 21. Diese Position wird auch in der jüngeren Rechtsprechung bestätigt (*EGMR*, Urt. v. 13. 7. 2000 [Große Kammer], Elsholz ./. Deutschland, ÖJZ MRK 2002/3, Ziff. 43). Zur Frage der Differenzierung zwischen Mutter und Vater des außerehelichen Kindes vgl. *Wiederin*, in: Korinek/Holoubek (LitVerz.), Art. 8 EMRK, RN 76, und *Gutknecht*, in: Korinek/Holoubek (LitVerz.), Art. 12 EMRK, RN 35 jeweils m.w.N.
139 Vgl. *Wiederin* aaO., RN 76 m.w.N.; *Gutknecht*, in: Korinek/Holoubek (LitVerz.), Art. 12 EMRK, RN 37. Aus der Rspr. vgl. etwa EKMR 5. 10. 1982, X. ./. Frankreich, Appl. Nr. 9993/82, EuGRZ 1983, S. 425.
140 Zur Auflösung eines Pflegschaftsverhältnisses auf Begehren der leiblichen Mutter des Pflegekindes s. *OGH* 27. 9. 1990 (7 Ob 657/90), JBl 1991, S. 515 und dazu *Baumgartner*, ÖJZ 1998, S. 761 (770).
141 *EGMR*, Marckx (FN 137), Ziff. 45; *EGMR*, Urt. v. 9. 6. 1989, Bronda ./. Italien, ÖJZ 1999, S. 436 Ziff. 51; *EGMR*, Urt. v. 13. 7. 2000 (Große Kammer), Scozzari u. Giunta ./. Italien, ÖJZ MRK 2002/4, S. 74 Ziff. 221; *EKMR* 7. 12. 1981, X. ./. Schweiz, Appl. Nr. 9071/80, EuGRZ 1983, S. 19. Vgl. auch *VfSlg* 13.629/1993 und dazu *Baumgartner* aaO., S. 763.

Angesichts dieses vor allem auf faktische Zustände abstellenden Konzepts, wonach die Familie nicht als zusammengehörender Normenkomplex, sondern in erster Linie als Erscheinung des gesellschaftlichen Lebens und als Lebensform charakterisiert wird („de-facto-Familie"), kann von einer durch Art. 8 EMRK normierten verfassungsrechtlichen Institutsgarantie der „Familie" nicht gesprochen werden. Denn eine Familie im Sinne des Art. 8 EMRK kann nicht nur durch rechtliche Bande, sondern vor allem auch durch nicht legalisierte faktische Beziehungen konstituiert werden[144]. Dies wird besonders in jenen Konstellationen deutlich, die zwar gesetzlich untersagt sind, aber dennoch Art. 8 EMRK zu unterstellen wären (z. B. Mehrfachehen).[145] Gegen die Annahme einer grundrechtlichen Einrichtungsgarantie spricht daher, daß hier die für eine derartige Garantie wesentliche einheitliche rechtliche Ausgestaltung als Schutzgegenstand nicht gegeben ist.[146] Dieser negative Befund darf freilich nicht den Blick darauf verstellen, daß Art. 8 EMRK nicht nur eine abwehrrechtliche Funktion hat, sondern auch positive Verpflichtungen des Staates – und das heißt im österreichischen Verfassungssystem vor allem des Gesetzgebers – nach sich zieht[147]. Die Garantie eines effektiven Schutzes des Familienlebens in Art. 8 Abs. 1 EMRK schließt insbesondere die Verpflichtung des Gesetzgebers mit ein, „die familiären Beziehungen rechtlich derart zu gestalten, daß den Betroffenen die Führung eines ‚normalen' Familienlebens ermöglicht wird"[148]. Allerdings verpflichtet auch Art. 8 EMRK den Staat grundsätzlich nicht zu finanziellen Leistungen an die Familien[149]. Darüber hinaus enthält diese Bestimmung nach der Rechtsprechung des Verfassungs-

38
Keine Institutsgarantie der „Familie"

Garantie effektiven Schutzes

---

142 *EGMR*, Urt. v. 18. 2. 1991, Moustaquim ./. Belgien, EuGRZ 1993, S. 552 Ziff. 36; *EGMR*, Urt. v. 26. 9. 1997, Mehemi ./. Frankreich, ÖJZ 1998, S. 625 Ziff. 27; *EGMR*, Urt. v. 21. 10. 1997, Boujlifa ./. Frankreich, ÖJZ 1998, S. 626 Ziff. 36; *VfSlg* 13.241/1992, wobei in diesen Entscheidungen mit Ausnahme des Falls *Moustaquim* insoweit nicht zwischen dem Recht auf Achtung des Privatlebens und dem Recht auf Achtung des Familienlebens differenziert wird; implizit *EKMR* 14. 3. 1980, Appl. Nr. 8986/80, EuGRZ 1982, S. 311.
143 *EGMR*, Marckx (FN 137), Ziff. 46; *EKMR* 5. 7. 1979, X. ./. Vereinigtes Königreich, Appl. Nr. 8353/78, EuGRZ 1981, S. 120; s. auch *EKMR*, X. u. Y. ./. Vereinigtes Königreich (FN 119), S. 34.
144 Vgl. *Wiederin*, in: Korinek/Holoubek (LitVerz.), Art. 8 EMRK, RN 73; *Gutknecht*, in: Korinek/Holoubek (LitVerz.), Art. 12 EMRK, RN 34.
145 Vgl. *Wiederin* aaO., RN 75 m. w. N.; *H. F. Köck*, Vom Elternrecht zum Recht der nächsten Familienangehörigen, ÖJZ 1995, S. 481 (489 FN 70); zu Mehrfachehe auch *Baumgartner* (FN 117), S. 783.
146 Vgl. *Gutknecht*, in: Korinek/Holoubek (LitVerz.), Art. 12 EMRK, RN 11; auch *Wiederin* aaO., RN 72 weist darauf hin, daß eine genaue Eingrenzung des Familienbegriffs nicht unerheblichen Schwierigkeiten begegnet. A.A. *Moser* (FN 91), S. 174 f., 180, der meint, daß Art. 8 EMRK eine Institutsgarantie enthält.
147 Vgl. *Baumgartner*, ÖJZ 1998, S. 761 (764 f.); *Öhlinger* (LitVerz.), RN 819; *Berka*, Die Grundrechte (LitVerz.), RN 105; *Holoubek* (FN 4), S. 31; *Wiederin* aaO., RN 11, 104 ff.; *Pernthaler/Rath-Kathrein* (FN 83), S. 266 ff.
148 So *VfSlg* 12.103/1989 unter Bezugnahme auf *EGMR*, Marckx (FN 137), Ziff. 31; *EGMR*, Urt. v. 9. 10. 1979, Airey ./. Irland, EuGRZ 1979, S. 626 Ziff. 32.
149 Vgl. *Baumgartner*, ÖJZ 1998, S. 761 (765); *Öhlinger* (LitVerz.), RN 819; *Wiederin*, in: Korinek/Holoubek (LitVerz.), Art. 8 EMRK, RN 82, 107; *Pernthaler/Rath-Kathrein* (FN 83), S. 267 f. Aus der Rspr. *EGMR*, Urt. v. 23. 7. 1968, Belgischer Sprachenfall, EuGRZ 1975, S. 298; *EGMR*, Urt. v. 27. 3. 1998, Petrovic ./. Österreich, ÖJZ 1998, S. 516 Ziff. 26; *EKMR*, Andersson u. Kullmann (FN 129), S. 251; *VfSlg* 11.992/1989.

II. Das elterliche Erziehungsrecht

39
Art. 6 Abs. 2 GG als Institutsgarantie

Art. 6 Abs. 2 GG bestimmt, daß Pflege und Erziehung der Kinder das natürliche Recht der Eltern und die zuvörderst ihnen obliegende Pflicht sind. Diese Anordnung wird in der deutschen Staatsrechtslehre vielfach als Institutsgarantie verstanden, welche die wesentlichen Elemente des Elternrechts gegen Veränderungen durch den zur Ausgestaltung berufenen Gesetzgeber schützt[151].

40
Österreichisches Verfassungsrecht

In den genuin österreichischen Verfassungsbestimmungen des Bundes-Verfassungsgesetzes und des Staatsgrundgesetzes findet sich keine vergleichbare Regelung und damit auch kein positivrechtlicher Ansatzpunkt für eine derartige Einrichtungsgarantie. *Erwin Melichar* hat allerdings in dem bereits eingangs erwähnten Gutachten zum Zweiten Österreichischen Juristentag die Auffassung vertreten, daß das in Art. 2 des 1. ZP EMRK enthaltene „Elternrecht" als Institutsgarantie zu qualifizieren sei[152]. Diese Verfassungsbestimmung gewährleistet in ihrem zweiten Satz, daß der Staat bei der Ausübung der von ihm auf dem Gebiete der Erziehung und des Unterrichts übernommenen Aufgaben das Recht der Eltern achtet, die Erziehung und den Unterricht entsprechend ihren eigenen religiösen und weltanschaulichen Überzeugungen sicherzustellen[153]. Das Recht der Eltern auf Erziehung ihrer Kinder ist in der Formulierung von Art. 2 Satz 2 des 1. ZP EMRK zwar nicht als subjektives

Bindung des Staates an das Elternrecht

Recht enthalten. Eine derartige grundrechtliche Gewährleistung ergibt sich jedoch aus der Bindung des Staates an das Elternrecht bei der Gestaltung des Bildungswesens. Art. 2 des 1. ZP EMRK erkennt daher, wenn auch nur in relativ indirekter Weise, das grundsätzliche Recht der Eltern auf Erziehung ihrer Kinder an[154]. Der Europäische Gerichtshof für Menschenrechte spricht in diesem Zusammenhang vom Recht der Eltern, die Kinder aufzuklären und sie zu beraten, ihnen gegenüber die natürlichen elterlichen Funktionen als Erzieher auszuüben oder sie in Übereinstimmung mit ihren religiösen oder philosophischen Überzeugungen zu leiten[155]. Zusätzlichen grundrechtlichen Schutz erfährt die Rechtsposition von Eltern durch Art. 8 EMRK, der das

---

150 Die strafrechtliche Freigabe des Schwangerschaftsabbruches (Fristenlösung) sei daher kein Verstoß gegen Art. 8 EMRK (*VfSlg* 7400/1974). Vgl. *Pernthaler/Rath-Kathrein* (FN 83), S. 268.
151 Vgl. *Schmitt-Kammler* (FN 115), RN 50 m.w.N.; *Stern*, Staatsrecht III/1 (LitVerz.), S. 826; *Jestaedt*, in: Bonner Kommentar (LitVerz.), Art. 6 Abs. 2 und 3 RN 11; *Badura*, in: Maunz/Dürig, GG (LitVerz.), Art. 6 Abs. 2, 3 RN 97; *Mager* (FN 7), S. 454 ff. und dort zur Rspr. des Bundesverfassungsgerichts S. 211 ff.
152 Vgl. *Melichar* (FN 6), S. 28.
153 Ein kritischer Vergleich des Art. 2 des 1. ZP EMRK mit Art. 6 Abs. 2 GG findet sich bei *Jestaedt*, in: Bonner Kommentar (LitVerz.), Art. 6 Abs. 2 und 3 RN 393; vgl. auch *Grabenwarter*, EMRK (LitVerz.), § 22 RN 70.
154 Vgl. *Grabenwarter* aaO., RN 78; *Frowein/Peukert* (FN 117), Art. 2 des 1. ZP, RN 1, 4; *Gutknecht* (FN 3), S. 16.
155 *EGMR*, Urt. v. 7.12.1976, Kjeldsen, Busk Madsen u. Pedersen ./. Denmark, EuGRZ 1976, S. 478 Z. 54; vgl. auch *Wildhaber*, Art. 2 EMRK/1. ZP, in: Wolfram Karl (Hg.), Internationaler Kommentar zur Europäischen Menschenrechtskonvention, Loseblattausg., RN 75; *Grabenwarter* aaO., RN 78; *Frowein/Peukert*, EMRK (LitVerz.), Art. 2 des 1. ZP, RN 4.

elterliche Erziehungsrecht als grundlegenden Bestandteil des Familienlebens schützt[156].

Das in Art. 2 Satz 2 des 1. ZP EMRK angesprochene Verhältnis zwischen den Rechten der Eltern und dem staatlichen Unterrichtswesen hat im österreichischen Verfassungsrecht bereits im Staatsgrundgesetz aus dem Jahre 1867 eine erste Regelung erfahren. Es ging damals vor allem um die Durchsetzung der staatlichen Unterrichtshoheit gegenüber dem lange Zeit dominierenden kirchlichen Einfluß auf die Schule und um die Abgrenzung zwischen dem Erziehungsrecht der Eltern und dem Unterricht in öffentlichen Schulen[157]. Dementsprechend wurde in Art. 17 Abs. 5 StGG bestimmt, daß dem Staat „rücksichtlich des gesamten Unterrichts- und Erziehungswesens das Recht der obersten Leitung und Aufsicht" zusteht, und damit die staatliche Unterrichtshoheit verfassungsrechtlich verankert. Zugleich garantierte Art. 17 StGG – neben der Wissenschaftsfreiheit – die Privatschulfreiheit und die Unterrichtsfreiheit[158]. Mit der verfassungsrangigen Übernahme der in Art. 2 des 1. ZP EMRK verankerten Rechte (Recht auf Bildung, Elternrecht) wurde diese Regelung in weiterer Folge zugunsten einer individuellen Komponente ergänzt. In Art. 2 Satz 2 des 1. ZP EMRK wird anerkannt, daß die Eltern das Recht zur Erziehung ihrer Kinder haben und über dieses allgemeine Elternrecht hinaus gewährleistet, daß der Staat bei der Gestaltung des Schulwesens die religiösen und weltanschaulichen Überzeugungen der Eltern achtet[159]. Darin äußert sich zwar vor allem ein subjektiv-rechtlicher Einschlag im Sinne eines Abwehrrechts gegen staatliche Erziehungsgewalt. Da aber das elterliche Erziehungsrecht als Schutzgegenstand seine Ausformung in der einfachgesetzlichen Rechtsordnung findet, scheint es plausibel, die Verfassungsbestimmung des Art. 2 Satz 2 des 1. ZP EMRK auch als grundrechtliche Einrichtungsgarantie zu deuten. Sie schützt die bestimmenden Elemente der das elterliche Erziehungsrecht prägenden Vorschriften vor Veränderungen durch den Gesetzgeber und wehrt dadurch vor allem staatliche Kollektiverziehungen ab. Es ist dem Gesetzgeber verfassungsrechtlich untersagt, das Recht der Eltern zur Erziehung ihrer Kinder auszuhöhlen oder zu beseitigen und statt dessen eine kollektive Erziehung der Kinder durch staatliche Einrichtungen vorzusehen. Kollektive Kindeserziehung etwa in Form von staatlich geführ-

41
Elternrecht und staatliches Unterrichtswesen

Abwehr staatlicher Kollektiverziehung

---

156 Vgl. *Grabenwarter* aaO., RN 79.
157 So *Berka*, Die Grundrechte (LitVerz.), RN 684, 688; vgl. auch *Ermacora* (FN 23), RN 766; *dens.* (FN 65), S. 464 ff., 497.
158 Art. 17 Abs. 2 StGG statuiert das Recht jedes Staatsbürgers, Unterrichts- und Erziehungsanstalten zu gründen und an solchen Unterricht zu erteilen, wenn er seine Befähigung dazu in gesetzlicher Weise nachgewiesen hat. Der häusliche Unterricht ist nach Art. 17 Abs. 3 StGG ohne jede Einschränkung gewährleistet.
159 Damit ist insb. garantiert, daß die Eltern für eine ihren religiösen oder weltanschaulichen Überzeugungen entsprechende Erziehung oder einen solchen Unterricht ohne Behinderung durch staatliche Maßnahmen sorgen können. Im übrigen bestimmt der Staat allerdings frei, welchem Bildungsgang sich seine Bürger unterziehen müssen. Vgl. *Frowein/Peukert*, EMRK (LitVerz.), Art. 2 des 1. ZP, RN 1, 4 ff.; *Spielbüchler*, Das Grundrecht auf Bildung, in: Machacek/Pahr/Stadler, Grund- und Menschenrechte in Österreich (LitVerz.), Bd. II, S. 149 (163). Zum Ausmaß der Elternrechte im Detail s. *Wildhaber* (FN 155), RN 70 ff.

ten, obligatorischen Kinderhorten, Jugendlagern oder einer Staatsjugend ist mit Art. 2 des 1. ZP EMRK unvereinbar[160].

42
Fehlende praktische Auswirkungen

Die Lehrmeinung, daß Art. 2 des 1. ZP EMRK eine verfassungsrechtliche Institutsgarantie des elterlichen Erziehungsrechts enthalte, ist freilich bislang ohne praktische Auswirkungen geblieben und auch im Schrifttum – soweit ersichtlich – nicht weiter verfolgt worden. Dies ist wenig verwunderlich, zumal eine reale Gefahr von staatlichen Kollektiverziehungen nicht besteht. Im übrigen hat das Elternrecht des Art. 2 des 1. ZP EMRK auch im Hinblick auf seinen abwehrrechtlichen Regelungsgehalt in der österreichischen Praxis bislang keine besondere Bedeutung erlangt[161]. Nur geringe Relevanz kommt schließlich auch jenen landesverfassungsrechtlichen Bestimmungen zu, die das Land zur Achtung des Erziehungsrechts der Eltern verpflichten[162]. Es handelt sich dabei nicht um die Einräumung subjektiver verfassungsgesetzlich gewährleisteter Rechte (Grundrechte), sondern bloß um Staatszielbestimmungen.

III. Schutz der Volksgruppen (Minderheiten)

43
Achtens-, Sicherungs- und Förderpflicht als Einrichtungsgarantie?

Seit einer Bundes-Verfassungsgesetz-Novelle[163] im Jahre 2000 enthält Art. 8 B-VG eine ausdrückliche verfassungsrechtliche Anordnung, wonach sich die Republik (Bund, Länder und Gemeinden) zu ihrer gewachsenen sprachlichen und kulturellen Vielfalt bekennt, die in den autochthonen Volksgruppen zum Ausdruck kommt. Sprache und Kultur, Bestand und Erhaltung dieser Volksgruppen sind zu achten, zu sichern und zu fördern (Absatz 2). Vor allem der zweite Satz dieser verfassungsrechtlichen Regelung zugunsten der Volksgruppen könnte die Frage aufwerfen, ob es sich hier um eine Einrichtungsgarantie handelt.

44
Wertentscheidung aus der Zusammenschau einzelner Verfassungsnormen

Dazu ist im vorliegenden Zusammenhang zunächst zu bemerken, daß Art. 8 Abs. 2 B-VG keine subjektive Rechtsposition gewährleistet[164], so daß mangels eines verfassungsgesetzlich gewährleisteten (subjektiven) Rechts jedenfalls nicht von einer grundrechtlichen Einrichtungsgarantie gesprochen werden kann. Diese Sichtweise könnte als kleinlich kritisiert werden, handelt es sich doch zumindest um eine grundrechtsnahe Regelung. Denn Art. 8 Abs. 2 B-VG steht in engem Zusammenhang mit den verstreuten grundrechtlichen Bestim-

---

160 Ebenso zu Art. 6 Abs. 2 GG *Jestaedt*, in: Bonner Kommentar (LitVerz.), Art. 6 Abs. 2 und 3 RN 11.
161 Vgl. *Berka*, Die Grundrechte (LitVerz.), RN 704; *Baumgartner* (FN 117), S. 787.
162 Art. 8 Abs. 2 Verfassungsgesetz über die Verfassung des Landes Vorarlberg; Art. 9 Abs. 1 Tiroler Landesordnung; Art. 13 Abs. 3 Oberösterreichisches Landes-Verfassungsgesetz.
163 BGBl I 2000/68.
164 Vgl. auch *Öhlinger* (LitVerz.), RN 102 a, der darauf hinweist, daß der normative Gehalt des in Art. 8 Abs. 2 B-VG ausgesprochenen Bekenntnisses ähnlich dünn ist wie jener des Bekenntnisses zum Umweltschutz (BVG über den umfassenden Umweltschutz, BGBl 1984/491).

mungen zum Schutz der ethnischen Minderheiten[165]. Diesen Normen[166] ist gemeinsam, daß sie eine „Wertentscheidung des Verfassungsgesetzgebers zugunsten des Minderheitenschutzes" enthalten[167]. Auf diese sich aus der Zusammenschau der einzelnen Verfassungsnormen ergebende Wertentscheidung ist bei der Beurteilung einfachgesetzlicher Normen auf ihre Verfassungsmäßigkeit unter jeglichem Gesichtspunkt Bedacht zu nehmen. Eine mehr oder minder schematische Gleichstellung von Angehörigen der Minderheiten mit Angehörigen anderer gesellschaftlicher Gruppen wird der verfassungsgesetzlichen Wertentscheidung nicht immer genügen können. Je nach dem Regelungsgegenstand kann es der Schutz von Angehörigen einer Minderheit gegenüber Angehörigen anderer gesellschaftlicher Gruppen sachlich rechtfertigen oder sogar erfordern, die Minderheit in gewissen Belangen zu bevorzugen[168]. Die darin zum Ausdruck kommende allgemeine verfassungsrechtliche Verpflichtung zu einer aktiven Minderheitenförderung mag zwar eine positive Schutzpflicht des Gesetzgebers begründen[169], eine grundrechtliche Einrichtungsgarantie im Sinne des hier zugrunde gelegten Verständnisses läßt sich daraus jedoch nicht ableiten.

Differenzierte Ausgestaltung des Schutzes

Bei den autochthonen Volksgruppen (Minderheiten) handelt es sich nicht um eine durch einen abgrenzbaren Normenkomplex geprägte Rechtseinrichtung, sondern um ein Phänomen der sozialen Realität, das die Rechtsordnung aufgegriffen und mit einem besonderen rechtlichen Schutz ausgestattet hat. Ihre tatsächliche Existenz bildet, ebenso wie ihre Sprache und Kultur, einen gesellschaftlichen Sachverhalt, der als solcher kein taugliches Objekt einer Einrichtungsgarantie sein kann. Art. 8 Abs. 2 B-VG enthält daher – ebenso wie die den Schutz der Minderheiten konstituierenden Grundrechtsbestimmungen – keine verfassungsrechtliche Einrichtungsgarantie, sondern ist vielmehr als Staatszielbestimmung zu kategorisieren[170].

45
Staatszielbestimmung

---

165 Art. 19 StGG, Art. 66 bis 68 Staatsvertrag von St. Germain, Art. 7 Staatsvertrag von Wien, § 7 Minderheitenschulgesetz für Kärnten, § 1 Minderheiten-Schulgesetz für das Burgenland. Inwieweit Art. 19 StGG inhaltlich derogiert wurde, ist strittig. Vgl. dazu etwa *Berka*, Die Grundrechte (LitVerz.), RN 1019 f.; *Holzinger*, Die Rechte der Volksgruppen in der Rechtsprechung des Verfassungsgerichtshofes, in: Bernd-Christian Funk u. a. (Hg.), FS Adamovich, 2002, S. 193 (199 ff. m.w.N.); und aus der Rspr. vor allem *VfSlg* 2459/1952 (Derogation des Art. 19 StGG durch Art. 66 bis 68 Staatsvertrag von St. Germain i.V.m. Art. 8 B-VG). Im Zusammenhang mit der Neufassung des Art. 8 B-VG war auch die Aufhebung des Art. 19 StGG diskutiert worden; vgl. Die Presse, 21. 4. 2000.
166 Zum verfassungsrechtlichen Minderheitenschutz s. *Holzinger* (FN 165), S. 193 ff.; *Öhlinger*, Der Verfassungsschutz ethnischer Gruppen in Österreich, in: Heinz Schäffer u.a. (Hg.), FS Koja, 1998, S. 371 ff.; *Sturm*, Der Minderheiten- und Volksgruppenschutz – Art. 19 StGG; Art. 66 bis 68 StV St. Germain; Art. 8 B-VG; Art. 7 StV 1955 –, in: Machacek/Pahr/Stadler, Grund- und Menschenrechte in Österreich (LitVerz.), Bd. II, S. 77 ff.
167 Konkret bezog sich diese Aussage des Verfassungsgerichtshofes im Erkenntnis *VfSlg* 9224/1981 auf folgende Verfassungsbestimmungen: Art. 19 StGG, Art. 67, Art. 68 Abs. 2 Staatsvertrag von St. Germain; Art. 7 Ziff. 4, Art. 8 Staatsvertrag von Wien; Art. 3 (und 5) des 1. ZP EMRK i.V.m. Art. 14 EMRK.
168 *VfSlg* 9224/1981. Der Verfassungsgerichtshof hat dieses Erkenntnis später selbst als „richtungweisend" qualifiziert (*VfSlg* 12.245/1989).
169 Vgl. *Berka*, Die Grundrechte (LitVerz.), RN 105, 1022 f.; *Öhlinger* (LitVerz.), RN 694; *dens.* (FN 166), S. 374 zu Art. 19 StGG.
170 So ausdrücklich auch die Materialien: RV 127, AB 202 BlgNR 21. GP. Zur Abgrenzung von Einrichtungsgarantien und Staatszielbestimmungen s. auch *Gutknecht* (FN 3), S. 12 f.; zur dogmatischen Kategorie der Staatszielbestimmung vgl. *Berka* aaO., RN 1048 ff.

IV. Die Gemeinde als Selbstverwaltungseinrichtung

46
Institutionelle Schutzgarantie

Nach Art. 116 Abs. 1 B-VG gliedert sich jedes Land in Gemeinden. Die Gemeinde ist „Gebietskörperschaft mit dem Recht auf Selbstverwaltung" und zugleich Verwaltungssprengel. Nach der im Schrifttum vorherrschenden Auffassung ist aus dieser Bestimmung – im Hinblick auf ihren Wortlaut und ihre systematische Stellung sowie auf die Absicht des Bundesverfassungsgesetzgebers – eine institutionelle Schutzgarantie der Gemeinde als Selbstverwaltungseinrichtung, nicht aber eine individuelle Schutzgarantie einzelner Gemeinden abzuleiten[171]. Ein verfassungsrechtlich geschütztes Recht auf Existenz kommt nur jenen juristischen Personen zu, die in der Bundesverfassung individuell und nicht bloß der Art nach bezeichnet sind[172]. Eine solche, durch individuelle Bezeichnung vermittelte Bestandsgarantie findet sich etwa in § 4 Gemeinde-Verfassungsnovelle 1962[173], der normiert: „Die bisherigen Städte mit eigenem Statut bleiben als solche bestehen." Diese Bestimmung bedeutet eine bundesverfassungsrechtliche Bestandsgarantie für alle im Zeitpunkt des Inkrafttretens der Gemeinde-Verfassungsnovelle 1962 bestehenden Städte mit eigenem Statut. Jede den Bestand einer damals existierenden Statutarstadt beeinträchtigende Organisationsmaßnahme, wie insbesondere die Eingliederung in eine andere Gemeinde, ist daher dem Bundesverfassungsgesetzgeber vorbehalten[174]. Da es sich hier um die ausdrückliche Garantie einzelner Selbstverwaltungskörper handelt, wäre die Bestimmung des § 4 Gemeinde-Verfassungsnovelle 1962 im Sinne der Terminologie *Carl Schmitt*s als Status quo-Garantie zu qualifizieren[175].

47
Verfassungsgesetzlich gewährleistetes Selbstverwaltungsrecht

Die Gewährleistung der Gemeinde als Selbstverwaltungseinrichtung ist hingegen als verfassungsrechtliche Einrichtungsgarantie zu kategorisieren[176]. Art. 116 Abs. 1 B-VG enthält freilich nicht nur eine institutionelle Garantie der Gemeinde als autonome Körperschaft, sondern stattet die einzelnen Gemeinden zugleich mit einem „verfassungsgesetzlich gewährleisteten Recht" auf Selbstverwaltung aus. Eine Verletzung dieses verfassungsgesetzlich gewährleisteten Selbstverwaltungsrechts kann von der Gemeinde in einem Verfahren nach Art. 144 B-VG beim Verfassungsgerichtshof geltend gemacht

---

171 Vgl. *Stolzlechner*, Der Gedanke der Selbstverwaltung in der Bundesverfassung, in: Österreichische Parlamentarische Gesellschaft (Hg.), 75 Jahre Bundesverfassung, 1995, S. 361 (395 m.w.N.); *Walter/Mayer/Kucsko-Stadlmayer* (LitVerz.), RN 863; *Grof*, Das gemeindliche Selbstverwaltungsrecht, in: Machacek/Pahr/Stadler, Grund- und Menschenrechte in Österreich (LitVerz.), Bd. II, S. 47 (54); s. auch *Hans Neuhofer*, Gemeinderecht. Organisation und Aufgaben der Gemeinden in Österreich, ²1998, S. 74 f.
172 Vgl. *Stolzlechner*, in: Rill/Schäffer (LitVerz.), Art. 116 Abs. 1 B-VG, RN 7; *VfSlg* 6679/1972 unter Hinweis auf Art. 2 und Art. 108 Abs. 1 B-VG.
173 Vom 12. 7. 1962 (BGBl Nr. 205).
174 Arg. „bisherigen". Vgl. *Stolzlechner* (FN 171), S. 395; *dens.*, in: Rill/Schäffer (LitVerz.), Art. 116 Abs. 1 B-VG, RN 7.
175 Vgl. *C. Schmitt*, Freiheitsrechte und institutionelle Garantien (FN 8), S. 155 ff.
176 Vgl. *Melichar* (FN 6), S. 29; *Ermacora* (FN 65), S. 588; *Pernthaler* (FN 15), S. 751 f. FN 33; *Adamovich* (FN 3), S. 503; *Adamovich/Funk* (FN 3), S. 377; *Berka*, Die Grundrechte (LitVerz.), RN 110. Ferner *Wimmer*, Die verfassungsrechtliche Unzulässigkeit der Gemeindegebarungskontrolle durch einen Landesrechnungshof, ÖGZ 1991/9, S. 2 (8f), der aus der verfassungsrechtlichen Garantie der Institution der kommunalen Selbstverwaltung ein Verbot der Betrauung eines Landesrechnungshofes mit der Gemeindegebarungskontrolle ableitet.

werden. Nach der ständigen Rechtsprechung des Verfassungsgerichtshofes liegt jedoch eine „Verletzung des der Gemeinde verfassungsgesetzlich gewährleisteten Selbstverwaltungsrechts nur dann und insoweit vor, als eine staatliche Behörde eine Maßnahme trifft, mit der das Recht der Gemeinde auf Besorgung einer bestimmten Angelegenheit im eigenen Wirkungsbereich schlechthin verneint wird", insbesondere wenn die Aufsichtsbehörde einen gemeindebehördlichen Bescheid auf Grund einer Vorstellung zu Unrecht mit der Begründung aufhebt, die Angelegenheit falle nicht in den eigenen Wirkungsbereich der Gemeinde, oder über eine von einer Gemeinde im Selbstverwaltungsbereich ergangene Erledigung einen Bescheid erläßt, mit dem nach Art einer Berufungsbehörde in der Verwaltungssache selbst entschieden wird[177]. Diese Judikatur wurde in der Lehre mit dem Argument kritisiert, daß ein solcher Rechtsschutz die sich aus dem staatlichen Aufsichtsrecht ergebenden vielfältigen Einwirkungen auf den autonomen Bereich und die daraus resultierenden Deformationen des Selbstbestimmungsrechts der Gemeinde nur äußert partiell zu bändigen vermag[178]. Der Gerichtshof lehnt es auch ab, aus dem verfassungsrechtlichen Selbstverwaltungsrecht der Gemeinde ein subjektives Recht der einzelnen Gemeinde auf „ungestörte Existenz" abzuleiten[179]. In dieser Hinsicht ist nach Ansicht des Verfassungsgerichtshofes die Anordnung des Art. 116 Abs. 1 B-VG lediglich als institutionelle Garantie der Gemeindeselbstverwaltung in ihrer Gesamtheit zu werten[180]. Die im Schrifttum vertretene Position findet sohin ihre Bestätigung in der verfassungsgerichtlichen Judikatur, wonach das Bundes-Verfassungsgesetz zwar eine Bestandsgarantie für die Gemeinde als Institution enthält, aber der individuellen Gemeinde kein absolutes Recht auf „ungestörte Existenz" gewährleistet. Maßnahmen, die bewirken, daß eine Gemeinde gegen ihren Willen als solche zu bestehen aufhört, sind demnach im Rahmen des Bundesverfassungsrechts durchaus zulässig[181].

Kein subjektives Recht der einzelnen Gemeinde auf beeinträchtigungsfreien Bestand

Daß das gemeindliche Selbstverwaltungsrecht in einer Vorschrift des formellen Bundesverfassungsrechts (Art. 116 Abs. 1 B-VG) verankert ist und somit ein verfassungsgesetzlich gewährleistetes subjektives Recht der Gemeinde darstellt, ist aus grundrechtsdogmatischer Sicht von besonderem Interesse. Geht man nämlich von einem positiv-verfassungsrechtlichen Sinn des Begriffs „Grundrechte" aus, wonach darunter „verfassungsgesetzlich gewährleistete Rechte" (Art. 144 Abs. 1 B-VG)[182], also subjektive Rechte, die ihre Grundlage

48

Das Selbstverwaltungsrecht als Grundrecht der Gemeinde

---

177 Vgl. *VfSlg* 7459/1974, 7568/1975, 7972/1976, 8411/1978, 9156/1981, 9943/1984, 10.635/1985, 11.633/1986, 13.235/1992, 13.985/1994, 16.822/2003. Andere als die genannten (schwerwiegenden) Eingriffe in das Selbstverwaltungsrecht der Gemeinden sind nicht beim Verfassungsgerichtshof, sondern beim Verwaltungsgerichtshof geltend zu machen. Vgl. *Bondi de Antoni*, EuGRZ 1984, S. 309 (313ff.).
178 So *Wimmer* (FN 176), S. 8.
179 Vgl. *Stolzlechner* (FN 171), S. 395; *Adamovich/Funk* (FN 3), S. 294; *Neuhofer* (FN 171), S. 385.
180 So *Adamovich/Funk* aaO., S. 294.
181 Vgl. z. B. *VfSlg* 6697/1972, 9373/1982, 13.235/1992. Vgl. auch *Stolzlechner*, in: Rill/Schäffer (LitVerz.), Art. 116 Abs. 1 B-VG, RN 8; *Bondi de Antoni*, EuGRZ 1984, S. 309 (317).
182 Der Verfassungsgerichtshof nimmt ein „verfassungsgesetzlich gewährleistetes Recht" dann an, wenn ein „hinlänglich individualisiertes Parteiinteresse an der Einhaltung einer objektiven Verfassungsnorm besteht" (*VfSlg* 12.838/1991).

in Rechtsvorschriften im Verfassungsrang haben, zu verstehen sind[183], so kann das gemeindliche Selbstverwaltungsrecht als Grundrecht der Gemeinde bezeichnet werden[184]. Bei konsequenter Fortsetzung dieser Terminologie wäre die verfassungsrechtliche Garantie der Gemeinde als Selbstverwaltungseinrichtung als grundrechtliche Einrichtungsgarantie zu qualifizieren[185].

C. Schlußbemerkung

49 Insgesamt zeigt sich, daß die dogmatische Figur der Einrichtungsgarantie in der österreichischen Staatspraxis ebenso wie in der Grundrechtsdogmatik keine besondere Bedeutung erlangen konnte. Die Gründe dafür sind mannigfaltig. Zum einen finden sich im österreichischen Verfassungsrecht nur sporadisch positivrechtliche Anknüpfungspunkte für grundrechtliche Einrichtungsgarantien. Aber auch dort, wo grundrechtliche Einrichtungsgarantien aus dem Verfassungstext herausgearbeitet werden können, haben sie in der lange Zeit von einem vorwiegend abwehrrechtlichen Verständnis der Grundrechte geprägten Rechtsprechung des Verfassungsgerichtshofs kaum eigenständige Kontur gewonnen. Das Hinzutreten der Europäischen Menschenrechtskonvention als innerstaatliche Grundrechtsquelle hat daran wenig geändert, zumal sich in der Judikatur der Straßburger Konventionsorgane „institutionelle Aspekte" kaum nachweisen lassen. Hinweise auf einen Kerngehalt („very essence") von Rechten in der Rechtsprechung des Europäischen Gerichtshofs für Menschenrechte dienen lediglich dazu, die äußerste Grenze der Beschränkung von Grundrechten aufzuzeigen, die nicht unter einem ausdrücklichen (materiellen) Gesetzesvorbehalt stehen[186]. Die Rechtsprechung der Europäischen Instanzen hat freilich einen wesentlichen Beitrag zur Lehre von den grundrechtlichen Gewährleistungspflichten und damit zur Effektuierung der Grundrechte geleistet[187].

---

183 Dieses Verständnis steht im Gegensatz zum präpositiv-naturrechtlichen Sinn der Grundrechte als fundamentale Rechte des einzelnen. Vgl. *Öhlinger* (LitVerz.), RN 677. Freilich ist der Begriff des Grundrechts dem positiven österreichischen Verfassungsrecht nicht völlig fremd (vgl. Ziff. 1 des Beschlusses der Provisorischen Nationalversammlung vom 30.10.1918 [StGBl Nr. 3]; § 1 DSG)
184 Diese Sichtweise findet sich auch in der einschlägigen Literatur. Vgl. *Ermacora* (FN 65), S. 588; *Bondi de Antoni*, EuGRZ 1984, S. 309 et passim; a.M. *Grof* (FN 171), S. 52.
185 Vgl. *Adamovich* (FN 3), S. 503; *dens./Funk* (FN 3), S. 377; in diesem Sinne auch *Ermacora* (FN 65), S. 588; a.A. *Berka*, Die Grundrechte (LitVerz.), RN 110, der meint, daß es sich bei der Selbstverwaltung der Gemeinden um *keine grundrechtliche* Einrichtungsgarantie handelt.
186 Zu institutionellen Argumenten in der Rspr. des Europäischen Gerichtshofs für Menschenrechte s. *Holoubek* (FN 4), S. 63. Vgl. auch z.B. *EGMR*, Rees (FN 96), Ziff. 50 (Recht auf Eheschließung); *EGMR*, Urt. v. 25.2.1982, Campbell u. Cosans ./. Vereinigtes Königreich, EuGRZ 1982, S. 153 Ziff. 41 (Recht auf Bildung); *EGMR*, Urt. v. 2.3.1987, Mathieu-Mohin u. Clerfayt ./. Belgien, Appl. Nr. 9267/81, Ziff. 52 (Wahlrecht); *Grabenwarter*, EMRK (LitVerz.), § 18 RN 15.
187 Instruktiv *Grabenwarter* aaO., § 19.

D. Bibliographie

Aicher, Josef, Grundfragen der Staatshaftung bei rechtmäßigen hoheitlichen Eigentumsbeeinträchtigungen, 1978.
Baumgartner, Gerhard, Welche Formen des Zusammenlebens schützt die Verfassung?, ÖJZ 1998, S. 761 ff.
Berka, Walter, Die Familie in der Verfassung – Überlegungen anhand des Familienbegriffs des Art 6 Abs 1 Grundgesetz, in: Friedrich Harrer/Rudolf Zitta (Hg.), Familie und Recht, 1992, S. 211 ff.
Bondi de Antoni, Anton, Das Grundrecht der österreichischen Gemeinden auf Selbstverwaltung, EuGRZ 1984, S. 309 ff.
Groß, Alfred, Das gemeindliche Selbstverwaltungsrecht, in: Rudolf Machacek/Willibald P. Pahr/Gerhard Stadler (Hg.), Grund- und Menschenrechte in Österreich. Bd. II, 1992, S. 47 ff.
Gutknecht, Brigitte, Art. 12 EMRK, in: Karl Korinek/Michael Holoubek (Hg.), Österreichisches Bundesverfassungsrecht. Textsammlung und Kommentar (Loseblattausgabe).
dies., Grundrechtsschutz für Ehe und Familie, 1988.
Holoubek, Michael, Grundrechtliche Gewährleistungspflichten, 1997.
Korinek, Karl, Art. 5 StGG, in: Karl Korinek/Michael Holoubek (Hg.), Österreichisches Bundesverfassungsrecht. Textsammlung und Kommentar (Loseblattausgabe).
Melichar, Erwin, Die Entwicklung der Grundrechte in Österreich, in: Verhandlungen des Zweiten Österreichischen Juristentages, 1964, Bd. I, 2. Teil.
Pernthaler, Peter/Rath-Kathrein, Irmgard, Der grundrechtliche Schutz von Ehe und Familie, in: Rudolf Machacek/Willibald P. Pahr/Gerhard Stadler (Hg.), Grund- und Menschenrechte in Österreich. Bd. II, 1992, S. 245 ff.
Öhlinger, Theo, Eigentum und Gesetzgebung, in: Rudolf Machacek/Willibald P. Pahr/Gerhard Stadler (Hg.), Grund- und Menschenrechte in Österreich. Bd. II, 1992, S. 643 ff.
Stolzlechner, Harald, Der Gedanke der Selbstverwaltung in der Bundesverfassung, in: Österreichische Parlamentarische Gesellschaft (Hg.), 75 Jahre Bundesverfassung, 1995, S. 361 ff.
ders., Art. 116 Abs. 1 B-VG, in: Heinz Peter Rill/Heinz Schäffer (Hg.), Bundesverfassungsrecht. Kommentar (Loseblattausgabe).
Wiederin, Ewald, Art. 8 EMRK, in: Karl Korinek/Michael Holoubek (Hg.), Österreichisches Bundesverfassungsrecht. Textsammlung und Kommentar (Loseblattausgabe).

II. Einzelgrundrechte

1. Freiheit und Gleichheit

§ 189
Schutz von Leib und Leben sowie Achtung der Menschenwürde

Benjamin Kneihs

Übersicht

	RN		RN
A. Der Schutz des Lebens	1–23	b) Schutz der physischen und psychischen Integrität	42
I. Rechtsgrundlagen	1	c) Schutzrichtung	43
II. Art. 63 Abs. 1 StV St. Germain	2–4	2. Schranken	44–47
1. Schutzbereich	2	a) Ungeschriebener Gesetzesvorbehalt?	44
2. Schranken	3	b) Eingriffsfester Kern des Grundrechts?	45–47
3. Würdigung	4	IV. Art. 2 EMRK als mittelbarer Schutz auch der Integrität	48–49
III. Art. 2 EMRK	5–23	C. Die Achtung der Menschenwürde	50–74
1. Schutzbereich	6–13	I. Keine ausdrückliche Verbürgung im positiven Bundesverfassungsrecht	50–52
2. Schranken	14–23	II. Ansätze für eine Verortung im positiven Bundesverfassungsrecht	53–65
a) Explizite Schranken aus Absätzen 1 und 2	14–19	1. Art. 3 EMRK	53
b) Gesetzesvorbehalt oder Einschränkungen des Schutzbereiches?	20	2. Die Präambel zur EMRK	54
c) Übertragung der Schranken auf die Schutzpflicht aus Abs. 1	21–23	3. Art. 1 Abs. 4 PersFrG	55–60
B. Der Schutz der körperlichen Integrität	24–49	4. Konvention gegen rassische Diskriminierung	61
I. Rechtsgrundlagen	24–25	5. Art. 8 EMRK	62–63
II. Art. 8 EMRK	26–37	6. Art. 2 StGG, Art. 7 B-VG und Art. 14 EMRK	64–65
1. Schutzbereich	26–31	III. Ansätze für eine Verortung im einfachen Recht	66–71
2. Schranken	32–37	1. § 16 ABGB	67–69
a) Materieller Gesetzesvorbehalt; Eingriffsgründe	32–34	2. § 96 ArbeitsverfassungsG	70
b) Verhältnismäßigkeit	35–36	3. § 5a Krankenanstalten- und Kuranstaltengesetz	71
c) Übertragung der Schranken auf die Schutzpflicht aus Abs. 1	37	IV. Ergebnis und Würdigung	72–74
III. Art. 3 EMRK	38–47	D. Bibliographie	
1. Schutzbereich	38–43		
a) Vielheit und Einheit der Schutzgüter des Art. 3 EMRK	39–41		

A. Der Schutz des Lebens

I. Rechtsgrundlagen

1
Völkerrechtliche Garantie

Eine genuin innerstaatliche Verbürgung des Lebensschutzes, wie sie Art. 2 des deutschen Grundgesetzes[1] enthält, ist dem österreichischen Grundrechtskatalog fremd. Der Schutz des Lebens ist im Verfassungsrang vielmehr nur durch zwei Bestimmungen völkerrechtlicher Herkunft garantiert, die auf unterschiedliche Epochen und Kontexte zurückgehen: Schon der Staatsvertrag von St. Germain en Laye, der wie der Staatsvertrag von Versailles auf völkerrechtlicher Ebene die Verhältnisse nach dem Ersten Weltkrieg ordnen sollte, enthält in seinem – als Verfassungsbestimmung ratifizierten – Art. 63 eine Garantie des Lebensschutzes. Viele Jahre später trat mit der Erhebung der Europäischen Menschenrechtskonvention in den Verfassungsrang[2] das Recht auf Leben aus deren Art. 2 hinzu[3].

II. Art. 63 Abs. 1 StV von St. Germain

1. Schutzbereich

2
Lebensrecht als Diskriminierungsverbot

Art. 63 Abs. 1 des Staatsvertrages von St. Germain bestimmt: „Österreich verpflichtet sich, allen Einwohnern Österreichs ohne Unterschied der Geburt, Staatsangehörigkeit, Sprache, Rasse oder Religion vollen und ganzen Schutz von Leben und Freiheit zu gewähren". Diese Bestimmung steht am Scheideweg zwischen Monarchie und Republik sowie zwischen dem großen Vielvölkerstaat und dem kleinen „Rest", der nunmehr Österreich war. Aus diesem Kontext und aus der Formulierung der Bestimmung, die mehr auf die Aufzählung verpönter Unterscheidungsmerkmale denn auf eine Definition von „Leben" oder „Freiheit" abgestellt ist, läßt sich schließen, daß damit mehr ein spezifisch lebens- und freiheitsrechtliches *Diskriminierungsverbot* als eine eigenständige lebensrechtliche Schutzpflicht geschaffen werden sollte[4]. Dafür spricht auch die systematische Stellung der Verbürgung in Kapitel V des Staatsvertrages, in dem es um den Minderheitenschutz geht. Das bedeutet nicht, daß in Art. 63 Abs. 1 StV keine Schutzpflicht zugunsten des Lebens aller Einwohner Österreichs angelegt ist. Diese bleibt aber recht allgemein und erschöpft sich im wesentlichen darin, einen einmal erreichten Schutzstandard abzusichern[5]. Geschützt wird das *Leben* aller *Einwohner* des jungen Staates. Über *Beginn und Ende* dieses Schutzes gibt Art. 63 Abs. 1 StV ebensowenig

---

1 → Bd. IV: Recht auf Leben und körperliche Unversehrtheit, § 88.
2 → Oben *Schäffer*, Die Entwicklung der Grundrechte, § 186 RN 71.
3 → Bd. VI/2: *Grabenwarter*, Nationale Grundrechte und Rechte der Europäischen Menschenrechtskonvention, § 169.
4 *Benjamin Kneihs*, Grundrechte und Sterbehilfe, 1998, S. 273 ff. m.w.N.; *Kopetzki*, Art. 2 EMRK, in: Korinek/Holoubek (LitVerz.), RN 1.
5 *Machacek*, Das Recht auf Leben in Österreich, EuGRZ 1983, S. 453 (469).

Auskunft wie über den Begriff der *Einwohnerschaft*. Im Hinblick auf Art. 2 EMRK ist die Bedeutung der Frage heute gering. Der Verfassungsgerichtshof hat allerdings angenommen, daß Ungeborene keine Einwohner sind, weshalb sich der Schutz des Art. 63 Abs. 1 StV nicht auf sie erstrecken lasse[6]. Ebensowenig spezifiziert die Bestimmung den „vollen und ganzen" Schutz des Lebens. Diese Wendung ist im Zusammenhalt mit den Differenzierungskriterien zu lesen, die Art. 63 Abs. 1 StV verpönt. Sie bekräftigt die primär Minderheiten schützende Funktion der Regelung, indem sie verdeutlicht, daß Abschwächungen des Lebensschutzes nach den genannten Kriterien verboten sind.

2. Schranken

Art. 63 Abs. 1 StV ist vom Wortlaut her vorbehaltlos gefaßt. Aus der Vorbehaltlosigkeit eines Grundrechts ist aber nicht automatisch auf seine Schrankenlosigkeit rückzuschließen[7]. Art. 63 Abs. 1 StV verfügt wohl auch wegen seines primär gleichheitsrechtlichen Charakters über keinen expliziten Gesetzesvorbehalt. Anders als dies für den allgemeinen Gleichheitssatz nach herrschender Auffassung gilt, sind allerdings hier durch die Verknüpfung von verpönten Differenzierungsmerkmalen mit konkreten Schutzgütern und der Gewährleistung des „vollen und ganzen" Schutzes keinerlei Differenzierungen nach den erwähnten Statusmerkmalen zugelassen. Aber auch andere denkbare Differenzierungskriterien – wie etwa das Geschlecht – sind jedenfalls im Hinblick auf den Schutz des Lebens irrelevant. Art. 63 Abs. 1 StV statuiert somit ein unbedingtes und absolutes Diskriminierungsverbot im Hinblick auf den Schutz des Lebens. Solange der Gesetzgeber keine Differenzierungen zwischen verschiedenen Menschen oder Menschengruppen vornimmt, ist er somit in der Ausgestaltung des Lebensschutzes weitgehend frei.

3 Unbedingtes und absolutes Diskriminierungsverbot

3. Würdigung

Es ist kein Zufall, daß Art. 63 Abs. 1 StV in Literatur und Judikatur wenig Beachtung findet. Art. 2 EMRK ist nicht nur die spätere Norm, diese Bestimmung verbürgt mit ihrem strengen Gesetzesvorbehalt auch den stärkeren Schutz. In Verbindung mit Art. 14 EMRK ist auch hier ein Diskriminierungsverbot aufgestellt. Lediglich in der Definition des Schutzgutes „Leben" unterscheidet sich die ältere Staatsvertragsbestimmung von der jüngeren Garantie der Europäischen Menschenrechtskonvention („Recht auf Leben"). Da aber auch aus Art. 63 Abs. 1 StV kein Recht und schon gar keine Verpflichtung des Staates abgeleitet werden kann, dem Einzelnen seinen Grundrechtsschutz aufzudrängen, ist auch dieser Unterschied praktisch nicht relevant. Der Ver-

4 Strenger Gesetzesvorbehalt aus Art. 2 EMRK

---

6 *VfSlg* 7400/1974.
7 Vgl. an dieser Stelle bloß *Berka*, Die Grundrechte (LitVerz.), RN 287 ff.

fassungsgerichtshof ging in seinem „Fristenlösungserkenntnis" allerdings implizit davon aus, daß keine Derogation erfolgt ist[8], indem er sowohl Art. 63 Abs. 1 StV als auch Art. 2 EMRK zum Prüfungsmaßstab machte. Die jüngere Rechtsprechung und Literatur konzentriert sich gleichwohl auf Art. 2 EMRK.

III. Art. 2 EMRK

5
Grundaussage

Art. 2 EMRK lautet: „(1) Das Recht jedes Menschen auf Leben wird gesetzlich geschützt. Abgesehen von der Vollstreckung eines Todesurteils, das von einem Gericht im Falle eines durch Gesetz mit der Todesstrafe bedrohten Verbrechens ausgesprochen worden ist, darf eine absichtliche Tötung nicht vorgenommen werden. (2) Die Tötung wird nicht als Verletzung dieses Artikels betrachtet, wenn sie sich aus einer unbedingt erforderlichen Gewaltanwendung ergibt: a) um die Verteidigung eines Menschen gegenüber rechtswidriger Gewaltanwendung sicherzustellen; b) um eine ordnungsgemäße Festnahme durchzuführen oder das Entkommen einer ordnungsgemäß festgehaltenen Person zu verhindern; c) um im Rahmen der Gesetze einen Aufruhr oder einen Aufstand zu unterdrücken".

1. Schutzbereich

a) Persönlicher Schutzbereich

6
Jedermannsrecht

Art. 2 EMRK ist ein Jedermannsrecht. Unterscheidungen oder Abstufungen nach Staatsbürgerschaft, Herkunft, Geschlecht oder Religion, aber auch nach „Wert" oder „Qualität" des Lebens sind – nicht nur im Hinblick auf Art. 14 EMRK, sondern schon angesichts der Formulierung des Art. 2 selbst – unzulässig[9].

7
Ungeborenes Leben

Jedenfalls genießt der Mensch zwischen Geburt und Tod den Schutz des Art. 2 EMRK. Der *pränatale* Lebensschutz ist – ebenso wie die Frage der juristischen *Todesdefinition* – umstritten. Die Bandbreite der zum Beginn des Lebens vertretenen Auffassungen reicht von einem menschenrechtlichen Schutz schon des in vitro befruchteten Eis bis hin zum vollständigen Ausschluß des Lebens vor der Geburt[10]. Der Verfassungsgerichtshof hat dem pränatalen Leben den Schutz des Art. 2 EMRK abgesprochen[11]. Diese Position dürfte im Ergebnis jedenfalls insoweit von der herrschenden Lehre gebilligt werden, als die noch nicht selbständig lebensfähige Leibesfrucht in Rede steht, wobei selbstverständlich auch denjenigen insoweit Einverständnis unterstellt werden kann, die das ungeborene Leben – wofür meines Erachtens

---

8 S. FN 6.
9 Vgl. zuletzt *Grabenwarter*, EMRK (LitVerz.), § 20 RN 2.
10 Vgl. die z.H. bei *Kopetzki* (FN 4), RN 15 ff.; → Bd. II: *P.M. Huber*, Natürliche Personen als Grundrechtsträger, § 49 RN 9 ff.
11 *VfSlg* 7400/1974.

die besseren historischen und systematischen Argumente sprechen – überhaupt vom Lebensschutz des Art. 2 EMRK ausschließen wollen[12].

Was den *Eintritt des Todes* betrifft, mit dem der Schutzbereich des Art. 2 EMRK verlassen wird, so hat sich in Österreich – weitgehend unangefochten von der heftigen Diskussion, die dazu in Deutschland geführt wurde und wird[13] – das Abstellen auf den Gesamthirntod etabliert, mit dem die integrative und zentrale Steuerung des Organismus endet[14].

8
Gesamthirntod

b) Sachlicher Schutzbereich

Durch Art. 85 B-VG ist die Todesstrafe in Österreich abgeschafft. Ebenso genießt das sechste Zusatzprotokoll zur Europäischen Menschenrechtskonvention Verfassungsrang. Somit ist in Friedenszeiten eine intentionale Tötung verfassungsrechtlich nur dann nicht ausgeschlossen, wenn sie sich nach strenger Prüfung der Verhältnismäßigkeit als einziges Mittel zur Erreichung eines der in Art. 2 Abs. 2 EMRK aufgezählten Ziele erweist[15]. Der Ausnahmekatalog des Absatzes 2 macht zugleich klar, daß auch unbeabsichtigte Tötungen und selbst bloße Lebensgefährdungen, wenn sie hinreichend ernstlich sind, in den Schutzbereich des Art. 2 EMRK gehören[16]. Anders ergibt auch die Schutzpflicht des Absatzes 1 erster Satz wenig Sinn. Art. 2 EMRK muß insoweit als Ganzes gelesen, sein Schutzbereich sowohl aus dem ersten Absatz als auch aus dem Ausnahmekatalog des Absatzes 2 erschlossen werden.

9
Tötung nur im Rahmen strikter Verhältnismäßigkeit

Art. 2 EMRK schützt das Recht auf *Leben*. Damit ist einerseits klargestellt, daß erst Bedrohungen des Lebens – und nicht bereits irgendwelche geringergradigen Gesundheitsgefährdungen – in den Schutzbereich der Bestimmung

10
Schutz bei Lebensbedrohung

---

12 Verknüpfung von „everyone", „right" und „life": Vgl. *Kopetzki* (FN 4), RN 17; undeutlich *Lagodny*, Art. 2 EMRK, in: Wolfram Karl (Hg.), Internationaler Kommentar zur Europäischen Menschenrechtskonvention, RN 46, jeweils m.w.N. Zur hinsichtlich des Schutzes für das ungeborene Leben unergiebigen Entstehungsgeschichte des Art. 2 EMRK ausführlich *Tretter*, in: Felix Ermacora/Manfred Nowak/ders. (Hg.), Die Europäische Menschenrechtskonvention in der Rechtsprechung der österreichischen Höchstgerichte, 1983, Art. 2 MRK, S. 83 (103 ff.). Im Ergebnis offenbar wie hier *Grabenwarter*, EMRK (LitVerz.), § 20 RN 3 m.H. auf die jüngste Judikatur des EGMR.
13 → Bd. II: *P.M. Huber*, Natürliche Personen als Grundrechtsträger, § 49 RN 22 ff.
14 *Kopetzki* (FN 4), RN 19; *Lagodny* (FN 12), RN 49 f.
15 „Gezielter Rettungsschuß": *EGMR*, Urt. v. 27. 9. 1995, McCann u. a. ./. Vereinigtes Königreich, Serie A, Nr. 324, sowie ÖJZ 1996, S. 233; Urt. v. 9. 10. 1997, Andronicou und Constantinou ./. Zypern, Appl.Nr. 86/1996/705/897, RJD 1997-VI, S. 2059, sowie ÖJZ 1998, S. 674; w.N. bei *Grabenwarter*, EMRK (LitVerz.), § 20 RN 12. Vgl. dazu auch *Kopetzki* (FN 4), RN 41, und ausführlich *Kneihs*, Recht auf Leben und Terrorismusbekämpfung, in: Christoph Grabenwarter/Rudolf Thienel (Hg.), Kontinuität und Wandel der Europäischen Menschenrechtskonvention – Studien zur Europäischen Menschenrechtskonvention, 1998, S. 21 (34). Vor dem erwähnten normativen Hintergrund spielt es für Österreich auch keine Rolle, ob die Konvention – wie die Europäische Gerichtshof für Menschenrechte im (vorläufigen) Öcalan-Urteil angedeutet hat – durch die Praxis der Europaratsstaaten insoweit bereits vor Ratifikation des 13. Zusatzprotokolls modifiziert wurde und den Vorbehalt der Todesstrafe nicht mehr enthält (vgl. *EGMR*, Urt. v. 12. 3. 2003, Öcalan ./. Türkei, §§ 189 ff. und dazu *Grabenwarter*, EMRK [LitVerz.], § 20 RN 10, sowie *M. Breuer*, Völkerrechtliche Implikationen des Falles Öcalan – Anm. zum Urteil des Europäischen Gerichtshofs für Menschenrechte v. 12. 3. 2003, EuGRZ 2003, S. 449 [453]). Der gezielte „Rettungs*abschuss*" ist dadurch aber nicht zugelassen (vgl. im einzelnen *Kneihs*, in: Rill/Schäffer [LitVerz.], Art. 2 MRK, RN 24).
16 *VfSlg* 15.046/1997 m.H. auf die Judikatur des Europäischen Gerichtshofs für Menschenrechte; *Grabenwarter*, EMRK (LitVerz.), § 20 RN 5.

fallen. Andererseits ist aber mit dem Abstellen auf das Lebens*recht* jeder Vorstellung von einer grundrechtlichen Lebens*pflicht* ein Riegel vorgeschoben: Art. 2 EMRK enthält weder eine Verpflichtung noch eine Ermächtigung, dem Einzelnen seinen Lebensschutz aufzudrängen[17]. Umgekehrt enthält Art. 2 EMRK auch keine sogenannte negative Seite[18]. Insbesondere folgt aus dieser Bestimmung kein Recht auf den eigenen Tod[19].

11
Sozial adäquates, hinzunehmendes Restrisiko

Die Bestimmung des sozial adäquaten und daher hinzunehmenden Restrisikos ergibt sich bei bloßen *Lebensgefährdungen* im Abwehr- wie im Schutzpflichtbereich aus einer Zusammenschau verschiedenster Faktoren, zu denen vor allem das Ausmaß der Bedrohung, die Wahrscheinlichkeit ihrer Verwirklichung und der Grad der dem Staat zurechenbaren Sorgfaltsverletzung gehören. Auch ein gemeinsamer europäischer Standard kann bei der Bestimmung dieses lebensrechtlich unproblematischen Restrisikos hilfreich sein[20]. Eindeutige Vorgaben sind aus dem Grundrecht nur schwer abzuleiten; der Europäische Gerichtshof für Menschenrechte nimmt offenbar eine relativ weit gehende Verantwortung des Staates für Lebensgefährdungen an[21]. Die Palette wenigstens potentieller Eingriffe in das Recht auf Leben reicht nach alledem – je nach Schutzstandard und Konstellation – vom Alkohol- oder Tempolimit im Straßenverkehr über das Betriebsanlagenrecht bis hin zur polizeilichen Geiselbefreiung mit Waffengewalt. Art. 2 EMRK kann schließlich auch im *Fremdenrecht* Relevanz erlangen, wenn die Abschiebung oder Ausweisung in ein Zielland in Rede steht, in dem der Betroffene von einer Tötung bedroht ist, die nicht durch Art. 2 EMRK selbst gedeckt ist[22].

c) Schutzrichtung: Schutzpflicht und Abwehrrecht

12
Schrankenvorbehalt als Grenze der Schutzpflicht

Art. 2 EMRK ist nicht nur als Abwehrrecht gegenüber staatlichen Aktionen mit hinreichend konkreter Lebensgefahr konzipiert. Durch Art. 2 Abs. 1 Satz 1 EMRK wird vielmehr auch ausdrücklich eine umfassende staatliche Schutzpflicht statuiert (arg: „shall be protected by law"; „est protégé par la loi"). Durch sie ist der Staat dazu verpflichtet, das Recht auf Leben auch

---

17 *Kopetzki* (FN 4), RN 21 m.w.N.; ausführlich *Kneihs* (FN 4), S. 256 ff.
18 → Bd. II: *Merten*, Negative Grundrechte, § 42 RN 12.
19 *EGMR*, Urt. v. 29. 4. 2002, Pretty./.Vereinigtes Königreich, Appl.Nr. 2346/02, sowie EuGRZ 2002, S. 234 m. Anm. *Kneihs*; s. auch bereits *dens.*, JBl 1999, S. 76 (85), und *dens.* (FN 4), S. 266 ff. Ebenso *Kopetzki* (FN 4), RN 22 m.w.N. und *Grabenwarter*, EMRK (LitVerz.), § 20 RN 4; a.M. *Yvo Hangartner*, Schwangerschaftsabbruch und Sterbehilfe, 2000, S. 71 ff.
20 *Kneihs* (FN 4), S. 80 ff. m.w.N.; ausführlich u. mit zahlreichen Hinweisen zum Ganzen auch *Kopetzki* (FN 4), RN 29 f.
21 Vgl. z. B. *EGMR*, Urt. v. 17. 1. 2002, Calvelli und Ciglio ./. Italien, Appl.Nr. 32.967/1996; s. auch die bereits zitierte Entscheidung im Fall *McCann* (FN 15); w.N. bei *Kopetzki* (FN 4), RN 30 (mit FN 154). Keine Rolle kann es unter dem Gesichtspunkt der staatlichen Verantwortung spielen, ob die hinreichende Vorkehr für Zivil- und Katastrophenschutz oder die Abwehr von Menschen hervorgerufener Gefahren in Rede steht; a.A. für die grundrechtlichen Schutzpflichten des deutschen Grundgesetzes *Merten*, Grundrechtliche Schutzpflichten und Untermaßverbot, in: Klaus Stern/Klaus Grupp (Hg.), GS Burmeister, 2005, S. 227 (237) m.w.N.
22 Ausführlich *Kopetzki* (FN 4), RN 31 ff. m.H. auf die Judikatur.

gegenüber Angriffen von dritter Seite in Schutz zu nehmen[23]. Dabei ist etwa die Problematik der Sterbehilfe genauso unter dem Gesichtspunkt der lebensrechtlichen Schutzpflicht relevant wie die Regelung der Notwehr; fraglich kann hierbei nur sein, welche Bedeutung der Schrankenvorbehalt des Absatz 2 für die Schutzpflicht konkret besitzt, der etwa für die polizeiliche Nothilfe eine ausdrückliche Regelung schafft[24]. Besonderes Gewicht ist der lebensrechtlichen Schutzpflicht im *Freiheitsentzug* beizumessen[25].

Bei Ausgestaltung der lebensrechtlichen Schutzpflicht ist der Spielraum des Gesetzgebers weit. Insbesondere die Wahl des Instrumentariums, mit dem ein effizienter Schutz des Rechts auf Leben hergestellt werden soll, liegt vor allem beim Staat. Er muß etwa nicht schon allen Gefährdungen des Lebens mit Strafdrohungen entgegentreten[26]. Der Europäische Gerichtshof für Menschenrechte hat allerdings insbesondere *prozedurale* Schutzpflichten anerkannt, die den Staat dazu verpflichten, ungeklärten Todesfällen umfassend nachzugehen[27].

13
Weiter gesetzgeberischer Spielraum

2. Schranken

a) Explizite Schranken aus Absätzen 1 und 2

Ausdrücklich erlaubt Art. 2 Abs. 1 EMRK intentionale Tötungen zur Vollstreckung der Todesstrafe. Dieser Vorbehalt ist in Österreich aus den erwähnten Gründen ohne Belang. Eine Verletzung des Art. 2 EMRK durch die Tötung eines Menschen liegt von diesem Fall abgesehen nur dann nicht vor, wenn sie sich aus einer Gewaltanwendung ergibt, die a) zur Verteidigung eines Menschen gegen rechtswidrige Gewaltanwendung, b) zur ordnungsgemäßen Festnahme oder der Verhinderung des Entkommens einer ordnungsgemäß festgehaltenen Person oder c) zur Unterdrückung eines Aufruhrs oder Aufstands im Rahmen der Gesetze unbedingt erforderlich ist.

14
Vollstreckung der Todesstrafe

Mit dieser Formulierung sind sowohl absichtliche als auch unbeabsichtigte oder bloß in Kauf genommene Tötungen angesprochen[28]. Der Schrankenvorbehalt ist jedenfalls hinsichtlich staatlicher Eingriffe taxativ und mit dem

15

---

23 Vgl. dafür statt aller bloß *Berka* (FN 7), RN 367, 371 ff., und *Kneihs* (FN 4), S. 249 ff., sowie Pieter van Dijk/Fried van Hoof/Arjen van Rijn/Leo Zwaak (Hg.), Theory and Practice of the European Convention on Human Rights, Antwerpen, Oxford, ⁴2006, S. 358 ff., und *Ress*, The Duty to Protect and to Ensure Human Rights Under the European Convention on Human Rights, in: Eckart Klein (Red.), The Duty to Protect and to Ensure Human Rights (1999), S. 170 ff. → Bd. II: *Calliess*, Schutzpflichten, § 44 RN 16, 18 ff.
24 *Kneihs*, JBl 1999, S. 76 (85 f.); *Kopetzki* (FN 4), RN 67; einläßlich *Lagodny* (FN 12), RN 51 ff., 83 ff.; zuletzt auch i.d.S. *Grabenwarter*, EMRK (LitVerz.), § 20 I RN 13; hinsichtlich der Notwehr a.M. *Berka* (FN 7), RN 369 und *Lewisch*, Recht auf Leben (Art. 2 EMRK) und Strafgesetz, in: Helmut Fuchs/Wolfgang Brandstetter (Hg.), FS Platzgummer, 1995, S. 381 (390 ff.). Zur Bedeutung des Abs. 2 lit. a für die Notwehrproblematik noch unten 2, RN 24.
25 *Kopetzki* (FN 4), RN 77 ff.; vgl. *VfSlg* 16.638/2002.
26 Vgl. dazu im einzelnen *Kneihs* (FN 4), S. 80 ff. m.w.N.; i.d.S. auch *Grabenwarter*, EMRK (LitVerz.), § 20 RN 16.
27 *EGMR*, Urt. v. 9.5.2003, Tepe ./. Türkei, appl. no. 27244/95, sowie Urt. v. 16.7.2002, Ülkü Ekinchi ./. Türkei, appl. no. 27602/95. Dazu eingehend *Grabenwarter*, EMRK (LitVerz.), § 20 RN 17.
28 S. FN 15.

16
Nothilfe staatlicher Organe und Notwehr

17
Lebensgefährdung zur Verteidigung von Vermögensgütern

18
Festnahme oder Fluchthinderung

Lebensschützende Organisationsverantwortung

Maßstab der unbedingten Erforderlichkeit besonders streng. In ihm kommt nicht nur die Notwendigkeit zum Ausdruck, die eingesetzte Gewalt sorgfältigst mit den angestrebten Zielen abzuwägen. Es folgt aus ihm auch eine Verantwortung für die Organisation und die Durchführung an sich berechtigter Maßnahmen, die stets danach trachten muß, Lebensgefährdungen – wann immer möglich – zu vermeiden[29].

Die Verteidigung eines Menschen gegenüber rechtswidriger Gewaltanwendung schließt sowohl die Notwehr als auch die Nothilfe jedenfalls staatlicher Organe mit ein. Als ultima ratio kann dabei auch die gezielte Tötung eines Menschen zulässig sein[30]. Mit der „rechtswidrigen" („unlawfull"; „illégale") Gewaltanwendung ist auf die nationalen Rechtsordnungen verwiesen. Lebensgefährdende Notwehr oder Nothilfe gegen einen nach dem Maßstab der nationalen Rechtsordnung rechtmäßigen Angriff ist daher durch Art. 2 Abs. 2 lit. a EMRK auch dann nicht erlaubt, wenn die Gestattung dieser Gewalt ihrerseits der Europäischen Menschenrechtskonvention widerspricht.

Ob die Verteidigung „eines Menschen" auch die Verteidigung seiner Vermögensgüter umfaßt, ist in der Literatur umstritten und in der Rechtsprechung bislang nicht geklärt[31]. Die besseren Argumente sprechen meines Erachtens dafür, die Gewaltanwendung zugunsten der Verteidigung von Vermögensgütern eines Menschen auch dann zuzulassen, wenn sie eine relevante Gefährdung des Lebens des Angreifers impliziert. Sie unterliegt allerdings einer Prüfung am besonders strengen Maßstab der Verhältnismäßigkeit nach Art. 2 Abs. 2 EMRK.

Mit der Sicherstellung einer „ordnungsgemäßen" („lawful"; „régulière") Festnahme und mit dem Verhindern der Flucht aus einem „ordnungsgemäßen" Freiheitsentzug stellt die Europäische Menschenrechtskonvention nicht auf bestimmte Gründe einer Festnahme oder Anhaltung ab; auf deren Tragweite ist im Rahmen der strengen Verhältnismäßigkeitsprüfung im Einzelfall Bedacht zu nehmen. Der strenge und taxative Charakter des Art. 2 Abs. 2 EMRK schließt es meines Erachtens aus, eine Rechtfertigung nach lit. b dieses Artikels auch dann anzunehmen, wenn eine Festnahme oder Anhaltung nach der innerstaatlichen Rechtsordnung – etwa aus prozessualen Gründen – nicht zulässig ist: Klar und deutlich stellt Art. 2 Abs. 2 lit. b auf die „ordnungsgemäße" Festnahme ab. Es ist auch nicht einzusehen, wieso die lebensbedrohliche Gewaltanwendung gegen einen Menschen unter Berufung auf einen Festnahmegrund zulässig sein soll, der eine Freiheitsentziehung – und sei es auch nur aus prozessualen Gründen – in concreto nicht trägt. Die *Tatverhinderung* ist daher nur insoweit ein tauglicher Eingriffsgrund, als sie entweder unter lit. a dieses Artikels fällt oder nach der nationalen Rechtsordnung einen

---

29 *EGMR*, Urt. v. 27. 9. 1995, McCann (FN 15); *VfSlg* 15.046/1997; ausführlich *Kopetzki* (FN 4), RN 43 ff.
30 S. FN 15.
31 S. die H. bei *Kopetzki* (FN 4), RN 51 einerseits und *Lagodny* (FN 12), RN 83, 88, 90 andererseits. Die gezielte Erschießung fliehender Bankräuber wurde – da der Fall gütlich verglichen worden ist – von den europäischen Instanzen letztlich nicht beurteilt (vgl. *EKMR*, Erk. v. 11. 12. 1982, Farrell ./. Vereinigtes Königreich, Appl.Nr. 9013/80, D&R 30, S. 96; D&R 38, S. 44).

Festnahmetitel darstellt. Die *gezielte Tötung* ist zur Festnahme oder zur Verhinderung der Flucht ungeeignet und daher unter dem Gesichtspunkt der lit. b stets verfassungswidrig[32].

Die Unterdrückung eines Aufruhrs oder Aufstands muß „im Rahmen der Gesetze" erfolgen („lawfull"; „conformément à la loi")[33]. Es handelt sich somit um einen Verweis auf das innerstaatliche Recht. Ein *Aufruhr* ist eine von einer größeren Menschenmenge ausgehende außerordentliche Gefährdung der inneren Sicherheit, die durch Begehung oder Drohung mit Gewalttaten ausgelöst wird[34]. Ein Aufstand ist erst dann anzunehmen, wenn eine mehr oder weniger organisierte Gruppe Teile des Staatsgebietes tatsächlich beherrscht und gegen die Staatsgewalt verteidigt[35]. In beiden Fällen gilt für die Anwendung staatlicher Gewalt zusätzlich zum Vorbehalt der Gesetzmäßigkeit auch der strenge Maßstab der unbedingten Erforderlichkeit aus dem Einleitungssatz des Absatzes 2.

19
Unterdrückung von Aufruhr oder Aufstand

b) Gesetzesvorbehalt oder Einschränkungen des Schutzbereiches?

Während die Straßburger Organe der Legalität lebensbedrohender oder letaler Ausübung der Staatsgewalt nur wenig Bedeutung beigemessen haben, handhabt der Verfassungsgerichtshof Art. 2 Abs. 2 EMRK wie einen Gesetzesvorbehalt, wenn er regelmäßig – von der Konventionskonformität des Waffengebrauchsgesetzes ausgehend – bloß die Vereinbarkeit der jeweiligen Polizeiaktion mit diesem Gesetz näher prüft[36]. Dies ist indes nicht bloß Folge der besonderen Bedeutung, die das Legalitätsprinzip in Österreich hat. Während nämlich der Europäische Gerichtshof für Menschenrechte bloß die Verantwortlichkeit des belangten Staates festzustellen hat, ist der Verfassungsgerichtshof gezwungen, diejenige unter den Staatsgewalten zu identifizieren, der eine Verletzung zugerechnet werden muß. Alle drei Tatbestände des Absatzes 2 verweisen zudem zumindest auch auf die Rechtsordnungen der Mitgliedstaaten[37]. Es wäre aber nicht recht verständlich, warum sich der *Schutzbereich* des Art. 2 EMRK erst aus einer Prüfung der jeweiligen nationalen Rechtsordnung ergeben sollte. Absatz 1 Satz 1 nimmt ausdrücklich vor allem *den Gesetzgeber* in die Pflicht, der – mit Rücksicht auf den Schrankenvorbehalt – die näheren Bedingungen des Lebensschutzes ausgestaltet. Aber auch das Abwehrrecht gegen den Staat geht mit Organisations- und Sorgfaltspflichten einher, für die der Gesetzgeber unter Beachtung des Schrankenvorbehaltes vorzukehren hat. Versteht man Art. 2 EMRK als Einheit, dann sprechen daher im Ergebnis meines Erachtens die besseren Argumente für die Annahme eines Gesetzesvorbehaltes[38].

20
Argumente für den Vorbehalt des Gesetzes

---

32 *Frowein/Peukert*, EMRK (LitVerz.), Art. 2 RN 12; *Jacques Velu/Rusen Ergec*, La Convention Européenne des Droits de l'Homme, Brüssel, 1990, RN 233.
33 *Grabenwarter*, EMRK (LitVerz.), § 20 RN 15.
34 *Frowein/Peukert*, EMRK (LitVerz.), RN 15; *Velu/Ergec* (FN 32), RN 234. M.w.N. auch *Kopetzki* (FN 4), RN 59.
35 *Kopetzki* aaO., RN 59 m.w.N.
36 Näher *Kopetzki* aaO., RN 47.
37 S. soeben oben a, RN 18.
38 Ebenso mit etwas abweichender Begründung *Kopetzki* (FN 4), RN 47.

c) Übertragung der Schranken auf die Schutzpflicht aus Absatz 1

21
Schutzpflichten als Abwehrrechte

Grundrechtliche Schutzpflichten sind konsequent zu Ende gedachte Abwehrrechte. Die Rechtfertigung von Eingriffen in den Schutzanspruch des Einzelnen unterscheidet sich daher strukturell nicht von der Rechtfertigung anderer Eingriffe in den Schutzbereich des Grundrechts[39]. Einschränkungen des Schutzes des Rechts auf Leben sind daher nur dann verfassungs- und konventionskonform, wenn sie dem Schrankenvorbehalt des Art. 2 Abs. 2 EMRK Rechnung tragen[40]. Dem kann nicht die Staatsbezogenheit dieses Vorbehalts entgegengehalten werden: Versteht man nämlich Art. 2 Abs. 2 EMRK – wie hier – als *Gesetzesvorbehalt*, dann ändert sich an der Stoßrichtung dieses Vorbehaltes auch und gerade dann nichts, wenn man ihn auf die – vom Gesetzgeber einzulösende – Schutzpflicht bezieht[41].

22
Ausgestaltung privaten Notwehrrechts

Der Tatbestand der „Unterdrückung eines Aufruhrs oder Aufstands" kommt für Private von vornherein nicht in Betracht. Schon die „ordnungsgemäße Festnahme" kann aber auch für die in Österreich etwa zulässige private Anhaltung eines (mutmaßlichen) Straftäters einschlägig sein. Erst recht hat sich die Ausgestaltung des privaten Notwehrrechts an Art. 2 EMRK, insbesondere an dessen Absatz 2 lit. a zu orientieren[42].

Grenzen der Schutzpflicht des Gesetzgebers

Der Gesetzgeber kann und muß aber nicht jede Tätigkeit verbieten, der eine relevante Lebensgefährdung immanent ist[43]. Jenseits der Regelung von Konstellationen des gezielten Einsatzes von Gewalt ist daher sein Gestaltungsspielraum weit und nicht unmittelbar durch den Schrankenvorbehalt des Absatzes 2 determiniert, der sich auch von seinem Wortlaut her nur auf „die Tötung" bezieht, die Folge einer unbedingt erforderlichen Gewaltanwendung ist. Welchen Bedrohungen mit welchen Mitteln zu begegnen ist, entscheidet daher der Gesetzgeber – allenfalls unter Rücksichtnahme auf einen gemeinsamen europäischen Standard – weitgehend autonom. Dabei ist aber der Maß-

Maßstab der Verhältnismäßigkeit

stab der Verhältnismäßigkeit nicht zu vernachlässigen. Der Gesetzgeber darf daher keine unverhältnismäßigen Bedrohungen des Rechts auf Leben akzeptieren. Was im einzelnen verhältnismäßig ist, muß dabei anhand der bereits mit Bezug auf die für das hinzunehmende Restrisiko genannten Kriterien (Ausmaß der Gefahr, Wahrscheinlichkeit ihrer Verwirklichung, bestehender nationaler und europäischer Standard), aber auch mit Blick auf jene Ziele und Zwecke beurteilt werden, die die Gefährdung rechtfertigen sollen. Dabei ist unter dem Gesichtspunkt der staatlichen Verantwortlichkeit auch ins Kalkül zu ziehen, ob es sich um freiwillig in Kauf genommene Lebensgefährdungen

---

[39] *Michael Holoubek*, Grundrechtliche Gewährleistungspflichten, 1997, S. 265 f. (dort in FN 414); weitergehend *Kneihs* (FN 4), S. 385 ff. Besonders deutlich wird dies an grundrechtlichen Schutzpflichten im *Freiheitsentzug* (s. o. bei FN 25).
[40] *Kopetzki* (FN 4), RN 66 f.; ausführlich *Kneihs* (FN 15), S. 37 ff.
[41] Anders noch *Kneihs* aaO., S. 38; wie hier im Ergebnis *Frowein/Peukert*, EMRK (LitVerz.) und *Lagodny* (FN 12), RN 18 ff.
[42] S. schon oben FN 24.
[43] Z.B. Autofahren, Betrieb von Produktionsanlagen, Silvesterfeuerwerke; im Bereich der Staatsverwaltung etwa die Einziehung zum Militärdienst (vgl. *VfSlg* 7209/1973).

handelt oder ob der Staat – etwa in seinem Anlagenrecht – eine Duldungspflicht schafft[44].

Die auf Verlangen des Betroffenen vorgenommene und somit *freiwillige Sterbehilfe* muß nach Art. 2 EMRK grundsätzlich nicht verboten werden; allerdings sind prozessuale Vorkehrungen erforderlich, die dazu dienen, die Ernsthaftigkeit und Freiwilligkeit des Sterbewunsches sicherzustellen[45]. Sterbehilfe *gegen den Willen* des Betroffenen ist unter allen Umständen ausgeschlossen. Aber auch die Entscheidung über einen Behandlungsabbruch bei Personen, die einen eigenständigen Willen nicht mehr oder noch nicht bilden oder artikulieren können, ist als Fremdverfügung über menschliches Leben mit Art. 2 EMRK unvereinbar[46].

23
Freiwillige und unfreiwillige Sterbehilfe

B. Der Schutz der körperlichen Integrität

I. Rechtsgrundlagen

Anders als im deutschen Grundgesetz[47] ist in der österreichischen Bundesverfassung ein Recht auf körperliche Unversehrtheit nicht ausdrücklich positiviert. Ein verfassungsrechtlicher Schutz der körperlichen Integrität ergibt sich aber gleichwohl aus verschiedenen verfassungsgesetzlich gewährleisteten Rechten, allen voran aus Art. 8 EMRK. Ein weiterer Anhaltspunkt für einen Schutz der körperlichen Integrität findet sich in Art. 3 EMRK. Schließlich ist mittelbar auch Art. 2 der Konvention für den Schutz der körperlichen Integrität insoweit heranzuziehen, als dort auch bloße – hinreichend konkrete – Lebensgefährdungen erfaßt sind, deren Abwehr zugleich auch für einen Schutz der körperlichen Integrität Sorge trägt[48].

24
Zusammenschau von Einzelgewährleistungen

Wenn daher im folgenden der verfassungsrechtliche Schutz der körperlichen Unversehrtheit erläutert wird, dann soll dabei keinesfalls der Eindruck einer Verselbständigung dieses Schutzes als eigenständiges Grundrecht entstehen: Die körperliche Integrität wird durch unsere Verfassungs- und insbesondere

25
Kein eigenständiges Grundrecht

---

44 Vgl. zur Bedeutung der Freiwilligkeit oben bei FN 17.
45 Ausführlich *Kneihs* (FN 4), S. 256 ff. Diese Deutung ausdrücklich offenhaltend *EGMR*, Urt. v. 29. 4. 2002, Pretty (FN 19), § 74, wo die Abwägung des Nutzens und der Risiken einer liberalen Regelung freiwilliger Euthanasie in den Gestaltungsspielraum der Staaten verwiesen wird, und § 41, wo der Gerichtshof ausdrücklich nicht zu der Frage Stellung nimmt, ob die Rechtslage in Staaten, die eine Mitleidstötung auf Verlangen zulassen, der Konvention widerspricht.
46 Vorsichtiger noch *Kneihs*, JBl 1999, S. 76 (85 f.). Wie hier bereits *ders.*, Pflegschaftsgerichtliche Genehmigung des lebensbeendenden Behandlungsabbruches? RdM 1999/1, S. 30 (31). Entgegen meiner früheren Auffassung kann ich heute auch der Bestimmung des Art. 3 EMRK keine Wertung entnehmen, die eine Fremdverfügung über menschliches Leben entgegen Art. 2 EMRK als zulässig erscheinen ließe.
47 → Bd. IV: Recht auf Leben und körperliche Unversehrtheit, § 88.
48 → Bd. VI/1: *Bröhmer*, Menschenwürde, Freiheiten der Person und Freizügigkeit, § 139.

Grundrechtsordnung *im Ergebnis* geschützt. Dieser Schutz resultiert aber aus verschiedenen Gewährleistungen mit je und je unterschiedlichen Schutzbereichen und Schrankenvorbehalten; nur aus ihnen können konkrete Aussagen für konkrete Sachverhalte gewonnen werden[49].

II. Art. 8 EMRK

1. Schutzbereich

a) Vielheit und Einheit der Schutzgüter des Art. 8 Abs. 1 EMRK

26
Leitmotiv Privatsphäre

In Art. 8 EMRK sind vier verschiedene Schutzgüter aufgezählt. Diese Schutzgüter weisen zwar zahlreiche Überschneidungen auf, sind aber dennoch jeweils für sich zu nehmen und zu interpretieren. Die genannten Schutzgüter beziehen sich allerdings jeweils auf Teilaspekte der *Privatsphäre*, die als gemeinsames „Leitmotiv" hinter allen vier Einzelverbürgungen steht[50].

b) Schutz der Intimsphäre, des Willens und der Integrität

27
Schutz der Intimsphäre

In Art. 8 EMRK ist daher jedenfalls die *Intimsphäre* des Menschen geschützt. Das bedeutet nicht nur Schutz der Identität und Individualität, sondern auch insbesondere Schutz der informationellen Selbstbestimmung, des Sexuallebens als besonders intimem Bereich der Interaktion mit anderen und nicht zuletzt Schutz in Situationen der Verletzlichkeit: Art. 8 EMRK schützt vor öffentlicher Zurschaustellung von Krankheit, Gebrechlichkeit und Schwäche bzw. gewährt – anders gewendet – Anspruch auf Achtung der Intimsphäre in diesen und anderen besonders heiklen Situationen, die den Menschen kennzeichnen und zeichnen und die seiner unmittelbarsten, persönlichsten Sphäre zugehören[51].

28
Schutz der Willenssphäre

Ebenso durch Art. 8 EMRK geschützt ist die Willenssphäre, also das Recht jedes Menschen auf *Selbstbestimmung*[52]. Der Mensch verfügt selbst über sich; er bestimmt, was mit den ihn betreffenden Informationen, seinem Geistes- und Seelenleben sowie mit seinem Körper geschieht. Verletzungen des Körpers, die nicht vom Willen des Betroffenen getragen sind, greifen schon deshalb in den Schutzbereich des Art. 8 EMRK ein.

---

49 Einen abweichenden Zugang versucht *Grof*, ÖJZ 1984, S. 589 ff., darzulegen. Er bleibt aber die Begründung eines eigenständigen Grundrechts auf körperliche Unversehrtheit letztlich schuldig: Weder ergibt sich ein solches Recht aus Verfassungsentwürfen, die schon in der Monarchie nicht effektiv geworden sind und daher auch nicht in die Verfassungsordnung der Republik übernommen wurden, noch läßt es sich aus dem Recht auf Leben gewinnen, das – wie hier gezeigt werden soll – die körperliche Unversehrtheit eben bloß mittelbar, also insoweit schützt, als gegen sie gerichtete Bedrohungen auch eine Gefahr für das Leben implizieren.
50 *Wiederin*, Art. 8 EMRK, in: Korinek/Holoubek (LitVerz.), RN 6 m.w.N.; ausführlich *Kneihs* (FN 4), S. 324 ff.
51 *Kneihs* aaO., S. 329 ff., 340 ff.; *Wiederin* (FN 50), RN 33 ff.; vgl. auch *Luzius Wildhaber*, Art. 8 EMRK, in: W. Karl (FN 12), RN 108 ff., 122 ff., und *Berka* (FN 7), RN 457, 459.
52 M.w.N. *Kneihs* aaO., S. 342 ff.; s. auch *Berka* aaO., RN 458, und ausführlich *Wildhaber* aaO., RN 208–274.

Dadurch und darüber hinaus gebietet Art. 8 EMRK die Achtung der *gesamten körperlich-geistigen Integrität*. Ungerechtfertigte Eingriffe in die Willenssphäre, wie etwa psychiatrische Zwangsuntersuchungen oder Zwangstherapien sind genauso verboten wie nicht gerechtfertigte Eingriffe in die körperliche Integrität, sei es durch Gewaltanwendung, sexuellen Mißbrauch, gesundheitsschädliche Emissionen oder medizinische Maßnahmen gleich welcher Art[53]. Aus dem Zusammenhalt mit dem Selbstbestimmungsrecht und dem Kontext des Schutzes der Privatsphäre ergibt sich zwar, daß die körperliche Integrität nicht schlechthin, sondern nur insoweit geschützt ist, als in sie *gegen den Willen* des Betroffenen eingegriffen würde. Ein Recht oder gar eine Pflicht des Staates, den Menschen vor sich selbst zu schützen, erwächst aus Art. 8 EMRK nicht; ein solcher aufgedrängter Grundrechtsschutz würde den Intentionen des Art. 8 EMRK vielmehr zuwiderlaufen. Allerdings verlangt die Bestimmung insbesondere auch Schutz für diejenigen, die nicht oder nicht mehr in der Lage sind, einen einschlägigen Willen zu bilden oder zu artikulieren. Insoweit wird auch die körperliche Integrität paternalistisch – wenngleich unter bestmöglicher Rücksichtnahme auf den (mutmaßlichen) Willen des Betroffenen selber – geschützt[54].

29
Achtung körperlich-geistiger Integrität

Kein aufgedrängter Grundrechtsschutz

In Lehre und Judikatur ist immer wieder der Versuch unternommen worden, den Schutzbereich des Art. 8 EMRK durch das Element des *Öffentlichkeitsbezuges* einer Handlung oder Verhaltensweise einzugrenzen[55]. Diese Abgrenzung überzeugt weder im allgemeinen noch insbesondere mit Blick auf die körperliche Integrität: Warum die Willenssphäre des Menschen und das Recht auf Selbstbestimmung, warum auch seine Intimsphäre und seine besondere Schutzbedürftigkeit etwa im Zustand der Krankheit oder im Moment des Sterbens von geringerer Schutzwürdigkeit sein sollte, nur weil und wenn sie sich – aus welchen Gründen immer – nicht in den eigenen vier Wänden aktualisieren, ist unerfindlich. Schon die besondere Hervorhebung des Schutzes der Wohnung und seine Abgrenzung gegenüber den übrigen Schutzgütern des Art. 8 Abs. 1 EMRK wäre sinnlos, wenn sich der Inhalt dieser Gewährleistung darin erschöpfte, Vorgänge unter Schutz zu stellen, die in diesen räumlich besonders geschützten Rahmen gehören[56]. Manche – insbesondere aufgezwungene – Verletzungen der körperlichen Integrität setzen zudem einen gewissen Öffentlichkeitsbezug gerade voraus, weil der Mensch ihnen für sich allein zuhause kaum ausgesetzt werden wird. Die körperliche Integrität verliert daher nicht etwa deshalb ihren Schutz nach Art. 8 EMRK, weil sie in der

30
Unbeachtlichkeit des Öffentlichkeitsbezugs

---

53 *Wiederin* (FN 50), RN 34; *Berka* aaO., RN 459, 464; ausführlich *Grabenwarter*, EMRK (LitVerz.), § 22 RN 7 f. m.H. auch auf Art. 3 EMRK und RN 22; relativierend im Hinblick auf Art. 3 EMRK *Wildhaber* aaO., RN 119.
54 Dabei ist freilich nicht zu übersehen, daß auch eine am mutmaßlichen Willen des Betroffenen orientierte Entscheidung immer eine Entscheidung in Fremdbestimmung darstellt; vgl. zu diesem Gedanken m.w.N. *Kneihs*, (FN 46), RdM 1999/1, S. 30, 31.
55 *Wiederin* (FN 50), RN 29 ff.; kritisch *Wildhaber* (FN 51), RN 114 ff., und *Berka* (FN 7), RN 457, 459. Auf dieses Kriterium Bezug nehmend VfSlg 15.632/1999 (Fortpflanzungsmedizin: Teilöffentlichkeit, weil Anstaltsbedürftigkeit bestimmter Maßnahmen).
56 Kritisch auch *Kneihs* (FN 4), S. 340 ff. m.w.N.

§ 189 *Dreizehnter Teil: II. Einzelgrundrechte*

Öffentlichkeit verletzt wird. Im Falle einer Handlung oder Unterlassung, die geeignet ist, den Betroffenen in den Augen anderer herabzusetzen, tritt vielmehr *zusätzlich* der Schutz des Art. 3 EMRK auf den Plan[57].

c) Schutzrichtung: Schutzpflicht und Abwehrrecht

31
Positive Gewährleistungspflichten für Legislative und Exekutive

Art. 8 EMRK gehört – neben Art. 2 und Art. 11 der Konvention – zu den ersten Gewährleistungen, denen eine Schutzpflicht in Lehre und Rechtsprechung zuerkannt worden ist. Heute ist es allgemein anerkannt, daß in Art. 8 EMRK nicht nur der Respekt aller staatlichen Behörden vor dem Privat- und Familienleben, der Wohnung und dem Briefverkehr jedes Menschen gefordert ist, sondern auch positive Gewährleistungspflichten des Gesetzgebers und in weiterer Folge der Vollziehung verankert sind[58]. Bei der Erfüllung der staatlichen Schutzpflicht ist der Ermessensspielraum der Konventionsstaaten nach ständiger Judikatur erheblich[59]. Mit welchen Mitteln vor welchen Bedrohungen der Privatsphäre zu schützen ist, kann aus dem Grundrecht selbst nicht abgeleitet werden. Der Schutz des Körpers und der Gesundheit kann zum Beispiel auch verfahrensrechtliche Implikationen haben und etwa Mechanismen verlangen, die der Erlangung von Informationen dienen, die für einen wirksamen Selbstschutz Voraussetzung sind[60]. Es bedarf aber etwa nicht in allen Fällen gerade eines *strafrechtlichen* Schutzes der körperlichen Integrität[61]. Allerdings unterliegen auch (mehr oder weniger) Schutz gewährende Regelungen einer Prüfung am Maßstab des Schrankenvorbehaltes des Absatzes 2[62].

2. Schranken

a) Materieller Gesetzesvorbehalt; Eingriffsgründe

32
Innerstaatliche Rechtsordnung als Grundlage

Art. 8 Abs. 2 EMRK formuliert einen materiellen Gesetzesvorbehalt. Einschränkungen des Schutzbereiches des Absatzes 1 müssen demnach zunächst auf einer Grundlage in der innerstaatlichen Rechtsordnung beruhen. Eine solche Grundlage muß nicht unbedingt ein Parlamentsgesetz sein, vielmehr

---

57 Zu diesem Aspekt gleich u. III, RN 38 ff. Es ist hier m.E. *nicht* von einem Verhältnis der Spezialität auszugehen, weil sich die jeweils betroffenen Gesichtspunkte trennen lassen: Unter dem Gesichtspunkt des Art. 8 EMRK steht die Verletzung der psychischen (Willens-)sphäre und der körperlichen Integrität in Rede, die auch dann verpönt ist, wenn kein Dritter davon Kenntnis erlangt. Der Gesichtspunkt der *Erniedrigung* ist durch Art. 3 EMRK abgedeckt.
58 M.w.N. *Wiederin* (FN 50), RN 11. Als irreführend abzulehnen ist allerdings *Wiederins* Unterscheidung in „positive" (Schutzpflicht-) und „negative" (Abwehr-)Seite: Sie könnte zu Verwechslungen mit der Figur der „negativen Grundrechtsseite" Anlaß geben, die das in manchen Verbürgungen mit gewährleistete Recht auf die gegenteilige Grundrechtsausübung bezeichnet, also etwa das Recht, keiner Religionsgesellschaft und keinem Verein anzugehören (vgl. für das Recht auf Leben o. bei FN 19); → Bd. II: *Merten*, Negative Grundrechte, § 42.
59 Vgl. die N. bei *Wiederin* aaO., RN 11. Auch hier gilt das geflügelte Wort von *D. Grimm*, Die Fristenlösungsurteile in Österreich und Deutschland und die Grundrechtstheorie, JBl 1976, S. 74 (79), der den Gesetzgeber als „Sozialprognostiker" bezeichnet hat.
60 *Grabenwarter*, EMRK (LitVerz.), § 22 I RN 57. Vgl. z.B. *EGMR*, Urt. v. 9. 6. 1998, McGinley und Egan ./. Vereinigtes Königreich, RJD 1998-III, S. 1333, sowie ÖJZ 1999, S. 355.
61 Dies gilt schon für das Recht auf Leben (s. o. bei FN 26) und muß umso mehr für das Recht auf Privat- und Familienleben gelten (vgl. *Berka* [FN 7], RN 461, u. insb. *Holoubek* [FN 39], S. 161 ff., 297 ff.).
62 Vgl. van Dijk/van Hoof u. a. (FN 23), S. 745; *Holoubek*, aaO., S. 297 ff. Siehe sogleich unter 2 c, RN 37.

reicht nach im Ergebnis übereinstimmender Rechtsprechung des Europäischen Gerichtshofs für Menschenrechte und des Verfassungsgerichtshofs eine (dem jeweiligen nationalen Verfassungsrecht entsprechende) Verankerung in der innerstaatlichen Rechtsordnung aus[63]. Die innerstaatliche Rechtsgrundlage muß dem Einzelnen zugänglich sein und für die Vorhersehbarkeit des Eingriffes Sorge tragen; die vom Europäischen Gerichtshof für Menschenrechte in jüngeren Entscheidungen zusätzlich verlangte *Rechtsstaatlichkeit* der Regelung wirft keine darüber hinausgehenden Fragen mehr auf, wenn man darunter nicht das ohnehin in Art. 13 EMRK gewährleistete Recht auf eine „wirksame Beschwerde" verstehen will[64].

Die Eingriffsziele, zu deren Verfolgung Eingriffe in den Schutzbereich des Absatzes 1 gerechtfertigt werden können, sind in Absatz 2 taxativ aufgezählt. Schwierigkeiten vor allem theoretischer Art bereitet die Abgrenzung zwischen einzelnen Schrankenzielen wie etwa jenes der „öffentliche(n) Ruhe und Ordnung" („public safety", „sureté publique") von jenem der „Verteidigung der Ordnung" („prevention of disorder", „défense de l'ordre")[65]. In der Praxis sind diese Schwierigkeiten hingegen gering, weil sich eine Regelung auch auf mehrere Eingriffsziele zugleich stützen darf[66] und weil die einzelnen Schrankenziele in der Judikatur durchaus ihre Zuordnung zu bestimmten Eingriffstopoi erfahren haben[67].

33
Eingriffsrechtfertigende Ziele

---

63 Vgl. z.B. *EGMR*, Urt. v. 30.3.1989, Chappell ./. Vereinigtes Königreich, Serie A/152-A; Urt. v. 24.4.1990, Kruslin ./. Frankreich, Serie A/176-A, sowie ÖJZ 1990, S. 564; Urt. v. 25.3.1998, Kopp ./. Schweiz, RJD 1998-II, S. 524, sowie ÖJZ 1999, S. 115; VfSlg 9.253/1981; 9.546/1982; 15.130/1998. Nach österreichischem Recht ist daher eine gesetzliche Grundlage letztlich unumgänglich, wenn keine verfassungsunmittelbare Ermächtigung existiert.

64 *Wiederin* (FN 50), RN 18 ff.

65 Für sich genommen ist der Vorbehalt der „öffentlichen Ordnung" als allgemeiner Gesetzesvorbehalt zu verstehen, der grundsätzlich auf die gesamte öffentlich-rechtliche Rechtsordnung verweist, sofern und soweit sie dem Maßstab einer demokratischen Gesellschaft entspricht (ähnlich schon *Kneihs* [FN 4], S. 355 m.w.N. So im Ergebnis auch – wenngleich mit irreführender Begründung – *Andreas Hauer*, Ruhe, Ordnung, Sicherheit – Eine Studie zu den Aufgaben der Polizei in Österreich, 2000, S. 265 ff. Vgl. dazu einläßlich *Rudolf Müller*, Über Grenzen der Religionsfreiheit am Beispiel des Schächtens, in: Bernd-Christian Funk u.a. [Hg.], FS Adamovich, 2002, S. 503 [515 ff.]). Die „Ordnung" als Regelungsgefüge wird demnach vom Gesetzesvorbehalt vorausgesetzt, es handelt sich bloß um einen formellen Verweis auf das innerstaatliche Recht. Ein anderer – insb. ein materieller – Ordnungsbegriff ist weder der Europäischen Menschenrechtskonvention noch der österreichischen Rechtsordnung bekannt, weshalb auf ihn nicht sinnvoll verweisbar ist. Von *Hauer*, aaO., S. 266 mit FN 154 fehlgedeutet wurde daher *Benjamin Kneihs*, Dienstrecht und Privatleben – Anm. zu VwGH 28.5.1997, 97/12/0066, sowie ZfVB 1998/2/254, in: ZfV 1998, S. 119, 123. Es ist auch nicht bestreitbar, daß die bloße „Ordnung" rein sprachlich mehr umfassen muß als die – spezifisch – „öffentliche" (*Hauer* aaO., 266 ff.). Allerdings muß die „Ordnung" nur „verteidigt" werden, wenn sie angegriffen wird, was wiederum die Überschreitung einer – in der Konvention freilich nicht näher bestimmten – Erheblichkeitsschwelle der Störung zur Voraussetzung hat. Daher ist mit der „Verteidigung der Ordnung" die Abwehr schwerwiegender Störungen der Effektivität der Rechtsordnung gemeint, während unter Berufung auf die „öffentliche Ordnung" grundsätzlich auch geringfügige Ordnungsübertretungen abgewehrt werden dürfen. Zugleich kann aber auch die „öffentliche Ordnung" nicht gegen jedwede Grundrechtsausübung gewendet werden: Die Betonung der „öffentlichen" Ordnung verweist auf einen Öffentlichkeitsbezug der Wahrnehmung des Grundrechtes, die andernfalls die Öffentlichkeit und ihre Ordnung gar nicht tangiert.

66 Vgl. *Wiederin* (FN 50), RN 24 m.H. auf die Judikatur.

67 Zusammenfassend m.w.N. *Wiederin* (FN 50), RN 22 f.; vgl. auch *Kneihs* (FN 4), S. 354 ff. Eingehend *Wildhaber/Breitenmoser*, Art. 8 EMRK, in: Wolfram Karl (FN 12), RN 597 ff.

34 Keine weiteren immanenten Schranken	*Andere* als die in Absatz 2 erwähnten Zwecke rechtfertigen *keinesfalls* einen Eingriff in den Schutzbereich des Art. 8 Abs. 1 EMRK. Insbesondere ist im Falle taxativ gefaßter Gesetzesvorbehalte die These von weiteren – immanenten – Grundrechtsschranken abzulehnen, die aus der übrigen Grundrechts- und Verfassungsordnung oder gar aus der gesamten Rechtsordnung eines Konventionsstaates erfließen sollen. Die Prüfung der Rechtfertigung einer Regelung oder Maßnahme, die in den Schutzbereich des Art. 8 Abs. 1 EMRK eingreift, erfolgt daher stets anhand seines Absatzes 2[68].

b) Verhältnismäßigkeit

35 Toleranzgebot	Der Eingriff muß zum Zwecke eines der in Absatz 2 genannten Ziele „in einer demokratischen Gesellschaft notwendig" („necessary in a democratic society", „dans une société démocratique ... nécessaire") sein. Damit ist nicht nur auf den Maßstab der Verhältnismäßigkeit[69] verwiesen, der zwar von den Mitgliedstaaten keine Optimierung verlangt, sondern ihm erheblichen Gestaltungsspielraum beläßt, aber doch ein „dringendes soziales Bedürfnis" („pressing social need") für einen Eingriff voraussetzt, das nur dann anerkannt wird, wenn keine gelinderen Maßnahmen zum gleichen Erfolg führen können[70]. Es werden vielmehr auch ein Klima der Toleranz, der Weltoffenheit und des Respekts für Minderheiten sowie ein politisches System vorausgesetzt, in dem der Wechsel parlamentarischer Mehrheiten möglich sein muß[71].
36 Notwendigkeitsprüfung	Der Europäische Gerichtshof für Menschenrechte zieht sich nicht auf eine bloße Beurteilung der Frage zurück, ob der Konventionsstaat seine Regelung wohl erwogen hat; er behält sich vielmehr vor, die Notwendigkeit (i.e. die Geeignetheit, Erforderlichkeit und Verhältnismäßigkeit) der Maßnahme am Maßstab der Konvention umfassend und abschließend zu überprüfen. Dabei findet ein allfälliger gemeinsamer europäischer Standard genauso Berücksichtigung wie die Schwere und Intensität des Grundrechtseingriffs[72]. Der Verfassungsgerichtshof folgt im wesentlichen diesen leitenden Grundsätzen des Europäischen Gerichtshofs für Menschenrechte für die Auslegung des Art. 8 Abs. 2 EMRK. Allerdings betont er stärker den Gestaltungsspielraum des Parlaments. Der Verfassungsgerichtshof vermeidet dabei freilich Widersprüche zur Straßburger Judikatur; auf Grund seiner Neigung zum Gleichheitssatz bisweilen auch durch Umgehung der spezifischen Probleme des Art. 8 EMRK[73].

---

68 Siehe i.d.S. schon *Kneihs* aaO., S. 328, 353f. m.w.N.; differenzierend van Dijk/van Hoof u.a. (FN 23), S. 749, und *Wildhaber/Breitenmoser* (FN 67), RN 580. Die Prüfung von Maßnahmen, die auf Grund einer systematischen Interpretation schon aus dem Schutzbereich des Abs. 1 ausgeklammert werden könnten, wird i.d.R. keine Schwierigkeiten machen.
69 → Bd. III: *Merten*, Verhältnismäßigkeitsgrundsatz, § 68.
70 Mit ausführlicher Würdigung der Judikatur *Wiederin* (FN 50), RN 25 ff.
71 *Ch. Engel*, Die Schranken der Schranken in der Europäischen Menschenrechtskonvention, ZÖR 1986, S. 261 (266 ff.); *Berka*, Die Gesetzesvorbehalte der Europäischen Menschenrechtskonvention, ZÖR 1986, S. 71 (91 ff.); zusammenfassend *Kneihs* (FN 4), S. 365 ff.
72 Dazu und zum folgenden *Wiederin* (FN 50), RN 25 ff.
73 Im Fall der (Konventionswidrigkeit der) Strafbarkeit konsentierter männlicher Homosexualität hat der Europäische Gerichtshof für Menschenrechte allerdings eine Verletzung des Art. 8 EMRK schon daraus abgeleitet, daß der Verfassungsgerichtshof die angegriffene Regelung bloß unter Verweis auf den Gleichheitssatz und nicht auch unter Berufung auf Art. 8 EMRK aufgehoben hat. EGMR, Urt. v. 9. 1. 2003, S.L. ./. Austria, Appl. Nr. 45330/1999; VfSlg 16.565/2002.

c) Übertragung der Schranken auf die Schutzpflicht aus Absatz 1

Auch im Fall des Art. 8 EMRK stellt sich die Frage der Bedeutung des Schrankenvorbehalts für die Auslegung der Schutzpflicht. Gegen eine direkte Anwendung des Absatzes 2 auf die Schutzpflicht spricht zunächst der Wortlaut der Bestimmung, in der vom „Eingriff einer öffentlichen Behörde" („interference by a public authority"; „ingérence d'une autorité publique") die Rede ist. Andererseits ist es unbestritten, daß auch gesetzliche Eingriffe am Schrankenvorbehalt des Absatzes 2 zu messen sind, die unmittelbar – also ohne Verhängung eines gerichtlichen Urteils oder Erlassung eines Bescheides und ebenso ohne unmittelbare behördliche Veranlassung oder Unterlassung – wirksam werden. Faßt man den Gesetzesvorbehalt aus Absatz 2 nicht nur als Beschränkung behördlicher Eingriffe, sondern auch als Schrankenvorbehalt für den Gesetzgeber auf, dann ist das Schutz gewährende oder verweigernde Gesetz genauso an diesem Vorbehalt zu messen wie ein Gesetz, das unmittelbare Eingriffe gestattet oder vornimmt. Hält man sich zudem vor Augen, daß gerade der Schutz der körperlichen Integrität in einer entwickelten Rechtsordnung wie der österreichischen keineswegs rechtlich ungeregelt ist, so daß sich kaum jemals die Frage einer echten Unterlassung, sondern vielmehr die Frage nach der Eingriffsqualität und der Rechtfertigung vorhandener – allenfalls ungenügender – Schutzbestimmungen stellt, dann wird auch die Forderung nach einer *gesetzlichen Grundlage* für Schutzlücken nachvollziehbar[74]. Jedenfalls haben sich auch – mehr oder weniger – Schutz gewährende und daher – mehr oder weniger gravierende – Berührungen des Schutzbereiches gestattende Regelungen an den *materiellen Vorgaben* des Absatzes 2 zu orientieren.

37
Grenzen legislativer Schutzbereichsberührung

III. Art. 3 EMRK

1. Schutzbereich

Art. 3 EMRK weist nicht eigentlich einen Schutzbereich auf. In dieser Bestimmung sind vielmehr bestimmte Vorgangsweisen aufgelistet, denen niemand zu unterwerfen ist. Es ist also in bestimmter Weise treffender, von einem Verbotsbereich zu sprechen, der negativ den Schutzbereich des Grundrechts des Art. 3 EMRK bestimmt.

38
Verbotsbereich

a) Vielheit und Einheit der Schutzgüter des Art. 3 EMRK

Art. 3 EMRK gewährt Schutz vor Folter und vor unmenschlicher oder erniedrigender Behandlung oder Bestrafung. In allen Fällen handelt es sich um zwangsweise und insofern gewaltsame Einwirkungen auf die psychische und/oder physische Integrität eines Menschen. Diese Einwirkung kann entweder wegen ihrer Eigenart und Schwere an sich oder wegen ihrer Unverhältnismä-

39
Eingriffsrechtfertigung

---

[74] *Kneihs* (FN 4), S. 388 f.; ähnlich schon *Wildhaber/Breitenmoser* (FN 67), RN 55 ff.; kritisch *Wiederin* (FN 50), RN 15.

ßigkeit im konkreten Kontext verboten sein[75]: In ständiger Rechtsprechung stufen sowohl der Verfassungsgerichtshof als auch der Europäische Gerichtshof für Menschenrechte selbst an sich zulässige Maßnahmen – wie etwa die Verhaftung eines Menschen unter Gewaltanwendung – als unmenschlich oder erniedrigend ein, wenn sie im Einzelfall unnötig oder (ihrer Modalität nach) unverhältnismäßig und daher durch ihr an sich legitimes Ziel nicht gerechtfertigt sind[76].

40
Folter, unmenschliche Behandlung

Zwar hat der Europäische Gerichtshof für Menschenrechte für die Unterscheidung zwischen Folter und unmenschlicher Behandlung oder Bestrafung auf die Intensität der durch die Einwirkung jeweils hervorgerufenen körperlichen oder seelischen Leiden abgestellt[77]. Nach richtiger Auffassung kann es aber nicht auf die Intensität des zugefügten *Leides*, sondern nur auf die Intensität der *Einwirkung* auf die physische oder psychische Integrität ankommen, um zwischen Folter und unmenschlicher Behandlung oder Bestrafung zu unterscheiden[78]. Für die Erfüllung des Tatbestandes der Folter wird herrschend zusätzlich eine gewisse *Zweckrichtung* der Gewaltanwendung – etwa zur Erzwingung von Geständnissen oder Informationen – verlangt[79]. Es wurde aber mit überzeugenden Argumenten darauf hingewiesen, daß die Grausamkeit einer Vorgangsweise nicht von deren Zweckrichtung abhängen kann[80]. Dem kann man zwar durch ein entsprechend weites Verständnis der Zielgerichtetheit einer Folter begegnen, das etwa auch bloße sadistische Zwecke erfaßt[81]. Dann verliert dieses Kriterium allerdings seine Funktion als Abgrenzung zwischen der unmenschlichen Behandlung und der Folter, da in beiden Fällen nur willentlich gesteuertes menschliches Verhalten in den Verbotsbereich fällt. Es ist daher davon auszugehen, daß die Folter von der unmenschlichen Behandlung nur durch den Grad der Intensität der verpönten Einwirkung auf Körper oder Geist getrennt werden kann[82]. Diese Unterscheidung ist schwierig und letztlich von den Wertungen des Gerichtes abhängig, das über sie zu urteilen hat. Für den Betroffenen wird in der Regel kein Nachteil mit dieser Schwierigkeit verbunden sein, weil eine Vorgangsweise,

---

75 *Zellenberg*, Der grundrechtliche Schutz vor Folter, unmenschlicher oder erniedrigender Strafe oder Behandlung – Art. 3 EMRK, in: Machacek/Pahr/Stadler (LitVerz.), Bd. III, S. 441 (467); ähnlich *Cassese*, Prohibition of Torture and Inhuman or Degrading Treatment or Punishment, in: Ian McDonald/Franz Matscher/Herbert Petzold (Hg.), The European System for the Protection of Human Rights, Dordrecht/Boston, 1993, S. 225 (247, 248). → Bd. VI/2: *Oeter*, Erga omnes-Menschenrechte, § 180.
76 Hinweise auf die Rspr. bei *Berka* (FN 7), RN 383 f., und *Zellenberg* aaO., S. 459 ff., 466. Zur Bedeutung der Verhältnismäßigkeitsprüfung im Rahmen des Art. 3 EMRK auch unten 2, RN 46.
77 EMGR, Urt. v. 18.1.1978, Irland ./. Vereinigtes Königreich, Serie A/25, sowie EuGRZ 1979, S. 149 (153); so auch *Grabenwarter*, EMRK (LitVerz.), § 20 RN 22 m.w.N.
78 *Zellenberg* (FN 75), S. 465 m.w.N.: Ansonsten hinge die Qualifikation der Maßnahme von der Subtilität der Peiniger ab, die etwa im Bereich der psychischen Folter Methoden anwenden könnten, die keine objektivierbaren Leiden nach sich ziehen.
79 Vgl. *Berka* (FN 7), RN 381 m.w.N.; so auch *Kneihs* (FN 4), S. 287.
80 *Zellenberg* (FN 75), S. 464 m.H. auf *Bleckmann*, Anm. zum Nordirland-Fall des Europäischen Gerichtshofs für Menschenrechte, EuGRZ 1979, S. 188 (191).
81 I.d.S. wohl *Cassese* (FN 75), 241.
82 Der unmenschlichen *Bestrafung* ist die Zweckrichtung von vornherein immanent. Anders als oben noch *Kneihs* (FN 4), S. 287.

die gerade noch keine Folter ist, als unmenschliche Behandlung dennoch in den Verbotsbereich des Art. 3 EMRK fällt[83].

Die erniedrigende Behandlung oder Bestrafung kann ebenfalls ein Element der körperlichen Einwirkung enthalten. Im Vordergrund steht hier aber die psychische Integrität, kommt es doch darauf an, daß der Mensch auf eine Art und Weise behandelt oder bestraft wird, die geeignet ist, ihn in den eigenen oder den Augen anderer – mehr als im Zuge einer Bestrafung unvermeidlich – herabzusetzen[84], oder in der eine gröbliche Mißachtung des Betroffenen als Person zum Ausdruck kommt[85].

41
Erniedrigung

b) Schutz der physischen und psychischen Integrität

Durch alle drei Tatbestände des Art. 3 EMRK wird somit ein Schutz der psychischen und der physischen Integrität vermittelt[86]. Nicht jede Einwirkung auf diese Sphäre stellt zwar einen Eingriff in das Recht aus Art. 3 EMRK dar. Vielmehr ist jeweils eine bestimmte Schwere der Einwirkung vorausgesetzt. Ohne eine solche Einwirkung kann aber von einem Eingriff in den Schutzbereich dieser Bestimmung nicht gesprochen werden.

42
Einwirkungsschwere

c) Schutzrichtung: Schutzpflicht und Abwehrrecht

Unbestritten ist die Staatsrichtung der Verbote des Art. 3 EMRK. Der Europäische Gerichtshof für Menschenrechte hat allerdings seine Rechtsprechung zu Art. 3 EMRK – auch in bezug auf die Schutzrichtung – stetig weiter ausdifferenziert: So hat er wiederholt eine besondere *Beweislast* des Staates in Fällen behaupteter Verletzungen des Art. 3 EMRK im *Freiheitsentzug* angenommen[87]. Ebenso hat er unter den Bedingungen des Freiheitsentzuges die staatliche Gewährleistung der ausreichenden medizinischen Versorgung – also die positive Einwirkung zur Verhinderung natürlicher Beeinträchtigungen der körperlichen oder psychischen Integrität – gefordert[88]. Schließlich hat der Europäische Gerichtshof für Menschenrechte aus Art. 3 EMRK aber auch ausdrücklich eine Schutzpflicht des Staates für die Verhältnisse Privater untereinander bejaht: Der Staat muß demnach Folter sowie unmenschliche oder erniedrigende Behandlungen oder Bestrafungen durch Private in seinem Einflußbereich unterbinden und von Abschiebungen in Länder Abstand nehmen, in denen dem Betroffenen die Folter oder eine unmenschliche oder erniedri-

43
Drittwirkung

---

[83] Ähnlich *Zellenberg* (FN 75), S. 462. Dies zumal in der Judikatur eine Tendenz zur Ausweitung des Anwendungsbereichs des „absoluten" Folterverbots festzustellen ist: Vgl. *EGMR*, Urt. v. 28. 7. 1999, Selmouni ./. Frankreich, Appl.Nr. 25803/94; ECHR 1999-V, sowie NJW 2001, S. 56.
[84] *Grabenwarter*, EMRK (LitVerz.), § 20 RN 25; m.w.N. auch *Kneihs* (FN 4), S. 291 f.
[85] So die Rspr. des Verfassungsgerichtshofs; vgl. *Berka* (FN 7), RN 382 m.w.N.
[86] *Grabenwarter*, EMRK (LitVerz.), § 20 RN 21; vgl. auch *Öhlinger* (LitVerz.), RN 748.
[87] Vgl. z. B. *EGMR*, Urt. v. 4. 12. 1995, Ribitsch ./. Österreich, EuGRZ 1996, S. 504. Der Verfassungsgerichtshof ist dem Europäischen Gerichtshof für Menschenrechte bislang nicht voll gefolgt, hat sich allerdings von seiner früheren – sehr zurückhaltenden – Rechtsprechung bereits entfernt (vgl. *VfSlg* 15.372/1998: Unterlassung erfolgversprechender Ermittlungen verletzt Art. 3 EMRK).
[88] *Grabenwarter* aaO., § 20 RN 32.

gende Behandlung von welcher Seite auch immer droht[89]. Bei Erfüllung seiner Schutzpflicht ist aber der Beurteilungsspielraum der Staaten weit; der Europäische Gerichtshof für Menschenrechte hat etwa angenommen, daß – abgesehen von Konstellationen des Freiheitsentzuges oder der Ausweisung – keine Verpflichtung des Staates besteht, vor unmenschlichen Leiden in Schutz zu nehmen, die ohne fremde Einwirkung aus dem natürlichen Lauf einer Krankheit entstehen[90].

2. Schranken

a) Ungeschriebener Gesetzesvorbehalt?

44
Absoluter Schutz vor Folter und Erniedrigung

Die in Österreich herrschende Meinung scheint davon auszugehen, daß der Schutz des Art. 3 EMRK nicht nur vorbehaltlos, sondern auch schrankenlos gewährleistet, daß mit anderen Worten das Verbot der Folter sowie der unmenschlichen oder erniedrigenden Behandlung oder Bestrafung absolut ist[91]. Gleichzeitig wird aber betont, daß nicht jede Einwirkung auf die körperliche oder seelisch-geistige Integrität eine Verletzung des Art. 3 EMRK darstellt, sondern daß jeweils vergleichbare Maßnahmen je nach Konstellation auch im Einzelfall verhältnismäßig und daher im Hinblick auf Art. 3 EMRK einwandfrei sein können[92]. So nehmen sowohl der Europäische Gerichtshof für Menschenrechte als auch der Verfassungsgerichtshof in ihrer Rechtsprechung zu Art. 3 EMRK regelmäßig eine Verhältnismäßigkeitsprüfung vor, nach der sich die Beurteilung des jeweils inkriminierten Verhaltens richtet[93].

---

89 *Grabenwarter* aaO., RN 26 ff.; *Ress* (FN 23), S. 188 ff. Zum fremdenrechtlichen Aspekt vgl. außerdem *Berka* (FN 7), RN 385 und *Öhlinger* (LitVerz.), RN 753. Zur Schutzpflicht noch vorsichtig *Kneihs* (FN 4), S. 296 ff.; eindeutig inzwischen *EGMR*, Urt. v. 23. 9. 1998, A. ./. Vereinigtes Königreich, Appl.Nr. 100/1997/884/1096, ÖJZ 1999, S. 617, und Urt. v. 10. 5. 2001, Z u.a. ./. Vereinigtes Königreich, Appl.Nr. 29392/95, RJD 2001-V. In den zugrundeliegenden Sachverhalten ging es um die Züchtigung bzw. Vernachlässigung von Kindern durch die (Stief-)Eltern; es dürften also sowohl der Tatbestand der *Behandlung* als auch jener der *Bestrafung* für die Schutzpflicht einschlägig sein, sofern man jenen der Bestrafung nicht ausschließlich hoheitlich deuten möchte.

90 *EGMR*, Urt. v. 29. 4. 2002, Pretty (FN 19), § 52 ff. Dem Europäischen Gerichtshof für Menschenrechte ist hier im Ergebnis insoweit zu folgen, als aus Art. 3 EMRK kein Recht auf Sterbehilfe abgeleitet werden kann. Daß aber die staatliche Schutzpflicht nicht auch Interventionen in natürliche Verläufe – etwa im Fall von Naturkatastrophen – verlangt, ist m.E. überschießend.

91 Vgl. dafür bloß *Öhlinger* (LitVerz.), RN 749, 750 und *Berka* (FN 7), RN 380; ebenso jüngst wieder *Grabenwarter*, EMRK (LitVerz.), § 20 RN 35, und *Morscher*, JBl 2003, S. 607 (617 m.w.N. auch abweichender Auffassungen).

92 S.o. bei FN 76. In der Straßburger Rechtsprechung wurde im *Nordirland-Fall* (FN 77) eilfertig klargestellt, daß mit der „justification", von der im *Griechenland-Fall* die Rede war, keineswegs eine Rechtfertigung an sich unmenschlicher Behandlungen gemeint gewesen sei (vgl. dazu wiederum *Zellenberg* [FN 75], S. 466).

93 Vgl. auch die Darstellung bei *Michael Holoubek*, Die Struktur der grundrechtlichen Gesetzesvorbehalte – System oder Schrankenwirrwarr?, 1997, S. 29 ff. Die sogenannte Grundrechtsformel des Verfassungsgerichtshofs für Art. 3 ist bei *Berka* (FN 7), RN 386, wie folgt zitiert: „Ein Bescheid des UVS verletzt Art. 3 EMRK, wenn er eine erfolgte Verletzung nicht wahrnimmt, ferner auch dann, wenn der Bescheid auf einer diesem Grundrecht widersprechenden Rechtsgrundlage beruht, wenn er auf einer Auslegung beruht, die dem Art. 3 EMRK widerspricht, oder wenn dem UVS grobe Verfahrensfehler unterlaufen sind (VfSlg 13.837, 13.897/1994)". Diese Formel entspricht im wesentlichen den Formeln, die der Verfassungsgerichtshof für Grundrechte unter Eingriffsvorbehalt entwickelt hat. Dazu paßt auch, daß der Verfassungsgerichtshof die Behandlung von Beschwerden wegen Verletzung des Art. 3 EMRK ablehnt, weil „nach den Beschwerdebehauptungen diese Rechtsverletzungen ... zum erheblichen Teil nur die Folge einer – allenfalls grob – unrichtigen Anwendung des einfachen Gesetzes wären".

Steht somit Art. 3 EMRK unter dem „Gebot der Verhältnismäßigkeit und des Maßhaltens"[94], dann fragt sich, ob dieses „Gebot" nicht viel besser als „Vorbehalt" zu bezeichnen wäre: Sicherlich kann man aus der großen Menge der unter dem Gesichtspunkt des Art. 3 EMRK „verdächtigen" Maßnahmen mittels strenger und genauer Untersuchung des Sachverhaltes schon auf der Tatbestandsebene jene ausscheiden, die im konkreten Kontext im Hinblick auf ihre an sich vertretbaren Zwecke und ihren in concreto maßhaltenden Einsatz keine Folter und keine unmenschliche oder erniedrigende Behandlung darstellen[95]. Strukturell unterscheidet sich ein solcher Vorgang aber in nichts von einer im klassischen Eingriffs- und Verletzungsschema vorgenommenen Verhältnismäßigkeitsprüfung, die über die Rechtfertigung eines einmal unterstellten Grundrechtseingriffes Auskunft zu geben vermag. Hält man sich dann noch vor Augen, daß auf Grund des in Österreich bestimmenden Legalitätsprinzips jedwedes hoheitliche Einschreiten der gesetzlichen Grundlage bedarf, dann ist im Ergebnis kein Unterschied mehr zwischen einer auf die Verhältnismäßigkeit Bedacht nehmenden Tatbestandsabgrenzung und einem auf die Verhältnismäßigkeit verpflichteten Gesetzesvorbehalt auszumachen[96].

Verhältnismäßigkeit

b) Eingriffsfester Kern des Grundrechts?

Allerdings sträubt sich nicht nur das Sprachgefühl gegen eine „verhältnismäßige Folter" oder eine „verhältnismäßige unmenschliche Behandlung oder Bestrafung". Man muß daher weiter danach fragen, ob es bestimmte, von vornherein unverhältnismäßige Maßnahmen gibt, die jedenfalls eine Verletzung des Art. 3 EMRK darstellen und sich somit als „eingriffsfester Kern" – oder besser: als absoluter Verbotsbereich – des Grundrechts darstellen[97]. Als Ansatzpunkt dafür bieten sich jene Linien in der Rechtsprechung an, die eine Unterscheidung in an sich unvertretbare, weil unmenschliche und solche Behandlungen oder Bestrafungen nahe legen, die den Umständen nach im Einzelfall mit Art. 3 EMRK zu vereinbaren sind[98].

45
Absoluter Verbotskern

Die in diese Richtung weisenden Judikate und Stellungnahmen gehen zutreffend davon aus, daß die Folter unter allen Umständen verboten ist[99]. Auch für gravierende Einwirkungen auf die psychische oder physische Integrität wird aber mitunter eine Rechtfertigung – etwa durch den Zweck der Festnahme

46
Begrenzte Rechtfertigung durch Festnahmezweck

---

94 Zellenberg (FN 75), S. 461 m.H. auf Felix Ermacora, Grundriß der Menschenrechte in Österreich, 1988, RN 240; Öhlinger (LitVerz.), RN 751 ohne dieses Zitat.
95 In diesem Sinne ausdrücklich Berka (FN 7), RN 287, 380; ebenso wohl Öhlinger (LitVerz.), S. 749 f.; undeutlich Zellenberg aaO., S. 459 ff.
96 Unterstellt man der Europäischen Menschenrechtskonvention, daß sie einen Eingriffsvorbehalt statuieren wollte, so spricht auch losgelöst vom österreichischen Legalitätsprinzip alles dafür, daß solche Eingriffe nur auf Grundlage einer gesetzlichen Ermächtigung zulässig sind. Wie o. schon Kneihs (FN 4), S. 293 ff. m.H. auf Holoubek (FN 93), S. 31 ff. Zurückhaltend Morscher, JBl 2003, S. 609 (619 m.w.N.).
97 Im Ansatz ähnlich schon Kneihs (FN 4), S. 295. Weitergehend diskutiert Tomasovsky, Ist Folter in Ausnahmesituationen erlaubt?, in: Iris Eisenberger u. a. (Hg.), FS Funk, 2003, S. 567 (572 ff.) – wenngleich mit negativem Ergebnis – im Anschluß und m.H. auf die bundesdeutsche Diskussion sogar eine Einschränkbarkeit des Folterverbots nach Art. 3 EMRK. Vgl. dazu auch Grabenwarter, EMRK (LitVerz.), § 20 RN 35.
98 S.o. bei FN 76.
99 So auch Cassese (FN 75), S. 247.

oder der Verhinderung strafbarer Handlungen – angenommen. Dafür spricht auch ein systematisches Argument: Ist durch Art. 2 EMRK etwa im Zuge einer Geiselbefreiung selbst der gezielte Rettungsschuß zugelassen[100], dann kann es unter diesen besonderen Umständen auch nicht konventionswidrig sein, den Täter mit maßhaltender, wenn auch erheblicher Gewaltanstrengung festzunehmen.

47
Absolutes Verbot von Grausamkeit und Erniedrigung

Umgekehrt können unmenschliche Behandlungen oder Strafen – wie Rädern, Kreuzigen oder Auspeitschen – sowie Handlungen, die allein die Erniedrigung und Herabsetzung beziehungsweise die Mißachtung der Persönlichkeit eines Menschen zum Inhalt haben, niemals gerechtfertigt sein[101]. Verallgemeinernd könnte man sagen, daß grausame und ausschließlich erniedrigende Vorgangsweisen, auch wenn sie nicht jenen Grad der Intensität erreichen, der sie als Folter qualifiziert, unter dem Gesichtspunkt des Art. 3 EMRK jedenfalls verboten sein sollen. Die Grenze zwischen diesen an sich und absolut verbotenen und solchen Maßnahmen, die je nach Konstellation nach dem Maßstab der Verhältnismäßigkeit zu rechtfertigen sind, kann freilich kaum abstrakt beschrieben werden; sie kann wohl nur durch die Rechtsprechung im Laufe der Zeit Kontur gewinnen.

IV. Art. 2 EMRK als mittelbarer Schutz auch der Integrität

48
Schutz vor Lebensgefahren

Es wurde oben bereits festgehalten, daß Art. 2 EMRK nicht nur vor unmittelbaren Lebensbedrohungen, sondern auch vor anderen Handlungen und Maßnahmen Schutz gewährt, die eine relevante, nicht zu vernachlässigende Gefahr für das Leben mit sich bringen[102]. In jedem Fall ist dadurch auch die körperliche Unversehrtheit geschützt: Sind nicht nur unmittelbare Lebensbedrohungen, sondern auch Maßnahmen und Erlaubnisse verboten, die eine relevante Lebensgefahr involvieren, dann wird mit ihnen zugleich die körperliche Unversehrtheit geschützt[103]. Allerdings greift dieser spezifisch lebensrechtliche Schutz der körperlichen Integrität erst bei einem relativ hohen Gefährdungsgrad ein, nämlich dann, wenn eine konkrete und ernsthafte Gefahr für das Leben entsteht[104]. Die meisten Maßnahmen und Regelungen, die ein derart hohes Gefahrenpotential aufweisen, werden schon zuvor an den Erfordernissen des Art. 8 EMRK gescheitert sein[105].

49
Andererseits muß auch der strengere Schrankenvorbehalt des Art. 2 EMRK ins Kalkül gezogen werden. Bloße Gefährdungen der körperlichen Unver-

---

100 S. FN 15.
101 Ähnlich *Zellenberg* (FN 75), S. 467, und *Cassese* (FN 75), S. 247. In diese Richtung weist auch die Judikatur des Verfassungsgerichtshofs, die davon ausgeht, daß eine Behandlung, in der eine „gröbliche Mißachtung der Person des Betroffenen zum Ausdruck kommt", jedenfalls unmenschlich ist (dazu bereits *Rosenmayr*, in: Felix Ermacora u. a. [Hg.], Die Europäische Menschenrechtskonvention in der Rechtsprechung der österreichischen Höchstgerichte – Ein Handbuch für Theorie und Praxis, 1983, S. 139 [155]).
102 S.o. bei FN 20.
103 Im Ansatz ähnlich *Grof*, ÖJZ 1984, S. 589 (594 f. et passim).
104 Insofern explizit a.M. *Grof* aaO., S. 595.
105 Ebenso *Holoubek* (FN 39), S. 288 ff.

sehrtheit können nach dem Schrankenvorbehalt des Art. 8 Abs. 2 EMRK im Hinblick auf die dort genannten Schutzgüter zulässig, als Lebensgefährdungen aber – angesichts des engeren und strengeren Schrankenvorbehaltes des Art. 2 EMRK – verboten sein. So sind etwa Körperverletzungen, die aus der Gewaltanwendung im Zuge eines Polizeieinsatzes resultieren, im Hinblick auf Art. 8 Abs. 2 EMRK hinzunehmen, wenn sie zum Zwecke der Erreichung eines dort genannten Schrankenzieles gesetzlich vorgesehen, erforderlich und adäquat sind. Involviert diese Gewaltanwendung aber ex ante betrachtet eine relevante Gefahr für das Leben des Betroffenen, dann ist sie nur zulässig, wenn sie einem der Schrankenziele des Art. 2 EMRK dient und einem strengen Verhältnismäßigkeitsmaßstab genügt. Die Körperverletzung durch gewaltsame Auflösung einer Demonstration ist also unter Umständen hinzunehmen, die Lebensgefährdung nur dann, wenn es sich um die Niederschlagung eines Aufruhrs oder Aufstands handelt. Dieselben Gedanken gelten mutatis mutandis auch im Verhältnis zu Artikel 3 und auf der Ebene der Schutzpflicht, wenn die Frage des hinreichenden Lebensschutzes durch eine Regelung in Rede steht, die schon an der Gefährdung ansetzt, die stets auch eine Gefährdung der körperlichen Unversehrtheit sein muß.

Schrankenvorbehalt bei Integritätsverletzung

C. Die Achtung der Menschenwürde

I. Keine ausdrückliche Verbürgung der Menschenwürde im positiven Bundesverfassungsrecht

Die Diskussion um die Verankerung der Menschenwürde im österreichischen Bundesverfassungsrecht ist seit jeher und wohl auch weiterhin kontrovers[106]. Bezeichnend für sie sind einerseits die Vielzahl der angebotenen normativen Anhaltspunkte für eine solche verfassungsrechtliche Verankerung und andererseits die Unklarheit über den Inhalt der diskutierten grundrechtlichen Garantie[107]. Mangels einer ausgeprägten herrschenden Lehre oder Judikatur kann eine Antwort auf die Frage nach dem verfassungsrechtlichen Schutz der Menschenwürde in Österreich daher nur subjektiv ausfallen. Sie sei folgendermaßen versucht:

50
Umstrittene Ausgangslage

---

106 Vgl. aus den zahlreichen Hinweisen bei *Kneihs* (FN 4), S. 282 f. in FN 1207 vor allem *Adamovich*, Einwirkungen der Verfassung auf die Rechtsprechung, RZ 1993, S. 7 (11); *Loebenstein*, Die Zukunft der Grundrechte im Lichte der künstlichen Fortpflanzung des Menschen, JBl 1987, S. 694, 749 (699, 750), einerseits und – für eine skeptische Position – *Heinz Schäffer*, Verfassungsinterpretation in Österreich, 1971, S. 153 jeweils m.w.N.; vgl. außerdem *Machacek*, Für die Menschenwürde – Eine Welt ohne Folter, in: Siegbert Morscher/Peter Pernthaler/Norbert Wimmer (Hg.), FS Klecatsky, 1990, S. 143 (144 f.), und *Klecatsky*, Unvergeßbare Erinnerungen an § 16 ABGB, in: Kurt Ebert (Hg.), FS Kohlegger, 2001, S. 275 sowie *VfSlg* 13.635/1993 einerseits und *Heinz Schäffer*, Verfassungsgericht und Gesetzgebung, in: Walter Berka/Harald Stolzlechner/Josef Werndl (Hg.), FS Koja, 1998, S. 101 (122), sowie *Kopetzki*, Grundrechtliche Aspekte der Biotechnologie am Beispiel des „therapeutischen Klonens", in: ders./Heinz Mayer (Hg.), Biotechnologie und Recht 15 (2002), S. 44 ff., andererseits.
107 In der Kontroverse um Gentechnologie, Fortpflanzungsmedizin und Sterbehilfe etwa berufen sich signifikanterweise jeweils beide Seiten auf die Menschenwürde: Vgl. *Kneihs* (FN 4), S. 282 ff.

51

Menschenwürde im Bundes- und Landesverfassungsrecht

Eine ausdrückliche und umfassende verfassungsgesetzliche Gewährleistung der Menschenwürde, wie sie das deutsche Grundgesetz kennt[108], ist in der österreichischen Rechtsordnung nicht aufzufinden[109]. Allerdings ist die Menschenwürde auch in Österreich ein Rechts-, ja ein Verfassungsbegriff. Die Bundesverfassung schützt explizit die Menschenwürde in der besonders sensiblen Situation des Freiheitsentzugs, sie erwähnt die Menschenwürde ferner im Zusammenhang mit der rassischen Diskriminierung[110]. Auch enthalten manche Landesverfassungen in Gestalt von Staatszielbestimmungen „Bekenntnisse" zur Achtung der Menschenwürde[111]. Schließlich nehmen verschiedene einfach-gesetzliche Vorschriften auf die Menschenwürde Bezug. Der Begriff der Menschenwürde ist der österreichischen Rechts- und Verfassungsordnung

---

108 → Bd. IV: *Isensee*, Schutz der Menschenwürde, § 87.

109 Dies hat seine Ursache wahrscheinlich vor allem in folgendem: Während die Bundesrepublik Deutschland nach dem Zweiten Weltkrieg von der nationalsozialistischen Diktatur mit aller Kraft Abstand genommen und sich – anstatt die glücklose Weimarer Reichsverfassung wiederzubeleben – eine neue, zeitgemäße Verfassung gegeben hat, die als Ganzes eine Reaktion auf die Schrecken der nationalsozialistischen Herrschaft darstellt, kehrte man in Österreich, wo man sich mehr als Opfer denn als Täter fühlte, zur alten Verfassung aus 1920 zurück. Die Bemühungen um eine Kodifizierung und Erneuerung des Grundrechtskataloges dieser Verfassung bleiben bis heute unvollendet. Die in Deutschland demonstrativ an die Spitze des ganzen Verfassungswerks gestellte Verbürgung der Menschenwürde ist als plakative und programmatische Reaktion auf den Nationalsozialismus zu verstehen (vgl. bloß Abg. *Hermann v. Mangoldt* [CDU], Schriftlicher Bericht zum Entwurf des Grundgesetzes, Anlage zum Sten. Ber. der 9. Sitzung des Parl. Rates am 6.5.1949, S. 6 [abgedr. in: Parlamentarischer Rat, Bonn 1948/49, Schriftlicher Bericht über den Entwurf des Grundgesetzes für die Bundesrepublik Deutschland], und darauf Bezug nehmend *Starck*, in: v. Mangoldt/Klein/ders., GG (LitVerz.), Art. 1 Abs. 1 RN 10, sowie *H. Dreier*, GG (LitVerz.), Art. 1 RN 21); → Bd. I: *E. Klein*, Von der Spaltung zur Einigung Europas, § 5 RN 4 ff., 42. Eine derartige Reaktion ist in Österreich bislang ausgeblieben. Eine weitere Rolle spielt sicher die starke Prägung, die der österreichischen Rechtswissenschaft, aber auch der Verfassungs- und Gesetzgebung durch die Reine Rechtslehre und ihren Wertskeptizismus zuteil geworden ist. Wenigstens bis in die siebziger Jahre des 20. Jh. waren pathetische, wertaufgeladene verfassungsrechtliche Verkündungen in Österreich eher verpönt; ihnen wurden nüchterne, konkrete Einzelrechte vorgezogen.

110 S. unten II, RN 54, 61.

111 So die Landesverfassungen des Burgenlandes, Oberösterreichs, Salzburgs und Vorarlbergs sowie Tirols; vgl. *Berka* (FN 7), RN 378, 1048; nicht anders im Ergebnis *Klaus Burger*, Das Verfassungsprinzip der Menschenwürde in Österreich, 2002, S. 209 ff., 217 f. Art. 1 Abs. 2 der burgenländischen Landesverfassung lautet: „(2) Burgenland gründet auf der Freiheit und Würde des Menschen; es schützt die Entfaltung seiner Bürger in einer gerechten Gesellschaft". Art. 9 Abs. 3 der Landesverfassung Oberösterreich lautet: „(3) Jedes staatliche Handeln des Landes hat auf der Grundlage der Grundrechte die Würde des Menschen, die Selbstgestaltung seines Lebens und die Verhältnismäßigkeit der angewandten Mittel sowie den Grundsatz von Treu und Glauben zu achten". Art. 9 der Salzburger Landesverfassung erwähnt als Aufgabe des Landes „die Sicherstellung der zur Führung eines menschenwürdigen Lebens notwendigen Grundlagen für jene, die dazu der Hilfe der Gemeinschaft bedürfen". Art. 7 Abs. 2 der Vorarlberger Landesverfassung bestimmt unter dem Titel der „Ziele und Grundsätze des staatlichen Handelns": „(2) Jedes staatliche Handeln des Landes hat die Würde des Menschen, die Gleichheit vor dem Gesetz, die Verhältnismäßigkeit der angewandten Mittel und die Grundsätze von Treu und Glauben zu achten". Die Präambel der Tiroler Landesordnung erhebt schließlich die „Freiheit und Würde des Menschen" zum Erwägungsgrund. Zum Verhältnis landes- und bundesverfassungsrechtlicher Grundrechtsbestimmungen allgemein *Friedrich Koja*, Das Verfassungsrecht der österreichischen Bundesländer, ²1988, S. 71 ff.; zusammenfassend *Berka* (FN 7), RN 1034 ff. Demnach können die Bundesländer nur für ihren Hoheitsbereich und auch für diesen nur solche Gewährleistungen schaffen, die den Schutzbereich bundesverfassungsgesetzlich geleisteter Rechte nicht beschränken. Soweit eine Garantie der Menschenwürde im Bundesverfassungsrecht fehlt, könnte daher wenigstens auf Landesebene eine solche Garantie geschaffen werden. Die genannten Bestimmungen sind aber allesamt keine vor dem Verfassungsgerichtshof durchsetzbaren „verfassungsgesetzlich gewährleisteten Rechte" i.S.d. Art. 144 B-VG.

somit nicht fremd. Probleme bereitet aber die (mangelnde) Verallgemeinbarkeit dieser jeweils in spezifischen Kontexten stehenden Bestimmungen. Durch keine dieser Bestimmungen wird außerdem die „Menschenwürde" oder die „Würde des Menschen" definiert.

Dennoch geht diese Darstellung – um das Ergebnis gleich vorwegzunehmen – davon aus, daß der Bundesverfassung ein bestimmtes Verständnis des Begriffs der Menschenwürde zugrunde liegt und daß eine so verstandene Menschenwürde – ähnlich wie die körperliche Unversehrtheit – *im Ergebnis* in der österreichischen Bundesverfassung umfassend gewährleistet ist. Die positive Gewährleistung der Menschenwürde ergibt sich dabei freilich erst aus einer Vielzahl verschiedener, jeweils spezifischer verfassungsgesetzlich gewährleisteter Rechte, die über jeweils eigene Schutzbereiche und Schranken verfügen und die jeweils konkret angerufen werden müssen. Die Summe dieser Verbürgungen mag man „Menschenwürde" nennen. Für die praktische und theoretische Auseinandersetzung mit den de constitutione lata gewährleisteten Rechten in Österreich bringt dies allerdings nur begrenzten Nutzen, weil sich die Reichweite dieser „Menschenwürde" und ihre Wirkung für den Einzelfall nur aus den jeweils konkreten Grundrechten mit ihren spezifischen Schranken erschließen läßt[112].

52
Umfassende Gewährleistung im Ergebnis

II. Ansätze für eine Verortung der Menschenwürde im positiven Bundesverfassungsrecht

1. Art. 3 EMRK

Als Hauptansatzpunkt für einen grundrechtlichen Schutz der Menschenwürde wurde und wird in Lehre und Rechtsprechung Art. 3 EMRK angesehen[113]. Diese Bestimmung schützt nämlich vor Grausamkeit und Erniedrigung und bewahrt den Einzelnen davor, in den eigenen oder in den Augen anderer herabgesetzt zu werden[114]. Damit gewährleistet sie die Achtung seiner Person, die es – um eine aus dem deutschen Schrifttum bekannte Formulierung aufzugrei-

53
Niemals bloßes Objekt der Staatsgewalt

---

112 Dies insb. entgegen *Burger* aaO., der zwar einerseits die Menschenwürde aus konkreten Verfassungsbestimmungen, insb. aus konkreten Grundrechten ableiten (insb. S. 91 ff., 108 ff., 136 ff. sowie S. 227), Inhalt und Tragweite dieses Schutzgutes aber weit über die Ursprungsgrundrechte hinausreichen lassen möchte (S. 259 ff.). Gegen „aggregierte" Grundrechtstatbestände z. B. schon *Kneihs* (FN 4), S. 133 ff., in kritischer Auseinandersetzung vor allem mit *Funk*, Ein Grundrecht auf Schutz der Gesundheit? Verfassungsrechtliche und verfassungspolitische Überlegungen, JRP 1994, S. 68 (73 f.). Völlig verfehlt ist der Versuch *Burgers* aaO. (insb. S. 131 ff.), die Menschenwürde als Grundprinzip oder Baugesetz der österreichischen Bundesverfassung mit erhöhter Bestandskraft aus dem demokratischen und dem rechtsstaatlichen Prinzip abzuleiten. *Burger* bleibt jeden Nachweis dafür schuldig, daß Wortlaut, Entstehungsgeschichte, Systematik oder Teleologie der diese Prinzipien konstituierenden Bestimmungen einen – wie auch immer verstandenen – Menschenwürdeschutz implizieren.
113 Vgl. bloß *Öhlinger* (LitVerz.), RN 748; *Berka* (FN 7), RN 378 f. m.w.N.; *Burger* aaO., S. 108 ff.; i.d.S. bereits *Rosenmayr* (FN 101), S. 155 ff.
114 S. dazu ausführlich o. B III, RN 38 ff.

fen – verbietet, ihn zum bloßen Objekt der Staatsgewalt zu machen[115]. In ständiger Rechtsprechung sieht schließlich auch der österreichische Verfassungsgerichtshof Art. 3 EMRK durch ein Vorgehen verletzt, in dem „eine gröbliche Mißachtung des Betroffenen als Person" zum Ausdruck gelangt[116].

2. Die Präambel zur Europäischen Menschenrechtskonvention

54
Schwache Verankerung der Menschenwürde

Verschiedentlich wird auch die Auffassung vertreten, eine verfassungsrangige Gewährleistung der Menschenwürde ergebe sich aus der Präambel zur Europäischen Menschenrechtskonvention, die sich auf die Allgemeine Erklärung der Menschenrechte beruft[117]. Die verfassungsrechtliche Verankerung der Menschenwürde in der Präambel zur Europäischen Menschenrechtskonvention ist indes denkbar schwach: Unbestreitbar sind „Erwägungsgründe" wie jene, die in dieser Präambel angeführt sind, als Auslegungshilfe auch und gerade für die Interpretation völkerrechtlicher Verträge heranzuziehen. Ob sie indes verbindlicher Vertragsbestandteil werden und welche normative Kraft ihnen bejahendenfalls innewohnt, muß wohl zweifelhaft sein. Selbst wenn man aber der Präambel zur Europäischen Menschenrechtskonvention normativen Charakter zugestehen will, ist es doch mehr als fraglich, ob mit dem Hinweis auf die Allgemeine Erklärung der Menschenrechte mehr als nur ein Zusammenhang zu jenem geistesgeschichtlichen Kontext und freiheitlichen Grundkonsens hergestellt werden soll, von dem die Europäische Menschenrechtskonvention getragen ist, insbesondere, ob durch sie ein subjektives Recht eingeräumt ist: Dagegen spricht nicht nur der Wortlaut der Präambel. Wäre tatsächlich eine verweisartige Implementierung der Allgemeinen Erklärung der Menschenrechte in den Text der Europäischen Menschenrechtskonvention geplant gewesen, hätte man sich auch so manche mühsame Debatte erspart, die sich um die Modifikation und Verfeinerung der dort proklamierten Rechte im Vorfeld des Vertragsschlusses entsponnen hat. Vor allem aber scheitert die Konstruktion einer Verweiskette, die letztlich aus der Allgemeinen Erklärung der Menschenrechte eine verfassungsrangige Menschenwürdegarantie ableiten will, an der mangelnden normativen Kraft und

---

115 Diese Formel geht zurück auf *Dürig*, in: Maunz/Dürig, GG (LitVerz.), Art. 1 Abs. 1 RN 28 (Erstkommentierung). In *VfSlg* 13.635/1993 drückt dies der Verfassungsgerichtshof mit Zitat aus *Franz Bydlinski*, Fundamentale Rechtsgrundsätze, 1988, S. 176, mit der Formel aus, der Mensch dürfe niemals „als bloßes Mittel für welche Zwecke immer betrachtet und behandelt werden". Zutr. kritisch zu diesem Erkenntnis *Kopetzki* (FN 106), S. 44ff. Interessant ist die Abweichung, die *Bydlinski* im vom Verfassungsgerichtshof aufgegriffenen Zitat zum offensichtlichen Vorbild seiner Formulierung bei *Immanuel Kant*, Grundlegung der Metaphysik der Sitten, in: Wilhelm Weischedel (Hg.), Kritik der praktischen Vernunft; Grundlegung zur Metaphysik der Sitten, Werkausgabe Bd. VII, ¹1974, S. 66f., vornimmt, wo es noch – ohne die Hervorhebung – geheißen hatte, daß der Mensch „jederzeit *zugleich als Zweck*, niemals bloß als Mittel" anzusehen sei. Zu diesem *Kant*schen Denken und seiner Kritik vgl. *Paul Cliteur/René van Wissen*, Human Dignity as the Foundation for Human Rights. A Discussion of Kant's and Schopenhauer's Work with Respect to the Philosophical Reflections on Human Rights, in: Rechtstheorie 35 (2004), S. 157 (161ff.).
116 S.o. bei FN 85.
117 *Korinek*, Die Gottesebenbildlichkeit des Menschen als Grundlage moderner Grundrechtskataloge, in: Egon Kapellari/Herbert Schambeck (Hg.), FS Squicciarini, 2002, S. 76 (80f.); ähnlich bereits *Adamovich*, Einwirkungen der Verfassung auf die Rechtsprechung, RZ 1993, S. 7 (11).

subjektiv-rechtlichen Ausgestaltung der Allgemeinen Erklärung selbst. Die Präambel zur Europäischen Menschenrechtskonvention enthält somit zwar einen aufschlußreichen Hinweis für die Interpretation ihrer Rechte, namentlich auch des Artikels 3, nicht aber ein verfassungsgesetzlich gewährleistetes Recht auf Achtung der Menschenwürde.

3. Art. 1 Abs. 4 PersFrG

Ausdrücklich kommt der Begriff der Menschenwürde in einer anderen Verfassungsbestimmung vor. Art. 1 Abs. 4 des Bundesverfassungsgesetzes über den Schutz der persönlichen Freiheit (PersFrG)[118] bestimmt, daß, wer festgenommen oder angehalten wird, „unter Achtung der Menschenwürde und mit möglichster Schonung der Person zu behandeln" ist und nur solchen Beschränkungen unterworfen werden darf, „die zum Zweck der Anhaltung angemessen oder zur Wahrung von Sicherheit und Ordnung am Ort seiner Anhaltung notwendig sind". Das Bundesverfassungsgesetz legt zwar nicht ausdrücklich fest, was unter der Menschenwürde zu verstehen ist oder welche Art der Behandlung die Menschenwürde verletzt. Man darf aber dem Verfassungsgesetzgeber unterstellen, daß er das Wort mit Bedacht gewählt und damit zum Verfassungsbegriff gemacht hat. Will man dem Inhalt dieses Verfassungsbegriffs auf den Grund gehen, ist daher bei Art. 1 Abs. 4 PersFrG anzusetzen.

55 Ausdrücklicher Verfassungsbezug zur Menschenwürde

Erste Hinweise auf das Verständnis, das der Verfassungsgesetzgeber dem von ihm eingesetzten Begriff der Menschenwürde zugrunde legt, geben die Materialien, die sich insbesondere der Überschneidung der Schutzbereiche von Art. 1 Abs. 4 PersFrG und Art. 3 EMRK bewußt sind[119]. Damit wird insbesondere die Erniedrigung sowie jede andere „gröbliche Mißachtung der Person" als Verletzung der Menschenwürde ausgewiesen.

56 Gröbliche Mißachtung der Person

Wortlaut und Syntax des Art. 1 Abs. 4 PersFrG geben weitere Hinweise auf den Inhalt des dort verwendeten Begriffs der Menschenwürde: Die Achtung der Menschenwürde ist in Art. 1 Abs. 4 PersFrG absolut gesetzt und duldet keinerlei Einschränkungen. Die Schonung der Person ist nur noch „möglichst" zu gewähren, und sonstige Beschränkungen stehen unter einem auf die Erfordernisse der Anhaltung bezogenen Verhältnismäßigkeitsvorbehalt. Art. 1 Abs. 4 PersFrG grenzt also drei verschiedene Schutzbereiche mit verschiedenen – verschieden strengen – Eingriffsschranken voneinander ab. Die Menschenwürde im Sinne des Art. 1 Abs. 4 PersFrG ist daher auf die *Person* des Betroffenen bezogen, sie kann (nur) durch eine Vorgangsweise mißachtet werden, die den Grad bloßer – allenfalls auch unangemessener – Belästigungen oder Unannehmlichkeiten überschreitet. Hält man sich vor Augen, daß es hier um die Bedingungen eines Freiheitsentzuges geht, ist diese „Vorgangsweise" wiederum unmittelbar auf die Person des Betroffenen, also auf seine

57 Abstufung der Schutzbereiche

---
118 Vom 29. 11. 1988 (BGBl 684).
119 RV 134 BlgNR 17. GP, 5.

physische und psychische Integrität zu beziehen[120]. Schikanen, mit denen Einwirkungen auf die körperliche oder psychische Integrität des Betroffenen oder eine Erniedrigung einhergehen sowie Diskriminierungen gegenüber Mithäftlingen – insbesondere, wenn sie auf Merkmalen beruhen, die der „Person" des Betroffenen zugehören – sind daher jedenfalls als Angriffe auf die Menschenwürde aufzufassen. Unter dieser Schwelle liegende Eingriffe betreffen aber bloß die „möglichste" Schonung der Person oder das Verhältnismäßigkeitsgebot des Art. 1 Abs. 4 PersFrG.

58
Kein umfassender Menschenwürdebegriff

Damit werden bereits die Konturen eines Begriffs der Menschenwürde sichtbar, der dem Verfassungsgesetzgeber des Art. 1 Abs. 4 PersFrG unterstellt werden kann. Sein Bestreben ging nun zwar ganz offensichtlich nicht dahin, einen umfassenden Menschenwürdebegriff zu etablieren. Genauso wenig wollte er allerdings den Schutz vor Erniedrigung, Diskriminierung und Demütigung den Festgenommenen und Angehaltenen vorbehalten. Die fast schon beiläufige Erwähnung der Menschenwürde deutet vielmehr darauf hin, daß der Verfassungsgesetzgeber diesen Begriff und seine Verankerung in der österreichischen Grundrechtsordnung bereits vorausgesetzt hat: Der Verfassungsgesetzgeber verwendet mit der „Menschenwürde" keinen zeit- und kontextlosen Begriff[121]. Man darf davon ausgehen, daß er sich dabei von herrschenden Begriffsbestimmungen aus anderen – zumal: benachbarten – Rechtsordnungen hat leiten lassen. Immerhin ist die Menschenwürde in Deutschland seit langem ein Verfassungsbegriff; auch in der früheren schweizerischen Bundesverfassung wurde die Menschenwürde – nicht von ungefähr gerade im (ungeschriebenen) *Freiheitsrecht* – als geschützt angesehen[122]. Wenn daher der Verfassungsgesetzgeber von 1988 den Begriff der Menschenwürde im PersFrG in das Bundesverfassungsrecht eingeführt hat, dann darf ihm unterstellt werden, daß dahinter ähnliche Vorstellungen stehen, wie sie in Deutschland und der Schweiz mit diesem Begriff verbunden werden.

59
Verfassungsvergleich

Es soll hier freilich gar nicht erst der Versuch unternommen werden, die verschiedenen Konzepte und Traditionen eines (rechts-)philosophischen Menschenwürdebegriffs auch nur aufzuzählen, die für eine Grundlegung des Menschenwürdebegriffes von Grundgesetz und schweizerischer Bundesverfassung in Frage kommen[123]. Für die hier angestrebte Annäherung an eine dem öster-

---

120 Dies nicht deswegen, weil Art. 1 Abs. 4 PersFrG lex specialis zu anderen Gewährleistungen ist, sondern weil in der Durchführung einer Anhaltung primär diese Schutzgüter bedroht sind. Zum Verhältnis des Art. 1 Abs. 4 PersFrG zu anderen Grundrechten vgl. *Kopetzki*, Das Recht auf persönliche Freiheit – PersFrG, Art. 5 EMRK, in: Machacek/Pahr/Stadler (LitVerz.), Bd. III, S. 261 (428 ff.).
121 Vgl. zur Entwicklung der Verankerung der Menschenwürde in europäischen Verfassungen *H. Dreier*, GG (LitVerz.), Art. 1 RN 28 ff. m.H. auf die Häufung solcher Verbürgungen nach 1975; zu Deutschland RN 17 ff.
122 *Haller*, Persönliche Freiheit, in: Aubert u.a., Bundesverfassung 1874 (LitVerz.), RN 66; vgl. auch *Mastronardi*, Menschenwürde als materielle „Grundnorm" des Rechtsstaates?, in: Thürer/Aubert/Müller (LitVerz.), § 14, RN 15 m.H. auf die Judikatur. → Bd. VII/2 *J.P. Müller*, Grundlagen, Zielsetzung und Funktionen der Grundrechte, § 202 RN 4 ff., 13 ff., 17 ff., 47, 52; *Haller*, Menschenwürde, Recht auf Leben und persönliche Freiheit, § 209 RN 14 ff.
123 Vgl. dazu die Kontroverse zwischen *H. Dreier*, GG (LitVerz.), Art. 1 RN 1 ff., und *Starck*, in: v Mangoldt/Klein/ders., GG (LitVerz.), Art. 1 Abs. 1 RN 4 ff. Siehe auch die Hinweise bei *Podlech*, in: AK-GG, Art. 1 Abs. 1, RN 10 f.

reichischen Verfassungsrecht unausgesprochen zugrunde liegende Begriffsvorstellung reicht es aus, vom Unbestrittenen und auf Österreich Übertragbaren auszugehen[124]: Mit der Menschenwürde im Sinne der genannten Verfassungen sind Diskriminierung, Demütigung und Mißachtung der Person unvereinbar[125]; die Menschenwürde ist eng mit dem Respekt vor der Individualität, Identität und Integrität jedes Menschen verknüpft[126]. Dies wiederum umfaßt einen Anspruch des Einzelnen auf Selbstbestimmung, weil nur er selbst für sich entscheiden kann, wer er ist[127]. Inhalt einer normativen Menschenwürdegarantie ist deswegen auch ein „Verbot, ein bestimmtes Menschenbild zu verordnen. Das Selbstverständnis eines jeden soll für seinen Lebensentwurf maßgeblich sein"[128]. Die Würde des Menschen ist somit und in diesem Sinne gleichbedeutend mit dem „Achtungsanspruch, der dem Menschen um seinetwillen zukommt"[129]. In der besonderen Stellung der Menschenwürde in den genannten Verfassungstexten kommt zugleich zum Ausdruck, daß die Menschenwürde nicht beliebig und inflationär gegen jede denkbare Unannehmlichkeit eingesetzt werden soll[130]. Nicht jede Vorschrift oder Maßnahme, die den Menschen dazu zwingt, seine Vorstellungen, seinen „Lebensentwurf" auch nur geringfügig zu korrigieren oder an die Bedürfnisse seiner Mitwelt anzupassen, verstößt gegen die Menschenwürde[131]. Vielmehr ist die Menschenwürde nur bei Erniedrigung, Demütigung und Diskriminierung, bei einem ungerechtfertigten Eindringen in die höchstpersönliche Sphäre des Betroffenen, bei Verneinung seiner Subjektsqualität anzurufen[132].

Mit diesen Ausführungen soll nicht behauptet werden, daß die Menschenwürde in allen genannten Facetten in Art. 1 Abs. 4 PersFrG geschützt werden

60

---

124 *Sozialstaatliche* Gehalte der Menschenwürde werden in Deutschland angenommen; inwiefern sie auf Österreich anwendbar sind, muß hier dahingestellt sein, weil eine Erörterung des Problems sozialer Grundrechte aus österreichischer Sicht den Rahmen des vorliegenden Beitrags sprengte. → Bd. IV: *Isensee*, Schutz der Menschenwürde; auch → Bd. II: *Papier*, Grundrechte und Sozialordnung, § 30 RN 11, 36, 72. Zum Unbestrittenen gehört angesichts der darüber hitzig geführten öffentlichen und fachöffentlichen Debatte auch nicht die Kommentierung des Art. 1 GG von *Herdegen*, in: Maunz/Dürig, GG (LitVerz.), die daher im folgenden außer Betracht bleiben soll.
125 „Erniedrigung, Brandmarkung, Verfolgung, Ächtung" – *BVerfGE 1*, 97 (104). Hier kommt jedenfalls in Deutschland die bewußte und demonstrative Abkehr vom Unrechtsregime des Dritten Reichs zum Tragen: Vgl. statt aller *Pieroth/Schlink*, Grundrechte (LitVerz.), RN 349, 359. Im Diskriminierungsschutz ist zugleich ein gleichheitsrechtlicher Aspekt der Menschenwürde aufgehoben. Vgl. *H. Dreier*, GG (LitVerz.), Art. 1 RN 44; *Podlech*, in: AK-GG (LitVerz.), Art. 1 Abs. 1, RN 29 ff.; s. auch *Mastronardi* (FN 122), § 14 RN 19: „Autonomie ... ist auch intersubjektiv bedingt. Damit schließt die Menschenwürde die gleiche *Achtung des Anderen* in seiner Andersartigkeit, aber als gleichwertigen Menschen, ein: Neben der Freiheit gehört auch die Gleichheit zur Würde des Menschen".
126 *H. Dreier*, GG (LitVerz.), Art. 1 RN 44; ähnlich *Höfling*, in: Sachs, GG (LitVerz.), Art. 1 RN 19, 35 ff.
127 *Starck*, in: v. Mangoldt/Klein/ders., GG (LitVerz.), Art. 1 RN 11; *Podlech*, in: AK-GG (LitVerz.), Art. 1 Abs. 1, RN 34.
128 *Mastronardi* (FN 122), RN 18 (ohne die Hervorhebung im Original). Ähnlich *Podlech* aaO., RN 35; *Pieroth/Schlink*, Grundrechte (LitVerz.), RN 356.
129 *BayVfGHE 8*, 52 (57); *11*, 164 (181); *14*, 49 (57); *29*, 38 (42); vgl. auch *BVerfGE 45*, 187 (228); alle zitiert nach *Starck*, in: v. Mangoldt/Klein/ders., GG (LitVerz.), Art. 1 RN 11; gleichsinnig *Mastronardi*, Art. 7, in: Ehrenzeller u. a., Die schweizerische Bundesverfassung, ²2007, RN 32 f., 44.
130 Der Menschenwürdeschutz des deutschen Grundgesetzes ist durch Art. 79 mit einer Ewigkeitsgarantie ausgestattet; Art. 7 der schweizerischen Bundesverfassung ist nach h.M. in seinem Individualrechtsgehalt unantastbar (vgl. *Mastronardi* [FN 129] RN 52).
131 Vgl. *Pieroth/Schlink*, Grundrechte (LitVerz.), RN 363.
132 *BVerfGE 30*, 1; ähnlich *Mastronardi* (FN 122), RN 23 m.w.N.

§ 189   *Dreizehnter Teil: II. Einzelgrundrechte*

Unantastbarkeit der Persönlichkeit im Freiheitsentzug

soll. Insbesondere die Selbstbestimmung des Menschen kann im Freiheitsentzug von vornherein nicht absolut gesetzt sein, wie dies für die Menschenwürde in Art. 1 Abs. 4 PersFrG gilt. Ihre Betonung gerade im Zusammenhang mit dem Freiheitsentzug ist indes kein Mißgeschick, sondern sie bestätigt die These, wonach sich der Verfassungsgesetzgeber an die erwähnten Begriffsinhalte angelehnt hat. Denn gerade im Freiheitsentzug ist die Autonomie des Menschen besonderen Bedrohungen ausgesetzt. Eine letzte Rückzugslinie der menschlichen Persönlichkeit, seine innerste Identität und Individualität wird deshalb mit dem absoluten Schutz der Menschenwürde auch im Freiheitsentzug unantastbar gestellt[133]. Aus diesem teleologisch-systematischen Argument bestätigt sich die hier vertretene Vermutung über das Menschenwürdeverständnis des Art. 1 Abs. 4 PersFrG. Mit dem Aspekt der Autonomie sind somit auch Schutzinhalte angesprochen, die gewöhnlich in Art. 8 EMRK verortet werden. Allerdings schlägt die bewußte Anlehnung an Art. 3 EMRK auf die Interpretation des Menschenwürdeschutzes in Art. 1 Abs. 4 PersFrG zurück: Es ist nämlich – und war auch schon im Zeitpunkt des Inkrafttretens des Bundesverfassungsgesetzes über den Schutz der persönlichen Freiheit – anerkannt, daß Art. 3 EMRK jedenfalls im Freiheitsentzug auch positive Gewährleistungspflichten enthält[134]. Art. 1 Abs. 4 PersFrG statuiert daher mit dem Anspruch auf Achtung der Menschenwürde nicht nur ein Eingriffsverbot, sondern auch eine positive Garantie menschenwürdiger Haftbedingungen[135].

4. Konvention gegen rassische Diskriminierung

61

Menschenwürde als Diskriminierungsverbot

In der Präambel zur Konvention gegen rassische Diskriminierung[136], deren Art. 1, 2 und 14 vom Nationalrat als verfassungsändernd genehmigt und unter Erfüllungsvorbehalt gemäß Art. 50 Abs. 2 B-VG gestellt worden sind, wird die Menschenwürde als Beweggrund für die Verankerung dieses Diskriminierungsschutzes genannt[137]. Die Verwendung des Ausdruckes „Menschenwürde"

---

[133] Der Mensch darf daher z. B. auch im Freiheitsentzug nicht zur Nummer herabgewürdigt, sein Wille nicht durch Folter oder Verabreichung von Drogen gebrochen werden.
[134] Dazu und zu den konkreten Folgerungen für den Freiheitsentzug vgl. *Kopetzki*, in: Korinek/Holoubek, Bundesverfassungsrecht (LitVerz.), Art. 1 PersFrG, RN 84 mit zahlreichen Hinweisen auf Lehre und Judikatur; s. auch schon o. bei FN 87.
[135] *Kopetzki* aaO., RN 84 m.w.N. Diese Interpretation ist auch deshalb zwingend, weil sich unter den Bedingungen des Freiheitsentzuges – unter denen der Betroffene nicht selbst für sich vorsorgen kann – auch Unterlassungen als Eingriffe darstellen, weshalb man der Gewährleistung der Menschenwürde insofern auch eine Schutzpflichtfunktion zusinnen muß.
[136] BGBl 1972 S. 377.
[137] Zwar steht die Präambel mangels entsprechender Genehmigung des Nationalrates nicht im Verfassungsrang, sie ist aber als Auslegungshilfe auch für die verfassungsrangigen Bestimmungen des Staatsvertrages heranzuziehen. Es heißt dort gleich im ersten Erwägungsgrund: „In der Erwägung, daß die Satzung der Vereinten Nationen auf die Grundsätze der allen Menschen angeborenen Würde und Gleichheit gegründet ist und daß alle Mitgliedstaaten gelobt haben, gemeinsam und einzeln im Zusammenwirken mit der Organisation Maßnahmen zu treffen, um eines der Ziele der Vereinten Nationen zu verwirklichen, das darin besteht, die allgemeine Achtung und Beachtung der Menschenrechte und Grundfreiheiten für alle ohne Unterschied der Rasse, des Geschlechts, der Sprache oder der Religion zu fördern und zu bestärken; (...)".

in diesem Zusammenhang bestätigt, daß die Achtung der Person mit allen ihr anhaftenden Eigenschaften für den Schutz der Menschenwürde wesentlich ist: Der Schutz vor Benachteiligungen, denen der Einzelne auf Grund von Eigenschaften ausgesetzt ist, die er nicht ablegen kann, ist ein Schutz vor besonderer – weil unentrinnbarer – Demütigung.

5. Art. 8 EMRK

Als Zwischenergebnis ist festzuhalten, daß der Verfassungsgesetzgeber im Bundesverfassungsgesetz über den Schutz der persönlichen Freiheit zwar die Menschenwürde nicht umfassend positiviert, daß er diesem Gesetz aber einen bestimmten – an das deutsche und schweizerische Verfassungsrecht angelehnten – Begriff der Menschenwürde zugrunde gelegt und ihn für die übrige Grundrechtsordnung stillschweigend vorausgesetzt hat. Damit wird die Menschenwürde nicht zum eigenständigen verfassungsgesetzlich gewährleisteten Recht. Vielmehr ist unter Zugrundelegung des bisher entwickelten Begriffsverständnisses nach jenen Bestimmungen zu suchen, die den Schutz einer so verstandenen Menschenwürde garantieren. Neben Art. 3 EMRK sind dafür vor allem Art. 8 EMRK und der Gleichheitssatz hervorzuheben:

62
Kontextbestimmter Menschenwürdebegriff

Die Individualität und Identität des Menschen, seine Persönlichkeit, zumal mit ihren unablegbaren Eigenheiten wie etwa dem Geschlecht, der sexuellen Orientierung, dem Alter oder der Gebrechlichkeit ist in der *Privatsphäre* aufgehoben, die Schutzgegenstand des Art. 8 EMRK ist. Mit dem Recht auf Selbstbestimmung[138], dem Schutz der körperlichen und geistigen Integrität[139] sowie dem Recht auf Achtung der Privatsphäre[140] ist somit Art. 8 EMRK ein weiterer wesentlicher Baustein des grundrechtlichen Anspruches auf Achtung der Menschenwürde im hier zugrunde gelegten Sinne[141]. Bei einer solchen Sicht der Dinge ist zugleich auch geklärt, daß der Mensch seine Würde stets und zuallererst selbst definiert: Ist mit dem Selbstbestimmungsrecht des Menschen durch Art. 8 EMRK auch die Menschenwürde geschützt, dann verbietet sich jede von einem wie auch immer objektivierten Menschenbild ausgehende – und damit letztlich wieder oktroyierte – Definition der Menschenwürde[142].

63
Keine Menschenwürdedefinition aus objektiviertem Menschenbild

6. Art. 2 StGG, Art. 7 B-VG und Art. 14 EMRK

Art. 8 EMRK gewährt für sich genommen bloß Schutz vor Eingriffen in die Identität, Individualität und Integrität. *Diskriminierungen* auf Grund persön-

64

---

138 S.o. bei FN 52.
139 S.o. bei FN 53.
140 Vgl. o. B II 1, RN 26 ff. Zum Schutz von Individualität und Identität vgl. auch *Wiederin* (FN 50), RN 33.
141 Ähnlich im Ergebnis bereits *J.W. Steiner*, Ausgewählte Rechtsfragen der Insemination und Fertilisation, ÖJZ 1987, S. 513 (514, 518 m.w.N.).
142 Dies insb. entgegen VfSlg 13.635/1993, wo der Verfassungsgerichtshof die Menschenwürde (auch) gegen *konsentierte* medizinische Versuche gewendet hat (kritisch auch *Kopetzki*, Aspekte [FN 106], 44 ff.). Vgl. in diesem Sinne für Art. 1 GG auch *Köhne*, Abstrakte Menschenwürde?, GewArch 50 (2004), S. 285 ff.; ähnlich *T. Aubel*, Das Menschenwürde-Argument im Polizei- und Ordnungsrecht, in: Die Verwaltung 37 (2004), S. 229 (236 ff.).

**Diskriminierungs-
verbote**

licher Merkmale und Eigenschaften werden erst im Zusammenhalt mit Art. 14 EMRK abgewendet. Durch die Verbindung dieser beiden Bestimmungen ist sichergestellt, daß niemand auf Grund von Umständen benachteiligt werden darf, die in seiner ureigenen Persönlichkeit begründet sind. Solche Benachteiligungen auf Grund des Geschlechtes, der sexuellen Orientierung, der Hautfarbe oder anderer unablegbarer Eigenschaften sind deshalb besonders demütigend, weil sich der Mensch, um ihnen zu entgehen, in seinem Wesen verleugnen müßte. Ihre Abwehr ist daher wesentlich für die Durchsetzung eines Anspruches auf Achtung der Menschenwürde.

**65
Gleichheitssatz als
Ausprägung der
Menschenwürde**

Vor Diskriminierung auf Grund welcher Umstände immer schützt aber auch der allgemeine Gleichheitssatz des Art. 7 B-VG beziehungsweise Art. 2 StGG[143]: dies zum einen in seiner in der verfassungsgerichtlichen Rechtsprechung deutlich ausgeprägten Funktion als Willkürverbot, mithin als Verbot der unsachlichen oder gar bewußt herabsetzenden und diskriminierenden Behandlung durch die Hoheitsgewalt. Dieses Verbot verschafft vor allem dem durch die zitierte Objektformel angesprochenen Aspekt der Menschenwürde Verfassungsgeltung[144]. Es ermöglicht aber und verlangt auch die Erforschung und Beachtung der jeweiligen Umstände jedes Einzelfalles, mithin auch die Rücksichtnahme auf die Eigenheiten des Einzelnen[145]. Auch mit der Formel von der Gleichbehandlung wesentlich gleicher und der Ungleichbehandlung wesentlich ungleicher Sachverhalte[146] ist dieser weitere Schutzzweck des Gleichheitssatzes treffend angesprochen: Der Schutz des Einzelnen in seiner Eigenheit und Individualität, die einerseits kein Grund für Benachteiligung sein darf und die andererseits hinreichender und mitunter notwendiger Anlaß für Differenzierungen ist. Der allgemeine Gleichheitssatz erschöpft sich nicht in der Anordnung einer schematischen Gleichbehandlung; ja eine solche rein mechanische Gleichbehandlung kann seinem Anliegen gar zuwiderlaufen: Schon dem Ausschluß jeglicher Vorrechte der Geburt, des Geschlechtes, des Standes, der Klasse und des Bekenntnisses[147] korrespondiert auch ein Verbot der Benachteiligung auf Grund der genannten Statusmerkmale. Dies kann auch zur Notwendigkeit führen, etwa soziale Unterschiede in der Gesetzgebung zu berücksichtigen[148]. In die gleiche Richtung deuten das Verbot der

---

143 Zum Verhältnis dieser beiden Bestimmungen vgl. *Berka*, Art. 7 B-VG, in: Rill/Schäffer (LitVerz.), RN 8.
144 Vgl. schon oben in FN 125. Schon historisch treten Menschenwürde und Gleichheit in Gestalt der „Gleichheit an Würde und Rechten" oder ähnlicher Formulierungen gemeinsam auf.
145 Nach der ständigen Judikatur des Verfassungsgerichtshofes stellen die Unterlassung einschlägiger Ermittlungen zu entscheidungswesentlichen Sachverhaltselementen, das Ignorieren wesentlichen Parteienvorbringens sowie das Fehlen einer nachvollziehbaren Begründung in einem entscheidungswesentlichen Punkt Indizien für die Gleichheit verletzende Willkür dar. Damit ist klargestellt, daß die Umstände des Einzelfalles zu erheben, Vorbringen der Parteien zu beachten und in der Entscheidung zu berücksichtigen sind.
146 Vgl. statt aller dafür *Korinek*, Gedanken zur Bindung des Gesetzgebers an den Gleichheitssatz nach der Judikatur des Verfassungsgerichtshofes, in: Heinz Schäffer/Klaus König/Kurt Ringhofer (Hg.), FS Melichar, 1983, S. 39 (44 ff.), sowie *dens.*, Grundrechte und Verfassungsgerichtsbarkeit, 2000, S. 83 (89 ff.).
147 Art. 7 Abs. 1 Satz 2 B-VG.
148 Ähnlich *Berka* (FN 7), RN 891, und *ders.* (FN 143), RN 16 ff. Hier wäre allenfalls ein Anhaltspunkt für – minimale – sozialstaatliche Aspekte der Menschenwürde zu verorten (vgl. aber o. in FN 124).

Benachteiligung auf Grund einer Behinderung und das Bekenntnis zu einer aktiven Gleichstellungspolitik[149]. Aus alledem ergibt sich, daß der Einzelne mit seinen ihm anhaftenden und unablegbaren Eigenschaften von der Rechtsordnung zu achten ist. Auf Grund besonderer Eigenschaften können besondere Maßnahmen und Regelungen erforderlich sein, weil sonst wesentliche Unterschiede im Tatsächlichen im normativ Gleichen untergingen[150]. Damit aber ist der oben angesprochene Aspekt der Menschenwürde, dem Einzelnen in seiner Identität und Individualität Respekt zu zollen, auch im allgemeinen Gleichheitssatz aufgehoben.

III. Ansätze für eine Verortung der Menschenwürde im einfachen Recht

Auch im einfach-gesetzlichen Rechtsmaterial kommt die Menschenwürde verschiedentlich vor[151]. Ein Anspruch auf Vollständigkeit wäre hier von vornherein illusionär. Anhand der wichtigsten Beispiele soll aber gezeigt werden, daß auf unterverfassungsgesetzlicher Ebene jedenfalls von einer Verankerung der Menschenwürde im österreichischen Recht auszugehen ist und daß auch dem einfachen Recht ein ähnliches Begriffsverständnis zugrunde liegt, wie es oben für Art. 1 Abs. 4 PersFrG entwickelt wurde.

66 Ähnliches Begriffsverständnis

1. § 16 ABGB

§ 16 ABGB bestimmt: „Jeder Mensch hat angeborene, schon durch die Vernunft einleuchtende Rechte, und ist daher als Person zu betrachten. Sklaverei und Leibeigenschaft, und die Ausübung einer darauf sich beziehenden Macht wird in diesen Ländern nicht gestattet"[152]. Nicht ganz zu Unrecht wird diese Bestimmung als „Zentralnorm unserer Rechtsordnung" bezeichnet, die „in ihrem Kernbereich die Menschenwürde" schütze[153].

67 Zentralnorm bürgerlicher Rechtsordnung

---

149 Art. 7 Abs. 1 Satz 3 und Abs. 2 B-VG.
150 Der Verfassungsgerichtshof hielt es in *VfSlg* 15.785/2000 und der Folgejudikatur z. B. für erforderlich, daß der Gesetzgeber – wenn er Mindeststrafen festsetzt – dafür sorgt, daß die Mindeststrafe nur auf solche Adressaten anwendbar ist, die von ihr nicht unverhältnismäßig getroffen werden. Vgl. im einzelnen dazu *Kneihs*, Verfassungswidrigkeit der Mindeststrafe nach § 39 Abs. 1 lit. a AWG – Zugleich eine Besprechung der Entscheidung des Verfassungsgerichtshofs G 312/97 u. a. v. 16. 3. 2000, ÖZW 2001, S. 114.
151 Neben den im Text genannten Beispielen vgl. auch § 36 Abs. 2 Verwaltungsstrafgesetz (VStG): „Bei der Festnahme und Anhaltung ist unter Achtung der Menschenwürde und mit möglichster Schonung der Person vorzugehen" und § 283 Abs. 2 Strafgesetzbuch (StGB): „Ebenso ist zu bestrafen, wer öffentlich gegen eine der im Abs. 1 bezeichneten Gruppen hetzt oder sie in einer die Menschenwürde verletzenden Weise beschimpft oder verächtlich zu machen versucht". W.H. bei *Burger* (FN 111), S. 143 ff.
152 § 17 ABGB setzt in der Art eines Gesetzesvorbehalts fort: „Was den angeborenen natürlichen Rechten angemessen ist, dieses wird so lange als bestehend angenommen, als die gesetzmäßige Beschränkung dieser Rechte nicht bewiesen wird". Nicht, daß es einer solchen „Ermächtigung" bedürfte: Als Norm des einfachen Rechts kann § 17 ABGB den Gesetzgeber weder ermächtigen noch sich einer späteren oder spezielleren gesetzlichen Regelung entgegenstellen. Dennoch werden dadurch sowohl der grundlegende Charakter der Rechte des § 16 als auch ihre Einschränkbarkeit hervorgehoben.
153 OGH, E. v. 14. 4. 1994, 10 Ob 501/94, JBl 1995, S. 46, und E. v. 14. 5. 1997, 7 Ob 89/97 g, JBl 1997, S. 641.

68
Persönlichkeits-
rechte

Im einzelnen werden zu den Persönlichkeitsrechten des § 16 ABGB das Recht auf Leben, auf körperliche Unversehrtheit, auf persönliche Freiheit und auf Selbstbestimmung, das Namensrecht und das Urheberpersönlichkeitsrecht gezählt[154]. Umstritten ist, ob daneben noch ein allgemeines Persönlichkeitsrecht in § 16 ABGB gewährleistet ist. Nach richtiger Auffassung ist die Frage bloß von theoretischer Bedeutung, weil ein solches allgemeines Persönlichkeitsrecht erst durch andere – auch verfassungsgesetzlich gewährleistete – Rechte konkretisiert werden muß[155]. Auch § 16 ABGB bietet aber insofern keinen umfassenden Schutz der Menschenwürde, als dort im Verhältnis etwa zur Europäischen Menschenrechtskonvention Schutzlücken offen bleiben[156]. Fraglich ist aber nicht nur das Verhältnis des § 16 ABGB zu einem nicht ein für allemal feststehenden Begriff der Menschenwürde. Fraglich ist auch die Bedeutung, die dieser Bestimmung für das Verfassungsrecht, insbesondere für die Grundrechte zukommt.

69
Grundrechtliche
Wertungen im
Zivilrecht

Ganz unbestreitbar ermöglicht § 16 ABGB das Einfließen grundrechtlicher Wertungen in zivilrechtliche Zusammenhänge und Entscheidungen. Die dort angesprochenen angeborenen Rechte sind im Sinne einer verfassungskonformen Interpretation jedenfalls den verfassungsgesetzlich gewährleisteten Rechten aus Staatsgrundgesetz, Bundes-Verfassungsgesetz und Europäischer Menschenrechtskonvention entsprechend auszulegen. Auch können in das – umstrittene – allgemeine Persönlichkeitsrecht solche Grundrechte aufgenommen werden, die im Zivilrecht sonst nicht ausdrücklich verankert wären. Behauptet wurde und wird aber auch, daß § 16 ABGB selbst Bestandteil des österreichischen Grundrechtskatalogs sei und kraft Übernahme seines „Person"begriffes in das Staatsgrundgesetz mit dessen Rezeption durch Art. 149 Abs. 1 B-VG Eingang in die Verfassungsordnung gefunden habe[157]. Dieser These kann nicht scharf genug begegnet werden. Selbst wenn das Staatsgrundgesetz von 1867 – trotz der damals zweifelhaften und umstrittenen Bedeutung des § 16 ABGB – als ‚„Staatsbürger', ‚Ausländer', ‚Jedermänner', ‚Anhänger', ja selbst als ‚Niemand'" Menschen und damit Personen im Sinne gerade dieser Bestimmung adressierte[158], würde dadurch keinesfalls § 16 ABGB selbst zum verfassungsgesetzlich gewährleisteten Recht. Es ist bezeichnend, daß der Verfassungsgerichtshof in seiner Eigenschaft als „*grundrechtsetzendes Staatsorgan*" aufgefordert wird, den geschriebenen Grundrechtskatalog *zeitgemäß fortzubilden* und der zitierten Bestimmung als Grundrecht im technischen Sinn Geltung zu verschaffen[159].

---

154 Vgl. im einzelnen bei *Aicher*, § 16 ABGB, in: Peter Rummel (Hg.), ABGB-Kommentar, Bd. I, ³2000, RN 16 ff.
155 *Aicher* aaO., RN 14.
156 Vgl. etwa zum Verhältnis von § 16 ABGB und Art. 4 EMRK *Aicher* aaO., RN 36: Sklaverei und Leibeigenschaft, nicht aber Zwangs- und Pflichtarbeit sind in § 16 ABGB abgedeckt!
157 *Klecatsky* (FN 106), S. 279 f. et passim.
158 So *Klecatsky* aaO., S. 279.
159 *Klecatsky* aaO., S. 294 f.; Hervorhebung im Original.

2. § 96 Arbeitsverfassungsgesetz

In § 96 Abs. 1 Ziff. 3 Arbeitsverfassungsgesetz (ArbVG) wird die Einführung betrieblicher Kontrollmaßnahmen und technischer Systeme zur Kontrolle der Arbeitnehmer, sofern diese Maßnahmen und Systeme die Menschenwürde berühren, von der nicht ersetzbaren Zustimmung des Betriebsrats abhängig gemacht. Die Menschenwürde wird in diesem Gesetz genauso wenig definiert wie ihre „Berührung" durch die zu regelnden Kontrollmaßnahmen. In der Literatur wird eine Gleichsetzung der Menschenwürde im Sinne des § 96 Abs. 1 Ziff. 3 ArbVG mit den eben besprochenen Persönlichkeitsrechten vorgeschlagen[160]. Dies ist insofern einleuchtend, als diese Persönlichkeitsrechte sicherlich zentrale Anliegen der Menschenwürde schützen. Es greift andererseits wohl zu kurz, weil bei einer vollständigen Gleichsetzung ein Verweis auf die Persönlichkeitsrechte nicht nur ausreichend, sondern auch klarer gewesen wäre als die Verwendung des davon abweichenden – undeutlichen – Begriffs der Menschenwürde. Man darf daher vermuten, daß sich die Menschenwürde im Sinne des § 96 Abs. 1 Ziff. 3 ArbVG mit den Persönlichkeitsrechten nicht vollständig deckt: Einerseits kann es Persönlichkeitsrechte geben, die entweder mit der Menschenwürde nicht in unmittelbarem Zusammenhang stehen, oder die durch betriebliche Kontrollmaßnahmen nicht betroffen sind, wie zum Beispiel das Recht auf Leben. Andererseits können auch durch § 16 ABGB nicht erfaßte Rechte, wie die darüber hinausgehenden Rechte des Art. 4 EMRK[161], zum Schutz der Menschenwürde zählen. Richtig erkennt die Literatur aber mit ihrer Gleichsetzung von Menschenwürde und Persönlichkeitsschutz, daß die Menschenwürde in einer Vielzahl verschiedener, jeweils spezieller Bestimmungen Schutz und Deckung findet. Richtig erkennt sie auch den engen Zusammenhang der Menschenwürde mit allem, was der höchstpersönlichen Sphäre des Einzelnen zugehört.

70 Zustimmung des Betriebsrats im Menschenwürdebereich

Keine Gleichsetzung von Persönlichkeitsrechten und Menschenwürde

3. § 5 a Krankenanstalten- und Kuranstaltengesetz

§ 5 a des Krankenanstalten- und Kuranstalten- Grundsatzgesetzes (KAKuG) des Bundes verpflichtet die Länder dazu, ihrerseits die Träger von Krankenanstalten unter Beachtung des Anstaltszwecks und des Leistungsangebotes unter anderem dazu zu verpflichten, die informationelle Selbstbestimmung und ein würdevolles Sterben ihrer Patienten sicherzustellen[162]. Diese Bestimmung verspricht zwar in ihrer Überschrift „Patientenrechte". Teils aus kompetenzrechtlichen, teils aus realpolitischen Gründen hat sich der Bundes-Grundsatzgesetzgeber aber in Wahrheit nicht dazu aufgeschwungen, echte

71 Sicherstellungsauftrag zur Menschenwürde

---

160 Vgl. im einzelnen *Theodor Tomandl*, Kontrollmaßnahmen: Probleme im Zusammenhang mit Betriebsvereinbarungen über Kontrollmaßnahmen, in: ders. (Hg.), Probleme des Einsatzes von Betriebsvereinbarungen, 1983, S. 1 (8 ff.).
161 S. FN 156.
162 Dazu und zum folgenden *Kopetzki*, Krankenanstaltenrecht, in: Michael Holoubek/Michael Potacs (Hg.), Öffentliches Wirtschaftsrecht I, 2002, S. 463 (511) und ausführlich *ders.*, Unterbringungsrecht II, 1995, S. 769 ff.

subjektive Rechte zu gewähren. Vielmehr knüpft er teils nur an bestehende – gesetzliche oder vertragliche – Rechte der Pfleglinge an[163], teils werden überhaupt nur objektive Verpflichtungen geschaffen, etwa ein – nicht näher definiertes – „würdevolles Sterben" sicherzustellen. Obwohl die Bestimmung also von der „Würde" spricht, stellt sie weder eine Garantie der Würde dar noch gibt sie eine Definition der Menschenwürde. Immerhin aber: Es ist kein Zufall, daß ausgerechnet im Zusammenhang mit dem Sterben von der Würde die Rede ist. Dieser Kontext erinnert an die Höchstpersönlichkeit der Menschenwürde, die auch und gerade in der Verletzlichkeit, Gebrechlichkeit, Hilfsbedürftigkeit, im Anders- und Schwachsein geschützt werden muß.

IV. Ergebnis und Würdigung

72
Anspruch auf Achtung der Person schlechthin

Unter der Menschenwürde muß man sich nach alledem nicht bloß „etwas Höchstpersönliches"[164] vorstellen, sie läßt sich vielmehr als Achtungsanspruch der Person schlechthin bezeichnen. Dies umschließt den Anspruch auf Respekt sowohl vor der körperlichen als auch vor der psychischen Integrität, vor den wesentlichen und unablegbaren Charakteristika jeder Person, mithin vor ihrer Identität und Individualität. Schutz der Menschenwürde ist nicht nur Schutz vor bewußter und gezielter Erniedrigung, sondern auch Schutz vor Mißachtung jener entscheidender Merkmale, die den Menschen zum unverwechselbaren und einzigartigen Wesen machen: Der Austausch des Namens eines Menschen gegen eine Nummer widerspricht ebenso der Menschenwürde wie die Benachteiligung auf Grund seiner Hautfarbe oder seines Geschlechts. Indem die Menschenwürde die Selbstbestimmung des Menschen, also sein Recht zum Inhalt hat, seine eigene Identität nach eigenen Vorstellungen auszubilden, verbietet sie es auch, ihn einem oktroyierten – wie auch immer definierten – Menschenbild zu unterwerfen.

73
Umfassender Schutz

Ein solcher Menschenwürdebegriff mag zweckmäßig sein. Er mag auch unausgesprochen hinter dem österreichischen Grundrechtskatalog stehen und vom Verfassungsgesetzgeber wenigstens des Jahres 1988 stillschweigend vorausgesetzt worden sein. Allein, die Verfassung hat ihn nirgends positiviert. Nichtsdestotrotz ist die Menschenwürde bei einem solchen Begriffsverständnis in nahezu allen denkbaren Aspekten durch die österreichische Grundrechtsordnung geschützt[165]: Die Art. 2 bis 8 EMRK gewähren dem Leben, der körperlichen und geistigen Integrität, der Eigenständigkeit und Freiheit der Person, der Durchsetzung ihrer Rechte und Interessen und ihrem Vertrauen in die Rechtsgemeinschaft ebenso Schutz wie ihrem Recht auf Selbstbestimmung und dem Anspruch, mit allen menschlichen Eigenheiten geachtet und respektiert zu werden. Der allgemeine Gleichheitssatz schützt vor Willkür

---

163 Indem die Landesgesetzgeber angewiesen werden, sicherzustellen, daß die Krankenanstaltenträger für die Möglichkeit der *Ausübung* solcher – anderswo herstammender – Rechte vorsorgen.
164 *Machacek* (FN 106), 144.
165 *VfSlg* 13.635/1993; *OGH*, E. v. 14. 4. 1994, 10 Ob 501/94, JBl 1995, S. 46. Ähnlich wie im Text auch *Bernhard Raschauer*, Namensrecht, 1978, S. 86.

und Benachteiligung, flankiert von speziellen Gleichheitssätzen, die den Respekt vor bestimmten besonderen Eigenheiten zusätzlich betonen. Folter, Sklaverei und Leibeigenschaft sind in der österreichischen Grundrechtsordnung ebenso verpönt wie die Todesstrafe oder eine menschenunwürdige Haft. Die Rechtsstellung des Einzelnen in allen Arten von Verfahren ist umfassend abgesichert[166]; der Verfassungsgerichtshof nimmt in ständiger Rechtsprechung auch ein Verbot des Zwanges zur Selbstbezichtigung an, das bisweilen auch mit der Menschenwürde in Zusammenhang gebracht wird[167].

74
Mittelbare Ausprägung der Menschenwürde

Mit der Anrufung einer wie auch immer verstandenen Menschenwürde ist für eine konkrete dogmatische Erforschung der österreichischen Grundrechtsordnung oder für die Lösung eines konkreten Falles jedoch nichts getan. Mangels einer ausdrücklichen Verbürgung der Menschenwürde muß weiterhin je nach Konstellation im Einzelfall erforscht werden, welche Grundrechte einschlägig sind. Je nachdem kann die Antwort auf die Frage nach einer Verletzung (des jeweils spezifischen Aspekts) der Menschenwürde unterschiedlich ausfallen. Die Menschenwürde ist daher in Österreich nicht schrankenlos gewährleistet, sie findet vielmehr bloß mittelbar in den verschiedensten Grundrechten Deckung, die mit ihren jeweils unterschiedlichen Schranken auf verschiedene Konstellationen anwendbar sind. Daraus aber den Schluß zu ziehen, der Schutz der Menschenwürde sei im österreichischen Bundesverfassungsrecht defizitär, wäre meines Erachtens verfehlt: Von einem positiven Grundrecht mit konkret abgegrenztem Schutzbereich und bestimmbaren Schranken hat der Einzelne vielleicht sogar mehr als von einem wohl klingenden Supergrundrecht, das – je nach Interpretation – alles und nichts gewährleisten kann[168]. Die Menschenwürde ist – wie das Beispiel des Krankenanstaltenrechts gezeigt hat – nicht unbedingt dort am besten geschützt, wo ihr Name im Gesetz angeführt wird.

---

166 Hier allerdings besteht Grund zur Mahnung: Die Rechtsprechung des Verfassungsgerichtshofes, die den Gesetzgeber bei der Einräumung von Parteienrechten nur durch das allgemeine Sachlichkeitsgebot beschränkt bzw. vor allem verpflichtet sieht, vernachlässigt den Umstand, daß der Einzelne – um nicht zum Objekt zu werden – auch der Möglichkeit bedarf, seine Rechte und Interessen auch vor staatlichen Instanzen durchzusetzen. Insofern ist vielleicht ein Schutzdefizit jedenfalls in der gelebten Grundrechtsordnung wahrzunehmen. Vgl. z.B. *VfSlg* 15.581/1999 und dazu kritisch m.w.N. *Rill*, Gesetzgebung im demokratischen Rechtsstaat, in: Michael Holoubek u.a. (Hg.), Dimensionen des modernen Verfassungsstaates – Symposium zum 60. Geburtstag von Karl Korinek, 2002, S. 73 (78 f.).
167 I.d.S. *Rudolf Müller*, Neue Ermittlungsmethoden und das Verbot des Zwanges zur Selbstbelastung, EuGRZ 2001, S. 546 (547).
168 Vgl. die H. oben in FN 107.

D. Bibliographie

Burger, Klaus, Das Verfassungsprinzip der Menschenwürde in Österreich, 2002.
Grof, Alfred, Einschreitepflicht der Behörde bei Verletzung des Grundrechts auf körperliche Integrität durch Dritte, ÖJZ 1984, S. 589 ff.
Holoubek, Michael, Grundrechtliche Gewährleistungspflichten, 1997.
ders., Die Struktur der grundrechtlichen Gesetzesvorbehalte – System oder Schrankenwirrwarr?, 1997.
Kneihs, Benjamin, Grundrechte und Sterbehilfe, 1998.
ders., Recht auf Leben und Terrorismusbekämpfung, in: Christoph Grabenwarter/Rudolf Thienel (Hg.), Kontinuität und Wandel der Europäischen Menschenrechtskonvention – Studien zur Europäischen Menschenrechtskonvention, 1998, S. 21 ff.
ders., Das Recht auf Leben in Österreich, JBl. 1999, S. 76 ff.
ders., Art. 2 MRK, in: Heinz Peter Rill/Heinz Schäffer (Hg.), Bundesverfassungsrecht – Kommentar, 4. Lfg., 2006.
ders., Art. 3 MRK, in: Heinz Peter Rill/Heinz Schäffer (Hg.), Bundesverfassungsrecht – Kommentar, 5. Lfg., 2007.
Kopetzki, Christian, Das Recht auf persönliche Freiheit – PersFrG, Art. 5 EMRK, in: Rudolf Machacek/Willibald Pahr/Sabine Stadler (Hg.), 50 Jahre Allgemeine Erklärung der Menschenrechte, Grund- und Menschenrechte in Österreich, Bd. III – Wesen und Werte, 1997, S. 261 ff.
Machacek, Rudolf, Das Recht auf Leben in Österreich, EuGRZ 1983, S. 453 ff.
Morscher, Siegbert, Freiheitsrechte ohne ausdrücklichen Gesetzesvorbehalt – welche werden wirklich „absolut" gewährleistet und warum?, JBl. 2003, S. 609 ff.
Rosenmayr, Stefan, Art. 3 MRK, in: Felix Ermacora/Manfred Nowak/Hannes Tretter (Hg.), Die Europäische Menschenrechtskonvention in der Rechtsprechung der österreichischen Höchstgerichte – Ein Handbuch für Theorie und Praxis, 1983, S. 139 ff.
Tomasovsky Daniela, Ist Folter in Ausnahmesituationen erlaubt? in: Iris Eisenberger/Iris Golden/Konrad Lachmayer/Gerda Marx/Daniela Tomasovsky (Hg.), Norm und Normvorstellung – FS Bernd-Christian Funk zum 60. Geburtstag, 2003, S. 567 ff.
Tretter, Hannes, Art. 2 MRK, in: Felix Ermacora/Manfred Nowak/Hannes Tretter (Hg.), Die Europäische Menschenrechtskonvention in der Rechtsprechung der österreichischen Höchstgerichte, 1983, S. 83 ff.
Zellenberg, Ulrich, Der grundrechtliche Schutz vor Folter, unmenschlicher oder erniedrigender Strafe oder Behandlung – Art. 3 EMRK, in: Rudolf Machacek/Willibald Pahr/Sabine Stadler (Hg.), 50 Jahre Allgemeine Erklärung der Menschenrechte, Grund- und Menschenrechte in Österreich, Bd. III – Wesen und Werte, 1997, S. 441 ff.

§ 190
Schutz der Privatsphäre

Ewald Wiederin

Übersicht

	RN		RN
A. Bedeutung und Entwicklung	1– 8	1. Das Leitbild der natürlichen Familie	55
I. Die Bedeutung der Privatsphäre	1– 2	2. Erfaßte Beziehungen	56– 58
1. Privatsphäre als Voraussetzung der Persönlichkeitsentfaltung	1	II. Eingriffe und ihre Rechtfertigung	59– 73
2. Ihr Konnex zu sozialen und technischen Entwicklungen	2	1. Familien- und personenstandsrechtliche Maßnahmen	60– 62
II. Die einschlägigen Verbürgungen in ihrer Entwicklung	3– 8	2. Fremdenrechtliche Maßnahmen	63– 72
1. Hausrechtsgesetz 1862	4	3. Haft	73
2. Art. 9 und 10 StGG 1867	5	III. Schutzpflichten	74
3. Art. 8 EMRK 1950	6	E. Der Schutz von Hausrecht und Wohnung	75–104
4. Art. 10 a StGG 1867 i.d.F. von 1974	7	I. Räumlicher Schutzbereich	76– 79
5. § 1 DSG 1978 und 2000	8	1. Hausrecht	76– 77
B. Strukturfragen	9–27	2. Das Recht auf Achtung der Wohnung	78– 79
I. Grundrechtsträger	9–10	II. Eingriffe und ihre Rechtfertigung	80–102
II. Gewährleistungsdimensionen	11–24	1. Durchsuchungen	81– 97
1. Eingriffsabwehr	11–14	2. Sonstige Eingriffe	98–102
2. Schutzpflichten	15–20	III. Schutzpflichten	103–104
3. Unmittelbare Drittwirkung	21–24	F. Der Schutz individueller Kommunikation	105–127
III. Anforderungen an Eingriffe	25–27	I. Sachlicher Schutzbereich	106–110
1. Gesetzliche Grundlage	25	1. Briefgeheimnis	106
2. Verhältnismäßigkeit	26	2. Fernmeldegeheimnis	107
3. Richterlicher Befehl	27	3. Briefverkehr	108–110
C. Der Schutz des Privatlebens	28–53	II. Eingriffe und ihre Rechtfertigung	111–126
I. Sachlicher Schutzbereich	28–39	III. Schutzpflichten	127
1. Negative Abgrenzung: Die Dichotomie öffentlich oder privat	30–34	G. Der Schutz personenbezogener Daten	128–145
2. Positive Kriterien: Pole des Privatlebens	35–39	I. Sachlicher Schutzbereich	128–137
II. Eingriffe und ihre Rechtfertigung	40–52	1. Der Anspruch auf Geheimhaltung	129–136
1. Eingriffe in Identität und Individualität	40–41	2. Die Nebenrechte	137
2. Eingriffe in die körperliche und geistige Integrität	42–43	II. Staatliche Eingriffe und ihre Rechtfertigung	138–143
3. Informationseingriffe	44–48	III. Eingriffe Privater und ihre Rechtfertigung	144–145
4. Eingriffe in Interaktionen	49–52	H. Bibliographie	
III. Schutzpflichten	53		
D. Der Schutz des Familienlebens	54–74		
I. Sachlicher Schutzbereich	54–58		

A. Bedeutung und Entwicklung

I. Die Bedeutung der Privatsphäre

1. Privatsphäre als Voraussetzung der Persönlichkeitsentfaltung

1
Von gesellschaftlichen Zwängen freie Sphäre

Privatsphäre ist eine essentielle Voraussetzung für die Entfaltung und Entwicklung der menschlichen Persönlichkeit. Menschen brauchen Räume, Sphären und Beziehungen, in denen sie sich sicher fühlen und in denen sie ganz sie selbst sein können. Unter sozialer Beobachtung geraten sie unter Konformitätsdruck und verhalten sich anders als ohne Kontrolle. Damit die eigene Identität ungebrochen bleibt, muß sie in Rückzugsgebieten frei von gesellschaftlichen Zwängen gelebt, gepflegt und wieder hergestellt werden können. Privatsphäre ermöglicht es, allein oder gemeinsam mit vertrauten Personen von vergangener Selbstdarstellung auszuruhen, künftige Selbstdarstellung vorzubereiten und bestimmte Seiten der eigenen Persönlichkeit der Öffentlichkeit vorzuenthalten.

2. Ihr Konnex zu sozialen und technischen Entwicklungen

2
Folge ausdifferenzierter sozialer Rollen

Trotz ihrer Bedeutung ist Privatsphäre ein vergleichsweise junges Phänomen: Das Bedürfnis nach ihr entsteht im 19. Jahrhundert mit der Ausdifferenzierung sozialer Rollen in einer arbeitsteiligen Gesellschaft. Neben gesellschaftlichen Umwälzungen spielt aber auch der technische Fortschritt eine wichtige Rolle. Es war das Bedrohungspotential von Photographie und Tonaufzeichnung und ihr Einsatz in der amerikanischen Boulevardpresse, die *Samuel D. Warren* und *Louis D. Brandeis* im Jahre 1890 für die Anerkennung eines Rechts auf Privatheit plädieren ließ, um jene Lücken zu schließen, die die einsetzende technische Revolution in den Eigentumsschutz gerissen hatte[1]. Die technische Entwicklung ist bis heute nicht zum Stillstand gekomen. Im Zeitalter der Automatisierung, der Digitalisierung, des Internet, der Videotechnik, der Mobiltelephonie und biometrischer Systeme ist die Privatsphäre bedrohter denn je.

II. Die einschlägigen Verbürgungen in ihrer Entwicklung

3
Gemengelage von Grundrechtsansätzen

Die grundrechtlichen Verbürgungen, mit denen das österreichische Verfassungsrecht diese Bedrohungen zu bannen sucht, entstammen unterschiedlichen Epochen, und sie lassen sich nicht auf den Schutz der Privatsphäre reduzieren.

---

1 *Warren/Brandeis*, The Right to Privacy, HarvLR 4 (1890), S. 193 (193 ff.).

1. Hausrechtsgesetz 1862

Nach Ende der Sistierungsepoche und Rückkehr zu konstitutionellen Zuständen machte es sich der Reichsrat zum Anliegen, neben der persönlichen Freiheit auch dem Hausrecht als fundamentalem Grundrecht den ihm gebührenden gesetzlichen Schutz zuteil werden zu lassen. Das Abgeordnetenhaus arbeitete 1861 den Entwurf eines Gesetzes zum Schutze des Hausrechts aus, das nach intensiven Beratungen und Kontroversen mit dem Herrenhaus beschlossen wurde und das am 27. Oktober 1862 die kaiserliche Sanktion erhielt[2]. In inhaltlicher Hinsicht stellt dieses noch heute in Geltung stehende Gesetz einen Kompromiß zwischen den Formulierungen des Kremsierer Grundrechtsentwurfs und der Märzverfassung 1849 dar, indem es für Hausdurchsuchungen grundsätzlich einen richterlichen Befehl fordert und in Eil- und Ausnahmefällen von dieser Regel Abstriche macht. Als bestimmende Motive ziehen sich durch die Beratungen hindurch, daß das Gesetz nur Eingriffe der öffentlichen Gewalt regeln sollte, daß Ermächtigungen untergeordneter Organe der Sicherheitsbehörden zur Anordnung von Durchsuchungen tunlichst vermieden werden und daß prozedurale Sicherungen Schutz vor Mißbrauch bieten sollten[3].

4
Hausdurchsuchungen unter Richtervorbehalt

2. Art. 9 und 10 Staatsgrundgesetz 1867

Das bis heute als Verfassungsgesetz in Geltung stehende Staatsgrundgesetz über die allgemeinen Rechte der Staatsbürger aus dem Jahr 1867[4] erklärt in seinem Artikel 9 das Hausrechtsgesetz von 1862 zu seinem integralen Bestandteil und ergänzt es um eine Proklamation der Unverletzlichkeit des Hausrechts, die an die Spitze der Gewährleistung gestellt ist. In Artikel 10 verbietet es die Verletzung des Briefgeheimnisses und ordnet an, daß die Beschlagnahme von Briefen, außer im Falle einer gesetzlichen Verhaftung oder Hausdurchsuchung, nur in Kriegsfällen oder aufgrund eines richterlichen Befehls in Gemäßheit bestehender Gesetze vorgenommen werden darf. Auch hierin liegt ein Mittelweg zwischen den Fassungen des Briefgeheimnisses im Kremsierer Grundrechtsentwurf und in der Märzverfassung: Die Regel, daß Eingriffe eines richterlichen Befehls bedürfen, wird für die Fälle der Verhaftung, der Hausdurchsuchung und des Krieges durchbrochen.

5
Bekräftigungen der Unverletzlichkeit des Hausrechts

3. Art. 8 Europäische Menschenrechtskonvention 1950

Hausrecht und Briefgeheimnis erfassen nur die räumlichen und kommunikativen Aspekte von Privatheit, ohne sich im Schutz von Privatsphäre zu erschöpfen. Der unter dem Einfluß des amerikanischen „right to privacy" konzipierte Art. 12 der Allgemeinen Erklärung der Menschenrechte 1948

6
Erste Gewährleistungen umfassender Privatsphäre

---

2 RGBl 1862/88.
3 Vgl. die N. bei *Wiederin*, in: Korinek/Holoubek, Bundesverfassungsrecht (LitVerz.), Art. 9 StGG RN 6 ff.
4 StGG (RGBl 1867/142).

geht darüber hinaus, indem er willkürliche Eingriffe in das Privatleben, die Familie, die Wohnung und den Briefverkehr sowie Beeinträchtigungen der Ehre und des Rufes verbietet. Diese erste Gewährleistung einer umfassenden Privatsphäre diente der Beratenden Versammlung des Europarats zum Vorbild. Obschon sie sich bei der Ausarbeitung einer Europäischen Konvention zum Schutze der Grundfreiheiten und Menschenrechte auf die Aufnahme jener Grundrechte beschränken wollte, die für den demokratischen Prozeß von fundamentaler Bedeutung sind, entschloß sie sich vor dem Hintergrund der Erfahrungen im Nationalsozialismus, in Art. 8 EMRK einen Anspruch auf Achtung des Privat- und Familienlebens, der Wohnung und des Briefverkehrs zu verankern. Diese Bestimmung hat in Österreich seit dem Beitritt zur Konvention im Jahre 1958 Verfassungsrang[5], und sie bildet für den Schutz der Privatsphäre die zentrale grundrechtliche Norm.

4. Art. 10a Staatsgrundgesetz 1867 i.d.F. von 1974

7
Verankerung des Fernmeldegeheimnisses

In weiterer Folge wurde das Fehlen einer verfassungsrechtlichen Gewährleistung für das Fernmeldegeheimnis als gravierender Mangel empfunden. Es gelang aber erst im Jahr 1974, die Lücke zu schließen und in Art. 10a StGG die Unverletzlichkeit des Fernmeldegeheimnisses zu verankern[6]. Dieses Grundrecht folgt in seiner Konzeption dem Briefgeheimnis des Kremsierer Grundrechtsentwurfs und läßt Eingriffe nur aufgrund eines richterlichen Befehls in Gemäßheit bestehender Gesetze zu.

5. § 1 Datenschutzgesetz 1978 und 2000

8
Informationelles Selbstbestimmungsbedürfnis

Das kurz darauf im Jahre 1978 in die Verfassung aufgenommene Grundrecht auf Datenschutz hat eine andere Stoßrichtung. Während das Fernmeldegeheimnis insofern als rückwärtsgewandt apostrophiert werden kann, als es lediglich eine durch die gestiegene Bedeutung neuer Kommunikationswege entstandene Schutzlücke füllt, im übrigen aber in Analogie zum Briefgeheimnis konzipiert ist, verwirklicht das Grundrecht auf Datenschutz einen innovativen Ansatz, der auf die zeitgleich einsetzende Verbreitung der elektronischen Datenverarbeitung reagiert und dem Bedürfnis nach umfassender informationeller Selbstbestimmung Rechnung trägt: Die Verfassungsbestimmung des § 1 DSG 1978[7] räumt jedermann das Recht auf Geheimhaltung der ihn betreffenden personenbezogenen Daten ein, soweit er daran ein schutzwürdiges Interesse hat. Die lediglich beispielhafte Erwähnung des Privat- und Familienlebens zeigt, daß auch andere Geheimhaltungsinteressen eine solche Schutzwürdigkeit zu begründen vermögen. Das Recht auf Geheimhaltung

---

5 Vgl. BGBl 1958/210 und BGBl 1964/59.
6 StGG 1867 i.d.F. durch BGBl 1974/8.
7 BGBl 1978/565.

wird durch Begleitrechte auf Auskunft, Richtigstellung und Löschung ergänzt und verpflichtet sowohl den Staat als auch private Rechtsträger. Das Datenschutzgesetz 2000[8] hat in seinem § 1 diese Rechte übernommen und sie in einzelnen Punkten geringfügig modifiziert.

B. Strukturfragen

I. Grundrechtsträger

1. Natürliche Personen

Träger der Grundrechte der Privatsphäre sind zunächst alle natürlichen Personen – unabhängig davon, ob sie die österreichische Staatsbürgerschaft besitzen. Da die einschlägigen Gewährleistungen weder explizit eine Altersgrenze vorsehen noch implizit eine Grundrechtsmündigkeit voraussetzen, können auch Minderjährige den Schutz in Anspruch nehmen[9].

9
Einbezug Minderjähriger

2. Juristische Personen

Die Grundrechtsträgerschaft juristischer Personen ist differenziert zu beurteilen. Außer Streit steht, daß sie sich auf das Hausrecht (Art. 9 StGG), auf das Briefgeheimnis (Art. 10 StGG), auf das Fernmeldegeheimnis (Art. 10a StGG) und auf den Datenschutz (§ 1 DSG) berufen können[10]. Auch im Hinblick auf die Rechte auf Briefverkehr und auf Wohnung (Art. 8 EMKR) wird die Grundrechtsträgerschaft juristischer Personen in der Rechtsprechung mittlerweile anerkannt[11]. Für das Privat- und Familienleben des Art. 8 EMRK leitet die herrschende Meinung hingegen aus dem engen Bezug dieser Rechte zur menschlichen Persönlichkeit und deren Unverletzlichkeit ab, daß nur natürliche Personen über einen Achtungsanspruch verfügen[12].

10
Schutzbereichsspezifische Differenzierung

---

8 BGBl I 1999/165.
9 *Grabenwarter*, EMRK (LitVerz.), § 22 RN 3.
10 *VfSlg* 11.981/1989; *OGH* v. 7. 9. 1989, 8 Ob 40/89; *Berka*, Grundrechte (LitVerz.), RN 489; *Ermacora*, Handbuch (LitVerz.), S. 240; *René Laurer*, Wirtschafts- und Steueraufsicht über Kredit- und Versicherungsunternehmungen, 1972, S. 36f., 160.
11 Zum Recht auf Wohnung *EGMR*, Urt. v. 16. 4. 2002, Société Colas Est u. a. ./. Frankreich, RJD 2002-III, Ziff. 41; *Stephan Breitenmoser*, Der Schutz der Privatsphäre gemäß Art. 8 EMRK, 1986, S. 259. Kritik bei *Giefing*, Der Schutz von Geschäftsräumlichkeiten und das Verbot des Zwanges zur Selbstbelastung, JBl 2005, S. 85 (89f.), und *Ewald Wiederin*, Privatsphäre und Überwachungsstaat, 2003, S. 43f.
12 *Frowein/Peukert*, EMRK (LitVerz.), S. 341; *Wildhaber/Breitenmoser*, in: Wolfram Karl, Internationaler Kommentar zur EMRK, Losebl.-Ausg. (1986ff.), Art. 8 (1992) RN 38; *Wiederin* (FN 3), Art. 8 EMRK RN 38. Anders für das Privatleben *Grabenwarter*, EMRK (LitVerz.), § 22 RN 4, und *Michael Potacs*, Devisenbewirtschaftung, 1991, S. 405 ff.

II. Gewährleistungsdimensionen

1. Eingriffsabwehr

11
Staatsgerichtetheit des Grundrechts

Die Verbürgungen der Privatsphäre sind in erster Linie staatsgerichtet. Sowohl Art. 8 EMRK als auch die Art. 9, 10 und 10a StGG gewährleisten zunächst Schutz gegen Maßnahmen von seiten öffentlicher Behörden, die die Ausübung oder den Genuß der geschützten Rechte unmöglich machen, behindern oder erschweren. Derartige Beeinträchtigungen stellen, sofern sie nicht bloß marginaler Natur sind[13], Eingriffe dar, die einer Rechtfertigung bedürfen[14].

12
Kein Einzeleingriffserfordernis

Eingriffe müssen nicht zwingend in die Form eines individuellen Rechtsakts gekleidet sein. Bereits die Geltung eines Gesetzes kann einen Eingriff darstellen, wenn seine Adressaten lediglich die Wahl haben, die verbotene Betätigung zu unterlassen oder sich der Gefahr strafrechtlicher Verfolgung auszusetzen. Dies gilt nach der Rechtsprechung der Straßburger Organe unabhängig davon, ob die betroffenen Personen je das Objekt konkreter behördlicher Maßnahmen waren und ob das Gesetz in der Praxis noch angewendet wird[15].

13
Abstrakte Maßnahmen

In Ausnahmefällen können selbst abstrakte Maßnahmen genügen. Wenn Eingriffe im Verborgenen erfolgen und potentiell Betroffene keine Möglichkeit haben, von ihnen Kenntnis zu erlangen, oder wenn ihnen der Nachweis unzumutbar ist, daß ihnen gegenüber tatsächlich eine konkrete Maßnahme gesetzt worden ist, so können sie sich gegen die bloße Existenz solcher Maßnahmen bzw. gegen die Geltung eines zu ihnen ermächtigenden Gesetzes wenden, ohne eine konkret gegen sie gesetzte Aktion behaupten oder nachweisen zu müssen[16].

14
Rechtsformunabhängigkeit des Eingriffs

Sofern eine konkrete individuelle Betroffenheit besteht bzw. hinreichend wahrscheinlich erscheint, hängt das Vorliegen eines Eingriffs weiters nicht davon ab, ob jene staatliche Maßnahme, welche die Privatsphäre nachteilig berührt, in eine Rechtsform gekleidet ist, die dem Betroffenen ihre Bekämpfung erlaubt: Auch dann, wenn es innerstaatlich an Rechtsmitteln fehlt, liegt ein rechtfertigungsbedürftiger Eingriff vor. Insbesondere im Bereich des schlicht-hoheitlichen Verwaltungshandelns klaffte im aktionenrechtlich aufgebauten österreichischen Rechtsschutzsystem lange Zeit eine Lücke[17], die Österreich beinahe eine Verurteilung in Straßburg wegen Verletzung des Art. 13 EMRK eingetragen hätte[18]. Mittlerweile ist sie durch Regelungen wie

---

13 Zu bloßen Reflexwirkungen vgl. *VfSlg* 15.138/1998.
14 Vgl. statt vieler *Berka*, Grundrechte (LitVerz.), RN 249 ff.
15 *EGMR*, Urt. v. 22. 10. 1981, Dudgeon ./. Vereinigtes Königreich, Serie A 45 sowie EuGRZ 1983, S. 488, Ziff. 41.
16 *EGMR*, Urt. v. 6. 9. 1978, Klass u. a. ./. Deutschland, Serie A 28 sowie EuGRZ 1979, S. 278, Ziff. 34; Urt. v. 2. 8. 1984, Malone ./. Vereinigtes Königreich, Serie A 82, sowie EuGRZ 1985, S. 17, Ziff. 64.
17 Das Vorliegen eines Aktes unmittelbarer verwaltungsbehördlicher Befehls- und Zwangsgewalt verneinend *VfSlg* 9783/1983, 9934/1984, 11.935/1988.
18 Vgl. den Bericht der *EKMR*, E. v. 12. 3. 1987, Plattform Ärzte für das Leben ./. Österreich, Beschwerde Nr. 10.126/82, in dem die Kommission eine Verletzung annahm; anders *EGMR*, Urt. v. 21. 6. 1988, Plattform Ärzte für das Leben ./. Österreich, Serie A 139, sowie EuGRZ 1989, S. 522, Ziff. 32 ff., der nur deshalb zu einem anderen Ergebnis kam, weil er mit der Vertretbarkeit der Verletzungsbehauptung die Anwendbarkeit des Art. 13 EMRK verneinte. Dazu *Funk*, Gewaltlose Zwangsakte und Recht auf eine wirksame Beschwerde (Art. 13 EMRK), EuGRZ 1989, S. 518 (521).

§ 88 Abs. 2 SPG und § 54 Abs. 2 MBG zumindest in den praktisch wichtigsten Bereichen geschlossen. Im übrigen ist im Zweifel in verfassungskonformer Auslegung davon auszugehen, daß das Gesetz Eingriffe an eine Rechtsform bindet, die den Betroffenen Rechtsschutz ermöglicht[19].

2. Schutzpflichten

Weiters verlangen die verfassungsrechtlichen Gewährleistungen dem Staat aber auch ab, die Privatsphäre durch positive Maßnahmen abzusichern und in den Beziehungen zwischen den Bürgern für hinreichenden Schutz zu sorgen. Solche Verpflichtungen zum Schutz fügen sich einerseits in die Staatsgerichtetheit der Grundrechte dadurch ein, daß sie lediglich den Staat zum Adressaten haben; andererseits gehen sie darüber insofern hinaus, als der Staat auf ihrer Grundlage gehalten ist, seine Bürger in die Pflicht zu nehmen und sie auf Verhaltensweisen festzulegen, die der Privatsphäre Dritter hinreichenden Raum lassen.

15 Schutzgewährleistung für die Privatsphäre Dritter

Im Hinblick auf Art. 8 EMRK stehen solche Schutzpflichten grundsätzlich außer Streit[20]. Die Konventionsorgane vertreten seit langem die Auffassung, daß sich das Recht auf Achtung des Privat- und Familienlebens, der Wohnung und des Briefverkehrs nicht darin erschöpft, den Staat zur Unterlassung von Eingriffen anzuhalten, sondern daß er darüber hinaus diese Rechtsgüter durch aktives Tun zu gewährleisten und sie gegenüber jenen Gefährdungen abzusichern hat, die ihnen seitens anderer Privater drohen[21]. Dabei betont der Europäische Gerichtshof für Menschenrechte aber zu Recht, daß den Mitgliedstaaten verschiedene Wege offenstehen und daß die Wahl der Mittel grundsätzlich in ihren Ermessensspielraum fällt. Der Schutz im Wege von Strafvorschriften ist eine wichtige, aber nicht notwendig die einzige in Betracht kommende Möglichkeit[22].

16 Positive ermessensgeleitete Gestaltungspflicht

Doch auch in bezug auf die Grundrechte nationalen Ursprungs können Schutzpflichten nicht rundweg in Abrede gestellt werden. Die Auffassung, daß diese Rechte schon aufgrund ihres Entstehungszusammenhangs nur im Verhältnis zwischen Bürger und Staat zum Tragen kommen[23], erweist sich bei eingehenderer Betrachtung als in einer Weise undifferenziert, die sie in die

17 Nationalverfassungsrechtliche Parallele

---

19 Vgl. *VfSlg* 15.619/1999 zum Ansuchen um eine Ausnahmegenehmigung vom generellen Ausschluß sämtlicher Gefangener vom Empfang von Lebensmittelpaketen.
20 Vgl. aus der Lehrbuchliteratur *Öhlinger*, Verfassungsrecht (LitVerz.), RN 819, sowie *Walter/Mayer/Kucsko-Stadlmayer*, Grundriss (LitVerz.), RN 1421 f.; aus der Kommentarliteratur *Wildhaber/Breitenmoser* (FN 12), RN 51 ff.
21 Vgl. *EGMR*, Urt. v. 13. 6. 1979, Marckx ./. Belgien, Serie A 31 sowie EuGRZ 1979, S. 454, Ziff. 31; Urt. v. 26. 3. 1985, X und Y ./. Niederlande, Serie A 91 sowie EuGRZ 1985, S. 297, Ziff. 23; Urt. v. 25. 11. 1994, Stjerna ./. Finnland, Serie A 299-B, Ziff. 38; Urt. v. 24. 2. 1998, Botta ./. Italien, RJD 1998-I sowie ÖJZ 1999, S. 76, Ziff. 33.
22 Vgl. *EGMR*, Urt. v. 26. 3. 1985, X und Y ./. Niederlande (FN 21), Ziff. 24.
23 So *VfSlg* 7400/1974, 8136/1977: „Der Grundrechtskatalog des Staatsgrundgesetzes vom 21. Dezember 1867, RGBl 142, über die allgemeinen Rechte der Staatsbürger, welches Gesetz zufolge Art. 149 B-VG als Verfassungsgesetz gilt, ist – aus der Entstehungszeit erklärlich – von der klassischen liberalen Vorstellung getragen, dem Einzelnen Schutz gegenüber Akten der Staatsgewalt zu gewähren".

§ 190 Dreizehnter Teil: II. Einzelgrundrechte

Nähe eines Vorurteils rückt. Denn sowohl für Art. 10 StGG als auch für Art. 10a StGG läßt sich in historischer Interpretation eine staatliche Verpflichtung nachweisen, das Brief- bzw. das Fernmeldegeheimnis umfassend zu schützen und auch Verletzungen durch Private strafrechtlich zu ahnden[24].

18
Strafrechtlicher Schutz

Schon im Zuge der Beratungen über ein Gesetz zum Schutz des Brief- und Schriftengeheimnisses stand der Reichsrat auf dem Standpunkt, daß das Briefgeheimnis nicht nur „gegenüber polizeilichen Durchstöberungen, sondern auch gegenüber Privateingriffen" zum Tragen komme und daß es daher erforderlich sei, Lücken des strafrechtlichen Schutzes umgehend zu schließen[25]. Daß auch der kurz darauf erlassene Art. 10 StGG von diesem Verständnis getragen war, geht aus dem Umstand hervor, daß der Strafrechtsausschuß im Abgeordnetenhaus die nach der Schaffung des Grundrechts umgehend von der Regierung im Reichsrat eingebrachte Vorlage eines Brief- und Schriftengesetzes begrüßte und „die Erlassung eines diesbezüglichen Gesetzes als geboten" erklärte[26].

19
Schutz des Fernmeldegeheimnisses

Auch bei dem mehr als hundert Jahre später verwirklichten Fernmeldegeheimnis ging die Schaffung des Grundrechts mit der Erlassung strafrechtlicher Bestimmungen Hand in Hand, weil darin eine verfassungsrechtliche Verpflichtung gesehen wurde. Bereits der Erstentwurf aus dem Jahr 1964 betonte die Notwendigkeit, rechtswidrige und schuldhafte Eingriffe Privater mit einer Strafsanktion zu bedrohen[27]. In gleicher Weise wies auch der Justizausschuß, auf dessen Antrag Art. 10a StGG beschlossen wurde, darauf hin, daß das Rechtsgut Fernmeldegeheimnis eines strafrechtlichen Schutzes bedarf[28].

20
Keine Schutzpflicht aus dem Hausrecht

Im Hinblick auf Art. 9 StGG sind hingegen staatliche Schutzpflichten zu verneinen. Das Hausrechtsgesetz stellt in seiner Promulgationsklausel klar, daß es sich nur gegen Übergriffe der öffentlichen Gewalt richtet. Versuche, seine Gewährleistungen auf die von Privaten ausgehenden Bedrohungen zu erweitern, sind im Zuge der Verhandlungen wiederholt unternommen worden[29], letztlich aber alle gescheitert. Dafür war neben der „politischen Natur" des Gesetzes vor allem der Umstand maßgeblich, daß der Mehrheitsmeinung ein besonderer zivil- und strafrechtlicher Schutz des Hausrechts vor dem Hinter-

---

24 Vgl. *Wiederin* (FN 3), Art. 10 StGG RN 40, und Art. 10a StGG RN 22; *Grabenwarter*, Verfassung und Informationsgesellschaft, in: Österreichische Juristenkommission (Hg.), Grundrechte in der Informationsgesellschaft, 2001, S. 48 (64f.); *Simon Himberger*, Fernmeldegeheimnis und Überwachung, 2005, S. 88ff.
25 So Berichterstatter *Schindler*, StenProtAH 1. Sess., S. 1724f.
26 50 BlgAH 5. Sess., S. 616: Solle das Grundrecht auf Briefgeheimnis „nicht ein theoretischer Satz bleiben, sondern praktische Bedeutung erlangen, so ist ein Ausführungsgesetz notwendig, welches die Strafsanction in bezug auf jene Handlungen enthält, durch die der oben angeführte Artikel 10 des Staatsgrundgesetzes vom 21. December 1867 verletzt wird". Im Bericht wird außerdem betont, daß den in ihrem Briefgeheimnis Verletzten bei Offizialdelikten deren subsidiäre Verfolgung freisteht.
27 RV 438 BlgNR 10. GP, S. 1; ebenso RV 437 BlgNR 10. GP, S. 2: „Die Inartikulierung des neuen Grundrechtes in die österreichische Verfassung bliebe jedoch ein Stückwerk, wenn nicht gleichzeitig auch rechtswidrige und schuldhafte Eingriffe in dieses Recht mit Strafe bedroht würden".
28 AB 960 BlgNR 13. GP, S. 2.
29 Vgl. die Wortmeldungen und Anträge von *Brinz*, StenProtAH 1. Sess., S. 1846; *Ryger*, ibid S. 1850, 1855f.; ebenso zuvor im Kremsierer Reichstag *Schmitt*, Verhandlungen des österr. Reichstages Bd. 4, 1849, S. 672.

grund des bestehenden allgemeinen Schutzes des Eigentums entbehrlich schien[30]. Die im Jahre 1867 erfolgte Ergänzung durch eine Unverletzbarkeitsgarantie hat daran nichts geändert. Art. 9 StGG baut zwar auf einem bestehenden strafrechtlichen und zivilrechtlichen Schutz des Hausrechts auf, gewährleistet einen solchen Schutz mit dem rezipierten § 4 HausrechtsG aber lediglich für Übergriffe der Organe der öffentlichen Gewalt.

3. Unmittelbare Drittwirkung des Grundrechts auf Datenschutz

Das Recht auf Privatsphäre hat seine Wiege im Zivilrecht und schützt dort als Persönlichkeitsrecht gegen Eingriffe anderer Privater. Aus diesem Grund drängt sich die Frage auf, ob den sie verbürgenden Grundrechten Drittwirkung zukommt. Der verfassungsrechtliche Befund ist einmal mehr ein differenzierter.

21 Zivilrechtlicher Ursprung

Die Europäische Menschenrechtskonvention verpflichtet, wie schon aus ihrer Präambel hervorgeht, ausschließlich ihre Mitgliedsstaaten. Aus diesem Grund wird eine unmittelbare Drittwirkung von Kommission und Gerichtshof zutreffenderweise abgelehnt[31].

22 Nur mitgliedstaatliche Zielrichtung der EMRK

Den einschlägigen Gewährleistungen des Staatsgrundgesetzes ist eine Drittwirkung ebenfalls fremd. Für das Hausrecht ist dieses Ergebnis schon eine Konsequenz der Ablehnung spezifischer, über die eigentumsrechtlichen Gewährleistungspflichten hinausgehender Schutzpflichten. Doch auch für das Brief- und Fernmeldegeheimnis sprechen die besseren Argumente dafür, es bei Schutzpflichten zu belassen und eine unmittelbare Drittwirkung abzulehnen. Zwar hat der Verfassungsgerichtshof festgehalten, daß es Art. 10 StGG jedermann verbiete, den Inhalt eines Briefes ohne dazu ermächtigenden Willensakt dem Zustand des Geheimseins zu entreißen, und unter Berufung auf Literaturstellen betont, daß das Briefgeheimnis seit jeher als gegenüber jedermann wirkend angesehen worden sei[32]. Die einschlägigen Passagen stellen jedoch obiter dicta dar und sind im Lichte der zitierten Belegstellen auch dahingehend deutbar, daß der Gerichtshof lediglich die Relevanz des Art. 10 StGG im Verhältnis zwischen Privaten betonen wollte[33].

23 Regelmäßige Beschränkung auf Schutzpflichten

Bei dem der jüngsten Grundrechtsschicht entstammenden § 1 DSG aus dem Jahr 2000 wird hingegen eine Drittwirkung nahezu einhellig anerkannt[34]. Im Lichte der Anordnung in § 1 Abs. 5 DSG, der Ansprüche gegen Rechtsträger, die in Formen des Privatrechts eingerichtet sind, auf den Zivilrechtsweg verweist, unterliegt es keinem Zweifel, daß das Grundrecht auf Datenschutz neben dem Staat auch Dritte unmittelbar in die Pflicht nimmt.

24 Verweisung auf den Zivilrechtsweg

---

30 Vgl. Berichterstatter *Grünwald*, StenProtAH 1. Sess., S. 1847, 1851, 1855, 1856 f.
31 Vgl. *Achim Brötel*, Der Anspruch auf Achtung des Familienlebens, 1991, S. 73 f. m.w.N.
32 *VfSlg* 11.358/1987.
33 Eingehender *Wiederin* (FN 3), Art. 10 StGG RN 39 m.w.N.
34 Vgl. nur *Berka*, Verfassungsrecht (LitVerz.), RN 1409; *Walter Dohr/Hans-Jürgen Pollirer/Ernst M. Weiss*, Datenschutzrecht, Loseblattausg., Stand 2002, § 1 Anm. 2; *Heinz Drobesch/Walter Grosinger*, Das neue österreichische Datenschutzgesetz, 2000, S. 98; *Grabenwarter* (FN 24), S. 63; *Walter/Mayer/Kucsko-Stadlmayer*, Grundriss (LitVerz.), RN 1441.

III. Anforderungen an Eingriffe

1. Gesetzliche Grundlage

25
Anforderungen aus EMRK und B-VG

Eingriffe in die Gewährleistungen der Privatsphäre bedürfen einer gesetzlichen Grundlage. Während die Gewährleistungen des Staatsgrundgesetzes und des § 1 Abs. 2 Datenschutzgesetz unmittelbar auf ein Gesetz im Sinne des Bundes-Verfassungsgesetzes rekurrieren, verweist der Gesetzesbegriff des Art. 8 Abs. 2 EMRK mittelbar auf eine Ermächtigungsgrundlage im innerstaatlichen Recht[35]. Ungeachtet dieses Unterschiedes sind die Anforderungen aber weitgehend deckungsgleich. Hier wie dort ist verlangt, daß der Eingriff auf ein vom Parlament beschlossenes Gesetz rückführbar ist, daß die den Eingriff tragenden Rechtsgrundlagen hinreichend zugänglich sind und daß sie hinreichend bestimmt formuliert sind, so daß die Betroffenen Umstände und Bedingungen der staatlichen Eingriffe voraussehen und ihr Verhalten darauf einrichten können.

2. Verhältnismäßigkeit

26
Differenzierte Anforderungen aus EMRK und StGG

Auch die Anforderungen an die Verhältnismäßigkeit von Eingriffen sind differenziert ausgestaltet. Eingriffe in Art. 8 Abs. 1 EMRK müssen dessen Absatz 2 zufolge einem dort explizit angeführten öffentlichen Interesse dienen, und sie müssen im Hinblick darauf in einer demokratischen Gesellschaft notwendig sein[36]. In den Privatsphäre-Gewährleistungen des Staatsgrundgesetzes wird hingegen die Verhältnismäßigkeit von Eingriffen nicht ausdrücklich verlangt. Die herrschende Auffassung geht jedoch ebenso wie bei den übrigen Grundrechten des Staatsgrundgesetzes von einem ungeschriebenen Verhältnismäßigkeitsgrundsatz aus[37]. Das Grundrecht auf Datenschutz adoptiert die Verhältnismäßigkeitsanforderungen des Art. 8 Abs. 2 EMRK und verlangt des weiteren, daß die Gesetze die Verwendung von Daten, die ihrer Art nach besonders schutzwürdig sind, nur zur Wahrung wichtiger öffentlicher Interessen vorsehen dürfen und daß sie gleichzeitig angemessene Garantien für den Schutz der Geheimhaltungsinteressen der Betroffenen festlegen müssen.

3. Richterlicher Befehl

27
Vorgängigkeit richterlicher Anordnung

Soweit in das Hausrecht, in das Briefgeheimnis und in das Fernmeldegeheimnis eingegriffen wird, ist nach Art. 9 und 10 StGG grundsätzlich und nach Art. 10a StGG ausnahmslos ein richterlicher Befehl vonnöten. Verlangt ist

---

35 Vgl. *Grabenwarter*, EMRK (LitVerz.), § 18 RN 7 ff., und *Wiederin* (FN 3), Art. 8 EMRK RN 16 ff.
36 Dazu statt vieler *Villiger*, EMRK (LitVerz.), RN 550 ff.
37 *Berka*, Grundrechte (LitVerz.), RN 490; *Potacs* (FN 12), S. 415; *Wiederin* (FN 3), Art. 10a StGG RN 20 m.w.N.

demnach zum einen, daß die Ermächtigung zum Eingriff von einem Organ herrührt, das über die richterlichen Garantien des Art. 87 B-VG verfügt, und zum anderen, daß sie dem Eingriff vorangeht.

C. Der Schutz des Privatlebens

I. Sachlicher Schutzbereich

Der Terminus „Privatleben" ist einer der schillerndsten Begriffe der Europäischen Menschenrechtskonvention[38]. Seine begriffliche Erfassung bereitet dermaßen erhebliche und notorische Schwierigkeiten, daß eine Definition in aller Regel gar nicht erst versucht wird[39]. So hält etwa der Europäische Gerichtshof für Menschenrechte eine erschöpfende Begriffsbestimmung für unmöglich[40] und beurteilt von Fall zu Fall, ob ein Eingriff vorliegt.

28
Schwierigkeiten begrifflicher Erfassung

Gleichwohl lassen sich der Rechtsprechung Kriterien entnehmen, anhand derer Maß genommen wird, ob bestimmte Lebenssachverhalte unter das Privatleben zu subsumieren sind. Die ältere Rechtsprechung differenzierte primär danach, ob die private Sphäre oder die öffentliche Sphäre betroffen war. Dieses negative Abgrenzungskriterium ist in jüngerer Zeit zunehmend relativiert und durch positive Merkmale ergänzt worden.

29
Abgrenzung nach Sphären

1. Negative Abgrenzung: Die Dichotomie öffentlich oder privat

In der Spruchpraxis der Konventionsorgane bildet nach wie vor der fehlende Öffentlichkeitsbezug des betroffenen Verhaltens ein wichtiges Abgrenzungskriterium[41]. Im Unterschied zur älteren Auffassung der Kommission, welche Privatleben in Gegenüberstellung zum öffentlichen Leben definiert und bisweilen einen Schutz verneint hat, wenn – wie z. B. beim Schwangerschaftsabbruch – Berührungen mit dem gesellschaftlich-sozialen Bereich vorlagen[42], geht der Europäische Gerichtshof für Menschenrechte hiebei nicht schematisch vor. Er erkennt vielmehr ausdrücklich an, daß es zu restriktiv erschiene, das Privatleben auf einen „inneren Kreis" einzuschränken, in dem der einzelne sein eigenes persönliches Leben nach seiner Wahl leben und dabei die

30
Pragmatischer Umgang mit dem Öffentlichkeitsbezug

---

[38] Aus der Fülle der Klagen: *Frowein/Peukert*, EMRK (LitVerz.), S. 339; *Robert König*, Videoüberwachung, 2001, S. 60; *Walter/Mayer/Kucsko-Stadlmayer*, Grundriss (LitVerz.), RN 1423; *Wildhaber/Breitenmoser* (FN 12), RN 96.

[39] Ausnahmen: *Evers*, Der Schutz des Privatlebens und das Grundrecht auf Datenschutz in Österreich, EuGRZ 1984, S. 281 (290), und *Blanca R. Ruiz*, Privacy in Telecommunications, Den Haag u. a., 1997, S. 43 f.; zu den älteren Definitionsansätzen vgl. *Velu*, The European Convention on Human Rights and the Right to Respect for Private Life, the Home and Communications, in: Arthur H. Robertson (Hg.), Privacy and Human Rights, Manchester, 1973, S. 27 ff.

[40] *EGMR*, Urt. v. 25. 3. 1993, Costello-Roberts ./. Vereinigtes Königreich, Serie A 247-C, sowie ÖJZ 1993, S. 707, Ziff. 36; Urt. v. 16. 12. 1997, Raninen ./. Finnland, RJD 1997-VIII, Ziff. 63; Urt. v. 29. 4. 2002, Pretty ./. Vereinigtes Königreich, RJD 2002-III, Ziff. 61.

[41] *Walter/Mayer/Kucsko-Stadlmayer*, Grundriss (LitVerz.), RN 1421; *Wildhaber/Breitenmoser* (FN 12), RN 114.

[42] *EKMR*, E. v. 12. 7. 1977, Brüggemann und Scheuten ./. Deutschland, Beschwerde Nr. 6959/75, DR 10, S. 100, sowie EuGRZ 1978, S. 199 (Z 56 ff).

von diesem Kreis nicht erfaßte Außenwelt ausschließen kann[43]. Er sieht auch keinen Grund, der dazu zwänge, Tätigkeiten geschäftlicher Natur aus dem Schutzbereich auszuschließen[44]. Insbesondere bei freiberuflich tätigen Personen erachtet er den Zusammenhang zwischen Arbeit und Leben als dermaßen eng, daß es unmöglich ist zu entscheiden, in welcher Eigenschaft sie in einem bestimmten Moment handeln[45].

31
Speichern öffentlich zugänglicher Informationen

Auch bei Informationseingriffen ist nicht entscheidend, ob ein Verhalten registriert wird, das sich in der räumlichen Privatsphäre abspielt oder sich auf diese bezieht[46]. Selbst öffentlich zugängliche Informationen können nach der Rechtsprechung unter das Privatleben fallen, wenn sie systematisch gesammelt und von der Behörde gespeichert werden; dies trifft umso mehr zu, wenn solche Informationen die weit zurückliegende Vergangenheit einer Person betreffen[47].

32
Private Beherrschbarkeit der Sphäre

Die Rechtsprechung sieht demnach Privatleben und öffentliches Leben nicht als Bereiche an, die sich voneinander räumlich trennen lassen[48]. Sie hat auch der Versuchung widerstanden, von der Intimsphäre über die Privatsphäre bis hin zur Sozialsphäre Schichten auszubilden, in denen sich der Schutz des Art. 8 EMRK zunehmend verdünnt[49]. Die Richtschnur dürfte vielmehr sein, ob eine „Sphäre" betroffen ist, die der Bürger beherrscht und in der er nicht mit staatlichen Maßnahmen rechnen muß.

33
Öffentlichkeit des Verhaltens

Die Rechtsprechung des Verfassungsgerichtshofs liegt auf der gleichen Linie. Der Verfassungsgerichtshof macht den Schutz des Art. 8 EMRK im Ansatz ebenfalls davon abhängig, ob das betroffene Verhalten der Öffentlichkeit gegenüber in Erscheinung tritt[50]. Bisweilen lehnte er darum das Vorliegen eines Eingriffs mit der Begründung ab, daß es sich um Wirtschaftsleben handele[51]. Einer strikten Gegenüberstellung von Berufsleben und Privatleben erteilte er gleichwohl schon frühzeitig wegen der „unvertretbaren Folge" eine Absage, daß sie dazu zwänge, jedes rechtsgeschäftliche Handeln der Intimsphäre des Privat- und Familienlebens zuzurechnen, sofern es nicht in Ausübung des Berufes geschieht[52]. In jüngerer Zeit erkennt er darüber hinaus an, daß es für den Schutz des Art. 8 EMRK grundsätzlich nicht entscheidend ist,

---

43 *EGMR*, Urt. v. 16.12.1992, Niemietz ./. Deutschland, Serie A 251-B, sowie ÖJZ 1993, S. 389, Ziff. 29.
44 *EGMR*, Urt. v. 16.12.1992, Niemietz ./. Deutschland (FN 43), Ziff. 29; Urt. v. 25.6.1997, Halford ./. Vereinigtes Königreich, RJD 1997-III, sowie ÖJZ 1998, S. 311, Ziff. 42; Urt. v. 16.2.2000, Amann ./. Schweiz, RJD 2000-II, sowie ÖJZ 2001, 71, Ziff. 65.
45 *EGMR*, Urt. v. 16.12.1992 (FN 43), Ziff. 29.
46 *EKMR*, E. v. 3.5.1993, A.S. ./. Österreich, Beschwerde Nr. 15.220/89.
47 *EGMR*, Urt. v. 4.5.2000, Rotaru ./. Rumänien, RJD 2000-V, sowie ÖJZ 2001, S. 74, Ziff. 43 f.
48 Vgl. *EGMR*, Urt. v. 25.9.2001, P.G. und J.H. ./. Vereinigtes Königreich, RJD 2001-IX, Ziff. 56 ff., zur Aufzeichnung eines Gesprächs zwischen zwei Festgenommenen im Haftraum zur Gewinnung von Stimmproben.
49 So *BVerfGE* 6, 32 (41); 27, 1 (6). Dazu eingehend *Dietwald Rohlf*, Der grundrechtliche Schutz der Privatsphäre, 1980, S. 70 ff. In Österreich hat diese Theorie nie recht Fuß zu fassen vermocht: ablehnend *König* (FN 38), S. 65.
50 *VfSlg* 8272/1978, 8445/1978, 8907/1980, 14.485/1996.
51 *VfSlg* 10.063/1984; ebenso zur Verletzung von Standespflichten inner- wie außerhalb des Berufs *VfSlg* 5129/1965, 15.295/1998.
52 *VfSlg* 6534/1971.

ob und inwiefern aus dem rein privaten Bereich herausgetreten werden muß bzw. ob und in welchem Umfang dritte Personen oder Institutionen involviert sind[53]. Auch wenn bestimmte Vorgänge und Umstände oft nicht eigentlich geheimgehalten und einem durch die Umstände beschränkten Personenkreis ohne weiteres bekannt werden, ist es doch Sache des Betroffenen zu entscheiden, ob und was er darüber welchen anderen wissen läßt[54].

Bestimmungsrecht des Betroffenen

Des weiteren betont der Verfassungsgerichtshof, daß nicht bloß Gebote und Verbote in Art. 8 EMRK eingreifen können. Die Privatheit ist vielmehr auch gegen die unnötige Kenntnisnahme durch den Staat geschützt, weil das Recht auf Achtung des Privatlebens das Recht umschließt, die Gestaltung des Privatlebens dem Blick der Öffentlichkeit und des Staates zu entziehen. Folglich verliert ein Eingriff in die Privatsphäre seinen Charakter nicht etwa durch den Umstand, daß der Bürger sich auf Überwachungen einstellen und das möglicherweise zur Kenntnis des Staates gelangende Verhalten vermeiden kann[55].

34
Schutz gegen unnötige staatliche Kenntnisnahme

2. Positive Kriterien: Pole des Privatlebens

Infolge der vielfältigen Überlappungen zwischen öffentlichen und privaten Räumen und Sphären[56] hat insbesondere die Lehre versucht, dem Privatleben positive Konturen zu geben. Als Ansatzpunkt dient ihr dabei die Feststellung der Kommission, daß das Recht auf Achtung des Privatlebens dem Individuum einen Freiraum sichere, innerhalb dessen es seine Persönlichkeit entwickeln und verwirklichen kann[57]. Davon ausgehend erkennt sie zum einen an, daß unter dem Titel des Privatlebens nicht die Autonomie schlechthin geschützt ist und daß daher nicht jede Beschränkung der Möglichkeit zu selbstbestimmtem Verhalten in Art. 8 EMRK eingreift[58]. Zum anderen hält sie es weitgehend für ausgemacht, daß Privatleben über „privacy" hinausgeht und daher nicht auf die Abgeschiedenheit der eigenen Sphäre reduziert werden kann, sondern auch die menschliche Persönlichkeit selbst in ihrer Identität, Integrität und Individualität unter Schutz stellt[59]. Obschon die nähere Auffächerung dieser wesentlichen Komponenten des Privatlebens von Autor zu Autor divergiert[60], besteht in der Sache weitgehende Übereinstimmung. In

35
Bestimmung des Freiraums

Einzelkriterien

---

53 *VfSlg* 15.632/1999.
54 *VfSlg* 12.689/1991.
55 *VfSlg* 12.689/1991.
56 Sie sind plastisch aufgezeigt bei *Evers*, EuGRZ 1984, S. 281 (283f.). Für eine Übersicht des Meinungsstandes vgl. *König* (FN 38), S. 66f.
57 *EKMR*, E. v. 12. 7. 1977, Brüggemann und Scheuten ./. Deutschland (FN 42), Ziff. 55.
58 Vgl. nur *Wildhaber/Breitenmoser* (FN 12), RN 122; *Villiger*, EMRK (LitVerz.), RN 554; *Evers*, EuGRZ 1984, S. 281 (286).
59 *Berka*, Grundrechte (LitVerz.), RN 457; *Pieter van Dijk/Godefridus J.H. van Hoof*, Theory and Practice of the European Convention on Human Rights, Deventer/Boston, ³1998, S. 491; *Evers*, EuGRZ 1984, S. 281 (285); *David J. Harris/Michael O'Boyle/Colin Warbrick*, Law of the European Convention on Human Rights, London, 1995, S. 307; *Christian Kopetzki*, Unterbringungsrecht, Bd. I, 1995, S. 407; *Velu* (FN 39), S. 36ff.; *Villiger* aaO., RN 555. Enger *Ruiz* (FN 39), S. 26ff.
60 Vgl. aus der Fülle der Literatur die Systematisierungen bei *Velu* aaO., S. 36ff.; *van Dijk/van Hoof* aaO., S. 491ff.; *Harris/O'Boyle/Warbrick* aaO., S. 307ff.; *Manfred Nowak*, CCPR-Kommentar, 1989, Art. 17 RN 15ff.; *Grabenwarter*, EMRK (LitVerz.), § 22 RN 6ff.

der Folge wird vorgeschlagen, Privatleben über die Pole Identität, Integrität, Informationskontrolle und Interaktion abzugrenzen[61].

36
Identität

Integrität

Zum Privatleben zählt zunächst die Freiheit, sich selbst zu definieren und der zu sein, der man sein will[62]. Insoweit schützt Art. 8 EMRK das Recht, die eigene Persönlichkeit zu finden, zu entfalten und zu verändern – bis hin zum Recht, ihr ein Ende zu setzen[63]. Neben der Identität und Unverwechselbarkeit der eigenen Persönlichkeit steht auch deren Unverletzlichkeit unter dem Schutz des Privatlebens. Dies gilt sowohl in körperlicher als auch geistig-seelischer Hinsicht[64].

37
Recht auf Informationskontrolle

Privatleben umfaßt sodann das Recht auf „privacy" im Sinne von *Warren* und *Brandeis*, also das Recht, alleine gelassen zu werden. Der Staat muß einen Bereich respektieren, in welchem seine Bürger sie selbst sein können. Die Sphäre, in der dieses Recht auf Abgeschiedenheit und Geheimhaltung greift, wird zunehmend nicht mehr räumlich[65], sondern kommunikativ-funktional definiert. Entscheidend ist in erster Linie nicht, ob sich das Verhalten in den eigenen vier Wänden oder auf der Straße abgespielt hat, sondern darauf, ob in der konkreten Situation mit einer Kenntnisnahme des Verhaltens durch Dritte gerechnet werden mußte. Das Recht auf Achtung des Privatlebens sichert dem Bürger daher die Kontrolle über Informationen, die seine Person und sein Verhalten betreffen[66]: Er soll entscheiden, welche Informationen er geheimhalten und welche er preisgeben will. Denn „in einer von der Achtung der Freiheit geprägten Gesellschaft" braucht der Bürger, wie der Verfassungsgerichtshof einmal griffig formuliert hat, „ohne triftigen Grund niemandem Einblick zu gewähren, welchem Zeitvertreib er nachgeht, welche Bücher er kauft, welche Zeitungen er abonniert, was er ißt und trinkt und wo er die Nacht verbringt"[67].

38
Schutz persönlicher Interaktion mit anderen

Schließlich gewährleistet das Recht auf Achtung des Privatlebens die Entfaltung der eigenen Persönlichkeit auch und gerade in den Beziehungen mit anderen Menschen[68]. Geschützt ist freilich nicht die Kommunikation oder die Aufnahme von Beziehungen schlechthin[69]. Meinungsäußerung, Verbreitung von Informationen und die Möglichkeit der kollektiven Willenskundgabe in Vereinen und Versammlungen werden durch andere Grundrechte gewährlei-

---

61 Vgl. dazu schon *Wiederin* (FN 3), Art. 8 EMRK RN 32-37.
62 *Harris/O'Boyle/Warbrick* (FN 59), S. 307.
63 EGMR, Urt. v. 29.4.2002, Pretty ./. Vereinigtes Königreich (FN 40), Ziff. 67.
64 EGMR, Urt. v. 26.3.1985, X und Y ./. Niederlande (FN 21), Ziff. 22; Urt. v. 24.2.1998, Botta ./. Italien (FN 21), Ziff. 32; unter Vorbehalten hingegen EGMR, Urt. v. 16.12.1997, Raninen ./. Finnland (FN 40), Ziff. 63.
65 Dagegen statt vieler *Evers*, EuGRZ 1984, S. 281 (284f.).
66 Dazu eingehend *Giselher Rüpke*, Der verfassungsrechtliche Schutz der Privatheit, 1976, S. 31 ff., 84 ff.; *Gusy*, Der Schutz der Privatsphäre in der Europäischen Menschenrechtskonvention Art. 8, in: Datenverarbeitung und Recht 13, 1984, S. 289 (301 ff.).
67 *VfSlg* 12.689/1991, S. 510.
68 EGMR, Urt. v. 16.12.1992, Niemietz ./. Deutschland (FN 43), Ziff. 29; Urt. v. 24.2.1998, Botta ./. Italien (FN 21), Ziff. 32.
69 Zur Notwendigkeit, die Beziehungen zu begrenzen, weil sie nicht breit und unbestimmt bleiben dürfen, EGMR, Urt. v. 24.2.1998, Botta ./. Italien (FN 21), Ziff. 35.

stet. Das Recht auf Privatleben des Art. 8 EMRK ist nur einschlägig, wenn es sich um eine Interaktion handelt, die entweder einen Bezug zur Entfaltung der eigenen Persönlichkeit hat oder die als geschlossene Kommunikation ausschließlich für bestimmte Personen bestimmt ist.

Ungeachtet des herrschenden weiten Verständnisses des Privatlebens[70] haben es Rechtsprechung und Lehre zu Recht abgelehnt, in Art. 8 EMRK ein Auffanggrundrecht zu sehen oder es zu einer allgemeinen Handlungsfreiheit auszubauen[71]. **39**

II. Eingriffe und ihre Rechtfertigung

1. Eingriffe in Identität und Individualität

Zur Identität einer Person zählen der eigene Name und Personenstand, die eigene Geschlechtlichkeit, die eigene Herkunft und die rechtliche Fähigkeit zur Entscheidung der eigenen Angelegenheiten. Der Entzug der Eigenberechtigung[72], der Zwang zur Führung eines bestimmten Namens[73] sowie Beschränkungen von Fortpflanzung, Geburtenkontrolle und Abtreibung[74] stellen daher Eingriffe dar. Im Hinblick auf die Ordnungsfunktion des Namens hat der Verfassungsgerichtshof die in § 93 ABGB a.F. grundgelegte Verpflichtung der Ehegatten zur Führung eines gemeinsamen Familiennamens als gerechtfertigt erachtet[75]. Auch das Verbot der heterologen Formen medizinisch unterstützter Fortpflanzung hielt der Prüfung stand[76]. Die Entlassung aus dem öffentlichen Dienst aus dem alleinigen Grund der homosexuellen Orientierung wurde hingegen als Verletzung erachtet[77]. **40** Elemente des Identitätsbegriffs

Da zum Privatleben auch die Freiheit zählt, einen individuellen Lebensstil zu pflegen, stellen z.B. Beschränkungen der nomadischen Sinti und Roma, wenn **41**

---

70 Statt vieler *EGMR*, Urt. v. 16. 12. 1992, Niemietz ./. Deutschland (FN 43), Ziff. 29; Urt. v. 16. 2. 2000, Amann ./. Schweiz (FN 44), Ziff. 65.
71 *EGMR*, Urt. v. 22. 10. 1981, Dudgeon ./. Vereinigtes Königreich (FN 15), Ziff. 60, wo auf wesentliche Ausdrucksmöglichkeiten der menschlichen Persönlichkeit abgestellt wird; Urt. v. 25. 3. 1993, Costello-Roberts ./. Vereinigtes Königreich (FN 40), Ziff. 36, wo die Anwendbarkeit des Art. 8 EMRK auf eine körperliche Züchtigung als Teil der Disziplinarordnung einer Schule ohne nachteilige physische oder psychische Folgen verneint wird; Urt. v. 15. 6. 1992, Lüdi ./. Schweiz, Serie A 238, sowie ÖJZ 1992, S. 843, Ziff. 40, zum behördlichen Einsatz eines Lockspitzels; Urt. v. 14. 5. 2002, Zehnalová und Zehnal ./. Tschechien, RJD 2002-V, zum barrierefreien Zugang Behinderter zu Gebäuden. – Gegen eine Deutung als Auffanggrundrecht *Breitenmoser* (FN 11), S. 40; *Villiger*, EMRK (LitVerz.), RN 554; *Gusy/Ziegler*, Menschenrechtsfragen elektronischer Personenüberwachung, JRP 1996, S. 193 (199): „Privatheit ist [...] mehr als Isolation und weniger als allgemeine Handlungsfreiheit".
72 *EGMR*, Urt. v 5. 7. 1999, Matter ./. Slowakei, Beschwerde Nr. 31.534/96, Ziff. 68.
73 *EGMR*, Urt. v. 22. 2. 1994, Burghartz ./. Schweiz, Serie A 280-B, sowie ÖJZ 1994, S. 559, Ziff. 24; *EGMR*, Urt. v. 25. 11. 1994, Stjerna ./. Finnland (FN 21), Ziff. 37; Urt. v. 24. 10. 1996, Guillot ./. Frankreich, RJD 1996-V, sowie ÖJZ 1997, S. 518, Ziff. 21; *VfSlg* 13.661/1993, 15.031/1997.
74 *VfSlg* 15.632/1999; *EKMR*, E. v. 13. 5. 1980, X ./. Vereinigtes Königreich, Beschwerde Nr. 8416/79, DR 19, S. 244 (254).
75 *VfSlg* 13.661/1993.
76 *VfSlg* 15.632/1999.
77 *EGMR*, Urt. v. 27. 9. 1999, Smith und Grady ./. Vereinigtes Königreich, Beschwerde Nr. 33.985/96, 33.986/96, ÖJZ 2000, S. 614, Ziff. 90ff.; Urt. v. 27. 9. 1999, Lustig-Prean und Beckett ./. Vereinigtes Königreich, Beschwerde Nr. 31.417/96, 32.377/96, Ziff. 83ff.

Schutz individuellen Lebensstils

sie ihre ethnische Identität zum Ausdruck bringen[78], die Bedrohung des traditionellen Lebensstils der Lappen durch einen Staudamm[79], die Zurückhaltung des Leichnams des eigenen Kindes[80], Vorschriften über den Haarschnitt[81] und Beschränkungen der Lesestoffauswahl und der Kleidungsanschaffung[82] einen Eingriff dar[83].

2. Eingriffe in die körperliche und geistige Integrität

42
Eingriffe ohne Zustimmung

Die physische Integrität wird durch Eingriffe in den Körper ohne Rücksicht darauf berührt, ob es sich um therapeutische oder diagnostische, invasive oder nicht invasive, eigen- oder fremdnützige Eingriffe handelt[84]. Nicht durch eine Zustimmung des Betroffenen gedeckte Blut- und Urinabnahmen[85] stellen daher ebenso Eingriffe dar wie gynäkologische Untersuchungen, Sterilisationen und Schutzimpfungen[86].

43
Gegen die Persönlichkeit gerichtete Eingriffe

Die psychische Integrität schützt vor Maßnahmen, welche die Persönlichkeit gegen den Willen des Betroffenen erforschen, sie brechen oder die geistige Gesundheit beeinträchtigen. Hierunter fallen z. B. psychologische Zwangsbehandlungen[87] oder das Herausreißen aus einer Umgebung, ohne die der Betroffene seine moralische Integrität zu verlieren droht[88]. Weiters greifen auch öffentliche Anprangerungen, wie z. B. die Bekanntmachung des Namens von Verbrechern, Drogenkonsumenten und „Pleitiers" in das Privatleben ein[89]. Eine psychologische Untersuchung sah der Europäische Gerichtshof für Menschenrechte als gerechtfertigt an, weil sie für ein Verfahren betreffend den Entzug der Geschäftsfähigkeit erforderlich war[90].

---

78 *EGMR*, Urt. v. 18. 1. 2001 (GK), Chapman ./. Vereinigtes Königreich, RJD 2001-I, Ziff. 73; Urt. v. 18. 1. 2001, Beard ./. Vereinigtes Königreich, Beschwerde Nr. 24.882/94, Ziff. 84.
79 *EKMR*, E. v. 3. 10. 1983, G. und E. ./. Norwegen, Beschwerde Nr. 9278/81 u. a., DR 35, S. 30, Ziff. 35 f., zum Lebensstil der norwegischen Lappen.
80 *EGMR*, Urt. v. 30. 10. 2001, Pannullo und Forte ./. Frankreich, RJD 2001-X, Ziff. 31.
81 *EKMR*, E. v. 1. 3. 1979, Sutter ./. Schweiz, Beschwerde Nr. 8209/78, DR 16, S. 166 (168). Die Zuordnung zum Privatleben wird hier mitunter auch durch den Bezug zur körperlichen Integrität hergestellt: *Breitenmoser* (FN 11), S. 173.
82 *VfSlg* 12.689/1991.
83 W.N. bei *Wiederin* (FN 3), Art. 8 EMRK RN 47.
84 *EGMR*, Urt. v. 16. 6. 2005, Storck ./. Deutschland, Beschwerde Nr. 61.603/00, Ziff. 143; *Kopetzki* (FN 59), S. 408 f.; *van Dijk/van Hoof* (FN 59), S. 494 f., alle m.w.N.
85 *EKMR*, E. v. 4. 12. 1978, X ./. Niederlande, Beschwerde Nr. 8239/78, DR 16, S. 184 (187); E. v. 13. 12. 1979, X ./. Österreich, Beschwerde Nr. 8278/78, DR 18, S. 154 (156); E. v. 6. 4. 1994, Peters ./. Niederlande, Beschwerde Nr. 21.132/93, DR 77-A, S. 75 (79); E. v. 22. 2. 1995, A.B. ./. Schweiz, Beschwerde Nr. 20.872/92, DR 80-A, S. 66 (70); *VfSlg* 11.923/1988 m.w.N.
86 *EGMR*, Urt. v. 22. 7. 2003, Y.F. ./. Türkei, RJD 2003-IX, Ziff. 33; *EKMR*, E. v. 14. 3. 1980, X ./. Deutschland, Beschwerde Nr. 8518/79, DR 20, 193 (195); E. v. 5. 5. 1981, X ./. Deutschland, Beschwerde Nr. 8509/79, DR 24, 131 (132); E. v. 7. 5. 1981, X ./. Deutschland, Beschwerde Nr. 8334/78, DR 24, 103 (106); E. v. 10. 12. 1984, Acmanne u. a. ./. Belgien, Beschwerde Nr. 10.435/83, DR 40, S. 251 (253); E. v. 5. 4. 1995, J.R. u. a. ./. Schweiz, Beschwerde Nr. 22.398/93, DR 81-A, S. 61 (65).
87 *EGMR*, Urt. v. 5. 7. 1999, Matter ./. Slowakei (FN 72), Ziff. 64; Urt. v. 27. 11. 2003, Worwa ./. Polen, RJD 2003-XI, Ziff. 80.
88 *EGMR*, Urt. v. 6. 2. 2001, Bensaid ./. Vereinigtes Königreich, RJD 2001-I, Ziff. 47.
89 Vgl. *Arthur Haefliger/Frank Schürmann*, Die Europäische Menschenrechtskonvention und die Schweiz, ²1999, S. 257 m.w.N.
90 *EGMR*, Urt. v. 5. 7. 1999, Matter ./. Slowakei (FN 72), Ziff. 67 ff.

3. Informationseingriffe

Da der Staat seine Bürger „alleine lassen" muß, greifen Kontrollmaßnahmen, welche die Identität einer Person betreffen oder sich auf einen von ihr beherrschten Bereich beziehen, in das Privatleben ein. Die Praxis hat dies in bezug auf Identitätskontrollen[91], PKW-Durchsuchungen[92], Personen- und Gepäckuntersuchungen[93] und Beschlagnahme persönlicher Papiere[94] anerkannt. Auch bei der erkennungsdienstlichen Behandlung ist mittlerweile[95] die Eingriffsqualität unbestritten[96]. Gleiches gilt für das Gebot, im Zuge von Volkszählungen persönliche Angaben zu machen[97], auf dem Meldezettel über das Religionsbekenntnis Auskunft zu geben[98] und das Mieten von Programmträgern und Filmen für den häuslichen Gebrauch offenzulegen[99].

44
Gelegenheit zur Kenntnisnahme als Eingriff

Bei der Datenerhebung macht es meist keinen Unterschied, ob der Staat den Betroffenen zur Auskunft verpflichtet oder ob er sich die gewünschten Informationen selbst beschafft. Die Herstellung von Videoaufnahmen über den Verlauf einer Versammlung[100], die akustische Überwachung einer Wohnung[101] und die heimliche Aufnahme von Stimmen in einem Haftraum[102] greifen nicht weniger in das Privatleben ein als eine direkte Befragung der betroffenen Person.

45
Direkte und indirekte Informationsbeschaffung

Art. 8 EMRK schützt jedoch nicht nur gegen die Erhebung von Informationen, sondern auch vor deren Aufzeichnung und weiterer Verwendung. Die Speicherung und die Aufbewahrung von Daten betreffend das Privatleben stellen ebenfalls einen Eingriff dar[103]. Nach Auffassung des Europäischen Gerichtshofs für Menschenrechte gilt dies auch dann, wenn es sich um keine sensiblen Daten handelt, und unabhängig davon, ob sie jemals verwendet werden[104]. Weiters ist es als Eingriff zu werten, wenn persönliche Daten von einer Behörde an eine andere Behörde übermittelt[105] oder wenn sie publiziert wer-

46
Erheben, Aufzeichnen und Verwenden von Daten

---

91 *EKMR*, E. v. 24. 3. 1981, McVeigh u. a. ./. Vereinigtes Königreich, Beschwerde Nr. 8022/77 u. a., DR 25, S. 15, Ziff. 224.
92 *EKMR*, E. v. 30. 5. 1974, X ./. Belgien, Beschwerde Nr. 5488/72, CD 45, S. 20 (21).
93 *VfSlg* 13.708/1994; 17.340/2004 m.w.N.
94 *EKMR*, E. v. 10. 12. 1975, X ./. Deutschland, Beschwerde Nr. 6794/74, DR 3, S. 104 (105); *EGMR*, Urt. v. 24. 7. 2003, Smirnova ./. Rußland, RJD 2003-IX, Ziff. 97.
95 Anders noch *VfSlg* 5089/1965, 9934/1984.
96 *EKMR*, E. v. 24. 3. 1981, McVeigh u. a. ./. Vereinigtes Königreich (FN 91), Ziff. 224; *EGMR*, Urt. v. 17. 7. 2003, Perry ./. Vereinigtes Königreich, RJD 2003-IX, Ziff. 39 ff.; *VfSlg* 16.149/2001; *OGH* v. 9. 6. 1993, 14 Os 71, 72/93, EvBl 1993/174; *B. Davy/U. Davy*, Staatliche Informationssammlung und Art 8 MRK, JBl 1985, S. 656 (662 m.w.N.); *van Dijk/van Hoof* (FN 59), S. 495.
97 Vgl. nur *B. Davy/U. Davy*, JBl 1985, S. 656 (665).
98 Vgl. *VfSlg* 15.541/1999.
99 *VfSlg* 12.689/1991.
100 *Wildhaber/Breitenmoser* (FN 12), RN 277 m.w.N.; ebenso implizit *VfSlg* 15.109/1998.
101 *EGMR*, Urt. v. 12. 5. 2000, Khan ./. Vereinigtes Königreich, RJD 2000-V, sowie ÖJZ 2001, S. 654, Ziff. 25; Urt. v. 31. 5. 2005, Vetter ./. Frankreich, Beschwerde Nr. 59842/00, Ziff. 20.
102 *EGMR*, Urt. v. 25. 9. 2001, P.G. und J.H. ./. Vereinigtes Königreich (FN 48), Ziff. 60.
103 *EGMR*, Urt. v. 26. 3. 1987, Leander ./. Schweden, Serie A 116, Ziff. 48; Urt. v. 16. 2. 2000, Amann ./. Schweiz (FN 44), Ziff. 65; Urt. v. 4. 5. 2000, Rotaru ./. Rumänien (FN 47), Ziff. 46; *VfSlg* 16.149/2001 und 16.150/2001, beide zum kriminalpolizeilichen Aktenindex. Restriktiver noch *VfSlg* 7944/1976.
104 *EGMR*, Urt. v. 16. 2. 2000, Amann ./. Schweiz (FN 44), Ziff. 70.
105 Vgl. zu Einkommensdaten *VfSlg* 15.130/1998; 17.065/2003; 17.209/2004; *EuGH*, Urt. v. 20. 5. 2003, Rs. C-465/00 u. a. (Rechnungshof ./. ORF u. a.), Slg. I-4989, RN 74.

den¹⁰⁶. Aus Anlaß der Veröffentlichung medizinischer Daten hat der Europäische Gerichtshof für Menschenrechte die grundlegende Bedeutung des Schutzes solcher Daten für die Erhaltung des Vertrauens in die Ärzteschaft betont: Ohne ihn könnten Patienten abgeschreckt werden, für die Behandlung notwendige Informationen persönlicher und intimer Art offenzulegen oder gar überhaupt Behandlung in Anspruch zu nehmen¹⁰⁷.

47
Verhältnismäßigkeitskriterien

Bei der Beurteilung der Verhältnismäßigkeit von Informationseingriffen legt der Europäische Gerichtshof für Menschenrechte auf effektive Garantien gegen Mißbrauch großen Wert¹⁰⁸. Besonders strenge Maßstäbe legte er bei Prüfung von Eingriffen an, die eine Human Immunodeficiency Virus (HIV)-Infektion betrafen. Die Erzwingung von Zeugenaussagen von medizinischem Personal über den Zeitpunkt des Bekanntwerdens der Infektion erachtete er für verhältnismäßig, da sie unter Ausschluß der Öffentlichkeit erfolgte und von Beschränkungen und Sicherungen begleitet war, und auch die vom öffentlichen Ankläger verfügte Beschlagnahme der medizinischen Aufzeichnungen und deren Aufnahme in den Ermittlungsakt hielt er für gerechtfertigt, weil sie von ähnlichen Sicherungen begleitet waren¹⁰⁹. Die Festsetzung der Frist zur vertraulichen Behandlung der Ermittlungen mit zehn Jahren erschien ihm jedoch zu kurz, und auch für die Veröffentlichung des abschließenden Gerichtsurteils, aus dem die HIV-Infektion eines mit vollem Namen aufscheinenden Verurteilten hervorging, vermißte er im konkreten Fall einen zwingenden Grund¹¹⁰.

48
Einzelfälle

Die Rechtsprechung erachtet die Übermittlung von Einkommensdaten an den Rechnungshof sowie an die Sozialversicherungsträger für das wirtschaftliche Wohl des Landes als notwendig¹¹¹ und die Verpflichtung zur Offenlegung des Jahresabschlusses bei Kapitalgesellschaften im Hinblick auf den Schutz der Rechte von Gläubigern und Vertragspartnern für verhältnismäßig¹¹². Der Besteuerung des Mietens von Programmträgern und Filmen sprach sie hingegen wegen der mit ihr verbundenen Informationseingriffe die Erforderlichkeit ab, weil der fiskalische Zweck mit einer Besteuerung des Vermietens, die die Erhebungen über die mietende Person entbehrlich macht, ebensogut erreicht werden kann¹¹³. Zu Daten über strafrechtlich relevante Vorfälle aus

---

106 *EGMR*, Urt. v. 25. 2. 1997, Z ./. Finnland, RJD 1997-I, sowie ÖJZ 1998, S. 152, Ziff. 71, zu einer HIV-Infektion; *EGMR*, Urt. v. 28. 1. 2003, Peck ./. Vereinigtes Königreich, RJD 2003-I, Ziff. 62 f., zur Weitergabe von Videoaufnahmen an die Medien, auf denen eine Person unmittelbar nach einem Selbstmordversuch zu erkennen war; Urt. v. 11. 1. 2005, Sciacca ./. Italien, Beschwerde Nr. 50.774/99, Ziff. 27, zur Weitergabe von Photos an die Presse.
107 *EGMR*, Urt. v. 25. 2. 1997, Z ./. Finnland (FN 106), Ziff. 95; Urt. v. 27. 8. 1997, M.S. ./. Schweden, RJD 1997-IV, sowie ÖJZ 1998, S. 587, Ziff. 41.
108 *EGMR*, Urt. v. 26. 3. 1987, Leander ./. Schweden (FN 103), Ziff. 59 ff.
109 *EGMR*, Urt. v. 25. 2. 1997, Z ./. Finnland (FN 106), Ziff. 102 ff., 106 ff.
110 *EGMR*, Urt. v. 25. 2. 1997 (FN 106), Ziff. 112 f.
111 *VfSlg* 15.130/1998; 17.065/2003; *VfGH* 2. 10. 2006, G 29/06, V 18/06.
112 *OGH* v. 9. 3. 2000, 6 Ob 5/00d, RdW 2000, S. 442; v. 28. 6. 2000, 6 Ob 126/00y, RdW 2000, S. 587.
113 *VfSlg* 12.689/1991, 14.065/1995. Vgl. auch *VfSlg* 16.285/2001, wonach der Gesetzgeber im Interesse der Minimierung des Eingriffs in Art. 8 EMRK durchaus eine Beweismittelbeschränkung normieren darf, die zu Unschärfen führt.

sicherheitspolizeilichen Informationssammlungen hielt sie fest, daß sie gelöscht werden müssen, sobald ihre Speicherung im Dienste der Strafrechtspflege nicht mehr erforderlich ist[114].

4. Eingriffe in Interaktionen

Zum Privatleben zählt schließlich die Teilnahme am sozialen Leben durch Aufnahme und Pflege von Beziehungen mit anderen Menschen, seien sie nun sexueller, freundschaftlicher oder beruflicher Art. Regelungen über zulässige und unzulässige Sexualpraktiken[115], Sanktionen wegen Ehebruchs[116] oder Verbote des Zusammenlebens gleichgeschlechtlicher bzw. unverheirateter Paare greifen in das Privatleben ein.

49 Geschützte Teilnahme am sozialen Leben

Das Verbot nichtöffentlicher homosexueller Handlungen zwischen einverständlich handelnden erwachsenen Männern qualifizierte der Europäische Gerichtshof für Menschenrechte in mehreren Entscheidungen als ungerechtfertigt[117]. Er hielt an dieser Einschätzung auch bei Beurteilung von Aktivitäten fest, in die mehrere Männer involviert waren und die per Videorecorder zum ausschließlich privaten Gebrauch aufgezeichnet worden waren[118]. Strafsanktionen für sado-masochistische Praktiken zwischen einwilligenden Erwachsenen, die Schmerzen und Körperverletzungen zur Folge hatten, wurden hingegen als verhältnismäßig erachtet[119]. Der Verfassungsgerichtshof erachtete das Verbot nichtöffentlicher Prostitution als überschießend, weil die Qualifikation eines Verhaltens als unmoralisch allein für ein Verbot noch nicht ausreiche[120]. Beschränkungen der Lebensführung von Strafgefangenen, die sexuelle Beziehungen zur eigenen Ehefrau und die Zeugung eines Kindes unmöglich machen, hielt er hingegen im Interesse der Verteidigung der Ordnung für notwendig[121].

50 Sexualität und Öffentlichkeit

---

114 *VfSlg* 16.149/2001, 16.150/2001.
115 Vgl. *EGMR*, Urt. v. 22. 10. 1981, Dudgeon ./. Vereinigtes Königreich (FN 15), Ziff. 41, Urt. v. 26. 10. 1988, Norris ./. Irland, Serie A 142, sowie EuGRZ 1992, S. 477, Ziff. 38, und Urt. v. 22. 4. 1993, Modinos ./. Zypern, Serie A 259, sowie ÖJZ 1993, S. 821, Ziff. 20 f., zum Verbot homosexuellen Verkehrs; *EGMR*, Urt. v. 19. 2. 1997, Laskey, Jaggard und Brown ./. Vereinigtes Königreich, RJD 1997-I, Ziff. 35 f., zu sado-masochistischen Praktiken, in die mehrere Personen involviert waren. – Der Verfassungsgerichtshof hat sich hingegen in seiner Judikatur zu § 209 StGB mit einer Prüfung am Maßstab des nationalen Gleichheitssatzes begnügt: vgl. *VfSlg* 12.182/1989, 16.565/2002.
116 *EKMR*, E. v. 11. 10. 1984, Klajnfeld ./. Belgien, Beschwerde Nr. 10.119/82.
117 *EGMR*, Urt. v. 22. 10. 1981, Dudgeon ./. Vereinigtes Königreich (FN 15), Ziff. 60; Urt. v. 26. 10. 1988, Norris ./. Irland (FN 115), Ziff. 46; Urt. v. 22. 4. 1993, Modinos ./. Zypern (FN 115), Ziff. 25. Unterschiedliche Schutzaltersgrenzen wurden als Verletzung von Art. 14 i. V. m. Art. 8 EMRK qualifiziert: vgl. *EGMR*, Urt. v. 9. 1. 2003, S.L. ./. Österreich, Beschwerde Nr. 45.330/99, Ziff. 41 ff.; Urt. v. 9. 1. 2003, L. und V. ./. Österreich, Beschwerde Nr. 39.392/98 und 39.829/98, Ziff. 49 ff.; Urt. v. 26. 5. 2005, Wolfmeyer ./. Österreich, Beschwerde Nr. 5263/03, Ziff. 37 ff.
118 *EGMR*, Urt. v. 31. 7. 2000, A.D.T. ./. Vereinigtes Königreich, RJD 2000-IX, Beschwerde Nr. 35765/97, Ziff. 37.
119 *EGMR*, Urt. v. 19. 2. 1997, Laskey, Jaggard und Brown ./. Vereinigtes Königreich (FN 115), Ziff. 42 ff.; Urt. v. 17. 2. 2005, K.A. und A.D. ./. Belgien, Beschwerde Nr. 42.758, 45.558/99, Ziff. 82 ff.
120 *VfSlg* 8272/1978.
121 *VfSlg* 8691/1979; vgl. auch *Martina Palm-Risse*, Der völkerrechtliche Schutz von Ehe und Familie, 1990, S. 344 m. N. der Rspr. der EKMR.

51
Staatliche Zensur- und Überwachungsmaßnahmen

Da auch der Nachrichtenaustausch über Briefe, Telephongespräche, E-Mails und andere geschlossene Kommunikationswege zum Privatleben zählt, hat die Rechtsprechung seit jeher anerkannt, daß klassische staatliche Zensur- und Überwachungsmaßnahmen wie die Briefzensur, das Abhören des Telephonverkehrs oder das Aufzeichnen von Rufnummern nicht nur das Recht auf Briefverkehr berühren, sondern auch in das Recht auf Privatleben eingreifen[122]. Sie bejaht einen Eingriff auch dann, wenn Gespräche aus Geschäftsräumlichkeiten geführt werden[123], sofern die Überwachung eines dienstlichen Telephons nicht vorbehalten und angekündigt wurde[124]. Bei Beurteilung der Verhältnismäßigkeit legt sie die zum Briefverkehr entwickelten Kriterien[125] an.

52
Aufenthaltsbeendende Maßnahmen

Vergleichbares gilt für aufenthaltsbeendende Maßnahmen. Sie stellen regelmäßig auch einen Eingriff in das Privatleben dar, weil sie die betroffene Person aus ihrem sozialen Umfeld herausreißen[126]. Die Prüfung ist jedoch weniger streng als jene am Maßstab des Familienlebens, der deshalb in der Praxis im Vordergrund steht[127].

III. Schutzpflichten

53
Schutzgebote

Aus dem Gebot, für hinreichenden Schutz des Privatlebens zu sorgen, hat der Europäische Gerichtshof für Menschenrechte eine Vielzahl von positiven Verpflichtungen des Staates abgeleitet. Er ist zum einen gehalten, sexuelle Übergriffe durch effektive Abschreckungsmaßnahmen zu unterbinden[128]. Dies schließt regelmäßig die Verpflichtung zur Androhung strafrechtlicher Sanktionen mit ein[129]. Zum anderen muß der Staat den Betroffenen Zugang zur eigenen Identität eröffnen, indem er Einsicht in vertrauliche behördliche Akten gewährt, aus denen die anders nicht rekonstruierbare Herkunft hervor-

---

122 *EGMR*, Urt. v. 6. 9. 1978, Klass u. a. ./. Deutschland (FN 16), Ziff. 41; Urt. v. 2. 8. 1984, Malone ./. Vereinigtes Königreich (FN 16), Ziff. 64; Urt. v. 15. 6. 1992, Lüdi ./. Schweiz (FN 71), Ziff. 39; Urt. v. 16. 12. 1992, Niemietz ./. Deutschland (FN 43), Ziff. 29; Urt. v. 30. 7. 1998, Valenzuela Contreras ./. Spanien, RJD 1998-V, sowie ÖJZ 1999, S. 510, Ziff. 47. Aus der Literatur vgl. *B. Davy/U. Davy*, JBl 1985, S. 656 (657); *Tomandl*, Rechtsprobleme bei der Einführung und Anwendung von Kontrollmaßnahmen, ZAS 1982, S. 163 (168); *Villiger*, EMRK (LitVerz.), RN 564; *Wildhaber/Breitenmoser* (FN 12), RN 284.
123 *EGMR*, Urt. v. 25. 6. 1997, Halford ./. Vereinigtes Königreich (FN 44), Ziff. 44f., m.w.N.; Urt. v. 25. 3. 1998, Kopp ./. Schweiz, RJD 1998-II, sowie ÖJZ 1999, S. 115, Ziff. 50.
124 *EGMR*, Urt. v. 25. 6. 1997, Halford ./. Vereinigtes Königreich (FN 44), Ziff. 45. – Daß bei einem Verbot von Privatgesprächen die Telefonüberwachung generell zulässig wäre, ginge hingegen zu weit: *Funk/Krejci/Schwarz*, Zur Registrierung von Ferngesprächsdaten durch den Dienstgeber, DRdA 1984, S. 285 (290).
125 Unten RN 111 ff.
126 *EGMR*, Urt. v. 7. 8. 1996, C ./. Belgien, RJD 1996-III, sowie ÖJZ 1997, S. 37, Ziff. 25; Urt. v. 26. 9. 1997, Mehemi ./. Frankreich, RJD 1997-VI, sowie ÖJZ 1998, S. 625, Ziff. 27.
127 Vgl. RN 63 ff.
128 *EGMR*, Urt. v. 26. 3. 1985, X und Y ./. Niederlande (FN 21), Ziff. 27; Urt. v. 22. 10. 1996, Stubbings u. a. ./. Vereinigtes Königreich, RJD 1996-IV, sowie ÖJZ 1997, S. 436, Ziff. 64; Urt. v. 4. 12. 2003, M.C. ./. Bulgarien, RJD 2003-XII, Ziff. 150.
129 Zivile Behelfe allein sind unzureichend: *EGMR*, Urt. v. 26. 3. 1985, X und Y ./. Niederlande (FN 21), Ziff. 27.

geht[130]. Im öffentlichen Interesse und zum Schutz Dritter kann die Offenlegung jedoch mit Einschränkungen versehen oder von Bedingungen abhängig gemacht werden. Das Institut der Inkognito-Adoption verstößt deshalb per se noch nicht gegen die Konvention[131]. Weiters muß scheidungswilligen Ehepartnern wenn schon nicht die Scheidung, so doch die Trennung ermöglicht werden[132], und Transsexuelle haben ein Recht auf Anerkennung unter ihrem neuen Geschlecht[133]. Sodann verpflichtet Art. 8 EMRK den Staat, das Privatleben gegen Indiskretionen der Medien angemessen zu schützen[134]. Schließlich muß der Staat Immissionen aus privaten Anlagen so begrenzen, daß es bei den Nachbarn zu keinen Gesundheitsbeeinträchtigungen kommt[135].

Grenzen des Schutzauftrags

D. Der Schutz des Familienlebens

I. Sachlicher Schutzbereich

Art. 8 EMRK räumt jedermann einen Anspruch auf Achtung seines Familienlebens ein und schützt so die vielfältigen Formen des Zusammenlebens in der Familie[136]. Dabei ist allgemein anerkannt, daß Art. 8 EMRK sowohl die Beziehungen zwischen Eltern und Kindern als auch jene zwischen den Eltern erfaßt, daß er sich aber im Schutz der Kleinfamilie nicht erschöpft.

54
Formenvielfalt

1. Das Leitbild der natürlichen Familie

Familie ist der Inbegriff einer von wechselseitiger Zuneigung geprägten intimen Verbindung von Menschen. Sie kann sowohl durch rechtliche Bande als

55

---

130 *EGMR*, Urt. v. 7. 7. 1989, Gaskin ./. Vereinigtes Königreich, Serie A 160, Ziff. 49; Urt. v. 24. 9. 2002, M.G. ./. Vereinigtes Königreich, Beschwerde Nr. 39.393/98, Ziff. 27. Vgl. weiters *EGMR*, Urt. v. 7. 2. 2002, Mikulić ./. Kroatien, RJD 2002-I, Ziff. 64 f., zur effektiven Durchsetzung der Rechte des Kindes im Vaterschaftsfeststellungsverfahren.
131 *EGMR*, Urt. v. 13. 2. 2003, Odièvre ./. Frankreich, RJD 2003-III, sowie EuGRZ 2003, S. 584, Ziff. 44 ff.
132 *EGMR*, Urt. v. 18. 12. 1986, Johnston ./. Irland, Serie A 112, sowie EuGRZ 1987, S. 313, Ziff. 57; Urt. v. 9. 10. 1979, Airey ./. Irland, Serie A 32, sowie EuGRZ 1979, S. 626, Ziff. 33.
133 *EGMR*, Urt. v. 17. 10. 1986, Rees ./. Vereinigtes Königreich, Serie A 106, Ziff. 42 ff.; Urt. v. 25. 3. 1992, B. ./. Frankreich, Serie A 232-C, sowie ÖJZ 1992, 625, Ziff. 51 ff.; Urt. v. 30. 7. 1998, Scheffield und Horsham ./. Vereinigtes Königreich, RJD 1998-V, sowie ÖJZ 1999, S. 571, Ziff. 56 ff.; Urt. v. 11. 7. 2002, Goodwin ./. Vereinigtes Königreich, RJD 2002-VI, Ziff. 72 ff.; Urt. v. 12. 6. 2003, van Kück ./. Deutschland, RJD 2003-VII, Ziff. 78 ff. Vgl. weiters zu Namensänderungen *EGMR*, Urt. v. 25. 11. 1994, Stjerna ./. Finnland (FN 21), Ziff. 37 ff.
134 Zur unautorisierten Veröffentlichung von Bildern *EGMR*, Urt. v. 24. 6. 2004, Hannover ./. Deutschland, Beschwerde Nr. 59.320/00, ÖJZ 2005, S. 588, Ziff. 69 ff.; zur Pflicht zur Untersuchung von Lücken, durch die Abhörprotokolle an die Medien gelangt sind, *EGMR*, Urt. v. 17. 7. 2003, Craxi ./. Italien II, Beschwerde Nr. 25.337/94, Ziff. 73 ff.
135 *EGMR*, Urt. v. 19. 2. 1998, Guerra ./. Italien, RJD 1998-I, sowie ÖJZ 1999, S. 33, Ziff. 58; Urt. v. 2. 10. 2001, Hatton u. a. ./. Vereinigtes Königreich, Beschwerde Nr. 36.022/97, sowie ÖJZ 2003, S. 72, Ziff. 97 ff. Dies schließt Zugang zu Informationen mit ein: vgl. *EGMR*, Urt. v. 9. 6. 1988, McGinley und Egan ./. Vereinigtes Königreich, RJD 1998-III, sowie ÖJZ 1999, S. 355, Ziff. 101; Urt. v. 19. 10. 2005 (GK), Roche ./. Vereinigtes Königreich, Beschwerde Nr. 32.555/96, Ziff. 157 ff.
136 *Villiger*, EMRK (LitVerz.), RN 570; *Berka*, Grundrechte (LitVerz.), RN 469.

Genetische und rechtliche Basis auch durch faktische Beziehungen begründet werden[137]. Leitbild des Art. 8 EMRK ist die natürliche Familie. Folglich wird Familienleben zunächst durch genetische Verwandtschaft konstituiert. Sodann können aber auch rechtliche Verwandtschaft und Heirat ein Familienleben begründen. Weiters fällt ins Gewicht, ob die betroffenen Personen zusammenleben oder ob zwischen ihnen sonstige enge soziale Beziehungen bestehen, wie sie zwischen Familienmitgliedern üblicherweise herrschen.

2. Erfaßte Beziehungen

56
Ehe und eheähnliche Gemeinschaften
Unter Familienleben fällt zunächst die Ehe zwischen Mann und Frau, und zwar selbst dann, wenn ein Zusammenleben zwischen den Ehegatten erst beabsichtigt und noch nicht voll begründet ist[138]. Darüber hinaus sind eheähnliche Lebensgemeinschaften erfaßt, die hinreichend konstant sind[139]. Homosexuelle Partnerschaften fallen hingegen nach derzeitigem Stand der Rechtsprechung nicht in den Schutzbereich und können sich lediglich auf das Recht auf Achtung ihres Privatlebens berufen[140].

57
Beziehung zwischen Eltern und Kindern
Weiters sind die Beziehungen zwischen Eltern und Kindern geschützt. Zwischen Kindern aus einer Beziehung, die unter Familienleben fällt, und ihren Eltern besteht vom Moment der Geburt an ein Band, das nur durch außergewöhnliche Umstände wieder zerrissen werden kann[141] und das unabhängig davon besteht, ob das Familienleben zwischen den beiden Eltern noch intakt ist[142]. Ein gleiches Band wird durch Adoption zwischen Wahleltern und Wahlkindern begründet[143]. Nach Erreichen der Volljährigkeit der Kinder dauert das Familienleben weiter an, sofern die Beziehungen nicht abgebrochen werden.

58
Großfamilie
Schließlich sind die Beziehungen innerhalb der Großfamilie in die Gewährleistung mit eingeschlossen, sofern die Beteiligten durch Führung eines gemeinsamen Haushaltes, durch spezifische Abhängigkeitsverhältnisse sowie durch andere tatsächlich gelebte Beziehungen eng miteinander verbunden sind[144].

---

137 Zu den familienstiftenden Kriterien eingehend *Brötel* (FN 31), S. 47 ff.
138 *EGMR*, Urt. v. 28. 5. 1985, Abdulaziz u. a. ./. Vereinigtes Königreich, Serie A 94, sowie EuGRZ 1985, S. 567, Ziff. 62.
139 Näher *Wiederin* (FN 3), Art. 8 EMRK RN 75 m.w.N. – Das bedeutet selbstverständlich nicht, daß sie der Ehe in jeder Hinsicht gleichgestellt werden müßten: vgl. *VfSlg* 17.337/2004.
140 Vgl. *EuGH*, Urt. v. 17. 2. 1998, Rs. C-249/96, Grant ./. Southwest Trains, Slg. 1998, I-621, RN 33 ff. m.w.N.; *VfSlg* 17.098/2003. Kritik bei *van Dijk/van Hoof* (FN 59), S. 506.
141 *EGMR*, Urt. v. 19. 2. 1996, Gül ./. Schweiz, RJD 1996-I, sowie ÖJZ 1996, S. 593, Ziff. 32; Urt. v. 28. 11. 1996, Ahmut ./. Niederlande, RJD 1996-VI, sowie ÖJZ 1997, S. 676, Ziff. 60.
142 *EGMR*, Urt. v. 21. 6. 1988, Berrehab ./. Niederlande, Serie A 138, sowie EuGRZ 1993, S. 547, Ziff. 21; Urt. v. 11. 7. 2000, Ciliz ./. Niederlande, Beschwerde Nr. 29.192/95, Ziff. 59; Urt. v. 13. 7. 2000, Elsholz ./. Deutschland, RJD 2000-VIII, sowie EuGRZ 2001, S. 595, sowie ÖJZ 2002, S. 7, Ziff. 43.
143 Vgl. *Wildhaber/Breitenmoser* (FN 12), RN 379 m.w.N. Ob und unter welchen Voraussetzungen auch das Verhältnis zwischen Pflegekindern und Pflegeeltern als Familienleben geschützt ist, hat die Rspr. bislang offengelassen: vgl. dazu *Palm-Risse* (FN 121), S. 205 f.
144 Vgl. m.w.N. *Grabenwarter*, EMRK (LitVerz.), § 22 RN 18, und *Wildhaber/Breitenmoser* (FN 12), RN 388 ff.

II. Eingriffe und ihre Rechtfertigung

Familienleben ist im Kern die Möglichkeit der Familienmitglieder, wechselseitig des anderen Gesellschaft zu genießen[145]. Staatliche Maßnahmen, die dieses Beieinandersein beeinträchtigen, greifen in Art. 8 EMRK ein.

59
Schutzgut des Beieinanderseins

1. Familien- und personenstandsrechtliche Maßnahmen

Den eingriffsintensivsten Bereich stellt wohl das Familien- und Personenstandsrecht dar. Die Rechtsprechung hat unter anderem als Eingriffe qualifiziert: die Freigabe von Kindern zur Adoption sowie ihre vorangehende geheime Unterbringung[146]; die Übertragung der Obsorge auf den anderen Ehegatten oder auf Pflegeeltern[147]; Beschränkungen des persönlichen Verkehrs mit den Kindern und ihre Unterbringung bei Dritten[148].

60
Intensivste Eingriffsdimension

Für jede Trennung muß es überzeugende Gründe geben. Je einschneidender eine Maßnahme wirkt und je irreversibler sie ist, umso strengere Maßstäbe legt die Rechtsprechung bei ihrer Nachprüfung an. Bei der Pflege verfügen die Mitgliedstaaten über einen größeren Spielraum als bei der Adoption[149]. Unmittelbar nach der Geburt muß die Trennung von Mutter und Kind durch herausragende zwingende Gründe gerechtfertigt werden[150]. Im übrigen ist stets ein Ausgleich zwischen Eltern- und Kindesinteressen gefordert, der auf die Umstände des Einzelfalles eingeht und der sich grundsätzlich am Kindeswohl orientiert[151]. Bei Pflege und Fürsorge wird verlangt, daß das Ziel der Wiedervereinigung nicht aus den Augen verloren werden darf und daß grundsätzlich der Kontakt zu beiden leiblichen Eltern in eingeschränkter Form fort-

61
Rechtfertigungsmaßstäbe für die Trennung

---

145 *EGMR*, Urt. v. 22. 4. 1992, Rieme ./. Schweden, Serie A 226-B, Ziff. 54; Urt. v. 24. 2. 1995, McMichael ./. Vereinigtes Königreich, Serie A 307-B, sowie ÖJZ 1995, S. 704, Ziff. 86; Urt. v. 13. 7. 2000, Elsholz ./. Deutschland (FN 142), Ziff. 43 m.w.N.; *Brötel*, Schutz des Familienlebens, RabelsZ 1999, S. 580 (588 f.); *Stolzlechner*, Der Schutz des Privat- und Familienlebens (Art 8 MRK) im Licht der Rechtsprechung des Verfassungsgerichtshofs und der Straßburger Instanzen, ÖJZ 1998, S. 85, 123 (124).
146 *EGMR*, Urt. v. 28. 10. 1998, Söderbäck ./. Schweden, RJD 1998-VII, sowie ÖJZ 1999, S. 690, Ziff. 25; Urt. v. 26. 5. 1994, Keegan ./. Irland, Serie A 290, sowie ÖJZ 1995, S. 70, und EuGRZ 1995, S. 113, Ziff. 51.
147 *EGMR*, Urt. v. 23. 6. 1993, Hoffmann ./. Österreich, Serie A 255-C, sowie ÖJZ 1993, S. 853, und EuGRZ 1996, S. 648, Ziff. 29; Urt. v. 21. 12. 1999, da Silva Mouta ./. Portugal, RJD 1999-IX, Ziff. 22; *VfSlg* 12.103/1989, 14.301/1995.
148 *EGMR*, Urt. v. 27. 11. 1992, Olsson ./. Schweden II, Serie A 250, sowie ÖJZ 1993, S. 353, Ziff. 77; Urt. v. 24. 2. 1995, McMichael ./. Vereinigtes Königreich (FN 145), Ziff. 86; Urt. v. 17. 12. 2002, Venema ./. Niederlande, RJD 2002-X, Ziff. 72; Urt. v. 8. 7. 2003 (GK), Sahin ./. Deutschland, RJD 2003-VIII, Ziff. 49.
149 Vgl. *EGMR*, Urt. v. 7. 8. 1996, Johansen ./. Norwegen, RJD 1996-III, sowie ÖJZ 1997, S. 75, Ziff. 64, 78; Urt. v. 13. 7. 2000, Elsholz ./. Deutschland (FN 142), Ziff. 48 f. ; Urt. v. 13. 7. 2000, Scozzari und Giunta ./. Italien, Beschwerde Nr. 39.221/98, 41.963/98, ÖJZ 2002, S. 74, Ziff. 201.
150 *EGMR*, Urt. v. 16. 7. 2002, P., C. und S. ./. Vereinigtes Königreich, RJD 2002-VI, Ziff. 117; Urt. v. 8. 4. 2004, Haase ./. Deutschland, Beschwerde Nr. 11.057/02, Ziff. 89, 102.
151 *EGMR*, Urt. v. 12. 7. 2001, K. und T. ./. Finnland, RJD 2001-VII, Ziff. 154; Urt. v. 26. 2. 2002, Kutzner ./. Deutschland, RJD 2002-I, sowie EuGRZ 2002, S. 244, Ziff. 66; Urt. v. 26. 2. 2004, Görgülü ./. Deutschland, Beschwerde Nr. 74.969/01, Ziff. 41; Urt. v. 22. 6. 2004, Pini u.a. ./. Rumänien, Beschwerde Nr. 78.028/01 u.a., Ziff. 164; Urt. v. 10. 11. 2005, Süss ./. Deutschland, Beschwerde Nr. 40.324/98, Ziff. 90 ff.

gesetzt werden kann¹⁵². Die Mitgliedstaaten sind jedoch nicht zur Einrichtung eines gemeinsamen Sorgerechts nach Scheidung der Elternteile verpflichtet¹⁵³.

62
Lösung der Familienbande

Maßnahmen, die – wie die Scheidung – die Familienbande lösen, berühren das Familienleben jener Person, die das Familienleben fortzusetzen wünscht¹⁵⁴. Da der Name vielfach als Ausdruck für die Familieneinheit dient, sind auch Namensregelungen als Eingriff in das Familienleben qualifiziert worden¹⁵⁵.

2. Fremdenrechtliche Maßnahmen

63
Verhältnismäßiger Eingriff in Familienbande

Weder die Europäische Menschenrechtskonvention noch das Staatsgrundgesetz garantieren Ausländern ein Recht auf Einreise oder Aufenthalt im Bundesgebiet¹⁵⁶. Auch der Anspruch auf Achtung des Familienlebens führt nicht dazu, daß die Mitglieder einer Familie über ihren gemeinsamen Wohnsitz frei disponieren könnten¹⁵⁷. Staatliche Maßnahmen, die die Familie trennen, stellen gleichwohl Eingriffe in Art. 8 EMRK dar, die sich im Hinblick auf legitime Ziele als verhältnismäßig erweisen müssen¹⁵⁸. Die sich daraus ergebenden Restriktionen schlagen sowohl bei der Verweigerung der Einreise als auch bei der Aufenthaltsbeendigung zu Buche, wenn auch in unterschiedlichem Maß.

64
Einreisebeschränkungen und Familienleben

Bei Beschränkungen der Einreise läßt sich die Rechtsprechung vom Grundsatz leiten, daß das durch Art. 8 EMRK geschützte Familienleben irgendwo stattfinden muß – entweder innerhalb oder außerhalb des österreichischen Staatsgebiets. Verweigerungen der Einreise sind daher grundsätzlich nur unter der Voraussetzung verhältnismäßig, daß die Aufrechterhaltung des Familienlebens im Ausland möglich und zumutbar ist¹⁵⁹. Dabei fällt zum einen ins Kalkül, über welchen ausländerrechtlichen Status der nachzugswillige

---

152 *EGMR*, Urt. v. 22. 6. 1989, Eriksson ./. Schweden, Serie A 156, Ziff. 71; Urt. v. 25. 2. 1992, Andersson ./. Schweden, Serie A 226-A, sowie ÖJZ 1992, S. 552, Ziff. 95; Urt. v. 22. 4. 1992, Rieme ./. Schweden (FN 145), Ziff. 69, 73.
153 *EKMR*, E. v. 15. 3. 1984, B., R. und J. ./. Deutschland, Beschwerde Nr. 9639/82, DR 36, 130 (140); *VfSlg* 12.103/1989, 14.301/1995; *Grabenwarter*, EMRK (LitVerz.), § 22 RN 41.
154 *Wiederin* (FN 3), Art. 8 EMRK RN 79. – Eine klare Stellungnahme zur Abtreibung vermeidend *EGMR*, Urt. v. 5. 9. 2002, Boso ./. Italien, RJD 2002-VII, m.w.N.
155 *EGMR*, Urt. v. 22. 2. 1994, Burghartz ./. Schweiz (FN 73), Ziff. 24; Urt. v. 25. 11. 1994, Stjerna ./. Finnland (FN 21), Ziff. 57; Urt. v. 24. 10. 1996, Guillot ./. Frankreich (FN 73), Ziff. 21; *VfSlg* 13.915/1994, 14.196/1995, 15.031/1997. Vgl. aber auch *EGMR*, Urt. v. 6. 12. 2001, Petersen ./. Deutschland, Beschwerde Nr. 31.178/96, ÖJZ 2003, S. 114 (116).
156 *EGMR*, Urt. v. 26. 3. 1992, Beldjoudi ./. Frankreich, Serie A 234-A, sowie EuGRZ 1993, S. 556, Ziff. 74, m.w.N.; Urt. v. 13. 7. 1995, Nasri ./. Frankreich, Serie A 320-B, sowie ÖJZ 1995, S. 908, Ziff. 41; Urt. v. 24. 4. 1996, Boughanemi ./. Frankreich, RJD 1996-II, sowie ÖJZ 1996, S. 834, Ziff. 41.
157 *EGMR*, Urt. v. 28. 5. 1985, Abdulaziz u. a. ./. Vereinigtes Königreich (FN 138), Ziff. 67; Urt. v. 19. 2. 1996, Gül ./. Schweiz (FN 141), Ziff. 38; Urt. v. 28. 11. 1996, Ahmut ./. Niederlande (FN 141), Ziff. 71.
158 *EGMR*, Urt. v. 21. 10. 1997, Boujlifa ./. Frankreich, RJD 1997-VI, sowie ÖJZ 1998, S. 626, Ziff. 42; Urt. v. 19. 2. 1998, Dalia ./. Frankreich, RJD 1998-I, sowie ÖJZ 1998, S. 937, Ziff. 52.
159 *EGMR*, Urt. v. 28. 5. 1985, Abdulaziz u. a. ./. Vereinigtes Königreich (FN 138), Ziff. 68; Urt. v. 20. 3. 1991, Cruz Varas ./. Schweden, Serie A 201, sowie EuGRZ 1991, S. 203, sowie ÖJZ 1991, S. 519, Ziff. 88; Urt. v. 19. 2. 1996, Gül ./. Schweiz (FN 141), Ziff. 42; Urt. v. 28. 11. 1996, Ahmut ./. Niederlande (FN 141), Ziff. 70; vgl. auch *EGMR*, Urt. v. 26. 3. 1992, Beldjoudi ./. Frankreich (FN 156), Ziff. 78 (Entwurzelung, rechtliche und faktische Schwierigkeiten, Gefährdung des Bestands der Ehe).

Ehegatte im Zeitpunkt der Eheschließung[160] sowie die bereits im Mitgliedstaat ansässigen Familienmitglieder[161] verfügen. Zum anderen fließt in die Abwägung mit ein, wer für die Trennung der Familie verantwortlich zeichnet[162].

Im Unterschied zum Europäischen Gerichtshof für Menschenrechte, der dazu tendiert, Einreisekonstellationen unter dem Titel staatlicher Schutzpflichten zu lösen[163], qualifiziert der Verfassungsgerichtshof die Verweigerung von Einreisetiteln als Eingriffe, sofern dadurch das Zusammenleben von Familienmitgliedern verhindert oder wesentlich erschwert wird[164], und er prüft nach, ob im Einzelfall die Verhältnismäßigkeit gewahrt wurde[165]. Bei Eingriffen, die typischerweise wenig Gewicht haben, hält er jedoch eine Bedachtnahme auf die familiäre Situation nicht in jeder Konstellation für zwingend erforderlich[166]. Eine starre Kontingentierung des Familiennachzuges hat er jedoch für unverhältnismäßig erklärt[167].

Bei der Beendigung eines Aufenthalts muß ebenfalls ein faires Gleichgewicht zwischen den berührten öffentlichen Interessen und den Belangen des Familienlebens gewahrt werden[168]. Im Rahmen der Verhältnismäßigkeitsprüfung fallen eine Vielzahl von Kriterien[169] ins Gewicht, die sich in drei Gruppen unterteilen lassen.

Ausgangspunkte der Abwägung sind die Verankerung im Aufenthaltsstaat und Konsequenzen der Ausweisung für die familiären Bindungen. Hiefür sind vor allem folgende Kriterien von Bedeutung: die Dauer und die Rechtmäßigkeit des Aufenthalts, das Ausmaß der Integration, die Intensität der familiären

Ausländerrechtlicher Status als Maßgabe

65
Einreiseverweigerung als Eingriff oder Schutzpflichtverletzung

66
Verhältnismäßigkeit aufenthaltsbeendender Maßnahmen

67
Verankerung im Aufenthaltsstaat

---

160 *EGMR*, Urt. v. 28. 5. 1985, Abdulaziz u. a. ./. Vereinigtes Königreich (FN 138), Ziff. 68, wo den betroffenen Personen bewußt war, daß Besucher und Studenten mit abgelaufenem Titel mit Schwierigkeiten rechnen mußten.
161 Vgl. *EGMR*, Urt. v. 19. 2. 1996, Gül ./. Schweiz (FN 141), Ziff. 41, wo die Eltern über kein Recht auf ständigen Aufenthalt, sondern nur eine humanitäre Aufenthaltserlaubnis innehatten.
162 Vgl. *EGMR*, Urt. v. 19. 2. 1996, Gül ./. Schweiz (FN 141), Ziff. 41, zum freiwilligen Zurücklassen eines Kindes beim Umzug in die Schweiz; Urt. v. 20. 3. 1991, Cruz Varas ./. Schweden (FN 159), Ziff. . 88, zum Untertauchen eines Teils der Familie; Urt. v. 28. 11. 1996, Ahmut ./. Niederlande (FN 141), Ziff. . 70, zur freien Wahl der Niederlande als Aufenthaltsort durch den Vater.
163 Vgl. zuletzt *EGMR*, Urt. v. 1. 12. 2005. Tuquabo-Tekle u. a. ./. Niederlande, Beschwerde Nr. 60.665/00, Ziff. 43, und Urt. v. 31. 1. 2006, da Silva und Hoogkamer ./. Niederlande, Beschwerde Nr. 50.435/99, Ziff. . 38.
164 Vgl. zur Versagung von Visa *VfSlg* 11.044/1986, 13.336/1993, 14.863/1997; zur Versagung von Aufenthaltstiteln *VfSlg* 14.091/1995, 14.572/1996, 15.051/1997; zur Zurückweisung von Anträgen wegen Verspätung oder unzulässigem Auslandsaufenthalt *VfSlg* 14.222/1995, 14.743/1997, 14.996/1997; zur Versagung von Asyl *VfSlg* 16.122/2001. Ebenfalls von einem Eingriff ausgehend: *EuGH*, Urt. v. 11. 7. 2002, Rs. C-60/00 (Carpenter ./. Secretary of State), Slg. 2002, I-6279, RN Ziff. 42; Urt. v. 23. 9. 2003, Rs. C-109/01 (Secretary of State ./. Akrich), Slg. 2003, I-9607, RN 59.
165 Vgl. z. B. *VfSlg* 15.812/2000 (verfehlte Interessenabwägung bei Versagung einer Niederlassungsbewilligung, wenn einem vierjährigen Kind trotz Lebensführung innerhalb der in Österreich seßhaften Familie mangelnde soziale Integration vorgeworfen wird).
166 *VfSlg* 13.497/1993, zur abwägungsfesten Pflicht, nach Umgehung der Grenzkontrolle bzw. nach Einreise ohne Sichtvermerk oder mit Touristensichtvermerk den beantragten Sichtvermerk zu versagen.
167 *VfSlg* 17.013/2003. Anders noch *VfSlg* 14.191/1995.
168 *EGMR*, Urt. v. 21. 10. 1997, Boujlifa ./. Frankreich (FN 158), Ziff. 43; Urt. v. 30. 11. 1999, Baghli ./. Frankreich, Beschwerde Nr. 34.374/97, Ziff. 46; *VfSlg* 8792/1980, 9029/1981.
169 Vgl. die Zusammenfassung der einschlägigen Kriterien in *EGMR*, Urt. v. 2. 8. 2001, Boultif ./. Schweiz, RJD 2001-IX, Ziff. 48, und v. 10. 7. 2003, Benhebba ./. Frankreich, Beschwerde Nr. 53.441/99, Ziff. 32.

Bindungen, die Beeinträchtigung dieser Bindungen durch die Aufenthaltsbeendigung, die Nationalitäten der involvierten Personen, ihre Bemühungen um die Staatsbürgerschaft des Aufenthaltsstaats und schließlich die Möglichkeiten, das Familienleben anderswo fortzuführen[170].

68
Ausweisungsbegründung

Sodann kommt dem Grund der Ausweisung entscheidende Bedeutung zu. In bezug auf Personen, die sich nichts zuschulden kommen ließen, muß in aller Regel das wirtschaftliche Wohl des Landes die Ausweisung tragen; eine Aufenthaltsbeendigung ist weniger leicht möglich als bei vorwerfbarem Verhalten[171]. Die Rechtswidrigkeit des Aufenthalts reicht per se für seine Beendigung noch nicht aus[172].

69
Straftaten

Bei strafbarem Verhalten ist in erster Linie die Art der Straftat relevant. Drogendelikte, insbesondere Drogenhandel, und Vergewaltigung erachtet der Europäische Gerichtshof für Menschenrechte als äußerst gravierend; Zuhälterei und bewaffneter Raub wiegen schwerer als Vermögensdelikte. Weiters spielt der Rückfall eine Rolle. Positiv wirkt sich bei der Abwägung die Begehung im Jugendalter und ein Wohlverhalten in der Zeitspanne zwischen Straftaten und Ausweisung aus[173].

70
Situation im Heimatstaat

Schließlich mißt der Europäische Gerichtshof für Menschenrechte (in stärkerem Ausmaß als der Verfassungsgerichtshof[174]) der Situation im Heimatstaat, insbesondere der Beherrschung bzw. dem Verständnis der dortigen Sprache[175] und der Existenz sonstiger Bindungen[176] Bedeutung bei. Dabei berücksichtigt er nicht nur die Situation der ausgewiesenen Person, sondern er prüft auch, ob die Familienmitglieder über Beziehungen zum Heimatstaat des Ausgewiesenen verfügen, die ihnen dort eine Integrationschance bieten und den Wegzug zumutbar machen[177].

71
Weiter Schutz der „zweiten Generation"

Zusammengenommen bewirken diese Kriterien einen weitgehenden Schutz der Angehörigen der sogenannten „zweiten Generation" gegen Ausweisungen[178]. Indirekt profitieren hievon auch ihre Eltern: Deren Außerlandesschaffung kann deswegen unverhältnismäßig sein, weil die Kinder ihnen folgen müßten und dadurch entwurzelt würden.

---

170 N. der Rspr. bei *Wiederin* (FN 3), Art. 8 EMRK RN 99.
171 *EGMR*, Urt. v. 21. 6. 1988, Berrehab ./. Niederlande (FN 142), Ziff. 29, 75; Urt. v. 11. 7. 2000, Ciliz ./. Niederlande (FN 142), Ziff. 65; Urt. v. 24. 4. 1996, Boughanemi ./. Frankreich (FN 156), Ziff. 44.
172 *VfSlg* 14.547/1996, 16.182/2001, 16.657/2002.
173 Vgl. *Wiederin* (FN 3), Art. 8 EMRK RN 99.
174 Vgl. aber nunmehr *VfSlg* 17.457/2005.
175 *EGMR*, Urt. v. 26. 3. 1992, Beldjoudi ./. Frankreich (FN 156), Ziff. 77; Urt. v. 13. 7. 1995, Nasri ./. Frankreich (FN 156), Ziff. 45; Urt. v. 19. 2. 1998, Dalia ./. Frankreich (FN 158), Ziff. 53.
176 *EGMR*, Urt. v. 18. 2. 1991, Moustaquim ./. Belgien, Serie A 193, sowie EuGRZ 1993, S. 552, Ziff. 45; Urt. v. 7. 8. 1996, C ./. Belgien (FN 126), Ziff. 34; Urt. v. 29. 1. 1997, Bouchelkia ./. Frankreich, RJD 1997-I, sowie ÖJZ 1998, S. 116, Ziff. 46; Urt. v. 26. 9. 1997, Mehemi ./. Frankreich (FN 126), Ziff. 36; Urt. v. 19. 2. 1998, Dalia ./. Frankreich (FN 158), Ziff. 53; Urt. v. 30. 11. 1999, Baghli ./. Frankreich (FN 168) Ziff. 48.
177 *EGMR*, Urt. v. 2. 8. 2001, Boultif ./. Schweiz (FN 169), Ziff. 53; Urt. v. 11. 7. 2002, Amrollahi ./. Dänemark, Beschwerde Nr. 56.811/00, Ziff. 40 f; Urt. v. 31. 1. 2006, Sezen ./. Niederlande, Beschwerde Nr. 50.252/99, Ziff. 47 ff.
178 Vgl. *EGMR*, Urt. v. 17. 4. 2003, Yilmaz ./. Deutschland, Beschwerde Nr. 52.853/99, Ziff. 44; weiters den Überblick über die Rspr. bei *Wiederin* (FN 173), RN 101 f.

Auch dem Verfahren und vor allem der Begründung kommt Bedeutung zu. Die Behörde muß die den Eingriff tragenden Argumente in ihrer Entscheidung plausibel darlegen und die familiären Interessen angemessen in Rechnung stellen[179].

72
Verfahrens- und Begründungsanforderungen

3. Haft

Unter den sonstigen Maßnahmen, die wegen ihrer Störung der Familienbeziehungen als Eingriffe qualifiziert werden[180], seien die Freiheitsentzüge erwähnt. Der Staat muß es seinen Gefangenen ermöglichen, zu ihren Familien Kontakt zu halten. Die Regelung der Besuchszeiten, die Überwachung der Besuche und die Verweigerung von Freigang greifen deshalb in das Familienleben ein[181]. Die Rechtsprechung legt aber eher großzügige Maßstäbe an und erachtet ein spezielles Haftregime mit Beschränkung auf zwei Besuche pro Monat und Trennung der Besucher durch eine Glasscheibe für gerechtfertigt[182]. Zur Verlegung von Gefangenen in die Nähe ihrer Familie hält sie den Staat nur unter außergewöhnlichen Umständen für verpflichtet[183], und auch eine staatliche Pflicht zur Ermöglichung künstlicher Befruchtung lehnt sie bislang ab[184]. Die Weigerung der Behörden, einem Gefangenen die Teilnahme am Begräbnis seines Vaters zu ermöglichen, wurde hingegen im konkreten Fall als Verletzung erachtet[185].

73
Gefangenenbesuch und Freigang

III. Schutzpflichten

Die aus Art. 8 EMRK erwachsende Verpflichtung des Staates, das Familienleben auch im Verhältnis zwischen Privaten untereinander zu schützen, schließt vor allem das Gebot mit ein, einen die wechselseitigen Interessen regulierenden Rechtsrahmen sowie einen effektiven Durchsetzungsmechanismus bereitzustellen[186]. Die Rechtsprechung hat diese Grundsätze vor allem im Familienrecht mit Leben erfüllt[187]. Als Ausgangspunkt dient ihr das Postulat,

74
Regulierung wechselseitiger Interessen

---

179 *VfSlg* 15.640/1999 (grob unrichtige Interessenabwägung); *VfSlg* 16.182/2001 (keine plausible Vermittlung der die Behörde leitenden Gründe); *VfSlg* 16.657/2002 (unzureichende Abwägung im Hinblick auf langjährigen Schulbesuch der Kinder).
180 Zu Vertreibungen EGMR (GK), Urt. v. 28. 11. 1997, Menteş ./. Türkei, RJD 1997-VIII, Ziff. 73; Urt. v. 16. 11. 2000, Bilgin ./. Türkei, Beschwerde Nr. 23.819/94, Ziff. 108; zum Niederbrennen von Wohnhäusern EGMR, Urt. v. 16. 9. 1996, Akdivar u. a. ./. Türkei, RJD 1996-IV, sowie HRLJ 1997, S. 203, Ziff. 88.
181 EGMR, Urt. v. 28. 9. 2000, Messina ./. Italien II, RJD 2000-X, Ziff. 62; Urt. v. 12. 11. 2002, Ploski ./. Polen, Beschwerde Nr. 26.761/95, Ziff. 32; Urt. v. 18. 10. 2005, Schemkamper ./. Frankreich, Beschwerde Nr. 75.833/01, Ziff. 31; *VfSlg* 10.525/1985.
182 EGMR, Urt. v. 28. 9. 2000, Messina ./. Italien II (FN 181), Ziff. 62.
183 EKMR, E. v. 1. 10. 1990, Wakefield ./. Vereinigtes Königreich, Beschwerde Nr. 15.817/89, DR 66, S. 251 (255).
184 EGMR, Urt. v. 18. 4. 2006, Dickson ./. Vereinigtes Königreich, Beschwerde Nr. 44.362/04, Ziff. 26ff.
185 EGMR, Urt. v. 12. 11. 2002, Ploski ./. Polen (FN 181), Ziff. 35ff.
186 EGMR, Urt. v. 26. 3. 1985, X und Y ./. Niederlande (FN 21), Ziff. 23; Urt. v. 21. 11. 1995, Velosa Barreto ./. Portugal, Serie A 334, sowie ÖJZ 1996, S. 316, Ziff. 23; Urt. v. 19. 9. 2000, Glaser ./. Vereinigtes Königreich, Beschwerde Nr. 32.346/96, Ziff. 63, 69.
187 Vgl. die Rechtsprechungsübersichten bei *Harris/O'Boyle/Warbrick* (FN 59), S. 329ff., und *Wiederin* (FN 3), Art. 8 EMRK RN 105ff.

daß den Betroffenen die Führung eines normalen Familienlebens ermöglicht werden muß[188]. Hieraus folgt zum einen, daß die Rechtsordnung für einen hinreichenden Schutz zu sorgen hat, der die Zugehörigkeit des Kindes zu seiner Familie von Geburt an ermöglicht und seine baldige Integration in die Familie zuläßt, damit sich die Familienbande entwickeln können[189]. Dabei muß er sich an der biologischen und gesellschaftlichen Realität orientieren[190]. Zum anderen muß der Staat die Familienmitglieder unterstützen, wenn sie ihr Recht auf Zugang zueinander gegen Dritte oder gegen weitere Familienangehörige durchsetzen wollen[191]. Zu Transferleistungen, die die Entfaltung des Familienlebens ermöglichen oder erleichtern, ist die öffentliche Hand hingegen nicht verpflichtet[192].

Keine Pflicht zu Transferleistungen

E. Der Schutz von Hausrecht und Wohnung

75
Schutzbereichs-überschneidungen

Neben der sozialen Privatsphäre genießt auch die räumliche Privatsphäre grundrechtlichen Schutz. Zum einen gewährleistet Art. 9 StGG die Unverletzlichkeit des Hausrechts; zum anderen räumt Art. 8 EMRK jedermann das Recht auf Achtung seiner Wohnung ein. Diese beiden Garantien überschneiden sich über weite Strecken, decken sich aber nicht völlig, weil sie unterschiedlichen Konzeptionen verpflichtet sind.

I. Räumlicher Schutzbereich

1. Hausrecht

76
Wohnung und „zum Hauswesen gehörige Räumlichkeiten"

Vom Schutz des Hausrechts werden nach § 1 HausrechtsG, das nach Art. 9 Abs. 2 StGG einen integralen Bestandteil des Staatsgrundgesetzes bildet und gemäß Art. 149 Abs. 1 B-VG als Verfassungsgesetz gilt, die „Wohnung" und die „sonstige[n] zum Hauswesen gehörigen Räumlichkeiten" erfaßt. Die

---

188 *EGMR*, Urt. v. 13. 6. 1979, Marckx ./. Belgien (FN 21), Ziff. 31, 45.
189 *EGMR*, Urt. v. 27. 10. 1994, Kroon ./. Niederlande, Serie A 297-C, sowie ÖJZ 1995, S. 269, Ziff. 32; Urt. v. 5. 11. 2002, Yousef ./. Niederlande, RJD 2002-VIII, Ziff. 52, 67.
190 *EGMR*, Urt. v. 27. 10. 1994 (FN 189), Ziff. 40; Urt. v. 24. 11. 2005, Shofman ./. Rußland, Beschwerde Nr. 74.826/01, Ziff. 40; *VfSlg* 16.928/2003.
191 *EGMR*, Urt. v. 23. 9. 1994, Hokkanen ./. Finnland, Serie A 299-A, sowie ÖJZ 1995, S. 271, Ziff. 55; Urt. v. 25. 1. 2000, Ignaccolo-Zenide ./. Rumänien, RJD 2000-I, Ziff. 94; Urt. v. 19. 9. 2000, Glaser ./. Vereinigtes Königreich (FN 186), Ziff. 66; Urt. v. 24. 4. 2003, Sylvester ./. Österreich, Beschwerde Nr. 36.812/97 u. 40.104/98, Ziff. 59 ff.; Urt. v. 29. 4. 2003, Iglesias Gil und A.U.I. ./. Spanien, RJD 2003-V, Ziff. 49 ff.; Urt. v. 26. 6. 2003, Mairie ./. Portugal, RJD 2003-VII, Ziff. 70 ff.
192 Vgl. *EGMR*, Urt. v. 27. 3. 1998, Petrovic ./. Österreich, RJD 1998-II, sowie ÖJZ 1998, S. 516, Ziff. 26; Urt. v. 21. 11. 1995, Velosa Barreto ./. Portugal (FN 186), Ziff. 26 f.; *EKMR*, E. v. 4. 3. 1986, Andersson und Kullmann ./. Schweden, Beschwerde Nr. 11.776/85, DR 46, 251 (253); *EuGH*, Urt. v. 31. 5. 2001, verb. Rs. C-122/99 P u. C-125/99 P (D. und Schweden ./. Rat), Slg. 2001, I-4019, RN 59 f.; *VfSlg* 11.993/1989.

Rechtsprechung legt diese Begriffe „im weitesten Sinne"[193] aus und stellt nicht nur Wohnungen im engeren Sinn, sondern darüber hinaus auch Geschäfts- und Betriebsräume aller Art, Klassenzimmer, Diensträume, Hotelzimmer, Kellerabteile, Schrebergartenhütten und Blockhäuser unter Schutz[194]. Sie hat außerdem Kraftfahrzeuge einbezogen, sofern diese ihrer Bestimmung nach gleich einer Räumlichkeit verwendet werden[195]. Die Lehre teilt dieses weite Begriffsverständnis. Einzelne Autoren schlagen überdies vor, auch Banksafes[196] sowie Terrassen und Gärten[197] einzubeziehen. Der Verfassungsgerichtshof ist diesen Auffassungen bislang zu Recht nicht gefolgt[198].

Weites Begriffsverständnis

Mit der Begründung, daß das Hausrecht dem Schutz der Intimsphäre dient, hat der Verfassungsgerichtshof freilich einem in Generalsanierung befindlichen Haus den Schutz versagt, weil das fragliche Gebäude im Zeitpunkt seiner Durchsuchung „zur Gänze Baustelle und daher unbewohnt" war[199]. Diese Beschränkung des Schutzbereiches vermag deshalb nicht zu überzeugen, weil der Schutz des Hausrechts strikt territorial konzipiert ist und weder von der Verwendung der Räumlichkeit als Wohnraum noch von einem sonstigen Zweck abhängt[200]. Als Rechtsgut entstammt das Hausrecht einer Ära, in dem es für die Intimsphäre weder ein Wort noch ein Schutzbedürfnis gab. Das Hausrecht erfaßt den gesamten „oikos", das heißt das Hauswesen als soziale und wirtschaftliche Einheit. Es spielt daher keine entscheidende Rolle, ob die Räumlichkeiten privat oder ob sie zu gewerblichen Zwecken genutzt werden. Aus diesem Grund kommen auch juristische Personen in den Genuß des Schutzes[201].

77
Territoriale, soziale und wirtschaftliche Einheit

2. Das Recht auf Achtung der Wohnung

Nach Art. 8 EMRK steht die Wohnung unter Schutz. Unter diesen Begriff fallen jedenfalls das eigene Haus oder abgeschlossene Teile eines solchen, in denen eine Person ständig lebt[202]. Neben dem Hauptwohnsitz sind auch Nebenwohnsitze erfaßt[203]. Der Schutz umfaßt nicht nur traditionelle Wohnformen. Wohnwagen oder Boote sind ebenfalls als Wohnung zu qualifizieren,

78
Nebenwohnsitze und unkonventionelle Wohnformen

---

193 *VfSlg* 9525/1982.
194 Vgl. die N. bei *Stolzlechner*, Der Schutz des Hausrechts, in: Machacek/Pahr/Stadler, Menschenrechte (LitVerz.), Bd. II, S. 303 (313 f.), und *Wiederin* (FN 3), Art. 9 StGG RN 24.
195 *VfSlg* 9525/1982, 10.124/1984.
196 *Werner Doralt*, Das Bankgeheimnis im Abgabenverfahren, 1982, S. 24 ff.; *Christian Bertel/Andreas Venier*, Grundriss des österreichischen Strafprozeßrechts, ⁷2002, RN 478.
197 *Stolzlechner* (FN 194), S. 303 (312).
198 Dazu m.w.N. *Wiederin* (FN 3), Art. 9 StGG RN 25.
199 *VfSlg* 11.981/1989.
200 Vgl. *Peter Kastner*, Der Schutz des Hausrechts, 1994, S. 107 f., und *Wiederin* (FN 3), RN 25.
201 Dies ist zu Art. 9 StGG unbestritten: vgl. *VfSlg* 7067/1973, 11.981/1989; *Ermacora*, Handbuch (LitVerz.), S. 240; *Potacs* (FN 12), S. 415 FN 324; *Stolzlechner* (FN 194), S. 303 (316); *Heinz Mayer*, Das österreichische Bundes-Verfassungsrecht (LitVerz.), S. 607; *Berka*, Grundrechte (LitVerz.), RN 489.
202 *Villiger*, EMRK (LitVerz.), RN 585.
203 *EGMR*, Urt. v. 31.7.2003, Demades ./. Türkei, Beschwerde Nr. 16.219/90, Ziff. 31 ff.

§ 190 *Dreizehnter Teil: II. Einzelgrundrechte*

sofern sie als solche genutzt werden²⁰⁴. Das bloße Eigentum an Wohnraum reicht allerdings ebensowenig hin²⁰⁵ wie die Absicht, künftig auf einem Grundstück eine Wohnung zu schaffen²⁰⁶.

79
Geschäftsräume

In bezug auf Geschäftsräumlichkeiten war lange Zeit strittig, ob sie vom Wohnungsbegriff erfaßt sind. Der Europäische Gerichtshof verneinte diese Frage unter Berufung darauf, daß Art. 8 EMRK nur für die Privatwohnung natürlicher Personen und nicht auch für Unternehmungen und deren Geschäftsräume gelte²⁰⁷. Der Verfassungsgerichtshof lag auf derselben Linie²⁰⁸. Der Europäische Gerichtshof für Menschenrechte differenzierte zunächst danach, ob in den Geschäftsräumlichkeiten Tätigkeiten verfolgt werden, die mit freier Persönlichkeitsentfaltung in Zusammenhang stehen²⁰⁹. In weiterer Folge hat er hingegen in Abkehr von diesem Ansatz Firmensitze, Zweigstellen und Geschäftsräum-

Grundrechtsträgerschaft juristischer Personen

lichkeiten generell unter den Wohnungsbegriff subsumiert und auch juristischen Personen Grundrechtsträgerschaft zuerkannt²¹⁰. Damit hat er Geschäftsräumlichkeiten schlechthin als geschützte Wohnungen anerkannt²¹¹. Der Europäische Gerichtshof und der Verfassungsgerichtshof sind ihm gefolgt²¹².

II. Eingriffe und ihre Rechtfertigung

80
Unterschiede in der sachlichen Reichweite

Während zwischen den räumlichen Schutzbereichen der Art. 9 StGG und Art. 8 EMRK in jüngerer Zeit eine Konvergenz zu registrieren ist, klafft die sachliche Reichweite dieser beiden Garantien nach wie vor weit auseinander. Das Hausrecht vermittelt nach überwiegender Auffassung nur gegen Hausdurchsuchungen Schutz, während Art. 8 EMRK bei jeder Beeinträchtigung von Wohnfunktionen greift.

1. Anforderungen an Durchsuchungen

81

In bezug auf das Hausrecht nimmt die herrschende Meinung an, daß der Schutzbereich des Art. 9 StGG auf den Anwendungsbereich des Hausrechts-

---

204 *Wildhaber/Breitenmoser* (FN 12), RN 468 m.w.N.; *Grabenwarter*, EMRK (LitVerz.), § 22 RN 21.
205 *EGMR*, Urt. v. 21. 11. 1995, Velosa Barreto ./. Portugal (FN 186), Ziff. 24 ff.; *VfSlg* 11.981/1989. Anders *Grabenwarter*, EMRK (LitVerz.), § 22 RN 22.
206 *EGMR*, Urt. v. 18. 12. 1996, Loizidou ./. Türkei, RDJ 1996-VI, sowie ÖJZ 1997, S. 793, sowie EuGRZ 1997, S. 555, Ziff. 66.
207 *EuGH*, Urt. v. 21. 9. 1989, verb. Rs. 46/87 und 227/88 (Hoechst ./. Kommission), Slg. 1989, 2859, RN 17 f.
208 *VfSlg* 11.650/1988, 11.981/1989, 12.135/1989.
209 *EGMR*, Urt. v. 30. 3. 1989, Chappell ./. Vereinigtes Königreich, Serie A 152-A, Ziff. 51; Urt. v. 16. 12. 1992, Niemietz ./. Deutschland (FN 43), Ziff. 31 f.
210 *EGMR*, Urt. v. 16. 4. 2002, Société Colas Est u.a. ./. Frankreich (FN 11), Ziff. 40 f.
211 So auch *EGMR*, Urt. v. 15. 7. 2003, Ernst u.a. ./. Belgien, Beschwerde Nr. 33.400/96, Ziff. 109; Urt. v. 28. 4. 2005, Buck ./. Deutschland, Beschwerde Nr. 41.604/98, Ziff. 31; Urt. v. 27. 9. 2005, Sallinen u.a. ./. Finnland, Beschwerde Nr. 50.882/99, Ziff. 70. – Dies dürfte Konsequenzen haben zum einen für unbewohnte Häuser oder Wohnungen, die für fallweise Treffen genutzt werden oder die als Lagerraum für Papiere dienen, zum anderen für Räumlichkeiten wie Vereinslokale oder Kirchen, in denen sich ein abgeschlossener Personenkreis versammelt. Derartige Räumlichkeiten hatte die EKMR in ihrer Rspr. nicht als Wohnungen anerkannt: vgl. *EKMR*, E. v. 1. 9. 1993, Redgrave ./. Vereinigtes Königreich, Beschwerde Nr. 20.271/92; E. v. 28. 10. 1997, Tsavachidis ./. Griechenland, Beschwerde Nr. 28.802/95, Ziff. 20.
212 *EuGH*, Urt. v. 22. 10. 2002, Roquette Frères, Rs. C-94/00, Slg. 2002, I-9011, RN 29; zuvor schon *VfSlg* 14.864/1997.

gesetzes beschränkt ist. Der Verfassungsgerichtshof hält in ständiger Rechtsprechung fest, daß unter der Unverletzlichkeit des Hausrechts lediglich der Schutz gegen willkürliche Hausdurchsuchungen zu verstehen ist[213].

<small>Hausrecht als Durchsuchungsschutz</small>

a) Der Durchsuchungsbegriff

Zur Abgrenzung der Hausdurchsuchungen von sonstigen, vom Anwendungsbereich des Hausrechtsgesetzes nicht erfaßten „Eingriffen" in das Hausrecht bedient sich die Rechtsprechung einer Reihe von Formeln, die auf eine Entscheidung des Obersten Gerichtshofs aus dem Jahr 1898 zurückgehen und den Begriff äußerst eng auslegen.

<small>82
Enge Auslegung</small>

Das Durchsuchen einer Räumlichkeit setzt demnach das „Suchen nach einer Person oder einem Gegenstand voraus, von denen es unbekannt ist, wo sie sich befinden"[214]. Einen Raum durchsuchen bedeutet, „dessen einzelne Bestandteile und die darin befindlichen Objekte zu dem Behufe beaugenscheinigen, um festzustellen, ob in diesem Raum und an welcher Stelle desselben sich ein bestimmter Gegenstand befindet"[215]. Davon kann erst dann gesprochen werden, wenn das einschreitende Organ „eine systematische Besichtigung wenigstens eines bestimmten Objekts" vorgenommen hat[216]. Diese restriktive Sicht wird mit teleologischen Überlegungen gerechtfertigt, die am Privat- und Intimsphärenschutz ansetzen. Der Zweck des Hausrechtsgesetzes liege nicht darin, schon das bloße Betreten einer fremden Wohnung zu verhindern, weil damit „eine ganze Reihe für die Staatsverwaltung ganz unerläßlicher Maßregeln lahm gelegt" wäre; verhindert werden sollte nur „ein die persönliche Würde und Unabhängigkeit verletzender Eingriff in den Lebenskreis des Wohnungsinhabers, in Dinge, die man im allgemeinen berechtigt und gewohnt ist, dem Einblicke Fremder zu entziehen und davor zu schützen"[217].

<small>83
Systematische Besichtigung

Restriktive Sicht</small>

Nach diesem Begriffsverständnis scheidet eine Suche erstens dann aus, wenn es nicht darum geht, einer Person oder einer Sache habhaft zu werden, sondern wenn es nur um die Aufnahme eines Sachverhaltes geht. Die Vornahme eines Augenscheins, die Rekonstruktion eines Tathergangs, die Überprüfung des Vorhandenseins gepfändeter Gegenstände oder die Einsicht in Bücher, Rechnungen und Verzeichnisse stellen daher keine Durchsuchung dar[218]. Zweitens mangelt es an einem wesentlichen Durchsuchungselement, wenn zwar ein Gegenstand im Zentrum der Amtshandlung steht, wenn dieser aber offen zugänglich im Raum steht oder vom Inhaber der Wohnung ausgehändigt wird[219]. Drittens ist Art. 9 StGG auch dann nicht anwendbar, wenn ein

<small>84
Abgrenzung zu Nachschau und Besichtigung</small>

---

213 *VfSlg* 872/1927, 2865/1955, 2991/1956, 3648/1959, 10.547/1985.
214 *KH* 2285/1898; *VfSlg* 1486/1932, 2991/1956, 5080/1965, 5738/1968, 8815/1980, 8928/1980, 10.272/1984, 10.547/1985, 14.864/1997.
215 So weitgehend wortgleich *KH* 2285/1898, und *VfSlg* 1486/1932, 5182/1965, 6328/1970, 6553/1971, 8642/1979, 12.056/1989.
216 *VfSlg* 3351/1958, wo die Entnahme einiger Kaffeeschalen aus einer Kredenz noch nicht als Suche qualifiziert wurde; *VfSlg* 9525/1982.
217 Vgl. *VfSlg* 1486/1932, 5182/1965, 10.897/1986.
218 Vgl. die N. bei *Wiederin* (FN 3), Art. 9 StGG RN 34.
219 *VfSlg* 3962/1961, 5080/1965, 11.650/1988.

§ 190   *Dreizehnter Teil: II. Einzelgrundrechte*

Unspezifische Kontrollvorgänge

Raum betreten wird, „um sich in den Besitz eines Gegenstandes zu setzen, dessen Vorhandensein an bestimmter Stelle im vornhinein feststeht oder doch vorausgesetzt wird"[220]. Viertens scheidet eine Durchsuchung aus, wenn das Ziel der Amtshandlung nicht darin liegt, einer bestimmten Person oder Sache habhaft zu werden, sondern wenn unspezifiziert nach Menschen oder Dingen gesucht wird[221].

85
Zustandsveränderungen als Abgrenzungskriterium

Eine Durchsuchung bejaht der Verfassungsgerichtshof allerdings stets dann, wenn die Amtshandlung die Grenzen von Nachschau und Besichtigung dadurch sprengt, daß die Beamten inquisitorische Energie entfalten und im Raum Zustandsveränderungen vornehmen, das heißt Kästen eröffnen, Matratzen hochheben oder Taschen durchwühlen[222].

86
Räumliche Sphäre als Schutzgut

Im Schrifttum wird hingegen bezweifelt, daß Art. 9 StGG nur gegen Hausdurchsuchungen Schutz gewährt. Denn im Jahre 1867 ist nicht nur das Hausrechtsgesetz in das Staatsgrundgesetz inkorporiert, sondern darüber hinaus in Art. 9 Abs. 1 StGG die Unverletzlichkeit des Hausrechts deklariert worden. Das deutet auf die Absicht des Verfassungsgesetzgebers hin, das Rechtsgut umfassend zu verbürgen. Zeitgenössische Lehre und Rechtsprechung nahmen jedenfalls an, daß jedes physische Eindringen staatlicher Organe in die durch Art. 9 StGG erfaßte räumliche Sphäre einen Eingriff darstellt, sofern es gegen den Willen des Grundrechtsträgers erfolgt[223].

87
Kritik am engen Durchsuchungsbegriff
Belgische Verfassung und andere Vorbilder

Auch der enge Durchsuchungsbegriff des Verfassungsgerichtshof vermag weder in historischer Perspektive noch unter teleologischen Aspekten zu überzeugen[224]: Die Gewährleistungen des Hausrechts im Hausrechtsgesetz und im Staatsgrundgesetz sind der belgischen Verfassung 1831 nachempfunden, die in Artikel 10 eine „visite domiciliaire" an Bedingungen knüpft. Dieser Begriff legt eine weite Interpretation nahe. Damit stimmt überein, daß die Abgeordneten im Zuge der Debatten um die Formulierung des Grundrechts Kontrollen als Hausdurchsuchungen betrachteten und daß die Staatsrechtslehre der Monarchie ebenfalls von einem weiten Verständnis ausging. Der enge Durchsuchungsbegriff, der die Rechtsprechung prägt, geht demgegenüber auf ein Strafprozeßhandbuch von *Julius Glaser* zurück, welches das deutsche Recht mit einem anderen verfassungsrechtlichen Hintergrund zum Gegenstand hatte[225]. Die zeitgenössische Gesetzgebungspraxis vor und nach

---

220 *KH* 2285/1898, zum Eindringen in eine Räumlichkeit zwecks Abnahme von Krankenbüchern, die sich laut einer Anzeige an einem bestimmten Ort befanden; *VfSlg* 10.272/1984 zur zwangsweisen Vorführung einer Person, von deren Anwesenheit im Raum die Beamten „wußten und überzeugt waren".
221 *VfSlg* 6328/1970 u. 14.864/1997 zur Überprüfung der Einhaltung der Meldevorschriften in einem Hotel, in deren Zuge systematisch alle Zimmer betreten und die dort angetroffenen Gäste kontrolliert wurden; *VfSlg* 10.020/1984 zur Nachschau zur Erhärtung des Verdachts der Ausübung rechtswidriger Prostitution; *VfSlg* 1906/1950 zum Betreten eines Raums zwecks Feststellung seiner Bewohner.
222 *VfSlg* 6528/1971, 10.897/1986, 11.895/1988, 12.054/1989.
223 Ausführlich *Wiederin* (FN 3), Art. 9 StGG RN 40 m.w.N.
224 Eingehend *Wiederin* aaO., RN 42 ff.
225 *Julius Glaser*, Handbuch des Strafprozesses, Bd. II, Leipzig 1885, S. 288 FN 19, weist darauf hin, daß die preußische Verfassung zwischen Eindringen in die Wohnung und Durchsuchung sehr genau unterscheide. Dem HausrechtsG ist diese Differenzierung fremd. Es nimmt nur auf Hausdurchsuchungen Bezug, was tendenziell für eine weite Bedeutung dieses Begriffes spricht.

1867 läßt implizit erkennen, daß Geschäftsrevisionen und Verfolgungen Flüchtiger in Gebäude als Hausdurchsuchungen betrachtet wurden. Das enge Begriffsverständnis der Rechtsprechung erleichtert Mißbrauch und beschränkt dadurch, daß sie maßgeblich auf die Eröffnung von Kästen und Schränken abstellt, einen Schutz, der dem Hauswesen als (physisch abgesichertem) Raum zugedacht war, auf physisch nochmals abgesicherte Räume innerhalb dieses Raums. Die damit einhergehende Differenzierung zwischen einer „öffentlichen", den Augen eines Betrachters im Raum frei zugänglichen, und einer „privaten", dem Einblick entzogenen Sphäre spaltet die räumliche Privatsphäre auf und läuft den Zwecken des Hausrechtsgesetzes zuwider, den Grundrechtsberechtigten innerhalb ihrer eigenen vier Wände Freiheit einzuräumen und Sicherheit zu verbürgen.

Mißbrauchsanfälligkeit des engen Begriffs

b) Richterlicher Befehl als Regel

Für Hausdurchsuchungen stellt § 1 Satz 1 HausrechtsG die Regel auf, daß sie „nur kraft eines mit Gründen versehenen richterlichen Befehles unternommen werden" dürfen. Die Ermächtigung muß somit von einer Person herrühren, die über die Garantien des Art. 87 B-VG verfügt, sie muß im Zeitpunkt der Durchsuchung bereits vorliegen (zumindest in mündlicher Form), und sie muß neben der präzisen Angabe der zu durchsuchenden Räumlichkeiten und des Gegenstands der Suche die Motive anführen, die den Richter dazu bewogen haben, die vom Gesetz statuierten Durchsuchungsbedingungen als gegeben anzunehmen. Der richterliche Befehl ist gemäß § 1 Satz 2 HausrechtsG „den Betheiligten sogleich oder doch innerhalb der nächsten vierundzwanzig Stunden zuzustellen". Diese Verpflichtung bezieht sich auf die schriftliche Ausfertigung des Befehls und besteht unabhängig von einem Zustellersuchen der betroffenen Personen[226]. Die Regel, daß Hausdurchsuchungen einen begründeten richterlichen Befehl voraussetzen, ist jedoch durch Ausnahmen durchbrochen. Die §§ 2 und 3 HausrechtsG zählen jene Konstellationen auf, in denen unter bestimmten Bedingungen Verwaltungsorgane aus eigener Macht einschreiten dürfen.

88
Hinreichende Ermächtigung und Begründung

Zustellung

Ausnahmen

c) Strafgerichtspflege

Zum Zwecke der Strafgerichtspflege dürfen gemäß § 2 Abs. 1 HausrechtsG auch Gerichtsbeamte, Beamte der Sicherheitsbehörden oder Gemeindevorsteher Hausdurchsuchungen anordnen, wenn Gefahr im Verzug besteht. Der Verfassungsgerichtshof interpretiert dieses Erfordernis zu Recht eng und prüft, ob es aufgrund der besonderen Umstände des Einzelfalles unmöglich war, einen richterlichen Befehl einzuholen, ohne den Erfolg der Amtshandlung zu gefährden[227]. Deshalb bleibt mit der Verbreitung von Funk und Mobiltelephonie für selbständige verwaltungsbehördliche Anordnungen immer weniger Raum. Die Behörde hat die zur Vornahme abgeordnete Person mit

89
Anordnungsbefugnis bei Gefahr im Verzuge

---
226 *VfSlg* 2676/1954.
227 N. bei *Stolzlechner* (FN 194), S. 303 (325 f.), und *Wiederin* (FN 3), Art. 9 StGG RN 59.

§ 190   *Dreizehnter Teil: II. Einzelgrundrechte*

einer schriftlichen Ermächtigung zu versehen, aus der Ort und Zweck der Suche zu ersehen sind und die sie den Beteiligten wiederum unabhängig von einem entsprechenden Verlangen vorzuweisen hat. Anders als der richterliche Befehl muß diese Ermächtigung keine Gründe enthalten.

90
Hinreichender Straftatverdacht

Auf frischer Tat

Unmittelbare Verfolgung

Bezichtigung durch Zurufe

Antreffen mit Gegenständen aus der Tat

Vorführungs- oder Haftbefehl

Die selbständige Vornahme von Hausdurchsuchungen durch Sicherheitsorgane ohne Ermächtigung durch eine Behörde setzt grundsätzlich den Verdacht einer gerichtlich strafbaren Handlung sowie seine Erhärtung durch besonders schwerwiegende Umstände voraus. In § 2 Abs. 2 HausrechtsG sind folgende Konstellationen aufgezählt: Betretung auf frischer Tat: Sie setzt voraus, daß die Begehung der strafbaren Handlung von einem Organ des öffentlichen Sicherheitsdienstes selbst und unmittelbar wahrgenommen wurde, so daß sich weitere Erhebungen und Befragungen erübrigen[228]. Öffentliche Nacheile: Eine solche liegt vor, wenn die verdächtige Person unmittelbar nach der Straftat von der Menge im öffentlichen Raum verfolgt wird[229]. Öffentlicher Ruf: Durch öffentlichen Ruf einer strafbaren Handlung verdächtig bezeichnet wird eine Person, die unmittelbar nach der Tat durch Zurufe aus der Menge eben dieser Tat beschuldigt wird[230]. Antreffen im Besitz von Gegenständen, die auf eine Beteiligung hinweisen: Sie liegt vor, wenn die Sicherheitsorgane den Sachbesitz in engem zeitlichen Zusammenhang mit der Tat selbst und unmittelbar wahrnehmen[231]. Personen, gegen die ein (vollstreckbarer) Vorführungs- oder Haftbefehl erlassen wurde, dürfen von Sicherheitsorganen gesucht werden, wenn in vertretbarer Weise angenommen werden kann, die gesuchte Person befinde sich im durchsuchten Raum; in bezug auf Wohnung und Arbeitsplatz ist dies nach der Rechtsprechung regelmäßig der Fall[232].

91
Anspruch auf Bescheinigung

In den Fällen einer Hausdurchsuchung ohne richterlichen Befehl, die strafprozessualen Zwecken dient, können die Beteiligten nach § 2 Abs. 3 HausrechtsG eine schriftliche Bescheinung über die Vornahme der Hausdurchsuchung und über ihre Gründe verlangen[233]. Diese Bescheinigung ist sogleich auszufolgen oder binnen vierundzwanzig Stunden zuzustellen.

d) Polizeiliche und finanzielle Aufsicht

92
Grenze des Richtervorbehalts

§ 3 HausrechtsG läßt Hausdurchsuchungen „zum Behufe polizeilicher und finanzieller Aufsicht" in den durch das Gesetz bestimmten Fällen zu. Nach mittlerweile kaum mehr bestrittener Auffassung bedarf es in diesen beiden Konstellationen ebenfalls keines richterlichen Befehls[234]. Darüber, ob bzw.

---

228 *VfSlg* 10.328/1985; *Berka*, Grundrechte (LitVerz.), RN 494; *Stolzlechner* aaO., S. 328.
229 *VfSlg* 3108/1956; *Ermacora*, Handbuch (LitVerz.), S. 249.
230 *VfSlg* 1534/1947, 3108/1956.
231 *VfSlg* 10.851/1986; *Stolzlechner* (FN 194), S. 303 (329).
232 *VfSlg* 9491/1982.
233 Eine Frist ist im Gesetz nicht vorgesehen. Der Verfassungsgerichtshof nimmt an, daß auch einem nach drei Wochen erhobenen Begehren noch entsprochen werden muß: *VfSlg* 1890/1949 (anders noch *BGHSlg.* 621 A/1935 – Verlangen binnen 24 Stunden). Eine falsche Bezeichnung (Hausdurchsuchungsbefehl statt Bescheinigung) schadet nicht: *VfSlg* 1338/1930.
234 Vgl. *Berka*, Grundrechte (LitVerz.), RN 495; *Stolzlechner* (FN 194), S. 303 (332); *Potacs* (FN 12), S. 415 FN 326; *Wiederin* (FN 3), Art. 9 StGG RN 73. A.A. *VfSlg* 1811/1949, 6553/1971. In seiner jüngeren Judikatur hat der Verfassungsgerichtshof jedoch die Konsequenzen aus dieser Prämisse nicht gezogen.

unter welchen Voraussetzungen neben Verwaltungsbehörden auch Exekutivorgane selbständig einschreiten können, gehen hingegen die Auffassungen auseinander[235].

93
Reichweite der „polizeilichen Aufsicht"

Um die Reichweite der „polizeilichen Aufsicht" ranken sich ebenfalls Kontroversen. Von der herrschenden Meinung wird dieser Begriff mit der Verwaltungspolizei[236], von einer Mindermeinung hingegen mit der Sicherheitspolizei[237] identifiziert. Vermittelnde Auffassungen stellen teils auf die Sicherheitsverwaltung, teils auf Gefahrenabwehr im Innenressort ab[238].

94
Finanzielle Aufsicht

Die finanzielle Aufsicht erfaßt alle Maßnahmen, die erforderlich sind, um zu verhindern, daß Abgaben oder zollhängige Waren dem Abgaben- oder dem Zollverfahren entzogen werden[239]. Das von Verwaltungsbehörden zu vollziehende Finanzstrafrecht ist darin inkludiert[240].

95
Rekonstruktion des Gesetzesvorbehalts

Nach § 5 HausrechtsG sind Durchsuchungen zum Zwecke der polizeilichen Aufsicht nach den Bestimmungen der Strafprozeßordnung, jene zum Zweck der finanziellen Aufsicht nach den Bestimmungen des Gefällsstrafgesetzes vorzunehmen. Diese Verweisungen auf längst außer Kraft getretene Gesetze erklären sich daraus, daß das Hausrechtsgesetz ursprünglich als einfaches Gesetz die im Jahr 1862 fehlenden Verfahrensbestimmungen supplieren wollte. Deshalb wird überwiegend angenommen, § 5 sei seit 1867 mit einem Gesetzesvorbehalt unterlegt[241].

e) Bestätigung des negativen Ergebnisses

96
Zuständigkeit von Anordnungs- bzw. Durchführungsbehörde

Bei jeder Hausdurchsuchung, bei welcher nichts Verdächtiges ermittelt wurde, ist dem Beteiligten hierüber nach § 6 HausrechtsG auf sein Verlangen eine Bestätigung auszustellen. Diese Bestätigung muß in Schriftform erteilt werden und kann sowohl von den die Durchsuchung durchführenden Organen als auch von der sie anordnenden Behörde ausgestellt werden. Ein entsprechendes Verlangen kann schriftlich oder mündlich gestellt werden; in Ermangelung einer Frist ist es auch nach Abschluß der Durchsuchung noch zulässig[242].

---

235 Für freie Wahlmöglichkeit des Gesetzgebers die Staatspraxis sowie *Kostal*, Fernmeldegesetz: Hausdurchsuchung in Büroräumen der Universität, JAP 1993/94, S. 81 (82 f.); für Beschränkung von Exekutivorganen auf Fälle mit Gefahr im Verzug *Stolzlechner* (FN 194), S. 303 (334); für Behördenvorbehalt *Ermacora*, Handbuch (LitVerz.), S. 253 f., und *Wiederin* (FN 3), Art. 9 StGG RN 74.
236 *Ermacora* aaO., S. 251 f.; *Peter Pernthaler*, Der Rechtsstaat und sein Heer, 1964, S. 197; *Potacs* (FN 12), S. 415; *Stolzlechner* aaO., S. 333; VfSlg 9766/1983.
237 *Laurer* (FN 10), S. 163; *Heinz Mayer*, Staatsmonopole, 1976, S. 375 FN 119; *Walter/Mayer/Kucsko-Stadlmayer*, Grundriss (LitVerz.), RN 1436.
238 Vgl. *Karl Weber/Martin Schlag*, Sicherheitspolizei und Föderalismus, 1995, S. 124; *Kostal* (FN 235), S. 82 f.; *Wiederin* (FN 3), Art. 9 StGG RN 80 f.
239 *Ermacora*, Handbuch (LitVerz.), S. 253; *Öhlinger* (LitVerz.), RN 862 FN 36.
240 *Laurer* (FN 10), S. 163.
241 *Pernthaler* (FN 236), S. 197; *Wiederin* (FN 3), Art. 9 StGG RN 77 m.w.N.
242 *Stolzlechner* (FN 194), S. 303 (330). Die Rspr. nimmt an, daß einem sofort artikulierten Begehren noch im Zuge der Durchsuchung entsprochen werden muß (VfSlg 3596/1959).

f) Gesetzliche Grundlage und Verhältnismäßigkeit

97
Unterschiedliche Begründung

Im übrigen bedarf jede Hausdurchsuchung einer gesetzlichen Grundlage, und sie muß das Gebot der Verhältnismäßigkeit des Eingriffs wahren. Diese Anforderungen werden von einem Teil der Lehre schon aus dem Hausrechtsgesetz abgeleitet[243]. Die Gegenmeinung gelangt – da Hausdurchsuchungen zugleich Eingriffe in das Recht auf Achtung der Wohnung darstellen[244] – über Art. 8 Abs. 2 EMRK zum gleichen Ergebnis[245].

2. Anforderungen an sonstige Eingriffe

98
Unerheblichkeit körperlichen Eindringens

Die Kontroverse um den Anwendungsbereich des Hausrechts hat im Hinblick auf Art. 8 EMRK ebenfalls viel an praktischer Bedeutung eingebüßt. Beim dort verankerten Recht auf Achtung der Wohnung bildet die Wohnung als persönlicher Entfaltungs- und Rückzugsraum das geschützte Rechtsgut. Jede staatliche Maßnahme, die diese Funktion signifikant beeinträchtigt, stellt einen Eingriff dar. Darauf, ob in die geschützte räumliche Sphäre körperlich eingedrungen wird, kommt es anders als beim Hausrecht nicht an[246].

a) Eindringen und Verweilen in der Wohnung

99
Betreten durch Polizeibeamte als Eingriff

Das Grundrecht schützt in seiner klassischen Dimension gegen unerwünschtes Eindringen oder Verweilen in der Wohnung[247]. Neben Hausdurchsuchungen, zu welchen Zwecken auch immer, stellen Inspektionen, Wohnraumkontrollen, Zwangsräumungen und selbst das simple Betreten durch Polizeibeamte Eingriffe dar, die einer gesetzlichen Grundlage bedürfen und in einer demokratischen Gesellschaft notwendig sein müssen. Der Europäische Gerichtshof für Menschenrechte hat beispielsweise die polizeiliche Assistenz bei der Entfernung von Gegenständen aus einer Wohnung durch den ausgezogenen geschiedenen Mann als Verletzung qualifiziert, weil sich die Beamten über die Berechtigung des Mannes hierzu nicht hinreichend vergewissert hatten und weil wegen der Abwesenheit der geschiedenen Frau keine Gewalttätigkeiten zu befürchten waren[248].

b) Wohnbeschränkungen

100
Mittelbare Beeinträchtigungen

Nicht mit einem Eindringen in die Wohnung verbundene Beeinträchtigungen ihres ruhigen Genusses, die in das Grundrecht eingreifen, liegen zum einen vor, wenn der Zugang zur Wohnung abgeschnitten wird. Den gravierendsten

---

[243] *Berka*, Grundrechte (LitVerz.), RN 490; *Potacs* (FN 12), S. 415; *Wiederin* (FN 3), Art. 9 StGG RN 48 f.
[244] Vgl. statt vieler *EGMR*, Urt. v. 30. 3. 1989. Chappell ./. Vereinigtes Königreich (FN 209), Ziff. 51; zur Rspr. der EKMR eingehend *Breitenmoser* (FN 11), S. 285 ff.
[245] Zur Verhältnismäßigkeit *EGMR*, Urt. v. 25. 2. 2003, Roemen und Schmit ./. Luxemburg, RDJ 2003-IV, Ziff. 71; zu den Anforderungen an Durchsuchungsbefehle *EGMR*, Urt. v. 15. 7. 2003, Ernst u. a. ./. Belgien (FN 211), Ziff. 116 m.w.N.
[246] Vgl. *Stolzlechner*, Der Schutz des Hausrechts in Österreich, EuGRZ 1983, S. 1 (3); *Gusy/Ziegler* (FN 71), S. 197; *König* (FN 38), S. 91.
[247] *Wildhaber/Breitenmoser* (FN 12), RN 488.
[248] *EGMR*, Urt. v. 23. 9. 1998, McLeod ./. Vereinigtes Königreich, RJD 1998-VII, Ziff. 36, 56 f.

Eingriff stellt insoweit die Zerstörung von Wohnhäusern dar, wie sie durch türkische Sicherheitskräfte wiederholt erfolgt ist[249]. Aber auch Abbruchverfügungen, Wohnverbote und Wohnbeschränkungen greifen in das Grundrecht ein[250]. Der Europäische Gerichtshof für Menschenrechte hat deshalb die Verweigerung einer für das Bewohnen des eigenen Hauses notwendigen Bewilligung[251] und die Beendigung eines Mietverhältnisses durch den Staat[252] ebenso am Grundrecht geprüft wie die Versagung einer Baugenehmigung und die Verfügung der Entfernung eines Wohnwagens[253] oder die Verweigerung von Wiederinbesitznahme und Besuch des eigenen Hauses[254].

Die Rechtsprechung hat die willkürliche Zerstörung von Häusern[255] sowie die anhaltende Weigerung, griechischen Zyprioten Zugang zu ihren Häusern im Norden zu ermöglichen[256], als Verletzung qualifiziert. Das rigide System der Wohnungsbewirtschaftung auf Guernsey, das den knappen Wohnraum der ansässigen Bevölkerung sichern und die hohe Bevölkerungsdichte in Grenzen halten sollte, wurde hingegen grundsätzlich als für das wirtschaftliche Wohl des Landes notwendig angesehen[257].

101
Einzelfälle

c) Immissionen

Schließlich erlaubt es das Grundrecht seinen Trägern, sich gegen Immissionen zur Wehr zu setzen. Beeinträchtigungen durch Lärm und schwerwiegende Umweltverschmutzungen, welche die Nutzung der Wohnung behindern, greifen in das Recht auf Wohnung ein, sofern sie dem Staat zurechenbar sind[258]. Da der Europäische Gerichtshof für Menschenrechte insoweit auf den Betreiber abstellt, ist dies selten der Fall[259].

102
Zurechenbarkeit

---

249 *EGMR*, Urt. v. 16. 9. 1996, Akdivar u. a. ./. Türkei (FN 180), Ziff. 88; (GK), Urt. v. 28. 11. 1997, Menteş ./. Türkei (FN 180), Ziff. 73; Urt. v. 16. 11. 2000, Bilgin ./. Türkei (FN 180), Ziff. 108; Urt. v. 30. 1. 2001, Dulaş ./. Türkei, Beschwerde Nr. 25.801/94, Ziff. 60.
250 *Breitenmoser* (FN 11), S. 264 ff.; *Wildhaber/Breitenmoser* (FN 12), RN 471, 473, m.w.N.; *Harris/O'Boyle/Warbrick* (FN 59), S. 319.
251 *EGMR*, Urt. v. 24. 11. 1986, Gillow ./. Vereinigtes Königreich, Serie A 109, Ziff. 47.
252 *EGMR*, Urt. v. 29. 7. 2004, Blečić ./. Kroatien, Beschwerde Nr. 59.532/00, Ziff. 53 f.
253 *EGMR*, Urt. v. 25. 9. 1996, Buckley ./. Vereinigtes Königreich, RJD 1996-IV, sowie ÖJZ 1997, S. 313, Ziff. 60.
254 *EGMR*, Urt. v. 10. 5. 2001, Zypern ./. Türkei, RJD 2001-IV, Ziff. 171 f.
255 *EGMR*, Urt. v. 16. 9. 1996, Akdivar u. a. ./. Türkei (FN 180), Ziff. 88; (GK), Urt. v. 28. 11. 1997, Menteş ./. Türkei (FN 180), Ziff. 73; Urt. v. 16. 11. 2000, Bilgin ./. Türkei (FN 180), Ziff. 108; Urt. v. 30. 1. 2001, Dulaş ./. Türkei (FN 249), Ziff. 60.
256 *EGMR*, Urt. v. 10. 5. 2001, Zypern ./. Türkei (FN 254), Ziff. 174 f.
257 *EGMR*, Urt. v. 24. 11. 1986, Gillow ./. Vereinigtes Königreich (FN 251), Ziff. 56 ff. Im konkreten Fall erkannte der *EGMR* jedoch auf Verletzung, weil die Behörden der speziellen Situation der Beschwerdeführer zu wenig Beachtung geschenkt hatten.
258 *EGMR*, Urt. v. 21. 2. 1990, Powell und Rayner ./. Vereinigtes Königreich, Serie A 172, sowie ÖJZ 1990, S. 418, Ziff. 40, und *EGMR* (GK), Urt. 8. 7. 2003, Hatton ./. Vereinigtes Königreich, RJD 2003-VIII, sowie ÖJZ 2005, 642, Ziff. 119, wo die Zurechnung zum Staat offengelassen ist.
259 Einen staatlichen Eingriff verneinend *EGMR*, Urt. v. 2. 10. 2001, Hatton u. a. ./. Vereinigtes Königreich (FN 135), Ziff. 95, und *EGMR*, Urt. v. 16. 11. 2004, Moreno Gómez ./. Spanien, Beschwerde Nr. 4143/02, Ziff. 57.

III. Schutzpflichten

103
Vorkehrungen bei Beeinträchtigung durch Private

Art. 8 EMRK gebietet es dem Staat aber auch, im Verhältnis der Bürger untereinander für angemessenen Schutz der Wohnung zu sorgen[260]. Er schuldet beispielsweise angemessene Vorkehrungen zum Schutz vor übermäßigen Lärmbelastungen durch Private[261], und er muß gegen Industrieanlagen einschreiten, die durch Immissionen die Wohnqualität gravierend beeinträchtigen[262]. Diese Schutzpflicht erachtete der Europäische Gerichtshof für Menschenrechte trotz einzelner staatlicher Maßnahmen (Angebot einer Ersatzwohnung, kurze Betriebsstillegung) in einem Fall als verletzt, in dem eine Familie mehr als drei Jahre hindurch Mißstände durch Schwefelwasserstoffimmissionen zu ertragen hatte[263]. Auch die Zerstörung von Haus und Hof, gewaltsames Eindringen in die Wohnung oder Besitzstörungen durch Medien können Schutzpflichten auslösen[264].

104
Lebensstil bedrohter Minderheiten

Kein Sozialgrundrecht auf Unterkunft

Der Europäische Gerichtshof für Menschenrechte hat ferner aus Art. 8 EMRK eine Pflicht des Staates abgeleitet, es bedrohten Minderheiten wie den Zigeunern zu erleichtern, ihren traditionellen Lebensstil beizubehalten[265]. Er hat es jedoch abgelehnt, das Recht auf Achtung der Wohnung als soziales Grundrecht zu deuten, aus dem Leistungsansprüche auf eine (angemessene) Unterkunft abgeleitet werden könnten[266]. Ob der Staat für Wohnzwecke Förderungsmittel zur Verfügung stellt, ist deswegen eine politische Frage[267]. Werden jedoch Beihilfen gewährt, so müssen Diskriminierungen im Sinne des Art. 14 EMRK vermieden werden, weil Art. 8 EMRK durch eine solche Regelung berührt ist[268].

---

260 Dazu *Feik*, Staatliche Gewährleistungspflichten und Nachbarrechte im gewerblichen Betriebsanlagenrecht, in: Christoph Grabenwarter/Rudolf Thienel (Hg.), Kontinuität und Wandel der EMRK, 1998, S. 205 (215 ff.); *Kley-Struller*, Der Schutz der Umwelt durch die EMRK, EuGRZ 1995, S. 507 (512 ff.).
261 EGMR, Urt. v. 21. 2. 1990, Powell und Rayner ./. Vereinigtes Königreich (FN 258), Ziff. 40, 43; Urt. v. 9. 12. 1994, López Ostra ./. Spanien, Serie A 303-C, sowie ÖJZ 1995, S. 347, sowie EuGRZ 1995, S. 530, Ziff. 51; Urt. v. 2. 10. 2001, Hatton u. a. ./. Vereinigtes Königreich (FN 259), Ziff. 96 ff.; Urt. v. 16. 11. 2004, Moreno Gómez ./. Spanien (FN 259), Ziff. 53; Urt. v. 20. 4. 2004, Surugiu ./. Rumänien, Beschwerde Nr. 48.995/99, Ziff. 59; *Harris/O'Boyle/Warbrick* (FN 59), S. 334.
262 EGMR, Urt. v. 9. 12. 1994, Lopéz Ostra ./. Spanien (FN 261), Ziff. 51; Urt. v. 9. 6. 2005, Fadeyeva ./. Rußland, Beschwerde Nr. 55.723/00, Ziff. 116 ff.
263 EGMR, Urt. v. 9. 12. 1994, Lopéz Ostra ./. Spanien (FN 261), Ziff. 57 f.
264 EGMR, Urt. v. 12. 7. 2005, Moldovan u. a. ./. Rumänien, Beschwerde Nr. 41.138/98, 64.320/01, Ziff. 102 ff.; EKMR, E. v. 7. 3. 1994, Whiteside ./. Vereinigtes Königreich, Beschwerde Nr. 20.357/92, DR 76A, S. 80 (86); *Harris/O'Boyle/Warbrick* (FN 59), S. 334.
265 EGMR, Urt. v. 18. 1. 2001 (GK), Chapman ./. Vereinigtes Königreich (FN 78), Ziff. 96.
266 EGMR, Urt. v. 18. 1. 2001 (GK) (FN 78), Ziff. 98; *Breitenmoser* (FN 11); S. 268; *Jacques Velu/Rusen Ergec*, La Convention Européenne des Droits de l'Homme, Brüssel 1990, RN 679.
267 EGMR, Urt. v. 18. 1. 2001 (GK) (FN 78), Ziff. 98 f.; Urt. v. 18. 1. 2001, Beard ./. Vereinigtes Königreich (FN 78), Ziff. 109 ff.
268 Vgl. *Kneihs*, „Eigene Wohnung" und Verfassung – Zur Wohnkostenbeihilfe nach § 33 Heeresgebührengesetz, WoBl. 1998, S. 257, 289 (292 f.).

F. Der Schutz individueller Kommunikation

Schließlich genießt auch die kommunikative Privatsphäre in Österreich speziellen grundrechtlichen Schutz. Die Verfassungsrechtslage ist ebenso wie beim Hausrecht dadurch gekennzeichnet, daß mit den in Art. 10 und 10a StGG verankerten Rechten auf Brief- und Fernmeldegeheimnis einerseits und dem in Art. 8 EMRK verbürgten Recht auf Achtung des Briefverkehrs andererseits genuin nationale und europäische Gewährleistungen einander gegenüberstehen, die sich überlappen und die einmal mehr beträchtliche Unterschiede aufweisen. Gemeinsam ist ihnen jedoch das Anliegen, Kommunikationswege zu schützen, die für den Austausch privater, geschäftlicher und politischer Informationen gleichermaßen genutzt werden und die im Zeitpunkt der Schaffung der Grundrechte in besonderem Maße verwundbar erschienen, weil sie damals in staatlicher Regie betrieben wurden.

105 Informationsaustausch

I. Sachlicher Schutzbereich

1. Briefgeheimnis

Art. 10 StGG schützt „nur Briefe im eigentliche Sinne des Wortes"[269]. Nach herrschender Auffassung sind es drei Elemente, die für einen Brief charakteristisch sind[270]. Erstens setzt ein Brief ein körperliches Substrat voraus, das physisch übermittelt wird. Das kann im Extremfall auch ein leerer Briefumschlag sein; ein elektronisch übermitteltes Schreiben (E-Mail) oder ein Telefax ist freilich in Ermangelung eines solchen Substrats kein Brief[271]. Zweites Merkmal des Briefes ist sein Verschluß. Mit ihm wird vom Absender zum Ausdruck gebracht, daß der Inhalt ausschließlich den Empfänger angeht, und er wirkt als Barriere, die den Geheimnischarakter signalisiert und über die man sich hinwegsetzen muß[272]. Postkarten oder in offenen Kuverts enthaltene Sendungen stellen daher keine Briefe dar. Drittens schließlich muß ein Brief zur Beförderung an einen individuellen Adressaten bestimmt sein. Massensendungen oder verschlossene Papiere ohne Empfänger werden durch Art. 10 StGG nicht erfaßt. Unerheblich ist hingegen, ob die Mitteilungen privater Natur oder ob sie der Sache nach geheim sind: Es genügt, daß es sich um eine geschlossene Sendung handelt, die an eine bestimmte Person adressiert ist.

106 Begriffsmerkmale des Briefs

---

269 *VfSlg* 938/1928.
270 Ausführlich *Wiederin* (FN 3), Art. 10 StGG RN 12 ff. m.w.N.
271 Vgl. *Wessely*, Das Fernmeldegeheimnis – ein unbekanntes Grundrecht?, ÖJZ 1999, S. 491 (492); *Himberger* (FN 24), S. 51; a.A. zu verschlüsselten Mails *Wagner*, Unbefugter Zugriff auf e-mail, in: ecolex 2000, S. 273 (273), und *Jahnel*, Datenschutz im Internet, in: ecolex 2001, S. 84 (86).
272 Vgl. *Hans Weiler*, Die verfassungsgesetzlich gewährleisteten Rechte an Briefen, JBl 1958, S. 224 (225).

2. Fernmeldegeheimnis

107
Datenübermittlung ohne körperliches Substrat

In den Genuß des Fernmeldegeheimnisses gelangen alle Informationen, die im Wege des Fernmeldeverkehrs übermittelt werden und die nicht für die Öffentlichkeit, sondern für eine konkrete Person bestimmt sind[273]. Für die Abgrenzung zu Art. 10 StGG kommt es somit nicht darauf an, ob es sich um eine mündliche Mitteilung handelt. Entscheidend ist vielmehr, daß eine Datenübermittlung vorliegt, die ohne Transport eines körperlichen Substrats im Wege von Fernmeldeanlagen erfolgt. Die Materialien zu Art. 10a StGG[274] zeigen, daß der Verfassungsgesetzgeber einen weiten Begriff des Fernmeldeverkehrs vor Augen hatte, der sich mit dem Kompetenzbegriff in Art. 10 Abs. 1 Ziff. 9 B-VG deckt. Es genügt folglich, wenn eine technische Anlage zum Einsatz gelangt, mit welcher Nachrichten im Wege elektromagnetischer Wellen ausgesendet, übertragen oder empfangen werden[275]. Neben dem Telephon, dem Telefax und dem E-Mail ist aus diesem Grund auch die optische Fernmeldung über Semaphore oder Lasersysteme erfaßt.

Einsatz technischer Anlagen

3. Briefverkehr

108
Maßgeblichkeit der persönlichen Adressierung

Durch Art. 8 EMRK ist jedermanns Briefverkehr geschützt. Darunter fällt unbestrittenermaßen der konventionelle Briefverkehr. Anders als bei Art. 10 StGG kommt es bei Art. 8 EMRK nicht darauf an, ob die Nachricht durch einen Umschlag gegen neugierige Blicke geschützt ist[276]. Neben dem klassischen kuvertierten Brief sind darum auch Postkarten, Drucksachen und alles sonst im Postweg Verschickte erfaßt[277], sofern die Sendung persönlich adressiert ist. Ebenso wie bei Art. 10 StGG kommen neben privaten auch geschäftliche Mitteilungen in den Genuß des Grundrechts[278]. Nahezu durchwegs akzeptiert ist ferner, daß schriftliche Mitteilungen auch dann zum Briefverkehr zählen, wenn sie nicht auf einem körperlichen Substrat festgehalten sind[279]. Fernschreiber, Telegramm, Telex, Fax, Pagernachricht und E-Mail sind daher als Schutzobjekte unbestritten[280].

---

273 Näher *Himberger* (FN 24), S. 48 ff., und *Wiederin* (FN 3), Art. 10a StGG RN 5 ff.
274 AB 960 BlgNR 13. GP, S. 2.
275 Eingehend *Himberger* (FN 24), S. 48 ff. m.w.N.
276 Vgl. *Breitenmoser* (FN 11), S. 307 f.; *Grabenwarter*, EMRK (LitVerz.), § 22 RN 23.
277 *Velu/Ergec* (FN 266), RN 680; *Wildhaber/Breitenmoser* (FN 12), RN 492 Zögernd hingegen noch VfSlg 15.575/1999, wo offengelassen wird, ob Art. 8 EMRK auch den Empfang von nicht als persönliche Nachrichten qualifizierbaren Zeitungen und Zeitschriften umfaßt.
278 EGMR, Urt. v. 25. 6. 1997, Halford ./. Vereinigtes Königreich (FN 44), Ziff. 44 m.w.N., und Urt. v. 25. 3. 1998, Kopp ./. Schweiz (FN 123), Ziff. 50.
279 *Breitenmoser* (FN 11), S. 310; *Wildhaber/Breitenmoser* (FN 12), RN 495; skeptisch hingegen *Velu* (FN 39), S. 65, und *Heinz Guradze*, Die Europäische Menschenrechtskonvention, 1968, S. 125.
280 Vgl. *Wildhaber/Breitenmoser* (FN 12), RN 495; *Benjamin Kneihs*, Grundrechte und Sterbehilfe, 1998, S. 327; *Karl Weber*, Grundrechtsschutz bei Telefonüberwachung, Hausdurchsuchung und Beschlagnahme, in: BMJ (Hg.), Vorarlberger Tage 1999, 2000, S. 105 (107 f.); zum Telex EKMR, E. v. 27. 6. 1994, Christie ./. Vereinigtes Königreich, Beschwerde Nr. 21.482/93, DR 78-A, 119 (132); zur Pagernachricht EGMR, Urt. v. 22. 10. 2002, Taylor-Sabori ./. Vereinigtes Königreich, Beschwerde Nr. 47.114/99, Ziff. 18.

Daß auch mündliche Mitteilungen Briefverkehr darstellen, wurde und wird hingegen von gewichtigen Autoren bezweifelt[281]. Unter Berufung auf die Originalfassungen der Konvention, in welchen die neutraleren Termini „correspondence" bzw. „correspondance" aufscheinen, hat die Praxis diese Frage jedoch von Anfang an bejaht[282]. Ihre grundrechtsfreundliche Haltung hat in jüngerer Zeit auch in der Lehre an Boden gewonnen[283].

109 Mündliche Mitteilungen als Briefverkehr?

Der Schutz endet freilich dort, wo es sich um keinen geschlossenen Kommunikationsweg mehr handelt, der für den Austausch von Informationen zwischen zwei oder mehreren Personen bestimmt ist, sondern um Übertragungswege, die zur Übermittlung von Nachrichten an die Öffentlichkeit bestimmt sind. Weder Rundfunkempfang noch der Besuch öffentlich zugänglicher WWW-Seiten stellen Briefverkehr im Sinne des Art. 8 EMRK dar[284].

110 Erfordernis eines geschlossenen Kommunikationswegs

II. Eingriffe und ihre Rechtfertigung

1. Briefgeheimnis

Art. 10 StGG gewährleistet das Geheimnis am Brief. Er enthält deshalb das Verbot, den Inhalt eines Briefes ohne dazu ermächtigenden Willensakt des Absenders dem Zustand des Geheimseins zu entreißen[285]. Nach manchen Autoren hat es damit sein Bewenden[286]. Nach der weitergehenden Gegenansicht stellt auch die Unterdrückung und Vernichtung von Briefen einen Eingriff dar[287]; sie kann für sich ins Treffen führen, daß im Entstehungskontext neben der Beschlagnahme oder Eröffnung von Briefen auch deren Unterschlagung als (unzulässiger) Eingriff gewertet wurde[288]. Gegen sonstige Formen der Behinderung des Briefverkehrs wie z. B. das Verbot, Briefe zu schreiben, oder mengenmäßige Beschränkungen der Korrespondenz bietet Art. 10 StGG jedoch nach übereinstimmender Auffassung keinen Schutz[289].

111 Eröffnen, Unterdrücken und Vernichten von Briefen

Umstritten ist ferner, ob ein Eingriff in das Briefgeheimnis die Absicht voraussetzt, vom Inhalt des Briefes Kenntnis zu erlangen. Unter Berufung auf den Verfassungsgerichtshof[290] wird diese Frage in der jüngeren Lehre über-

112 Absicht der Kenntnisnahme

---

281 Vgl. *Breitenmoser* (FN 11), S. 307 ff. m.w.N. in FN 9; *Wildhaber/Breitenmoser* (FN 12), RN 491 ff.; *Villiger*, EMRK (LitVerz.), RN 588; *Uerpmann-Wittzack*, Höchstpersönliche Rechte und Diskriminierungsverbot, in: Dirk Ehlers (Hg.), Europäische Grundrechte und Grundfreiheiten, ²2005, § 3 RN 14.
282 EGMR, Urt. v. 6. 9. 1978, Klass u. a. ./. Deutschland (FN 16), Ziff. 41; Urt. v. 2. 8. 1984, Malone ./. Vereinigtes Königreich (FN 16), Ziff. 64; Urt. v. 15. 6. 1992, Lüdi ./. Schweiz (FN 71), Ziff. 39; Urt. v. 16. 2. 2000, Amann ./. Schweiz (FN 44), Ziff. 44; Urt. v. 25. 9. 2001, P.G. und J.H. ./. Vereinigtes Königreich (FN 48), Ziff. 42.
283 Vgl. *Frowein/Peukert*, EMRK (LitVerz.), S. 362; *Grabenwarter*, EMRK (LitVerz.), § 22 RN 24; *Harris/O'Boyle/Warbrick* (FN 59), S. 320; *Ruiz* (FN 39), S. 142 ff.; *Velu/Ergec* (FN 266), RN 682.
284 *Grabenwarter* (FN 24), S. 65; *Kugelmann*, Schutz privater Individualkommunikation nach der EMRK, EuGRZ 2003, S. 16 (22).
285 So VfSlg 11.358/1987 im Anschluß an *Weiler* (FN 272), S. 225.
286 *Berka*, Grundrechte (LitVerz.), RN 504; *Mayer* (FN 201), S. 610.
287 So *Hye* 278; *Hye/Hugelmann* 931; *Weiler* (FN 272), S. 226; *Wiederin* (FN 3), Art. 10a StGG RN 21.
288 Vgl. § 1 Abs. 1 des Gesetzes zum Schutz des Brief- und Schriftengeheimnisses (RGBl 1870/42) sowie die Entwürfe 1861 und 1862 (statt vieler § 2 des Erstentwurfs StenProtAH 1. Sess., S. 1724).
289 *Berka*, Grundrechte (LitVerz.), RN 506; *Kopetzki* (FN 59), S. 421; *Wiederin* (FN 3), Art. 10 StGG RN 30 m.w.N. der Rsp.
290 VfSlg 11.358/1987.

wiegend bejaht²⁹¹. Nach zutreffender älterer Ansicht kommt es hingegen auf die Motive der Erbrechung des Verschlusses nicht an²⁹².

113
Amtliche Eröffnung oder Beschlagnahme

Art. 10 StGG führt von den drei Eingriffsformen Unterschlagung, Eröffnung und Beschlagnahme lediglich die Beschlagnahme explizit an und verlangt, daß eine solche – abgesehen von den Ausnahmen Hausdurchsuchung, Verhaftung und Kriegsfall – nur „aufgrund eines richterlichen Befehles in Gemäßheit bestehender Gesetze vorgenommen werden" darf. Daraus wird übereinstimmend abgeleitet, daß die amtliche Unterschlagung von Briefen absolut unzulässig ist. Im Hinblick auf Eröffnungen ist hingegen umstritten, welche Rechtfertigungsbedingungen erfüllt sein müssen. Die wohl herrschende Auffassung stellt Eröffnungen den Beschlagnahmen gleich und verlangt daher neben einer gesetzlichen Grundlage einen richterlichen Befehl²⁹³.

Auffassung des VfGH

Der Verfassungsgerichtshof betrachtet hingegen bloße Eröffnungen als gelindere Eingriffe, die nicht mit Beschlagnahmen gleichgesetzt werden dürfen, und läßt sie auch ohne richterlichen Befehl auf Grundlage eines Gesetzes zu²⁹⁴. Für die vom Verfassungsgerichtshof vorgenommene Differenzierung fehlt es an einer tragfähigen Grundlage²⁹⁵. Die Entstehungsgeschichte des Art. 10 StGG zeigt, daß der Begriff Beschlagnahme deshalb gewählt wurde, um heimliche Briefkontrollen auszuschließen, und daß polizeiliche Eröffnungen von Briefen ohne richterlichen Befehl nur im Rahmen der Ausnahmetatbestände zugelassen werden sollten²⁹⁶. Außerdem befremdet, daß der Verfassungsgerichtshof die Beschlagnahme als gravierenderen Eingriff wertet, obwohl letztere zunächst die Vertraulichkeit des Briefinhaltes wahrt und dadurch für präventiven Rechtsschutz Raum läßt. Bei klandestinem Eindringen in den Brief hängt es hingegen vom Zufall ab, ob die Betroffenen nachträglichen Rechtsschutz beanspruchen können, weil sie hiezu vom Eingriff erst einmal erfahren müs-

Gesetzes- und Richtervorbehalt

sen. Sowohl Eröffnungen als auch Beschlagnahmen sind daher nur gerechtfertigt, wenn erstens ein hinreichend bestimmtes Gesetz den Eingriff trägt und wenn zweitens eine Person, die über die richterlichen Garantien des Art. 87 B-VG verfügt, den Eingriff angeordnet hat.

114
Ausnahmetatbestände

Anderes gilt, soweit die Ausnahmetatbestände greifen. Neben dem Kriegsfall, der den Ausbruch eines Krieges voraussetzt, führt Art. 10 StGG die Fälle „einer gesetzlichen Verhaftung oder Haussuchung" an. Diesen Konstellationen ist gemeinsam, daß regelmäßig bereits ein Richter einschneidende Grundrechtseingriffe gebilligt hat. Der Verfassungsgesetzgeber sah deshalb einen weiteren richterlichen Befehl als entbehrlich an. Vor diesem Hinter-

---

291 *Berka*, Grundrechte (LitVerz.), RN 504, *Mayer* (FN 201), S. 610; *Adamovich/Funk/Holzinger*, Staatsrecht III RN 42.092.
292 Vgl. *Wiederin* (FN 3), Art. 10 StGG RN 22 ff.
293 *Ermacora*, Handbuch (LitVerz.), S. 268 f.; *Stolzlechner*, Der grundrechtliche Schutz der Privatsphäre in Österreich, in: Hans Hoyer (Red.), Österreichische Landesreferate zum X. Internationalen Kongreß für Rechtsvergleichung in Budapest 1978, 1979, S. 69 (80); *Walter/Mayer/Kucsko-Stadlmayer*, Grundriss (LitVerz.), RN 1437.
294 *VfSlg* 13.715/1994. Ebenso *Öhlinger* (LitVerz.), RN 825.
295 Kritisch *Berka*, Grundrechte (LitVerz.), RN 505, und *Wiederin* (FN 3), Art. 10 StGG RN 26.
296 Vgl. m.w.N. *Wiederin* (FN 3), Art. 10 StGG RN 26.

grund darf allerdings der Verhaftungsbegriff des Art. 10 StGG nicht mit dem Begriff des Entzugs der persönlichen Freiheit nach Art. 1 Abs. 3 PersFrG 1988 gleichgesetzt werden, sondern ist zeitgenössisch im Sinne des § 2 des Gesetzes zum Schutze der persönlichen Freiheit 1862[297] zu deuten[298].

2. Fernmeldegeheimnis

Zum Fernmeldegeheimnis ist ebenfalls anerkannt, daß Art. 10a StGG nicht die Freiheit des Fernmeldeverkehrs in seiner Gesamtheit verbürgt, sondern ausschließlich die Vertraulichkeit der von ihm erfaßten Kommunikationswege. Kontrovers wird indessen beurteilt, ob ausschließlich der Kommunikationsinhalt unter Schutz steht[299] oder ob auch die Vertraulichkeit der äußeren Kommunikationsdaten garantiert wird[300].

115 Vertraulichkeit des Fernmeldeweges

Die besseren Argumente sprechen dafür, den durch Art. 10a StGG vermittelten Schutz auf die Inhalte der Kommunikation zu beschränken. Systematisch ist Art. 10a StGG dem Briefgeheimnis nachempfunden, das sich auf Verbindungsdaten gerade nicht erstreckt. Bei historischer Auslegung verdient Beachtung, daß der Justizausschuß, auf dessen Antrag hin das Fernmeldegeheimnis beschlossen wurde, seinen Gegenstand in „Nachrichten oder Mitteilungen" sah und klarstellte, daß Maßnahmen der technischen und betrieblichen Überwachung der Eingriffscharakter mangelt[301]. In teleologischer Perspektive macht es schließlich Sinn, den dichten, einen Richtervorbehalt inkludierten Schutz des Art. 10a StGG auf Inhaltsdaten zu beschränken, weil ihre Überwachung im Vergleich zum Zugriff auf Verbindungsdaten für die betroffene Person die stärkere Bedrohung darstellt[302].

116 Beschränkung auf die Kommunikationsinhalte

Dementsprechend greifen beispielsweise die Abhörung von Telephonaten, die Überwachung von Faxanschlüssen sowie der Zugriff auf elektronische Post in Art. 10a StGG ein. Gegen Beschränkungen oder Behinderungen des Fernmeldeverkehrs, gegen das Verbot der Errichtung von Telekommunikationsanlagen und gegen die Abnahme von Mobiltelephonen bietet das Grundrecht hingegen ebensowenig Schutz wie gegen Fangschaltungen oder Standortpeilungen.

117 Eingriffsbeispiele

Neben dem Anlageninhaber sind auch überwachte Dritte Grundrechtsträger, die sich gegen Eingriffe zur Wehr setzen können. Freiwillige Zustimmung zur

118

---

297 RGBl 87.
298 Näher *Ermacora*, Handbuch (LitVerz.), S. 270 f.; *Kopetzki* (FN 59), S. 423; *Wiederin* (FN 3), Art. 10 StGG RN 35.
299 *Berka*, Grundrechte (LitVerz.), RN 508; *Brandl*, Datenschutz im Internet, in: Studiengesellschaft für Wirtschaft und Recht (Hg.), Internet und Recht, 2002, S. 111 (119); *Andreas Hauer/Rudolf Keplinger*, Sicherheitspolizeigesetz. Kommentar, ²2001, S. 472; *Himberger* (FN 24), S. 57 ff.; *Wessely*, ÖJZ 1999, S. 491 (493 f.); *Wiederin* (FN 3), Art. 10a StGG RN 12, m.w.N. zum Streitstand.
300 *OGH* v. 6.12.1995, 13 Os 161/95, JBl 1997, S. 260; v. 17.6.1998, 13 Os 68/98, EvBl 1998/191; *Mayer-Schönberger/Brandl*, Telekommunikationsgesetz und Datenschutz, in: ecolex 1998, S. 272 (273); *Reindl*, Die nachträgliche Offenlegung von Vermittlungsdaten des Telefonverkehrs in Strafsachen („Rufnummernrückerfassung"), JBl 1999, S. 791 (794 f., 797); *Schmölzer*, Rückwirkende Überprüfung von Vermittlungsdaten im Fernmeldeverkehr, JBl 1997, S. 211 (214).
301 AB 960 BlgNR 13. GP, S. 2.
302 *Himberger* (FN 24), S. 62; *Wiederin* (FN 11), S. 55.

§ 190   *Dreizehnter Teil: II. Einzelgrundrechte*

Überwachte Dritte als Grundrechtsträger
Überwachung schließt ebenso wie beim Briefgeheimnis einen Eingriff aus. Da zwischen den Kommunikationspartnern kein Geheimnis besteht, reicht die Einwilligung eines Gesprächsteilnehmers hin[303].

119
Richtervorbehalt
Eingriffe bedürfen ohne Ausnahme einer gesetzlichen Grundlage und eines richterlichen Befehls.

3. Briefverkehr

120
Schutzgut
Schutzgut des Art. 8 EMRK ist der „Briefverkehr" in seiner Gesamtheit. Dazu zählt zuvörderst die Vertraulichkeit der Kommunikation, weswegen jede staatliche Kenntnisnahme des Inhalts von Briefen und Telephongesprächen einen Eingriff darstellt[304], und zwar auch dann, wenn es lediglich um die Aufnahme einer Stimmprobe ging[305]. Anders als nach Art. 10 und 10a StGG sind aber auch die äußeren Rahmenbedingungen der Kommunikation sowie die Tatsache, daß eine Kommunikation stattgefunden hat, gegen unbefugte Kenntnisnahme geschützt[306]. Ausforschungen von Rufnummern und Standortbestimmungen greifen darum ebenso ein wie die Verpflichtung, Vermittlungsdaten offenzulegen[307] oder das Postgeheimnis zu lüften[308]. Darüber hinaus stellt Art. 8 EMRK, wie der Europäische Gerichtshof für Menschenrechte schon im *Golder*-Urteil[309] festgehalten hat, auch die Freiheit unter Schutz, über geschlossene Kanäle mit Partnern zu kommunizieren. Es stellt daher einen Eingriff dar, wenn Korrespondenz verboten, zahlenmäßig beschränkt, zurückgehalten, verzögert, sonstwie behindert oder dem Adressaten nicht ausgehändigt wird[310].

121
Eingriff durch die Ermächtigungsnorm selbst
Bei Ermächtigungen zu geheimer Überwachung stellt bereits die Existenz entsprechender gesetzlicher Regelungen einen Eingriff in den Briefverkehr jener Personengruppe dar, die den vorgesehenen Maßnahmen ausgesetzt ist[311]. Im übrigen begnügt sich die Rechtsprechung mit der hinreichenden Plausibilität von Überwachungen[312] und rechnet auch von privater Seite vor-

---

303 Ebenso *Wessely*, ÖJZ 1999, S. 491 (497 FN 51); anders *Himberger* (FN 24), S. 86 f.
304 Vgl. statt vieler *EGMR*, Urt. v. 30. 7. 1998, Valenzuela Contreras ./. Spanien (FN 122), Ziff. 46 m.w.N. zu einer Telephonüberwachung; Urt. v. 22. 10. 2002, Taylor-Sabori ./. Vereinigtes Königreich (FN 280), Ziff. 9, 18, zum Empfang von Pagernachrichten mit Hilfe eines Klons; Urt. v. 14. 3. 2002, Puzinas ./. Litauen, Beschwerde Nr. 44.800/98, Ziff. 20, zur Briefzensur.
305 *EGMR*, Urt. v. 25. 9. 2001, P.G. und J.H. ./. Vereinigtes Königreich (FN 48), Ziff. 59.
306 M.w.N. *Grabenwarter*, EMRK (LitVerz.), § 22 RN 31, und *Wiederin* (FN 3), Art. 8 EMRK, RN 122.
307 *EGMR*, Urt. v. 2. 8. 1984, Malone ./. Vereinigtes Königreich (FN 16), Ziff. 84; Urt. v. 30. 7. 1998, Valenzuela Contreras ./. Spanien (FN 122), Ziff. 47; Urt. v. 25. 9. 2001, P.G. und J.H. ./. Vereinigtes Königreich (FN 48), Ziff. 42; *Reindl* (FN 300), S. 795.
308 *Breitenmoser* (FN 11), S. 318.
309 *EGMR*, Urt. v. 21. 2. 1975, Golder ./. Vereinigtes Königreich, Serie A 18, sowie EuGRZ 1975, S. 91, Ziff. 43.
310 Vgl. *EGMR*, Urt. v. 25. 3. 1983, Silver u.a./. Vereinigtes Königreich, Serie A 61, Ziff. 104; Urt. v. 25. 2. 1992, Fall Andersson ./. Schweden, (FN 152) Ziff. 72; Urt. v. 28. 11. 2002, Beschwerde Nr. 58.442/00, Lavents ./. Litauen, Ziff. 27, 134; *VfSlg* 6720/1972, 6789/1972. 15.575/1999, 15.619/1999.
311 *EGMR*, Urt. v. 6. 9. 1978, Klass u. a. ./. Deutschland (FN 16), Ziff. 41; Urt. v. 2. 8. 1984, Malone ./. Vereinigtes Königreich (FN 16), Ziff. 64; E. v. 29. 6. 2006, Weber und Saravia ./. Deutschland, Beschwerde Nr. 54.934/00, Ziff. 78 f.
312 *EGMR*, Urt. v. 25. 6. 1997, Halford ./. Vereinigtes Königreich (FN 44), Ziff 48, 57.

genommene Überwachungen dem Staat zu, sofern Beamte in sie (sei es bestimmend, sei es unterstützend) involviert waren[313].

Stimmt ein Betroffener der Maßnahme freiwillig zu, so verliert sie dadurch ihren Charakter als Eingriff. Da das Schutzgut sich nicht in der Vertraulichkeit der Kommunikation erschöpft, bleibt es aber dem Partner des Einwilligenden unbenommen, die Maßnahme unter Berufung auf Art. 8 EMRK zu bekämpfen.

122
Zustimmung des Betroffenen

Jeder Eingriff bedarf einer gesetzlichen Grundlage, die hinreichend zugänglich und vorhersehbar ist. Diese Ermächtigung muß dermaßen präzise formuliert sein, daß sich die Bürger einen klaren Eindruck verschaffen können, unter welchen Bedingungen sie mit Eingriffen rechnen müssen. Wenn es sich um geheime Überwachungsmaßnahmen handelt, sind die Anforderungen besonders hoch. In seiner Rechtsprechung zu Telephonüberwachungen hat der Europäische Gerichtshof für Menschenrechte eine Reihe neuralgischer Punkte herausgearbeitet, die im Gesetz geregelt sein müssen, um Machtmißbrauch zu verhindern und den Betroffenen Schutz zu bieten[314]. Im einzelnen werden verlangt: erstens eine Definition des Kreises jener Personen, die überwacht werden kann; zweitens eine Umschreibung jener Straftaten, die Anlaß zu einer Überwachung geben können; drittens eine zeitliche Begrenzung der Überwachung; viertens Bestimmungen über die Abfassung von Protokollen und über Vorkehrungen, die die Vollständigkeit und Unversehrtheit der Übertragungen sichern, sowie schließlich Bestimmungen über die Löschung der Daten bzw. Vernichtung der Datenträger. Hinsichtlich der Kontrolle von Briefpost hat der Europäische Gerichtshof für Menschenrechte Bestimmungen über Art, Zweck, Dauer, Ausmaß und Kontrolle der Beschränkungen verlangt[315].

123
Anforderungen an Eingriffsgrundlage

Bei Prüfung der Verhältnismäßigkeit von Eingriffen nimmt die Rechtsprechung eine Gesamtabwägung zwischen legitimen Eingriffszielen und den Interessen der Betroffenen vor, in deren Rahmen zum einen die Schwere der aufzuklärenden Anlaßtat, die Intensität des Tatverdachts und die Erfolgsaussichten des Eingriffs relevant sind[316]. Zum anderen legt der Europäische Gerichtshof für Menschenrechte auf eine richterliche Kontrolle oder auf sonstige wirksame Garantien großen Wert und verlangt, daß überwachte Dritte nicht nur nachträglich vom Eingriff verständigt werden, sondern auch über die Legitimation verfügen müssen, sich gegen die Maßnahme zur Wehr zu set-

124
Verhältnismäßigkeitsprüfung

---

313 *EGMR*, Urt. v. 23. 11. 1993, A ./. Frankreich, Serie A 277-B, sowie ÖJZ 1994, S. 392, Ziff. 36; Urt. v. 8. 4. 2003, M.M. ./. Niederlande, Beschwerde Nr. 39.339/98, Ziff. 36 ff.
314 *EGMR*, Urt. v. 24. 4. 1990, Kruslin ./. Frankreich, Serie A 176-A, sowie ÖJZ 1990, S. 564, Ziff. 35; Urt. v. 30. 7. 1998, Valenzuela Contreras ./. Spanien (FN 122), Ziff. 46; Urt. v. 16. 2. 2000, Amann ./. Schweiz (FN 44), Ziff. 58.
315 *EGMR*, Urt. v. 24. 9. 1992, Herczegfalvy ./. Österreich, Serie A 244, sowie EuGRZ 1992, S. 535, sowie ÖJZ 1993, S. 96, Ziff. 91; Urt. v. 15. 11. 1996, Domenichini ./. Italien, RJD 1996-V, Ziff. 32; Urt. v. 4. 7. 2000, Niedbala ./. Polen, Beschwerde Nr. 27.915/95, Ziff. 81; Urt. v. 21. 12. 2000, Rinzivillo ./. Italien, Beschwerde Nr. 31.543/96, Ziff. 30; Urt. v. 28. 9. 2000, Messina ./. Italien II (FN 181), Ziff. 81; Urt. v. 9. 1. 2001, Natoli ./. Italien, Beschwerde Nr. 26.161/95, Ziff. 45.
316 Vgl. *EGMR*, Urt. v. 6. 9. 1978, Klass u. a. ./. Deutschland (FN 16), Ziff. 51 ff.; *OGH* v. 6. 12. 1972, 11 Os 183, 184/72, SSt 43/52, sowie EvBl 1973/139. Resümierend *Reindl* (FN 300), S. 796.

zen³¹⁷. Entscheidend ist letztlich, daß das System insgesamt hinreichende Garantien enthält, die den Eingriff auf das Notwendige und Angemessene beschränken.

125
Kommunikationsbeschränkungen in der Haft

Bei Häftlingen erkennt die Rechtsprechung an, daß der Freiheitsentzug ein gewisses Ausmaß an Kommunikationskontrolle erforderlich macht[318]. Da der Briefverkehr aber nicht selten die einzige Verbindung der Häftlinge zur Außenwelt darstellt, prüft sie bei Korrespondenzverboten nach, ob hinreichend gewichtige Gründe, wie z.B. Gewaltdrohungen oder der Verdacht auf Mißbrauch vorliegen[319]. Grundsätzlich wird es jedoch für ausreichend erachtet, wenn Häftlinge zwei oder drei Briefe pro Woche schreiben können und die Gefängnisverwaltung für Schreibmaterial und Porti aufkommt; Telephongespräche dürfen in stärkerem Ausmaß beschränkt werden[320]. Für Eingriffe in die Vertrauensbeziehung zwischen Anwalt und Mandant gelten tendenziell strengere Maßstäbe. Eingriffe in die Anwaltspost sind nur gerechtfertigt, wenn Indizien vorliegen, die einen objektiven Betrachter zur Überzeugung gelangen lassen, daß die Bevorzugung mißbraucht werde[321]. Vergleichbares gilt für die Korrespondenz mit Rechtsschutzeinrichtungen wie dem Verfassungsgericht oder den Konventionsorganen[322].

Eingriffe in Anwaltspost

126
„Spam"-Sendungen

Die Beschränkung von „Spam" (massenhafter unverlangter Eingang elektronischer Post) hat der Verfassungsgerichtshof im Hinblick auf den Schutz des Privatlebens als gerechtfertigt qualifiziert[323]: Da die Möglichkeit eines Widerspruchs zur Datenübermittlung dem Zustimmungserfordernis nicht gleichwertig ist, durfte der Gesetzgeber unerbetene Anrufe verbieten.

III. Schutzpflichten

127
Gewährleistungsaufträge an den Staat

Sowohl Art. 8 EMRK als auch Art. 10 und 10a StGG verpflichten den Staat, die Unverletzlichkeit der Individualkommunikation gegen Gefahren zu schützen, die ihr von seiten Privater drohen. Er ist erstens gehalten, die Verletzung des Brief- und Fernmeldegeheimnisses und das Unterdrücken von Briefen unter Strafe zu stellen[324]. Zweitens muß er durch die Gewährleistung des Post- und des Telekommunikationsgeheimnisses jenen spezifischen Risi-

---

317 *EGMR*, Urt. v. 4.5.2000, Rotaru ./. Rumänien (FN 47), Ziff. 59 ff.; weiters *EGMR*, Urt. v. 24.8.1998, Lambert ./. Frankreich, RJD 1998-V, sowie ÖJZ 1999, S. 570, Ziff. 37 f.
318 *EGMR*, Urt. v. 25.3.1992, Campbell ./. Vereinigtes Königreich, Serie A 233, sowie ÖJZ 1992, S. 595, Ziff. 45; Urt. v. 25.3.1983, Silver u.a. ./. Vereinigtes Königreich (FN 310), Ziff. 45.
319 *EGMR*, Urt. v. 25.3.1983, Silver u.a. ./. Vereinigtes Königreich (FN 310), Ziff. 103; Urt. v. 14.3.2002, Puzinas ./. Litauen (FN 304), Ziff. 21; *VfSlg* 13.715/1994. Großzügiger zuvor *VfSlg* 6464/1971, 6583/1971, 6720/1972.
320 *EGMR*, Urt. v. 29.1.2002, A.B. ./. Niederlande, Beschwerde Nr. 37.328/97, Ziff. 87, 91 ff.
321 *EGMR*, Urt. v. 25.3.1992, Campbell ./. Vereinigtes Königreich (FN 318), Ziff. 48; Urt. v. 20.6.2000, Foxley, Beschwerde Nr. 33.274/96, Ziff. 44; *VfSlg* 13.630/1993.
322 *EGMR*, Urt. v. 19.4.2001, Peers ./. Griechenland, Beschwerde Nr. 28.524/95, Ziff. 84; Urt. v. 24.7.2001, Valašinas ./. Litauen, Beschwerde Nr. 44.558/98, Ziff. 129.
323 *VfSlg* 16.688/2002.
324 So *OGH* v. 9.12.1975, 12 Os 143/75, EvBl 1976/186; *Frowein/Peukert*, EMRK (LitVerz.), S. 362; *Himberger* (FN 24), S. 88 f.

ken begegnen, die dem einzelnen daraus erwachsen, daß er auf private Informationsmittler angewiesen und ihnen ausgeliefert ist[325]. Drittens muß er den Briefverkehr in Abhängigkeitsverhältnissen schützen, indem er der Installation von Überwachungssystemen durch den Arbeitgeber Grenzen setzt, indem er in seinen Haftanstalten Post zur Beförderung übernimmt, indem er Häftlinge über Schwierigkeiten bei der Zustellung von Post informiert, indem er ihnen Zugang zu Papier und Schreibzeug einräumt und indem er für die Kosten ihrer Post aufkommt, soweit sich der Briefverkehr im Rahmen des üblichen hält und die nötigen Mittel von den Häftlingen nicht aufgebracht werden können[326]. Viertens trägt der Staat für eine gewisse Mindestqualität der Post- und Telekommunikationsdienste Verantwortung[327].

G. Der Schutz personenbezogener Daten

I. Sachlicher Schutzbereich

Nach § 1 Abs. 1 Datenschutzgesetz (DSG 2000) hat jedermann, insbesondere auch im Hinblick auf die Achtung seines Privat- und Familienlebens, Anspruch auf Geheimhaltung der ihn betreffenden personenbezogenen Daten, soweit ein schutzwürdiges Interesse daran besteht. Diesem Geheimhaltungsanspruch stehen die in § 1 Abs. 3 und 4 DSG 2000 grundgelegten Ansprüche auf Auskunft, Richtigstellung und Löschung zur Seite.

128
Anspruch auf Geheimhaltung

1. Der Anspruch auf Geheimhaltung

Gegenstand des Anspruchs auf Geheimhaltung sind „personenbezogene Daten". Darauf, ob sie konventionell oder automationsunterstützt verarbeitet werden, kommt es nicht an[328]. Obschon die Legaldefinitionen im § 4 sich lediglich auf die „folgenden Bestimmungen" des Datenschutzgesetzes aus dem Jahr 2000 beziehen und folglich für dessen Verfassungsnormen keine Relevanz beanspruchen, ist es unumgänglich, sie bei Ermittlung des Inhalts

129
Begriff personenbezogener Daten

---

325 Dazu *Wiederin* (FN 3), Art. 10 StGG RN 41 ff.; *ders.* aaO., Art. 10a StGG RN 23.
326 *EGMR*, Urt. v. 3. 6. 2003, Cotlet ./. Rumänien, Beschwerde Nr. 38.565/97, Ziff. 59, 61 ff.; *EKMR*, E. v. 13. 3. 1982, X ./. Vereinigtes Königreich, Beschwerde Nr. 8077/77, EuGRZ 1982, S. 311; E. v. 6. 3. 1985, Boyle ./. Vereinigtes Königreich, Beschwerde Nr. 9659/82, DR 41, 91 (94); E. v. 15. 12. 1988, Grace ./. Vereinigtes Königreich, Beschwerde Nr. 11.523/85, DR 62, 22 (41 f.). Einen Anspruch auf Führung von Telephongesprächen ablehnend *EGMR*, Urt. v. 29. 1. 2002, A.B. ./. Niederlande (FN 320), Ziff. 92.
327 *Wildhaber/Breitenmoser* (FN 12), RN 503; *Kugelmann* (FN 284), S. 23; *Wiederin* (FN 3), Art. 8 EMRK RN 133. Zu weit geht hingegen *Felix Ermacora*, Grundriß der Menschenrechte in Österreich, 1988, RN 587, wenn er den Staat zur Übernahme der Beförderung im Fall von Streiks der privaten Post für verpflichtet hält.
328 Vgl. statt aller *Drobesch/Grosinger* (FN 34), S. 97.

des Grundrechts mit zu veranschlagen[329]. Gemäß § 4 Ziff. 1 DSG sind unter personenbezogenen Daten Angaben über Betroffene[330] zu verstehen, deren Identität bestimmt oder bestimmbar ist. Dieses weite, indirekt personenbezogene Daten einbeziehende Begriffsverständnis ist auch für die Auslegung des § 1 von Bedeutung[331].

130
Ausschlußgründe

Das Bestehen eines „schutzwürdigen Geheimhaltungsinteresses" ist nach dem zweiten Satz des § 1 Abs. 1 DSG ausgeschlossen, wenn personenbezogene Daten infolge ihrer allgemeinen Verfügbarkeit oder wegen ihrer mangelnden Rückführbarkeit auf den Betroffenen einem Geheimhaltungsanspruch nicht zugänglich sind.

131
Begriff der „allgemeinen Verfügbarkeit" von Daten

Der Begriff der „allgemeinen Verfügbarkeit" wird im Datenschutzgesetz nicht definiert. Aus dem ersten Satz des § 8 Abs. 2 DSG ergibt sich jedoch[332], daß (nichtsensible) Daten unter anderem dann „allgemein verfügbar" sind, wenn sie „zulässigerweise veröffentlicht" wurden[333]. Der Akt der Veröffentlichung, der die allgemeine Verfügbarkeit bewirkt, bleibt jedoch ungeachtet des Ausschlusses der Schutzwürdigkeit solcher Daten ein Eingriff, der auf seine Rechtfertigung geprüft werden kann.

132
Nicht rückführbare Daten

Unter auf den Betroffenen nicht rückführbaren Daten sind Daten zu verstehen, die üblicherweise als „anonymisiert" bezeichnet werden[334]. Bei ihnen gibt es im Unterschied zu „nur indirekt personenbezogenen" Daten, von denen aus, wenngleich mit rechtlich nicht zulässigen Mitteln, auf die Identität geschlossen werden kann[335], keinerlei Personenbezug, weil niemand die Daten auf eine in ihrer Identität bestimmbare Person zurückführen kann[336]. Damit erweist sich aber der Ausschluß der Schutzwürdigkeit für solche Daten als überflüssig, da sie schon in Ermangelung eines Personenbezugs aus dem Grundrechtstatbestand herausfallen[337].

---

329 Vgl. allgemein *Duschanek*, Öffentlichkeit der Verwaltung und privater Geheimnisschutz, in: Stefan Griller u. a. (Hg.), FS Rill, 1995, S. 413 (421 m.w.N.); speziell zum Begriff der personenbezogenen Daten *Jahnel*, Datenschutzrecht, in: ders./Alfred Schramm/Elisabeth Staudegger (Hg.), Informatikrecht, ²2003, S. 241 (250).
330 „Betroffener" ist gemäß § 4 Ziff. 3 DSG jede vom Auftraggeber (§ 4 Ziff. 4 DSG) verschiedene natürliche oder juristische Person oder Personengemeinschaft, deren Daten verwendet (§ 4 Ziff. 8 DSG) werden.
331 Die Begriffsbestimmung in Art. 2 lit. a der Datenschutzrichtlinie 95/46/EG, ABl. 1995 L 281/31 ist demgegenüber nur von sekundärem Interesse. Zum einen verpflichtet die Richtlinie die Mitgliedstaaten nicht zur Schaffung eines Grundrechts auf Datenschutz, weswegen kein Gebot richtlinienkonformer Auslegung zum Tragen kommen kann. Zum anderen spricht zwar gewiß einiges dafür, daß der Verfassungsgesetzgeber dem Begriffsverständnis der Richtlinie Relevanz zugemessen haben könnte, aber mehr noch für die Vermutung, er habe sich an den Legaldefinitionen im Datenschutzgesetz 2000 orientiert.
332 Laut RV 1613 BlgNR 20. GP, S. 40, wurde diese Bestimmung „in Durchführung des § 1 Abs. 1 letzter Satz" erlassen.
333 Dies trifft auf in öffentlichen Registern und Büchern, in Kundmachungen und in sonstigen öffentlich zugänglichen Informationsquellen wie etwa dem Telephonbuch enthaltene Daten zu. Vgl. *Dohr/Pollirer/Weiss* (FN 34), § 1 Anm. 8; *Duschanek*, Datenschutzrecht, in: Michael Holoubek/Michael Potacs (Hg.), Handbuch des öffentlichen Wirtschaftsrechts Bd. I, 2002, S. 245 (254).
334 RV 1613 BlgNR 20. GP, S. 37; *Jahnel*, Das Datenschutzgesetz 2000. Wichtige Neuerungen, in: wbl. 2000, S. 45 (51).
335 Vgl. die Legaldefinition in § 4 Ziff. 1 DSG.
336 RV 1613 BlgNR 20. GP, S. 37.
337 So schon *Jahnel* (FN 329), S. 250.

Nach dem Wortlaut des ersten Satzes des § 1 Abs. 1 DSG geht der Anspruch auf Geheimhaltung personenbezogener Daten nur so weit, als daran ein „schutzwürdiges Interesse" besteht. Die Erläuterungen gehen demgegenüber davon aus, daß ein schutzwürdiges Geheimhaltungsinteresse bereits dann und immer dann gegeben ist, wenn kein Anwendungsfall des § 1 Abs. 1 Satz 2 DSG vorliegt[338]. Träfe dies zu, so würde § 1 Abs. 1 DSG einen Anspruch auf Geheimhaltung aller nicht allgemein verfügbarer personenbezogenen Daten normieren[339].

133 Grenzen der Schutzwürdigkeit

Aus dem Ausschluß eines schutzwürdigen Geheimhaltungsinteresses für bestimmte Fälle folgt freilich nicht, daß es in allen anderen Fällen ohne weiteres als von Gesetzes wegen bestehend anzusehen wäre. Bei dieser Auslegung bliebe die Bezugnahme des § 1 Abs. 1 DSG auf schutzwürdige Geheimhaltungsinteressen inhaltsleer. Es mag zutreffen, daß in diesem Punkt eine Änderung gegenüber der nach dem Datenschutzgesetz von 1978 bestehenden Rechtslage beabsichtigt war. Im Text des § 1 Abs. 1 Satz 1 DSG, der sich eng an § 1 Abs. 1 DSG 1978 anlehnt, kommt diese Intention jedoch nicht zum Ausdruck. Die Diskrepanz zwischen Gesetzeswortlaut und Erläuterungen ist daher im Sinne eines Vorrangs des Textes aufzulösen. Ob ein schutzwürdiges Geheimhaltungsinteresse besteht, ist also auch nach § 1 Abs. 1 DSG gesondert zu prüfen[340]. Als Richtschnur für die dabei anzustellende Bewertung sind Lehre und Rechtsprechung zu § 1 Abs. 1 DSG 1978 heranzuziehen[341]. Ihnen zufolge ist die Schutzwürdigkeit nach den Wertungen der gesamten Rechtsordnung zu bestimmen.

134 Kein Umkehrschluß

Gesonderte Prüfung der Schutzwürdigkeit

Zu weit ginge es allerdings, wollte man die Schutzwürdigkeit des Geheimhaltungsanspruchs auch im Falle der Zustimmung des Betroffenen verneinen[342]. Denn nach der Systematik des § 1 DSG ermöglicht es eine solche Zustimmung lediglich, in die Geheimhaltung einzugreifen und sie nach Maßgabe des Absatzes 2 zu beschränken. Damit wird vom Gesetz offensichtlich vorausgesetzt, daß Einwilligungen die Schutzwürdigkeit des Geheimhaltungsinteresses unberührt lassen[343].

135 Schutzwürdigkeit trotz Einwilligung

Im übrigen macht schon der Text des § 1 Abs. 1 DSG 2000 hinreichend deutlich, daß sein Schutzzweck über die Achtung des Privat- und Familienlebens hinausgeht und auch den Bereich des wirtschaftlichen oder politischen Le-

136

---

338 RV 1613 BlgNR 20. GP, S. 34.
339 Unklar, wenn nicht widersprüchlich *Kotschy*, Grundrechte und staatliche EDV-Register, in: Österreichische Juristenkommisssion (Hg.), Grundrechte in der Informationsgesellschaft, Kritik und Fortschritt im Rechtsstaat Bd. 18, 2001, S. 88 (92, 89 FN 1): Sie nimmt einerseits an, daß abgesehen von den Fällen des § 1 Abs. 1 Satz 2 DSG jede Verwendung von personenbezogenen Daten einen Eingriff in das Grundrecht auf Datenschutz darstellt, und geht doch andererseits davon aus, daß die Frage, ob diese Bestimmung eine erschöpfende Aufzählung der Fälle mangelnder schutzwürdiger Geheimhaltungsinteressen darstelle, durch die Judikatur zu klären sein werde.
340 So auch *Dohr/Pollirer/Weiss* (FN 34), § 1 Anm. 7; *Duschanek* (FN 333), S. 245 (254); *Rainer Knyrim*, Datenschutzrecht, 2003, S. 7.
341 Vgl. *Jahnel* (FN 329), S. 250 f.
342 So *Duschanek* (FN 333), S. 254 f.
343 Diese Konzeption ist äußerst ungewöhnlich, weil nach allgemeinen Regeln mit der Zustimmung bereits der Eingriff entfällt. → Bd. III: *Merten*, Grundrechtsverzicht, § 73.

§ 190   *Dreizehnter Teil: II. Einzelgrundrechte*

Schutz des wirtschaftlichen und politischen Lebens

bens einschließt³⁴⁴. Um dies zu betonen und um zu verdeutlichen, daß der Geheimhaltungsanspruch sich auch, aber keineswegs nur auf die Privat- und Intimsphäre bezieht, hat der Verfassungsgesetzgeber den Hinweis auf die Achtung des Privat- und Familienlebens im Vergleich zu § 1 Abs. 1 DSG 1978 anders eingereiht und ihn nunmehr in den ersten Satzteil der Bestimmung gezogen³⁴⁵.

2. Die Nebenrechte: Auskunft, Richtigstellung und Löschung

137
Ausgestaltungsauftrag an den Gesetzgeber

Weiters verbürgt § 1 Abs. 3 DSG Ansprüche auf Auskunft, auf Richtigstellung unrichtiger und auf Löschung unzulässigerweise verarbeiteter Daten. Diese Ansprüche haben zur Voraussetzung, daß die betreffenden Daten zur automationsunterstützten oder manuellen Verarbeitung in Dateien bestimmt sind³⁴⁶. Außerdem bestehen sie nur „nach Maßgabe gesetzlicher Bestimmungen". Darin liegt ein Ausgestaltungsauftrag, der dem Gesetzgeber einen gewissen Spielraum eröffnet und ihn ermächtigt, die Art und Weise der Geltendmachung der datenschutzrechtlichen Nebenrechte zu regeln³⁴⁷. Dieser Auftrag bezieht sich jedoch nur auf die Modalitäten und ändert grundsätzlich nichts daran, daß Beschränkungen dieser Rechte als Eingriffe nach § 1 Abs. 4

Kein Ausgestaltungsvorbehalt

DSG auf ihre Rechtfertigung hin zu überprüfen sind³⁴⁸. Deshalb liegt kein Ausgestaltungsvorbehalt vor, der § 1 Abs. 3 DSG zu einem Feinprüfungsgrundrecht machen würde, bei welchem die Zuständigkeit des Verwaltungsgerichtshofs zur Bescheidprüfung durch jene des Verfassungsgerichtshofs zur Gänze gemäß Art. 133 Ziff. 1 B-VG ausgeschlossen ist³⁴⁹.

II. Staatliche Eingriffe und ihre Rechtfertigung

138
Ermittlungsschutz

Der Anspruch auf Geheimhaltung besteht nach den Gesetzesmaterialien im Schutz des Betroffenen vor Ermittlung seiner Daten und im Schutz vor der Weitergabe der über ihn ermittelten Daten³⁵⁰. Neben dem Geheimhaltungsschutz im engeren Sinn, also dem Schutz vor Übermittlung und Preisgabe von Daten, ist demnach auch der Ermittlungsschutz in das Grundrecht mit einge-

---

344 *Dohr/Pollirer/Weiss* (FN 34), § 1 Anm. 5; *Duschanek* (FN 333), S. 254; *Jahnel* (FN 329), S. 251; *VfSlg* 16.369/2001; *OGH* v. 29. 3. 2000, 6 Ob 77/00t, v. 28. 6. 2000, 6 Ob 162/00t, EvBl 2001/3, v. 28. 6. 2000, 6 Ob 163/00i, EvBl 2001/4. – Ebenso zuvor zum Datenschutzgesetz 1978 *VfSlg* 12.228/1989, 12.880/1991; *OGH* 15. 12. 1999, 6 Ob 307/99 m, RdW 2000/250, 283; *Duschanek* (FN 329), S. 421 m.w.N.; *Rudolf Feik*, Datenschutzrechtliche Überlegungen zum Umweltinformationsgesetz (UIG), ÖJZ 1995, S. 13 (15 f. m.w.N.).
345 *Kotschy* (FN 339), S. 89 FN 1.
346 Dazu *Jahnel*, Das Grundrecht auf Datenschutz nach dem Datenschutzgesetz 2000, in: Metin Akyürek (Hg.), FS Schäffer, 2006, S. 313 (325 f.). Konventionelle Papierakten stellen nach h.M. keine manuellen Dateien dar: vgl. *OGH* v. 28. 6. 2000, 6 Ob 148/00h, und *VwGH* v. 21. 10. 2004, 2004/06/0086.
347 *Berka*, Grundrechte (LitVerz.), RN 484; *Öhlinger* (LitVerz.), RN 831; *Singer*, Das Grundrecht auf Datenschutz, in: Heinz Wittmann (GesRed.), Datenschutzrecht im Unternehmen, 1991, S. 27 (33); *Jahnel* (FN 329), S. 252.
348 Vgl. *VfSlg* 16.986/2003 m.w.N.
349 Vgl. *VfSlg* 16.383/2001, 16.986/2003; zu § 1 Abs. 3 und 4 DSG 1978 *VfSlg* 11.548/1987, 12.768/1991.
350 So ausdrücklich RV 1613 BlgNR 20. GP, S. 34.

schlossen³⁵¹. In diesem Zusammenhang verdient Erwähnung, daß nicht nur die Verpflichtung einer Person zur Offenlegung ihrer Daten einen Eingriff darstellt³⁵², sondern daß auch „Ersatzvornahmen" wie die Befragung Dritter oder die heimliche Erhebung der gewünschten Informationen beim Betroffenen als indirekte Informationserhebungseingriffe am Grundrecht zu messen sind³⁵³.

Indirekte Informationserhebungseingriffe

In der Konsequenz bedeutet dies, daß alle Informationseingriffe, die den Anspruch auf Achtung des Rechts auf Privat- und Familienleben, Wohnung und Briefverkehr berühren, auch in das Grundrecht auf Datenschutz eingreifen. Darüber hinaus erfaßt § 1 DSG aber auch jene Datenermittlungs- und -verwendungsmaßnahmen, die Art. 8 EMRK unberührt lassen, weil sie ausschließlich wirtschaftliche oder politische Geheimhaltungsinteressen berühren. Den notorischen Schwierigkeiten, den Schutzbereich des Art. 8 EMRK zu definieren, ist damit innerstaatlich weitgehend die praktische Relevanz genommen: Da die in § 1 Abs. 2 DSG niedergelegten Regeln über die Rechtfertigung staatlicher Eingriffe in das Grundrecht auf Datenschutz an die Rechtfertigungsanforderungen des Art. 8 Abs. 2 EMRK anknüpfen und teilweise über sie hinausgehen, kann im Zweifel auch offenbleiben, ob die Maßnahme neben § 1 DSG auch Art. 8 EMRK berührt³⁵⁴.

139 Wirtschaftliche und politische Geheimhaltungsinteressen

Unter welchen Bedingungen Eingriffe zulässig sind, ist nicht leicht zu bestimmen. Nach der Eingangssequenz des § 1 Abs. 2 DSG sind Beschränkungen des Anspruchs auf Geheimhaltung nur zur Wahrung überwiegender berechtigter Interessen eines anderen zulässig, soweit die Verwendung nicht im lebenswichtigen Interesse des Betroffenen oder mit seiner Zustimmung erfolgt. Dies deutet auf drei Rechtfertigungsgründe – lebenswichtiges Interesse des Betroffenen, Zustimmung des Betroffenen, überwiegende berechtigte Interessen Dritter – hin. Des weiteren heißt es in § 1 Abs. 2 DSG, daß Eingriffe staatlicher Behörden nur aufgrund von Gesetzen zulässig sind, die aus den in Art. 8 Abs. 2 EMRK genannten Gründen notwendig sind. Der Wortlaut weist diese Konstellation als Unterfall des überwiegenden berechtigten Interesses Dritter aus. Intendiert gewesen dürfte indessen sein, Eingriffe der öffentlichen Hand ausschließlich an die Rechtfertigungsbedingungen des Art. 8 Abs. 2 EMRK zu binden und hievon lediglich für den Fall der Verwendung im lebenswichtigen Interesse des Betroffenen oder der Zustimmung eine Ausnahme zu machen³⁵⁵.

140 Rechtfertigung für Geheimhaltungsschranken

Nach § 1 Abs. 2 Satz 2 DSG darf das Gesetz die Verwendung sensibler, das heißt ihrer Art nach besonders schutzwürdiger Daten³⁵⁶ nur zur Wahrung wichtiger öffentlicher Interessen vorsehen, und es muß gleichzeitig angemes-

141

---

351 Grundlegend *Rill*, Das Grundrecht auf Datenschutz, in: Alfred Duschanek (GesRed.), Datenschutz in der Wirtschaft, 1981, S. 15 (26); ebenso *VfSlg* 12.228/1989; *Berka*, Grundrechte (LitVerz.), RN 481; *Jahnel* (FN 346), S. 320.
352 *VfSlg* 16.369/2001.
353 *Jahnel* (FN 346), S. 320 m.w.N.
354 Vgl. z. B. *VfSlg* 15.130/1998 und *VfGH* 15. 6. 2007, G 147/06 u. a., wo sich der Verfassungsgerichtshof auf die Prüfung der Verletzung des Grundrechts auf Datenschutz beschränkt.
355 *Berka*, Grundrechte (LitVerz.), RN 483; *Jahnel* (FN 346), S. 327 ff., 332.
356 Dazu *Jahnel* aaO., S. 334.

sene Garantien für den Schutz der Geheimhaltungsinteressen der Betroffenen festlegen. Der folgende dritte Satz des § 1 Abs. 2 DSG schärft nochmals die Geltung des Erforderlichkeitsgrundsatzes ein: „Auch im Fall zulässiger Beschränkungen darf der Eingriff in das Grundrecht jeweils nur in der gelindesten, zum Ziel führenden Art vorgenommen werden".

142
Hinreichende Bestimmtheit der Eingriffsgrundlagen

In seiner Rechtsprechung legt der Verfassungsgerichtshof einerseits auf hinreichende Bestimmtheit der Eingriffsgrundlagen Wert und schreckt dabei auch vor einer verfassungskonformen Reduktion vager Ermächtigungen nicht zurück[357]. Andererseits akzeptiert er, daß auch die im Bundes-Verfassungsgesetz grundgelegten Prüfungsbefugnisse des Rechnungshofes als Rechtfertigung für Übermittlungen von Daten in Frage kommen, sofern der für die Durchführung der Prüfung notwendige Umfang nicht überschritten wird[358]. Die in § 8 BezügebegrenzungsBVG vorgesehene Verpflichtung zur Meldung von Einkommensdaten an den Rechnungshof hält er jedoch im Hinblick auf die vorgesehene Veröffentlichung dieser Daten wegen Widerspruchs zur Datenschutzrichtlinie 95/46/EG für unanwendbar[359].

143
Nebenrechte auf Auskunft, Richtigstellung und Löschung

Die grundrechtlichen Nebenrechte auf Auskunft, Richtigstellung und Löschung verpflichten als Leistungsansprüche den Staat (sowie die grundrechtsverpflichteten Privaten) in erster Linie dazu, die nach § 1 Abs. 3 DSG geschuldeten Maßnahmen zu setzen. Daneben hat aber auch die „Eingriffsdimension" Bedeutung. Die beschriebenen Rechte sind nämlich nicht absolut verbürgt, sondern können nach § 1 Abs. 4 DSG Beschränkungen unterworfen werden, sofern die in § 1 Abs. 2 DSG genannten Voraussetzungen erfüllt sind. Gesetze, Staatsverträge und Verordnungen, welche die Ansprüche auf Auskunft, Richtigstellung und Löschung beschränken, stellen daher ebenso Eingriffe in § 1 Abs. 3 DSG dar wie Rechtsakte, die individuell bestimmten Adressaten gegenüber ein Recht auf Auskunft, Richtigstellung und Löschung

Rechtswidrigkeit weiterer Speicherung

in negativem Sinne absprechen. Nach der Rechtsprechung muß die Löschung möglich sein, sofern die gespeicherten Daten zur Erfüllung der Aufgabe nicht mehr benötigt werden[360]. Das Unterlassen der Löschung oder der Richtigstellung – etwa bei unterbliebener Aktualisierung der Daten[361] – macht die weitere Speicherung rechtswidrig.

III. Eingriffe Privater und ihre Rechtfertigung

144
Unmittelbare Drittwirkung

Aufgrund der unmittelbaren Drittwirkung des Grundrechts hat jede Person auch gegen andere Private einen Anspruch darauf, daß ihre Daten vertraulich behandelt und daß dem Geheimhaltungsgebot zuwiderlaufende Datenver-

---

357 *VfSlg* 16.369/2001.
358 *VfSlg* 15.130/1998 unter Berufung auf *VfSlg* 7944/1976.
359 *VfSlg* 17.065/2003 unter Berufung auf *EuGH*, Urt. v. 20. 5. 2003, Rs. C-465/00 u. a. (Rechnungshof ./. ORF u. a.), Slg. 2003, I-4989; *VfSlg* 17.209/2004.
360 *VfSlg* 16.150/2001.
361 *VfSlg* 16.150/2001 (Pflicht der Anmerkung der Zurücklegung einer Anzeige durch die Staatsanwaltschaft in der Zentralen Informationssammlung).

wendungen unterlassen werden. Dieser Anspruch ist vor den ordentlichen Gerichten geltend zu machen. Eingriffe Privater bedürfen jedoch nicht zwingend einer gesetzlichen Grundlage; gemäß § 1 Abs. 2 erster Satz DSG reicht es hin, wenn die Datenverwendung im lebenswichtigen Interesse des Betroffenen liegt, wenn der Betroffene ihr zustimmt oder wenn der Eingriff zur Wahrung überwiegender berechtigter Interessen eines anderen erfolgt.

Das Datenschutzgesetz normiert Grundsätze der Datenverwendung, die auch im privaten Datenverkehr gelten und die die Beachtung dieser verfassungsrechtlichen Schranken sicherstellen sollen. Erwähnt seien der Grundsatz von Treu und Glauben, der Rechtmäßigkeit und der Zweckbindung, das Gebot der Abwägung zwischen Datenverarbeitungs- und Geheimhaltungsinteressen[362] und die Anforderungen an Zustimmungen[363]. Die Verarbeitung sensibler Daten ist verboten, sofern nicht einer der in § 9 DSG taxativ aufgezählten Ausnahmetatbestände greift.

145
Grundsätze auch der privaten Datenverwendung

---

362 Dazu *Jahnel/Thiele*, Datenschutz durch Wettbewerbsrecht, ÖJZ 2004, S. 870 (871 ff.).
363 Zu ihnen und zur hiezu ergangenen Rspr. vgl. *Knyrim* (FN 340), S. 159 ff.

H. Bibliographie

Berka, Walter, Die Grundrechte. Grundfreiheiten und Menschenrechte in Österreich, 1999.
Brötel, Achim, Der Anspruch auf Achtung des Familienlebens, 1991.
Breitenmoser, Stephan, Der Schutz der Privatsphäre gemäss Art. 8 EMRK, 1986.
Davy, Benjamin/Davy, Ulrike, Staatliche Informationssammlung und Art 8 MRK, JBl 1985, S. 656.
Duschanek, Alfred, Datenschutzrecht, in: Michael Holoubek/Michael Potacs (Hg.), Handbuch des öffentlichen Wirtschaftsrechts Bd. I, 2002, S. 245.
Ermacora, Felix, Handbuch der Grundfreiheiten und Menschenrechte, 1963.
Evers, Hans-Ulrich, Der Schutz des Privatlebens und das Grundrecht auf Datenschutz in Österreich, EuGRZ 1984, S. 281.
Grabenwarter, Christoph, Europäische Menschenrechtskonvention, ³2008.
Harris, D. J./O'Boyle, M./Warbrick, C. , Law of the European Convention on Human Rights, London 1995.
Himberger, Simon, Fernmeldegeheimnis und Überwachung, 2005.
Jahnel, Dietmar, Das Grundrecht auf Datenschutz nach dem Datenschutzgesetz 2000, in: Metin Akyürek u.a. (Hg.), FS Schäffer, 2006, S. 313 ff.
König, Robert, Videoüberwachung, 2001.
Kopetzki, Christian, Unterbringungsrecht, Bd. I, 1995.
Ruiz, Blanca. R. , Privacy in Telecommunications, Den Haag u.a. 1997.
Stolzlechner, Harald, Der Schutz des Hausrechts, in: Rudolf Machacek/Willibald P. Pahr/Gerhard Stadler ((Hg.), Grund- und Menschenrechte in Österreich, Bd. II, 1992, S. 303 ff.
van Dijk, Pieter /van Hoof, Godefridus J.H., Theory and Practice of the European Convention on Human Rights, Deventer/Boston, ³1998.
Velu, Jacques/Ergec, Rusen, La Convention Européenne des Droits de l'Homme, Brüssel 1990.
Villiger, Marc, Handbuch der Europäischen Menschenrechtskonvention (EMRK), ²1999.
Wessely, Wolfgang, Das Fernmeldegeheimnis – ein unbekanntes Grundrecht? ÖJZ 1999, S. 491 ff.
Wiederin, Ewald, Kommentierung von Art. 9, 10 und 10a StGG, in: Karl Korinek/Michael Holoubek (Hg.), Österreichisches Bundesverfassungsrecht. Textsammlung und Kommentar, 4. Lfg., 2001.
ders., Kommentierung von Art. 8 EMRK, in: Karl Korinek/Michael Holoubek (Hg.), Österreichisches Bundesverfassungsrecht. Textsammlung und Kommentar, 5. Lfg., 2002.
Wildhaber, Luzius/Breitenmoser, Stephan, Kommentierung von Art. 8 EMRK, in: Wolfram Karl (Hg.), Internationaler Kommentar zur Europäischen Menschenrechtskonvention, 2. Lfg., 1992.

§ 191
Freiheit der Person und Freizügigkeit

Andreas Hauer

Übersicht

	RN
A. Allgemeines	1
B. Persönliche Freiheit	2–34
I. Rechtsgrundlagen	2–3
II. Schutzgegenstand	4–9
III. Zulässige Freiheitsbeschränkungen	10–24
1. Die taxativ aufgezählten Festnahmegründe	10–22
a) Strafhaft	11
b) Festnahme Tatverdächtiger	12–15
c) Im besonderen die Festnahme Tatverdächtiger im Verwaltungsstrafrecht	16–17
d) Beugemittel	18
e) Geisteskrankheit oder ansteckende Krankheit	19–20
f) Erziehung Minderjähriger	21
g) Ausweisung und Auslieferung	22
2. Die gesetzlich vorgeschriebene Weise	23–24
IV. Verhältnismäßigkeit	25
V. Rechte von Festgenommenen und Angehaltenen	26
VI. Rechtsschutz	27–32
VII. Haftentschädigung	33–34
C. Bewegungs- und Niederlassungsfreiheit	35–47
I. Freizügigkeit und Niederlassungsfreiheit	35–41
II. Auswanderungsfreiheit	42–43
III. Das Recht der Staatsbürger auf Wiedereinreise	44
IV. Verbot der (Kollektiv-)Ausweisung	45
V. Verbot der Aus- und Durchlieferung	46–47
D. Bibliographie	

A. Allgemeines

1
Gemengelage der Grundrechtsgewähr

Die österreichische Grundrechtslage in den Belangen der Freiheit der Person und der Freizügigkeit ist grundlegend durch eine Gemengelage von originär österreichischen Grundrechtsverbürgungen, die teilweise in ihrer Entstehung bis in die Monarchie zurückreichen, und den im Verfassungsrang stehenden und innerstaatlich anwendbaren Garantien der Menschenrechtskonvention[1] und ihrer Zusatzprotokolle gewährleistet. Viele Grundrechte bestehen in diesem Sinne gleichsam doppelt. Diese Doppelgleisigkeit hat insbesondere deswegen nicht zu unterschätzende Bedeutung, weil zwischen den originär-innerstaatlichen und den konventionsrechtlichen Gewährleistungen neben Formulierungsnuancen unter anderem immer wieder Unterschiede insbesondere in der Reichweite des geschützten Personenkreises (Bürgerrechte versus Menschenrechte) und in der Ausgestaltung der Grundrechtsschranken bestehen[2].

Günstigkeitsprinzip

Das Verhältnis zwischen originär-innerstaatlichen und konventionsrechtlichen Grundrechten kann grundsätzlich mit dem Günstigkeitsprinzip beschrieben werden.

B. Persönliche Freiheit

I. Rechtsgrundlagen

2
Verhältnis von Bundesverfassungsrecht zur EMRK

Die persönliche Freiheit ist in Österreich sowohl durch den verfassungsrangigen Art. 5 EMRK[3] als auch durch das erst später erlassene Bundesverfassungsgesetz über den Schutz der persönlichen Freiheit (PersFrG)[4] als Grundrecht garantiert[5]. Das Bundesverfassungsgesetz über den Schutz der persönlichen Freiheit hat die diesbezüglichen innerstaatlichen Verbürgungen in Art. 8 StGG 1867[6] sowie im Gesetz vom 27. Oktober 1862[7] zum Schutz der persönlichen Freiheit, die beide ebenfalls Verfassungsrang genossen und in den Rechtsbestand der Republik übergeleitet worden waren[8], ersetzt und aufge-

---

1 → Oben *Schäffer*, § 186 RN 71.
2 Im nachfolgenden werden die Grundrechte der Menschenrechtskonvention und ihrer Zusatzprotokolle lediglich im Lichte der nationalen Rechtsprechungspraxis dargestellt; zu ihrer Auslegung durch die Konventionsorgane siehe insbesondere → Bd. VI/1, 9. Teil, 2. Kapitel: Europäische Menschenrechtskonvention: *Bernhardt*, Entwicklung und gegenwärtiger Stand; *Schweizer*, Allgemeine Grundsätze; *Bröhmer*, Menschenwürde, Freiheiten der Person und Freizügigkeit.
3 BGBl 1958/210, im Verfassungsrang durch Art. II Ziff. 7 (BGBl 1964/59).
4 Vom 29. 11. 1988 (BGBl 1988/684); es trat gemäß seinem Art. 8 Abs. 1 am 1. 1. 1991 in Kraft. S. die eingehende Auseinandersetzung mit diesem Gesetz bei *Kopetzki*, in: Korinek/Holoubek (LitVerz.), hier: Kommentar zum PersFrG.
5 S. weiters Art. 63 Abs. 1 des Staatsvertrages von St. Germain (StGBl 1920/303) u. Art. 9 IPbürgR (BGBl 1978/591).
6 Staatsgrundgesetz vom 21. 12. 1867, über die allgemeinen Rechte der Staatsbürger für die im Reichsrathe vertretenen Königreiche und Länder (RGBl 1867/142).
7 RGBl Nr. 87.
8 Art. 149 Abs. 1 B-VG a.F. (vgl. etwa *VfSlg* 11.594/1988, 11.784/1988, 13.096/1992, 13.155/1992).

hoben[9]. Art. 5 EMRK blieb durch die Neuregelung der Materie durch das Bundesverfassungsgesetz über den Schutz der persönlichen Freiheit gemäß dessen Art. 8 Abs. 3 ausdrücklich „unberührt"[10]. Im Grundsatz gewähren beide Vorschriften – Art. 5 EMRK wie auch das Bundesverfassungsgesetz über den Schutz der persönlichen Freiheit – übereinstimmende Rechtspositionen mit Abweichungen lediglich in Formulierungsdetails. In mehreren Punkten geht das Bundesverfassungsgesetz über den Schutz der persönlichen Freiheit aber über die Verbürgungen des Art. 5 EMRK hinaus.

Österreich hat anläßlich der Ratifikation der Europäischen Menschenrechtskonvention den Vorbehalt erklärt, daß „die in den Verwaltungsverfahrensgesetzen, BGBl Nr. 172/1950, vorgesehenen Maßnahmen des Freiheitsentzuges unter der in der österreichischen Bundesverfassung vorgesehenen nachprüfenden Kontrolle durch den Verwaltungsgerichtshof oder den Verfassungsgerichtshof unberührt bleiben"[11]. Der Verfassungsgerichtshof hat diesen Vorbehalt einschränkend so ausgelegt, daß er nur Verwaltungsübertretungen begünstige, zu denen zumindest gleichartige Verwaltungsstraftatbestände bereits vor dem 3. September 1958, dem Zeitpunkt der Abgabe des Vorbehaltes, bestanden haben[12]. Der Europäische Gerichtshof für Menschenrechte fand den Vorbehalt zwar grundsätzlich für mit Art. 64 EMRK vereinbar[13], hat ihn aber nur auf Verwaltungsübertretungen bezogen, die selbst materiell und formell in den Verwaltungsverfahrensgesetzen geregelt sind[14].

3
Vorbehalt für Verwaltungsübertretungen

II. Schutzgegenstand

Art. 5 Abs. 1 EMRK und Art. 1 Abs. 1 PersFrG gewährleisten übereinstimmend jedermann das „Recht auf Freiheit und Sicherheit", das die zuletzt genannte Norm als „persönliche Freiheit" bezeichnet. Die Rechtsordnung definiert allerdings den präzisen Gehalt dieser grundrechtlich geschützten „persönlichen Freiheit" nicht. Das wirft die Frage auf, welche staatlichen Verhaltensweisen als Eingriff in das Grundrecht zu werten sind. Die Auslegung ergibt, daß das Grundrecht in der Hauptsache gegen „Festnahmen" und eine anschließende „Anhaltung"[15] bzw. gegen „Festnahmen" und „Haft"[16] gerichtet ist.

4
Präzisierung des Gehalts

---

9 Art. 8 Abs. 2 PersFrG.
10 Die Erl. zur RV (134 BlgNR XVII. GP 7) begründeten dies damit, daß für den Fall, daß das PersFrG wider Erwarten in einzelnen Punkten hinter den Standards des Art. 5 EMRK zurückbliebe, „die diesfalls günstigere Norm des Art. 5 EMRK in ihrer Geltung nicht berührt wird".
11 Vgl. dazu auch *Hock*, Hat der österreichische Vorbehalt zu Art. 5 MRK Verfassungsrang?, ÖJZ 1984, S. 176 ff.
12 VfSlg 11.834/1988, 12.002/1989, 12.162/1989, 12.948/1991, 15.027/1997.
13 *EGMR*, Urt. v. 25. 8. 1993, 22/1992/367/441, Chorherr ./. Österreich, Serie A Nr. 266-B, sowie JBl 1994, S. 104 ff. m. Anm. *Grabenwarter*.
14 Vgl. i. d. S. *EGMR*, Urt. v. 23. 10. 1995, 33/1994/480/562, Gradinger ./. Österreich, ÖJZ 1995, S. 954 f., betr. eine Übertretung der Straßenverkehrsordnung. Demgegenüber hatte das Urteil im Fall Chorherr ./. Österreich (FN 13) eine (damals) in einem der im Vorbehalt genannten Verwaltungsverfahrensgesetze (EGVG) selbst auch materiell geregelte Verwaltungsübertretung zum Gegenstand.
15 Vgl. in diesem Sinne etwa Art. 1 Abs. 2, Art. 2 Abs. 2 und Art. 7 PersFrG.
16 Vgl. in diesem Sinne Art. 5 EMRK passim.

5
Schutz vor beabsichtigter Verhinderung persönlicher Ortsveränderung

So fallen nach der Rechtsprechung des Obersten Gerichtshofes Maßnahmen, die nicht einer Festnahme oder Anhaltung gleichkommen, nicht in den Schutzbereich des Grundrechtes[17], und auch der Verfassungsgerichtshof steht seit jeher auf dem Standpunkt, daß das Grundrecht auf persönliche Freiheit nur natürliche Personen[18] und auch diese nicht vor jeglicher Beschränkung der Bewegungsfreiheit schlechthin schütze[19], was er in reichhaltiger Rechtsprechung zur Grundrechtslage vor dem Bundesverfassungsgesetz über den Schutz der persönlichen Freiheit herausgearbeitet hat. In seiner Rechtsprechung zum nunmehr geltenden Bundesverfassungsgesetz über den Schutz der persönlichen Freiheit hat er schließlich – nach anfänglichem Zögern – seine ältere Judikatur zur davor geltenden Rechtslage voll rezipiert[20]. Ein Entzug der persönlichen Freiheit liegt nach Auffassung des Verfassungsgerichtshofes demnach vor, wenn unter Anwendung physischen Zwanges persönliche Ortsveränderungen entweder überhaupt verhindert oder auf bestimmte, nach allen Seiten hin begrenzte Örtlichkeiten oder Gebiete, die nicht verlassen werden dürfen, eingeschränkt werden[21]. Von einem Eingriff in die persönliche Freiheit könne nur dann die Rede sein, wenn der Wille der Behörde *primär* auf eine solche Freiheitsbeschränkung gerichtet ist, nicht aber auch dann, wenn eine andere Maßnahme den Betroffenen dazu nötigt, längere Zeit bei der Behörde oder ihren Hilfsorganen zu verweilen, diese Beschränkung der Freiheit also (nur) die *sekundäre* Folge der Bewegungsbehinderung oder einer Anwesenheitspflicht ist[22].

6
Maßnahmen unterhalb der Eingriffsschwelle

Kein Eingriff in die persönliche Freiheit liegt nach der Rechtsprechung des Verfassungsgerichtshofes demnach beispielsweise in einer Identitätsfeststellung durch Einsichtnahme in Personalausweise[23], im Verlangen nach Ablegung eines Alkotests[24], in einer Personendurchsuchung[25], in einer – obgleich rechtswidrigen – erzwungenen Besichtigung eines Kraftfahrzeuges von einstündiger Dauer[26], in der Notwendigkeit, bis zum Abschluß einer Zollamtshandlung an Ort und Stelle zuzuwarten, und in der mit einer Vernehmung einhergehenden Ortsanwesenheit des Vernommenen[27] sowie in der Hinderung einer Person im Zuge einer Versammlungsauflösung, an Ort und Stelle zu verbleiben, wenn sie darüber hinaus in ihrer Bewegungsfreiheit nicht eingeschränkt wird[28]. Ein

---

17 *OGH* v. 24.3.1993 (13 Os 51/93), EvBl 1993, Nr. 132; v. 16.8.1993 (14 Os 129/93).
18 *VfSlg* 11.594/1988.
19 Vgl. nur etwa *VfSlg* 7361/1974, 11.656/1988, 11.930/1988, 12.056/1989.
20 S. die Anknüpfung an die ältere Judikatur zu Art. 8 StGG 1867 und dem PersFrG 1862 in *VfSlg* 15.046/1997 und vollends in *VfSlg* 15.372/1998.
21 So *VfSlg* 15.046/1997.
22 *VfSlg* 15.372/1998 unter Rezeption seiner „Intentionalitäts"-Judikatur zu Art. 8 StGG 1867 und dem PersFrG 1862 (wenngleich *VfSlg* 15.372/1998 im Ergebnis im Widerspruch zu dieser Vorjudikatur steht und in diesem Punkt nicht hinreichend begründet ist). Vgl. weiters *VfSlg* 15.465/1999. Kritisch zu dieser Judikatur etwa *Berka*, Die Grundrechte (LitVerz.), RN 397.
23 *VfSlg* 5280/1966.
24 *VfSlg* 5570/1967.
25 *VfSlg* 7298/1974 u. 12.792/1991.
26 *VfSlg* 8327/1978.
27 *VfSlg* 12.017/1989.
28 *VfSlg* 11.930/1988.

Bescheid, mit dem über einen Antrag auf Feststellung der Unzulässigkeit der Abschiebung in einen bestimmten Staat entschieden wird, greift in das Grundrecht überhaupt nicht ein[29]. Eine einschlägige Freiheitsbeschränkung sah der Verfassungsgerichtshof allerdings beispielsweise in der Verpflichtung, sich in der Überprüfungsstation eines Flüchtlingslagers aufzuhalten, da die Maßnahme intentional primär auf eine Beschränkung der Bewegungsfreiheit des Betroffenen gerichtet sei[30]; unproblematisch sei hingegen der verpflichtende Aufenthalt dort bloß während der Mitwirkung am Verfahren[31].

Jüngst schloß sich der Verfassungsgerichtshof[32] der Rechtsmeinung des Europäischen Gerichtshofes für Menschenrechte im Fall *Amuur* gegen Frankreich[33] an, wonach bei der Beurteilung der Frage, ob jemandem im Sinne des Art. 5 Abs. 1 EMRK die Freiheit entzogen worden sei, von der konkreten Situation auszugehen ist und eine ganze Reihe von Kriterien berücksichtigt werden müssen, wie z.B. die Art, Dauer, Auswirkungen und die Durchführungsweise der betreffenden Maßnahmen; der Unterschied zwischen Entzug und Beschränkung der Freiheit sei lediglich eine Frage des Grades oder der Intensität und nicht eine der Natur oder der Substanz.

7
Graduale Differenzierung zwischen Freiheitsentzug und Freiheitsbeschränkung

Zuletzt wurde die Frage eingehend diskutiert, ob die Verweigerung der Einreise und der darauf folgende Aufenthalt der davon Betroffenen im Sondertransitraum eines Flughafens einen Eingriff in die persönliche Freiheit darstelle: In den Anlaßfällen war Migrationswilligen, die freilich keine Aufenthaltsberechtigung für Österreich erworben hatten, die Einreise in das Inland verweigert worden, woraufhin sie sich wochenlang in Sondertransiträumen auf dem Flughafengelände aufhielten, wobei ihnen die Abreise ins Ausland von den österreichischen Behörden nicht verwehrt worden wäre. Nachdem der Verfassungsgerichtshof in einem vergleichbaren Fall im Jahr 1990 eine Verhaftung noch ohne weiteres verneint hatte[34], schloß er sich in einem Erkenntnis im Jahre 1999 im Grundsatz der Rechtsprechung des Europäischen Gerichtshofes für Menschenrechte an, wonach es auf die Umstände des Einzelfalles ankomme[35]. Wenig später präzisierte sich der Verfassungsgerichtshof[36] dahingehend, daß „das Festhalten eines Fremden in der internationalen Zone eine Freiheitsbeschränkung beinhalte und nicht exzessiv verlängert werden dürfe, da sonst die Gefahr bestünde, eine bloße Freiheitsbeschränkung in eine Freiheitsentziehung zu verwandeln"[37].

8
Einreiseverweigerung und Aufenthalt im Sondertransitraum

---

29 *VfSlg* 13.837/1994.
30 *VfSlg* 13.300/1992.
31 *VfSlg* 17.340/2004 ua.
32 *VfSlg* 15.465/1999.
33 EuGRZ 1996, S. 577 ff.
34 *VfSlg* 12.523/1990.
35 *VfSlg* 15.465/1999. Unter Bezugnahme auf den *EGMR*, Urt. v. 25.6.1996, 17/1995/523/609, Amuur ./. Frankreich, EuGRZ 1996, S. 577 ff, trug der Verfassungsgerichtshof dem Unabhängigen Verwaltungssenat, dessen Bescheid angefochten war, ergänzende Sachverhaltsfeststellungen auf.
36 *VfSlg* 15.482/1999.
37 Beide Erkenntnisse bestätigend *VfSlg* 16.081/2001 (in der Sache jedoch aufrezeind am Fall vorbeigehend). Dazu auch *OGH* 15.3.2005, 10b 250/046.

9
„Sicherheit"

Der Nennung der *„Sicherheit"* gleichrangig neben der Freiheit wird von einer verbreiteten Meinung keine eigenständige Bedeutung zugesonnen[38].

III. Zulässige Freiheitsbeschränkungen

1. Die taxativ aufgezählten Festnahmegründe

10
Bedarf an einfachgesetzlicher Konkretisierung

Art. 2 Abs. 1 PersFrG zählt die Fälle, in welchen jemandem die persönliche Freiheit entzogen werden darf, in taxativ angelegter Weise auf. Niemand darf aus anderen als den in diesem Bundesverfassungsgesetz genannten Gründen festgenommen oder angehalten werden (so ausdrücklich Art. 1 Abs. 2 PersFrG). Die aufgezählten Eingriffstatbestände sind freilich allesamt nicht unmittelbar anwendbar, sondern stellen bloß Ermächtigungen an die Gesetzgebung dar und bedürfen somit der einfachgesetzlichen Konkretisierung[39]. Es handelt sich um folgende Eingriffsmöglichkeiten:

a) Strafhaft

11
Essentielle Verfahrensgrundsätze

Anfechtbarkeit und gerichtliche Überprüfung

Die persönliche Freiheit darf entzogen werden, wenn auf Grund einer mit Strafe bedrohten Handlung auf Freiheitsentzug erkannt worden ist (Art. 2 Abs. 1 Ziff. 1 PersFrG), also im Falle der Strafhaft. Art. 3 PersFrG enthält hierzu einige Verfahrensgrundsätze: Auf Grund einer mit Strafe bedrohten Handlung darf grundsätzlich nur ein Gericht auf Freiheitsentzug erkennen (Art. 3 Abs. 1 PersFrG). Die Verhängung einer Freiheitsstrafe und die Festsetzung von Ersatzfreiheitsstrafen durch Verwaltungsbehörden dürfen jedoch vorgesehen werden, wenn das Ausmaß des angedrohten Freiheitsentzuges je sechs Wochen, soweit allerdings die Entscheidung einer unabhängigen Behörde obliegt, je drei Monate nicht übersteigt (Art. 3 Abs. 2 PersFrG). Wenn die Freiheitsstrafe nicht von einer unabhängigen Behörde verhängt oder eine Ersatzfreiheitsstrafe nicht von ihr festgesetzt wird, muß die Anfechtung der Entscheidung bei einer solchen Behörde in vollem Umfang und mit aufschiebender Wirkung gewährleistet sein (Art. 3 Abs. 3 PersFrG). Der Beschränkung des Art. 5 Abs. 1 lit. a EMRK auf eine Verurteilung durch ein „Gericht" wird in den allgemeinen Verwaltungsstrafsachen durch die zweitinstanzliche Zuständigkeit der als Tribunale im Sinne des Art. 6 EMRK eingerichteten Unabhängigen Verwaltungssenate Rechnung getragen[40]. Wenn hingegen bereits in erster Instanz eine unabhängige (Verwaltungs-)Behörde entscheidet, sind auch Freiheitsstrafen bis zu drei Monaten statthaft; diese Regelung ist auf das Finanzverwaltungsstrafrecht des Bundes gemünzt[41], in dem bereits in erster Instanz unabhängige Spruchsenate[42] entscheiden.

---

[38] Vgl. etwa *Berka*, Die Grundrechte (LitVerz.), RN 400; *Walter/Mayer/Kucsko-Stadlmayer*, Bundesverfassungsrecht (LitVerz.), RN 1404.

[39] *SZ* 54/108, entsprechend EvBl 1981, Nr. 208; *SZ* 60/12, *SZ* 62/176, EvBl 2000, Nr. 207, wenn auch jeweils zu Art. 5 Abs. 1 EMRK.

[40] S. Art. 129 a Abs. 1 Z 1 B-VG. Vgl. im übrigen zum österreichischen Vorbehalt zu Art. 5 EMRK bereits oben B I, RN 2 f.

[41] Erl. zur RV 134 BlgNR XVII. GP, S. 6.

[42] S. §§ 65 ff. Finanzstrafgesetz (BGBl 1958/129) i.d.g.F.

b) Festnahme Tatverdächtiger

Personen, die einer bestimmten, mit gerichtlicher oder finanzbehördlicher Strafe bedrohten Handlung verdächtig sind, darf die persönliche Freiheit entzogen werden (Art. 2 Abs. 1 Ziff. 2 PersFrG[43])

- zum Zwecke der Beendigung des Angriffes oder zur sofortigen Feststellung des Sachverhaltes, sofern der Verdacht im engen zeitlichen Zusammenhang mit der Tat oder dadurch entsteht, daß die Person einen bestimmten Gegenstand innehat (Ziff. 2 lit. a), oder
- um sie daran zu hindern, sich dem Verfahren zu entziehen oder Beweismittel zu beeinträchtigen (lit. b), oder
- um sie bei einer mit beträchtlicher Strafe[44] bedrohten Handlung an der Begehung einer gleichartigen Handlung oder an der Ausführung zu hindern (lit. c).

12 Freiheitsbeschränkungen im Dienst der Strafjustiz

Art. 4 Abs. 1 bis 3 PersFrG regelt Näheres zu solchen Freiheitsbeschränkungen im Dienste der *Strafjustiz*, die in der Praxis die größte Bedeutung haben:

- Demnach ist eine Festnahme aus den Gründen der Ziffer 2 lit. b und c grundsätzlich nur in Vollziehung eines begründeten richterlichen Befehls zulässig, der dem Betroffenen bei der Festnahme, spätestens aber innerhalb von vierundzwanzig Stunden zuzustellen ist (Art. 4 Abs. 1 PersFrG).
- Hingegen ist die Festnahme im Fall der Ziffer 2 lit. a sowie allgemein bei Gefahr im Verzug auch ohne richterlichen Befehl statthaft (Art. 4 Abs. 2 Satz 1 PersFrG), also insbesondere auch durch Polizeibehörden und ihre Exekutivorgane aus eigener Veranlassung zulässig. Der (ohne richterlichen Befehl) Festgenommene ist freizulassen, sobald sich ergibt, daß kein Grund zu seiner weiteren Anhaltung vorhanden ist, und er ist ansonsten ohne unnötigen Aufschub, spätestens aber vor Ablauf von achtundvierzig Stunden, dem zuständigen Gericht zu übergeben (Art. 4 Abs. 2 Satz 2 leg. cit.).
- Eine dem Gericht übergebene Person ist ohne Verzug vom Richter zur Sache und zu den Voraussetzungen der Anhaltung zu vernehmen (Art. 4 Abs. 3 PersFrG).

13 Richtervorbehalt

Bei Verdacht einer mit *finanzbehördlicher* Strafe bedrohten Handlung ist die Festnahme aus den Gründen der lit. b und lit. c nur in Vollziehung einer begründeten Anordnung eines gesetzlich zur Ausübung richterlicher Funktionen ermächtigten Beamten[45] zulässig; im Fall der lit. a sowie allgemein bei Gefahr im Verzug darf auch ohne eine solche Anordnung festgenommen werden (Art. 4 Abs. 4 PersFrG). Im übrigen gelten die Absätze 1 bis 3 des Art. 4 mit der Maßgabe sinngemäß auch für Festnahmen im Dienste der Finanzstrafrechtspflege, daß der Festgenommene unverzüglich der zuständigen Finanzstrafbehörde zu übergeben ist.

14 Verdacht einer Finanzstraftat

---

43 Vgl. in den Anforderungen lockerer Art. 5 Abs. 1 lit. c EMRK.
44 Von einer „mit beträchtlicher Strafe bedrohten Handlung" soll nach den Erl. zur RV 134 BlgNR XVII. GP, S. 5, dann die Rede sein, wenn die Strafdrohung einen sechs Monate übersteigenden Freiheitsentzug vorsieht.
45 S. § 85 Abs. 2 Finanzstrafgesetz (BGBl 1958/129) i.d.g.F.: des Vorsitzenden des Spruchsenates.

15
Anspruch auf Verfahrensbeendigung

Wer auf Grund des Verdachtes einer mit gerichtlicher oder finanzbehördlicher Strafe bedrohten Handlung angehalten wird, hat das Recht auf Beendigung des Verfahrens, das wegen der gegen ihn erhobenen Anschuldigungen eingeleitet worden ist, innerhalb angemessener Frist, oder auf Freilassung während des Verfahrens (Art. 5 Abs. 1 PersFrG, Art. 5 Abs. 3 EMRK)[46].

c) Im besonderen die Festnahme Tatverdächtiger im Verwaltungsstrafrecht

16
Vorführung wegen Verdachtes einer Verwaltungsübertretung

Die persönliche Freiheit darf auch entzogen werden zum Zweck der Vorführung vor die zuständige Behörde wegen des Verdachtes einer Verwaltungsübertretung, bei der der Betroffene auf frischer Tat betreten wird, sofern die Festnahme zur Sicherung der Strafverfolgung oder zur Verhinderung weiteren gleichartigen strafbaren Handelns erforderlich ist (Art. 2 Abs. 1 Ziff. 3 PersFrG). Die Gesetzesmaterialien erachten die Zwecksetzung der Vorführung vor die zuständige *Verwaltungs*behörde mit Hinblick auf die authentische englische Textfassung des Art. 5 EMRK („competent legal authority") für konventionskonform[47].

17
Maximale Anhaltungsfrist

Der Festgenommene ist, wenn der Grund für die Festnahme nicht schon vorher wegfällt, unverzüglich der zuständigen Verwaltungsbehörde zu übergeben und darf insgesamt keinesfalls länger als vierundzwanzig Stunden angehalten werden (Art. 4 Abs. 5 PersFrG). Auf diese Ermächtigung stützt sich § 35 des Verwaltungsstrafgesetzes, der die wichtigste einfachgesetzliche Rechtsgrundlage für Verhaftungen im Dienste der Verwaltungsstrafrechtspflege bildet und den der Verfassungsgerichtshof bislang aus verfassungsrechtlicher Sicht nicht beanstandet hat[48]. Die Bedeutung dieser Festnahmeermächtigung für die Praxis ist allerdings im Rückgang begriffen.

d) Beugemittel

18
Zulässige Anwendungsfälle

Die Festnahme ist zulässig, um die Befolgung einer rechtmäßigen Gerichtsentscheidung oder die Erfüllung einer durch das Gesetz vorgeschriebenen Verpflichtung zu erzwingen (Ziffer 4[49]). Die Gesetzesmaterialien[50] nennen als Beispiele Maßnahmen zur Erzwingung einer Zeugenaussage, einer gesetzlich vorgesehenen Untersuchung, die Fälle zivilrechtlicher Beugehaft oder die zwangsweise Vorführung von Parteien[51]. Zu denken ist konkret beispielsweise

---

46 Wenn gelindere Mittel ausreichen, ist vom Freiheitsentzug abzusehen. Wer wegen einer nicht mit schwerer Strafe bedrohten Handlung angehalten wird, um ihn daran zu hindern, sich dem Verfahren zu entziehen, ist jedenfalls freizulassen, wenn er eine vom Gericht oder von den gesetzlich zur Ausübung richterlicher Funktionen ermächtigten Beamten unter Bedachtnahme auf das Gewicht der ihm zur Last gelegten strafbaren Handlung, seine persönlichen Verhältnisse und das Vermögen des die Sicherheit Leistenden festgesetzte Sicherheit beistellt; zusätzliche gelindere Mittel zur Sicherstellung des Verfahrens sind zulässig (Art. 5 Abs. 2 PersFrG).
47 Bericht des Verfassungsausschusses 667 BlgNR XVII. GP, S. 2.
48 Vgl. zuletzt *VfSlg* 16.384/2001.
49 Gleichsinnig Art. 5 Abs. 1 lit. b EMRK.
50 Erl. zur RV 134 BlgNR XVII. GP, S. 6.
51 Insb. § 460 Ziff. 1 Zivilprozeßordnung, § 19 Abs. 3 Allgemeines VerwaltungsverfahrensG, § 5 Verwaltungsvollstreckungsg, § 79 Außerstreitg, §§ 48 Abs. 1, 354 Abs. 1, 355 Abs. 1, 386 Abs. 1 Exekutionsordnung, § 101 Abs. 1 Konkursordnung.

an die Haftandrohung gegen organschaftliche Vertreter einer Gesellschaft zur Erwirkung unvertretbarer, durch die Gesellschaft zu erbringender Handlungen, wie etwa die Gewährung der Einsicht in die Geschäftsbücher[52]. Allerdings darf niemand allein deshalb festgenommen werden, weil er nicht in der Lage ist, eine vertragliche Verpflichtung zu erfüllen[53].

e) Geisteskrankheit oder ansteckende Krankheit

Die persönliche Freiheit darf entzogen werden, wenn Grund zur Annahme besteht, daß jemand eine Gefahrenquelle für die Ausbreitung ansteckender Krankheiten ist oder wegen Geisteskrankheit sich oder andere gefährdet (Ziffer 5). Die Ermächtigung bezieht sich auch auf all jene Maßnahmen, die in gesetzmäßiger Weise dazu dienen, entscheiden zu können, ob eine Haft wegen Geisteskrankheit rechtmäßig verhängt werden darf[54]. Im Vergleich zu Art. 5 Abs. 1 lit. e EMRK nennt das Bundesverfassungsgesetz über den Schutz der persönlichen Freiheit Alkoholismus, Rauschgiftsucht und Landstreicherei nicht als selbständige Festnahmefälle; ein diesbezüglicher Freiheitsentzug „ist daher nicht zulässig"[55].

19
Tatbestandliche Eingrenzung

Die einfachgesetzlichen Grundlagen für die Anhaltung von gefährlichen Geisteskranken, die beträchtliche praktische Bedeutung hat, finden sich im Unterbringungsgesetz[56] sowie in § 46 des Sicherheitspolizeigesetzes[57]. Rechtsgrundlagen für die Absonderung von Personen, die an gefährlichen ansteckenden Krankheiten leiden, enthalten die sanitätspolizeilichen Vorschriften, etwa §§ 14 ff. des Tuberkulosegesetzes[58].

20
Einfachgesetzliche Grundlagen

f) Erziehung Minderjähriger

Die persönliche Freiheit darf bei Minderjährigen zum Zweck notwendiger Erziehungsmaßnahmen beschränkt werden (Ziffer 6[59]), also etwa zum Zweck der Unterbringung in Erziehungsheimen oder zum Zweck der Rückbringung zu den Erziehungsberechtigten.

21
Unterbringung und Rückbringung

g) Ausweisung und Auslieferung

Letztlich darf die persönliche Freiheit entzogen werden, wenn dies notwendig ist, um eine beabsichtigte Ausweisung oder Auslieferung zu sichern (Ziffer 7[60]). Unter Ausweisung versteht der Verfassungsgerichtshof „alle fremdenpolizeili-

22
Sicherungsmaßnahmen

---

52 Wogegen der *Oberste Gerichtshof* (26. 4. 1995 [3 Ob 42/95] JBl 1995, S. 734 ff) keine verfassungsrechtlichen Bedenken hegte.
53 Art. 2 Abs. 2 PersFrG und Art. 1 des 4. ZPMRK: Verbot der exekutiven Schuldhaft.
54 *VfSlg* 11.784/1988 (zu Art. 5 Abs. 1 Satz 2 lit. e EMRK).
55 So die Erl. zur RV 134 BlgNR XVII. GP, S. 6.
56 BGBl 1990/155 i.d.g.F. S. zu diesem Gesetz sowie zu diesbezüglichen Grundrechtsfragen eingehend *Christian Kopetzki*, Unterbringungsrecht. Bd. I: Historische Entwicklung und verfassungsrechtliche Grundlagen, Bd. II: Materielles Recht, Verfahren und Vollzug (1995).
57 BGBl 1991/566 i.d.g.F.
58 BGBl 1968/127 i.d.g.F.
59 S. auch Art. 5 Abs. 1 lit. d EMRK.
60 Vgl. auch Art. 5 Abs. 1 lit. f. EMRK, der auch den Fall nennt, daß jemand festgenommen wird, um ihn daran zu hindern, unberechtigt in das Staatsgebiet einzureisen.

§ 191   *Dreizehnter Teil: II. Einzelgrundrechte*

chen Maßnahmen, die darauf abzielen, daß der Fremde das Land verlasse"⁶¹. Der Tatbestand deckt eine asylrechtliche Freiheitsbeschränkung zum Zweck der Feststellung des für das Asylverfahren maßgeblichen Sachverhaltes allerdings nicht⁶². Zu Eingriffen in die persönliche Freiheit von Fremden im Sinne dieses Tatbestandes ermächtigt das Fremdenpolizeigesetz⁶³, zu Zwecken der Auslieferung das Auslieferungs- und Rechtshilfegesetz⁶⁴.

2. Die gesetzlich vorgeschriebene Weise

23
Formel des Verfassungsgerichtshofs

Die persönliche Freiheit darf nach Art. 2 Abs. 1 PersFrG nur auf „die gesetzlich vorgeschriebene Weise" entzogen werden. Der Verfassungsgerichtshof legt diese Formulierung jedoch nicht so aus, daß jeder (einfach-)gesetzwidrige Grundrechtseingriff (oder jede diesbezügliche Gesetzwidrigkeit eines nachprüfenden Bescheides eines Unabhängigen Verwaltungssenates) bereits eine Grundrechtsverletzung bedeuten würde⁶⁵. Zur Abgrenzung hat er folgende Formel entwickelt⁶⁶: „Der Bescheid einer Verwaltungsbehörde, mit dem darüber entschieden wird, ob eine Festnahme oder Anhaltung einer Person rechtmäßig war oder ist, verletzt das durch Art. 1 ff. PersFrG und durch Art. 5 EMRK verfassungsgesetzlich gewährleistete Recht auf Freiheit und Sicherheit (persönliche Freiheit), wenn er gegen die verfassungsgesetzlich festgelegten Erfordernisse der Festnahme beziehungsweise Anhaltung verstößt, wenn er in Anwendung eines verfassungswidrigen, insbesondere den genannten Verfassungsvorschriften widersprechenden Gesetzes, wenn er gesetzlos oder in denkunmöglicher Anwendung einer verfassungsrechtlich unbedenklichen Rechtsgrundlage ergangen ist, ein Fall, der nur dann vorläge, wenn die Behörde einen so schweren Fehler begangen hätte, daß dieser mit Gesetzlosigkeit auf eine Stufe zu stellen wäre". Andere Rechtswidrigkeiten solcher Bescheide muß nach dem grundsätzlichen Verhältnis zwischen Verfassungsgerichtsbarkeit und Verwaltungsgerichtsbarkeit in Österreich⁶⁷ der Verwaltungsgerichtshof wahrnehmen. Zu Recht hat der Verfassungsgerichtshof darauf hingewiesen, daß es für diese innerstaatliche Zuständigkeitsverteilung in Rechtsschutzbelangen gleichgültig ist, ob der Europäische Gerichtshof für Menschenrechte seinerseits auch Verstöße gegen einfachgesetzlich geregelte Festnahmemodalitäten prüft⁶⁸.

Rechtswidrigkeit im übrigen

24   Hingegen erkennt der Oberste Gerichtshof mit Hinblick auf diese Textierung („gesetzlich vorgeschriebene Weise") in jeder Verletzung einer einfachgesetz-

---

61 *VfSlg* 13.039/1992 (Schubhaft), 13.300/1992.
62 *VfSlg* 13.300/1992.
63 BGBl I 2005/100.
64 BGBl 1979/529 i.d.g.F.
65 *VfSlg* 13.708/1994 mit näherer Begründung.
66 Seit *VfSlg* 13.708/1994 st. Rspr., s. etwa *VfSlg* 14.086/1995, 14.193/1995, 14.225/1995, 14.367/1995, 14.730/1997, 14.761/1997, 14.864/1997, 14.903/1997, 14.981/1997, 15.131/1998, 15.109/1998, 15.372/1998, 15.684/1999 u. zuletzt *VfSlg* 17.119/2004, 17.288/2004.
67 S. Art. 133 Ziff. 1 B-VG.
68 *VfSlg* 13.708/1994.

lichen Vorschrift, die das Grundrecht auf persönliche Freiheit berührt, eine Grundrechtsverletzung[69].

IV. Verhältnismäßigkeit

Das Bundesverfassungsgesetz über den Schutz der persönlichen Freiheit betont den Verhältnismäßigkeitsgrundsatz mehrfach:

- Die einfache Gesetzgebung darf den Entzug der persönlichen Freiheit nur vorsehen, „wenn dies nach dem Zweck der Maßnahme notwendig ist" (§ 1 Abs. 3 Satz 1 PersFrG). Der Verfassungsgerichtshof erachtet es beispielsweise als nicht „notwendig", die Schubhaft zwecks Sicherung des Verfahrens zur Erlassung einer Ausweisung oder eines Aufenthaltsverbotes beziehungsweise Sicherung der Abschiebung, Zurückschiebung oder Durchbeförderung über die Dauer von sechs Monaten aufrechtzuerhalten[70]. Einfachgesetzliche Regelungen sind im Zweifel im Lichte dieses Verhältnismäßigkeitsgebotes zu interpretieren[71].
- Die Vollziehung darf die persönliche Freiheit nur dann entziehen, „wenn und soweit dies nicht zum Zweck der Maßnahme außer Verhältnis steht" (Art. 1 Abs. 3 Satz 2 PersFrG).
- Wenn gelindere Mittel ausreichen, ist vom Freiheitsentzug abzusehen (Art. 5 Abs. 2 Satz 1 leg. cit.). Nach den Umständen ist gegen Beistellung einer angemessenen Sicherstellung freizulassen (näher Art. 5 Abs. 2 Satz 2 leg. cit.).

25
Mehrfache Ausprägungen dieses Grundsatzes

V. Rechte von Festgenommenen und Angehaltenen

Die Garantien des Grundrechts auf persönliche Freiheit umfassen auch Modalitäten der Freiheitsentziehung:

- Wer festgenommen oder angehalten wird, ist unter Achtung der Menschenwürde und mit möglichster Schonung der Person zu behandeln (Art. 1 Abs. 4 PersFrG).
- Er darf nur solchen Beschränkungen unterworfen werden, die dem Zweck der Anhaltung angemessen oder zur Wahrung von Sicherheit und Ordnung am Ort seiner Anhaltung notwendig sind (Art. 1 Abs. 4 Halbs. 2 PersFrG).
- Jeder Festgenommene muß in möglichst kurzer Frist und in einer ihm verständlichen Sprache über die Gründe seiner Festnahme und über die gegen ihn erhobenen Beschuldigungen unterrichtet werden (Art. 5 Abs. 2 EMRK und gleichsinnig Art. 4 Abs. 6 PersFrG, der überdies die den sprachlichen Minderheiten bundesgesetzlich eingeräumten Rechte unberührt läßt)[72].

26
Differenzierte Grundrechtsgarantien bei Freiheitsentziehungen

---

69 *OGH* v. 11. 2. 1993 (13 Os 16/93), EvBl 1993, Nr. 86.
70 *VfSlg* 13.988/1994, 14.730/1997 mit entsprechender verfassungskonformer (restriktiver) Interpretation des fremdenrechtlichen Rechts der Schubhaft.
71 *VfSlg* 13.958/1994.
72 Zum Rechtsschutz *VfSlg* 14.086/1995.

Der Zweck dieses Informationsrechtes liegt darin, den Festgenommenen in die Lage zu versetzen, die Rechtmäßigkeit der Festnahme zu beurteilen und gegebenenfalls von seinem Recht auf Haftkontrolle Gebrauch zu machen[73].

– Überdies hat jeder Festgenommene das Recht, daß auf sein Verlangen ohne unnötigen Aufschub und nach seiner Wahl ein Angehöriger und ein Rechtsbeistand von der Festnahme verständigt werden (Art. 4 Abs. 7 PersFrG).

VI. Rechtsschutz

27
Entscheidung über Rechtmäßigkeit des Freiheitsentzuges

Jedermann, dem seine Freiheit durch Festnahme oder Haft entzogen wird, hat nach Art. 5 Abs. 4 EMRK das Recht, ein Verfahren zu beantragen, in dem von einem Gericht ehetunlich über die Rechtmäßigkeit der Haft entschieden und im Falle der Widerrechtlichkeit seine Entlassung angeordnet wird. Art. 6 Abs. 1 PersFrG greift diese Garantie auf und vertieft[74] sie: Jedermann, der festgenommen oder angehalten wird, hat das Recht auf ein Verfahren, in dem durch ein Gericht oder durch eine andere unabhängige Behörde über die Rechtmäßigkeit des Freiheitsentzuges entschieden und im Falle der Rechtswidrigkeit seine Freilassung angeordnet wird. Die Entscheidung muß binnen einer Woche ergehen, es sei denn, die Anhaltung hätte bereits vorher geendet (Art. 6 Abs. 1 PersFrG). Im Fall einer Anhaltung von unbestimmter Dauer ist deren Notwendigkeit in angemessenen Abständen durch ein Gericht oder durch eine andere unabhängige Behörde zu überprüfen (Art. 6 Abs. 2 PersFrG).

28
Verfahrensgarantie nur unter der Voraussetzung tatsächlicher Festnahme

Die Verfahrensgarantie des Art. 6 Abs. 1 PersFrG setzt voraus, daß jemand *tatsächlich* festgenommen und angehalten wird[75]. Sie gilt daher beispielsweise nicht für noch immer in Freiheit befindliche Adressaten eines Schubhaftbescheides[76]. Umgekehrt folgert der Verfassungsgerichtshof aber aus der Formulierung des Art. 6 Abs. 1 PerFrG, daß die Entscheidung binnen Wochenfrist ergehen soll, wenn die Anhaltung nicht vorher geendet hat, daß ein Schubhäftling auch noch nach der Beendigung seiner Anhaltung einen Anspruch auf Feststellung ihrer Rechtswidrigkeit hat[77]. Gleichsinnig sieht auch der Oberste Gerichtshof noch nach Aufhebung einer freiheitsbeschränkenden

---

73 *VfSlg* 14.903/1997.
74 Vgl. *VfSlg* 14.939/1997, wonach die Garantien des Art. 6 PersFrG über jene des Art. 5 Abs. 4 EMRK in dem Punkt hinausgehen, daß der Anspruch auf Überprüfung nach Art. 6 PersFrG auch bei bloß kurzfristiger Haft und noch nach ihrer Beendigung bestehe.
75 Vgl. z. B. *OGH* v. 28. 12. 1999 (15 Os 177/99).
76 *VfSlg* 13.037/1992, 13.039/1992, 13.050/1992, 13.051/1992.
77 *VfSlg* 13.698/1994, 14.224/1995, 15.140/1998. Vgl. im übrigen zur Diskussion betr. den Rechtsschutz in Schubhaftsachen *Davy*, Schubhaft und Rechtmäßigkeitsprüfung durch den unabhängigen Verwaltungssenat. Überlegungen zur Antwort des Verfassungsgerichtshofs, ZfV 1992, S. 620 ff; *dies.*, Asylverfahren und Schubhaft, JRP 1993, S. 41 ff, *Nowak*, Überprüfung der Schubhaft durch die unabhängigen Verwaltungssenate. Kann § 5 a Fremdenpolizeigesetz verfassungskonform interpretiert werden? ZfV 1991, S. 388 ff; *Rosenmayr*, Aufenthaltsverbot, Schubhaft und Abschiebung, ZfV 1988, S. 1 ff; *Szirba*, Rechtsmittel gegen die Schubhaft? Ein zweifelhafter Akt der Gesetzgebung, ZfV 1991, S. 386 ff; *Thienel*, Schubhaftprüfung verfassungskonform? ÖJZ 1992, S. 705 ff.

Maßnahme ein rechtliches Interesse an der Feststellung, ob die Anhaltung zu Recht erfolgte[78]. Hingegen ist der Verwaltungsgerichtshof der Auslegung des Verfassungsgerichtshofes anfangs entgegengetreten und hat auseinandergesetzt, daß er die Erhebung der Schubhaftbeschwerde nach der Entlassung aus der Schubhaft nicht mehr als zulässig erachte und hierbei keinen Widerspruch zu Art. 6 PersFrG erkennen könne[79]. Der Verfassungsgerichtshof hielt jedoch dessen ungeachtet an seiner Rechtsprechung fest[80] und eliminierte eine entgegenstehende Entscheidung des Verwaltungsgerichtshofes[81].

Die Garantie einer Entscheidung binnen Wochenfrist (Art. 6 Abs. 1 PersFrG), welche die im Verhältnis zu Art. 5 Abs. 4 EMRK präzisere und damit vorgehende Regelung ist[82], bezieht sich nur auf die Frage, ob der Freiheitsentzug aufrechterhalten werden darf oder nicht. Hinsichtlich eines bereits zurückliegenden Freiheitsentzuges muß die Entscheidung nicht binnen Wochenfrist ergehen[83]. Der Oberste Gerichtshof bezieht die Wochenfrist nur auf die erstmalige Überprüfung der Rechtmäßigkeit des Freiheitsentzuges; für die weitere Anhaltung von unbestimmter Dauer gelte hingegen Art. 6 Abs. 2 PersFrG, der nur eine Überprüfung in angemessenen Abständen verlangt[84]. Um die verfassungsrechtlich gebotene Wochenfrist einhalten zu können, muß das zur Entscheidung berufene Gericht oder die unabhängige Behörde nach der Rechtsprechung des Verfassungsgerichtshofes entsprechende Vorkehrungen treffen; die Entscheidung muß den Verfahrensparteien innerhalb einer Woche ab *Einlangen* der Beschwerde *zugehen*[85]. Eine verspätete Entscheidung verletzt das Grundrecht; der allenfalls gegen einen verspätet ergangenen Bescheid eines Unabhängigen Verwaltungssenates angerufene Verfassungsgerichtshof hebt diesen Bescheid deswegen allerdings nicht auf, weil die Rechtsverletzung dadurch nur verschärft würde; vielmehr stellt er die Rechtswidrigkeit des Bescheides fest[86].

29
Fristen gerichtlicher Überprüfung

Der Verfassungsgerichtshof setzt den Begriff der „unabhängigen Behörde" in Art. 6 Abs. 1 PersFrG mit dem Tribunalbegriff des Art. 6 EMRK gleich, woraus folge, daß hiefür auch die zu Art. 6 EMRK, insbesondere vom Europäischen Gerichtshof für Menschenrechte, entwickelten Kriterien gelten würden[87]. Die Unabhängigen Verwaltungssenate gelten grundsätzlich als „unabhängige Behörden" im Sinne dieser Bestimmung[88]. Im Einzelfall kommt es nach der Rechtsprechung des Verfassungsgerichtshofes aber auch noch darauf an, daß nicht in der Person des entscheidenden Organwalters Umstände lie-

30
Unabhängige Verwaltungssenate

---

78 *OGH* v. 24. 4. 1991 (1 Ob 549/91 ua. Zlen.), RZ 1991 Nr. 85; v. 12. 9. 2002 (6 Ob 198/02 i).
79 *VwSlg* 14.121 A/1994.
80 *VfSlg* 14.192/1995.
81 *VfSlg* 15.317/1998.
82 *VfSlg* 13.893/1994.
83 *VfSlg* 14.193/1995.
84 EvBl 2000, Nr. 19.
85 *VfSlg* 13.893/1994, 14.193/1995, 14.225/1995.
86 *VfSlg* 13.893/1994, 14.193/1995, 14.225/1995; *VwGH* v. 26. 4. 2002, Zl 99/02/0034.
87 *VfSlg* 14.939/1997; bestätigend *VfSlg* 15.439/1999.
88 Vgl. etwa *VfSlg* 13.806/1994. Dies wird auch durch den entstehungsgeschichtlichen Zusammenhang bestätigt (vgl. in diesem Sinne *Berka*, Die Grundrechte [LitVerz.], RN 395).

gen, die dem Erfordernis der Unabhängigkeit und strukturellen Unparteilichkeit widersprechen, wie dies etwa der Fall wäre, wenn ein befristet bestellter Organwalter damit rechnen müßte, daß er nach Ablauf seiner Funktion beim Unabhängigen Verwaltungssenat zu der im Einzelfall zu kontrollierenden Behörde zurückkehren wird[89], wenn also – ungeachtet der Frage tatsächlicher Befangenheit – zumindest ein äußerer Anschein der Parteilichkeit bestünde[90].

31
Grundrechtsbeschwerde

Für den Bereich der Strafjustiz eröffnet das einfachgesetzliche Grundrechtsbeschwerdegesetz[91] eine spezifische Beschwerdemöglichkeit an den Obersten Gerichtshof. Beschwerdegegenstand sind strafgerichtliche Entscheidungen oder Verfügungen, die in die persönliche Freiheit eingreifen[92], nach Erschöpfung des Instanzenzuges, ausgenommen die Verhängung und der Vollzug von Freiheitsstrafen und vorbeugende Maßnahmen. Beschwerdefähig sind daher beispielsweise richterliche Haftbefehle oder die Verfügung der Untersuchungshaft, jeweils nach Erschöpfung des Instanzenzuges.

32
Überprüfung von Freiheitsbeschränkungen

Über freiheitsbeschränkende Maßnahmen der Hoheitsverwaltung entscheiden die Unabhängigen Verwaltungssenate nach Art. 129 Abs. 1 Ziff. 2 B-VG und § 67c AVG, sofern die Rechtsordnung nicht andere Rechtsschutzwege und Sonderverfahren bereithält[93].

VII. Haftentschädigung

33
Amtshaftungsverfahren

Sowohl Art. 7 PersFrG als auch Art. 5 Abs. 5 EMRK garantieren einen Anspruch auf Haftentschädigung[94]: Jeder, der entgegen den Bestimmungen des Art. 5 EMRK von Festnahme oder Haft betroffen worden ist, hat Anspruch auf Schadenersatz (Art. 5 Abs. 5 leg. cit.). Nach Art. 7 PersFrG hat jedermann, der rechtswidrig festgenommen oder angehalten worden ist, Anspruch auf volle Genugtuung einschließlich des Ersatzes nicht vermögensrechtlichen Schadens. Die Verbürgung gehört nach der Rechtsprechung dem unmittelbar anwendbaren Rechtsbestand an[95]. Der Anspruch ist verschuldensunabhängig und erfaßt auch den Ersatz immateriellen Schadens[96]. Er ist im Amtshaftungsverfahren geltend zu machen[97]. Nicht jeder Verfahrensverstoß gegen Art. 6 EMRK führt allerdings dazu, daß die von einem Gericht verhängte

---

89 *VfSlg* 14.939/1997, bestätigend *VfSlg* 15.439/1999.
90 *VfSlg* 15.439/1999 unter Ausdehnung dieser Judikatur auch auf verfahrensrechtliche (die Beschwerde zurückweisende) Entscheidungen.
91 BGBl 1992/864. Dazu ua. *Graff*, Die Grundrechtsbeschwerde an den Obersten Gerichtshof, ÖJZ 1992, S. 777 ff.
92 Daher nach *OGH* v. 24. 3. 1993 (13 Os 51/93) EvBl 1993, Nr. 132, z. B. nicht temporäre Besuchssperren.
93 Vgl. *VwSlg*. 13.994 A/1994 zur zwangsweisen Unterbringung psychisch Kranker in einer entsprechenden Krankenanstalt.
94 S. dazu ua. *W. Berger*, Die zivilrechtlichen Folgen von Grundrechtsverletzungen in Österreich, EuGRZ 1983, S. 233 ff.; *Binder*, Der Haftentschädigungsanspruch. Entschädigung durch Amtshaftung?, ZfV 1977, S. 124 ff.; *Obauer*, Die strafrechtliche Entschädigung, in: Manfred Kremser (Hg.), FS zum 50. Jahrestag der Wiedererrichtung der österreichischen Finanzprokuratur, 1995, S. 201 ff.; *Gernot Schantl*, Das Grundrecht auf Haftentschädigung in Österreich, 1986.
95 Etwa *SZ* 48/69; *OGH* v. 25. 11. 1997, JBl 1998, S. 370 ff.
96 *SZ* 48/69, 62/176; JBl 1990, S. 456 ff u. a.
97 *SZ* 52/153, EvBl 2000, Nr. 207 u. a.

Haft nicht mehr rechtmäßig im Sinne des Art. 5 EMRK und damit ersatzanspruchbegründend ist; vielmehr wäre dies nur dann der Fall, wenn das Verfahren dem für ein „faires" Verfahren zu fordernden Mindestmaß nicht gerecht wird[98].

Auf einfachgesetzlicher Ebene regelt das Bundesgesetz über den Ersatz von Schäden aufgrund einer strafgerichtlichen Anhaltung oder Verurteilung (StEG 2005)[99] die Geldersatzpflicht des Bundes für die durch eine strafgerichtliche Anhaltung oder Verurteilung entstandenen vermögensrechtlichen Nachteile[100]. In beschränktem Umfang begründet auch das Amtshaftungsgesetz einen Haftentschädigungsanspruch.

34 Strafrechtliches Entschädigungsgesetz

C. Bewegungs- und Niederlassungsfreiheit

I. Freizügigkeit und Niederlassungsfreiheit

Die Freizügigkeit der Person innerhalb des Staatsgebietes unterliegt gemäß Art. 4 Satz 1 StGG 1867 für österreichische[101] und andere EWR-Staatsbürger „keiner Beschränkung". Nach Art. 6 Satz 1 StGG kann „jeder Staatsbürger ... an jedem Orte des Staatsgebietes seinen Aufenthalt und Wohnsitz nehmen". Art. 2 Abs. 1 des 4. ZPMRK garantiert „jedermann, der sich rechtmäßig im Hoheitsgebiet ... aufhält, ... das Recht, sich dort frei zu bewegen und seinen Wohnsitz frei zu wählen". Während die Garantie des Art. 2 des 4. ZPMRK bloß unter weitwendigen Vorbehalten gewährleistet ist (siehe dessen Absätze 3 und 4), ist die Freizügigkeit nach Art. 4 StGG und die Niederlassungsfreiheit nach Art. 6 StGG im Wortlaut vorbehaltlos.

35 Keine Beschränkung innerhalb des Staatsgebiets

Die persönliche *Freizügigkeit* nach Art. 4 StGG[102] verbietet (lediglich) Beschränkungen der „örtlichen Bewegung" der Person[103], sie gewährleistet „die Bewegungsfreiheit des Individuums von Ort zu Ort, mit anderen Worten den Verkehr von Personen im Sinne eines beliebigen Aufenthalts- und Ortswechsels"[104]. Sie ist auf das Staatsgebiet beschränkt[105] und setzt voraus, daß sich der Betreffende im Staatsgebiet überhaupt aufhalten darf[106].

36 Gewährleistung beliebigen Aufenthalts- und Ortswechsels

---

98 *OGH* v. 25. 11. 1997 (1 Ob 190/97s) JBl 1998, S. 370.
99 Sinngemäß BGBl I 2004/125.
100 § 1 leg. cit. Dazu etwa EvBl 1980, Nr. 119; 1983, Nr. 147.
101 S. die Frage offenlassend *VfSlg* 1897/1949. Die Beschränkung auf Staatsbürger folgt indessen zwanglos bereits aus dem Gesetzestitel: „Staatsgrundgesetz ... über die allgemeinen Rechte der *Staatsbürger* ...". Die in der Literatur allerdings nicht selten anzutreffende gegenteilige Meinung übergeht nicht nur diesen Auslegungsgesichtspunkt, sondern vernachlässigt m.E. auch das historische Entstehungsumfeld des Gesetzes im Jahre 1867.
102 S. eingehend zu diesem Grundrecht *Pöschl*, in: Korinek/Holoubek, Bundesverfassungsrecht (Lit-Verz.), Kommentar zu Art. 4 StGG.
103 *VfSlg* 4679/1964, 6722/1972, 7209/1973, 8669/1979, 9609/1983, 14.049/1995, 14.169/1995.
104 *VfSlg* 3248/1957.
105 *VfSlg* 1897/1949, 3248/1957.
106 *VfSlg* 1897/1949.

37
Freizügigkeit im Rahmen der Rechtsordnung

Der Verfassungsgerichtshof hat im Jahre 1958 wesentliche Grundlagen seines Verständnisses der Garantie des Art. 4 StGG entwickelt[107]: Art. 4 leg. cit. schütze demnach zwar davor, durch die Staatsgewalt daran gehindert zu werden, sich nach einem bestimmten Ort oder in ein bestimmtes, räumlich begrenztes Gebiet zu begeben. Dieser Schutz sei aber nicht schrankenlos. Die Schranken lägen in der gesamten Rechtsordnung, und zwar sowohl im Privatrechtsbereich (wie sie z. B. aus dem fremden Eigentumsrecht an einem Grundstück erwachsen) als auch im Bereich des öffentlichen Rechts (wie sie z. B. behördlich angeordneten Seuchenbekämpfungsmaßnahmen innewohnen). Daraus leitete der Verfassungsgerichtshof ab, daß Art. 4 StGG „von vornherein nur eine Freizügigkeit im Rahmen der Rechtsordnung garantiert, wobei unsachliche, durch öffentliche Rücksichten nicht gebotene Einengungen dieses Schutzes mittels willkürlicher Veränderungen der Rechtsordnung durch den Gleichheitssatz ... verhindert werden. Behördliche Maßnahmen, die das Betreten bestimmter Örtlichkeiten oder Gebiete untersagen, können daher dem Recht auf Freizügigkeit der Person im Sinne des Art. 4 StGG nicht zuwiderlaufen, wenn sie in Anwendung eines verfassungsmäßigen Gesetzes oder im Rahmen einer verfassungsgesetzlichen Ermächtigung getroffen werden".

38
Fälle zulässiger Beschränkung

Keine unzulässige Beschränkung der Freizügigkeit sah der Verfassungsgerichtshof daher beispielsweise im Verbot der Benützung eines Personenkraftwagens an einem bestimmten Tag auf Grundlage des Bundesgesetzes über Verkehrsbeschränkungen zur Sicherung der Treibstoffversorgung[108], im Verbot der Benützung eines bestimmten Lastfahrzeuges auf einer bestimmten Straßenstrecke[109], in der Untersagung der Ausübung des Beförderungsbetriebes in Form von Bedarfsflügen nach dem Luftfahrtgesetz[110], in der vorläufigen Abnahme des Führerscheins[111], in der Ablehnung der Befreiung vom Wehrdienst[112], im bescheidmäßigen Verbot des Betretens von Gastwirtschaften, gerichtet an einen Trinker[113] oder in der Vorschreibung von (ortsgebundenen) Abgaben wie Kurtaxen[114]. Der Verfassungsgerichtshof hat aus den Umständen des Einzelfalles, insbesondere der relativ kurzen Dauer der Maßnahme und der vorangegangenen Aufforderung an die Betroffenen, das Gebiet zu verlassen, in der rund sechsstündigen Umstellung der Lagerstätten von Baustellenbesetzern durch zahlreiche Exekutivorgane zum Zweck, Rodungsarbeiten in der Nähe zu sichern, keine Verletzung des Rechts auf Freizügigkeit der Person gesehen[115].

---

107 *VfSlg* 3447/1958. Bestätigend *VfSlg* 7379/1974, 7686/1975, 8373/1978.
108 *VfSlg* 7361/1974. In *VfSlg* 1676/1948 sah der Verfassungsgerichtshof hingegen noch einen Eingriff in Art. 4 StGG durch die Verweigerung der Genehmigung für Sonntagsfahrten mit dem PKW.
109 *VfSlg* 8086/1977, 8689/1979, 14.169/1995.
110 *VfSlg* 8499/1979.
111 *VfSlg* 8669/1979.
112 *VfSlg* 7209/1973.
113 *VfSlg* 7379/1974, 7686/1975.
114 *VfSlg* 9609/1983, 10.213/1984.
115 *VfSlg* 10.916/1986.

Die durch Art. 6 StGG gewährleistete Freiheit der *Niederlassung*[116], die schon nach der Textierung nur Staatsbürgern garantiert ist[117], besteht in der Berechtigung, in jedem Ort innerhalb des Staatsgebietes dauernd zu wohnen sowie sich dortselbst vorübergehend aufzuhalten[118]. Damit ergibt sich aus Art. 6 StGG auch ein (auf Staatsbürger beschränktes) „Recht auf unbegrenzten Aufenthalt im Bundesgebiet"[119]. Ortstaxen, die bei der Nächtigung in Beherbergungsbetrieben zu entrichten sind, oder Aufschließungsabgaben bei Baugrundstücken könnten dieses Grundrecht nur berühren, wenn sie in unangemessener Höhe auferlegt würden[120]. Filialkanzleibeschränkungen für Rechtsanwälte greifen nicht in den Schutzbereich des Grundrechtes ein[121].

39 Recht auf unbegrenzten Aufenthalt

Die Garantie der Freizügigkeit und Niederlassungsfreiheit für *Fremde* (Art. 2 Abs. 1 des 4. ZP MRK) setzt schon nach ihrem Wortlaut einen rechtmäßigen Aufenthalt im Hoheitsgebiet voraus. Ein verfassungsrangiger Rechtsanspruch von Fremden auf Begründung eines Aufenthalts im Bundesgebiet läßt sich daher daraus nicht ableiten und ist auch andernorts nicht verbürgt[122]. Die Versagung einer Arbeitserlaubnis für einen Fremden „berührt" dieses Grundrecht nicht einmal[123], und es steht auch Ausweisungen von Ausländern nicht entgegen, wie der Vergleich mit Art. 3 und 4 des 4. ZP MRK zeigt[124].

40 Kein Aufenthaltsanspruch für Fremde

Die Darstellung zeigt, daß genannte Grundrechtsverbürgungen in der höchstgerichtlichen Rechtsprechung der letzten Jahrzehnte kaum eine Rolle spielen und daß die vorhandenen Entscheidungen regelmäßig eine Grundrechtsverletzung verneint haben. Daraus darf freilich nicht abgeleitet werden, daß dieses Grundrecht vernachlässigt würde; vielmehr bestätigt dies den Befund, daß die Freizügigkeit und Niederlassungsfreiheit in Österreich bereits seit langem vollkommen hergestellt ist.

41 Intakter Grundrechtsbefund

II. Auswanderungsfreiheit

Nach Art. 4 StGG 1867 ist die Freiheit der Auswanderung „von Staatswegen nur durch die Wehrpflicht beschränkt. Abfahrtsgelder dürfen nur in Anwendung der Reciprocität erhoben werden". Das Grundrecht garantiert im Verständnis des Verfassungsgerichtshofes nicht nur das Recht, das Staatsgebiet für immer, sondern auch das Recht, es auch nur auf Zeit zu verlassen[125]. In historisch-systematischer Auslegung leitete der Verfassungsgerichtshof aber

42 Beschränkung zwecks Strafverfolgung

---

116 S. eingehend zu diesem Grundrecht *Pöschl*, in: Korinek/Holoubek, Bundesverfassungsrecht (Lit-Verz.), Kommentar zu Art. 6 StGG.
117 *VfSlg* 1897/1949, 4221/1962, 5944/1969, 8611/1979.
118 *VfSlg* 3248/1957, 7135/1973, 16956/2003.
119 *VfSlg* 8607/1979, 8611/1979, 9174/1981.
120 S. *VfSlg* 3221/1957 zu Ortstaxen; s. VfSlg 7135/1973 zu einem Aufschließungsbeitrag in der Höhe von rund 4000 Euro bei einem ungefähr 1400 Quadratmeter großen Grundstück, den der VfGH nicht als unangemessen hoch ansah.
121 *VfSlg* 16956/2003.
122 Versuche gehen allerdings dahin, Art. 8 EMRK in diese Richtung zu instrumentalisieren. Für EU- und EWR-Bürger gilt nach Maßgabe des Gemeinschaftsrechtes ohnehin besonderes.
123 So *VfSlg* 14.049/1995.
124 *VfSlg* 8607/1979, 8611/1979, 9174/1981.
125 *VfSlg* 2550/1953. S. weiters *VfSlg* 1818/1949.

§ 191　　　　　Dreizehnter Teil: II. Einzelgrundrechte

ab, daß die Rechtsordnung bestimmte Pflichten begründen kann, die einen Aufenthalt im Bundesgebiet bedingen, ohne zugleich dem Grundrecht zu widersprechen[126]. Daher verletzt beispielsweise die vorübergehende Abnahme des Reisepasses um zu verhindern, daß sich der Betroffene der Strafverfolgung entzieht, die grundrechtlich gewährleistete Auswanderungsfreiheit nicht[127].

Keine Paßversagung wegen Steuer- oder Unterhaltspflicht

Anderseits hob der Verfassungsgerichtshof den Paßversagungsgrund des § 7 Abs. 1 lit. b PaßG 1951 als dem Grundrecht widerstreitend auf, wonach die Ausstellung eines Reisepasses zu versagen war, wenn Tatsachen gegen den Paßwerber vorliegen, welche die Annahme rechtfertigen, daß der Paßwerber den Paß dazu benützen wolle, sich seiner Steuerpflicht zu entziehen[128]. In gleicher Weise wäre es verfassungswidrig, die Verweigerung eines Reisepasses an die Gefahr der Vereitelung der Unterhaltspflicht zu knüpfen[129]. Jüngere Rechtsprechung des Verfassungsgerichtshofs zur Auswanderungsfreiheit existiert nicht; insbesondere pflegt er die Behandlung von Beschwerden gegen eine Verweigerung oder Entziehung des Reisepasses, wie sie gegenüber Personen praktiziert werden, die wegen Suchtgiftkriminalität oder wegen NS-Wiederbetätigung verurteilt worden sind[130], nach Art. 144 Abs. 2 B-VG abzulehnen. „Abfahrtsgelder", wie sie Art. 4 StGG in Anwendung der Reziprozität

Beschränkungen wegen Wehrpflicht

erlauben würde, werden schon seit langem nicht mehr eingehoben. Beschränkungen der Auswanderung aus Gründen der Wehrpflicht enthält § 11 Abs. 4 bis 6 WehrG 2001[131], wonach unter anderem das Verlassen des Bundesgebietes durch Wehrpflichtige mit vollständig geleistetem Präsenzdienst durch Verordnung unter Bewilligungspflicht gestellt werden kann.

43
Fluchthelfervertrag

Die wesentlich jüngere Garantie des Art. 2 Abs. 2 des 4. ZP MRK stellt es jedermann frei, jedes Land, einschließlich seines eigenen, zu verlassen; sie steht allerdings unter einem weit gefaßten Gesetzesvorbehalt in Art. 2 Abs. 3 leg. cit. Der Oberste Gerichtshof hat aus der diesem Grundrecht zugrundeliegenden Wertung abgeleitet, daß ein sogenannter „Fluchthelfervertrag" (betreffend die Unterstützung bei der Flucht aus der ehemaligen DDR) nicht gegen den österreichischen ordre public verstößt, sondern voll gültig ist[132].

III. Das Recht der Staatsbürger auf Wiedereinreise

44
Einfachgesetzlicher Anspruch

Gemäß Art. 3 Abs. 2 des 4. ZP MRK darf niemandem das Recht entzogen werden, in das Hoheitsgebiet des Staates einzureisen, dessen Staatsangehöriger er ist. § 2 Abs. 1 letzter Satz des österreichischen Paßgesetzes von 1992[133] ordnet

---

126　Vgl. *VfSlg* 1818/1949 mit Bezugnahme auf das (historische) Gesetz zum Schutz der persönlichen Freiheit 1862; im Grundsatz bestätigend *VfSlg* 2550/1953.
127　*VfSlg* 1818/1949.
128　*VfSlg* 2550/1953 (im Anlaßfall – s. *VfSlg* 2551/1953 – schuldete die Betroffene einen größeren Betrag an Steuern, und befand sich ihr Gatte bereits im Ausland).
129　*VfSlg* 2700/1954.
130　S. N. bei *Josef Demmelbauer/Andreas Hauer*, Grundriß des österreichischen Sicherheitsrechts, 2002, RN 315.
131　BGBl I 2001/146.
132　*OGH* v. 9. 10. 1980 (7 Ob 688/80), JBl 1981, S. 273 ff.
133　BGBl 1992/839 i.d.g.F.

deshalb auf einfachgesetzlicher Ebene an, daß einem österreichischen Staatsbürger, der über kein gültiges Reisedokument verfügt, jedoch seine Staatsbürgerschaft und seine Identität glaubhaft machen kann, unbeschadet seiner verwaltungsstrafrechtlichen Verantwortung die Einreise nicht versagt werden darf[134]. Im übrigen wurde Art. 3 des 4. ZPMRK unter dem Vorbehalt ratifiziert, daß das Gesetz betreffend die Landesverweisung und die Übernahme des Vermögens des Hauses Habsburg-Lothringen[135] nicht berührt wird[136,137].

IV. Verbot der (Kollektiv-)Ausweisung

Gemäß Art. 3 Abs. 1 des 4. ZPMRK darf niemand aus dem Hoheitsgebiet des Staates, dessen Staatsbürger er ist, durch eine Einzel- oder Kollektivmaßnahme ausgewiesen werden. Das Verbot der Ausweisung eigener Staatsbürger impliziert auch ein Verbot der Entziehung der Staatsbürgerschaft[138]. Für Fremde verbietet Art. 4 des 4. ZPMRK[139] hingegen lediglich Kollektivausweisungen. Beide Verbote sind vorbehaltlos. Einzelausweisungen von Ausländern sind nicht verboten[140]. Das asylrechtliche Konzept „sicherer Herkunftsstaaten" stellt keine Kollektivausweisung dar[141].

45
Implizites Verbot des Staatsbürgerschaftsentzugs

V. Verbot der Aus- und Durchlieferung

Gemäß dem im Verfassungsrang stehenden § 12 des – ansonsten überwiegend einfach-gesetzlichen – Auslieferungs- und Rechtshilfegesetzes[142] ist eine Auslieferung österreichischer Staatsbürger[143] „unzulässig"[144]. Dieses Verbot steht allerdings nach § 12 Abs. 2 leg. cit. der Zurückstellung eines den österreichi-

46
Ausnahme für Zurückstellung eines Staatsbürgers

---

134 Vor dem Hintergrund dieser einfachgesetzlichen Rechtslage verneinte der Verwaltungsgerichtshof die Verletzung des Grundrechts durch Versagung eines Reisepasses durch das österreichische Generalkonsulat München (*VwGH* v. 1. 2. 1989 [Zl 88/01/0251]).
135 StGBl 1919/209.
136 Dazu *VwGH* v. 11. 2. 1980 (Zl 201/79), ZfVB 1981 Nr. 154.
137 Für jene wenigen Personen, für die die Anwendung des Habsburgergesetzes noch in Betracht kommt, gelten heute jedenfalls die Freizügigkeitsregeln des EGV und die Rechte der Unionsbürger mit Anwendungsvorrang. Dazu *Rill/Schäffer*, Bundesverfassungsrecht (LitVerz.), Art. 1 B-VG RN 58, m.w.N.
138 Vgl. *Berka*, Die Grundrechte (LitVerz.), RN 442.
139 Vgl. hierzu *Muzak*, Die Aufenthaltsberechtigung für „De-facto-Flüchtlinge" durch Verordnung der Bundesregierung, ÖJZ 1999, S. 13 (19).
140 *VfSlg* 8607/1979, 8611/1979, 9028/1981, 9029/1981. Verfahrensrechtliche Garantien für den Fall der Individualausweisung von Ausländern enthält allerdings Art. 1 des 7. ZPMRK (BGBl 1988/628); vgl. dazu *Rosenmayr*, Aufenthaltsverbot, Schubhaft und Abschiebung, ZfV 1988, S. 1 ff.
141 *VfSlg* 17.340/2004 ua.
142 ARHG (BGBl 1979/529) i.d.g.F.
143 Zur Frage der Anwendbarkeit auf EU-Bürger vgl. *Morscher*, ÖJZ 2001, S. 630.
144 Gemäß der Verfassungsbestimmung des § 5 des Bundesgesetzes über die Zusammenarbeit mit den internationalen Gerichten (BGBl 1996/263) steht die österreichische Staatsbürgerschaft allerdings einer Überstellung an das Internationale Gericht nach § 16 leg. cit. oder einer Durchbeförderung nach § 18 leg. cit. nicht entgegen. Dies gilt auch für die Überstellung an einen anderen Staat zur Vollstreckung einer vom Internationalen Gericht verhängten Strafe. „Internationales Gericht" bezeichnet in diesem Zusammenhang allerdings lediglich die durch die Sicherheitsratsresolutionen 827 (1993) u. 955 (1994) errichteten internationalen Gerichte für das ehemalige Jugoslawien bzw. für Ruanda.

schen Behörden von einer ausländischen Behörde zur Durchführung bestimmter Verfahrenshandlungen oder im Zusammenhang mit der Leistung von Rechtshilfe nur vorläufig übergebenen österreichischen Staatsbürgers nicht entgegen. Nach der ebenfalls Verfassungsrang genießenden Bestimmung des § 44 leg. cit. ist auch eine Durchlieferung österreichischer Staatsbürger durch das Gebiet der Republik Österreich unzulässig.

47
Zweifel an der Grundrechtsqualität

Ob diese Bestimmung entsprechend einer verbreiteten Meinung ein Grundrecht birgt oder nur eine verfassungsrangige, objektivrechtliche Verpflichtung enthält, ist jüngst wieder in Diskussion gezogen worden[145] und durch Judikatur noch nicht geklärt. Zu dem Übereinkommen über die Auslieferung zwischen den Mitgliedsstaaten der Europäischen Union[146] hat Österreich wegen § 12 ARHG den Vorbehalt erklärt, daß es die Auslieferung „eigener Staatsangehöriger" nicht bewilligen werde. § 5 des Bundesgesetzes über die justizielle Zusammenarbeit mit den Mitgliedstaaten der Europäischen Union[147], der die Vollstreckung eines Europäischen Haftbefehls auch gegen österreichische Staatsbürger vorsieht, ist durch Verfassungsrang abgesichert.

---

145 Eingehend *Morscher*, ÖJZ 2001, S. 623.
146 BGBl III 2001/143.
147 BGBl I 2004/36.

D. Bibliographie

Davy, Ulrike, Persönliche Freiheit und verfassungsgerichtliche Kontrolle, ZfV 1992, S. 14 ff.
Funk, Bernd-Christian/Gimpel-Hinteregger, Monika, Der Schutz der persönlichen Freiheit in Österreich, EuGRZ 1985, S. 1 ff.
Kopetzki, Christian, Freiheitsentzug im Sachwalterrecht, in: Stefan Griller/Karl Korinek/Michael Potacs (Hg.), Grundfragen und aktuelle Probleme des öffentlichen Rechts. FS für Heinz Peter Rill zum 60. Geburtstag, 1995, S. 153 ff.
ders., Das Recht auf persönliche Freiheit – PersFrG; Art. 5 EMRK, in: Rudolf Machacek/Willibald Pahr/Gerhard Stadler (Hg.), 50 Jahre Allgemeine Erklärung der Menschenrechte. Grund- und Menschenrechte in Österreich, 1997, S. 261 ff.
Korinek, Karl/Kain, Irmgard (Hg.), Grundrechte und Untersuchungshaft (1988).
Kriebaum, Ursula, Freiheitsbeschränkungen im Transitbereich, in: Christoph Grabenwarter/Rudolf Thienel (Hg.), Kontinuität und Wandel der EMRK, 1998, S. 71 ff.
Laurer, Hans René, Der verfassungsrechtliche Schutz der persönlichen Freiheit nach dem Bundesverfassungsgesetz vom 29. November 1988, in: Robert Walter (Hg.), Verfassungsänderungen 1988, 1989, S. 27 ff.
Lebitsch, Gerhard, Einige Gedanken zur Neuregelung des Rechts auf persönliche Freiheit, JBl 1992, S. 430 ff.
Linke, Robert, Das grundrechtliche Verbot der Auslieferung österreichischer Staatsbürger, EuGRZ 1982, S. 329 ff.
Morscher, Siegbert, Die Niederlassungsfreiheit und die Freiheit des Liegenschaftsverkehrs in Österreich, EuGRZ 1983, S. 515 ff.
ders., Der Schutz der persönlichen Freiheit in Österreich, 1990.
ders., Verfassungsgesetzlich gewährleistetes Recht österreichischer Staatsbürgerinnen und -bürger auf Nichtaus(durch)lieferung? ÖJZ 2001, S. 621 ff.
Oberhammer, Paul, Verfassungsgesetzliche Schranken der Haft in zivilgerichtlichen Erkenntnis-, Exekutions- und Insolvenzverfahren, ÖJZ 1994, S. 265 ff.
Pahr, Willibald, Das 4. Zusatzprotokoll zur EMRK, JBl 1964, S. 187 ff.
Pfeifer, Helfried, Die Auswanderungsfreiheit und ihre verfassungsmäßigen Schranken, JBl 1954, S. 421 ff.
Reidinger, Gerd, Festnahme und Anhaltung, in: Manfred Kremser (Hg.), Anwalt und Berater der Republik. FS zum 50. Jahrestag der Wiedererrichtung der österreichischen Finanzprokuratur, 1995, S. 141 ff.
Reindl, Susanne, Probleme der Untersuchungshaft in der jüngeren Rechtsprechung der Straßburger Organe, in: Christoph Grabenwarter/Rudolf Thienel (Hg.), Kontinuität und Wandel der EMRK 1998, S. 45 ff.
Rosenmayr, Stefan, Das Recht auf persönliche Freiheit und Freizügigkeit bei der Einreise von Ausländern, EuGRZ 1988, S. 153 ff.
Seidl-Hohenveldern, Ignaz, Die Freizügigkeit der Person und des Vermögens und das Auswanderungsrecht in Österreich, EuGRZ 1982, S. 385 ff.
Venier, Andreas, Ausgewählte grundrechtliche Fragen der Untersuchungshaft, RZ 1998, S. 126 ff.
Zierl, Hans Peter, Zum Freiheitsentzug an Minderjährigen, ÖA 2000, S. 52 ff.
ders., Zum Freiheitsentzug in Altenheimen, ÖJZ 2000, S. 753 ff.

§ 192
Gleichheitsrechte

Magdalena Pöschl

Übersicht

	RN		RN
A. Allgemeiner Gleichheitssatz	1–87	c) Steuerrecht	60– 62
I. Bedeutung und Entwicklung	1– 9	d) Sozialversicherung	63
1. Bedeutung	1– 2	e) Vertrauensschutz	64– 66
2. Entwicklung	3– 9	f) Ehe und Familie	67– 69
II. Vorfragen	10–17	g) Verfahrensrecht	70– 73
1. Bedeutungsvielfalt	10	h) Dienst- und Arbeitsrecht	74– 76
2. Komparative und nicht komparative Rechte	11–14	i) Sozialrecht	77– 78
3. Stellung im System der Verfassung	15	V. Bindung der Vollziehung	79– 87
		1. Bescheid	79– 86
4. Rang im Stufenbau der Rechtsordnung	16	a) „Grundrechtsformel"	79
		b) Anwendung einer gleichheitswidrigen Norm	80
5. Entsprechungsgebot oder Gestaltungsauftrag?	17		
III. Berechtigte	18–30	c) Gleichheitswidrige Auslegung einer generellen Norm	81
1. Staatsbürger	18–19		
2. Fremde	20–24	d) Willkür	82– 83
3. EWR-Bürger	25–27	e) Keine Gleichheit im Unrecht	84
4. Juristische Personen des Privatrechts	28–29	f) Gleichheit und Ermessen	85
5. Juristische Personen des öffentlichen Rechts	30	g) Treu und Glauben	86
		2. Verordnung	87
IV. Bindung der Gesetzgebung	31–78	B. Besondere Gleichheitssätze	88–123
1. Teilforderungen	32–40	I. Politische Gleichheit	88– 95
a) Gleichbehandlungsgebot	32–34	1. Gleiches Wahlrecht	88– 90
b) Differenzierungsgebot	35	2. Ämterzugänglichkeit	91– 93
c) Allgemeines Sachlichkeitsgebot	36–40	3. Gleichheit öffentlich Bediensteter	94– 95
2. Determinanten der Gleichheitsprüfung	41–56	II. Diskriminierungsverbote	96–109
		1. Bestandsaufnahme	96– 98
a) Unterschiede und Gemeinsamkeiten	41–44	2. Gleichbehandlung von Mann und Frau	99–109
b) Externe Ziele	45	a) Vorrechteverbot	99–103
c) Durchschnittsbetrachtung und Verwaltungsökonomie	46–47	b) Faktische Gleichstellung	104–106
d) Prüfungsmaßstab	48–49	c) Sprachliche Gleichbehandlung	107–109
e) Systemgerechtigkeit	50	III. Ehegatten	110–112
f) Ordnungssystem als Vergleichsgrenze?	51– 52	IV. Behinderte	113–118
g) Zeitliche Grenzen	53– 54	1. Benachteiligung	113–116
h) Räumliche Grenzen	55– 56	2. Gleichbehandlung im täglichen Leben	117–118
3. Anwendungsfälle	57– 78	V. Finanzausgleich	119–123
a) Sanktionen	57– 58	C. Bibliographie	
b) Haftung für fremde Schulden	59		

A. Allgemeiner Gleichheitssatz

I. Bedeutung und Entwicklung

1. Bedeutung

1
Einfallspforte für außerrechtliche Wertungen

Der allgemeine Gleichheitssatz überragt in seiner praktischen Bedeutung in Österreich alle anderen Grundrechte bei weitem. Die hochfrequente Anwendung dieses Grundrechts in der Judikatur steht allerdings in einem Mißverhältnis zu seiner theoretischen Durchdringung, hat sich die österreichische Lehre dem Gleichheitssatz doch stets mit Zurückhaltung, wenn nicht gar mit Mißtrauen genähert. Nach wie vor gilt er als *die* Einfallspforte für außerrechtliche Wertungen. Seine Anwendung sei, so wird immer wieder betont, auf Wertungen angewiesen. Der Gleichheitssatz enthalte diese Wertungen aber nicht selbst und entziehe sich daher großteils einer rationalen Handhabung[1].

2
Vexierbild möglicher Schutzrichtungen

Tatsächlich hat der Gleichheitssatz Startbedingungen, die seine Anwendung nicht erleichtern: Er wird nicht selten mit einem Gebot der „Gerechtigkeit" identifiziert[2]; was Gerechtigkeit ist, wird sich aber verbindlich kaum je klären lassen[3]. Dazu kommt, daß der Gleichheitssatz zwar dogmatisch gewisse Ähnlichkeiten mit den Freiheitsrechten aufzuweisen scheint[4], daß bei ihm ein Schutzbereich, in den „eingegriffen" werden könnte, aber nur schwer greifbar ist[5]. Immer wieder wird der Gleichheitssatz aber auch in die Nähe sozialer

---

1 Schon *Hans Kelsen*, Österreichisches Staatsrecht, 1923, S. 50, sah im Gleichheitssatz einen „Gemeinplatz des politischen Liberalismus", dessen Bedeutung vom verfassungsrechtlichen Standpunkt betrachtet „außerordentlich unklar" sei; nach *Ermacora/Klecatsky/Ringhofer*, Die Rechtsprechung des Verfassungsgerichtshofes im Jahre 1956, ÖJZ 1959, S. 1 (29), ist „der Gleichheitssatz [...] von so vielen ideologischen Elementen durchsetzt, daß eine rein *rationale* Aussage [...] darüber jedenfalls kärglich ausfallen muß" (Hervorhebung im Original); *Neisser/Schantl/Welan*, Betrachtungen zur Judikatur des Verfassungsgerichtshofes (Slg. 1967), ÖJZ 1969, S. 645 (648), meinen, der „Grad irrationaler Einflüsse" nehme bei der Gleichheitsprüfung „im Lauf des Verfahrens der Beurteilung sukzessive zu"; *Groiss/Schantl/Welan*, Betrachtungen zur Verfassungsgerichtsbarkeit, ÖJZ 1975, S. 365 (372), bezeichnen den Gleichheitssatz als „eine Pforte für das Eindringen von jeweils vertretenen Werten". Besonders skeptisch auch *Walter*, Gleichheitsgrundsatz und Schadenersatzrecht, ZVR 1979, S. 33 (37), nach dem „alle Versuche ‚Gleichheit' zu bestimmen, damit enden, daß ‚Gerechtigkeit' bestimmt werden muß. Wer meint, dies zu können, scheint hier in einer günstigen Position"; s. auch *Walter/Mayer/Kucsko-Stadlmayer*, Bundesverfassungsrecht (LitVerz.), RN 1348: „Die Grenzen rationaler Erkenntnis sind hier eng gesteckt. Eine kognitive Aussage über den Inhalt des Gleichheitssatzes ist nur in Grenzfällen möglich; in allen anderen Fällen erweist er sich als Einfallspforte für außerrechtliche Wertvorstellungen des jeweils zur Vollziehung zuständigen Organs".
2 Siehe z. B. die Nachw. in FN 1.
3 S. nur *Hans Kelsen*, Was ist Gerechtigkeit?, ²1975; *ders.*, Die Illusion der Gerechtigkeit, 1985.
4 Jedenfalls erweckt die neuere Judikatur diesen Eindruck, wenn sie annimmt, der Gleichheitssatz lasse Ungleichbehandlungen nur dann und insoweit zu, „als hiefür ein vernünftiger Grund erkennbar und die Ungleichbehandlung nicht unverhältnismäßig ist" (s. z. B. *VfSlg* 16.160/2001, 17.398/2004, 17.516/2005, 17.856/2006; *VfGH*, Erk. v. 21. 6. 2007, B 978/06, sowie noch unten A IV 1 c, RN 36 ff.).
5 Exemplarisch *Berka*, in: Rill/Schäffer, Bundesverfassungsrecht (LitVerz.), Art. 7 B-VG, RN 38, nach dem dem Gleichheitssatz anders als den Freiheitsrechten kein konkreter Lebensbereich als Schutzobjekt zugeordnet werden kann; deshalb ließen sich die „mit dem üblichen ‚Schrankendenken' verbundenen dogmatischen Konstruktionen" nicht ohne weiteres auf den Gleichheitssatz übertragen.

Grundrechte gerückt[6], die sich von den Freiheitsrechten doch nicht unmaßgeblich unterscheiden. Andere wiederum streichen die enge Verbindung zwischen der Gleichheit „vor dem Gesetz" und dem Rechtsstaat hervor[7]. Unübersehbar ist schließlich die innige Beziehung zwischen Gleichheit und Demokratie und damit zu den politischen Grundrechten[8]. Alles in allem ist der Gleichheitssatz also gewiß ein besonders schillerndes Grundrecht. Zu einem Mysterium erhoben werden muß er deshalb aber nicht. Wie alle anderen Grundrechte hat auch er einen Wortlaut und eine Entwicklungsgeschichte, er verfolgt bestimmte Zwecke und steht systematisch nicht außerhalb der Rechtsordnung, sondern inmitten der Verfassung. Die herkömmlichen Methoden der Norminterpretation gelten daher auch für den allgemeinen Gleichheitssatz.

Anwendbarkeit herkömmlicher Interpretationsmethoden

2. Entwicklung

Die historisch erste Gleichheitsgarantie findet sich in Österreich in der sogenannten *Pillersdorff*schen *Verfassung*[9], deren § 25 lautete: „Die Wirksamkeit des Gesetzes ist gleich für alle Staatsbürger, sie genießen einen gleichen persönlichen Gerichtsstand, unterliegen der gleichen Wehr- und Steuerverpflichtung, und keiner kann gegen seinen Willen seinem ordentlichen Richter entzogen werden". Diese Bestimmung hat eine zweifache Stoßrichtung: Indem sie erklärt, daß das Gesetz für jeden Staatsbürger gleich wirksam ist, trifft sie erstens eine rechtsstaatliche Garantie: Jeder soll fortan unter dem Gesetz und niemand soll mehr über ihm stehen – dieser Forderung ist nicht Genüge getan, wenn das Gesetz für niemanden (also für alle gleichermaßen nicht) verbindlich ist, sondern erst dann, wenn es verbindlich ist, und zwar für jeden. Folgerichtig garantiert § 25 in diesem Zusammenhang auch, daß niemand seinem ordentlichen Richter entzogen werden darf. Denn die Wirksamkeit des Gesetzes wäre ein leeres Versprechen, könnte der Staat die Durchsetzung des Rechts dann doch wieder durch einen willkürlichen Austausch des entscheidungsbefugten Richters manipulieren[10]. Neben diesen rechtsstaatlichen Garantien statuiert § 25 zweitens ein Diskriminierungsverbot. Indem er den Staatsbürgern nur die gleiche Wirksamkeit des Gesetzes zusichert, läßt er im

3
Pillersdorffsche Verfassung

Rechtsstaatliches Garantie-Element

Diskriminierungsverbot

---

[6] S. z.B. *Pernthaler*, Über Begriff und Standort der Leistenden Verwaltung in der österreichischen Rechtsordnung, JBl 1965, S. 57 (63, 71), nach dem soziale Ansprüche in gewissem Rahmen „mittelbar" verfassungsrechtlich, nämlich aus dem Gleichheitssatz abgeleitet werden können; s auch *dens.*, Bundesstaatsrecht, 2004, S. 491 f; *Öhlinger*, Soziale Grundrechte, in: Oswin Martinek (Hg.), FS Floretta, 1983, S. 271 (275), nach dem der Gleichheitssatz in seiner Anwendung durch die Judikatur Ansätze einer einklagbaren Verpflichtung des Staates zu einem positiven Tun erkennen läßt; s. auch *Rüpke*, Das Verbot willkürlicher Gleichbehandlung in seiner Bedeutung für soziale Grundrechte, in: Manfred Nowak u.a. (Hg.), FS Ermacora, 1988, S. 475 ff.

[7] Exemplarisch *Berka*, Die Grundrechte (LitVerz.), RN 899, 912; s. auch *Franz Merli*, Rechtsstaatlichkeit in Österreich, in: Rainer Hofmann/Joseph Marko/ders./Ewald Wiederin (Hg.), Rechtsstaatlichkeit in Europa, 1996, S. 83 (102).

[8] Dieser Zusammenhang wurde bereits in den Materialien zu Art. 7 B-VG hergestellt, s. noch unten A I 2, RN 9.

[9] Vom 25. 4. 1848; abgedr. in: *Ilse Reiter*, Texte zur österreichischen Verfassungsentwicklung 1848–1955, 1997, S. 1 (3).

[10] Die spätere Judikatur zum Gleichheitssatz weist denn auch erhebliche Parallelen mit der Judikatur zum Recht auf ein Verfahren vor dem gesetzlichen Richter auf; s. dazu *Claudia Klemenz*, Die Judikatur des VfGH zum Gleichheitssatz und zum Recht auf ein Verfahren vor dem gesetzlichen Richter, 1987.

Gesetz selbst vorgenommene Ungleichbehandlungen zwar grundsätzlich unberührt. Anderes galt aber für bestimmte, politisch besonders hart bekämpfte Differenzierungen: Persönlicher Gerichtsstand, Wehr- und Steuerpflicht sollten ab nun für alle Staatsbürger gleich sein, was implizit bedeutete: Die in diesem Bereich für Adel und Klerus vormals geltenden Privilegien waren beseitigt und durften auch durch das Gesetz nicht wieder eingeführt werden.

4
Umwidmung zum Basisgrundrecht

Wenige Wochen nach dem Inkrafttreten der Pillersdorffschen Verfassung wählten erstmals in der österreichischen Geschichte nicht bloß einzelne Stände, sondern breite Teile der Bevölkerung den (wegen seiner späteren Verlegung sogenannten) Reichstag von *Kremsier*, der mit der Ausarbeitung einer neuen Konstitution betraut war[11]. Der von ihm erstellte Grundrechtsentwurf verzichtete zwar – nach entsprechenden Interventionen der Regierung – auf ein einleitendes Bekenntnis zur Volkssouveränität[12], garantierte aber statt dessen an erster Stelle, daß „Vor dem Gesetze [...] alle Staatsbürger gleich [sind]"[13]. Dieses „wahre Grundrecht"[14] hatte im Zuge der Beratungen im Reichstag eine weitreichende Bedeutung erlangt: Es galt den Abgeordneten nicht nur als Ausdruck des Rechtsstaates und als Bekenntnis zur Demokratie. Aus der Anerkennung des gleichen Rechts aller folgerten die Abgeordneten auch, daß der Rechtsstaat allen gleiche Freiheit gewähren müsse. Der Gleichheitssatz war damit gewissermaßen zum Ursprung der Grundrechte und zum Fundament der Konstitution als solcher geworden[15]. Anders als seine Vorgängerbestimmung begnügte er sich nicht mehr mit der gleichen „Wirksamkeit" des Gesetzes; er verlangte vielmehr Gleichheit „[v]or dem Gesetze". Wie in den Beratungen des Reichstages deutlich wird, sollte damit sowohl der Vollziehung als auch der Gesetzgebung eine Bevorzugung welchen Standes immer verboten und eine formale Rechtsgleichheit, also eine Gleichheit in den bürgerlich-liberalen Rechten geboten sein[16]. Eine „materielle" Gleichheit der Bürger in der Ausstattung mit bestimmten Lebensgütern stand im Reichstag hingegen nicht zur Diskussion. Um klarzustellen, daß derart „kommunistische Konsequenzen" aus dem Gleichheitssatz nicht zu ziehen sind, wurde die Wendung „Vor dem Gesetze" sogar vorsorglich an die Satzspitze gerückt: Nur vor dem Gesetz, nicht auch tatsächlich sollten alle Staatsbürger gleich sein, schon gar nicht sollten sie nun alle gleichgemacht werden[17].

Rechtliche, keine tatsächliche Gleichheit

---

11 S. zum äußeren Ablauf *Brauneder*, Die Gesetzgebungsgeschichte der österreichischen Grundrechte, in: Machacek/Pahr/Stadler (LitVerz.), Bd. I, S. 189 (214 ff.), sowie *Alfred Fischel*, Die Protokolle des Verfassungsausschusses über die Grundrechte. Ein Beitrag zur Geschichte des österreichischen Reichstags vom Jahre 1848, 1912.
12 Dazu *Brauneder* aaO., S. 216 ff.
13 Verhandlungen des österreichischen Reichstages nach der sten. Aufnahme 1849–1850 (im folgenden: StenProtRT), 73. Sitzung am 17. 1. 1849, S. 471.
14 So der Abg. *Franz Schuselka*, StenProtRT, 73. Sitzung am 17. 1. 1849, S. 443.
15 Siehe StenProtRT, 70., 72. u. 73. Sitzung am 11., 16. u. 17. 1. 1849, S. 369 ff., sowie *Magdalena Pöschl*, Gleichheit vor dem Gesetz, 2008, S. 53 ff.
16 S. etwa die Wortmeldung *Joseph Lassers* im Ausschuß, wiedergegeben bei *Fischel* (FN 11), S. 36, sowie die Beratung im Reichstag insgesamt, dazu m.w.N. *Pöschl* (FN 15), S. 54 ff.
17 S. die Wortmeldungen der Abg. *Lasser, Michael Mayer* und *Florian v. Ziemialkowski* im Ausschuß: *Fischel* aaO., S. 34 ff., sowie der Abg. *Engelbert Maxim Selinger* und *Lasser* im Reichstag, StenProtRT, 72. Sitzung am 16. 1. 1849, S. 413, 425.

Der Grundrechtsentwurf von Kremsier ist bekanntlich nie in Kraft getreten. Noch vor seiner Fertigstellung löste die Regierung den Reichstag am 4. März 1849 auf, zugleich wurden dem Volk ein Grundrechtspatent und die sogenannte *Märzverfassung* oktroyiert[18]. Auch diese Verfassung enthielt zwar eine Gleichheitsgarantie (§ 27). Sie war jedoch nicht mehr an der Spitze des Grundrechtskataloges, sondern nachrangig plaziert und auch anders formuliert als im Entwurf von Kremsier; insbesondere war sie nicht durch klarstellende Spezialbestimmungen ergänzt, die Standesvorrechte beseitigten. Sie lautete vielmehr bloß: „Alle österreichischen Reichsbürger sind vor dem Gesetze gleich und unterstehen einem gleichen persönlichen Gerichtsstande".

5
Restriktive Sicht der Märzverfassung

Zwei Jahre später war die Regierung bereits der Auffassung, daß auch das Grundrechtspatent und die Märzverfassung „den Verhältnissen des österreichischen Kaiserstaates nicht angemessen" seien; beide Dokumente wurden daher mit dem *Sylvesterpatent* vom 31. Dezember 1851 außer Kraft gesetzt[19]. Nur zwei Grundrechte der Märzverfassung überstanden die damit eingeleitete Rückkehr zum absoluten Staat: die Garantie der Gleichheit vor dem Gesetz und die Abschaffung bäuerlicher Untertänigkeits- oder Hörigkeits-Verbände – sie wurden im Sylvesterpatent[20] „ausdrücklich bestätigt". Auch ein absoluter Staat kann es sich also leisten, seinen Bürgern Gleichheit vor dem Gesetz zu versprechen, denn die Schwächung bislang privilegierter Stände kann ihm durchaus nützen: Zum einen, wenn diese Stände, wie dies in Österreich der Fall war, einen Länderpartikularismus propagieren, der dem Zentralisierungsdrang des absoluten Staates zuwider ist[21]. Zum anderen, weil mit dem Abbau der Standesunterschiede auch die innerhalb einer Gesellschaft bestehenden Machtverhältnisse aufgebrochen werden – dies freilich nicht, um bislang unterjochte Bürger zu befreien, sondern um die freiwerdende Macht sogleich in die Hand des Staates zu legen, dem sodann die gleichmäßige Unterdrückung aller Bürger möglich wird.

6
Bestätigung der Gleichheit vor dem Gesetz

Diese Phase der Reaktion wurde endgültig erst 1867 überwunden. Der Ausgleich mit Ungarn ebnete den Weg für die sogenannte Dezemberverfassung, die den Bürgern im *Staatsgrundgesetz* von 1867[22] auch wieder „allgemeine Rechte" zuerkannte. Um die Zustimmung des Kaisers zu diesem Gesetz leichter zu erlangen, orientierte man sich bei seiner Ausarbeitung zwar vorwiegend an der vom Kaiser selbst oktroyierten Märzverfassung 1849[23]. Der im Staats-

7
Gleichheit als allgemeines Recht

---

18 Der Text der Märzverfassung (RGBl 1849/150) und des Grundrechtspatents (RGBl 1849/151) ist wiedergegeben bei *Reiter* (FN 9), S. 33, 43.
19 S. die beiden Kaiserlichen Patente v. 31. 12. 1851 (RGBl 1852/2 u. 1852/3), Text bei *Reiter* (FN 9), S. 67 f.
20 RGBl 1852/2.
21 In den Worten *Alexis de Tocquevilles*, Über die Demokratie in Amerika, Bd. II: Zweiter Teil (1840), 1987, dort Teil 4, Kap. 3: „Jede Zentralgewalt [...] liebt die Gleichheit und begünstigt sie; denn die Gleichheit erleichtert einer solchen Macht außerordentlich ihr Handeln, erweitert und sichert es"; s. auch *Wilhelm Brauneder*, Die historische Entwicklung der modernen Grundrechte in Österreich, 1987, S. 18.
22 Vom 21. 12. 1867, über die allgemeinen Rechte der Staatsbürger für die im Reichsrathe vertretenen Königreiche und Länder, im folgenden: StGG (RGBl 1867/142), Text wiedergegeben bei *Reiter* (FN 9), S. 118.
23 S. *Brauneder* (FN 11), S. 282; s. auch *Barbara Haider*, Die Protokolle des Verfassungsausschusses des Reichsrates vom Jahre 1867, 1997, S. 118 FN 378.

grundgesetz garantierte Gleichheitssatz entspricht aber in seiner Formulierung und systematischen Stellung viel eher dem Kremsierer Entwurf: Er wurde als erstes Grundrecht in Art. 2 plaziert und lautet wie in Kremsier: „Vor dem Gesetze sind alle Staatsbürger gleich." Erläuternde Spezifizierungen wurden diesem Gebot anders als in Kremsier zwar nicht mehr hinzugefügt; dies aber wohl, weil die Frage, welche Rechte man dem Adel zugestehen und inwieweit man überhaupt die Stände gleichstellen sollte, in den vergangenen Jahren einfachgesetzlich weit genug zu Lasten des Adels beantwortet worden war.

8
Politische Gleichheit und partielle Gleichberechtigung

Mit dem Zusammenbruch der Monarchie 1918 und dem Übergang Österreichs zu einer demokratischen Republik wurden teils einfachgesetzlich, teils durch Verfassungsgesetz alle Relikte der Monarchie und mit ihnen auch die letzten Vorrechte des Adels, ja sogar der Adel selbst endgültig beseitigt[24], das Wahlrecht allgemein zugesichert und damit auch politische Gleichheit hergestellt[25]. Aufgrund geänderter gesellschaftlicher Anschauungen anerkannte man schließlich partiell auch die Gleichberechtigung der Geschlechter[26]. Die solcherart herbeigeführte Gleichheit ging über die Garantie des Art. 2 StGG offensichtlich hinaus.

9
Übernahme des Grundrechtsbestandes

Als die politischen Kräfte sodann daran gingen, für Österreich eine neue Verfassung zu erarbeiten, war selbstverständlich auch die Aufnahme eines eigenen Grundrechtskataloges geplant. Dieses Vorhaben scheiterte aber an ideologischen Differenzen; notgedrungen verzichtete man auf eine selbständige Kodifizierung der Grundrechte im Bundes-Verfassungsgesetz 1920 (B-VG) und übernahm an ihrer Stelle unter anderem das Staatsgrundgesetz 1867 und damit den Grundrechtsbestand der Monarchie. Ungeachtet dessen wurde in Art. 7 Abs. 1 B-VG festgehalten, daß „[a]lle Bundesbürger [...] vor dem Gesetz gleich" sind. Zur näheren Präzisierung dieses Gebotes[27] wurde über-

---

24 Das Gesetz v. 12. 11. 1918 über die Staats- und Regierungsform von Deutschösterreich (StGBl 1918/5) hob in Art. 8 alle politischen Vorrechte auf. Das Gesetz v. 6. 2. 1919, betreffend vorläufige Bestimmungen über die bewaffnete Macht (StGBl 1919/91), statuierte in § 7 die allgemeine und gleiche Wehrpflicht und hob damit Wehrbegünstigungen auf, die bislang aufgrund bestimmter Bildungsnachweise bestanden hatten. § 14 leg. cit. sicherte den in der bewaffneten Macht dienenden Personen überdies dieselben staatsbürgerlichen Rechte und Pflichten zu wie jedem anderen Staatsbürger. Mit Gesetz v. 3. 4. 1919 (StGBl 1919/211) wurden schließlich auch der Adel, die weltlichen Ritter- und Damenorden und gewisse Titel und Würden aufgehoben.
25 S. Art. 8 des in FN 24 genannten Gesetzes über die Staats- und Regierungsform von Deutschösterreich sowie dessen Art. 9, der eine noch zu beschließende Wahlordnung für die konstituierende Nationalversammlung in Aussicht stellte, die „auf der Verhältniswahl und auf dem allgemeinen, gleichen, direkten und geheimen Stimmrecht aller Staatsbürger ohne Unterschied des Geschlechts" beruhen sollte. Die gleichen Grundsätze galten nach Art. 10 leg. cit. für die Wahl der Landes-, Kreis-, Bezirks- und Gemeindevertretungen. Art. II des Gesetzes v. 18. 12. 1918 über die Einberufung der konstituierenden Nationalversammlung (StGBl 1918/114) wiederholte diese Grundsätze, so dann im Gesetz v. 18. 12. 1918 über die Wahlordnung für die konstituierende Nationalversammlung (StGBl 1918/115) näher ausgeführt wurden.
26 S. den Beschluß der Provisorischen Nationalversammlung v. 30. 10. 1918 (StGBl 1918/3), mit dem die volle Vereins- und Versammlungsfreiheit erstmals „ohne Unterschied des Geschlechts" hergestellt wurde, ebenso die in FN 25 genannten Bestimmungen, die nun auch Frauen ein Wahlrecht einräumten.
27 S. *Kelsen* (FN 1), S. 221, sowie *Hans Kelsen/Georg Froehlich/Adolf Merkl*, Die Bundesverfassung vom 1. Oktober 1920, 1922, S. 74.

dies in einem zweiten Satz bestimmt: „Vorrechte der Geburt, des Geschlechtes, des Standes, der Klasse und des Bekenntnisses sind ausgeschlossen". Seinen prominenten Platz inmitten der allgemeinen Bestimmungen des Bundes-Verfassungsgesetzes verdankt der Gleichheitssatz dem Übergang Österreichs zu einer demokratischen Republik. Dieser einschneidende Wechsel ließ es angezeigt erscheinen, das „politisch wichtige Prinzip der Gleichheit vor dem Gesetz, in dem die demokratischen Errungenschaften besonders zum Ausdruck kommen, nachdrücklich hervorzuheben"[28]. Mit der Novelle durch das Kundmachungsreformgesetz 2004[29] wurde in Art. 7 Abs. 1 Satz 1 B-VG der Ausdruck „Bundesbürger" durch „Staatsbürger" ersetzt; inhaltliche Änderungen sind damit nicht verbunden.

II. Vorfragen

1. Bedeutungsvielfalt der „Gleichheit"

Wie die historische Entwicklung zeigt, kann der Satz, daß alle Staatsbürger vor dem Gesetz gleich sind, ebenso Ikone der Revolution wie Instrument der Reaktion sein. Das heißt indes nicht, daß dieser Satz inhaltsleer ist; es beweist vielmehr, daß sich der Inhalt des Gleichheitssatzes vollständig nur aus seiner Entwicklung und aus seinem verfassungssystematischen Umfeld erschließt. Ein wirklich gehaltvolles Recht ist der Gleichheitssatz erst, wenn er – wie offensichtlich Art. 7 Abs. 1 Satz 1 B-VG – von Freiheitsrechten, von rechtsstaatlichen Garantien und von demokratischer Mitbestimmung begleitet ist. Dann allerdings ist die Bedeutung des Gleichheitssatzes in der Tat auch vielfältig. Zieht man seine Entwicklungsgeschichte in Betracht, so können zwei Deutungen aber jedenfalls ausgeschlossen werden: Art. 7 Abs. 1 Satz 1 B-VG verpflichtet erstens nicht dazu, zwischen den Bürgern faktische Gleichheit herzustellen. Zweitens statuiert er kein „Prinzip der Gleichbehandlung" in dem Sinn, daß prima facie die Gleichbehandlung eines jeden in jeder Hinsicht geboten und eine Ungleichbehandlung nur ausnahmsweise mit besonderer Rechtfertigung erlaubt wäre[30]. Denn der Gleichheitssatz wandte sich im gesamten Verlauf seiner Geschichte stets nur gegen ganz bestimmte Ungleichbehandlungen, niemals aber gegen die Ungleichbehandlung an sich[31].

10
Orientierung am verfassungssystematischen Umfeld

Kein Prinzip der Gleichbehandlung

---

28 *Kelsen/Froehlich/Merkl* aaO., S. 74.
29 BGBl I 2003/100.
30 Anders jene Autoren, die aus dem Gleichheitssatz eine „Gleichheitspräsumtion" ableiten, s. für Österreich z. B. *Alexander Somek*, Rationalität und Diskriminierung. Zur Bindung der Gesetzgebung an das Gleichheitsrecht, 2001, S. 43, 329, der Art. 7 Abs. 1 Satz 1 B-VG den grundsätzlichen Inhalt entnimmt: „Wenn nichts dagegen spricht, dann ist die Gleichbehandlung geboten"; möglicherweise auch *Öhlinger*, Verfassungsrecht (LitVerz.), RN 761: „Der Gleichheitssatz verlangt vom Gesetzgeber, eine Person wie eine andere zu behandeln, sofern nicht besondere Gründe dagegen sprechen".
31 S. dazu näher *Pöschl* (FN 15), S. 148 ff.

2. Komparative und nicht komparative Rechte

11
Gleichheit als „Relationsbegriff"

Davon abgesehen vermittelt der Gleichheitssatz sowohl komparative als auch nicht komparative Rechte, Rechte also, gleich oder ungleich wie andere behandelt zu werden, aber auch Rechte, die an sich bestehen, das heißt unabhängig davon, wie andere Personen behandelt werden. In der österreichischen Lehre wird die komparative Bedeutungsschicht des Gleichheitssatzes nicht selten absolut gesetzt. Daß der Verfassungsgerichtshof dem Gleichheitssatz im Wege des „allgemeinen Sachlichkeitsgebotes" auch nichtkomparative Rechte entnimmt[32], stößt daher in der Lehre auf große Skepsis[33]. Prägend für dieses Verständnis dürfte die vielzitierte Feststellung von *Heinrich Neisser*, *Gernot Schantl* und *Manfried Welan* gewesen sein, Gleichheit sei ein „Relationsbegriff", ein Gleichheitsurteil setze daher einen Vergleich zwischen zwei oder mehreren Gegebenheiten notwendig voraus[34]. Diese Feststellung umschreibt zwar treffend die Bedeutung des Ausdrucks „gleich" im allgemeinen Sprachgebrauch, sie läßt aber außer acht, daß Gesetzesbegriffe auch abweichend von diesem Sprachgebrauch verwendet werden können. Namentlich bei der Garantie der Gleichheit vor dem Gesetz ist dies der Fall.

12
Präzisierende Diskriminierungsverbote

Unter dem Titel der „Gleichheit" wurde im Verlauf der Geschichte zunächst die Beseitigung bestimmter Ungleichbehandlungen, vor allem solcher nach Stand, Bekenntnis oder Geschlecht verlangt. Die in der geltenden Verfassung statuierten, den Gleichheitssatz präzisierenden Diskriminierungsverbote haben den Kanon verpönter Differenzierungsmerkmale noch beträchtlich erweitert[35]. Was diese Merkmale – bei aller Heterogenität – miteinander verbindet, ist, daß sie „in der Person gelegen" sind: Geburt, Stand, Klasse, Geschlecht, Rasse, Hautfarbe, ethnische Herkunft, Sprache, Bekenntnis, politische und sonstige Anschauung sind Eigenschaften, über die der einzelne nicht oder nicht zumutbar disponieren kann und die seine Identität maßgeblich prägen. Wenn die Verfassung zuerst in Art. 7 Abs. 1 Satz 2 B-VG und dann immer und immer wieder betont, daß eine Ungleichbehandlung nach derart persönlichen Merkmalen grundsätzlich verboten ist, dann, weil sie anerkennt, daß jeder Mensch, mag er sich von anderen auch noch so sehr unterscheiden, *als Person gleichwertig* mit anderen ist und daß er als Individuum, nicht bloß

---

[32] Dazu noch unten A IV 1 c, RN 36 ff.
[33] S. dazu m.w.N. *Pöschl*, Probleme des Gleichheitssatzes aus österreichischer Sicht, in: Detlef Merten/Hans-Jürgen Papier (Hg.), Grundsatzfragen der Grundrechtsdogmatik, 2007, S. 101 (109, 144 f.).
[34] *Neisser/Schantl/Welan*, ÖJZ 1969, S. 648; dem folgend etwa *Wolfgang Gassner*, Gleichheitssatz und Steuerrecht, 1970, S. 3; *Rack/Wimmer*, Das Gleichheitsrecht in Österreich, EuGRZ 1983, S. 597 (605); *Korinek*, Gedanken zur Bindung des Gesetzgebers an den Gleichheitsgrundsatz nach der Judikatur des Verfassungsgerichtshofes, in: Heinz Schäffer (Hg.), FS Melichar, 1983, S. 39 (44); *Holoubek*, Die Sachlichkeitsprüfung des allgemeinen Gleichheitsgrundsatzes, ÖZW 1991, S. 72 (80).
[35] S. Art. 14 Abs. 2 StGG, Z. 3 Beschluß der Provisorischen Nationalversammlung v. 30. 10. 1918, Art. 63 u. 66 Staatsvertrag von Saint-Germain-en-Laye v. 10. 9. 1919 (StGBl 1920/303), Art. I Abs. 1 des Bundesverfassungsgesetzes v. 3. 7. 1973 zur Durchführung des Internationalen Übereinkommens über die Beseitigung aller Formen rassischer Diskriminierung (BGBl 1973/390), im folgenden: BVG-RD, Art. 14 EMRK, Art. 14 Abs. 6 B-VG. Zu diesen Diskriminierungsverboten noch näher unten B II, RN 96 ff.; zum BVG-RD s. überdies A III 2, RN 20 ff.

als Teil eines Kollektivs zu betrachten und zu behandeln ist, dem er mehr oder weniger zufällig angehört und aus dem er sich nicht oder nicht zumutbar lösen kann. In ihrem Kern vermittelt die Gleichheit vor dem Gesetz damit aber ein nichtkomparatives Recht: Nicht weil auch ein anderer als Person anerkannt wird, ist der einzelne in seinem „So-Sein" zu respektieren, sondern weil er Mensch ist und als solcher Achtung verdient.

Nichtkomparativer Gleichheitskern

Unter dem Titel der „Gleichheit" wurden im Verlauf der Geschichte aber auch die gleiche Wirksamkeit des Gesetzes, politische Gleichheit und Gleichheit in der Freiheit verlangt. Auch diese Forderungen sind bei Licht besehen nicht komparativ, sie verlangen Freiheit, politische Mitbestimmung und die Geltung des Gesetzes für den einen nicht deshalb, weil diese Rechte auch einem anderen gewährt worden sind. Diese Rechte wurden vielmehr verlangt, weil sie *an sich* als wertvoll angesehen wurden. Ihre Mißachtung dem einen gegenüber könnte daher gerade nicht korrigiert werden, indem diese Rechte auch einem anderen vorenthalten werden.

13
Materiell aufgeladene Gleichheit

Überdeutlich wird diese nicht komparative Bedeutungsschicht des Gleichheitssatzes nach wie vor im Bereich der Vollziehung: Nach ständiger, in der österreichischen Lehre unbestrittener Rechtsprechung verletzt eine Behörde den Gleichheitssatz, wenn sie Willkür übt, sich also – in den Worten des Verfassungsgerichtshofs – „über das Gesetz hinwegsetzt, anstatt ihm zu dienen"[36]. Dieses Verständnis entspricht durchaus der – auch historisch belegbaren[37] – rechtsstaatlichen Funktion des Gleichheitssatzes, hat aber mit einer vergleichenden Betrachtung offenkundig nichts zu tun: Hinge die Gleichheitskonformität eines gesetzwidrigen Vollziehungsaktes davon ab, ob andere Rechtsunterworfene dem Gesetz gemäß behandelt worden sind, dann müßte die Behörde das Gesetz nur konsequent genug mißachten, um sich von dem Vorwurf einer Gleichheitswidrigkeit zu befreien. Das Ergebnis wäre eine Negation des Rechtsstaates und auch der Demokratie, also das genaue Gegenteil dessen, was der Gleichheitssatz fordert.

14
Nichtkomparative Bedeutungsschicht

Rechtsstaatlicher Kern

3. Stellung des Gleichheitssatzes im System der Verfassung

Aus der engen inneren Verbindung des Gleichheitssatzes mit Rechtsstaat, Demokratie und Freiheit folgt freilich nicht, daß jedes einzelne positiv festgeschriebene Gebot des rechtsstaatlichen Prinzips, jedes politische und jedes Freiheitsrecht, jedes spezielle Gleichheitsgebot durch den allgemeinen Gleichheitssatz wiederholt, also gleichsam verdoppelt wird. Wo immer die Verfassung eine derartige Norm ausdrücklich aufstellt, erübrigt sich eine Berufung auf den Gleichheitssatz, mag dieser auch historisch Grundlage und

15
Innere Verbindung mit Rechtsstaat, Demokratie, Freiheit

---

36 *VfSlg* 4480/1963, 13.430/1993. Zum Begriff der Willkür näher A V 1 d, RN 82 f.
37 S. schon oben A I 2, RN 3.

§ 192　　　　*Dreizehnter Teil: II. Einzelgrundrechte*

Auslegungs-
steuernde Wirkung

Motor für sie gewesen sein[38]. Davon abgesehen steuert das verfassungssystematische Umfeld des Gleichheitssatzes aber dessen Auslegung. Aus den zur Präzisierung des Gleichheitssatzes erlassenen Diskriminierungsverboten kann etwa auf den personalen Schutzzweck dieses Grundrechts geschlossen werden: Der Gleichheitssatz verschafft dem Einzelnen zuallererst ein Recht, nach seinen individuellen Voraussetzungen vorurteilsfrei beurteilt und unparteiisch behandelt zu werden. Der Rechtsunterworfene ist damit insbesondere davor geschützt, als Person herabgesetzt und nur als Glied einer Gruppe wahrgenommen zu werden. Eine solche Mißachtung des Individuums kann die Demokratie allein – mag sie auch die Gleichheit der Bürger zur Prämisse haben – nicht vollständig verhindern; diese offene Flanke zu schließen, ist eine zentrale Funktion des Gleichheitssatzes[39]. Flankierenden Schutz verschafft der Gleichheitssatz ferner den Freiheitsrechten erstens gegen staatliche Maßnahmen, die zwar die Inanspruchnahme eines Freiheitsrechtes hemmen, die aber unterhalb der Eingriffsschwelle bleiben[40], zweitens gegen Maßnahmen, die zwar in ein Freiheitsrecht eingreifen, durch dieses aber aus strukturellen Gründen nicht wirksam begrenzt werden können. Dies ist etwa bei Steuern, Sozialversicherungsbeiträgen oder Geldstrafen der Fall, die für sich genommen kaum je unverhältnismäßig schwer in das Eigentum eingreifen; auch der Gleichheitssatz beschränkt ihre Höhe zwar nicht absolut, doch er grenzt die Kriterien ein, nach denen Steuern und Beiträge zu erheben und Strafen zu verhängen sind und verschafft dem Einzelnen damit ein (nichtkomparatives) Recht, diesen Kriterien entsprechend behandelt zu werden[41]. Nicht zuletzt erfüllt der Gleichheitssatz auch wichtige rechtsstaatliche Funktionen, so, wenn er – wie erwähnt – vor behördlicher Willkür schützt[42], dann aber auch, wenn er dem Einzelnen unter bestimmten Voraussetzungen Parteirechte vermittelt, ihn vor nachteiligen Rückwirkungen oder vor einer rechtlichen Behandlung schützt, die bloß von Zufällen oder manipulativen Umständen abhängt[43].

---

38 Die Judikatur trägt dem nicht immer zureichend Rechnung, sie tendiert vielmehr dazu, den allgemeinen Gleichheitssatz auch dann anzuwenden, wenn andere Verfassungsvorschriften einschlägig sind: Das gilt nicht nur für die speziellen Gleichheitsgebote (dazu B II, RN 98 f.), es galt früher und gilt z. T. auch noch heute auch für die Freiheitsrechte (dazu A IV 1 c, RN 38, bei FN 107). In manchen Entscheidungen hat der Verfassungsgerichtshof überdies angenommen, eine Norm, die so unbestimmt ist, daß sie auf ihre Gleichheitskonformität nicht überprüft werden kann, sei selbst gleichheitswidrig (*VfSlg* 13.492/1993, 15.785/2000, 17.782/2006). Richtigerweise verpflichtet aber nicht der allgemeine Gleichheitssatz, sondern das objektiv-rechtliche Legalitätsprinzip des Art. 18 B-VG den Gesetzgeber, ausreichend bestimmte Vorschriften zu erlassen.
39 Näher *Pöschl* (FN 15), S. 370 ff., 497 ff.
40 Zu denken ist etwa an wettbewerbsverzerrende Beihilfen (Art. 6 StGG) oder an eine Benachteiligung zugereister Bürger gegenüber Ortsansässigen (Art. 4 StGG); s. auch *Pöschl* (FN 15), S. 605 ff.
41 S. noch unten A IV 3 a, RN 57 f.; A IV 3 c, RN 62; A IV 3 d, RN 63.
42 S. oben A II 2, RN 14.
43 S. noch unten A IV 2 g, RN 54; A IV 3 e, RN 65, A IV 3 g RN 72 f., sowie *Pöschl* (FN 15), S. 774 ff.

4. Rang des Gleichheitssatzes im Stufenbau der Rechtsordnung

Seine enge innere Verbindung mit Rechtsstaat, Demokratie und Freiheit macht den Gleichheitssatz zu einem wesentlichen Bestandteil des rechtsstaatlichen, des demokratischen und des liberalen Prinzips, die den höchsten Rang im Stufenbau der Rechtsordnung einnehmen und nach Art. 44 Abs. 3 B-VG nur im Wege einer Volksabstimmung abänderbar sind[44]. Eine derartige Volksabstimmung wäre daher gewiß erforderlich, wenn der Gleichheitssatz aufgehoben würde, nicht aber schon dann, wenn ein Gesetz den Gleichheitssatz verletzt[45], und auch nicht immer dann, wenn eine gleichheitswidrige Vorschrift im Rang eines Verfassungsgesetzes erlassen wird[46]. Eine solche Vorschrift änderte zwar in einem weiteren Sinn den Gleichheitssatz, weil sie punktuell eine Ausnahme von ihm statuierte; sie änderte deshalb aber noch nicht notwendig jene Substanz, die das jeweilige Baugesetz mitkonstituiert. *Diese* Substanz würde erst angegriffen, wenn der Staat Menschen aufgrund von Eigenschaften, die sie nicht oder nicht zumutbar ändern können, ihre politischen, ihre Freiheits- oder Verfahrensrechte, den Schutz des Rechtsstaates oder des Gleichheitssatzes schlechthin entzöge. Eine derart fundamentale „Entrechtung" bestimmter Personengruppen könnte in der Tat nur im Wege einer Volksabstimmung vorgenommen werden.

16 Abänderbarkeit nur durch Volksabstimmung

Schutz staatsfundamentaler Gleichheitssubstanz

5. Gleichheitssatz als Entsprechungsgebot oder Gestaltungsauftrag?

Der österreichische Verfassungsgesetzgeber hat sich entschieden, die Erfüllung bestimmter politischer Forderungen dem einfachen Gesetzgeber zu überlassen. Das schließt es aus, eben diese Forderungen auf den Gleichheitssatz zu stützen; dies gilt insbesondere für die in Österreich (bislang) nicht auf Verfassungsstufe garantierten sozialen Rechte, deren Fehlen man zwar rechtspolitisch kritisieren, die man deshalb aber nicht in den Gleichheitssatz hineininterpretieren kann. Ein „sozialer Gestaltungsauftrag" ist dem Gleichheitssatz daher nicht zu entnehmen. Ebensowenig erteilt der Gleichheitssatz dem Gesetzgeber sonstige Gestaltungsaufträge: Zum einen weist nichts in der Ent-

17 Sozialrechtsgestaltung unterhalb der Verfassungsebene

Kein sozialer Gestaltungsauftrag aus dem Gleichheitssatz

---

[44] Nach *VfSlg* 15.373/1998 hat die Garantie der Gleichheit vor dem Gesetz als wesentlicher Bestandteil der Grundrechtsordnung und des demokratischen Baugesetzes einen festen Kern, der nicht ohne Volksabstimmung nach Art. 44 Abs. 3 B-VG abänderbar ist. Worin dieser Kern besteht, bleibt in dieser Entscheidung allerdings offen; s. dazu *Hiesel*, Gleichheitssatz, verfassungsrechtliche Grundordnung und das Erkenntnis VfSlg 15.373/1998, ÖJZ 2000, S. 281.

[45] So aber offenbar *Felix Ermacora*, Grundriß der Menschenrechte in Österreich, 1988, RN 121; *Kobzina*, Die rechtsstaatliche Verfassung und was daraus geworden ist, in: Heinz Mayer u. a. (Hg.), FS R. Walter, 1991, S. 331 (342 f.); *Barfuß*, Grenzen der Verfassungsänderung, 13. ÖJT, Bd. I/1, 1997, S. 33 (43, 49), nach denen jedes Gesetz, das mit dem Gleichheitssatz in Widerspruch steht, baugesetzwidrig sei.

[46] So aber wohl *Zitta*, Ist die Beibehaltung des ungleichen Pensionsalters für Männer und Frauen ohne eine sie billigende Volksabstimmung verfassungswidrig? AnwBl 1998, S. 19 ff., der meint, das Bundesverfassungsgesetz über unterschiedliche Altersgrenzen von männlichen und weiblichen Sozialversicherten (BGBl 1992/832) hätte einer Volksabstimmung unterzogen werden müssen, weil dieses Gesetz das vom Verfassungsgerichtshof zuvor als gleichheitswidrig verworfene ungleiche Pensionsalter für Männer und Frauen in Verfassungsrang erhoben hatte; die Frage der Baugesetzwidrigkeit wirft auch *Novak*, Lebendiges Verfassungsrecht, 1993, JBl 1996, S. 699 (703), auf; sie verneinend hingegen *Wiederin*, Pensionsalter und Altersgrenzen-BVG, in: Soziale Sicherheit 2000, S. 488 (489 FN 12).

stehungsgeschichte des Gleichheitssatzes auf derartige Aufträge hin, zum anderen wählt der österreichische Verfassungsgesetzgeber für sie traditionell die Form der Staatszielbestimmung, auf deren Einhaltung der einzelne gerade kein subjektives Recht hat[47]. Daß Art. 7 Abs. 1 Satz 1 B-VG schizophren, also in subjektive und rein objektive Bedeutungsinhalte zerrissen ist, könnte zwar seine Positionierung inmitten der allgemeinen Bestimmungen des Bundes-Verfassungsgesetzes nahelegen. Der Werdegang des Art. 7 Abs. 1 Satz 1 B-VG zeigt jedoch, daß die Garantie der Gleichheit vor dem Gesetz immer als ein subjektives Recht konzipiert war; ihre Aufnahme in das erste Hauptstück des Bundes-Verfassungsgesetzes erklärt sich, wie gezeigt, nur aus ihrer besonderen Bedeutung für das demokratische Prinzip und aus dem gescheiterten Versuch, einen selbständigen Grundrechtskatalog in das Bundes-Verfassungsgesetz aufzunehmen.

III. Berechtigte

1. Staatsbürger

18
Enge Verbindung von Gleichheit und Demokratie

Anders als in anderen westlichen Demokratien war der allgemeine Gleichheitssatz in Österreich zunächst nicht als ein Menschenrecht konzipiert. Bis vor kurzem waren nach Art. 7 Abs. 1 Satz 1 B-VG nur „Bundesbürger", seit 2004 sind nach dieser Vorschrift nur „Staatsbürger" vor dem Gesetz gleich. Diese Beschränkung des persönlichen Schutzbereiches ist historisch, nämlich aus der engen Verbindung zu erklären, die im Jahr 1920 zwischen Gleichheit und Demokratie hergestellt worden ist.

19
Punktuelle Ausdehnung auf Fremde

Der Verfassungsgerichtshof hat nie erwogen, den Ausdruck „Bundesbürger" bzw. „Staatsbürger" nach dem Vorbild der Schweizer Judikatur[48] über seine eigentliche Bedeutung hinaus auf Fremde auszudehnen. Fremden ist eine Berufung auf Art. 7 Abs. 1 Satz 1 B-VG daher nach ständiger Rechtsprechung verwehrt[49]. Punktuell hat jedoch auch der Verfassungsgerichtshof den engen persönlichen Schutzbereich des Art. 7 Abs. 1 Satz 1 B-VG entschärft: Zum ersten läßt er eine Berufung auf Art. 7 Abs. 1 Satz 1 B-VG zu, wenn die Nicht-Staatsbürgerschaft einer Person bescheidmäßig festgestellt wird, weil der – nach Maßgabe des Bescheides – Fremde im Fall seines Obsiegens als Staatsbürger anzusehen und damit durch den Gleichheitssatz subjektiv berechtigt sei[50]. Geweitet wird der enge Schutzbereich des Art. 7 Abs. 1 Satz 1 B-VG zweitens durch die Tatsache, daß eine grobe Gesetzwidrigkeit, die Willkür

---

47 Beispielhaft zu nennen ist hier Art. 7 Abs. 2 B-VG, nach dem sich „Bund, Länder und Gemeinden [...] zur tatsächlichen Gleichstellung von Mann und Frau" bekennen (s. noch unten B II 2 b, RN 104 ff.), weiters Art. 7 Abs. 1 Satz 4 B-VG, nach dem sich die Republik (Bund, Länder und Gemeinden) dazu bekennt, die Gleichbehandlung von behinderten und nichtbehinderten Menschen in allen Bereichen des täglichen Lebens zu gewährleisten (s. noch unten B IV, RN 117 f.).
48 Z.B. *BGE* 93 I 1 (3).
49 Siehe z. B. *VfSlg* 7307/1974, 8006/1977, 9028/1981, 10.288/1984, 11.813/1988, 13.314/1992.
50 *VfSlg* 8006/1977, 8705/1979.

und damit eine Verletzung des Gleichheitssatzes begründet[51], oft zugleich auch andere Grundrechte verletzt, die jedermann und damit auch dem Fremden gewährt sind. Dieser kann sich daher z.B. gegen eine willkürliche Steuervorschreibung schon deshalb zur Wehr setzen, weil diese sein Grundrecht auf Eigentum verletzt. Drittens beurteilt der Verfassungsgerichtshof die Gleichheitswidrigkeit eines Gesetzes unabhängig davon, ob von diesem Gesetz im konkreten Anlaßfall Österreicher oder Fremde betroffen sind[52]. Daher können auch Fremde die Gleichheitswidrigkeit einer Norm vor dem Verfassungsgerichtshof geltend machen, vorausgesetzt, die als gleichheitswidrig kritisierte Norm verletzt den Fremden zumindest denkmöglich in einem anderen (einfachgesetzlich oder verfassungsgesetzlich gewährleisteten) Recht[53]; dies wäre etwa der Fall, wenn eine Steuervorschreibung auf einem gleichheitswidrigen Gesetz beruhte und den Bescheidadressaten gerade deshalb in seinem Eigentumsrecht verletzte[54].

2. Fremde

Noch weiter verändert wurde der persönliche Schutzbereich des allgemeinen Gleichheitssatzes, als der Verfassungsgesetzgeber 1973 zur Durchführung des Internationalen Übereinkommens über die Beseitigung aller Formen rassischer Diskriminierung[55] ein Verfassungsgesetz (BVG-RD)[56] erließ, dessen Art. I Abs. 1 lautet: „Jede Form rassischer Diskriminierung ist – auch soweit ihr nicht bereits Art. 7 [B-VG] und Art. 14 [EMRK] entgegenstehen – verboten. Gesetzgebung und Vollziehung haben jede Unterscheidung aus dem alleinigen Grund der Rasse, der Hautfarbe, der Abstammung oder der nationalen oder ethnischen Herkunft zu unterlassen". Diese Bestimmung hindert, wie Art. I Abs. 2 BVG-RD sodann feststellt, nicht, österreichischen Staatsbürgern besondere Rechte einzuräumen oder besondere Verpflichtungen aufzuerlegen, soweit dem Art. 14 EMRK nicht entgegensteht.

20
Erweiterung des persönlichen Schutzbereichs

---

51 Zum Begriff der Willkür noch unten A V 1 d, RN 82 f.
52 *VfSlg* 9758/1983, 11.282/1987. Dies gilt jedoch nach *VfSlg* 13.303/1992 nicht für die unterschiedliche Behandlung von In- und Ausländern als solche, weil diese durch Art. 7 Abs. 1 B-VG vorgezeichnet ist, sondern nur für sonstige Differenzierungen. Nicht anwendbar ist Art. 7 Abs. 1 Satz 1 B-VG nach Ansicht des Verfassungsgerichtshofs auch auf Vorschriften, die voraussetzungsgemäß nur Ausländer betreffen (*VfSlg* 7448/1974 und 8784/1980). Als ein uneheliches Kind liechtensteinischer Staatsangehörigkeit mit seiner Legitimation ex lege eingebürgert wurde, gestattete ihm der Verfassungsgerichtshof allerdings eine Berufung auf Art. 7 Abs. 1 Satz 1 B-VG – zu Recht, schließlich war das Kind, wenn auch gegen seinen Willen, zu einem österreichischen Staatsbürger geworden und damit vom persönlichen Schutzbereich des Art. 7 Abs. 1 Satz 1 B-VG erfaßt (a.A. *Rudolf Thienel*, Österreichische Staatsbürgerschaft, Bd. II, 1990, S. 72 f.). Jene Vorschrift, die seine automatische Einbürgerung angeordnet hatte, wurde als gleichheitswidrig qualifiziert: *VfSlg* 10.036/1984.
53 Art. 139, 140 und 144 B-VG.
54 Nach ständiger Rechtsprechung liegt eine Verletzung des Grundrechts auf Eigentum vor, wenn ein Bescheid in dieses Grundrecht eingreift und zudem gesetzlos ist, auf einer denkunmöglichen Gesetzesanwendung oder auf einem verfassungswidrigen Gesetz beruht (z.B. *VfSlg* 12.396/1990, 17.634/2005).
55 BGBl 1972/377.
56 FN 35.

§ 192   Dreizehnter Teil: II. Einzelgrundrechte

21
Einbezug der Ausländer untereinander

Bei unbefangener Lektüre scheint sich diese Vorschrift bloß gegen Diskriminierungen wegen der ausdrücklich genannten Merkmale (Rasse, Hautfarbe, Abstammung, nationale oder ethnische Herkunft) zu wenden. Wie sich aus den Materialien ergibt, verfolgte der Verfassungsgesetzgeber mit Art. I BVG-RD aber darüber hinaus die Absicht, „den verfassungsgesetzlich garantierten Gleichheitssatz auf die Behandlung von Ausländern untereinander auszudehnen"[57]. Diese Bestimmung verbiete, wie es in den Materialien weiter heißt, „in Verbindung mit Art. 7 B-VG jede sachlich nicht gerechtfertige Differenzierung zwischen Inländern einerseits und zwischen Ausländern einschließlich Staatenlosen andererseits"[58].

22
Schutz vor Behördenwillkür

Nach heute herrschender Ansicht vermittelt Art. I des BVG-RD Fremden einen dem Art. 7 Abs. 1 Satz 1 B-VG weitgehend entsprechenden Schutz: Durch diese Bestimmung sind Fremde jedenfalls vor einem gleichheitswidrigen, insbesondere willkürlichen Vorgehen der Behörden in allen Varianten geschützt, die aus der Judikatur zu Art. 7 Abs. 1 Satz 1 B-VG bekannt sind[59].

Gleichheitswidrigkeit genereller Normen

Darüber hinaus können Fremde unter Berufung auf das genannte Durchführungs-Bundesverfassungsgesetz aber auch die Gleichheitswidrigkeit einer generellen Norm geltend machen. Dies wurde in der älteren Judikatur vor allem bei Vorschriften tragend, die, wie Fremden- oder Asyl-Gesetze, nur an Ausländer adressiert werden[60]. Die neuere Judikatur läßt die Geltendmachung einer Gleichheitswidrigkeit aber zu Recht auch bei Normen zu, die für Fremde ebenso gelten wie für Staatsbürger[61].

23
Differenzierungen zwischen Staatsbürgern und Fremden

Ob das BVG-RD darüber hinaus auch auf Differenzierungen zwischen Staatsbürgern und Fremden Anwendung findet, ist zweifelhaft. Die Judikatur konnte diese Frage bisher offenlassen; in der Lehre ist sie lebhaft umstritten. Zum Teil wird die Anwendbarkeit dieses Bundesverfassungsgesetzes auf derartige Ungleichbehandlungen mit der Begründung bejaht, Art. I Abs. 2 BVG-RD ermächtige den einfachen Gesetzgeber nur, Ausländer und Staatsbürger unterschiedlich zu behandeln. Nichts zwinge aber zu der Annahme, daß diese Ermächtigung schrankenlos und undeterminiert sei, dem Gesetzgeber also eine Differenzierung zwischen Inländern und Ausländern aus jedem beliebigen Grund erlaube[62]. Nach einer zweiten Meinung hat das genannte Bundes-

---

57 RV 732 BlgNR 13. GP, 2; s. auch AB 801 BlgNR 13. GP, 1.
58 RV 732 BlgNR 13. GP, 3.
59 Siehe *VfSlg* 14.369/1995, 14.421/1996, 14.996/1997, 15.591/1999, 15.668/1999, 16.025/2000, 16.117/2001, 16.702/2002, 16.939/2003, 17.230/2004, 17.856/2006 sowie noch unten A V 1 d, RN 82f.
60 Siehe z. B. *VfSlg* 13.836/1994, 14.393/1995, 15.755/2000, 16.214/2001.
61 Siehe z. B. *VfSlg* 14.694/1996, 16.128/2001, 16.380/2001.
62 S. *Karl Korinek*, in: Stefan Griller/ders./Michael Potacs (Hg), FS Rill, 1995, S. 191 ff.; zu dieser Ansicht tendierend *Nikolaus Marschik*, Die UN-Rassendiskriminierungskonvention im österreichischen Recht, 1999, S. 78 ff., deutlicher S. 82; ihr zustimmend *Sigmund Rosenkranz*, Das Bundes-Gleichbehandlungsgesetz, 1997, S. 35; *Gerhard Baumgartner*, EU-Mitgliedschaft und Grundrechtsschutz, 1997, S. 212; *S. Ulrich*, Was schützt der Gleichheitssatz? in: juridikum 2001, S. 173 (177). Im Ergebnis sind dieser Ansicht wohl auch *Ludwig Adamovich/Bernd-Christian Funk*, Österreichisches Verfassungsrecht, ³1985, 379, denen zufolge am BVG-RD „insbesondere" die Rechtsstellung der Ausländer untereinander zu messen ist; s. auch *Berka*, Die Grundrechte (LitVerz.), RN 898; *ders.*, in: Rill/Schäffer, Bundesverfassungsrecht (LitVerz.), Art. 7 B-VG, RN 24, nach dem der Gesetzgeber Österreicher weiterhin „in bestimmten Rechtsbeziehungen, etwa bei sozialen Ansprüchen, besser stellen [darf] als Fremde".

verfassungsgesetz den allgemeinen Gleichheitssatz nicht ergänzt, sondern teilweise außer Kraft gesetzt: Da Art. I Abs. 1 BVG-RD Unterscheidungen aufgrund der „nationalen Herkunft" verbiete, habe er der Beschränkung des Art. 7 Abs. 1 Satz 1 B-VG auf Staatsbürger derogiert. Unterscheidungen zwischen Fremden und Staatsbürgern seien daher seit der Geltung des Durchführungs-Bundesverfassungsgesetzes nur mehr zulässig, wenn sie sich auf die in Art. I Abs. 2 BVG-RD genannten „besonderen Rechte" oder „besonderen Verpflichtungen" beziehen[63]. Gegen die Annahme, Ungleichbehandlungen zwischen Staatsbürgern und Fremden unterlägen auch dem Gleichheitssatz, wurden in der Lehre meines Erachtens zu Recht die Materialien ins Treffen geführt[64], die im Zusammenhang mit Art. I Abs. 2 BVG-RD feststellen: „Der vorliegende Gesetzesentwurf verbietet in Verbindung mit Art. 7 B-VG jede sachlich nicht gerechtfertigte Differenzierung zwischen Inländern einerseits und zwischen Ausländern einschließlich Staatenloser andererseits. Eine Verpflichtung zur Gleichbehandlung von Inländern und Ausländern ergibt sich aufgrund der vorgeschlagenen Regelung nicht"[65]. Außerhalb des Anwendungsbereiches des Art. 14 EMRK kann der einfache Gesetzgeber Staatsbürger demnach tatsächlich anders behandeln als Fremde, ohne daß ihm dabei durch Art. I BVG-RD Schranken auferlegt wären.

Die eben zitierte Passage der Materialien läßt allerdings nicht den umgekehrten Schluß zu, daß es dem Gesetzgeber auch freistünde, Staatsbürger Fremden gegenüber grundlos zu benachteiligen. Wenn der Verfassungsgesetzgeber nämlich Fremde aus Art. 7 Abs. 1 Satz 1 B-VG sogar ausschließt, sie also schlechter behandelt als Staatsbürger, dann konnte er erst recht nicht wollen, daß Staatsbürger grundlos hinter Fremden zurückgesetzt werden. Art. I Abs. 2 BVG-RD sollte die Ausweitung des Gleichheitssatzes auf Fremde nur *begrenzen*, also klarstellen, daß eine Differenzierung zwischen Staatsbürgern und Fremden weiterhin zulässig ist; daß der Verfassungsgesetzgeber das in Art. 7 Abs. 1 B-VG implizit enthaltene Verbot einer Inländerdiskriminierung aufheben wollte, ist daher nicht anzunehmen[66].

24
Keine grundlose Benachteiligung von Staatsbürgern

---

63 *Ulrike Davy*, Asyl und internationales Flüchtlingsrecht, Bd. II, 1996, S. 365 ff.
64 *Thienel* (FN 52), S. 74 f.; s. auch *Kucsko-Stadlmayer*, Der Vorrang des EU-Rechts vor österreichischem Recht, in: ecolex 1995, S. 338 (344); *Gerhard Muzak*, Die Aufenthaltsberechtigung im österreichischen Fremdenrecht, 1995, S. 9 f.; *Heinz Mayer*, Die verfassungsrechtlichen Rahmenbedingungen des Fremdenrechts in Österreich, in: Österreichische Juristenkommission (Hg.), Rechtsstaat – Solidarität und Sicherheit, 1997, S. 87 (97 ff.); *Zellenberg*, Gleichheitssatz und Inlandsmarktdiskriminierung, ÖJZ 2000, S. 441 (443); *Walter/Mayer/Kucsko-Stadlmayer*, Bundesverfassungsrecht (LitVerz.), RN 1355.
65 RV 732 BlgNR 13. GP, 3.
66 Daß Art. 7 Abs. 1 B-VG vor Inländerdiskriminierungen und auch vor Inlandsmarktdiskriminierungen, d. h. vor (Inländer signifikant häufiger treffenden) Diskriminierungen rein innerstaatlicher Sachverhalte gegenüber Sachverhalten mit Gemeinschaftsbezug schützt, ist auch die Position des Verfassungsgerichtshofs (s. etwa VfSlg 14.963/1997, 15.683/1999, 17.555/2005, 18.027/2006) und der überwiegenden Lehre, s. z.B. *Rill*, Das Gewerberecht: Grundfragen, Grundsätze und Standort im Rechtssystem, in: *Karl Korinek* (Hg.), Gewerberecht, 1995, S. 1 (30 ff.) sowie m.w.N. *Michael Holoubek*, „Inländerdiskriminierung" im Wirtschaftsrecht, in Josef Aicher/ders./Karl Korinek (Hg.), Gemeinschaftsrecht und Wirtschaftsrecht, 2000, S. 159 (176 ff.); a.A. z.B. *Zellenberg*, ÖJZ 2000, S. 441 (443).

3. EWR-Bürger

25
Relativiertes Gleichheitsdefizit

Die Freiheit des einfachen Gesetzgebers, Fremde gegenüber Staatsbürgern (vorbehaltlich der Schranken des Art. 14 EMRK) grundlos zu benachteiligen, erzeugt ein Gleichheitsdefizit für Fremde, das allerdings durch die Mitgliedschaft Österreichs in der Europäischen Union relativiert ist. Denn die gemeinschaftsrechtlichen Gleichbehandlungsgebote verpflichten den österreichischen Gesetzgeber in vielen Bereichen, Bürger des Europäischen Wirtschaftsraums (EWR) mit österreichischen Staatsbürgern gleichzubehandeln. Die dadurch bewirkte Ungleichbehandlung zwischen EWR-Bürgern und anderen Ausländern ist zwar im Lichte des Art. I Abs. 1 BVG-RD regelmäßig nicht zu beanstanden[67]; sie ist deshalb aber von der Notwendigkeit einer Rechtfertigung nicht schlechthin befreit. Trifft der einfache Gesetzgeber daher eine uneinsichtige Differenzierung zwischen Staatsbürgern und Fremden und stellt er in Befolgung des Gemeinschaftsrechts EWR-Bürger den österreichischen Staatsbürgern gleich, dann kann die Unsachlichkeit dieser Differenzierung im Verhältnis zwischen EWR-Bürgern und anderen Fremden nach Art. I Abs. 1 BVG-RD durchaus angegriffen werden.

26
Spezifischer Schutz im EWR-Abkommen

Bürger des Europäischen Wirtschaftsraums selbst sind vor einer Benachteiligung gegenüber Staatsbürgern nicht nur durch das Gemeinschaftsrecht geschützt, sondern auch durch Art. 4 des Abkommens über den Europäischen Wirtschaftsraum (EWRA)[68], der vom Nationalrat als verfassungsändernd genehmigt wurde und nahezu gleichlautend wie Art. 12 EG bestimmt, daß „[un]beschadet besonderer Bestimmungen dieses Abkommens [...] in seinem Anwendungsbereich jede Diskriminierung aus Gründen der Staatsangehörigkeit verboten" ist. Wird ein EWR-Bürger daher gegenüber einem Staatsbürger im Sinne des Art. 4 EWRA bzw. Art. 12 EG offen oder versteckt diskriminiert, so steht ihm eine Beschwerde an den Verfassungsgerichtshof offen.

27
Staatsbürgerschaft als Leitkriterium

Keine Anwendung findet Art. 4 EWRA hingegen auf Regelungen, die nicht (offen oder versteckt) nach dem Kriterium der Staatsbürgerschaft differenzieren. Die allfällige Gleichheitswidrigkeit einer solchen Vorschrift kann der EWR-Bürger – wie jeder andere Fremde auch – schon unter Berufung auf Art. I Abs. 1 BVG-RD bekämpfen. Art. 4 EWRA schützt weiters nicht vor Diskriminierungen aufgrund der Staatsangehörigkeit, die nicht durch Art. 12 EG, wohl aber durch andere Bestimmungen des Gemeinschaftsrechts verboten sind (etwa durch die – gegenüber Art. 4 EWRA bzw. Art. 12 EG speziellen – Freizügigkeitsgarantien). Soweit eine solche Diskriminierung den EWR-Bürger nicht auch in einem anderen, jedermann gewährleisteten Grundrecht verletzt[69] und soweit nicht – wie wohl im Regelfall – die durch Art. 6 StGG garantierte Erwerbsfreiheit einschlägiger ist, müßte Unionsbürgern in solchen

---

[67] S. z.B. *VfSlg* 13.836/1994, 17.672/2005; 18.163/2007.
[68] Vom 2.5.1992 (BGBl 1993/909).
[69] Zu denken ist etwa an Art. 14 EMRK i.V.m. den übrigen Konventionsrechten, dann aber auch (bei innerstaatlichen Freizügigkeitsbeschränkungen) an Art. 2 Abs. 1 4. ZP EMRK bzw. (bei aufenthaltsbeendenden Maßnahmen) an Art. 8 EMRK.

Fällen eine Berufung auf Art. 7 Abs. 1 Satz 1 B-VG gestattet werden, wenn sie eine Gleichbehandlung mit österreichischen Staatsbürgern begehren.

4. Juristische Personen des Privatrechts

Nach ständiger Rechtsprechung des Verfassungsgerichtshofs ist der allgemeine Gleichheitssatz auch juristischen Personen des Privatrechts gegenüber zu beachten. Bisweilen fügt der Verfassungsgerichtshof dieser Feststellung noch hinzu, der Schutz vor einer Verletzung des Gleichheitssatzes müsse diesfalls Merkmale betreffen, die auch für juristische Personen in Betracht kommen können[70]. Diese Einschränkung hatte ihren guten Sinn, solange der Verfassungsgerichtshof annahm, der allgemeine Gleichheitssatz wende sich nur gegen Ungleichbehandlungen nach subjektiven, in der Person gelegenen Merkmalen[71]. Von diesem restriktiven Verständnis hat sich der Verfassungsgerichtshof jedoch längst verabschiedet; nach nunmehr ständiger Judikatur geht Art. 7 Abs. 1 Satz 1 B-VG weit über ein Verbot derart personenbezogener Ungleichbehandlungen hinaus, ja er umfaßt sogar ein allgemeines Sachlichkeitsgebot, das auch anwendbar ist, wenn eine Ungleichbehandlung überhaupt nicht in Rede steht[72]. Daß der Gleichheitssatz hinter diesem Schutzniveau ausgerechnet bei juristischen Personen zurückbleiben sollte, ist nicht einzusehen und in Wahrheit wohl auch nicht die Position des Verfassungsgerichtshofs.

28
Abkehr von subjektiven Merkmalen der Ungleichbehandlung

Als Staatsbürger im Sinne des Art. 7 Abs. 1 Satz 1 B-VG sind juristische Personen anzusehen, wenn sie ihren Sitz im Inland haben[73]. Ausländischen juristischen Personen steht eine Berufung auf Art. I BVG-RD zu. Eine Benachteiligung gegenüber inländischen juristischen Personen können sie nur als „EWR-Bürger" nach Art. 4 EWRA bzw. Art. 7 Abs. 1 Satz 1 B-VG bekämpfen.

29
Maßgeblichkeit des Sitzes

5. Juristische Personen des öffentlichen Rechts

Nach Ansicht des Verfassungsgerichtshofs sollen sich auch juristische Personen des öffentlichen Rechts, insbesondere Gebietskörperschaften, auf die Grundrechte berufen können[74], und zwar auch dann, wenn sie nicht als Träger von Privatrechten (Art. 17 B-VG) auftreten[75]. Dies gilt nach der Judikatur auch für den Gleichheitssatz[76].

30
Juristische Personen des öffentlichen Rechts

---

70 *VfSlg* 7380/1974, 8233/1978, 9887/1983, 13.208/1992, 13.511/1993.
71 S. zu dieser älteren Judikatur m.w.N. *Pöschl* (FN 15), S. 321 ff; *dies.* (FN 33), S. 101 (104 ff.).
72 S. zum allgemeinen Sachlichkeitsgebot noch unten A IV 1 c, RN 36 ff.
73 *VfSlg* 7996/1977, 8854/1980, 9186/1981, 10.000/1984; s. auch *VfSlg* 13.405/1993, wonach eine juristische Person mit Sitz im Inland auch dann als Inländerin i.S.d. Art. 7 Abs. 1 Satz 1 B-VG anzusehen ist, wenn sie nach einer einfachgesetzlichen Vorschrift als „Ausländerin" gilt, weil sich ihr Gesellschaftskapital überwiegend in ausländischem Besitz befindet.
74 Für Deutschland → Bd. II: *Schnapp*, Zur Grundrechtsberechtigung juristischer Personen des öffentlichen Rechts, § 52 RN 15.
75 Siehe z.B. *VfSlg* 6913/1972, 8854/1980, 9379/1982, 9520/1982, 10.000/1984, 11.828/1988; differenzierend *Berka*, Die Grundrechte (LitVerz.), RN 171 ff.
76 Siehe insb. *VfSlg* 8578/1979, wonach das verfassungsgesetzlich gewährleistete Recht auf Gleichheit den Ländern über ihre Stellung als Privatrechtsträger hinaus zukommt. Für Deutschland → Bd. II: *Schnapp*, Zur Grundrechtsberechtigung juristischer Personen des öffentlichen Rechts, § 52 RN 15.

IV. Bindung der Gesetzgebung

31
Gestaltungsgebote an den Gesetzgeber

Art. 7 Abs. 1 Satz 1 B-VG verpflichtet, wie sich schon aus seiner Entstehungsgeschichte ergibt, nicht nur die Vollziehung, er wendet sich auch an den Gesetzgeber selbst. Dies ist nach anfänglichen Zweifeln in Rechtsprechung[77] und Lehre[78] heute praktisch einhellig anerkannt[79]. Nach der Judikatur richtet der Gleichheitssatz an den Gesetzgeber drei verschiedene Forderungen: ein Gebot der Gleichbehandlung, ein Gebot der Differenzierung und ein allgemeines Sachlichkeitsgebot.

1. Teilforderungen des Gleichheitssatzes

a) Gleichbehandlungsgebot

32
Wesentliche Gemeinsamkeiten von Vergleichsgruppen

Wie der Verfassungsgerichtshof in ständiger Rechtsprechung annimmt, gebietet der allgemeine Gleichheitssatz zunächst, wesentlich Gleiches gleich zu behandeln[80]. Der Gleichheitssatz verpflichtet also nicht – nach Art eines Prinzips – zur Gleichbehandlung eines jeden in jeder Hinsicht[81]; eine Pflicht zur Gleichbehandlung entsteht vielmehr erst, wenn zwischen zwei Vergleichsgruppen wesentliche Gemeinsamkeiten bestehen. Sind derartige Gemeinsamkeiten nach Ansicht des Verfassungsgerichtshofs auch nicht entfernt ersichtlich, so lehnt er die Vornahme einer Gleichheitsprüfung von vornherein ab,

---

77 Erste Andeutungen einer Gesetzesbindung finden sich bereits in *VfSlg* 216/1923, 651/1926 u. 1123/1928; anders dann *VfSlg* 1226/1929 u. 1232/1929. In *VfSlg* 1318/1930, 1396/1931, 1426/1931 bejaht der Verfassungsgerichtshof die Gesetzesbindung implizit, in *VfSlg* 1451/1932 explizit, in *VfSlg* 1494/1932 wird sie noch einmal verneint, ab dann ist die Bindung des Gesetzgebers an den Gleichheitssatz aber st. Rspr., siehe z.B. *VfSlg* 2770/1954, 5252/1966, 7330/1974, 10.841/1986, 13.327/1993, 15.031/1997, 15.785/2000, 17.807/2006.

78 Siehe z.B. *Ermacora*, Grundfreiheiten (LitVerz.), S. 40, 74 ff.; *Kneucker/Welan*, Zur Entwicklung des Gleichheitsgrundsatzes in Österreich, ÖZP 1975, S. 5 (9); *Rack/Wimmer*, EuGRZ 1983, S. 597 (603); *Korinek* (FN 34), S. 39 ff.; *Rudolf Thienel*, Vertrauensschutz und Verfassungsrecht, 1990, S. 59; *Korinek/Holoubek*, Gleichheitsgrundsatz und Abgabenrecht, in: Wolfgang Gassner/Eduard Lechner (Hg.), Steuerbilanzreform und Verfassungsrecht, 1991, S. 73 (74); *Bernegger*, Der (allgemeine) Gleichheitsgrundsatz (Art. 7 B-VG, Art. 2 StGG) und das Diskriminierungsverbot gemäß Art. 14 EMRK, in: Machacek/Pahr/Stadler (LitVerz.), Bd. III, S. 709 (715 f.); *Berka*, Die Grundrechte (LitVerz.), RN 917; *ders.*, in: Rill/Schäffer, Bundesverfassungsrecht (LitVerz.), Art. 7 B-VG, RN 39; *Öhlinger*, Verfassungsrecht (LitVerz.), RN 760; *Walter/Mayer/Kucsko-Stadlmayer*, Bundesverfassungsrecht (LitVerz.), RN 1349. Anderer Ansicht scheint nur *Alfred J. Noll*, Sachlichkeit statt Gleichheit?, 1996, S. 192, zu sein.

79 In der Zwischenzeit hat die Bindung des Gesetzgebers auch in Art. I Abs. 1 BVG-RD positiven Ausdruck gefunden, nach dem „*Gesetzgebung und Vollziehung* [...] jede Unterscheidung aus dem alleinigen Grund der Rasse, der Hautfarbe, der Abstammung oder der nationalen oder ethnischen Herkunft zu unterlassen [haben]" (Hervorhebungen nicht im Original). Diese Vorschrift sollte, wie gezeigt, den bereits durch Art. 7 Abs. 1 Satz 1 B-VG garantierten Gleichheitsschutz auf das Verhältnis Fremder untereinander ausdehnen.

80 Siehe z.B. *VfSlg* 2956/1956, 3334/1958, 7059/1973, 7331/1974, 8938/1980, 9455/1982, 17.315/2004.

81 Ein solches Prinzipienverständnis klingt zwar in der nunmehr ständigen Judikaturformel an, nach der eine „Ungleichbehandlung [...] nur dann und insoweit zulässig [ist], als hiefür ein vernünftiger Grund erkennbar und die Ungleichbehandlung nicht unverhältnismäßig ist" (siehe z.B. *VfSlg* 14.191/1995, 14.421/1996, 14.864/1997, 16.160/2001, 17.398/2004, 17.516/2005, 17.856/2006; 18.163/2007, sowie noch unten A IV 1 c, RN 36 ff.). Tatsächlich liegt der Judikatur ein solches Prinzipienverständnis aber nicht zugrunde, s. dazu *Pöschl* (FN 15), S. 304 ff.

dies mit der etwas mißverständlichen Begründung, die beiden Sachverhalte oder Personengruppen seien miteinander nicht „vergleichbar"[82].

Auch wenn eine Vergleichbarkeit in diesem Sinn besteht, gilt die Pflicht zur Gleichbehandlung allerdings nicht absolut: Sie kann vielmehr durchbrochen werden, wenn dies durch wesentliche Unterschiede im Tatsächlichen gerechtfertigt ist[83]. Dem Gesetzgeber ist es folglich erlaubt, „verschiedene tatsächliche Gegebenheiten entsprechend unterschiedlich zu behandeln"[84]; verwehrt sind ihm hingegen Differenzierungen, „die nicht aus entsprechenden Unterschieden im Tatsächlichen abgeleitet"[85] werden können. Unterschiedliche Rechtsfolgen müssen also „ihre jeweilige sachliche Rechtfertigung in Unterschieden im Bereich des Tatsächlichen finden"[86].

33 Rücksicht auf tatsächliche Unterschiede

Die zuletzt zitierte Formulierung erweckt den Eindruck, als könnte eine Ungleichbehandlung nur durch wesentliche Unterschiede zwischen den Vergleichsgruppen gerechtfertigt werden. Tatsächlich ist das nicht der Fall. Differenzierungen können ihre Rechtfertigung auch aus „externen Zwecken" beziehen, die mit den Eigenschaften der ungleich behandelten Sachverhalte nichts zu tun haben[87]. Dementsprechend begnügt sich der Verfassungsgerichtshof in vielen Entscheidungen mit der Feststellung, der Gleichheitssatz verbiete dem Gesetzgeber Differenzierungen, die „sachlich nicht rechtfertigbar"[88], „sachlich nicht begründbar"[89] oder „unsachlich"[90] sind. Nicht zu beanstanden ist eine Ungleichbehandlung nach der Judikatur hingegen, wenn sie in der „Natur der Sache"[91] liegt, „sachgerecht"[92] ist, „sachlich, das heißt aus der Regelungsmaterie heraus begründbar"[93] ist, in einem „sachbezogenen

34 Differenzierung aus „externen Zwecken"

Differenzierung aus der „Natur der Sache"

---

82 Z.B. *VfSlg* 10.284/1984, 16.754/2002. Vergleichbar ist grundsätzlich alles mit allem. Wenn der Verfassungsgerichtshof diesen Terminus verwendet, meint er wohl nicht, daß ein Vergleich zwischen zwei Personengruppen oder Sachverhalten nicht möglich ist, sondern daß zwischen diesen Vergleichsobjekten keine relevanten Gemeinsamkeiten bestehen; s. zur umgangssprachlichen Ungenauigkeit, mit der der Begriff der „Vergleichbarkeit" verwendet wird, *Stefan Huster*, Rechte und Ziele, 1993, S. 30 FN 70.
83 *VfSlg* 7059/1973, 7313/1074, 7331/1974, 7973/1976.
84 *VfSlg* 5356/1966.
85 Z.B. *VfSlg* 5727/1968; s. auch *VfSlg* 2956/1956, 3334/1958, 7059/1973, 7331/1974, 8938/1980, 9455/1982, 17.718/2005.
86 *VfSlg* 10.001/1984.
87 S. auch *Holoubek*, ÖZW 1991, S. 72 (81), der nicht für ausschlaggebend hält, ob es „bei der Frage nach dem sachlichen Grund der Ungleichbehandlung darum geht, Unterschiede im Tatsächlichen zu finden, die eine diesbezügliche wesentliche Ungleichheit der verglichenen Sachverhalte erweisen sollen, oder ob einfach nach einem vernünftigen, objektiv-rationalen Grund für eine bestehende rechtliche Ungleichbehandlung gefragt wird". Der Begriff des externen Zwecks geht auf *Huster* ([FN 82] S. 165 ff.) zurück. Er wird hier zwar in einem etwas anderen Sinn verwendet, erfüllt aber dieselbe Funktion, bezeichnet nämlich Ungleichbehandlungen, die prima facie unzulässig sind, weil wesentliche Unterschiede zwischen den Vergleichsgruppen nicht bestehen. S. dazu auch *Pöschl* (FN 15), S. 197 ff.
88 *VfSlg* 8421/1978, 8859/1980, 15.106/1998.
89 *VfSlg* 5481/1967, 7135/1973, 8457/1978, 9728/1983, 11.369/1987, 13.558/1993, 15.031/1997, 15.570/1999.
90 *VfSlg* 10.841/1986, 14.683/1996, 16.824/2003, 17.874/2006.
91 *VfSlg* 9162/1981.
92 *VfSlg* 11.934/1988, 16.744/2002.
93 *VfSlg* 10.588/1985 (im Original mit Hervorhebung).

§ 192 *Dreizehnter Teil: II. Einzelgrundrechte*

Konnex zum Regelungsgegenstand"[94] steht oder doch immerhin „nicht sachfremd"[95] oder „nicht sachwidrig"[96] ist.

b) Differenzierungsgebot

35
Keine schematische Gleichbehandlung

Nicht nur erlaubt, sondern auch geboten ist eine Ungleichbehandlung nach der Judikatur dann, wenn ein Unterschied im Tatsachenbereich derart schwer wiegt, daß er einer „schematischen" Gleichbehandlung entgegensteht[97]. Insofern verpflichtet der Gleichheitssatz den Gesetzgeber auch, wesentliche Unterschiede im Tatsachenbereich durch entsprechende rechtliche Regelungen zu berücksichtigen[98]. Der Gesetzgeber muß also nicht nur wesentlich Gleiches gleich, sondern auch wesentlich Ungleiches ungleich behandeln. Diese Formel darf allerdings nicht dahin mißverstanden werden, daß jede Ungleichbehandlung, die (durch das Gleichbehandlungsgebot) erlaubt ist,

Gestaltungsspielraum des Gesetzgebers

zugleich (durch das Differenzierungsgebot) geboten wäre. Weisen zwei Sachverhalte wesentliche Gemeinsamkeiten und wesentliche Unterschiede auf, so liegt es vielmehr im Gestaltungsspielraum des Gesetzgebers, ob er sie gleich oder ungleich behandeln will[99]. Erst wenn die Unterschiede deutlich überwiegen, schlägt die Erlaubnis zur Ungleichbehandlung in ein Differenzierungsgebot um.

c) Allgemeines Sachlichkeitsgebot

36
Nichtkomparative Bedeutung des Gleichheitssatzes

Etwa seit den siebziger Jahren entnimmt der Verfassungsgerichtshof dem Gleichheitssatz auch ein „allgemeines Sachlichkeitsgebot"[100]. Diesem Gebot zufolge setzt der Gleichheitssatz dem Gesetzgeber „insofern inhaltliche Schranken, als er verbietet, sachlich nicht begründbare *Regelungen* zu treffen"[101]. Das allgemeine Sachlichkeitsgebot hat also nicht nur Gleich- oder Ungleichbehandlungen im Auge, es verwirft auch bestimmte Regelungen an sich als unsachlich und bildet damit die oben[102] bereits angesprochene nichtkomparative Bedeutungsschicht des Gleichheitssatzes. Der Verfassungsgerichtshof fühlt sich dabei nicht berufen zu beurteilen, ob eine Regelung zweckmäßig, ob sie der optimale Weg zur Zielerreichung oder ob sie gar

---

94 *VfSlg* 8938/1980.
95 *VfSlg* 10.188/1984; s. auch *VfSlg* 14.191/1995, 17.683/2005.
96 *VfSlg* 11.771/1988; s. auch *VfSlg* 9524/1982.
97 *VfSlg* 11.309/1987; s. auch *VfSlg* 14.723/1997.
98 *VfSlg* 8217/1977, 8806/1980, 13.558/1993, 17.315/2004.
99 S. z.B. *VfSlg* 8539/1979, wonach es dem Gesetzgeber freisteht, haushaltsangehörige Arbeitnehmer der Landwirtschaftskammer oder der Landarbeiterkammer zuzuordnen: Ihre Interessen als Arbeitnehmer stehen zwar einerseits jenen des Arbeitgebers gegenüber, andererseits wird die zwischen Angehörigen an sich schon bestehende Interessenparallelität durch die Haushaltsgemeinschaft mit dem Arbeitgeber noch verstärkt. Ähnlich *VfSlg* 12.021/1989 zur kammerrechtlichen Zuordnung der Berufsanwärter der Wirtschaftstreuhänder.
100 Zu diesem s. insb. *Korinek* (FN 34), S. 48 ff.; *Holoubek*, ÖZW 1991, S. 72; *Bernegger*, in: Machacek/Pahr/Stadler (LitVerz.), Bd. III, S. 709 (731); *Pöschl* (FN 15), S. 260.
101 Z.B. *VfSlg* 11.369/1987 (Hervorhebung nicht im Original) unter Hinweis auf *VfSlg* 8457/1978, 10.064/1984, 10.084/1984; s. auch *VfSlg* 7182/1973, 8328/1978, 9520/1982, 10.692/1985, 12.154/1989, 13.743/1994, 15.031/1997, 16.582/2002, 17.266/2004, 17.931/2006.
102 A II 2, RN 11 ff.

„gerecht" ist[103]. Der Gesetzgeber verletzt das Sachlichkeitsgebot nach der Judikatur aber dann, wenn er zur Zielerreichung völlig untaugliche Mittel einsetzt oder wenn ein an sich taugliches Mittel – gleichsam als Nebenfolge – zu einer sachlich nicht gerechtfertigten Differenzierung führt[104]. Ungleichbehandlungen müssen, wie der Verfassungsgerichtshof diesem Gebot seit den neunziger Jahren entnimmt, auf einem vernünftigen Grund beruhen und dürfen nicht unverhältnismäßig sein[105].

Die Entscheidungen, die der Verfassungsgerichtshof unter Berufung auf das allgemeine Sachlichkeitsgebot fällt, sind relativ inhomogen. In einem Teil dieser Fälle prüft der Gerichtshof in Wahrheit sehr wohl, ob eine Gleich- oder Ungleichbehandlung mit dem Gleichheitssatz vereinbar ist[106]. Wenn er sich dabei nicht auf den allgemeinen Gleichheitssatz stützt, sondern auf das diesem „immanente Sachlichkeitsgebot", so mag dies zum Teil darauf beruhen, daß eine Regelung ihre allfällige Legitimation von vornherein nicht aus gleichen oder unterschiedlichen Eigenschaften der Vergleichsgruppen bezieht, sondern nur aus externen Zwecken: Aus einem Vergleich dieser Gruppen ist für die Sachlichkeit der Regelung dann nichts zu gewinnen. In manchen Fällen mag die Berufung auf das Sachlichkeitsgebot ihren Grund aber auch bloß darin haben, daß die Auswahl aus dem Fundus der vorhandenen Gleichheitsformeln nicht immer mit Bedacht erfolgt.

37 Inhomogene Entscheidungspraxis

In einer zweiten Gruppe von Fällen prüft der Verfassungsgerichtshof unter dem Titel des allgemeinen Sachlichkeitsgebotes Freiheitsbeschränkungen auf ihre Verhältnismäßigkeit[107]. Soweit die jeweils inkriminierte Beschränkung freilich ohnedies in ein ausdrücklich garantiertes Freiheitsrecht eingreift, ist die Anwendung des allgemeinen Sachlichkeitsgebotes methodisch problema-

38 Substitut für Freiheitsrechte

---

103 *VfSlg* 7885/1976, 11.369/1987, 12.417/1990, 14.301/1995, 15.031/1997, 17.238/2004.
104 *VfSlg* 8457/1978, 11.369/1987, 12.227/1989, 12.486/1990, 16.582/2002.
105 Das ergibt sich aus der nunmehr st. Rspr. zu Art. I Abs. 1 BVG-RD: Dieser enthalte über Art. 7 B-VG hinausgehend und diesen gleichsam erweiternd ein „– auch das Sachlichkeitsgebot einschließendes – Gebot der Gleichbehandlung von Fremden; deren Ungleichbehandlung ist [...] also nur dann und insoweit zulässig, als hiefür ein vernünftiger Grund erkennbar und die Ungleichbehandlung nicht unverhältnismäßig ist" (s. z.B. *VfSlg* 14.191/1995, 14.421/1996, 14.864/1997, 16.160/2001, 17.398/2004, 17.516/2005, 17.856/2006; *VfGH*, Erk. v. 21. 6. 2007, B 978/06). Diese Formel gilt nicht nur für die Ungleichbehandlung zwischen Fremden; sie faßt vielmehr jenen Gleichheitsschutz zusammen, der vordem schon für Staatsbürger aus Art. 7 B-VG abgeleitet worden ist.
106 Z.B. *VfSlg* 13.084/1992, wonach das „Sachlichkeitsgebot [...] dem Gesetzgeber insb. [verwehrt], Auslandsösterreicher gegenüber Ausländern desselben Wohnsitzstaates zu diskriminieren". S. auch *Holoubek*, ÖZW 1991, S. 72 (80), und *Ruppe*, Verfassungsrechtliche Schranken der Gesetzgebung im Steuerrecht, in: Österreichische Juristenkommission (Hg.), Rechtsstaat – Liberalisierung und Strukturreform, 1998, S. 119 (123), sowie *Öhlinger*, Verfassungsrecht (LitVerz.), RN 765, nach dem der Verfassungsgerichtshof das Sachlichkeitsgebot „gelegentlich" zur Anwendung bringt, ohne die geprüften Regelungen mit anderen Regelungen zu vergleichen.
107 Siehe z.B. das Erkenntnis *VfSlg* 13.363/1993, in dem der Verfassungsgerichtshof ein Prostitutionsverbot am allgemeinen Gleichheitssatz überprüft und im Hinblick auf die festgestellte Eignung und Adäquanz der Regelung zur Zielerreichung dahinstehen läßt, ob die Prostitution überhaupt ein von Art. 6 StGG geschützter Erwerbszweig ist; weitere Beispiele aus der Judikatur bei *Pöschl* (FN 15), S. 568 ff. Diese Verhältnismäßigkeitsprüfungen lassen sich zwar in die Formel, daß Gleiches gleich und Ungleiches ungleich zu behandeln ist, „übersetzen" (s. dazu *Pöschl*, Über Gleichheit und Verhältnismäßigkeit, JBl 1997, S. 413); letztlich ist eine solche Übersetzung aber nur ein Hilfskonstrukt, das den Unterschied zwischen der komparativen und der nicht komparativen Bedeutungsschicht des Gleichheitssatzes eher verstellt.

tisch: Denn dieses Gebot ersetzt oder verdoppelt dann den eigentlich aus dem Freiheitsrecht resultierenden Grundrechtsschutz. Soweit eine Norm aber keine ausdrücklich benannte Freiheit beschränkt, wird das Sachlichkeitsgebot in eine allgemeine Handlungsfreiheit umfunktioniert, die die österreichische Verfassung jedenfalls nicht explizit statuiert[108].

39
Bereichsspezifische Rechtsgrundsätze

In einer dritten Gruppe von Erkenntnissen entnimmt der Verfassungsgerichtshof dem allgemeinen Sachlichkeitsgebot konkrete Rechte und Grundsätze, in die einzugreifen dem Gesetzgeber prima facie verwehrt oder überhaupt verboten ist. Er nimmt etwa an, eine Regelung sei unsachlich, wenn sie die Erlangung von Rechtsschutz mühsam macht oder unnötig erschwert[109]. Wem die Rechtsordnung subjektive Rechte einräumt, dem müßten nach dem Sachlichkeitsgebot „in aller Regel" auch Parteirechte zukommen[110]. Nur aus besonderen Gründen dürfe die Behörde an die Ergebnisse von Verfahren gebunden werden, an denen sich der Betroffene nicht beteiligen konnte[111]. Es sei unsachlich, „wenn jemand verhalten wird, für etwas einzustehen, womit ihn nichts verbindet, [...] also auch für Umstände, die außerhalb seiner Interessen- und Einflußsphäre liegen"[112]. Das Dienst-, Besoldungs- und Pensionsrecht für den öffentlichen Dienst müsse im großen und ganzen in einem angemessenen Verhältnis zu den den Beamten obliegenden Dienstpflichten stehen[113]. Soweit die dem Gleichheitssatz solcherart entnommenen Rechte und Prinzipien seinen personalen Schutzzweck oder seine Funktion realisieren, offene Flanken des Rechtsstaates, der Demokratie oder der Freiheitsrechte zu schließen, ist gegen diese Judikatur nichts einzuwenden[114].

40
Keine Verfassungsdirektive zum Kollektivschutz

Effizienz statt Sachlichkeit

Anderes gilt für eine vierte Gruppe von Entscheidungen, in denen das Sachlichkeitsgebot seinen Charakter als Individualgrundrecht und damit auch seine Anbindung an den Gleichheitssatz verloren hat. Das Sachlichkeitsgebot fungiert in diesen Entscheidungen als eine allgemeine Verfassungsdirektive, die nicht mehr die Interessen des einzelnen schützt, sondern kollektive Interessen. Beispielhaft dafür ist die Annahme des Verfassungsgerichtshofs, das Effizienzprinzip sei „eine besondere Ausprägung des Sachlichkeitsgebotes" und verpflichte den Gesetzgeber dazu, Selbstverwaltungskörper gemessen an den ihnen übertragenen Aufgaben zweckmäßig zu gestalten[115]. Ineffiziente Maßnahmen behandeln weder Bürger in gleicher Lage ungleich noch behandeln sie Personen gleich, obwohl zwischen ihnen ein wesentlicher Unterschied besteht; sie greifen aber auch nicht in nichtkomparative Rechte des einzelnen

---

108 S. dazu näher *Merli*, Die allgemeine Handlungsfreiheit, JBl 1994, S. 233 ff. und 309 ff; *Michael Holoubek*, Grundrechtliche Gewährleistungspflichten, 1997, S. 365 ff; *Pöschl* (FN 15), S. 568 ff., 583 ff.
109 VfSlg 14.039/1995.
110 VfSlg 13.646/1993, s. auch VfSlg 15.123/1998, s. zu dieser Rspr. noch unten A IV 3 g, RN 73 ff.
111 VfSlg 11.934/1988.
112 VfSlg 5318/1966.
113 VfSlg 11.193/1986, 12.154/1989, 14.867/1997, 17.706/2005.
114 Zu den Bedenken der Lehre, die die komparative Bedeutungsschicht des Gleichheitssatzes absolut setzt, s. schon oben A II 2, RN 11 ff; s. dazu auch *Pöschl* (FN 15), S. 260 ff.
115 S. VfSlg 17.023/2003, sowie zuvor VfSlg 8215/1977, 11.190/1986; weitere Beispiele dieser „entpersonalisierten" Sachlichkeitsprüfung bei *Pöschl* (FN 15), S. 275 ff.

ein, sondern beeinträchtigen bloß kollektive Interessen: Deren Schutz ist aber nicht das Anliegen des allgemeinen Gleichheitssatzes, der ein Individualrecht ist, kein Zweckmäßigkeitsprinzip[116].

2. Allgemeine Determinanten für die Gleichheitsprüfung

a) Wesentliche Unterschiede und Gemeinsamkeiten

Soweit komparative Rechte in Rede stehen, lautet die Schlüsselfrage der Gleichheitsprüfung, wann zwischen zwei Vergleichsgruppen „wesentliche" Unterschiede bzw. Gemeinsamkeiten bestehen, wonach sich also die Wesentlichkeit bestimmt. Wenn der Verfassungsgerichtshof Differenzierungen als gleichheitskonform ansieht, die „in der Natur der Sache liegen", in einem „sachbezogenen Konnex zum Regelungsgegenstand" stehen, „sachgerecht" oder doch wenigstens „nicht sachfremd" oder „nicht sachwidrig" sind[117], so weist dies darauf hin, daß die Frage, wann ein Unterschied „wesentlich" und wann er bedeutungslos ist, vom Gegenstand einer Regelung abhängt, also von der Sache, um die es jeweils geht. Die Gleichheit oder Ungleichheit muß also in den Worten des Verfassungsgerichtshofs „in bezug auf die Regelung wesentlich sein"[118]. Dies ist ebenso unabweislich wie unbestritten: Daß zwei Personen in einer Hinsicht gleich oder ungleich behandelt werden müssen, bedeutet keineswegs, daß sie deshalb auch in anderem Zusammenhang so zu behandeln sind[119]: Die für die Gleichheitsprüfung maßgebliche „Wesentlichkeit" ist offenkundig kontextrelativ[120].

41
Orientierung am Regelungsgegenstand

Zum Teil läßt sich die Frage nach der Wesentlichkeit von Unterschieden und Gemeinsamkeiten aber auch durch den allgemeinen Gleichheitssatz selbst beantworten. Im Laufe seiner Entstehungsgeschichte haben sich nämlich bestimmte Rechtsmaterien als „gleichheitssensibel" herauskristallisiert[121]: Es ist dies erstens die Fähigkeit, Träger von bürgerlich-liberalen Rechten zu sein. Zum historischen Kernbestand der Gleichheit zählen zweitens die politischen Rechte. Gleichheitssensibel ist drittens die Auferlegung öffentlich-rechtlicher Pflichten, die den einzelnen dazu verhalten, einen Beitrag zum allgemeinen Wohl zu leisten, viertens gehört hierher die Rechtsdurchsetzung. Diese Materien sind grundsätzlich differenzierungsfeindlich; sie verlangen also prima facie eine Gleichbehandlung der Rechtsunterworfenen. Im Laufe der Geschichte haben sich aber auch Ungleichbehandlungen nach bestimmten

42
Gleichheitssensible Rechtsmaterien

Personenbezogene Merkmale

---

116 S. in bezug auf Ausgliederungen, die der Verfassungsgerichtshof ebenfalls am allgemeinen Sachlichkeitsgebot messen will, auch *Wiederin*, Öffentliche und private Umweltverantwortung – Verfassungsrechtliche Vorgaben, in: Österreichischer Wasser- und Abfallwirtschaftsverband (ÖWAV), Staat und Privat im Umweltrecht, Österreichische Umweltrechtstage 2000, 2000, S. 75 (83f.).
117 S. oben A IV 1 a, RN 32 ff.
118 VfSlg 8279/1978.
119 S. nur *Robert Alexy*, Theorie der Grundrechte, 1985, S. 363; *Huster*, Rechte (FN 82), S. 31, 44, 362.
120 S. auch *Huster*, Rechte (FN 82), S. 44; *Stoll*, Das Sachgesetzlichkeitsprinzip als Ausformung des Gleichheitsgrundsatzes, ÖStZ 1989, S. 188 (196f.); *Tipke*, Zur Methode der Anwendung des Gleichheitssatzes unter besonderer Berücksichtigung des Steuerrechtes, in: Werner Doralt u.a. (Hg.), FS G. Stoll, 1990, S. 229 (236).
121 S. schon oben A I 2, RN 3 ff, sowie m.w.N. *Pöschl* (FN 15), S. 172 ff.

Kriterien als verpönt erwiesen, allen voran die in Art. 7 Abs. 1 Satz 2 B-VG genannten Merkmale Geburt, Geschlecht, Stand, Klasse und Bekenntnis. Diese Kriterien sind, wie der Verfassungsgerichtshof es am Beginn seiner Judikatur ausgedrückt hat, „in der Person gelegen"[122]: Sie bestimmen die Identität des einzelnen und sind für ihn nicht oder nicht zumutbar veränderbar. Derartige Merkmale begründen zwischen Menschen prima facie in keinem Kontext einen wesentlichen Unterschied; erst wenn diese Vermutung eindeutig widerlegt werden kann, darf nach einem solchen Merkmal differenziert werden[123].

43
Differenzierungen aus sonstigem Verfassungsrecht

Was als wesentlich gleich oder ungleich anzusehen ist, kann sich schließlich auch aus der übrigen Verfassung ergeben: So sind etwa verfassungsrechtlich vorgegebene Differenzierungen (wie der Unterschied zwischen anerkannten und nicht anerkannten Religionsgemeinschaften in Art. 15 StGG)[124] in der Regel auch gleichheitsrechtlich nicht suspekt. Aus Freiheitsrechten können umgekehrt wesentliche Gemeinsamkeiten abgeleitet werden, so folgt aus dem Recht auf Freizügigkeit (Art. 4 StGG), daß zwischen Ortsansässigen und Zugereisten prima facie kein wesentlicher Unterschied besteht; in grundsätzlich gleicher Weise sind gewerbliche Unternehmen, die zueinander in Konkurrenz stehen, wegen des aus Art. 6 StGG folgenden Gedankens der staatlichen Wettbewerbsneutralität prima facie als wesentlich gleich anzusehen[125].

44
Gesetzgeberische Wertung

Soweit weder der Gleichheitssatz noch die restliche Verfassung (wenn auch nur indirekt) festlegen, was wesentlich gleich und wesentlich ungleich ist, steht es dem Gesetzgeber grundsätzlich frei, diese Wertung selbst zu treffen. Der allgemeine Gleichheitssatz verpflichtet den Gesetzgeber dann allerdings grundsätzlich dazu, dieser Wertung „treu" zu bleiben, sie also konsequent zu verfolgen und alle Personen oder Sachverhalte, die im Lichte dieser Wertung gleich sind, auch gleich zu behandeln, während eine Differenzierung zwischen Personen oder Sachverhalten, die der Gesetzgeber selbst im einen Zusammenhang als ungleich bewertet, auch in einem anderen Zusammenhang gebo-

---

122 S. z. B. *VfSlg* 1318/1930, zu dieser Judikatur allgemein *Pöschl* (FN 15), S. 321 ff; *dies.* (FN 33), S. 101 (104 f.).
123 Die Judikatur trägt dem teilweise Rechnung, so etwa, wenn der Verfassungsgerichtshof annimmt, eine Benachteiligung unehelicher Kinder sei nur aus sehr gewichtigen Gründen zulässig (*VfSlg* 12.735/1991, s. auch *VfSlg* 10.036/1984, anders noch *VfSlg* 4678/1964) oder wenn er – viel allgemeiner, aber durchaus treffend – feststellt, daß es unsachlich sei, „wenn jemand verhalten wird, für etwas einzustehen, womit ihn nichts verbindet, [...] also auch für Umstände, die außerhalb seiner Interessen- und Einflußsphäre liegen" (*VfSlg* 5318/1966 sowie noch unten A IV 3 b, RN 59). Auf derselben Ebene liegt die Annahme des Verfassungsgerichtshofs, daß Normen, die ein Verhalten des Rechtsunterworfenen sanktionieren, die Schuld des Betroffenen nicht außer acht lassen dürfen, ein rechtlicher Tadel also individuelle Verantwortlichkeit voraussetzt (s. dazu noch unten A IV 3 a, RN 57 f.). Keine zureichende Beachtung hat der Schutzzweck des Gleichheitssatzes aber z. T. bei Ungleichbehandlungen aufgrund der sexuellen Ausrichtung gefunden, die dem einzelnen (wie das Geschlecht) unabänderlich vorgegeben ist und die seinen innersten Bereich seiner Person berührt, s. *VfSlg* 11.505/1987, 12.182/1989, 16.374/2001 u. 16.565/2002 sowie dazu *Pöschl* (FN 15), S. 473 ff.; s. nunmehr aber auch *VfSlg* 17.659/2005.
124 S. *VfSlg* 6919/1972, 9185/1981, 11.931/1988, 16.998/2003, 17.021/2003.
125 S. z. B. das Erkenntnis *VfSlg* 14.805/1997, in dem die Ausnahme der Österreichischen Bundesbahnen von der Kommunalsteuer als gleichheitswidrig verworfen wurde; umgekehrt müssen die Österreichischen Bundesbahnen aber auch in eine wirtschaftlichen Unternehmen gewährte Steuerbegünstigung einbezogen werden: *VfSlg* 17.377/2004; weitere Beispiele bei *Pöschl* (FN 15), S. 605 ff.

ten sein kann. Welche Wertungen einer einfachgesetzlichen Norm zugrunde liegen, ist dabei letztlich eine Auslegungsfrage, wie sie sich dem Rechtsanwender auch sonst in vielen Zusammenhängen stellt. Regelmäßig ergibt sich bereits aus den Zielen einer Vorschrift oder eines Regelungskomplexes[126], welche Eigenschaften der betroffenen Personen oder Sachverhalte wesentlich und welche unwesentlich sind.

b) Externe Ziele

Anders verläuft die Gleichheitsprüfung, wenn sich eine Ungleichbehandlung wesentlich gleicher Sachverhalte von vornherein nicht durch wesentliche Unterschiede zwischen den Vergleichsgruppen rechtfertigen läßt, sondern nur durch externe Zwecke, die mit den Eigenschaften der Vergleichsgruppen in keinem Zusammenhang stehen. Dies ist etwa der Fall, wenn ein knappes Gut wie Arbeits- oder Aufenthaltsplätze nach einem Kontingentsystem vergeben werden: Derjenige, der nach Erschöpfung des Kontingents nicht mehr zum Zug kommt, unterscheidet sich nicht von demjenigen, der gerade noch rechtzeitig gekommen ist; daß er dennoch ungleich behandelt wird, kann nur durch externe arbeitsmarkt- oder bevölkerungspolitische Ziele gerechtfertigt werden[127]. Welche Ziele der Gesetzgeber verfolgt, liegt grundsätzlich in seinem Gestaltungsspielraum; der Verfassungsgerichtshof begnügt sich in dieser Hinsicht mit einer Vertretbarkeitskontrolle[128]. Die zur Zielerreichung ergriffene Ungleichbehandlung darf allerdings nicht völlig untauglich oder überschießend sein; denn soweit sie ihr Ziel nicht erreicht oder darüber hinausschießt, fehlt es ihr an einer Rechtfertigung. Überdies muß sie verhältnismäßig sein, weil zwischen den Vergleichsgruppen ein wesentlicher Unterschied ja nicht besteht, so daß der Rechtsunterworfene prima facie ein durch den Gleichheitssatz geschütztes Interesse an einer Gleichbehandlung hat. Für diese Kategorie von Gleichheitsfällen paßt die Feststellung des Verfassungsgerichtshofs, Ungleichbehandlungen müßten auf einem vernünftigen Grund beruhen und dürften nicht unverhältnismäßig sein[129].

45 Vergabe nach Kontingentsystem

Vertretbarkeitskontrolle

c) Durchschnittsbetrachtung und Verwaltungsökonomie

Kein primäres, wohl aber ein zulässiges sekundäres Ziel verfolgt der Gesetzgeber, wenn er einfache und leicht handhabbare Regelungen schaffen will. Zur Erreichung dieses Zieles wird er typisieren und Vorschriften vermeiden, deren Anwendung mit intensiven Einzelfallprüfungen verbunden ist. Oft ist eine vergröberte Regelung aber auch aus legistischen Gründen unumgänglich, weil ein Gesetz generalisieren, also von den Umständen des Einzelfalles in gewissem Umfang abstrahieren muß. Hier wie dort wird der atypische Fall

46 Typisierung und Generalisierung

---

126 Bsp. zu ausgewählten Sachgebieten, etwa dem Sozialversicherungs- oder dem Sozialrecht unten A IV 3 d, RN 63, und dort unter 3 i, RN 77 f.
127 Siehe z. B. *VfSlg* 14.191/1995 (Quotenregelung im Fremdenrecht); *VfSlg* 14.503/1996 (Kontingentsystem für Ausländerbeschäftigung), dazu auch *Pöschl* (FN 33), S. 101 (128 f.).
128 S. schon oben A IV 1 c, RN 36.
129 S. zu dieser Formel schon oben bei FN 81 sowie 105.

wiederum nicht deshalb abweichend vom Differenzierungsschema der jeweiligen Norm behandelt, weil er anders ist, sondern weil dies aus externen – hier nämlich legistischen – Gründen notwendig oder aus verwaltungsökonomischen Gründen wünschenswert, also kostengünstig ist.

47
Inkaufnahme von Härtefällen

Wie wohl jedes andere Verfassungsgericht akzeptiert auch der Verfassungsgerichtshof, daß der Gesetzgeber bei seinen Regelungen von einer Durchschnittsbetrachtung ausgeht und einzelne Härtefälle in Kauf nimmt[130]. In gleicher Weise sieht es der Verfassungsgerichtshof als zulässig an, daß der Gesetzgeber Regelungen trifft, die einfach und leicht zu handhaben sind[131]. Die Befugnis des Gesetzgebers, auf die Praktikabilität einer Norm Bedacht zu nehmen, ist nach der Judikatur allerdings „nicht schrankenlos; sie findet ihre Grenze dort, wo anderen Überlegungen, die gegen die Regelung sprechen, größeres Gewicht beizumessen ist als den verwaltungsökonomischen Erwägungen"[132]. Die Faktoren, die bei einer derartigen Güterabwägung ins Gewicht fallen, sind erstens die legistischen Schwierigkeiten einer exakten Regelung bzw. die durch die Vergröberung erzielten Einsparungseffekte; zweitens die Zahl der betroffenen Härtefälle, die bloß ausnahmsweise auftreten dürfen, keinesfalls hingegen regelmäßig. In Anschlag zu bringen ist drittens das Gewicht der nachteiligen Rechtsfolgen für den einzelnen, die im Interesse der Vereinfachung in Kauf genommen worden sind[133].

d) Prüfungsmaßstab

48
Einzelfallprüfung

Strenger Prüfungsmaßstab

Einer bekannten Kritik zufolge vertritt der Verfassungsgerichtshof bei der Gleichheitsprüfung „– ohne seine Gründe ausreichend offenzulegen – einmal eine strenge, dann wieder eine ganz lockere Linie, um das von ihm gewünschte Ergebnis zu begründen"[134]. Dieser Feststellung scheint die Annahme zugrunde zu liegen, der Verfassungsgerichtshof habe bei der Gleichheitsprüfung einer generellen Norm stets denselben Maßstab anzulegen. Dem ist nicht zuzustimmen. Richtigerweise ist der Prüfungsmaßstab des allgemeinen Gleichheitssatzes differenziert: Dem personalen Schutzzweck des Gleichheitssatzes entsprechend muß die Gleichheitsprüfung umso strenger sein, je näher ein Differenzierungsmerkmal einem ausdrücklich verpönten Differenzierungsmerkmal kommt. Knüpft der Gesetzgeber daher an eine Eigenschaft an, die für den einzelnen nicht beeinflußbar, für seine Identität aber wesentlich prägend ist, so ist besonders streng zu prüfen, ob diese Eigenschaft bei vorurteilsfreier und unparteiischer Betrachtung tatsächlich rele-

---

130 *VfSlg* 3595/1959, 5318/1966, 8457/1978, 10.089/1984, 11.615/1988, 14.268/1995, 15.819/2000, 17.067/2003, 17.816/2006.
131 *VfSlg* 3682/1960, 5022/1965, 7136/1973, 7873/1976, 8827/1980, 10.089/1984, 11.775/1988, 16.754/2002, 17.414/2004, 17.931/2006.
132 *VfSlg* 9524/1982, 13.726/1994.
133 S. m.w.N. *Pöschl* (FN 15), S. 240 ff.
134 *Walter/Mayer*, Grundriß des österreichischen Bundesverfassungsrechts, ⁹2000, RN 1348; exemplarisch für die Kritik, der Verfassungsgerichtshof überschreite seine Kompetenz als Verfassungsgericht, er betreibe vielmehr Verfassungspolitik auch *Berchtold*, Der Gleichheitssatz in der Krise?, in: Manfred Nowak u.a. (Hg.), FS Ermacora, 1988, S. 327 (342 ff.).

vante Unterschiede markiert. Muß dies verneint werden, so ist zu veranschlagen, daß dem Interesse, aufgrund einer solchen Eigenschaft nicht benachteiligt zu werden, erhebliches Gewicht zukommt. Daher ist gründlich zu untersuchen, ob sich eine solche Ungleichbehandlung nicht vermeiden ließe, ob sie das Ziel also treffsicher erreicht, erforderlich und im engeren Sinne verhältnismäßig ist. Streng zu prüfen sind weiters Ungleichbehandlungen, die an ein Verhalten anknüpfen, das zu setzen dem einzelnen unmöglich oder unzumutbar ist[135]; weiters Differenzierungen nach Merkmalen, die aufgrund der Verfassung keinen wesentlichen Unterschied begründen[136]; umgekehrt die Gleichbehandlung von Personen oder Sachverhalten, zwischen denen nach den Wertungen der Verfassung ein wesentlicher Unterschied besteht[137]; dann aber auch Regelungen, die in ein aus dem allgemeinen Sachlichkeitsgebot resultierendes Prima-facie-Recht eingreifen[138]. Für alle diese Fälle paßt die Formel der Judikatur, daß Ungleichbehandlungen auf einem vernünftigen Grund beruhen müssen und nicht unverhältnismäßig sein dürfen, vorausgesetzt, man versteht den Begriff der „Ungleichbehandlung" nicht in einem formellen, sondern in einem technischen Sinn, nämlich als Eingriff in den Gleichheitssatz bzw. als Durchbrechung einer gleichheitsrechtlich prima facie gebotenen Behandlung.

Vermeidbarkeitsprüfung

Mildere Maßstäbe gelten hingegen für Differenzierungen nach Eigenschaften, die sich der Rechtsunterworfene mit zumutbaren Mitteln aneignen und die er wieder ablegen kann, ebenso für Ungleichbehandlungen nach einem Verhalten, das zu setzen oder zu unterlassen dem Rechtsunterworfenen möglich und zumutbar ist. Grundsätzlich nicht suspekt ist es ferner, wenn der Gesetzgeber an verfassungsrechtlich vorgegebene Kategorien und Gattungen anknüpft[139]. Bedenklich werden alle diese Differenzierungen erst, wenn sie nicht auf im jeweiligen Regelungskontext wesentlichen Unterschieden beruhen: Dann behandelt der Gesetzgeber wesentlich Gleiches ungleich, greift also in den Gleichheitssatz ein. Was wesentlich ist, ergibt sich dabei aus dem Ziel, das der Gesetzgeber mit einer Regelung verfolgt: Wesentlich ist, was zur Zielerreichung beiträgt oder sie behindert; unwesentlich ist, was das Ziel nicht berührt. Der Einzelne hat ein Recht darauf, dem sich daraus ergebenden Differenzierungsschema gemäß, das heißt mit Blick auf das Regelungsziel rational behandelt zu werden. Achtlosigkeit und grobe Fehleinschätzungen rechtfertigen

49
Milder Prüfungsmaßstab

---

[135] S. z.B. *VfSlg* 5318/1966, wonach es unsachlich zu sein scheint, wenn jemand für Umstände einstehen muß, die außerhalb seiner Einflußsphäre liegen. Schon aus rechtlichen Gründen unmöglich ist es nach österreichischem Recht etwa, eine Ehe mit einem homosexuellen Lebenspartner zu schließen – aus der Ehelosigkeit resultierende Nachteile wiegen daher für homosexuelle Personen besonders schwer; s. dazu auch noch A IV 3 f, RN 69.
[136] Zu denken ist etwa an Ortsansässige und Zugezogene, die wegen des Schutzzwecks der Freizügigkeit (Art. 4 StGG, Art. 2 4. ZP EMRK) prima facie als wesentlich gleich anzusehen sind.
[137] Dies trifft etwa auf Arbeitnehmer und Arbeitgeber im Hinblick auf die Vertretung ihrer Interessen zu (Art. 10 Abs. 1 Ziff. 11 B-VG, Art. 21 Abs. 2 B-VG), s. dazu *VfSlg* 8539/1979 sowie noch unten A IV 3 h, RN 76.
[138] Etwa in das Recht, durch die Rechtsordnung zuerkannte subjektive Rechte auch als Partei durchsetzen zu können: s. *VfSlg* 13.646/1993, 15.123/1998, sowie noch unten A IV 3 g, RN 73.
[139] Zu denken ist an die bereits erwähnte (FN 124) Unterscheidung zwischen anerkannten und nicht anerkannten Religionsgemeinschaften i.S.d. Art. 15 StGG, weitere Bsp. bei *Pöschl* (FN 15), S. 531 ff.

eine Abweichung von diesem Schema nicht, wohl aber legistische oder verwaltungsökonomische Erwägungen, wenn und soweit die Abweichung zur Erreichung dieser sekundären Ziele geeignet, erforderlich und im engeren Sinne verhältnismäßig ist. Bei dieser Prüfung sind milde Maßstäbe anzulegen. Denn die inkriminierte Norm greift hier ja nicht in ein Prima-facie-Recht ein, das dem einfachen Gesetzgeber durch den Gleichheitssatz unmittelbar vorgegeben ist; sie durchbricht nur ein Schema, das der einfache Gesetzgeber selbst aufgestellt hat.

e) Systemgerechtigkeit

50
Kein qualifizierter legislativer Begründungzwang

Anders als das (deutsche) Bundesverfassungsgericht in seiner älteren Judikatur hat es der Verfassungsgerichtshof stets abgelehnt, für die Durchbrechung eines einfachgesetzlich begründeten Regelungssystems eine besonders triftige Rechtfertigung zu verlangen. Ein derart erhöhter Begründungzwang würde den Gesetzgeber, wie der Verfassungsgerichtshof meint, „unerträglichen und seinen legislativen Aufgaben nicht entsprechenden Bindungen unterwerfen, die über die Forderung nach sachlicher Rechtfertigung weit hinausgingen"[140]. Dem Gesetzgeber sei es „durch das Gleichheitsgebot nicht verwehrt, innerhalb eines von ihm geschaffenen Ordnungssystems einzelne Tatbestände auf eine nicht systemgemäße Art zu regeln, wenn sachliche Gründe dies rechtfertigen. Die bloße Systemwidrigkeit einer Ausnahme widerspricht nicht dem Gleichheitsprinzip. Es kommt darauf an, ob die in der Ausnahmeregelung liegende Differenzierung sachlich begründbar ist"[141]. Mitunter hat sich der Verfassungsgerichtshof sogar damit begnügt, daß die von einem Ordnungssystem abweichende Regelung nur „in sich" sachlich begründet ist[142], was nicht überzeugt: Es trifft zwar zu, daß vom Gesetzgeber keine besondere Rechtfertigung verlangt werden kann, wenn er punktuell von einem System abweicht, das er selbst aufgestellt hat und das er folglich auch wieder beseitigen könnte. Daraus kann aber nicht geschlossen werden, daß eine Systemdurchbrechung überhaupt keiner Begründung bedarf, behandelt sie doch Sachverhalte oder Personengruppen ungleich, obwohl sie nach der Systementscheidung des Gesetzgebers wesentlich gleich sind. Daß der Verfassungsgerichtshof in seiner jüngeren Judikatur für die Systemdurchbrechung als solche wieder eine Begründung verlangt[143], ist daher zu begrüßen.

f) Ordnungssystem als Vergleichsgrenze?

51
„Ordnungssystemjudikatur"

Nach ständiger Rechtsprechung des Verfassungsgerichtshofs ist der Gesetzgeber durch den Gleichheitssatz nicht daran gehindert, verschiedene Sachverhalte in verschiedenen Ordnungssystemen zu regeln. Die Verpflichtung des Gesetzgebers, Gleiches gleich und Ungleiches ungleich zu behandeln, beziehe sich „in vollem Umfang auf die Relation der Normen zu den von ihnen erfaß-

---

140 *VfSlg* 4379/1963, s. auch *VfSlg* 4753/1964, 5481/1967, 5862/1968.
141 *VfSlg* 6030/1969, s. auch *VfSlg* 8233/1978, 8605/1979, 10.043/1984, 11.368/1987, 16.754/2002.
142 Z.B. *VfSlg* 7423/1974, 17.207/2004.
143 Z.B. *VfSlg* 11.368/1987, 15.040/1997; 18.100/2007.

ten tatsächlichen Gegebenheiten innerhalb ein und desselben Rechtsinstitutes. Bei der Regelung verschiedener Rechtsinstitute [...] ist aber jedes Rechtsinstitut *für sich* am Gleichheitssatz zu messen"[144]. Verschiedene Rechtsinstitute und Ordnungssysteme müßten sich daher grundsätzlich nicht miteinander vergleichen lassen; einen Vergleich zieht der Gerichtshof nur dann, wenn ihm dies durch besondere Gründe gerechtfertigt erscheint[145]. Diese sogenannte Ordnungssystemjudikatur ist vor allem im Sozialversicherungsrecht[146] und im Verfahrensrecht[147] etabliert. Sie verbietet aber nicht nur einen Vergleich verschiedener Versicherungs- und Verfahrenssysteme, sondern z.B. auch einen Vergleich zwischen dem Beamtendienstrecht und dem Arbeitsrecht[148] oder zwischen den Rechtsvorschriften für verschiedene Berufsgruppen[149].

Zu folgen ist dieser Ordnungssystemjudikatur, soweit sie herausstellt, daß der Gesetzgeber in verschiedenen Rechtsbereichen unterschiedliche Regelungen schaffen darf. Es trifft auch zu, daß die Bedeutung einer Vorschrift, die Teil eines komplexeren Regelungssystems ist, nicht ohne Bedachtnahme auf dieses System ermittelt werden kann. Ein isolierter Vergleich bloß dieser Vorschrift mit einer gleichartigen Norm eines anderen Regelungssystems ist daher tatsächlich nicht ohne weiteres möglich. In vielen Fällen wird eine Ungleichbehandlung, die durch einen solchen Vergleich aufgedeckt wird, auch gerade aus jenen Gründen gerechtfertigt sein, die den Gesetzgeber ganz allgemein dazu veranlaßt haben, zwei verschiedene Ordnungssysteme zu schaffen[150]. Daß ein solcher Vergleich von vornherein unzulässig ist, überzeugt allerdings nicht[151]. Konsequent zu Ende gedacht hätte es der Gesetzgeber dann nämlich in der Hand, sich der Bindung an den Gleichheitssatz durch

52
Systembildung und Gleichheitsbindung

Keine Parzellierung der Rechtsordnung

---

144 *VfSlg* 5727/1968, 8938/1980 (Hervorhebungen nicht im Original); s. auch *VfSlg* 7331/1974, 9319/1982.
145 Z.B. *VfSlg* 10.367/1985, 11.865/1988, zu diesen Entscheidungen noch unten A IV 3 g, RN 70 ff.
146 *VfSlg* 3721/1960, 15.859/2000: Differenzierungen müssen nur innerhalb einer einheitlichen Risikogemeinschaft sachlich gerechtfertigt sein; *VfSlg* 4331/1962, 11.870/1988, 13.829/1994: Unvergleichbarkeit von Versicherungs- und Versorgungssystemen; *VfSlg* 10.030/1984: grundlegende Verschiedenheit der sachlichen Voraussetzungen bei selbständigen und unselbständigen Tätigkeiten und den verschiedenen Berufszweigen.
147 *VfSlg* 9314/1982: Daß in anderen Rechtsvorschriften längere Fristen enthalten sind, macht die Frist in § 23 Abs. 3 burgenländisches NaturschutzG nicht unsachlich; *VfSlg* 10.770/1986: Gleichheitskonformität des § 71 Abs. 1 lit. a AVG a.F., der die Wiedereinsetzung in den vorigen Stand anders als andere Verfahrensordnungen nur zuließ, wenn die Partei kein Verschulden trifft; *VfSlg* 13.420/1993: Der Normsetzer ist frei, sich in einzelnen Verfahrensbereichen für eigenständige Ordnungssysteme zu entscheiden, die den Erfordernissen und Besonderheiten unterschiedlicher Verfahrensarten Rechnung tragen; s. auch *VfSlg* 10.084/1984, 12.863/1991, 15.190/1998.
148 *VfSlg* 14.867/1997.
149 *VfGH*, Erk. v. 21.6.2007, B 978/06, wonach die Berufsgruppen der Wirtschaftstreuhänder und der Rechtsanwälte unterschiedliche „Systeme" seien, deren unterschiedliche Behandlung im rechtspolitischen Gestaltungsspielraum des Gesetzgebers liege; daß Fremde zur ersten Gruppe ohne weiteres zugelassen werden, zur zweiten hingegen nur unter besonderen Voraussetzungen, sei daher nicht zu beanstanden.
150 S. schon *Wendt*, Der Gleichheitssatz, NVwZ 1988, S. 778 (782); *Kischel*, Systembindung des Gesetzgebers und Gleichheitssatz, AöR 124 (1999), S. 174 (181); s. auch *VfSlg* 9753/1983.
151 Kritisch auch *Korinek* (FN 34), S. 49f., mit dem Argument, daß diese Judikatur den Weg der vergleichenden Gleichheitsprüfung verlasse; ferner *Michael Potacs*, Devisenbewirtschaftung, 1991, S. 380, nach dem die Judikatur den Eindruck vermittle, gewisse Differenzierungen der Rechtsordnung seien auch ohne sachliche Rechtfertigung zulässig.

eine „Parzellierung" der Rechtsordnung teilweise zu entziehen, seinen Gestaltungsspielraum also durch die Schaffung von Ordnungssystemen und Subsystemen erheblich auszuweiten. Letztlich wäre damit die Reichweite des allgemeinen Gleichheitssatzes von legistischen Zufällen oder gar von Kunstgriffen des Gesetzgebers abhängig, der durch den Gleichheitssatz gerade diszipliniert werden soll. Gegen die Annahme, verschiedene Ordnungssysteme oder Rechtsinstitute seien miteinander nicht vergleichbar, spricht schließlich auch, daß kein Kriterium ersichtlich ist, nach dem sich objektiv bestimmen ließe, wann überhaupt ein „Ordnungssystem" oder ein „Rechtsinstitut" vorliegt[152].

g) Zeitliche Grenzen der Gleichheit

53
Nachträgliche Gleichheitswidrigkeit

Normen müssen nicht nur im Zeitpunkt ihrer Erlassung, sondern jederzeit dem Gleichheitssatz entsprechen[153]. Ändern sich daher jene Umstände, die die Sachlichkeit einer Unterscheidung oder einer Regelung ganz allgemein begründen, so kann diese Vorschrift nachträglich gleichheitswidrig werden. Eine solche Invalidation ist auch durch die Neugestaltung eines anderen Rechtsgebietes möglich; so können etwa Änderungen im Familienrecht einen Anpassungsbedarf im Pensionsrecht auslösen[154].

54
Ungleichbehandlungszwänge bei Rechtsänderungen

Gesetzgeberischer Gestaltungsspielraum

Davon abgesehen führt jede Änderung der Rechtslage schon an sich zu einer Ungleichbehandlung von Sachverhalten, die sich vor der Rechtsänderung ereignet haben, und Sachverhalten, die erst nach dem Inkrafttreten der Neuregelung verwirklicht werden. Diese Ungleichbehandlung geht mit der Normsetzung notwendig einher; soll nicht unterstellt werden, daß die Verfassung den Gesetzgeber einerseits zur Normsetzung ermächtigt, ihm aber andererseits zu mißtrauen beginnt, sobald er von dieser Ermächtigung Gebrauch macht, so kann die in einer Rechtsänderung liegende Ungleichbehandlung für sich genommen gleichheitsrechtlich weder verboten noch suspekt sein. Ob der Gesetzgeber die Rechtslage ändert und wie er den Übergang gestaltet, ob er etwa anhängige Verfahren nach der alten oder bereits nach der neuen Rechtslage fortgeführt wissen will, liegt daher grundsätzlich in seinem Gestaltungsspielraum; ebenso die Wahl von Stichtagen und die Bestimmung des Zeitpunkts des Inkrafttretens der neuen Norm[155]. Auch die Setzung von Fristen führt zwangsläufig zu Ungleichbehandlungen[156] und kann deshalb allein noch nicht gleichheitswidrig sein. Bedenken sind freilich dann angezeigt, wenn die zeitliche Gestaltung so erfolgt, daß der Eintritt der Rechtsfolgen von Zufälligkeiten oder rein manipulativen Umständen abhängt[157].

---

152 Näher *Pöschl* (FN 15), S. 284 ff.
153 *VfSlg* 11.048/1986, 12.735/1991, 13.777/1994, 16.374/2001.
154 *VfSlg* 8871/1980.
155 *VfSlg* 9645/1983: Unbilligkeiten sind mit der Setzung jedes Stichzeitpunktes verbunden, die Schaffung von Übergangsbestimmungen würde neue Stichzeitpunkte erfordern und damit wieder andere Grenzfälle möglich machen, s. auch *VfSlg* 17.238/2004.
156 S. *VfSlg* 5484/1967.
157 *VfSlg* 7708/1975, 7813/1976, 10.620/1985. 13.822/1994, 16.490/2002; näher *Pöschl* (FN 15), S. 774 ff.

h) Räumliche Grenzen der Gleichheit

Der allgemeine Gleichheitssatz verpflichtet sowohl den Bundes- als auch den Landesgesetzgeber; er bindet aber jeden Gesetzgeber nur innerhalb seines Kompetenzbereichs. Daß verschiedene Gesetzgeber ein und denselben Sachverhalt jeweils unterschiedlich regeln, ist daher gleichheitsrechtlich nicht zu beanstanden. Dies folgt bereits aus dem bundesstaatlichen Aufbau der Republik, der länderweise verschiedene Regelungen gerade ermöglichen soll – ein Anliegen, das durch den Gleichheitssatz nicht durchkreuzt werden kann. Ein Vergleich der in die Kompetenz der Länder fallenden Regelungen unter dem Gesichtspunkt des Gleichheitssatzes ist daher ausgeschlossen[158].

55 Maßgeblichkeit des Kompetenzbereichs

Innerhalb seines territorialen Wirkungsbereiches darf der Gesetzgeber zwar, wenn dies sachlich begründbar ist, auch für verschiedene Regionen unterschiedliche Regelungen treffen. Eine absolute Grenze für derart räumliche Differenzierungen zieht allerdings Art. 4 B-VG, der das Bundesgebiet zu einem einheitlichen Währungs-, Wirtschafts- und Zollgebiet erklärt (Absatz 1) und Zwischenzollinien oder sonstige Verkehrsbeschränkungen innerhalb des Bundesgebietes verbietet (Absatz 2). Mit gleicher Zielsetzung untersagt § 8 Abs. 4 des Finanz-Verfassungsgesetzes (F-VG) Landesabgaben, die die Einheit des Währungs-, Wirtschafts- und Zollgebietes verletzen oder die in ihrer Wirkung Zwischenzöllen oder sonstigen Verkehrsbeschränkungen gleichkommen. Beide Verfassungsvorschriften sollen verhindern, daß bestimmte Regionen des Bundesgebietes sich abkapseln oder abgekapselt werden, insbesondere dadurch, daß der Personen- und Warenverkehr in diese Gebiete erschwert oder gar unterbunden wird[159]. Unbedenklich wären daher im Lichte dieser Bestimmungen und auch aus gleichheitsrechtlicher Sicht Maßnahmen, die benachteiligte Regionen fördern, die also einer – etwa geographisch oder bevölkerungspolitisch bedingten – Ausgrenzung gerade gegensteuern, um die jeweilige Region auf das allgemeine Niveau (zurück)zuführen. Nicht suspekt sind auch räumliche Differenzierungen, die sich auf die Einheit des Wirtschaftsgebiets von vornherein nicht auswirken. Daß die Verfassung die Regelung einer bestimmten Materie dem Bundesgesetzgeber überläßt, weist zwar darauf hin, daß sie eine länderweise Differenzierung in dieser Materie nicht wünscht, verbietet dem Gesetzgeber deshalb aber nicht jede regionale Differenzierung; erforderlich ist hier wie auch sonst nur, daß diese Differenzierung sachlich begründet ist. Dementsprechend ist der Bundesgesetzgeber etwa nicht zur bundeseinheitlichen Regelung des Krankenkassenwesens verpflichtet[160].

56 Einheitliches Währungs-, Wirtschafts- und Zollgebiet

Unbedenklichkeit der Regionalförderung

---

158 VfSlg 6755/1972, 8247/1978, 9804/1983, 11.641/1988, 14.846/1997, 16.843/2003.
159 *Schwarzer*, in: Korinek/Holoubek, Bundesverfassungsrecht (LitVerz.), Bd. II/1, Art. 4 B-VG, RN 6, 18; *Ruppe*, ebenda, Bd. IV, § 8 F-VG, RN 23 ff.
160 VfSlg 3897/1961: Eine Differenzierung im Meisterkrankenkassenwesen zwischen Osttirol und Kärnten einerseits und den übrigen Verwaltungsbezirken des Bundeslandes Tirol andererseits ist unbedenklich, weil noch immer gewisse geographische und wirtschaftliche Zusammenhänge zwischen dem Verwaltungsbezirk Lienz und dem Bundesland Kärnten bestehen; s. ebenso VfSlg 6004/1969, 6332/1970; s. auch VfSlg 17.981/2006, zu einer – zulässigen – wasserrechtlichen Sonderregelung, die der Bundesgesetzgeber für das Land Salzburg getroffen hat.

3. Besondere Anwendungsfälle

a) Strafen und andere Sanktionen

57
Keine strafrechtliche Erfolgshaftung

Das Strafrecht ist einerseits eine besonders eingriffsintensive Rechtsmaterie, andererseits realisiert es gewichtige Interessen der Allgemeinheit und des einzelnen. Zum Schutz bestimmter Grundrechtsgüter ist die Androhung und Verhängung von Strafen sogar geboten. Von diesen Schutzpflichten abgesehen liegt es weitgehend im Gestaltungsspielraum des Gesetzgebers, welche Verhaltensweisen er als sozialschädlich einstuft und daher unter Strafe stellt; das allgemeine Sachlichkeitsgebot verlangt hier allerdings, daß niemand für etwas einstehen muß, was außerhalb seiner Einflußsphäre liegt[161], daß er insbesondere nicht für ein Verhalten getadelt wird, an dem ihn kein *Verschulden* trifft. Für die illegale Ausländerbeschäftigung, die ein Subunternehmer begeht, darf daher etwa der Generalunternehmer nur dann bestraft werden, wenn er vorwerfbar eine zumutbare Verhaltenspflicht verletzt hat, welche die Gesetzesübertretung des Subunternehmers zumindest erleichtert oder auf sonstige Weise begünstigt hat[162].

58
Verbot übermäßiger Sanktionen

Davon abgesehen beschränkt das allgemeine Sachlichkeitsgebot den Gesetzgeber nach der Judikatur auch bei der Festsetzung der Strafhöhe und anderer Sanktionen: Eine Strafe muß demnach in einem *angemessenen Verhältnis* zum Grad des Verschuldens und zum Unwertgehalt der Tat stehen[163]. Andere Sanktionen dürfen nicht in einem exzessiven Mißverhältnis zur Art des Gesetzesverstoßes stehen[164]. Daß eine Sanktion diese Voraussetzung nicht erfüllt, stellt der Verfassungsgerichtshof manchmal durch einen Vergleich mit anderen Sanktionen fest[165]. Regelmäßig verwirft er eine Sanktion aber erst, wenn sie „exzessiv" ist. Dieser in der Judikatur sonst kaum mehr gebräuchliche Ausdruck erinnert an die ältere, betont zurückhaltende „Exzeßjudikatur"[166]; er weist wohl darauf hin, daß der Verfassungsgerichtshof dem Gesetzgeber hier nur dann entgegentreten will, wenn dieser seinen Gestaltungsspielraum eindeutig überschritten hat.

---

161 S. schon *VfSlg* 5318/1966.
162 *VfSlg* 16.662/2002; s. auch *VfSlg* 15.200/1998, 15.216/1998, sowie *H. Mayer*, Verfassungsrechtliche Grenzen verwaltungsstrafrechtlicher Haftung, in: ecolex 1996, S. 803; *Bernegger*, in: Machacek/Pahr/Stadler (LitVerz.), Bd. III, S. 709 (735 ff.); *Pöschl* (FN 15), S. 508 ff.
163 *VfSlg* 10.597/1985, 10.904/1986, 11.587/1987, s. auch *VfSlg* 12.240/1989, 12.763/1991. Ein extremes Mißverhältnis zwischen Gewicht der strafbaren Handlung und Sanktion konstatierte der Verfassungsgerichtshof etwa, als die Obergrenze einer Geldstrafe für eine auch bloß fahrlässig begangene Abgabenverkürzung mit dem Dreißigfachen des Verkürzungsbetrages festgelegt wurde (*VfSlg* 12.151/1989), als eine Abgabenhinterziehung mit einer Geldstrafe bis zum Fünfzigfachen des Verkürzungsbetrages bedroht (*VfSlg* 12.282/1990) und als eine Strafe bereits bei bloßem Zahlungsverzug des Abgabepflichtigen festgesetzt wurde (*VfSlg* 17.077/2003); als gleichheitswidrig qualifiziert wurden in bestimmten Fällen auch Mindeststrafen (z. B. *VfSlg* 15.785/2000, 17.828/2006) → Bd. III: *Merten*, Verhältnismäßigkeitsgrundsatz, § 68.
164 S. m.w.N. *VfSlg* 17.77/2003.
165 Z.B. *VfSlg* 10.517/1985, 10.812/1986, 12.151/1989, 16.564/2002.
166 Zu dieser m.w.N. *Pöschl* (FN 33), S. 101 (105 ff.).

b) Haftung für fremde Schulden

59
Sachlicher Zusammenhang zwischen Schuldner und Haftendem

Ausgehend von der Annahme, es sei unsachlich, „wenn jemand verhalten wird, für etwas einzustehen, womit ihn nichts verbindet, [...] also auch für Umstände, die außerhalb seiner Interessen- und Einflußsphäre liegen"[167], sind auch Vorschriften, die jemanden für die Schulden eines anderen haften lassen, gleichheitsrechtlich suspekt. Der Verfassungsgerichtshof billigt eine solche Haftung nur, wenn zwischen dem Primärschuldner und dem Haftenden eine qualifizierte Beziehung rechtlicher oder wirtschaftlicher Art besteht[168]: Aus ihr ergibt sich dann in aller Regel entweder ein hinreichendes Interesse des Haftenden an dem schuldbegründenden Sachverhalt oder eine Einflußmöglichkeit, oft sogar beides. So kann der Haftende die Möglichkeit haben, durch eine entsprechende Vertragsgestaltung auf den die Abgabenschuld auslösenden Sachverhalt Einfluß zu nehmen; hat sich dieser Sachverhalt bereits vor der Begründung der Rechtsbeziehung ereignet, kann auch genügen, daß der Haftende die Abgabenschuld kennt oder kennen muß und sie sodann bei der Begründung der Rechtsbeziehung wirtschaftlich in Anschlag bringen kann. Ein die Haftung rechtfertigendes Interesse muß nach der Judikatur eine gewisse Intensität erreichen, es darf nicht zu weitläufig und allgemein, sondern muß spezifisch sein[169]. Als ausreichend eng für eine Haftung sah der Verfassungsgerichtshof etwa das Verhältnis zwischen dem Vertreter einer juristischen Person und dieser selbst an[170]; gleichheitskonform war auch die Haftung des Grundeigentümers für alle auf seinem Grundstück anfallenden Abwassergebühren[171], des Verpächters für Abgabenschulden seines Pächters[172], nicht hingegen die Haftung des Pächters für die Getränkeabgabenrückstände des früheren Pächters und des Verpächters[173]. Gleichheitskonform war wiederum die Haftung des Wasserabnehmers für alle Wassergebührenrückstände seines Vorgängers, die seit Beginn des letzten vor dem Wechsel liegenden Kalenderjahres aufgelaufen sind[174], nicht aber die zeitlich unbeschränkte Haftung des Hauseigentümers für die das Haus betreffenden rückständigen Wassergebühren[175]. Als gleichheitswidrig sah es der Verfassungsgerichtshof auch an, daß den Wohnungseigentümern bereits errichteter Wohnungen eine Ausgleichsabgabe vorgeschrieben wurde, welche die (im Konkurs befindliche) Mehrheitseigentümerin für neu zu errichtende Wohnungen geschuldet hatte[176]. Nicht gebilligt hat er ferner die Haftung des Herausgebers eines Druckwerkes für die Anzeigenabgaben seines Verlegers[177]

---

[167] VfSlg 5318/1966.
[168] Z.B. VfSlg 11.942/1988, 15.773/2000.
[169] Zur Judikatur z.B. *Bernegger*, in: Machacek/Pahr/Stadler (LitVerz.), Bd. III, S. 709 (741); *Mayr*, Haftung für Abgabenverbindlichkeiten Dritter, ÖZW 2001, S. 102; *Pöschl* (FN 15), S. 521 ff.
[170] VfSlg 12.008/1988.
[171] VfSlg 11.942/1988.
[172] VfSlg 2896/1955; s. auch VfSlg 11.771/1988, 11.921/1988.
[173] VfSlg 11.771/1988.
[174] VfSlg 6903/1972, 11.929/1988.
[175] VfSlg 11.478/1987.
[176] VfSlg 15.784/2000.
[177] VfSlg 13.583/1993.

§ 192   *Dreizehnter Teil: II. Einzelgrundrechte*

und die Haftung eines Kreditinstitutes neben dem primär Steuerpflichtigen für die bei Depotgeschäften anfallende Spekulationsertragssteuer[178].

c) Steuerrecht

60
Sachgerechte Auswahl des Besteuerungsobjekts

Die Einhebung von Abgaben greift zwar nach der in Österreich herrschenden Ansicht in das Grundrecht auf Eigentum ein[179]. Da der Fiskalzweck letztlich unersättlich ist und die einzelnen Steuereinnahmen durch das Gesamtdeckungsprinzip von bestimmten Ausgaben entkoppelt sind[180], verletzt die Vorschreibung von Steuern das Grundrecht auf Eigentum aber nur ausnahmsweise[181]. Als wichtigste Schranke für die Steuergesetzgebung wirkt daher der Gleichheitssatz[182]: Er verlangt bereits für die Auswahl des Besteuerungsobjekts eine sachliche Rechtfertigung, die umso schwerer zu erbringen ist, je eher die Abgabe an persönliche Merkmale anknüpft, und umso einfacher, je leichter der Rechtsunterworfene der Abgabe ausweichen kann und je loser der Zusammenhang zwischen dem besteuerten Verhalten und der Inanspruchnahme eines Freiheitsrechts ist. Besonders weit ist der Gestaltungsspielraum demnach bei Objektsteuern[183], weil diese zwar das Vermögen, nicht aber die „Person" des Steuerpflichtigen treffen[184]. Weitgehend im Gestaltungsspielraum liegt schließlich auch, welche Lenkungszwecke der Gesetzgeber mit einer Abgabe verfolgt[185].

---

178 *VfSlg* 15.773/2000.
179 Die Eingriffsqualität von Abgabengesetzen ist in Österreich heute weitgehend unbestritten: s. m.w.N. *Karl Korinek*, Art. 5 StGG, in: ders./Holoubek (Hg.), Österreichisches Bundesverfassungsrecht, Bd. III, 5. Lfg., 2002 , RN 18, 40.
180 S. *Heun*, in: H. Dreier (LitVerz.), Art. 3 RN 74.
181 S. etwa *Berka*, Die Grundrechte (LitVerz.), RN 741, nach dem eine Verfassungswidrigkeit unter dem Aspekt des Art. 5 StGG allenfalls angenommen werden kann, wenn eine Steuer einen „konfiskatorischen Effekt" hat, d. h. wenn sie den Abgabepflichtigen exzessiv belastet und dadurch seine Vermögensverhältnisse grundlegend beeinträchtigt; zustimmend *Korinek* (FN 179), RN 41, der konstatiert, daß die Verhältnismäßigkeit des Eingriffes im Steuerrecht bislang keine Rolle gespielt hat; s. auch *VfSlg* 7770/1976, 7996/1977, 9750/1983 sowie *VfSlg* 9583/1982: Eine Pflicht, der Kaufkraftminderung der Währung durch die Statuierung von Steuerausnahmen Rechnung zu tragen, könnte den einfachen Gesetzgeber nur treffen, wenn die bestehenden Vorschriften sonst zu einem exzessiven steuerlichen Ergebnis führten, wenn also z. B. durch ihre Anwendung das – hier in Betracht zu ziehende – Grundrecht auf Unverletzlichkeit des Eigentums in seinem Wesensgehalt [geschmälert] würde". Neben der konfiskatorischen Steuer kommen für eine Eigentumsverletzung auch Abgaben in Betracht, die den Rechtsunterworfenen zu einem bestimmten Gebrauch eines Eigentumsgegenstandes drängen, s. dazu m.w.N. *v. Arnim*, Besteuerung und Eigentum, in: VVDStRL 39 (1981), S. 286 (331 FN 181).
182 S. dazu z. B. *Gassner* (FN 34), S. 6 ff.; *Morscher*, Das Abgabenrecht als Lenkungsinstrument der Gesellschaft und Wirtschaft und seine Schranken in den Grundrechten, 8. ÖJT I/1B (1983), S. 83 ff.; *Tipke*, in: FS Stoll (FN 120); *Korinek/Holoubek* (FN 78); *Ruppe* (FN 106); *Bernegger*, in: Machacek/Pahr/Stadler (LitVerz.), Bd. III, S. 709 (712, 747), sowie *Berka*, in: Rill/Schäffer, Bundesverfassungsrecht (LitVerz.), Art. 7 B-VG, RN 64 ff.
183 Eine Hundesteuer ist daher nicht schon deshalb gleichheitswidrig, weil der Gesetzgeber das Halten von Pferden nicht besteuert; sie ist überdies gerechtfertigt durch die Aufwendungen, die der Allgemeinheit durch die Hundehaltung im städtischen Bereich entstehen.
184 Ähnlich *Ruppe* (FN 106), S. 128; *ders.*, Verfassungsrechtliche Vorgaben für Umweltabgaben, in: Erwin Bernat u. a. (Hg.), FS Krejci, Bd. 2, 2001, S. 2079 (2087 f.), der bei Personensteuern und sonstigen direkten Steuern eine größere Sensibilität in gleichheitsrechtlicher Sicht für angezeigt hält als bei Objektsteuern, und hier vor allem bei den indirekten Steuern auf die Einkommensverwendung; dies weil bei letzteren ein zumutbares Ausweichverhalten möglich und die persönliche Betroffenheit deutlich herabgesetzt ist.
185 S. schon oben A IV 1 c, RN 36.

Davon abgesehen muß die Gleichheitsprüfung sowohl aus historischen als auch aus systematischen Gründen von der Lasten- und Pflichtengleichheit der Rechtsunterworfenen als leitendem Gedanken ausgehen[186]: Prinzipiell soll jeder, der leistungsfähig ist, zur Finanzierung des Staatshaushaltes beitragen[187], jedem Rechtsunterworfenen ist aber auch die Unverletzlichkeit des Eigentums garantiert. Das macht die Auferlegung von Sonderopfern unzulässig[188], schließt rein personenbezogene Privilegierungen prima facie aus[189], steht einer Doppelbesteuerung entgegen[190] und läßt Steuerbegünstigungen für bestimmte Personengruppen oder Sachverhalte nur zu, wenn sie zur Erreichung eines legitimen Zieles geeignet, erforderlich und im engeren Sinne verhältnismäßig sind[191].

61
Lasten- und Pflichtengleichheit

Daß alle Rechtsunterworfenen schematisch gleich behandelt werden müssen, folgt daraus allerdings nicht, im Gegenteil: Ertragsteuern müssen grundsätzlich differenziert nach der individuellen Leistungsfähigkeit des Rechtsunterworfenen erhoben werden[192]. Welches Surrogatmerkmal der Gesetzgeber wählt, um diese Leistungsfähigkeit normativ zu erfassen, ist durch den Gleichheitssatz nicht zwingend vorgegeben[193]. Die Anknüpfung an das Einkommen als Indikator für die Leistungsfähigkeit ist aber gewiß nicht zu beanstanden[194]. Auch die Ungleichbehandlung wesentlich verschiedener Einkommensarten, etwa von Einkünften aus selbständiger und solcher aus unselbständiger

62
Individuelle Leistungsfähigkeit

---

186 Daß die Lasten- und Pflichtengleichheit von jeher ein zentrales Anliegen des Gleichheitssatzes war, ergibt sich schon aus der Entstehungsgeschichte dieses Grundrechts; s. auch *Tipke*, in: FS Stoll (FN 120), S. 229.
187 S. auch *Tipke* aaO.
188 S. schon *VfSlg* 6884/1972, 7234/1973, 7759/1976, 10.001/1984, 13.006/1992, 16.455/2002; zur „Sonderopfertheorie" s. allgemein auch *Korinek* (FN 179), RN 44 ff.
189 Gleichheitswidrig war dementsprechend z.B. die Befreiung der Österreichischen Bundesbahnen von der Kommunalsteuer: *VfSlg* 14.805/1997.
190 Die Zinsertragsteuer, die zusätzlich zur Einkommensteuer auf Kapitalerträge erhoben wurde, qualifizierte der Verfassungsgerichtshof daher in *VfSlg* 10.827/1986 als sachlich nicht gerechtfertigte Doppelbelastung; gleichartige Bedenken äußert *Ruppe* (FN 106), S. 125, gegen die früher existierende Aufsichtsratsabgabe, die die Einkünfte von Aufsichtsräten im Ergebnis einer höheren Einkommensteuer unterwirft als die anderer Berufsgruppen.
191 Die steuerliche Begünstigung der Ehe gegenüber sonstigen Haushaltsgemeinschaften sah der Verfassungsgerichtshof etwa als zulässig an: *VfSlg* 4689/1964, 10.064/1984; nicht hingegen die Begünstigung von Gewerbetreibenden gegenüber freiberuflich Tätigen: *VfSlg* 18.030/2006.
192 Dies ist wohl auch der Standpunkt der jüngeren Judikatur: Siehe *VfSlg* 14.071/1995, 14.723/1997, sowie m.w.N. *Ruppe* (FN 106), S. 136 f.; *Reinhold Beiser*, Steuern, ⁵2007, S. 19; kritisch *Werndl*, Wie leistungsfähig ist das Leistungsfähigkeitsprinzip?, in: Metin Akyürek u.a. (Hg.), FS Schäffer, 2006, S. 945 (954 ff.). S. auch *Gassner/Lang*, Das Leistungsfähigkeitsprinzip im Einkommen- und Körperschaftssteuerrecht, 14. ÖJT 2000, Bd. III/1 (2000), S. 38 ff., die zutreffend darauf hinweisen, daß das Leistungsfähigkeitsprinzip im Einkommensteuerrecht nicht lupenrein verwirklicht ist. Sieht man dieses Prinzip als bloß einfachgesetzlich begründet an, dann kann für Abweichungen von ihm keine besondere Rechtfertigung verlangt werden (s. oben A IV 2 e, RN 50).
193 Zu den vielfältigen Möglichkeiten, die Leistungsfähigkeit zu messen, s. m.w.N. *Sturn*, Schwierige Gleichheit: Prozedurale Gleichheit, materiale Gerechtigkeit und Leistungsfähigkeitsprinzip, WiPolBl. 1992, S. 626 (629 ff.).
194 S. jeweils m.w.N. *Ruppe*, Einführung zum EStG, in: Carl Herrmann/Gerhard Heuer/Arndt Raupach, Einkommensteuer- und Körperschaftsteuergesetz. Kommentar, 2001/2004, Anm. 1, und *Beiser* (FN 192), S. 19, der zutreffend darauf hinweist, daß eine Besteuerung des abstrakt disponiblen Nutzenpotentials praktisch nicht möglich wäre.

Unterhaltslasten Arbeit ist gleichheitsrechtlich unbedenklich[195]. Ob Unterhaltslasten die Leistungsfähigkeit mindern und daher von der Bemessungsgrundlage abzuziehen sind, ist auch in Österreich lebhaft umstritten[196]. Der Verfassungsgerichtshof geht hier einen Mittelweg und meint, die Erfüllung der Unterhaltslast für Kinder müsse, da sie auch im Interesse der Allgemeinheit liege, zumindest zur Hälfte steuerfrei bleiben, sei dies im Ergebnis auch nur durch ausgleichende Transferleistungen für Familien[197]. Unterhaltslasten für geschiedene Ehegatten wertet der Gerichtshof hingegen als eine Sache der privaten Lebensgestaltung, die steuerlich nicht berücksichtigt werden muß[198]. Da die Besteuerung

Verwaltungsökonomische Erwägungen nach der Leistungsfähigkeit durch den Gleichheitssatz prinzipiell geboten ist, bedarf jede Abweichung hievon einer sachlichen Rechtfertigung, die nicht nur durch legitime Lenkungszwecke, sondern – da im Abgabenrecht Massenverfahren abzuwickeln sind[199] – auch durch verwaltungsökonomische Erwägungen geliefert werden kann; das Interesse, nur nach seiner Leistungsfähigkeit besteuert zu werden, ist dabei allerdings hoch zu veranschlagen. Das Ziel, ertragsschwache Kapitalgesellschaften zurückzudrängen oder Mißbräuche zu verhindern, rechtfertige etwa nicht, daß durch die pauschale Einführung einer Mindestkörperschaftsteuer Kapitalgesellschaften mit geringeren Erträgen relativ höher und solche mit höheren Erträgen relativ geringer besteuert wurden[200].

d) Sozialversicherungsrecht

63

Weiter legislativer Gestaltungsspielraum Weniger eng als im Steuerrecht sind die Bindungen des Gleichheitssatzes im Sozialversicherungsrecht. Dem Gesetzgeber kommt in diesem Bereich nach der Judikatur grundsätzlich ein weiter Gestaltungsspielraum zu[201]. Er ist nicht verpflichtet, eine Sozialversicherung überhaupt einzurichten[202]. Wenn er dies

Vorrang des Versorgungsprinzips vor dem Versicherungsprinzip aber tut, ist er an deren Systemgrundsätze gebunden. Wie der Verfassungsgerichtshof in ständiger Rechtsprechung betont, ist die Sozialversicherung von dem Grundgedanken getragen, daß die Angehörigen eines Berufsstandes eine Risikogemeinschaft bilden; der Versorgungsgedanke steht dabei im Vordergrund und drängt den Versicherungsgedanken in der Ausprägung der Vertragsversicherung zurück[203]. Zwischen Beiträgen und Leistungen muß daher kein unmittelbarer Zusammenhang oder gar Äquivalenz bestehen[204].

---

195 *VfSlg* 8487/1979, 10.155/1984, 10.424/1985, 11.316/1987.
196 Siehe m.w.N. *Günther Hanslik*, Grundrechtliche Anforderungen an eine Familienbesteuerung, 1999; *Somek* (FN 30), S. 219 ff; *Pöschl* (FN 15), S. 617 f.
197 *VfSlg* 12.940/1991, 14.992/1997, 15.023/1997, 16.026/2000.
198 *VfSlg* 13068/1992, 14.992/1997.
199 S. oben A IV 2 c, RN 46 f.
200 *VfSlg* 14.723/1997.
201 Z.B. *VfSlg* 14.802/1997; allgemein zur Judikatur *Stefan Günther*, Verfassung und Sozialversicherung, 1994; *Holoubek*, Der verfassungsrechtliche Schutz von Aktiv- und Ruhebezügen von Beamten vor Kürzungen durch den Gesetzgeber, ZAS 1994, S. 5 (6ff.); *Pöschl* (FN 15), S. 719 ff.
202 S. auch *Franz Merli*, Rechtliche Grenzen für den Umbau und Abbau des Sozialstaates, in: Rainer Hofmann/Pavel Holländer/ders./Ewald Wiederin, Armut und Verfassung, 1998, S. 13 (15), sowie *VfSlg* 9809/1983.
203 *VfSlg* 3670/1960, 6015/1969, 7313/1974, 14.802/1997, 15.859/2000, 16.007/2000, 16.539/2002.
204 *VfSlg* 3723/1960, 4714/1964, 6015/1969, 7047/1973, 15.859/2000, 17.254/2004.

Bei der Ausgestaltung des Beitragsrechts muß der Gesetzgeber nach der Leistungsfähigkeit differenzieren[205], jede andere Unterscheidung innerhalb einer Risikengemeinschaft bedarf einer besonderen Rechtfertigung[206]; ebenso die Anknüpfung an ein Surrogatmerkmal, das keine verläßlichen Rückschlüsse auf die Leistungsfähigkeit zuläßt[207]. Die höhere Beitragsbelastung der einen Gruppe kann durch ihr höheres Leistungsrecht gerechtfertigt werden[208], nicht aber damit, daß eine Gruppe aus der Einbeziehung in die Pflichtversicherung besondere Vorteile zieht[209], insbesondere dürfen die sozial Schwächsten nicht wegen der relativ größeren Vorteile, die sie aus der Einbeziehung in die gesetzliche Sozialversicherung ziehen, stärker belastet werden als andere Versicherte: Denn sonst würden „immer gerade die Gruppen der sozial Schwächsten [...] zu den größten Beitragsleistungen heranzuziehen sein, was dem Gedanken einer sozialen Versicherung widerspricht und daher nicht sachlich gerechtfertigt sein kann"[210]. Innerhalb einer Versicherungsgemeinschaft müssen daher auch „schlechte Risiken" in Kauf genommen werden, so daß es dem Gesetzgeber grundsätzlich verwehrt ist, zwischen „guten" und „schlechten" Risiken wie in einer privatrechtlichen Versicherung zu unterscheiden[211]. Zulässig ist es aber, darauf Bedacht zu nehmen, daß die Versicherungsgemeinschaft nicht durch schlechte Risiken übermäßig belastet wird[212].

Differenzierung nach Leistungsfähigkeit

Inkaufnahme „schlechter Risiken"

---

205 *VfSlg* 3721/1960, 9753/1983, 16.492/2002; anders deutet die Judikatur *Wiederin*, Umverteilung und Existenzsicherung durch Sozialversicherungsrecht: Verfassungsrechtliche Absicherung sozialer Mindeststandards auch ohne „Sozialstaatsprinzip"?, in: Benjamin Kneihs/Georg Lienbacher/Ulrich Runggaldier (Hg.), Wirtschaftssteuerung durch Sozialversicherungsrecht?, 2005, S. 79 (90 FN 41); dazu *Pöschl*, Höchstbeitragsgrundlage und Mehrfachversicherung als Instrumente der Umverteilung und als verfassungsrechtliches Problem, ebenda, S. 100 (112 f.).
206 *VfSlg* 3721/1960, s. weiters *VfSlg* 15.859/2000, wonach eine unterschiedliche Gestaltung des Beitragsrechts innerhalb derselben Versichertengemeinschaft bei gleich hohen Einkünften und gleichem Leistungsrecht einer sachlichen Rechtfertigung bedarf; i.d.S. auch *VfSlg* 9365/1982, 10.451/1985, 16.492/2002. Gleicht der Gesetzgeber systembedingte Nachteile im Wege einer trägerübergreifenden Solidargemeinschaft aus, so muß sich „die Beitragsleistung der einzelnen Versicherungsträger zu einem solchen Ausgleich – auch in diesem Bereich einer sozialen Risikengemeinschaft entsprechend – am Verhältnis ihrer Leistungsfähigkeit [...] orientieren." (*VfSlg* 17.172/2004). Der Gesetzgeber ist nach *VfSlg* 9809/1983 aber nicht dazu verhalten, die Leistungsfähigkeit des Versicherten durchgängig und ohne Rücksicht auf die sonstige Sach- und Rechtslage zur Grundlage der Beitragsbemessung zu machen. Wird Personen, die auf Sozialhilfe angewiesen sind, zwar eine Selbstversicherung ermöglicht, dies aber nicht nach dem niedrigsten Beitragssatz, so ist dies unbedenklich; denn der Gesetzgeber verhindert damit nur, daß die auf den Sozialhilfeträgern liegende Last der Versorgung im Krankheitsfall auf die Risikogemeinschaft der Versicherten überwälzt wird.
207 Gleichheitswidrig war es daher, Kassenvertragsärzten eine im Vergleich zu freiberuflich tätigen Ärzten ohne Kassenvertrag schlechthin höhere wirtschaftliche Leistungsfähigkeit zuzumessen und ihnen eine höhere Kammerumlage vorzuschreiben: *VfSlg* 16.188/2001, 16.368/2001, 16.768/2002.
208 *VfSlg* 9365/1982, 16.492/2002.
209 *VfSlg* 3721/1960.
210 *VfSlg* 15.859/2000; s. auch *VfSlg* 3721/1960, 16.492/2002.
211 *VfSlg* 3670/1960, 12.739/1991, 15.859/2000, 17.172/2004; zulässig ist es aber wohl, schlechte Risiken insoweit schlechter zu behandeln, als die Versicherungsnehmer (etwa weil sie rauchen) für die Risikoerhöhung einzustehen haben, s. *Wiederin* (FN 205), S. 90 f.; allerdings darf dann nicht nur ein Risiko selektiv ausgewählt werden, s. dazu *Pöschl* (FN 15), S. 722 f.
212 Siehe *VfSlg* 9809/1983 (FN 206).

e) Vertrauensschutz

64
Rechtsänderungen zu Lasten Betroffener

Der Verfassungsgerichtshof nimmt in ständiger Rechtsprechung an, „daß keine Verfassungsvorschrift den Schutz wohlerworbener Rechte gewährleistet [...], sodaß es *im Prinzip* in den rechtspolitischen Gestaltungsspielraum des Gesetzgebers fällt, eine einmal geschaffene Rechtsposition auch zu Lasten des Betroffenen zu verändern"[213]. Dieses „Prinzip" relativierend meint der Verfassungsgerichtshof allerdings zugleich, „daß die Aufhebung oder Abänderung von Rechten, die der Gesetzgeber zunächst eingeräumt hat, sachlich begründbar sein muß; ohne eine solche *Rechtfertigung* würde der Eingriff dem verfassungsrechtlichen Gleichheitssatz widersprechen."[214] Aufbauend auf diesen beiden schwer versöhnlichen Grundthesen – einerseits Gestaltungsfreiheit, andererseits Rechtfertigungspflicht – nimmt der Verfassungsgerichtshof in nunmehr ständiger Rechtsprechung an, daß schwerwiegende und plötzlich eintretende Eingriffe in Rechtspositionen, auf deren Bestand die Betroffenen mit guten Gründen vertrauen konnten, den Gleichheitssatz verletzen[215].

Vertrauensschutz bei Rechtsänderungen

Diese sogenannte Vertrauensschutzjudikatur[216] hat vor allem bei der Kürzung von Pensionsansprüchen bzw. bei der Anhebung des Pensionsantrittsalters Bedeutung erlangt[217], auf andere Rechtsänderungen wurde sie zwar übertragen[218], dies in der Regel aber ohne größere Auswirkungen. Im einzelnen ist diese Judikatur schwer zu durchschauen und zum Teil auch in sich widersprüchlich[219]. In der jüngeren Vergangenheit hat der Verfassungsgerichtshof den Prüfungsmaßstab bei Pensionskürzungen merklich herabgesetzt[220], dies wohl beeinflußt von der zunehmend angespannten budgetären Situation und den Veränderungen der Bevölkerungsstruktur, die Eingriffe schon zur Erhaltung der Funktionsfähigkeit der Versicherungssysteme notwendig machen.

65
Rückwirkende Gesetze als Gleichheitsproblem

Gestützt auf die vorstehend erörterte Judikatur zu wohlerworbenen Rechtspositionen behandelt der Verfassungsgerichtshof auch rückwirkende Gesetze als ein Gleichheitsproblem. Er nimmt an, daß gesetzliche Vorschriften, die

---

213 *VfSlg* 11.665/1988, s. auch *VfSlg* 3665/1959, 3768/1960, 3836/1960, 11.309/1987, 14.846/1997, 15.269/1998, 16.764/2002, 17.254/2004, 18.010/2006 (Hervorhebungen nicht im Original).
214 Z.B. *VfSlg* 11.665/1988 (Hervorhebung nicht im Original).
215 Z.B. *VfSlg* 11.309/1987, 11.665/1988, 14.846/1997, 15.269/1998, 15.936/2000, 16.764/2002, 17.254/2004, 18.010/2006.
216 Zu ihr z.B. *Thienel* (FN 78); *Holoubek*, Verfassungsrechtlicher Vertrauensschutz gegenüber dem Gesetzgeber, in Machacek/Pahr/Stadler (LitVerz.), Bd. III, S. 795; *Walzel von Wiesentreu*, Die Bedeutung des Vertrauensgrundsatzes im öffentlichen Recht, JAP 1999/2000, S. 5; *Somek* (FN 30), 490ff.; *Michael Holoubek/Michael Lang* (Hg.), Vertrauensschutz im Abgabenrecht, 2004; *Pöschl* (FN 15), S. 815 ff.
217 Siehe z.B. *VfSlg* 11.309/1987, 14.846/1997, 15.269/1998, 16.689/2002, 16.764/2002, 16.923/2003, 17.254/2004.
218 So etwa auf die Kürzung von Gehaltsansprüchen bzw. Zulagen (*VfSlg* 14.867/1997, 14.888/1997, 15.936/2000), die Beseitigung von Zuwendungen (*VfSlg* 16.389/2001, 16.581/2002), die Erhöhung von Beiträgen zur gesetzlichen Sozialversicherung (*VfSlg* 16.381/2001) und die Entziehung oder Verweigerung behördlich eingeräumter Berechtigungen (*VfSlg* 16.582/2002).
219 Sehr hilfreich ist aber die Systematisierung bei *Kucsko-Stadlmayer*, Der Schutz von auf öffentlich-rechtlicher Grundlage entstandenen „Anwartschaften" vor gesetzlichen Eingriffen, in: Holoubek/Lang (FN 216), S. 93 ff.
220 S. z.B. *VfSlg* 14.846/1997, 14.872/1997, 15.269/1998, 16.764/2002, 18.010/2006, s. aber auch *VfSlg* 17.254/2004.

(nachträglich) an früher verwirklichte Tatbestände Folgen knüpfen und dadurch die Rechtsposition mit Wirkung für die Vergangenheit verschlechtern, zu einem gleichheitswidrigen Ergebnis führen, wenn die Normunterworfenen durch einen Eingriff von erheblichem Gewicht in einem berechtigten Vertrauen auf die Rechtslage enttäuscht wurden und nicht etwa besondere Umstände eine solche Rückwirkung verlangen[221].

Durch den Gleichheitssatz geschützt ist der Rechtsunterworfene nach der Judikatur schließlich auch dann, wenn ihn der Gesetzgeber zunächst gezielt dazu ermutigt, bestimmte Dispositionen zu treffen, ihm dann aber den dafür in Aussicht gestellten Vorteil verwehrt. Ein derartiger Fall lag etwa vor, als mehrere Unternehmer veranlaßt durch ein Nachtfahrverbot für schwere Lastkraftwagen ihren Fuhrpark auf – von diesem Verbot ausdrücklich ausgenommene – lärmarme Lastkraftwagen umgestellt hatten. Daß dann auf einer wichtigen Durchzugsstraße ein Fahrverbot auch für lärmarme Lastkraftwagen erlassen wurde, die durch die frühere Verordnung veranlaßten Investitionen also unnütz wurden, verletzte, wie der Verfassungsgerichtshof feststellte, den Gleichheitssatz[222].

66
Schutz im Falle staatlich veranlaßter Erwartungen

f) Ehe und Familie

Ehe und Familie sind keine Kriterien, nach denen zu differenzieren grundsätzlich verpönt oder suspekt wäre[223]. Dies folgt schon aus dem Umstand, daß die Verfassung selbst an mehreren Stellen zwischen familiären und anderen Beziehungen unterscheidet[224]. Die Förderung von Ehe und Familie ist dementsprechend ein legitimes Ziel, das Ungleichbehandlungen (etwa steuerlicher Art) rechtfertigen kann[225]. Eine Benachteiligung unehelicher Kinder erlaubt die jüngere Judikatur aber nur aus sehr gewichtigen Gründen[226] – völlig zu Recht, müßte das uneheliche Kind doch sonst für einen Umstand einstehen, den es nicht zu verantworten hat und den es auch nicht ändern kann[227]; ganz abgesehen davon, daß die Verfassung den Eltern dieses Kindes in Art. 8 und 12 EMRK gerade freistellt, ob sie eine Ehe schließen wollen oder nicht.

67
Gerechtfertigte Förderung

So sehr es dem Gesetzgeber erlaubt ist, die Familie zu unterstützen und zu fördern, so wenig darf er der Familie von vornherein mißtrauen: Die Familienangehörigkeit *allein* reicht daher noch nicht aus, um zur Verhinderung allfälliger Mißbräuche eine steuerrechtliche oder sozialversicherungsrechtliche Benach-

68
Keine Benachteiligung wegen Familienzugehörigkeit

---

221 S. etwa *VfSlg* 12.186/1989, 12.241/1989, 12.322/1990, 12.479/1990, 13.020/1992, 14.149/1995, 17.892/2006; s. zu dieser Judikatur m.w.N. auch *Ruppe*, Verfassungsrechtlicher Vertrauensschutz und rückwirkende Abgabengesetze, in: Holoubek/Lang (FN 216), S. 203; *Pöschl* (FN 15), S. 847 ff.
222 *VfSlg* 12.944/1991; s. weiters *VfSlg* 13.655/1993, 15.739/2000, 16.850/2003, sowie *Lienbacher*, Verfassungsrechtlicher Schutz für „steuergesetzlich angeregte" Investitionsentscheidungen, in: Holoubek/Lang (FN 216), S. 131; s auch *Pöschl* (FN 15), S. 862 ff.
223 S. zum Thema auch *Rebhahn*, Familie und Gleichheitssatz, in: Friedrich Harrer/Rudolf Zitta (Hg.), Familie und Recht, 1992, S. 145.
224 S. Art. 8 u. 12 EMRK, Art. 2 1. ZP EMRK u. Art. 5 7. ZP EMRK, weiters Art. 10 Abs. 1 Z 17 B-VG, der die „Gewährung von Kinderbeihilfen und die Schaffung eines Lastenausgleiches im Interesse der Familie" zu einem eigenen Kompetenztatbestand erklärt.
225 *VfSlg* 14.992/1997.
226 *VfSlg* 12.735/1991, s. auch *VfSlg* 10.036/1984, anders noch *VfSlg* 4678/1964.
227 S. schon oben A IV 2 a, RN 42.

teiligung zu begründen[228]. Nicht gebilligt hat der Verfassungsgerichtshof auch, daß getrennt lebende Verheiratete steuerrechtlich schlechter gestellt werden als geschiedene Ehegatten[229] oder daß im Familienverband lebende Arbeitslose gegenüber Alleinstehenden benachteiligt werden[230].

69
Keine Gleichstellung von Ehe und Lebensgemeinschaft

Nach Ansicht des Verfassungsgerichtshofs unterscheiden sich Lebensgemeinschaften von Ehen so wesentlich, daß der Gesetzgeber sie keineswegs in jeder Hinsicht gleichstellen muß[231]. Dem ist zuzustimmen, hebt doch Art. 12 EMRK ebenso wie Art. 5 7. ZP EMRK die Ehe als eine besondere Form der Lebensgemeinschaft hervor. Nach der neueren Judikatur ist allerdings auch denkbar, daß eine Differenzierung zwischen Ehe und anderen Formen der Lebensgemeinschaft sachlich nicht (mehr) zu rechtfertigen ist; dies hänge von Art und Inhalt der Regelung und vom jeweiligen Sachzusammenhang ab[232]. Da Art. 12 EMRK das Recht auf Eheschließung nur zwischen Mann und Frau garantiert, ist der Ausschluß Homosexueller von der Ehe auch gleichheitsrechtlich nicht zu beanstanden[233]. Rechtliche Vorteile, die an die Ehe geknüpft sind, bleiben dann für Homosexuelle allerdings unerreichbar; ob eine solche Benachteiligung gerechtfertigt ist, muß in jedem Fall gesondert geprüft werden[234].

g) Verfahrensrecht

70
Differenzierte Verfahrensordnungen

Nach ständiger Rechtsprechung steht es dem Gesetzgeber grundsätzlich frei, sich in einzelnen Verfahrensbereichen für *eigenständige Ordnungssysteme* zu entscheiden, die den Erfordernissen und Besonderheiten unterschiedlicher Verfahrensarten Rechnung tragen[235]. Allein aus dem Umstand, daß der Gesetzgeber etwa den Kostenbeitrag in der Strafprozeßordnung anders regelt als im Verwaltungsstrafverfahren oder im Finanzstrafverfahren, ist daher für oder gegen die Sachlichkeit der jeweiligen Regelung nichts zu gewinnen[236]. Auch daß in anderen Rechtsvorschriften längere Fristen enthalten sind, macht eine Regelung noch nicht unsachlich[237]; der Gesetzgeber ist auch nicht gehal-

---

228 *VfSlg* 3863/1960, 4824/1964, 5319/1966, 5984/1969, 6773/1972, 8709/1979, 10.157/1984, 11.368/1987, 12.474/1990, 13.028/1992.
229 *VfSlg* 9374/1982.
230 *VfSlg* 12.420/1990.
231 *VfSlg* 4678/1964, 10.064/1984.
232 *VfSlg* 17.979/2006, zur – zulässigen – Ungleichbehandlung von Ehegatten und Lebensgefährten im Erbschaftsteuerrecht.
233 *VfSlg* 17.098/2003, 17.337/2004.
234 Als gleichheitskonform hat der Verfassungsgerichtshof es etwa angesehen, daß das Nachzugsrecht ausländischer Angehöriger auf Ehegatten und Kinder beschränkt bleibt (*VfSlg* 17.337/2004); gleichheitswidrig ist es hingegen, von der Möglichkeit einer Mitversicherung in der Krankenversicherung gleichgeschlechtliche Lebensgefährten auszuschließen (*VfSlg* 17.659/2005). Keine – auch keine indirekte – Diskriminierung Homosexueller liege aber vor, wenn die Möglichkeit der Mitversicherung bei Lebensgefährten auf Personen beschränkt wird, die den gemeinsamen Haushalt führen und die sich zudem entweder der Kindererziehung widmen oder der Pflege ihres Lebensgefährten übernehmen oder die selbst pflegebedürftig sind (*VfGH*, Erk. v. 27. 9. 2007, B 1829/06 u. a.).
235 *VfSlg* 13.420/1993; s. auch *VfSlg* 10.084/1984, 12.863/1991, 15.190/1998, sowie *Bernegger*, in: Machacek/Pahr/Stadler (LitVerz.), Bd. III, S. 709 (743 ff.).
236 *VfSlg* 9409/1982, 9875/1983, 13.455/1993, 14.610/1996.
237 *VfSlg* 9314/1982.

ten, die Rechtseinrichtung der Wiederaufnahme des Verfahrens[238] oder der Wiedereinsetzung in den vorigen Stand[239] in allen Verfahrenssystemen übereinstimmend zu normieren.

Wenn dies durch besondere Gründe gerechtfertigt ist, bringt der Verfassungsgerichtshof verschiedene Verfahrensordnungen aber doch in Vergleich zueinander, so etwa die Regelung der Wiedereinsetzung in den vorigen Stand im Verfahren vor dem Verfassungsgerichtshof und vor dem Verwaltungsgerichtshof, weil es dem Beschwerdeführer im allgemeinen freisteht, eine Beschwerde an den Verfassungsgerichtshof mit gleichzeitigem oder späterem Begehren auf Beschwerdeabtretung an den Verwaltungsgerichtshof oder doch unmittelbar an den Verwaltungsgerichtshof zu erheben[240]. Auch daß das Finanzstrafgesetz – anders als die Strafprozeßordnung und das Verwaltungsstrafgesetz – ein Wiederaufrollen rechtskräftig beendeter Finanzstrafverfahren zum Nachteil des Beschuldigten ermögliche, ohne dafür gesetzlich streng umrissene Wiederaufnahmegründe festzulegen, qualifizierte der Verfassungsgerichtshof als gleichheitswidrig[241]; ebenso den Entfall der – nach §§ 20 f. VStG allgemein vorgesehenen – außerordentlichen Strafmilderung und der Möglichkeit, von einer Strafe abzusehen für bestimmte (Alkohol-)Delikte nach der Straßenverkehrsordnung und dem Führerscheingesetz[242].

71
Vergleich von Verfahrensordnungen

Der Verfassungsgerichtshof sieht es überdies ganz allgemein als unsachlich an, wenn eine Regelung die Erlangung von Rechtsschutz mühsam macht oder unnötig erschwert[243], wenn sie eine effektive Vertretung der Interessen der Partei in einem Verfahren verhindert[244] oder dazu führt, daß eine Partei, die ihrem berufsmäßigen Parteienvertreter Informationen erteilt, Gefahr läuft, Beweismittel gegen sich selbst zu schaffen[245]. Nur aus besonderen Gründen darf die Behörde auch an die Ergebnisse eines Verfahrens gebunden werden, an dem sich der Betroffene nicht beteiligen konnte[246].

72
Unsachliche Rechtsschutz-Erschwernis

Aus dem allgemeinen Sachlichkeitsgebot leitet der Gerichtshof schließlich ab, daß „die Zuerkennung subjektiver Rechte [in aller Regel] auch die Zuerkennung von Parteirechten erfordern [wird]". Je nach dem Zweck des Verfahrens und der Eigenart und Bedeutung der berührten Rechtsposition könne aber auch die Versagung einer Parteistellung sachgerecht sein, wenn das Verfahren in der Hauptsache die Interessen eines anderen wahren soll[247]. Ausgeschlossen werden kann die Parteistellung aber auch aus externen Zwecken: Die Verfahrensbeschleunigung allein (und damit das Ziel der Verwaltungsökonomie)

73
Zuerkennung von Verfahrensrechten

---

238 *VfSlg* 10.084/1984.
239 *VfSlg* 10.770/1986.
240 *VfSlg* 10.367/1985.
241 *VfSlg* 11.865/1988; *Pöschl* (FN 15), S. 302 f., 520 f.
242 *VfSlg* 14.973/1997, 15.772/2000, 16.184/2001; *Pöschl* (FN 15), S. 518 f.
243 *VfSlg* 14.039/1995.
244 *VfSlg* 10.291/1984.
245 *VfSlg* 10.291/1984; s. auch *VfSlg* 10.394/1985, 10.505/1985: Auskunftspflichten, die im Ergebnis zu strafrechtlicher Selbstbeschuldigung zwingen, verletzen den Gleichheitssatz.
246 *VfSlg* 11.934/1988.
247 *VfSlg* 11.934/1988, 12.240/1989, 13.646/1993; zu dieser Judikatur näher *Pöschl* (FN 15), S. 786 ff.

rechtfertigt den Ausschluß der Parteistellung nach der Judikatur zwar noch nicht[248]. Bei gewerblichen Betriebsanlagen, die im Regelfall ohnedies genehmigungsfähig sind und die die Schutzinteressen der Nachbarn kaum berühren, akzeptiert der Verfassungsgerichtshof aber, daß der Nachbar im Interesse einer Verfahrensabkürzung von der Mitwirkung am Bewilligungsverfahren ausgeschlossen wird[249]. *Ob* die Voraussetzungen für ein derart vereinfachtes Verfahren vorliegen, darf dann allerdings nicht ohne Mitwirkung des Nachbarn entschieden werden[250].

h) Dienst- und Arbeitsrecht

74
Differenzierung

Eine erste und wichtige Differenzierung im Dienst- und Arbeitsrecht sieht der Verfassungsgerichtshof – wiederum als Folge der Ordnungssystemjudikatur – als gleichheitsrechtlich jedenfalls unbedenklich an: Öffentliche und private Dienstverhältnisse sind grundsätzlich unterschiedliche Systeme, die zueinander nicht in Vergleich zu bringen sind[251].

75
Dienstpflichtangemessenheit

Bei der Regelung des *öffentlichen Dienstrechts* kommt dem Gesetzgeber nach der Judikatur ein weiter Gestaltungsspielraum zu; das allgemeine Sachlichkeitsgebot verlange nur, daß das Dienst-, Besoldungs- und Pensionsrecht im großen und ganzen in einem angemessenen Verhältnis zu den den Beamten obliegenden Dienstpflichten steht[252]. Die Kürzung diverser Zulagen und Ruhegenußansprüche öffentlich Bediensteter im Zuge des „Strukturanpassungsgesetzes" [253] hat der Verfassungsgerichtshof nicht beanstandet; sie verletzten weder das Vertrauen der Betroffenen noch erlegten sie den Beamten im Interesse der allgemeinen Budgetsanierung ein Sonderopfer auf[254]. Als gleichheitswidrig qualifiziert hat der Verfassungsgerichtshof allerdings die plötzliche Streichung des 13. und 14. Monatsgehaltes für Gerichtspraktikanten, dies mit der (nicht restlos überzeugenden) Begründung, die Betroffenen seien in ihrem Vertrauen enttäuscht, weil sie nicht ausreichend Zeit gehabt hätten, sich auf diese Kürzung einzustellen[255].

76
Arbeitnehmer und Arbeitgeber

Daß zwischen Arbeitnehmern und Arbeitgebern ein Unterschied von besonderer Bedeutung besteht, kommt schon im Bundes-Verfassungsgesetz zum Ausdruck, das die Einrichtung beruflicher Interessenvertretungen zu einem eigenen Kompetenztatbestand erklärt (Art. 10 Abs. 1 Ziff. 11 B-VG, Art. 21 Abs. 2 B-VG)[256]. Richtet der Gesetzgeber, um zwischen den divergierenden Interessen dieser beiden Personengruppen einen Ausgleich zu schaffen, Interessenvertretungen ein, so muß er beachten, daß sich deren Angehörige typi-

---

248 Z.B. *VfSlg* 15.360/1998, 15.581/1999, anders wohl noch *VfSlg* 10.605/1985.
249 *VfSlg* 14.512/1996.
250 *VfSlg* 16.103/2001, 16.537/2002, s. auch *VfSlg* 17.165/2004.
251 *VfSlg* 14.867/1997.
252 *VfSlg* 11.193/1986, 12.154/1989, 14.867/1997, 16.513/2002, 16.721/2002, 17.451/2005, 17.706/2005.
253 BGBl 1996/201.
254 *VfSlg* 14.867/1997, 14.888/1997.
255 *VfSlg* 15.936/2000; s dazu *Pöschl* (FN 15), S. 709 f., 843 f.
256 *VfSlg* 8539/1979.

scherweise als soziale Gegenspieler gegenübertreten: Ein und dieselbe Person sowohl der Landarbeiterkammer als auch der Landwirtschaftskammer zuzuordnen, widerspricht daher dem Sachlichkeitsgebot[257]. Bei haushaltsangehörigen Arbeitnehmern, deren Interessen mit jenen des Arbeitgebers typischerweise parallel laufen, steht es dem Gesetzgeber wegen der mangelnden Eindeutigkeit der Interessenlage frei, ob er den gemeinsamen Interessen zwischen Angehörigen oder den auch dann noch vorhandenen Interessengegensätzen zwischen Arbeitgebern und Arbeitnehmern für die Zuordnung zu der einen oder der anderen Kammer den Vorrang einräumen will; er darf sie nur nicht beiden zugleich zuordnen[258] oder Angehörige unterschiedslos aus dem Geltungsbereich der überbetrieblichen Arbeitnehmervertretung herausnehmen[259].

i) Sozialrecht

Im Bereich des Sozialrechts kommt dem Gesetzgeber nach der Judikatur ein weiter Gestaltungsspielraum zu: Es steht ihm grundsätzlich frei, ob überhaupt und in welchem Umfang er Sozialleistungen gewähren will[260]; einmal eingeführte Sozialleistungen müssen nur schrittweise ausgebaut werden[261]. Die Vergabe dieser Leistungen hat nach sachlichen Kriterien zu erfolgen. Soweit staatliche Zuwendungen aus Steuermitteln, somit durch vorhergehende Eingriffe in das Eigentum der Allgemeinheit finanziert werden, müssen sie maßhaltend bleiben[262]: Geboten ist bei Sozialleistungen jedenfalls eine Differenzierung nach der individuellen Bedürftigkeit des Betroffenen und nach seinen Möglichkeiten, sich selbst zu versorgen[263]. Individualität und *Subsidiarität* sind dementsprechend auch die leitenden Gesichtspunkte aller Sozialhilfegesetze[264]. Eine Durchbrechung der durch diese Grundsätze gebotenen Differenzierungen bedarf aus der Sicht des Gleichheitssatzes einer Rechtfertigung, die nicht außer Verhältnis stehen darf zu dem Prima-facie-Recht, diesen Grundsätzen gemäß behandelt zu werden. An einer solchen Rechtfertigung fehlt es z.B., wenn der Anspruch auf Sozialhilfe vom Einkommen der Haushaltsgemeinschaft des Antragstellers abhängig gemacht wird und dabei die gesamten Einkünfte der unterhaltsberechtigten Angehörigen in das Haushaltseinkommen unabhängig davon einbezogen werden, ob die Angehörigen

77
Leistungsvergabe nach sachlichen Kriterien

Individuelle Bedürftigkeit

Fehlende Differenzierungsmöglichkeit

---

257 *VfSlg* 8539/1979.
258 *VfSlg* 8539/1979.
259 *VfSlg* 8485/1979.
260 *VfSlg* 14.694/1996.
261 *VfSlg* 2957/1956, 8419/1978.
262 S. auch *Martens*, Grundrechte im Leistungsstaat, in: VVDStRL 30 (1972), S. 7 (13, 15 f.).
263 S. schon *Klaus Tipke*, Steuergerechtigkeit in Theorie und Praxis, 1981, S. 99.
264 Siehe *Oppitz*, Armut und Verfassung. Die Rechtslage in Österreich, in: Hofmann/Holländer/Merli/Wiederin, Armut und Verfassung (FN 202), S. 161 (177); *Konrad Grillberger*, Österreichisches Sozialrecht, [6]2005, S. 126.

dem Antragsteller gegenüber unterhaltspflichtig sind oder nicht[265]. Nicht akzeptiert hat der Verfassungsgerichtshof auch, daß bei der Beurteilung der Notlage eines Arbeitslosen das Einkommen der Stiefeltern berücksichtigt wird, die diesem gegenüber nicht unterhaltspflichtig sind[266]. Gleichheitswidrig war weiters ein Sozialhilfegesetz, das ab dem dritten Haushaltsangehörigen nahezu oder überhaupt keine Hilfe zum Lebensunterhalt mehr vorsah[267]. Keine Rechtfertigung konnte auch gefunden werden, als bei der Gewährung von Wohnbeihilfe danach differenziert wurde, ob die unterhaltsberechtigten Kinder, die mit dem Beihilfenbezieher in gemeinsamem Haushalt lebten, unter oder über 18 Jahre alt waren[268].

78
Gleichmäßigkeit von Kürzungen

Hat der Staat positive Leistungen gewährt, so darf er den dadurch geschaffenen Standard nicht beliebig zurückschrauben. Der Gleichheitssatz gibt zwar nicht vor, in welchem Ausmaß der Staat Leistungen aus budgetären Gründen zurücknehmen oder den Rechtsunterworfenen höhere Belastungen auferlegen darf[269]. Er fordert aber, daß diese Maßnahmen gleichmäßig vorgenommen werden. Eine budget- oder arbeitsmarktpolitisch motivierte Kürzung kann daher, wie der Verfassungsgerichtshof festgestellt hat, nach sozialen Gesichtspunkten differenzieren und darf nicht tendenziell wirtschaftlich Schwächere stärker treffen. Sie darf auch nicht punktuell gezielt eine relativ kleine Gruppe belasten, sondern muß entsprechend breit gestreut werden[270]. Mit dem Argument der Unausgewogenheit allein wurde eine Kürzung bisher allerdings noch nie als gleichheitswidrig qualifiziert. Der Verfassungsgerichtshof zieht in solchen Fällen vielmehr regelmäßig auch seine Vertrauensschutzjudikatur heran, um sozial Schwache zu schützen, so etwa bei der „überfallsartigen" Einführung der Unfallrentenbesteuerung[271] und auch bei der bereits erwähnten Aufhebung der vierteljährlichen Sonderzahlungen an Gerichtspraktikanten ohne jede Übergangsregelung[272].

Vertrauensschutz

---

265 Der Verfassungsgerichtshof qualifizierte diese Regelung als gleichheitswidrig, weil sie dazu führen könne, daß „der Vater oder die Mutter auf Kosten der ihren Kindern von dritter Seite gewährten Alimente lebt": *VfSlg* 11.662/1988; zustimmend in der Sache, aber kritisch zur Begründung *Öhlinger*, Verfassungsrechtliche Schranken der Gesetzgebung im Sozialrecht, in: Österreichische Juristenkommission (Hg.), Rechtsstaat – Liberalisierung und Strukturreform, 1998, S. 153 (157), der meint, die vom Verfassungsgerichtshof angesprochenen Härtefälle wären auf der Ebene des Vollzuges in gleichheitskonformer Interpretation zu lösen gewesen; s. zu einer ähnlichen Regelung des Tiroler SozialhilfeG *VfSlg* 11.993/1989.
266 *VfSlg* 12.665/1991. Mildere Maßstäbe legte der VfGH hingegen an eine Regelung an, die Studierenden die Studienbeihilfe im Hinblick auf die Vermögensverhältnisse ihrer Eltern unabhängig davon versagte, ob gegen diese ein Unterhaltsanspruch besteht: Der Verfassungsgerichtshof sah dies als unbedenklich an; bei einer Durchschnittsbetrachtung könne nämlich angenommen werden, daß die Eltern das Studium ihrer Kinder finanzieren, auch ohne dazu verpflichtet zu sein: *VfSlg* 12.641/1991.
267 *VfSlg* 11.662/1988.
268 *VfSlg* 16.964/2003.
269 S. auch *Öhlinger* (FN 265), S. 156.
270 *VfSlg* 11.665/1988, 13.492/1993, 14.846/1997, 14.960/1997.
271 *VfSlg* 16.754/2002.
272 *VfSlg* 15.936/2000; näher *Pöschl* (FN 15), S. 709 f., 843 f.

V. Bindung der Vollziehung

1. Bescheid

a) Die sogenannte „Grundrechtsformel"

Nach ständiger Rechtsprechung des Verfassungsgerichtshofs verletzt ein Bescheid den allgemeinen Gleichheitssatz, „wenn er auf einer dem Gleichheitsgebot widersprechenden Rechtsgrundlage beruht oder die Behörde der angewendeten Rechtsvorschrift fälschlicherweise einen gleichheitswidrigen Inhalt unterstellt oder bei Erlassung des Bescheides Willkür geübt hat"[273].

79
Erscheinungsformen der Gleichheitswidrigkeit

b) Anwendung einer gleichheitswidrigen generellen Norm

Der erste dieser drei Fälle eines gleichheitswidrigen Bescheides erklärt sich von selbst: Durch die Anwendung einer gleichheitswidrigen Norm wird die generell-abstrakte Gleichheitswidrigkeit konkret, sie wird für den einzelnen greifbar und muß daher von ihm auch angegriffen werden können[274].

80
Konkretisierung der Gleichheitswidrigkeit

c) Gleichheitswidrige Auslegung einer generellen Norm

Nichts anderes kann gelten, wenn das angewendete Gesetz zwar nicht tatsächlich, wohl aber in der Auslegung der Behörde gleichheitswidrig ist[275]. Unterstellt die Behörde dem Gesetz daher fälschlich einen gleichheitswidrigen Inhalt, so ist ihr Bescheid ebenso verfassungswidrig wie ein Bescheid, der auf einem gleichheitswidrigen Gesetz beruht. Ob der Behörde diese Auslegung subjektiv vorwerfbar ist, spielt dabei keine Rolle. Gleichheitswidrig ist ein Bescheid daher nicht nur, wenn die Behörde bewußt an einer vom Verfassungsgerichtshof als gleichheitswidrig erkannten Auffassung festhält[276] oder wenn das Gesetz bei dem von der Behörde angenommen Inhalt „grob unsachlich" wäre[277]. Gleichheitswidrig kann ein Bescheid auch sein, wenn die Behörde zu Unrecht einen Analogieschluß zieht[278] oder unterläßt[279], die ausdehnende Auslegung einer Sondervorschrift[280] oder umgekehrt eine teleologische Reduktion verab-

81
Vorwerfbarkeit ohne Belang

---

273 Z.B. *VfSlg* 10.413/1985, 12.840/1991, 14.849/1997, 15.867/2000, 16.746/2002, 16.962/2003, 17.282/2004, 17.706/2006, s. zur Grundrechtsformel auch *Spielbüchler*, Grundrecht und Grundrechtsformel, Anmerkungen zur Praxis des Verfassungsgerichtshofes, in: Oswin Martinek (Hg.), FS Floretta, 1983, S. 289 (290 ff., 295).
274 Zur Gleichheitswidrigkeit eines Bescheides, der auf einer gleichheitswidrigen Rechtsgrundlage beruht, z.B. *VfSlg* 8024/1977, 8537/1979, 8781/1980, 10.088/1984, 15.115/1998.
275 Die Gleichheitswidrigkeit eines Bescheides, der dem Gesetz einen gleichheitswidrigen Inhalt unterstellt, wurde erstmals in *VfSlg* 5411/1966 konstatiert, s. ab dann z.B. *VfSlg* 7974/1977, 10.464/1985, 12.319/1990, 14.071/1995, 14.784/1997, 15.809/2000, 17.784/2006.
276 *VfSlg* 10.809/1986.
277 *VfSlg* 11.293/1987.
278 *VfSlg* 12.302/1990; s. auch *VfSlg* 14.409/1996: Verstoß gegen das im Strafrecht allgemein geltende Analogieverbot.
279 *VfSlg* 10.612/1985: Notwendigkeit eines Analogieschlusses, um dem aus dem Gleichheitsgebot erfließenden Grundsatz der „Einmalbesteuerung" Rechnung zu tragen; siehe z.B. auch *VfSlg* 13.486/1993, 15.197/1998, 16.068/2001.
280 *VfSlg* 10.714/1985: Ausdehnung des § 33 TP 5 Abs. 3 GebührenG, wonach u.a. unbefristete Bestandsverträge nur mit dem Dreifachen des Jahreswertes zu bewerten sind, auf Bürgschaften zu Bestandsverträgen.

§ 192   *Dreizehnter Teil: II. Einzelgrundrechte*

säumt²⁸¹ oder wenn sie aus anderen Gründen nicht zu einer Auslegung findet, die dem Verfassungsgerichtshof gleichheitsrechtlich geboten erscheint, mag diese Auslegung im Einzelfall auch nicht auf der Hand liegen und mit einem nicht unerheblichen Begründungsaufwand verbunden sein²⁸².

d) Willkür

82
Subjektive Willkür

Andere Maßstäbe gelten für den Begriff der Willkür, der stets mit einem Vorwurf an die Behörde verbunden ist²⁸³ und mit der Annahme, daß sie das Gesetz in *qualifizierter* Weise verletzt²⁸⁴. Nach der älteren Judikatur lag Willkür vor, wenn eine Behörde dem einzelnen absichtlich Unrecht zufügt, sei es, daß sie *gesetzlos* vorgeht (und damit auch ein Gebot des Rechtsstaates verletzt), sei es, daß sie den Rechtsunterworfenen aus *subjektiven*, in seiner Person gelegenen Gründen benachteiligt (ihn also diskriminiert)²⁸⁵.

83
Objektive Willkür

Exzesse der erwähnten Art sind allerdings, wie der Verfassungsgerichtshof bald feststellte, „relativ selten"²⁸⁶. Solle der Gleichheitssatz für die Vollziehung kein bedeutungsloses Recht sein, so müsse ein willkürliches Handeln auch dann bejaht werden, wenn die Behörde „ihre Entscheidung z.B. leichtfertig fällt, so etwa, wenn sie sich in einen Gegensatz zu allgemein anerkannten Rechtsgrundsätzen oder allgemein bekannten Erfahrungstatsachen stellt, oder auch, wenn sie von einer bisher allgemein geübten und als rechtmäßig

---

281 *VfSlg* 13.645/1993: Teleologische Reduktion des § 41 Abs. 1 Ziff. 1 EStG 1988, um die Hinzurechnung einer deutschen Witwenpension zu anderen in Österreich erzielten Einkünften und die Saldierung dieses Gesamteinkommens mit dem in Österreich entstandenen Verlust zu ermöglichen.

282 Siehe z. B. das Erkenntnis *VfSlg* 12.468/1990, wonach das in einer Bauordnung statuierte Verbot einer schwerwiegenden Beeinträchtigung der Nachbarn durch schädliche Emissionen – gleichheitskonform ausgelegt – nicht nur gelten könne, wenn die Quelle der Emission geschaffen wird, sondern auch in dem bloß durch die zeitlich Abfolge verschiedenen Fall, daß diese Quelle bereits besteht und erst durch die Errichtung von Wohnhäusern ihre beeinträchtigende Wirkung entfalten kann („heranrückende Wohnbebauung").

283 *R. Walter*, Überlegungen zu einer Neuabgrenzung der Zuständigkeit zwischen Verwaltungs- und Verfassungsgerichtshof (ÖJZ 1979, S. 225 [227]), spricht von einer „schuldhafte[n] Einstellung" der Behörde. Diese Konnotation der Willkür blieb in der Judikatur dem Grunde nach stets bestehen, so etwa, wenn der Verfassungsgerichtshof einer Behörde noch in *VfSlg* 13.430/1993 „mit Recht de[n] Vorwurf [macht] ..., sich über das Gesetz ... hinweggesetzt zu haben, statt ihm zu dienen"; s. auch *VfSlg* 15.813/2000.

284 Daß nicht jede Gesetzwidrigkeit automatisch den Gleichheitssatz verletzt, folgt jedenfalls in Österreich schon aus systematischen Erwägungen: Zunächst wird nämlich die Bindung der Vollziehung an das Gesetz in Art. 18 Abs. 1 B-VG nur durch eine Norm des objektiven Verfassungsrechts angeordnet, die dem Einzelnen gerade kein subjektives Recht auf Gesetzmäßigkeit der Verwaltung verschafft (s z. B. VfSlg 1324/1930, 5800/1968, 10.062/1984, 16.177/2001). Auch die Annahme, der Gleichheitssatz wende sich nur – aber immerhin – gegen jede Verletzung einfachgesetzlich gewährleisteter Rechte, verbietet aber das B-VG: Dieses beruft nämlich zur Entscheidung über derartige Rechtsverletzungen den Verwaltungsgerichtshof (Art. 131 Abs. 1 Ziff. 1 B-VG), zur Entscheidung über die Verletzung verfassungsgesetzlich gewährleisteter Rechte hingegen allein den Verfassungsgerichtshof (Art. 133 Ziff. 1 B-VG i.V.m. Art. 144 B-VG). Die solcherart abgegrenzte Bescheidprüfungskompetenz des Verwaltungsgerichtshofs liefe leer, wollte man in der Verletzung einfachgesetzlich gewährleisteter Rechte schon eine Gleichheitswidrigkeit erblicken; s. schon *Spielbüchler* (FN 273), S. 293.

285 Siehe z. B. *VfSlg* 10.041/1984, 10.212/1984; s. auch *VfSlg* 10.337/1985, 11.436/1987, 16.651/2002, 17.164/2004, wonach der Behörde ein willkürliches Verhalten u. a. dann vorgeworfen werden kann, wenn sie „den Beschwerdeführer aus unsachlichen Gründen benachteiligt hat".

286 *VfSlg* 4480/1963.

anzusehenden Praxis abweicht, ohne hiefür Gründe anzugeben oder wenn die angegebenen Gründe offenkundig unzureichend sind. Allen diesen Beispielen ist gemeinsam, daß die behördliche Tätigkeit erkennen läßt, daß sich die Behörde in Wirklichkeit *über das Gesetz hinwegsetzt*, anstatt ihm zu dienen"[287]. Diese sogenannte objektive Willkür, die seither der subjektiven Willkür an die Seite gestellt ist, liegt, wie die folgende Judikatur weiter präzisierte, unter anderem in einer gehäuften Verkennung der Rechtslage[288], aber auch im Unterlassen jeglicher Ermittlungstätigkeit im entscheidenden Punkt oder im Unterlassen eines ordnungsgemäßen Ermittlungsverfahrens überhaupt[289], insbesondere in Verbindung mit einem Ignorieren des Parteienvorbringens und einem leichtfertigen Abgehen vom Inhalt der Akten oder dem Außerachtlassen des konkreten Sachverhaltes[290]. Ebenso schwer wie die Unterlassung jeglicher Ermittlungstätigkeit wiegt die Erlassung eines Bescheides ohne jede rechtliche Begründung[291]: Eine dem klaren Gesetzeswortlaut ohne den leisesten Versuch einer Begründung entgegenlaufende Vorgangsweise begründet jedenfalls Willkür[292]. Gleiches gilt, wenn die Behörde einen Bescheid mit Ausführungen begründet, denen kein Begründungswert zukommt[293]. „In der Regel" reicht es nach Ansicht des Verfassungsgerichtshofs für eine Begründung nicht aus, daß die Behörde nur die für die Abweisung eines Anspruches maßgeblichen Gründe aufzählt, es jedoch unterläßt, sich mit den Argumenten auseinanderzusetzen, die für eine Anspruchsberechtigung zu sprechen scheinen, so daß sie gar nicht in die Lage kommen kann, Gründe und Gegengründe einander gegenüberzustellen und dem größeren Gewicht der Argumente zu folgen[294].

e) Keine Gleichheit im Unrecht

Aus der in Art. 18 Abs. 1 B-VG angeordneten Bindung der Vollziehung an das Gesetz folgt, daß der allgemeine Gleichheitssatz dem Rechtsunterworfenen keinen Anspruch darauf verschaffen kann, ebenso wie ein anderer *nicht* gesetzeskonform behandelt zu werden. Das mag im Einzelfall zu Härten führen und vom Rechtsunterworfenen auch als ungerecht empfunden werden. Doch die Konsequenz eines Anspruches auf gesetzwidrige Gleichbehandlung wäre, daß die Behörde eine Norm durch ihre einmalige Nichtanwendung im Ergebnis außer Kraft setzen könnte. Sie würde auf diese Weise an die Stelle des

84
Keine Fortsetzung eines Fehlverhaltens

---

287 *VfSlg* 4480/1963 (Hervorhebungen nicht im Original); s. auch *VfSlg* 5013/1965, 5848/1968, 13.430/1993.
288 *VfSlg* 10.337/1985, 12.001/1989, 14.840/1997, 16.746/2002, 17.582/2005.
289 Und zwar auch dann, wenn die Ursache für das fehlerhafte Ermittlungsverfahren eine unrichtige Rechtsauffassung ist (*VfSlg* 6629/1971, 7775/1976, 9488/1982, 11.941/1988) bzw. wenn sich Ermittlungen in eine bestimmte Richtung erst nach einer verfassungskonformen Auslegung als erforderlich erweisen (*VfSlg* 11.436/1997, 16.746/2002).
290 Z.B. *VfSlg* 5512/1967, 8222/1977, 9187/1981, 10.520/1985, 11.213/1987, 16.238/2001, 16.607/2002, 16.882/2003, 17.506/2005.
291 *VfSlg* 10.997/1986, 17.482/2005.
292 *VfSlg* 11.293/1987, 12.477/1990, 15.409/1999, 15.696/1999, 16.962/2003.
293 *VfSlg* 9293/1981, 10.997/1986, 12.141/1989, 13.650/1993, 14.661/1996, 14.980/1997, 16.607/2002, 17.230/2004, 17.642/2005; *VfGH*, Erk. v. 27. 2. 2007, B 830/06.
294 *VfSlg* 4722/1964, 8674/1979, 9665/1983, 12.102/1989, 12.477/1990, 16.607/2002, 17.282/2004, 17.916/2006. Näher zur Willkür *Pöschl* (FN 15), S. 742 ff.

Gesetzgebers treten²⁹⁵, also neue Regeln schaffen, an deren Einhaltung sie dann durch den Gleichheitssatz gebunden wäre. Das kann in einem demokratischen Rechtsstaat nicht hingenommen werden²⁹⁶. Dementsprechend stellt auch der Verfassungsgerichtshof in ständiger Rechtsprechung fest, daß aus dem Fehlverhalten der Behörde in anderen Fällen kein Recht auf ein gleiches Fehlverhalten abgeleitet werden kann²⁹⁷, denn das „Ergebnis wäre ein Anspruch auf die Nichtanwendung des Gesetzes trotz gegebener Tatbestandsmäßigkeit, was ein innerer Widerspruch wäre"²⁹⁸.

f) Gleichheit und Ermessen

85 *Ermessensrichtlinien*

Daß aus dem Fehlverhalten der Behörde in einem anderen Fall kein Anspruch auf ein gleichartiges Fehlverhalten abgeleitet werden kann, bedeutet nicht, daß ein Vergleich zwischen verschiedenen behördlichen Entscheidungen durch den Gleichheitssatz schlechthin ausgeschlossen ist. Räumt das Gesetz der Behörde nämlich einen Entscheidungsspielraum ein, so muß sich die Behörde Richtlinien zurechtlegen, nach denen sie diesen Spielraum ausfüllt²⁹⁹. Weicht sie von diesen Richtlinien in einem Fall grundlos ab, so mag ihre Entscheidung zwar isoliert betrachtet noch im Rahmen des Gesetzes sein; dennoch hat sie gleiche Fälle ungleich behandelt und damit den Gleichheitssatz verletzt. Insofern schneidet der Verfassungsgerichtshof einen Vergleich mit anderen Fällen zu vorschnell ab, wenn er feststellt, daß es für die Gleichheitskonformität eines Bescheides nicht darauf ankomme, „wie die Behörde in anderen gleichgelagerten Fällen vorgegangen ist. Es ist vielmehr das Verhalten der Behörde bei Erlassung des angefochtenen Bescheides maßgeblich"³⁰⁰.

g) Treu und Glauben

86 *Begrenzte Bindung an eigene Entscheidungspraxis*

Maßgeblichkeit der Änderungsbegründung

Die Bindung der Verwaltung an ihre eigene Entscheidungspraxis sorgt zwar dafür, daß die Bürger in gleicher Lage gleich und in ungleicher Lage entsprechend ungleich behandelt werden. Sie verpflichtet die Behörde aber sinnvoll verstanden nicht dazu, einen einmal eingeschlagenen Weg stets fortzusetzen. Zu Recht vertritt der Verfassungsgerichtshof daher die Ansicht, daß die Änderung der Praxis einer Behörde für sich allein niemals den Gleichheitsgrundsatz verletzt³⁰¹. Es komme vielmehr auf den Inhalt der neuen Gesetzesauslegung an und auf die Ursachen, die ihr zugrunde liegen, also auf die Gründe, die zur Änderung der Praxis geführt haben. Willkür ist dann nicht anzunehmen, wenn die Behörde aus sachlichen Erwägungen von einer früher

---

295 *Dürig,* in: Maunz/Dürig, GG (LitVerz.), Art. 3 RN 437.
296 S. auch *Starck,* in: v. Mangoldt/Klein/ders., GG (LitVerz.), Art. 3 RN 274.
297 *VfSlg* 11.435/1987.
298 *VfSlg* 6072/1969, 7306/1974, 8790/1980, 9683/1983, 11.512/1987, 12.796/1991, 15.903/2000, 16.209/2001; s. auch *VwGH,* Erk. v. 7. 11. 1989, 88/14/0220; Erk. v. 9. 9. 1998, 98/14/0145.
299 *Bernhard Raschauer,* Verwaltungsrecht, ²2003, RN 612.
300 *VfSlg* 8375/1978; s. auch VfSlg 13.404/1993, 17.707/2005; näher *Pöschl* (FN 15), S. 755ff.
301 *VfSlg* 7988/1977, 8375/1978, 8925/1980, 9604/1983, 17.707/2005; ebenso *VwGH,* Erk. v. 22. 11. 2000, Zl 99/12/0115.

als richtig angesehenen Praxis abgeht[302]. Daß ein Finanzamt zunächst eine bestimmte Rechtsansicht vertritt, kann nicht ausschließen, daß später eine andere als richtig erkannte Ansicht zur Anwendung kommt. Die Behörde muß ihren nunmehrigen Rechtsstandpunkt aber eingehend begründen, um zu zeigen, daß sie keineswegs ohne triftigen Grund von der früheren Rechtsauffassung in einer Weise abgewichen ist die gegen Treu und Glauben verstößt[303].

2. Verordnung

Die Verordnung ist formal ein Akt der Vollziehung, materiell ist sie eine generelle Norm. Die Anforderungen, die der Gleichheitssatz an sie stellt, setzen sich daher aus den Anforderungen dieses Grundrechts an Gesetz und Bescheid zusammen: Als Verwaltungsakt ist eine Verordnung gleichheitswidrig, wenn sie eine im Gesetz angelegte (oder diesem unterstellte) Gleichheitswidrigkeit näher konkretisiert oder wenn die Behörde willkürlich vorgeht, so etwa, wenn sie den für die Verordnung maßgeblichen Sachverhalt nicht ordnungsgemäß ermittelt oder die Ergebnisse einer solchen Ermittlung leichtfertig außer acht läßt[304], nicht hingegen, wenn sie sich „bemüht" hat, ein Kontingent nach objektiven und sachgerechten Kriterien zu verteilen[305]. Als generelle Norm ist die Verordnung wie das Gesetz gleichheitswidrig, wenn sie selbst eine unsachliche Ungleichbehandlung vornimmt, wenn sie etwa bestimmte Liegenschaftseigentümer in einem Flächenwidmungsplan privilegiert oder diskriminiert[306], aber auch, wenn sie umgekehrt notwendige Differenzierungen unterläßt, und schließlich, wenn sie gegen das allgemeine Sachlichkeitsgebot verstößt[307], eine Umwidmung also etwa nur vornimmt, um ein rechtswidriges Gebäude nachträglich zu legitimieren[308].

87
Anforderungen aus Norm und Einzelakt

---

302 *VfSlg* 5457/1967, 8375/1978, 8725/1980, 9604/1983, 13.404/1993, 17.707/2005.
303 *VfSlg* 6258/1970, 8725/1980. Wenn eine Finanzbehörde ein bestimmtes geschäftliches Verhalten durch Jahre hindurch in Übereinstimmung mit dem Steuerpflichtigen in vertretbarer Weise beurteilt hat und nachfolgend ein und denselben Vorgang, wenn auch in vertretbarer Weise, anders behandelt, so darf dieser Wechsel nach der Judikatur nicht zu einer Doppelbesteuerung führen, da hiedurch „Treu und Glauben" verletzt werden (*VfSlg* 6258/1970, 8725/1980, 12.186/1989, 12.566/1990). Zu Treu und Glauben im Abgabenrecht s. auch *Werndl*, Treu und Glauben im Abgabenrecht, in: FS Stoll (FN 120), S. 375; *Schuch*, Wie weit reicht die Berücksichtigung von Treu und Glauben im Abgabenrecht?, in: Holoubek/Lang (FN 216), S. 315 ff.
304 *VfSlg* 14.601/1996, 17.362/2004. Anders als bei der Erlassung eines Bescheides trifft die Behörde allerdings bei der Verordnung keine Begründungspflicht.
305 *VfSlg* 12.281/1990; daß der Verfassungsgerichtshof hier auf das „Bemühen" der Behörde abstellt, also auf ein subjektives Moment, zeigt wohl, daß er die Maßstäbe der Willkür zugrundelegt, die mit der Vorwerfbarkeit behördlichen Verhaltens konnotiert ist.
306 *VfSlg* 14.378/1995, 14.629/1996.
307 *VfSlg* 13.663/1993.
308 *VfSlg* 12.171/1989, s. auch *VfSlg* 13.282/1992 betreffend eine Umwidmung von Bauland in Grünland, die der Verfassungsgerichtshof wegen völlig fehlender Bedachtnahme auf die Interessen des betroffenen Grundstückseigentümers als gleichheitswidrig qualifizierte.

B. Besondere Gleichheitssätze

I. Politische Gleichheit

1. Gleiches Wahlrecht

88
Spezielle Gleichheitsgebote

Art. 26 Abs. 1, Art. 23 a Abs. 1, Art. 60 Abs. 1, Art. 95 Abs. 1 und Art. 117 Abs. 2 B-VG legen für die Wahlen zum Nationalrat, zum Europäischen Parlament, für die Wahl des Bundespräsidenten, der Landtage und der Gemeinderäte unter anderem den Grundsatz des allgemeinen und gleichen Wahlrechts fest; sie sind insofern spezielle Gleichheitsgebote, die dem allgemeinen Gleichheitssatz vorgehen[309]. Mit gleicher Stoßrichtung verpflichtet Art. 8 StV Wien Österreich völkerrechtlich dazu, eine demokratische, auf geheime Wahlen gegründete Regierung zu haben und allen Staatsbürgern ein freies, gleiches und allgemeines Wahlrecht sowie das Recht zu verbürgen, ohne Unterschied von Rasse, Geschlecht, Sprache, Religion oder politischer Meinung zu einem öffentlichen Amt gewählt zu werden.

89
Allgemeines Staatsbürgerrecht

Das Wahlrecht ist nach diesen Vorschriften zwar (von den Wahlen zum Gemeinderat abgesehen[310]) Staatsbürgern vorbehalten; innerhalb dieses Personenkreises besteht es aber *allgemein*, das heißt grundsätzlich für jeden. Zwei Ausnahmen sieht das Bundes-Verfassungsgesetz allerdings selbst vor: Das aktive und passive Wahlrecht kommt Staatsbürgern erst ab einem bestimmten Alter zu[311]. Darüber hinaus bestimmt Art. 26 Abs. 5 B-VG, daß die Ausschließung vom Wahlrecht und von der Wählbarkeit nur die Folge einer gerichtlichen Verurteilung sein kann. Akzeptiert hat der Verfassungsgerichtshof darüber hinaus aber auch, daß ein Wahlvorschlag, dessen Einbringung ein Akt der nationalsozialistischen Wiederbetätigung war, gestützt auf § 3 des (in Verfassungsrang stehenden) Verbotsgesetzes[312] zurückgewiesen

---

309 Z.B. *H. Schreiner*, in: Rill/Schäffer, Bundesverfassungsrecht (LitVerz.), 2004, Art. 26 B-VG, RN 22, 34.
310 Nach Art. 117 Abs. 2 Satz 4 B-VG steht das aktive und passive Wahlrecht unter den von den Ländern festzulegenden Bedingungen auch den Staatsbürgern anderer Mitgliedstaaten der Europäischen Union zu. Nicht erlaubt soll es dem Landesgesetzgeber nach *VfSlg* 17.264/2004 allerdings sein, Ausländern auch das aktive und passive Wahlrecht zu den (in Wien bestehenden und im B-VG nicht geregelten) Bezirksvertretungen einzuräumen; dies folge aus Art. 1 B-VG, der Österreich zu einer demokratischen Republik erklärt, deren Recht vom „Volk" ausgeht; darunter sei aber das Bundesvolk zu verstehen, das nur aus österreichischen Staatsbürgern gebildet werde. Kritisch zu dieser Entscheidung z. B. *H. Mayer*, Entscheidungsbesprechung, in: migralex 2004, S. 90; *Perching*, Kein Wahlrecht ohne roten Paß, in: juridikum 2004, S. 178; *Pernthaler*, JBl 2005, S. 195; *Pöschl*, Wahlrecht und Staatsbürgerschaft, in: Metin Akyürek u. a. (Hg.), FS Schäffer, 2006, S. 633 (651 ff.).
311 Aktiv wahlberechtigt ist, wer spätestens mit Ablauf des Tages der Wahl das 16. Lebensjahr vollendet hat (Art. 26 Abs. 1 B-VG). Zum Nationalrat wählbar ist, wer spätestens mit Ablauf des Tages der Wahl das 18. Lebensjahr vollendet hat (Art. 26 Abs. 4 B-VG). Zum Bundespräsidenten kann nur gewählt werden, wer spätestens mit Ablauf des Tages der Wahl das 35. Lebensjahr vollendet hat (Art. 60 Abs. 3 B-VG). Die Landtagswahlordnungen dürfen die Bedingungen des aktiven und des passiven Wahlrechts nicht enger ziehen als dies die Bundesverfassung für Wahlen zum Nationalrat tut (Art. 95 Abs. 2 B-VG). Die Wahlordnungen für den Gemeinderat dürfen diese Bedingungen ihrerseits nicht enger ziehen als die jeweilige Wahlordnung zum Landtag (Art. 117 Abs. 2 B-VG).
312 Vom 8. 5. 1945 (StGBl 1945/13, in der Fassung BGBl 1992/148).

wurde³¹³. Implizit hat der Verfassungsgerichtshof wohl dem Grunde nach auch den Ausschluß geistig behinderter Personen vom Wahlrecht als zulässig qualifiziert³¹⁴. Keine, auch keine implizite Voraussetzung des Wahlrechtes ist nach der Judikatur hingegen ein ordentlicher Wohnsitz im Inland; Auslandsösterreicher müssen daher zur Wahl zugelassen werden³¹⁵.

Während der Grundsatz des allgemeinen Wahlrechts auf ein prinzipiell generelles Stimmrecht abzielt, garantiert der Grundsatz des *gleichen* Wahlrechts jedem Stimmberechtigten einen möglichst gleichen Einfluß auf das Wahlergebnis³¹⁶. Jeder Wähler hat demnach nur eine Stimme³¹⁷, und alle gültigen Stimmen müssen gleich gezählt werden: Weder Alter noch Bildung noch Steuerleistung noch irgendein anderer Umstand darf dazu führen, daß einzelne Stimmen höher gewertet werden als andere. Ein Plural- oder Klassenwahlrecht ist dadurch ausgeschlossen³¹⁸. Daß jeder Stimme über den gleichen Zählwert hinaus auch ein gleicher Erfolgswert, also die gleiche Kraft zukommt, garantiert der Grundsatz des gleichen Wahlrechts nach der Judikatur hingegen nicht, führt doch das in der Verfassung selbst statuierte Verhältniswahlrecht (Art. 26 Abs. 1 B-VG) ebenso wie die Einteilung des Bundesgebietes in Wahlkreise (Art. 26 Abs. 2 B-VG) schon zwangsläufig zu einem unterschiedlichen Erfolgswert der abgegebenen Stimmen³¹⁹.

90
Möglichst gleicher Einfluß auf das Wahlergebnis

Zählwert und Erfolgswert

2. Gleiche Ämterzugänglichkeit
(Art. 3 StGG, Art. 66 Abs. 2 StV St. Germain, Art. 8 StV Wien)

Nach Art. 3 StGG sind „die öffentlichen Ämter [...] für alle Staatsbürger gleich zugänglich". Darüber hinaus ist Österreich durch Art. 66 StV St. Germain völkerrechtlich dazu verpflichtet, Staatsbürger ohne Unterschied in Religion, Glauben oder Bekenntnis zu öffentlichen Ämtern und Würden zuzulassen. Ganz ähnlich garantiert Art. 8 StV Wien allen Staatsbürgern, ohne Unterschied von Rasse, Geschlecht, Sprache, Religion oder politischer Meinung zu einem öffentlichen Amt gewählt werden zu dürfen.

91
Gleiche Zugangschancen

Gegenstand des Art. 3 StGG ist nur die „Zugänglichkeit" öffentlicher Ämter, vor der Aberkennung bzw. Beendigung eines solchen Amtes schützt Art. 3

92

---
313 VfSlg 10.705/1985, 11.941/1988, 12.646/1991; s. allerdings auch das Erkenntnis *VwSlg*. 10.231 A/1980.
314 S. das Erkenntnis *VfSlg* 11.489/1987, in dem der Verfassungsgerichtshof eine Regelung beanstandete, die Personen, für die ein Sachwalter nach § 273 ABGB bestellt ist, vom Wahlrecht *generell* ausschloß, also auch dann, wenn es ihnen an der Einsichtsfähigkeit gar nicht mangelte. Der Verfassungsgerichtshof hob diese Vorschrift – bloß gestützt auf Art. 7 Abs. 1 B-VG – als verfassungswidrig auf. Von einer Ersatzregelung hat der Gesetzgeber Abstand genommen, so daß derzeit in Österreich auch Personen mit eingeschränkter Einsichtsfähigkeit wählen dürfen, kritisch dazu *Rill/Schäffer*, in: dies., Bundesverfassungsrecht (LitVerz.), Art. 1 B-VG, RN 13 FN 31.
315 VfSlg 12.023/1989; in der Lehre ist diese Frage umstritten, s. dazu die Nachw. bei *Holzinger*, in: Korinek/Holoubek, Bundesverfassungsrecht (LitVerz.), Bd. II/1, Art. 26 B-VG, RN 36, sowie *Schreiner* (FN 309), RN 23.
316 *Holzinger* aaO., RN 41.
317 S. schon *Hans Kelsen*, Die Verfassungsgesetze der Republik Deutschösterreich, Bd. II, 1919, S. 7; sowie m.w.N. *Holzinger* aaO., RN 43; *Schreiner* (FN 309), RN 36 f.
318 VfSlg 1381/1931, 3653/1959.
319 VfSlg 1381/1931, 3653/1959.

§ 192   *Dreizehnter Teil: II. Einzelgrundrechte*

Ausübung hoheitlicher Funktionen

Gleiche Bewerbungschancen

"Verwaltungsverfahrensgemeinschaft"

StGG hingegen nicht³²⁰. „Öffentlich" ist ein Amt im Sinne des Art. 3 StGG nach der Judikatur, wenn es zur Ausübung hoheitlicher Funktionen ermächtigt³²¹ und wenn sein Inhaber dazu durch einen öffentlich-rechtlichen Akt, also mittels Bescheids oder Wahl bestellt wird³²². Daß ein öffentliches Amt in diesem Sinne für alle Staatsbürger „gleich" zugänglich sein soll, bedeutet nach der Judikatur allerdings nur, daß jeder Staatsbürger ein Recht hat, sich um ein solches Amt zu *bewerben*. Einen Anspruch oder ein rechtliches Interesse, ein öffentliches Amt verliehen zu bekommen, vermittle Art. 3 StGG hingegen nicht³²³. Bei dieser Deutung ist der Gesetzgeber durch Art. 3 StGG weder verpflichtet, ein spezifisches rechtliches Verfahren für die Besetzung öffentlicher Ämter vorzusehen, noch muß die Ab- oder Zurückweisung eines Bewerbers in Bescheidform ergehen³²⁴. Nur ausnahmsweise gesteht der Verfassungsgerichtshof dem Bewerber um ein öffentliches Amt Parteistellung zu, dann nämlich, wenn ein Amt von Gesetzes wegen nur einem Bewerber verliehen werden darf, der in einen Besetzungsvorschlag aufgenommen wurde³²⁵. Die in einen derart bindenden Vorschlag aufgenommenen Personen bilden nach der Judikatur eine „Verwaltungsverfahrensgemeinschaft", ihnen kommt Parteistellung und Anspruch auf einen – der rechtlichen Kontrolle unterworfenen – Bescheid zu, der die Stelle einem Bewerber verleiht und die übrigen Bewerber ab- oder zurückweist³²⁶. Die letztlich vorgenommene Auswahlentscheidung muß, wie der Verfassungsgerichtshof weiter annimmt, ohne Willkür getroffen und sorgfältig begründet sein³²⁷ – eine Forderung, die sich freilich bereits aus Art. 7 B-VG ergibt³²⁸. Zum Teil noch restriktiver, zum Teil aber auch großzügiger ist der Verwaltungsgerichtshof: Er nimmt eine Parteistellung nur bei schulfesten Lehrerstellen an, gesteht sie dann aber allen Bewer-

---

320 Keine Anwendung findet Art. 3 StGG daher z. B. auf die Auflösung eines Dienstverhältnisses (*VfSlg* 2602/1953) oder auf die Aberkennung eines Gemeindevorstandsmandates (*VfSlg* 13.060/1992, 14.804/1997); s. auch *Kucsko-Stadlmayer*, in: Korinek/Holoubek, Bundesverfassungsrecht (LitVerz.), Bd. III, Art. 3 StGG, RN 17.
321 *VfSlg* 1709/1948, 7593/1975, 14.299/1995; näher *Kucsko-Stadlmayer* aaO., RN 12.
322 *VfSlg* 7593/1975, 14.299/1995. Dazu zählen jedenfalls Beamtenpositionen und andere Organstellungen, die hoheitlich zu besetzen sind und die mit der Besorgung von Hoheitsaufgaben einhergehen, Ämter in Gesetzgebungsorganen, in obersten Organen der Vollziehung, in gewählten Vollzugsorganen der Gemeinden, Ämter der ernannten Lehrer an Schulen und Universitäten, der Schöffen und Geschworenen, s. schon *Kucsko-Stadlmayer* aaO., RN 12. Als öffentliche Ämter i.d.S. hat der Verfassungsgerichtshof z. B. das Amt des Notars (*VfSlg* 8570/1979) und der Mitglieder des Gemeindevorstandes (implizit *VfSlg* 13.060/1992, 14.804/1997) qualifiziert, nicht hingegen den Betreiber einer öffentlichen Apotheke (*VfSlg* 4670/1964) oder einen Steuerberater (*VfSlg* 1709/1948). Der Begriffsbildung der Judikatur folgt ein Teil der Lehre, etwa *Berka*, Die Grundrechte (LitVerz.), RN 1000; *Öhlinger*, Verfassungsrecht (LitVerz.), RN 804, zum Teil wird sie aber auch als zu eng kritisiert, s. dazu m.w.N. *Kucsko-Stadlmayer* aaO., RN 11 ff.
323 Z.B. *VfSlg* 415/1925, 779/1927, 1711/1948, 2602/1953, 3371/1958, 6230/1970; *VwSlg* 13.542 A/1991; *VwGH* v. 17. 9. 1997, 96/12/0190.
324 *Kucsko-Stadlmayer* (FN 320), RN 21. Die Parteistellung kann auch gesetzlich ausdrücklich ausgeschlossen sein, wie z. B. in § 15 Ausschreibungsgesetz (vgl. auch *VwGH*, Erk. v. 16. 12. 1998, 96/12/0282).
325 Dies ist v. a. bei schulfesten Stellen, bei Stellen von Schulinspektoren und nach früherem Recht bei Universitätsprofessoren der Fall; s. m.w.N. *Kucsko-Stadlmayer* aaO., RN 29.
326 Z.B. *VfSlg* 6151/1970, 6894/1972, 9923/1984, 12.556/1990, 13.830/1994, 14.744/1997, 15.365/1998, sowie *Waas*, Bewerberkonkurrenz bei Bundes- und Landeslehrern. Zugleich die Analyse einer Judikaturdivergenz, in: Oswin Martinek/Josef Cerny (Hg.), FS W. Schwarz, 1991, S. 665.
327 Z.B. *VfSlg* 12.102/1989, 12.868/1991, 13.007/1992, 14.291/1995, 15.114/1998, 15.696/1999, 15.826/2000.
328 S. oben A V 1 d, RN 82 f.

bern zu, nicht nur den in den Besetzungsvorschlag aufgenommenen Personen[329]. Bereits im öffentlichrechtlichen Dienstverhältnis befindlichen Beamten gesteht die neuere Judikatur Parteistellung zu, wenn die Ernennungsvoraussetzungen eine bestimmte rechtliche Verdichtung aufweisen[330].

Ob man nun der Judikatur des Verfassungsgerichtshofs oder der des Verwaltungsgerichtshofs folgt – die Parteistellung des Bewerbers um ein öffentliches Amt und sein Anspruch auf einen bekämpfbaren Bescheid bleiben die Ausnahme, und sie werden auch bloß einfachgesetzlich begründet. Art. 3 StGG entnimmt die Judikatur bei der Auslegung der einfachgesetzlichen Rechtslage nicht einmal eine Zweifelsregel zugunsten der Parteistellung. Wird ein Bewerber übergangen bzw. sein Konkurrent aufgenommen, so bleibt dies folglich in der Mehrzahl der Fälle unbekämpfbar[331]; dies gilt etwa für die Ernennung von Richtern[332], Mitgliedern eines Unabhängigen Verwaltungssenats[333], Notaren[334], Patientenvertretern[335] und für alle anderen öffentlichen Ämter, die ohne Bindung an einen Besetzungsvorschlag verliehen werden dürfen. Das in Art. 3 StGG garantierte Recht, sich um ein öffentliches Amt zu bewerben, läuft damit aber in weiten Bereichen des öffentlichen Dienstes praktisch leer, insbesondere ist es nicht in der Lage, seiner eigentlichen Zielsetzung entsprechend Parteiproporz und Ämterpatronage im öffentlichen Dienst wirksam abzuhelfen[336]. Zu Recht plädiert die Lehre daher dafür, dem Art. 3 StGG ein Recht auf Parteistellung im Ernennungsverfahren zu entnehmen. Sie lehnt die restriktive Judikatur nahezu einhellig ab[337], die, wie *Gabriele Kucsko-Stadlmayer* treffend formuliert hat, „im Ernennungsverfahren rechtsfreie und unkontrollierte Räume innerhalb der staatlichen Hoheitsverwaltung postuliert und insofern geradezu dem vorrechtsstaatlichen Denken verhaftet ist"[338].

93
Ausnahmsweise Parteistellung des Bewerbers

Parteistellung im Ernennungsverfahren?

3. Gleichheit öffentlich Bediensteter (Art. 7 Abs. 4 B-VG)

Den öffentlich Bediensteten einschließlich der Angehörigen des Bundesheeres ist zufolge Art. 7 Abs. 4 B-VG „die ungeschmälerte Ausübung ihrer politischen Rechte gewährleistet". Dieser spezielle Gleichheitssatz hat überwie-

94
Ungeschmälerte Ausübung politischer Rechte

---

329 *VwSlg* 8643 A/1974, 9899 A/1979, 12.727 A/1988; *VwGH*, Erk. v. 11. 5. 1994, 94/12/0067; Erk. v. 22. 10. 1997, 97/12/0132; Erk. v. 16. 12. 1998, 98/12/0390. Zu dieser Judikaturdivergenz zwischen Verwaltungsgerichtshof und Verfassungsgerichtshof s. *Waas* (FN 326).
330 *VwGH*, Erk. v. 14. 6. 1995, 94/12/0301; Erk. v. 29. 10. 2005, 2005/12/0109, sowie m.w.N. *Kucsko-Stadlmayer* (FN 320), RN 30 ff.
331 S. auch *VfSlg* 14.368/1995, 14.732/1997.
332 *VfSlg* 8066/1977, 8524/1979, 14.368/1995, 14.732/1997, *VwSlg* 9929 A/1979.
333 *VfSlg* 12.753/1991.
334 *VfSlg* 6933/1972, 8140/1977.
335 *VfSlg* 15.532/1999.
336 S. auch *Ermacora* (FN 78), S. 109; *Kucsko-Stadlmayer* (FN 320), RN 16, 22 f.
337 Z.B. *Funk*, Sensible und defizitäre Bereiche des Rechtsschutzes in der öffentlichen Verwaltung, JBl 1987, S. 150 (155); *Dearing*, Die Parteistellung im dienstrechtlichen Ernennungsverfahren, ÖJZ 1987, S. 648 ff.; *Manfred Nowak*, Politische Grundrechte, 1988, S. 528; *Liska-Constantopoulou*, Die gleiche Zugänglichkeit zu öffentlichen Ämtern in Österreich, in: Machacek/Pahr/Stadler (LitVerz.), Bd. III, S. 847 (856, 866 f.); *Berka*, Die Grundrechte (LitVerz.), RN 1003; *Hiesel*, Neue Wege in der Grundrechtsinterpretation?, ZfRV 2000, S. 53; *Kucsko-Stadlmayer* aaO., RN 5, 34.
338 *Kucsko-Stadlmayer* aaO., RN 34.

gend historische Bedeutung, er beseitigt jene Beschränkungen, die Beamten und Soldaten bei politischen Betätigungen in der Monarchie auferlegt waren. Der demokratischen Grundrichtung des Bundes-Verfassungsgesetzes entsprechend behandelt Art. 7 Abs. 4 B-VG auch diese Personen „als Staatsbürger vollen Rechts" und erteilt der Annahme eines besonderen Gewaltverhältnisses in dieser Hinsicht eine klare Absage[339]. Daß Art. 7 Abs. 4 B-VG nur die ungeschmälerte Ausübung der „politischen Rechte" garantiert, läßt keinesfalls den Umkehrschluß zu, andere Rechte kämen öffentlich Bediensteten nur beschränkt zu[340]. Es ist daher letztlich müßig, über die Reichweite des Begriffs der „politischen Rechte" im Sinne des Art. 7 Abs. 4 B-VG zu streiten. Ob man darunter (wie der Verfassungsgerichtshof[341]) nur Rechte versteht, die Einfluß auf die Staatswillensbildung einräumen[342], oder (wie ein Teil der Lehre[343]) überdies die Vereins-, Versammlungs-, Meinungs- und Pressefreiheit, die gleiche Ämterzugänglichkeit und das Petitionsrecht, bleibt ohne Folgen – beide Deutungen führen am Ende doch zu dem Ergebnis, daß den öffentlich Bediensteten jedes der genannten Rechte so zusteht wie allen anderen Grundrechtsträgern auch.

95
Verbot der Beschränkung politischer Rechte

Dem *Gesetzgeber* ist es durch Art. 7 Abs. 4 B-VG z. B. verwehrt, Beamten und Soldaten unter Berufung auf deren Stellung Dienstpflichten aufzuerlegen, die die Ausübung ihrer politischen Rechte beschränken; ebensowenig darf der Gesetzgeber die Wahrnehmung einer politischen Stellung mit einem Amtsverlust sanktionieren[344]. Erfordernisse, die der Gesetzgeber für die Ausübung politischer Rechte allgemein aufstellt[345], dürfen aber auch von öffentlich Bediensteten verlangt werden: Art. 7 Abs. 4 B-VG verbietet nur, daß diese Personengruppe gegenüber anderen Staatsbürgern benachteiligt wird; ihre Privilegierung gebietet er nicht. Für die *Vollziehung* ist Art. 7 Abs. 4 B-VG vornehmlich bei der Auslegung unbestimmter Gesetzesbegriffe bedeutsam: So dürfen die oft weitläufig formulierten Disziplinarpflichten im Lichte des Art. 7 Abs. 4 B-VG nicht so ausgelegt werden, daß sie den öffentlich Bediensteten gezielt oder auch nur im Ergebnis bei der Ausübung seiner politischen Rechte stärker schmälern als andere Staatsbürger[346].

---

339 *Kucsko-Stadlmayer*, in: Korinek/Holoubek, Bundesverfassungsrecht (LitVerz.), Bd. II/1, Art. 7 Abs. 4 B-VG, RN 3.
340 *Kucsko-Stadlmayer* aaO., RN 5.
341 VfSlg 775/1927, 1359/1930, 1368/1931. 1516/1933, 2311/1952, 2740/1954, 5003/1965. Zustimmend z. B. *Felix Ermacora*, Der Verfassungsgerichtshof, 1956, S. 331 FN 35; *Robert Walter*, Österreichisches Bundesverfassungsrecht, 1972, S. 235 Anm. 14; wohl auch *Kucsko-Stadlmayer* aaO., RN 5, 10.
342 D.h. aktives und passives Wahlrecht zu den allgemeinen Vertretungskörpern sowie die Beteiligung an den Formen der unmittelbaren Demokratie wie Volksabstimmung und Volksbegehren.
343 *Nowak* (FN 337), S. 246 f.; *Öhlinger*, Verfassungsrecht (LitVerz.), RN 759. Noch weiter *Ermacora* (FN 78), S. 64, der unter politischen Rechten die Grundrechte schlechthin versteht.
344 Weitere Beispiele bei *Kucsko-Stadlmayer* (FN 339), RN 11 ff.
345 VfSlg 1994/1950, 5003/1965.
346 Näher *Kucsko-Stadlmayer* (FN 339), RN 14.

II. Diskriminierungsverbote

1. Bestandsaufnahme

Dem allgemeinen Gleichheitssatz des Art. 7 Abs. 1 Satz 1 B-VG wurde, wie bereits erwähnt[347], zur „Präzisierung" ein zweiter Satz angefügt, der Vorrechte der Geburt, des Geschlechts, des Standes, der Klasse und des Bekenntnisses für ausgeschlossen erklärt. Ein ähnliches Verbot enthält Art. I Abs. 1 BVG-RD, der den allgemeinen Gleichheitssatz, wie schon besprochen[348], auf Ausländer untereinander erstreckt: Er untersagt Unterscheidungen aus dem alleinigen Grund der Rasse, der Hautfarbe, der Abstammung, der nationalen oder ethnischen Herkunft. Gleichartige Diskriminierungsverbote finden sich in Österreich verstreut über die ganze Verfassung: Daß der Genuß der bürgerlichen und politischen Rechte vom Religionsbekenntnis unabhängig ist, bestimmte schon Art. 14 Abs. 2 StGG. Der Beschluß der Provisorischen Nationalversammlung vom 30. Oktober 1918 stellt die volle Vereins- und Versammlungsfreiheit ohne Unterschied des Geschlechts her. Art. 66 StV St. Germain verbietet Unterscheidungen nach Sprache, Rasse und Religion. Art. 63 Abs. 1 StV St. Germain verpflichtet Österreich unter anderem, seinen Einwohnern ohne Unterschied der Geburt, Sprache, Rasse oder Religion vollen und ganzen Schutz von Leben und Freiheit zu gewähren. Art. 14 EMRK gebietet die Gewährleistung der in der Konvention statuierten Rechte und Freiheiten ohne Benachteiligungen, die im Geschlecht, in der Rasse, Hautfarbe, Sprache, Religion, in den politischen oder sonstigen Anschauungen, in nationaler oder sozialer Herkunft, in der Zugehörigkeit zu einer nationalen Minderheit, im Vermögen, in der Geburt oder im sonstigen Status begründet sind[349]. Nach Art. 14 Abs. 6 B-VG sind schließlich öffentliche Schulen, Kindergärten, Horte und Schülerheime allgemein ohne Unterschied der Geburt, des Geschlechts, der Rasse, des Standes, der Klasse, der Sprache und des Bekenntnisses zugänglich.

96
Präzisierungen und Bestätigungen

Alle diese Diskriminierungsverbote untersagen dem Staat zwar nicht absolut, aber doch grundsätzlich, zwischen Menschen nach persönlichen Eigenschaften zu unterscheiden, über die der einzelne nicht oder nicht zumutbar disponieren kann und die seine Identität maßgeblich prägen. Dem einzelnen wird damit ein Prima-facie-Recht vermittelt, nicht aufgrund von solchen Merkmalen benachteiligt zu werden. In dieses Recht greift der Gesetzgeber ein, wenn er an derartige Eigenschaften nachteilige Rechtsfolgen knüpft oder wenn er Regelungen erläßt, die die Träger dieser Eigenschaften zumindest im Ergebnis signifikant häufiger benachteiligen als andere Personen. Die Rechtfertigung eines solchen Eingriffes ist nur unter engen Voraussetzungen möglich: Die vorgenommene Differenzierung muß entweder zur Erreichung legitimer und zwingender Interessen geeignet und erforderlich sein oder die verfas-

97
Prima-facie-Schutz vor Ungleichbehandlung

---
347 A I 2, RN 9.
348 A III 2, RN 20 ff.
349 Zu Art. 14 EMRK näher z. B. *Bernegger*, in: Machacek/Pahr/Stadler (LitVerz.), Bd. III, S. 709 (771 ff.); *Frowein/Peukert*, EMRK (LitVerz.), S. 435 ff.; *Grabenwarter*, EMRK (LitVerz.), § 26.

sungsgesetzliche Vermutung, daß diese Eigenschaften zwischen Menschen keinen wesentlichen Unterschied begründen, muß sich im Einzelfall eindeutig widerlegen lassen[350].

98
Orientierung der verfassungsgerichtlichen Praxis

In Österreich haben die genannten Diskriminierungsverbote bislang weder in der Lehre noch in der Judikatur besondere Beachtung gefunden. Der Verfassungsgerichtshof tendiert vielmehr dazu, Differenzierungen, für die ein besonderes Gleichheitsgebot einschlägig wäre, nach dem allgemeinen Gleichheitssatz zu beurteilen. Das gilt für alle hier genannten Diskriminierungsverbote, in etwas abgeschwächtem Ausmaß dem Grunde nach auch für Art. 14 EMRK: Auch diese Vorschrift steht in der Judikatur eher im Schatten des allgemeinen Gleichheitssatzes[351] und tritt aus diesem vor allem dann hervor, wenn dem Verfassungsgerichtshof ein Rückgriff auf Art. 7 B-VG nicht ohne weiteres möglich erscheint[352] oder wenn Art. 14 EMRK in einer praktisch gleichgelagerten Sache bereits vor dem Europäischen Gerichtshof für Menschenrechte angewendet worden ist[353].

2. Gleichbehandlung von Mann und Frau

a) Vorrechteverbot

99
Schwerpunkt geschlechtsbezogener Ungleichbehandlung

Nach Art. 7 Abs. 1 Satz 2 B-VG sind Vorrechte der Geburt, des Geschlechts, des Standes, der Klasse und des Bekenntnisses ausgeschlossen. Stand oder Klasse werden heute praktisch kaum mehr zum Anlaß bedenklicher rechtlicher Differenzierungen genommen; auch Differenzierungen nach Geburt und Bekenntnis kommen nur mehr selten vor. Nach wie vor werden an den Verfassungsgerichtshof aber Beschwerden über geschlechtsspezifische Ungleich-

---

350 S. dazu näher *Pöschl* (FN 15), S. 374 ff., 428 ff., 470 ff.
351 So beantwortet der Verfassungsgerichtshof den Vorwurf einer Diskriminierung i.S.d. Art. 14 EMRK immer wieder mit Erwägungen zum allgemeinen Gleichheitssatz, aus denen dann auf die Vereinbarkeit der beanstandeten Maßnahme mit Art. 14 EMRK geschlossen wird (z.B. *VfSlg* 6755/1972). Manchmal stützt er seine gleichheitsrechtlichen Erwägungen sogar gleichzeitig auf Art. 2 StGG, Art. 7 B-VG und Art. 14 EMRK, so als wäre diesen Vorschriften der gleiche Prüfungsmaßstab zu entnehmen (z.B. *VfSlg* 7973/1976, implizit auch *VfSlg* 16.374/2001). Bisweilen verneint der Verfassungsgerichtshof die Anwendung des Art. 14 EMRK auch zu voreilig mit dem Argument, ein anderes Konventionsrecht sei nicht berührt, so wenn er annimmt, Grundverkehrsbeschränkungen seien an Art. 14 EMRK nicht zu prüfen, weil die Europäische Menschenrechtskonvention ein Recht auf freien Liegenschaftsverkehr nicht garantiere (z.B. *VfSlg* 12.704/1991; zuvor schon *VfSlg* 7138/1973, 7408/1974, 7581/1975), was in Ansehung der Eigentumsgarantie des Art. 1 1. ZP EMRK zweifelhaft erscheint (so der Sache nach wohl auch *VfSlg* 13.245/1992). In manchen Entscheidungen schien der Verfassungsgerichtshof sogar anzunehmen, daß die Anwendung des Art. 14 EMRK einen Eingriff oder gar die Verletzung eines Konventionsrechts voraussetze (s. z.B. *VfSlg* 10.915/1986; s. auch *VfSlg* 16.998/2003). Der Judikatur der Straßburger Organe entspricht dies jedenfalls nicht, zu dieser m.w.N. *Frowein/Peukert*, EMRK (LitVerz.), S. 437; *Grabenwarter*, EMRK (LitVerz.) § 26 RN 3.
352 Z.B. *VfSlg* 14.863/1997: Aufenthaltsrechtliche Benachteiligung der Drittstaatsangehörigen eines Österreichers im Verhältnis zu den Drittstaatsangehörigen anderer EWR-Bürger.
353 Siehe *EGMR*, Urt. v. 16.9.1996, Gaygusuz ./. Österreich, RJD 1996-IV, S. 1141, sowie ÖJZ 1996, S. 955, betreffend die Benachteiligung Fremder bei der Gewährung von Notstandshilfe, und dann *VfSlg* 15.129/1998, 15.506/1999; s. auch *Pöschl* (FN 15), S. 639 ff.

behandlungen herangetragen³⁵⁴. Wie der Gerichtshof schon früh betont hat, schließt Art. 7 Abs. 1 Satz 2 B-VG nicht jede Differenzierung nach dem Geschlecht aus, sondern nur „Vorrechte" des Geschlechts³⁵⁵. Nach der älteren Judikatur waren geschlechtsspezifische Unterscheidungen zulässig, wenn sie durch die „Natur des Geschlechts" gerechtfertigt sind. Im weiteren Verlauf ist diese Formel aber aus der Judikatur verschwunden³⁵⁶, ohne daß an ihre Stelle eine andere Erläuterung getreten wäre. Das spezielle Gleichheitsgebot des Art. 7 Abs. 1 Satz 2 B-VG hat damit seine eigenständige Bedeutung verloren³⁵⁷. Geschlechtsspezifische Ungleichbehandlungen werden heute – so wie andere Ungleichbehandlungen auch – nur mehr am allgemeinen Gleichheitssatz überprüft, dies allerdings von Fall zu Fall mit unterschiedlich strengem Maßstab.

Nicht toleriert hat der Verfassungsgerichtshof z.B., daß Frauen generell ein früherer Pensionsantritt ermöglicht wird als Männern, also auch dann, wenn sie nicht doppelt belastet sind³⁵⁸. Für gleichheitswidrig hielt der Verfassungsgerichtshof auch, daß Witwen, die bereits aufgrund eigener Berufstätigkeit ausreichend versorgt sind, eine Hinterbliebenenversorgung nach ihrem verstorbenen Ehemann gewährt wird, die Witwern in gleicher Lage verwehrt ist³⁵⁹. Gleichheitswidrig war nach Ansicht des Verfassungsgerichtshofs weiters, daß Frauen, die den Namen ihres Ehemannes als gemeinsamen Familiennamen akzeptierten, diesem Namen ihren früheren Familiennamen nachstellen durften, während das gleiche Recht Männern, die den Namen ihrer Ehefrau annehmen wollten, nicht zukam³⁶⁰.

100
Kein früherer Pensionsantritt für Frauen

Für zulässig befunden hat der Verfassungsgerichtshof hingegen ein Nachtarbeitsverbot für Frauen mit der Begründung, sie seien häufig doppelt belastet und daher einem erhöhten Druck zur Nachtarbeit ausgesetzt; Frauen, die eines solchen Schutzes nicht bedürften, sei zuzumuten, „in Solidarität mit den Schutzbedürftigen auf Nachtarbeit zu verzichten"³⁶¹. Auch daß im Fall einer

101
Nachtarbeitsverbot für Frauen

---

354 S. dazu z.B. *Berger*, Die Gleichheit von Mann und Frau in Österreich, EuGRZ 1983, S. 614; *Kucsko-Stadlmayer*, Rechtliche Aspekte der Frauenförderung, JRP 1997, S. 35; *Rosenkranz* (FN 62); *Sporrer*, in: Machacek/Pahr/Stadler (LitVerz.), Bd. III, S. 901.
355 *VfSlg* 1526/1947.
356 Eine Ausnahme ist in dieser Hinsicht das Erkenntnis *VfSlg* 10.384/1985.
357 S. zur Entwicklung dieser Judikatur m.w.N. *Pöschl* (FN 33), S. 101 (104ff., 114ff.). Es ist wohl kein Zufall, daß ausgerechnet ein deutscher Autor erstmals mit aller Deutlichkeit auf den „Geltungsverlust des Art. 7 Abs. 1 Satz 2 B-VG" hingewiesen hat, zumal der mit Art. 7 Abs. 1 Satz 2 B-VG vergleichbare Art. 3 Abs. 2 u. 3 GG in der Rechtsprechung des Bundesverfassungsgerichts im Verhältnis zum allgemeinen Gleichheitssatz eine wichtige und durchaus eigenständige Bedeutung erlangt hat: *Sachs*, Der Geltungsverlust des Art. 7 Abs. 1 Satz 2 B-VG, ZÖR 1985, S. 305ff.
358 *VfSlg* 12.568/1990, 12.660/1991; vgl. demgegenüber *BVerfGE* 74, 163, wonach das frühere Pensionsantrittsalter für Frauen ein sozialstaatlich motivierter typisierender Ausgleich von Nachteilen sei, die ihrerseits auf biologische Unterschiede zurückgehen. Dieses Argument wurde im Verfahren vor dem Verfassungsgerichtshof von der Bundesregierung weder vorgebracht noch sonst vom Verfassungsgerichtshof in Erwägung gezogen, m.E. zu Recht, weil Typisierungen gerade bei geschlechtsspezifischen Differenzierungen mit dem Zweck des Diskriminierungsverbotes kaum zu vereinbaren sind; dazu sogleich im Text; kritisch zur Entscheidung des Bundesverfassungsgerichts auch → Bd. II: *Papier*, Grundrechte und Sozialordnung, § 30 RN 70.
359 *VfSlg* 8871/1980.
360 *VfSlg* 10.384/1985.
361 *VfSlg* 13.038/1992, s. auch *VfSlg* 11.774/1988.

§ 192 *Dreizehnter Teil: II. Einzelgrundrechte*

<small>Familienname</small> Eheschließung der Name des Mannes zum gemeinsamen Familiennamen wird, wenn die Ehegatten nicht anderes bestimmen, hat der Verfassungsgerichtshof als unbedenklich angesehen[362]; ebenso eine Regelung, nach der mangels anderer Verfügung der Eltern ein eheliches Kind den Familiennamen des Mannes erhält[363].

102
<small>Geschlechtsneutral formulierte Regelungen</small>

In bislang zwei Fällen hat der Verfassungsgerichtshof auch geschlechtsneutral formulierte Regelungen als gleichheitswidrig beanstandet, die Frauen signifikant häufiger nachteilig trafen als Männer; der dabei angelegte Prüfungsmaßstab war auffallend streng[364] und inkludierte in einem Fall auch eine Interessenabwägung[365]. Eine frauenbevorzugende Quotenregelung (ohne Öffnungsklausel) hat der Verfassungsgerichtshof bisher noch nicht in Prüfung gezogen, obwohl er dazu Gelegenheit gehabt hätte[366].

103
<small>Verzerrung durch Typisierungen</small>

Die genannten Entscheidungen zeigen, daß die Judikatur im Anwendungsbereich des Art. 7 Abs. 1 Satz 2 B-VG schwankt; sie legt an geschlechtsspezifische Differenzierungen manchmal einen strengen und dann wieder einen milden Maßstab an. Regelmäßig hängt die Beurteilung geschlechtsspezifischer Differenzierungen entscheidend davon ab, ob dem Gesetzgeber gestattet wird, auf „typische" Eigenschaften oder Verhaltensweisen von Männern oder Frauen abzustellen. Derartige Typisierungen laufen nicht nur Gefahr, unversehens in ein Stereotyp und in ein Vorurteil umzuschlagen; sie nehmen den Normadressaten auch nicht als Individuum wahr, sondern nur als Teil eines Kollektivs. Wer den herkömmlichen Vorstellungen, wie eine Frau als Frau und wie ein Mann als Mann zu leben haben, nicht entspricht, wird dann regelmä-

<small>Schutzzweck</small> ßig benachteiligt. Sieht man den Schutzzweck des Art. 7 Abs. 1 Satz 2 B-VG und anderer einschlägiger Diskriminierungsverbote wie Art. 14 EMRK darin, daß sich der und die einzelne frei von solchen Klischees und Rollenzuschreibungen entfalten können sollen, dann ist bei Durchschnittsbetrachtungen, die an das Geschlecht anknüpfen, ganz allgemein größte Vorsicht geboten. Dogmatisch bedeuten sie für denjenigen, der nicht dem „Durchschnitt" entspricht und dadurch das Nachsehen hat, einen Eingriff in sein durch Art. 7 Abs. 1 Satz 2 B-VG garantiertes Recht, nicht allein aufgrund seines Geschlechts benachteiligt zu werden. Gesteht man diesem Recht ein Schwellengewicht zu, dann ist ein solcher Eingriff nur erlaubt, wenn er zur Erreichung eines schwer-

<small>Bloße Zweckmäßigkeitserwägungen als ungenügend</small> wiegenden Zieles geeignet und erforderlich ist. Bloße Zweckmäßigkeitserwägungen genügen dafür jedenfalls nicht. Eine Benachteiligung des „atypischen Falles" wird daher im Anwendungsbereich des Art. 7 Abs. 1 Satz 2 B-VG regelmäßig nicht in Kauf genommen werden können, mag die inkriminierte Differenzierung auch für den „Durchschnittsfall" gerechtfertigt sein. Legt man diese Maßstäbe an, dann wäre die weit überwiegende Zahl der ge-

---

362 *VfSlg* 13.661/1993.
363 *VfSlg* 15.031/1997.
364 *VfSlg* 13.558/1993 (zwingende Befristung halbtags beschäftigter Vertragsassistenten), sowie den Prüfungsbeschluß zu *VfSlg* 15.368/1998 (Vorrückung im Gehaltsschema für vollzeitbeschäftigte Apotheker jedes Jahr, für teilzeitbeschäftigte hingegen nur jedes zweite Jahr).
365 *VfSlg* 13.558/1993.
366 Siehe *VfSlg* 14.368/1995 u. 14.370/1995.

schlechtsspezifischen Differenzierungen, die bislang beim Verfassungsgerichtshof bekämpft worden sind, als unzulässig zu qualifizieren gewesen, also nicht nur das ungleiche Pensionsalter, sondern ebenso das Nachtarbeitsverbot für Frauen: Letzteres war bereits für die „typische", also doppelt belastete Frau zur Zielerreichung ungeeignet, umso weniger hätte dann aber die Benachteiligung der „atypischen" Frau hingenommen werden dürfen[367].

b) Faktische Gleichstellung

Nach Art. 7 Abs. 2 B-VG bekennen sich „Bund, Länder und Gemeinden [...] zur tatsächlichen Gleichstellung von Mann und Frau. Maßnahmen zur Förderung der faktischen Gleichstellung von Frauen und Männern insbesondere durch Beseitigung tatsächlich bestehender Ungleichheiten sind zulässig". Ganz ähnlich bestimmt auch Art. 4 Abs. 1 der UNO-Konvention zur Beseitigung jeder Form der Diskriminierung der Frau[368], daß „vorübergehende Sondermaßnahmen der Vertragsstaaten zur beschleunigten Herbeiführung der De-facto-Gleichberechtigung von Mann und Frau" nicht als Diskriminierung im Sinne dieser Konvention gelten.

104
Zulässige Förderung

Wie sich aus dem Wortlaut und der Entstehungsgeschichte des 1998 in das Bundes-Verfassungsgesetz eingefügten Art. 7 Abs. 2 ergibt, wollte der Verfassungsgesetzgeber durch den ersten Satz dieser Bestimmung kein subjektives Recht einräumen, die Gebietskörperschaften aber immerhin durch eine objektiv-rechtliche Staatszielbestimmung auf eine tatsächliche Gleichstellung beider Geschlechter verpflichten[369]. Um dieses Ziel zu erreichen, genügt die – bereits durch Art. 7 Abs. 1 Satz 2 B-VG garantierte – Rechtsgleichheit der Geschlechter nicht. Die Unterschiede, die zwischen Männern und Frauen in gesellschaftlicher Hinsicht bestehen, können dafür vielmehr auch rechtliche Ungleichbehandlungen erforderlich machen. Fraglich ist allerdings, wie weit der Gesetzgeber dabei gehen darf, insbesondere ob und bejahendenfalls unter welchen Voraussetzungen auch sogenannte „positive Maßnahmen", wie etwa Quotenregelungen zugunsten von Frauen erlaubt sind. Die im zweiten Satz des Art. 7 Abs. 2 B-VG getroffene Feststellung, daß „Maßnahmen zur Förderung der faktischen Gleichstellung von Frauen und Männern insbesondere durch Beseitigung tatsächlich bestehender Ungleichheiten zulässig [sind]", ist in dieser Hinsicht ebensowenig aufschlußreich wie die Materialien: Ihnen zufolge sollte Art. 7 Abs. 2 B-VG „[klarstellen], daß durch diese Novelle – entgegen den Bedenken im Begutachtungsverfahren – der Gleichheitsgrundsatz keineswegs durchbrochen werden soll"; eine unsachliche Diskriminierung von Männern sei selbstverständlich weiterhin ebenso verboten wie eine unsach-

105
„Positive Maßnahmen"

Quotenregelungen

---

367 Dazu näher und m.w.N. *Pöschl* (FN 15), S. 349 ff., 382 f.
368 BGBl 1982/443 (i.d.F. BGBl III 2000/183).
369 S. auch *Berka*, in: Rill/Schäffer, Bundesverfassungsrecht (LitVerz.), Art. 7 B-VG, RN 89; *ders.*, Die Grundrechte (LitVerz.), RN 959; *Somek* (FN 30), S. 125; *Öhlinger*, Verfassungsrecht (LitVerz.), RN 783.

§ 192   *Dreizehnter Teil: II. Einzelgrundrechte*

liche Diskriminierung von Frauen, doch bestehe kein Zweifel, daß angesichts der tatsächlichen Schlechterstellung von Frauen deren Förderung mit dem Gleichheitsgrundsatz vereinbar ist[370].

106
Grenzen „positiver Maßnahmen"

Wann die Grenze des Zulässigen überschritten, eine Maßnahme also als Diskriminierung anzusehen ist, wurde auch durch die Judikatur bislang noch nicht geklärt[371]. Die Lehre sieht in Art. 7 Abs. 2 B-VG überwiegend eine Ermächtigung, „positive Maßnahmen" vorzusehen, sofern diese verhältnismäßig sind[372]. Darüber hinaus wird zum Teil auch angenommen, daß Art. 7 Abs. 2 B-VG im Lichte des Gemeinschaftsrechts auszulegen sei, weil das nationale Recht andernfalls in Konflikt mit dem auch für Männer geltenden Diskriminierungsverbot des Art. 141 Abs. 1 EG gerate[373]. Quotenregelungen, die bei gleicher Qualifikation einen automatischen Vorrang der Frau anordnen, wären demnach auch mit Art. 7 B-VG unvereinbar; zulässig sind solche Regelungen hingegen, sofern eine Öffnungsklausel die Berücksichtigung aller die Person des männlichen Bewerbers betreffenden Kriterien ermöglicht und den Vorrang der Frau entfallen läßt, wenn eines oder mehrere dieser Kriterien zugunsten des männlichen Bewerbers überwiegen[374].

c) Sprachliche Gleichbehandlung (Art. 7 Abs. 3 B-VG)

107
Amtsbezeichnungen

Zufolge Art. 7 Abs. 3 B-VG können Amtsbezeichnungen in der Form verwendet werden, die das Geschlecht des Amtsinhabers oder der Amtsinhaberin zum Ausdruck bringt. Gleiches gilt nach dem zweiten Satz dieser Bestimmung für Titel, akademische Grade und Berufsbezeichnungen. Männer und Frauen haben demnach das subjektive Recht, bestimmte Namenszusätze, die Aufschluß über ihre Ausbildung, Verdienste oder berufliche Tätigkeit geben, in einer sprachlichen Form zu verwenden, die ihrem natürlichen Geschlecht entspricht. Die Verwendung dieser oder der jeweils anderen Form ist den Grundrechtsträgern durch Art. 7 Abs. 3 B-VG freigestellt; sie können, müssen ihr

---

370 AB 1114 BlgNR 20. GP, 1.
371 S. oben FN 366.
372 S. etwa *Berka*, in: Rill/Schäffer, Bundesverfassungsrecht (LitVerz.), Art. 7 B-VG, RN 90; *ders.*, Die Grundrechte (LitVerz.), RN 960; *Öhlinger*, Verfassungsrecht (LitVerz.), RN 783; *Gabriele Kucsko-Stadlmayer*, Europarechtliche Rahmenbedingungen der Frauenförderung, RZ 1999, S. 106, sieht in Art. 7 Abs. 2 B-VG eine Absicherung der verfassungsrechtlichen Zulässigkeit positiver Maßnahmen; *Ulrich* (FN 62), S. 175, deutet Art. 7 Abs. 2 Satz 2 B-VG als „eine neuerliche Klarstellung der Zulässigkeit von vorübergehenden Sondermaßnahmen zur Herstellung faktischer Gleichberechtigung"; näher *Pöschl* (FN 15), S. 390ff.; zum Problem insgesamt s. z.B. *Holzleithner*, Quotierung und Gerechtigkeit. „Gleichheitsdurchbrechung" als Mittel zur Gleichheitsverwirklichung, JRP 1995, S. 81.
373 *Kucsko-Stadlmayer* aaO., S. 106; a.A. wohl *Berka*, Die Grundrechte (LitVerz.), RN 961; *ders.*, in: Rill/Schäffer, Bundesverfassungsrecht (LitVerz.), Art. 7 B-VG, RN 91, der annimmt, daß der Gleichbehandlungsgrundsatz des europäischen Gemeinschaftsrechts im Lichte der Judikatur des Europäischen Gerichtshofs „unter Umständen noch engere Zulässigkeitsgrenzen" als das nationale Verfassungsrecht statuiert.
374 *EuGH*, Urt. v. 17. 10. 1995, Rs C-450/93 (Kalanke ./. Freie Hansestadt Bremen), Slg. 1995, I-3051; Urt. v. 11. 11. 1997, Rs C-409/95 (Marschall ./. Land Nordrhein-Westfalen), Slg. 1997, I-6363; Urt. v. 28. 3. 2000, Rs C-158/97 (Badeck u.a.), Slg. 2000, I-1875; Urt. v. 6. 7. 2000, Rs C-407/98 (Abrahamsson u. Anderson), Slg. 2000, I-5539.

Geschlecht aber nicht in dem Namenszusatz deklarieren[375]. Stimmt die sprachliche Form eines Titels etc. mit dem Geschlecht des Trägers bzw. der Trägerin von vornherein überein („Magistra", „Doktorin"), dann ist für eine Anwendung des Art. 7 Abs. 3 B-VG kein Raum[376].

Gegenstand des in Art. 7 Abs. 3 B-VG gewährten Rechtes ist allerdings nur die *Verwendung* der genannten Namenszusätze, nicht auch deren Verleihung und ebensowenig die Regelung der Voraussetzungen, unter denen ein solcher Namenszusatz verliehen werden kann[377]. Dem Gesetz- und Verordnungsgeber bleibt damit freigestellt, ob er zwischen Männern und Frauen in sprachlicher Hinsicht differenzieren oder bloß ein Geschlecht explizit benennen will[378]. Entscheidet er sich für die zweite Lösung, so ist in gleichheitskonformer Auslegung im Zweifel anzunehmen, daß das ausdrücklich angeführte Geschlecht das ungenannte mitbezeichnet[379]. Daß die Verwendung nur der männlichen Sprachform in Normtexten gleichheitsrechtlich unbedenklich ist, zeigt auch das Bundes-Verfassungsgesetz, das, wenn es von Rechtsunterworfenen spricht, regelmäßig und sogar in Art. 7 Abs. 1 selbst („Staatsbürger") die maskuline Form gebraucht[380]. Umgekehrt muß es dem Gesetzgeber aber auch erlaubt sein, sich ausschließlich der weiblichen Form zu bedienen[381], wie Art. 14 Abs. 3 lit. d B-VG beweist, der nur von „Kindergärtnerinnen" spricht. Umso mehr ist es zulässig, beide Geschlechter ausdrücklich zu adressieren, das zeigt bereits Art. 7 Abs. 3 B-VG, der – dem Inhalt seiner Verbürgung entsprechend – sowohl die männliche als auch die weibliche Form verwendet (Amtsinhaber, Amtsinhaberin). Da Art. 7 Abs. 3 B-VG dem Grundrechtsträger nur ein Recht einräumt, jene sprachliche Form zu verwenden, die sein Geschlecht zum Ausdruck bringt, nicht aber ein Recht auf den Gebrauch einer Sprachform, die sein Geschlecht *nicht* zum Ausdruck bringt, steht es dem Gesetzgeber nach Art. 7 Abs. 3 B-VG auch frei, dem Grundrechtsträger überhaupt keine Wahlmöglichkeit zu belassen, die Verleihung der in Art. 7 Abs. 3 B-VG bezeichneten Namenszusätze also von vornherein in der sprachlichen Form vorzusehen, die dem Geschlecht des Trägers entspricht[382].

108
Verwendung von Namenszusätzen

Art. 7 Abs. 3 B-VG enthält keinen speziellen Gleichheitssatz im herkömmlichen Sinn. Denn diese Bestimmung trägt dem Gesetz- und Verordnungsgeber eine (sprachliche) Differenzierung weder auf, noch verbietet sie diese. Grundsätzlich dieselbe Wahlfreiheit ist durch Art. 7 Abs. 3 B-VG auch den Rechts-

109
Wahlfreiheit in der Sprachform

---

375 *Kucsko-Stadlmayer,* in: Korinek/Holoubek, Bundesverfassungsrecht (LitVerz.), Bd. II/1, Art. 7 Abs. 3 B-VG, RN 7.
376 *Kucsko-Stadlmayer* aaO., RN 17.
377 So auch *Rosenkranz* (FN 62), S. 135; a.A. *Siegmund-Ulrich,* Zur Ambivalenz des gleichen Rechts, ÖZP 1994, S. 151 (156).
378 *Kucsko-Stadlmayer* (FN 375), RN 9; der Verfassungsgerichtshof sieht die Zulässigkeit des geschlechtsneutralen Gebrauches der männlichen Sprachform als einen „die gesamte Rechtsordnung beherrschende[n] Grundsatz" an: VfSlg 13.373/1993; s. zu dieser Entscheidung auch *Siegmund-Ulrich* (FN 377), S. 156f.; *Novak* (FN 46), S. 704; *Rosenkranz* (FN 62), S. 132ff.
379 VfSlg 13.185/1992 („Haushaltsvorstand"), 14.606/1996 („Anwältin für Gleichbehandlungsfragen").
380 Dies betont auch der Verfassungsgerichtshof in: VfSlg 13.373/1993.
381 In diesem Sinne auch VfSlg 14.606/1996; s. auch *Kucsko-Stadlmayer* (FN 375), RN 9.
382 So auch *Kucsko-Stadlmayer* aaO., RN 17.

unterworfenen selbst eingeräumt. Art. 7 Abs. 3 B-VG billigt damit einerseits den überkommenen geschlechtsneutralen Gebrauch der männlichen Sprachform, andererseits akzeptiert er aber auch das von feministischer Seite vielfach geäußerte Bedürfnis nach einer geschlechtsspezifischen bzw. geschlechtsneutralen Sprache. Gesellschaftlich gesehen macht eine sogenannte „sprachliche Gleichbehandlung" die Präsenz von Frauen im öffentlichen und beruflichen Bereich sichtbar und verändert so auch Bewußtsein und Wertungen einer Gesellschaft[383]. Ob und wie sehr die Sprache neutralisiert bzw. „feminisiert" wird, bleibt nach Art. 7 Abs. 3 B-VG letztlich der Sprachgemeinschaft, insbesondere ihren weiblichen Mitgliedern überlassen. Auch der einfache Gesetzgeber kann sich um einen geschlechtsneutralen oder geschlechtsspezifischen Sprachgebrauch bemühen oder ihn sogar verlangen[384]: verfassungsrechtlich verpflichtet ist er dazu durch Art. 7 Abs. 3 B-VG aber nicht.

III. Ehegatten

110
Gleiche privatrechtliche Rechte

Art. 5 7. ZP EMRK garantiert in seinem ersten Satz Ehegatten untereinander und in den Beziehungen zu ihren Kindern gleiche Rechte und Pflichten privatrechtlicher Art hinsichtlich der Eheschließung, während der Ehe und bei Auflösung der Ehe. Dem zweiten Satz zufolge hindert diese Garantie die Staaten allerdings nicht, die im Interesse der Kinder notwendigen Maßnahmen zu treffen.

111
Spezielle Gleichheitsaspekte

Art. 5 7. ZP EMRK ist sowohl nach seinem persönlichen als auch nach seinem sachlichen Anwendungsbereich ein spezieller Gleichheitssatz: Er berechtigt erstens nur Ehegatten, nicht hingegen die Partner einer nichtehelichen Beziehung[385]. Zweitens bezieht er sich nur auf privatrechtliche Rechte und Pflichten, die mit der Eheschließung einhergehen, die während der Ehe bestehen oder bei deren Auflösung eintreten, dies auch, was die Beziehung der Ehegatten zu ihren Kindern betrifft[386]. Hinsichtlich dieser Rechte und Pflichten sind Ehegatten nach Art. 5 7. ZP EMRK prinzipiell gleich. Den Staat trifft damit zum einen die Pflicht, eine solche Gleichstellung durch positive Maßnahmen zu gewährleisten[387]; zum anderen wehrt Art. 5 7. ZP EMRK Ungleichbehandlungen seitens des Staates ab, und zwar nicht nur dann, wenn sie aufgrund des Geschlechts, sondern auch, wenn sie nach anderen Kriterien vorgenommen werden[388]. Dieses Ungleichbehandlungsverbot gilt allerdings nicht ausnahmslos: Wie sich schon aus dem zweiten Satz des Art. 5 7. ZP EMRK ergibt, kann eine Ungleichbehandlung von Ehegatten zunächst durch die Interessen der

---

383 *Kucsko-Stadlmayer* aaO., RN 4.
384 S. dazu m.w.N. *Kucsko-Stadlmayer* aaO., RN 2, 18 f.
385 S. auch *Gutknecht*, in: Korinek/Holoubek, Bundesverfassungsrecht (LitVerz.), Bd. III, Art. 5 7. ZP EMRK, RN 6.
386 Dazu *Gutknecht* aaO., RN 6; *Grabenwarter*, EMRK (LitVerz.), § 26 RN 20.
387 Dazu *Stolzlechner*, Art. 5 des 7. ZP EMRK – Lediglich ein „spezieller Gleichheitssatz" oder ein positives Gleichbehandlungsgebot?, ÖJZ 1996, S. 361 ff.; *Gutknecht* aaO., RN 5.
388 EKMR, E. v. 11. 7. 2000, Cernecki ./. Österreich, Appl. No. 31.061/96.

Kinder gerechtfertigt werden[389]. Darüber hinaus läßt die Judikatur eine Differenzierung aber auch aus anderen Gründen zu, sofern sie geeignet, erforderlich und im engeren Sinne verhältnismäßig ist, um diese Gründe zu befördern[390].

In der Judikatur des Verfassungsgerichtshofs hat Art. 5 7. ZP EMRK bislang erst zweimal eine Rolle gespielt, zunächst bei § 93 ABGB a.F., der bei einer Eheschließung den Mannesnamen zum gemeinsamen Familiennamen erklärte, wenn sich die Verlobten nicht auf den Namen der Frau einigten – der Verfassungsgerichtshof sah darin keine Verletzung des Art. 5 7. ZP EMRK, dies mit der Begründung, die Ehegatten hätten im System des § 93 ABGB gleiche Rechte und Pflichten privatrechtlicher Art hinsichtlich der Eheschließung[391]. Mit Art. 5 7. ZP EMRK vereinbar war nach Ansicht des Verfassungsgerichtshofs außerdem § 177 ABGB a.F., der ein gemeinsames Sorgerecht geschiedener oder dauernd getrennt lebender Ehegatten nicht zuließ[392]. Die Europäische Kommission für Menschenrechte bestätigte diese Entscheidung im Ergebnis, trat aber der Begründung des Verfassungsgerichtshofs insoweit entgegen, als dieser Art. 5 7. ZP EMRK nur als ein Verbot geschlechtsspezifischer Differenzierungen auffaßte[393].

112
Ungleichbehandlung von Ehegatten

IV. Behinderte

1. Benachteiligungsverbot

Nach Art. 7 Abs. 1 Satz 3 B-VG darf „[n]iemand [...] wegen seiner Behinderung benachteiligt werden". Diese Bestimmung wurde dem Art. 7 Abs. 1 B-VG im Jahr 1997 angefügt[394]. Sie orientiert sich ausweislich der Materialien[395] an dem wörtlich gleichlautenden Art. 3 Abs. 3 Satz 2 GG und ist wie dieser als ein spezieller Gleichheitssatz anzusehen.

113
Spezieller Gleichheitssatz

Anders als Art. 7 Abs. 1 Satz 1 B-VG ist diese Vorschrift nicht auf Staatsbürger beschränkt („Niemand"), sie berechtigt vielmehr auch Fremde. Der Begriff der „Behinderung" ist dabei weit zu verstehen[396]: Er umfaßt die Auswirkungen einer nicht nur vorübergehenden Funktionsbeeinträchtigung, die auf einem regelwidrigen, körperlichen, geistigen oder seelischen Zustand be-

114
Keine Beschränkung auf Staatsbürger

---

389 Dazu z.B. *EGMR*, Urt. v. 11.10.2001, Hoffmann ./. Deutschland, Serie A Nr. 255-C.
390 Siehe *EKMR*, E. v. 9.9.1998, Appl. No. 33.706/96, wonach es zulässig ist, die Nutzung eines im gemeinsamen Eigentum stehenden Hauses nach der Ehescheidung aus Gründen der Praktikabilität und unter Bedachtnahme auf die bisherigen Benützungsverhältnisse nur einem Ehegatten zuzuweisen; s. auch *Gutknecht* (FN 385), RN 7, 16.
391 *VfSlg* 13.661/1993.
392 *VfSlg* 14.301/1995.
393 *EKMR*, E. v. 11.7.2000, Cernecki ./. Österreich, Appl. No. 31.061/96.
394 BGBl I 1997/87.
395 AB 785 BlgNR 20. GP, 4.
396 So auch *Davy*, Der Gleichheitssatz des österreichischen Rechts und Menschen mit Behinderung, in: Iris Eisenberger u. a. (Hg.), FS Funk, 2003, S. 63 (69f.); *Krispl*, Diskriminierungsschutz, in: Hansjörg Hofer (Hg.), Alltag mit Behinderung, 2007, S. 299 (240).

ruhtÂ³â¹â·. DaÃ eine solche FunktionsbeeintrÃ¤chtigung von besonderer Schwere sein muÃ, ist â constitutione non distinguente â nicht anzunehmen³⁹⁸; dies ist auch sachgerecht, denn auch Menschen mit leichter Behinderung sind vor dem Risiko einer Diskriminierung nicht gefeit. Aus denselben GrÃ¼nden kÃ¶nnen auch korrigierte oder korrigierbare BeeintrÃ¤chtigungen³⁹⁹ aus dem Begriff der Behinderung nicht von vornherein ausgeschlossen werden⁴⁰⁰.

115
Benachteiligungsverbot

Art. 7 Abs. 1 Satz 3 B-VG wendet sich nicht schlechthin gegen Differenzierungen, die an das Merkmal der Behinderung anknüpfen. Er verbietet nur, daß Menschen aufgrund ihrer Behinderung „benachteiligt" werden. Eine solche Benachteiligung kann durch eine Ungleichbehandlung ebenso hervorgerufen werden wie durch eine schematische Gleichbehandlung, also eine Regelung, die auf behinderte Menschen keine Rücksicht nimmt und sich gerade deshalb im Effekt auf diese Personengruppe nachteilig auswirkt[401]. Art. 7 Abs. 1 Satz 3 B-VG kann den Gesetzgeber daher auch zu einer Ungleichbehandlung zwingen, soweit diese zur Abwendung einer Benachteiligung erforderlich ist.

116
Erhöhung der Rechtfertigungslast

Seinem Wortlaut nach schließt Art. 7 Abs. 1 Satz 3 B-VG die Benachteiligung Behinderter kategorisch aus: „Niemand darf wegen seiner Behinderung benachteiligt werden". Indes muß klar sein, daß nicht jede Norm, die an eine Behinderung unmittelbar eine nachteilige Rechtsfolge knüpft oder die im Ergebnis zu einer Verschlechterung der Situation Behinderter führt, zwingend mit Art. 7 Abs. 1 Satz 3 B-VG in Widerspruch geraten kann. Daß etwa blinde Menschen keinen Führerschein erwerben können, muß weiterhin zulässig sein[402]. Wohl in diesem Sinn stellen auch die Materialien fest, daß der „innere Gehalt" des allgemeinen Gleichheitssatzes durch Art. 7 Abs. 1 Satz 3 B-VG „nicht verändert" wird; diese Bestimmung solle nur „zusätzlich bekräftig[en]", daß der Verfassungsgerichtshof auch eine Ungleichbehandlung von behinderten Menschen immer auf ihre sachliche Rechtfertigung zu überprüfen hat[403]. Soll die eigenständige Statuierung des Art. 7 Abs. 1 Satz 3 B-VG neben dem allgemeinen Gleichheitssatz sinnvoll sein, dann müssen Vorschriften, die unmittelbar oder auch nur im Ergebnis zu einer Benachteiligung behinderter Menschen führen, allerdings einer erhöhten Rechtfertigungslast

---

397 In diesem Sinne wird auch der Begriff der Behinderung in Art. 3 Abs. 3 Satz 2 GG überwiegend verstanden: s. *BVerfGE 96*, 288 (301); *Jürgens*, Grundrecht für Behinderte, NVwZ 1995, S. 452; *Heun*, in: H. Dreier, GG (LitVerz.), Art. 3 RN 135 und dort FN 756; *Osterloh*, in: Sachs, GG (LitVerz.), RN 309; *Starck*, in: v. Mangoldt/Klein/ders., GG (LitVerz.), Art. 3 RN 418.
398 Ebenso *Davy* (FN 396), S. 69.
399 Etwa die Sehschwäche, die durch eine Brille, oder die Schwerhörigkeit, die durch ein Hörgerät behoben wird.
400 So auch *Davy* (FN 396), S. 69.
401 S. auch *Davy* aaO., S. 82 f.; s. weiters VfSlg 16.350/2001: Die Annahme, Sondernotstandshilfe könne nur bei Arbeits- bzw. Berufsfähigkeit zuerkannt werden, ist gleichheitswidrig, weil sie dazu führt, daß einer zu 100 v.H. erwerbsunfähigen, behinderten Person die Sondernotstandshilfe versagt werden muß.
402 S. auch VfSlg 9997/1984: Wenn Personen, denen ein Auge fehlt oder die auf einem Auge praktisch blind sind, das Lenken eines Kraftfahrzeuges der Gruppe E (wegen des dafür erforderlichen Tiefenschätzvermögens) generell untersagt wird, so ist dies gleichheitsrechtlich unbedenklich.
403 AB 785 BlgNR 20. GP 4.

unterliegen[404]. Art. 7 Abs. 1 Satz 3 B-VG vermittelt somit ein Prima-facie-Recht, nicht aufgrund seiner Behinderung benachteiligt zu werden. Eingriffe in dieses Recht sind nur zulässig, wenn sie zur Erreichung eines gewichtigen Zieles geeignet, erforderlich und im engeren Sinne verhältnismäßig sind. Die Vermeidung einer Benachteiligung aufgrund der Behinderung kann durchaus mit Kosten verbunden sein, die die Allgemeinheit zu tragen hat, setzt also *Solidarität* voraus. Was dem einzelnen und der Gesellschaft als ganzer in dieser Hinsicht abverlangt werden kann, ist eine Wertungsfrage, die der Wortlaut des Art. 7 Abs. 1 Satz 3 B-VG nicht definitiv beantwortet; er gibt nur die Richtung der Argumentation vor: Solidarität ist zur Vermeidung von Benachteiligungen prima facie geboten, ihre Verweigerung bedarf einer Rechtfertigung, die erst dann erbracht ist, wenn die Kosten der Nichtbenachteiligung schwerer wiegen als der Nachteil selbst.

Prima-facie-Recht

2. Gleichbehandlung im täglichen Leben

Gemeinsam mit dem Verbot, Menschen wegen ihrer Behinderung zu benachteiligen, wurde dem Art. 7 Abs. 1 B-VG im Jahr 1997 noch ein vierter Satz angefügt, der lautet: „Die Republik (Bund, Länder und Gemeinden) bekennt sich dazu, die Gleichbehandlung von behinderten und nichtbehinderten Menschen in allen Bereichen des täglichen Lebens zu gewährleisten". Während Art. 7 Abs. 1 Satz 3 B-VG behinderten Menschen ein subjektives Recht vermittelt, ist der anschließende vierte Satz nur eine Staatszielbestimmung, die die Gebietskörperschaften zwar auf das Ziel der Gleichbehandlung in allen Lebensbereichen festlegt, den Betroffenen aber gerade kein subjektives Recht verschafft[405].

117
Staatszielbestimmung

Indem Art. 7 Abs. 1 Satz 3 B-VG *nur* die Benachteiligung Behinderter verbietet, ermächtigt er den einfachen Gesetzgeber dazu, Behinderte zu bevorzugen. Diese Ermächtigung bezieht sich nicht nur auf jene Begünstigungen, die erforderlich sind, um unzulässige Benachteiligungen abzuwenden; sie erfaßt vielmehr auch die Einräumung von Vorteilen, die durch Art. 7 Abs. 1 Satz 3 B-VG gerade nicht geboten ist. Anders als die Benachteiligung bedarf die Bevorzugung Behinderter daher keiner „Rechtfertigung"; sie ist vielmehr schon durch die faktisch schlechtere Ausgangslage behinderter Menschen begründbar und erfährt durch die Staatszielbestimmung des Art. 7 Abs. 1 Satz 4 B-VG noch zusätzliche Legitimation[406]. Das bedeutet aber weder, daß die Einräumung solcher Vorteile überhaupt nicht mehr am allgemeinen

118
Legislatorische Privilegierung Behinderter

---

404 S. auch *Krispl* (FN 396), S. 232. In diesem Sinne wird überwiegend auch Art. 3 Abs. 3 Satz 2 GG verstanden, s. etwa *BVerfGE 96*, 288; *G. Jürgens* (FN 397), S. 452 f.; *Heun*, in: H. Dreier, GG (LitVerz.), Art. 3 RN 137; *Andreas Jürgens*, Der Diskriminierungsschutz im Grundgesetz, DVBl. 1997, S. 410 (412); *Osterloh* (FN 296), RN 314 ff.
405 S. auch *Berka*, Die Grundrechte (LitVerz.), RN 964; *ders.*, in: Rill/Schäffer, Bundesverfassungsrecht (LitVerz.), Art. 7 B-VG, RN 93 f.; *Davy* (FN 396), S. 71; *Öhlinger*, Verfassungsrecht (LitVerz.), RN 102.
406 S. auch *VfSlg* 16.746/2002, wonach eine Regelung, die auf die Gleichbehandlung von behinderten und nichtbehinderten Menschen abzielt, im öffentlichen Interesse erwünscht ist.

Gleichheitssatz gemessen werden könnte, noch daß der Gesetzgeber dabei von der Beachtung der übrigen Verfassung entbunden wäre[407].

V. Finanzausgleich

119
Orientierung an Lastenadäquanz und Leistungsfähigkeit

Nach § 2 F-VG tragen die Gebietskörperschaften den Aufwand, der sich aus der Besorgung ihrer Aufgaben ergibt, grundsätzlich selbst, sofern nicht die zuständige Gesetzgebung anderes bestimmt. Die Verteilung der Besteuerungsrechte und Abgabenerträge zwischen Bund und Ländern (Gemeinden) trifft nach § 3 F-VG der Bundesgesetzgeber, der den genannten Gebietskörperschaften außerdem aus allgemeinen Bundesmitteln Finanzzuweisungen für ihren Verwaltungsaufwand überhaupt und Zuschüsse für bestimmte Zwecke gewähren kann. Die solcherart in § 2 und § 3 F-VG vorgegebene Verteilung von Ausgaben und Einnahmen soll sich nach § 4 F-VG an zwei Parametern ausrichten: Der Finanzausgleich hat einerseits „in Übereinstimmung mit der Verteilung der Lasten der öffentlichen Verwaltung zu erfolgen" und andererseits „darauf Bedacht zu nehmen, daß die Grenzen der Leistungsfähigkeit der beteiligten Gebietskörperschaften nicht überschritten werden".

120
Sachlichkeitsgebot im Finanzausgleichsrecht

§ 4 F-VG ist nach der Judikatur Ausdruck eines „allgemeinen Sachlichkeitsgebotes (Gerechtigkeitsgebotes) im Bereich des finanzausgleichsrechtlichen Regelungssystems"[408]. Tatsächlich finden die beiden Verteilungsparameter des § 4 F-VG – Lastenadäquanz und Leistungsfähigkeit – auch gewisse Anklänge in der Rechtsprechung zu Art. 7 Abs. 1 B-VG, so, wenn der Verfassungsgerichtshof meint, die Besoldung der Beamten müsse im großen und ganzen in einem angemessenen Verhältnis zu ihren Dienstpflichten stehen[409], oder wenn er annimmt, die Einkommensteuer habe sich nach der Leistungsfähigkeit des Besteuerten zu richten[410]. Vereinfacht gesprochen drücken diese beiden Judikaturlinien aus, was auch § 4 F-VG bestimmt: Zuwendungen (Einnahmen) müssen sich an den Pflichten und Aufgaben orientieren, die jemandem auferlegt sind; Belastungen (Ausgaben) an seiner Leistungsfähigkeit.

121
Beträchtlicher legislatorischer Gestaltungsspielraum

Vermutung sachgerechter Systembildung

Diese beiden Leitlinien belassen dem Gesetzgeber nach der Judikatur freilich noch immer einen beträchtlichen Gestaltungsspielraum. Auszugehen ist nach Ansicht des Verfassungsgerichtshofs zunächst davon, daß der Finanzausgleich einen Interessenausgleich zum Ausdruck bringen soll und daher als Einheit zu betrachten und zu beurteilen ist; eine isolierte Sachlichkeitsprüfung einzelner Normen komme bei einem derart komplexen Regelungsgefüge grundsätzlich nicht in Betracht[411]. Ein sachgerechtes System des Finanzausgleiches setzt, wie der Verfassungsgerichtshof weiter annimmt, schon im Vorfeld eine Kooperation, insbesondere eine Beratung zwischen den Gebietskörperschaf-

---

407 Näher *Pöschl* (FN 15), S. 695 ff.
408 *VfSlg* 9280/1981, 10.633/1985, 16.849/2003; zur Judikatur insgesamt s. *Ruppe*, in: Korinek/Holoubek, Bundesverfassungsrecht (LitVerz.), Bd. IV, § 4 F-VG.
409 S. oben A IV 3 h, RN 75.
410 Dazu oben A IV 3 c, RN 62.
411 *VfSlg* 15.039/1997.

ten voraus. Wird dabei ein *Einvernehmen* erzielt, dann hat ein danach ausgerichteter Finanzausgleich die Vermutung für sich, den Voraussetzungen des § 4 F-VG zu entsprechen. Diese Vermutung ist nach der Judikatur allerdings widerlegbar, so, wenn die Verhandlungspartner von verfehlten Prämissen ausgegangen sind, wenn die Interessen eines Partners geradezu willkürlich ignoriert oder mißachtet worden sind oder wenn einzelne Bestimmungen des Finanzausgleichs zueinander in einem sachlich nicht rechtfertigbaren Widerspruch stehen[412] – auch diese Kriterien erinnern an die Judikatur zum allgemeinen Gleichheitssatz, näherhin an jene Gründe, die einen verwaltungsbehördlichen Bescheid mit Willkür belasten[413].

Haben vor einem Finanzausgleich *keine Verhandlungen* stattgefunden oder haben sie in einzelnen Punkten nicht zu einem Einvernehmen geführt, so bedeutet dies nur, daß der sodann beschlossene Finanzausgleich keine Richtigkeitsgewähr für sich hat. Ein Widerspruch zu § 4 F-VG ist daraus allein aber noch nicht abzuleiten; ob die Anforderungen dieser Bestimmung erfüllt sind, ist vielmehr im konkreten Fall gesondert zu prüfen[414]. Beachtlich ist dabei auch, ob einer der Verhandlungspartner seine Zustimmung zum Ergebnis der Verhandlungen verweigert hat, freilich nur, wenn dies aus Gründen geschah, die nicht ohne weiteres zu vernachlässigen sind; Weigerungsgründe, die mit dem Gegenstand der Verhandlungen nicht oder nur entfernt zusammenhängen, indizieren die Unsachlichkeit der Verhandlungsergebnisse hingegen nicht[415].

122
Fehlende Richtigkeitsgewähr

Wird ein Finanzausgleich schließlich während seiner Laufzeit *geändert*, so kann dies nach der Judikatur das Gesamtsystem schwerwiegend stören und deshalb in Widerspruch zu § 4 F-VG geraten: Überraschende und einschneidende Änderungen könnten nämlich für Gebietskörperschaften mit einem derart gravierenden finanziellen Verlust verbunden sein, daß die Neuregelung ihrerseits dem Gebot des § 4 F-VG widerspricht[416]; eine solche Änderung bedarf daher jedenfalls einer sachlichen Rechtfertigung[417], die im Fall einer Paktierung wiederum zu vermuten, sonst im konkreten Fall durch geeignete Gründe beizubringen ist. Auch dieser Gedanke ist dem Grunde nach aus der Rechtsprechung zum allgemeinen Gleichheitssatz geläufig, er erinnert an die – kurz vorher entwickelte – Vertrauensschutzjudikatur, die den einzelnen vor schwerwiegenden und plötzlich eintretenden Eingriffen in Rechtspositionen schützt, auf deren Bestand er mit guten Gründen vertrauen konnte[418].

123
Rechtfertigungserfordernis bei Änderungen

Vertrauensschutz

---

412 *VfSlg* 12.505/1990, 16.849/2003, 17.603/2005.
413 S. oben A V 1 d, RN 82 f.
414 *VfSlg* 15.039/1997.
415 *VfSlg* 14.262/1995, sowie *Ruppe* (FN 408), RN 10.
416 *VfSlg* 12.505/1990, 15.039/1997, 15.681/1999, 17.603/2005.
417 *VfSlg* 15.681/1999.
418 S. oben A IV 3 e, RN 64.

C. Bibliographie

Berchtold, Klaus, Der Gleichheitssatz in der Krise?, in: Manfred Nowak/Dorothea Steurer/Hannes Tretter (Hg.), FS Ermacora, 1988, S. 327 ff.
Berger, Maria, Die Gleichheit von Mann und Frau in Österreich, EuGRZ 1983, S. 614 ff.
Bernegger, Sabine, Der (allgemeine) Gleichheitsgrundsatz (Art. 7 B-VG, Art. 2 StGG) und das Diskriminierungsverbot gemäß Art. 14 EMRK, in: Machacek/Pahr/Stadler (LitVerz.), Bd. III, 1997, S. 709 ff.
Gassner, Wolfgang, Gleichheitssatz und Steuerrecht, Institut für Finanzwissenschaft und Steuerrecht, Heft 64, 1970.
Hiesel, Martin, Gleichheitssatz, verfassungsrechtliche Grundordnung und das Erkenntnis VfSlg. 15.373/1998, ÖJZ 2000, S. 281 ff.
Holoubek, Michael, Die Sachlichkeitsprüfung des allgemeinen Gleichheitsgrundsatzes, ÖZW 1991, S. 72 ff.
ders., Verfassungsrechtlicher Vertrauensschutz gegenüber dem Gesetzgeber, in: Machacek/Pahr/Stadler (LitVerz.), Bd. III, 1997, S. 795 ff.
ders., „Inländerdiskriminierung" im Wirtschaftsrecht, in: Josef Aicher/ders./Karl Korinek (Hg.), Gemeinschaftsrecht und Wirtschaftsrecht, 2000, S. 159 ff.
Klemenz, Claudia, Die Judikatur des VfGH zum Gleichheitssatz und zum Recht auf ein Verfahren vor dem gesetzlichen Richter, 1987.
Kneucker, Raoul/Welan, Manfried, Zur Entwicklung des Gleichheitsgrundsatzes in Österreich, ÖZP 1975, S. 5 ff.
Korinek, Karl, Gedanken zur Bindung des Gesetzgebers an den Gleichheitsgrundsatz nach der Judikatur des Verfassungsgerichtshofes, in: Heinz Schäffer (Hg.), FS Melichar, 1983, S. 39 ff.
ders., Der gleichheitsrechtliche Gehalt des BVG gegen rassische Diskriminierung, in: FS Rill, 1995, S. 183 ff.
Mayr, Clemens, Haftung für Abgabenverbindlichkeiten Dritter, ÖZW 2001, S. 102 ff.
Pöschl, Magdalena, Probleme des Gleichheitssatzes aus österreichischer Sicht, in: Detlef Merten/Hans-Jürgen Papier (Hg.), Grundsatzfragen der Grundrechtsdogmatik, 2007, S. 101 ff.
dies., Gleichheit vor dem Gesetz, 2008.
Rack, Reinhard/Wimmer, Norbert, Das Gleichheitsrecht in Österreich, EuGRZ 1983, S. 597 ff.
Sachs, Michael, Der Geltungsverlust des Art. 7 Abs. 1 Satz 2 B-VG, ZÖR 1985, S. 305 ff.
Somek, Alexander, Rationalität und Diskriminierung, 2001.
Sporrer, Anna, Die Gleichheit von Frauen und Männern in Österreich, in: Machacek/Pahr/Stadler (LitVerz.), Bd. III, 1997, S. 901 ff.
Stoll, Gerold, Das Sachgesetzlichkeitsprinzip als Ausformung des Gleichheitsgrundsatzes, ÖStZ 1989, S. 188 ff.
Tipke, Klaus, Zur Methode der Anwendung des Gleichheitssatzes unter besonderer Berücksichtigung des Steuerrechts, in: Werner Doralt/Wolfgang Gassner/Eduard Lechner (Hg.), FS Stoll, 1990, S. 229 ff.
Walter, Robert, Gleichheitsgrundsatz und Schadenersatzrecht, ZVR 1979, S. 33 ff.
Zellenberg, Ulrich, Gleichheitssatz und Inlandsmarktdiskriminierung, ÖJZ 2000, S. 441 ff.

2. Der Einzelne in Staat und Gemeinschaft

§ 193
Religiöse Rechte

Georg Lienbacher

Übersicht

	RN		RN
A. Glaubens-, Gewissens- und Weltanschauungsfreiheit	1–45	b) Freiheitsbeschränkungen durch die Vollziehung	42
I. Entwicklung und Bedeutung der Freiheiten	1–13	III. Das Grundrecht auf Wehrdienstverweigerung	43–45
II. Die Glaubens-, Gewissens- und Weltanschauungsfreiheit	14–42	B. Freiheit der Kirchen, Religionsgesellschaften und Religionsgemeinschaften	46–62
1. Die Rechtsgrundlagen und deren Verhältnis zueinander	14–17	I. Parität und Neutralität im säkularen Staat	46–47
2. Die Gewissensfreiheit – Freiheit zur Bildung religiöser Überzeugungen und von Weltanschauungen	18–25	II. Staatlich anerkannte Kirchen und Religionsgesellschaften	48–58
		1. Die gesetzliche Anerkennung	49–53
3. Die Kultusfreiheit – Freiheit zur Ausübung von religiösen Überzeugungen und von Weltanschauungen	26–32	2. Die Rechtsfolgen der gesetzlichen Anerkennung	54–58
		III. Gesetzlich nicht anerkannte Religionsgemeinschaften	59–62
4. Freiheitsbeschränkungen durch Gesetzgebung und Vollziehung	33–42	1. Bekenntnisgemeinschaften	60–61
		2. Religionsgemeinschaften in der Rechtsform des ideellen Vereins	62
a) Freiheitsbeschränkungen durch die Gesetzgebung	33–41	C. Bibliographie	

A. Glaubens-, Gewissens- und Weltanschauungsfreiheit

I. Entwicklung und Bedeutung der Freiheiten

1
Überwindung der Religionsstreitigkeiten

Die religiösen Freiheiten entspringen im wesentlichen der Überwindung der durch die Reformation herbeigeführten Religionsstreitigkeiten im Heiligen Römischen Reich deutscher Nation. Durch den Augsburger Religionsfrieden vom 29. September 1555 wurde in Einigkeit über die Notwendigkeit eines modus vivendi für das Nebeneinander der alten und der neuen Konfession nicht nur das Augsburger Bekenntnis der Lutheraner neben dem Katholizismus reichsrechtlich anerkannt, sondern auch das Recht der Reichsstände begründet, sich für eine der beiden Konfessionen zu entscheiden und als Landesherr damit die Konfession ihrer Untertanen zu bestimmen[1]. Der sich aus diesem Prinzip – vom Lutheraner *Joachim Stephani* 1604 auf die Formel „cuius regio, eius est religio" gebracht – ergebende Religionszwang (ius reformandi) wurde durch ein Recht zur Auswanderung (ius emigrationis) relativiert. Dieses ermöglichte den Untertanen, wenngleich unter schwierigsten Bedingungen, an einer anderen Konfession als der des Landesherrn festzuhalten. Darin kann der erste Ansatz einer Religionsfreiheit gesehen werden.

ius reformandi und ius emigrationis

2
Aufhebung der Konfessionseinheit

Hatte der Augsburger Religionsfriede die Religionsverfassung des Reiches bestimmt, festigte und erweiterte der Westfälische Friede von 1648 dieselbe. Durch die Aufhebung des reichsrechtlich verankerten Prinzips der Konfessionseinheit der Länder wurde der Religionszwang der Landesherren aufgegeben. Diese mußten andersgläubige Untertanen, die sich zu einer der beiden reichsrechtlich anerkannten Konfessionen bekannten, im Lande dulden, sofern sie ihre Konfession im sogenannten Normaljahr 1624 ausgeübt hatten[2]. Der Westfälische Friede behielt die öffentliche Religionsausübung in Kirchen und mit staatlich autorisierten Geistlichen der im Land dominierenden Konfession vor, gewährte aber den zu duldenden Andersgläubigen die private Religionsausübung in Bethäusern und mit privaten Predigern[3].

3
Gegenreformation

In Österreich führte die katholische Gegenreformation zunächst zur Einschränkung und unter *Ferdinand II.* zur Beseitigung der Rechte der Protestanten. Im wesentlichen kam es zu einem neuerlichen Religionszwang – verbunden mit dem ius emigrationis –, wie er vor dem Westfälischen Frieden bestanden hatte. Erst unter *Karl VI.* wurde das ius emigrationis entschärft. Seit 1734 waren Protestanten nicht mehr verpflichtet, auszuwandern. Um ihre Arbeitskraft dem Staat zu erhalten, wurden sie innerhalb der Habsburger Monarchie zwangsweise umgesiedelt. Minderjährige mußten aber in der Hei-

---

1 S. *Rudolf Hoke*, Österreichische und Deutsche Rechtsgeschichte, ²1996, S. 176 ff. Zu den entstehungsgeschichtlichen Aspekten vgl. auch → Bd. IV: *Muckel*, Schutz von Religion und Weltanschauung, § 96 RN 1 ff.
2 Instrumentum pacis Caesareo-Suecium Osnabrugense, 14. –24. Oktober 1648, Art. V § 31 f; abgedruckt bei *Rudolf Hoke/Ilse Reiter* (Hg), Quellensammlung zur Österreichischen und Deutschen Rechtsgeschichte, 1993, S. 221.
3 Instrumentum pacis Caesareo-Suecium Osnabrugense, aaO., Art. V § 34.

mat zurückgelassen werden, wo sie katholisch erzogen wurden. Mit dem Verbot dieser sogenannten Transmigrationen und dem damit einhergehenden Verzicht auf die Durchsetzung des Reformationsrechts im Jahr 1774 durch Kaiser *Joseph II.*, Mitregent von Kaiserin *Maria Theresia*, kündigte sich bereits dessen Toleranzgesetzgebung an[4]. Abweichend davon wurde beispielsweise im damals selbständigen Nachbarstaat der Habsburger Monarchie, dem Fürsterzbistum Salzburg, zur Zeit der Gegenreformation Protestantenvertreibung in großem Stil betrieben. Fürsterzbischof *Leopold Anton Freiherr von Firmian* (1727 bis 1744) ging mit großer Härte gegen die Protestanten vor und ließ rund 20 000 Bauern aus den Gebirgsgauen vertreiben, die nach Ostpreußen, Holland und Georgia in Nord-Amerika zogen[5].

<small>Verbot der Transmigration</small>

Maßgeblich beeinflußt vom aufgeklärten Absolutismus zielte die Toleranzgesetzgebung Kaiser *Josephs II.* darauf ab, die Benachteiligungen der nichtkatholischen Bevölkerung zu verringern[6]. Mit dem Toleranzpatent vom 13. Oktober 1781[7] wurde den Protestanten beider Bekenntnisse – den Lutheranern des Augsburger und den Calvinisten des Helvetischen (reformierten) Bekenntnisses – sowie den nichtunierten (orthodoxen) Griechen, allesamt als Akatholiken bezeichnet, vorbehaltlich regionaler Sonderbestimmungen das Recht der privaten Religionsausübung eingeräumt. Das Recht der öffentlichen Religionsausübung blieb Katholiken und den ihnen gleichgestellten unierten Griechen vorbehalten. Außerdem wurde Akatholiken gestattet, auf eigene Kosten nicht als Kirchen erkennbare Bethäuser (also ohne öffentlichen Eingang von der Straße, ohne Turm oder Glocke) und Schulen zu errichten sowie Geistliche und Lehrer zu bestellen. Akatholiken waren weder gezwungen, Prozessionen der „dominanten Religion" beizuwohnen noch im Rahmen dieser irgendwelche Funktionen zu übernehmen. Mit der damit ansatzweise verwirklichten konfessionellen Anerkennung eines eingeschränkten Kreises von Konfessionen war auch eine staatsbürgerliche Besserstellung verbunden. Akatholiken wurden mit Dispens vom Kreisamt zum Staatsdienst, zu akademischen Graden, zum Meisterrecht und zum Bürgerrecht zugelassen und durften nun Haus- und Grundbesitz erwerben. Die mit dem Patent vom 2. Jänner 1782[8] eingeleitete Judenemanzipation führte zu einer beträchtlichen Verbesserung der Rechtsstellung der Juden, aber nicht zur Gleichstellung mit Akatholiken. Den Juden wurde zwar das Recht zur privaten Religionsausübung eingeräumt, nicht aber beispielsweise das Recht zur Errichtung von Bethäusern. Allen übrigen Religionsgemeinschaften wurden keine Rechte gewährt. Das von Kaiser *Joseph II.* geschaffene System blieb im Kern bis 1848

<small>**4**
Toleranzgesetzgebung Josephs II.</small>

<small>Staatsbürgerliche Besserstellung</small>

---

[4] *Hoke* (FN 1), S. 213 ff. und 243 ff.
[5] S. z. B. *Putzer*, Der konfessionsrechtliche Hintergrund der Salzburger Protestantenemigration 1731/32, in: Österreichisches Archiv für Kirchenrecht 33 (1982), H. 1/3, S. 15 ff.; *dens.*, Das Wesen des Rechtsbruches von 1731/32 und Zweihundertfünfzig Jahre und ein Jahr danach: Mitteilungen der Gesellschaft für Salzburger Landeskunde, 122 (1982), S. 295 ff.; beide Beiträge jeweils m.w.N.
[6] *Hoke* (FN 1), S. 267 f., und *Hugo Schwendenwein*, Österreichisches Staatskirchenrecht, 1992, S. 17 ff.
[7] Auszüge abgedruckt bei *Hoke/Reiter* (FN 2), S. 317 f; s. ferner *Landau*, Zu den geistigen Grundlagen des Toleranzpatents Kaiser Josephs II., ÖAKR 1981, S. 187 ff.
[8] Patent vom 2. Jänner 1782.

erhalten, wurde teilweise aber weiter abgemildert. Beispielsweise wurde Minderjährigen über achtzehn Jahren ermöglicht, auch gegen den Willen der Eltern einen Religionswechsel vorzunehmen[9].

5
Revolution 1848

Die Revolution von 1848 wollte die Einschränkungen im bisherigen System beseitigen. Die von Kaiser *Ferdinand I.* am 25. April 1848 erlassene *Pillersdorff*sche Verfassung[10] gewährte gemäß Artikel 17 in Verbindung mit Artikel 21 jedermann – Staatsbürgern und Fremden – die volle Glaubens- und Gewissensfreiheit und verpflichtete gemäß Artikel 27 zur „Beseitigung der in einigen Theilen der Monarchie noch gesetzlich bestehenden Verschiedenheiten der bürgerlichen und politischen Rechte einzelner Religions-Confessionen". Artikel 31 garantierte allen gesetzlich anerkannten christlichen Glaubensbekenntnissen und dem „israelischen Cultus" die „freye Ausübung des Gottesdienstes", womit die individualrechtlichen Garantien um eine kollektive Komponente ergänzt wurden.

6
Kremsierer Verfassungsentwurf

Der vom Kremsierer Reichstag als verfassungsgebender Versammlung erarbeitete zweiteilige Verfassungsentwurf, dessen erster Teil, der Grundrechtskatalog[11], am 12. Dezember 1848 fertiggestellt worden war, wurde zwar nie geltendes Verfassungsrecht, erlangte aber trotzdem maßgebliche Bedeutung für die Verfassungs- und Grundrechtsentwicklung in Österreich[12]. Die §§ 13, 14 und 16 des Entwurfs gewährleisteten jedem Staatsbürger die Freiheit des Glaubens und der öffentlichen Religionsausübung, die Freiheit von staatlichem Zwang zu religiösen Handlungen oder Feierlichkeiten sowie die Gleichheit vor dem Gesetz unabhängig von der Religion. Auch wenn § 14 des Entwurfs die Gleichberechtigung der Kirchen und Religionsgesellschaften anordnete und das Verhältnis zwischen Staat und Kirche gemäß § 15 des Entwurfs durch besondere Gesetze zu regeln war, enthielt der Entwurf keine kollektiven Garantien[13].

7
Grundrechtspatent der Märzverfassung

Das Grundrechtspatent[14] der oktroyierten Märzverfassung von 1849[15] garantierte jedermann die volle Glaubensfreiheit und das Recht zur privaten Religionsausübung. Zur Ergänzung dieser individuellen Rechte wurden den gesetzlich anerkannten Kirchen und Religionsgesellschaften in § 2 des Patents das Recht der gemeinsamen, öffentlichen Religionsausübung sowie die Selbstverwaltung in eigenen Angelegenheiten eingeräumt, ihnen damit Kor-

---

9 S. den Erlaß des Ministers des Innern (RGBl 1847/107).
10 Allerhöchstes Patent vom 25. April 1848 (PGS 1848/49). Die Verfassung ist nie vollständig in Kraft getreten.
11 Extrablatt der Abendbeilage der Wiener Zeitung v. 23.12.1848.
12 *Mayer-Maly*, Die Grundrechte des religiösen Lebens in der österreichischen Verfassungsgeschichte des 19. Jahrhunderts, ÖAKR 1954, S. 38.
13 S. aber die Minderheitenvoten zu den §§ 14 und 15 des Entwurfs. *Alfred Fischel*, Die Protokolle des Verfassungsausschusses über die Grundrechte. Ein Beitrag zur Geschichte des österreichischen Reichstags vom Jahre 1848, 1912, S. 115 ff.
14 Kaiserliches Patent vom 4.3.1849 über die, durch die constitutionelle Staatsform gewährleisteten politischen Rechte (RGBl 1849/151).
15 Kaiserliches Patent vom 4.3.1949, die Reichsverfassung für das Kaisertum Österreich enthaltend (RGBl 1849/150).

porationsstatus und Rechtspersönlichkeit gewährt. Auch wenn das zweite Silvesterpatent von 1851[16] das Grundrechtspatent außer Kraft setzte, wurde darin „ausdrücklich" erklärt, daß „Wir jede in den [...] Kronländern gesetzlich anerkannte Kirche und Religionsgesellschaft in dem Rechte der gemeinsamen öffentlichen Religionsübung, dann in der selbständigen Verwaltung ihrer Angelegenheiten, ferner im Besitze und Genusse der für ihre Cultus-, Unterrichts- und Wohlthätigkeits-Zwecke bestimmten Anstalten, Stiftungen und Fonde erhalten und schützen wollen, wobei dieselben den allgemeinen Staatsgesetzen unterworfen bleiben". Damit blieben die korporationsrechtlichen Garantien erhalten. Mit dem Konkordat 1855[17] wurde das Prinzip der Gleichbehandlung der gesetzlich anerkannten Kirchen und Religionsgemeinschaften aufgegeben und die Katholische Kirche bevorzugt. Dieses „Bündnis von Thron und Altar" war Reaktion auf die Wirren der Revolution 1848 und Ausfluß des Neoabsolutismus.

Silvesterpatent von 1851

Konkordat von 1855

Mit dem Staatsgrundgesetz über die allgemeinen Rechte der Staatsbürger (StGG)[18] wurde in Österreich 1867 erstmals ein Grundrechtskatalog geltendes Verfassungsrecht, der heute noch in Kraft ist. Art. 14 des StGG gewährleistet jedermann die volle Glaubens- und Gewissensfreiheit sowie die Freiheit von staatlichem Zwang zu kirchlichen Handlungen oder Feierlichkeiten, sofern nicht ein Unterordnungsverhältnis unter die gesetzlich zulässige Gewalt eines anderen besteht. Der Genuß der bürgerlichen und politischen Rechte ist unabhängig vom Religionsbekenntnis. Den staatsbürgerlichen Pflichten darf dabei aber „kein Abbruch" geschehen. Gesetzlich anerkannten Kirchen und Religionsgesellschaften garantiert Art. 15 StGG das Recht der gemeinsamen öffentlichen Religionsausübung sowie die Selbstverwaltung in eigenen Angelegenheiten. Schließlich räumt Art. 16 StGG den Anhängern gesetzlich nicht anerkannter Kirchen und Religionsgesellschaften das Recht zur häuslichen Religionsausübung ein, sofern diese weder gesetz- noch sittenwidrig ist. In Ausführung der Dezemberverfassung wurden im Mai 1868 mehrere staatskirchenrechtliche, als „Maigesetze 1868" bezeichnete Gesetze erlassen. Dazu gehörten ein Ehegesetz[19], das Gesetz über das Verhältnis von Schule und Kirche[20] und das Gesetz über die interkonfessionellen Verhältnisse[21]. Damit wurde der Weg zur Einrichtung eines staatskirchenrechtlichen

8
Staatsgrundgesetz von 1867

„Maigesetze 1868"

---

16 Kaiserliches Patent, womit das Patent vom 4. März 1849 (Nr. 151 des R.G.B.) außer Gesetzeskraft gesetzt wird, v. 31.12.1851 (RGBl 1852/3).
17 Vgl RGBl 1855/195.
18 Staatsgrundgesetz vom 21.12.1867 über die allgemeinen Rechte der Staatsbürger (RGBl 1867/142).
19 Gesetz vom 25.5.1868, wodurch die Vorschriften des zweiten Hauptstückes des allg. bürgerl. Gesetzbuches über das Eherecht für Katholiken wiederhergestellt, die Gerichtsbarkeit in Ehesachen der Katholiken den weltlichen Gerichtsbehörden überwiesen und Bestimmungen über die bedingte Zulässigkeit der Eheschließung vor weltlichen Behörden erlassen werden (RGBl 1868/47).
20 Gesetz vom 25.5.1868, wodurch grundsätzliche Bestimmungen über das Verhältnis der Schule zur Kirche erlassen werden (RGBl 1868/48), das heute abgeändert noch in Geltung steht.
21 Gesetz vom 25.5.1868, wodurch die interkonfessionellen Verhältnisse der Staatsbürger in den darin angegebenen Beziehungen geregelt werden (RGBl 1868/69), das heute abgeändert noch in Geltung steht. S. dazu *Schwendenwein*, Staatskirchenrecht (FN 6) S. 33ff. m.w.N.

§ 193   Dreizehnter Teil: II. Einzelgrundrechte

"Maigesetze 1874"

Systems beschritten, welcher nach der Kündigung[22] des Konkordats 1855 infolge des I. Vatikanischen Konzils[23] mit den Maigesetzen 1874 fortgesetzt wurde. Zu den Maigesetzen 1874 sind das Katholikengesetz[24], das Religionsfondsgesetz[25] und das Gesetz betreffend die Anerkennung von Religionsgesellschaften[26] zu zählen[27]. Neben den schon genannten Anerkennungen durch die verschiedenen Toleranzakte kam es bis zum Ende der Monarchie zu weiteren Anerkennungen bzw. zur Erlassung neuer rechtlicher Grundlagen für

Weitere Anerkennungen von Religionsgesellschaften

schon vor 1867 anerkannte Religionsgesellschaften. Auf der Grundlage des Anerkennungsgesetzes wurde durch Verordnung die Altkatholische Kirche anerkannt[28]. Durch besondere Gesetze wurden 1890 die Israelitische Religionsgesellschaft[29] und 1912 die Islamische Konfession nach hafenitischem Ritus[30] anerkannt. Diese Rechtsvorschriften wurden in den Rechtsbestand der Republik übergeleitet und sind heute noch Bestandteil der geltenden Rechtsordnung. Weitere Anerkennungen wurden in der Zweiten Republik auf der Grundlage des Anerkennungsgesetzes durch Verordnung des Kultusministers vorgenommen. Auf diesem Wege wurde der Methodistenkirche in Österreich[31], der Kirche Jesu Christi der Heiligen der Letzten Tage (Mormonen)[32], der Armenisch-Apostolischen Kirche[33], der Neuapostolischen Kirche[34], der Österreichischen Buddhistischen Religionsgesellschaft[35] und der Syrisch-Orthodoxen Kirche[36] in Österreich Anerkennung zuteil[37].

9   Die nach Gründung der Republik Österreich zur Erarbeitung einer neuen Verfassung einberufene Nationalversammlung[38] konnte ihrer Aufgabe erst

---

22 Mit kaiserlichem Handschreiben v. 30. 7. 1870 wurde das Konkordat aufgekündigt und im Gesetz v. 7. 5. 1874 (RGBl 1874/50) offiziell für aufgehoben erklärt. Vgl. dazu auch *Rees*, Religionsunterricht in österreichischen Schulen. Rechtliche Grundlagen und aktuelle Anfragen, in: Heinrich de Wall/Michael Germann (Hg.), Bürgerliche Freiheit und Christliche Verantwortung, FS Chr. Link, 2003, S. 387 (393). Diese Aufkündigung ist vor allem wegen ihrer Bezugnahme auf die clausula rebus sic stantibus bemerkenswert. Im auf dem I. Vatikanischen Konzil verkündeten Unfehlbarkeitsdogma wurde eine wesentliche Änderung in den konkordatären Grundlagen erblickt, die die Kündigung rechtfertige.
23 Die Kündigung wurde konkret damit begründet, daß sich der Heilige Stuhl als Vertragspartner des Konkordats 1855 durch das Unfehlbarkeitsdogma des Papstes wesentlich geändert habe (vgl. FN 22).
24 Gesetz v. 7. 5. 1874, wodurch Bestimmungen zur Regelung der äußeren Rechtsverhältnisse der katholischen Kirche erlassen werden (RGBl 1874/50).
25 Gesetz v. 7. 5. 1874, mit welchem behufs Bedeckung der Bedürfnisse des katholischen Cultus die Beiträge zum Religionsfonde geregelt werden (RGBl 1874/51).
26 Gesetz v. 7. 5. 1874, betreffend die gesetzliche Anerkennung von Religionsgesellschaften (RGBl 1874/68), das heute noch in Geltung steht.
27 S. dazu *Schwendenwein*, Staatskirchenrecht (FN 6) S. 38 ff. m.w.N.
28 RGBl 1877/99.
29 RGBl 1890/57.
30 RGBl 1912/159. Vgl. *VfSlg* 11.574/1987, wonach sich die Anerkennung des Islam nicht nur auf den hanefitischen Ritus bezieht, sondern auf die gesamte Religionsgemeinschaft.
31 BGBl 1951/74.
32 BGBl 1955/229.
33 BGBl 1973/5.
34 BGBl 1975/524.
35 BGBl 1983/72.
36 BGBl 1988/129.
37 S. dazu *Lienbacher*, Die rechtliche Anerkennung von Religionsgemeinschaften in Österreich, in: Christoph Grabenwarter/Norbert Lüdecke (Hg.), Standpunkte im Kirchen- und Staatskirchenrecht, 2002, S. 154 (157 ff.) m.w.N.
38 Gesetz über die Einberufung der konstituierenden Nationalversammlung v. 18. 12. 1918 (StGBl 114).

nach mehr als eineinhalb Jahren nachkommen. Tiefgreifende Meinungsverschiedenheiten führten dazu, daß nicht über alle Fragen Einigung erzielt werden konnte. Vor allem gelang es nicht, einen neuen Grundrechtskatalog zu beschließen[39]. Der Dissens der politischen Lager, insbesondere in weltanschaulichen Fragen und solchen, die das Verhältnis von Staat und Kirche betrafen, konnte letztlich nur mit der Kompromißformel überwunden werden, den geltenden Grundrechtsbestand in die neue Verfassungsordnung überzuleiten. Das Bundes-Verfassungsgesetz 1920 (B-VG) rezipiert in Artikel 149 das Staatsgrundgesetz über die allgemeinen Rechte der Staatsbürger. Dieses bildet daher noch heute mit gewissen Modifikationen einen wesentlichen Bestandteil des geltenden Bundesverfassungsrechts. Die individuellen und kollektiven Garantien des Staatsgrundgesetzes werden ergänzt durch die in Art. 63 Abs. 2 des Staatsvertrags von St. Germain[40] enthaltene Gewährleistung der Religionsfreiheit. Allen Einwohnern Österreichs wird das Recht der öffentlichen Religionsausübung gewährt. Einschränkungen sind nur aus Gründen der öffentlichen Ordnung und der guten Sitten zulässig. Art. 63 Abs. 2 StV St. Germain wird durch Aufnahme in Art. 149 B-VG ebenso Verfassungsrang zuerkannt. Art. 63 Abs. 2 StV St. Germain derogiert daher Art. 16 StGG insoweit, als auch den Anhängern gesetzlich nicht anerkannter Religionsgemeinschaften das Recht der öffentlichen Religionsausübung zuerkannt wird.

Das in der Monarchie durch die Maigesetze 1864 und 1874 geschaffene System der Staatskirchenhoheit wurde mit wenigen Ausnahmen in das Staatskirchenrecht des republikanischen Österreich übergeleitet. Die staatskirchenrechtlichen Auseinandersetzungen insbesondere zwischen den politischen Parteien um das Eherecht wurden durch den Abschluß eines neuen Konkordats mit dem Heiligen Stuhl 1933 durch die christlichsoziale Regierung beendet. Das Konkordat 1933[41] räumte der Katholischen Kirche wieder eine Vorrangstellung gegenüber den anderen anerkannten Kirchen und Religionsgesellschaften ein und befreite sie von der Staatskirchenhoheit der Maigesetze 1864 und 1874. Im Zuge der starken Rekatholisierung setzte die christlichsoziale Bundesregierung im Wege eines Verfassungsbruches eine ständisch-autoritäre Bundesverfassung in Kraft, die nicht auf dem Prinzip der Volkssouveränität beruhte, sondern sich in ihrer Präambel vielmehr darauf berief, daß alles Recht von Gott ausgehe[42]. Mit der Besetzung Österreichs durch das Deutsche Reich *Adolf Hitler*s erloschen die bis dahin geltenden Rechtsgrundlagen in Österreich.

---

39 S. *Gampl*, Staatskirchenrecht 1918 bis 1920, in: Audomar Scheuermann/Rudolf Winkler (Hg.), FS Dordett, 1976, S. 369 (369 f.); *Öhlinger*, Verfassungsrecht (LitVerz.), RN 42.
40 StV St. Germain (StGBl 1920/303).
41 BGBl II 1934/2; s. dazu *Herbert Kalb/Richard Potz/Brigitte Schinkele*, Religionsrecht, 2003, S. 455 ff. m.w.N.
42 Verordnung der Bundesregierung v. 24. 4. 1934 über die Verfassung des Bundesstaates Österreich (BGBl 1934 I/239 und 1934 II/1).

11
Wiedererrichtung der Republik

Nach der Wiedererrichtung der Republik wurde die verfassungsrechtliche Ordnung des Bundes-Verfassungsgesetzes von 1920 in der Fassung von 1929 wiederhergestellt. Das Staatsgrundgesetz und Art. 63 StV St. Germain erlangten dadurch wieder verfassungsrechtliche Geltung. Auf der Grundlage des speziellen Systems der Rechtsüberleitung wurden auf einfachgesetzlicher Ebene nicht nur ältere österreichische Rechtsvorschriften, beispielsweise das Konkordat von 1933, sondern auch deutsche Rechtsvorschriften wie das Kirchenbeitragsrecht[43] in den Rechtsbestand der Zweiten Republik übergeleitet[44]. Nach dem Beitritt Österreichs zur Europäischen Menschenrechtskonvention (EMRK) im Jahr 1958[45] wurde 1964 durch eine B-VG-Novelle rückwirkend der Verfassungsrang derselben klargestellt[46]. Ihre unmittelbare Anwendbarkeit und Geltung als innerstaatliches Verfassungsrecht ist seit diesem Zeitpunkt unstrittig. Die von Art. 9 EMRK garantierte volle Glaubens- und Gewissensfreiheit ist daher verfassungsrechtlich und nicht nur völkerrechtlich garantiert.

12
Bekenntnisgemeinschaftengesetz von 1998

1998 wurde mit dem Bekenntnisgemeinschaftengesetz 1998[47] die Möglichkeit für gesetzlich nicht anerkannte Religionsgemeinschaften geschaffen, Rechtspersönlichkeit zu erwerben. Gleichzeitig erfolgte eine Verschärfung der Voraussetzungen für die gesetzliche Anerkennung nach dem Anerkennungsgesetz[48].

13
Rechtsprechung des EGMR

Erst jüngst hat der Europäische Gerichtshof für Menschenrechte die Glaubens-, Gewissens- und Religionsfreiheit erneut als einen der Grundpfeiler einer demokratischen Gesellschaft bezeichnet und damit seine ständige Rechtsprechung bestätigt, wonach diese Freiheit in ihrer religiösen Dimension eines der wesentlichsten Elemente ist, das die Identität der Gläubigen und ihre Vorstellung des Lebens ausmache, aber auch für Atheisten, Agnostiker, Skeptiker und Gleichgültige von großer Bedeutung ist. Von ihr hänge (auch) der Pluralismus ab, der untrennbar mit einer demokratischen Gesellschaft verbunden ist, und der mühsam über Jahrhunderte erreicht wurde[49].

---

43 Gesetz über die Erhebung von Kirchenbeiträgen im Lande Österreich (GBlÖ 1939/543).
44 Zur Verfassungs- und Rechtsüberleitung nach 1945 s. *Lienbacher*, Probleme der Rechtsüberleitung bzw. Wiederverlautbarung des Grundsatzgesetzes über die Behandlung der Wald- und Weidenutzungsrechte, in: Ulrike Aichhorn/Alfred Rinnerthaler (Hg.), Scientia iuris et historia, FS Putzer, 2004 S. 559 (566 ff.); *Walter/Mayer/Kucsko-Stadlmayer*, Bundesverfassungsrecht (LitVerz.), RN 70 ff.; *Ludwig Adamovich/Bernd-Christian Funk/Gerhart Holzinger*, Österreichisches Staatsrecht I, 1997, RN 09.001 ff. m.w.N.
45 BGBl 1958/210.
46 Durch das Bundesverfassungsgesetz (BGBl 1964/59) wurden die EMRK und das 1. ZP rückwirkend mit ihrem Inkrafttreten 1958 in den Verfassungsrang gehoben.
47 Bekenntnisgemeinschaftengesetz 1998 (BGBl I 1998/19).
48 S. dazu *Lienbacher* (FN 37), S. 154 ff.
49 *EGMR*, Urt. v. 5. 4. 2007, Scientology ./. Russland, Beschwerde Nr. 18.147/02, RN 71 m.w.N.

II. Die Glaubens-, Gewissens- und Weltanschauungsfreiheit

1. Die Rechtsgrundlagen und deren Verhältnis zueinander

Das Individualrecht der Glaubens- und Gewissensfreiheit ist in Österreich mehrfach verfassungsgesetzlich verankert[50]. Art. 14 StGG, Art. 63 Abs. 2 StV St. Germain, Art. 9 EMRK sind seine Grundlagen.

14 Individualrecht

Art. 14 StGG garantiert in Absatz 1 die volle Glaubens- und Gewissensfreiheit, enthält in Absatz 2 eine besondere Ausprägung des Gleichheitssatzes im Hinblick auf das Religionsbekenntnis und statuiert in Absatz 3 eine Ausnahme der grundsätzlichen Freiheit von staatlichem Zwang in bestimmten religiösen Angelegenheiten[51]. Die in Art. 14 StGG garantierten, individualrechtlichen Freiheiten sind im Zusammenhang mit den korporationsrechtlichen Garantien zu sehen, die Art. 15 StGG den Kirchen und Religionsgesellschaften zuerkennt[52]. Art. 16 StGG, der den Anhängern einer gesetzlich nicht anerkannten Religionsgemeinschaft nur die private Religionsausübung zusichert, sofern diese weder als gesetz- noch sittenwidrig anzusehen ist, ist durch Art. 63 Abs. 2 StV St. Germain derogiert worden. Art. 63 Abs. 2 StV St. Germain gewährt allen Einwohnern Österreichs das Recht der öffentlichen und privaten Ausübung von Glauben, Religion und Bekenntnis, sofern diese nicht unvereinbar mit der öffentlichen Ordnung und den guten Sitten sind[53]. Damit ergänzt Art. 63 Abs. 2 StV St. Germain die durch Art. 14 StGG gewährleisteten Freiheiten[54].

15 Art. 14 bis 16 StGG

Art. 63 Abs. 2 StV St. Germain

Art. 9 EMRK geht sowohl im Hinblick auf den Schutzbereich als auch hinsichtlich der Schranken über die in Art. 14 StGG und teilweise Art. 63 Abs. 2 StV St. Germain begründeten Freiheiten hinaus. Durch die Erweiterung des Schutzes auf Weltanschauungen und durch die Einbeziehung der juristischen Personen werden Schutzgut und persönlicher Geltungsbereich erweitert. Art. 9 Abs. 2 EMRK enthält einen materiellen Gesetzesvorbehalt für Grundrechtsbeschränkungen. Diese sind nur zulässig, soweit sie in einer demokratischen Gesellschaft im Interesse der öffentlichen Sicherheit, der öffentlichen Ordnung, Gesundheit und Moral oder für den Schutz der Rechte und Freiheiten anderer notwendig sind.

16 Art. 9 EMRK

Im Hinblick auf das Verhältnis der genannten Verfassungsbestimmungen hat der Verfassungsgerichtshof ausgesprochen, daß diese insofern als eine Einheit anzusehen sind, als Art. 14 StGG durch Art. 63 Abs. 2 StV St. Germain ergänzt und von Art. 9 Abs. 1 EMRK überlagert wird und die in Art. 63 Abs. 2

17 „Aggregierte Grundrechtsnorm"

---

50 Vgl. für Deutschland → Bd. IV: *Muckel*, Schutz von Religion und Weltanschauung, § 96 RN 63 ff.; für die Schweiz → Bd. VII/2: *Ehrenzeller*, Glauben, Gewissen und Weltanschauung, § 212 RN 9 ff.
51 Zum Aufbau des Art. 14 StGG s. *Ermacora*, Grundfreiheiten (LitVerz.), S. 353 f., und *Schwendenwein*, Staatskirchenrecht (FN 6), S. 84.
52 *Berka*, Die Grundrechte (LitVerz.), RN 529; *Ermacora* aaO., S. 354, und *Walter/Mayer/Kucsko-Stadlmayer*, Bundesverfassungsrecht (LitVerz.), RN 1445.
53 VfSlg 802/1927, 2002/1950, 2594/1953; so auch *Berka*, Die Grundrechte (LitVerz.), RN 511; *Walter/Mayer/Kucsko-Stadlmayer* aaO., RN 1448, sowie insbesondere *Grabenwarter*, in: Korinek/Holoubek, Bundesverfassungsrecht (LitVerz.), Art. 16 StGG RN 3, und Art. 63 Abs. 2 StV St. Germain RN 6.
54 VfSlg 13.513/1993, 15.394/1999; auch schon *Ermacora*, Grundfreiheiten (LitVerz.), S. 355.

StV St. Germain genannten Schranken in Art. 9 Abs. 2 EMRK näher umschrieben sind[55]. Während der Verfassungsgerichtshof bei der Bestimmung des Schutzbereiches sowohl Art. 14 StGG als auch Art. 9 EMRK heranzieht, bezieht er sich im Hinblick auf mögliche Beschränkungen der Freiheiten auf Art. 9 EMRK und den enger gefaßten Art. 63 Abs. 2 StV St. Germain in Verbindung mit dem Günstigkeitsprinzip des Art. 53 EMRK[56]. Diese Rechtsprechung hat dazu geführt, daß die Glaubens-, Gewissens- und Religionsfreiheit in der Literatur als „aggregierte Grundrechtsnorm" bezeichnet worden ist[57].

2. Die Gewissensfreiheit – Freiheit zur Bildung religiöser Überzeugungen und von Weltanschauungen

18
Volle und unbeschränkte Freiheit

Art. 14 Abs. 1 StGG schützt die volle Glaubens- und Gewissensfreiheit, also die volle und unbeschränkte Freiheit[58] vor staatlichem Zwang in Angelegenheiten des Glaubens und Gewissens[59]. Jedermann hat das Recht, sich frei und unabhängig von jeder staatlichen Einflußnahme sein Religionsbekenntnis zu bilden und sich diesem Bekenntnis gemäß zu betätigen[60], unabhängig davon, ob die Gemeinschaft, in der das Bekenntnis, der Glaube oder die Religion geübt werden, die Stellung einer gesetzlich anerkannten Kirche oder Religionsgesellschaft innehat[61]. Niemand kann zu kirchlichen oder religiösen Handlungen oder zur Teilnahme an kirchlichen oder religiösen Feierlichkeiten gezwungen werden[62]. Erfaßt werden sowohl die freie Wahl des Glaubens oder des Unglaubens, der Wechsel der Religion sowie der Religionsaustritt[63]. Art. 14 StGG schützt ferner vor einer gesetzwidrigen bescheidmäßigen Feststellung der Zugehörigkeit zu einer bestimmten Kirche oder Religionsgesellschaft oder religiösen Bekenntnisgemeinschaft[64]. Die Glaubens- und Gewissensfreiheit aus Art. 14 StGG bezieht sich nach der Rechtsprechung des Verfassungsgerichtshofes aber nur auf religiöse Fragen, nicht auf Weltanschauungen, also Überzeugungen und Bekenntnisse ohne transzendentalen Bezug. Nicht erfaßt werden zum Beispiel das Bekenntnis zu einer Sprachgruppe, zu einer Volkstumsgruppe oder zu nationalsozialistischem Gedankengut[65].

Negative Ausprägung des Grundrechts

Ausschluß von Weltanschauungen

---

55 *VfSlg* 10.547/1985, 13.513/1993, 15.394/1998.
56 S. *Siess-Scherz*, in: Korinek/Holoubek, Bundesverfassungsrecht (LitVerz.), Art. 53 EMRK RN 3.
57 S. *Kalb/Potz/Schinkele*, Religionsrecht (FN 41), S. 44 und 83 f. m.w.N.; kritisch dazu *Grabenwarter*, in: Korinek/Holoubek, Bundesverfassungsrecht (LitVerz.), Art. 14 StGG RN 7, und Art. 9 EMRK RN 6.
58 *VfSlg* 799/1927, 800/1927, 10.547/1985, 13.513/1993. Für Deutschland → Bd. IV: *Muckel*, Schutz von Religion und Weltanschauung, § 96 RN 102 ff.; für die Schweiz → Bd. VII/2: *Ehrenzeller*, Glauben, Gewissen und Weltanschauung, § 212 RN 12.
59 *VfSlg* 802/1931, 10.547/1985, 13.513/1993.
60 *VfSlg* 1408/1931, 10.547/1985.
61 *VfSlg* 10.915/1986.
62 *VfSlg* 10.915/1986; zu negativen Grundrechten → Bd. II: *Merten*, § 42.
63 *VfSlg* 797/1927, 1206/1929, 1408/1931, 5583/1967.
64 *VfSlg* 5583/1967, 5809/1968, vgl. aber 3220/1957.
65 *VfSlg* 1207/1929, 3480/1958, 7494/1975, 7679/1975, 7907/1976, 8033/1977, 10.674/1985, 11.222/1987; zur Definition des Begriffs der Weltanschauung s. *Schwendenwein*, Staatskirchenrecht (FN 6), S. 72.

Die von Art. 9 EMRK garantierte Gedanken-, Gewissens- und Religionsfreiheit geht über Art. 14 StGG hinaus und gewährleistet zusätzlich zu den dort garantierten Freiheiten eine allgemeine Weltanschauungsfreiheit[66]. Damit werden auch der Atheist, der Agnostiker und der Gleichgültige geschützt und allgemein nichtreligiöse, grundsätzliche Fragen erfaßt[67]. Art. 9 EMRK verbietet auch die staatliche Indoktrination einer bestimmten Weltanschauung[68].

19
Allgemeine Weltanschauungsfreiheit aus Art. 9 EMRK

Weder Art. 14 StGG noch Art. 9 EMRK gewähren ein Recht auf Befreiung vom Wehrdienst[69].

20
Wehrdienst

Die Glaubens-, Gewissens- und Weltanschauungsfreiheit steht jedermann, also Inländern, Ausländern und Staatenlosen zu. Die ständige Rechtsprechung des Verfassungsgerichtshofes, der gemäß Art. 14 StGG ein höchstpersönliches, individuelles und damit ausschließlich natürlichen Personen zustehendes Recht[70] darstellt, ist obsolet[71]. Der Europäische Gerichtshof für Menschenrechte wendet in ständiger Rechtsprechung Art. 9 EMRK auch auf Kirchen und Religionsgemeinschaften an und spricht diesen die in diesem Artikel garantierten Freiheiten zu[72]. Auch wenn der Verfassungsgerichtshof diese Rechtsprechung zu Art. 9 EMRK übernommen hat[73], wurde die Rechtsprechung zu Art. 14 StGG nicht ausdrücklich aufgegeben.

21
Grundrechtsadressaten

Soweit es sich bei den Trägern dieser Freiheiten und der im folgenden dargestellten Kultusfreiheit um natürliche Personen handelt, setzt die Ausübung ein Alter voraus, das bei normaler Entwicklung eine entsprechende Urteilsfähigkeit gewährleistet, um die Lehren einer Religion geistig erfassen zu können. Eine Ausübung der Freiheiten bis zu diesem Alter ist nach der Rechtsprechung des Verfassungsgerichtshofes „nicht möglich". Die Grundrechtsmündigkeit (Grundrechtsreife) von Kindern, die das siebente Lebensjahr noch nicht vollendet haben, ist mangels Urteilsfähigkeit zu verneinen[74]. Die Altersgrenze von vierzehn Jahren ist für die vollständige Religionsmündigkeit mit dieser Begründung gerechtfertigt. Die Persönlichkeitsentwicklung des Kindes ist maßgeblich für die Grundrechtsausübung[75]. Kinder, die das zehnte Le-

22
Grundrechtsmündigkeit (Grundrechtsreife)

---

66 So auch *Klecatsky*, Die Glaubens- und Gewissensfreiheit und die Rechtsstellung der gesetzlich anerkannten Kirchen und Religionsgemeinschaften, in: Machacek/Pahr/Stadler, Grund- und Menschenrechte (LitVerz.), Bd. II, S. 495 ff.; *Öhlinger*, Verfassungsrecht (LitVerz.), RN 940. → Bd. IV: *Muckel*, § 95 RN 16 ff.; → Bd. VII/2: *Ehrenzeller*, § 212 RN 5 f.
67 EGMR, Urt. v. 25. 5. 1993, Kokkinakis ./. Griechenland, Beschwerde Nr. 3/92/348/421, Serie A Nr. 260-A, sowie ÖJZ 1994, S. 59.
68 EGMR, Urt. v. 7. 12. 1976, Kjeldsen ./. Dänemark, EuGRZ 1976, S. 478.
69 VfSlg 8033/1977, 8788/1980, 8856/1980, 11.105/1986, 11.253/1987, 14.978/1997.
70 VfSlg 1408/1931, 1430/1931, 10.547/1985, 13.513/1993; s. auch *Schwendenwein*, Staatskirchenrecht (FN 6), S. 89 f.
71 So auch *Grabenwarter*, in: Korinek/Holoubek, Bundesverfassungsrecht (LitVerz.), Art. 14 StGG RN 11, und *Walter/Mayer/Kucsko-Stadlmayer*, Bundesverfassungsrecht (LitVerz.), RN 1446.
72 EGMR, Urt. v. 27. 6. 2000, Cha'are Shalom Ve Tsedek ./. Frankreich, Nr. 27.417, RJD 2000-VII, Ziff. 72; Urt. v. 16. 12. 1997, Canea Catholic Church ./. Griechenland, RJD 1997-VIII, Ziff. 31; s. auch *Grabenwarter*, in: Korinek/Holoubek, Bundesverfassungsrecht (LitVerz.), Art. 9 EMRK RN 14.
73 VfSlg 17.021/2003.
74 VfSlg 799/1927, 800/1927, 5583/1967. *Jestaedt* unterscheidet im Zusammenhang mit der Grundrechtsmündigkeit näher und arbeitet die dogmatische Figur der Grundrechtsreife heraus, vgl. *Jestaedt*, in: Bonner Kommentar (LitVerz.), Art. 6 Abs. 2 und 3 RN 133 ff.
75 Zur Grundrechtsmündigkeit s. *Berka*, Die Grundrechte (LitVerz.), RN 161.

bensjahr vollendet haben, sind zu einem Wechsel der Religion zwingend zu hören. Ab dem zwölften Lebensjahr darf kein Religionswechsel gegen den Willen des Kindes erfolgen[76]. Die mit der Vollendung des vierzehnten Lebensjahres verbundene vollständige Grundrechtsmündigkeit ermöglicht nicht nur den selbständigen Eintritt in eine Religions- oder Weltanschauungsgemeinschaft und den Austritt aus derselben, sondern auch das selbständige Abmelden vom Religionsunterricht[77].

23
Religiöse Kindererziehung

Schutzpflicht des Staates

Da die Grundrechtsmündigkeit von Kindern bis zum vollendeten vierzehnten Lebensjahr beschränkt ist, sind Verfügungen der Eltern über deren konfessionelle Verhältnisse nach der Rechtsprechung des Verfassungsgerichtshofes zulässig, soweit diese im Gesetz über die interkonfessionellen Verhältnisse und im Gesetz über die religiöse Kindererziehung[78] vorgesehen sind[79]. Auf Grund des höchstpersönlichen Charakters der in Rede stehenden Freiheiten ist die religiöse Erziehung der Kinder als Ausübung der Grundrechte der Eltern bzw. Erziehungsberechtigten anzusehen[80]. Den Staat trifft eine Schutzpflicht. Er hat sicherzustellen, daß das gemäß Art. 2 des 1. ZP EMRK den Eltern zustehende Recht auf Erziehung und Unterricht ihrer Kinder entsprechend ihren eigenen religiösen und weltanschaulichen Überzeugungen gewahrt wird. Im Zusammenhang mit der religiösen Kindererziehung stehende behördliche Maßnahmen können daher in die Grundrechte der Eltern eingreifen[81].

24
Bekenntnisunabhängige Staatsbürgerrechte

Österreichischen Staatsbürgern garantiert Art. 14 Abs. 2 StGG die Gleichheit der bürgerlichen und politischen Rechte sowie der staatsbürgerlichen Pflichten unabhängig vom religiösen Bekenntnis. Diese Bestimmung ist damit als unmittelbarer Ausfluß und besondere Ausprägung[82] des Gleichheitssatzes gemäß Art. 2 StGG und Art. 7 B-VG anzusehen, die sich auf das Religionsbekenntnis bezieht[83]. Im Hinblick auf die bürgerlichen und politischen Rechte ist auf § 1 ABGB bzw. die Rechte der Bürger gegen den Staat zu verweisen, insbesondere auf die Grundrechte[84]. Art. 14 Abs. 2 StGG verpflichtet den Staat zur Gleichbehandlung der Bürger[85] sowie in Verbindung mit Art. 3 StGG zur Gewährung des Zugangs zu öffentlichen Ämtern – mit Ausnahme

---

76 §§ 2 Abs. 3, 3 und 5 Bundesgesetz über die religiöse Kindererziehung (RelKEG), BGBl 1985/155, i.d.F. BGBl I 1999/191.
77 § 5 RelKEG, § 4 Gesetz über die interkonfessionellen Verhältnisse (RGBl Nr. 1868/49, i.d.F. dRGBl I 1939/384); s. auch *Kalb/Potz/Schinkele*, Religionsrecht (FN 41), S. 333 f. Für Deutschland → Bd. II: *Merten*, Negative Grundrechte, § 42 RN 71.
78 S. soeben die FN 76 und 77.
79 VfSlg 800/1927.
80 VfSlg 800/1927; s. auch *Kalb/Potz/Schinkele*, Religionsrecht (FN 41), S. 324 ff.
81 VfSlg 797/1927, 875/1927, 1206/1929.
82 So auch *Kalb/Potz/Schinkele*, Religionsrecht (FN 41), S. 84, und *Thienel*, Religionsfreiheit in Österreich, in: Gerrit Manssen/Bogusław Banaszak (Hg.), Religionsfreiheit in Mittel- und Osteuropa zwischen Tradition und Europäisierung, 2006, S. 35 (47).
83 Diskriminierungsverbote aus religiösen oder weltanschaulichen Gründen für Private bestehen auf einfachgesetzlicher Ebene: Art. IX Ziff. 3 EGVG 1991 (BGBl 1991/50 i.d.F. BGBl I 2005/106); §§ 16 ff. Gleichbehandlungsgesetz (BGBl I 2004/66 i.d.F. BGBl I 2005/82), sowie §§ 13 ff. Bundes-Gleichbehandlungsgesetz (BGBl I 2004/65 i.d.F. BGBl I 2007/53).
84 S. *Schwendenwein*, Staatskirchenrecht (FN 6), S. 107, und *Ermacora*, Grundfreiheiten (LitVerz.), S. 369.
85 Im Hinblick auf Private s. FN 83.

sogenannter konfessionsgebundener Ämter⁸⁶ – ungeachtet des Religionsbekenntnisses. Die Beschränkung des Art. 14 Abs. 2 StGG auf österreichische Staatsbürger wird durch andere Rechtsvorschriften relativiert. Art. 9 in Verbindung mit Art. 14 EMRK verbietet unabhängig von der Staatsangehörigkeit Ungleichbehandlungen im Anwendungsbereich von Artikel 9. Der Verfassungsgerichtshof gewährt in seiner jüngeren Rechtsprechung auch Ausländern in gewissem Ausmaß Grundrechtsschutz nach dem Gleichheitssatz. Beim religionsunabhängigen Zugang zu öffentlichen Ämtern ist das Gemeinschaftsrecht zu beachten[87].

Nach dem zweiten Satz von Art. 14 Abs. 2 StGG „darf den staatsbürgerlichen Pflichten durch das Religionsbekenntniß kein Abbruch geschehen". Der Auffassung, daß diese Bestimmung als besondere Ausprägung des Gleichheitssatzes anzusehen ist, da sie hinsichtlich der staatlichen Pflichten die Gleichheit der Einwohner unabhängig vom Religionsbekenntnis verlange, ist entgegenzuhalten, daß im gegebenen Zusammenhang der Gleichheitssatz als objektiver Rechtssatz und nicht als subjektives Recht wirkt[88]. Die Erfüllung rechtlicher Pflichten – dazu sind beispielsweise die Wehrpflicht, sonstige Dienstpflichten, die Pflicht zur Übernahme des Amtes als Geschworener oder Schöffe sowie die Aussage als Zeuge vor Gericht zu zählen[89] – kann daher nicht unter Berufung auf Gewissen oder Glauben verweigert werden, da andernfalls nach der Rechtsprechung des Verfassungsgerichtshofes „jedermann die Möglichkeit geboten wäre, sich nach Belieben außerhalb des Gesetzes zu stellen"[90]. Davon werden aber sich aus der freiwilligen Mitgliedschaft in einer Kirche oder Religionsgemeinschaft ergebende Pflichten nicht erfaßt.

25
Ausprägung des Gleichheitssatzes?

Staatsbürgerliche Pflichten

3. Die Kultusfreiheit – Freiheit zur Ausübung von religiösen Überzeugungen und von Weltanschauungen

Art. 14 StGG, Art. 63 Abs. 2 StV St. Germain und Art. 9 EMRK garantieren neben der Glaubens-, Gewissens- und Weltanschauungsfreiheit auch die Kultusfreiheit im weiteren Sinn, also das Recht zur Ausübung von Religionen und Weltanschauungen. Dieses Praktizieren von religiösen und weltanschaulichen Überzeugungen umfaßt einerseits die Kultusfreiheit im engeren Sinn, die auf Akte der Glaubensbetätigung gerichtet ist. Sie haben in irgendeiner Weise mit gottesdienstlichem Geschehen zu tun. Andererseits ist davon die Bekenntnisfreiheit erfaßt, die alle sonstigen, öffentlichen oder privaten Formen der Glau-

26
Glaubensbetätigung und Bekenntnisfreiheit

---

86 Als solche sind in einer Beziehung zum religiösen Leben stehende Ämter anzusehen, so z. B. Religionslehrer oder Hochschullehrer an religiösen Fakultäten; s. *Inge Gampl*, Österreichisches Staatskirchenrecht, 1971, S. 39.
87 S. *Grabenwarter*, in: Korinek/Holoubek, Bundesverfassungsrecht (LitVerz.), Art. 14 StGG RN 9 m.w.N.
88 S. *Ermacora*, Grundfreiheiten (LitVerz.), S. 353.
89 S. *Ermacora* aaO., S. 370.
90 *VfSlg* 802/1927.

bensäußerung einschließt[91]. Die Kultusfreiheit umfaßt aber auch die Freiheit, keinen religiösen Glauben[92] oder nichtreligiöse Weltanschauungen[93] zu manifestieren.

27
Kultusfreiheit unabhängig von organisatorischer Zugehörigkeit

Alle in Österreich lebenden Personen haben das Recht, öffentlich oder privat, einzeln oder in Gemeinschaft, jede Art von Glauben, Religion oder Bekenntnis frei zu üben, unabhängig davon, ob sie einer gesetzlich anerkannten Kirche oder Religionsgesellschaft angehören[94]. Art. 63 Abs. 2 StV St. Germain derogiert als lex posterior Art. 16 StGG im Hinblick auf den persönlichen Geltungsbereich. Art. 16 StGG räumte Anhängern der gesetzlich nicht anerkannten Religionsgemeinschaften nur das Recht zur privaten, weder gesetz- noch sittenwidrigen Religionsausübung ein. Die Kultusfreiheit steht aber nunmehr unabhängig davon zu, ob jemand einer gesetzlich anerkannten Kirche oder Religionsgesellschaft[95] oder einer anderen Religionsgemeinschaft formell angehört[96].

28
Kultus als Voraussetzung

Nach der Rechtsprechung des Verfassungsgerichtshofes setzt die Ausübung eines Bekenntnisses die Herausbildung eines – zumindest primitiven – Kultus voraus, eine „bestimmte Form der gemeinsamen religiösen Erhebung und der gleichartigen religiösen Betätigung", unabhängig davon, ob der Kultus durch die Anordnung eines religiösen Führers festgelegt wurde oder durch Sitte und Brauch entstanden ist[97].

29
Formen der Religionsausübung

Als Formen der Religionsausübung kommen zum Beispiel die Abhaltung und Teilnahme an gottesdienstlichen Veranstaltungen wie Gottesdiensten, Spendung und Empfang der Sakramente, religiösen Feiern zu bestimmten Anlässen wie Begräbnisse, Andachten, Prozessionen[98], die mündliche Weitergabe der Glaubensüberzeugung, die Verbreitung von Druckwerken oder von künstlerischen Darbietungen religiösen Inhalts, Vorträge religiösen Inhalts[99], Unterricht, Erziehung, Verbreitung von Werbematerial in Betracht. Ob ein Verhalten als Religionsausübung zu qualifizieren ist, hängt – angesichts seiner oftmaligen Strittigkeit – nicht davon ab, ob es auf zwingenden religiösen Vorschriften beruht[100]. Auch religiöse Bräuche – wie das Läuten von Kirchenglocken[101], das Tragen religiöser Kleidung, die Verwendung religiöser Symbole oder das „rituelle" Schächten von Opfertieren[102] – fallen unter die Glaubens- und Gewissensfreiheit.

---

91 Auch wenn diese Freiheiten nicht ausdrücklich dem Wortlaut des Art. 14 StGG entnommen werden können, ist davon auszugehen, daß sie im Rahmen der „vollen Glaubens- und Gewissensfreiheit" gewährleistet werden; s. *Ermacora*, Grundfreiheiten (LitVerz.), S. 360 ff
92 *Gampl*, Staatskirchenrecht (FN 86), S. 74 f. Vgl. → Bd. II: *Merten*, Negative Grundrechte, § 42 RN 73 f.
93 *EKMR*, E. v. 12.10.1978, Arrowsmith ./. Vereinigtes Königreich, Beschwerde Nr. 7050/75, DR 19, S. 5, 19 f.
94 *VfSlg* 6919/1972.
95 *VfSlg* 6969/1973, 15.592/1999, 16.998/2003.
96 *VfSlg* 15.592/1998.
97 *VfSlg* 2002/1950, 15.394/1998.
98 *VfSlg* 2494/1953.
99 *VfSlg* 2002/1950, 2494/1953.
100 *VfSlg* 15394/1998.
101 *VwGH* 7921 A/1911.
102 *VfSlg* 15.394/1998; *OGH*, Urt. v. 28.3.1996, 15 Os 27, JBl 1998, S. 196; Budw 10.666/1897 und *VwGH* 5248 A/1907.

Art. 9 EMRK verpflichtet den Staat, die Wahrnehmung der Kultusfreiheit durch angemessene Maßnahmen zu ermöglichen. Dazu gehören einerseits Maßnahmen, die Schutz vor der Beeinträchtigung durch Dritte bieten, wie beispielsweise die Untersagung einer einen religiösen Brauch störenden Versammlung[103]. Zur Herstellung eines Klimas gesellschaftlicher Toleranz und Friedens in Glaubensfragen, das die ungestörte Ausübung der Religionsfreiheit gewährleistet, und zur Wahrung des religiösen Friedens[104] besteht eine Schutzpflicht des Staates zur Verhinderung von unverhältnismäßiger Kritik und Agitation gegen eine Kirche[105] und zur Verhinderung aggressiver Glaubenswerbung durch Religionsgemeinschaften[106]. Der Staat ist zum Schutz religiöser Gefühle verpflichtet[107]. Provokante Darstellungen von Gegenständen einer religiösen Verehrung dürfen aber nicht gänzlich ausgeschlossen werden, da dies dem Gedanken einer von religiöser Toleranz geprägten Gesellschaft widersprechen würde[108]. Weder dem Einzelnen noch den Religionsgemeinschaften ist die Freiheit von jeglicher Kritik gewährleistet. Die staatliche Schutzpflicht besteht in Fällen solcher kollidierender Grundrechtspositionen in einem verhältnismäßigen Vorgehen, das die unterschiedlichen Elemente des Einzelfalles zu würdigen und vor der Folie der scheinbar widerstreitenden Grundrechtsgarantien abzuwägen weiß[109]. Wie schwierig dies im Einzelfall sein kann, ist jüngst im „Karikaturenstreit" deutlich geworden. Wie in diesem konkreten Fall stehen in der Regel die Religionsfreiheit und die Meinungsfreiheit einander scheinbar widerstreitend gegenüber[110].

30
Staatlicher Schutz der Kultusfreiheit

Schutz religiöser Gefühle

Verhältnismäßiger Ausgleich kollidierender Grundrechtspositionen

Die Kultusfreiheit schützt aber auch vor dem Zwang zur Teilnahme an religiösen Handlungen[111]. Gemäß Art. 14 Abs. 3 StGG „kann niemand zu einer kirchlichen Handlung oder zur Teilnahme an einer kirchlichen Feierlichkeit gezwungen werden, in sofern er nicht der nach dem Gesetze hiezu berechtigten Gewalt eines Anderen untersteht". Adressaten des Art. 14 Abs. 3 StGG

31
Negative Kultusfreiheit

---

103 *VfSlg* 16.054/2000.
104 *EKMR*, Beschwerde Nr. 8282/78, DR 21, S. 111; *EGMR*, Urt. v. 20. 9. 1994, Otto-Preminger-Institut ./. Österreich, Serie A Nr. 295-A, Ziff. 47, und Urt. v. 25. 11. 1996, Wingrove ./. Vereinigtes Königreich, RJD 1996-V, Ziff. 48.
105 *EKMR*, Beschwerde Nr. 8282/78, DR 21, S. 111; auch *EGMR*, Urt. v. 21. 6. 1988, Plattform Ärzte für das Leben ./. Österreich, Serie A Nr. 139, Ziff. 34 ff.; s. auch EuGRZ 1989, S. 522.
106 *EGMR*, Urt. v. 25. 5. 1993, Kokkinakis ./. Griechenland, Serie A Nr. 260-A, Ziff. 48.
107 *EGMR*, Urt. v. 20. 9. 1994, Otto-Preminger-Institut ./. Österreich, Serie A Nr. 295-A, Ziff. 47.
108 *EKMR*, Beschwerde Nr. 8282/78, DR 21, S. 111.
109 Vgl. → Bd. III: *Bethge*, Grundrechtskollisionen, § 72 RN 85; *Papier*, Beschränkungen vorbehaltlos gewährleisteter Grundrechte, § 64 RN 17, 24, 52.
110 S. dazu *Walter/Mayer/Kucsko-Stadlmayer*, Bundesverfassungsrecht (LitVerz.), RN 1447 m.w.N.; *Holoubek*, Meinungsfreiheit und Toleranz – von den Schwierigkeiten einer Verantwortungsteilung zwischen Staat und Gesellschaft für einen vernünftigen Umgang miteinander, JRP 2006, S. 84 ff.; *Akyürek/Kneihs*, Die Karikatur im Spannungsfeld zwischen Religions- und Meinungsfreiheit – eine provokante Skizze, JRP 2006, S. 79 ff.; *Luf/Schinkele*, Kommunikationsfreiheit und Schutz religiöser Gefühle, JRP 2006, S. 88 ff.; *Pabel*, Grundrechtsbeschränkungen bei grenzüberschreitenden Konfliktlagen, JRP 2006, S. 92 (98); *Stelzer*, Der Karikaturenstreit: Ein Versuch einer grundrechtlichen Entgrenzung, JRP 2006, S. 98 ff.; *Winkler*, Die Kränkung als Grundrechtseingriff – von der freiheitlichen zur korrekten Kommunikationsordnung?, JRP 2006, S. 103 ff.
111 → Bd. II: *Merten*, Negative Grundrechte, § 42 RN 76 ff.

Kirchliche Handlungen

sind ausschließlich der Staat und seine Organe[112]. Nicht zu folgen ist der vereinzelt vertretenen Auffassung, daß auch kirchliche und andere religiöse Autoritäten dadurch gebunden seien, was aus dem Wort „niemand" abgeleitet werden könne[113]. Das Wort „niemand" bezieht sich nicht auf den durch das Grundrecht Verpflichteten, nämlich den Staat, sondern auf den durch Art. 14 StGG Begünstigten, also jeden Menschen. Unter einer kirchlichen bzw. religiösen Handlung ist ein Tun oder Unterlassen zu verstehen, das den Anschein erweckt, der Handelnde gehöre einer bestimmten Kirche oder Religionsgemeinschaft an. Feierlichkeiten sind alle Formen der Ausübung eines Kultus[114]. Ein Zwang dazu ist immer dann anzunehmen, wenn die Freiheit zur oder gegen die Teilnahme stark eingeschränkt ist[115].

32

Ausnahme vom Verbot des Zwangs

Besonderes Näheverhältnis zum Staat

Eine Ausnahme vom Verbot des Zwangs besteht im Falle einer „nach dem Gesetze hiezu berechtigten Gewalt eines Anderen", also eines gesetzlich begründeten Rechtsverhältnisses[116]. Ursprünglich wurden die elterliche Erziehungsgewalt, der Wehrdienst und staatliche Dienstverhältnisse als „berechtigte Gewalt"[117] angesehen, und zum Teil wurde auch für Schulbehörden und die Schulleitung sowie für die Gefängnisleitung „ein besonderes Gewaltverhältnis"[118] angenommen, dessen Bestehen gleichsam „automatisch" Grundrechtseingriffe rechtfertigte. Die jüngere Rechtsprechung des Verfassungsgerichtshofes und des Europäischen Gerichtshofes für Menschenrechte hat klargestellt, daß sich auch Personen in einer besonderen Situation bzw. einem besonderen Näheverhältnis zum Staat – beispielsweise Militärangehörige[119], Strafgefangene[120], Schüler und Studenten, Beamte – auf die Grundrechte berufen können und in der Ausübung von Zwang ein Grundrechtseingriff zu sehen ist. Freilich gilt dies nur dann, wenn die konkreten Umstände des besonderen Rechtsverhältnisses eine Grundrechtsausübung als nichtintentionale Reflexwirkung geradezu ausschließen. Die Grenzen hierfür sind freilich manchmal schwer zu ziehen[121]. Beschränkungen der Religionsfreiheit, die sich aus einem besonderen Verhältnis zum Staat oder aus anderen besonderen

---

112 So auch *Grabenwarter*, in: Korinek/Holoubek, Bundesverfassungsrecht (LitVerz.), Art. 14 StGG RN 19, und *Hans R. Klecatsky/Rudolf Weiler*, Österreichisches Staatskirchenrecht, 1958, S. 15 f.
113 *Ermacora*, Grundfreiheiten (LitVerz.), S. 372.
114 Zu den Definitionen s. *Ermacora* aaO., S. 373, und *Klecatsky/Weiler*, Staatskirchenrecht (FN 112), S. 18.
115 S. *Ermacora* aaO., S. 373.
116 Der in diesem Zusammenhang gebräuchliche Begriff des „besonderen Gewaltverhältnisses" ist nicht mehr angebracht. Solche Verhältnisse, die früher eine Machtausübung ohne nähere gesetzliche Determinierung zugelassen haben, sind in einem Rechtsstaat mit einer umfassenden Geltung des Legalitätsprinzips (Art. 18 B-VG) „besonderen Rechtsverhältnissen" gewichen. → Bd. III: *Peine*, Grundrechtsbeschränkungen in Sonderstatusverhältnissen, § 65.
117 So *Ermacora*, Grundfreiheiten (LitVerz.), S. 374 f; im Gegensatz dazu enger *Kalb/Potz/Schinkele*, Religionsrecht (FN 41), S. 84.
118 S. *Schwendenwein*, Staatskirchenrecht (FN 6), S. 112.
119 EGMR, Urt. v. 1. 7. 1997, Kalaç ./. Türkei, RJD 1997-IV, Ziff. 27 f.; Urt. v. 24. 2. 1998, Larissis u. a. ./. Griechenland, RJD 1998-I, Ziff. 50. Vgl. → Bd. II: *Merten*, Negative Grundrechte, § 42 RN 80.
120 VfSlg 10.547/1985, 15.614/1999.
121 VfSlg 6265/1970, 6266/1970; vgl dazu auch *Machacek*, Probleme der Beschränkung des Wahlrechts für Untersuchungshäftlinge, in: Karl Korinek/Irmgard Kain (Hg.), Grundrechte und Untersuchungshaft, 1988, S. 51 ff. Vgl. → Bd. III: *Peine*, Grundrechtsbeschränkungen in Sonderstatusverhältnissen, § 65 RN 73 f.

Rechtsverhältnissen ergeben, müssen daher die Voraussetzungen von Art. 63 Abs. 2 StV St. Germain und Art. 9 EMRK erfüllen. Diese Bestimmungen modifizieren daher Art. 14 Abs. 3 StGG. Voraussetzung für diese Überlegungen ist, daß überhaupt Grundrechtsmündigkeit (Grundrechtsreife) vorhanden ist, die beispielsweise bei Kindern im Hinblick auf die Religionsfreiheit erst stufenweise entsteht.

4. Freiheitsbeschränkungen durch Gesetzgebung und Vollziehung

a) Freiheitsbeschränkungen durch die Gesetzgebung

Die Glaubens-, Gewissens- und Weltanschauungsfreiheit als Freiheit zur Bildung religiöser Überzeugungen und zur Bildung von Weltanschauungen ist uneingeschränkt gewährleistet. Einerseits sehen Art. 14 Abs. 2 und 3 sowie Art. 63 Abs. 2 StV St. Germain Beschränkungen ausschließlich für die Ausübung von religiösen Überzeugungen vor, andererseits ist umstritten, ob Art. 9 EMRK Eingriffe und Beschränkungen in die Bildung eines Gewissens oder einer Weltanschauung überhaupt zuläßt bzw. zulassen kann. Der Wortlaut des Absatzes 2 – insbesondere in der englischen und französischen Fassung – spricht dagegen. Dort ist von „manifest" bzw. „manifester" die Rede, was wohl auf eine Beschränkung der Ausübung hindeutet[122]. Selbst wenn man Beschränkungen auf der Grundlage des Art. 9 Abs. 2 EMRK annähme, die über die Ausübung religiöser Überzeugung hinausgehen, kommen sie in Anwendung des Günstigkeitsprinzips gemäß Art. 53 EMRK nicht zum Tragen, weil die innerstaatlichen Rechtsvorschriften vorgehen[123]. Aber auch eine separierte Betrachtung des Art. 9 Abs. 2 EMRK zeigt, daß das Günstigkeitsprinzip nicht bemüht werden muß. Denn es ist wohl kaum ein staatlicher Eingriff in die Freiheit der Bildung religiöser Überzeugungen und Weltanschauungen denkbar, weil sie schlicht nach außen nicht sichtbar ist. Wird sie aber nach außen sichtbar, wird in aller Regel eine Ausübung religiöser oder weltanschaulicher Überzeugungen vorliegen. Diese Konzeption dürfte auch Art. 9 EMRK zugrundeliegen, so daß der Gesetzesvorbehalt auf die Ausübung beschränkt angesehen werden muß, auch wenn der deutsche Wortlaut überschießend ist[124].

33
Uneingeschränkte Gewährleistung

EMRK-Günstigkeitsprinzip

---

122 Für die Zulässigkeit von Beschränkungen über die Ausübung hinausgehend vgl. aber *Grabenwarter*, in: Korinek/Holoubek, Bundesverfassungsrecht (LitVerz.), Art. 9 EMRK RN 34.
123 So auch *Thienel*, Religionsfreiheit (FN 82), S. 50; *Gampl*, Staatskirchenrecht (FN 86), S. 70, und *Schwendenwein*, Staatskirchenrecht (FN 6), S. 90.
124 Vgl dazu *Frowein/Peukert*, EMRK (LitVerz.), S. 380. Beide Autoren nehmen an, daß nur das Recht der Ausübung beschränkt werden kann. Ihnen folgend offenbar jüngst H. *Mayer*, Bundes-Verfassungsrecht (LitVerz.), S. 692; *Grabenwarter*, in: Korinek/Holoubek, Bundesverfassungsrecht (LitVerz.), Art. 9 EMRK RN 34, der die Zulässigkeit von Beschränkungen aus der Entstehungsgeschichte ableitet, kann entgegengehalten werden, daß diese Schlußfolgerung nur dann durchschlägt, wenn die Bildung von religiösen Überzeugungen grundsätzlich als beschränkbar angesehen werden könnte. Da dies nicht der Fall ist und lediglich der deutsche Wortlaut im Gegensatz zum englischen und französischen überschießend formuliert wurde, kann den Vertragsparteien nicht zugesonnen werden, sie sähen Beschränkungsmöglichkeiten auch in Bereichen vor, die faktisch kaum denkbar sind, zumal sie auch in anderen authentischen Sprachfassungen präziser formulieren.

§ 193 Dreizehnter Teil: II. Einzelgrundrechte

34
Kultusfreiheit unter Gesetzesvorbehalt

Unumstritten ist hingegen, daß die Kultusfreiheit, die Freiheit zur Ausübung von religiösen Überzeugungen und von Weltanschauungen, nur unter Gesetzesvorbehalt gewährleistet ist[125]. Gemäß Art. 14 Abs. 2 StGG darf staatsbürgerlichen Pflichten durch die Ausübung des Religionsbekenntnisses kein Abbruch geschehen. Nach Art. 14 Abs. 3 StGG können durch Gesetz Ausnahmen von der grundsätzlich gewährleisteten Freiheit von Zwang zu kirchlichen Handlungen oder zur Teilnahme an kirchlichen Feierlichkeiten vorgesehen werden. Art. 63 Abs. 2 StV St. Germain ermächtigt ausdrücklich zu Beschränkungen der öffentlichen und privaten Religionsausübung, sofern diese nicht mit der „öffentlichen Ordnung oder mit den guten Sitten" vereinbar ist.

Verhältnismäßigkeit

Beschränkungen der Ausübung der Religions- und Bekenntnisfreiheit sind gemäß Art. 9 Abs. 2 EMRK nur zulässig, sofern sie durch Gesetz erfolgen und in einer demokratischen Gesellschaft im Interesse der öffentlichen Sicherheit, öffentlichen Ordnung, Gesundheit und Moral oder für den Schutz der Rechte und Freiheiten anderer notwendig, also verhältnismäßig sind[126].

35
Gesetzesvorbehalte nach dem Günstigkeitsprinzip

Ausgehend davon, daß der Gesetzesvorbehalt des Art. 63 Abs. 2 StV St. Germain enger gefaßt ist als der des Art. 9 Abs. 2 EMRK, dieser aber sowohl eine gesetzliche Grundlage als auch eine Verhältnismäßigkeitsprüfung für Beschränkungen verlangt, kombiniert der Verfassungsgerichtshof – nach dessen Auffassung Art. 14 StGG durch Art. 63 Abs. 2 StV St. Germain ergänzt und von Art. 9 Abs. 1 EMRK überlagert wird und die in Art. 63 Abs. 2 StV St. Germain genannten Schranken in Art. 9 Abs. 2 EMRK näher umschrieben werden – beide Gesetzesvorbehalte unter Anwendung des Günstigkeitsprinzips des Art. 53 EMRK. Dies bedeutet im Ergebnis, daß Art. 9 Abs. 2 EMRK durchschlägt. Beschränkungen der Kultusfreiheit sind nur mit gesetzlicher Grundlage und nur dann zulässig, wenn sie für die öffentliche Ordnung oder die guten Sitten notwendig und verhältnismäßig sind[127]. Eine Beschränkung des Grundrechts muß daher alle in Art. 14 StGG, Art. 63 Abs. 2 StV St. Germain und Art. 9 EMRK normierten Voraussetzungen erfüllen. Diese Sichtweise ist in der Lehre nicht unumstritten. Es wird kritisiert, daß die Unterschiede in Schutzbereich und Schranken zwischen den einzelnen Grundrechten vernachlässigt würden. Vielmehr müsse das Ergebnis einer Prüfung im Einzelfall anhand von Art. 63 Abs. 2 StV St. Germain und Art. 9 Abs. 2 EMRK – in Anwendung des Art. 53 EMRK auf das gesamte Grundrecht – verglichen werden[128].

Kritik

36
Begriff der öffentlichen Ordnung

Der Begriff der öffentlichen Ordnung umfaßt nicht die Rechtsordnung insgesamt, darf also nicht mit dieser gleichgesetzt werden. Andernfalls wäre es dem einfachen Gesetzgeber möglich, die Religionsfreiheit jederzeit zu beschränken oder zu beseitigen. Vielmehr faßt man darunter den Inbegriff der die

---

125 Vgl. → Bd. IV: *Muckel*, § 96 RN 93 ff.
126 Vgl. → Bd. III: *Merten*, Verhältnismäßigkeitsgrundsatz, § 68.
127 VfSlg 10.547/1985, 15.394/1998.
128 So *Grabenwarter*, in: Korinek/Holoubek, Bundesverfassungsrecht (LitVerz.), Art. 14 StGG RN 7, Art. 63 Abs. 2 StV St. Germain, RN 6, und *ders.* aaO., Art. 9 EMRK RN 6.

Rechtsordnung beherrschenden Grundgedanken, insbesondere die für das Zusammenleben der Menschen wesentlichen Regelungen zusammen. Beschränkungen der Kultusfreiheit sind nur in Bezug auf Verhaltensweisen zulässig, wenn „diese das Zusammenleben der Menschen empfindlich stören" und daher mit der öffentlichen Ordnung unvereinbar sind. Im Hinblick auf die Auslegung des Begriffes der öffentlichen Ordnung folgt nur ein Teil der Lehre der Auffassung des Verfassungsgerichtshofes vom Inbegriff der die Rechtsordnung beherrschenden Grundgedanken[129]. Im Gegensatz dazu wird auch die Auffassung vertreten, daß die öffentliche Ordnung alle allgemeinen Gesetze umfasse, wodurch eine Gleichsetzung mit den in Art. 15 StGG genannten allgemeinen Gesetzen erfolgt[130].

Unter den guten Sitten versteht der Verfassungsgerichtshof jene allgemein in der Bevölkerung verankerten Vorstellungen von einer „richtigen Lebensführung", die durch ausdrückliche gesetzliche Anordnungen geschützt sind. Einen Zusammenhang des Tierschutzes (im Hinblick auf ein Verbot des rituellen Schächtens) mit den guten Sitten hat der Gerichtshof aber verneint[131]. Zulässige Beschränkungen ergeben sich für den Verfassungsgerichtshof beispielsweise aus der Religionsfreiheit, dem Straßenpolizeirecht oder Vorschriften betreffend das Leichenwesen und die Beschäftigung von Ausländern[132]; auch eine zur Aufrechterhaltung der Ordnung in Haftanstalten erforderliche Beschränkung der Teilnahme von Häftlingen an Gottesdiensten wird als grundrechtskonform angesehen[133]. Im Gegensatz dazu werden ein Verbot der kirchlichen Trauung vor der standesamtlichen Eheschließung oder die Verweigerung der Herausgabe religiöser Kultusgegenstände an einen Häftling oder dessen Betreuung durch einen Seelsorger einer staatlich zugelassenen Religionsgemeinschaft (gesetzlich anerkannte Kirchen oder Religionsgesellschaften oder Bekenntnisgemeinschaften) als unzulässig angesehen[134].

37 Begriff der guten Sitten

Beispiele zulässiger Beschränkungen

Der Verfassungsgerichtshof hat im Hinblick auf das rituelle Schächten verneint, daß dieses „das Zusammenleben der Menschen empfindlich störe". Ein generelles Verbot wurde für verfassungswidrig erklärt. Der Tierschutz verkörpere zwar ein allgemein anerkanntes und bedeutendes Interesse, er habe aber für die öffentliche Ordnung keine so zentrale Bedeutung, daß er ein generelles Verbot eines Jahrtausende alten Ritus in Judentum und Islam rechtfertigen

38 Rituelles Schächten

---

129 So *Klecatsky*, Die Glaubens- und Gewissensfreiheit und die Rechtsstellung der gesetzlich anerkannten Kirchen und Religionsgemeinschaften, in: Machacek/Pahr/Stadler, Grund- und Menschenrechte (LitVerz.), Bd. II, S. 494 f; auch *Berka*, Die Grundrechte (LitVerz.), RN 518.
130 So *Ermacora*, Grundfreiheiten (LitVerz.), S. 367; *Gampl*, Staatskirchenrecht (FN 86), S. 78 ff. und 84; sowie *Kalb/Potz/Schinkele*, Religionsrecht (FN 41), S. 85.
131 VfSlg 15.394/1998. Zur Auslegung des Begriffes der guten Sitten in der Literatur s. *Ermacora* aaO., S. 367, und *Schwendenwein* (FN 6), S. 101 ff.
132 VfSlg 2944/1955, 3505/1959, 3711/1960, 17.021/2003.
133 VfSlg 15.614/1999; auch schon, aber zu weitgehend 6747/1972.
134 VfSlg 2944/1955, 10.547/1985, 15.592/1999.

§ 193 *Dreizehnter Teil: II. Einzelgrundrechte*

kann[135]. Der Europäische Gerichtshof für Menschenrechte hat ein Schächtverbot unter besonderen Umständen für zulässig erklärt[136].

39
Kopftuchverbote

Im Hinblick auf die immer wieder aufflammende Diskussion über mögliche Verbote des Tragens des islamischen Kopftuches durch muslimische Frauen, insbesondere für bestimmte Personengruppen, wie Lehrer, Schüler und Studenten, ist festzuhalten, daß es in Österreich weder einschlägige gesetzliche Bestimmungen noch höchstrichterliche Judikatur zu dieser Frage gibt. Der Europäische Gerichtshof für Menschenrechte hat in zwei Fällen Kopftuchverbote als konventionskonform erachtet. Im Falle einer Volksschullehrerin in der Schweiz[137] und im Falle einer Studentin an einer türkischen Universität hat er keinen Widerspruch zur Europäischen Menschenrechtskonvention festgestellt[138]. Die österreichische Lehre lehnt die Zulässigkeit eines solchen Verbotes durchwegs ab[139]. Ausgehend von der engen Möglichkeit von Beschränkungen der Kultusfreiheit aus Gründen der öffentlichen Ordnung und wegen der guten Sitten sowie unter Berücksichtigung des Gebotes der weltanschaulichen Neutralität des Staates kann ein „Kopftuchverbot" nicht als verfassungskonform angesehen werden[140].

Zweifel an der Verfassungskonformität

40
Keine staatliche Identifikation mit Konfessionen

Der Staat, zur weltanschaulichen Neutralität verpflichtet, hat eine Identifikation mit einer der bestehenden Konfessionen zu vermeiden. Ein Verbot des demonstrativen Tragens religiöser Symbole durch staatliche Organwalter sowohl im Kernbereich der Hoheitsverwaltung als auch in der Leistungsverwaltung, wie beispielsweise in Schulen oder Kindergärten, erscheint dann gerechtfertigt, wenn damit auch ein aktives Werben für die betreffende Konfession verbunden werden soll. Dieses müßte sich der Staat in solchen Konstellationen zurechnen lassen und eben dieses verbietet ihm die Verpflichtung zur weltanschaulichen Neutralität. Mit dem Tragen eines Kopftuchs durch eine muslimische Lehrerin oder dem Tragen der Pektorale eines katholischen Bischofs, Abtes oder einer katholischen Äbtissin an einer öffentlichen Schule kann solches nicht verbunden werden. Das gilt auch für das Tragen von langen dunklen Kleidern von muslimischen Frauen, des Turbans, der Kippa oder sonstiger Kopfbedeckungen, die auf religiöse Einstellungen hindeuten, für das

---

135 *VfSlg* 15.394/1998.
136 *EGMR*, Urt. v. 27. 6. 2000, Cha'are Shalom Ve Tsedek ./. Frankreich, Nr. 27.417/95, RJD 2000-VII, ÖJZ 2001, S. 774. Vgl allgemein zur Problematik des Schächtens *Krammer*, Tierschutz und Religionsfreiheit. Sind Schächtungsverbote verfassungswidrig?, JRP 2002, S. 269 ff.; *Pabel*, Der Grundrechtsschutz für das Schächten – Die Entscheidungen der Verfassungsgerichte in Deutschland und Österreich sowie des EGMR in rechtsvergleichender Perspektive, EuGRZ 2002, S. 220 ff.; *R. Müller*, Über Grenzen der Religionsfreiheit am Beispiel des Schächtens, in: *Bernd-Christian Funk* u. a. (Hg.), Der Rechtsstaat vor neuen Herausforderungen, FS Adamovich, 2002, S. 503 ff.
137 *EGMR*, Urt. v. 15. 2. 2001, Dahlab ./. Schweiz, Beschwerde Nr. 42.393/98, EuGRZ 2003, S. 595.
138 *EGMR*, Urt. v. 29. 6. 2004, Sahin ./. Türkei, Beschwerde Nr. 44.774/98, EuGRZ 2005, S. 31; bestätigt am 10. 11. 2005, EuGRZ 2006, S. 28, sowie ÖJZ 2006, S. 424.
139 S. dazu *Berka*, Die Grundrechte (LitVerz.), RN 519; *Kucsko-Stadlmayer*, Die Rechtsprechung des österreichischen Verfassungsgerichtshofes auf dem Gebiet der Glaubensfreiheit, EuGRZ 1999, S. 505 (506); *Schinkele*, Zum „Streit" um das islamische Kopftuch. Kommentar zu BVerfG 24. 9. 2003 – 2 BvR 1436/02 (unter Berücksichtigung von BAG 10. 10. 2002, 2 AZR 472/01, BVerfG 30. 7. 2003, 1 BvR 792/03), RdW 2004, S. 30 ff., und *Thienel*, Religionsfreiheit (FN 82), S. 67 ff.
140 Vgl. → Bd. IV: *Muckel*, § 96 RN 89 ff.

Tragen der Ordenstracht bzw. der geistlichen Gewandungen, die auch sonst im öffentlichen Leben ohne Zusammenhang mit der Ausübung religiöser Übungen getragen werden (Kollar, Soutane [Talar], Schleier etc.).

All das kann nicht als Verhaltensweise angesehen werden, die als sittenwidrig zu qualifizieren ist oder das Zusammenleben der Menschen empfindlich stört, zumal niemand gegen die Konfrontation mit religiösen Symbolen geschützt ist[141] und derzeit ein von Toleranz geprägtes, konfliktfreies Nebeneinander der Konfessionen in Österreich besteht. Vielmehr begegnet jedem Menschen in der Öffentlichkeit eine Vielfalt religiöser Symbole, die nichts anderes als ein tolerantes Miteinander der unterschiedlichen Konfessionen dokumentieren. Solange damit kein aktives Werben und Eingriffe in eine andere Konfession verbunden sind, verbietet sich unter verfassungsrechtlichen Gesichtspunkten ein gesetzlicher Eingriff. Nichts anderes kann für ein „Kopftuchverbot" für muslimische Schülerinnen oder Studentinnen gelten, sofern an der jeweiligen Bildungseinrichtung oder im allgemeinen ein von Toleranz geprägtes, konfliktfreies Nebeneinander der Konfessionen besteht. Eine gesetzliche Beschränkung in Form von Bekleidungsverboten in solchen Fällen wäre nicht nur unter den Gesichtspunkten der hier in Rede stehenden verfassungsrechtlichen Garantien unzulässig, sondern stößt schon im Hinblick auf andere grundrechtliche Garantien, wie beispielsweise den Schutz des Privatlebens, an verfassungsrechtliche Grenzen. Eine Grenze im hier gegebenen Zusammenhang wäre in der staatlichen Schule zum Beispiel überschritten, wenn im nichtreligiösen Unterricht ein katholischer Priester im Ornat für die Heilige Messe auftreten würde.

41
Kein Schutz vor Konfrontation mit religiösen Symbolen

b) Freiheitsbeschränkungen durch die Vollziehung

Eingriffe in die in Rede stehenden Freiheiten sind verfassungswidrig, wenn ein Verwaltungsakt ohne gesetzliche Grundlage ergangen ist oder auf einer Rechtsvorschrift beruht, die Art. 14 StGG, Art. 63 Abs. 2 StV St. Germain und Art. 9 EMRK widerspricht und daher ihrerseits als verfassungswidrig zu qualifizieren ist, oder wenn die Behörde eine verfassungsrechtlich unbedenkliche Rechtsvorschrift in denkunmöglicher Weise[142] – das heißt qualifiziert rechtswidrig – angewendet hat[143]. Eine Grundrechtsverletzung wurde früher auch dann angenommen, wenn die Zugehörigkeit einer Person zu einer bestimmten Kirche in gesetzwidriger Weise bescheidmäßig festgestellt wurde[144].

42
Verfassungswidriger Eingriff

---

141 Vgl. → Bd. II: *Merten*, Negative Grundrechte, § 42 RN 75.
142 *VfSlg* 15.614/1999.
143 Zur Denkunmöglichkeit s. *Öhlinger*, Verfassungsrecht (LitVerz.), RN 728.
144 Ohne nähere Begründung *VfSlg* 5583/1967, 5809/1968. Vgl allgemein auch *Walter/Mayer/Kucsko-Stadlmayer*, Bundesverfassungsrecht (LitVerz.), RN 1451.

III. Das Grundrecht auf Wehrdienstverweigerung

43
Keine Verankerung in Art. 14 StGG oder in Art. 9 EMRK

Ein Recht auf Verweigerung des Wehrdienstes oder eines Wehrersatzdienstes kann weder aus Art. 14 StGG noch Art. 9 EMRK entnommen werden. Im Hinblick auf Art. 14 StGG hat der Verfassungsgerichtshof in ständiger Rechtsprechung argumentiert, daß dieser nur religiöse Fragen betreffe, was angesichts des Wortlauts der Bestimmung nicht überzeugend erscheint[145]. Eine Verweigerung des Wehrdienstes aus Gewissensgründen könne daher nicht auf diese Bestimmung gestützt werden. Art. 9 EMRK überläßt es in Verbindung mit Art. 4 Abs. 3 lit. b EMRK den Mitgliedstaaten, eine Möglichkeit zur Verweigerung des Wehrdienstes einzuräumen[146].

44
Abgabe einer Zivildiensterklärung

Ein Grundrecht auf Befreiung von der Wehrpflicht ergibt sich aus Art. 9a Abs. 4 B-VG und § 2 Abs. 1 Zivildienstgesetz 1986[147]. Wer aus Gewissensgründen die Erfüllung des Wehrdienstes verweigert, kann ohne besondere Prüfung des Gewissens im Einzelfall[148] eine Zivildiensterklärung abgeben. Er wird vom Wehrdienst befreit und hat einen Ersatzdienst, den Zivildienst, zu leisten.

45
Keine Totalverweigerung aus Gewissensgründen

Nicht vorgesehen ist hingegen eine Totalverweigerung sowohl des Wehrdienstes als auch des Wehrersatzdienstes aus Gewissensgründen. Eine solche ergibt sich nicht aus Art. 9a Abs. 4 B-VG, da im Falle der Wehrdienstverweigerung ein Ersatzdienst zu leisten ist. Der damit verbundene Eingriff in die durch Art. 14 StGG garantierte Gewissensfreiheit des Verweigerers ist durch die Verfassungsbestimmung des Art. 9a Abs. 4 B-VG gedeckt. Art. 9 EMRK kann deshalb keine Grundlage bilden, weil dieser besondere Aspekt der Gewissensfreiheit durch Art. 4 Abs. 3 lit. b EMRK vom Schutzbereich des Art. 9 EMRK ausgenommen ist.

B. Freiheit der Kirchen, Religionsgesellschaften und Religionsgemeinschaften

I. Parität und Neutralität im säkularen Staat

46
Ergänzendes korporatives Selbstbestimmungsrecht

Art. 15 StGG garantiert den gesetzlich anerkannten Kirchen und Religionsgesellschaften das Recht der gemeinsamen öffentlichen Religionsausübung, die Ordnung und Verwaltung ihrer inneren Angelegenheiten sowie den Besitz und Genuß ihrer für Kultus-, Unterrichts- und Wohltätigkeitszwecke bestimmten Anstalten, Stiftungen und Fonds und ergänzt damit die durch

---

145 So auch *Grabenwarter*, in: Korinek/Holoubek, Bundesverfassungsrecht (LitVerz.), Art. 14 StGG RN 15.
146 *VfSlg* 8033/1977, 11.222/1987, 11.253/1987, 14.978/1997; *EKMR* v. 2. 4. 1973, Beschwerde Nr. 5591/72.
147 Zivildienstgesetz 1986 (BGBl 1986/679 i.d.F. BGBl I 2006/40).
148 Die Gewissensprüfung durch Zivildienstkommissionen wurde 1991 (BGBl 1991/675) abgeschafft.

Art. 14 StGG gewährten individualrechtlichen Garantien durch ein korporatives Selbstbestimmungsrecht. Mit Art. 15 StGG wurde das bis 1867 bestehende, durch das Konkordat von 1855 geschaffene Koordinationssystem von Katholischer Kirche und Staat beseitigt und ein konfessionell neutrales, paritätisches staatskirchenrechtliches System begründet, das nicht nur eine Staatskirche ausschließt[149], sondern auch das Verhältnis zwischen dem Staat und den gesetzlich anerkannten Kirchen und Religionsgesellschaften nach den Prinzipien der Parität und Neutralität ordnet[150]. Der Staat muß sich gegenüber den gesetzlich anerkannten Religionsgemeinschaften neutral verhalten. Die formelle Parität und Neutralität umfaßt alle jene staatlichen Regelungen, die für alle gesetzlich anerkannten Kirchen und Religionsgesellschaften gleichermaßen gelten, wie beispielsweise die öffentlich-rechtliche Stellung und die sich daraus ergebenden Rechtsfolgen. Die materielle Parität sichert die Berücksichtigung der Besonderheiten der einzelnen Kirchen oder Religionsgesellschaften, insbesondere deren Selbstverständnis, Bedeutung oder besonderen Schutz im Falle einer Minderheitensituation. Dieses Paritätsprinzip wird auch als das „einheitliche oberste Prinzip" des österreichischen Staatskirchenrechts bezeichnet[151]; Art. 15 StGG ist dessen wichtigste verfassungsrechtliche Grundlage.

Parität und Neutralität

Aus der österreichischen Bundesverfassung ergibt sich ferner das Prinzip der Säkularität, dem zufolge der Staat keine transzendenten Zwecke verfolgen darf. Das Bundes-Verfassungsgesetz verzichtet auf eine einleitende Anrufung Gottes[152] oder Hinweise auf sakrale Wurzeln oder religiös transzendentale Zwecke des Staates[153]. Im Zusammenhang mit den genannten Prinzipien steht auch das sich aus der umfassenden Religions- und Weltanschauungsfreiheit und dem in Art. 9 EMRK und Art. 2 StGG verankerten Gleichheitssatz in Verbindung mit seiner besonderen Ausprägung nach Art. 14 Abs. 2 StGG ergebende Gebot der konfessionellen und weltanschaulichen Neutralität des Staates[154].

47
Prinzip der Säkularität

---

149 *VfSlg* 1430/1932.
150 Vgl. → Bd. IV: *Korioth*, Freiheit der Kirchen und Religionsgemeinschaften, § 97 RN 6 ff., 11 f.
151 So *Helmuth Pree*, Österreichisches Staatskirchenrecht, 1984, S. 10 ff.
152 Vgl aber die Präambel bzw. Promulgationsklausel zur Tiroler Landesordnung (Landesverfassung) 1989 (LGBl 1989/ 61 i.d.F. 2003/125), in der von der „Treue zu Gott" die Rede ist. Sie lautet wörtlich: „Der Landtag hat in Anerkennung des Beitrittes des selbständigen Landes Tirol zum Bundesstaat Österreich, in Anerkennung der Bundesverfassung, im Bewußtsein, daß die Treue zu Gott und zum geschichtlichen Erbe, die geistige und kulturelle Einheit des ganzen Landes, die Freiheit und Würde des Menschen, die geordnete Familie als Grundzelle von Volk und Staat die geistigen, politischen und sozialen Grundlagen des Landes Tirol sind, die zu wahren und zu schützen oberste Verpflichtung der Gesetzgebung und der Verwaltung des Landes Tirol sein muß, beschlossen: ...". Auf Grund des fehlenden normativen Charakters besteht kein Spannungsverhältnis bzw. keine Berührung im Sinne des Art. 99 B-VG zur Bundesverfassung und damit zum bundesverfassungsrechtlichen Prinzip der Säkularität.
153 S. dazu auch *Kucsko-Stadlmayer*, EuGRZ 1999, S. 505 (508).
154 *Berka*, Die Grundrechte (LitVerz.), RN 511; *Kalb/Potz/Schinkele*, Religionsrecht (FN 41), S. 42.

II. Staatlich anerkannte Kirchen und Religionsgesellschaften

48
Vorrechte

Art. 15 StGG garantiert gesetzlich anerkannten Kirchen und Religionsgesellschaften gegenüber gesetzlich nicht anerkannten Religionsgemeinschaften bestimmte Vorrechte, die aber im Hinblick auf den Gleichheitssatz gerechtfertigt sein müssen[155]. Ursprünglich kam nur gesetzlich anerkannten Kirchen und Religionsgesellschaften das Recht der gemeinsamen öffentlichen Religionsausübung gemäß Art. 15 StGG zu. Art. 63 Abs. 2 StV St. Germain derogiert in dieser Hinsicht Art. 15 StGG materiell, indem nach Art. 63 Abs 2 StV St. Germain alle Einwohner Österreichs, sofern sie Grundrechtsträger sein können, das Recht haben, „öffentlich oder privat jede Art von Glauben, Religion oder Bekenntnis frei zu üben". Eingeschränkt werden kann dieses Recht nur dann, wenn dessen Ausübung weder mit der öffentlichen Ordnung noch mit den guten Sitten vereinbar ist. Art. 9 Abs. 1 EMRK garantiert auch die gemeinschaftliche Religionsausübung. Ausdrücklich genannt werden dafür der Gottesdienst und der Unterricht. Aus diesen Garantien folgt auch das Recht zur Gründung religiöser Vereinigungen und damit die korporative Religionsfreiheit. Nach jüngerer Rechtsprechung des Europäischen Gerichtshofs für Menschenrechte gewährleisten diese Bestimmungen auch religiösen Körperschaften individuelle Kultus- und Religionsfreiheiten. Zudem wird aus diesen Bestimmungen und als Bestandteil der korporationsrechtlichen Garantie ein Selbstverwaltungsrecht der Religionsgemeinschaften abgeleitet[156].

Korporative
Religionsfreiheit

1. Die gesetzliche Anerkennung

49
Voraussetzung
für den besonderen
Status

Voraussetzung für den besonderen Status gemäß Art. 15 StGG ist die gesetzliche Anerkennung als Kirche oder Religionsgesellschaft, wobei der Begriff *Kirche* im Hinblick auf christliche Bekenntnisse verwendet wird, der Begriff *Religionsgesellschaft* Vereinigungen nichtchristlicher Bekenntnisse beschreibt. Abgesehen von der Katholischen Kirche, deren gesetzliche Anerkennung „historisch" vorausgesetzt wird, da sie niemals formalgesetzlich anerkannt wurde[157], gibt es zwei verschiedene Wege zur „gesetzlichen Anerkennung". Sie erfolgt entweder durch ein besonderes Gesetz oder durch eine Verordnung nach dem Anerkennungsgesetz 1874[158]. Diese Gesetze und Verordnungen regeln die äußeren Rechtsbeziehungen zum Staat. Durch sondergesetzliche Bestimmungen werden die Evangelische Kirche Augsburger und Helvetischen Bekenntnisses, die Israelitische Religionsgesellschaft, die Islamische Glaubensgemeinschaft, die Griechisch-orientalische Kirche sowie die

---

155 *VfSlg* 16.998/2003, 17.021/2003.
156 *EGMR*, Urt. v. 26. 9. 1996, Manoussakis u.a. ./. Griechenland, RJD 1996-IV, Ziff. 47, und Urt. v. 26. 10. 2000, Hasan und Chaush ./. Bulgarien, RJD 2000-XI, Ziff. 75 ff., sowie *Kalb/Potz/Schinkele*, Religionsrecht (FN 41), S. 70. Vgl. → Bd. IV: *Korioth*, § 97 RN 14 ff
157 S. *Lienbacher*, Die rechtliche Anerkennung von Religionsgemeinschaften in Österreich, in: Christoph Grabenwarter/Norbert Lüdecke (Hg.), Standpunkte im Kirchen- und Staatskirchenrecht, 2002, S. 154 (156 f.).
158 Gesetz v. 20. 5. 1874, betreffend die gesetzliche Anerkennung von Religionsgesellschaften (RGBl 1874/68).

Orientalisch-orthodoxen Kirchen gesetzlich anerkannt[159]. Mit Verordnung auf Grund des Anerkennungsgesetzes 1874 sind die Altkatholische Kirche[160], die Methodistenkirche[161], die Mormonen[162], die Neuapostolische Kirche[163], die Österreichische Buddhistische Religionsgesellschaft[164] sowie die evangelische Brüderkirche (Herrnhuter Brüderkirche)[165] „gesetzlich" anerkannt worden.

Die Voraussetzungen für die Anerkennung einer Religionsgemeinschaft (Bekenntnisgemeinschaft) als gesetzlich anerkannte Religionsgesellschaft ergeben sich aus dem Anerkennungsgesetz 1874 und dem Bekenntnisgemeinschaftengesetz 1998[166]. Gemäß § 1 Anerkennungsgesetz 1874 dürfen Religionslehre, Gottesdienst, Verfassung und die gewählte Benennung nichts Gesetzwidriges oder sittlich Anstößiges enthalten; der Bestand wenigstens einer, die gesetzlichen Vorgaben erfüllenden Kultusgemeinde muß sichergestellt sein. Weiters muß die um Anerkennung werbende Religionsgemeinschaft gemäß § 11 Abs. 1 Bekenntnisgemeinschaftengesetz 1998 seit mindestens zwanzig Jahren bestehen, davon zehn Jahre als religiöse, mit Rechtspersönlichkeit ausgestattete Bekenntnisgemeinschaft im Sinne dieses Gesetzes. Sie muß über eine Anzahl von Angehörigen in der Höhe von mindestens 2 v.H. der österreichischen Bevölkerung nach der letzten Volkszählung (16 264 Mitglieder nach der Volkszählung 2001) verfügen, Einnahmen und Vermögen für religiöse Zwecke verwenden und eine positive Grundeinstellung gegenüber Gesellschaft und Staat aufweisen. Es darf zu keiner Störung des Verhältnisses zu bestehenden gesetzlich anerkannten Kirchen und Religionsgesellschaften sowie Religionsgemeinschaften kommen[167].

50
Voraussetzungen der Anerkennung

In der Lehre werden teilweise die durch das Bekenntnisgemeinschaftengesetz 1998 eingeführten zusätzlichen Voraussetzungen für die Anerkennung als verfassungsrechtlich bedenklich angesehen[168]. Im Hinblick auf die lange „Bewährungszeit" ist anzumerken, daß diese einerseits zu knapp, andererseits aber auch völlig überflüssig sein kann, würde man beispielsweise die potentiellen Anerkennungswerber Scientology Church und die mit einer seit Hunderten von Jahren währenden Tradition bestehende Anglikanische Kirche miteinander vergleichen. Ein Abstellen auf die im konkreten Fall vorliegenden stark divergierenden Umstände, die vielleicht eine Bewährungszeit von über zehn Jahren notwendig machen, wird dadurch einerseits verhindert.

51
Bedenken gegen „Bewährungszeit"

---

159 Evangelische Kirche (BGBl 1961/182 i.d.F. BGBl 1996/318), Israelitische Religionsgesellschaft (RGBl 1890/57 i.d.F. BGBl 1994/505), Islamgesetz (RGBl 1912/159 i.d.F. BGBl 1988/164), Griechisch-orienthalische (orthodoxe) Kirche (BGBl 1967/229 i.d.F. BGBl 1994/505), Orientalisch-orthodoxes Kirchengesetz (BGBl I 2003/20).
160 RGBl 1877/99.
161 BGBl 1951/74.
162 BGBl 1955/229.
163 BGBl 1975/524.
164 BGBl 1983/72.
165 RGBl 1880/40.
166 Bundesgesetz über die Rechtspersönlichkeit von religiösen Bekenntnisgemeinschaften (BGBl I 1998/19).
167 S. insbesondere *Kalb/Potz/Schinkele*, Religionsrecht (FN 41), S. 95 ff.
168 Sehr kritisch *Kalb/Potz/Schinkele* aaO., S. 97 ff.; s. auch *Herbert Kalb/Richard Potz/Brigitte Schinkele*, Religionsgemeinschaftenrecht, 1998, S. 109 ff.; *Öhlinger*, Verfassungsrecht (LitVerz.), RN 943.

Unvereinbarkeit mit dem Sachlichkeitsgebot	Andererseits ist es so unmöglich, vor dem Zeitablauf eine Anerkennung auszusprechen, wenn evident ist, daß alle Anerkennungsvoraussetzungen erfüllt sind[169]. Mit dem Sachlichkeitsgebot des allgemeinen Gleichheitssatzes können diese Bedingungen wohl nicht in Einklang gebracht werden. Der Verfassungsgerichtshof hat diese „Bewährungszeit" sowohl im Hinblick auf Art. 15 StGG als auch im Hinblick auf den Gleichheitssatz für unbedenklich erachtet[170]. Eine detaillierte Auseinandersetzung mit dieser Problematik läßt das Erkenntnis des Verfassungsgerichtshofs aber vermissen.
52 Mindestzahl an Mitgliedern	Auch die geforderte Mindestzahl an Mitgliedern, die von der Mehrheit der bereits anerkannten Religionsgemeinschaften nicht mehr erfüllt wird, ohne daß dies ihren Status beeinflußt – was eine weitere gleichheitsrechtliche Problematik dieser Voraussetzung deutlich aufzeigt –, ist verfassungsrechtlich wohl kaum zu rechtfertigen. Daß nunmehr über sechzehntausend Mitglieder für eine Anerkennung erforderlich sind, während bestehende gesetzlich anerkannte Kirchen und Religionsgesellschaften oft nicht einmal mehrere hundert
Positive Grundeinstellung zu Staat und Gesellschaft	Mitglieder aufweisen können, macht die Problematik besonders deutlich. Was das Erfordernis einer positiven Grundeinstellung gegenüber Staat und Gesellschaft betrifft, wird diese in Einklang mit Art. 9 EMRK dahingehend zu interpretieren sein, daß die Religionsgemeinschaft nicht darauf abzielen darf, die Demokratie und den weltanschaulich und religiös neutralen Staat zu beseitigen. Denn nach der Rechtsprechung des Europäischen Gerichtshofes für Menschenrechte ist es den Staaten verwehrt, Glaubensinhalte und Religionsgemeinschaften zu bewerten[171]. Auch dieses Erfordernis hat der Verfassungsgerichtshof als verfassungskonform erachtet[172].
53 Anerkennung durch Verordnung	Nach § 2 Anerkennungsgesetz 1874 hat nach Antragstellung durch die Religionsgemeinschaft der „Cultusminister" – derzeit der Bundesminister für Unterricht, Kunst und Kultur[173] – bei Vorliegen der Voraussetzungen die Anerkennung auszusprechen; damit wird die Religionsgemeinschaft „aller jener Rechte theilhaftig, welche nach den Staatsgesetzen den gesetzlich anerkannten Kirchen- (sic!) und Religionsgesellschaften zukommen". In Anbetracht des nach generellen Merkmalen umschriebenen Adressatenkreises und des zu verleihenden Gesamtstatus ist die Anerkennung durch Verordnung
Durchsetzbarkeit	auszusprechen. Ursprünglich wurde vom zuständigen Bundesminister, dem Verwaltungsgerichtshof und einem Teil der Lehre die Auffassung vertreten, daß kein Rechtsanspruch auf Anerkennung bestehe, weil diese durch Verordnung auszusprechen sei. Im Falle der Nichtanerkennung war kein anfechtbarer Verwaltungsakt und damit kein Rechtsschutz vorgesehen[174]. 1988 hat der Verfassungsgerichtshof ausgesprochen, daß das Anerkennungsgesetz 1874 dem Anerkennungswerber einen durchsetzbaren Rechtsanspruch auf Aner-

---

169 S. *Lienbacher*, Die rechtliche Anerkennung (FN 157), S. 174 f.
170 *VfSlg* 16.102/2001; s. dazu *Schinkele*, Religiöse Bekenntnisgemeinschaften und verfassungsrechtlicher Vertrauensschutz, JBl 2002, S. 48 ff.
171 *Grabenwarter*, in: Korinek/Holoubek, Bundesverfassungsrecht (LitVerz.), Art. 9 EMRK RN 46 m.w.N.
172 *VfSlg* 16.102/2001, 16.131/2001.
173 Bundesministeriengesetz 1986 (BGBl 1986/76 i.d.F. BGBl I 2007/6).
174 S. dazu insbesondere *Kalb/Potz/Schinkele*, Religionsrecht (FN 41), S. 105 ff.

kennung einräume. Die Anerkennung sei im Verordnungsweg auszusprechen, im Falle der Nichtanerkennung habe ein entsprechender (negativer) Bescheid zu ergehen[175]. Andernfalls dürften an die verfassungsgesetzliche Unterscheidung von anerkannten und nicht anerkannten Religionsgemeinschaften keine unterschiedlichen Rechtsfolgen geknüpft werden. Es würden der Gleichheitssatz und das Rechtsstaatsprinzip verletzt. Im Falle der Untätigkeit des Bundesministers kann gemäß Art. 132 B-VG eine Säumnisbeschwerde beim Verwaltungsgerichtshof erhoben werden. Anstelle des ausstehenden Bescheides ergeht eine gerichtliche Sachentscheidung[176]. Der Verwaltungsgerichtshof hat sich dieser Auffassung angeschlossen[177].

2. Die Rechtsfolgen der gesetzlichen Anerkennung

Mit der gesetzlichen Anerkennung ist zunächst die Verleihung des Status als juristische Person des öffentlichen Rechts verbunden[178]. Darin kommt die staatliche Anerkennung des öffentlichen Wirkens der Religionsgemeinschaften und ihrer Bereitschaft zur Kooperation und Mitgestaltung am staatlichen Kultur- und Sozialauftrag unter strikter Beachtung institutioneller Trennung zum Ausdruck[179]. Ebenso ist damit der Erwerb der privaten Rechtsfähigkeit verbunden.

54
Statusverleihung

Die gesetzlich anerkannte Religionsgesellschaft hat das Recht, ihre „inneren Angelegenheiten" selbständig zu ordnen und zu verwalten. Der Begriff der inneren Angelegenheiten ist als Verfassungsbegriff einer Definition durch den einfachen Gesetzgeber entzogen. Er richtet sich zunächst nach dem jeweiligen Selbstverständnis der Religionsgesellschaft. Eine exakte Abgrenzung ist daher nicht möglich[180]. Nach herrschender Lehre und Rechtsprechung umfassen die inneren Angelegenheiten insbesondere die Glaubens- und Sittenlehre, Verfassung, Organisation und religiöse Satzung, Mitgliedschaft, Sakramente und Ritual, Lehramtsbeauftragung, Ämter- und Dienstrecht, Religionsunterricht, Vermögensverwaltung und Sammlungen sowie Kirchenbeitrag und Abgaben[181]. In diese Autonomie darf weder durch Gesetz noch durch einen Akt der Vollziehung eingegriffen werden[182].

55
Autonomie

„Innere Angelegenheiten"

In diesem Zusammenhang hat der Verfassungsgerichtshof auch eine Schutzpflicht des Staates zur Sicherstellung der inneren Autonomie angenommen. Im Hinblick auf die Gründung eines Vereins, der die Verbreitung und Verteidigung der katholischen Glaubenslehre bezweckt, hat der Verfassungsgerichtshof die Verpflichtung zur Untersagung der Vereinsbildung verlangt. Der

56
Schutzpflicht des Staates

---

175 *VfSlg* 11.931/1988.
176 *VfSlg* 11.624/1988, 13.134/1992, 14.295/1995, 14.383/1995.
177 *VwGH* 96/10/0049.
178 → Bd. II: *Schnapp*, Zur Grundrechtsberechtigung juristischer Personen des öffentlichen Rechts, § 52.
179 *Kalb/Potz/Schinkele*, Religionsrecht (FN 41), S. 71 ff.
180 *VfSlg* 2944/1955, 11.547/1987
181 S. dazu *Berka*, Die Grundrechte (LitVerz.), RN 537; *Gampl*, Staatskirchenrecht (FN 86), S. 172 ff; *Kalb/Potz/Schinkele*, Religionsrecht (FN 41), S. 65 ff.; *Kucsko-Stadlmayer*, EuGRZ 1999, S. 505 (507), jeweils m.w.N.
182 *VfSlg* 2944/1955, 16.395/2001.

Verein sei gesetzwidrig, weil sein Zweck in innere Angelegenheiten der Katholischen Kirche eingreife und sich die Bildung derartiger Vereine, die auch eine innere Angelegenheit der Kirche ist, nach innerkirchlichen Vorschriften richte[183]. Dieser Auffassung kann nicht gefolgt werden. Nicht die Nichtuntersagung des Vereins, sondern vielmehr seine Untersagung ist als ein unzulässiger staatlicher Eingriff in die durch Art. 15 StGG verfassungsgesetzlich begründete innere Autonomie der Katholischen Kirche anzusehen, nimmt doch der Staat, indem er die Vereinsbildung untersagt, eine wohl in den Kernbereich der inneren Angelegenheiten fallende Aufgabe wahr, indem er quasi als verlängerter Arm der Katholischen Kirche deren innere Vorschriften vollzieht. Er nimmt ihr die Möglichkeit, mit solchen Vereinen und deren Mitgliedern im inneren Bereich umzugehen[184].

57
Staatliche Regelungskompetenz im Außenverhältnis

Im Gegensatz zu den der staatlichen Kompetenz entzogenen inneren Angelegenheiten können die Beziehungen der anerkannten Religionsgesellschaften zum Staat und zu anderen Religionsgemeinschaften Gegenstand gesetzlicher Regelungen sein, soweit sie dem Gleichheitssatz entsprechen[185]. Anerkannte Religionsgesellschaften sind gemäß Art. 15 StGG auch den allgemeinen Staatsgesetzen unterworfen. Nach der Rechtsprechung des Verfassungsgerichtshofes sind sie aber vor diskriminierenden Sondergesetzen geschützt[186].

58
Weitere Vorrechte

Zu den besonderen Rechten gehören ferner Besitz und Genuß der für Kultus-, Unterrichts- und Wohlfahrtszwecke bestimmten Anstalten, Stiftungen und Fonds, eine besondere Eigentumsgarantie mit Schutz vor Maßnahmen der Säkularisation, Begünstigungen im Abgabenrecht, nach herrschender Auffassung auch ein Ausschließlichkeitsrecht, nach welchem aus staatlicher Sicht eine Person immer nur einer gesetzlich anerkannten Religionsgemeinschaft angehören kann, sowie staatlicher Beistand bei der Einbringung von Kirchenbeiträgen. Vorrechte genießen anerkannte Religionsgesellschaften auch im Bereich des Schulwesens. So ist ihr Religionsunterricht Unterrichtsgegenstand an öffentlichen Schulen und wird von staatlicher Seite subventioniert. Sie sind in den kollegialen Schulbehörden vertreten und können als private Schulerhalter auftreten. Das Vorliegen der Voraussetzungen für den Betrieb einer Privatschule wird ex lege vermutet[187].

III. Gesetzlich nicht anerkannte Religionsgemeinschaften

59
Staatlich eingetragene Bekenntnisgemeinschaft

Gesetzlich nicht anerkannte Religionsgemeinschaften können sich als staatlich eingetragene Bekenntnisgemeinschaften nach dem Bekenntnisgemeinschaftengesetz 1998 konstituieren. Ob sich solche Religionsgemeinschaften auch als Vereine gründen können, ist umstritten.

---

183 *VfSlg* 16.395/2004.
184 S. dazu *Lienbacher*, Vereinsfreiheit und innere Angelegenheiten gesetzlich anerkannter Kirchen und Religionsgesellschaften, ZfV 2002, S. 647 ff.
185 S. beispielsweise *VfSlg* 9185/1981.
186 *VfSlg* 2944/1955.
187 Vergleiche dazu den Überblick bei *Kucsko-Stadlmayer*, EuGRZ 1999, S. 505 (516).

1. Bekenntnisgemeinschaften

Bekenntnisgemeinschaften im Sinne von § 1 Bekenntnisgemeinschaftengesetz 1998 sind Vereinigungen von Anhängern einer gesetzlich nicht anerkannten Religion. Nicht erfaßt werden Weltanschauungsgemeinschaften. Das Bekenntnisgemeinschaftengesetz 1998 ist in vielerlei Hinsicht dem Vereinsgesetz 2002 nachgebildet, also eine Art „Sondervereinsrecht". Voraussetzung für die Erlangung der Rechtspersönlichkeit als juristische Person des Privatrechts[188] und für die Eintragung in das Register ist ein diesbezüglicher Antrag unter Beigabe der Statuten und des Nachweises, daß der Religionsgemeinschaft in Österreich mindestens dreihundert Personen angehören. Die Rechtspersönlichkeit wird erlangt, sofern der Antrag nicht binnen sechs Monaten bescheidmäßig vom zuständigen Bundesminister für Unterricht, Kunst und Kultur untersagt wird. Eine Untersagung hat gemäß § 5 Bekenntnisgemeinschaftengesetz 1998 insbesondere dann zu erfolgen, wenn dies zum Schutz der in einer demokratischen Gesellschaft gegebenen Interessen der öffentlichen Sicherheit, öffentlichen Ordnung, Gesundheit oder Moral oder zum Schutz der Rechte und Freiheiten anderer notwendig ist, so beispielsweise bei der Aufforderung zu einem mit Strafe bedrohten gesetzwidrigen Verhalten, bei einer Behinderung der psychischen Entwicklung von Heranwachsenden, bei Verletzung der psychischen Integrität oder bei Anwendung psychotherapeutischer Methoden. Damit soll verhindert werden, daß problematische Sekten in der Rechtsform einer staatlich eingetragenen Bekenntnisgemeinschaft tätig werden.

60 Statusfragen

Untersagung

Mit der Erlangung der Rechtspersönlichkeit sind aber weder ein besonderer Status noch Vorrechte verbunden, wie sie den gesetzlich anerkannten Kirchen und Religionsgesellschaften zustehen. Sie erhalten insbesondere nicht das Recht zur selbständigen Verwaltung der inneren Angelegenheiten gemäß Art. 15 StGG. Dies kann meiner Auffassung nach nicht als verfassungswidrig angesehen werden. Legt man dem Begriff der gesetzlichen Anerkennung in Art. 15 StGG ein enges, auf juristische Personen des öffentlichen Rechts beschränktes Verständnis zugrunde, wie es in der damaligen Rechtslage, beispielsweise im Protestantenpatent 1861, durchaus zum Ausdruck kommend auch dem Verfassungsgesetzgeber des Staatsgrundgesetzes im Jahre 1867 und in Folge auch dem Gesetzgeber des Anerkennungsgesetzes 1874 und der Spezialgesetze zugesonnen werden kann, erscheint es unproblematisch, eine neue Form der Rechtspersönlichkeit für Religionsgemeinschaften einzuführen, denen die Vorrechte des Art. 15 StGG vorenthalten bleiben[189]. Der Verfassungsgerichtshof hatte sich bisher nur mit einzelnen Fragestellungen zu befassen, wie beispielsweise mit Differenzierungen im Ausländerbeschäftigungs- oder Personenstandsrecht[190].

61 Statusfolgen

---

188 → Bd. II: *Tettinger*, Juristische Personen des Privatrechts als Grundrechtsträger, § 51 RN 16, 63, 71.
189 S. dazu näher *Lienbacher*, Die rechtliche Anerkennung (FN 157), S. 154 (172).
190 *VfSlg* 17.021/2003, 16.998/2003.

2. Religionsgemeinschaften in der Rechtsform des ideellen Vereins

62
Vereinsgesetz 2002

Im Gegensatz zu dem auf das Jahr 1867 zurückgehenden Vereinsgesetz 1951[191], das nicht auf Religionsgemeinschaften anwendbar war und folglich die Bildung religiöser Vereine nicht ermöglichte, und im Gegensatz zu der sich daraus ergebenden und in klarem Widerspruch zu Art. 9 EMRK stehenden staatlichen Praxis bis 1978[192] ermöglicht das Vereinsgesetz 2002[193] die Bildung religiöser Vereine und ist daher von großer Bedeutung für die Gründung von nichtreligiösen Weltanschauungsgemeinschaften sowie für Religionsgemeinschaften, welche die Voraussetzung der Mindestanzahl an Mitgliedern nach dem Bekenntnisgemeinschaftengesetz 1998 nicht erfüllen[194]. Nach Anzeige der Bildung des Vereins unter Beigabe der Statuten kann die Vereinsbehörde binnen vier Wochen die Vereinsbildung untersagen, wenn der Verein nach seinem Zweck, Organisation oder Namen als gesetzwidrig anzusehen ist. Bei einem Verstoß gegen Strafgesetze oder bei Überschreitung des statutenmäßigen Wirkungsbereiches kann der Verein aufgelöst werden. Der Verein steht damit unter staatlicher Aufsicht. Dies bietet den Vorteil, in der Rechtsform des ideellen Vereins organisierte, problematische Sekten hinsichtlich ihrer Statuten sowie der Tätigkeit ihrer Organe einer Kontrolle zu unterwerfen.

Anzeige der Vereinsbildung

---

191 Vereinsgesetz 1951 (BGBl 1951/233).
192 *EKMR* v. 12.3.1978, Beschwerde Nr. 8160/81, DR 22, S. 27.
193 Vereinsgesetz 2002 (BGBl I 2002/66 i.d.F. BGBl I 2008/45).
194 S. dazu insbesondere *Kalb/Potz/Schinkele*, Religionsrecht (FN 41), S. 127 ff.

C. Bibliographie

Gampl, Inge, Österreichisches Staatskirchenrecht, 1971.
dies., Österreichisches Staatskirchenrecht 1918 bis 1920, in: Audomar Scheuermann/ Rudolf Weiler/Günther Winkler (Hg.), FS Dordett, 1976, S. 369 ff.
Kalb, Herbert/Richard Potz/Brigitte Schinkele, Religionsgemeinschaftenrecht, 1998.
dies., Religionsrecht, 2003.
Klecatsky, Hans R., Die Glaubens- und Gewissensfreiheit und die Rechtsstellung der gesetzlich anerkannten Kirchen und Religionsgemeinschaften, in: Rudolf Machacek/Willibald P. Pahr/Gerhard Stadler (Hg.), Grund- und Menschenrechte in Österreich, Bd. II, 1992, S. 495 ff.
ders./Rudolf Weiler, Österreichisches Staatskirchenrecht, 1958.
Kucsko-Stadlmayer, Gabriele, Die Rechtsprechung des Verfassungsgerichtshofes auf dem Gebiet der Glaubensfreiheit, EuGRZ 1999, S. 505 ff.
Landau, Peter, Zu den geistigen Grundlagen des Toleranzpatents Kaiser Josef II., ÖAKR 1981, S. 187 ff.
Lienbacher, Georg, Die rechtliche Anerkennung von Religionsgemeinschaften in Österreich, in: Christoph Grabenwarter/Norbert Lüdecke (Hg.), Standpunkte im Kirchen- und Staatskirchenrecht, 2002, S. 154 ff.
ders., Vereinsfreiheit und innere Angelegenheiten gesetzlich anerkannter Kirchen und Religionsgesellschaften, ZfV 2002, S. 647 ff.
Mayer-Maly, Theo, Die Grundrechte des religiösen Lebens in der österreichischen Verfassungsgeschichte des 19. Jahrhunderts, ÖAKR 1954, S. 38 ff.
Pree, Helmuth, Österreichisches Staatskirchenrecht, 1984.
Schinkele, Brigitte, Religiöse Bekenntnisgemeinschaften und verfassungsrechtlicher Vertrauensschutz, JBl 2002, S. 48 ff.
Schwendenwein, Hugo, Österreichisches Staatskirchenrecht, 1992.
Thienel, Rudolf, Religionsfreiheit in Österreich, in: Gerrit Manssen/Bogusław Banaszak (Hg.), Religionsfreiheit in Mittel- und Osteuropa zwischen Tradition und Europäisierung, 2006, S. 35 ff.

§ 194
Kulturelle Rechte

Thomas Kröll

Übersicht

	RN
A. Wissenschaftsfreiheit	1–24
I. Entwicklung der Freiheit	1– 2
II. Wissenschaft und Lehre	3– 8
III. Institutioneller Gehalt	9–12
IV. Freiheitsbeschränkungen durch Gesetzgebung und Vollziehung	13–23
1. Wissenschaftsfreiheit als absolutes Grundrecht	13
2. Wissenschaftsfreiheit und immanente Gewährleistungsschranken	14–23
a) Freiheitsbeschränkungen durch die Gesetzgebung	15–22
α) Äußere Ordnung der Forschung und Lehre	15–22
β) Intentionale Beschränkungen	17
γ) Allgemeine Schranken der Rechtsordnung	18
δ) Wissenschaftliche Meinungsäußerung und Kommunikationsfreiheit gemäß Art. 10 EMRK	19–22
b) Freiheitsbeschränkungen durch die Vollziehung	23
V. Lernfreiheit	24
B. Unterrichtsfreiheit und Zugang zur Bildung	25–40
I. Entwicklung der Freiheiten	25–26
II. Unterrichtsfreiheit und staatliche Unterrichtshoheit	27–32
1. Die staatliche Unterrichtshoheit	27
2. Privatschulfreiheit und Unterrichtsfreiheit	28–31

	RN
a) Privatschulfreiheit	28–30
b) Unterrichtsfreiheit	31
3. Religionsunterrichtsfreiheit	32
III. Zugang zur Bildung und Elternrechte	33–40
1. Zugang zur Bildung	33–37
2. Rechte der Eltern	38–40
C. Kunstfreiheit	41–61
I. Entwicklung der Freiheit	41–44
II. Der verfassungsrechtliche Kunstbegriff	45–47
III. Künstlerisches Schaffen, Vermittlung und Lehre	48–50
IV. Freiheitsbeschränkungen durch Gesetzgebung und Vollziehung	51–56
1. Kunstfreiheit als absolutes Grundrecht	51
2. Kunstfreiheit und Gewährleistungsschranken	52–56
a) Freiheitsbeschränkungen durch die Gesetzgebung	53–55
α) Intentionale Beschränkungen	53–55
β) Allgemeine Schranken der Rechtsordnung	54–55
b) Freiheitsbeschränkungen durch die Vollziehung	56
V. Mittelbare Drittwirkung der Kunstfreiheit	57–59
VI. Kunstförderung	60–61
D. Bibliographie	

A. Wissenschaftsfreiheit

I. Entwicklung der Freiheit

1
Grundrechtspatent der Oktroyierten Märzverfassung

Der Forderung des Liberalismus nach Freiheit der Wissenschaft und deren besonderer Sicherung vor dem Einfluß des Staates einerseits und der Kirche andererseits wurde erstmals am 4. März 1849 entsprochen. Sie wurde in das Grundrechtspatent der Oktroyierten Märzverfassung aufgenommen. Dessen § 3 – übereinstimmend mit dem Wortlaut des § 18 des Grundrechtskatalogs des niemals in Kraft getretenen Kremsierer Grundrechtsentwurfes[1] sowie des § 152 der deutschen Paulskirchenverfassung[2] – lautete: „Die Wissenschaft und ihre Lehre sind frei"[3]. Mit der Erklärung von Unterrichtsminister *Franz Seraph Freiherr von Sommaruga* vor Studenten der Universität Wien war bereits am 30. März 1848 eine umfassende Universitätsreform in die Wege geleitet worden: „Wir wollen ein Gebäude aufführen von fester Dauer, ähnlich – so sehr es nur immer die Verhältnisse des Vaterlandes gestatten – jenen blühenden Hochschulen Deutschlands, die wir als Vorbilder gründlicher wissenschaftlicher Ausbildung verehren. Lern- und Lehrfreiheit, durch keine Schranke als jene constitutioneller Gesetze gebunden, wird ihre Grundlage sein"[4]. In der Folge wurde die am *Humboldt*schen Modell orientierte Universitätsreform vom nachfolgenden Unterrichtsminister *Leo Graf von Thun-Hohenstein* umgesetzt[5], war es doch „notwendig, auch die Consequenzen, ohne welche das Prinzip [der Lehr- und Lernfreiheit] selbst ein leerer Name bliebe, ins Leben treten zu lassen"[6].

2
Verankerung ohne ausdrücklichen Gesetzesvorbehalt

Nach der Sistierung der Oktroyierten Märzverfassung 1849 und des Grundrechtspatents[7] im Jahr 1851, womit die „Grundrechte außer Gesetzeskraft gesetzt" worden waren, wurde erst mit dem im Rahmen der Dezemberverfassung 1867 erlassenen Art. 17 StGG die Freiheit der Wissenschaft und ihrer Lehre erneut – unter Heranziehung der Formulierung von 1849: „Die Wissenschaft und ihre Lehre sind frei", also ohne ausdrücklichen Gesetzesvorbehalt – verankert und im Jahr 1920 unverändert in die Verfassungsordnung der Republik übernommen. Die Wissenschaftsfreiheit wird auch von der gemäß Art. 10 EMRK garantierten Meinungsäußerungsfreiheit erfaßt und im Rahmen des Schrankenregimes des Art. 10 Abs. 2 EMRK geschützt.

---

1 S. Extrablatt der Abendbeilage der Wiener Zeitung v. 23. 12. 1848 sowie *Alfred Fischel*, Die Protokolle des Verfassungsausschusses über die Grundrechte. Ein Beitrag zur Geschichte des österreichischen Reichstags vom Jahre 1848, 1912, S. 131 ff., 177 f. und 193.
2 *Heinrich Scholler*, Die Grundrechtsdiskussion in der Paulskirche, 1973, S. 59, 64, 182.
3 Kaiserliches Patent über die durch die konstitutionelle Staatsform gewährleisteten politischen Rechte vom 4. 3. 1849 (RGBl 1848/151).
4 Zitiert nach *Richard Meister*, Entwicklung und Reformen des österreichischen Studienwesens, 1963 (Österr. Akad. Wiss., Phil.-hist. Kl., Sitz.ber. 239), S. 69.
5 S. dazu *Ermacora*, Grundfreiheiten (LitVerz.), S. 466 f., und *Friedrich Koja*, Wissenschaftsfreiheit und Universität, 1976, S. 51 ff.
6 Provisorisches Gesetz über die Organisation der akademischen Behörden (RGBl 1849/416, 3. Beilage).
7 S. FN 3.

II. Wissenschaft und Lehre

Art. 17 Abs. 1 StGG erfaßt zwei Tatbestände[8], einerseits die Freiheit der Forschung, andererseits die Freiheit der Lehre[9]. Dabei handelt es sich aber sowohl nach Auffassung der Lehre als auch der Rechtsprechung lediglich um die selbständige wissenschaftliche[10] Forschung und Lehre[11]. Nicht erfaßt wird die Mitwirkung in der Lehre bzw. in der Forschung (unselbständige Lehre und Forschung). Die wissenschaftliche Forschung und Lehre wird sowohl innerhalb als auch außerhalb von Universitäten vor jeglicher Fremdbestimmung, sei es von staatlicher Seite, sei es von der Kirche oder anderen gesellschaftlichen Gruppen, geschützt.

3
Selbständige Lehre und Forschung

Die Freiheit der Forschung bezieht sich auf das „Aufsuchen neuer Erkenntnisse oder die Festigung älterer Erkenntnisse auf einem bestimmten Wissensgebiet" und umfaßt „beispielsweise die Befugnis, wissenschaftliche Untersuchungen vorzunehmen, ihre Ergebnisse aufzuzeichnen und zu veröffentlichen"[12].

4
Freiheit der Forschung

Die Freiheit der Lehre garantiert das Recht zur unbehinderten Lehre der Wissenschaft[13] und untersagt, daß der Staat „ohne gesetzliche Grundlage in die wissenschaftliche Tätigkeit eingreifen und diese behindern oder beschränken" darf sowie daß „niemand wegen Aufstellung eines wissenschaftlichen Lehrsatzes als solchen gerichtlich oder sonst behördlich verfolgt werden" darf[14]. Freilich bezieht sich dieser Schutz auf intentionale Eingriffe. Nicht erfaßt werden bloße Reflexwirkungen beispielsweise im Bereich der Regelung der Hörsaalnutzung, des Raummanagements etc. Solche Regelungen gehören zur äußeren Organisation und haben gleichsam im Reflex faktische Auswirkungen auf die Ausübung der Freiheiten in Forschung und Lehre, zielen aber darauf nicht ab. Zu erwähnen sind ebenso intrasystematische Beschränkungen[15].

5
Freiheit der Lehre

Vom Schutzbereich des Art. 17 Abs. 1 StGG wird jedermann erfaßt, der selbständig wissenschaftlich forscht und lehrt[16]. Geschützt sind daher nicht nur an den staatlichen Universitäten Forschende und Lehrende, auch wenn der Schutz der Wissenschaftsfreiheit im Hinblick auf die geschichtliche Entwicklung „vornehmlich" der akademischen Wissenschaftspflege zukommt[17], sondern auch an außeruniversitären oder privaten Forschungseinrichtungen oder tertiären Bildungseinrichtungen Tätige oder „Privatgelehrte". In bezug auf

6
Adressaten

---

8 So auch *VfSlg* 3068/1956.
9 *VfSlg* 1969/1950, 2707/1954, 4323/1962. Vgl. → Bd. IV: *Löwer*, Freiheit wissenschaftlicher Forschung und Lehre, § 99; Bd. VII/2: *Schweizer*, Wissenschaftsfreiheit und Kunstfreiheit, § 218 RN 10 ff.
10 Zum Begriff der Wissenschaftlichkeit von Forschung und Lehre s. *Berka*, Die Grundrechte (LitVerz.), RN 589, und *Koja*, Wissenschaftsfreiheit und Universität (FN 5), S 12 ff. m.w.N.
11 *VfSlg* 4290/1962.
12 *VfSlg* 3191/1957, 3068/1956.
13 *VfSlg* 1969/1950, 3068/1956, 4323/1962, 4881/1964.
14 *VfSlg* 2823/1955, 2345/1952, 2823/1955.
15 Vgl dazu unten IV, RN 75 ff.
16 *VfSlg* 3068/1956, 8136/1976, 13.978/1994.
17 So *VfSlg* 4881/1964.

die Freiheit der Lehre ist anzumerken, daß der Verfassungsgerichtshof von seiner früheren Rechtsprechung[18], sie auf habilitierte Universitätslehrer zu beschränken, abgerückt ist[19]. Sie steht jedermann zu, der zu einer selbständigen wissenschaftlichen Lehre befähigt ist und diese auch betreibt.

7
Mitwirkung von Studierenden und nicht habilitierten Assistenten

Die Frage, ob auch Studierende von der Wissenschaftsfreiheit erfaßt werden, ist insoweit zu bejahen, als sie selbständig, das heißt in eigenem Namen, wissenschaftlich forschen. Dies wird jedenfalls bei der Abfassung einer Dissertation im Rahmen des Doktoratsstudiums anzunehmen sein. Sie dient doch „über die wissenschaftliche Berufsvorbildung hinaus der Entfaltung der Fähigkeit, durch selbständige Forschung zur Entwicklung der [Rechts-]Wissenschaft beizutragen"[20]. § 51 Abs. 2 Ziff. 13 des Studienplans für das Doktoratsstudium an der Rechtswissenschaftlichen Fakultät der Universität Wien definiert darüber hinaus Dissertationen als „wissenschaftliche Arbeiten", die anders als die Diplom- und Magisterarbeiten dem Nachweis der Befähigung zur selbständigen Bewältigung wissenschaftlicher Fragestellungen dienen[21]. Der Beweis dazu kann nur durch selbständige Forschung gelingen[22].

8
Grundrecht der Hochschule?

Entgegen der herrschenden Lehre und Rechtsprechung zu den von Art. 17 Abs. 1 StGG erfaßten Personen wurde vereinzelt die Auffassung vertreten, daß angesichts der engen historischen Verbindung von Wissenschaftsfreiheit und Universitäten durch das „bindende Glied der Lehrbefugnis" auch in Österreich „Art. 17 StGG als ein Grundrecht der Hochschule (Universität) angesprochen" werden könne[23]. Dafür fehlen durchschlagende dogmatische Anhaltspunkte.

III. Institutioneller Gehalt

9
Historische Entwicklung

Vor dem Hintergrund des engen historischen Zusammenhangs der Entwicklung der Wissenschaftsfreiheit einerseits und den Universitäten andererseits im 19. Jahrhundert stellt sich seit jeher die Frage nach einem institutionellen Gehalt von Art. 17 StGG.

10
Autonomiegewähr

Die Lehre hat eine solche, auf eine verfassungsrechtlich gewährleistete Autonomie hinauslaufende institutionelle Komponente stets bejaht[24]. Teilweise wurde aus Art 17 StGG abgeleitet, daß die unmittelbare Wissenschaftsverwaltung (beispielsweise die Verleihung der Lehrbefugnis oder die Erstattung von

---

18 *VfSlg* 1777/1949, 1969/1950, 2345/1952, 2706/1954, 3068/1956, 3191/1957, 4732/1964; s. dazu auch *Koja*, Wissenschaftsfreiheit und Universität (FN 5), S. 31.
19 *VfSlg* 8136/1977.
20 § 1 Studienplan für das Doktoratsstudium an der Rechtswissenschaftlichen Fakultät der Universität Wien, genehmigt vom Senat der Universität Wien am 17. 6. 2004 (Mitteilungsblatt 249).
21 Vgl. dazu auch *Perthold-Stoitzner*, in: Heinz Mayer (Hg.), Kommentar zum Universitätsgesetz 2002, 2005, S. 261 f.
22 So bereits *Koja*, Wissenschaftsfreiheit und Universität (FN 5), S. 37 ff.
23 So *Ermacora*, Grundfreiheiten (LitVerz.), S. 471; dagegen *Karl Wenger/Günther Winkler*, Die Freiheit der Wissenschaft und ihre Lehre. Eine verfassungsrechtliche Analyse der Bedeutung des Art. 17 StGG für die Hochschulorganisation, 1974, S. 53.
24 S. für Deutschland → Bd. IV: *Korioth*, § 97 RN 21 ff., 47 ff.; für die Schweiz → Bd. VII/2: *Schweizer*, § 218 RN 19.

Vorschlägen für die Professorenberufungen) zur Sicherung gegen mittelbare Einflüsse wissenschaftsfremder Kräfte der selbstverantwortlichen Entscheidung der Lehrbefugten (Professoren, Dozenten und Honorarprofessoren) vorbehalten sei. Diese Auffassung hat der Verfassungsgerichtshof in einer sehr umstrittenen Entscheidung zurückgewiesen, als über die Verfassungsmäßigkeit der durch das Universitätsorganisationsgesetz 1975[25] eingeführten gruppenparitätischen Zusammensetzung der universitären Kollegialorgane (Drittelparität) und die damit einhergehende maßgebliche Mitbestimmung der Studierenden und nicht habilitierten Universitätsangehörigen an Angelegenheiten der unmittelbaren Wissenschaftsverwaltung zu entscheiden war. Art. 17 StGG garantiere jedermann die Freiheit der Wissenschaft und ihrer Lehre. „Daß aber Art. 17 StGG darüber hinaus den Staat zu positiven Vorkehrungen, speziell dazu verpflichtet, den Hochschullehrern zur Sicherung dieses Grundrechts eine maßgebende Mitwirkung an der unmittelbaren Wissenschaftsverwaltung einzuräumen, ist weder aus ihrem Wortlaut zu entnehmen noch aus der historischen Entwicklung ableitbar". Art. 17 StGG habe keinen institutionellen Bezug. Es stehe vielmehr dem Gesetzgeber innerhalb der Grenzen der Sachlichkeit frei, eine durch Weisung nicht beeinflußbare Beteiligung der Hochschullehrer oder anderer davon Betroffener an der unmittelbaren Wissenschaftsverwaltung vorzusehen[26]. Die Mitwirkung von Studierenden und nichthabilitierten Universitätsassistenten ist daher als mit Art. 17 StGG vereinbar anzusehen[27]. Bei der Ausgestaltung der Zusammensetzung der universitären Kollegialorgane ist jedenfalls das Sachlichkeitsgebot zu berücksichtigen[28].

Drittelparität

Mitwirkung Betroffener

Nach herrschender Lehre hat Art. 17 StGG dennoch einen institutionellen Bezug, der den Gesetzgeber verpflichtet, die Organisation der staatlichen Universitäten so zu gestalten, daß eine inhaltlich unbeeinflußte Tätigkeit in Forschung und Lehre der von Art. 17 StGG erfaßten Personen sichergestellt wird[29]. Auch der Verfassungsgerichtshof hat nicht jeden institutionellen Bezug schlechthin verneint, sondern ausdrücklich nur jenen „in der dem vom Verwaltungsgerichtshof beigemessenen Bedeutung dieses Wortes"[30].

11
Autonomiesicherung

Gemäß Art. 81 c B-VG[31] sind die öffentlichen Universitäten als Stätten freier wissenschaftlicher Forschung, Lehre und Erschließung der Künste zur auto-

12

---

25 Universitätsorganisationsgesetz 1975 (BGBl 1975/258).
26 VfSlg 8136/1977.
27 So Öhlinger, Verfassungsrecht (LitVerz.), RN 924; dagegen Walter/Mayer/Kucsko-Stadlmayer, Bundesverfassungsrecht (LitVerz.), RN 1508.
28 VfSlg 14.362/1995
29 S. Berka, Die Grundrechte (LitVerz.), RN 601; Ermacora, Grundfreiheiten (LitVerz.), S. 471 f; Koja, Wissenschaftsfreiheit und Universität (FN 5), S. 62 ff. und 79 f; Kucsko-Stadlmayer, in: Korinek/Holoubek, Bundesverfassungsrecht (LitVerz.), Art. 2 Abs. 2 UOG 2003 RN 15; Öhlinger, Verfassungsrecht (LitVerz.), RN 924; Spielbüchler, Das Grundrecht auf Bildung, in: Machacek/Pahr/Stadler, Grund- und Menschenrechte (LitVerz.), Bd. II, S. 149 (170); Walter/Mayer/Kucsko-Stadlmayer, Bundesverfassungsrecht (LitVerz.), RN 1508, und Wenger/Winkler (FN 23), S. 124 ff.
30 VfSlg 8136/1977, S. 91.
31 Eingefügt durch Art. 1 B-VG-Nov 2008 (BGBl I 2008/2).

§ 194　　　*Dreizehnter Teil: II. Einzelgrundrechte*

Staatliche
Aufsichtsbefugnis

nomen Besorgung ihrer Angelegenheiten berechtigt[32]. Sie können Satzungen erlassen. Dies schließt eine staatliche Aufsicht aber nicht aus[33].

IV. Freiheitsbeschränkungen durch Gesetzgebung und Vollziehung

1. Wissenschaftsfreiheit als absolutes Grundrecht

13
Absolut gewährleistetes Grundrecht

Als absolut gewährleistetes Grundrecht unterliegt die Freiheit der Wissenschaft und ihrer Lehre keinem Gesetzesvorbehalt[34]. Nach der Judikatur des Verfassungsgerichtshofs ist das Grundrecht der Wissenschaftsfreiheit ein „absolutes, es kann daher durch kein einfaches Gesetz und durch keinen Verwaltungsakt eingeschränkt werden. Anders als bei Grundrechten, die den Gesetzesvorbehalt enthalten, muß daher ein Verwaltungsakt, der auf die Sphäre des Grundrechtes einzuwirken geeignet ist, in vollem Umfang daraufhin überprüft werden, ob er nach Zweck und Inhalt mit Art. 17 StGG in Einklang steht"[35].

2. Wissenschaftsfreiheit und immanente Gewährleistungsschranken

14
Immanente Begrenzung

Als vorbehaltlos gewährleistetes, absolutes Grundrecht gilt die Wissenschaftsfreiheit nach einhelliger Auffassung in Lehre[36] und Rechtsprechung[37] dennoch nicht. Art. 17 StGG sind immanente Gewährleistungsschranken zu entnehmen:

a) Freiheitsbeschränkungen durch die Gesetzgebung

α) Äußere Ordnung der Forschung und Lehre

15
Studien- und dienstrechtliche Bestimmungen

Gesetzliche Bestimmungen, welche die äußere Ordnung der Forschung und ihrer Lehre regeln, stellen keinen Eingriff in die von Art. 17 StGG geschützte Sphäre dar. Dies trifft nach der Rechtsprechung des Verfassungsgerichtshofs auf studien- oder dienstrechtliche Bestimmungen zu, die „sicherstellen sollen, daß nur körperlich und geistig fähige Personen das Hochschullehramt verse-

---

32 Bereits seit 1993 waren die Universitäten gemäß § 2 Abs. 2 Universitätsorganisationsgesetz 1993 (BGBl 805/1993) auf verfassungsgesetzlicher Ebene „im Rahmen der Gesetze und Verordnungen sowie nach Maßgabe der Budgetzuweisungen gemäß § 17 Abs. 4 zur weisungsfreien (autonomen) Besorgung ihrer Angelegenheiten befugt" (*VfSlg* 17.101/2004); siehe dazu insbesondere *Kucsko-Stadlmayer*, in: Korinek/Holoubek, Bundesverfassungsrecht (LitVerz.), § 2 Abs. 2 UOG 1993 RN 3, 8ff. und 23ff. § 2 Abs. 2 UOG 1993 wurde durch Art. 2 § 2 Abs. 4 Ziff. 6 B-VG-Nov 2008 (BGBl I 2008/2) aufgehoben.
33 *VfSlg* 13.429/1993.
34 Dies ist die herrschende Auffassung in der Lehre: S. *Berka*, Die Grundrechte (LitVerz.), RN 592; *Ermacora*, Grundfreiheiten (LitVerz.), S. 474; *Potacs*, Wissenschaftsfreiheit und Grundrecht auf Datenschutz, ZfV 1986, S. 1 (8); *Welan*, Wissenschaftsfreiheit und Zugang zu gerichtlichen Rechtsmittelentscheidungen, ÖJZ 1986, S. 641 (642), jeweils m.w.N.
35 *VfSlg* 3565/1959.
36 So *Ermacora*, Grundfreiheiten (LitVerz.), S. 475; *Koja*, Wissenschaftsfreiheit und Universität (FN 5), S. 22; *Öhlinger*, Verfassungsrecht (LitVerz.), RN 925; *Wenger/Winkler* (FN 23), S. 15; *Wielinger*, Die Freiheit der Wissenschaft in Österreich, EuGRZ 1982, S. 289 (291).
37 *VfSlg* 1777/1949, 4732/1964.

hen". Dies entspreche „einem das gesamte Dienstrecht beherrschenden Grundsatz". Die Regelung greife daher nicht in Art. 17 StGG ein, ganz im Gegensatz zu einem die dienstrechtliche Stellung eines Hochschullehrers regelnden Gesetz, das als verfassungswidrig anzusehen wäre, wenn es „in die dienstrechtliche Stellung eingriffe, um die Freiheit der Wissenschaft und ihrer Lehre zu beeinträchtigen, zum Beispiel also um eine wissenschaftliche Lehrmeinung dauernd oder auch nur vorübergehend zu unterdrücken"[38]. Da die „Grundgedanken der öffentlichen Ordnung" auch den Bereich des Art. 17 StGG „beherrschen", sind auch dienstrechtliche, das Verhalten von Personen, die eine Lehrtätigkeit ausüben, regelnde Vorschriften als unbedenklich anzusehen[39]. Dasselbe gilt für Organisationsvorschriften, die zum Beispiel die Abhaltung der Lehre regeln. Zuweisungen von Stundenkontingenten an bestimmte Gruppen von Lehrenden, die in unterschiedlicher Form remuneriert werden oder sich auf bestimmte Gruppen von Lehrenden beschränken, vermögen die Freiheit der Lehre und Forschung nicht einzuschränken. Freilich darf niemandem, der über eine Lehrbefugnis verfügt, verboten werden, außerhalb einer solchen Festlegung unentgeltlich zu lehren. Ebensowenig vermögen Regelungen über die Belegung von Hörsälen eine Einschränkung zu bewirken, dies alles allerdings nur dann, wenn solche Bestimmungen nicht bzw. nicht auch intentional eine Beeinträchtigung der Freiheit der Lehre bzw. Forschung bewirken wollen. Sind Beeinträchtigungen der Forschung und Lehre mit ein Motiv solcher Regelungen und nicht bloß ordnungs- oder organisationsfunktionelle Gesichtspunkte, liegt ein verfassungswidriger Eingriff vor.

Organisationsvorschriften

Unabhängig davon, welche verfassungsrechtliche Grundlage für dienst- oder studienrechtliche Bestimmungen, welche die äußere Ordnung der Forschung und Lehre regeln, herangezogen werden muß[40], werden diese Bestimmungen sowie die im konkreten Einzelfall darauf beruhenden individuellen Verwaltungsakte daraufhin zu überprüfen sein, ob es sich dabei um allgemeine, die „Grundgedanken der öffentlichen Ordnung" konkretisierende Rechtsvorschriften handelt oder ob sie geeignet sind, die Freiheit der Wissenschaft und ihrer Lehre inhaltlich zu beeinflussen (Inhalte, Zwecke, Methoden), zu beschränken oder gar zu unterdrücken[41]. Wesentliches Kriterium ist dabei jeweils die Intentionalität der in Prüfung stehenden Vorschriften. Bloße Reflexwirkungen solcher Vorschriften im Bereich der Freiheit der Forschung und Lehre vermögen einen verfassungswidrigen Eingriff in der Regel nicht zu bewirken.

16
Zielrichtung konkretisierender Regelungen

---

38 *VfSlg* 3565/1959.
39 *VfSlg* 4732/1964.
40 S. dazu *Binder*, Die verfassungsrechtliche Sicherung der Wissenschaftsfreiheit in Österreich, in: Wissenschaftsrecht – Wissenschaftsverwaltung – Wissenschaftsförderung, 1973, S. 1 (14 ff.); *Ermacora*, Grundfreiheiten (LitVerz.), S. 478 und 487; *Koja*, Wissenschaftsfreiheit und Universität (FN 5), S. 20 ff., und *Wenger/Winkler* (FN 23), S. 29 ff.
41 In diesem Sinne *VfSlg* 3565/1959; problematisch hingegen *VfSlg* 13.978/1994. S. dazu *Berka*, Die Grundrechte (LitVerz.), RN 593.

β) Intentionale Beschränkungen

17
Ausnahmsloses Verbot

Die Freiheit der Wissenschaft und ihrer Lehre untersagt dem Gesetzgeber ausnahmslos, Regelungen zu erlassen, die intentional und direkt auf die Beschränkung der wissenschaftlichen Forschung und der wissenschaftlichen Lehre gerichtet sind. Nach der Rechtsprechung des Verfassungsgerichtshofes garantiert Art. 17 StGG „jedermann, der wissenschaftlich forscht und lehrt, daß er hierbei frei ist, dh vom Staat keinen spezifischen intentional auf die Einengung dieser Freiheit gerichteten Beschränkungen unterworfen werden darf"[42].

Schranken als Gegenausnahme

In diesem Zusammenhang ist aber zu bedenken, daß intentionale Beschränkungen ausnahmsweise gerechtfertigt werden können, wenn verfassungsrechtlich geschützte Rechtsgüter wie beispielsweise die Menschenwürde durch die Inanspruchnahme der Wissenschaftsfreiheit beeinträchtigt werden[43]. Dieser Bereich der immanenten Grundrechtsschranken ist gleichsam als rechtfertigende Gegenausnahme zu nennen.

γ) Allgemeine Schranken der Rechtsordnung

18
Bindung an die allgemeinen Schranken

Der Forschende und Lehrende ist an die allgemeinen Schranken der Rechtsordnung gebunden. „Schwierigkeiten, die der wissenschaftlichen Forschung und Lehre gemacht werden, können nur dann als verfassungswidrige Beeinträchtigung angesehen werden, wenn sie nicht aus allgemeinen Gründen, zB strafgesetzlicher Natur entspringen"[44]. Auch der Oberste Gerichtshof hat in diesem Sinne für Recht erkannt, daß die in Art. 17 Abs. 1 StGG gewährleistete Freiheit der Wissenschaft und ihrer Lehre – im konkreten Fall der Lehre der wissenschaftlichen Publizistik – zwar bedeute, „daß niemand wegen der Aufstellung eines wissenschaftlichen Lehrsatzes als solchen gerichtlich oder sonst behördlich verfolgt werden darf", doch seien „deshalb wissenschaftliche Vorträge in Wort und Schrift keineswegs von jeder Verantwortung frei"[45]. Damit ist jede vom Schutzbereich des Art. 17 StGG erfaßte Person an allgemeine Gesetze, die nicht intentional und direkt auf eine Beschränkung der Wissenschaftsfreiheit gerichtet sind, beispielsweise Bestimmungen im Arbeitsrecht, Baurecht, Strafrecht oder im Urheberrecht und Patentrecht, gebunden.

Verhältnismäßigkeit des Eingriffs

Diese allgemeinen Gesetze dürfen in die Wissenschaftsfreiheit aber nicht unverhältnismäßig eingreifen und damit einschränken. Es ist jedenfalls eine Abwägung der Freiheit der Wissenschaft oder ihrer Lehre einerseits und des von der einschlägigen Bestimmung des allgemeinen Gesetzes geschützten Rechtsguts durchzuführen[46]. Angesichts der mitunter schwierigen Abgrenzung von intentionalen und allgemeinen Gesetzesbestimmungen wird auch dann eine intentionale Beschränkung anzunehmen sein, wenn ein allgemeines, auf den Schutz anderer Rechtsgüter ausgerichtetes Gesetz indi-

---

42 *VfSlg* 8136/1977.
43 S. dazu näher *Berka*, Die Grundrechte (LitVerz.), RN 595.
44 *VfSlg* 1777/1949.
45 *OGH*, 18. 1. 1972, 13 Os 1/72, ÖJZ 1972, S. 238.
46 *VfSlg* 13.978/1994, 14.485/1996. → Bd. III: *Merten*, Verhältnismäßigkeitsgrundsatz, § 68.

rekt eine Fremdbestimmung der Wissenschaftsfreiheit bewirkt, was insbesondere dann anzunehmen ist, wenn der Inhalt, der Zweck oder die Methoden der Forschung davon betroffen werden. Darüber hinaus sind intentional eingreifende Regelungen auch dann im Rahmen der Dogmatik der immanenten Schranken gerechtfertigt, wenn sie die Forschung und Lehre auf Grund anderer grundrechtlich geschützter Güter beschränken, wie zum Beispiel das menschliche Leben, die Unversehrtheit der Person etc.

δ) Wissenschaftliche Meinungsäußerung und Kommunikationsfreiheit gemäß Art. 10 EMRK

Die wissenschaftliche Meinungsäußerung steht auch unter dem Schutz der in Art. 10 EMRK verankerten Freiheit der Meinungsäußerung. Nach der Rechtsprechung des Europäischen Gerichtshofes für Menschenrechte werden davon nicht nur die wissenschaftliche Publikation und die Lehre[47], sondern auch die vorbereitende wissenschaftliche Tätigkeit im Vorfeld des eigentlichen Kommunikationsvorgangs erfaßt[48]. Das Schrankenregime des Absatzes 2 darf aber nicht übersehen werden.

19 Vorbereitende wissenschaftliche Tätigkeit

Was das Verhältnis von Art. 17 StGG und Art. 10 EMRK für den innerstaatlichen Bereich zum Schutz der verfassungsgesetzlich gewährleisteten Rechte durch den Verfassungsgerichtshof gemäß Art. 144 B-VG, nicht hingegen bezüglich Beschwerden vor dem Europäischen Gerichtshof für Menschenrechte betrifft, ist im Hinblick auf Schutzbereich und Schranken folgendes festzustellen: Der Schutzbereich von Art. 10 EMRK erfaßt nicht nur Meinungsäußerungen, sondern auch bloße Tatsachenäußerungen[49]. Im Gegensatz dazu umfaßt Art. 17 StGG nur die Veröffentlichung (aufgezeichneter) Ergebnisse wissenschaftlicher Untersuchungen[50]. Der Schutzbereich des Art. 10 EMRK ist daher weiter als der des Art. 17 StGG. Während Art. 10 EMRK ausdrücklich unter Gesetzesvorbehalt (Absatz 2) steht, ist Art. 17 StGG ein absolutes, vorbehaltlos gewährleistetes Grundrecht (mit den genannten Gewährleistungsschranken). Ist im konkreten Einzelfall ein Sachverhalt sowohl unter den Tatbestand von Art. 17 StGG als auch von Art. 10 EMRK subsumierbar, wird man davon ausgehen müssen, daß Art. 17 StGG in Hinblick auf seine vorbehaltlose Gewährleistung als das für den Grundrechtsträger günstigere Grundrecht im Sinne von Art. 53 EMRK anzusehen ist. Ziel von Artikel 53 ist es, zu verhindern, daß ein in den Mitgliedstaaten garantierter höherer Grundrechtsschutz durch die menschenrechtliche Mindeststandards absichernde Konvention abgesenkt wird[51]. Im konkreten Einzelfall hat daher Art. 10 EMRK in solchen Konstellationen außer Betracht zu bleiben.

20 Schutzbereich von Art. 10 EMRK

Vorrang von Art. 17 StGG nach dem Günstigkeitsprinzip

---

47 *EGMR*, Urt. v. 28. 10. 1999, Wille ./. Liechtenstein, RJD 1999-VII, Ziff. 8.
48 *EGMR*, Urt. v. 25. 8. 1988, Hertel ./. Schweiz, RJD 1998-VI, Ziff. 50.
49 *VfSlg* 13.675/1994.
50 *VfSlg* 3068/1956.
51 S. dazu *Siess-Scherz*, in: Korinek/Holoubek, Bundesverfassungsrecht (LitVerz.), Art. 53 EMRK RN 3.

21
Einzelfallbezogene Klärung des Vorrangs

lex prior specialis gegen lex posterior generalis

Nicht gefolgt werden kann der Aussage von *Michael Potacs*[52], der „Art. 17 StGG gegenüber Art. 10 EMRK" als lex specialis ansieht, so daß „dem Grundsatz ‚lex specialis derogat legi generali' entsprechend davon auszugehen ist, daß Art. 17 StGG dem Art. 10 MRK für den Bereich der wissenschaftlichen Forschung und Lehre derogiert". Auch wenn die lex specialis Art. 17 StGG einerseits und die lex generalis Art. 10 EMRK andererseits einander gegenüberstehen, ist doch zu berücksichtigen, daß hier eine lex prior specialis einer lex posterior generalis gegenübersteht. Ob in einer solchen Konstellation der lex specialis oder aber der lex posterior der Vorzug zu geben ist, kann nicht abstrakt, sondern nur im konkreten Einzelfall beantwortet werden, und zwar durch Ermittlung der Absicht des Gesetzgebers bei der Erlassung der lex posterior. Den Materialien der Regierungsvorlage zur parlamentarischen Genehmigung der Europäischen Menschenrechtskonvention ist zu entnehmen, daß die in der Konvention und im 1. ZP EMRK „geschützten Rechte und Grundfreiheiten durch die österreichische Verfassungsordnung schon seit langer Zeit im wesentlichen gewährleistet" sind. Die „durch die österreichische Verfassungsrechtsordnung geschützten Freiheitsrechte gingen sogar zum Teil noch darüber hinaus". „Beispielsweise" wird auf das Recht auf Freiheit der Wissenschaften verwiesen, das durch die Europäische Menschenrechtskonvention und das 1. ZP EMRK „überhaupt nicht oder in sehr eingeschränktem Ausmaß garantiert" sei. Durch die Ratifikation würden die „erwähnten österreichischen Rechtsvorschriften über Grund- und Freiheitsrechte weder eingeschränkt noch sonst berührt". Dem Gesetzgeber kann in Anbetracht dieser Ausführungen aber nicht die Absicht zugesonnen werden, daß die generellen, weniger weit gehenden Schutzbestimmungen der Menschenrechtskonvention den im Staatsgrundgesetz verankerten, spezielleren – da über den Grundrechtsschutz der Europäischen Menschenrechtskonvention hinausgehenden – Rechten derogieren sollten.

22
Kumulation der Grundrechtsgarantien

Zulässigkeit der Individualbeschwerde

Einem solches Ergebnis steht insbesondere auch Art. 53 EMRK entgegen. Durch das im ehemaligen Art. 60 (und nunmehrigen Art. 53) EMRK verankerte Günstigkeitsprinzip soll sich eine Kumulation der nationalen und europäischen Grundrechtsgarantien ergeben und im konkreten Einzelfall nach diesem Prinzip entschieden werden, welches Grundrecht – ob das nationale oder das im Rahmen der EMRK gewährte – anzuwenden ist. Günstigere nationale Grundrechtsgarantien können daher von einem korrespondierenden, in der Menschenrechtskonvention verankerten und gemäß Art. 53 EMRK lediglich einen Mindeststandard garantierenden Grundrecht nicht derogiert werden[53]. Gegen die Auffassung von *Potacs* spricht schließlich, daß sich eine Person, die sich in ihrer Wissenschaftsfreiheit verletzt erachtet, im Rahmen einer Individualbeschwerde gemäß Art. 34 EMRK vor dem Europäischen Gerichtshof für Menschenrechte ausschließlich auf Art. 10 EMRK, also

---

52 *Potacs*, ZfV 1986, S. 1 (8).
53 Überzeugend *Siess-Scherz*, in: Korinek/Holoubek, Bundesverfassungsrecht (LitVerz.), Art. 53 EMRK RN 3, und *Gutknecht*, Ratifikation und Prozeß der Akzeptanz der MRK in Österreich, ZfV 1987, S. 261 (264 m.w.N.).

auf eines „der in dieser Konvention oder den Protokollen dazu anerkannten Rechte", nicht aber auf Art. 17 StGG berufen könnte.

b) Freiheitsbeschränkungen durch die Vollziehung

Ein Bescheid oder eine Verordnung verletzen die Wissenschaftsfreiheit, wenn dem ihnen zu Grunde liegenden Gesetz ein intentionaler und damit verfassungswidriger Eingriff unterstellt wird oder die Verwaltungsbehörde bei Erlaß dieser Rechtsakte keine Abwägung der Wissenschaftsfreiheit und des von der jeweiligen Gesetzesbestimmung geschützten Rechtsguts vorgenommen hat[54]. Ebenso wird ein auf einem verfassungswidrigen Gesetz beruhender oder gesetzlos ergangener Bescheid oder eine auf solchen Grundlagen ergangene Verordnung als verfassungswidrig anzusehen sein.

23
Verfassungswidrigkeit durch Vollzugsakte

V. Lernfreiheit

In einem engen historischen Zusammenhang mit der Freiheit der Lehre steht die Lernfreiheit. War diese auch neben anderen Grundrechten in der Petition der Wiener Studenten vom 12. März 1848 gefordert worden, wurde sie nicht im Range eines Grundrechts gewährt, wohl aber auf einfachgesetzlicher Ebene. Auch Art. 17 StGG schützt die Lernfreiheit nicht ausdrücklich[55]. Der Verfassungsgerichtshof vertritt ebenso die Auffassung, daß Art. 17 StGG keine Lernfreiheit garantiert. Im Hinblick auf eine Bestimmung der medizinischen Rigorosenordnung, welche für die Erlangung des Doktorats eine nach Beginn des zweiten Rigorosums beginnende vierjährige Frist vorsah, an deren Versäumung der Ausschluß von der Erlangung des Doktorats geknüpft wurde, hat der Verfassungsgerichtshof zu Recht erkannt, daß die Zielrichtung des Art. 17 StGG „keineswegs in der Richtung der Freiheit des Studiums einer Wissenschaft im Sinne einer Lernfreiheit an einer inländischen Universität" liege; die Grundrechtsbestimmung sei vielmehr „gegen eine polizeistaatliche Beeinflussung der wissenschaftlichen Betätigung" gerichtet[56]. Die Lernfreiheit der Studierenden ist auf einfachgesetzlicher Ebene anerkannt. Als „leitender Grundsatz" für die Universitäten bei der Erfüllung ihrer Aufgaben ist sie den Studierenden „nach Maßgabe der gesetzlichen Bestimmungen gewährleistet"[57].

24
Kein Grundrechtsrang

Art. 17 StGG als Schutz wissenschaftlicher Betätigung

---

54 *VfSlg* 13.978/1994.
55 S. *Ermacora*, Grundfreiheiten (LitVerz.), S. 488 m.w.N. Vgl. → Bd. IV: *Löwer*, Freiheit wissenschaftlicher Forschung und Lehre, § 99; Bd. VII/2: *Schweizer*, § 218 RN 15 ff.
56 *VfSlg* 3191/1957.
57 §§ 2 Ziff. 4 und 59 Abs. 1 Universitätsgesetz 2002 (BGBl I 2002/120 i.d.F. BGBl I 2007/24); hinsichtlich der Hochschulen für pädagogische Berufe s. § 5 Abs. 2 Ziff. 3 und § 27 Akademien-Studiengesetz 1999 (BGBl I 1999/94 i.d.F. BGBl I 2006/113).

B. Unterrichtsfreiheit und Zugang zur Bildung

I. Entwicklung der Freiheiten

25
Verstaatlichung des Bildungswesens

Kaiserin *Maria Theresia* hatte durch den Erlaß der Allgemeinen Schulordnung und die Einrichtung der Studienhofkommission für die zentrale staatliche Unterrichtsverwaltung im Jahr 1774 das Bildungswesen den Händen der Katholischen Kirche entwunden und verstaatlicht. Im Neoabsolutismus konnte die Katholische Kirche durch das im Rahmen des „Bündnisses von Thron und Altar" geschlossene Konkordat 1855, insbesondere durch dessen Artikel V bis VIII[58] erneut Herrschaft und Aufsicht über das Schulwesen zurückgewinnen. Mit Art. 17 Abs. 5 StGG wurde 1867 die oberste Leitung und Aufsicht über das gesamte Unterrichts- und Erziehungswesen dem Staat übertragen und damit der kirchliche Einfluß auf die Schule zum größten Teil ausgeschaltet. Zugestanden wurden der Kirche das Recht zur Gründung konfessioneller Privatschulen, die „Sorge" für den Religionsunterricht sowie die Mitwirkung der Geistlichen an der neu zu organisierenden Schulaufsicht. Mit dem Schule-Kirche-Gesetz 1868[59] wurde diese „Emanzipation der Schule von der Kirche[60]" in der Folgezeit umgesetzt[61]. Gleichzeitig garantierte das Staatsgrundgesetz allen Staatsbürgern das Recht, bei Nachweis der erforderlichen Befähigung Unterrichts- und Erziehungsanstalten zu gründen und dort zu unterrichten (Art. 17 Abs. 2 StGG), und das Recht, ohne jede Beschränkung häuslichen Unterricht zu erteilen (Art. 17 Abs. 3 StGG). Für den Religionsunterricht sollte gemäß Art. 17 Abs. 4 StGG die jeweilige gesetzlich anerkannte Religionsgesellschaft Sorge tragen.

26
Parteiengegensätze nach Gründung der Republik

Nach Gründung der Republik gelang es bei der Ausarbeitung der neuen Bundesverfassung in der konstituierenden Nationalversammlung nicht, eine Einigung über Grundrechte und Kompetenzverteilung, insbesondere hinsichtlich des Unterrichts-, Erziehungs- und Volksbildungswesens zu finden. Zu gegensätzlich waren die Positionen der Parteien betreffend das Verhältnis von Schule und Kirche sowie ihre ideologisch-gesellschaftspolitischen Auffassungen[62]. Das Staatsgrundgesetz wurde gemäß Art. 149 B-VG im Verfassungsrang rezipiert und das Schulverfassungsrecht durch – erst 1962 abgelöste – Provisorien geregelt[63]. Art. 67 und 68 StV St. Germain und insbesondere Art. 7 StV Wien 1955[64] garantieren der slowenischen und kroatischen Minderheit einen verfassungsrechtlich abgesicherten Anspruch auf Elementarunterricht in slowenischer und kroatischer Sprache sowie auf eine verhältnismäßige

---

[58] Konkordat 1855 (RGBl 1855/195).
[59] Schule-Kirche-Gesetz 1868 (RGBl 1868/48).
[60] Ausschußbericht des Abgeordnetenhauses zu RGBl 1968/48 (Nr. XXIX/A.H. 1867).
[61] S. *Klecatsky*, Kirchen- und Schulaufsicht, JBl 1959, S. 305 (306 ff.).
[62] *Felix Ermacora*, Die Entstehung der Bundesverfassung 1920, Bd. IV, 1990, S. 19 ff.
[63] *Hengstschläger*, Das Bildungswesen, in: Herbert Schambeck (Hg.), Das österreichische Bundes-Verfassungsgesetz und seine Entwicklung, 1980, S. 597 ff.
[64] StV Wien v. 15. 5. 1955 (BGBl 1955/152).

Anzahl eigener Mittelschulen[65]. Mit Art. 2 1. ZP EMRK werden auch ein Recht auf Bildung im Sinne einer gleichen, nicht diskriminierenden Teilhabe am bestehenden Schulsystem und das Recht der Eltern auf Achtung ihres Erziehungsrechtes durch den Staat verfassungsgesetzlich garantiert.

II. Unterrichtsfreiheit und staatliche Unterrichtshoheit

1. Die staatliche Unterrichtshoheit

Gemäß Art. 17 Abs. 5 StGG steht dem Staat „rücksichtlich des gesammten Unterrichts- und Erziehungswesens" die oberste Leitung und Aufsicht zu[66]. Davon werden nicht nur alle öffentlichen und privaten Bildungseinrichtungen, sondern auch Universitäten, Privatuniversitäten und Fachhochschulen erfaßt. Darin ist heute hauptsächlich die staatliche Verantwortung für Erziehung und Bildung zu sehen. Diese bezieht sich auf die Bereitstellung öffentlicher Bildungseinrichtungen, die Gewährleistung ihrer Zugänglichkeit und die Sicherung von Einheit und Qualität der Bildung[67]. Der Grundsatz der staatlichen Unterrichtshoheit ist aber im Zusammenhang mit der Unterrichtsfreiheit zu sehen, die ein staatliches Monopol für Schulen und Unterricht ausschließt.

27
Kein staatliches Schulmonopol

2. Privatschulfreiheit und Unterrichtsfreiheit

a) Privatschulfreiheit

Jedem Staatsbürger, der seine Befähigung dazu nachgewiesen hat, steht das in Art. 17 Abs. 2 StGG verfassungsrechtlich gewährleistete Recht zu, Unterrichts- und Erziehungsanstalten zu gründen und an solchen Unterricht zu erteilen[68]. Art. 14 Abs. 7 B-VG legt den verfassungsrechtlichen Anspruch auf Verleihung des Öffentlichkeitsrechts an Privatschulen nach Maßgabe der gesetzlichen Bestimmungen fest. Diese haben auch das Recht, Zeugnisse mit der Beweiskraft öffentlicher Urkunden auszustellen. Damit zeigt sich deutlich, daß die Privatschulfreiheit unter Gesetzesvorbehalt steht[69]. Die Privatschulfreiheit gemäß Art. 17 Abs. 2 StGG schützt nur den „pädagogische" oder „volkserzieherische" Zwecke verfolgenden Unterricht, nicht aber die Vermittlung bloßer Fertigkeiten, wie beispielsweise Tanz- oder Fahrschulen[70].

28
Verleihung des Öffentlichkeitsrechts

Gesetzesvorbehalt

Im Gegensatz zu öffentlichen Schulen, die gemäß Art. 14 Abs. 6 B-VG ohne Unterschied der Geburt, des Geschlechts, der Rasse, des Standes, der Sprache

29
Aufnahmekriterien

---

65 S. *Berka*, Die Grundrechte (LitVerz.), RN 1028 ff.
66 S. dazu *Öhlinger*, Kulturverfassungsrecht, RdS 1986, S. 47 (53 f.).
67 So *Berka*, Die Grundrechte (LitVerz.), RN 688.
68 Dieses Recht erstreckt sich auch auf juristische Personen, s. bereits *Reichsgericht*, 1809/1910. Vgl. → Bd. II: *Kloepfer*, Einrichtungsgarantien, § 43 RN 50 f.
69 S. dazu das Privatschulgesetz 1962 (BGBl 1962/244 i.d.F. BGBl I 2001/75).
70 VfSlg 4579/1963, 4990/1965. Vgl. dazu auch *Lienbacher*, Veranstaltungsrecht, in: Michael Holoubek/ Michael Potacs (Hg.), Öffentliches Wirtschaftsrecht I, ²2007, S. 258 (275 f.); *Strejcek/Kainz/Tauböck*, Privatunterrichtswesen und Fertigkeitsvermittlung, ebd., S. 327 ff.

und des Bekenntnisses zugänglich sind, dürfen Privatschulen die Aufnahme von Geschlecht, Religion oder Muttersprache der Schüler abhängig machen.

30
Kein Anspruch auf staatliche Finanzierung

Grundsätzlich fallen die Kosten für Errichtung und Betrieb von Privatschulen deren Trägern zur Last. Auf verfassungsrechtlicher Ebene besteht weder ein Anspruch auf staatliche Finanzierung noch auf finanzielle Unterstützung des Staates. Im Hinblick auf die im Vertrag zwischen der Republik Österreich und dem Heiligen Stuhl über das Schulwesen von 1962[71] zugesicherten finanziellen Leistungen und unter Beachtung des Gleichheitssatzes sowie der sich aus Art. 15 StGG ergebenden staatlichen Parität zwischen den gesetzlich anerkannten Religionsgesellschaften ist von einer diesbezüglichen verfassungsrechtlichen Verpflichtung des Staates gegenüber den von gesetzlich anerkannten Religionsgesellschaften geführten Privatschulen auszugehen. Die staatliche Unterstützung wird aber auch nicht-konfessionellen Privatschulen gewährt[72].

b) Unterrichtsfreiheit

31
„Häuslicher Unterricht"

Staatliche Schulpflicht

Gemäß Art. 17 Abs. 3 StGG ist der „häusliche Unterricht" nicht durch den gesetzlichen Nachweis der Befähigung beschränkbar. Es können weder persönliche noch sachliche Voraussetzungen festgelegt werden[73]. Weder die Privatschulfreiheit noch die Unterrichtsfreiheit des Art. 17 Abs. 2 und 3 StGG hindern den Staat daran, zur effektiven Garantie des Rechts auf Bildung eine – mindestens neunjährige – Schulpflicht festzulegen[74]. Auch wenn diese prinzipiell durch den Besuch öffentlicher oder mit dem Öffentlichkeitsrecht ausgestatteter Schulen (Privatschulen) zu erfüllen ist, kann sie auch durch den Besuch eines gleichwertigen Unterrichts an einer nicht mit dem Öffentlichkeitsrecht ausgestatteten Privatschule oder durch Teilnahme am häuslichen Unterricht im Sinne von Art. 17 Abs. 3 StGG erfüllt werden. Der Unterrichtserfolg ist jährlich durch Prüfung an einer öffentlichen Schule nachzuweisen. Im Falle der Nichterbringung des Erfolgsnachweises hat eine zwangsweise Einschulung zu erfolgen[75].

3. Religionsunterrichtsfreiheit

32
Verantwortung der Kirchen und Religionsgesellschaften

Art. 17 Abs. 4 StGG bestimmt, daß gesetzlich anerkannte Kirchen und Religionsgesellschaften für den Religionsunterricht in den Schulen Sorge zu tragen haben[76]. Der Religionsunterricht ist an öffentlichen und mit Öffentlichkeitsrecht ausgestatteten Schulen je nach Schultyp Pflicht- oder Freigegenstand.

---

71 Vertrag zwischen dem Heiligen Stuhl und der Republik Österreich zur Regelung von mit dem Schulwesen zusammenhängenden Fragen (BGBl 1962/273).
72 §§ 17 ff. Privatschulgesetz 1962.
73 *VfSlg* 2670/1954.
74 Art. 14 Abs. 7 a B-VG und § 1 Schulpflichtgesetz 1985 (BGBl 1985/76 i.d.F. BGBl I 2006/113). Vgl. → Bd. IV: *Loschelder*, Schulische Grundrechte und Privatschulfreiheit, § 110 RN 33 ff.
75 § 11 Schulpflichtgesetz 1985.
76 Vgl. → Bd. IV: *Korioth*, Freiheit der Kirchen und Religionsgemeinschaften, § 97 RN 69 ff.; *Loschelder*, § 110 RN 39 ff.

Die Besorgung, Leitung und unmittelbare Beaufsichtigung des Religionsunterrichtes steht den gesetzlich anerkannten Kirchen und Religionsgesellschaften im Hinblick auf Schüler ihres Bekenntnisses zu. Das Recht des Staates zur obersten Leitung und Aufsicht gemäß Art. 17 Abs. 5 StGG ist auf den „äußersten Rahmen"[77] zurückgedrängt. Der Staat ist zur organisatorischen und schuldisziplinären Überwachung berechtigt[78]. Der Religionsunterricht wird nicht nur den inneren Angelegenheiten der gesetzlich anerkannten Religionsgesellschaften zugerechnet, sondern auch den sogenannten gemeinsamen Angelegenheiten von Staat und Kirche. Deren Zusammenwirken ist unter strikter Trennung der jeweiligen Kompetenzen für ein und dieselbe Angelegenheit der staatlichen Verwaltung vorgesehen[79]. Auch wenn der Staat nach Art. 17 Abs. 4 StGG nicht zur Tragung der Kosten für den Religionsunterricht verpflichtet ist, hat er gegenüber der Katholischen Kirche im Konkordat über das Schulwesen von 1962 den Personalaufwand für den Religionsunterricht übernommen[80]. Dies gilt nach den Bestimmungen des Religionsunterrichtsgesetzes auch für andere gesetzlich anerkannte Religionsgesellschaften[81].

Staatliche Aufsicht

Unterrichtskosten

III. Zugang zur Bildung und Elternrechte

1. Zugang zur Bildung

Das Recht auf Bildung gemäß Art. 2 1. ZP EMRK umfaßt nach der Rechtsprechung des Europäischen Gerichtshofes für Menschenrechte nicht nur die Vermittlung von Wissen, sondern den gesamten Prozeß, durch den in einer Gesellschaft Erwachsene den Kindern ihre Überzeugungen, ihre Kultur und andere Werte vermitteln, sowie die Förderung der geistigen Erfahrung und der Charakterbildung der Kinder im Rahmen des Schulsystems und außerhalb schulischer Einrichtungen[82]. Nach herrschender Auffassung werden von Art. 2 1. ZP EMRK alle Bildungsstufen erfaßt[83].

33
Umfassender kultureller Auftrag

Das Recht auf Bildung „verlangt seiner Natur nach" die gesetzliche Regelung des gesamten Bildungssystems. Der Staat ist dazu nicht nur berechtigt, sondern auch verpflichtet. Ihm kommt bei der Organisation des Schulwesens, der Festlegung des Unterrichtsplans und seiner Durchführung[84] ein weiter Ermessensspielraum zu, da die „Regelung nach Zeit und Ort wechseln kann, abhängig von den Bedürfnissen und Mitteln der Gemeinschaft und der Einzelperso-

34
Weites legislatorisches Gestaltungsermessen

---

77 So *Spielbüchler*, Das Grundrecht auf Bildung, in: Machacek/Pahr/Stadler, Grund- und Menschenrechte (LitVerz.), Bd. II, S. 149 (168).
78 §§ 1 und 2 Schule-Kirche-Gesetz 1868 und §§ 1 und 2 Religionsunterrichtsgesetz 1949 (BGBl 1949/190 i.d.F. BGBl 1993/256); s. auch *VfSlg* 2507/1953.
79 Dies sei an einem Beispiel verdeutlicht: Religionsbücher erhalten gemäß § 7 Schule-Kirche-Gesetz 1868 erst nach Zustimmung durch die konfessionelle Oberbehörde die Genehmigung der Aufsichtsbehörde.
80 S. FN 71.
81 S. dazu §§ 6 und 7 Religionsunterrichtsgesetz.
82 *EGMR*, Urt. v. 25. 2. 1982, Campbell und Cosans ./. Vereinigtes Königreich, Serie A Nr. 48-C, Ziff. 33; Urt. v. 25. 2. 2000, Alonso Jimenez u. Merino Jimenez ./. Spanien, Nr. 51.188/99, RJD 2000-VI; Urt. v. 24. 3. 1988, Olsson ./. Schweden, Serie A Nr. 130, Ziff. 94 ff.
83 S. dazu *Frowein/Peukert*, EMRK (LitVerz.), Art. 2 1. ZP, RN 2.
84 *EGMR*, Urt. v. 7. 12. 1976, Kjeldsen ./. Dänemark, Ziff. 53, sowie EuGRZ 1976, S. 478.

§ 194 *Dreizehnter Teil: II. Einzelgrundrechte*

nen". Gesetzliche Regelungen müssen im öffentlichen Interesse und verhältnismäßig sein, dürfen weder den Wesensgehalt des Grundrechtes verletzen noch gegen die durch die Europäische Menschenrechtskonvention garantierten Freiheiten verstoßen und müssen das Recht auf diskriminierungsfreien Zugang zur Bildung und die Elternrechte wahren[85]. Der österreichische Gesetzgeber ist 1958 von der Vereinbarkeit der bestehenden Schulgesetzgebung mit Art. 2 1. ZP EMRK ausgegangen[86].

35
Diskriminierungsfreier Zugang

Art. 2 Satz 1 1. ZP EMRK garantiert jedermann – allen Menschen, die der Herrschaftsgewalt eines Vertragsstaates unterstehen, damit auch Ausländern und Staatenlosen – das Recht auf gleichen, nicht diskriminierenden Zugang zu den bestehenden staatlichen Bildungseinrichtungen[87]. Niemand darf aus unsachlichen Gründen von der Teilnahme ausgeschlossen werden. Art. 2 Satz 1 1. ZP EMRK soll damit Chancengleichheit garantieren. Zugangsregelungen und Zugangsbeschränkungen – wie beispielsweise Aufnahmeprüfungen, ein Mindestalter oder die Entrichtung eines Entgelts – sind mit diesem Recht vereinbar, wenn sie sachlich ausgestaltet und zur Erreichung des Ausbildungsziels erforderlich sind[88]. Im Hinblick auf Art. 14 Abs. 6 B-VG, nach dem öffentliche Schulen ohne Unterschied der Geburt, des Geschlechts, der Rasse, des Standes, der Sprache und des Bekenntnisses zugänglich sind, und im Hinblick auf das in Art. 14 EMRK verankerte Diskriminierungsverbot werden Zulassungsbedingungen, die auf das Geschlecht, die politische Anschauung oder die soziale Herkunft abstellen, als unsachlich und damit jeden-

numerus clausus

falls als unzulässig zu qualifizieren sein. Nach herrschender Auffassung ist ein aus Kapazitätsgründen erforderlicher numerus clausus nicht als verfassungswidrig anzusehen, wenn sachgerechte Auswahlkriterien herangezogen werden[89]. Nach der Rechtsprechung des Europäischen Gerichtshofes für Menschenrechte garantiert Art. 2 Satz 1 1. ZP EMRK „das Recht auf Zugang zu den Schuleinrichtungen, die zu einem bestimmten Zeitpunkt vorhanden sind", nicht aber auf die freie Wahl eines bestimmten Schultyps oder Universitätsstudiums oder einer bestimmten Schule im Rahmen des öffentlichen Schulwesens oder gar das Recht, Kinder an einem bestimmten Ort unterrichten zu lassen[90].

36
Zugangssicherstellung

Satz 1 des Art. 2 1. ZP EMRK verpflichtet den Staat zwar nicht, ein Bildungswesen von bestimmter Art oder auf bestimmter Stufe auf eigene Kosten einzurichten oder zu subventionieren. Dies ergibt sich auch aus Satz 2, nach dem der Staat „bei Ausübung der von ihm übernommenen Aufgaben" die Elternrechte zu beachten hat. Der Staat hat aber die Pflicht, die Achtung des Rechts

---

85 *EGMR*, Urt. v. 23. 7. 1968, Belgischer Sprachenfall, Serie A Nr. 6, Ziff. 3, sowie EuGRZ 1975, S. 298.
86 S. RV 459 BlgNR 8. GP, S. 38.
87 *EGMR*, Urt. v. 23. 7. 1968, Belgischer Sprachenfall, Serie A Nr. 6, Ziff. 3, und Urt. v. 7. 12. 1976, Kjeldsen ./. Dänemark, EuGRZ 1976, S. 478.
88 S. dazu *Schulev-Steindl*, Zugangsbeschränkungen nach dem Universitätsgesetz, JAP 2005/2006, S. 17 ff.
89 So *Berka*, Die Grundrechte (LitVerz.), RN 696, und *Spielbüchler*, Das Grundrecht auf Bildung (FN 77), S. 157. → Bd. II: *Rüfner*, Leistungsrechte, § 40 RN 59.
90 *EGMR*, Urt. v. 23. 7. 1968, Belgischer Sprachenfall, Serie A Nr. 6, Ziff. 3, und *EKMR*, Guzzardi ./. Italien, Nr. 7367/76, DR 8, S. 185.

auf Zugang sicherzustellen[91]. Neben diesem subjektiven Recht auf Zugang wird in der Lehre auch eine Einrichtungsgarantie (institutionelle Garantie)[92] für das staatliche Schulwesen angenommen, die den Staat verpflichtet, ein angemessenes Ausbildungssystem für die gesamte Bevölkerung zu gewährleisten, insbesondere die ausreichende Versorgung mit öffentlichen Schulen in den unteren Schulstufen sicherzustellen[93]. Eine Bestandsgarantie für das Universitätswesen kann daraus eher nicht abgeleitet werden[94]. Art. 14 Abs. 6 B-VG verpflichtet Bund, Länder Gemeinden und Gemeindeverbände als gesetzliche Schulerhalter zur Errichtung und Erhaltung von öffentlichen Schulen, soweit dies in ihre Zuständigkeit fällt. Damit ist der Betrieb von Schulen sowie von Kindergärten, Horten und Schülerheimen als Aufgabe des Staates anzusehen[95]. Im Hinblick auf den Umfang der damit garantierten Einrichtungen ist auf Art. 7 StV Wien zu verweisen, der den Angehörigen der slowenischen und kroatischen Minderheiten einen verfassungsrechtlichen Anspruch auf Elementarunterricht und auf eine verhältnismäßige Anzahl eigener Mittelschulen einräumt[96]. Damit soll die Gleichbehandlung der Minderheiten sichergestellt werden. Dem Gleichbehandlungsgebot folgend muß diese inhaltlich konkretisierte und nicht bloß als solche eingeräumte Gleichbehandlung auch allen Staatsbürgern zustehen[97]. Die Einrichtungsgarantie steht einer Reform des staatlichen Schulwesens keinesfalls entgegen, wohl aber einer drastischen Reduktion von Bildungseinrichtungen[98].

Der Staat ist ferner verpflichtet, für eine sinnvolle und verwertbare Ausbildung zu sorgen. Er hat eine amtliche Anerkennung der abgeschlossenen Studien vorzusehen, damit jeder Berechtigte „aus der genossenen Erziehung Nutzen" ziehen kann, und die Ausbildung in der Landessprache oder einer der Landessprachen anzubieten.

2. Rechte der Eltern

Satz 2 des Art. 2 1. ZP EMRK verpflichtet den Staat bei der Besorgung der von ihm übernommenen Aufgaben auf dem Gebiet des Unterrichts und der Erziehung, das Recht der Eltern zu achten, Erziehung und Unterricht entsprechend deren religiösen und weltanschaulichen Überzeugungen sicherzustellen. Dieser Bestimmung können neben dem allgemeinen Elternrecht auf Erziehung – dem „Recht der Eltern, ihre Kinder aufzuklären und ihnen zu raten, ihnen gegenüber ihr natürliches Erziehungsrecht wahrzunehmen und sie so zu führen, wie es ihren eigenen religiösen und weltanschaulichen Über-

---

91 *EGMR*, Urt. v. 23. 7. 1968, Belgischer Sprachenfall, Serie A Nr. 6, Ziff. 3.
92 → Bd. II: *Kloepfer*, Einrichtungsgarantien, § 43 RN 45 ff.
93 S. dazu *Berka*, Die Grundrechte (LitVerz.), RN 698, und *Frowein/Peukert*, EMRK (LitVerz.), RN 2; *Grabenwarter*, EMRK (LitVerz.), § 22 RN 71 ff. m.w.N.
94 Vgl. *Berka* aaO., RN 698; *Spielbüchler*, Das Grundrecht auf Bildung (FN 77), S. 159; *Walter/Mayer/Kucsko-Stadlmayer*, Bundesverfassungsrecht (LitVerz.), RN 1492 m.w.N.
95 So *Kurt Ringhofer*, Die österreichische Bundesverfassung, 1977, S. 58.
96 Unten → *Strejcek*, Rechte der Staatsbürger und Fremden, § 198; für die Schweiz vgl. → Bd. VII/2: *Peters*, Diskriminierungsverbote, § 211 RN 32 f.
97 So *Spielbüchler*, Das Grundrecht auf Bildung (FN 77), S. 159.
98 *EGMR*, Urt. v. 10. 5. 2001, Zypern ./. Türkei, Nr. 25.781/94, RJG 2001-IV, Ziff. 273 ff.

zeugungen entspricht⁹⁹" – auch besondere Rechte der Eltern im Zusammenhang mit dem Recht auf Bildung entnommen werden.

39
Elterliches Erziehungsrecht

Der Staat hat bei der Besorgung aller von ihm übernommenen Aufgaben auf dem Gebiet des Unterrichts und der Erziehung sowie der Ausgestaltung des Bildungssystems (Organisation und Finanzierung des Schulwesens, Gestaltung und Durchführung der Lehrpläne, Administration der Schule und deren Überwachung sowie Disziplinarmaßnahmen, Gestaltung des Unterrichts durch das Lehrpersonal) und im Bereich der außerschulischen Erziehungsmaßnahmen das Recht der Eltern zu achten, Erziehung und Unterricht entsprechend deren religiösen und weltanschaulichen Überzeugungen sicherzustellen. Damit begründet Satz 2 Art. 2 1. ZPEMRK das Recht der Eltern gegen den Staat auf Achtung ihres Erziehungsrechts[100]. Dieses ist aber kein absolutes Recht. Primär entscheidet der Staat über die Ausgestaltung des Bildungswesens, und er ist nicht verpflichtet, dieses auf bestimmte Überzeugungen hin auszurichten oder besondere Unterrichtseinrichtungen zu schaffen oder zu finanzieren, auch wenn er auf die Überzeugungen der Eltern Rücksicht zu nehmen hat. Außerdem geht das Recht des Kindes auf Bildung dem Elternrecht vor[101]. Vom Staat zu achtende religiöse und philosophische Überzeugungen müssen aber Grundsätze darstellen, die ein „gewisses Maß an Verbindlichkeit, Ernsthaftigkeit, Schlüssigkeit und Bedeutung" aufweisen. Es darf sich nach der Rechtsprechung des Europäischen Gerichtshofes für Menschenrechte nicht um bloße Meinungen oder Ideen handeln[102].

Kein absolutes Recht

40
Verbot religiöser oder weltanschaulicher Indoktrination

Damit ist dem Staat nicht verwehrt, Unterricht durchzuführen, der religiöse oder weltanschauliche Fragen berührt, wie beispielsweise Sexualkundeunterricht[103]. Zur Achtung des Elternrechts hat der Staat aber insbesondere im staatlichen Schulsystem geeignete Maßnahmen zu treffen und jede religiöse oder weltanschauliche Indoktrination der Schüler zu unterlassen[104]. Die Vermittlung von Informationen und die Erziehung in weltanschaulichen oder religiösen Fragen müssen „objektiv, kritisch und pluralistisch" erfolgen. Dies gilt bis zu einem gewissen Grad auch für Privatschulen. Er hat aber die religiösen und weltanschaulichen Überzeugungen der Eltern im gesamten Unterrichtsprogramm zu achten. Dies gilt auch für schulische Disziplinarmaßnahmen wie beispielsweise körperliche Züchtigungen[105]. Im Hinblick auf den Religionsunterricht sind Befreiungsmöglichkeiten vorzusehen[106].

---

99 *EGMR*, Urt. v. 7. 12. 1976, Dänischer Sexualkundefall, Serie A Nr. 23, Ziff. 54.
100 Vgl. → Bd. IV: *Burgi*, Elterliches Erziehungsrecht, § 109 RN 31 ff.; *Loschelder*, Schulische Grundrechte und Privatschulfreiheit, § 110 RN 33 ff.
101 *EGMR*, Urt. v. 7. 12. 1976, Dänischer Sexualkundefall, Serie A Nr. 23, Ziff. 52; s. dazu auch *Berka*, Die Grundrechte (LitVerz.), RN 702.
102 *EGMR*, Urt. v. 25. 2. 1982, Campbell und Cosans ./. Vereinigtes Königreich, Serie A Nr. 48, Ziff. 33, und Urt. v. 18. 12. 1996, Valsamis ./. Griechenland, RJD 1996-VI, Ziff. 25. Vgl. dazu auch *Grabenwarter*, EMRK (LitVerz.), § 22 RN 78 ff. m.w.N.
103 S. dazu *Triffterer*, Zu den verfassungs- und strafrechtlichen Grenzen einer Sexualerziehung in den Schulen, JBl 1990, S. 409 (411 ff.).
104 Vgl. → Bd. IV: *Loschelder*, § 110 RN 39 ff.
105 *EGMR*, Urt. v. 25. 2. 1982, Campbell und Cosans ./. Vereinigtes Königreich, Serie A Nr. 48, Ziff. 33.
106 *EGMR*, Urt. v. 25. 3. 1993, Costello-Roberts ./. Vereinigtes Königreich, Serie A Nr. 247-C, Ziff. 25 ff., und Urt. v. 18. 12. 1996, Valsamis ./. Griechenland, RJD 1996-VI, Ziff. 27.

C. Kunstfreiheit

I. Entwicklung der Freiheit

Erst im Jahr 1982 wurde der Grundrechtekatalog der österreichischen Bundesverfassung um die Freiheit der Kunst erweitert und durch Art. 17 a StGG ein eigenständiger Grundrechtsschutz geschaffen. „Das künstlerische Schaffen, die Vermittlung von Kunst sowie deren Lehre sind frei"[107]. Dies bedeutet aber weder, daß es bis zu diesem Zeitpunkt keine Bestrebungen oder Ansätze gab, ein derartiges Grundrecht zu verankern, noch, daß die Kunst in Österreich vor dem 16. Juni 1982 des grundrechtlichen Schutzes entbehrte.

41 Erweiterung des Grundrechtekatalogs

War auch die Schaffung eines Grundrechtekatalogs im Rahmen der Verfassungsgebung in den Jahren 1919 und 1920 aus ideologisch-gesellschaftpolitisch unüberbrückbaren Gegensätzen der Parteien unmöglich gewesen und ein Kompromiß 1920 nur durch Verzicht auf eine Erneuerung der Grund- und Freiheitsrechte und durch die Rezeption des Staatsgrundgesetzes über die allgemeinen Rechte der Staatsbürger (StGG) aus dem Jahr 1867 zu erreichen, ist es durchaus bemerkenswert, daß nahezu alle damaligen Verfassungsentwürfe eine explizite Verankerung der Kunstfreiheit – in Zusammenhang mit der Freiheit der Wissenschaft, ausgestaltet als Abwehrrecht gegen staatliche Eingriffe sowie teilweise ergänzt um eine Schutzpflicht des Staates – vorgesehen haben. Dies wurde offensichtlich als eine Selbstverständlichkeit angesehen[108].

42 Frühere Verfassungsentwürfe

Vor der Einfügung des Art. 17 a in das Staatsgrundgesetz wurde die Kunstfreiheit als von der in Art. 13 StGG verankerten Freiheit der Meinungsäußerung erfaßt angesehen, die jedermann das Recht garantiert, „durch Wort, Schrift, Druck oder durch bildliche Darstellung seine Meinung innerhalb der gesetzlichen Schranken frei zu äußern", auch wenn der Verfassungsgerichtshof in seiner Rechtsprechung zunächst nur gedankliche Stellungnahmen wertender Natur zu wissenschaftlichen, kulturellen, technischen oder sonstigen Fragen als „Meinungen" angesehen hat[109]. Diese restriktive Interpretation war spätestens mit der Rezeption der Europäischen Menschenrechtskonvention überholt, die in Art. 10 EMRK eine Teilaspekte der Kunstfreiheit erfassende Kommunikationsfreiheit in jeder Form und für jeden Inhalt garantiert[110]. Nicht außer acht gelassen werden darf schließlich der gemäß Art. 149 B-VG in Verfassungsrang stehende Beschluß der Provisorischen Nationalversammlung vom 30. Oktober 1918 über die Aufhebung der Zensur (Ziffer 1), auf dessen Grundlage der Verfassungsgerichtshof die verbliebenen Bestimmungen über die präventive Theaterpolizei beseitigte und der Filmzensur entgegentrat[111].

43 Ehemals Schutz durch Meinungsäußerungsfreiheit

---

107 Bundesverfassungsgesetz, mit dem das Staatsgrundgesetz über die allgemeinen Rechte der Staatsbürger durch die Einfügung einer Bestimmung zum Schutz der Freiheit der Kunst geändert wird (BGBl 1982/262), in Kraft getreten am 16. 6. 1982.
108 S. *Ermacora*, Die Entstehung der Bundesverfassung (FN 62), S. 19 ff.
109 *VfSlg* 2060/1950, 7498/1975.
110 S. dazu *Grabenwarter*, EMRK (LitVerz.), § 23 RN 10.
111 So *Berka*, Die Freiheit der Kunst (Art. 17 a StGG) und ihre Grenzen im System der Grundrechte, JBl 1983, S. 281 ff., und *Öhlinger*, „Das Gespenst" und die Freiheit der Kunst in Österreich, ZUM 1985, S. 190 (191) jeweils m.w.N.

44
Novellierung als „Gebot der Zeit"

Nach mehr als zwei Jahre andauernden Beratungen beschloß der österreichische Nationalrat am 12. Mai 1982 die Aufnahme der Kunstfreiheit in das Staatsgrundgesetz. Auch wenn diese Ergänzung des Grundrechtekatalogs im Hinblick auf die historischen Bestrebungen der Jahre 1919 und 1929, die Beispiele anderer Verfassungsordnungen wie das Bonner Grundgesetz und die Entwicklungen auf internationaler Ebene als „Gebot der Zeit" erschien, waren doch immer wieder auftretende Konflikte zwischen dem Staat und dem Anspruch der Kunst auf „Freiheit" Anlaß der politischen Motivation des Verfassungsgesetzgebers[112].

II. Der verfassungsrechtliche Kunstbegriff

45
Problematik der Kunstdefinition

Gemäß Art. 17 a StGG sind „das künstlerische Schaffen, die Vermittlung von Kunst sowie deren Lehre frei". Damit ist die Frage nach dem verfassungsrechtlichen Kunstbegriff zu stellen. In Anbetracht der Schwierigkeit, Kunst zu definieren, und in Anbetracht der Tatsache, daß es „einen anerkannten Kunstbegriff nicht gibt" ist sowohl nach Auffassung des Verfassungsgesetzgebers[113] als auch der herrschenden Lehre von einem offenen[114] bzw. typologischen Kunstbegriff auszugehen[115]. Auch die Rechtsprechung geht von einem offenen Grundrechtsbegriff aus, sie verlangt die „Anerkennung eines Werkes als Kunstwerk in möglichst großzügigem Sinn"[116]. Dem Staat ist es untersagt zu bestimmen, was Kunst ist, also den verfassungsrechtlichen Kunstbegriff auf bestimmte Kunstrichtungen einzugrenzen oder bestimmte Qualitätsmerkmale festzulegen. „Staatliches Kunstrichtertum"[117] wird damit ausgeschlossen, hat doch „staatlich verordnete Kunst in einem gesellschaftlichen System, das nach dem Prinzip der Freiheit gestaltet ist, keinen Platz"[118].

Kein „staatliches Kunstrichtertum"

46
Dynamischer Kunstbegriff

Begriffsmerkmale

Der Begriff der Kunst ist nicht nur ein inhaltlich offener und wertneutraler, sondern auch ein dynamischer, weil nicht nur das, was der Verfassungsgesetzgeber bis 1982 als Kunst verstanden hat oder hätte verstehen können, als Kunst angesehen werden kann. Andernfalls würden zukünftige Entwicklungen von der Freiheit der Kunst nicht erfaßt[119]. Bei der Bestimmung von Kunst oder Nicht-Kunst im konkreten Fall ist daher von einem offenen bzw. typologischen Kunstbegriff auszugehen, der sich aus mehreren „beweglichen" Merkmalen bestimmt. Primärer Anhaltspunkt ist das subjektive Wollen des Künst-

---

112 Bericht des Verfassungsausschusses, NR: GP XV IA 29/A AB 978, S. 2 f., sowie *Neisser*, Die verfassungsrechtliche Garantie der Kunstfreiheit, ÖJZ 1983, S. 1 ff., und *Holoubek/Neisser*, Die Freiheit der Kunst, in: Machacek/Pahr/Stadler, Grund- und Menschenrechte (LitVerz.), Bd. II, S. 195 (196 ff.).
113 Bericht des Verfassungsausschusses (FN 112) S. 2.
114 *Berka*, Die Grundrechte (LitVerz.), RN 606
115 *Mandler*, Probleme der Kunstfreiheitsgarantie des Art. 17a StGG, JBl 1986, S. 21 (25); *Öhlinger*, Verfassungsrecht (LitVerz.), RN 930; *Walter/Mayer/Kucsko-Stadlmayer*, Bundesverfassungsrecht (LitVerz.), RN 1509. Vgl. → Bd. IV: *Hufen*, Kunstfreiheit, § 101 RN 19 ff., 28 ff.; Bd. VII/2: *Schweizer*, Wissenschaftsfreiheit und Kunstfreiheit, § 218 RN 42.
116 S. *OGH*, 11. 10. 1988, 1 Ob 26/88.
117 *Berka*, JBl 1983, S. 281 (284).
118 Bericht des Verfassungsausschusses (FN 112), S. 2.
119 *Mandler* JBl 1986, S. 21 (25).

lers bzw. sein Selbstverständnis. Nur ein offener Kunstbegriff kann diesem Selbstverständnis Raum lassen für ein Experiment, für das Exzentrische und Schockierende oder für das Belächelte und kaum mehr Verständliche. Auch der „Versuch eines Dilettanten" wird von der Kunstfreiheit geschützt, kann doch eine bestimmte Werkhöhe nicht gefordert werden[120].

Bei der Festlegung der Grenzen des Tatbestandes der Kunstfreiheit kann aber nicht das subjektive Wollen des Künstlers bzw. sein Selbstverständnis allein maßgebend sein, insbesondere nicht im „Grenzbereich von Kunstwerk und schierem Machwerk"[121]. Es bedarf vielmehr auch zusätzlicher Kriterien für eine objektivierbare Beurteilung. Zur Vermeidung eines staatlichen Kunstrichtertums wird man aber auf die Heranziehung thematischer, ästhetischer oder moralischer Maßstäbe verzichten müssen und – soweit möglich – auf formale Merkmale wie beispielsweise Werk- oder Gestaltungskategorien zurückgreifen. Andernfalls kommt zum einen das Urteil eines Sachverständigen über die gesellschaftlichen Anschauungen von dem, was anerkanntermaßen als Kunst anzusehen ist, in Betracht. Dabei darf insbesondere zum Schutz von neuen Kunstrichtungen und von „Außenseitern" nicht auf den Durchschnittsbürger oder die Mehrheit abgestellt werden[122], soll doch die Freiheit der Kunst nicht nur Werke schützen, die „dem klassischen Ideal des Edlen und Ästhetischen entsprechen", sondern vielmehr „auch Werke, die das Häßliche und Schockierende zum Gegenstand haben und die die Wirkung von Kunst in der Provokation sehen"[123]. Zum anderen wird in der Praxis der ordentlichen Gerichte das künstlerische Wollen bzw. Selbstverständnis des Künstlers regelmäßig anhand der „Ehrlichkeit des künstlerischen Strebens" als objektivierbares Tatbestandsmerkmal nachgeprüft[124]. In diesem Zusammenhang ist aber anzumerken, daß eine damit verbundene Bewertung als verfassungswidrige Beschränkung der Kunstfreiheit angesehen werden könnte[125].

47
Zusätzliche objektivierbare Tatbestandsmerkmale

„Ehrlichkeit des künstlerischen Strebens"

III. Künstlerisches Schaffen, Vermittlung und Lehre

Art. 17 a StGG bezieht sich ausdrücklich auf das künstlerische Schaffen und die Vermittlung von Kunst. Geschützt werden sowohl der Werkbereich, also der Schöpfungsprozeß, sowie Handlungen, die diesen vorbereiten, wie das Üben einer Pianistin in der Wohnung[126], als auch der Wirkbereich, die Präsentation, Zurschaustellung, Aufführung oder sonstige kommunikative Vermittlung des Kunstwerks[127]. Damit werden nicht nur der inländische oder auslän-

48
Schutz von Werk- und Wirkbereich

---

120 *Berka*, JBl 1983, S. 281 (285).
121 *Berka* aaO.
122 *Öhlinger*, ZUM 1985, S. 190 (194).
123 *Berka*, JBl 1983, S. 281 (285).
124 S. *Mayerhofer*, Die Freiheit der Kunst und die Schranken des Strafrechts ÖJZ 1986, S. 577 (Bibl.), m.w.N.
125 So auch *Berka*, Die Grundrechte (LitVerz.), RN 609.
126 *VfSlg* 11.737/1988.
127 Vgl. → Bd. IV: *Hufen*, Kunstfreiheit, § 101 RN 39 ff., 59 f.

„Vermittler" der Kunst	dische¹²⁸ Künstler selbst, sondern auch die „Vermittler" der Kunst vom Schutzbereich erfaßt: Galeristen, Ausstellungsveranstalter, Museumsdirektoren, Theaterintendanten, Kinobetreiber. Es besteht auch die Möglichkeit, daß Werkbereich und Wirkbereich zusammenfallen, so beispielsweise bei der Errichtung eines künstlerischen Bauwerks.
49 Lehre der Kunst und Forschung	Erfaßt im Rahmen der Vermittlung von Kunst wird auch die Lehre der Kunst. So hat der Verfassungsgerichtshof beispielsweise eine als Pianistin auftretende Musikstudentin als vom Schutzbereich der Kunstfreiheit erfaßt angesehen[129]. Soweit die akademische Kunstlehre betroffen ist, liegt eine Überschneidung mit der in Art. 17 Abs. 1 StGG garantierten Freiheit der Wissenschaft und deren Lehre vor. Die Lehre der Kunst und die Forschung über die Kunst an den staatlichen Kunsthochschulen genießen damit den doppelten Schutz von Art. 17 Abs. 1 und Art. 17 a StGG. Art. 17 a StGG erweitert den Schutzbereich darüber hinaus Er gilt auch dort, wo außerhalb der staatlichen Kunsthochschulen gelehrt und geforscht wird.
50 Aspekt der Kommunikationsfreiheit	Nach der Rechtsprechung des Europäischen Gerichtshofes für Menschenrechte ist die Kunstfreiheit als ein Aspekt der Kommunikationsfreiheit anzusehen. Entsprechend dem offenen Kommunikationsbegriff des Art. 10 EMRK liegt hier ein offener Kunstbegriff zugrunde. Art. 10 EMRK schützt daher nicht nur den Kommunikationsvorgang des Künstlers und damit sein künstlerisches Wirken[130], sondern auch den Vermittler der Kunst, beispielsweise den Aussteller von Kunstwerken oder den Betreiber eines Kinos[131].

IV. Freiheitsbeschränkungen durch Gesetzgebung und Vollziehung

1. Kunstfreiheit als absolutes Grundrecht

51 Nähe zur Wissenschaftsfreiheit	Als absolutes Grundrecht ist die Freiheit des künstlerischen Schaffens, der Vermittlung von Kunst sowie deren Lehre ohne Gesetzesvorbehalt gewährt. Als verfassungspolitische Gründe wurden dafür angeführt, daß die Kunstfreiheit mit der ebenso ohne Gesetzesvorbehalt garantierten Wissenschaftsfreiheit vergleichbar sei[132] und daß sich die Kunstfreiheit klar von der unter Gesetzesvorbehalt gewährleisteten Meinungsäußerungsfreiheit gemäß Art. 13 StGG und Art. 10 EMRK abheben solle. Ferner sollte „jeder Anschein vermieden werden, daß durch die staatliche Gesetzgebung die proklamierte Kunstfreiheit weitgehend ausgehöhlt werden könnte"; ein Gesetzesvorbehalt würde „gerade bei dieser Grundrechtsbestimmung Unbehagen hervorrufen"[133]. Daß der Verfassungsgesetzgeber aber die Kunstfreiheit nicht völlig

---

128 *VfSlg* 11.737/1988.
129 *VfSlg* 14.923/1997.
130 *EGMR*, Urt. v. 24. 5. 1988, Müller ./. Schweiz, Serie A 133, Ziff. 27, sowie EuGRZ 1988, S. 543.
131 *EGMR*, Urt. v. 24. 5. 1988, Müller ./. Schweiz, Serie A 133, Ziff. 33, sowie EuGRZ 1988, S. 543; Urt. v. 20. 9. 1994, Otto Preminger Institut ./. Österreich, Serie A 125-A, Ziff. 56, sowie ÖJZ 1995, S. 154; Urt. v. 25. 1. 2007, Vereinigung bildender Künstler ./. Österreich, Nr. 68.354/01.
132 Vgl. → Bd. IV: *Hufen*, Kunstfreiheit, § 101 RN 66.
133 *Neisser*, ÖJZ 1983, S. 1 (7).

schrankenlos gewähren – also „keinem schrankenlosen Genietum huldigen"[134] – wollte, ist belegt. Neben den der Freiheit der Kunst immanenten Schranken ergeben sich „darüber hinaus, aber auch damit verbunden, für die Kunstfreiheit wie für die anderen Grundrechte jene Schranken, die aus dem geordneten, auf Toleranz aufbauenden Zusammenleben der Menschen folgen"[135].

2. Kunstfreiheit und Gewährleistungsschranken

Als vorbehaltlos gewährleistetes, absolutes Grundrecht gilt die Freiheit der Kunst nicht unbeschränkt, vielmehr enthält auch Art. 17 a StGG immanente Gewährleistungsschranken.

52 Immanente Schranken

a) Freiheitsbeschränkungen durch die Gesetzgebung

α) Intentionale Beschränkungen

Die Freiheit der Kunst untersagt dem Gesetzgeber ausnahmslos, Regelungen zu erlassen, die intentional und direkt auf die Beschränkung des künstlerischen Schaffens, der Vermittlung von Kunst sowie deren Lehre gerichtet sind. Eine solche Beschränkung liegt vor, wenn das Ziel der Regelung in der Einengung künstlerischen Schaffens besteht, beispielsweise die Unterdrückung einer bestimmten künstlerischen Richtung durch den Staat oder ein Verkaufsverbot für Schreibmaschinen, oder wenn sich die Regelung insbesondere im Bereich der Kunst auswirkt[136]. Kunstspezifische Sondergesetze sind daher unabhängig von einem etwaigen öffentlichen Interesse verboten[137].

53 Einengung künstlerischen Schaffens

β) Allgemeine Schranken der Rechtsordnung

Natürlich hat der Künstler die allgemeinen Schranken der Rechtsordnung zu beachten, verschafft die Kunstfreiheit ihm doch „für seine Betätigung auch keinen Freibrief, denn dieser bleibt in seinem Schaffen an die allgemeinen Gesetze gebunden"[138]. Dies gilt beispielsweise für Bestimmungen im Baurecht, Ausländerbeschäftigungsrecht, Versammlungsrecht, Rundfunkrecht oder Steuerrecht[139].

54 Kein Freibrief durch Kunstfreiheit

Allgemeine, nicht intentional und direkt gegen die Kunstfreiheit gerichtete Gesetze können „in ihrer Wirkung" mit dieser „in Konflikt geraten"[140], wenn der Gesetzgeber nicht in ausreichendem Maß eine Abwägung der Kunstfreiheit und des von der jeweiligen Gesetzesbestimmung geschützten Rechtsguts vorgenommen hat. Dies ist auch dann der Fall, wenn es der Gesetzgeber der Behörde bei der Vollziehung der Gesetze nicht ermöglicht hat, diese Verhält-

55 Verhältnismäßigkeit

---

134 *Berka*, JBl 1983, S. 281 (286).
135 Bericht des Verfassungsausschusses (FN 112), S. 2. Vgl. → Bd. IV: *Hufen*, Kunstfreiheit, § 101 RN 79 ff., 98 ff.; Bd. VII/2: *Schweizer*, § 218 RN 48 ff.
136 *VfSlg* 10.401/1985.
137 So auch *Holoubek*, Die Freiheit der Kunst aus grundrechtsdogmatischer Sicht und die Rechtsprechung des VfGH zu Art. 17a StGG, ZfV 1989, S. 1 (10).
138 *VfSlg* 11.737/1988.
139 *VfSlg* 10.401/1985, 11.737/1988, 11.567/1987, 14.221/1995, 14.923/1997, 15680/1999.
140 *VfSlg* 11.737/1988.

§ 194 *Dreizehnter Teil: II. Einzelgrundrechte*

Immanente Schranken

nismäßigkeitsprüfung[141] vorzunehmen. Als verfassungswidrige, weil unverhältnismäßige Beschränkung der Kunstfreiheit wurde beispielsweise die Bestrafung einer jeweils am späten Vormittag von Werktagen übenden Konzertpianistin angesehen, da der Gesetzgeber es dem Vollzugsorgan nicht ermöglicht hat, der Kunstfreiheit gebührende Beachtung zu schenken[142]. Wie oben bei der Wissenschaftsfreiheit schon angemerkt, unterliegt auch die Kunstfreiheit immanenten Schranken im Hinblick auf die mit ihr kollidierenden anderen Grundrechte. Diese immanenten Schranken anderer Grundrechte sind ein Sonderfall der allgemeinen Schranken der Rechtsordnung. In solchen Fällen können intentionale Beschränkungen der Kunstfreiheit ausnahmsweise gerechtfertigt werden, wenn verfassungsrechtlich geschützte Rechtsgüter durch die Inanspruchnahme der Kunstfreiheit unverhältnismäßig beeinträchtigt würden.

b) Freiheitsbeschränkungen durch die Vollziehung

56
Abwägungserfordernisse

Ein Bescheid verletzt die Freiheit der Kunst, wenn dem ihm zu Grunde liegenden Gesetz ein intentionaler und damit verfassungswidriger Eingriff unterstellt wird oder die Verwaltungsbehörde bei der Erlassung des Bescheides die besonderen Aspekte der Kunstfreiheit nicht beachtet und keine Abwägung der Kunstfreiheit und des von der jeweiligen Gesetzesbestimmung geschützten Rechtsguts vorgenommen hat[143]. Ebenso wird ein gesetzlos ergangener Bescheid als verfassungswidrig anzusehen sein.

V. Mittelbare Drittwirkung der Kunstfreiheit

57
Bildnisschutz und strafrechtliche Grenzen

Rechtsvorschriften, die den Schutz der Persönlichkeit oder anderer Rechtsgüter sicherstellen und damit dem „geordneten Zusammenleben der Menschen" dienen, hat auch jeder Künstler zu beachten. Dazu gehören beispielsweise der Bildnisschutz gemäß § 78 Urheberrechtsgesetz, der Schutz vor übler Nachrede gemäß § 111 Strafgesetzbuch, der Schutz vor übler Nachrede, Beschimpfung, Verspottung und Verleumdung gemäß § 6 Mediengesetz, aber auch das Verbot der Religionsstörung oder der Herabwürdigung staatlicher Symbole gemäß den §§ 188 und 248 Strafgesetzbuch[144].

58
Drittwirkung

Soweit durch die Kunstausübung Persönlichkeitsrechte oder Rechtsgüter anderer Personen betroffen sind, die vom strafrechtlichen oder zivilrechtlichen Schutz erfaßt sind, handelt es sich um Fälle der Drittwirkung der Kunstfreiheit. Der Schutz der verfassungsrechtlich garantierten Freiheit richtet sich hier nicht gegen den Staat, sondern gegen „Dritte"[145]. Die Drittwirkung der Kunstfreiheit ist in Lehre und Rechtsprechung unbestritten[146].

---

141 → Bd. III: *Merten*, Verhältnismäßigkeitsgrundsatz, § 68.
142 *VfSlg* 11.567/1987.
143 *VfSlg* 11.567/1987, 14.923/1997.
144 Urheberrechtsgesetz (BGBl 1936/111 i.d.F. BGBl I 2006/81); Strafgesetzbuch (BGBl 1974/60 i.d.F. BGBl I 2006/56), und Mediengesetz (BGBl 1981/314 i.d.F. BGBl I 2005/151). Vgl. → Bd. IV: *Hufen*, Kunstfreiheit, § 101 RN 103 ff.
145 Allgemein zur Drittwirkung → Bd. II: *Papier*, Drittwirkung, § 55.
146 So *Holoubek/Neisser*, Die Freiheit der Kunst, in: Machacek/Pahr/Stadler, Grund- und Menschenrechte (LitVerz.), Bd. II, S. 195 (231); auch *Öhlinger*, Verfassungsrecht (LitVerz.), RN 934.

Greift der Kunstschaffende in Persönlichkeitsrechte oder Rechtsgüter anderer Personen ein oder berührt er diese, haben die Zivil- oder Strafgerichte im konkreten Fall bei der Anwendung der einschlägigen Rechtsvorschriften die Kunstfreiheit in die Interessensabwägung mit einzubeziehen. Es müssen die „in Widerspruch geratenen Rechtsgüter der Kunstfreiheit einerseits und der Ehre (oder anderer Rechtsgüter) andererseits in ihrem jeweils konkreten Gewicht ermittelt und diese Gewichte gegeneinander aufgewogen werden" und „ein angemessener Ausgleich zwischen den Freiheitsansprüchen des Künstlers und den damit kollidierenden privaten Interessen" stattfinden[147].

59
Bemühen um angemessenen Ausgleich

VI. Kunstförderung

Im Zuge der Verankerung der Kunstfreiheit im Grundrechtskatalog der Bundesverfassung wurde auch versucht, diese um ein Förderungsgebot dahingehend zu ergänzen, daß eine staatliche Förderung künstlerischen Schaffens auf die Vielfalt der Kunst und deren Erhaltung Bedacht zu nehmen habe. Damit sollte erreicht werden, daß bei Förderungsmaßnahmen von Seiten des Bundes, der Länder, der Gemeinden oder Gemeindeverbände eine Diskriminierung unterbleibt und auf die Wahrung der Chancengleichheit unterschiedlicher Kunstauffassungen und Kunstrichtungen Bedacht genommen wird[148]. Zu dieser Ergänzung der als liberalem Abwehrrecht konzipierten Kunstfreiheit durch eine derartige Leistungskomponente ist es nicht gekommen[149]. Art. 17 a StGG kann kein Anspruch auf Kunstförderung entnommen werden.

60
Keine Leistungskomponente in Art. 17 a StGG

Zentrale Rechtsgrundlage für die allgemeine Kunstförderung des Bundes ist das auf einfachgesetzlicher Ebene erlassene Kunstförderungsgesetz, das nicht nur ein breit gefächertes Instrumentarium an Förderungsmaßnahmen normiert, sondern auch die Zielsetzungen der Kunstförderung umschreibt[150]. Ausgehend von einem offenen Kunstbegriff – zu berücksichtigen sind „insbesondere die zeitgenössische Kunst, ihre geistigen Wandlungen und ihre Vielfalt im Geiste von Freiheit und Toleranz" – sind das künstlerische Schaffen und seine Vermittlung zu fördern. Die Kunst ist allen Bevölkerungskreisen zugänglich zu machen. Dafür sind die erforderlichen Mittel bereitzustellen. Anzustreben ist auch eine Verbesserung der Rahmenbedingungen für die finanzielle und organisatorische Förderung des künstlerischen Schaffens durch Private und der sozialen Lage für Künstler[151].

61
Kunstförderungsgesetz

---

147 *OLG Wien*, Medien und Recht, 1986, S. 17 ff. (Anklage wegen § 111 StGB) und *OGH*, 11.10.1988, 1 Ob 26/88, (zivilrechtlicher Unterlassungsanspruch); s. dazu auch *Berka*, Die Grundrechte (LitVerz.), RN 616 ff.; *Holoubek/Neisser*, Die Freiheit der Kunst, in: Machacek/Pahr/Stadler aaO., S. 217 ff. und 229 ff., sowie *Mayerhofer*, Freiheit der Kunst vor strafrechtlichen Eingriffen und Freiheit der Kunst und die Schranken des Strafrechts, ÖJZ 1986, S. 577 ff., jeweils m.w.N.
148 Bericht des Verfassungsausschusses (FN 112), S. 2 f.
149 S. dazu *Neisser*, ÖJZ 1983, S. 1 (4), und *Holoubek/Neisser*, Die verfassungsrechtliche Garantie der Kunstfreiheit, in: Machacek/Pahr/Stadler, Grund- und Menschenrechte (LitVerz.), Bd. II, S. 195 (238 ff.).
150 Kunstförderungsgesetz (BGBl 1988/146 i.d.F. BGBl I 2005/132). Vgl. → Bd. IV: *Hufen*, § 101 RN 143 ff.; Bd. VII/2: *Schweizer*, § 212 RN 46.
151 § 1 Abs. 1 und 2 Kunstförderungsgesetz.

D. Bibliographie

I. Nachweise zu A

Binder, Bruno, Die verfassungsrechtliche Sicherung der Wissenschaftsfreiheit in Österreich, in: Wissenschaftsrecht – Wissenschaftsverwaltung – Wissenschaftsförderung, 1973, S. 1 ff.

Potacs, Michael, Wissenschaftsfreiheit und Grundrecht auf Datenschutz, ZfV 1986, S. 1 ff.

Spielbüchler, Karl, Das Grundrecht auf Bildung, in: Rudolf Machacek/Willibald P. Pahr/Gerhard Stadler (Hg.), Grund- und Menschenrechte in Österreich, Bd. II, 1992, S. 149 ff.

Welan, Manfried, Wissenschaftsfreiheit und Zugang zu gerichtlichen Rechtsmittelentscheidungen, ÖJZ 1986, S. 641 ff.

Wenger, Karl/Günther Winkler, Die Freiheit der Wissenschaft und ihre Lehre. Eine verfassungsrechtliche Analyse der Bedeutung des Art. 17 StGG für die Hochschulorganisation, 1974.

Wielinger, Gerhart, Die Freiheit der Wissenschaft in Österreich, EuGRZ 1982, S. 289 ff.

II. Nachweise zu B

Hengstschläger, Johannes, Das Bildungswesen, in: Herbert Schambeck (Hg.), Das österreichische Bundes-Verfassungsgesetz und seine Entwicklung, 1980, S. 597 ff.

Klecatsky, Hans, Kirchen und Schulaufsicht, JBl 1959, S. 305 ff.

Öhlinger, Theo, Kulturverfassungsrecht, RdS 1986, S. 47 ff.

Schulev-Steindl, Eva, Zugangsbeschränkungen nach dem Universitätsgesetz, JAP 2005/2006, S. 17 ff.

Spielbüchler, Karl, Das Grundrecht auf Bildung, in: Rudolf Machacek/Willibald P. Pahr/Gerhard Stadler (Hg.), Grund- und Menschenrechte in Österreich, Bd. II, 1992, S. 149 ff.

Triffterer, Otto, Zu den verfassungs- und strafrechtlichen Grenzen einer Sexualerziehung in den Schulen, JBl 1990, S. 409 ff.

III. Nachweise zu C

Berka, Walter, Die Freiheit der Kunst (Art. 17a StGG) und ihre Grenzen im System der Grundrechte, JBl 1983, S. 281 ff.

Holoubek, Michael, Die Freiheit der Kunst aus grundrechtsdogmatischer Sicht und die Rechtsprechung des VfGH zu Art. 17a StGG, ZfV 1989, S. 1 ff.

Mayerhofer, Christoph, Die Freiheit der Kunst und die Schranken des Strafrechts, ÖJZ 1986, S. 577 ff.

Neisser, Heinrich, Die verfassungsrechtliche Garantie der Kunstfreiheit, ÖJZ 1983, S. 1 ff.

Öhlinger, Theo, Das „Gespenst" und die Freiheit der Kunst in Österreich, ZUM 1985, S. 190 ff.

§ 195
Kommunikationsfreiheit

Michael Holoubek

Übersicht

	RN
A. Die Entwicklung der Kommunikationsfreiheit in Österreich	1– 3
B. Der Schutzbereich – Meinungs- und Pressefreiheit	4–18
I. Art. 13 Abs. 1 StGG	4
II. Art. 10 Abs. 1 EMRK	5– 6
III. Von der Meinungsfreiheit zur Kommunikationsfreiheit	7– 9
IV. Besondere Aspekte der Pressefreiheit	10–18
C. Eingriffsdogmatik	19–22
D. Schranken	23–48
I. Allgemeines	23–26
II. Persönlichkeitsschutz	27–36
1. Schutz der Ehre	28–29
2. Schutz des wirtschaftlichen Rufes und vor Unternehmenskritik	30–32
3. Unterscheidung von Tatsachenbehauptung und Werturteil („Wahrheitsbeweis")	33
4. Zulässigkeit „scharfer Kritik"	34–35
5. Bildnisschutz	36
III. Öffentliche Ordnung und Sicherheit	37–41
IV. Unabhängigkeit der Rechtsprechung	42–45
V. Werbung, Wettbewerbsrecht und Unternehmenskritik	46–48
E. Meinungs- und Pressefreiheit in besonderen Konstellationen	49–53
I. Innere Medienfreiheit	49–50
II. Meinungsfreiheit im Arbeitsverhältnis	51–52
III. Schülerzeitung	53
F. Kommunikationsfreiheit als staatliche Gewährleistungspflicht	54–60
G. Die Rundfunkfreiheit	61–65
H. Bibliographie	

A. Die Entwicklung der Kommunikationsfreiheit in Österreich[*]

1
Überwindung der Zensur

Der Kampf um freie Meinungsäußerung und Pressefreiheit ist (auch) in Österreich ursprünglich mit der Überwindung von ständischen Strukturen einer feudalen Rechtsordnung eng verbunden gewesen. So war einer der wesentlichen Erfolge der bürgerlichen Revolution von 1848 die (vorübergehende[1]) Beseitigung der Zensur gewesen, welche zuvor die Habsburger Monarchie massiv geprägt hatte[2]. Die konstitutionelle Monarchie garantierte 1867 schließlich durch Art. 13 des Staatsgrundgesetzes über die allgemeinen Rechte der Staatsbürger[3] Meinungs- und Pressefreiheit. Die als Jedermannsrecht ausgestaltete Meinungsfreiheit des Art. 13 StGG steht allerdings unter einem sogenannten formellen Gesetzesvorbehalt, der zunächst – auch noch im Rahmen der demokratischen Verfassung des B-VG 1920 – dahingehend verstanden wurde, daß dem Gesetzgeber damit die Möglichkeit eingeräumt war, das verfassungsgesetzlich gewährleistete Recht weitgehend wieder einzuschränken[4]. Speziell ist in der österreichischen Verfassung das Zensurverbot geregelt: Nach einer Hochphase der Zensur während des Ersten Weltkrieges wurde diese als eine der ersten Maßnahmen im Zuge der Schaffung des demokratischen Verfassungsstaats der Republik Österreich durch Beschluß der Provisorischen Nationalversammlung 1918 grundsätzlich aufgehoben[5]. Dieses ebenfalls bis heute im Verfassungsrang stehende Grundrecht verbietet jede Form der (Vor-)Zensur[6].

Jedermannsrecht

(Vor-)Zensurverbot

2
Weitere Entwicklungsschritte

Nach den erheblichen Einschränkungen der Kommunikationsfreiheit in der Zeit des so genannten Austrofaschismus 1934 bis 1938[7] und der Ausschaltung jeglicher Kommunikationsfreiheit in der Zeit des Nationalsozialismus und des Zweiten Weltkrieges wurden im Zuge der Wiedererrichtung des demokratischen Verfassungsstaats nach 1945 mit dem Bundesverfassungsgesetz 1920 auch das Staatsgrundgesetz 1867 und damit dessen Artikel 13 ebenso wie der

---

[*] Mag. *Gregor Ribarov* und Mag. *Pia Abel* danke ich herzlich für vielfältige Anregung und Unterstützung.
[1] Durch das sogenannte Sylvesterpatent 1851 (RGBl 1852/3) wurde dem Geist des Neoabsolutismus folgend auch die Garantie der freien Rede vorübergehend wieder abgeschafft.
[2] Siehe *Wangermann*, Lockerungen und Verschärfungen der Zensur unter Joseph dem Zweiten und Leopold dem Zweiten, in: Erika Weinzierl/Rudolf G. Ardelt (Hg.), Justiz und Zeitgeschichte: XII. Symposion „Zensur in Österreich 1780 bis 1989" am 24. und 25. Oktober 1989 (Veröffentlichungen des Ludwig Boltzmann Instituts für Geschichte und Gesellschaft), 1991, S. 1 ff.; *Obermayer*, Zensur im Vormärz und im Jahr 1848, in: Zensur in Österreich 1780 bis 1989, aaO., S. 7 ff.
[3] Staatsgrundgesetz v. 21.12.1867 über die allgemeinen Rechte der Staatsbürger für die im Reichsrathe vertretenen Königreiche und Länder (RGBl 142/1867); dieses Staatsgrundgesetz ist bis heute (i.d.F. BGBl 684/1988) geltendes Verfassungsrecht in Österreich.
[4] Siehe pointiert *Hans Kelsen*, Allgemeine Staatslehre, 1925, S. 154 ff.
[5] Beschluß der Provisorischen Nationalversammlung v. 13.10.1918 (StGBl 1918/3), der gemäß Art. 149 B-VG als Verfassungsgesetz gilt.
[6] Die Entstehungsgeschichte dieser Bestimmung macht deutlich, daß es dem Verfassungsgesetzgeber darum gegangen ist, die während des Ersten Weltkriegs ausgeübte Vorzensur abzuschaffen; dementsprechend wird der genannte Beschluß der Provisorischen Nationalversammlung bis heute als absolutes Verbot der Vorzensur verstanden, siehe VfSlg 32/1919.
[7] Siehe *Duchkowitsch*, Das unfreie „Haus der Presse" – Zensur im Ständestaat, in: Zensur in Österreich 1780 bis 1989 (FN 2), S. 69 ff.

erwähnte Beschluß der Provisorischen Nationalversammlung über das Zensurverbot wieder in Geltung gesetzt. Dazu trat schließlich als für die Entwicklung der Kommunikationsfreiheit ganz wesentlicher Schritt im Jahre 1958 der Beitritt Österreichs zur Europäischen Menschenrechtskonvention, die – spätestens seit 1964 ausdrücklich klargestellt[8] – in Österreich Verfassungsrang aufweist und somit auch innerstaatlich als unmittelbar anwendbarer Grundrechtskatalog gilt[9]. Im Zuge der Entwicklung der Meinungs- und Kommunikationsfreiheit durch Lehre und verfassungsgerichtliche Rechtsprechung in den letzten Jahrzehnten[10] hat insbesondere unter dem Einfluß der Judikatur des Europäischen Gerichtshofs für Menschenrechte Art. 10 EMRK Art. 13 StGG in seiner praktischen Bedeutung weitgehend verdrängt. Kommunikationsfreiheit in Österreich ist heute wesentlich nach Maßgabe des Art. 10 EMRK gewährleistet.

Maßgeblichkeit von Art. 10 EMRK

Dazu tritt in der jüngeren Verfassungsentwicklung 1982 die Schaffung einer eigenständigen verfassungsgesetzlichen Verbürgung der Kunstfreiheit in Art. 17 a StGG. Aufgrund der jedenfalls einmal dem Wortlaut nach gegebenen Vorbehaltslosigkeit dieses Grundrechts kommt ihm neben Art. 10 EMRK in der Rechtsprechung des Verfassungsgerichtshofs durchaus eigenständige Bedeutung zu[11].

3
Eigenständige Verbürgung der Kunstfreiheit

B. Der Schutzbereich – Meinungs- und Pressefreiheit

I. Art. 13 Abs. 1 StGG

Wenn auch der Wortlaut des Art. 13 Abs. 1 StGG ausdrücklich nur Äußerungen durch Wort, Schrift, Druck oder bildliche Darstellung umfaßt, hat der Verfassungsgerichtshof in seiner Judikatur vereinzelt auch andere Ausdrucksformen unter diese Bestimmung subsumiert[12]. Geschützt sind durch Art. 13 Abs. 1 StGG nach der Rechtsprechung des Verfassungsgerichtshofs ausschließlich Meinungen, das heißt Werturteile[13]. Art. 13 Abs. 1 StGG normiert ein Jedermannsrecht.

4
Vom Schutzbereich erfaßte Ausdrucksformen

II. Art. 10 Abs. 1 EMRK

Im Bereich der Meinungsäußerungsfreiheit des Art. 10 EMRK folgen die österreichischen Gerichte der Rechtsprechung des Europäischen Gerichtshofs für Menschenrechte, jede mögliche Ausdrucksform dem Schutzbereich des Art. 10 Abs. 1 EMRK zu unterstellen. Geschützt sind daher alle „offenen

5
Schutz aller „offenen Kommunikationsprozesse"

---

8 Siehe *VfSlg* 4049/1961 und Art. II der B-VG-Novelle v. 4. 3. 1964 (BGBl 59/1964).
9 Näher *Öhlinger*, Verfassungsrecht (LitVerz.), RN 681.
10 Siehe dazu ausführlich *Berka*, Die Kommunikationsfreiheit, in: Machacek/Pahr/Stadler (LitVerz.), Bd. II, S. 393 (396).
11 Siehe m.w.N. *Öhlinger*, Verfassungsrecht (LitVerz.), RN 930.
12 Beispielsweise das Tragen einer Uniform: *VfSlg* 1207/1929.
13 Vgl. zur Unterscheidung von Tatsachenbehauptungen und Werturteilen unten D II 3, RN 33.

Kommunikationsprozesse"[14] grundsätzlich unabhängig von ihrem Inhalt[15] und unabhängig davon, über welches Medium die Kommunikation erfolgt. Damit unterliegen Tatsachen und Werturteile ebenso dem Schutz des Art. 10 EMRK wie kommerzielle Kommunikation (Werbung) oder wissenschaftliche Äußerungen und künstlerische Ausdrucksformen. Geschützt ist durch Art. 10 Abs. 1 EMRK jedermann, insbesondere auch juristische Personen.

6
Freiheit von Kunst und Wissenschaft

Mit Art. 17a StGG (Kunstfreiheit) und Art. 17 StGG (Wissenschaftsfreiheit) enthält das Staatsgrundgesetz 1867 des weiteren spezielle Grundrechtsgewährleistungen, die auch den Schutzbereich des Art. 10 EMRK betreffen. Der Verfassungsgerichtshof wendet grundsätzlich diese Grundrechtsgarantien nebeneinander an, was insbesondere im Zusammenhang mit der Kunstfreiheit vor allem auch dadurch ermöglicht wird, daß der Verfassungsgerichtshof dieses an sich vorbehaltlos garantierte Grundrecht im Auslegungswege einem immanenten Schrankenvorbehalt unterstellt[16]. So hat der Verfassungsgerichtshof etwa die Verhängung einer Verwaltungsstrafe wegen eines bei einer Veranstaltung vorgetragenen angeblich anstößigen Liedes nach Art. 10 EMRK beurteilt[17]. Insbesondere in Fallkonstellationen, in denen die Einstufung als Kunst bzw. wissenschaftliche Tätigkeit nicht eindeutig ist, bietet Art. 10 EMRK dem Verfassungsgerichtshof die Möglichkeit, Grundrechtsschutz in funktional äquivalenter Weise über Art. 10 EMRK zu gewähren[18]. Kunstkritik wird von den österreichischen Gerichten im Regelfall als Werturteil angesehen und entsprechend geschützt[19].

Funktional äquivalenter Grundrechtsschutz

III. Von der Meinungsfreiheit zur Kommunikationsfreiheit

7
Informationsfreiheit

Art. 10 EMRK und Art. 13 StGG garantieren jedermann das Grundrecht auf Meinungsfreiheit. Davon umfaßt ist sowohl die Meinungsäußerungsfreiheit, das heißt das Recht, jegliche Ideen, Meinungen und Informationen mitzuteilen, als auch die Informationsfreiheit, verstanden als das Recht zum Empfang von Ideen und Nachrichten. In ihrem Zusammenwirken gewährleisten sie, indem sie den offenen Meinungsaustausch zwischen den Individuen ermöglichen, die umfassende Kommunikationsfreiheit in unserer Gesellschaft[20].

8
Medienfreiheit

Im Rahmen der umfassenden Kommunikationsfreiheit wird der Meinungsäußerung über die Massenmedien ein besonders hoher Stellenwert eingeräumt.

---

14 *Berka*, Die Kommunikationsfreiheit in Österreich, EuGRZ 1982, S. 413 (415).
15 Zu speziellen Fragen von „hatred speech" und der Verbreitung nationalsozialistischen Gedankenguts siehe *Damjanovic/Oberkofler*, Neue Akzente aus Straßburg – Die Rechtsprechung zu Art. 10 EMRK, in: Medien und Recht 2000, S. 70ff.
16 Siehe dazu grundsätzlich *Michael Holoubek*, Die Struktur der grundrechtlichen Gesetzesvorbehalte, 1997, S. 25 ff. sowie zusammenfassend *Öhlinger*, Verfassungsrecht (LitVerz.), S. 415, RN 932. Zur Schweiz → Bd. VII/2: *Malinverni*, Meinungs-, Medien- und Informationsfreiheit, § 216 RN 65 ff. (Kunstfreiheit), RN 68 ff. (Wissenschaftsfreiheit).
17 *VfSlg* 10.700/1985.
18 Siehe im Zusammenhang mit der Wissenschaftsfreiheit etwa *VfSlg* 13.978/1994.
19 *OLG Wien*, 18 Bs 162/00 u. 18 Bs 205/00, in: Medien und Recht 2000, S. 297. Siehe auch *OGH*, 6 Ob 20/95 – Rösslwirtin –, ÖBl 1996, S. 156.
20 Siehe nur *Berka*, Die Grundrechte (LitVerz.), RN 544; *VfSlg* 11.297/1987, 12.104/1989.

Denn erst über die Massenmedien kann eine Meinung öffentlich kommuniziert werden und insofern ein öffentlicher Kommunikationsprozeß und damit auch eine umfassende und freie Meinungsbildung der Bevölkerung ermöglicht werden. Diesen für das Funktionieren einer demokratischen Gesellschaft unentbehrlichen Funktionen der Massenkommunikation tragen die einschlägigen verfassungsrechtlichen Bestimmungen besonders Rechnung, indem sie die Medienfreiheit, die das Recht zur freien Meinungsäußerung über alle Massenmedien erfaßt, nochmals besonders hervorheben[21].

So ordnen Art. 13 StGG und der im Rang eines Verfassungsgesetzes stehende Beschluß der Provisorischen Nationalversammlung des Jahres 1918 zugunsten der Presse ausdrücklich das Verbot einer Vorzensur und eines Konzessionssystems an. Im Bundesverfassungsgesetz über die Sicherung der Unabhängigkeit des Rundfunks[22] findet außerhalb des allgemeinen Grundrechtskatalogs die Sonderstellung von Fernsehen und Radio eine eigene Ausformung. Und auch Art. 10 EMRK, dessen Garantiegehalt sich unbestrittenermaßen auf alle Massenmedien erstreckt, trägt den Besonderheiten der audiovisuellen Medien, denen eine sehr hohe Breitenwirkung und somit auch ein eminenter Beeinflussungseffekt zugeschrieben wird, ausdrücklich Rechnung, indem er in Absatz 1 Satz 3 für Rundfunk-, Lichtspiel- und Fernsehunternehmen einen Genehmigungsvorbehalt vorsieht.

9
Verbot von Vorzensur und Konzessionssystem

IV. Besondere Aspekte der Pressefreiheit

Die Pressefreiheit umfaßt das Recht, Nachrichten und Meinungen durch das Mittel der Presse frei äußern und verbreiten zu dürfen. Der Begriff der „Presse" ist in diesem Zusammenhang nicht nur auf die klassischen periodischen Massenmedien, insbesondere die Tages- und Wochenzeitungen zu beschränken, sondern umfaßt grundsätzlich alle Druckwerke, also insbesondere auch Bücher, Plakate und Flugblätter[23]. Nichtsdestotrotz hat die Pressefreiheit schon seit jeher eine verstärkte Ausrichtung auf die klassischen periodischen Massenmedien erfahren, da sich die Bedeutung der „Presse" in diesem Zusammenhang weniger über deren äußere Merkmale als über deren Wirkung definiert: Besonders geschützt sind Medien, welche die Rolle eines „Wächters der Öffentlichkeit" („public watchdog")[24] erfüllen können, indem sie zur offenen geistigen Auseinandersetzung und zum Meinungsbildungsprozeß in der Bevölkerung beitragen. So ist es Aufgabe der Presse, Nachrichten und Ideen über Angelegenheiten von politischem und sonstigem öffentlichem

10
Wirkungsorientierung

Wächterfunktion

---

21 *Berka*, Medien zwischen Freiheit und Verantwortung, in: Josef Aicher/Michael Holoubek (Hg.), Das Recht der Medienunternehmen, 1998, S. 1 ff.
22 Bundesverfassungsgesetz v. 10.7.1974 über die Sicherung der Unabhängigkeit des Rundfunks (BGBl 396/1974).
23 Zum Begriff der Presse in grundrechtlicher Hinsicht („alles was aus der Druckerpresse kam") *Michael Holoubek*, Grundrechtliche Gewährleistungspflichten, 1997, S. 208 f.; *Walter Berka*, Das Recht der Massenmedien, 1989, S. 68 ff.
24 *EGMR*, Urt. v. 26.11.1991, Observer and Guardian ./. Great Britain, Serie A, No 216, sowie EuGRZ 1995, S. 16, und ÖJZ 1992, S. 378.

§ 195   Dreizehnter Teil: II. Einzelgrundrechte

Interesse zu verbreiten[25]. In ständiger Rechtsprechung betonen sowohl der Europäische Gerichtshof für Menschenrechte[26] als auch der Verfassungsgerichtshof[27] und die ordentlichen Gerichte[28] diese wichtige Funktion für eine liberale und pluralistische Demokratie.

11
Presseunternehmerfreiheit

Die Erfüllung dieser für eine demokratische Gesellschaft konstitutiven Aufgaben der Presse zu ermöglichen, ist Sinn und Zweck der Pressefreiheit[29]. Pressefreiheit ist insoweit zunächst einmal vor allem Presseunternehmerfreiheit. Jeder hat das Recht – vorausgesetzt er ist dazu wirtschaftlich in der Lage und findet sein Publikum – Informationen und Meinungen über die Presse öffentlich zu verbreiten und dabei über die Inhalte frei und unabhängig zu bestimmen[30].

12
Sammlung und Verbreitung von Informationen

Darüber hinaus schützt die Pressefreiheit aber auch den gesamten Prozeß der Sammlung und Verbreitung von Informationen durch die Presse, wie insbesondere die journalistischen Gestaltungsmittel und Quellen sowie ihre Distribution über beliebige Vertriebswege[31]. Der Verfassungsgerichtshof hat in diesem Zusammenhang auch festgestellt, daß sich die Informationsfreiheit „im Hinblick auf den höheren Informationsbedarf der Presse im Besonderen im Medienbereich auswirkt"[32], gleichzeitig aber auch betont, daß auch die Presse bei ihrer Informationsbeschaffung die allgemeinen Grenzen des Geheimnis- und Informationsschutzes zu respektieren hat[33].

13
Investigation und Kritik

Aber die Presse hat sich nicht nur auf die Verbreitung reiner Informationen zu beschränken, sondern das politische und gesellschaftliche Geschehen zu beobachten bzw. zu kommentieren und gegebenenfalls Mißstände aufzu-

---

25 Ständige Rspr. seit *EGMR*, Urt. v. 26.04.1979, Sunday Times ./. Great Britain, Serie A, No 30, sowie EuGRZ 1979, S. 386; siehe auch *EGMR*, Fall Observer and Guardian, aaO.
26 Vgl. grundlegend *EGMR*, Fall Sunday Times, aaO.; Urt. v. 7.12.1976, Handyside ./. Great Britain, Serie A, No 24, sowie EuGRZ 1977, S. 38; Urt. v. 8.7.1986, Lingens ./. Österreich, Serie A, No 103, sowie EuGRZ 1986, S. 424. Ausführlich hierzu *Holoubek*, Gewährleistungspflichten (FN 23), S. 210 ff.; *Grabenwarter*, EMRK (LitVerz.), § 23 RN 39.
27 VfSlg 13.577/1993, 13.725/1994.
28 Siehe etwa *OLG Wien*, 21 Bs 60/92, in: Medien und Recht 1992, S. 111 (112): „Die Pressefreiheit bietet der Allgemeinheit eines der besten Mittel, die Ideen und Einstellungen politisch Verantwortlicher kennenzulernen und sich eine Meinung dazu zu bilden".
29 Siehe *Berka*, Die Grundrechte (LitVerz.), S. 321, RN 553; *Grabenwarter*, EMRK (LitVerz.), § 23 RN 39; *Holoubek* (FN 23), S. 210 ff.
30 Insofern ist die Pressefreiheit in erster Linie ein individuelles Grundrecht. Ein unmittelbar grundrechtliches Gebot zum Schutz der Institution „freie Presse" läßt sich weder aus Art. 10 EMRK noch aus Art. 13 StGG ableiten. Daß „institutionelle Grundrechtsgehalte" bei der Presse keine selbständige Rolle spielen, bedeutet aber nicht zwangsläufig auch, daß die Pressefreiheit nicht von bestimmten Funktionen der „Institution Presse" ausgeht. Dazu ausführlich *Holoubek* (FN 23), S. 208 f., 220 ff.; *Berka* (FN 23), S. 99 f.
31 *EGMR*, Urt. v. 27.3.1996, Goodwin ./. Great Britain, RJD 1996-II, sowie ÖJZ 1996, S. 795 ff.; VfSlg 11.297/1987.
32 VfSlg 11.297/1987, 13.577/1993.
33 Siehe VfSlg 11.297/1987, wo der Verfassungsgerichtshof auch betont, daß die Informationsfreiheit für die Presse „den gleichen Inhalt und Umfang hat wie in jenen Fällen, bei denen die Informationsbeschaffung nicht dem Zweck der Verwertung für ein Massenmedium dient". Auf der selben Linie liegt es, wenn der VfGH beim Zugang zu parlamentarischen Untersuchungsausschüssen zwar eine gewisse Bevorzugung von Journalisten aufgrund ihrer „Mulitiplikatorfunktion" insbesondere bei Platzrestriktionen akzeptiert, nicht aber eine generelle Beschränkung auf eine „Medienöffentlichkeit", weil dies mit der für jedermann garantierten Informationsfreiheit nicht vereinbar ist, VfSlg 13.577/1993.

decken und Kritik zu üben. Insofern steht die Freiheit der Presse in einem engen Zusammenhang mit jener Rechtsprechung des Europäischen Gerichtshofs für Menschenrechte und des Verfassungsgerichtshofs[34], die Kritik an Politikern in einem weiteren Ausmaß für zulässig erklärt, als jene an Privaten: „These principles are of particular importance as far as the press is concerned. Whilst the press must not overstep the bounds set, inter alia, for the 'protection of the reputation of others', it is nevertheless incumbent on it to impart information and ideas on political issues just as on those in other areas of public interest. Not only does the press have the task of imparting such information and ideas: the public also has a right to receive them. In this connection, the Court cannot accept the opinion, expressed in the judgment of the Vienna Court of Appeal, to the effect that the task of the press was to impart information, the interpretation of which had to be left primarily to the reader"[35].

„Freedom of the press furthermore affords the public one of the best means of discovering and forming an opinion of the ideas and attitudes of political leaders. More generally, freedom of political debate is at the very core of the concept of a democratic society which prevails throughout the Convention"[36]. Unter Bezugnahme auf diese Rechtsprechung spricht auch der Verfassungsgerichtshof ausdrücklich davon, „dass die Grenzen akzeptabler kritisch-provokativer Fragestellung (im Verlauf eines Interviews) in Bezug auf einen im öffentlichen Leben stehenden Politiker grundsätzlich weiter gezogen sind als in Bezug auf eine Privatperson" und stellt in diesem Zusammenhang auch darauf ab, daß Art. 10 EMRK in seinem Kernbereich „die offene geistige Auseinandersetzung" gewährleistet[37].

14
Beitrag zur Meinungsbildung

Wie der Europäischen Gerichtshofs für Menschenrechte hervorhebt, verlangt die besondere Bedeutung der Presse schon per se einen erweiterten Freiraum zur Meinungsäußerung: Bestünde für berichterstattende Journalisten regelmäßig die Gefahr, für ihre Berichte bestraft zu werden, käme ein „chilling effect" zum Tragen, der mutige journalistische Arbeit bereits im Ansatz ersticken würde: „As the Government pointed out, the disputed articles had at the time already been widely disseminated, so that although the penalty imposed on the author did not strictly speaking prevent him from expressing himself, it nonetheless amounted to a kind of censure, which would be likely to discourage him from making criticisms of that kind again in future; the Delegate of the Commission rightly pointed this out. In the context of political debate such a sentence would be likely to deter journalists from contributing to public discussion of issues affecting the life of the community. By the same token, a sanction such as this is liable to hamper the press in performing its task as purveyor of information and public watchdog"[38].

15
Erweiterter Freiraum zur Meinungsäußerung

---

34 Siehe *VfSlg* 12.086/1989.
35 *EGMR*, Fall Lingens (FN 26), RN 41.
36 *EGMR* aaO., RN 42. Vgl. bereits *EGMR*, Fall Sunday Times (FN 25), in dem der EGMR die Bedeutung der Presse für die freie Meinungsäußerung betont.
37 *VfSlg* 12.086/1989.
38 *EGMR*, Urt. v. 8. 7. 1986, Lingens (FN 26), RN 44.

16
Zulässigkeit härterer Kritik an Politikern

Auch die österreichischen Gerichte betonen in ihrer Rechtsprechung regelmäßig die Bedeutung der Presse zur Verbreitung von Informationen und Kommentaren: „Außer Frage steht ferner, dass diesem Grundrecht in Bezug auf die Presse als unverzichtbarer Informations- und Kommunikationsträgerin gerade im Rahmen einer freien politischen Diskussion, bei der Politiker regelmäßig schon funktionsbedingt in höherem Maße als Privatpersonen für härtere Kritik offen sein müssen, gesteigerte Bedeutung zukommt"[39]. „Diese Grundsätze sind hinsichtlich der Presse von besonderer Bedeutung. Wenn diese auch die Schranken nicht überschreiten darf, die unter anderem zum Schutz des guten Rufes anderer gelten, ist es dennoch ihre Aufgabe, Nachrichten und Meinungen über politische Fragen und andere Angelegenheiten von allgemeinem Interesse zu übermitteln. Die Pressefreiheit bietet der Allgemeinheit eines der besten Mittel, die Ideen und Einstellungen politisch Verantwortlicher kennenzulernen und sich eine Meinung dazu zu bilden"[40].

17
Zugangsrechte für Journalisten

Im Zusammenhang mit ihrer speziellen Aufgabe, die Öffentlichkeit zu informieren, stehen auch die bevorzugten Zugangsrechte der Presse oder – genauer gesagt – der Journalisten zu bestimmten Ereignissen. Die besondere Rolle der Presse rechtfertigt demnach gewisse beschränkte Privilegierungen jener, die sich auf die Pressefreiheit berufen können, vor denen, die sich „bloß" auf die allgemeine Informationsfreiheit stützen[41].

18
Bewertung sogenannter Medienfehden

Äußerungen über Konkurrenzprodukte

Eine spezifische Ausprägung der besonderen Bedeutung der Presse findet sich auch in der Bewertung sogenannter Medienfehden in der Judikatur. Gerade die zentrale Aufgabe der Presse dient der Rechtsprechung als Grund, unter bestimmten Umständen in diesem Bereich von der Anwendung wettbewerblicher Grundsätze abzusehen. Der Oberste Gerichtshof hält fest, daß „zwischen Unternehmen des Medienbereiches, deren Hauptaufgabe die Verbreitung von Nachrichten und die Bildung der öffentlichen Meinung (hierüber) ist, nicht jede Äußerung über einen Mitbewerber auch im relevanten Ausmaß von einer Wettbewerbsabsicht mitbestimmt sein wird. Eine solche Absicht kann beispielsweise völlig in den Hintergrund treten (oder ganz fehlen), wenn es zwischen zwei Medieninhabern zu weltanschaulichen Auseinandersetzungen kommt und jeder der Beteiligten die öffentliche Meinungsbildung in seinem Sinne zu beeinflussen sucht. Bei Auseinandersetzungen, die keine weltanschaulichen Themen, sondern den Mitbewerber unmittelbar in seiner gewerblichen Tätigkeit betreffen, wird dies aber in der Regel nicht zutreffen"[42]. Äußerungen von Medien über Konkurrenzprodukte, die wettbewerbliche Motive haben, wie z.B. falsche Behauptungen über Leserzahlen oder Reichweiten[43], sind im Sinne dieser Grundsätze daher aber wettbewerbsrechtlich zu behandeln.

---

39 *OGH*, 120 s 24, 25/92 – Oberschlick –, in: Medien und Recht 1992, S. 191.
40 *OLG Wien*, 21 Bs 60/92, in: Medien und Recht 1992, S. 111 (112).
41 Vgl. dazu im Detail *Holoubek* (FN 23), S. 215f.
42 *OGH*, 4 Ob 128/89 – Mafiaprint –, in: Medien und Recht 1989, S. 219.
43 Wenn z. B. statistische Schwankungsbreiten nicht berücksichtig werden: *OGH* v. 19. 9. 1995, 4 Ob 71/95.

C. Eingriffsdogmatik

In seiner früheren Rechtsprechung insbesondere zu Art. 13 StGG vertrat der Verfassungsgerichtshof – wie auch bei anderen Grundrechtsbestimmungen – einen engen Eingriffsbegriff[44]: Bloß intentionale Akte, also solche, die direkt auf die Beschränkung der freien Meinungsäußerung gerichtet waren, konnten einen Eingriff in das Grundrecht darstellen. Akte der Gesetzgebung und Vollziehung hingegen, die auf ein von der Meinungsäußerungsfreiheit verschiedenes Rechtsgut gerichtet waren, wurden nicht als Eingriff in das Grundrecht angesehen, selbst wenn mit ihnen – wenn auch bloß als Begleiterscheinung – de facto eine Beschränkung der Meinungsäußerungsfreiheit verbunden war[45].

19 Auf Zielgerichtetheit beschränkter früherer Eingriffsbegriff

Streitigkeiten zwischen Privaten (beispielsweise Ehrenbeleidigungsprozesse von Politikern gegen Journalisten), bei denen der staatliche Eingriff einzig in einer eventuellen Sanktion gegen den Äußernden besteht, wurden lange Zeit – weil derartige Fragen in aller Regel vor den ordentlichen Gerichten zu behandeln sind – kaum jemals unter dem Gesichtspunkt der freien Meinungsäußerung beurteilt[46].

20 Streitigkeiten zwischen Privaten

Die aktuelle Judikatur der österreichischen Gerichte geht hingegen von einem weiten Eingriffsbegriff aus. So nimmt der Verfassungsgerichtshof Eingriffe in die Meinungsäußerungsfreiheit nicht mehr bloß dann an, wenn sie intentional auf das Grundrecht abzielen, sondern auch dann, wenn sie bloß „Begleiterscheinung" einer auf ein anderes Rechtsgut abzielenden Maßnahme sind. Straßenverkehrsrechtliche Bewilligungspflichten beispielsweise für das Aufstellen von sogenannten „Info-Tischen" stellen ebenso einen Eingriff in Art. 10 EMRK dar[47], wie eine arbeitsmarktpolitisch motivierte Regelung ausländischer Stellenanzeigen in inländischen Zeitungen mit dem Verbot der Vorzensur kollidiert[48]. Auch die Judikatur des Europäischen Gerichtshofs für Menschenrechte geht von einem weiten Eingriffsbegriff aus[49], so etwa, wenn der Europäische Gerichtshof für Menschenrechte auch staatliche Reak-

21 Auf „Begleiterscheinungen" erweiterter Eingriffsbegriff

---

44 Siehe *Kahl/Pöschl*, Die Intentionalität – ihre Bedeutung und ihre Berechtigung in der Grundrechtsjudikatur, ÖJZ 2001, S. 41 ff.
45 So entschied der Verfassungsgerichtshof beispielsweise früher, daß eine Bestimmung der Straßenverkehrsordnung, welche eine Bewilligung der Behörde für eine Benützung von Straßen für verkehrsfremde Zwecke verlangt (§ 82 StVO; also beispielsweise das Aufstellen von Zeitungs-Selbstverkaufseinrichtungen oder von Reklametafeln), das Grundrecht der freien Meinungsäußerungsfreiheit überhaupt nicht berühre (vgl. z. B. *VfSlg* 5616 und 5619/1967), eine Auffassung, die der Gerichtshof in späterer Folge (in Zusammenhang mit Art. 10 EMRK) revidierte.
46 In jenen Konstellationen, in denen eine Zuständigkeit des Verfassungsgerichtshofs gegeben ist (beispielsweise aufgrund der Zuständigkeit spezieller Disziplinarbehörden für Fragen des Disziplinarrechts der Rechtsanwälte oder Ärzte) wurde jedoch bereits sehr früh das Recht aus Art. 13 StGG thematisiert und ein Eingriff bejaht, eine Verletzung freilich kaum jemals festgestellt. Vgl. z. B. *VfSlg* 2587/1953 (Beleidigung eines Arztes durch einen Standeskollegen, Bestrafung durch die Ärztekammer wegen Verletzung des Standesansehens der Ärzte), *VfSlg* 3290/1957 (Rechtsanwälte), u. v. a.
47 *VfSlg* 11.651/1988.
48 *VfSlg* 12.394/1990; die Besteuerung von Werbung hat der Verfassungsgerichtshof allerdings nicht als Eingriff in die Meinungsfreiheit angesehen, weil sie nicht auf eine Einschränkung der Meinungsfreiheit abziele (*VfSlg* 16.635/2002).
49 Siehe näher *Grabenwarter*, EMRK (LitVerz.), § 18 RN 7 f.

tionen auf „private" Streitigkeiten, welche die Äußerungsfreiheit betreffen, als Eingriff ansieht⁵⁰.

22
Wandel des Eingriffsbegriffs in der ordentlichen Gerichtsbarkeit

Einen Wandel hat der Eingriffsbegriff insbesondere auch in der Rechtsprechung der Zivil- und Strafgerichte durchgemacht. So ist nach der Judikatur insbesondere des Obersten Gerichtshofs Art. 10 EMRK auch dann relevant, wenn als Reaktion auf private (insbesondere Ehr-) Streitigkeiten staatliche Eingriffe erfolgen (beispielsweise durch Unterlassungs- und Schadenersatzurteile als Reaktion auf Rufschädigungen, strafrechtliche Verurteilungen wegen Ehrenbeleidigungen und insbesondere mediengerichtliche Verurteilungen). Die ordentlichen Gerichte zögern heutzutage nicht mehr, bei derartigen Verfahren auf Art. 10 EMRK Bezug zu nehmen und daraus praktische Konsequenzen zu ziehen. Dies gilt im Bereich der „klassischen" politischen Diskussion ebenso wie in anderen Themenkreisen von öffentlichem Interesse und auch im Wettbewerbsrecht⁵¹.

D. Schranken

I. Allgemeines

23
Formeller Gesetzesvorbehalt des Art. 13 Abs. 1 StGG

Die Grundrechtsverbürgung des Art. 13 Abs. 1 StGG weist einen bloß formellen Gesetzesvorbehalt auf: Nach der älteren Rechtsprechung des Verfassungsgerichtshof konnte der Gesetzgeber auf dieser Grundlage die Freiheit der Meinungsäußerung sehr weitgehend beschränken⁵². Ein Schutz des Grundrechtssubjekts vor grundrechtsbeschränkenden Maßnahmen des Gesetzgebers bestand praktisch nicht⁵³. Umfassend wurde hingegen durch diese Bestimmung bereits seit 1867 die Gesetzesbindung der Verwaltung hergestellt sowie durch Art. 13 Abs. 2 StGG die Zensur der Presse untersagt⁵⁴. Dabei handelt es sich um ein Verbot der Vorzensur⁵⁵, das sich gegen verwaltungsbehördliche Verfügungen wendet, die ein Verhindern des Erscheinens von

---

50 Vgl. dazu *Berka*, Kommunikationsfreiheit (FN 10), S. 410 ff.
51 Vgl. dazu unten D V, RN 46 ff. Zur Frage, ob eine Anwendung des Art. 10 EMRK auf Streitigkeiten zwischen Privaten eine mittelbare Drittwirkung von Grundrechten darstellt, siehe *Berka*, Der Schutz der freien Meinungsäußerung im Verfassungsrecht und im Zivilrecht, ZfRV 1990, S. 35 (40 ff).
52 Siehe bereits *VfSlg* 1332/1930, danach ständige Rechtsprechung.
53 In späterer Zeit deutete der Verfassungsgerichtshof an, daß die von ihm zu anderen Grundrechten, insb. der Erwerbsfreiheit, entwickelte Wesensgehaltstheorie auch für Art. 13 Abs. 1 StGG Geltung habe: Demnach dürfe der Gesetzgeber das Grundrecht nicht so weit beschränken, daß es in seinem „Wesen" betroffen wäre. Vgl. z.B. *VfSlg* 4233/1962 oder 5134/1965. Praktische Bedeutung erlangte diese Ansicht allerdings nicht.
54 Das Verbot wurde durch Ziff. 1 des Beschlusses der Provisorischen Nationalversammlung von 1918 (FN 5) bestätigt.
55 Vgl. *VfSlg* 1829/1949. Bereits die Pflicht zur Ablieferung von Exemplaren an die Behörde vor Verbreitungsbeginn stellt eine verbotene Maßnahme der Vorzensur dar: *V̊fSlg* 6615/1971. Dasselbe gilt für Maßnahmen, welche die Verbreitungsbeschränkung von Druckschriften für die Zukunft auf Basis eines als rechtswidrig beurteilten Inhalts einer bereits verbreiteten Ausgabe zulassen.

Druckschriften oder der Aufführung von Theaterstücken oder Filmen[56] zum Ziel haben.

Das Verbot der Vorzensur wurde und wird in der Judikatur des Verfassungsgerichtshof sehr streng angewendet und gilt für jede Maßnahme, die darauf hinausläuft, den Inhalt einer Veröffentlichung behördlicher Genehmigung oder auch bloß einer behördlichen Begutachtung zu unterwerfen[57], es gilt also unabhängig von der Zielsetzung der Maßnahme[58]. Auch ein an und für sich berechtigtes Anliegen wie jenes des Schutzes der Jugend rechtfertigt in den Augen des Verfassungsgerichtshofes eine Vorzensur nicht, sondern kann nur durch repressive Maßnahmen[59] durchgesetzt werden[60]. Die ordentlichen Gerichte[61] gehen in diesem Zusammenhang davon aus, daß der Beschluß der Provisorischen Nationalversammlung nur die verwaltungsbehördliche Vorzensur absolut verbietet, gerichtlichen Sicherungsmaßnahmen im Provisorialverfahren zur Gewährleistung der Effektivität von Bestimmungen zum Schutz der Persönlichkeitsrechte aber nicht entgegensteht[62].

24
Srtrenges Verbot der Vorzensur

Eine grundlegende Änderung der Rechtsprechung bewirkte Art. 10 EMRK. Dessen materieller Gesetzesvorbehalt erlaubt Beschränkungen nur, wenn sie gesetzlich vorgesehen und zur Erreichung bestimmter, in Art. 10 Abs. 2 EMRK taxativ aufgezählter Schrankenziele in einer demokratischen Gesellschaft erforderlich sind. Art. 10 EMRK schränkt daher den gesetzgeberischen Spielraum zur Beschränkung der Äußerungsfreiheit im Vergleich zu Art. 13 StGG in maßgeblicher Weise ein. Dazu tritt freilich ein in der Sache geändertes Verständnis der Grundrechte, das in der Literatur vorbereitet[63] und in der Folge durch die Judikatur des Verfassungsgerichtshofs aufgenommen und

25
Materieller Gesetzesvorbehalt in Art. 10 EMRK

---

56 Siehe z. B. *VfSlg* 1829/1949.
57 *VfSlg* 2362/1952.
58 *VfSlg* 12.394/1990: Eine Bewilligungspflicht für die Veröffentlichung ausländischer Stellenangebote verstößt gegen das Zensurverbot. Daran ändert nichts, daß diese Pflicht nur arbeits- und sozialpolitisch motiviert war.
59 Mit der erstmaligen Verbreitung einer Druckschrift bzw. der erstmaligen Vorführung eines Kinofilmes oder Theaterstücks endet der Bereich der Vorzensur. Ab jenem Zeitpunkt erfolgende Maßnahmen, wie die Beschlagnahmung von Druckwerken oder die Verhängung von Verwaltungsstrafen werden als repressive Maßnahmen oder Nachzensur bezeichnet und stellen keine Handlungen dar, die unter das absolute Zensurverbot fallen. Gleichwohl müssen derartige Beschränkungen der Kommunikationsfreiheit den Bedingungen des Art. 10 Abs. 2 EMRK genügen, wobei die Rechtsprechung des EGMR hier strenge Maßstäbe anlegt, siehe insb. *EGMR*, Fall Observer and Guardian (FN 24).
60 *VfSlg* 8461/1978.
61 Siehe insb. *OLG Wien*, in: Medien und Recht 1986, H. 5, S. 11; *OLG Wien*, in: Medien und Recht 1994, S. 231.
62 Zustimmend *Holoubek*, in: Medien und Recht 1992, S. 218; anderer Meinung dahingehend, daß der Beschluß der provisorischen Nationalversammlung jede, also auch die gerichtliche Vorzensur verbiete, *Öhlinger*, „Das Gespenst" und die Freiheit der Kunst in Österreich, ZUM 1985, S. 190 ff.; *Berka*, Das Recht der Massenmedien (FN 23), S. 71 f.
63 Siehe insb. *Karl Korinek*, Das Grundrecht der Freiheit der Erwerbsbetätigung als Schranke für die Wirtschaftslenkung, in: ders. (Hg.), FS Wenger, 1983, S. 243 ff.; *Novak*, Verhältnismäßigkeitsgebot und Grundrechtsschutz, in: Bernhard Raschauer (Hg.), FS G. Winkler, 1989, S. 39 ff.; *Berka*, Die Europäische Menschenrechtskonvention und die österreichische Grundrechtstradition, ÖJZ 1979, S. 365 ff., 428 ff.; *Holoubek*, Die Interpretation der Grundrechte in der jüngeren Judikatur des Verfassungsgerichtshofs, in: Machacek/Pahr/Stadler (LitVerz.), Bd. 1, S. 43 ff.; *Manfred Stelzer*, Das Wesensgehaltsargument und der Grundsatz der Verhältnismäßigkeit, 1991.

Positionen kritischer Wertungsjurisprudenz

weiter entwickelt wurde. Nachdem die Judikatur des Verfassungsgerichtshofs lange Zeit vor allem durch die auslegungsskeptische Grundhaltung der Reinen Rechtslehre geprägt war, bestimmen nunmehr methodische Positionen die Rechtsprechung des Verfassungsgerichtshofs, die im Sinne einer kritischen Wertungsjurisprudenz[64] Wertentscheidungen und Prinzipien bei der Grundrechtsinterpretation, insbesondere auch bei der Konkretisierung der sich für den Gesetzgeber aus den grundrechtlichen Gesetzesvorbehalten ergebenden „Schranken-Schranken", wesentliche Bedeutung zumessen. Die Grundrechtsrechtsprechung des Verfassungsgerichtshofs ist damit – orientiert wesentlich an derjenigen des Europäischen Gerichtshofs für Menschenrechte – maßgeblich durch richterliche Rechtsfortbildung geprägt, wie sie einer effektiven, „praktisch wirksamen"[65] Grundrechtsdurchsetzung immanent ist. Im Bereich der Meinungsfreiheit hat Art. 10 EMRK für den Verfassungsgerichtshof dabei den Anknüpfungspunkt dargestellt, die ältere, ausschließlich auf Art. 13 StGG gestützte Rechtsprechung weiterzuentwickeln, wenn auch diese Entwicklung – wie dargestellt – nicht nur und auch nicht maßgeblich durch den unterschiedlichen Wortlaut der beiden Grundrechtsverbürgungen erklärt werden kann[66]. In den letzten zwei Jahrzehnten hat aus diesem Grund Art. 13 Abs. 1 StGG in der Rechtsprechung praktisch seine Bedeutung weitgehend verloren[67], wobei die Angleichung der österreichischen Judikatur an jene des Europäischen Gerichtshofs für Menschenrechte freilich schrittweise erfolgte[68].

26
Dreifache Eingriffsschranke

Der formelle Gesetzesvorbehalt des Art. 13 StGG, der materielle Vorbehalt des Art. 10 EMRK und die absoluten Eingriffsschranken des Beschlusses der Provisorischen Nationalversammlung stellen demnach die Bedingungen dar, die Gesetzgebung und Vollziehung bei Eingriffen in die Kommunikationsfreiheit zu beachten haben[69]. Ein Eingriff in die Kommunikationsfreiheit

– darf keinem absoluten Eingriffsverbot (Zensurverbot, Verbot des Konzessionssystems) unterliegen,
– muß auf einer gesetzlichen Grundlage beruhen,

---

64 Siehe *Ludwig Adamovich/Bernd-Christian Funk*, Allgemeines Verwaltungsrecht, ³1987, S. 54ff.
65 „Ziel und Zweck der Konvention als ein Instrument zum Schutz des Individuums verlangen deshalb, daß ihre Vorschriften als Schutzgarantien praktisch wirksam und effektiv gestaltet, verstanden und angewandt werden" (*EGMR*, Urt. v. 7. 7. 1989, Soering ./. Great Britain, Serie A, No 161, sowie EuGRZ 1989, S. 314 [318], RN 87, mit Verweis auf *EGMR*, Urt. v. 13. 5. 1980, Artico ./. Italy, Serie A, No 37, sowie EuGRZ 1980, S. 662).
66 Siehe zu all dem zusammenfassend nur *Öhlinger*, Verfassungsrecht (LitVerz.), RN 709ff.
67 Von praktischer Bedeutung sind aber noch die Pressegarantien des Art. 13 Abs. 2 StGG. Der Verfassungsgerichtshof bezieht sich in seinen Entscheidungen zum Recht auf freie Meinungsäußerungen zwar oft – neben Art. 10 EMRK – auch auf Art. 13 Abs. 1 StGG, die Beurteilung der Zulässigkeit von grundrechtsbeschränkenden Gesetzesbestimmungen erfolgt aber in der Sache regelmäßig ausschließlich an Art. 10 EMRK.
68 Noch in *VfSlg* 9160/1981 verwies der Verfassungsgerichtshof zu der Frage, ob eine rechtliche Regelung, die standeswidrige Äußerungen von Rechtsanwälten unter Disziplinarsanktion stellte, verfassungswidrig sei, auf seine Vorjudikatur, wonach das Recht auf Meinungsäußerungsfreiheit durch Gesetz beschränkt werden könne (siehe auch *VfSlg* 7494/1975). Er berief sich zwar auf Art. 10 EMRK, ohne jedoch die in Betracht kommende Disziplinarbestimmung eingehend an Art. 10 Abs. 2 EMRK zu messen.
69 *Berka*, Die Grundrechte (LitVerz.), RN 559f.

- muß einem der in Art. 10 Abs. 2 EMRK angeführten Ziele dienen und
- muß verhältnismäßig, das bedeutet zur Erreichung dieses Zieles in einer demokratischen Gesellschaft notwendig sein[70].

II. Persönlichkeitsschutz

Das Spannungsfeld zwischen Meinungsfreiheit und Persönlichkeitsschutz prägt auch die österreichische Grundrechtspraxis zu Art. 10 EMRK maßgeblich. Das in Art. 10 Abs. 2 EMRK genannte legitime Ziel des Schutzes des guten Rufes und der Rechte anderer, das in Art. 8 EMRK auch wiederum selbst konventionsrechtlich abgesichert ist, wird in der österreichischen Rechtsordnung vor allem durch eine Reihe zivil- und strafrechtlicher Regelungen konkretisiert, die dem Schutz des guten Rufes und der Ehre, aber auch dem Schutz wirtschaftlicher Interessen derjenigen dienen, die von in diese Rechte eingreifenden Äußerungen betroffen werden. Die einschlägigen Regelungen finden sich insbesondere in den §§ 111 ff StGB, dem § 1330 Abs. 1 ABGB als auch im § 6 MedienG und dem § 78 UrhG.

27
Schutz des guten Rufs und der Rechte anderer

1. Schutz der Ehre

In Österreich wurde der Beleidigungsschutz lange Zeit vom Strafrecht dominiert[71]. Die wichtigsten einschlägigen strafrechtlichen Tatbestände bilden die üble Nachrede[72] und die Beleidigung[73]. Sie erfassen allerdings nur einen Kern an qualifizierten Ehrenbeleidigungen, die mit Vorsatz begangen werden. Der durch die zivilrechtlichen Regelungen gewährte Schutz hingegen geht weiter und greift schon bei leichter Fahrlässigkeit[74]. Die primäre zivilrechtliche Anspruchsgrundlage bildet § 1330 Abs. 1 ABGB[75], der das als Persönlichkeitsrecht nach § 16 ABGB verstandene[76] Recht auf Ehre schützt und dem Beleidigten einen Anspruch auf Ersatz des durch die Ehrenbeleidigung entstandenen materiellen Schadens oder des entgangenen Gewinns einräumt. Bei der Frage, ob eine Ehrenbeleidigung vorliegt, orientiert man sich an den gerade

28
Strafrechtlich beherrschter Beleidigungsschutz

---

70 *VfSlg* 11.996/1989, 13.694/1994.
71 Insofern faßte man das – im Grunde genommen private Interessenskonflikte betreffende – Ehrenschutzrecht als Rechtsmaterie im Spannungsfeld zwischen der grundrechtlichen Meinungsäußerungsfreiheit und der Staatsgewalt auf. *Berka*, Der Schutz der freien Meinungsäußerung (FN 51), S. 35 u. 42. Zur Schweiz → Bd. VII/2: *Malinverni*, Meinungs-, Medien- und Informationsfreiheit, § 216 RN 74ff.
72 Gemäß § 111 StGB macht sich strafbar, wer einen anderen in einer für Dritte wahrnehmbaren Weise eine verächtliche Eigenschaft oder Gesinnung vorwirft oder eines unehrenhaften bzw. gegen die guten Sitten verstoßenden Verhaltens beschuldigt.
73 Der Tatbestand der Beleidigung des § 115 StGB ist u. a. dann erfüllt, wenn jemand öffentlich (zumindest vor drei außenstehenden Personen, vgl. § 115 Abs. 2 StGB) beschimpft oder verspottet wird.
74 Vgl. *OGH*, 6 Ob 20/95 – Rößlwirtin –, in: Medien und Recht 1995, S. 97.
75 *Helmut Koziol/Alexander Warzilek*, Der Schutz der Persönlichkeitsrechte gegenüber Massenmedien in Österreich, in: dies. (Hg.), Persönlichkeitsschutz gegenüber Massenmedien, 2005, S. 3 (8 RN 13).
76 Vgl. *OGH* v. 29. 8. 2002, 6 Ob 283701p – M. Omufuma.

genannten strafrechtlichen Normen[77], das Verhalten muß aber nicht tatbestandsmäßig im Sinne des Strafgesetzbuchs sein, um eine Schadenspflicht auszulösen; es genügt jedes der Ehre eines anderen nahetretende Verhalten[78]. Da § 1330 Abs. 1 ABGB allerdings sowohl den Ersatz immaterieller Schäden als auch ein Begehren auf Widerruf ausschließt[79], haben die Bestimmungen der §§ 6 ff MedienG, die dem Betroffenen zivilrechtliche Entschädigungsansprüche für seine ideellen Nachteile einräumen[80], in der Praxis größere Bedeutung[81]. Sie regeln den zivilrechtlichen Entschädigungsanspruch für die erlittene Kränkung gegen den Medieninhaber für in seinem Medium verwirklichte Beleidigungsdelikte[82] und schaffen eine Art Mediensonderrecht, das insbesondere die Verlagerung der Verantwortung von den Journalisten auf die Medienunternehmen bezweckt und bestimmte, der öffentlichen Aufgabe der Medien und deren Bedeutung im System der Kommunikationsfreiheit angemessene Medienprivilegierungen einräumt. So wird Straflosigkeit etwa nicht bloß bei erbrachtem Wahrheitsbeweis, sondern auch dann eingeräumt, wenn ein überwiegendes Interesse der Öffentlichkeit an der Veröffentlichung bestand und die journalistische Sorgfaltspflicht eingehalten wurde[83].

Für Beleidigungen durch beeinträchtigende Bildveröffentlichungen[84] enthält das Urheberrechtsgesetz in § 78 eine Regelung[85], der zufolge der Betroffene sowohl Anspruch auf Unterlassung als auch auf Schadenersatz und Urteilsveröffentlichung geltend machen kann[86].

2. Schutz des wirtschaftlichen Rufes und vor Unternehmenskritik

§ 1330 Abs. 2 ABGB schützt den wirtschaftlichen Ruf von jedermann, indem er die Behauptung unwahrer Tatsachen, die „den Kredit, den Erwerb oder das Fortkommen eines anderen gefährden", verbietet und dem Betroffenen Anspruch auf Ersatz des Vermögensschadens, auf Widerruf und dessen

---

77 *Berka* spricht von einer „immanenten Verweisung auf die strafrechtlichen Tatbestände als Schutznormen": *Walter Berka*, Medienfreiheit und Persönlichkeitsschutz, 1982, S. 223. Vgl. auch *OGH*, 7 Ob 535/91 – Anti-Opernball-Demonstration –, in: Medien und Recht 1991, S. 146.
78 *Harrer*, in: Michael Schwimann (Hg.), Praxiskommentar zum ABGB, ³VI, § 1330 RN 2.
79 Siehe *Maria-Luise Fellner*, Persönlichkeitsschutz juristischer Personen, 2007, S. 115 ff.
80 Siehe *Gerhard Hager/Peter Zöchbauer*, Persönlichkeitsschutz im Straf- und Medienrecht, ⁴2000, S. 39 m.w.N.
81 *Koziol/Warzilek* (FN 75), RN 13 u. 154 ff.
82 AaO.
83 St. Rspr. des OGH (zuletzt etwa *OGH* v. 25. 05. 2007, 6 Ob 86/07a, wonach durch Unterlassung der Einholung einer ausreichenden Stellungnahme des Klägers zu den Vorwürfen die journalistische Sorgfaltspflicht verletzt wird) in Reaktion auf *EGMR*, Urt. v. 2. 5. 2000, Bergens Tidende ./. Norway, Beschwerde Nr. 26132/95, RJD 2000-IV, S. 401 f., Ziff. 53): „...the safeguard afforded by Art. 10 to journalists in relation to reporting on issues of general interest is subject to the proviso that they are acting in good faith in order to provide accurate and reliable information in accordance with the ethics of journalism".
84 *Berka* (FN 51), S. 43.
85 Da es sich damit inhaltlich nicht um ein Urheber-, sondern ein Persönlichkeitsrecht handelt, wird die Ansiedelung im UrhG schon lange kritisiert. Vgl. z. B. *Bydlinski*, Der Ersatz ideellen Schadens als sachliches und methodisches Problem, JBl 1965, S. 173 (184).
86 *Gottfried Korn/Johannes Neumayer*, Persönlichkeitsschutz im Zivil- und Wettbewerbsrecht, 1991, S. 119 ff.

Veröffentlichung sowie einen Unterlassungsanspruch einräumt. Werden unwahre Tatsachen zum Zwecke unternehmerischen Wettbewerbs verbreitet[87] und sind sie geeignet, den wirtschaftlichen Ruf des Konkurrenten zu schädigen, kommt daneben noch die wettbewerbsrechtliche Vorschrift des § 7 UWG zur Anwendung, die auch die Geltendmachung immaterieller Schäden erlaubt[88].

Trotz dieser Vielfalt an straf- und zivilrechtlichen Normen ist es dem Gesetzgeber unmöglich, das Spannungsfeld zwischen Meinungsfreiheit und Persönlichkeitsschutz vollends aufzulösen. Die sich in der Praxis ergebenden Konfliktsituationen verlangen eine sachverhaltsbezogene Berücksichtigung der vielen unterschiedlichen Interessenslagen[89], die vor allem in der Rechtsprechung der ordentlichen Gerichte erfolgt. In bezug auf den Ehrenschutz sind das insbesondere die als Mediengerichte tätig werdenden Strafgerichte[90], bei Fällen von Unternehmenskritik die Zivilgerichte[91]. Der Verfassungsgerichtshof befaßt sich damit nur am Rande, etwa im Rahmen der verwaltungsbehördlichen Rundfunkaufsicht[92] oder des standesrechtlichen Disziplinarrechts der Rechtsanwälte[93].

31 Restspannungen zwischen Meinungsfreiheit und Persönlichkeitsschutz

Früher maß die österreichische Rechtsprechung bei der Abwägung zwischen Kommunikationsfreiheit und Persönlichkeitsschutz letzterem grundsätzlich höhere Bedeutung zu als der Europäische Gerichtshof für Menschenrechte und zog die Grenzen der Meinungs- und insbesondere Pressefreiheit zunächst deutlich enger als dieser. Seit der Rechtsprechung des Europäischen Gerichtshofs für Menschenrechte im Fall *Lingens*[94], der diese Wertungsdivergenz deutlich zum Ausdruck brachte, sind die österreichischen Gerichte jedoch bemüht, der Rechtsprechung des Europäischen Gerichtshofs für Menschenrechte Rechnung zu tragen. Dieser Prozeß der Anpassung der innerstaatlichen Judikatur an die Vorgaben des Europäischen Gerichtshofs für Menschenrechte läßt sich in folgenden Bereichen besonders gut nachvollziehen:

32 Anpassungsprozeß an die Vorgaben des EGMR

---

[87] *Fellner* (FN 79), S. 102.
[88] *Korn/Neumayer* (FN 86), S. 85.
[89] *Berka*, Persönlichkeitsschutz und Massenmedien im Lichte der Grundfreiheiten und Menschenrechte, in: *Koziol/Warzilek* (FN 75), S. 517 RN 70.
[90] Die medienrechtlichen Senate des Oberlandesgerichtes Wien sind hierbei von besonderer Bedeutung, da die meisten Verlagshäuser – die im Regelfall beklagte Partei sind – ihren Sitz in der Hauptstadt und damit in dessen Sprengel haben; z.B. *OLG Wien* v. 2.7.2007, 18 Bs 56/07b, in: Medien und Recht 2007, S. 174.
[91] Z.B. *HG Wien* v. 20.10.2004, 17 Cg 24/04t, und dazu das letztinstanzliche Urteil des *OGH* v. 3.11.2005, 6 Ob 219/05 g – Frächter-Affäre II, in: Medien und Recht 2006, S. 12.
[92] Vgl. *VfSlg* 15.426/1998. In dieser Entscheidung hielt der Verfassungsgerichtshof fest, daß keine Verletzung des Rechts auf Informationsfreiheit aufgrund der Feststellung einer Verletzung des RundfunkG durch die Rundfunkkommission anläßlich eines Berichtes über ein drogenabhängiges, minderjähriges Opfer sexuellen Mißbrauchs im Fernsehen ohne entsprechende optische und akustische Unkenntlichmachung der Betroffenen vorlag.
[93] Vgl. *VfSlg* 17.565/2004, wonach standesrechtlich vorgesehene Disziplinarmaßnahmen gegen einen Anwalt wegen Herabwürdigung des weiblichen Geschlechts und damit verbundener Erregung von Anstoß in der Öffentlichkeit zum Schutz des guten Rufes oder der Rechte anderer in einer demokratischen Gesellschaft notwendig und mit Art. 10 EMRK vereinbar waren.
[94] *EGMR*, Fall Lingens (FN 26). Vgl. dazu *B. Weis*, Nochmals: Der Fall Lingens und der Gesetzgeber, in: Medien und Recht 1986, S. 5ff.

3. Unterscheidung von Tatsachenbehauptung und Werturteil („Wahrheitsbeweis")

33

„Demarkationslinie" zwischen Tatsachenbehauptung und Werturteil

Ob in die Kommunikationsfreiheit im Namen des Persönlichkeitsschutzes eingegriffen werden darf, entscheidet sich, wie *Walter Berka* es ausdrückt, an der „Demarkationslinie" zwischen Tatsachenbehauptung und Werturteil[95]. Beleidigende Tatsachenbehauptungen können, sofern sie unwahr sind, nicht mit der Meinungsfreiheit gerechtfertigt werden; Werturteile hingegen sind insofern privilegiert, als sie grundsätzlich durch Art. 10 EMRK geschützt sind – „Comment is free but facts are sacred". Sofern das einfachgesetzliche Ehrenschutzrecht dieser zentralen Differenzierung nicht Rechnung trägt, ist es daher grundrechtskonform auszulegen und anzuwenden, wie der Europäische Gerichtshof für Menschenrechte hinsichtlich des Tatbestands der üblen Nachrede zuerst im Fall *Lingens* gezeigt hat[96]. Die österreichischen Gerichte haben diese Judikatur seither aufgegriffen und halten kritische Werturteile mittlerweile für rechtlich irrelevant, selbst wenn sich der Kritisierte irritiert oder verletzt fühlt, weil es ihnen „im Hinblick auf die in einer Demokratie sehr weitreichende Meinungsfreiheit schon an der Tatbildmäßigkeit" fehlt[97]. Wo die „Demarkationslinie" zwischen Tatsachenbehauptung und Werturteil allerdings genau verläuft, ist äußerst unklar. Grundsätzlich machen die österreichischen Gerichte die Differenzierung von der Beweisbarkeit einer Äußerung abhängig. Als Tatsache wird demnach jede Aussage verstanden, „deren Inhalt auf ihre Wahrheit hin objektiv nachgeprüft werden kann"[98], während ein Werturteil grundsätzlich eine rein subjektive und damit eine dem Wahrheitsbeweis entzogene Aussage darstellt[99]. Die Abgrenzung einer Tatsachenbehauptung von einem Werturteil ist stets nach dem einem unbefangenen Durchschnittsadressaten[100] vermittelten Gesamteindruck vorzunehmen[101].

Beweisbarkeit von Äußerungen

4. Zulässigkeit „scharfer Kritik"

34

Haftung für Werturteile

Selbst Werturteile können aber dem guten Ruf einer Person in nicht zu rechtfertigender Weise abträglich sein und schlußendlich zu einer Haftung führen[102]. Der vom Europäischen Gerichtshofs für Menschenrechte vorgegebene Maßstab für die Beurteilung der Zulässigkeit eines Werturteils ist allerdings sehr streng, da der Gerichtshof in ständiger Rechtsprechung den Schutz der Meinungsfreiheit auch solchen Aussagen zuspricht, die „als verletzend, schok-

---

[95] *Berka* (FN 89).
[96] Da § 111 StGB nicht zwischen Werturteil und Tatsachenbehauptung unterscheidet, verurteilten die österreichischen Gerichte den österreichischen Journalisten *Lingens* wegen übler Nachrede, weil er den damaligen Bundeskanzler *Kreisky* kritisiert hatte und keinen Wahrheitsbeweis für seine Aussagen erbringen konnte. In der Folge sah der EGMR Art. 10 EMRK als verletzt an. *EGMR*, Fall *Lingens* (FN 26) § 46.
[97] *OLG Wien* v. 21. 3. 2001, 24 Bs 244/00, in: Medien und Recht 2001, S. 79.
[98] Grundlegend *OGH* v. 24. 11. 1992 – Spitzelakt –, in: Medien und Recht 1993, S. 14.
[99] St. Rspr., z. B. *OGH* v. 8. 5. 1996 – Giftanschlag –, in: Medien und Recht 1996, S. 146.
[100] Es kommt auf den durchschnittlich verständigen Leser, Hörer oder Betrachter gemäß § 1297 ABGB an.
[101] Z. B. *OGH* v. 12. 10. 2006, 6 Ob 321/04 f.
[102] *Christian Schumacher*, Medienberichterstattung und Schutz der Persönlichkeitsrechte, 2001, S. 108.

kierend oder irritierend empfunden werden"[103]. Da auch Werturteile meistens von bestimmten Tatsachen ausgehen, selbst wenn diese nicht Teil der Äußerung sind[104], kommt es für die Zulässigkeit von scharfer Kritik darauf an, ob sie auf einem erwiesenen oder zumindest gutgläubig angenommenen „Tatsachensubstrat" beruht[105]. Die österreichischen Straf- und Zivilgerichte gehen von einer strafbaren bzw. einer schadenersatzpflichtigen Beleidigung aus, wenn ein „Wertungsexzess" in Form überzogener Kritik vorliegt[106]. Gerade bei der Beurteilung der Frage, ob ein Werturteil als exzessiv anzusehen ist oder nicht, kommt die zuvor erwähnte Wertungsdivergenz zwischen den österreichischen Gerichten und dem Europäischen Gerichtshofs für Menschenrechte immer wieder[107] zum Vorschein[108].

Fest steht jedoch, daß alle Personen, die Teil einer Debatte über Fragen von öffentlichem Interesse sind, persönliche Kränkungen und Herabsetzungen bis zum Gebrauch von Schimpfworten hinzunehmen haben[109]. Davon sind im Sinne der „public figures-Doktrin"[110] in erster Linie Politiker[111], aber auch

35
Angelegenheiten in öffentlichem Interesse

---

103 Für Österreich grundlegend *EGMR*, Urt. v. 1.7.1997, Oberschlick II ./. Österreich, Serie A, No 103, sowie in: Medien und Recht 1997, S. 196 Ziff. 29.
104 *Schumacher* (FN 102), S. 77 f.
105 *Berka* (FN 89), S. 522 RN 87.
106 Grundlegende strafrechtliche Entscheidung *OGH* v. 18.5.1993, 11 Os 25/93 – juristische Anfängerin –, in: Medien und Recht 1993, S. 175. Für die zivilgerichtliche Rspr. vgl. z.B. *OGH* v. 23.1.2003 – Abzokker –, in: Medien und Recht 2003, S. 27.
107 Vgl. etwa *EGMR*, Urt. v. 2.11.2006, Kobenter u. Standard Verlagsgesellschaft m.b.H. ./. Österreich, Beschwerde Nr. 60899/00, sowie ÖJZ 2007, S. 342), in welcher der EGMR das OLG Wien korrigierte, das die Äußerung des Journalisten, „... ein Urteil zu fällen, das sich mehr als nur marginal von den Traditionen mittelalterlicher Hexenprozesse abhebt", als Tatsachenbehauptung qualifiziert hatte. Der EGMR hingegen sah darin ein Werturteil, für das mit der Tatsache, daß das Urteil bereits vor Erscheinen des Kommentars von *Samo Kobenter* in den Medien scharf kritisiert worden war, eine ausreichende faktische Grundlage bestanden hatte. Vgl. dazu kritisch *Ribarov*, Ehrenbeleidigungen von Richtern. Ein neuer Maßstab bei der Grundrechtsprüfung nach Art 10 MRK?, ÖJZ 2008, S. 174 ff.
108 Das mag auch daran liegen, daß der EGMR hier keine klare Linie einhält. In seinen Entscheidungen verlangt er einmal „im wesentlichen richtige Tatsachen" (*EGMR*, Urt. v. 28.8.1992, Schwabe ./. Österreich, Serie A, No 242-B Ziff. 34, sowie ÖJZ 1993, S. 67 [68]), ein andermal hält er es für das Werturteil erst dann für exzessiv, „wenn ihm jeglicher Tatsachenhintergrund fehlt" (*EGMR*, Urt. v. 24.1.1997, De Haes und Gijsels ./. Belgien, RJD 1997-I, sowie ÖJZ 1997, S. 914, Ziff. 47).
109 *Berka* (FN 89), S. 524 RN 90. Vgl. auch die Ausführungen des *EGMR* in dem Urt. v. 27.2.2001, Jerusalem ./. Österreich, RJD 2001-II, Ziff. 38, sowie ÖJZ 2001, S. 693 [694]) und dazu *A. Van Rijn*, Freedom of Expression, in: Pieter van Dijk/Godefridus J.H. van Hoof (Hg.), Theory and practice of the European Convention on Human Rights, Antwerpen/Oxford ⁴2006, S. 798, sowie die dementsprechende jüngere österreichische Judikatur des *OGH* v. 23.1.2003 – Abzocker –, in: Medien und Recht 2003, S. 27.
110 Ursprünglich wurde sie vom *U.S. Supreme Court* in seinem berühmten Fall New York Times v. Sullivan, 376 US 254 (1964), geprägt. Ausführlich zur public figures-Doktrin *Holoubek*, „public figures" als Maßstab bei der Grundrechtsprüfung, in: ecolex 1990, S. 785 ff.
111 Der OGH betont in ständiger Rechtsprechung (*OGH* v. 5.7.2001, 6 Ob 149/01 g; v. 19.2.2004, 6 Ob 250/03p und v. 30.11.2006, 6 Ob 250/06t), daß Politiker „schon funktionsbedingt in höherem Maße als Privatpersonen für härtere Kritik offen sein müssen" (*OGH*, 12 Os 24, 25/92 – Oberschlick –, in: Medien und Recht 1992, S. 191) und zwar insbesondere dann, wenn sie selbst öffentlich Ankündigungen tätigen, die geeignet sind, Kritik auf sich zu ziehen (*OGH*, 6 Ob 83/04f, in: Medien und Recht 2004, S. 325 m.w.N.); zuletzt *OGH*, 6 Ob 159/06k). Dies entspricht auch der Judikatur des EGMR, der im Fall *Lingens* (FN 26) und seitdem in st. Rspr. betont hat: „The limits of acceptable criticism are accordingly wider as regards a politician as such than as regards a private individual". Vgl. auch *EGMR*, Urt. v. 13.11.2003, Scharsach und News Verlagsgesellschaft ./. Österreich, Beschwerde Nr. 39394/98, RJD 2003-XI, Ziff. 38 ff., sowie in: Medien und Recht 2003, S. 365; *EGMR*, Urt. v. 27.10.2005, Wirtschafts-Trend Zeitschriften-Verlagsgesellschaft m.b.H. ./. Österreich, Beschwerde Nr. 58547/00, ÖJZ 2006, S. 385, und zuletzt bezüglich des Vorwurfs, der Pariser Bürgermeister hätte Wahlbetrug betrieben, Urt. v. 11.4.2006, Brasilier, Beschwerde Nr. 71343/01.

Private und Vereinigungen betroffen[112]. Dieser weiten Auslegung des Begriffs Werturteil durch den Europäischen Gerichtshofs für Menschenrechte entsprechend hat der Oberste Gerichtshof etwa auch schon die Kritik von Tierschützern an Züchtern als Äußerungen im Rahmen einer solchen Debatte angesehen und die Bezeichnung einer klösterlichen Tierzucht als „Schweine-KZ" für zulässig gehalten[113].

5. Bildnisschutz

36
Medienunabhängiger Schutz

Art. 10 EMRK gewährt den Schutz für Äußerungen grundsätzlich medienunabhängig und demnach auch für journalistische Bildberichterstattung[114]. Die für Bildberichte einschlägige einfachgesetzliche Bestimmung des § 78 des Urheberrechtsgesetzes wurde von den österreichischen Gerichten früher allerdings so ausgelegt, daß nur der Öffentlichkeit bereits vom Aussehen her bekannte Personen[115] und Personen der Zeitgeschichte einer Veröffentlichung ihrer Bilder nicht widersprechen durften und Bildberichte über sonstige Personen regelmäßig berechtigte Interessen des Abgebildeten verletzten und deshalb für unzulässig befunden wurden[116]. Diese Rechtsprechungslinie führte in Folge zu Verurteilungen Österreichs durch den Europäischen Gerichtshof für Menschenrechte, in denen der Gerichtshof unter anderem feststellte, daß sich abgebildete Politiker – ob ihr Aussehen in der Öffentlichkeit bekannt ist oder nicht – Kritik in einem weiteren Ausmaß gefallen lassen und dementsprechend auch dulden müssen, daß ihr Bild veröffentlicht wird[117]. Mittlerweile orientieren sich die österreichischen Gerichte allerdings auch im Bereich des Bildnisschutzes an diesen Kriterien des Europäischen Gerichtshofs für Menschenrechte[118].

---

112 Dies gilt, sobald sie die politische Bühne betreten (*OGH* v. 5. 7. 2001, 6 Ob 149/01 g; v. 16. 2. 2006, 6 Ob 245/04d) oder sich an einem in der Öffentlichkeit ausgetragenen Meinungsstreit beteiligen (zuletzt *OGH* v. 30. 11. 2006, 6 Ob 250/06t). Insofern ist hier kein rein personenbezogener, sondern ein gemischter Maßstab personen- wie themenbezogener Kriterien anzuwenden. Vgl. *Holoubek*, Medienfreiheit in der EMRK, AfP 2003, S. 193 (197).
113 *OGH*, 6 Ob 93/98i – Schweine-KZ –, in: Medien und Recht 1998, S. 269; v. 12. 10. 2006, 6 Ob 321/04f; v. 21. 6. 2007, 6 Ob 79/07x.
114 *EGMR*, Urt. v. 23. 9. 1994, Jersild ./. Denmark, Serie A, No 298 § 31, sowie ÖJZ 1995, S. 227; Urt. v. 11. 1. 2000, News Verlag ./. Österreich, Beschwerde Nr. 31457/96, RJD 2000-I § 39, sowie ÖJZ 2000, S. 6.
115 Siehe *OGH*, 4 Ob 75/94 – „Marmor, Stein und Eisen" –, in: Medien und Recht 1994, S. 162.
116 Die Veröffentlichung eines Nacktfotos eines Politikers, wenn es sich auch nur um eine Fotomontage handelte, wurde aus diesem Grund für unzulässig befunden: *OGH*, 4 Ob 2249/96f – Des Kaisers neue Kleider –, in: Medien und Recht 1997, S. 28. Eine Verletzung berechtigter Interessen stellte auch eine Fotomontage eines Politikers dar, bei der dieser bewundernd auf eine Kriegsflagge des Deutschen Reiches blickte: *OGH*, 4 Ob 100/94 – Handbuch des Rechtsextremismus –, in: Medien und Recht 1994, S. 207.
117 *EGMR*, Urt. v. 11. 1. 2000, News Verlag ./. Österreich, Beschwerde Nr. 31457/96, RJD 2000-I, sowie ÖJZ 2000, S. 6; Urt. v. 26. 2. 2002, Krone Verlag GmbH & Co KG ./. Österreich, Beschwerde Nr. 34.315/96, ÖJZ 2002, S. 466.
118 Vgl. *OGH*, 4 Ob 219/99f – Begünstigung –, in: Medien und Recht 2000, S. 87, wonach das Informationsinteresse der Allgemeinheit überwiegt, wenn die Lebensgefährtin eines unter Betrugsverdacht stehenden Politikers aktiv an dessen Flucht beteiligt ist. Für weitere Rspr. zum Bildnisschutz siehe *OGH*, 4 Ob 110/00f – Chinesen-Koch –, in: Medien und Recht 2000, S. 301; *OGH* v. 20. 12. 2001, 6 Ob 249/01p; v. 2. 10. 2007, 4 Ob 105/07f.

III. Öffentliche Ordnung und Sicherheit

Der „extremste" Fall von politischer Kommunikation, welche die öffentliche Ordnung und Sicherheit gefährdet, ist jener von Meinungsäußerungen, die aus unterschiedlichsten politischen Gründen (häufig politischer Extremismus oder Separatismus) zu Gewalt aufrufen, diese unterstützen oder gutheißen[119]. Beschränkungen von Äußerungen dieser Art sind daher in einem weiteren Ausmaß zulässig. Der Europäische Gerichtshof für Menschenrechte hat ausgesprochen, daß den Konventionsstaaten ein weiter Beurteilungsspielraum zukommt, wenn es darum geht, derartige Äußerungen, die zu Gewalt gegen einen Einzelnen, einen Beamten oder eine Bevölkerungsgruppe aufrufen, zu unterbinden[120]. Wenn eine Äußerung nicht durch Worte, sondern durch ein Verhalten – Teilnahme an einer Demonstration – erfolgt, ist wesentlich darauf abzustellen, ob das Verhalten friedlich ist oder nicht. Wenn durch das Verhalten die erhebliche Gefahr einer Störung der öffentlichen Ordnung entsteht, können Beschränkungen gerechtfertigt sein[121].

37 Aufrufe zu Gewalt

Weiter Beurteilungsspielraum

In Österreich stellt sich das Problem hauptsächlich im Zusammenhang mit der sog. „hatred speech", also rassistischen, hetzerischen Äußerungen gegenüber bestimmten Bevölkerungsgruppen, insbesondere im Zusammenhang mit der Verbreitung nationalsozialistischer Ideologie. Derartige Formen nationalsozialistischer Wiederbetätigung sind aufgrund der historischen Mitverantwortung Österreichs für die Verbrechen des NS-Regimes verboten und werden unter Strafe gestellt. Die relevante Rechtsgrundlage, das Verbotsgesetz 1947[122], steht im Verfassungsrang. Insbesondere den Strafbestimmungen der §§ 3a bis 3j VerbotsG wurde – so die ständige Rechtsprechung des Obersten Gerichtshofs – durch Art. 10 EMRK wegen dessen Gesetzesvorbehalts und dem Verfassungsrang des Verbotsgesetzes 1947 nicht derogiert[123]. In Anbetracht der Rechtsprechung des Europäischen Gerichtshofs für Menschenrechte zu nationalsozialistischen Äußerungen[124] besteht kein Zweifel daran, daß in Österreich verhängte Strafen nach dem Verbotsgesetz regelmäßig nach Art. 10 Abs. 2 EMRK gerechtfertigt sind[125].

38 „hatred speech"

Verbotsgesetz in Verfassungsrang

Dem Schutz der öffentlichen Ordnung dienen auch Verbreitungsbeschränkungen[126]. Weil Art. 10 EMRK auch die Kommunikationsmittel schützt, müs-

39

---

119 Vgl. zu Grundfragen der Meinungsäußerungsfreiheit in „extremen" politischen Situationen *Eric Barendt*, Freedom of Speech², Oxford 2005, S. 162 ff.
120 *EGMR*, Urt. v. 8. 7. 1999, Ceylan ./. Turkey, Beschwerde Nr. 23556/94, RJD 1999-IV.
121 *EGMR*, Urt. v. 23. 9. 1998, Steel and Others ./. the United Kingdom, RJD, 1998-VII.
122 Vom 8. 5. 1945, 1947 neu verlautbart (StGBl 13/1945 i.d.F. BGBl 148/1992).
123 Siehe z. B. *OGH*, 10 Os 5/80, ÖJZ 1980, S. 191; siehe näher *Wiederin*, Nationalistische Wiederbetätigung, Wahlrecht und Grenzen verfassungskonformer Auslegung / Bemerkungen zum ANR-Erkenntnis des VfGH, EuGRZ 1987, S. 137 ff.
124 Vgl. *EGMR*, Urt. v. 23. 9. 1994, Jersild ./. Denmark, ÖJZ 1995, S. 227.
125 *Damjanovic/Oberkofler* (FN 15).
126 Bereits in seiner älteren Rspr. hatte der Verfassungsgerichtshof vertreten, daß (einfachgesetzliche) Regelungen, die Verbreitungsbeschränkungen vorsehen oder zu einer Erlassung von solchen ermächtigen, nicht dazu herangezogen werden dürfen, irgendeine Form der Bedarfsprüfung durchzuführen oder lokale Ankündigungsmonopole zu schaffen. Zu den PlakatierungsVO nach § 48 MedienG bzw. § 11 PresseG z. B. VfSlg 9591/1982 oder VfGH v. 11. 10. 2001, V45/01. Vgl. *Berka*, Die Grundrechte (LitVerz.), RN 569, FN 25 m.w.N.

§ 195 Dreizehnter Teil: II. Einzelgrundrechte

Verbreitungsbeschränkungen

sen auch solche Beschränkungen nach Art. 10 Abs. 2 EMRK gerechtfertigt sein[127]. Beispiele für derartige Verbreitungsbeschränkungen sind etwa Beschränkungen bei der Verteilung von Druckschriften an öffentlichen Orten zum Schutz verschiedener Belange (Straßenverkehr, Ortsbild, Naturschutz).

40
Straßennutzung zu verkehrsfremden Zwecken

Wichtigste Bestimmung ist dabei § 82 StVO, wonach für die Benützung der Straße zu verkehrsfremden Zwecken eine Bewilligung durch die Straßenverkehrsbehörde einzuholen ist[128]. Der Verfassungsgerichtshof vertritt in ständiger Rechtsprechung, daß § 82 StVO nicht verfassungswidrig ist. Weil aber der Genehmigungsvorbehalt in Art. 10 EMRK eingreift, hat die Behörde jedenfalls die von § 82 StVO verfolgten Interessen (vor allem die Vermeidung von Behinderungen im Straßenverkehr) mit dem Recht auf freie Meinungsäußerung abzuwägen[129]. Mit Art. 10 EMRK unvereinbar sind demnach unverhältnismäßige Beschränkungen der Meinungsäußerungsfreiheit, etwa, wenn das Bewilligungsverfahren verzögert wird oder für die Bewilligung unzumutbar hohe Gebühren vorgeschrieben werden[130]. Der Verwaltungsgerichtshof hat

Verteilen politischer Flugblätter

entschieden, daß das Verteilen von Flugblättern politischen Inhalts über aktuelle Fragen[131] auf einem relativ breiten Gehsteig vor einer Schule auch aus Gründen einer verfassungskonformen Interpretation gar nicht der Bewilligungspflicht des § 82 StVO unterliegt[132]. Denn aufgrund der sehr geringen Beeinträchtigung des Straßen- (in diesem Fall: Fußgänger-)Verkehrs und der Tatsache, daß eine derartige Stellungnahme kein langwieriges Bewilligungsverfahren vertrage, weil sie sonst ihres Sinnes verlustig ginge, sei dem Grundrecht auf freie Meinungsäußerung der Vorzug zu geben und der Anwendungsbereich des § 82 StVO teleologisch zu reduzieren. Wenn es daher um Äußerungen politischen Inhalts geht (zum Beispiel um das Verteilen von Flugblättern zu politischen Tagesereignissen), kann der Schutz der Kommunikationsmittel nicht geringer ausfallen als jener des Inhalts selbst. Sind hingegen Äußerungen betroffen, die nicht politischen, sondern sonstigen Inhalts sind (zum Beispiel Plakatwerbung, Werbeflugblätter), können diese aus Gründen der öffentlichen Ordnung stärkeren Verbreitungsbeschränkungen unterworfen werden[133].

---

127 In der älteren Judikatur maß der Verfassungsgerichtshof derartige Beschränkungen nur an Art. 13 StGG mit entsprechend geringerem Schutz. Vgl. z. B. *VfSlg* 5619/1967: „§ 82 StVO 1960 zielt aber keineswegs auf eine solche Einschränkung der Meinungsfreiheit der Presse ab. Diese Norm hat den Vertrieb von Druckschriften nicht zum Gegenstand. Sie dient dem Schutz eines von der Meinungsfreiheit völlig verschiedenen Rechtsgutes. Sie ist nicht dazu bestimmt, die geistige Wirkung der freien Meinungsäußerungen als solche zu unterbinden oder einzuschränken. § 82 StVO 1960 berührt deshalb das Grundrecht der freien Meinungsäußerung überhaupt nicht".
128 Vgl. *Berka*, Die Grundrechte (LitVerz.), RN 569.
129 Erstmals wurde in *VfSlg* 11.314/1987 entschieden, daß Verbreitungsbeschränkungen an Art. 10 Abs. 2 EMRK zu messen sind: Vgl. § 82 StVO: *VfSlg* 11.651/1988, 11.733/1988.
130 Vgl. *VfSlg* 11.651/1988, 11.733/1988.
131 Es ging um Protest gegen den Zweiten Golfkrieg.
132 *VwGH* v. 28. 4. 1993, 92/02/0204.
133 Vgl. auch *VwGH* v. 7. 5. 1996, 95/02/0291, wo der VwGH die in seiner Entscheidung 92/02/0204 v. 28. 4. 1993 gewählte Linie ausdrücklich nicht auf das Verteilen von Werbebroschüren und Zeitschriften durch die Zeugen Jehovas ausdehnt, wohl auch mit dem Hintergrund, daß diese Kommunikation keine politische ist (wie es etwa das Bestreben nach Anerkennung als Glaubensgemeinschaft wäre), sondern eher Mitgliedersuche, also Werbung darstellt (der VwGH begründete sein Erkenntnis allerdings – fragwürdig – vorrangig mit der mangelnden Tagesaktualität).

Schwierige Fragen stellen sich, wenn es um Verbreitungsbeschränkungen in – ihrer Funktion nach – öffentlichen Räumen wie beispielsweise Bahnhöfen geht, die, weil diese Verkehrsflächen gerade nicht öffentliches Gut sind, sondern privaten Verfügungsberechtigungen unterliegen, auf privatautonomer oder jedenfalls nicht hoheitlicher Grundlage erlassen werden. Für ein Bahnhofsgelände, das in der Verfügungsberechtigung eines öffentlichen Bahnunternehmens stand, hat der Verfassungsgerichtshof eine Bindung von Verbreitungsbeschränkungen an die Vorgaben des Art. 10 EMRK bejaht[134]. Der Europäische Gerichtshof für Menschenrechte hat ebenfalls in diese Richtung gehend eine Verbreitungsbeschränkung für eine Soldatenzeitschrift auf dem Kasernenhof als Eingriff in Art. 10 EMRK gewertet und daher den Rechtfertigungsanforderungen des Art. 10 Abs. 2 EMRK unterworfen[135].

41
Verbreitungsbeschränkungen auf nichthoheitlicher Grundlage

IV. Unabhängigkeit der Rechtsprechung

Eines der wichtigsten Schrankenziele des Art. 10 Abs. 2 EMRK, das Einschränkungen der Kommunikationsfreiheit rechtfertigen kann, ist die Gewährleistung des Ansehens und der Unparteilichkeit der Rechtsprechung. Dieses spezielle Ziel wurde zum Schutz des aus dem Common Law stammenden Grundsatzes des „contempt of court"[136] aufgenommen[137]. Dieser umfaßt in erster Linie ungebührliches Verhalten in Gerichtsverhandlungen, Kritik an Gerichten und deren Entscheidungen und Verhalten, vor allem Publikationen in den Medien, die geeignet sind, den Ausgang von Gerichtsverfahren zu beeinflussen[138]. Vor allem letztere Fallgruppe führte zu einigen bekannten Urteilen des Europäischen Gerichtshofs für Menschenrechte. Dabei standen unter dem Aspekt des Schutzes des Ansehens und der Unparteilichkeit der Rechtsprechung Fälle von Kritik an Richtern und der Justiz im Mittelpunkt[139]. Dieser Punkt spielt auch in der Rechtsprechung des Verfassungsgerichtshofs eine wichtige Rolle. Anlaß waren zumeist Fallkonstellationen, in denen Rechtsanwälte, teils im Rahmen gerichtlicher Verfahren, teils außerhalb sol-

42
„contempt of court"

Kritik an Richtern und der Justiz

---

134 Siehe die Anlaßfälle (B 461/84, B 487-496 und B 555-557/84, alle vom 19. 3. 1987) für die Entscheidung *VfSlg* 11.314/1987 und ausführlich dazu *Holoubek*, Gewährleistungspflichten (FN 23), S. 370 ff.
135 Siehe *EGMR*, Urt. v. 19. 12. 1994, Vereinigung demokratischer Soldaten Österreichs und Gubi, Serie A, No 302, sowie ÖJZ 1995, S. 314.
136 Ein Standardwerk erklärt den etwa seit dem 13. Jahrhundert bestehenden Grundsatz folgendermaßen: „Contempt of court may be said to be constituted by any conduct that tends to bring the authority and administration of the law into disrespect or disregard, or to interfere with or prejudice the parties' litigant or their witnesses during the litigation". *James Francis Oswald*, Contempt of Court: Committal, Attachment and Arrest upon Civil Procedure, London ³1910, S. 6.
137 Vgl. *A. van Rijn*, in: van Dijk/van Hoof (FN 109), S. 813.
138 Vgl. *Stanley de Smith/Rodney Brazier*, Constitutional and Administrative Law, London ⁸1998, S. 378 f.
139 Siehe aus jüngster Zeit *EGMR*, Urt. v. 11. 3. 2003, Lesnik ./. Slovakia, Beschwerde Nr. 35640/97; RJD 2003-IV; Urt. v. 27. 5. 2003 Skalka ./. Poland , Beschwerde Nr. 43425/98: „If the sole intent of any form of expression is to insult a court, or members of that court, an appropriate punishment would not, in principle, constitute a violation of Article 10 § 2 of the Convention, but 8 months imprisonment, punishment was neither appropriate nor ‚necessary' within the meaning of Article 10 § 2, but disproportionately severe in the Court's view"; zu dieser Rechtsprechung näher *Ribarov*, Ehrenbeleidigungen (FN 107).

§ 195   *Dreizehnter Teil: II. Einzelgrundrechte*

Interessen des Mandanten

cher, Richter und deren Entscheidungen kritisiert hatten und deswegen disziplinarrechtlich belangt wurden. In einer Leitentscheidung zu diesem Thema stellte der Verfassungsgerichtshof klar: „Das verfassungsgesetzlich gewährleistete Recht auf Freiheit der Meinungsäußerung fordert besondere Zurückhaltung bei der Beurteilung einer Äußerung als strafbares Disziplinarvergehen"[140]. Das zulässige Maß wird vom Verfassungsgerichtshof grundsätzlich aus § 9 RAO ermittelt, wonach gilt: „Der Rechtsanwalt ist befugt, alles, was er nach dem Gesetz zur Vertretung seiner Partei für dienlich erachtet, unumwunden vorzubringen, ihre Angriffs- und Verteidigungsmittel in jeder Weise zu gebrauchen, welche seinem Auftrag, seinem Gewissen und den Gesetzen nicht widerstreiten". Daraus ergibt sich, daß auch scharf formulierte Äußerungen unter dem Gesichtspunkt des Art. 10 EMRK gerechtfertigt sein können, wenn sie der Wahrnehmung von Interessen der Mandantschaft dienen.

43

Beispiele

So war die Formulierung: „In politischen Systemen nach dem Muster *Ceausescu* begreift man es, wenn Berufungsbehörden ihrem Auftrag entsprechend als reine Bestätigungsmaschinerie tätig werden" in einem Schriftsatz an eine Gemeinde zulässig, weil der Rechtsanwalt durch diese Formulierung auf die Interessenvermischung in einem Baubewilligungsverfahren aufmerksam machen wollte, in dem der Vizebürgermeister in erster Instanz die Gemeinde als Bauwerberin vertreten hatte und gleichzeitig Vorsitzender des Gemeindevorstands als Berufungsbehörde war[141]. Ebenso erachtete es der Verfassungsgerichtshof für zulässig, in einem Ablehnungsantrag Fehler des Richters aufzuzeigen, die zur Nichtigkeit der Hauptverhandlung geführt hätten, und daran anzuschließen: „In Verbindung mit den voraufgezeigten Gesetzesverstößen ist diese Vorgangsweise – will man nicht davon ausgehen, dass er (i.e. der Richter) schon zur gesetzmäßigen Vorbereitung einer Verhandlung (§ 488 StPO) überhaupt unfähig ist (§ 83 Abs. 1 lit b RDG) – jedenfalls geeignet, durch die damit bewirkte einseitige Rechtsverweigerung (Art. 6 MRK) die volle Unbefangenheit des Richters Dr. ... gegenüber der Beschuldigten in Zweifel zu ziehen". Diese Äußerung diente der Verdeutlichung des Ablehnungsantrags, erfolgte insofern im Interesse der Mandantin und war deshalb auch im Hinblick auf Art. 10 EMRK zulässig[142].

44

Scharfe Kritik an Standesvertretung

Zulässig war auch eine besonders scharf formulierte Kritik von Rechtsanwälten an ihrer Standesvertretung, der Rechtsanwaltskammer, mit den Worten: „Wir fordern daher: 1. Nieder mit dem Kammerdiktat. 2. Nieder mit der geheimen Kammerjustiz. Es lebe der freie, mündige Rechtsanwaltsstand"[143]. Unzulässig war hingegen die Verwendung des Wortes „Sauerei" in einer Beschwerde an eine Behörde durch einen Rechtsanwalt, weil im Sachvorbringen bereits alles vorgebracht worden war, was den Interessen des Mandanten

---

140 *VfSlg* 13.122/1992. So auch *VfSlg* 14.006/1995 und 13.612/1993. Siehe weiters für Beispiele zulässiger kritischer Äußerungen *VfSlg* 13.035/1992.
141 *VfSlg* 13.122/1992.
142 *VfSlg* 14.006/1995.
143 *OGH* v. 17. 6. 1996, 6 Bkd 2/95.

diente[144]. Aber auch die Kritik eines Richters an den Parteienvertretern kann zum Schutz des Ansehens der Rechtsprechung (wie auch zum Schutz der Rechte anderer) beschränkt werden. Auch hier ist die Grenze der freien Meinungsäußerung dort zu ziehen, wo ein persönlicher Angriff auf einen Parteienvertreter nicht mehr einem anerkannten Verfahrenszweck dient (wie zum Beispiel eine Befangenheitsanzeige, die unnötig verletzend ist)[145].

Richterliche Kritik

Einschränkungen von Werbung durch Rechtsanwälte werden vom Europäischen Gerichtshof für Menschenrechte nicht unter dem Ziel „Schutz des Ansehens und der Unparteilichkeit der Rechtsprechung", sondern unter jenem des „Schutzes der Rechte anderer" – insbesondere der Öffentlichkeit und des Anwaltstandes – subsumiert[146].

45
Werbung durch Rechtsanwälte

V. Werbung, Wettbewerbsrecht und Unternehmenskritik

Weil die Meinungsäußerungsfreiheit in ihrer historischen Ausprägung als politisches Grundrecht gesehen wurde, war es lange Zeit nicht selbstverständlich, auch kommerzielle Äußerungen – insbesondere Werbung und andere Äußerungen, die den Wettbewerb zwischen Unternehmen beeinflussen – dem Schutzbereich des Art. 10 EMRK zu unterstellen. In Österreich entschied der Verfassungsgerichtshof freilich früh, daß auch kommerzielle Äußerungen durch die Meinungsäußerungsfreiheit geschützt sind: In den Schutzbereich des Art. 10 MRK fällt auch die sogenannte kommerzielle Werbung[147]. Allerdings hält der Verfassungsgerichtshof im Bereich der Werbung stärkere Beschränkungen der Meinungsäußerungsfreiheit für zulässig. Auch in der Rechtsprechung des Europäischen Gerichtshofs für Menschenrechte werden kommerzielle Äußerungen dem Schutzbereich des Art. 10 Abs. 1 EMRK unterstellt[148]. Konsequenzen hat die genannte Auffassung des Verfassungsgerichtshofs vor allem im Bereich des Standesrechts der freien Berufe entwickelt: Dieses sah in der Vergangenheit regelmäßig sehr weitgehende, oft auch absolute Werbeverbote vor. Diese verletzten nach Ansicht des Verfassungsgerichtshofs Art. 10 EMRK, weil sie auch Informationen sachlicher und infor-

46
Schutz auch kommerzieller Äußerungen

Konsequenzen für Standesrecht

---

144 *VfSlg* 14.234/1995. So auch *VfSlg* 15.905/2000 (wo ausdrücklich festgestellt wird, daß die Grenzen der freien Meinungsäußerung bei Rechtsanwälten enger gezogen sind als bei anderen Grundrechtsträgern), *VfSlg* 15.586/1999; ähnlich *VfSlg* 14.408/1996, 14.233, 14.005/1996, 12.796/1991, 11.515/1987, 11.404, 9160/1981. So auch *VfSlg* 13.590/1993, wo der Verfassungsgerichtshof die Ansicht des Beschwerdeführers ablehnte, auch ein Rechtsanwalt müsse, ebenso wie ein Journalist, Aussagen treffen dürfen, die verletzen, schockieren oder beunruhigen. Eine derartige Ansicht sei in dieser Allgemeinheit unzulässig, die Schranken seien für den Berufsstand des Rechtsanwalts andere als für jenen des Journalisten.
145 *OGH* v. 25. 1. 1999, Ds 6/98.
146 Vgl. aber *OGH*, 3 Ob 2006/96p, RdW 1997, S. 16, wo die in § 9 RL-BA (Anwälte) aufgestellten Vorschriften für Kurzbezeichnungen von Rechtsanwälten als notwendig zum Schutz des Ansehens und der Unabhängigkeit der Rechtsprechung bezeichnet wurden. Ein entscheidender Unterschied ergibt sich dadurch aber ohnedies nicht.
147 *VfSlg* 10.948/1986; seitdem ständige Rechtsprechung.
148 Vgl. z.B. *EGMR*, Urt. v. 20.11.1989, Markt Intern ./. Deutschland, EuGRZ 1996, S. 302; Urt. v. 24. 2. 1994, Casado Coca ./. España, ÖJZ 1994, S. 636.

§ 195   *Dreizehnter Teil: II. Einzelgrundrechte*

mativer Natur verbieten[149]. Allerdings steht es dem Gesetzgeber frei, Werbung von Angehörigen freier Berufe gegenüber anderen Wirtschaftssektoren in stärkerem Ausmaß zu beschränken[150].

47
Meinungsäußerungsfreiheit auch im Wettbewerbsrecht

Von Bedeutung ist die durch Art. 10 EMRK garantierte Meinungsäußerungsfreiheit auch im Wettbewerbsrecht. Der wettbewerbsrechtliche Grundsatz, daß wettbewerbliche Aussagen wahr zu sein haben, manifestiert sich sowohl im Verbot der Irreführung in § 2 UWG als auch im Verbot der Herabsetzung eines Unternehmens in § 7 UWG. Diese Bestimmungen kommen als Schranken der Äußerungsfreiheit im Sinne des Art. 10 Abs. 2 EMRK in Betracht und lösen bei Verstößen Unterlassungsansprüche bzw. bei Verschulden auch Schadenersatzansprüche aus. Daß ein Wettbewerbsverhältnis die Anwendung des Grundrechts nicht ausschließt, ist auch in der Rechtsprechung des Europäischen Gerichtshofs für Menschenrechte anerkannt. Der Gerichtshof stellte jedoch gleichzeitig fest, daß gerade in einem solchen wechselhaften und komplexen Gebiet, wie es das Wettbewerbsrecht ist, der Beurteilungsspielraum der Konventionsstaaten besonders weit ist[151]. Dies bedeutet in Österreich, daß der Freiraum, den Unternehmen für Äußerungen in Wettbewerbssituationen genießen, geringer ist.

Enge Grenzen für Behauptungen

Nach der Rechtsprechung des Europäischen Gerichtshofs für Menschenrechte können im Wettbewerbsrecht unter Umständen auch wahre Tatsachenbehauptungen sowie Werturteile untersagt werden, allerdings nur in engen Grenzen[152]. Insofern nehmen die relevanten Tatbestände des UWG (§§ 1, 2 und 7 UWG) in ihrer Ausformung durch die Judikatur des Obersten Gerichtshofs auf die Vorgaben des Art. 10 EMRK Bedacht und sind auch im Lichte der Kommunikationsfreiheit auszulegen: Mit gewissen Ausnahmen, insbesondere die vergleichende Werbung betreffend, untersagen sie nur unwahre Tatsachenbehauptungen und lassen Werturteile zu[153]. Die in der höchstgerichtlichen Judikatur vorgenommene Auslegung des Inhalts einer Äußerung zu Lasten des Äußernden und die weite Auslegung des Begriffs der Tatsachenbehauptung (deren Wahrheit bewiesen werden muß) sind im Wettbewerbsrecht[154] mit Art. 10 EMRK konsistent[155].

48
Unternehmenskritik außerhalb von Wettbewerbsverhältnissen

Die genannten Grundsätze gelten nicht für Unternehmenskritik, die außerhalb eines Wettbewerbsverhältnisses erfolgt. Problematisch sind jedoch Zweifelsfälle, in denen ein Wettbewerbsverhältnis denkbar ist. Die frühere Rechtsprechung des Obersten Gerichtshofs hierzu, im Zweifel sei von einem Wett-

---

149 Vgl. z.B. für Ärzte *VfSlg* 13.554/1993, für Tierärzte *VfSlg* 13.675/1994, für Wirtschaftstreuhänder 13.128/1992.
150 Vgl. z.B. für Rechtsanwälte *VfSlg* 12.467/1990.
151 *EGMR*, Fall Markt Intern (FN 148).
152 *EGMR* aaO. § 35.
153 Vgl. *Berka*, Der Schutz der freien Meinungsäußerung (FN 51), S. 51 ff.
154 Nach der straf- und medienrechtlichen Rspr (etwa *OLG Wien*, 27 Bs 604/88, in: Medien und Recht 1989/1, S. 10) ist von einem „politisch verständigen Adressaten" auszugehen. *Berka*, aaO., S. 53.
155 Die Judikatur bezieht diese Grundsätze allerdings in problematischer Weise zum Teil auch auf politische Äußerungen – hier sind sie mit der EGMR-Judikatur in der Regel unvereinbar. Der OGH behandelt dabei weltanschauliche Konflikte zwischen Medien richtigerweise nicht als Wettbewerbsfragen, kommerzielle „Pressefehden" hingegen schon; vgl. *OGH*, 4 Ob 128/89 – Mafiaprint –, in: Medien und Recht 1989, S. 219.

bewerbsverhältnis auszugehen[156], widersprach der Auffassung des Europäischen Gerichtshofs für Menschenrechte im Fall *Barthold*[157], dem zufolge eine solche strenge Auffassung mit Art. 10 EMRK unvereinbar sei, weil sie Gefahr laufe, jede Diskussion über Angelegenheiten des öffentlichen Interesses zu ersticken. Diese Auffassung des Europäischen Gerichtshofs für Menschenrechte wurde in der Folge vom Obersten Gerichtshof übernommen[158].

E. Meinungs- und Pressefreiheit in besonderen Konstellationen

I. Innere Medienfreiheit

Medienmitarbeiter genießen aufgrund ihrer Aufgabe der unabhängigen Berichterstattung besonderen Schutz, da auch die Öffentlichkeit ein (erhöhtes) Interesse an der (ungestörten) Ausübung ihrer Tätigkeit hat: Ein unternehmensinterner Schutz soll die Gestaltungsfreiheit der journalistisch Tätigen diesbezüglich schützen und damit gleichzeitig zur Gewährleistung von Meinungspluralismus beitragen. Durch § 2 MedienG wird ein besonderer Gewissensschutz von Medienmitarbeitern festgelegt: Jeder kann die Mitarbeit an Beiträgen oder Darbietungen aus Gründen der Überzeugung in grundsätzlichen Fragen oder den Grundsätzen des journalistischen Berufes verweigern. Dies ist auch für den öffentlich-rechtlichen Rundfunk besonders positiviert: § 32 Abs. 1 ORF-G[159] legt die Gewissensfreiheit der programmgestaltenden und journalistischen Mitarbeiter des Österreichischen Rundfunks fest. Die interne Mitbestimmung wird im öffentlich-rechtlichen Rundfunk durch ein gesetzlich zwingend vorgesehenes Redakteurstatut gesichert: Gemäß § 33 Abs. 1 ORF-G ist dieses „zwischen dem Österreichischen Rundfunk (...) einerseits und einer nach den Grundsätzen des gleichen, unmittelbaren und geheimen Verhältniswahlrechtes gewählten Vertretung der journalistischen Mitarbeiter andererseits (...) abzuschließen". Auch im privaten Rundfunkrecht ist, sofern das Rundfunkunternehmen eine gewisse Größenordnung (fünf redaktionelle Mitarbeiter) übersteigt, der Abschluß eines Redaktionsstatuts gesetzlich verpflichtend vorgeschrieben[160].

49
Unternehmensinterner Schutz für Medienmitarbeiter

Redakteurstatut

Privater Rundfunk

---

156 Vgl. etwa *OGH*, 4 Ob 94/91 – Webpelz I –, JBl 1993, S. 330; *OGH*, 4 Ob 128/89 – Mafiaprint –, in: Medien und Recht 1989, S. 219, und *OGH*, 4 Ob 153/90 – Zahnprothetiker –, in: Medien und Recht 1991, S. 159.
157 *EGMR*, Urt. v. 25. 3. 1985, Barthold ./. Deutschland, EuGRZ 1985, S. 170.
158 Vgl. *OGH*, 4 Ob 2118/96s – Webpelz II.
159 Bundesgesetz über den Österreichischen Rundfunk (BGBl 379/1984 i.d.F. 2005).
160 Siehe § 21 Privatradiogesetz, der auf die Regelungen des § 5 Mediengesetz verweist und damit das im Mediengesetz nur fakultativ vorgesehene Redaktionsstatut für private Hörfunkveranstalter verpflichtend macht, sowie § 49 Privatfernsehgesetz, der im wesentlichen die einschlägigen Regelungen für den öffentlich-rechtlichen Rundfunk auch auf Privatfernsehunternehmen überträgt.

50
Politische Richtung des Unternehmens

Das Journalistengesetz (JournG)[161] regelt durch § 11 einen außerordentlichen Kündigungsgrund bei einem Wechsel der politischen Richtung des Unternehmens im Arbeitsrecht der Redakteure, wenn die Fortsetzung der Tätigkeit ohne Änderung der Gesinnung nicht zugemutet werden kann.

II. Meinungsfreiheit im Arbeitsverhältnis

51
Persönliche Überzeugung und Leistungspflichten

In Arbeitsverhältnissen stellt sich einerseits die Frage, wie sich die persönliche Überzeugung auf die Leistungspflichten des Arbeitsverhältnisses auswirkt. In diesem gibt es unter Umständen ein Spannungsfeld zwischen der Meinungsäußerungsfreiheit des Arbeitnehmers und den Anforderungen des Arbeitgebers[162]. Auf der einen Seite endet die Wirkung von Art. 10 EMRK, wie es heißt, nicht an den Betriebstoren, jedoch ist dieses Grundrecht durch das Arbeitsverhältnis eingeschränkt: So stellen „erhebliche Ehrverletzungen" des Dienstgebers bzw. gegen Mitbedienstete einen Entlassungsgrund[163] im individuellen Arbeitsrecht dar (vgl. § 27 Ziff. 6 AngG[164] bzw. § 82 lit. g GewO[165]).

52
Äußerungen im Arbeitskampf

Schwierige Fragen stellen sich dann, wenn Meinungsäußerungen im Rahmen eines Arbeitskampfes in Rede stehen. Hier überlagert freilich die Frage nach der grundrechtlichen Rückbindung von Arbeitskampfmaßnahmen insbeson-

---

161 Gesetz vom 11.2.1920 über die Rechtsverhältnisse der Journalisten (BGBl 88/1920 i.d.F. 2002).
162 Siehe dazu und zum Folgenden näher *Schrammel*, Innere Medienfreiheit und Arbeitsrecht, in: Aicher/Holoubek (FN 21), S. 61 (64).
163 Zur Frage des Entlassungsgrundes der groben Ehrverletzung: *OGH* v. 17.10.2002, 8 Ob A196/02k: „Stets wird auf die konkreten Umstände des Einzelfalles, etwa die Stellung des Arbeitnehmers im Betrieb und die Gelegenheit, bei der diese Äußerung fiel, abgestellt (*OGH* v. 10.7.1979, 4 Ob 46/79, und zuletzt *OGH* v. 18.10.2006, 9 ObA 98/06 m) und berücksichtigt, ob die besonderen Umstände die Beleidigung noch als entschuldbar erscheinen lassen, insbesondere weil dem ein unangemessenes Verhalten des Dienstgebers vorangegangen ist (vgl. *OGH* v. 13.7.1954, 4 Ob 118/54 und insbesondere *OGH* v. 10.7.1979, 4 Ob 44/79). In Wahrung berechtigter Interessen und nicht in Beleidigungsabsicht vorgebrachte, wenn auch ehrenrührige Tatsachen bilden in der Regel keinen Entlassungsgrund (vgl. *OGH* v. 30.9.1952, 4 Ob 122/52, und zuletzt *OGH* v. 17.10.2002, 8 ObA 196/02k)". Zur Frage der Affichierung eines Plakates, auf dem die Geschäftsführung mit Adolf Hitler in Verbindung gebracht wurde, entschied der OGH hingegen, daß die Grenzen der Meinungsfreiheit überschritten wurden (*OGH* v. 8.7.1999, 8 Ob A45/99x). Ebenso beim Ausspruch eines Arbeitnehmers, der Prokurist sei „ein Wahnsinniger und nicht normal", im Rahmen der Beurteilung des gesamten Szenarios, in dem diese Äußerung stattfand: „Der Umstand, daß der Prokurist der beklagten Partei auf das durch die sachlich gerechtfertigten Vorhalte über die zu geringen Leistungen des Klägers nicht provozierte beleidigende Verhalten des Klägers – er bezeichnete den Prokuristen als Ausbeuter der Mitarbeiter vorwarf, indem er auch dem Kläger vorwarf, seinerseits die Firma auszubeuten, rechtfertigte nicht die folgenden beleidigenden Äußerungen des Klägers, der nicht nur seinen Vorwurf wiederholte, sondern zum Prokuristen darüber hinaus erklärte, er sei ein Wahnsiniger und nicht normal" (*OGH* v. 19.5.1993, 9 Ob A76/93). Auch Aussagen, die in den Themenbereich der ‚sexuellen Belästigung' fallen, können eine grobe Ehrverletzung darstellen und eine außerordentliche Lösung des Dienstverhältnisses rechtfertigen (vgl. *OGH* v. 10.1.2001, 9 Ob A319/00b). Auch wurde in einer Entscheidung „Mobbing" bereits unter dem Tatbestand der „groben Ehrverletzung" subsumiert (*OGH* v. 25.6.2003, 9 Ob A 15/03a).
164 Bundesgesetz v. 11.5.1921 über den Dienstvertrag der Privatangestellten – Angestelltengesetz (BGBl 292/1921 i.d.F. 2006).
165 Gewerbeordnung 1859 – Gewerbliches Hilfspersonal (BGBl Nr. 227/1859, zuletzt geändert durch BGBl Nr. 399/1974).

dere im Hinblick auf Art. 11 EMRK die Aspekte der Meinungsäußerungsfreiheit. Diese Fragen sind an dieser Stelle nicht zu vertiefen[166].

III. Schülerzeitung

Auch Schüler genießen in Österreich selbstverständlich Kommunikationsfreiheit. Als Publizisten einer Schülerzeitung haben Schüler insbesondere das Recht, ab dem vollendeten vierzehnten Lebensjahr an öffentlichen Orten ihre Druckwerke zu vertreiben[167]. Verboten ist auch hier jegliche Form der Vorzensur insbesondere durch die Direktion; für die schulinterne Verbreitung darf die Direktion allerdings prüfen, ob es sich um eine „Schülerzeitung" im rechtlichen Sinn handelt. Das Medium Schülerzeitung muß den „Aufgaben der Schule" gemäß § 2 Schulorganisationsgesetz[168] dienen. Dieser Umstand führt in einem groben Rahmen auch zur Vorgabe von inhaltlichen Grenzen, welche allerdings sehr abstrakt und weit formuliert sind. Die Publikation einer Schülerzeitung unterfällt nur mit starken Einschränkungen[169] den Regeln des österreichischen Mediengesetzes. So besteht auch für Äußerungen in Schülerzeitungen eine strafrechtliche Verantwortlichkeit für Medieninhaltsdelikte und die Pflicht zur Wahrnehmung journalistischer Sorgfalt, wie sie § 29 Mediengesetz allgemein statuiert. Insbesondere die Bestimmungen über den speziellen mediengesetzlichen Persönlichkeitsschutz kommen aber für Schülerzeitungen nicht zur Anwendung.

53
Verbot jeglicher Vorzensur

„Aufgaben der Schule"

F. Kommunikationsfreiheit als staatliche Gewährleistungspflicht

Grundsätzlich handelt es sich bei den durch Art. 13 StGG und Art. 10 EMRK gewährleisteten Rechten um staatliche Abwehrrechte. Der Bürger soll frei von staatlichen Eingriffen seine eigene Meinung kundtun und die Mitteilungen anderer empfangen können. Um eine solcherart umfassende Kommunikationsfreiheit tatsächlich zu gewährleisten, ist auch die Beschaffung oder Ermittlung von Informationen zur anschließenden Verbreitung zu schützen. Dies ist vor dem Hintergrund zu sehen, daß – wie es der Europäische Gerichtshof für Menschenrechte in zahlreichen Fällen festgehalten hat[170] –

54
Beschaffung von Informationen zur anschließenden Verbreitung

---

166 Zu den einschlägigen Fragen nach wie vor grundlegend *Ulrike Davy*, Streik und Grundrechte in Österreich, 1989; aus der jüngeren Literatur *Rebhahn*, Der Arbeitskampf bei weitgehend gesetzlicher Regelung der Arbeitsbedingungen, RdA 2004, S. 399 ff., 503 ff.
167 Dies ist eine Ausnahme von der allgemeinen Regel des Medienrechtes, daß die Vertreibung von Druckwerken an öffentlichen Orten an die Vollendung des achtzehnten Lebensjahres koppelt (§ 47 Abs. 2 MedienG).
168 Bundesgesetz v. 25. 7. 1962 über die Schulorganisation (BGBl 242/1962 i.d.F. 2006).
169 Siehe § 50 Ziff. 4 Mediengesetz.
170 Etwa *EGMR*, Fall Sunday Times (FN 26); *EGMR*, Urt. v. 23. 5. 1991, Oberschlick ./. Österreich, Beschwerde Nr. 6/1990/197/257, Serie A, No 204, sowie ÖJZ 1991, S. 641.

objektive Information zum freien Meinungsaustausch notwendig und dieser für eine funktionierende Demokratie unverzichtbar ist. Das Recht der Kommunikationsfreiheit läßt sich daher auch als Handlungsgebot im Sinne einer Verantwortung des Gesetzgebers verstehen, die Beschaffung von öffentlich zugänglichen Informationen zu schützen. Aus Art. 10 EMRK resultiert zwar keine Verpflichtung des Staates, den Zugang zu Informationen zu gewährleisten oder diese Informationen selbst bereitzustellen[171], wohl aber das Verbot, Personen an der Ermittlung von Informationen über öffentlich stattfindende Vorgänge zu hindern[172].

Handlungsgebot an den Gesetzgeber

55
Funktionierender publizistischer Wettbewerb

Eine besonders umstrittene Frage im Zusammenhang mit Gewährleistungspflichten aus Art. 10 EMRK ist, ob und inwieweit der Staat Maßnahmen zum Schutz einer pluralistischen Medienordnung insbesondere im Hinblick auf die Hintanhaltung von Konzentrationstendenzen in der Medienwirtschaft als Ausfluß positiver Verpflichtungen aus Art. 10 EMRK zu setzen hätte. Diese Frage ist grundrechtsdogmatisch umstritten[173]. Sie ist freilich insoweit von höherem allgemeinem grundrechtsdogmatischem Interesse als von praktischer Relevanz, weil auch bei Annahme entsprechender Gewährleistungspflichten Art. 10 EMRK keine konkreten Kriterien vorgibt, sondern in jedem Fall dem Gesetzgeber einen weiten Gestaltungsspielraum läßt. Erkennbar hängen diese Auslegungsfragen des weiteren auch davon ab, wie man auf einer theoretischen Ebene die grundrechtliche Verankerung von Meinungs- und Kommunikationsfreiheit begründet[174]. Insbesondere jene Begründungen, die das Argument des „marketplace of ideas" mit Aspekten demokratischer Partizipation und damit freier Meinungsäußerung als einem „Grundpfeiler einer demokratischen Gesellschaft"[175] verbinden, weisen staatliche Regulierungen zur Sicherung des öffentlichen Diskussionsprozesses und damit insbesondere etwa auch Medienkonzentrationsbestimmungen wenn schon nicht als grundrechtlich geboten, so doch jedenfalls als gerechtfertigte staatliche Ausgestaltungsmaßnahmen zur Sicherung der Medienfreiheit aus. In diesem Sinn hat auch der Verfassungsgerichtshof bereits mehrfach betont, daß Regelungen, die der Sicherung eines funktionierenden publizistischen Wettbewerbs dienen, im Lichte des Art. 10 EMRK gerechtfertigt sind, auch wenn sie für einzelne Medienunternehmen durchaus auch nachhaltige Beschränkungen mit sich bringen[176].

56
Medienrechtliche Konzentrationsregelungen

Regelungen, die auch als Ausfluß einer grundrechtlichen Gewährleistungspflicht zur Sicherung einer pluralistischen Medienordnung gedeutet werden können, finden sich in der österreichischen Rechtsordnung zum einen in einer Reihe von medienrechtlichen Konzentrationsregelungen und demselben Zweck dienenden rundfunkrechtlichen Werbeverboten, zum anderen auch in

---

171 *VfSlg* 11.297/1987, S. 345.
172 *VfSlg* 13.577/1993, S. 326.
173 Siehe nur *Holoubek*, Gewährleistungspflichten (FN 23), S. 220 ff.; *Berka*, Die Kommunikationsfreiheit (FN 10), S. 427 ff.
174 Ausführlich zu diesen Fragen *Eric Barendt*, Broadcasting Law, Oxford 1993, insb. S. 6 ff.
175 Z.B. *EGMR*, Fall Observer and Guardian (FN 24), sowie EuGRZ 1995, S. 16 (Ziff. 59).
176 Siehe etwa *VfSlg* 13.725/1994.

den Regelungen zum Schutz journalistischer Quellen. Regelungen, die einer allzu weitgehenden Unternehmenskonzentration und -verflechtung am Medienmarkt vorbeugen wollen, finden sich wiederum einerseits spezifisch im privaten Rundfunkrecht. Hier enthalten sowohl das Privatradiogesetz wie das Privatfernsehgesetz eigene „Medienverbundregelungen", die in im Einzelnen detaillierter Weise trachten, insbesondere in Form von Anteilsbeschränkungsmodellen den Problemen horizontaler Medienkonzentration zu begegnen[177]. Daneben enthält für alle Medienunternehmen das Kartellrecht eine spezielle Medienfusionskontrolle[178].

Diese Fusionskontrolle für Medienunternehmen ist Teil der allgemeinen Zusammenschlußkontrolle im Kartellgesetz, wobei für den Medienzusammenschluß besondere Regeln gelten[179]. So sind etwa die für die Ermittlung der Anmeldebedürftigkeit herangezogenen Umsatzerlöse von Medienunternehmen und Mediendiensten mit 200, die Umsatzerlöse von Medienhilfsunternehmen mit 20 zu multiplizieren. Damit sind die in § 9 KartellG festgelegten Schwellen von weltweit insgesamt mehr als 300 Millionen Euro, im Inland von insgesamt mehr als 30 Millionen Euro und mindestens zwei Unternehmen weltweit jeweils mit mehr als fünf Millionen Euro Umsatz im Fall von Medienunternehmen wesentlich schneller erreicht. Ein angemeldeter Medienzusammenschluß ist zu prüfen und unter anderem dann zu untersagen, wenn zu erwarten ist, daß durch ihn die Medienvielfalt beeinträchtigt wird[180]. Unter Medienvielfalt versteht das Kartellgesetz eine Vielfalt von selbständigen Medienunternehmen, die nicht miteinander verbunden sind und durch die eine Berichterstattung unter Berücksichtigung unterschiedlicher Meinungen gewährleistet wird[181].

Auch der Verfassungsgerichtshof geht in ständiger Rechtsprechung davon aus, daß die Gewährleistung einer pluralistischen Medienstruktur[182] und insbesondere der Schutz finanzschwächerer Printmedien vor einem Verdrängungswettbewerb legitime Zielsetzungen für Eingriffe auch in die Rundfunkveranstaltungs- bzw. Kommunikationsfreiheit darstellen[183]. So kann etwa auch das Verbot bestimmter Formen der Werbung dem Schutz der Medien-

---

177 Siehe § 9 Privatradiogesetz und § 11 Privatfernsehgesetz; zu den Medienverbundregelungen im österreichischen Rundfunkrecht näher *Holoubek/Damjanovic/Ribarov*, Recht der Massenmedien, in: Michael Holoubek/Michael Potacs (Hg.), Öffentliches Wirtschaftsrecht, Bd. I, ²2007, S. 1187 (1267 ff.); zur Einteilung und Wirkungsweise unterschiedlicher Medienkonzentrationsregelungen *Holoubek*, Rundfunkrechtliche Probleme des Medienverbundes, in: Aicher/ders. (FN 21), S. 107 ff.
178 Dazu allgemein *Aicher*, Medienfusionskontrolle, in: ders./Holoubek (FN 21), S. 81 ff.
179 Näher mit weiteren Hinweisen dazu *Holoubek/Damjanovic/Ribarov* (FN 177), S. 1264 ff.
180 § 13 KartG (i.d.F. BGBl I Nr. 61/2005).
181 Die in Österreich vorherrschende starke Konzentration sowohl im Bereich der Tagespresse wie auch von Wochenzeitschriften ist dennoch weitgehend ungebrochen. Auch der Zusammenschluß der beiden großen österreichischen Wochenzeitschriften Profil und Format konnte kartellrechtlich nicht verhindert werden, siehe im so genannten *„Formil"*-Fall: OLG Wien als Kartellgericht, in: Medien und Recht 2001, S. 49.
182 Siehe *EGMR*, Urt. v. 24.11.1993, Informationsverein Lentia ./. Österreich, Serie A 276 (Ziff. 38), sowie ÖJZ 1994, S. 32.
183 *VfSlg* 13.725/1994.

vielfalt dienen[184]. Der Verfassungsgerichtshof hat es als sachdienlich angesehen, den Bestand kleinerer Medienunternehmen dadurch zu schützen, daß der Gesetzgeber bestimmte Formen der Werbung beschränkt, die, weil sie einen enormen Aufwand mit sich bringen, auflagenstarken Zeitungen und Zeitschriften gegenüber kleineren Unternehmen einen Wettbewerbsvorteil verschaffen würden[185].

59
Werbeeinnahmen

Auch eine Regelung, die den öffentlich-rechtlichen Österreichischen Rundfunk (ORF) – als derzeit immer noch dominierenden Veranstalter am österreichischen Fernsehmarkt – in seinen Möglichkeiten beschränkt, aus Werbung Einnahmen zu lukrieren, und die damit darauf abzielt, private Fernsehbetreiber insofern zu begünstigen und ihnen Marktchancen zu eröffnen, sieht der Verfassungsgerichtshof als legitim im Lichte von Art. 10 Abs. 1 und 2 EMRK an[186]. Dabei hat der Verfassungsgerichtshof die Vereinbarkeit einer Regelung, die Inhaltswerbung für Printmedien in Fernsehprogrammen des Österreichischen Rundfunks verbietet, sowohl damit begründet, daß derartige Beschränkungen die Werbepräsenz marktmächtiger Printmedien sowohl zeitlich als auch in ihrer Intensität einschränken sollen und sich damit im Wettbewerb der Printmedien untereinander finanzschwächere Printmedien, die nicht in diesem Maß in der Lage sind, Werbung im Fernsehen zu finanzieren, geschützt werden sollen. Der Verfassungsgerichtshof hat aber auch darauf abgestellt, daß mit einer solchen Regelung die wirtschaftliche Unabhängigkeit des öffentlich-rechtlichen Rundfunks von anderen Medienunternehmen gesichert werden soll.

60
Schutz des Redaktionsgeheimnisses

Als Ausdruck von Gewährleistungspflichten des Staates in Bezug auf den Schutz journalistischer Quellen kann auch der besondere Schutz des Redaktionsgeheimnisses gesehen werden, wie er in § 31 MedienG verankert ist. Journalistische Informationsquellen zu schützen, ist eine der Grundvoraussetzungen für die Pressefreiheit, weil Informanten ansonsten davon abgehalten werden könnten, ihr Wissen weiterzugeben[187]. De facto würde dann eine wichtige Unterstützung der Presse bei der Erfüllung ihrer Aufgabe der Information der Öffentlichkeit und damit auch ihre Rolle als „public watchdog" untergraben werden. Zumindest wären ihre Möglichkeiten, an zuverlässige Informationen zu kommen und diese weiterzugeben, beeinträchtigt[188].

---

184 *VfSlg* 17.006/2003.
185 *VfSlg* 13.725/1994.
186 *VfSlg* 17.006/2003.
187 Grundlegend *EGMR*, Urt. v. 27.03.1996, Goodwin ./. Great Britain, RJD 1996-II, sowie ÖJZ 1996, S. 795 ff., und in: Medien und Recht 1996, S. 123, sowie mutatis mutandis *EGMR*, Urt. v. 25.2.2003, Roemen and Schmit ./. Luxembourg, Beschwerde Nr. 51772/99, RJD 2003-IV, § 46, und zuletzt Urt. v. 22.11.2007, Voskuil ./. Netherlands, Beschwerde Nr. 64752/01, § 65.
188 Siehe insbesondere *EGMR*, Urt. v. 27.3.1996, Goodwin, aaO.

G. Die Rundfunkfreiheit

Die Konzeption der Rundfunkfreiheit[189] unterscheidet sich in Österreich wesentlich von der Pressefreiheit[190], da im österreichischen Verfassungssystem die Ausgestaltung der Rundfunkordnung (sowohl im Hinblick auf den öffentlichen als auch im Hinblick auf den privaten Rundfunksektor) nicht nur durch Art. 10 EMRK, sondern entscheidend auch durch das Bundesverfassungsgesetz über die Sicherung der Unabhängigkeit des Rundfunks[191] vorgegeben wird. Während Art. 10 EMRK grundsätzlich von einem individualrechtlichen Verständnis auch der Rundfunkfreiheit ausgeht[192], geht es dem Bundesverfassungsgesetz über die Sicherung der Unabhängigkeit des Rundfunks, indem es Rundfunk zur „öffentlichen Aufgabe" erklärt und für die österreichische Rundfunkordnung eine Gewährleistungspflicht des Gesetzgebers im Sinne einer Funktionsverantwortung normiert, um die institutionellen Aspekte von Rundfunkfreiheit[193]. In ihrem Zusammenwirken konstituieren diese beiden Verfassungsbestimmungen eine umfassende Rundfunkfreiheit: Verfassungsgesetzlich gewährleistet ist die individuelle Rundfunkveranstaltungsfreiheit, verfassungsrechtlich ausdrücklich verankert ist aber im Bundesverfassungsgesetz über die Sicherung der Unabhängigkeit des Rundfunks ebenso – was auch im Genehmigungsvorbehalt des Art. 10 Abs. 1 Satz 3 EMRK zum Ausdruck kommt – eine besondere Verantwortung des Staates für eine funktionierende Rundfunkordnung[194].

61
Besondere Vorgaben

Umfassende Rundfunkfreiheit

Konkret trägt das Bundesverfassungsgesetz über die Sicherung der Unabhängigkeit des Rundfunks dem Gesetzgeber dabei auf, durch die gesetzliche Ausgestaltung der Rundfunkordnung die „Objektivität und Unparteilichkeit der Berichterstattung, die Berücksichtigung der Meinungsvielfalt, die Ausgewogenheit der Programme sowie die Unabhängigkeit der Personen und Organe", die Rundfunk veranstalten, sicherzustellen. Nach herrschender Ansicht[195] und Rechtsprechung[196] folgt aus dieser Bestimmung, daß Rundfunk in Österreich nur aufgrund einer bundesgesetzlichen Ermächtigung veranstaltet werden darf. Demnach steht die Rundfunkfreiheit in Österreich – was als Legalkonzessionssystem

62
Sicherstellungsauftrag an den Gesetzgeber

Legalkonzessionssystem

---

189 Vgl. für Deutschland → Bd. IV: *Degenhart*, Runfunkfreiheit, § 105; für die Schweiz → Bd. VII/2: *Malinverni*, Meinungs-, Medien- und Informationsfreiheit, § 216 RN 57 ff.
190 Dazu und zum Folgenden näher *Holoubek*, Gewährleistungspflichten (FN 23), S. 226 ff.; *Walter Berka*, Rundfunkmonopol auf dem Prüfstand, 1988; zusammenfassend *Holoubek/Damjanovic/Ribarov* (FN 177), S. 1221 ff., denen die weitere Darstellung folgt.
191 BVG-Rundfunk (FN 22).
192 Dazu mit weiteren Nachweisen *Berka*, Rundfunkmonopol (FN 190), S. 36 ff.; *Michael Holoubek*, Rundfunkfreiheit und Rundfunkmonopol, 1990, S. 152 ff.
193 Zu diesen zwei unterschiedlichen Konzeptionen der Rundfunkfreiheit siehe *Eric Barendt*, Broadcasting Law, Oxford ²1995, S. 32 ff.; *Winfried Brugger*, Rundfunkfreiheit und Verfassungsinterpretation, 1991; *Holoubek*, Die Rundfunkfreiheit des Art. 10 EMRK. Bedeutung und Konsequenzen des Rundfunkmonopol-Urteils des EGMR für Österreich, in: Medien und Recht 1994, S. 6 ff.
194 *Holoubek*, Rundfunkgesetz wohin? Stand und Entwicklungstendenzen des öffentlich-rechtlichen Rundfunks in Österreich, 1995, S. 10 ff.; *Korinek*, Die verfassungsrechtlichen Rahmenbedingungen des Rundfunks in Österreich, in: Österreichische Juristenkommission (Hg.), Kritik und Fortschritt im Rechtsstaat. Rechtsstaat – Liberalisierung und Strukturreform, 1998, S. 33 (40).
195 Statt aller *Berka* (FN 190), S. 15 ff.; mit einer näheren Darstellung der in den Begründungsansätzen teilweise unterschiedlichen Lehrmeinungen *Holoubek*, Rundfunkfreiheit (FN 192), S. 143 ff.
196 VfSlg 9909/1983, 12.206 A/1986, 13.479 A/1991, 13.681 A/1992.

bezeichnet wird[197] – unter dem Vorbehalt eines Gesetzes, das die organisatorischen und programminhaltlichen Verfassungsaufträge für die Veranstaltung von Rundfunk näher auszuführen und ihre Einhaltung zu gewährleisten hat.

63
Sicherung der Unabhängigkeit des Rundfunks

Diese organisatorischen und programminhaltlichen Verfassungsaufträge des Bundesverfassungsgesetzes über die Sicherung der Unabhängigkeit des Rundfunks – Objektivität, Unparteilichkeit, Meinungsvielfalt, Ausgewogenheit und Unabhängigkeit – haben dabei in ihrer Summe eine Rundfunkordnung vor Augen, die eine ausgewogene öffentliche Meinungsbildung ermöglicht und vor einer einseitigen Inbesitznahme durch den Staat oder gesellschaftliche Kräfte geschützt sein soll. Im einzelnen sollen die Grundsätze der Objektivität und Unparteilichkeit der Berichterstattung sachgemäße, umfassende und wahrheitsgetreue Informationen gewährleisten, das Gebot der Berücksichtigung der Meinungsvielfalt soll alle in einer pluralistischen Gesellschaft vertretenen Ansichten zum Ausdruck kommen lassen und das Prinzip der Ausgewogenheit ein breites Angebot verschiedenartiger Programme sicherstellen. Durch die Garantie der Unabhängigkeit des Rundfunks und der ihn besorgenden Personen und Organe soll schließlich eine staatliche Einflußnahme bzw. die Abhängigkeit dieses Mediums von einzelnen oder wenigen gesellschaftlichen Gruppen ausgeschlossen werden[198]. Diese Organisations- und Programmprinzipien beziehen sich nach herrschender Auffassung[199] nicht auf jeden einzelnen Rundfunkveranstalter, sondern auf den Rundfunk in seiner Gesamtheit[200].

64
Rundfunkdefinition

Rundfunk, auf den sich die Vorgaben des Bundesverfassungsgesetzes über die Sicherung der Unabhängigkeit des Rundfunks beziehen, wird dabei in diesem Verfassungsgesetz selbst definiert als „die für die Allgemeinheit bestimmte Verbreitung von Darbietungen aller Art in Wort, Ton und Bild unter Benützung elektrischer Schwingungen ohne Verbindungsleitung bzw. längs oder mittels eines Leiters sowie den Betrieb von technischen Einrichtungen, die diesem Zweck dienen" [201]. Diese sehr weit und äußerst unklar gefaßte Begriffsbestimmung – dem Wortlaut nach erfaßt sie auch sämtliche neuen elektronischen Mediendienste, sofern sie sich nur an ein breites Publikum richten – stellt sich in der heutigen Medienlandschaft als zunehmend problematisch dar, wenn man sich die aus dieser Bestimmung abgeleiteten Funktionsgarantien des Staates vor Augen hält. Würde man die Bestimmung tatsächlich so

---

197 Vgl. *Heinz Wittmann*, Rundfunkfreiheit, 1981, S. 19.
198 Ausführlicher zu diesen rundfunkverfassungsrechtlichen Grundsätzen *Berka* (FN 190), S. 83 ff.
199 So etwa *Berka* aaO., S. 31 f.; *Holoubek* (FN 192), S. 143 ff.
200 Der Gesetzgeber ist insofern nur verpflichtet, die Rundfunkordnung durch alle existierenden Programme so auszugestalten, daß die genannten Grundsätze insgesamt erfüllt werden. Zwischen dem öffentlichen und dem privaten Rundfunk differenzierend in dem Sinne, daß der öffentliche Rundfunk für sich und die privaten Rundfunkveranstalter nur insgesamt, d. h. durch alle existierenden Rundfunkprogramme zusammengenommen (außenplurales System), diese Grundsätze zu gewährleisten haben: *Korinek* (FN 194), S. 37 f.
201 Der nicht programmschöpfende „passive" Kabelrundfunk, d. h. die zeitlich synchrone, vollständige und unveränderte Weiterleitung von Rundfunksendungen über Kabel, fällt nach *VwSlg* 13681 A/1992 nicht unter diesen Begriff; ebenso die h.L.; siehe mit weiteren Verweisen *Holoubek* (FN 192), S. 141 f.; a.A. *Korinek*, Die Gewährleistung der Kommunikationsfreiheit im österreichischen Rundfunkrecht, RfR 1980, S. 2 f.; *Paul Twaroch/Wolfgang Buchner*, Rundfunkrecht in Österreich, ⁵2000, S. 34, die auf den Wortlaut der Bestimmung und das schöpferische Element bereits bei der Auswahl der weitergeleiteten Programme verweisen. Vgl. zum Rundfunkbegriff → Bd. IV: *Degenhart*, Rundfunkfreiheit, § 105 RN 23 ff.

weit verstehen, hätte dies etwa zur Folge, daß die im Bundesverfassungsgesetz über die Sicherung der Unabhängigkeit des Rundfunks enthaltenen organisatorischen und programminhaltlichen Verfassungsaufträge auch bei der Errichtung jeder einzelnen Website zu beachten wären und das für diese darüber hinaus – entsprechend dem in diesem Verfassungsgesetz enthaltenen Gesetzesvorbehalt – auch eine gesetzliche Ermächtigung vorhanden sein müßte[202]. Ein derart absurdes und in der Realität auch kaum umsetzbares Ergebnis kann dem Verfassungsgesetzgeber aber nicht zugesonnen werden. Die Praxis wendet den Rundfunkbegriff zweckmäßigerweise daher nur auf solche elektronischen Inhaltedienste an, die mit dem herkömmlichen Rundfunk vergleichbar sind, also insbesondere eine dem herkömmlichen Rundfunk gleichkommende meinungsbildende Relevanz haben (beispielsweise Near Video On Demand, web-streaming). In gemeinschaftsrechtlicher Diktion wären das die sogenannten linearen audiovisuellen Mediendienste[203].

Begrenzungserfordernisse

In der österreichischen Grundrechtspraxis spielen freilich die aus dem Bundesverfassungsgesetz über die Sicherung der Unabhängigkeit des Rundfunks abzuleitenden institutionellen Vorgaben eine untergeordnete Rolle. Im Vordergrund steht ohne Zweifel die individualrechtliche Seite[204] der Rundfunkfreiheit und der Schutz des Art. 10 EMRK, der sich auf alle Formen elektronischer Mediendienste, also sowohl die sogenannten linearen wie die sogenannten nicht linearen, zum individuellen Abruf bereitgestellten audiovisuellen Mediendienste bezieht. Auch für den öffentlich-rechtlichen Rundfunk spielt in der verfassungsgerichtlichen Rechtsprechung vor allem Art. 10 EMRK als Maßstab die wesentliche Rolle, dessen Rundfunkfreiheit auch den öffentlich-rechtlichen Rundfunk vor unzulässigen Beschränkungen durch staatliche Regulierung schützt. Fragen der Reichweite des öffentlichen Auftrags des öffentlich-rechtlichen Rundfunks, seiner Finanzierung und damit letztlich des Verhältnisses von öffentlichem und privatem Rundfunk werden in Österreich politisch ebenso stark wie anderswo, aber insbesondere im Vergleich zu Deutschland doch weniger unter verfassungsrechtlichen, denn unter politischen Aspekten diskutiert[205]. Auf einer allgemeinen Ebene ist auch in Österreich die rechtspolitische Diskussion um eine Neuordnung der Rundfunkregulierung und damit auch um eine Neubestimmung der Inhalte und Möglichkeiten gesetzlicher Verantwortung für die elektronischen Massenmedien vor dem Hintergrund der europäischen Diskussion[206] im Fluß[207].

65
Individualrechtliche Seite der Rundfunkfreiheit

Reichweite des öffentlichen Auftrags

---

202 So auch *Korinek,* Verfassungsrechtliche Rahmenbedingungen staatlicher Regulierung der Medien vor dem Hintergrund der Konvergenz, JRP 2000, S. 131 (132).
203 *Lineare* audiovisuelle Mediendienste sind nach Programmplan erbrachte Dienste, wie z. B. traditionelles Fernsehen, IP-TV und Live-Streaming.
204 Vgl. → Bd. IV: *Degenhart,* Rundfunkfreiheit, § 105.
205 Siehe zu den diesbezüglichen Entwicklungen auch rechtsvergleichend näher *Holoubek,* Rundfunkgesetz wohin? (FN 194).
206 Siehe dazu umfassend *Michael Holoubek/Dragana Damjanovic/Matthias Traimer* (Hg.), Regulating Content – European regulatory framework for the media and related creative sectors, Alphen aan den Rijn 2007.
207 Siehe *Walter Berka,* Freiheit und Verantwortung der elektronischen Massenmedien: Genese, aktueller Stand und künftige Entwicklung der rechtlichen Bewältigung eines Spannungsverhältnisses, in: ders./ Christoph Grabenwarter/Michael Holoubek (Hg.), Medienfreiheit versus Inhaltsregulierung, 2006, S. 1 ff.

H. Bibliographie

Aicher, Josef/Michael Holoubek (Hg.), Das Recht der Medienunternehmen, 1998.
Berka, Walter, Freiheit und Verantwortung der elektronischen Massenmedien: Genese, aktueller Stand und künftige Entwicklung der rechtlichen Bewältigung eines Spannungsverhältnisses, in: ders./Christoph Grabenwarter/Michael Holoubek (Hg.), Medienfreiheit versus Inhaltsregulierung, 2006, S. 1 ff.
ders., Der Schutz der freien Meinungsäußerung im Verfassungsrecht und im Zivilrecht, ZfRV 1990, S. 35 ff.
Hager, Gerhard/Peter Zöchbauer, Persönlichkeitsschutz im Straf- und Medienrecht, ^{4}2000.
Holoubek, Michael, Rundfunkfreiheit und Rundfunkmonopol, 1990.
ders./Dragana Damjanovic/Gregor Ribarov, Recht der Massenmedien, in: Michael Holoubek/Michael Potacs (Hg.), Öffentliches Wirtschaftsrecht, Bd. I, ^{2}2007, S. 1187 ff.
ders./Dragana Damjanovic/Matthias Traimer (Hg.), Regulating Content – European regulatory framework for the media and related creative sectors, 2007.
Kahl, Arno/Magdalena Pöschl, Die Intentionalität – ihre Bedeutung und ihre Berechtigung in der Grundrechtsjudikatur, ÖJZ 2001, S. 41 ff.
Korinek, Karl, Verfassungsrechtliche Rahmenbedingungen staatlicher Regulierung der Medien vor dem Hintergrund der Konvergenz, JRP 2000, S. 131 ff.
Koziol, Helmut/Alexander Warzilek, Der Schutz der Persönlichkeitsrechte gegenüber Massenreich in Österreich, in: dies. (Hg.), Persönlichkeitsschutz gegenüber Massenmedien, 2005.
Twaroch, Paul/Wolfgang Buchner, Rundfunkrecht in Österreich, ^{5}2000.

§ 196
Wirtschaftliche Freiheiten

Karl Korinek

Übersicht

		RN
A.	Einleitung	1–3
B.	Die Freiheit der Disposition über die Produktionsfaktoren	4–20
	I. Arbeit	4–11
	1. Freizügigkeit der Person	4–5
	2. Freiheit der Berufswahl, Berufsausbildung und Erwerbsausübung	6–11
	II. Kapital	12–14
	III. Grund und Boden	15–20
C.	Die Eigentumsfreiheit als die zentrale Norm der Wirtschaftsverfassung	21–50
	I. Allgemeines	21
	II. Der sachliche Schutzbereich (Gegenstand des Eigentumsschutzes)	22–23
	III. Persönlicher Schutzbereich und Inhalt des Eigentumsschutzes	24–26
	IV. Eigentumseinschränkungen	27–34
	1. Das System der Eigentumseinschränkungen	27–29
	2. Voraussetzungen für die Zulässigkeit von Enteignungen	30–31
	3. Voraussetzungen für die Zulässigkeit von Eigentumsbeschränkungen	32–33
	4. Voraussetzungen für die Zulässigkeit von Abgabenvorschreibungen	34
	V. Die Frage der Entschädigungspflicht	35–47
	1. Vorbemerkung	35
	2. Die Entschädigungspflicht bei Enteignungen	36–40
	3. Die Entschädigungspflicht bei Eigentumsbeschränkungen	41–47
	a) Verankerung im Gleichheitsgrundsatz	41–42
	b) Entschädigungspflichtige und entschädigungslose Eingriffe	43–45
	c) Ergebnis	46–47
	VI. Die Wirkrichtung des Grundrechts	48–50
	1. Die Bindung des Gesetzgebers	48
	2. Bindung der Vollziehung	49
	3. Drittwirkung	50
D.	Das Grundrecht der Erwerbsfreiheit	51–66
	I. Allgemeines	51–54
	1. Der persönliche Schutzbereich	51–52
	2. Der sachliche Schutzbereich	53–54
	II. Die Rechtfertigung von Eingriffen	55–64
	1. Allgemeines	55–56
	2. Die Elemente der Rechtfertigung	57–64
	a) Das öffentliche Interesse	57
	b) Die Eignung	58
	c) Die Verhältnismäßigkeit (Adäquanz)	59–64
	III. Die Sphäre der Wirtschaft und die Sphäre des Staates	65–66
E.	Schlußbemerkungen	67–69
F.	Bibliographie	

A. Einleitung

1
Unterschiedliche Rechtsschichten

Wie der gesamte österreichische Grundrechtskatalog sind auch die Grundrechte des Wirtschaftslebens in Verfassungsbestimmungen grundgelegt, die verschiedenen Rechtsschichten entstammen[1]. Der Kern der einschlägigen Grundrechtsverbürgungen geht auf das Staatsgrundgesetz über die allgemeinen Rechte der Staatsbürger aus dem Jahr 1867 zurück[2], doch ist die Eigentumsverbürgung durch das im Rang von Bundesverfassungsrecht stehende 1. Zusatzprotokoll zur Europäischen Menschenrechtskonvention[3] ausgeweitet worden[4], und die Entfaltung des Grundrechts auf Privatautonomie erfolgte überhaupt erst durch eine verfassungsgerichtliche Entscheidung[5].

2
Drei grundlegende Regelungskomplexe

Der Grundrechtskatalog gewährleistet die wirtschaftlichen Freiheiten durch eine Vielzahl von einzelnen Grundrechtsverbürgungen, deren zentrale Gewährleistungen drei grundlegenden Regelungskomplexen zugeordnet werden können: die Gewährleistung der Freiheit der Disposition über die Produktionsfaktoren Arbeit, Kapital sowie Grund und Boden[6], die Eigentumsfreiheit[7] als die zentrale wirtschaftsordnungspolitische Grundrechtsverbürgung, die gleichzeitig auch die Grundlage für die grundrechtliche Gewährleistung der Privatautonomie darstellt, und die Erwerbsausübungsfreiheit[8] als die zentrale Norm, die freies Wirtschaften in einer marktwirtschaftlichen Ordnung gewährleistet.

3
Grundrechte mit Bezügen zu Wirtschaft und Wirtschaftspolitik

Diese drei Gruppen von wirtschaftlichen Freiheitsrechten müssen daher in diesem Kapitel näher untersucht werden. Darüber darf freilich nicht vergessen werden, daß auch andere Grundrechtsverbürgungen für das Wirtschaften und für die Wirtschaftspolitik von Bedeutung sind, durch die aber primär andere Ziele erreicht werden sollen, so daß sie im Rahmen dieses Buches in anderem Kontext behandelt werden: Zu denken ist etwa an die für das Wirtschaftsleben ganz wesentlichen Freiheitsverbürgungen der Kommunikation einerseits[9] und des Datenschutzes einschließlich des Brief- und Fernmeldegeheimnisses andererseits[10], an den auch den Schutz von Geschäfts- und Betriebsräumen umfassenden „Schutz des Hausrechts"[11] oder an die Koalitionsfreiheit[12], die – was für die österreichische Wirtschaftsverfassung von beson-

---

1 Vgl. dazu → oben *Schäffer*, Die Entwicklung der Grundrechte, § 186.
2 RGBl 142/1867, in Verfassungsrang aufgrund des Art. 149 B-VG.
3 Art. 1 1. ZP EMRK; zur materiellen Bedeutung dieser Ausweitung vgl. *Korinek*, in: ders./Holoubek, Bundesverfassungsrecht (LitVerz.), Art. 1 1. ZP EMRK, RN 4.
4 Auch die für die Gewährleistung der Freiheit des Produktionsfaktors Arbeit relevante Freizügigkeit der Person wurde durch Art. 2 des 4. ZP EMRK – insbesondere in seiner Wirkung für nichtösterreichische Staatsbürger – erweitert.
5 *VfSlg.* 11.501/1987.
6 Dazu B, RN 4 ff.
7 Dazu C, RN 21 ff.
8 Dazu D, RN 51 ff.
9 Vgl. dazu → oben *Holoubek*, Kommunikationsfreiheit, § 195.
10 Vgl. dazu → oben *Wiederin*, Schutz der Privatsphäre, § 190.
11 Auch dazu → oben *Wiederin*, § 190.
12 Vgl. → unten *Potacs*, Recht auf Zusammenschluß, § 197.

derer Bedeutung ist – die Zusammenfassung von selbständigen oder unselbständig tätigen Personen in Selbstverwaltungskörpern nicht hindert[13].

B. Die Freiheit der Disposition über die Produktionsfaktoren

I. Arbeit

1. Freizügigkeit der Person

Die Grundrechtsverbürgungen der Freizügigkeit der Person[14] und die österreichischen Staatsbürgern – und damit im Anwendungsbereich des Gemeinschaftsrechts auch Bürgern der Europäischen Union[15] – verbürgten Grundrechte der Freiheit der Einreise nach Österreich[16] und der Aufenthaltsfreiheit[17] gewährleisten unter anderem auch die Freiheit der Disposition natürlicher Personen über den Ort, an dem sie Arbeitsleistungen zu erbringen wünschen. Sie brauchen in diesem Kontext nicht näher entfaltet zu werden[18], doch ist die wirtschaftliche Dimension dieser Grundrechtsverbürgungen hervorzuheben: Sie wirken nämlich gemeinsam mit der Verbürgung der Privatautonomie[19] auch als grundrechtliche Basis für die Freiheit der Disposition über den Produktionsfaktor Arbeit.

4 Dispositionsfreiheit über den Ort der Arbeit

Alle die genannten Grundrechtsverbürgungen sind nur im Rahmen der Rechtsordnung gewährleistet; Einschränkungen der grundrechtlich gewährleisteten Freiheiten sind daher zulässig, sofern sie sich auf eine gesetzliche Grundlage stützen können und weder intentional auf die Beschränkung des Grundrechts gerichtet sind noch in ihrer Wirkung das Grundrecht unverhältnismäßig einschränken[20].

5 Einschränkbarkeit der Grundrechtsverbürgungen

---

13 Vgl. *Korinek*, Staatsrechtliche Grundlagen der Kammer-Selbstverwaltung, DRdA 1991, S. 105 ff.; *Oberndorfer*, Die Pflichtmitgliedschaft als Wesensmerkmal gesetzlicher beruflicher und wirtschaftlicher Interessenvertretungen, in: Peter Jabornegg/Karl Spielbüchler (Hg.), FS Rudolf Strasser, 1993, S. 275 ff.; *Berka*, Die Grundrechte (LitVerz.), RN 662, sowie aus der Judikatur etwa VfSlg. 11.065/1986.
14 Art. 4 Abs. 1 StGG und Art. 2 Abs. 1 des 4. ZP EMRK. Nach herrschender Lehre ist das Grundrecht der Freizügigkeit der Person aufgrund beider genannter Normen nicht nur Staatsbürgern, sondern auch Fremden eingeräumt; vgl. dazu insb. *Pöschl*, in: Korinek/Holoubek, Bundesverfassungsrecht (LitVerz.), Art. 4 StGG, RN 13 ff.
15 Aufgrund des gemeinschaftsrechtlich verbürgten Diskriminierungsverbotes; vgl. *G.A. Eberhard*, Inländer-Grundrechte im Lichte des Gemeinschaftsrechts, JBl 2001, S. 294 ff.; *Theo Öhlinger/Michael Potacs*, Gemeinschaftsrecht und staatliches Recht, ³2006, S. 182.
16 Art. 3 Abs. 2 des 4. ZP EMRK.
17 Art. 6 Abs. 1, erster Tatbestand StGG.
18 Vgl. → oben *Hauer*, Freiheit der Person und Freizügigkeit, § 191; zu diesen Verbürgungen auch *Berka*, Die Grundrechte (LitVerz.), RN 438 ff; *Pöschl*, in: Korinek/Holoubek, Bundesverfassungsrecht (LitVerz.), Art. 4 StGG, sowie *dies.* aaO., Art. 6 Abs. 1 erster Tatbestand.
19 Vgl. dazu C, RN 21 ff.
20 Die dogmatische Grundlage für diese Aussage ist hinsichtlich der einzelnen – hier gemeinsam betrachteten – Grundrechtsverbürgungen unterschiedlich, da Art. 4 Abs. 1 StGG und Art. 6 Abs. 1 StGG sowie die Staatsbürgerfreiheit der Einreise in den eigenen Staat nach Art. 3 Abs. 2 4. ZP EMRK vorbehaltlos gewährleistet sind, aber Art. 2 Abs. 1 des 4. ZP unter einem materiellen Gesetzesvorbehalt steht; das ändert aber m.E. nichts am oben formulierten Ergebnis (so im Ergebnis auch *Pöschl*, in: Korinek/Holoubek, Bundesverfassungsrecht [LitVerz.], Art. 4 StGG, RN 46). Hinsichtlich der vorbehaltlos gewährleisteten Verbürgungen vgl. unten bei FN 35.

2. Freiheit der Berufswahl, Berufsausbildung und Erwerbsausübung

6
Disposition über den Produktionsfaktor Arbeit

Von Bedeutung ist für die Freiheit der Disposition über den Produktionsfaktor Arbeit aber auch das Grundrecht der Freiheit der Berufswahl und der Berufsausbildung (Art. 18 StGG)[21], während die dritte Ausprägung der Berufsfreiheit[22] als durch das Grundrecht der Erwerbsausübungsfreiheit gewährleistet angesehen wird.

7
Natürliche Personen als Adressaten

Das nur physischen Personen – aber unabhängig von ihrer Staatsangehörigkeit – eingeräumte Grundrecht war zunächst nur als „Bestätigung und Bekräftigung der die bürgerliche Gesellschaft prägenden Auffassung, daß der Zugang zu bestimmten Berufen nicht einzelnen gesellschaftlichen Gruppen aufgrund von Standes- oder Besitzvorrechten vorbehalten sein sollte", verstanden worden[23]. Das Grundrecht steht aber auch anderen Beschränkungen der Freiheit der Berufswahl entgegen, insbesondere solchen, die auf eine Privilegierung bereits bestehender Inhaber eines Berufs hinauslaufen, etwa um diesen einen Schutz vor wirtschaftlicher Konkurrenz zu gewähren.

8
Voraussetzungen gesetzlicher Beschränkbarkeit

Freilich ist das Grundrecht – wie sich aus dem Zusammenhang mit dem Grundrecht der Erwerbsausübungsfreiheit ergibt[24] – nicht absolut gewährleistet: Gesetzliche Beschränkungen der Freiheit der Berufswahl und der Berufsausbildung sind zulässig, sofern sie im öffentlichen Interesse verfügt werden, für dessen Verwirklichung geeignet sind und die Grundrechtsposition nicht unverhältnismäßig beschränken[25].

9
Freiheit der Berufsausbildung

Besondere Bedeutung hat das Grundrecht insbesondere für die Freiheit der Berufsausbildung erlangt, garantiert es doch, „unter mehreren ihrer Art nach verschiedenen Ausbildungsalternativen, sofern solche überhaupt in Betracht kommen, frei zu wählen"[26]. Denn die Entscheidung über die bestmögliche Form des Erwerbs der notwendigen Voraussetzungen für einen Beruf fällt primär in die Autonomie des einzelnen, den der Staat „nicht über den Umweg einer umfassenden Regelung seiner Verantwortung" entheben darf[27].

---

[21] Auf die Bedeutung dieses Grundrechts für die Freiheit der Disposition über den Einsatz der Arbeitskraft hat schon *Haider*, Die Freiheit der Berufsausübung im sozialen Rechtsstaat, JBl 1978, S. 359 ff, hingewiesen. Freilich darf nicht verkannt werden, daß der Beruf auch wesentlicher Teil der Lebensgestaltung insgesamt ist, also nicht nur die hier im Vordergrund stehende erwerbswirtschaftliche Dimension hat; vgl. insb. *Oberndorfer*, Die Berufswahl- und Berufsausbildungsfreiheit in der neueren Grundrechtsjudikatur, JBl 1992, S. 273 (280).

[22] So *Schantl*, Berufsfreiheit, Eigentumsfreiheit und Vertragsfreiheit als die wichtigsten Grundrechte der Wirtschaft, in: Dieter Bös u. a. (Hg.), Wirtschaft und Verfassung in Österreich. FS Franz Korinek, 1972, S. 129 ff.

[23] *Oberndorfer*, Die Berufswahl- und die Berufsausbildungsfreiheit, in: Machacek/Pahr/Stadler, Grund- und Menschenrechte (LitVerz.), Bd. II, Art. 18 StGG, S. 617 (618). In der Lehre und der älteren Judikatur wurde dementsprechend besonders der Zusammenhang mit dem Gleichheitsgrundsatz betont; vgl. insb. *VfSlg* 5611/1967.

[24] Vgl. insb. *VfSlg* 2850/1955; aus der jüngeren Judikatur siehe etwa *VfSlg* 12.578/1990. Weitere Hinweise bei *Oberndorfer* (FN 21), JBl 1992, S. 273 (275 ff.).

[25] Vgl. schon *Oberndorfer/Binder*, Der verfassungsrechtliche Schutz freier beruflicher, insbesondere gewerblicher Betätigung, in: Ludwig Adamovich/Peter Pernthaler (Hg.), FS Hans Klecatsky, 1980, S. 682. Die damals von den Autoren neu entwickelte Sicht ist heute in Lehre und Judikatur völlig unbestritten.

[26] *Oberndorfer* (FN 21), JBl 1992, S. 273 (286).

[27] *Haider* (FN 21), S. 363.

Zwar hält der Verfassungsgerichtshof die gesetzliche Regelung des Weges der Berufsausbildung, insbesondere die Schaffung standardisierter, einheitlicher und überschaubarer Ausbildungswege und Prüfungsanforderungen für zulässig, doch muß der Gesetzgeber Ausbildungsalternativen anerkennen und – gegebenenfalls im Weg der Nachsicht – Personen den Antritt von Erwerbstätigkeiten ermöglichen, die ein mindestens gleichwertiges Ausbildungsziel auf andere als der gesetzlich reglementierten Weise erreicht haben[28].

10
Ausbildungsreglementierung und Ausbildungsalternativen

Die Freiheit der Berufsausbildung bezieht sich dabei auch auf das „Wo" der Ausbildung und dies insbesondere auch für Ausbildungen, die im Ausland erworben wurden, wenn das Ausbildungsniveau identisch oder zumindest vergleichbar ist[29]. Eine Umdeutung des Grundrechts in ein soziales Grundrecht mit Drittwirkung, das den Berufsausübungswilligen einen Anspruch auf Ausbildung gegenüber Privaten einräumt[30], ist nach herrschender Ansicht nicht gerechtfertigt[31].

11
Kein soziales Grundrecht mit Drittwirkung

II. Kapital

Auch die Freiheit der Verfügungsgewalt über den Produktionsfaktor Kapital ist zum Teil grundrechtlich gewährleistet, und zwar durch Art. 4 Abs. 1 StGG, demzufolge unter anderem „die Freizügigkeit des Vermögens innerhalb des Staatsgebietes" keinen Beschränkungen unterliegt. Dieses Grundrecht ist nach herrschender und zutreffender Lehre nicht nur als Staatsbürgerrecht gewährleistet[32], sondern als sogenanntes „Jedermannsrecht" verbürgt. Es gewährleistet damit insbesondere, über sein Vermögen innerhalb des Staatsgebietes frei zu disponieren, bezieht sich aber – wie die historische Entwicklung[33] und der Zusammenhang mit der persönlichen Freizügigkeit zeigen – nur auf die räumliche Dimension der Disposition[34]. Die Art der Verwendung ist nicht Gegenstand des Grundrechtsschutzes; hiefür lassen sich wohl nur aus dem Gleichheitsgrundsatz und den wirtschaftlichen Grundrechten des Eigentumsschutzes und der Erwerbsausübungsfreiheit grundrechtliche Freiheitsgarantien entwickeln.

12
Freizügigkeit des Vermögens im Staatsgebiet

Jedermannsrecht

Das Grundrecht der Freizügigkeit des Vermögens ist vorbehaltlos gewährleistet; dies bedeutet nach der Judikatur des Verfassungsgerichtshof zu den vorbehaltlos gewährleisteten Grundrechten[35], daß gesetzliche Beschränkungen nicht schlechthin verboten sind, doch dürfen sie die grundrechtlich verbürgte

13
Vorbehaltlose Gewähr

---

28 Vgl. insb. *VfSlg* 13.094/1992 (sowie ÖZW 1992, S. 120 ff., mit zustimmender Besprechung durch *Grabenwarter*). In gleicher Weise auch *VfSlg* 13.485/1993.
29 *Oberndorfer* (FN 21), JBl 1992, S. 273 (287).
30 Wie das *Haider* (FN 21), JBl 1978, S. 359 (364 u. 368) vorschlägt.
31 *Oberndorfer* (FN 21), JBl 1992, S. 273 (287 FN 116).
32 Vgl. FN 14.
33 Vgl. etwa *Pöschl*, in: Korinek/Holoubek, Bundesverfassungsrecht (LitVerz.), Art. 4 StGG, RN 1.
34 So auch *Berka*, Die Grundrechte (LitVerz.), RN 770.
35 Vgl. etwa *Öhlinger*, Verfassungsrecht (LitVerz.), RN 719 f., oder *Berka* aaO., RN 293 ff. (allgemein), RN 592 (zur Wissenschaftsfreiheit) und RN 612 ff. (zur Kunstfreiheit) m.w.H. insb. auch auf die verfassungsgerichtliche Judikatur. Für Deutschland → Bd. III: *Papier*, Vorbehaltlos gewährleistete Grundrechte, § 64.

Freiheit weder intentional beschränken noch in ihrer Auswirkung das Grundrecht unverhältnismäßig einschränken.

14
Verdrängung durch EG-Kapitalverkehrsfreiheit

In der Praxis der verfassungsgerichtlichen Judikatur hat die Freizügigkeit des Vermögens bisher keine Bedeutung erlangt[36]. In seiner praktischen Relevanz ist das Grundrecht durch die Kapitalverkehrsfreiheit des Gemeinschaftsrechts[37] verdrängt worden, die angesichts des aus dem Gleichheitsgrundsatz abzuleitenden Verbots der Inländerdiskriminierung[38] auch für innerstaatliche Sachverhalte relevant ist.

III. Grund und Boden

15
Liegenschaftsverkehrsfreiheit

Eine wesentlich größere Bedeutung für die wirtschaftliche Freiheit hat die auf den Produktionsfaktor Grund und Boden bezogene Grundrechtsverbürgung der Liegenschaftsverkehrsfreiheit: Art. 6 Abs. 1, zweiter Tatbestand StGG bestimmt: „Jeder Staatsbürger kann ... Liegenschaften jeder Art erwerben und über dieselben frei verfügen"[39].

16
Immanenter Schrankenvorbehalt

Dieses Grundrecht der Liegenschaftsverkehrsfreiheit ist nach seinem klaren Wortlaut absolut verbürgt und steht unter keinem ausdrücklich formulierten Gesetzesvorbehalt[40]. Dennoch ist allgemein anerkannt, daß das Grundrecht gesetzlichen Beschränkungen unterworfen werden kann.

17
Interpretation als besondere Gleichheitsverbürgung

Die ältere Judikatur hat den Grundrechtsgehalt auf eine historische Dimension und damit der Sache nach auf eine besondere Gleichheitsverbürgung reduziert[41]: Sie richte sich nur gegen jene historisch gegebenen Beschränkungen, die ehemals zugunsten bestimmter bevorrechteter Klassen bestanden haben.

18
Anwendungsfall eigentumsrechtlichen Gesetzesvorbehalts

In der Lehre wurde dies vor allem von *Brigitte Gutknecht* kritisiert[42]. Von ihr und anderen wurde auf den engen Zusammenhang des Grundrechts des freien Liegenschaftsverkehrs mit dem Grundrecht der Unverletzlichkeit des Eigentums hingewiesen: Die beiden Grundrechte stünden in enger Beziehung zueinander und das Grundrecht des freien Liegenschaftsverkehrs sei dement-

---

36 *Pöschl*, in: Korinek/Holoubek, Bundesverfassungsrecht (LitVerz.), Art. 4 StGG, RN 30.
37 Art. 56 (und die folgenden Begleitartikel) EG; siehe dazu etwa *R.H. Weber*, in: Carl Otto Lenz/Klaus Dieter Borchardt (Hg.), EU- und EG-Vertrag, ⁴2006, Art. 56 EGV, oder *Ch. Schneider*, in: Heinz Mayer (Hg.), Kommentar zu EU- und EG-Vertrag, Stand: 2007, Art. 56 EGV.
38 Vgl. *Öhlinger/Potacs* (FN 15), S. 95ff., und aus der Judikatur z. B. VfSlg 14.963/1997; 17.422/2004.
39 Vgl. insb. *Korinek*, Grundrechte und administrative Beschränkungen des Liegenschaftsverkehrs, ZfV 1992, S. 8 (9ff. m.w.H.).
40 Art. 6 Abs. 2 StGG enthält einen ausdrücklichen Gesetzesvorbehalt für die „tote Hand"; darunter sind kirchliche Körperschaften, Anstalten und Stiftungen zu verstehen, die als Liegenschaftseigentümer unter weitgehenden kanonischen Veräußerungsverboten stehen. Dieser auf die manus mortua beschränkte Gesetzesvorbehalt legt den e contrario-Schluß nahe, daß im übrigen der Liegenschaftsverkehr grundrechtlich vorbehaltlos gewährleistet sein soll.
41 Vgl. insb. VfSlg 11.411/1987, 12.984/1992 oder 13.516/1993.
42 *Gutknecht*, Das liberale Baugesetz und die Wirtschaftsverfassung, in: FS Franz Korinek (FN 22), S. 85f. Vgl. dazu auch *Karl Korinek*, Bodenbeschaffung und Bundesverfassung, 1976, S. 30ff., und *Morscher*, Die Niederlassungsfreiheit und die Freiheit des Liegenschaftsverkehrs in Österreich, EuGRZ 1983, S. 515ff., insb. S. 520ff.

sprechend als spezieller Anwendungsfall des Eigentumsrechts dem dort normierten Gesetzesvorbehalt zu unterstellen.

In einer Entscheidung aus dem Jahr 1996[43] hat der Verfassungsgerichtshof seine ältere Judikatur verlassen und ist dieser in der Lehre entwickelten Ansicht gefolgt. Er nahm im Hinblick auf den Kontext mit anderen Verbürgungen von wirtschaftlichen Grundrechten – Beschränkungen des freien Liegenschaftsverkehrs stellen sich ja stets als Eigentumsbeschränkungen dar – und angesichts des Bestehens bundesstaatlicher Kompetenzzuweisungen für gesetzliche Regelungen des Liegenschaftsverkehrs an, daß der Gesetzgeber berechtigt ist, in die Freiheit des Liegenschaftsverkehrs einzugreifen. Die Grenzen für solche Eingriffe umschrieb er wie folgt:

19
Beschränkbarkeit der Liegenschaftsverkehrsfreiheit

„Diese Befugnis ist aber keine unbeschränkte. Vielmehr darf ein solches Gesetz, wie schon in VfSlg. 5150/1965 dargetan, keinen Inhalt haben, der den Wesensgehalt der Liegenschaftsverkehrsfreiheit aushöhlt. Im Sinne der nunmehr ständigen Judikatur des Verfassungsgerichtshofs zu unter einem ausdrücklichen Vorbehalt stehenden Grundrechten ist dem Gesetzgeber eine Beschränkung der Liegenschaftsverkehrsfreiheit nur unter jenen Bedingungen erlaubt, wie sie für das durch Art. 5 StGG verfassungsgesetzlich gewährleistete Recht auf Unversehrtheit des Eigentums gelten. Der Gesetzgeber kann danach verfassungsrechtlich einwandfreie Eigentumsbeschränkungen verfügen, sofern er dadurch nicht den Wesensgehalt des Grundrechtes der Unversehrtheit des Eigentums berührt oder in anderer Weise gegen eine auch ihn bindenden Verfassungsgrundsatz verstößt und soweit die Eigentumsbeschränkung im öffentlichen Interesse liegt und nicht unverhältnismäßig ist"[44]. Es muß sich also nach der neueren Judikatur des Verfassungsgerichtshofs jede administrative Beschränkung des Grundstücksverkehrs die Frage gefallen lassen, ob sie im öffentlichen Interesse liegt, ob sie verhältnismäßig ist und ob sie Maß hält. Überschießende und unverhältnismäßige Eingriffe sind nach dieser Rechtsprechung unzulässig.

20
Eingriffsgrenzen

C. Die Eigentumsfreiheit als die zentrale Norm der Wirtschaftsverfassung

I. Allgemeines

Die zentrale Bestimmung der wirtschaftlichen Freiheitsrechte ist das Grundrecht der Unverletzlichkeit des Eigentums. Das Recht, Eigentum zu erwerben und darüber frei zu verfügen, ist sowohl für die eigenverantwortliche und selbstständige Gestaltung des Lebens der Menschen von Bedeutung[45] als

21
Bedeutung für eigenverantwortliche Lebensgestaltung

---
43 *VfSlg* 14.701/1996.
44 Hier verweist der Verfassungsgerichtshof auf *VfSlg* 13.587/1993 und 13.964/1994.
45 *Berka*, Die Grundrechte (LitVerz.), RN 705.

§ 196　　　*Dreizehnter Teil: II. Einzelgrundrechte*

Mehrfache Verankerung

auch als „Zurechnungsregel der wirtschaftlichen Folgen von Entscheidungen"[46] – es ist damit ein subjektives Recht auf das „Haben und Verfügen"[47] und gleichzeitig zentrales Element unserer Gesellschafts- und Wirtschaftsordnung[48]. Das Grundrecht der Unverletzlichkeit des Eigentums ist in der österreichischen Verfassungsordnung mehrfach verankert: Bundesverfassungsrechtlich in Art. 5 StGG[49] und in Art. 1 des 1. ZP EMRK[50] sowie in den Landesverfassungen der Bundesländer Tirol und Vorarlberg[51].

II. Der sachliche Schutzbereich (Gegenstand des Eigentumsschutzes)

22
Schutz vermögensrechtlicher Ansprüche

Grundsatz der Privatautonomie

Nach der herrschenden österreichischen Dogmatik und Judikatur schützt Art. 5 StGG alle vermögensrechtlichen Ansprüche, die auf einen Privatrechtstitel beruhen[52]. Wenn alle auf einem Privatrechtstitel beruhenden vermögenswerten Privatrechte vom Eigentumsschutz erfaßt sind, setzt dies gedanklich die Anerkennung der Garantie privater Rechtsgestaltung zum Zweck des Eigentumserwerbs voraus. In Fortsetzung seiner Judikatur hat der Verfassungsgerichtshof daher konsequenterweise auch das Recht, Verträge abzuschließen, als vom Eigentumsrecht umfaßt qualifiziert[53] und dem Grundsatz der Privatautonomie grundrechtliche Qualität verliehen[54].

23
Schutz auch für öffentlichrechtliche Ansprüche

In der österreichischen Dogmatik war es lange umstritten, ob Art. 5 StGG auch im öffentlichen Recht wurzelnde Ansprüche unter Grundrechtsschutz stellt[55]. Der Verfassungsgerichtshof hatte das stets verneint, aber 1998[56] – in Abkehr von seiner früheren, im Erkenntnis im einzelnen angeführten Judikatur – im Gefolge einer Entscheidung des Europäischen Gerichtshofs für Menschenrechte[57] einen sozialversicherungsrechtlichen Rechtsanspruch als vom

---

46 *Streißler*, Privates Produktionseigentum, in: Eigentum – Wirtschaft – Fortschritt. Zur Ordnungsfunktion des privaten Produktiveigentums (Veröffentlichungen der Walter-Raymond-Stiftung, Bd. 12), 1970, S. 76 (94).
47 *Josef Aicher*, Grundfragen der Staatshaftung bei rechtmäßigen hoheitlichen Eigentumsbeeinträchtigungen, 1978, S. 126 f.
48 *Korinek*, Verfassungsrechtliche Grundlagen des Eigentumsschutzes und des Enteignungsrechts in Österreich, in: *ders./Dietmar Pauger/Peter Rummel*, Handbuch des Enteignungsrechts, 1994, S. 3 (43 ff.).
49 *Korinek*, in: ders./Holoubek, Bundesverfassungsrecht (LitVerz.), Art. 5 StGG.
50 *Korinek* aaO., Art. 1 1. ZP EMRK.
51 Dazu näher und m.w.H. *Korinek* aaO., Art. 5 StGG, RN 14 ff.
52 Vgl. *Öhlinger*, Verfassungsrecht (LitVerz.), RN 868; *Berka*, Die Grundrechte (LitVerz.), RN 712; *Rill*, Eigentum, Sozialbindung und Enteignung bei der Nutzung von Boden und Umwelt, in: VVDStRL 51 (1992), S. 177 ff., sowie *Korinek* aaO., Art. 5 StGG, RN 17 ff. (mit detaillierten Hinweisen auf die verfassungsgerichtliche Judikatur).
53 VfSlg 12.227/1989.
54 Grundlegend *Pernthaler*, Der Wandel des Eigentumsbegriffes im technischen Zeitalter, in: Felix Ermacora/Hans Klecatsky/René Marcic (Hg.), Hundert Jahre Verfassungsgerichtsbarkeit – 50 Jahre Verfassungsgerichtshof in Österreich, 1968, S. 193 (194); weiters: *Ludwig Fröhler*, Das Wirtschaftsrecht als Instrument der Wirtschaftspolitik, 1969, S. 15 f.; *Schantl*, Berufsfreiheit (FN 22), S. 129 (146), und *Mayer-Maly*, Privatautonomie und Wirtschaftsverfassung, in: FS Franz Korinek (FN 22), S. 151 ff.
55 Vgl. (m.w.H.) *Korinek*, in: ders./Holoubek, Bundesverfassungsrecht (LitVerz.), Art. 5 StGG, RN 20.
56 VfSlg. 15.129/1998.
57 EGMR, Urt. v. 16. 9. 1996, Gaygusuz ./. Österreich, RJD 1996-IV, sowie ÖJZ 1996, S. 955. Zur weiteren Entwicklung der Judikatur des EGMR, der nunmehr die Leistung eigener Beiträge nicht mehr als Voraussetzung des Anspruchs ansieht, vgl. *Grabenwarter*, EMRK (LitVerz.), § 25 RN 5.

Eigentumsschutz erfaßt angesehen. Entscheidend fiel dabei ins Gewicht, daß es sich um eine Sozialversicherungsleistung handelte, „der eine (vorher zu erbringende) Gegenleistung des Anspruchsberechtigten gegenübersteht" und daß „gesamthaft gesehen ein Zusammenhang von Leistungen und Gegenleistungen" gegeben war. Dogmatisch stützte sich der Verfassungsgerichtshof dabei auf die in der Lehre von *Gabriele Kucsko-Stadlmayer*[58] entwickelte Position, der zufolge der Eigentumsbegriff des Art. 1 1. ZP EMRK der für die Interpretation dieser aus dem Völkerrecht stammenden Regelung maßgeblichen Interpretationsmaximen entsprechend als von der Interpretation des Art. 5 StGG abgekoppelt und weiter gefaßt gesehen werden müsse[59]. Der Grundgedanke dieser Judikatur wurde vom Verfassungsgerichtshof auch auf andere öffentlich-rechtliche Ansprüche, wie zum Beispiel öffentlich-rechtliche Gehalts- und Ruhebezugsansprüche ausgedehnt: Da solchen Ansprüchen eine Gegenleistung gegenüberstehe, sei er vom Eigentumsschutz des Art. 1 des 1. ZP EMRK umfaßt[60]. Auf die geänderte Judikatur des Europäischen Gerichtshofs für Menschenrechte[61] zu reagieren, hatte der Verfassungsgerichtshof noch keinen Anlaß.

Sozialversicherungsleistung

Ausdehnung des Grundgedankens

III. Persönlicher Schutzbereich und Inhalt des Eigentumsschutzes

Der verfassungsrechtliche Eigentumsschutz kommt sowohl nach Art. 5 StGG als auch nach Art. 1 des 1. ZP EMRK in- und ausländischen physischen und juristischen Personen zu und auch juristische Personen des öffentlichen Rechts können nach herrschender Lehre und verfassungsgerichtlicher Judikatur Träger des Grundrechts sein[62].

24
Umfassende Grundrechtsträgerschaft

Das von der Verfassung unter Schutz gestellte Eigentum ist ein sozial gebundenes Eigentum. Es ist als Vollrecht konzipiert, das aber von Verfassungs wegen Einschränkungen unterworfen werden darf und auch durch die Rechtsordnung vielfältigen Einschränkungen unterworfen ist. Und in vielen Fällen ist auch die Möglichkeit der Enteignung vorgesehen[63].

25
Sozial gebundenes Eigentum

---

58 *Kucsko-Stadlmayer*, in: Felix Ermacora/Manfred Nowak/Hannes Tretter (Hg.), Die Europäische Menschenrechtskonvention in der Rechtsprechung der österreichischen Höchstgerichte, 1983, Art. 1 1. ZP, insb. S. 698 ff.
59 Plastisch spricht *Theo Öhlinger* in einer Entscheidungsbesprechung (JBl 1998, S. 438 [442]) von einem „doppelten Eigentumsbegriff der österreichischen Verfassungsordnung", aus dem jedoch kein unterschiedliches Schutzniveau der Eigentumsverbürgungen abgeleitet werden dürfe.
60 Vgl. etwa *VfSlg* 15.448/1999, 16.292/2001.
61 S. oben FN 57.
62 Vgl. näher (m.w.H.) *Korinek*, in: ders./Holoubek, Bundesverfassungsrecht (LitVerz.), Art. 5 StGG, RN 22 f. Im Hinblick auf die unterschiedliche Sicht der Frage der Grundrechtsträgerschaft des Staates zwischen der deutschen und der österreichischen Staatsrechtslehre verdient es vermerkt zu werden, daß der Verfassungsgerichtshof auch die Bundesrepublik Deutschland als Träger des Grundrechts des Eigentumsschutzes akzeptiert hat; er hat die Behandlung einer Beschwerde zwar abgelehnt, aber nicht mangels Grundrechtsträgerschaft des Staates, sondern mangels hinreichender Aussicht auf Erfolg (so etwa *VfGH*, 27. 9. 2005, B 622/05).
63 Vgl. die Auflistung von Eigentumsbeschränkungen bei *Robert Dittrich/Helmuth Tades*, Das Allgemeine Bürgerliche Gesetzbuch (ABGB), ³⁶2003, Pkt. II zu § 364. Hinsichtlich der Enteignungsermächtigung vgl. *Pauger*, Die Enteignung im Verwaltungsrecht, in: Karl Korinek/ders./Peter Rummel, Handbuch des Enteignungsrechts, 1994, S. 47 ff.

IV. Eigentumseinschränkungen

1. Das System der Eigentumseinschränkungen

26 Bestands- und Wertgarantie

Das Grundrecht enthält nach herrschender Auffassung sowohl eine Bestands- wie auch eine Wertgarantie[64]: Kraft jener hat jedermann das Recht, daß in sein Eigentum nur aufgrund einer gesetzlichen Ermächtigung, eines vorhandenen öffentlichen Interesses und nicht unverhältnismäßig eingegriffen wird; die Wertgarantie gewährleistet hingegen Entschädigung bei Enteignungen und auch bei schwerwiegenden Eigentumsbeschränkungen sonstiger Art.

27 Enteignung, Beschränkung und Belastung des Eigentums

„Ein Eingriff in das Eigentum liegt stets dann vor, wenn ein unter den verfassungsrechtlichen Eigentumsbegriff subsumierbares Recht entzogen oder beschränkt wird"[65]. Man unterscheidet zwischen Enteignungen einerseits und sonstigen Eigentumseingriffen, oder besser: „Eigentumsbeschränkungen und Eigentumsbelastungen"[66] andererseits. Unter diesen bilden die zwangsweisen Abgabenvorschreibungen eine eigene, in der Regel besonders hervorgehobene Kategorie[67].

28 Übertragungstheorie

Von Enteignungen spricht der Verfassungsgerichtshof dann, „wenn eine Sache durch Verwaltungsakt oder unmittelbar kraft Gesetzes dem Eigentümer zwangsweise entzogen und auf den Staat, eine andere Körperschaft oder gemeinnützige Unternehmung übertragen wird oder wenn daran auf gleiche Weise fremde Rechte begründet werden"[68]. Er hängt damit der sogenannte „Übertragungstheorie"[69] an, die die Lehre überwiegend ablehnt, die – mit guten Gründen – eine Maßnahme dann als Enteignung qualifiziert, wenn ein vermögenswertes Privatrecht gänzlich oder teilweise entzogen wird[70]. Dieser Entzug kann unmittelbar durch Gesetz (Legalenteignung) oder – im Regelfall – durch Verwaltungsakt erfolgen[71].

29 Eigentumseingriffe, die keine Enteignung darstellen, sind „bloße Eigentumsbeschränkungen oder Eigentumsbelastungen". Sie können in unterschiedli-

---

[64] Die Formulierung schließt sich an die herrschende schweizerische Lehre und Judikatur an: vgl. etwa *Jörg Paul Müller*, Grundrechte in der Schweiz, 1999, S. 605 ff.; → Bd. VII/2: *Biaggini*, Eigentumsgarantie, § 221 RN 4, 14, 21 ff. Für Österreich vgl. nur *Berka*, Die Grundrechte (LitVerz.), RN 729 u. 743 f.
[65] *Öhlinger*, Verfassungsrecht (LitVerz.), RN 870.
[66] *Barfuß*, Das Eigentumsrecht und die Vollziehung, in: Machacek/Pahr/Stadler, Grund- und Menschenrechte (LitVerz.), Bd. II, S. 689 (697). Unter den Eigentumsbeschränkungen und Eigentumsbelastungen kann man zwischen solchen, die entschädigungslos hinzunehmen sind und solchen, bei denen eine Entschädigungspflicht anzunehmen ist, unterscheiden (vgl. dazu unten C IV 3, RN 32 f.).
[67] Für Österreich grundlegend *Morscher*, Das Abgabenrecht als Lenkungsinstrument der Gesellschaft und Wirtschaft und seine Schranken in den Grundrechten, in: Verhandlungen des 8. Österreichischen Juristentages, Bd. I/1 B, 1982, S. 114 f.
[68] Vgl. etwa VfSlg 2934/1955, 9911/1983, 11.209/1987.
[69] Vgl. die Hinweise bei *Spielbüchler*, in: Peter Rummel (Hg.), Kommentar zum ABGB, Bd. I, ³2000, RN 2 zu § 365 ABGB.
[70] So insb. *Rill* (FN 52), in: VVDStRL 51 (1992), S. 177 (202); weitere Hinweise bei *Korinek*, in: ders./Holoubek, Bundesverfassungsrecht (LitVerz.), Art. 5 StGG, RN 29.
[71] Ein Teil der Lehre hält hingegen Legalenteignungen für unzulässig (vgl. auch dazu die Hinweise bei *Korinek*, in: ders./Holoubek, Bundesverfassungsrecht [LitVerz.], Art. 5 StGG, RN 29, insb. FN 133).

cher Intensität auftreten und mitunter auch so erhebliches Gewicht haben, daß sie die von ihnen Betroffenen materiell wie eine Enteignung treffen. Dies ändert aber nicht daran, daß sie qualitativ etwas anderes als Enteignungen sind. Besonders gravierende Eigentumsbeschränkungen werden dadurch nicht zu Enteignungen, wohl aber ist innerhalb der Enteignungsbeschränkungen aus verschiedenen Gründen nach der Gravität der Eingriffswirkung zu differenzieren – und zwar sowohl hinsichtlich der Voraussetzungen, die für ihre Zulässigkeit verlangt werden, als auch im Hinblick auf allenfalls bestehende Entschädigungsverpflichtungen.

Gravität der Eingriffswirkung bei Eigentumsbeschränkungen

2. Voraussetzungen für die Zulässigkeit von Enteignungen

Hatte es der Verfassungsgerichtshof zunächst noch abgelehnt, die Frage zu prüfen, ob Enteignungen im öffentlichen Interesse liegen[72], so hält er es seit dem Wandel seiner Judikatur im Jahre 1949[73] für geboten zu überprüfen, ob Enteignungen dem Erfordernis des allgemeinen Wohls entsprechen. Dies ist heute in Lehre und Judikatur unbestritten. In einer wegweisenden Entscheidung hat der Verfassungsgerichtshof ausgeführt, daß eine Enteignung nur zulässig ist, „wenn und soweit es notwendig ist, Privatrechte zu entziehen, um einem Gebot des allgemeinen Besten zu entsprechen. Es muß demnach ein konkreter Bedarf vorliegen, dessen Deckung im öffentlichen Interesse liegt; es muß weiters das Objekt der Enteignung überhaupt geeignet sein, diesen Bedarf unmittelbar zu decken und es muß schließlich unmöglich sein, den Bedarf anders als durch Enteignung zu decken"[74]. Dieses zuletzt angesprochene Prinzip der „Subsidiarität der Enteignung" verbietet eine Enteignung aber nur dann, wenn es eine gleichwertige Alternative gibt, mit deren Hilfe ohne Enteignung das konkrete öffentliche Interesse in gleicher Weise erreicht werden kann.

30
Erfordernis des allgemeinen Wohls

Bedarf, Eignung, Subsidiarität

Sehr strikt versteht der Verfassungsgerichtshof den Zweckbezug der Enteignung. Die innere Rechtfertigung des in der Enteignung liegenden Eingriffs in das grundsätzlich als unverletzlich geschützte Eigentum liege darin, daß die Erfüllung bestimmter, dem allgemeinen Besten dienender, gesetzlich festgelegter Aufgaben nur unter der Voraussetzung möglich ist, daß eine Sache dem Eigentümer entzogen und auf die öffentliche Hand (im weiteren Sinne) übertragen wird[75]. Aus diesem strikten Zweckbezug leitet man ein Verbot der Enteignung auf Vorrat und das Gebot zur Rückübereignung bei zweckverfehlender Enteignung ab[76].

31
Strikter Zweckbezug der Enteignung

---

72 Vgl. z.B. *VfSlg* 550/1926 sowie 1123/1928.
73 Vgl. insb. *VfSlg* 1809/1949 und 1853/1949.
74 *VfSlg* 3666/1959.
75 *VfSlg* 8981/1980.
76 Vgl. die nähere Darstellung bei *Korinek*, in: ders./Holoubek, Bundesverfassungsrecht (LitVerz.), Art. 5 StGG, RN 35 f.

3. Voraussetzungen für die Zulässigkeit von Eigentumsbeschränkungen

32
Allgemeinwohl, Verhältnismäßigkeit

Auch Einschränkungen des Eigentums, die nicht als Enteignungen zu qualifizieren sind, sondern bloße Eigentumsbeschränkungen oder Eigentumsbelastungen darstellen, sind nur zulässig, sofern sie vom Gesetzgeber im Interesse des Allgemeinwohls vorgesehen werden und nicht unverhältnismäßig sind. Diese von der Lehre weitgehend anerkannte Position fand erst 1983 Eingang in die Judikatur[77]. In Fortführung einer von *Theo Öhlinger* entwickelten Differenzierung, der zuerst darauf hingewiesen hatte, daß ein bloß Eigentumsbeschränkungen legitimierendes öffentliches Interesse anderer Qualität sein könne als eines, das zur Enteignung legitimiert[78], stellte der Verfassungsgerichtshof klar, daß sich zwar die Voraussetzungen für die Zulässigkeit der Enteignung, die er bereits im Jahr 1959 formuliert hatte[79], „ihrer Natur und Beschaffenheit nach nicht auf den Bereich der bloßen Eigentumsbeschränkungen anwenden lassen", aber auch solche Eigentumsbeschränkungen durch das öffentliche Wohl geboten sein müssen.

33
Beurteilungsspielraum

Der Beurteilungsspielraum ist für den Eigentumsbeschränkungen verfügenden Gesetzgeber größer als bei der Verfügung von Enteignungen. Dies folgt zwingend aus dem Verhältnismäßigkeitsprinzip, da eben Eigentumsentziehungen den intensivsten Eingriff in das Eigentum darstellen. Während in der Praxis des Europäischen Gerichtshofs für Menschenrechte die Verhältnismäßigkeitsprüfung nach einem sehr groben Maßstab vorgenommen wird[80], differenziert die verfassungsgerichtliche Judikatur zwischen der Prüfung, ob die Eigentumsbeschränkung öffentlichen Interessen dient und der Prüfung der Verhältnismäßigkeit (im engeren Sinne). Während sich der Verfassungsgerichtshof bei der Prüfung jener Frage mit einer Vertretbarkeitskontrolle[81] zufriedengibt, legt er in der neueren Judikatur bei der Verhältnismäßigkeitsprüfung einen strengeren Maßstab an[82].

4. Voraussetzungen für die Zulässigkeit von Abgabenvorschreibungen

34
Eigentumsbelastungen besonderer Art

Unverhältnismäßigkeit

Nach der in Österreich herrschenden Lehre sind Abgaben Eigentumsbelastungen besonderer Art[83]. Ist einmal erkannt, daß auch Abgabengesetze in den Schutzbereich des Grundrechts der Unversehrtheit des Eigentums eingreifen, so ergibt sich zwingend, daß auch sie nur zulässig sind, wenn sie in Übereinstimmung mit dem Allgemeininteresse stehen und nicht unverhältnismäßig sind. Als Fälle der Unverhältnismäßigkeit kämen hier insbesondere

---

77 *VfSlg* 9911/1983.
78 *Öhlinger*, Anmerkungen zur verfassungsrechtlichen Eigentumsgarantie, in: FS Hans Klecatsky, 1980, S. 699 (708).
79 In *VfSlg* 3666/1959.
80 Vgl. die Hinweise bei *Korinek*, in: ders./Holoubek, Bundesverfassungsrecht (LitVerz.), Art. 1 1. ZP-EMRK, RN 15.
81 Vgl. dazu *Korinek*, Die Tatsachenermittlung im verfassungsgerichtlichen Verfahren, in: Klaus Stern (Hg.), 40 Jahre Grundgesetz, 1990, S. 107 (114f.).
82 Vgl. etwa *VfSlg* 16.636/2002.
83 Grundlegend *Morscher* (FN 67), S. 114f.

Steuern mit „konfiskatorischen Effekten", also solche in Betracht, die den Steuerpflichtigen exzessiv belasten und dadurch seine Vermögensverhältnisse grundlegend beeinträchtigen würden. Die Grenze bleibt freilich eine theoretische; zu einer Aufhebung von Abgabengesetzen wegen Verstoßes gegen die Eigentumsgarantie kam es in Österreich bislang noch nicht; der Verfassungsgerichtshof hob in Fällen, in denen sich diese Frage stellte, die geprüften Gesetzesbestimmungen, sofern er sie für verfassungswidrig erachtete, stets unter dem Aspekt des Gleichheitsgrundsatzes auf[84].

V. Die Frage der Entschädigungspflicht

1. Vorbemerkung

Während das allgemeine Beste Voraussetzung für die Zulässigkeit einer Eigentumseinschränkung ist, ist die Entschädigungspflicht ihre Rechtsfolge. Ob solche Entschädigungspflichten bestehen, worauf sie dogmatisch zu gründen sind und wie weit sie reichen, ist äußerst umstritten. Die Entwicklung der Judikatur und den Gang der wissenschaftlichen Diskussion nachzuzeichnen, kann nicht Aufgabe dieses Beitrags sein[85]; hier geht es darum, das Ergebnis der Diskussion zu zeigen, wie es sich für den Autor heute darstellt:

35
Rechtsfolge der Eigentumseinschränkung

2. Die Entschädigungspflicht bei Enteignungen

Dogmatische Grundlage für die Entschädigungspflicht bei Enteignungen ist nach zutreffender Auffassung Art. 5 StGG selbst[86]. Bei der Bemessung der Entschädigung sind freilich die Vorteile zu berücksichtigen, die für den Enteigneten mit der Realisierung des Eigentumszwecks verbunden sind. In der Lehre umstritten war die Frage, ob sich das Gebot der Entschädigung bei Enteignungen an den Gesetzgeber richtet oder ob Art. 5 StGG direkt oder in Verbindung mit anderen anwendbaren Rechtsvorschriften eine Grundlage für entsprechende Entschädigungsleistungen bietet[87].

36
Dogmatische Grundlage

Auf dem Boden der Entscheidung des Verfassungsgerichtshof zur zweckverfehlenden Enteignung[88] wird man wohl den Standpunkt einzunehmen haben, daß sich die Verpflichtung zur angemessenen Schadloshaltung aus dem Grundrecht selbst ergibt. Da die Zweckbindung jeder Enteignung und damit auch die Verpflichtung zur Rückgängigmachung der Enteignung bei Nichtverwirklichung des Zwecks im Grundrecht selbst angelegt sei, ergebe sich – so entschied der Verfassungsgerichtshof damals – daß sich die Rückübereig-

37
Grundrechtliche Rückübereignungsverpflichtung

---

84 Vgl. etwa VfSlg 8233/1978 oder 14.723/1997.
85 Vgl. die Aufarbeitung bei *Korinek*, in: ders./Holoubek, Bundesverfassungsrecht (LitVerz.), Art. 5 StGG, RN 42 ff., sowie jüngst VfSlg 16.636/2002.
86 Vgl. (m.w.H.) *Korinek*, in: ders./Holoubek, Bundesverfassungsrecht (LitVerz.), Art. 5 StGG, RN 46.
87 Für jene Auffassung: *Spielbüchler* (FN 69), RN 8 f. zu § 365; ebenso *Berka*, Die Grundrechte (LitVerz.), RN 738; für diese insb. *Aicher* (FN 47), S. 54 ff.; *Peter Rummel*, in: ders./Josef Schlager, Enteignungsentschädigung, 1981, S. 35 f.
88 VfSlg 8981/1980.

nungsverpflichtung ebenfalls aus dem Grundrecht selbst ergebe. Zwar sei es dem Gesetzgeber möglich, nähere Regelungen über die Rückgängigmachung der Enteignung vorzusehen, sofern er dem Berechtigten damit nicht unzumutbare Hindernisse in den Weg lege, aber die Verpflichtung selbst ergebe sich schon aus der grundrechtlichen Gewährleistung.

38
Grundrechtliche Entschädigungspflicht

Gleiches hat wohl für die Entschädigung bei Enteignungen zu gelten: Wenn und weil in der Eigentumsgarantie des Art. 5 StGG die Rechtsfolge „Entschädigung für den Fall der Enteignung" grundgelegt ist, ist auch im Fall der Enteignung eine in Art. 5 StGG selbst wurzelnde Entschädigungspflicht anzunehmen.

39
Angemessene Schadloshaltung

Bindung an Strukturprinzipien des Art. 5 StGG

Freilich läßt sich aus der grundrechtlichen Verbürgung nur das „Ob", nicht aber auch das konkrete Ausmaß der angemessenen Schadloshaltung bestimmen. Angemessene Schadloshaltung ist somit kraft Art. 5 StGG zu gewähren und hat sich am Wert des entzogenen Rechts zu orientieren. Das konkrete Ausmaß der angemessenen Entschädigung festzulegen, ist innerhalb der verfassungsrechtlichen Grenzen Sache des einfachen Gesetzes. Hierfür wie auch zum Erlaß näherer Regelungen über die Zuständigkeit und das Verfahren der Entschädigung ist der jeweilige Materiengesetzgeber zuständig, wobei er an die Strukturprinzipien des Art. 5 StGG gebunden ist. Wenn das Gesetz aber keine entsprechenden Regelungen vorsieht, so ist diese Regelungslücke in verfassungskonformer Interpretation in der Weise zu schließen, daß die sachnächsten gesetzlichen Regelungen analog anzuwenden sind[89].

40
Bestandteil der Verhältnismäßigkeitsprüfung

Anders begründen die Straßburger Konventionsorgane den Entschädigungsanspruch bei Enteignungen: Sie sehen die Frage der Enteignungsentschädigung als Bestandteil der Verhältnismäßigkeitsprüfung. Entschädigungen können einen „gerechten Ausgleich" schaffen; eine Enteignung ohne angemessene Entschädigung bewirkt in der Regel einen exzessiven Eingriff in das Eigentumsgrundrecht[90].

3. Die Entschädigungspflicht bei Eigentumsbeschränkungen

a) Verankerung im Gleichheitsgrundsatz

41
Grenze zur Entschädigungspflicht

Es gibt eine große Zahl von bloßen Eigentumsbeschränkungen und Eigentumsbelastungen, die die Eigentümer entschädigungslos hinzunehmen haben. Andererseits können Eigentumsbeschränkungen in ihrer Wirkung derart

---

89 Art 13 Verwaltungsentlastungsgesetz (BGBl 277/1925), der die Anwendung des Eisenbahnenteignungsgesetzes auf gesetzlich nicht näher geregelte Enteignungs- und Entschädigungsverfahren anordnete und sich als Grundlage für die aus verfassungskonformer Sicht gebotene Analogie geradezu anbot (in diesem Sinn *OGH* EvBl 1976/624 sowie JBl 1977, S. 239), wurde mit Art. 6 der Verwaltungsverfahrensnovelle (BGBl I 137/2001) mit Wirkung ab 1.1.2007 aufgehoben.

90 Vgl. näher und m.w.H. *Grabenwarter*, EMRK (LitVerz.), § 25 RN 15 ff. Dem folgt auch ein Teil der jüngeren österreichischen Lehre, so etwa *Öhlinger*, Eigentum und Gesetzgebung, in: Machacek/Pahr/Stadler, Grund- und Menschenrechte (LitVerz.), Bd. II, S. 643 (686 f.), und *Michael Holoubek*, Grundrechtliche Gewährleistungspflichten, 1997, S. 192 f. Zur verfassungsgerichtlichen Judikatur s. *Korinek*, in: ders./Holoubek, Bundesverfassungsrecht (LitVerz.), Art. 1 1. ZP EMRK, RN 16 ff.

intensiv sein, daß sich auch für sie die Entschädigungsfrage stellt. Die Lehre bemüht sich seit Jahrzehnten um eine Grenzziehung zwischen entschädigungslos hinzunehmenden und entschädigungspflichtigen Eigentumsbeschränkungen[91]. Dabei haben sich in Österreich die Thesen von der „materiellen Enteignung" bzw. vom „enteignungsgleichen Eingriff" letztlich nicht durchsetzen können; vielmehr ist die österreichische Dogmatik in dieser Frage hauptsächlich von gleichheitsrechtlichen Überlegungen geleitet:

Der Grund für die Entschädigungspflicht liegt im Erfordernis der Verhältnismäßigkeit jeder Eigentumseinschränkung. Denn leugnete man die Entschädigungspflichtigkeit bei gravierenden Eigentumsbeschränkungen, so unterstellte man dem Verfassungsgesetzgeber eine sachlich nicht zu rechtfertigende Differenzierung innerhalb der Eigentumseingriffe, nämlich zwischen entschädigungspflichtigen Enteignungen und gleich oder ähnlich belastenden Eigentumsbeschränkungen, die entschädigungslos bleiben dürften. Der Hinweis auf die Unsachlichkeit einer solchen formalen Betrachtung der Entschädigungspflicht zeigt, daß man die Entschädigungspflicht für Eigentumsbeschränkungen auch im Gleichheitsgrundsatz verankert sehen kann. Diesen Weg geht die verfassungsgerichtliche Judikatur[92]. Ihr liegt die Idee von der Sonderopfertheorie[93] zugrunde: Wenn eine Eigentumseinschränkung dem Eigentümer ein besonders gravierendes Opfer zugunsten der Allgemeinheit abverlangt, ihn also in sachlich nicht zu rechtfertigender und unverhältnismäßiger Weise stärker belastet, als im allgemeinen Personen zugunsten des öffentlichen Wohls belastet sind, kann dies vor dem Gleichheitsgrundsatz nur Bestand haben, wenn diese Sonderbelastung ausgeglichen wird. Denn der Gleichheitsgrundsatz verlangt nicht nur, daß eine Regelung, die eine rechtliche Ungleichbehandlung bewirkt, auf einem vernünftigen Grund beruhen muß, sondern auch, daß sie sonst sachlich gerechtfertigt, das heißt verhältnismäßig zu sein hat[94].

42
Verhältnismäßigkeit als Abgrenzungskriterium

Sonderopfer

b) Entschädigungspflichtige und entschädigungslose Eingriffe

Damit ist aber die Frage noch nicht beantwortet, wo die Grenze zwischen jenen Eigentumsbeschränkungen liegt, die entschädigungslos hingenommen werden müssen und jenen, die für den Eigentümer so belastend sind, daß sie ohne Ausgleich durch eine Entschädigung unverhältnismäßig wären. Die Lehre hat sich um diese Abgrenzung von unterschiedlichen Ansätzen her bemüht[95]. Betrachtet man alle diese Versuche der Grenzziehung, erkennt man, daß die Grenze zwischen den beiden Gruppen allgemein nicht scharf beschrieben werden kann. Die rechtswissenschaftliche Analyse muß sich

43
Abgrenzungsauftrag an die Rechtspraxis

---

91 Vgl. die Hinweise bei *Korinek* aaO., Art. 5 StGG, RN 49 ff.
92 Vgl. grundlegend *VfSlg* 7759/1976 (sowie ÖZW 1977, S. 25 ff. mit Kommentar von *Karl Korinek*) sowie aus der späteren Judikatur insb. *VfSlg* 10.841/1986, 13.006/1992 oder 16.455/2002.
93 Vgl. die zusammenfassende Darstellung bei *Korinek*, Grundlagen (FN 48), S. 3 (37 ff.).
94 Vgl. etwa *Holoubek*, Die Sachlichkeitsprüfung des allgemeinen Gleichheitsgrundsatzes, ÖZW 1991, S. 72 ff., insb. 77 ff.
95 Vgl. die zusammenfassende Darstellung bei *Aicher*, Verfassungsrechtlicher Eigentumsschutz und Enteignung, Verhandlungen des 9. Österreichischen Juristentages, Bd. I/1, 1985, S. 19 ff.; vgl. auch die Hinweise bei *Korinek*, in: ders./Holoubek, Bundesverfassungsrecht (LitVerz.), Art. 5 StGG, RN 51.

daher beschränken, der Rechtspraxis, also sowohl dem Gesetzgeber als auch der Rechtsprechung, deren Aufgabe die Grenzziehung im konkreten Einzelfall ist, mögliche Abgrenzungskriterien an die Hand zu geben, also „Gesichtspunkte herauszuarbeiten, die bei der Bewältigung dieser Wertungsfrage sinnvoller Weise zu berücksichtigen sind"[96]. Von Bedeutung werden dabei verschiedene Aspekte sein, die in Form einiger Fragen deutlich gemacht werden können:

44
Abgrenzung in Prüffragen

– Bewirkt die Eigentumsbeschränkung eine prinzipielle Änderung und weitgehende Reduzierung der mit dem Eigentum verbundenen Ausübungsbefugnisse oder schließt sie gar eine sinnvolle privatnützige Gebrauchnahme von Eigentum praktisch aus?
– Trifft die Eigentumsbeschränkung einen einzelnen oder eine kleine Gruppe (was für sich noch nicht Entschädigungspflicht bewirkt, aber als Indiz gedeutet werden kann)?
– Trifft die Eigentumsbeschränkung den Eigentümer im Hinblick auf Gewicht und Dauer der Belastung (aber auch im Hinblick auf seine bisherige Nutzung des Eigentums) mit besonderer Intensität?
– Bewirkt die Eigentumsbeschränkung einen erheblichen Vermögensverlust für den Eigentümer?
– Trifft die Eigentumsbeschränkung den Eigentümer in unvorhersehbarer oder zumindest nicht kalkulierbarer Weise?

45
Maßgeblichkeit des Gesamtbildes

Die konkrete Abgrenzung wird von den Rechtsanwendungsorganen also unter den genannten (und nach Lage des Falles möglicherweise noch unter weiteren) Aspekten vorzunehmen sein und für die Antwort auf die Frage, ob in concreto Entschädigungspflicht gegeben ist oder nicht, wird unter den verschiedenen Aspekten auf das Gesamtbild abzustellen sein[97].

c) Ergebnis

46
Entschädigung bei gravierenden Eigentumsbeschränkungen

Resümierend ist also festzuhalten, daß die Verfassung – qua Gleichheitsgrundsatz – eine Entschädigung bei gravierenden Eigentumsbeschränkungen vorschreibt und sich aus Überlegungen systematischer und teleologischer Natur auch Anhaltspunkte für die Beantwortung der Frage gewinnen lassen, wann eine Eigentumsbeschränkung ein solches Gewicht hat, daß sie zu dieser Rechtsfolge zwingt. Mehr kann die Verfassungsdogmatik nicht leisten: Weder ist sie in der Lage, eine allgemein gültige scharfe Grenze anzugeben, noch kann aus der Verfassung selbst ein Entschädigungsanspruch eines durch eine gravierende Eigentumsbeschränkung betroffenen Eigentümers abgeleitet

---

[96] *Rill* (FN 52), in: VVDStRL 51 (1992), S. 177 (199). Dem liegt der theoretische Gedanke des beweglichen Systems zugrunde, den *Walter Wilburg* (Entwicklung eines beweglichen Systems im bürgerlichen Recht, 1950) erstmals entwickelt hat. Zur grundsätzlichen Anwendbarkeit dieses Gedankens im öffentlichen Recht vgl. *Karl Korinek*, Der gewerberechtliche Industriebegriff nach Wilburgs beweglichem System, in: Hermann Baltl (Hg.), FS Walter Wilburg, 1975, S. 163 ff.; *dens.*, Das bewegliche System im Verfassungs- und Verwaltungsrecht, in: Franz Bydlinski u.a. (Hg.), Das bewegliche System im geltenden und künftigen Recht, 1986, S. 243 ff. Konkret für die hier zu behandelnde Fragestellung: *ders.*, Verfassungsrechtlicher Eigentumsschutz und Raumplanung, 1977, S. 43.
[97] Vgl. *Korinek*, in: ders./Holoubek, Bundesverfassungsrecht (LitVerz.), Art. 5 StGG, RN 52 (m.w.H.).

werden, und schon gar nicht ist es möglich, direkt aus verfassungsrechtlichen Normen konkrete Berechnungsgrundsätze für Entschädigungsleistungen abzuleiten.

Während der Europäische Gerichtshof für Menschenrechte die Verhältnismäßigkeitsprüfung auch im Hinblick auf die Entschädigungspflicht nach einem sehr groben Maßstab vornimmt und bislang in einer mangelnden Entschädigung für bloße Eigentumsbeschränkungen noch nie einen Verstoß gegen Art. 1 des 1. ZP EMRK erblickt hat[98], mißt der Verfassungsgerichtshof in seiner jüngeren Judikatur genauer nach: So hat er etwa entschieden, daß auch im besonderen öffentlichen Interesse gelegene Verpflichtungen, die mit einer erheblichen Vermögensbelastung verbunden sind, einem Liegenschaftseigentümer nur auferlegt werden dürfen, wenn ihm dies unter Bedachtnahme auf das Prinzip der Verhältnismäßigkeit wirtschaftlich zumutbar ist; deshalb seien solche Eigentumsbeschränkungen als unzulässig anzusehen, wenn sie nicht durch eine angemessene Entschädigung ausgeglichen würden[99]. Ganz in diese Richtung geht auch eine Entscheidung, nach der eine zwangsweise Einziehung von Partizipationskapital an Kreditunternehmungen unter dem Gesichtspunkt des Eigentumsschutzes nur unter der Voraussetzung zulässig ist, daß dafür eine Entschädigung gewährt wird und diese sich nicht „als unangemessen niedrig" erweist[100].

47
Wirtschaftliche Zumutbarkeit

Keine unangemessen niedrige Entschädigung

VI. Die Wirkrichtung des Grundrechts

1. Die Bindung des Gesetzgebers

Das Grundrecht der Unverletzlichkeit des Eigentums untersagt dem Staat Eingriffe in die grundrechtlich gewährleistete Freiheit (und gewährt den Grundrechtsträgern dazu korrespondierende verfassungsgesetzlich gewährleistete Rechte). Es wendet sich primär an den Gesetzgeber, der für einen entsprechenden Schutz der individuellen Freiheit zu sorgen und das Institut des Eigentums entsprechend auszugestalten hat, wobei er auch organisatorische und verfahrensmäßige Vorkehrungen für seine Durchsetzbarkeit zu treffen hat. Diese Gewährleistungspflicht[101] verpflichtet den Gesetzgeber zur Ausgestaltung der Eigentumsordnung im Sinn des vom Verfassungsgesetzgeber vorgefundenen am Grundsatz der Privatnützigkeit orientierten Leitbildes bzw. zur Erhaltung und Bewahrung einer in diesem Sinn bereits ausgestalteten einfachgesetzlichen Rechtslage[102].

48
Gesetzgeberischer Ausgestaltungsauftrag

Leitbild

---

98 Vgl. *Korinek* aaO., Art. 1 1. ZP EMRK, RN 19.
99 *VfSlg* 13.587/1993 und 16.455/2002.
100 *VfSlg* 16.636/2002.
101 Dazu allgemein → oben *Kucsko-Stadlmayer*, Die allgemeinen Strukturen der Grundrechte, § 187; speziell für den Eigentumsschutz *Korinek*, in: ders./Holoubek, Bundesverfassungsrecht (LitVerz.), Art. 5 StGG, RN 60 f.
102 So *Öhlinger*, in: Machacek/Pahr/Gerhard Stadler, Grund- und Menschenrechte (LitVerz.), Bd. II, S. 643 (661). Zum Grundsatz der Privatnützigkeit *Berka*, Die Grundrechte (LitVerz.), RN 744. Zur inhaltlichen Seite dieser Gewährleistungspflicht näher *Korinek* aaO., Art. 5 StGG, RN 61.

2. Bindung der Vollziehung

49
Verbot verfassungswidriger Eingriffe

Das Grundrecht der Unverletzlichkeit des Eigentums verbietet der Verwaltung gesetzlose Eigentumseingriffe ebenso wie Eigentumseingriffe, die auf Gesetzen beruhen, welche den verfassungsrechtlichen Anforderungen für einen Eingriff in das Eigentum nicht entsprechen. Das bedeutet, daß ein in das Eigentum eingreifender Bescheid der Verfassung widerspricht[103],

Fehlende oder verfassungswidrige Gesetzesgrundlage

– wenn er gesetzlos ist: Das ist sowohl dann der Fall, wenn sich der Bescheid auf ein Gesetz überhaupt nicht zu stützen vermag, wie auch dann, wenn er eine gesetzliche Grundlage nur zum Schein heranzieht, sich also auf ein Gesetz zu berufen sucht, auf das der Eingriff nach den Denkgesetzen keinesfalls gestützt werden kann[104];

– wenn er sich auf ein verfassungswidriges Gesetz stützt; dabei macht jede Verfassungswidrigkeit einer gesetzlichen Vorschrift, die einem in das Eigentum eingreifenden Bescheid zugrunde liegt, diesen verfassungswidrig; es muß sich also nicht um einen Widerspruch zum Eigentumsgrundrecht selbst handeln, vielmehr wirkt sich jede Verfassungswidrigkeit, etwa auch eine Kompetenzwidrigkeit einer gesetzlichen Grundlage des Bescheides in dieser Weise aus;

Verfassungswidrige Anwendung

– wenn er auf einer Gesetzesbestimmung beruht, die zwar objektiv verfassungsmäßig ist, von der belangten Behörde aber in verfassungswidriger Weise angewendet wurde, und zwar so, daß die Behörde der Bestimmung einen Inhalt beigemessen hat, der diese Bestimmung, hätte sie tatsächlich diesen Inhalt, als dem Grundrecht des Eigentumsschutz widersprechend verfassungswidrig machen würde[105]. In einem solchen Fall kommt es also zur Aufhebung des Bescheides, wenn die belangte Behörde bei dessen Erlassung eine mögliche verfassungskonforme Interpretation unterlassen hat.

3. Drittwirkung

50
Dreifache Ausprägung

Die Wirkung des Eigentumsgrundrechts auf das Verhältnis der rechtsunterworfenen Privaten untereinander (Drittwirkung)[106] zeigt sich in dreifacher Weise: Das Grundrecht wirkt zum einen – freilich nur für den „echten" Privaten – privatautonomiebegründend[107], zum anderen wirkt es auf den gesetzlichen Rahmen für das privatautonome Handeln sowie auf dessen Auslegung

---

103 Vgl. *Barfuß,* in: Machacek/Pahr/Stadler, Grund- und Menschenrechte (LitVerz.), Bd. II, S. 689 (S. 702 ff.).
104 Sog. „denkunmögliche Gesetzesanwendung"; vgl. dazu näher *Spielbüchler,* Grundrechte und Grundrechtsformel, in: Oswin Martinek (Hg.), FS Hans Floretta, 1983, S. 293 ff.
105 Diese Fallkonstellation wurde zunächst als eine solche der Kategorie der „Denkunmöglichkeit" behandelt; erst in der späteren Judikatur hat der Verfassungsgerichtshof diese Kategorie als eigene Fallkonstellation entwickelt: VfSlg. 10.386/1985, 11.401/1987, 13.587/1993 u.v.a. Grundlegend dazu *Spielbüchler* aaO., S. 305 ff.
106 Vgl. dazu allgemein → oben *Kucsko-Stadlmayer,* Die allgemeinen Strukturen der Grundrechte, § 187, und *Berka,* Die Grundrechte (LitVerz.), RN 222 ff. (m.w.H.).
107 Vgl. oben bei FN 53 und 54.

und Anwendung (mittelbare Drittwirkung)[108] und zum dritten wirkt es auf das privatautonome Handeln selbst: Es ermöglicht den Privaten nämlich überall dort, wo zwingende gesetzliche Vorschriften nicht im Wege stehen, nach eigenem Wollen zu handeln und insbesondere über ihr Eigentum zu verfügen.

D. Das Grundrecht der Erwerbsfreiheit

I. Allgemeines

1. Der persönliche Schutzbereich

Art. 6 StGG gewährleistet jedem Staatsbürger, „unter den gesetzlichen Bedingungen jeden Erwerbszweig" auszuüben[109]. Dieses Grundrecht ist also bloß österreichischen Staatsbürgern, mangels einer korrespondierenden Grundrechtsverbürgung in der Europäischen Menschenrechtskonvention oder einer anderen in Verfassungsrang stehenden Rechtsvorschrift nicht auch Fremden gewährleistet. Bürger der Europäischen Union und des Europäischen Wirtschaftsraums werden allerdings vom überwiegenden Teil der Lehre aufgrund des gemeinschaftsrechtlichen Diskriminierungsverbotes österreichischen Staatsbürgern gleichgestellt[110].

51 Österreichische Staatsbürger

EU- und EWR-Bürger

Träger des Grundrechts können nach einheitlicher Auffassung in Literatur und Judikatur auch juristische Personen sein. Nach der hier vertretenen Ansicht können sich auch erwerbswirtschaftlich tätige Unternehmungen der öffentlichen Hand auf das Grundrecht berufen[111], doch werden öffentliche Einrichtungen, die ohne Ertragsabsicht öffentliche Aufgaben wahrzunehmen haben, durch dieses Grundrecht nicht geschützt[112].

52 Juristische Personen

2. Der sachliche Schutzbereich

Das Grundrecht der Erwerbsfreiheit gewährleistet die Freiheit des Antritts, der Ausübung und der Beendigung aller – nicht nur gewerblicher oder freiberuflicher – Tätigkeiten, die auf einen wirtschaftlichen Ertrag gerichtet sind[113]. Die Befugnis zur Wahrnehmung von öffentlichen Aufgaben fällt aber nur

53 Antritt, Ausübung und Beendigung ertragsorientierter Tätigkeit

---

108 Vgl. dazu etwa *Karl Korinek/Michael Holoubek*, Grundlagen staatlicher Privatwirtschaftsverwaltung, 1993, S. 142 f.
109 Vgl. insb. *Grabenwarter*, in: Machacek/Pahr/Stadler, Grund- und Menschenrechte (LitVerz.), Bd. II, Art. 6 StGG, S. 553 ff.; *Eva Schulev-Steindl*, Wirtschaftslenkung und Verfassung, 1996, S. 109 ff.; *Berka*, Die Grundrechte (LitVerz.), RN 745 ff., und *Bernhard Raschauer*, Grundriss des österreichischen Wirtschaftsrechts, ²2003, RN 178 ff.
110 Vgl. oben FN 15; a.A. allerdings *Raschauer* aaO., RN 178.
111 Vgl. etwa *Adamovich/Funk/Holzinger*, Staatsrecht III (LitVerz.), S. 21; anders *Berka*, Die Grundrechte (LitVerz.), RN 173. Vgl. zum Eigentumsschutz *Korinek*, in: ders./Holoubek, Bundesverfassungsrecht (LitVerz.), Art. 5 StGG, RN 22 ff. (m.w.H.).
112 *Raschauer*, Grundriss (FN 109), RN 178.
113 *Schulev-Steindl* (FN 109), S. 111 (m.w.H.).

§ 196 *Dreizehnter Teil: II. Einzelgrundrechte*

dann in den Schutzbereich des Grundrechts, wenn mit der Aufgabenerfüllung eine über eine bloße Aufwandsentschädigung hinausgehende Erwerbstätigkeit verbunden ist[114].

54
Kein Schutz von Reflexen des Erwerbs

Der Grundrechtsschutz besteht gegenüber Maßnahmen, die auf die Einschränkung verbürgter Freiheiten gerichtet sind, nicht aber gegenüber solchen, die bloß faktisch, als Nebenwirkung oder Reflex eine Erwerbstätigkeit erschweren oder verhindern[115].

II. Die Rechtfertigung von Eingriffen

1. Allgemeines

55
Wesensgehaltssperre

Ein Eingriff in das Grundrecht der Erwerbsausübungsfreiheit ist dann verfassungswidrig, wenn er nicht gerechtfertigt ist. Den in Art. 6 StGG enthaltenen formalen Gesetzesvorbehalt verstand der Verfassungsgerichtshof lange Zeit als weitgehende Ermächtigung des einfachen Gesetzgebers, das Grundrecht näher auszugestalten und auch zu begrenzen; die gesetzgeberische Freiheit war nach dieser älteren Rechtsprechung des Verfassungsgerichtshof nur durch eine Wesensgehaltssperre begrenzt[116]; eine Verletzung sah der Gerichtshof in der Regel erst dann als gegeben an, wenn das Gesetz in seiner Wirkung einer Aufhebung des Grundrechts gleichkam oder zu einer Aushöhlung des Grundrechts führte[117].

56
Differenzierte Schrankenrechtfertigung

Diese Auffassung stieß in der Lehre zunehmend auf Widerspruch, die eine materielle Sicht auch der formal formulierten Gesetzesvorbehalte postulierte[118]. Dem folgte der Verfassungsgerichtshof insofern, als er seit 1984 ein „inhaltlich differenzierendes Verständnis dieses Grundrechts" entwickelte[119]. In inzwischen ständiger Rechtsprechung hält der Verfassungsgerichtshof fest, daß gesetzliche die Erwerbsausübungsfreiheit beschränkende Regelungen nur zulässig sind, wenn sie durch ein öffentliches Interesse geboten, zur Zielerreichung geeignet, dieser adäquat und auch sonst sachlich zu rechtfertigen sind[120].

---

114 Vgl. *Grabenwarter*, in: Machacek/Pahr/Stadler, Grund- und Menschenrechte (LitVerz.), Bd. II, Art. 6 StGG, S. 611 (mit Judikaturhinweisen).
115 Vgl. *H. Mayer*, Bundes-Verfassungsrecht (LitVerz.), S. 599. Eingehend zum Vorliegen eines Grundrechtseingriffs und zur Abgrenzung vom Nichteingriff *Schulev-Steindl* (FN 109), S. 133 ff.
116 Z.B. *VfSlg* 3929/1961, 8981/1989.
117 Vgl. etwa *VfSlg* 6116/1970, 7770/1976.
118 Vgl. insb. *Karl Korinek*, Das Grundrecht der Freiheit der Erwerbsbetätigung als Schranke für die Wirtschaftslenkung, in: ders. (Hg.), FS Karl Wenger, 1983, S. 243 (249 ff. m.w.H.).
119 So *Raschauer*, Grundriß (FN 109), RN 180.
120 Vgl. *Grabenwarter*, in: Machacek/Pahr/Stadler, Grund- und Menschenrechte (LitVerz.), Bd. II, Art. 6 StGG, S. 553 (562 f.), und aus der Judikatur etwa *VfSlg* 11.483/1987, 12.094/1989. Vgl. des näheren die Aufarbeitung dieser Judikatur bei *Grabenwarter* aaO., S. 563 ff., und *Schulev-Steindl* (FN 109), S. 141 ff.

2. Die Elemente der Rechtfertigung

a) Das öffentliche Interesse

Beschränkungen der Erwerbsausübungsfreiheit sind nur zulässig, wenn sie einem öffentlichen Interesse dienen. Bei der Festlegung des zu verfolgenden öffentlichen Interesses räumt der Verfassungsgerichtshof dem Gesetzgeber einen relativ weiten Gestaltungsspielraum ein. So heißt es etwa in einer Entscheidung aus dem Jahr 1987: „Dem einfachen Gesetzgeber ist bei der Entscheidung, welche Ziele er mit seinen Regelungen verfolgt, innerhalb der Schranken der Verfassung ein weiter rechtspolitischer Gestaltungsspielraum eingeräumt. Der Verfassungsgerichtshof hat nicht zu beurteilen, ob die Verfolgung eines bestimmten Zieles etwa aus wirtschaftspolitischen oder sozialpolitischen Gründen zweckmäßig ist. Er kann dem Gesetzgeber nur entgegentreten, wenn dieser Ziele verfolgt, die keinesfalls als im öffentlichen Interesse liegend anzusehen sind"[121]. In der Lehre wurde dies mit dem Begriff der „Vertretbarkeitskontrolle"[122] umschrieben. Unzulässig wären aber etwa Regelungen, die anderen Grundrechtsverbürgungen oder gemeinschaftsrechtlichen Freiheiten diametral entgegenliefen[123]; aber auch eine Beschränkung des Wettbewerbs um ihrer selbst Willen ist unzulässig[124].

57 Weiter legislativer Gestaltungsspielraum

„Vertretbarkeitskontrolle"

b) Die Eignung

Beschränkungen der Erwerbsfreiheit müssen für die Erreichung der vom Gesetzgeber verfolgten Ziele geeignet sein, wobei dem Gesetzgeber freilich ein Prognosespielraum zukommt[125]. Der Verfassungsgerichtshof prüft dabei bloß – aber immerhin – die Plausibilität der Annahmen nach[126]. Aber auch dieser Prüfung fielen manche Regelungen zum Opfer. So erwies sich die objektive Zugangsschranke einer Bedarfsprüfung für das Ziel, „eine möglichst sichere und möglichst angenehme Taxifahrt zu gewährleisten", ebenso als untauglich[127], wie ein Werbeverbot für Kontaktlinsenoptiker ungeeignet erschien, gesundheitspolitische Anliegen zu realisieren[128].

58 Legislativer Prognosespielraum

c) Die Verhältnismäßigkeit (Adäquanz)

Soweit ein Eingriff in die Erwerbsfreiheit durch ein öffentliches Interesse gerechtfertigt ist, muß die Regelung auf die grundsätzlich verbürgte Freiheit Bedacht nehmen; der Eingriff ist nur auf die Art und in dem Umfang zulässig,

59 Öffentliches Interesse als Eingriffsgrenze

---
121 VfSlg 11.483/1987. Vgl. dazu näher *Grabenwarter* aaO., Art. 6 StGG, S. 553 (599 ff.).
122 Vgl. *Korinek* (FN 81), S. 114 ff.
123 *Raschauer*, Grundriß (FN 109), RN 182.
124 VfSlg 12.094/1989.
125 Vgl. *Grabenwarter*, in: Machacek/Pahr/Stadler, Grund- und Menschenrechte (LitVerz.), Bd. II, Art. 6 StGG, S. 553 (601 ff., 610), und *Schulev-Steindl* (FN 109), S. 152 ff.
126 VfSlg 13.725/1994. Handelt es sich um ein „an sich taugliches Mittel" (VfSlg 11.558/1987) oder zumindest um ein „zur Zielerreichung nicht absolut untaugliches" (VfSlg 12.379/1990), nimmt der Gerichtshof jedoch die Eignung an.
127 VfSlg 10.932/1986.
128 VfSlg 10.718/1985.

Übermaßverbot	als dies durch das öffentliche Interesse gerechtfertigt ist[129], in der Terminologie des Verfassungsgerichtshofs: der Zielerreichung adäquat ist. Der Eingriff darf also nicht übermäßig[130] sein; in die grundrechtlich verbürgte Freiheit darf nicht unverhältnismäßig eingegriffen werden[131].
60 Erforderlichkeit als Teil der Adäquanzprüfung	In der Lehre wird zum Teil die Ansicht vertreten, daß es sich „um das gelindeste zum Ziel führende Mittel" handeln muß[132], es wird mitunter in diesem Sinn von der Prüfung der „Erforderlichkeit" gesprochen[133]. Die Judikatur des Verfassungsgerichtshofs ist indes anders, stünde eine solche Auffassung doch in Widerspruch zu dem der Grundrechtsjudikatur zugrunde liegenden Prinzip der rechtspolitischen Gestaltungsfreiheit des Gesetzgebers; diesen sieht der Verfassungsgerichtshof nur dann als verletzt an, wenn der Eingriff unverhältnismäßig oder sachlich nicht zu rechtfertigen ist[134]. Die Prüfung der Erforderlichkeit ist daher ein Teil der Adäquanzprüfung.
61 Abwägung	Die Prüfung der Adäquanz einer gesetzlichen Regelung, durch die das Grundrecht eingeschränkt wird, erfordert eine Abwägung zwischen der Schwere des Eingriffs und dem Gewicht der ihn rechtfertigenden Interessen[135].
62 Schwere des Eingriffs	Die Schwere des Eingriffs ist abhängig von den Folgen der gesetzlichen Maßnahmen auf die Grundrechtsposition des Betroffenen. In alle Regel greifen objektive Beschränkungen für den Erwerbsantritt (wie Kontingentierungen, Bedarfsprüfungen oder Gebietsschutzregelungen) schwerer in die Grundrechtsposition ein als subjektive Erwerbsausübungsschranken (wie Befähigungsnachweise oder Ausbildungsvorschriften) oder Ausübungsbeschränkungen (wie Regelungen über die Preisfestsetzung, über die zulässigen Offenhaltezeiten oder Vertriebsbeschränkungen und Werbebeschränkungen)[136]. Freilich können Erwerbsausübungsbeschränkungen in ihrem Gewicht einer Antrittsbeschränkung gleichkommen; daher formuliert der Verfassungsgerichtshof, daß der Gestaltungsspielraum des Gesetzgebers größer ist, „weil und insoweit"[137] durch Ausübungsregelungen der Eingriff in die grundrechtlich geschützte Rechtssphäre weniger gravierend ist, als bei Vorschriften, die den Erwerbsantritt überhaupt beschränken.

---

129 *Raschauer*, Grundriß (FN 109), RN 183, unter Hinweis auf die Grundlegung durch *Korinek*, Gedanken zur Lehre vom Gesetzesvorbehalt bei Grundrechten, in: FS Adolf Merkl, 1970, S. 171 ff.
130 *Korinek* (FN 118), S. 249 ff.; grundlegend dafür *Peter Lerche*, Übermaß und Verfassungsrecht, 1961, insb. S. 32.
131 Vgl. *Berka*, Die Grundrechte (LitVerz.), RN 759, und näherhin *Grabenwarter*, in: Machacek/Pahr/Stadler, Grund- und Menschenrechte (LitVerz.), Bd. II, Art. 6 StGG, S. 553 (602 ff.), und *Schulev-Steindl* (FN 109), S. 158 ff.
132 So explizit *Raschauer*, Grundriß (FN 109), RN 183.
133 Vgl. etwa *Grabenwarter*, in: Machacek/Pahr/Stadler, Grund- und Menschenrechte (LitVerz.), Bd. II, Art. 6 StGG, S. 553 (602), und vor allem *Schulev-Steindl* (FN 109), S. 155 ff.
134 Vgl. die Diskussion zwischen *Öhlinger*, Die Grundrechte in Österreich, EuGRZ 1982, S. 216 (224), und *Korinek* (FN 118), S. 250.
135 Vgl. etwa *VfSlg* 11.483/1987.
136 Vgl. *Grabenwarter*, in: Machacek/Pahr/Stadler, Grund- und Menschenrechte (LitVerz.), Bd. II, Art. 6 StGG, S. 553 (603 f.) und die Judikatur im einzelnen nachzeichnend S. 563 ff.
137 Vgl. *Schulev-Steindl* (FN 109), S. 157 f.

Als rechtfertigende Gründe kommen die unterschiedlichsten öffentlichen Interessen in Betracht. Diese müssen keineswegs ihrerseits auf verfassungsgesetzliche Gewährleistungen zurückzuführen sein; anders als die herrschende deutsche Lehre, die in der Regel eine Beschränkung nur im Interesse anderer verfassungsgesetzlich geschützter Rechtsgüter als zulässig ansieht, reicht nach der in Österreich herrschenden Auffassung jedes im Allgemeininteresse liegende Schutzgut als legitimierender Zweck[138]. Eine Analyse der Judikatur[139] zeigt, daß etwa Interessen des Gesundheitsschutzes, des Umweltschutzes, des Konsumentenschutzes oder der Versorgung der Bevölkerung mit bestimmten Gütern oder Dienstleistungen ebenso als rechtfertigende Gründe in Betracht kommen wie sozial- oder familienpolitische Ziele oder das volkswirtschaftliche Interesse an der Sicherung des Funktionierens von Betrieben in volkswirtschaftlichen Schlüsselbranchen[140].	**63** Öffentliche Interessen Beispiele aus der Judikatur
Der Vorgang der Abwägung selbst kann kaum allgemein beschrieben werden; zu sehr bestimmt die – je und je unterschiedliche – konkrete Konstellation den Abwägungsvorgang. Allgemein kann gesagt werden: Je intensiver die Beschränkung der Erwerbsausübung, desto gewichtiger müssen die rechtfertigenden öffentlichen Interessen sein[141]. Zur Vorbereitung der Abwägungsentscheidung sucht sich der Gerichtshof den notwendigen differenzierten Sachverstand des jeweiligen Regelungsbereiches anzueignen; auch ist die pluralistische Zusammensetzung[142] des Gerichtshofs zweifellos von beachtlicher Bedeutung. Auch werden im Verfahren mit den Parteien häufig Alternativen erörtert, nicht, um eine bestimmte gesetzgeberische Entscheidung vorwegzunehmen, sondern um zu kontrollieren, ob weniger gravierende Eingriffe in die grundrechtlich geschützten Freiheiten ähnliche Schutzwirkungen entfalten können.	**64** Abwägungsvorgang

III. Die Sphäre der Wirtschaft und die Sphäre des Staates

Insgesamt wird durch das Grundrecht der Erwerbsfreiheit ein System der Wettbewerbswirtschaft konstituiert[143]. In diesem System ist es Sache des Staates, einen geordneten Wettbewerb zu ermöglichen[144], also eine sinnvolle Organisation des Marktes zu konstituieren. Am Markt aber ist es die Sache der Unternehmungen, durch ihre Dispositionen über den Einsatz der Produktionsfaktoren die Produktion und Distribution zu steuern, wobei auch die Preisbestimmung durch die Unternehmungen zum Kernbereich der wirtschaftlichen Freiheit gehört[145].	**65** Systemkonstituante der Wettbewerbswirtschaft

---

138 Vgl. näher und m.w.H. *Karl Korinek*, Staat und Kunst, 2006, S. 30f.
139 Vgl. insb. *Grabenwarter*, in: Machacek/Pahr/Stadler, Grund- und Menschenrechte (LitVerz.), Bd. II, Art. 6 StGG, S. 553 (604ff.).
140 Das sind solche, „deren Funktionieren für das gesamte volkswirtschaftliche System von existentieller Bedeutung ist" (VfSlg 11.483/1987).
141 *Raschauer*, Grundriß (FN 109), RN 185.
142 Im Verfassungsgerichtshof wirken Richter mit höchst unterschiedlichen spezifischen beruflichen und außerberuflichen Erfahrungen zusammen.
143 Vgl. insb. VfSlg 11.483/1987.
144 VfSlg 11.558/1987; vgl. auch VfSlg 11.652/1988.
145 Vgl. insb. VfSlg 12.379/1990; dazu *Raschauer*, Grundriß (FN 109), RN 185.

66
Unternehmerische Dispositionsfreiheit

Plastisch hat der Verfassungsgerichtshof in einer Entscheidung festgehalten: „Es ist in dem durch die Erwerbsfreiheit mitkonstituierten System einer Wettbewerbswirtschaft (vgl. VfSlg. 11.483/1987) gerade nicht Sache des Gesetzgebers, festzulegen, welche Unternehmenstätigkeiten zur Befriedigung der Nachfrage sinnvoll sind und welche Teiltätigkeiten eines Unternehmens wirtschaftlich einen entsprechenden Ertrag erwarten lassen. Dispositionen darüber zu treffen, ist Sache des durch die Erwerbsfreiheit hinsichtlich des Gewerbeantritts und der Erwerbsausübung geschützten Grundrechtsträgers. Der Gesetzgeber ist durch den Gesetzesvorbehalt des Grundrechts der Erwerbsfreiheit ermächtigt, Regelungen zum Schutz des Gemeinwohls oder von Interessenspositionen anderer zu erlassen; nicht aber ermächtigt ihn der Gesetzesvorbehalt, die Markteinschätzung oder die Ertragseinschätzung einer bestimmten Tätigkeit durch das Unternehmen vorwegzunehmen"[146].

E. Schlußbemerkungen

67
Zentrales Element der Wirtschaftsverfassung

Die Grundrechte des Wirtschaftslebens sind zentrales Element der Wirtschaftsverfassung[147]; sie gewährleisten insgesamt die Existenz einer Vielzahl von Unternehmungen, denen es aufgrund der ihnen verbürgten Privatautonomie im Rahmen einer Wettbewerbswirtschaft gewährleistet ist, über den Einsatz der Produktionsfaktoren selbstverantwortlich zu disponieren[148]; Sache des Staates ist es, die Wettbewerbswirtschaft zu organisieren, insbesondere für einen geordneten Wettbewerb zu sorgen; das bedeutet nicht, daß Maßnahmen der Wirtschaftsaufsicht, der Wirtschaftsintervention oder auch der Wirtschaftslenkung a priori unzulässig sind; derartige staatliche Maßnahmen müssen aber durch ein öffentliches Interesse gerechtfertigt sein und dürfen die wirtschaftlichen Freiheiten nicht übermäßig beeinträchtigen.

68
Dimensionen der Eigentumsgarantie

Die verfassungsrechtliche Garantie der Unversehrtheit des Eigentums garantiert die Institution des Privateigentums[149] und schützt damit das Eigentum in seinen verschiedenen Formen und Funktionen – das Eigentum an Grund und Boden ebenso wie das Eigentum an Produktionsmitteln oder an Konsumgütern; es gewährleistet dem Eigentümer aber auch subjektive Abwehrrechte: Der Staat ist berechtigt, Eigentum in sachlich gerechtfertigter Weise im öffentlichen Interesse zu beschränken und unter besonderen Voraussetzungen auch zu entziehen. Aber auch insofern gilt, daß die einschränkenden Maßnahmen durch ein öffentliches Interesse gerechtfertigt sein müssen; dem

---

146 VfSlg 14.611/1996, auch unter Berufung auf VfSlg 12.379/1990.
147 So schon *Schambeck*, Wirtschaftsverfassung und Verfassungsrecht, in: FS Franz Korinek (FN 22), S. 37 ff.
148 Vgl. schon K. *Wenger*, Unternehmung und Unternehmer in der verfassungsrechtlichen Ordnung der Wirtschaft, DÖV 1976, S. 437 ff., sowie auch *Schambeck*, Verfassungsrecht und Wirtschaftsordnung in Österreich, in: Peter Oberndorfer (Hg.), FS L. Fröhler, 1980, S. 41 (49).
149 Vgl. *Korinek*, in: ders./Holoubek, Bundesverfassungsrecht (LitVerz.), Art. 5 StGG, RN 59 ff.

jeweiligen Eigentümer ist die Rechtsmacht eingeräumt, die Einhaltung der Grenzen durch den Staat durchzusetzen.

Insgesamt konstituieren die Grundrechte des Wirtschaftslebens daher zwar keine „freie Marktwirtschaft"[150], aber eine grundsätzlich marktwirtschaftlich orientierte Wirtschaftsordnung[151].

69
Marktwirtschaftliche Orientierung

---

150 *VfSlg* 5831/1968, 5966/1989.
151 Vgl. *Korinek*, Die verfassungsrechtliche Garantie einer marktwirtschaftlichen Ordnung durch die österreichische Bundesverfassung, in: Wirtschaftspolitische Blätter 1976, H. 5, S. 87 (93 m.w.H.); die weitere Diskussion zusammenfassend *ders.*, Wirtschaftsordnung und Staatsverfassung, in: Gerhard Merk u. a. (Hg.), FS A. Klose, 1988, S. 53 f.

F. Bibliographie

Berka, Walter, Die Grundrechte – Grundfreiheiten und Menschenrechte in Österreich, 1999.
Grabenwarter, Christoph, Die Freiheit der Erwerbsbetätigung – Art. 6 StGG, in: Rudolf Machacek/Willibald P. Pahr/Gerhard Stadler (Hg.), Grund- und Menschenrechte in Österreich, Bd. II, 1992, S. 553 ff.
ders., Europäische Menschenrechtskonvention, ^{3}2008, darin: § 25: Wirtschaftliche Grundrechte.
Korinek, Karl, Grundrechte und administrative Beschränkungen des Liegenschaftsverkehrs, ZfV 1992, S. 8 ff.
ders., Verfassungsrechtliche Grundlagen des Eigentumsschutzes und des Enteignungsrechts in Österreich, in: ders./Dietmar Pauger/Peter Rummel, Handbuch des Enteignungsrechts, 1994, S. 3 ff.
ders., Art. 5 StGG, in: ders./Michael Holoubek (Hg.), Bundesverfassungsrecht, Stand: 2002.
ders., Art. 1 1. ZP EMRK, in: ders./Michael Holoubek (Hg.), Bundesverfassungsrecht, Stand: 2005.
Oberndorfer, Peter, Die Berufswahl- und die Berufsausbildungsfreiheit – Art. 18 StGG, in: Rudolf Machacek/Willibald P. Pahr/Gerhard Stadler (Hg.), Grund- und Menschenrechte in Österreich, Bd. II, 1992, S. 617 ff.
ders., Die Berufswahl- und Berufsausbildungsfreiheit in der neueren Grundrechtsjudikatur, JBl 1992, S. 273 ff. (weitgehend identisch mit der vorgenannten Studie).
ders./ Binder, Bruno, Der verfassungsrechtliche Schutz freier beruflicher, insbesondere gewerblicher Betätigung, in: Ludwig Adamovich/Peter Pernthaler (Hg.), FS Hans Klecatsky, 1980, S. 682 ff.
Öhlinger, Theo, Eigentum und Gesetzgebung, in: Rudolf Machacek/Willibald P. Pahr/ Gerhard Stadler (Hg.), Grund- und Menschenrechte in Österreich, Bd. II, 1992, S. 643 ff.
ders., Verfassungsrecht, ^{7}2007.
Pöschl, Magdalena, Art. 4 StGG, in: Karl Korinek/Michael Holoubek (Hg.), Bundesverfassungsrecht, Stand: 2002.
Raschauer, Bernhard, Grundriss des österreichischen Wirtschaftsrechts, ^{2}2003.
Schulev-Steindl, Eva, Wirtschaftslenkung und Verfassung, 1996.
Wirtschaft und Verfassung in Österreich, FS Franz Korinek, 1972.

§ 197
Recht auf Zusammenschluß

Michael Potacs

Übersicht

	RN		RN
A. Einleitung	1	D. Politische Parteien	22–26
B. Vereins- und Versammlungsfreiheit	2–18	I. Historisches	22–26
I. Allgemeines	2–18	II. Parteigründung	23–26
II. Vereinsfreiheit	10–18	III. Betätigung von Parteien	25–26
III. Versammlungsfreiheit	15–18	E. Bibliographie	
C. Streikrecht	19–21		

A. Einleitung

1

Sozialbezogenheit des Menschen

Eine wesentliche Funktion der Grundrechte besteht darin, den Menschen die Freiheit zur Gestaltung des Lebens nach Maßgabe ihrer Bedürfnisse zu ermöglichen. Die einzelnen Grundrechte spiegeln daher auch die verschiedenen Interessenlagen der Menschen wider, deren Entfaltung durch sie gewährleistet werden soll. Es ist daher auch wenig überraschend, daß die verschiedenen Grundrechtsverbürgungen dem Doppelcharakter der menschlichen Natur Rechnung tragen. Dieser besteht darin, daß der Mensch auf der einen Seite individuelle Bedürfnisse wie beispielsweise Streben nach Besitz oder beruflicher Selbstverwirklichung aufweist. Diesen individuellen Bedürfnissen wird etwa durch die Grundrechte auf Eigentum, freie Berufsausübung oder Erwerbsbetätigung entsprochen. Auf der anderen Seite ist das menschliche Wesen auch durch eine Sozialnatur gekennzeichnet, die in der Grundrechtsordnung ebenfalls in vielfacher Weise berücksichtigt wird. So gewährleistet das Recht der freien Meinungsäußerung die möglichst uneingeschränkte Kommunikation mit anderen Menschen. Das Recht auf Achtung des Familienlebens schützt eheliche Beziehungen und gewisse außereheliche Lebensgemeinschaften samt Kindern. Die Rechtsstellung von Minderheiten bzw. Volksgruppen wiederum wird durch eigene Grundrechte verbürgt. Von besonderer Bedeutung für die Sozialbezogenheit des Menschen sind aber jene Grundrechte, die den Zusammenschluß von Menschen zur Durchsetzung gemeinsamer (politischer, wirtschaftlicher oder sozialer) Interessen sicherstellen.

Merkmal demokratischer Bürgergesellschaft

Ist doch die Möglichkeit der Bürger, sich zur Verfolgung gemeinsamer Anliegen in Formen der freien gesellschaftlichen Organisation zusammenzuschließen, eines der wesentlichsten Merkmale einer demokratischen Bürgergesellschaft[1]. Sie ist auch wesentliches Charakteristikum einer liberalen Wirtschaftsordnung, weshalb eine Gewährleistung des freien Zusammenschlusses etwa im Rahmen des Grundrechts auf Eigentum besteht. Dieses schützt nach Meinung des Verfassungsgerichtshofs auch „das Recht zum Abschluß privatrechtlicher Verträge"[2] und erfaßt damit prinzipiell wohl auch gesellschaftsrechtliche Verträge[3]. Allerdings wird das Grundrecht auf Eigentum in diesem Handbuch an anderer Stelle erörtert[4]. Wenn daher hier das Recht auf Zusammenschluß („Assoziationsrecht") behandelt werden soll, dann muß sich die Betrachtung auf andere Grundrechtsverbürgungen richten. Von zentraler Bedeutung für die Sicherstellung eines freien Zusammenschlusses von Menschen sind die Grundrechte auf Vereins- und Versammlungsfreiheit, dem

---

[1] *Berka*, Die Grundrechte (LitVerz.), S. 374, RN 647.
[2] *VfSlg* 12.227/1989. Dazu auch *Raschauer*, Wirtschaftliche Vereinigungsfreiheit, ÖZW 1992, S. 11 (18); *Johannes Bric*, Vereinsfreiheit. Eine rechtsdogmatische Untersuchung der Grundfragen des Vereinsrechts, 1998, S. 5, 17.
[3] S. dazu z. B. *Kalss*, Europarechtliche und verfassungsrechtliche Rahmenbedingungen für das Umwandlungsrecht, JBl 1995, S. 420 (432 ff.); *Friedrich Rüffler*, Lücken im Umgründungsrecht, 2002, S. 184 ff. S. auch *VfSlg* 16.636/2002.
[4] → Oben *Korinek*, § 196: Wirtschaftliche Freiheiten; für Deutschland → Bd. V: *P. Kirchhof*, Gewährleistung des Eigentums.

daher die folgenden Ausführungen vor allem gewidmet sein werden. Gesondert wird dabei auf das Streikrecht eingegangen, das aus der Vereinsfreiheit (Koalitionsfreiheit) abgeleitet wird. Schließlich wird aber auch noch die Freiheit der Gründung und Betätigung politischer Parteien behandelt, die in Österreich als Grundrecht ausgestaltet ist.

B. Vereins- und Versammlungsfreiheit

I. Allgemeines

1. Das Grundrecht auf Vereins- und Versammlungsfreiheit wird im österreichischen Verfassungsrecht durch verschiedene Rechtsquellen gewährleistet: 2 Rechtsquellen

Art. 12 StGG bestimmt, daß die österreichischen Staatsbürger („Staatsbürgerrecht") das Recht haben, „sich zu versammeln und Vereine zu bilden. Die Ausübung dieser Rechte wird durch besondere Gesetze geregelt". Ergänzt wird diese Gewährleistung durch die Verfassungsbestimmung[5] der Ziffer 3 des Beschlusses der provisorischen Nationalversammlung[6]. Nach dieser Bestimmung sind „die Ausnahmeverfügungen betreffs des Vereins- und Versammlungsrechtes ... aufgehoben. Die volle Vereins- und Versammlungsfreiheit ohne Unterschied des Geschlechts ist hergestellt". 3 Staatsbürgerrecht aus Art. 12 StGG

Nach Art. 11 Abs. 1 (der in Österreich in Verfassungsrang stehenden) EMRK haben alle Menschen das Recht („Menschenrecht"), „sich friedlich zu versammeln und sich frei mit anderen zusammenzuschließen, einschließlich des Rechts, zum Schutz ihrer Interessen Gewerkschaften zu bilden und diesen beizutreten". Allerdings kann „die Ausübung dieser Rechte" nach Art. 11 Abs. 2 EMRK solchen gesetzlichen Einschränkungen unterworfen werden, „die in einer demokratischen Gesellschaft im Interesse der nationalen und öffentlichen Sicherheit, der Aufrechterhaltung der Ordnung und der Verbrechensverhütung, des Schutzes der Gesundheit und der Moral oder des Schutzes der Rechte und Freiheiten anderer notwendig sind. Dieser Artikel verbietet nicht, daß die Ausübung dieser Rechte durch Mitglieder der Streitkräfte, der Polizei oder der Staatsverwaltung gesetzlichen Einschränkungen unterworfen wird". Zu erwähnen ist aber auch Art. 16 EMRK, wonach es Art. 11 EMRK nicht verbietet, „die politische Tätigkeit von Ausländern Beschränkungen zu unterwerfen". 4 Menschenrecht aus Art. 11 Abs. 1 EMRK

Allerdings gelten in Österreich auch verfassungs- bzw. völkerrechtliche Einschränkungen der Vereins- und Versammlungsfreiheit. So verpflichtet die im Verfassungsrang stehende Bestimmung des Art. 9 des Staatsvertrages von Wien[7] Österreich „zur Auflösung der nationalsozialistischen Partei und ihrer 5 Einschränkungen

---
5 Art. 149 Abs. 1 B-VG.
6 Vom 30. 10. 1918 (StGBl 1918/3).
7 BGBl 1955/152.

Gliederungen sowie aller faschistischen Organisationen und zum Verbot solcher Organisationen auf österreichischem Gebiet". Die nicht in Verfassungsrang stehende Bestimmung des Art. 7 Ziff. 5 des Staatsvertrages von Wien verpflichtet Österreich, die Tätigkeit von Organisationen zu verbieten, die darauf abzielen, der kroatischen oder slowenischen Bevölkerung ihre Eigenschaft und ihre Rechte als Minderheit zu nehmen.

6
Verhältnis von Art. 12 StGG zu Art. 11 EMRK

Fraglich ist insbesondere das Verhältnis zwischen Art. 12 StGG und Art. 11 EMRK. Man könnte überlegen, ob Art. 11 EMRK als jüngere Vorschrift den Art. 12 StGG nach dem Grundsatz lex posterior derogat legi priori außer Kraft gesetzt hat[8]. Das kann aber jedenfalls insoweit kaum angenommen werden, als Art. 12 StGG weitergehende Gewährleistungen enthält als Art. 11 EMRK. Darf doch gemäß Art. 53 EMRK keine Bestimmung dieser Konvention als Beschränkung oder Minderung der durch die Vertragsstaaten eingeräumten Menschenrechte und Grundfreiheiten ausgelegt werden („Günstigkeitsprinzip"). Ganz in diesem Sinne nimmt auch der Verfassungsgerichtshof eine „grundrechtsfreundliche" Interpretation vor: Es kommt jeweils jene Bestimmung zum Tragen, die den weiteren Grundrechtsschutz gewährt. So sind Eingriffe des Gesetzgebers in die Vereins- und Versammlungsfreiheit (ungeachtet des bloß „formellen" Gesetzesvorbehaltes in Art. 12 StGG) nur aus den in Art. 11 Abs. 2 EMRK genannten Gründen zulässig[9].

7
Ausführungsvorbehalt

2. Besondere Bedeutung hat diese Position für die gerichtliche Zuständigkeit in bezug auf die Vereins- und Versammlungsfreiheit. Nach dem Gesetzesvorbehalt in Art. 12 StGG wird die „Ausübung" dieser Grundrechte gesetzlich näher geregelt werden. Aus dieser Formulierung wird vom Verfassungsgerichtshof geschlossen, daß die Grundrechtsverbürgungen des Art. 12 StGG unter einem „Ausführungsvorbehalt" stehen. Die Grundrechte würden demzufolge nach Maßgabe der einfachgesetzlichen Ausgestaltung zur Anwendung kommen. Anders als bei Grundrechten mit einem „Eingriffsvorbehalt" (wie z. B. dem Grundrecht auf Eigentum) stelle daher bereits jede Verletzung der die Grundrechte ausgestaltenden Gesetze eine Grundrechtswidrigkeit dar. Nach der Rechtsprechung des Verfassungsgerichtshofs ist daher auch jede Verletzung eines „Ausführungsgesetzes" der Vereins- und Versammlungsfreiheit (wie des Vereinsgesetzes oder Versammlungsgesetzes) „als Verletzung des durch Art. 12 StGG und Art. 11 EMRK verfassungsgesetzlich gewährleisteten Rechtes zu werten"[10]. Anders sieht dies der Verfassungsgerichtshof lediglich in bezug auf das Recht auf Vereins- und Versammlungsfreiheit von Ausländern. Dieses Recht wird ja nicht durch Art. 12 StGG („Staatsbürgerrecht"), sondern ausschließlich durch Art. 11 EMRK gewährleistet. Hier geht

---

8 So *Koja*, Der Gesetzesvorbehalt am Beispiel der Vereins- und Versammlungsfreiheit, JRP 1997, S. 167 (172).
9 S. dazu die Nachw. bei *Heinz Mayer*, Bundes-Verfassungsrecht (LitVerz.), S. 616.
10 VfSlg 12.155/1989. Der Verfassungsgerichtshof sieht diesfalls auch eine Verletzung von Art. 11 EMRK. Er geht offenbar davon aus, daß diese Bestimmung insoweit modifiziert durch Art. 12 StGG in die österreichische Rechtsordnung übernommen wurde.

der Verfassungsgerichtshof davon aus, daß nur eine qualifizierte Verletzung von das Grundrecht ausgestaltenden Gesetzen eine Grundrechtsverletzung darstellt[11].

Im Anwendungsbereich des Art. 12 StGG ergibt sich jedoch aus der dargelegten Unterscheidung zwischen Grundrechten mit „Eingriffsvorbehalt" und solchen mit „Ausgestaltungsvorbehalt" eine wichtige Konsequenz für das österreichische System der Verwaltungsgerichtsbarkeit. Dieses System ist durch eine Zweiteilung zwischen Verwaltungsgerichtshof und Verfassungsgerichtshof geprägt. Demnach hat prinzipiell der Verwaltungsgerichtshof eine Prüfung der Verletzung einfachgesetzlicher Regelungen durch Verwaltungsakte vorzunehmen („Feinprüfung"). Der Verfassungsgerichtshof hat demgegenüber im Rahmen der sogenannten Sonderverwaltungsgerichtsbarkeit bei den (quantitativ weitaus häufigsten) Eingriffen in Grundrechte mit „Eingriffsvorbehalt" nur qualifizierte Verletzungen einfacher Gesetze zu prüfen („Grobprüfung"). Anderes gilt hingegen nach Ansicht des Verfassungsgerichtshofs für die Vereins- und Versammlungsfreiheit, die ihm zufolge unter einem „Ausgestaltungsvorbehalt" stehen. Hier sei bereits für jede Verletzung der „Ausführungsgesetze" ausschließlich der Verfassungsgerichtshof zuständig, der insoweit auch eine „Feinprüfung" von Verwaltungsakten anhand der einfachgesetzlichen Rechtslage vorzunehmen habe[12]. Dieser Auffassung hat sich auch der Verwaltungsgerichtshof angeschlossen[13]. Sie wurde im übrigen bereits vom Reichsgericht (dem Vorläufer des Verfassungsgerichtshofs in der Monarchie) vertreten[14].

8
Ausschließliche Zuständigkeit des Verfassungsgerichtshofs

In der Lehre wird die Unterscheidung zwischen „Ausgestaltungs-" und „Eingriffsvorbehalt" allerdings zu Recht kritisiert[15]. Denn Grundrechte mit „Eingriffsvorbehalt" werden durch jeden „Eingriff" auch „ausgestaltet"[16]. Insoweit kann daher die Wendung in Art. 12 StGG, wonach die „Ausübung dieser Rechte ... durch besondere Gesetze geregelt wird", als bloße Klarstellung verstanden werden. Andererseits darf man auch auf dem Boden der Auffassung von Verfassungsgerichtshof und Verwaltungsgerichtshof nicht annehmen, daß jede beliebige gesetzliche Ausgestaltung der Vereins- und Versammlungsfreiheit zulässig wäre. Vielmehr ist davon auszugehen, daß dem Gesetzgeber durch diese Grundrechte Grenzen gezogen werden. Dies entspricht auch durchaus der Ansicht des Verfassungsgerichtshofs, dem zufolge Eingriffe des

9
Kritik an „Ausgestaltungs-" und „Eingriffsvorbehalt"

---

11 *VfSlg* 15.109/1998; 16.123/2001.
12 Z.B. *VfSlg* 11.832/1988; 12.155/1989; 13.025/1992; 14.772, 14.773/1997. In bezug auf die Verletzung von Verfahrensvorschriften muß es sich allerdings um einen derart bedeutenden Mangel handeln, „daß, wäre er nicht vorgekommen, die Behörde zumindest möglicherweise anders entschieden hätte"; *VfSlg* 11.199/1986.
13 Z.B. *VwGH* v. 18. 12. 1991 (91/01/0188); v. 29. 1. 1993 (93/01/0333).
14 S. *Tichy*, Die Vereinigungsfreiheit, in: Machacek/Pahr/Stadler, Erklärung der Menschenrechte (LitVerz.), S. 103 (109).
15 *Korinek*, Gedanken zur Lehre vom Gesetzesvorbehalt bei Grundrechten, in: Max Imboden u. a. (Hg.), FS Merkl, 1970, S. 171 ff.; *Ulrike Davy*, Streik und Grundrechte in Österreich, 1989, S. 118 ff.; *Günther Winkler*, Grundfragen und aktuelle Probleme der Versammlungsfreiheit, in: *ders.*, Studien zum Verfassungsrecht, 1991, S. 185 (194 f.); *Bric* (FN 2), S. 57; *Berka*, Die Grundrechte (LitVerz.), S. 366, RN 634. S. auch *Koja* (FN 8), S. 168 f.
16 Z.B. *Bric* aaO., S. 41.

Gesetzgebers in die Vereins- und Versammlungsfreiheit nur aus den in Art. 11 Abs. 2 EMRK genannten Gründen zulässig sind[17]. Die Situation stellt sich also auch insoweit in gleicher Weise dar wie bei Grundrechten mit Eingriffsvorbehalt. Bei näherer Betrachtung verliert daher die Unterscheidung zwischen „Eingriffsvorbehalt" und „Ausgestaltungsvorbehalt" deutlich an Konturen. Auch aus teleologischer Sicht ist letztlich nicht ganz einzusehen, weshalb die Vereins- und Versammlungsfreiheit in bezug auf den Rechtsschutz anders behandelt werden sollte als etwa das Grundrecht auf Eigentum oder die Erwerbsfreiheit.

II. Vereinsfreiheit

10
Vom Konzessionssystem zur Anmeldepflicht

1. Aus historischer Perspektive ist zunächst einmal zu sagen, daß die Tätigkeit von Vereinen vielfach als eine Bedrohung staatlicher Macht empfunden wurde[18]. Dementsprechend war die Bildung von Vereinen im Polizeistaat *Metternichs* („Vormärz") einem Konzessionssystem unterworfen. Die Verfassungsentwürfe der Revolutionsjahre 1848/49 wollten zwar die Vereinsfreiheit grundrechtlich gewährleisten, doch das Vereinspatent 1852 kehrte nochmals zu einem Konzessionssystem zurück. Ein liberales System wurde erst mit dem Vereinsgesetz des Jahres 1867 eingeführt, das für die sogenannten „ideellen Vereine" die Konzessionspflicht beseitigte und an ihre Stelle eine bloße Anmeldepflicht setzte. Dieses Gesetz wurde noch vor dem Staatsgrundgesetz 1867 beschlossen, trat aber erst danach in Kraft. In Art. 12 StGG wurde die Vereinsfreiheit dann verfassungsrechtlich gewährleistet. Während des Ersten Weltkrieges kam es zu Einschränkungen dieses Grundrechtes, die allerdings durch Ziffer 3 des (in Verfassungsrang stehenden) Beschlusses der provisorischen Nationalversammlung vom 30. Oktober 1918 wieder aufgehoben wurden. Dieser Beschluß stellt die „volle Vereins- und Versammlungsfreiheit ohne Unterschied des Geschlechts" her. Damit wurde gleichzeitig auch das noch im Vereinsgesetz aus 1867 enthaltene Verbot der Mitgliedschaft von Frauen in „politischen Vereinen" beseitigt. 1958 hat Österreich die Menschenrechtskonvention ratifiziert und 1964 rückwirkend in Verfassungsrang erhoben. In deren Artikel 11 wird das Recht, „sich frei mit anderen zusammenzuschließen", gewährleistet, wodurch die Vereinsfreiheit eine weitere verfassungsrechtliche Grundlage erhielt. Das Vereinsgesetz des Jahres 1867 (wiederverlautbart 1951) stand mit einigen Änderungen bis 2002 in Geltung. Seither gilt das Vereinsgesetz 2002[19], das einige Neuerungen zum Zwecke der Verwaltungsvereinfachung und Verfahrensbeschleunigung (z. B. Konzentration der behördlichen Aufgaben, elektronische Vereinsverwaltung) mit sich brachte. Die aktuelle Bedeutung der Vereinsfreiheit ist für Österreich groß, weil es hierzulande über neunzigtausend Vereine gibt[20].

Vereinsgesetz 2002

---

17 S. unten B II 3, RN 13 f.
18 Z.B. *Tichy* (FN 14), S. 111; *Berka*, Die Grundrechte (LitVerz.), S. 375, RN 649.
19 BGBl I 2002/66.
20 *Berka*, Die Grundrechte (LitVerz.), S. 374, RN 647.

2. Keine vollständige Einigkeit besteht über den Schutzbereich des Grundrechts auf Vereinsfreiheit. Schutzobjekt von Art. 12 StGG sind „Vereine", worunter der Verfassungsgerichtshof „jede freiwillige, für die Dauer bestimmte organisierte Verbindung mehrerer Personen zur Erreichung eines bestimmten gemeinschaftlichen Zweckes durch fortgesetzte gemeinschaftliche Tätigkeit"[21] versteht. Die Formulierung von Art. 11 EMRK ist demgegenüber weiter, weil darin das Recht „sich frei mit anderen zusammenzuschließen", schlechthin gewährleistet wird. Die bisherige Rechtsprechung des Verfassungsgerichtshofs wird in der Lehre so verstanden, daß sich die verfassungsrechtlich garantierte Vereinsfreiheit auf ideelle Vereine beschränkt und nicht etwa auch erwerbswirtschaftliche Organisationsformen einbezieht[22]. Diese Deutung ist aber nicht zwingend, weil der Verfassungsgerichtshof in den maßgeblichen Erkenntnissen lediglich Verletzungen des auf ideelle Vereine eingeschränkten Vereinsgesetzes überprüfte[23]. Dies hängt mit seiner Auffassung zusammen, wonach die Vereinigungsfreiheit unter „Ausgestaltungsvorbehalt" stehe und das Vereinsgesetz ein „Ausgestaltungsgesetz" sei. Der Verfassungsgerichtshof hat also bisher den Grundrechtsschutz auf ideelle Vereine begrenzt, weil er insoweit nur eine Verletzung des Vereinsgesetzes (als Grundrechtswidrigkeit) zu prüfen hatte. Hingegen hat der Verfassungsgerichtshof bisher etwa noch nicht darüber entschieden, ob sich die Vereinsfreiheit auch auf wirtschaftliche Vereinigungen erstreckt[24]. Gute Gründe sprechen jedenfalls dafür, den Schutzumfang der Vereinsfreiheit relativ weit zu interpretieren. Dies kann nicht nur aus der erwähnten (nicht auf Vereine eingeschränkten) Formulierung in Art. 11 EMRK geschlossen werden. Auch der Vereinsbegriff in Art. 12 StGG dürfte auf Grund historischer Interpretation nicht bloß ideelle Vereine erfassen[25]. Wohl zu Recht kann daher angenommen werden, daß die durch Art. 12 StGG und Art. 11 EMRK gewährleistete Vereinsfreiheit nicht nur ideelle Vereine (einschließlich der in Art. 11 EMRK ausdrücklich erwähnten Gewerkschaften), sondern prinzipiell alle Vereinigungen (also etwa auch solche wirtschaftlicher oder religiöser Natur) umfaßt[26].

Allerdings ist unbestritten, daß die Vereinsfreiheit nur für Zusammenschlüsse auf privatrechtlicher Basis gilt[27]. Die Pflichtmitgliedschaft in gesetzlich einge-

11
Schutzbereich der Vereinsfreiheit

Weite Interpretation des Schutzumfangs

12

---

21 VfSlg 1397/1931.
22 So etwa *Heinz Mayer*, Bundes-Verfassungsrecht (LitVerz.), S. 614; *Öhlinger*, Verfassungsrecht (LitVerz.), S. 401.
23 So zutreffend *Raschauer*, ÖZW 1992, S. 11 (13 f.).
24 So auch *Berka*, Die Grundrechte (LitVerz.), S. 378, RN 655.
25 S. dazu *Tichy* (FN 14), S. 140; *Bric* (FN 2), S. 47. Es ist kein wirklich überzeugender Grund zu sehen, weshalb sich Ziff. 3 des Beschlusses der Provisorischen Nationalversammlung von 1918 nur auf ideelle Vereine beziehen sollte; *Raschauer*, ÖZW 1992, S. 11 (12); a.A. *Tichy* aaO., S. 141, unter Berufung auf VfSlg 254/1923.
26 Z.B. *Karl Korinek*, Vereins- und gewerberechtliche Fragen der Wirtschaftstätigkeit von Vereinen, in: ders./Heinz Krejci (Hg.), Der Verein als Unternehmer, 1988, S. 25 (39); *Berka*, Die Grundrechte (LitVerz.), S. 376 ff, RN 653 ff.; *Giese*, Vereinsrecht, in: Susanne Bachmann/Gerhard Baumgartner u.a. (Hg.), Besonderes Verwaltungsrecht, [6]2006, S. 36. Dies schließt freilich nicht aus, daß die Vereinigungsfreiheit – wie etwa die Tätigkeit wirtschaftlicher Vereine durch das Grundrecht auf Eigentum oder Erwerbsfreiheit – auch noch durch andere Grundrechte geschützt ist.
27 S. z.B. VfSlg 15.825/2000; 16.298/2001; 17.049/2003.

Negative Vereinsfreiheit

richteten Körperschaften öffentlichen Rechts (wie in „Kammern") verletzt dieses Grundrecht daher nur dann, wenn daneben keine berufsständischen Organisationen begründet werden dürfen[28]. Umgekehrt schützt das Grundrecht aber prinzipiell davor, einer privatrechtlichen Organisation (wie vor allem einer „Gewerkschaft") beitreten zu müssen („negative Vereinsfreiheit"[29]). Unter bestimmten Voraussetzungen kann ein gewisser Druck zum Beitritt zwar zulässig sein. Doch kann sich aus der Vereinsfreiheit auch eine Verpflichtung des Staates zur Verhinderung eines Zwanges zum Beitritt zu einer Vereinigung durch Setzung positiver Maßnahmen ergeben[30].

13
Grundsätze für die Schrankensetzung

3. Ihrer Stoßrichtung nach schützen Art. 12 StGG und Art. 11 EMRK vor Eingriffen in die Gründung, den aufrechten Bestand sowie die freie Betätigung von Vereinigungen[31]. Dieser Schutz wird freilich nicht vorbehaltlos, sondern im Rahmen bestimmter Schranken gewährt. Diese können vom Gesetzgeber vorgesehen werden, der dabei allerdings an bestimmte verfassungsrechtliche Vorgaben gebunden ist. Dazu gehören in erster Linie die Kriterien des materiellen Gesetzesvorbehaltes in Art. 11 Abs. 2 EMRK. Eingriffe in das Grundrecht sind demnach nur dann zulässig, wenn sie auf Gesetz beruhen, einem legitimen Ziel entsprechen und in einer demokratischen Gesellschaft notwendig sind[32]. Die „Ausführungsgesetze" (insbesondere das Vereinsgesetz) sind entsprechend verfassungskonform im Sinne einer Verhältnismäßigkeitsprüfung auszulegen. So rechtfertigt nach der Rechtsprechung des Verfassungsgerichtshofs nicht bereits jede Verletzung des Vereinsgesetzes die Auflösung eines Vereines. Vielmehr muß dafür ein „zureichender Grund"[33] vorliegen. Ein solcher ist nach Meinung des Verfassungsgerichtshofs zwar gegeben, wenn die „ideelle" Vereinstätigkeit nur „den formalen Deckmantel" für eine wirtschaftliche Tätigkeit bildet[34]. Hingegen hält der Verfassungsgerichtshof die Auflösung eines Vereines wegen der Begehung bestimmter Presseordnungsdelikte nicht für gerechtfertigt, weil die Behörde „nicht von vornherein und sofort annehmen" könne, „daß der Verein trotz dieser Strafen weiterhin die sich aus dem Pressegesetz ergebenden Pflichten mißachten werde"[35]. Als Verletzung des Grundrechts wird jedenfalls die Einführung eines Konzessionssystems für ideelle Vereine angesehen[36].

14
Schranken aus anderen Verfassungsbestimmungen

Schranken der Vereinsfreiheit können sich aber auch aus anderen Verfassungsbestimmungen ergeben. So darf ein Verein nach der Rechtsprechung des Verfassungsgerichtshofs keine Tätigkeit ausüben, die zu den durch Art. 15

---

28 Z.B. *EGMR*, Urt. v. 4.7.2002, Köll ./. Österreich, Appl.Nr. 43.311/98, ÖJZ 2002, S. 778; dazu auch z.B. *Berka,* Die Grundrechte (LitVerz.), S. 380f., RN 662; *Öhlinger,* Verfassungsrecht (LitVerz.), S. 401, RN 904, jeweils m.w.N.
29 Zur Rechtslage in Deutschland → Bd. II: *Merten,* Negative Grundrechte, § 42 RN 211 ff.; Bd. V: *v. Danwitz,* Koalitionsfreiheit, § 116 RN 60 ff.
30 S. *EGMR,* Urt. v. 25.4.1996, Gustafsson ./. Schweden, Appl.Nr. 18/1995/524/610, ECHR 1996-II.
31 Z.B. VfSlg 8090/1977; 9567/1982; 9589/1982; 11.199/1986.
32 *Heinz Mayer,* Bundes-Verfassungsrecht (LitVerz.), S. 616, m.w.N.
33 VfSlg 8090/1977.
34 VfSlg 13.654/1993.
35 VfSlg 8090/1977.
36 Z.B. *Berka,* Die Grundrechte (LitVerz.), S. 379, RN 659, m.w.N.

StGG geschützten „inneren Angelegenheiten" einer gesetzlich anerkannten Kirche oder Religionsgesellschaft gehören[37]. Eine verfassungsrechtliche Schranke stellt auch das in Verfassungsrang stehende Verbot nationalsozialistischer und faschistischer Organisationen in Art. 9 des Staatsvertrages von Wien dar. Das in Art. 7 Ziff. 5 des Staatsvertrages enthaltene Verbot von Vereinen, welche die Rechte der slowenischen und kroatischen Minderheit bedrohen, ist zwar keine Verfassungsregelung. Doch handelt es sich dabei wohl zweifellos um eine Einschränkung der Vereinsfreiheit im Interesse „des Schutzes der Rechte und Freiheiten anderer" gemäß Art. 11 Abs. 2 EMRK.

III. Versammlungsfreiheit

1. Aus historischer Sicht ist zunächst einmal festzustellen, daß die Entwicklung des Versammlungsrechtes weitgehend parallel zu jener des Vereinsrechtes verläuft[38]. Versammlungen wurden vom absolutistischen Staat mißtrauisch betrachtet[39]. Dementsprechend unterlag im „Vormärz" bis 1848 und in der Zeit danach („Neoabsolutismus") die Abhaltung von Versammlungen einem Konzessionssystem[40], das in der Regel Versammlungen nur zu religiösen und volksbräuchlichen Zwecken gestattete[41]. Die Verfassungsentwürfe der Jahre 1848/49 enthielten zwar Grundrechtsverbürgungen für die Versammlungsfreiheit (zum Teil als Aspekt der Vereinsfreiheit[42]), doch wurden diese Entwürfe nie wirksam. Eine erste liberale Regelung brachte das Versammlungsgesetz 1867, das jedoch Versammlungen unter freiem Himmel weiterhin einem Konzessionssystem unterwarf. Kurze Zeit später erfolgte eine verfassungsrechtliche Absicherung der Versammlungsfreiheit in Art. 12 StGG. Nach kriegsbedingten Beschränkungen wurde durch Ziffer 3 des Beschlusses der Provisorischen Nationalversammlung die „volle Versammlungsfreiheit" wiederhergestellt. Auf Grund dieses Beschlusses ist nach Meinung des Verfassungsgerichtshofs ein Konzessionssystem für Versammlungen (also auch für solche unter freiem Himmel) verfassungswidrig[43]. Durch die Übernahme der Menschenrechtskonvention und deren Erhebung in Verfassungsrang wurde der Versammlungsfreiheit eine weitere verfassungsrechtliche Grundlage gegeben, weil Art. 11 EMRK das Recht, „sich friedlich zu versammeln", verbürgt. Auf einfachgesetzlicher Ebene wird die Versammlungsfreiheit durch das Vereinsgesetz 1953 (einer wiederverlautbarten Weiterentwicklung des Versammlungsgesetzes 1867) geregelt, das Versammlungen einem Anzeigesystem (mit Untersagungsmöglichkeit) unterwirft.

15
Parallelentwicklung zum Vereinsrecht

---

37 *VfSlg* 16.395/2001; dazu *Lienbacher*, Vereinsfreiheit und innere Angelegenheiten gesetzlich anerkannter Kirchen und Religionsgesellschaften, ZfV 2002, S. 647 ff.
38 *Herwig Anderle*, Österreichisches Versammlungsrecht, 1988, S. 90, RN 323; *Hofer-Zeni*, Die Vereinigungsfreiheit, in: Machacek/Pahr/Stadler, EMRK (LitVerz.), S. 349 (351).
39 *Berka*, Die Grundrechte (LitVerz.), S. 360, RN 620.
40 *Hofer-Zeni* (FN 38), S. 351.
41 *Anderle* (FN 38), S. 90, RN 324.
42 *Anderle* aaO., S. 92, RN 327.
43 *VfSlg* 254/1923.

16 Schutzbereich	2. In der Rechtsprechung des Verfassungsgerichtshofs ist der Schutzbereich des Grundrechts auf Versammlungsfreiheit noch nicht hinreichend geklärt. So nahm der Verfassungsgerichtshof früher in ständiger Rechtsprechung einen Eingriff in das Grundrecht prinzipiell nur im Falle einer Versammlung im Sinne des Versammlungsgesetzes an. Eine solche ist nach seiner Judikatur eine Zusammenkunft mehrerer Menschen, die „in der Absicht veranstaltet wird, die Anwesenden zu einem gemeinsamen Wirken (Debatte, Diskussion, Manifestation usw.) zu bringen, so daß eine gewisse Assoziation der Zusammengekommenen entsteht"[44]. Das Aufstellen eines Informationstisches stellt daher keine Versammlung dar, wenn der Zweck nicht darin besteht, die „zufällig am Informationstisch vorüberkommenden Passanten zu einem gemeinsamen Wirken zu bewegen, sondern diese über ein bestimmtes Anliegen zu informieren und entsprechend Druckwerke zu verteilen"[45]. Auch beim Hochhalten beschriebener Transparente durch eine Familie handelt es sich nicht um eine Versammlung, wenn es dabei ausschließlich darum geht, „anderen Personen seine Meinung mitzuteilen, nicht aber darum, diese Meinung mit anderen zu erörtern und sie zu einer gemeinsamen Aktion zu veranlassen"[46]. Der Verfassungsgerichtshof prüfte also eine Verletzung des Grundrechts nur im Rahmen seiner Ausgestaltung durch den einfachen Gesetzgeber. In seiner jüngeren Rechtsprechung ist eine solche Einengung des Schutzbereichs aber nicht mehr so ohne weiteres auszumachen. Der Verfassungsgerichtshof prüft zwar weiterhin, ob eine Versammlung im Sinne des Versammlungsgesetzes vorliegt. Er stellt dabei jedoch lediglich fest, ob ein bestimmter Sachverhalt überhaupt unter das Versammlungsgesetz fällt (dessen Verletzung im konkreten Fall geltend gemacht wurde)[47]. Eine Eingrenzung des Schutzbereiches der Versammlungsfreiheit auf Verletzungen des Versammlungsgesetzes ist der jüngeren Rechtsprechung – soweit ersichtlich – nicht zu entnehmen.
17 Ausweitung des Schutzbereichs	Im Gegenteil hat der Verfassungsgerichtshof in einer mittlerweile auch schon etwas längere Zeit zurückliegenden Entscheidung ausgesprochen, daß Art. 11 EMRK nicht bloß Versammlungen erfasse, „die in Österreich unter das Versammlungsgesetz 1953 fallen, sondern alle nach dem üblichen Sprachgebrauch als Versammlungen angesehenen Zusammenkünfte von Menschen ..., also jede organisierte einmalige Vereinigung mehrerer Menschen zu einem gemeinsamen Ziel an einem bestimmten Ort"[48]. Der Verfassungsgerichtshof hat diese Aussage gleichzeitig mit der Feststellung getroffen, daß Art. 11 EMRK den Staat „auch zu einem positiven Tun" zum Schutz von erlaubten Versammlungen vor Störungen verpflichte[49]. Damit hat er ausgesprochen,

---

[44] Z.B. *VfSlg* 11.651/1988 m.w.N. Insoweit unterliegen auch „Spontanversammlungen" (die gar nicht angemeldet werden können) dem Schutzbereich des Grundrechts, weshalb nach Meinung des Verfassungsgerichtshofs ein bloßer Verstoß gegen die gesetzliche Pflicht zur Anzeige von Versammlungen noch kein ausreichender Grund für deren Auflösung ist; z.B. *VfSlg* 11.132/1986; 15.109/1998.
[45] *VfSlg* 11.651/1988.
[46] *VfSlg* 12.161/1989.
[47] Z.B. *VfSlg* 15.680/1999.
[48] *VfSlg* 12.501/1990.
[49] S. dazu auch die Nachw. aus der Judikatur des Europäischen Gerichtshofs für Menschenrechte bei *Heinz Mayer*, Bundes-Verfassungsrecht (LitVerz.), S. 616f.

daß der Schutzbereich der Versammlungsfreiheit nicht auf den Geltungsbereich des Versammlungsgesetzes beschränkt ist. Denn es ist kaum anzunehmen, daß der Verfassungsgerichtshof hier zwischen der Gewährleistungspflicht (zu positivem Tun) der Versammlungsfreiheit einerseits und der Versammlungsfreiheit als Abwehrrecht andererseits einen Unterschied macht, weil für eine solche Differenzierung keine plausible Erklärung zu erkennen wäre. Auch kann kaum angenommen werden, daß der Schutzbereich des Art. 11 EMRK in irgendeiner Weise durch Art. 12 StGG eingeschränkt wird. Dies würde eine Völkerrechtswidrigkeit bedeuten und ist daher schon auf Grund einer völkerrechtskonformen Auslegung auszuschließen. Mit guten Gründen kann daher davon ausgegangen werden, daß mittlerweile auch nach der Rechtsprechung des Verfassungsgerichtshofs der Schutzbereich der Versammlungsfreiheit weiter ist als der Geltungsbereich des Versammlungsgesetzes, das vielmehr lediglich eine verfassungskonforme Ausgestaltung dieser Freiheit darstellt.

Der Versammlungsfreiheit können Schranken gesetzt werden, die aber grundsätzlich nur nach Maßgabe der Kriterien des Gesetzesvorbehaltes in Art. 11 Abs. 2 EMRK zulässig sind. Beschränkungen des Grundrechts entsprechen daher nur dann der Verfassung, wenn sie auf Grund einer gesetzlichen Ermächtigung erfolgen, einem der in Art. 11 Abs. 2 EMRK genannten Zwecke entsprechen und unter Bedachtnahme auf den Verhältnismäßigkeitsgrundsatz[50] in einer demokratischen Gesellschaft notwendig sind. Die Vorschriften des Versammlungsgesetzes sind nach ständiger Rechtsprechung des Verfassungsgerichtshofs im Einklang mit den Anforderungen des Art. 11 Abs. 2 EMRK in verfassungskonformer Weise zu interpretieren[51]. Bei ihrer Entscheidung hat die Behörde die Interessen des Veranstalters an der Abhaltung der Versammlung in der geplanten Form gegenüber den in Art. 11 Abs. 2 EMRK aufgezählten Interessen abzuwägen[52]. Dabei handelt es sich um eine Prognoseentscheidung, bei der es „nicht nur auf die Absichten des Veranstalters, sondern auch auf eine realistische und nachvollziehbare Einschätzung des zu erwartenden Geschehensablaufs" ankommt[53]. So hat die Behörde etwa „abzuwägen, ob die mit der Versammlung verbundenen Beeinträchtigungen (etwa die Sperre des Straßenverkehrs) im Interesse der Versammlungsfreiheit von der Öffentlichkeit hinzunehmen sind oder nicht"[54]. Auch hat sie beispielsweise bei Demonstrationen anläßlich eines Staatsbesuchs zu bedenken, „daß zu einem ordnungsgemäßen Ablauf eines Staatsbesuchs auch das den Sicherheitsrisiken entsprechende zügige Zu- und Abfahren ... gewährleistet sein muß, um den Staatsbesuch vom Standpunkt der öffentlichen Sicherheit rei-

18
Schranken

Behördliche
Prognose-
entscheidung

---

50 *Anderle* (FN 38), S. 113, RN 393.
51 Z.B. *VfSlg* 17.116/2004 m.w.N.
52 Z.B. *VfSlg* 12.155/1989; 17.120/2004. S. dazu näher *Berka*, Probleme der grundrechtlichen Interessenabwägung – dargestellt am Beispiel der Untersagung von Versammlungen, in: Stefan Griller u. a. (Hg.), FS Rill, 1995, S. 3 (12 ff.).
53 *VfSlg* 17.120/2004.
54 *VfSlg* 12.155/189.

§ 197   *Dreizehnter Teil: II. Einzelgrundrechte*

Unzulässigkeit eines Konzessionssystems

bungslos abzuwickeln"[55]. Jedenfalls unvereinbar mit der Versammlungsfreiheit wäre – wie schon dargelegt[56] – die Einführung eines Konzessionssystems. Eine Vorschrift im Straßenverkehrsrecht, nach der die Benützung einer Straße zu verkehrsfremden Zwecken einer Bewilligung unterliegt, findet daher nach der Rechtsprechung des Verfassungsgerichtshofs bei verfassungskonformer Auslegung auf grundrechtlich geschützte Versammlungen keine Anwendung[57].

C. Streikrecht

19
Schutz kollektiver Willensbildung

Ein sachlicher Zusammenhang zwischen der Vereinsfreiheit (bzw. dem Recht auf Zusammenschluß) und Streikmaßnahmen ist kaum zu bestreiten. Handelt es sich doch bei Streiks zumeist um kollektive Maßnahmen zur Durchsetzung bestimmter (wirtschaftlicher oder politischer) Ziele[58]. Dem Schutz einer kollektiven Willensbildung dient aber gerade die Vereinsfreiheit. Hinzu kommt, daß in Artikel 11 das Recht, „Gewerkschaften zu bilden und diesen beizutreten", ausdrücklich gewährleistet wird. Die Androhung oder Durchführung von Streiks ist aber eine wesentliche Kampfmaßnahme gewerkschaftlicher Arbeit. Eine effektive Form der Gewerkschaftsbildung erscheint daher nur dann möglich, wenn auch ein Streikrecht zumindest prinzipiell sichergestellt ist. Dennoch ist in Österreich umstritten, ob und inwieweit die Vereinsfreiheit auch ein Streikrecht grundrechtlich schützt.

20
Grundrechtsschutz für Streiks?

So wird im Hinblick auf Art. 12 StGG argumentiert, daß zum Entstehungszeitpunkt des Staatsgrundgesetzes Streiks strafrechtlich verboten gewesen sind. Zwar wurde dieses Verbot einige Jahre später aufgehoben, doch wurde Arbeitskampfvereinbarungen kraft ausdrücklicher gesetzlicher Anordnung weiterhin jede rechtliche Wirkung aberkannt. Auf Grund dieses historischen Kontextes könne nicht angenommen werden, daß die Vereinsfreiheit des Art. 12 StGG auch ein Recht auf Streik mit umfasse[59]. Dagegen wird aus historischer Sicht freilich eingewendet, daß insbesondere die strafrechtlichen Streikverbote gleich nach Inkrafttreten des Staatsgrundgesetzes in Frage gestellt wurden. Der enge zeitliche Zusammenhang zwischen dieser (auf verschiedenen Ebenen geführten) Diskussion und dem Inkrafttreten des Staatsgrundgesetzes läßt Zweifel darüber aufkommen, daß nach dem entstehungszeitlichen Verständnis des Art. 12 StGG das Mitumfassen von Streiks durch die Vereinsfreiheit von vornherein nicht in Betracht komme[60]. Auch ist es keineswegs zwingend, daß die vom Verfassungsgesetzgeber verwendeten

---

55 *VfGH*, Erk.v. 27.2.2001 (B 1891/99).
56 S. unter B III. 1 RN 15.
57 *VfSlg* 11651/1988.
58 Für Deutschland → Bd. V: *v. Danwitz*, Koalitionsfreiheit, § 116 RN 70 ff.
59 Z.B. *Theodor Tomandl*, Streik und Aussperrung als Mittel des Arbeitskampfes, 1965, S. 53 ff. S. auch *Rebhahn*, JBl 1992, S. 497 ff.
60 *Davy* (FN 15), S. 28. Zur Auslegung des Staatsgrundgesetzes unter Heranziehung von nach Inkrafttreten desselben entstandenem historischen Material s. *VfSlg* 11.300/1987.

Begriffe ausschließlich durch ihre Bedeutung nach der einfachgesetzlichen Rechtslage zum Entstehungszeitpunkt geprägt werden. Zwar kann die einfachgesetzliche Rechtslage bei Entstehung einer Verfassungsbestimmung zweifellos wertvolle Hinweise für ihre Bedeutung liefern[61]. Doch kann kaum angenommen werden, daß bei Erlassung einer Verfassungsbestimmung sämtliche einfachgesetzlichen Vorschriften mit dieser Verfassungsbestimmung im Einklang stehen. Es hängt maßgeblich von Sinn und Zweck der jeweiligen Verfassungsvorschrift ab, inwieweit zur Ermittlung ihres Sinngehaltes die einfachgesetzliche Rechtslage beitragen kann. Im vorliegenden Zusammenhang ist daran zu erinnern, daß nach der zutreffenden Rechtsprechung des Verfassungsgerichtshofs nicht nur die Gründung und der aufrechte Bestand von Vereinen, sondern auch deren freie Betätigung grundrechtlich geschützt wird[62]. Mit gutem Grund wird daher davon ausgegangen, daß es eine Betätigungsgarantie der Vereinigungsfreiheit gemäß Art. 12 StGG gibt[63]. Jedes Streikverbot schmälert demnach die statutenmäßige Betätigung einer Kampfkoalition und stellt einen Eingriff in die Vereinsfreiheit gemäß Art. 12 StGG dar[64]. Umso eher fällt dann aber der Streik in den Schutzbereich des Art. 11 EMRK, der die Bildung von Gewerkschaften (mit ihren typischen statutarischen Aufgaben) grundrechtlich gewährleistet. Wohl zu Recht wird daher angenommen, daß auf Grund von Art. 11 EMRK im nationalen Recht das Streikrecht zumindest prinzipiell eingeräumt werden muß[65].

Betätigungsgarantie der Vereinigungsfreiheit

Aber selbst wenn man das Streikrecht als grundsätzlich vom Schutzbereich der Vereinsfreiheit erfaßt ansieht, stellt sich die Frage nach der konkreten Reichweite dieser Gewährleistung. So wird in der Lehre zwar zunehmend anerkannt, daß ein grundrechtlicher Schutz vor strafrechtlichen Verboten des Arbeitskampfes besteht. Hingegen überwiegt die Skepsis in bezug auf einen Grundrechtsschutz vor zivilrechtlichen Beschränkungen des Streikrechts (wie vor allem Entlassungen)[66]. Die Annahme eines solchen Grundrechtsschutzes ist jedoch nicht unplausibel. Denn zunächst ist auch der Privatrechtsgesetzgeber prinzipiell an die Grundrechte gebunden. Weder aus dem historischen Verständnis des Staatsgrundgesetzes noch aus der Menschenrechtskonvention kann überzeugend abgeleitet werden, daß die dort geregelten Gewährleistungen nicht auch rechtliche Auswirkungen für Beziehungen Privater untereinander haben sollten (und daher keine reinen „Abwehrrechte" gegenüber dem Staat sind)[67]. Auch bei Gestaltung privater Rechtsverhältnisse hat der Gesetz-

21
Konkrete Reichweite des Schutzbereichs

Drittwirkung

---

[61] S. dazu in bezug auf die herrschende „Versteinerungstheorie" bei Auslegung der Vorschriften über die Kompetenzverteilung zwischen Bund und Ländern in Gesetzgebung und Vollziehung *Heinz Schäffer*, Verfassungsinterpretation in Österreich, 1971, S. 96 ff.
[62] Z.B. *Berka*, Die Grundrechte (LitVerz.), S. 378, RN 658.
[63] *Davy* (FN 15), S. 70 ff.
[64] *Davy* aaO., S. 80.
[65] Z.B. *Frowein*, in: ders./Peukert, EMRK (LitVerz.), Art. 11 RN 13 (S. 416). *Christoph Grabenwarter*, Europäische Menschenrechtskonvention (LitVerz.), § 23 RN 77. S. demgegenüber aber noch *Rebhahn*, Arbeitskampf in einer Druckerei, DrdA 1982, S. 130 (137).
[66] Dazu z.B. *Berka*, Die Grundrechte (LitVerz.), S. 380, RN 660f.
[67] *Griller*, Der Schutz der Grundrechte vor Verletzungen durch Private, JBl 1992, S. 205 ff. (213 f), 289 ff. Zur Menschenrechtskonvention s. auch *Grabenwarter*, EMRK (LitVerz.), § 19 RN 14 f.

geber demnach grundrechtliche Vorgaben zu beachten. Das betrifft auch die Ermächtigung zur Gestaltung arbeitsrechtlicher Verhältnisse, wobei der Gesetzgeber hier nach begründeter Ansicht einen relativ weiten Spielraum besitzt[68]. Denn es sind auch andere Grundrechtspositionen (konkret jene des Arbeitgebers) zu beachten, weshalb das Streikrecht jedenfalls nur nach Maßgabe einer Abwägung einzuräumen ist. Der gänzliche Ausschluß einer Streikmöglichkeit in einem Arbeitsvertrag wäre nach begründeter Auffassung allerdings grundrechtlich unzulässig. Eine gesetzliche Ermächtigung zu einem solchen Ausschluß in einem staatlichen Gesetz würde demnach dem Grundrecht auf Vereinsfreiheit widersprechen[69].

D. Politische Parteien

I. Historisches

22

Vorarbeiten zum Parteiengesetz

Die rechtlichen Grundlagen politischer Parteien waren in Österreich längere Zeit unklar. Ungeachtet ihrer Bedeutung für das politische Geschehen war ihre Rechtsfähigkeit während der Ersten Republik (1918–1938) keineswegs gesichert[70]. Die Entwicklung in der Zweiten Republik ist zunächst dadurch charakterisiert, daß sich die drei Parteien ÖVP, SPÖ und KPÖ im Frühjahr 1945 auf faktischem Weg (ohne jede rechtliche Grundlage[71]) (wieder)gebildet haben[72]. Dennoch hat der Oberste Gerichtshof diesen Parteien nachträglich Rechtspersönlichkeit zuerkannt[73]. Er berief sich dabei auf die Proklamation über die Selbständigkeit Österreichs[74], wonach „unter Teilnahme aller antifaschistischen Parteirichtungen" eine Provisorische Staatsregierung eingesetzt wurde und die Vorläufige Verfassung aus 1945[75], die ebenfalls die drei politischen Parteien als Träger von Regierungsgewalt anerkannte. Andere Parteien als jene „der ersten Stunde" (wie etwa die FPÖ) wurden hingegen auf Grund des Vereinsgesetzes gegründet[76]. Die uneinheitlichen (und in bezug auf die Parteien „der ersten Stunde" nicht unbestrittenen) Rechtsgrundlagen haben schließlich zu Arbeiten an einem eigenen Parteiengesetz geführt, das 1975 erlassen wurde. Dessen Artikel 1 wurde in Verfassungsrang erhoben und regelt

Grundrecht auf Parteienfreiheit

die prinzipielle Stellung sowie Gründung politischer Parteien. Nach zutreffender Auffassung wurde damit ein verfassungsgesetzlich gewährleistetes Recht

---

68 *Davy* (FN 15), S. 60.
69 *Davy* aaO., S. 69 f.
70 S. die Nachw. bei *Wieser*, ParteienG, in: Korinek/Holoubek, Bundesverfassungsrecht (LitVerz.), Bd. IV, 2002, S. 7, RN 7. Für Deutschland → Bd. V: *M. Schröder*, Stellung der Parteien, § 118.
71 *Raschauer*, Die Rechtsstellung politischer Parteien, in: Anton Pelinka/Fritz Plasser (Hg.), Das österreichische Parteiensystem, 1988, S. 557 ff. (557).
72 *Wieser* (FN 70), S. 9, RN 8.
73 *OGH* SZ 21/24.
74 Vom 27. 4. 1945 (StGBl 1).
75 StGBl 5.
76 *Raschauer* (FN 71), S. 557.

auf Gründung und Betätigung politischer Parteien gewährt und somit ein Grundrecht auf Parteienfreiheit[77] eingeräumt. Bei Parteien nach dem Parteiengesetz handelt es sich um juristische Personen „sui generis"[78], deren Entscheidungen über Fragen der Mitgliedschaft, des Ausschlusses und der Parteidisziplin der Überprüfung durch die Zivilgerichte unterliegen[79].

II. Parteigründung

Gemäß der Verfassungsbestimmung des § 1 Abs. 3 ParteienG ist die Gründung politischer Parteien frei, „sofern bundesverfassungsgesetzlich nicht anderes bestimmt ist". Die Gründung einer politischen Partei erfolgt nach § 1 Abs. 4 ParteienG durch Hinterlegung der Satzung beim Bundesministerium für Inneres, wodurch die Partei prinzipiell Rechtspersönlichkeit erlangt. Nach der Rechtsprechung des Verfassungsgerichtshofs darf der Bundesminister für Inneres die Hinterlegung keinesfalls verweigern. Denn in die „vom Verfassungsgesetzgeber gewährleistete Parteiengründungsfreiheit" dürfe „kein Organ der Vollziehung, also weder ein Gericht noch eine Verwaltungsbehörde, eingreifen"[80]. Damit stellt sich die Frage nach den Rechtsfolgen für den Fall, daß die Gründung einer Partei bundesverfassungsgesetzlichen Regelungen widerspricht. Praktische Bedeutung hat diese Frage in bezug auf Parteigründungen erlangt, die wegen nationalsozialistischer Wiederbetätigung gegen die Verfassungsbestimmungen des § 3 Verbotsgesetz und Art. 4 sowie Art. 9 des Staatsvertrages von Wien verstießen. Nach Auffassung des Verfassungsgerichtshofs kommt in einem solchen Fall trotz Hinterlegung die Rechtspersönlichkeit als politische Partei nicht zustande. Als Konsequenz daraus haben „alle Verwaltungsbehörden und alle Gerichte für Zwecke, der bei ihnen anhängigen Verfahren inzidenter zu beurteilen ..., ob die Behauptung einer dort auftretenden Personengruppe, als politische Partei Rechtspersönlichkeit zu besitzen, zutrifft oder nicht"[81]. So hat etwa nicht nur eine Abgabenbehörde zu beurteilen, ob eine Flugzettel verteilende Gruppierung unter eine für politische Parteien geltende Ausnahmeregelung von einer Ankündigungsabgabe fällt[82]. Auch der Verfassungsgerichtshof selbst muß bei der Beschwerde einer politischen Partei prüfen, ob „sie überhaupt rechtlich existent ist"[83].

23
Gründungsfreiheit

Inzidentprüfung der Rechtspersönlichkeit

---

77 *Berka*, Die Grundrechte (LitVerz.), S. 385, RN 676; *Wieser* (FN 70), S. 29, RN 30. Diese Einschätzung verliert auch dadurch nicht an Gewicht, daß dem Art. 1 ParteienG vom Verfassungsgerichtshof der Grundrechtscharakter noch nicht zuerkannt wurde; s. dazu *Keller*, Das Recht auf freie Parteigründung – Verfassungsrechtliche Grundlagen, in: Machacek/Pahr/Stadler, Erklärung der Menschenrechte (LitVerz.), S. 77 (92).
78 *Schambeck*, Politische Parteien und österreichische Staatsrechtsordnung, in: Heinz Mayer (Hg.), FS R. Walter, 1991, S. 603 (615).
79 *OGH* v. 9. 11. 1978 (6 Ob 727/78).
80 *VfSlg* 9648/1983.
81 *VfSlg* 9648/1983.
82 *VfSlg* 11.761/1988.
83 *VfSlg* 11.258/1987.

24
Kritik an weitgestreuter Überprüfungskompetenz

Diese Rechtsprechung ist nicht unbedenklich. Denn zum einen ist nicht ganz einzusehen, weshalb die Prüfung (und allfällige Abweisung) der Hinterlegung der Satzung durch den Bundesminister für Inneres ein dem Verfassungsgesetzgeber nicht zusinnbarer zulässiger Eingriff in die Parteiengründungsfreiheit sein sollte. Stellt doch auch die Prüfung (und allfällige Untersagung) der Anzeige einer Versammlung oder Vereinsbildung nach herrschender Ansicht keine Verfassungswidrigkeit dar. Es ist schwer zu verstehen, weshalb hier ein anderer Beurteilungsmaßstab als bei der Parteiengründung gelten sollte. Hinzu kommt, daß die vom Verfassungsgerichtshof entwickelte Lösung den Nachteil besitzt, daß nunmehr jede Behörde (Gericht oder Verwaltungsbehörde) eigenständig einen allfälligen Widerspruch der Satzung zu Verfassungsbestimmungen zu prüfen hat. Dabei geht es um Fragen, deren Beantwortung nach Meinung des Verfassungsgerichtshofs eine komplexe Beurteilung erfordert[84]. Es darf bezweifelt werden, daß sämtliche Behörden von ihrer Ausstattung und Qualifikation her stets zu einer entsprechend fachgerechten Prüfung in der Lage sind. Auch aus diesem Grund ist fraglich, ob der vom Verfassungsgerichtshof gewählte Ansatz dem Verfassungsgesetzgeber unterstellt werden kann.

III. Betätigung von Parteien

25
Organisations- und Programmfreiheit

1. Die durch § 1 ParteienG garantierte Gründungsfreiheit bezieht sich nicht nur auf den Gründungsakt als solchen, sondern umfaßt auch das Recht, die Organisation und das Programm der Partei festzulegen. Die *Organisationsfreiheit* bedeutet, daß die innere Struktur keinem bestimmten Schema entsprechen muß. Insbesondere hat die Binnenstruktur der Partei nicht unbedingt demokratisch zu sein[85]. Der *Programmfreiheit* sind dagegen jene Grenzen gesetzt, die sich aus anderen Verfassungsbestimmungen wie etwa § 3 Verbotsgesetz oder Art. 4 und 9 des Staatsvertrages von Wien ergeben. Fraglich ist allerdings die Rechtslage, wenn zwar nicht die Satzung, wohl aber das tatsächliche Verhalten der Gruppierung seit der Satzungshinterlegung gegen eine Verfassungsregelung wie § 3 Verbotsgesetz verstößt, indem Handlungen im Sinne einer nationalsozialistischen Wiederbetätigung gesetzt werden. Nach der dargelegten Rechtsprechung des Verfassungsgerichtshofs hat jede staatliche Behörde in für sie relevanten Fällen zu prüfen, ob eine Gruppierung durch die Hinterlegung der Satzung gemäß § 1 Abs. 4 ParteienG Rechtspersönlichkeit als Partei erlangt hat. Das ist nach Auffassung des Verfassungsgerichtshofs nicht anzunehmen, wenn die Hinterlegung „eine nationalsozialistische Wiederbetätigung darstellt"[86]. Die Behörde habe „mit den ihr zur Verfügung stehenden Mitteln diese (Vor-)Frage zu beantworten" und dabei eine Prognose zu treffen, die „auch das tatsächliche Geschehen seit Satzungshin-

---

84 S. *VfSlg* 11.258/1987.
85 *Raschauer* (FN 71), S. 561.
86 *VfSlg* 11.258/1987.

terlegung"[87] berücksichtigt. Aus der zuletzt genannten Formulierung wird in der Lehre wohl zu Recht gefolgert, daß im Rahmen der vom Verfassungsgerichtshof geforderten Inzidenter-Prüfung die tatsächlich verfolgten Ziele (und nicht nur das vielleicht lediglich zum Schein erstellte Programm) maßgeblich sind[88]. Der entscheidende Beurteilungsmaßstab setzt sich daher aus einer Reihe von Faktoren (wie Satzung und tatsächliche Verhaltensweisen) zusammen, die abzuwägen sind und ein Gesamtbild ergeben und sich vor allem nicht auf den Gründungszeitpunkt beschränken.

2. Gemäß der Verfassungsbestimmung des § 1 Abs. 1 ParteienG sind die „Existenz und Vielfalt politischer Parteien ... wesentliche Bestandteile der demokratischen Ordnung der Republik Österreich". Damit wird das System der Mehrparteiendemokratie verfassungsrechtlich festgeschrieben, was durchaus Konsequenzen für die staatliche Behandlung der Parteien hat. So wäre es mit der Verfassung jedenfalls unvereinbar, einer bestimmten Partei (etwa durch einfaches Gesetz) eine „Führungsrolle" zuzuerkennen[89]. Darüber hinaus wird aus § 1 Abs. 1 ParteienG überzeugend ein Gebot auf Chancengleichheit der politischen Parteien abgeleitet[90]. Einzelne Parteien dürfen daher von staatlicher Seite nicht sachwidrig begünstigt werden. Das betrifft vor allem finanzielle Zuwendungen an Parteien durch den Staat. Nach der Rechtsprechung des Verfassungsgerichtshofs können aus der Verfassungsrechtslage in finanzieller Hinsicht zwar keine positiven Gewährleistungspflichten zur Parteienförderung abgeleitet werden. Aus § 1 Abs. 1 ParteienG sowie aus dem Gleichheitssatz ergebe sich hingegen sehr wohl ein Gebot auf Beachtung der Chancengleichheit der Parteien bei Zuerkennung der finanziellen Begünstigungen[91]. Dies bedeutet allerdings nicht zwingend, daß allen Parteien die gleichen finanziellen Zuwendungen zukommen müssen. Vielmehr wird eine nach der Größe der Parteien differenzierende Förderung (wie sie in einfachgesetzlichen Regelungen des Parteiengesetzes vorgesehen ist[92]) als zulässig angesehen, die in sachgerechter Weise unterschiedlichen tatsächlichen Verhältnissen Rechnung trägt[93].

26
Chancengleichheit politischer Parteien

---

87 *VfSlg* aaO.
88 *Wieser* (FN 70), S. 51, RN 57. A.A. *Raschauer* (FN 71), S. 566.
89 *Wieser* aaO., S. 19, RN 17.
90 *Wieser* aaO., S. 20 ff, RN 20.
91 *VfSlg* 14.803/1997.
92 Den politischen Parteien und diesen nahestehenden Organisationen werden vom Bund außer nach dem Parteiengesetz auch noch finanzielle Zuwendungen nach dem Klubfinanzierungsgesetz und dem Bundesgesetz über die Förderung politischer Bildungsarbeit und Publizistik gewährt.
93 *Wieser* (FN 70), S. 81, RN 84.

E. Bibliographie

Anderle, Herwig, Österreichisches Versammlungsrecht, 1988.
Berka, Walter, Die Grundrechte. Grundfreiheiten und Menschenrechte in Österreich, 1999, S. 358 ff.
Brändle, Claus/Schnetzer, Manfred, Das österreichische Vereinsrecht, ³2002.
Bric, Johannes, Vereinsfreiheit. Eine rechtsdogmatische Untersuchung der Grundfragen des Vereinsrechts, 1998.
Davy, Ulrike, Streik und Grundrechte in Österreich, 1989.
Hofer-Zeni, Herbert, Die Vereinigungsfreiheit, in: Rudolf Machacek/Willibald P. Pahr/Gerhard Stadler (Hg.), 40 Jahre EMRK. Grund- und Menschenrechte in Österreich, Bd. II, 1992, S. 349 ff.
Höhne, Thomas/Jöchl, Gerhard/Lummersdorf, Andreas, Das Recht der Vereine, 1997.
Keller, Christine, Das Recht auf freie Parteigründung – Verfassungsrechtliche Grundlagen, in: Rudolf Machacek/Willibald P. Pahr/Gerhard Stadler (Hg.), 50 Jahre Allgemeine Erklärung der Menschenrechte. Grund- und Menschenrechte in Österreich, Bd. III, 1997, S. 77 ff.
Korinek, Karl/Krejci, Heinz (Hg.), Der Verein als Unternehmer, 1988.
Öhlinger, Theo, Verfassungsrecht, ⁷2007.
Raschauer, Bernhard, Die Rechtsstellung politischer Parteien, in: Anton Pelinka/Fritz Plasser (Hg.), Das österreichische Parteiensystem, 1988, S. 557 ff.
Rebhahn, Robert, Neues zum Streikrecht?, JBl 1992, S. 497 ff.
Schambeck, Herbert, Politische Parteien und österreichische Staatsrechtsordnung, in: Heinz Mayer (Hg.), FS R. Walter, 1991, S. 603 ff.
Tichy, Heinz, Die Vereinigungsfreiheit, in: Rudolf Machacek/Willibald P. Pahr/Gerhard Stadler (Hg.), 50 Jahre Allgemeine Erklärung der Menschenrechte. Grund- und Menschenrechte in Österreich, Bd. III, 1997, S. 103 ff.
Tomandl, Theodor, Streik und Aussperrung als Mittel des Arbeitskampfes, 1965.
Wieser, Bernd, ParteienG, in: Karl Korinek/Michael Holoubek (Hg.), Österreichisches Bundesverfassungsrecht, Bd. IV, Loseblattausg., 5. Lieferung 2002.

§ 198
Rechte der Staatsbürger und der Fremden

Gerhard Strejcek

Übersicht

	RN		RN
A. Aktivbürger und Fremde	1–9	B. Grundrechte der Staatsbürger und der Fremden im einzelnen	10–28
I. Grundrechte der politischen Mitwirkung und der Freizügigkeit	1–3	I. Rechte der Staatsbürger und der Fremden im Kontext mit Gleichheit und Aufenthalt	10–21
II. Der grundrechtliche Staatsbürgervorbehalt für Aktivbürger in aktuellen höchstgerichtlichen Aussagen	4–9	II. Rechte der Staatsbürger und der Fremden im wirtschaftlichen Kontext	22–28
		C. Bibliographie	

A. Aktivbürger und Fremde

I. Grundrechte der politischen Mitwirkung und der Freizügigkeit

1
citoyen actif

Staatsbürger-vorbehalt

Die Zuerkennung von Grundrechten (nur) an Staatsbürger[1] ist seit der Französischen Revolution an die Idee des „citoyen actif" gebunden[2], so daß im folgenden vor allem die Grundrechte der „aktiven Zivität", des „status activus", nach heutiger Terminologie also politische Grundrechte[3] abzuhandeln sind. Nur im Zusammenhang mit dem Recht auf Aufenthalt, dem Recht auf Einreise, dem Schutz vor Ausweisung (einer systematisch zusammengehörenden Gruppe von Freizügigkeitsrechten) und den politischen Grundrechten, welche die Mitwirkungsbefugnis des einzelnen an der staatlichen Willensbildung im Wege des Wahl- und Stimmrechts[4] ermöglichen, sehen in Österreich Lehre und Rechtsprechung überwiegend einen Staatsbürgervorbehalt als gerechtfertigt an[5]. Dieser Befund entspricht auch der in Österreich im Rang von Bundesverfassungsrecht[6] stehenden Europäischen Menschenrechtskonvention und ihren Zusatzprotokollen[7], vor allem Art. 3 des 1. ZP EMRK und Art. 3 und 4 des 4. ZP EMRK[8].

2
Wahl- und Stimmrecht

Für das Wahl- und Stimmrecht, in dem sich die politische Mitwirkung der Staatsbürger zwar nicht erschöpft, aber in der für das demokratische System maßgeblichen Weise äußert, ist nach dieser Doktrin die Grundrechtsberechtigung an ein besonderes rechtliches „Band" zum Staat geknüpft. Bei genauerer Betrachtung wird ein systematischer Zusammenhang zwischen den genannten Grundrechten erkennbar. Behält es sich der Staat kraft seiner Souveränität vor, den Aufenthalt von Fremden bestimmten Beschränkungen bis hin zur Ausweisung unrechtmäßig im Bundesgebiet Anwesender zu unterwerfen, so gebietet die Bundesverfassung einerseits das Recht auf Einreise, Aufenthalt und Nicht-Ausweisung der Staatsbürger[9], andererseits regelt sie exklusiv die politische Mitwirkung der Aktivbürger, wie im folgenden genauer auszuführen ist.

---

1 Zur begrifflichen Abgrenzung von Staatsbürger- und Menschenrechten s. zuletzt *Berka*, Verfassungsrecht (LitVerz.), RN 1227 ff.
2 *Emmanuel Joseph Sièyes*, Politische Schriften, Bd. I, Leipzig 1796, S. 12.
3 S. dazu *Manfred Nowak*, Politische Grundrechte, 1988, S. 154 ff.
4 Zum Stimmrecht und dessen demokratiepolitischen Defiziten bei Plebsziten s. *Schäffer*, Über die „Schwäche" der Volksbegehren in Österreich. Anmerkungen zur direkten Demokratie in Österreich, in: Stefan Hammer u. a. (Hg.), FS Theo Öhlinger, 2004, S. 39 ff.
5 *Öhlinger*, Verfassungsrecht (LitVerz.), RN 702.
6 Seit BGBl 1964/59; s. dazu *VfSlg* 4706/1964; 5100/1965; Kundmachung BGBl 1958/210, nunmehr relevant BGBl III 1998/30. Siehe *Christoph Lanner* (Bearb.), Kodex Verfassungsrecht, [28]2008, Abschn. 2b/1; → oben *Schäffer*, Die Entwicklung der Grundrechte, § 186 RN 71.
7 Im folgenden stets abgekürzt: ZP EMRK.
8 Siehe *Rosenmayr*, Das Recht auf persönliche Freiheit und Freizügigkeit bei der Einreise von Ausländern, EuGRZ 1988, S. 153 ff.
9 *Seidl-Hohenveldern*, Die Freizügigkeit der Person und des Vermögens und das Auswanderungsrecht, in: Machacek/Pahr/Stadler, Grund- und Menschenrechte in Österreich (LitVerz.), Bd. II, Art. 3 4. ZPMRK, S. 535 (543).

Darüber hinaus regelt die Europäische Menschenrechtskonvention das Wahl- und Stimmrecht in Art. 3 1. ZP EMRK[10] und gewährleistet im übrigen, etwa im Kontext mit den Freizügigkeitsrechten, allen Menschen, die in Österreich aufhältig sind oder die sonst der hoheitlichen Staatsgewalt unterliegen, einen entsprechenden, unten näher auszuführenden grundrechtlich geschützten Standard. Im Geltungsbereich der Europäischen Menschenrechtskonvention sind Grundrechtsberechtigte alle der Hoheitsgewalt der Vertragsstaaten unterstehende Personen[11]. Nur ausnahmsweise spielt die Staatsangehörigkeit in der Europäischen Menschenrechtskonvention eine Rolle, nämlich beim Verbot der Ausweisung eigener Staatsangehöriger (Art. 3 4. ZP EMRK) und beim Verbot der Kollektivausweisung von Fremden (Art. 4 4. ZP EMRK).

3
Bedeutung der EMRK

Ausweisung

II. Der grundrechtliche Staatsbürgervorbehalt für Aktivbürger in aktuellen höchstgerichtlichen Aussagen

Der Verfassungsgerichtshof hat die Zulässigkeit eines Staatsbürgervorbehalts bei politischen Grundrechten zuletzt in seinem Erkenntnis zum Ausländerwahlrecht auf der Ebene der Wiener Bezirksvertretungen betont[12]. Die Argumentation des Höchstgerichts läßt sich in folgenden Überlegungen zusammenfassen: Die Bundesverfassung sieht, so der Verfassungsgerichtshof, ausgehend von der Bekräftigung des demokratischen Prinzips in Art. 1 B-VG für alle (im Bundes-Verfassungsgesetz geregelten) allgemeinen Vertretungskörper und für die Wahl des Bundespräsidenten einen Staatsbürgervorbehalt vor[13]. Die Bezirksvertretungen der Bundeshauptstadt sind, wie der Gerichtshof betont, ohne ausdrücklich in der Bundesverfassung geregelt zu sein, gleichwohl derartige allgemeine Vertretungskörper[14]. Die letztlich von Art. 1 B-VG abgeleitete „Homogenität" gebiete daher, daß auch die im Bundes-Verfassungsgesetz nicht ausdrücklich geregelten allgemeinen Vertretungskörper nur von Staatsbürgern (und auf kommunaler[15] sowie auf der Ebene des Europäischen Parlaments[16] von den Wohnsitzbürgern der Europäischen Union, die in Österreich ihren Hauptwohnsitz haben) kreiert werden. Eine Mitwirkung nichtösterreichischer Staatsbürger sei daher kraft Bundesverfassung ausgeschlossen; der Landesgesetzgeber überschreite seinen rechtspoliti-

4
Bekräftigung des demokratischen Prinzips

Homogenitätsgebot

---

10 *Nowak/Strejcek*, Das Wahl- und Stimmrecht, in: Machacek/Pahr/Stadler aaO., Bd. III, S. 1 (43). *Grabenwarter*, EMRK (LitVerz.), § 23 RN 89 ff.
11 *Grabenwarter* aaO., § 17 RN 1.
12 *VfSlg* 17.264/2004.
13 *VfSlg* 17.264/2004, S. 1296: Der in dieser Bestimmung verwendete „Begriff des Volkes" knüpft, so der VfGH, an die österreichische Staatsbürgerschaft an; s. dazu schon *VfSlg* 12.023/1989 zum Wahlrecht der Auslandsösterreicher.
14 *VfSlg* 17.264/2004, S. 1294 unter Bezugnahme auf *Strejcek*, in: Korinek/Holoubek, Bundesverfassungsrecht (LitVerz.), Art. 141 RN 33. Ebenso schon *VfSlg* 16.478 u. 16.479/2002, 15.033/1997; 11.738 und 11.875/1988, bis zurück zur Rsp. der Ersten Republik, z. B. *VfSlg* 888/1927.
15 *VfSlg* 15.063/1997.
16 Dazu *Strejcek*, Das Europawahlrecht – Stand und Perspektiven, in: Stefan Hammer u. a. (Hg.), FS Öhlinger, 2004, S. 395 ff.; *ders.*, in: Korinek/Holoubek, Bundesverfassungsrecht (LitVerz.), Bd. II/1, Art. 23a RN 7 ff.

schen Gestaltungsspielraum, wenn er auch nichtösterreichische Staatsbürger zu Wahlen allgemeiner Vertretungskörper zulasse[17].

5
Historisch-systematisch begründete Zweifel

An dieser Argumentation ist alles richtig bis auf die entscheidende, mit historisch-systematischen Argumenten zu widerlegende Prämisse[18]: Art. 26 Abs. 1 B-VG, die zentrale Wahlrechtsregelung in bezug auf die Nationalratswahlen, also den Wahlen zum wichtigsten allgemeinen Vertretungskörper der Republik Österreich, sah in der Fassung aus den Jahren 1929 und 1930 vor[19], daß nach Maßgabe der Gegenseitigkeit auch nichtösterreichischen Staatsbürgern das Wahlrecht einzuräumen war; natürlich war diese bundesverfassungsrechtliche Ermächtigung nur in der Ersten Republik relevant und zielte auf Staatsbürger des Deutschen Reichs. Doch muß für den Verfassungsinterpreten gleichgültig sein, vor welchem historisch-teleologischen Hintergrund (damals: Wiedererstarken der Anschlußbewegung, wenngleich ohne jeden nationalsozialistischen Kontext) eine Verfassungsänderung erfolgte; maßgeblich ist, ob sie erstens mit dem demokratischen Prinzip vereinbar war, zweitens im Bauplan der Bundesverfassung lag und drittens sohin ohne gesamtändernde Volksabstimmung nach Art. 44 Abs. 3 B-VG durchgeführt werden mußte.

Nichtösterreichische Staatsbürger als Bestandteil des Bundesvolks

Historisch-systematisch ist hier vor allem relevant, daß der Begriff des Bundesvolks oder eben der verfassungsrechtlich definierte Umfang der Wahlberechtigten zum Nationalrat schon einmal für längere Zeit denkmöglich auch nichtösterreichische Staatsbürger umfaßt hat. Ein Größenschluß vom Nationalrat zu den verhältnismäßig unbedeutenden Bezirksvertretungen der Bundeshauptstadt Wien hätte daher ein anderes Ergebnis der verfassungsgerichtlichen Kontrolle indizieren können[20].

6
Begrenztes Ausländerwahlrecht

Von der in der Ersten Republik (1929) geschaffenen bundesverfassungsrechtlichen Ermächtigung, auf der Basis der Gegenseitigkeit Ausländern das Wahlrecht einzuräumen, ist niemals Gebrauch gemacht worden. Sie wurde in der Zweiten Republik[21] wieder aus dem Bundesverfassungsrecht beseitigt. Man

---

17 Die Wiener Gemeinderatswahlordnung 1996 (LGBl 16 i.d.F. v. 2003/22) sah in § 16 Abs. 2 Ziff. 2 und § 19a Abs. 1 Ziff. 3 in diesem Kontext verfassungswidriger Weise vor, daß auch „andere Nichtösterreicher, die bereits seit mindestens fünf Jahren ihren ununterbrochenen Hauptwohnsitz im Gemeindegebiet von Wien haben" in die Wählerevidenz einzutragen und bei Wahlen der Bezirksvertretungen (nicht aber des Gemeinderats und des Landtags) wahlberechtigt sein sollten. Beide Regelungen hob der VfGH mit dem Erkenntnis v. 30. 6. 2004 (G 218/03), *VfSlg* 17.264/2004, auf. Die Aufhebung wurde im LGBl für Wien (2004/30), kundgemacht.
18 *Strejcek*, Zur Frage des Ausländer-Wahlrechts, in: Der Staatsbürger, Salzburger Nachrichten v. 10. 8. 2004, S. 17.
19 Wiederverlautbarung des B-VG i.d.F. der B-VG Nov 1929 (BGBl 1930/1).
20 Wenn ein Nationalstaat in der Verfassung seinen wichtigsten Vertretungskörper auch Nicht-Staatsbürgern „öffnet", dann sind die Argumente dünn gesät, die eine Ausweitung des Kreises der Wahlberechtigten auf kommunaler Ebene verbieten, noch dazu, wenn die Bundesverfassung zu diesen Vertretungskörpern schweigt. Die Auffassung des VfGH, die „Homogenität" gebiete diese Einschränkung auf Staatsbürger, ist unzutreffend, denn Homogenität ist nur ein rechtswissenschaftlicher Begriff; dieser umschreibt eine Kategorie, die sich bei der Interpretation der Wahlrechtsregeln erkennen läßt, wonach der Kreis der Wahlberechtigten „absteigend" von der Bundesverfassung niemals enger (!) gezogen werden darf als es die Bundesverfassung für Wahlen zum Nationalrat vorsieht; daraus ein Verbot der Ausweitung (!) des Wählerkreises auf nichtösterreichische Staatsbürger bei Wahlen zu den Wiener Bezirksvertretungen abzuleiten, erscheint dogmatisch nicht überzeugend.
21 BVG (BGBl 1968/412).

wird daher davon ausgehen können, daß dem Bundes-Verfassungsgesetz eine Ausdehnung des Wahlrechts auf Nicht-Staatsbürger nicht völlig fremd ist, so daß in einem solchen Fall nicht von einer Gesamtänderung zu sprechen wäre. Ein weiteres historisches Argument für eine grundsätzliche Offenheit der österreichischen Bundesverfassung hinsichtlich der Erweiterung politischer Mitwirkung auf nichtösterreichische Staatsangehörige kann aus der präkonstitutionellen Ära der Jahre 1918–1920 gewonnen werden. Denn wie sich aus einer Novelle der Wahlordnung zur konstituierenden Nationalversammlung ergab[22], wollte der republikanische Gesetzgeber bereits die Konstituante und Vorläuferin des Nationalrats nichtösterreichischen Staatsbürgern öffnen, ehe dann unter dem Regime des B-VG 1929 eine neuerliche Öffnung in normativer Hinsicht (auf die es hier einzig ankommt) vonstatten ging. Der ursprünglich vorgesehene Staatsbürgervorbehalt wurde zugunsten einer Öffnung gegenüber deutschen Staatsbürgern unter der Bedingung der Gegenseitigkeit beseitigt. Demgemäß stellte auch die damalige Staatsrechtslehre unter Federführung *Merkl*s fest, daß durch die Novelle zur Wahlordnung 1918 ein eingeschränktes Ausländerwahlrecht verankert worden war, wogegen in einem aktuellen Kommentar dies zwar nicht bestritten, aber doch verstärktes Augenmerk auf die Voraussetzung der Gegenseitigkeit und ihre (meines Erachtens normativ nicht relevante, *reale* Grundlage) gelegt wird[23].

Die seinerzeitige Bundes-Verfassungsgesetz-Novelle 1929, welche erstmals auf Verfassungsebene eine Art „Ausländerwahlrecht" vorsah, hatte keinen gesamtändernden Charakter, sie konnte sich nicht auf die Legitimation einer gesamtändernden Volksabstimmung im Sinne des Art. 44 Abs. 3 B-VG stützen. Sie wurde auch nicht durch eine Gesamtänderung wieder rückgängig gemacht, sondern durch „einfache" Änderung der Bundesverfassung. Die Ermächtigung zu einem Ausländerwahlrecht bei Wahlen zu allgemeinen Vertretungskörpern liegt demnach im historisch-systematisch abgrenzbaren Bereich „einfacher" Änderungen der Bundesverfassung. Man kann daraus verschiedene Schlüsse ziehen. Zweifellos bedarf die Einräumung politischer Rechte an nichtösterreichische Staatsbürger einer bundesverfassungsrechtlichen Ermächtigung. Dort aber, wo die Verfassung schweigt, ist die Einräumung daher meines Erachtens zulässig; wenn ich auch konzediere, daß das vom Verfassungsgerichtshof als dem zuständigen Grenzorgan erzielte Inter-

7
Demokratisches Prinzip und Ausländerwahlrecht

Bundesverfassungsrechtliche Ermächtigung

---

22 StGBl 118/115 idF 1919/16; siehe den Abdruck der Wahlordnung 1918 (WKNV) in *Strejcek*, Das Wahlrecht der Ersten Republik, 2009, S. 68 ff.
23 Die Regelung fand sich in § 11 WKNV und bezog sich auf „deutsche Reichsangehörige" mit ordentlichem Wohnsitz in Deutschösterreich; ein Ausländerwahlrecht konstatierte *Merkl*, Die Verfassung der Republik Deutschösterreich, 1919, S. 185, ohne das Element der Gegenseitigkeit besonders zu betonen; hingegen legen verstärkten Wert auf die Verankerung der Gegenseitigkeit *Schreiner*, in Rill/Schäffer, Bundesverfassungsrecht (LitVerz.), Art. 26 B-VG, RN 23 und (auch hinsichtlich der realen Grundlage hiefür, was dogmatisch nicht begründbar ist), *Rill/Schäffer*, in dies. Bundesverfassungsrecht (LitVerz.), Art. 1 B-VG, RN 38. Meines Erachtens kommt es stufenbautheoretisch weniger auf die Verankerung in § 11 WKNV als auf Art. 26 B-VG idF 1929 an sowie auf die grundsätzliche „Öffnung" unter welchen Voraussetzungen auch immer, ich vermag nicht zu erkennen, daß die Nicht-Verankerung der Gegenseitigkeit zukünftig im Falle der bundesverfassungsrechtlichen Öffnung zugunsten von nichtösterreichischen Staatsbürgern zu einer Gesamtänderung führen sollte. Abgesehen davon ist durch das europäische Wahlrecht bereits partiell das eingetreten, was diese Argumentation offenbar rechtspolitisch abzuwehren trachtet.

pretationsergebnis im Rahmen des dogmatisch Vertretbaren liegt, doch meiner Meinung nach in zu starker Überdehnung bzw. mißverständlicher Sichtweise des Begriffs der „Homogenität".

8
Entwicklungsstufen

Nicht erst seit der Beteiligung Österreichs an der Europäischen Integration hat sich die Frage gestellt, ob und inwieweit auch Nichtösterreichern das Wahlrecht eingeräumt werden kann. Schon am Beginn der Ersten Republik, näherhin in der Wahlordnung für die Konstituierende Nationalversammlung[24], war im Hinblick auf den damals politisch aktuellen Gedanken des so genannten „Anschlusses" (Einbindung Österreichs in das Deutsche Reich) festgelegt, daß „unter der Bedingung der Gegenseitigkeit" auch jene deutschen Reichsangehörigen wahlberechtigt sind, die ihren ordentlichen Wohnsitz in einer Gemeinde Deutschösterreichs hatten. Diese Bestimmung wurde jedoch im Hinblick auf das Anschlußverbot des Staatsvertrags von St. Germain 1920 wieder beseitigt[25]. In verallgemeinerter Form fand eine solche Regelung jedoch 1929 Eingang in die Bundesverfassung[26]. In Art. 26 Abs. 1 Satz 2 B-VG wurde damals normiert: „Ob und unter welchen Voraussetzungen auf Grund staatsvertraglich gewährleisteter Gegenseitigkeit auch Personen, die nicht die Bundesbürgerschaft besitzen, das Wahlrecht zusteht, wird in dem Bundesgesetz über die Wahlordnung geregelt". Diese Regelung hat keine praktische Bedeutung erlangt und wurde 1968 – ohne Begründung[27] – aus dem Text der Bundesverfassung gestrichen. Eine Regelung dieser Art bedeutet eine Ermächtigung zur Öffnung des Kreises der Wahlberechtigten über das Bundesvolk i.e.S. hinaus, allerdings unter der Voraussetzung der Gegenseitigkeit, was ja eine gewisse Integration Fremder in Österreich und von Österreichern in ein fremdes politisches System auf der Basis der Gleichberechtigung voraussetzt[28]. Angesichts dieses historischen Hintergrundes ist davon auszugehen,

---

24 § 11 Wahlordnung für die KNV (StGBl 1918/115); die Novelle (StGBl 1919/15) hat einen diesbezüglichen § 11 Abs. 4 eingefügt.
25 Art. 6 des G über die Wahlordnung zur Nationalversammlung (StGBl 1920/316 i.V.m. der Neuverlautbarung StGBl 1920/351).
26 Art. I Ziff. 12 B-VG Nov 1929; die RV 382 BlgNR 3. GP enthielt eine derartige Regelung noch nicht; sie geht auf einen Abänderungsantrag des (großdeutschen) Abg Dr. *Schönbauer* zurück (vgl. Prot. der 1. Sitzung des Verfassungsausschusses v. 29.11.1929 bei *Klaus Berchtold* (Hg.), Die Verfassungsreform von 1929, Bd. II, 1979, S. 219 (223), insbes. den dort in FN 261 wiedergegebenen IA 238/A 3. GP betreffend die Verleihung des Wahlrechtes an in Österreich ansässige Männer und Frauen reichsdeutscher Staatsangehörigkeit.
27 BVG (BGBl 1968/412 [AB 1002 BlgNR 11. GP]).
28 Eine vergleichbare Rechtslage in Deutschland ergibt sich aus Art. 28 Abs. 1 Satz 3 GG (eingefügt durch Gesetz v. 21.12.1992 [BGBl. I S. 2086]); → Bd. II: *Heintzen*, Ausländer als Grundrechtsträger, § 50 RN 40, 46; zur gemeinschaftsrechtlichen Verankerung → Bd. VI/1: *Magiera*, Bürgerrechte und justitielle Grundrechte, § 161 RN 22f. Die vom BVerfG zunächst vertretene Ansicht, der zufolge die auf staatlicher Ebene geltende Beschränkung des Wahlrechts auf Deutsche nach dem Grundgesetz auch für die kommunale Selbstverwaltung gelten solle (Einheitlichkeit der demokratischen Legitimationsgrundlage für alle Gebietskörperschaften, *BVerfGE 83*, 37; *83*, 60) ist auf Grund der Kommunalwahl-RL (RL 94/80/EG des Rates v. 19.12.1994 über die Einzelheiten der Ausübung des aktiven und passiven Wahlrechts bei den Kommunalwahlen für Unionsbürger mit Wohnsitz in einem Mitgliedstaat, dessen Staatsangehörigkeit sie nicht besitzen [ABl.EG v. 31.12.1994 Nr. L 368 S. 38]; geändert durch RL 96/30/EG des Rates v. 13.5.1996, ABl.EG v. 22.5.1996 Nr. L 122 S. 14], dort insb. Art. 5 Abs. 3) für Unionsbürger unbeachtlich; dazu *BVerfG* (Kammer) NVwZ 1999, S. 293; vgl. auch *BayVerfGH* BayVBl. 1997, S. 495 (497); *VG Ansbach* DÖV 1998, S. 560f.

daß das Volk im Kern von österreichischen Staatsbürgern gebildet wird, daß aber die Verfassung dafür offen ist, den Kreis der Wahlberechtigten weiter zu ziehen, wenn ein ausreichendes Näheverhältnis zu Österreich besteht. Die Erweiterung des Kreises der Wahlberechtigten kann daher nicht nur dadurch geschehen, daß das Staatsbürgerschaftsrecht umgestaltet wird und damit neue Näheverhältnisse als für die Begründung der Staatsangehörigkeit bestimmende Elemente eingeführt werden. Es können auch Ausländer bei Vorliegen eines anderen nichtstaatsbürgerschaftsrechtlichen Näheverhältnisses mit dem Wahlrecht ausgestattet werden. Für ein derartiges Näheverhältnis ist nach dem der Bundesverfassung immanenten Ansatz jedenfalls die Gegenseitigkeit Voraussetzung.

Näheverhältnis als Voraussetzung

Besonderes gilt, allerdings eingeschränkt auf Unionsbürger (Wohnsitzbürger) im Kontext mit Kommunalwahlen[29] und Wahlen zum Europäischen Parlament[30], was auch der Verfassungsgerichtshof betont[31]. Denn aus der durch die Beitritts-Volksabstimmung vom Juni 1994 legitimierten Gesamtänderung der Bundesverfassung zugunsten der durch den EU-Beitritt mit Wirkung vom 1. Januar 1995[32] bewirkten Änderungen der Bundesverfassung[33] folgt eine zwingende Ausweitung des Kreises der Wahlberechtigten und damit auch des Umfangs politisch Berechtigter im genannten Kontext. Außerdem folgt neben den im Primärrecht verankerten politischen Rechten aus Art. 18 EG das gemeinschaftsweite Aufenthaltsrecht der Unionsbürger[34]. Allerdings läßt sich daraus an dogmatischen Argumenten für ein allgemeines Ausländerwahlrecht nichts gewinnen[35], worin dem Verfassungsgerichtshof Recht zu geben ist. Wie sich also zeigt, lebt der Staatsbürgervorbehalt in Österreich im Zusammenhang mit den politischen Grundrechten durchaus, nachdem er im Juni 2004 noch einmal vom Verfassungsgerichtshof eine dogmatische Stärkung und Bekräftigung erfahren hat.

9
Ausweitung politischer Rechte seit dem EU-Beitritt

Bekräftigung des Staatsbürgervorbehalts

---

29 Laut VfGH besteht zwar kein Grundrecht der Unionsbürger auf Teilnahme auch an den Gemeinderatswahlen in Wien, doch ist den Wohnsitzbürgern anderer EU-Staatsangehörigkeit jedenfalls das Wahlrecht auf der Grundstufe kommunaler Vertretungen (in Wien der Bezirksvertretungen) zu gewähren; s. *VfSlg* 15.063/1997.
30 *Strejcek*, Das Europawahlrecht – Stand und Perspektiven, in: Stefan Hammer u. a. (Hg.), FS Öhlinger, 2004, S. 395 (399).
31 *VfSlg* 17.264/2004, S. 1296: Die Änderung, die Art. 1 B-VG durch den Abschluß des EU-Beitrittsvertrages erfuhr und derzufolge das Recht der Republik Österreich nunmehr nicht allein vom Volk ausgehe, sondern zum Teil von Gemeinschaftsorganen, sei hier – gemeint also, im Kontext mit dem Wahlrecht aller Ausländer mit Wohnsitz in einem Wiener Stadtbezirk, so der VfGH – ohne Belang.
32 In Österreich exakter: durch den Abschluß des Beitrittvertrags zur EU.
33 S. das EU-Begleit-BVG (BGBl 1994/1017); *Strejcek*, Der Beitritt und das Volk, in: Ewald Wiederin (Hg.), Fälle zum Verfassungsrecht, 1998, S. 5 ff.
34 *Berka*, Verfassungsrecht (LitVerz.), RN 1386.
35 In diesem Sinne aber *Gerhard Schnedl*, Das Ausländerwahlrecht – ein europäisches Gebot, 1995, S. 99 ff.

B. Grundrechte der Staatsbürger und der Fremden im einzelnen

I. Rechte der Staatsbürger und der Fremden im Kontext mit Gleichheit und Aufenthalt

10

Gleichstellung in materieller und prozessualer Hinsicht

Im Zusammenhang mit den Grundrechten des status negativus und des status positivus[36] hat die Abgrenzung zwischen Staatsbürger- und Menschenrechten mittlerweile stark an Bedeutung verloren[37]. Dieser Befund hängt auch mit der Effektivität der verfassungsgerichtlichen Kontrolle[38] zusammen, welche Fremden in Streitfällen bei Vorliegen abweisender Verwaltungsakte (letztinstanzlicher Bescheide) stets den Weg zum Höchstgericht im Rahmen von Individualbeschwerden nach Art. 144 Abs. 1 B-VG eröffnet. Damit ist auch der verfahrensrechtlichen Garantie auf eine wirksame Beschwerde Genüge getan[39], noch dazu, weil damit indirekt auch der Weg zur Normenkontrolle eröffnet ist. Wenn nun der Sitz einer Ungleichbehandlung auf der Ebene einer generellen Norm (Verordnung, Bundes- oder Landesgesetz) zu sehen ist, dann kommt der Ausländereigenschaft des Beschwerdeführers keine rechtliche Bedeutung zu[40]. Dieser kann ebenso wie jeder Staatsbürger im Rahmen der Bescheidbeschwerde seine rechtlichen Bedenken gegen die im Anlaßfall angewendete generelle Rechtsnorm vortragen und ein Normenkontrollverfahren – etwa über die streitgegenständliche Ungleichbehandlung – beim Verfassungsgerichtshof anregen. Prozessual besteht demnach – auch im Lichte des Art. 13 EMRK[41] – eine weitgehende Gleichstellung von Staatsbürgern und Fremden. Damit ist aber noch nichts darüber ausgesagt, ob der betref-

---

[36] Allgemein dazu *Michael Holoubek*, Grundrechtliche Gewährleistungspflichten, 1997, S. 13. Zu sozialen Grundrechten ist zu bemerken, daß die österreichische Bundesverfassung Leistungsansprüche nicht ausdrücklich vorsieht; wie aber *Walter Berka* ausführt, können Ansprüche auf Teilhabe an staatlichen Leistungen aus einzelnen Freiheits- und Gleichheitsrechten abgeleitet werden; s. *Berka*, Verfassungsrecht (LitVerz.), RN 1218. Hier bleibt der Lehre nur der Versuch, strukturelle Ansätze zu finden; s. *Holoubek*, Zur Struktur sozialer Grundrechte, in: Stefan Hammer u.a. (Hg.), FS Öhlinger, 2004, S. 507. Ein großes rechtspolitisches Defizit der österreichischen Bundesverfassung (etwa im Gegensatz zur Schweizerischen BV; dazu *Strejcek*, Die neue Schweizerische Bundesverfassung, JRP 2001, S. 12) liegt in diesem Kontext im Fehlen einer Regelung, die finanzielle und budgetäre Nachhaltigkeit gebietet und mit der z.B. zugunsten der Alterssicherung nachfolgender Generationen in sogenannte „wohlerworbene Rechte" effektiv eingegriffen werden könnte. Diese zuletzt genannten einfachgesetzlich oder vertraglich erworbenen Privilegien einzelner verdienen und genießen nämlich bei genauerer Betrachtung den Schutz des Gleichheitssatzes nicht, die sie unter dem euphemistischen Topos des „Vertrauensschutzes" erhalten. S. auch *Öhlinger*, Verfassungsrecht (LitVerz.), RN 786; *Michael Holoubek/Michael Lang* (Hg.), Vertrauensschutz im Abgabenrecht, 2004, S. 7 ff. In der Rechtsprechung wird aber bisweilen auch das öffentliche Interesse einer Budgetentlastung („Entlastung des Bundeshaushalts") als legitimes Eingriffsziel angesehen (z.B. im Bundesbahnpensionsgesetz, VfSlg 17.071/2003).

[37] Ebenso *Berka*, Verfassungsrecht (LitVerz.), RN 1229, mit zutreffendem Bezug auf sogenannte „Auffanggrundrechte" für Ausländer (Fremde) jenseits der Rechte auf Einreise und Aufenthalt sowie der politischen Grundrechte.

[38] → Bd. I: *Korinek/Dujmovits*, Grundrechtsdurchsetzung und Grundsverwirklichung, § 23 RN 24 ff.

[39] Zu Art. 13 EMRK s. *Grabenwarter*, EMRK (LitVerz.), § 24 RN 168; *Öhlinger*, Verfassungsrecht (LitVerz.), RN 974.

[40] VfSlg 11.282/1987; 10.036/1984; *Berka*, Verfassungsrecht (LitVerz.), RN 1229.

[41] *Öhlinger*, Verfassungsrecht (LitVerz.), RN 974.

fende Beschwerdeführer auch in concreto den Schutz eines Grundrechts genießt. Dies hängt von der materiellen Ausgestaltung der jeweiligen Grundrechtsnorm ab.

Im folgenden soll auf die materielle Abgrenzung zwischen den Staatsbürgerrechten und den Rechten der Fremden und auf die der jeweiligen Gruppe im einzelnen gewährleisteten Rechte kurz eingegangen werden; die allgemeine Grundrechtsdogmatik braucht hier nicht weitwendig wiedergegeben zu werden. Die hier maßgebliche Abgrenzung kristallisiert sich zunächst in der Frage nach der Grundrechtssubjektivität. Grundrechtsberechtigt bzw. Grundrechtsinhaber ist im Lichte der allgemeinen und umfassenden Rechtsfähigkeit aller Menschen grundsätzlich jede natürliche Person (und unter den sich aus systematisch-teleologischen Aspekten ergebenden Einschränkungen auch jede juristische Person). Menschenrechte sind ex definitione von der Staatsangehörigkeit unabhängig; sie erfassen demnach alle Menschen, die sich in einem bestimmten Territorium, einem Staat oder einer Region aufhalten oder sonstwie von der Hoheitsgewalt eines Staates betroffen sind.

11
Grundrechtssubjektivität

Im Rahmen der international verankerten und von Österreich ratifizierten Menschenrechtsinstrumente, wie insbesondere der Europäischen Menschenrechtskonvention und der UN-Pakte, hat der Staat nur mehr in einem sehr eingeschränkten Ausmaß und Umfang (etwa im Rahmen politischer Rechte; dem Recht auf Aufenthalt und Einreise, dem Schutz vor Ausweisung) einen rechtspolitischen Gestaltungsspielraum zur Einräumung von Staatsbürgerrechten, die an die österreichische Staatsangehörigkeit oder an die Unionsbürgerschaft gebunden sind. Dieser von der herrschenden Lehre getragenen Einschätzung[42] steht indes die historische Zielsetzung und explizite Formulierung einiger nationaler Grundrechte (z.B. Liegenschaftserwerbs- und Erwerbsfreiheit in Art. 6 StGG[43]; freier Ämterzugang in Art. 3 StGG[44]) entgegen, die noch einen Staatsbürgervorbehalt aufweisen.

12
Beschränkter gesetzgeberischer Spielraum

Wie sich aber zeigt, können sich Ausländer im Bereich der liberalen Grundrechte, selbst jener, die einst explizit an einen Staatsbürgervorbehalt gebunden waren[45], im wesentlichen auf dieselben Garantien berufen wie österrei-

13
Diskriminierungsverbote

---

42 *Berka*, Verfassungsrecht (LitVerz.), RN 1228 f.
43 S. dazu für viele *VfSlg* 10.718/1985.
44 Dazu *Kucsko-Stadlmayer*, in: Korinek/Holoubek, Bundesverfassungsrecht (LitVerz.), Art. 3 StGG, RN 5 ff. Entsprechend dem Art. 39 Abs. 4 EG ist allerdings nur dort ein Staatsbürgervorbehalt gegenüber Unionsbürgern anderer EU-Staatsangehörigkeit zulässig, wo ein Verhältnis besonderer Verbundenheit zu Österreich vorausgesetzt wird; dies gilt nach dem Beamten- und Vertragsbedienstetendienstrecht nur für die Teilnahme an der Vollziehung bestimmter Hoheitsaufgaben und für die Wahrnehmung „allgemeiner Belange des Staates". Zu denken ist etwa an polizeiliche, militärische oder geheimdienstliche Belange. S. *Öhlinger*, Verfassungsrecht (LitVerz.), RN 805 a.
45 Hier hat sich in den letzten dreißig Jahren eine rechtliche Weiterentwicklung ergeben, auch was die dogmatische Darstellung betrifft. Zur Begründung des Aktivbürger-Vorbehalts für deutsche Staatsbürger s. *Isensee*, Die staatsrechtliche Stellung der Ausländer in der Bundesrepublik Deutschland, in: VVDStRL 32 (1974), S. 49 ff. Extreme Gegensätze zeigt ein Rückgriff auf die österreichische Rechtslage der Ersten Republik unter dem Regime des B-VG 1920; dazu *Ludwig Adamovich sen.*, Grundriß des österreichischen Staatsrechts (Verfassungs- und Verwaltungsrechtes), ¹1927, S. 84 ff., der u.a. noch das Recht des Staates nennt, „bescholtene Staatsbürger" aus einer Gemeinde der Republik Österreich auszuweisen und Fremde aus beliebigem Grund aus dem Bundesgebiet „abzuschaffen" (= abzuschieben).

De facto-Gleichstellung

chische Staatsbürger. Dies ergibt sich im Kontext mit der Ausübung wirtschaftlicher Grundsätze aus dem Diskriminierungsverbot[46], bei der Ausübung von Konventionsrechten aus Art. 14 EMRK. Ausnahmen von dieser de facto-Gleichstellung sind abgesehen von den soeben erwähnten und unten in extenso abzuhandelnden politischen Grundrechten nur in einem sehr eingeschränkten Grad im Geltungsbereich des Gleichheitssatzes[47] und der Erwerbsfreiheit zu sehen. Aus der extensiven Rechtsprechung des Verfassungsgerichtshofs kann jedenfalls ein Schutz von Ausländern gegenüber willkürlicher Ungleichbehandlung durch die Vollziehung, aber auch durch gesetzliche Schlechterstellung in diversen einfachgesetzlichen Rechtsquellen abgeleitet werden.

14 Verfassungsgesetzlicher Diskriminierungsschutz

Dieses Schutzniveau folgt bereits aus dem Bundesverfassungsgesetz betreffend das Verbot rassischer Diskriminierung[48], wie dies *Karl Korinek* schon frühzeitig erkannt und dargelegt hat[49]. Demnach wirkt der Diskriminierungsschutz auch jenseits des Geltungsbereichs der Europäischen Menschenrechtskonvention und der Grundfreiheiten des EG-Primärrechts[50]. Handelt es sich um gemeinschaftsrechtlich verbürgte Rechte[51], ist hinsichtlich des Rechtsschutzwegs zu differenzieren; im Kontext mit den zuletzt genannten Rechten ist darauf hinzuweisen, daß Verstöße gegen gemeinschaftsrechtlich geltende Grundrechte durch die Gemeinschaftsorgane mit Nichtigkeits- oder Untätigkeitsklage bei den Gerichten der Gemeinschaft bekämpft werden können[52]. Beim indirekten Vollzug des Gemeinschaftsrechts sind hingegen auch alle österreichischen Organe verpflichtet, die Vereinbarkeit ihrer Akte mit den Grundrechten des Gemeinschaftsrechts incidenter zu überprüfen[53]. Letztlich liegt hier die Wahrnehmung des Grundrechts- und Diskriminierungsschutzes beim nationalen Organ, also beim Verfassungsgerichtshof, in guten Händen[54].

Das Recht der Gemeinden wurde in den sechziger Jahren eingeschränkt und schließlich durch das Bundesverfassungsgesetz über die persönliche Freiheit 1988 aufgehoben. Siehe dazu *Seidl-Hohenveldern*, in: Machacek/Pahr/Stadler, Grund- und Menschenrechte in Österreich (LitVerz.), Bd. II, Art. 3 4. ZPMRK, S. 535 (542); *Felix Ermacora*, Handbuch der Grundfreiheiten und der Menschenrechte, 1963, S. 232.

46 *Eilmansberger*, JBl 1999, S. 345 (348).
47 Näher dazu *Stelzer*, Stand und Perspektiven des Grundrechtsschutzes, in: Österreichische Parlamentarische Gesellschaft (Hg.), FS 75 Jahre B-VG, 1995, S. 583 (589 ff.).
48 RassDiskrBVG (BGBl 1973 S. 390). Das allgemeine Sachlichkeitsgebot für Regelungen, die sich auf Fremde beziehen, hat der VfGH etwa in *VfSlg* 15.836/2000 herausgestellt. Das Willkürverbot stellt der VfGH etwa in der Entscheidung *Slg* 15.109/1998 und 17.398/04 heraus. Die Judikatur zur Sachlichkeit des Gleichheitssatzes ohne Ausländerbezug ist dagegen mittlerweile dermaßen vielfältig und reichhaltig, daß es hier bei exemplarischen Hinweisen auf den Schutz Fremder bleiben soll.
49 *K. Korinek*, Der gleichheitsrechtliche Gehalt des BVG gegen rassische Diskriminierung, in: Stefan Griller u. a. (Hg.), FS Rill, 1995, S. 183 ff.
50 *Eilmansberger*, JBl 1999, S. 345 (349).
51 Berechtigte der EU-Grundrechtecharta sind grundsätzlich alle natürlichen Personen; der Konvent hat hierbei einen menschenrechtlichen Ansatz gewählt; s. *Nina Philippi*, Die Charta der Grundrechte der Europäischen Union. Entstehung, Inhalt und Konsequenzen für den Grundrechtsschutz in Europa, 2002, S. 39.
52 *Berka*, Lehrbuch Grundrechte (LitVerz.), RN 205.
53 *EuGH*, Urt. v. 18. 6. 1991, Rs C –260/89 (Elliniki Radiophonia Tiléorassi AE [ERT] u. a. ./. Dimotiki Etairia Pliroforissis [DET] u. a.), Slg 1991, I-2925.
54 Der VfGH gebietet eine gemeinschaftsrechtskonforme Auslegung seit dem Jahr des Wirksamwerden des EU-Beitritts; s. schon *VfSlg* 14.391/1995.

Auch in der Abgrenzung von Rechten der Fremden zu jenen der Staatsbürger (bzw. „Inländer") bedarf eine Ungleichbehandlung sachlicher Gründe; eine willkürliche steuer- oder sozialversicherungsrechtliche Schlechterstellung von Ausländern gegenüber Inländern erscheint demnach nach der Rechtsprechung und Lehre als rechtlich ausgeschlossen; jede Diskriminierung auf Grund der Rasse, der Hautfarbe oder der Staatsangehörigkeit ist verboten, jede diesbezügliche Einschränkung oder Verdachtslage bei Vollziehungsakten muß von den Verwaltungsbehörden im einzelnen geprüft werden[55]. Vice versa verstößt eine Ungleichbehandlung von Inländern gegenüber Ausländern, welche erstere willkürlich oder in unsachlicher Weise schlechter stellt, gegen den nationalen Gleichheitssatz. Auf gesetzlicher Ebene ist eine solche Konstellation etwa im Kontext mit dem Berufsrecht denkbar, wenn z.B. das europäische Gemeinschaftsrecht die Absolvierung von Praxiszeiten in jedem Mitgliedstaat der Europäischen Union ermöglicht, Österreicher aber ihre Praxis im Inland absolvieren müssen. Diese Fallgruppe (gesetzlich angelegte Benachteiligung von Inländern gegenüber Ausländern) wird auch in Österreich unter dem dogmatischen Titel der „Inländerdiskriminierung" judiziert[56] und von der Lehre im einzelnen behandelt[57].

15
Sachlichkeitsgebot

Inländerdiskriminierung im Berufsrecht

Bestimmte, grundrechtlich abgesicherte Privilegien der Staatsbürger ergeben sich im Zusammenhang mit dem Recht auf Aufenthalt, dem Recht auf Einreise und dem Schutz vor Ausweisung. Schon im Zusammenhang mit der Grundrechtssubjektivität wurde auf den Ausnahmecharakter derjenigen Regelungen der Europäischen Menschenrechtskonvention verwiesen, die ausdrücklich an die Staatsangehörigkeit anknüpfen[58]. Nach Art. 3 Abs. 1 4. ZP EMRK darf kein Staatsbürger ausgewiesen werden. Ausnahmen von diesem Recht für Staatsbürger ergeben sich konform zur Europäischen Menschenrechtskonvention aus den gesetzlichen Grundlagen über die Zusammenarbeit mit den internationalen Gerichten und dem Internationalen Strafgerichtshof[59].

16
Differenzierungen im Aufenthaltsrecht

Gemäß Art. 4 StGG und dem Vierten Zusatzprotokoll EMRK ist die Freizügigkeit der Person (und des Vermögens) dem Text nach umfassend für Staatsbürger gewährleistet; nach der Rechtsprechung des Verfassungsgerichtshofs ist dieses Grundrecht aber nur „im Rahmen der Rechtsordnung" gewährleistet, womit der Verfassungsgerichtshof sich an immanenten Grundrechtsschranken zu orientieren scheint[60]. *Theo Öhlinger* postuliert gleichwohl mit nachvollziehbaren systematischen Argumenten die Anwendung der Formel,

17
Immanente Grundrechtsschranken

---

55 *Öhlinger*, Verfassungsrecht (LitVerz.), RN 757; *VfSlg* 17.017/2003.
56 *VfSlg* 14.863 u. 14.963/1997.
57 *Berka*, Lehrbuch Grundrechte (LitVerz.), RN 499.
58 *Grabenwarter*, EMRK (LitVerz.), § 17 RN 11 ff., § 21 RN 9, § 22 RN 43.
59 In den genannten Gesetzen sorgen Verfassungsbestimmungen für die Rechtmäßigkeit der Grundrechtseinschränkung; siehe § 5 des Bundesgesetzes über die Zusammenarbeit mit den Internationalen Gerichten (BGBl 1996/263); § 7 des Bundesgesetzes über die Zusammenarbeit mit dem Internationalen Strafgerichtshof (BGBl I 2002/135); dasselbe gilt für die Vollstreckung eines Europäischen Haftbefehls nach den §§ 5 u. 77 Abs. 2 des Bundesgesetzes über die justitielle Zusammenarbeit in Strafsachen mit den Mitgliedstaaten der EU (BGBl I 2004/36 i.d.F. I 2004/164 [EU-JZG]).
60 *VfSlg* 3447/1958; 8373/1978.

die der Verfassungsgerichtshof für vorbehaltlos gewährleistete Grundrechte entwickelt hat[61] (Verbot intentionaler Eingriffe; Verhältnismäßigkeit sonstiger Eingriffe). Es dürfte sich letztlich aber um eine grundrechtsdogmatische Elfenbeinturmfrage handeln, im Ergebnis sind sich Lehre und Rechtsprechung einig. Wie *Walter Berka* zutreffend ausführt, kann das prima vista schrankenlos gewährleistete Recht der Personen- und Vermögensfreizügigkeit aus systematischen Gründen auch für Staatsbürger materiell und verfassungskonform eingeschränkt werden. Dies gilt vor allem für Freizügigkeitsbeschränkungen, die nach anderen im Bundesverfassungsrecht erlassenen Bestimmungen gerechtfertigt sind, also etwa bei rechtmäßig verhängter Haft oder aus Gründen der Wehrpflicht[62].

18
Aufenthaltsbeendigung für Fremde

Anderes gilt für Fremde, die keine Unionsbürger sind und die auch keinem Assoziationsabkommen mit der Europäischen Union unterliegen, wie z.B. türkische Arbeitnehmer. Nach Art. 2 4. ZP EMRK sind nur jene Fremde, die sich rechtmäßig in Österreich aufhalten, unter den oben bezeichneten Einschränkungen (Vorbedingungen einer rechtmäßigen Ausweisung) den Staatsbürgern hinsichtlich der Freizügigkeit gleichgestellt. Darin zeigt sich der Anspruch des Staates, frei über die Aufenthaltsberechtigung eines Fremden zu entscheiden, was auch heute noch als ein Essentiale staatlicher Souveränität anzusehen ist[63]. Nach der Rechtsprechung besteht (für Fremde) auch kein verfassungsgesetzlich gewährleistetes Recht auf Einreise in die Republik Österreich[64].

19
Ausweisungsgründe

Fremde, die sich ohne Genehmigung in Österreich aufhalten, können unter den im folgenden genannten Bedingungen bzw. Kautelen ausgewiesen werden: wenn ihr Aufenthalt öffentlichen Interessen zuwiderläuft[65]; z.B. wegen gefährlicher Drohung und diversen Nötigungen[66], wegen ihrer Rückfalltäterschaft[67], wegen einer nachgewiesenen Beteiligung (Beherbergung von Terroristen) an einer internationalen terroristischen Bewegung[68]; eine Berufung auf die Freizügigkeit ist dann rechtlich irrelevant, wenn Fremde zwar in österreichisches Staatsgebiet gelangt sind (z.B. per Luftfahrtverbindung in einen Transitraum am Zivilflugplatz; per Donauschiff in einen österreichischen Hafen), sie aber zur Einreise nicht berechtigt waren[69].

20
Familiennachzug

Von den soeben genannten Fällen zu unterscheiden ist aber die Rechtsstellung von Fremden, die sich bereits rechtmäßig im Bundesgebiet aufhalten. Wie schon angeführt wurde, kann sich auch aus der Verbindung mit anderen

---

61 *Öhlinger*, Verfassungsrecht (LitVerz.), RN 806; s. auch *Pöschl*, in: Korinek/Holoubek, Bundesverfassungsrecht (LitVerz.), Art. 4 StGG, RN 5 ff.
62 *Berka*, Verfassungsrecht (LitVerz.), RN 1204.
63 *Berka* aaO., RN 1384.
64 *VfSlg* 11.397/1987.
65 *Seidl-Hohenveldern*, in: Machacek/Pahr/Stadler, Grund- und Menschenrechte in Österreich (LitVerz.), Bd. II, Art. 3 4. ZP MRK, S. 535 (543).
66 *VfSlg* 8611/1979.
67 *VfSlg* 9029/1981.
68 *VfSlg* 8606/1979.
69 *VfSlg* 11.397/1987.

Konventionsrechten, etwa dem in Art. 8 EMRK verbürgten Recht auf Achtung des Privat- und Familienlebens, z. B. für Familienangehörige von Fremden, das Recht ergeben, in den Aufenthaltsstaat eines Familienmitglieds einzureisen[70] und sich dort aufzuhalten. Das Aufenthaltsrecht kann nach der Rechtsprechung des Europäischen Gerichtshofs für Menschenrechte geboten sein; für die Sicherung des Familiennachzugs kommt es nach der Judikatur auf die Umstände des Einzelfalles an[71]. Maßgeblich ist nach der auch für Österreich relevanten Rechtsprechung des Europäischen Gerichtshofs für Menschenrechte[72], ob der Nachzug die einzige Möglichkeit zur Verwirklichung des Familienlebens darstellt. Ist dies der Fall, dann gewährleistet die Europäische Menschenrechtskonvention trotz des Fehlens eines expliziten Nachzugsrechts auch für Fremde (z. B. Kinder von Gastarbeitern) die Einreise in den Aufenthaltsstaat und das Recht auf Zusammenzug mit der Familie. Besonderes kann sich auch nach völkerrechtlichen Verpflichtungen und im Lichte des Art. 8 EMRK im Fall von Kindesentführungen durch den nicht berechtigten Elternteil ergeben; insbesondere besteht eine Pflicht der Behörden zur aktiven Unterstützung der Rückführung. Zusammenfassend ist mit *Christoph Grabenwarter* festzuhalten, daß auch ausländische Bürger, also Fremde, eine aus Art. 8 EMRK erfließende Garantie des „Zusammenseins der Familie" geltend machen können, womit sich Konsequenzen für die Gestaltung der aufenthaltsrechtlichen Bestimmungen in Österreich ergeben können[73].

Behördenpflichten bei Kindesentführungen

Abgesehen von den aus Art. 2, 3 und 8 EMRK erwachsenden Beschränkungen haben hingegen Fremde keinen verfassungsrechtlichen Anspruch auf Verbleib im Inland[74]. Die Begünstigung der Staatsbürger nach Art. 3 Abs. 1 4. ZP EMRK gilt für Fremde zwar nicht, Kollektivausweisungen von Fremden sind aber unzulässig, wie schon eingangs bemerkt. In der Kommentarliteratur wird dieser Begriff extensiv verwendet, das heißt auch die Verweigerung der Arbeitserlaubnis an Ausländer generell oder an allgemein umschriebene Ausländergruppen, welche einen Zwang zur Ausreise erzeugt, kann als Kollektivausweisung angesehen werden[75]. Verboten ist auch die willkürliche Ausweisung einzelner Fremder, die einen legalen Aufenthaltstitel haben, ohne entsprechenden „due process of law": Nach Art. 1 7. ZP EMRK dürfen Fremde, die sich rechtmäßig in Österreich aufhalten, nur auf Grund einer rechtskonform ergangenen Entscheidung ausgewiesen werden[76]; sie haben das Recht, gegen die Ausweisung Gründe vorzubringen, den Fall prüfen zu lassen und sich in dem Verfahren (z. B. durch einen Rechtsanwalt) vertreten zu lassen[77].

21
Fehlendes Bleiberecht

Verweigerung der Arbeitserlaubnis

Willkürverbot

---

70 *Grabenwarter*, EMRK (LitVerz.), § 22 RN 43.
71 *Frowein/Peukert*, EMRK (LitVerz.), Art. 8 RN 24.
72 *EGMR*, Urt. v. 19. 2. 1996, Gül ./. Schweiz, RJD 1996-I Ziff. 38 ff.
73 *Grabenwarter*, EMRK (LitVerz.), § 22 RN 20 u. 43 ff.
74 So schon VfSlg 8607/1979; s. nunmehr *Berka*, Verfassungsrecht (LitVerz.), RN 1385.
75 *Frowein/Peukert*, EMRK (LitVerz.), S. 850.
76 Genauer hierzu *Muzak*, in: Korinek/Holoubek, Bundesverfassungsrecht (LitVerz.), Art. 1 7. ZP EMRK, RN 3 ff.
77 *Öhlinger*, Verfassungsrecht (LitVerz.), RN 808.

II. Rechte der Staatsbürger und der Fremden im wirtschaftlichen Kontext

22
Freizügigkeit als Voraussetzung wirtschaftlicher Betätigung

Für die wirtschaftliche Betätigung ist das Recht auf Freizügigkeit eine Vorbedingung. Eine Differenzierung zwischen Staatsbürgern, Unionsbürgern und Fremden führt hier zu folgenden Ergebnissen: Sowohl Freizügigkeit als auch Recht der Wohnsitznahme und der freien Erwerbsbetätigung wurden ursprünglich als Staatsbürgerrecht ausgestaltet. Gemeinsam mit dem Recht auf Liegenschaftserwerb und auf Freiheit der Erwerbsbetätigung sind sie in Art. 6 StGG 1867 enthalten. Sie ergänzen, wie soeben dargelegt, die nationalen Freizügigkeitsrechte des Art. 4 StGG. Fremden war es die längste Zeit verwehrt, sich auf diese Grundrechte zu stützen; vor allem konnten sie nicht aus dem Aufenthalt im österreichischen Staatsgebiet einen Genuß der weiterreichenden Freizügigkeitsrechte ableiten[78]. Nunmehr gilt aber angesichts der Stärkung der Rechtsstellung von Fremden durch das Vierte und das Siebte Zusatzprotokoll zur EMRK, daß auf Grund des rechtmäßigen Aufenthalts auch weitergehende Rechte, die z. B. aus dem Grundsatz der Privatautonomie folgen, durch Fremde in Österreich einklagbar sind. Darunter fallen etwa Rechte ausländischer Arbeitnehmer auf Erteilung einer Beschäftigungsbewilligung unter den gesetzlichen Voraussetzungen oder auf Gewährung von Notstandshilfe, wie unten noch im einzelnen darzulegen ist.

23
Gleichstellung erwerbstätiger Unionsbürger

Umfassender Diskriminierungsschutz

Eine völlige und, wie ich meine, lückenlose Gleichstellung von Staatsbürgern und Unionsbürgern im wirtschaftlichen Kontext ergibt sich aus dem europäischen Gemeinschaftsrecht[79]. Aus Art. 18 EG ist zunächst das gemeinschaftsweite Aufenthaltsrecht der erwerbstätigen Unionsbürger und ihrer Angehörigen ableitbar[80]. Hier wird der Kontext zwischen Freizügigkeit als Vorbedingung wirtschaftlicher Betätigung in einem Mitgliedstaat und der dort ausgeübten Erwerbstätigkeit besonders deutlich. Da nach der Rechtsprechung des Europäischen Gerichtshofs den sich in einem anderen Mitgliedstaat aufhältigen Unionsbürgern ein umfassender Schutz vor Diskriminierung zukommt[81], kann die in manchen Grundrechtsnormen des Staatsgrundgesetzes (Erwerbsfreiheit, Liegenschaftserwerbsfreiheit) enthaltene Beschränkung wirtschaftlicher Rechte auf Staatsbürger nicht mehr aufrechterhalten werden und ist gemeinschaftsrechtskonform als Berechtigung der in Österreich erwerbstätigen Unionsbürger zu verstehen.

24
Erwerbsfreiheit für Unionsbürger

Aus rechtsdogmatisch zwingenden Gründen ergibt sich die Ausweitung der wirtschaftlichen Rechte auf die in Österreich erwerbstätigen (und zumeist auch aufhältigen) Unionsbürger auch hinsichtlich jener nationalen Grundrechte, in denen als Grundrechtssubjekte nach wie vor fälschlich die „Staats-

---

[78] Näher dazu *Seidl-Hohenveldern*, in: Machacek/Pahr/Stadler, Grund- und Menschenrechte in Österreich (LitVerz.), Bd. II, Art. 3 4. ZPMRK, S. 535 (543).
[79] Zur Durchsetzung s. *Berka*, Lehrbuch Grundrechte (LitVerz.), RN 205. Zum Schutz gegenüber Akten und Handlungen der Gemeinschaftsorgane *Stelzer* (FN 47), S. 583 (598).
[80] *Berka*, Verfassungsrecht (LitVerz.), RN 1386.
[81] Siehe *EuGH*, Urt. v. 19. 1. 1999, Rs C-348/96 (Donatella Calfa), Slg 1999, I-11, und Urt. v. 12. 5. 1998, Rs C-85/96 (Martínez Sala ./. Freistaat Bayern), Slg 1998, I-2691. Dies gilt auch für versteckte Diskriminierungen; s. dazu *Eilmansberger*, JBl 1999, S. 345 (350).

bürger" genannt werden. Art. 6 Abs. 1 StGG erlaubt es jedem Staatsbürger (nunmehr seit 1. Januar 1995 jedem Unionsbürger), „an jedem Ort des Staatsgebietes seinen Aufenthalt oder Wohnsitz zu nehmen". Dieses Grundrecht steht unter keinem Gesetzesvorbehalt[82]; verboten sind demnach, wie oben gezeigt wurde, alle intentionalen Eingriffe, wogegen nicht-intentionale Eingriffe am Maßstab des Verhältnismäßigkeitsgebots zu messen sind[83].

Die Ausweitung der Freizügigkeitsrechte auf Fremde, die sich rechtmäßig im Inland aufhalten, hat Konsequenzen für deren wirtschaftliche Betätigung. Was den Schutz des Eigentums und den Schutz gegenüber Eigentumsbeschränkungen betrifft, sieht Art. 1 1. ZP EMRK einen effektiven Schutz von In- und Ausländern vor. Der Verfassungsgerichtshof hat – beginnend mit seinem „Zwentendorf-Erkenntnis" aus 1981 – den Begriff des Allgemeininteresses mit Inhalt erfüllt[84] und ausgeführt, daß auch bloße Eigentumsbeschränkungen dem Erfordernis des öffentlichen Wohls dienen müssen, und zwar ohne Differenzierung nach der Staatsbürgerschaft; laut *Walter Berka* ist dieses Kriterium ein dem Eigentumsbegriff des Allgemeinen Bürgerlichen Gesetzbuches für Österreich innewohnendes Erfordernis[85]. Wesentlich ist im gegebenen Kontext die menschenrechtliche Funktion des weitgehenden Eigentumsschutzes für vermögenswerte Privatrechte und des Schutzes der Privatautonomie, welche Art. 1 1. ZP EMRK zu einem Substitutionsgrundrecht für die wirtschaftliche Betätigung von ausländischen Staatsangehörigen in Österreich macht.

25 Wirtschaftliche Grundrechte der Fremden

Problematisch ist die Frage, ob sich Fremde auf das Grundrecht der Erwerbsfreiheit (Art. 6 StGG) berufen können. Bei Unionsbürgern dürfte diese Frage sich nicht mehr mit Recht stellen lassen; Fremde außerhalb der Europäischen Union hingegen sind weder von der Grundrechtsformulierung noch von Art. 18 EG expressis verbis erfaßt. Allerdings kann das Bundesverfassungsgesetz betreffend das Verbot rassischer Diskriminierung auch hier einer willkürlichen Schlechterstellung ausländischer Erwerbstätiger unter Umständen entgegenstehen. Prozessual ist der Zugang der Fremden zum Verfassungsgerichtshof auch in diesem Kontext gesichert; der Schutz gegen Akte der Vollziehung, die z. B. die Aufnahme einer Erwerbstätigkeit bescheidförmig untersagen oder die Anerkennung einer Befähigung verneinen, ist durch die Beschwerde nach Art. 144 Abs. 1 B-VG gewährleistet. Dieser Schutz scheint aber auch, soweit die Benachteiligung auf einer generellen Rechtsnorm beruht, angesichts des am Gleichheitssatz orientierten Prüfungsschemas des Verfassungsgerichtshofs gewährleistet, der im gegebenen Kontext stets auch die „sonstige sachliche Rechtfertigung" einer Regelung überprüft, abgesehen von ihrer Adäquanz[86]. Verbunden mit der zum Bundesverfassungsgesetz

26 Erwerbsfreiheit für Fremde

---

82 → Bd. I: *Kokott*, Grundrechtliche Schranken und Schrankenschranken, § 22 RN 44; *Michael Holoubek*, Die Struktur der grundrechtlichen Gesetzesvorbehalte, 1997, S. 15 ff.; *ders.*, Der Grundrechtseingriff – österreichische und konventionsrechtliche Aspekte, DVBl. 1997, S. 1031 ff.
83 *Öhlinger*, Verfassungsrecht (LitVerz.), RN 807.
84 *VfSlg* 9911/1983.
85 *Berka*, Lehrbuch Grundrechte (LitVerz.), RN 732.
86 Zur Adäquanzprüfung s. *VfSlg* 10.718/1985, 12.689/1991, 14.704/1996.

betreffend das Verbot rassischer Diskriminierung entwickelten Rechtsprechung kann daher auch im Lichte der Erwerbsfreiheit keine Schlechterstellung von Fremden mehr erkannt werden.

27
Erwerbsfreiheit und Diskriminierungsverbot

Eine Regelung, die Ausländer willkürlich benachteiligt, verstieße demnach, falls sie die wirtschaftliche Betätigung einschränkt, auch gegen das Grundrecht der Erwerbsfreiheit in Verbindung mit dem Bundesverfassungsgesetz betreffend das Verbot rassischer Diskriminierung. Derartiges hat der Verfassungsgerichtshof bisher nicht ausdrücklich judiziert, da er als „Substitutionsgrundrecht" für ausländische Erwerbstätige bisher den Eigentumsschutz herangezogen hat. In der Tat umschifft der Verfassungsgerichtshof damit verständlicherweise eine contra legem-Interpretation nach dem Anschein des Wortsinnes. Konsequent weitergedacht kann aber der Staatsbürgervorbehalt des Grundrechts auf freie Erwerbsbetätigung nicht mehr aufrechterhalten werden. Dasselbe gilt, wie *Ulrich Runggaldier* schon vor geraumer Zeit erkannt hat, für die

Politische Betätigung im wirtschaftlichen Kontext

politische Betätigung im wirtschaftlichen Kontext, etwa im Rahmen der Kandidatur bei Betriebsratswahlen[87], die auch ausländischen Arbeitnehmern zu gewähren ist. Der Grundrechtsschutz besteht demnach auf derselben Ebene wie für Staatsbürger, wenngleich die explizite Einschränkung des Erwerbsfreiheitsgrundrechts auf Staatsbürger in diesem Bereich auch andere Auslegungsergebnisse als das hier erzielte nach wie vor ermöglicht.

28
Eigentumsschutz für Fremde

Zusätzlich zu den Gewährleistungen des Art. 5 StGG und des Art. 1 1. ZP EMRK ist die gemeinschaftsrechtliche Eigentumsgarantie des Art. 17 der Europäischen Grundrechte-Charta (GRCh) zu nennen[88]. Schon nach dem Regime der Europäischen Menschenrechtskonvention unterzog der Europäische Gerichtshof Eigentumsbeschränkungen einer Verhältnismäßigkeitskontrolle, allerdings nach einem im Vergleich zur Rechtsprechung des Europäischen Gerichtshofs für Menschenrechte und der nationalen Verfassungsgerichte eher groben Maßstab, der einen weiten rechtspolitischen Spielraum für den Gemeinschaftsgesetzgeber beläßt[89]. Auf die gegenüber dem nationalen Gesetzgeber gewährte Eigentumsgarantie, welche jedes vermögenswerte Privatrecht, aber auch bestimmte im öffentlichen Recht wurzelnde Ansprüche (z. B. Recht auf Notstandshilfe)[90] schützt, können sich Staatsbürger und Fremde gleichermaßen berufen[91]. Dasselbe gilt für in- und ausländische juristische Personen[92]. Die Versagung einer Arbeitserlaubnis für einen ausländischen Arbeitnehmer greift in das Eigentumsrecht ein, weil der Betreffende

---

87 *Runggaldier*, Gleiche Rechte für ausländische Arbeitnehmer? RdW 1996, S. 477 ff.
88 Siehe *Grabenwarter*, Die Charta der Grundrechte der Europäischen Union, DVBl. 2001, S. 5 ff.; dens., Die Grundrechte im Verfassungsvertrag der Europäischen Union, in: Stefan Hammer u. a. (Hg.), FS Öhlinger, 2004, S. 469 ff.; *Nina Philippi*, Die Charta der Grundrechte der Europäischen Union. Entstehung, Inhalt und Konsequenzen für den Grundrechtsschutz in Europa, 2002, S. 19 ff.
89 *EuGH*, Urt. v. 28. 4. 1998, Rs C-200/96 (Metronome Musik ./. Music Point Hokamp), Slg 1998, I-1953.
90 *VfSlg* 15.129/1998. Voraussetzung des Grundrechtsschutzes ist aber, daß dieser staatlichen Leistung eigene vermögenswerte Leistungen, wie z. B. Beitragszahlungen des Anspruchsberechtigten zugrunde liegen. Demnach ist hier kein soziales Grundrecht vom VfGH in dynamischer Interpretation eröffnet worden.
91 *Berka*, Verfassungsrecht (LitVerz.), RN 1545.
92 So schon *VfSlg* 5531/1967.

nicht mehr beschäftigt werden darf[93]. Daher beschränken gesetzliche Bestimmungen über die Beschäftigungsbewilligung ausländischer Arbeitnehmer auch die durch das Eigentumsrecht gewährleistete Privatautonomie[94].

---

[93] *VfSlg* 14.049/1995.
[94] *VfSlg* 14.503/1996.

C. Bibliographie

Eilmansberger, Thomas, Zur Reichweite der Grundfreiheiten des Binnenmarktes, JBl 1999, S. 345 ff. (Teil I); S. 434 ff. (Teil II).
Ermacora, Felix, Handbuch der Grundfreiheiten und der Menschenrechte, 1963.
Frowein, Jochen Abr./Peukert, Wolfgang, Europäische Menschenrechtskonvention, EMRK-Kommentar, ²1996.
Grabenwarter, Christoph, Europäische Menschenrechtskonvention, ³2008.
Muzak, Gerhard, Art. 1 7. ZP EMRK, in: Karl Korinek/Michael Holoubek (Hg.), Bundesverfassungsrecht, Bd. III, 2003.
Nowak, Manfred, Politische Grundrechte, 1988.
ders./Strejcek, Gerhard, Das Wahl- und Stimmrecht, in: Rudolf Machacek/Willibald Pahr/Gerhard Stadler (Hg.), 50 Jahre Allgemeine Erklärung der Menschenrechte. Grund- und Menschenrechte in Österreich, Wesen und Werte, Bd. III, 1999, S. 1 ff.
Pöschl, Magdalena, Art. 4 StGG, Art. 6 erster Tatbestand StGG, sowie Art. 2, 3 und 4 4. ZP EMRK, in: Karl Korinek/Michael Holoubek (Hg.), Bundesverfassungsrecht, Bd. III, 2003.
Rill, Heinz Peter/Schäffer, Heinz, Kommentierung zu Art 1 B-VG, in: dies. (Hg.), Bundesverfassungsrecht. Kommentar Wien, 2001.
Schreiner, Helmut, Kommentierung zu Art 26 B-VG, in: Heinz Peter Rill/Heinz Schäffer (Hg.), Bundesverfassungsrecht. Kommentar, 2001.
Seidl-Hohenveldern, Ignaz, Art. 3 4. ZPMRK. Die Freizügigkeit der Person und des Vermögens und das Auswanderungsrecht, in: Rudolf Machacek/Willibald Pahr/Gerhard Stadler (Hg.), 40 Jahre EMRK, Grund- und Menschenrechte in Österreich, Wesen und Werte, Bd. II, 1992, S. 535 ff.
Stelzer, Manfred, Stand und Perspektiven des Grundrechtsschutzes, in: Österreichische Parlamentarische Gesellschaft (Hg.), FS 75 Jahre B-VG, 1995, S. 583 ff.
Strejcek Gerhard, Das Europawahlrecht – Stand und Perspektiven, in: Stefan Hammer u. a. (Hg.), Demokratie und sozialer Rechtsstaat in Europa, FS Theo Öhlinger, 2004, S. 395 ff.
ders., Das Wahlrecht der Ersten Republik, 2009.
ders., Kommentierung des Art. 23a B-VG (Wahlen zum Europaparlament), in: Karl Korinek/Michael Holoubek (Hg.), Bundesverfassungsrecht, Bd. II/1, 2002.
ders., Kommentierung des Art. 141 B-VG (Wahlgerichtsbarkeit), in: Karl Korinek/ Michael Holoubek (Hg.), Bundesverfassungsrecht, Bd. II/1, 2002.

§ 199
Zur Problematik sozialer Grundrechte

Heinz Schäffer

Übersicht

	RN
A. Grundrechtsbegriff und (bisher) mangelnde Verankerung sozialer Grundrechte	1– 7
I. Grundrechtsbegriff und soziale Grundrechte	1– 4
II. Geschichtliche Entwicklung	5– 7
1. Vorgeschichte	5
2. Entwicklung in der Republik	6– 7
B. Zur Lage sozialer Rechte im positiven Verfassungsrecht	8–32
I. „Sozialstaat" – kein tragendes Grundprinzip der Verfassung	8–11
II. Keine sozialen Grundrechte (im engeren Sinne)	12–13
III. Sozialstaatliche Gehalte der bestehenden Rechtsordnung	14–32
1. Einfachgesetzlich ausgebauter Sozialstaat	14–19
2. Soziale Teilgehalte von Grundrechten	20–28
3. Gleichheit – derivative Leistungsansprüche	29
4. Vertrauensschutz	30–32
C. Soziale Garantien auf Grund völkerrechtlicher Bindungen Österreichs	33–48
I. Europäische Sozialcharta	33–42
1. Entstehung und Einbau in die Rechtsordnung	33–36
2. Ziele	37
3. Inhalt	38–40
4. Übernommene Verpflichtungen	41
5. Überwachung	42
II. IPWSKR	43–48
1. Entstehung	43
2. Inhalt	44–45
3. Überwachung	46
4. Einbau in die österreichische Rechtsordnung	47–48
D. Der Einfluß des Gemeinschaftsrechts	49–66
I. Österreich in der EU	49
II. Die Gemeinschaftscharta der sozialen Grundrechte der Arbeitnehmer (1989)	50–54
III. Gemeinschaftsrecht und Sozialpolitik	55–63
IV. Grundrechte-Charta	64–66
E. Hauptargumente pro und contra Verankerung sozialer Grundrechte	67–94
I. Freiheit versus Sicherheit	68–70
II. Verfassungsstruktur	71–74
III. Ökonomische Rahmenbedingungen	75–76
IV. Mögliche Wege zur Positivierung sozialer Garantien	77–94
1. Welche sozialen Garantien sind als subjektive Rechte vorstellbar?	78–86
2. Einrichtungsgarantien	87–88
3. Programmsätze	89–91
4. Verfassungsrechtliche Verankerung – cui bono?	92–94
F. Die neuere verfassungspolitische Debatte	95–114
I. Überlegungen unter dem Einfluß internationaler Dokumente	95–100
1. Das „Expertenkollegium" für Grundrechtsreform	95
2. Die „politische Grundrechtskommission"	96–100
II. Neue Anläufe zur Grundrechtsreform (seit 2003)	101–106
1. Österreich-Konvent	101–103
2. Staatsreform-Kommission	104–106
III. Gegenwärtige Überlegungen	107–114
a) Gesetzesvermittelte soziale Garantien und Normenkontrolle	110–114
b) „Selbsttragende Gewährleistungen"	113–114
IV. Ausblick	115
G. Bibliographie	

A. Grundrechtsbegriff und (bisher) mangelnde Verankerung sozialer Grundrechte in der österreichischen Verfassungsrechtsordnung

I. Grundrechtsbegriff und soziale Grundrechte

1
Idee der Grundrechte

Eine dem positiven Recht vorausliegende Idee verbindet mit dem Wort „Grundrechte" die Vorstellung von gewissen fundamentalen Rechten, die den Status des Einzelnen zum Staat und innerhalb des Gemeinwesens im Grundsätzlichen bestimmen. Der fundamentale Charakter solcher Rechte besteht in der Anerkennung und im Schutz jener existenziellen Interessen, deren Befriedigung als unabdingbare Voraussetzung für eine menschenwürdige Existenz angesehen werden[1].

2
status positivus

Bei den sogenannten „sozialen Grundrechten" geht es freilich – in der Regel – nicht um die Gewährleistung einer Sphäre der Freiheit von staatlichen Eingriffen (*status negativus*), sondern vor allem um die Sicherung von Leistungen oder von Standards und Lebensbedingungen (*status positivus*), die nach heutiger Anschauung grundlegend und unverzichtbar sind. Jahrzehntelange Debatten haben mittlerweile klargestellt, daß derartige Interessen in den wenigsten Fällen als konkrete, unmittelbar gegen den Staat durchsetzbare subjektive Ansprüche konstruiert werden können, sondern zumeist nur in „weicheren"

„Soziale Garantien"

und abgestuften Formen verankert werden könnten: etwa als Ermächtigungsnormen, Zielnormen, Programmsätze, konkretisierungsbedürftige Grundsatznormen, Systementscheidungen oder Einrichtungsgarantien[2]. Insoweit bestimmte soziale Anliegen erst durch die Entfaltung einer Leitidee oder durch die Etablierung eines gesamten Systems staatlicher Regelungen verwirklicht werden können, kann man bestenfalls von „sekundären Rechten" oder besser von „sozialen Garantien" sprechen.

3
Durchsetzbare subjektive Rechte

Im positiven Recht Österreichs ist das Konzept der Grundrechte bei der Etablierung des Verfassungsstaates (mit der Dezemberverfassung 1867) gegenüber dem Staat in der Weise gesichert worden, daß die wichtigsten (damals konsensualen) liberalen Rechte auf Verfassungsebene verankert wurden[3]. Damit wurden sie dem Zugriff aller dem Verfassungsgesetzgeber nachgeordneten Rechtskonkretisierungsinstanzen und somit – zumindest der Idee nach – auch dem Zugriff des einfachen Gesetzgebers entzogen. Zugleich wurde mit der Etablierung eines Individualrechtsschutzes durch Verfassungsbeschwerde die bis heute maßgebende (streng juristische) Vorstellung der Grundrechte als

---

1 Vgl. allgemein → Bd. II: *Merten*, Begriff und Abgrenzung der Grundrechte, § 35.
2 Für ein „politisches" Grundrechtsverständnis *Peter Pernthaler*, Österreichisches Bundesstaatsrecht, 2004, S. 620 ff. Er gelangt aus historisch-staatstheoretischer Sicht zu einer „anderen" Begriffsbildung: Soziale Grundrechte sollen bestimmte *inhaltliche Rechtsgüter* der sozialen, wirtschaftlichen, ökologischen und kulturellen Existenz des Menschen in der Gesellschaft sichern, indem sie typische Rechtsinstrumente und Verfahren zur Durchsetzung zur Verfügung stellen.
3 Zu Begriff und Entwicklung der Grundrechte in Österreich → oben *Schäffer*, Die Entwicklung der Grundrechte, § 186.

durchsetzbarer subjektiver Rechte ausgeprägt[4]. So waren und sind die Grundrechte in Österreich von Beginn an als *unmittelbar anwendbare* und im Wege (verfassungs-)gerichtlichen Rechtsschutzes *durchsetzbare* Rechte zu verstehen, nicht etwa nur als programmatische Formulierungen. Auch in der – insoweit nahtlos anschließenden – republikanischen Verfassungsrechtsordnung werden die Grundrechte als durchsetzbare „verfassungsgesetzlich gewährleistete Rechte" verstanden[5]. Unbestritten ist ferner seit jeher die Grundrechtsbindung der Gerichte, die sich insbesondere in der Pflicht zur Auslegung im Sinne der Grundrechte (also im Sinne verfassungskonformer, näherhin grundrechtskonformer Interpretation) und in der Pflicht zur Auslösung der Normenkontrolle bei verfassungsrechtlichen Bedenken gegen Gesetze und Verordnungen zeigt[6]. Die Bindung des Gesetzgebers an die Grundrechte wird durch die (seit 1920) bestehende Normenkontrolle des Verfassungsgerichtshofs wirksam sanktioniert. Dies schließt nicht aus, daß es noch andere Wege zum Bestandsschutz der Grundrechte sowie zur Durchsetzung verletzter oder zur Sicherung gefährdeter Grundrechte geben kann[7].

Angesichts dieser Entwicklung des Grundrechtsbegriffes und der Ausbildung des Rechtsschutzsystems als Abwehr gegen eingreifende Akte ist bis heute keine Verankerung sozialer Grundrechte als verfassungsgesetzlich gewährleisteter Rechte erfolgt. Von sozialen Grundrechten im engeren Sinne könnte man im österreichischen Verfassungsrechtssystem nur sprechen, wenn es sich um verfassungsgesetzlich gewährleistete subjektive Rechte handeln würde, die dem Einzelnen einen staatsgerichteten Anspruch auf soziale Leistungen (als Teilhaberechte wie etwa ein „Recht auf Arbeit", ein „Recht auf Wohnen" oder ein „Recht auf soziale Fürsorge") oder auf Gewährleistung bestimmter sozialer oder rechtlicher Standards im Arbeitsleben gäben. Das „Problem der sozialen Grundrechte" wird vielmehr seit Jahrzehnten vom verfassungspolitischen Standpunkt diskutiert[8]. Der strenge Gegensatz zwischen Befürwortern und Gegnern scheint sich jedoch neuerdings angesichts des seit Jahrzehnten real existierenden Sozialstaates und gewisser Modifikationen in der Grundrechtsdogmatik abzuschwächen; eine Verankerung „sozialer Garantien" wird vorstellbar und sie wird vom rechtstechnischen Standpunkt diskutiert[9].

4
Keine verfassungsgesetzliche Verankerung

Verfassungspolitik

---

4 Beschwerde an das Reichsgericht (RG) wegen Verletzung „verfassungsmäßig gewährleisteter politischer Rechte"; darunter wurden in der Praxis des RG alle im StGG enthaltenen Grundrechte (mit Ausnahme des Eigentums) verstanden.
5 Vgl. zur Verfassungsbeschwerde gegen letztinstanzliche Bescheide von Verwaltungsbehörden heute Art. 144 Abs. 1 B-VG.
6 Insoweit besteht eine Grundrechtssicherung anderer Art (der Einzelne hat nur einen durch Amtspflichten der Gerichte vermittelten Grundrechtsschutz). Dazu *Ringhofer*, Über Grundrechte und deren Durchsetzung im innerstaatlichen Recht, in: Rechtswissenschaftliche Fakultät der Universität Salzburg (Hg.), FS Hellbling, 1981, S. 355 ff.
7 → Unten *Jahnel*, Bestandsschutz und Durchsetzung der Grundrechte, § 201.
8 Siehe unten A II, RN 5 ff.; E, RN 67 ff., und F, RN 95 ff.
9 Siehe unten F III, RN 107 ff.

II. Geschichtliche Entwicklung der Debatte um die Verankerung „sozialer Grundrechte" in der Verfassung

1. Vorgeschichte

5
Monarchie

Bemerkenswerterweise wurde schon bei der ersten Diskussion zur Verankerung eines Grundrechtskataloges im Kremsierer Reichstag 1849 eine Verpflichtung des Staates zur Förderung des materiellen Wohls der Bürger erwogen[10]. Der Gedanke hat aber in der liberalen Ära weiter keine Rolle gespielt.

2. Entwicklung in der Republik

6
Diskussion in der Ersten Republik

a) Am Beginn der Republik gab es in der Konstituierenden Nationalversammlung von mehreren Seiten Vorschläge zur Verankerung von Katalogen sozialer, wirtschaftlicher und kultureller Rechte. Vor allem im Verfassungsentwurf der Sozialdemokratischen Partei Österreichs (SPÖ)[11] war in Anlehnung an die Weimarer Reichsverfassung eine Reihe von sozialen Rechten vorgesehen, so unter anderem ein vorsichtig formuliertes Recht auf Arbeit sowie ein Recht auf soziale Sicherheit. Keine derartigen Garantien enthielt der christlich-soziale Entwurf[12]. Die Aufnahme derartiger, insbesondere sozialer Garantien scheiterte dann – wie überhaupt die Konzeption eines neuen umfassenden Grundrechtskataloges – an der Gegensätzlichkeit gesellschaftspolitischer Leitbilder.

Minimalkonsens

Zeitdruck und der Sachzwang zu politischem Kompromiß führten zu einem Minimalkonsens: Bei Verabschiedung der österreichischen Bundesverfassung (BV) begnügte man sich 1920 mit einer formellen Verweisung auf den aus der Monarchie übernommenen liberalen Grundrechtskatalog[13].

7
Zweite Republik

b) In der Zweiten Republik ist Österreich – aus außen- und innenpolitischen Gründen – bekanntlich zur Bundesverfassung der Ersten Republik zurückgekehrt, eine verfassungspolitische Debatte (über Grundrechte bzw. über eine Sozialstaatsorientierung) unterblieb infolgedessen. Gleichwohl wurde der Sozialstaat – in Anknüpfung an ältere historische Wurzeln – allmählich ausgebaut und 1955 mit dem Allgemeinen Sozialversicherungsgesetz (ASVG) erstmals auf breiter Front konsolidiert. Während sich andere Staaten Europas in der Nachkriegszeit neue Verfassungen gaben und dabei zumindest Bekenntnisse zum Sozialstaat einbauten (Deutschland, Italien) oder in der neueren Entwicklung vor allem die südeuropäischen Staaten (Spanien, Portugal, Griechenland) weitreichende soziale Garantien und Staatszielbestimmungen ver-

---

10 Siehe *Edmund Bernatzik*, Die österreichischen Verfassungsgesetze, ²1911, S. 133, und *Ilse Reiter*, Texte zur österreichischen Verfassungsentwicklung 1848–1955, 1997, S. 12f.
11 904 BlgKNV 1920.
12 Die Verfassungsentwürfe sind dokumentiert bei *Felix Ermacora*, Quellen zum österreichischen Verfassungsrecht (1920), 1967, S. 43 ff. Siehe ferner *Brauneder*, Die Entstehungsgeschichte der österreichischen Grundrechte, in: Machacek/Pahr/Stadler, Grund- und Menschenrechte (LitVerz.), Bd. I, S. 306 ff.
13 Vgl. Art. 149 B-VG und die dort verwiesenen grundrechtsrelevanten Gesetze als der grundrechtliche „acquis".

ankerten, führten in Österreich die Bemühungen um eine allgemeine Verfassungsreform und insbesondere jene um eine Grundrechtsreform bisher zu keinem greifbaren Erfolg. In rechtsvergleichender Sicht[14] bemerkenswert ist aber die neue Schweizerische Bundesverfassung (1999), die als Frucht aus zwei Jahrzehnten gründlicher Diskussion nicht nur eine formelle Totalrevision[15], sondern auch eine inhaltliche „Nachführung" brachte: Sie enthält heute eine umfassende Liste sozialer Staatsziele (Artikel 41), aus denen aber nach ihrer ausdrücklichen Anordnung keine unmittelbar durchsetzbaren Ansprüche abgeleitet werden können; als unmittelbar einklagbare Rechte sind daneben freilich ein Recht auf Existenzsicherung („Hilfe in Notlagen", Artikel 12) und der Anspruch auf ausreichenden unentgeltlichen Grundschulunterricht (Artikel 19) konzipiert[16].

Vergleich mit Schweizerischer Bundesverfassung

B. Zur Lage sozialer Rechte im positiven österreichischen Verfassungsrecht

I. „Sozialstaat" – kein tragendes Grundprinzip der Bundesverfassung

Anders als manche neuere Staatsverfassung (und auch anders als mittlerweile einzelne Landesverfassungen) enthält die österreichische Bundesverfassung kein ausdrückliches Bekenntnis zum Sozialstaat.

8
Keine Sozialstaatsklausel

Eine an der Leitidee der Sozialstaatlichkeit orientierte Staatszielbestimmung, die den Gesetzgeber zur Herstellung erträglicher Lebensbedingungen motivieren oder zur Etablierung bestimmter sozialer Standards anhalten könnte, ist auf der Ebene des Bundesverfassungsrechts nicht vorhanden. Bekenntnishafte Sozialstaatsklauseln enthalten hingegen mittlerweile die – reformierten – Landesverfassungen von Burgenland, Salzburg und Vorarlberg.

9
Keine Leitidee der Sozialstaatlichkeit

Nach herrschender Ansicht ist daher ein teiländerungsfestes Prinzip Sozialstaat(lichkeit) – als tragender Bestandteil der verfassungsrechtlichen Grundordnung – nicht abzuleiten[17]. Eine Mindermeinung vertritt die These, der Sozialstaat sei als tragendes Grundprinzip bereits im heutigen Verständnis der

10
Kein tragendes Grundprinzip

---

14 Für einen europäischen Rechtsvergleich siehe *Julia Iliopoulos-Strangas* (Hg.), La protection des droits sociaux dans les Etats membres de l'Union européenne, 2000, und *Marc Eric Butt/Julia Kübert/Christiane Anne Schulz*, Soziale Grundrechte in: Europa, Arbeitsdokument des Europäischen Parlaments/ Generaldirektion Wissenschaft, SOCI 104 DE, 2-2000.
15 Zur Totalrevision → Bd. VII/2: *J.P. Müller*, Geschichtliche Grundlagen, Zielsetzung und Funktionen der Grundrechte, § 202 RN 41 ff.; zur „Nachführung" → Bd. VII/2: *Thürer*, Verfassungsrechtlicher und völkerrechtlicher Status der Grundrechte, § 203 RN 11 f.
16 → Bd. VII/2: *Epiney/Waldmann*, Soziale Grundrechte und soziale Zielsetzungen, § 224.
17 *Rill/Schäffer*, Bundesverfassungsrecht (LitVerz.), Art. 44 B-VG, RN 21; *Friedrich Koja*, Das Verfassungsrecht der österreichischen Bundesländer, ²1988, S. 83; *Berka*, Die Grundrechte (LitVerz.), RN 1039; *Konrad Grillberger*, Österreichisches Sozialrecht, ⁶ 2005; *Öhlinger/Stelzer*, La protection des droits sociaux fondamentaux dans l'ordre juridique de l'Autriche, in: Iliopoulos-Strangas (FN 14), S. 105 (128); *Wiederin*, Sozialstaatlichkeit im Spannungsfeld von Eigenverantwortung und Fürsorge, in: VVDStRL 64 (2005), S. 69 ff.

Demokratie eingeschlossen; diese Meinung sieht ein wichtiges Indiz dafür in bestimmten für das Arbeits- und Sozialrecht relevanten Kompetenztiteln der bundesstaatlichen Kompetenzverteilung (wie zum Beispiel „Sozialversicherungswesen", „Arbeitsrecht", „Kammern für Arbeiter und Angestellte", „Armenwesen") sowie in der Kompetenzfreistellung der sogenannten Privatwirtschaftsverwaltung einen Beweis für die leistungsstaatliche Orientierung des modernen Staates[18]. Bei dieser Auffassung wird dem Demokratie-Artikel (Art. 1 B-VG) ein neuer „materialer" Inhalt unterstellt[19]. Dazu werden Demokratievorstellungen der modernen Staatsrechtslehre bemüht, die mit dem Begriff der Demokratie auch materiale Wertvorstellungen verbindet und die Gemeinschaftsbezogenheit des Einzelnen betont. Diese Auffassung hat sich – mangels einer nachvollziehbaren rechtstheoretischen und methodologischen Grundlage – in Österreich nicht durchgesetzt. Nach wie vor gilt, daß die Grundentscheidung für die Demokratie im Jahre 1920 (und auch bei der Wiederbegründung 1945) vom klassischen Demokratieverständnis ausging und daß durch neuere politische Vorstellungen oder neue staatsrechtliche Lehren ein Grundprinzip der Verfassung ohne Akt der Rechtssetzungsautorität nicht verändert werden kann.

Demokratischer Ansatz

11
Voraussetzungen eines sozialstaatlichen Grundprinzips

Selbst wenn der (Bundes-)Verfassungsgesetzgeber ein Netz konkreter sozialrechtlicher Vorgaben und Ansprüche verankerte, dies aber nicht in der erkennbaren Absicht vornähme, ein sozialstaatliches Prinzip in die Verfassung einbauen zu wollen (was er eben nur in der gebotenen Form einer Gesamtänderung bewirken könnte, nämlich mit obligatorischer Volksabstimmung), so könnte aus der verfassungsrechtlichen Festschreibung einzelner sozialstaatlicher Elemente und Institutionen kein sozialstaatliches Grundprinzip abgeleitet werden[20].

II. Keine sozialen Grundrechte (im engeren Sinne)

12
Bundesverfassungsrecht

Gegenwärtig gewährleistet das österreichische Bundesverfassungsrecht – zumindest expressis verbis – keine sozialen Grundrechte als durchsetzbare verfassungsgesetzlich gewährleistete Rechte[21]. Das schließt nicht aus, daß aus manchen Grundrechtsnormen einzelne sozialstaatliche Gehalte abgeleitet werden können[22]. Jüngst anerkennt die Republik (in Art. 120a Abs. 2 B-VG)[23]

---

18 So *Pernthaler*, Über Begriff und Standort der leistenden Verwaltung in der österreichischen Rechtsordnung, JBl 1965, S. 57 (62).
19 So vor allem *Ludwig Fröhler*, Die verfassungsrechtliche Grundlegung des sozialen Rechtsstaats in der Bundesrepublik Deutschland und in der Republik Österreich, 1967, S. 22 ff.; ähnlich vertritt *Bruno Binder*, Wirtschaftsrecht, ²1999, RN 128 ff., ein ungeschriebenes Sozialstaatsprinzip.
20 *Rill/Schäffer*, Bundesverfassungsrecht (LitVerz.), Art. 44 B-VG, RN 18. Zutreffend auch *Schambeck*, Die Staatszwecke der Republik Österreich, in: Hans Klecatsky (Hg.), Die Republik Österreich, 1968, S. 243 ff., der den Begriff des sozialen Rechtsstaats nicht als Inhalt eines Verfassungsrechtssatzes, sondern als adjektivische Wertung des österreichischen Rechtsstaats bezeichnet, der keine juristische, sondern bloß politische Bedeutung zukommt.
21 *Berka*, Die Grundrechte (LitVerz.), RN 1038, 1048; *ders.*, Lehrbuch Grundrechte (LitVerz.), RN 70; *Öhlinger/Stelzer* (RN 17), S. 128.
22 Näher sogleich unter B III, RN 20 ff.
23 Eingefügt durch BVG BGBl I 2008/2.

die Rolle der Sozialpartner. In dieser Verfassungsnorm wird versprochen, die Autonomie der Sozialpartner zu achten und den sozialpartnerschaftlichen Dialog durch die Einrichtung von Selbstverwaltungskörpern zu fördern.

Daneben finden sich in einigen Landesverfassungen einzelne soziale Garantien[24], am konkretesten noch die Verbürgung sozialer Rechte für hilfsbedürftige Menschen in Notlagen, zum Beispiel in Art. 12 LVerf. Oberösterreich und in Art. 13 LVerf. Tirol[25]. Dies wird heute im Hinblick auf die relative Verfassungsautonomie der Länder (Art. 99 Abs. 1 B-VG) als zulässig angesehen. Überwiegend handelt es sich bei den sozial getönten Garantien um Staatszielbestimmungen, nicht um einklagbare Rechte. Ganz allgemein wird die freie Entfaltung des Menschen als Ziel staatlichen Handelns in den Landesverfassungen von Niederösterreich, Salzburg, Tirol und Vorarlberg angesprochen. Die Förderung der Familie und der Schutz der Elternrechte finden sich als Verfassungsaufträge in den Landesverfassungen von Oberösterreich, Salzburg und Vorarlberg. Weitere Ziele und Grundsätze staatlichen Handelns, die etwa die Wirtschaft, den Umweltschutz, die Vollbeschäftigung, die Unterstützung älterer und behinderter Menschen oder die Kultur ansprechen und eine gesellschaftspolitische Leitvorstellung wie das Subsidiaritätsprinzip artikulieren, sind in den Landesverfassungen von Niederösterreich, Oberösterreich, Salzburg, Tirol und Vorarlberg formuliert.

13
Soziale Garantien in Landesverfassungen

III. Sozialstaatliche Gehalte der bestehenden Rechtsordnung

1. Einfachgesetzlich ausgebauter Sozialstaat

Ungeachtet des Fehlens expliziter sozialer Garantien im Bundesverfassungsrecht wurde auf einfachgesetzlicher Ebene im Laufe der Jahrzehnte ein ziemlich umfassendes System sozialstaatlicher Leistungen entwickelt, so daß Österreich wohl zu den am weitesten ausgebauten Sozialstaaten der Welt gezählt werden kann[26]. Insofern ist zu Recht gesagt worden, daß „Sozialstaat-

14
System sozialer Leistungen

---

24 Burgenland: Art. 1 L-VG Burgenland (LGBl 1981/42 i.d.g.F.); Niederösterreich: Art. 4 Ziff. 2–5 L-VG Niederösterreich (LGBl 0001-13); Oberösterreich: Art. 1a, 9, 11 L-VG Oberösterreich (LGBl 1991/122 i.d.g.F.); Salzburg: Art. 9 L-VG Salzburg (LGBl 1999/25 i.d.g.F.); Tirol: Art. 7, 13 Tiroler Landesordnung (LGBl 1988/61 i.d.g.F.); Vorarlberg: Art. 1 LV Vorarlberg (LGBl 2004/43 i.d.g.F.).
25 Ob es sich bei diesen landesverfassungsgesetzlich vorgesehenen Ansprüchen auf Sozialhilfe und Rehabilitationsmaßnahmen um durchsetzbare soziale Grundrechte handelt, ist fraglich, zumal sie nur „nach Maßgabe der Gesetze" verbürgt sind. Zweifelnd daher *Berka*, Die Grundrechte (LitVerz.), RN 1038; bejahend allerdings *Peter Pernthaler*, Raumordnung und Verfassung, Bd. III, 1999, S. 444.
26 So betrugen im Jahre 2002 die Sozialausgaben in Österreich 29,1 v.H. des Bruttoinlandprodukts bzw 7 994 € pro Kopf der Bevölkerung. Weitere quantitative Angaben bei *Thienel*, in: Metin Akyürek u.a. (Hg.), FS Schäffer, 2006, S. 863 f., und bei *Wiederin* (FN 17), S. 80 (dort FN 121 ff.). – Das BMSK beauftragt jährlich die Statistik Austria, die Sozialausgaben gemäß der zwischen EUROSTAT und den Mitgliedstaaten der EU vereinbarten Methoden (ESSOSS, das Europäisches System der integrierten Sozialschutzstatistik) zu erfassen. Neueste Angaben (im europäischen Vergleich) in: Bundesministerium für Soziales und Konsumentenschutz (Hg.), Der Sozialstaat als Produktivkraft. Aktuelle Zahlen zu den Sozialausgaben, 2007.

lichkeit ... auf Verfassungsrecht nicht angewiesen ist"[27]. Eine kurze Übersicht soll das auf einfachgesetzlicher Ebene bestehende Niveau des sozialen Schutzes deutlich machen.

15
Sozialversicherung

a) Österreich verfügt über ein beachtliches, weit ausgebautes System der sozialen Sicherheit[28]. Die dem Bund obliegende Sozialversicherungsgesetzgebung umfaßt die allgemeinen Lebensrisiken (Krankheit, Unfall, Invalidität und Altersversorgung) und nahezu die gesamte erwerbstätige Bevölkerung[29] in Form einer Pflichtversicherung (mit sozial gestaffelten Beiträgen und Höchstbeitragsgrundlagen); in jüngster Zeit wurden auch atypische Dienstverhältnisse („neue Selbständige")[30] und fernerhin Künstler[31] in die Sozialversicherung einbezogen. Soweit der Betreuungs- und Pflegebedarf die (bundesrechtlich geregelte) Sozialversicherung und die (landesrechtlich geregelte) Sozialhilfe (ehedem: Fürsorge) übersteigt, gilt ein Bundespflegegeldgesetz[32]. Sondernormen bestehen insbesondere für die Betreuung von Kriegsopfern und für die Leistung von Hilfe an Verbrechensopfer[33].

16
Arbeitnehmerschutz

b) Für die individuellen Arbeitsverhältnisse gelten das Angestelltengesetz[34] und subsidiär das allgemeine Zivilrecht (ABGB). Das Angestelltengesetz ist (einseitig zwingend) dispositives Recht und kann durch günstigere Regelungen in Kollektivverträgen bzw. in individuellen Arbeitsverträgen verdrängt werden. Weitere Schutznormen und Hilfen finden sich im Mutterschutzgesetz[35] und im Eltern- und Karenzurlaubsgesetz[36]. Entgeltfortzahlungsgesetz[37] und Arbeitnehmerabfertigungsgesetz[38] sichern jedem Arbeitnehmer unab-

---

27 *Wiederin* (FN 17), S. 80. Ähnlich konstatierten bereits *Butt/Kübert/Schulz*, Soziale Grundrechte (FN 14), S. 41, es sei nicht möglich, eine Beziehung zwischen der Normierung sozialer Grundrechte in der Verfassung und der sozialen Wirklichkeit in den verglichenen Staaten herzustellen.
28 Näher z.B. *Grillberger*, Sozialrecht (FN 17).
29 Allgemeines Sozialversicherungsgesetz – ASVG (BGBl 1955/189), ferner Bauern-Sozialversicherungsgesetz – BSGV (BGBl 1978/559) und Gewerbliches Sozialversicherungsgesetz – GSVG (BGBl 1978/560), jeweils i.d.g.F. (vielfach novelliert). Alle diese Gesetze haben frühere Spartenversicherungen (z.B. Bauernkrankenversicherung oder Gewerbliche Selbständigen-Pensionsversicherung) zusammengefaßt und ersetzt. Schrittweise wurden auch Angehörige „freier Berufe" in das System der Pflichtversicherung einbezogen, siehe Freiberufliches Sozialversicherungsgesetz – FSVG (BGBl 1978/624 i.d.g.F.). Seit dem Arbeits- und Sozialrechtsänderungsgesetz – ASRÄG 1997 (BGBl 1997/139) – gehören grundsätzlich alle selbständig Erwerbstätigen, die auf Grund irgendeiner betrieblichen Tätigkeit Einkünfte aus Gewerbebetrieb oder selbständiger Arbeit [im steuerrechtlichen Sinn] erzielen, zum pflichtversicherten Personenkreis. Ausgenommen sind heute nur mehr einzelne Berufsgruppen, die im Rahmen einer gesetzlichen beruflichen Vertretung eine annähernd gleichwertige Kranken- bzw. Pensionsversicherung haben. Eine teilweise Vereinheitlichung der öffentlich-rechtlichen Pensionssysteme erfolgte mit dem Allgemeinen Pensionsgesetz (APG) und Pensionsharmonisierungsgesetz (BGBl I 2004/142 i.d.g.F.).
30 Seit dem ASRÄG 1997 werden alle dienstnehmerähnlichen Werkverträge entweder als (echte) Dienstverträge oder als „freie Dienstverträge" gewertet und jedenfalls dem ASVG unterstellt.
31 Pflichtversicherung für Kunstschaffende (eingeführt durch ASRÄG 1997 mit Wirkung v. 1.1.2000); siehe ferner Künstler-Sozialversicherungsfondsgesetz – K-SVFG (BGBl I 2000/131 i.d.g.F.).
32 BPGB (BGBl 1993/110 i.d.g.F.).
33 Kriegsopferversorgungsgesetz – KOVG (BGBl 1957/152); Heeresversorgungsgesetz – HVG (BGBl 1964/27); Verbrechensopfergesetz – VOG (BGBl 1972/288), jeweils i.d.g.F.
34 AngG (BGBl 1921/292 i.d.g.F.).
35 MSchG (BGBl 1979/221 i.d.g.F.).
36 EKUG (BGBl 1989/651 i.d.g.F.).
37 EFZG (BGBl 1974/399 i.d.g.F.).
38 ArbAbfG (BGBl 1979/107 i.d.g.F.).

dingbare[39] Rechte auf Lohnfortzahlung im Krankheitsfall (zeitlich begrenzt) bzw. auf Abfertigung bei Auflösung des Arbeitsverhältnisses. Das ArbeitnehmerInnenschutzgesetz[40] garantiert technische Schutzstandards am Arbeitsplatz; Arbeitszeitgesetz[41] und Arbeitsruhegesetz[42] schützen die Arbeitnehmer vor übermäßiger zeitlicher Inanspruchnahme. Ein Behinderteneinstellungsgesetz[43] verpflichtet Unternehmen (und auch öffentliche Dienststellen) ab einer bestimmten Größenordnung zur Beschäftigung behinderter Personen oder – bei Nichterfüllung dieser primären Pflicht – zumindest zu Ausgleichszahlungen. Ein Insolvenzentgeltsicherungsgesetz[44] sichert zumindest für bestimmte Zeit eine staatliche Hilfe zur Kompensation von Lohnausfällen im Falle eines Unternehmenskonkurses. Das Arbeitsmarktförderungsgesetz[45] und das Arbeitsmarktservicegesetz[46] betreffen die staatliche Förderung und Betreuung des Arbeitsmarktes.

c) Für das Problem der Arbeitslosigkeit trifft ein Arbeitslosenversicherungsgesetz[47] auf der Basis der Pflichtversicherung (mit Beiträgen der Arbeitnehmer und Arbeitgeber) entsprechende Vorsorge. Zusätzlich besteht ein Sonderunterstützungsgesetz[48] für Fälle von Betriebseinschränkung oder -stillegung; begünstigt werden hierdurch Arbeitnehmer in fortgeschrittenem Alter, die aus diesem Grunde schwerer vermittelbar sind.

17
Schutz vor Arbeitslosigkeit

d) Das kollektive Arbeitsrecht ist heute weitgehend im Arbeitsverfassungsgesetz[49] zusammengefaßt. Es bildet die Grundlage für Kollektivverträge (Tarifverträge) zwischen kollektivvertragsfähigen Körperschaften der Arbeitnehmer- und Arbeitgeberseite (gesetzliche oder freie Interessenvertretungen)[50] und auch für Betriebsvereinbarungen auf Unternehmensebene. Ab einer bestimmten Unternehmensgröße müssen in jedem Unternehmen Betriebsräte bestehen, die bestimmte Mitwirkungsrechte haben (insbesondere ein Einspruchsrecht bei Kündigungen und eine gewisse Repräsentation im Aufsichtsrat von Kapitalgesellschaften). Eine Besonderheit der österreichischen Rechtsordnung ist freilich das Fehlen von Bestimmungen für Arbeitskonflikte; vor allem hat die Gesetzgebung bisher eine ausdrückliche Regelung des

18
Kollektives Arbeitsrecht

Streikrecht

---

39 D.h. diese Rechte können durch Arbeitsvertrag oder Normen der kollektiven Rechtsgestaltung weder aufgehoben noch beschränkt werden.
40 ASchG (BGBl 1994/450 i.d.g.F.).
41 BGBl 1969/461 i.d.g.F.
42 ARG (BGBl 1983/144 i.d.g.F.).
43 BEinstG (BGBl 1970/22 i.d.g.F., ursprünglich: Invalideneinstellungsgesetz).
44 IESG (BGBl 1977/324 i.d.g.F.).
45 AMFG (BGBl 1969/31 i.d.g.F.).
46 AMSG (BGBl 1994/313 i.d.g.F.
47 AlVG (BGBl 1977/609 i.d.g.F.), mit Vorläufer (StGBl 1920/153; BGBl 1949/184; BGBl 1958/199).
48 SUG (BGBl 1973/642 i.d.g.F.).
49 ArbVG BGBl 1974/22 i.d.g.F.
50 Das österreichische Arbeits- und Wirtschaftsleben ist besonders geprägt von einer Dualität der Interessenvertretungen. Es bestehen auf beiden Seiten (Arbeitgeber- wie Arbeitnehmerseite) gesetzliche Interessenvertretungen mit Pflichtmitgliedschaft (Arbeiterkammern, Wirtschaftskammern, Landwirtschaftskammern) als auch freiwillige Verbände (wie Österreichischer Gewerkschaftsbund und Industriellenvereinigung).

§ 199　　*Dreizehnter Teil: II. Einzelgrundrechte*

Streikrechts bewußt unterlassen[51]. Der Streik gilt daher als ein faktisches Phänomen des Arbeitslebens, das (wenngleich eigentlich Vertragsbruch) vom Gesetzgeber toleriert wird[52]. Streiks spielen in Österreich im Vergleich zu anderen Ländern eine untergeordnete Rolle, weil Löhne und Arbeitsbedingungen in regelmäßigen Abständen durch die Sozialpartner ausgehandelt werden. Vom Gewerkschaftsbund nicht gebilligte „wilde Streiks" sind daher äußerst selten.

19
Rechtspolitisches Defizit

Freilich wird es verschiedentlich und sogar zunehmend als ein rechtspolitisches Defizit angesehen, daß ein geschlossener (systematischer) Katalog sozialer Garantien im Verfassungsrang fehlt, welcher der Gestaltungsfreiheit des Gesetzgebers Schranken zöge, auch wenn man sich dabei der rechtstechnischen Probleme der Verankerung solcher Garantien und der Abhängigkeit derselben von den ökonomischen Möglichkeiten des Staates in verstärktem Maße bewußt ist.

2. Soziale Teilgehalte von Grundrechten

20
Sozialer Gehalt

Obwohl, wie gesagt, im Bundesverfassungsrecht soziale Garantien fehlen, können aus verschiedenen Grundrechtsnormen derzeit immerhin einzelne sozialstaatliche Gehalte abgeleitet werden[53]. Hinzuweisen ist auf

21
Berufsfreiheit

a) die für das Wirtschafts- und Arbeitsleben allgemein bedeutsame „Berufsfreiheit" (Erwerbsfreiheit im Sinne von Art. 6 StGG);

22
Eigentumsgarantie

b) die Eigentumsgarantie (Art. 5 StGG in Verbindung mit Art. 1 des 1. ZP EMRK), die einerseits über den Gesetzesvorbehalt einen Ausgleich verschiedener Interessen und die Statuierung einer Art „Sozialpflichtigkeit des Eigentums" erlaubt und anderseits nach der neueren vom Europäischen Gerichtshof für Menschenrechte beeinflußten Rechtsprechung neben vermögenswerten Privatrechten auch – auf eigener Leistung beruhende und insoweit – „eigentumsähnliche" *öffentlich-rechtliche Ansprüche* in den Schutzbereich einbezieht[54];

51　Insofern stellt die ausdrückliche Garantie des Streikrechts in der Europäischen Grundrechte-Charta (GR-Charta) für Österreich eine formelle Neuerung dar (s. u. D IV, RN 64 ff.).
52　Das bewußte Nichtintervenieren des Staates in einen Arbeitskampf zeigt sich auch in einer Gesetzesbestimmung, die es sowohl verbietet, streikende oder ausgesperrte Dienstnehmer zu vermitteln, als auch die Vermittlung von Arbeitsuchenden an einen von Streik oder Aussperrung betroffenen Betrieb für unzulässig erklärt (ursprünglich § 11 AMFG 1969, seit 2002 als einer der für die Arbeitsvermittlung geltenden Grundsätze normiert in § 3 Ziff. 10 AMFG).
53　*Berka*, Die Grundrechte (LitVerz.), RN 97 ff.; *Gutknecht*, Soziale Grundrechte in Österreich, in: Bundesministerium für Arbeit und Sozialordnung (Hg.), Soziale Grundrechte in der Europäischen Union, 2001, S. 135; *Öhlinger/Stelzer* (RN 17), S. 105 (133 ff., 152 ff.).
54　→ Oben *Korinek*, Wirtschaftliche Freiheiten, § 196. Aus der Rechtsprechung des EGMR vgl. besonders den (Österreich betreffenden) Fall *EGMR*, Urt. v. 16. 9. 1996, Gaygusuz ./. Österreich, RJD 1996-IV; ferner Urt. v. 11. 6. 2002, Willis ./. Vereinigtes Königreich, RJD 2002-IV; Urt. v. 20. 6. 2002, Azinas ./. Zypern, Beschwerde Nr. 56.679/00; Urt. v. 12. 10. 2004, Kjartan Ácsmundson ./. Island, Beschwerde Nr. 60.669/00. Der VfGH ist dieser Rechtsprechung gefolgt (z. B. *VfSlg* 15.129/1998, 15.448/1999).

c) die für das Arbeitsleben so wesentliche Koalitionsfreiheit, die im Recht auf Zusammenschluß (Art. 12 StGG in Verbindung mit Art. 11 EMRK)⁵⁵ gewährleistet ist⁵⁶;

23 Koalitionsfreiheit

d) das Recht auf Bildung (Art 2 des 1.ZP EMRK): Dieses gibt zwar kein Recht auf die Errichtung von Schulen und Universitäten, wohl aber einen Anspruch auf diskriminierungsfreien Zugang zu bestehenden Bildungseinrichtungen und auf Anerkennung der dort erlangten Leistungsnachweise; ferner ist damit nach heutiger Auffassung wohl auch ein Mindeststandard an Ausbildungseinrichtungen und eine Wesensgehaltsgarantie für dieselben verbunden⁵⁷;

24 Bildung

e) die Rechtsprechung des Europäischen Gerichtshofs für Menschenrechte, die aus den Rechten auf Privatleben und Genuß der Wohnung einen Gewährleistungsanspruch gegen den Staat auf Abwehr oder Verhinderung schwerwiegender Beeinträchtigungen der Lebensbedingungen (eine Art „Recht auf Gesundheit") herleitet⁵⁸;

25 Privatleben und Wohnung

f) die kulturellen Rechte und Ausbildungsrechte, die den sprachlichen Minderheiten (gemäß den Art. 66 ff. StV St. Germain und Art. 7 StV Wien) als Teilhaberechte zustehen⁵⁹;

26 Kultur und Ausbildung

g) das Recht der Zivildiener auf angemessene Versorgung, das aus Art. 9a Abs. 3 B-VG in Verbindung mit § 2 ZDG abzuleiten ist⁶⁰.

27 Versorgung

h) Die größte praktische Bedeutung hat in diesem Zusammenhang freilich der Gleichheitssatz erlangt, aus dem in besonderen Situationen derivative Leistungsansprüche hergeleitet werden können⁶¹.

28 Gleichheit

---

55 → Oben *Potacs*, Recht auf Zusammenschluß, § 197.
56 Ein Streikrecht ist damit allerdings nicht ausdrücklich garantiert; vgl. *EGMR*, Urt. v. 10.1.2002, Unison ./. Vereinigtes Königreich, Beschwerde Nr. 53.574/99 (Zulässigkeitsentscheidung).
57 Dazu schon *Gottfried Winkler*, Materielle Bildungsgarantien in der österreichischen Rechtsordnung, in: Oswin Martinek (Hg.), FS Floretta, 1983, S. 309 ff.; ferner *Berka*, Die Grundrechte (LitVerz.), RN 97, 696 (m.w.N.).
58 So hat der EGMR im Zuge seiner „evolutiven" Rechtsprechung den „Genuss der Wohnung" und die Privatsphäre (Art. 8 EMRK) zu einer Auffangnorm gemacht, der er sogar den Schutz vor so heterogenen Dingen wie chemischen Umweltgefahren, Lärm und Elektrosmog gedanklich zuordnet. Vgl. insb. *EGMR*, Urt. v. 21.2.1990, Powell und Rayner ./. Vereinigtes Königreich; Urt. v. 9.12.1994, Lopez Ostra ./. Spanien; Urt. v. 19.2.1998, Guerra ./. Italien, und Urt. v. 8.3.2003, Hatton ./. Vereinigtes Königreich; Urt. v. 16.11.2004 Moreno Gomez ./. Spanien, und Urt. v. 17.1.2006, Luginbühl ./. Schweiz. Dazu näher (genau differenzierend) *Grabenwarter*, Sozialstandards in der Europäischen Menschenrechtskonvention, in: Ulrich Becker/Bernd Baron von Maydell/Angelika Nußberger (Hg.), Die Implementierung internationaler Sozialstandards, 2006, S. 83 (95 ff.). Vgl. ferner *Öhlinger*, Ein Menschenrecht auf Gesundheit – Sinn und Funktion eines sozialen Grundrechtes, in: Oswin Martinek (Hg.), FS W. Schwarz, 1991, S. 767 ff.
59 Dazu *Öhlinger*, Der Verfassungsschutz ethnischer Gruppen in Österreich, in: Heinz Schäffer u.a. (Hg.), FS Koja, 1998, S. 371 ff.
60 *VfSlg* 16.588/2002.
61 *Thienel* (FN 26), S. 861 ff.; *Berka*, Lehrbuch Grundrechte (LitVerz.), RN 70 und 509.

3. Gleichheit – derivative Leistungsansprüche

29
Verbot unsachlicher Differenzierung

Zwar garantiert der Gleichheitssatz keinen bestimmten Standard sozialer Rechte (und schon gar nicht einen positiven Anspruch auf staatliches Tun zur Schaffung gleicher Lebensbedingungen schlechthin), er verbietet aber unsachliche Differenzierungen – und zwar eben bei der Zuerkennung sozialer Leistungen[62]. Dementsprechend kann, wer ohne sachliche Rechtfertigung von (einfachgesetzlichen) Leistungsrechten ausgeschlossen ist, unter Berufung auf den Gleichheitssatz verlangen, daß ihm eine derartige Leistung ebenfalls gewährt wird. Die Durchsetzung funktioniert nicht nur bei hoheitlich gewährten Leistungsansprüchen im Wege der Verfassungsgerichtsbarkeit (durch Verfassungsbeschwerde und erforderlichenfalls Normenkontrolle)[63], sondern auch in Fällen, in denen sich der Staat privatrechtlicher Formen zur Leistungserbringung bedient (sogenannte „Privatwirtschaftsverwaltung"). In Fällen der zweiten Art dient der ordentliche Rechtsweg zur Durchsetzung, zumal der Oberste Gerichtshof die Fiskalgeltung des Gleichheitssatzes anerkannt hat und aus ihr – in Verbindung mit internen Vorschriften der Verwaltung – auch einen Anspruch auf Leistung für jene Personen ableitet, die unsachlich benachteiligt wurden[64]. Denn hat sich der Staat einmal zur Erbringung einer Leistung entschlossen, so muß er sie diskriminierungsfrei erbringen.

4. Vertrauensschutz

30
Sicherung bestehender Rechtspositionen

Nicht weniger bedeutsam ist der vom Verfassungsgerichtshof aus dem Gleichheitssatz abgeleitete Vertrauensschutz[65]. Dieser in der neueren Rechtsprechung entwickelte Gedanke bedeutet eine Schranke gegen plötzliche und schwerwiegende Eingriffe in bestehende Rechtspositionen, zwar nicht nur bei sozialrechtlichen Ansprüchen, sie hat aber auf diesem Gebiet – angesichts der staatswirtschaftlichen Notwendigkeit zu Redimensionierungen – besondere praktische Bedeutung erlangt.

---

[62] Dies gilt auch für die in neuerer Zeit in Art. 7 B-VG eingefügten bekenntnishaften Formulierungen zur Gleichbehandlung Behinderter (BGBl I 1997/87) und zur Gleichstellung von Mann und Frau (BGBl I 1998/68).

[63] Z.B. *VfSlg* 5319/1966, 8793, 8871/1980, 11.054, 11.055/1986, 12.938/1991, 13.436/1993, 15.961/2000; 17.199, 17.306/2004. 17.254/2004

[64] Vgl. insb. *OGH*, v. 24. 2. 2003, 1 Ob 272/02k, SZ 2003, S. 17, und ebenso v. 27. 8. 2003, 9 Ob 71/03 m, JBl 2004, S. 538: „Hat sich ... eine Gebietskörperschaft in einem Selbstbindungsgesetz zur Leistung unter bestimmten Voraussetzungen verpflichtet, so ist sie von Gesetzes wegen angehalten, diese Leistung jedermann, der diese Voraussetzungen erfüllt, zu erbringen, wenn sie eine solche Leistung in anderen Einzelfällen bereits erbracht hat. Auf eine solche Leistung besteht daher ein klagbarer Anspruch". Der Gesetzgeber kann sich also nicht etwa mit der Formel „auf die Leistung besteht kein Rechtsanspruch" freizeichnen. In den konkreten Fällen entnahm der OGH dem Bundesbetreuungsgesetz den Grundsatz, daß demjenigen, der in einer wirtschaftlichen Notlage auf eine staatliche Leistung angewiesen und insoweit vollständig der „Fremdbestimmung" seines Schicksals unterworfen ist, das der Leistungserzwingung dienende Instrumentarium zu Gebote stehen müsse.

[65] Die Herleitung aus dem (als Sachlichkeitsprinzip verstandenen) Gleichheitssatz ist der vom VfGH gewählte offizielle, aber keineswegs der einzig denkbare Begründungsweg. Eigentlich läge die Fundierung im Rechtsstaatsprinzip näher; dazu *Rudolf Thienel*, Vertrauensschutz und Verfassungsrecht, 1990; *Schäffer*, Die Entwicklung der Grundrechte und ihrer Interpretation, insbesondere durch die Verfassungsgerichtshöfe in Österreich und Italien, in: Christian Starck (Hg.), Fortschritte der Verfassungsgerichtsbarkeit in der Welt – Teil II, 2005, S. 97 (109 f.).

Aus dem Vertrauensschutz wurden zunächst strengere Anforderungen für die Einführung rückwirkender belastender Gesetzesvorschriften abgeleitet. Die Rechtsprechung verlangt hier eine besondere Rechtfertigung. Naturgemäß geht es um ein Abwägungsproblem: Die Rechtsordnung muß veränderlich bleiben, um sich neuen sozialen Erfordernissen anzupassen, doch dürfen Veränderungen nicht geradezu „willkürlich" und „überfallsartig" erfolgen, sollen Rechtsnormen der Orientierung und Verhaltenssteuerung dienen. Die Beurteilung hängt einerseits davon ab, ob der Normunterworfene auf die seinerzeitige Rechtslage berechtigt vertrauen konnte, und anderseits vom Ausmaß des Eingriffs (Intensität der Belastung und Zeitspanne der Rückwirkung) sowie überdies vom Gewicht der für die Rückwirkung sprechenden (rechtspolitischen) Gründe[66]. Dies bedeutet keineswegs einen allgemeinen Schutz sogenannter „wohlerworbener Rechte". Einen deutlich weiteren Gestaltungsspielraum läßt der Verfassungsgerichtshof dem Gesetzgeber, wo es um pro futuro wirkende Beschränkungen geht. Der Gesetzgeber darf bestehende Rechte oder Ansprüche einschränken[67]. Nur „schwerwiegende und plötzlich eintretende Eingriffe in erworbene Rechtspositionen, auf deren Bestand der Normunterworfene mit guten Gründen vertrauen konnte", können zur Gleichheitswidrigkeit des belastenden Eingriffs führen[68]. Je eher sich der Normunterworfene in vertretbaren Zeiträumen auf notwendige Veränderungen einstellen kann, desto mehr spricht für die Zulässigkeit der Rechtsänderung und desto weniger für eine Unantastbarkeit seiner Position[69].

31
Rechtfertigungsbedarf rückwirkender Belastung

Gestaltungsspielraum pro futuro

Diese Rechtsprechung erfaßt nicht nur bestehende Pensions*ansprüche*, sondern auch *Anwartschaften*. Sie gesteht dem Staat bei Rechtfertigung durch überwiegende öffentliche Interessen durchaus die Befugnis zur Umgestaltung der Rechtslage und zur Redimensionierung von Leistungen zu. Es gibt dem-

32
Keine generelle Rückschrittssperre

---

66 Ständige Rechtsprechung seit *VfSlg* 11.309/1987 (rückwirkende Kürzung von Politiker-Pensionen) und *VfSlg* 12.186/1989 (rückwirkende Änderung steuerrechtlicher Grundlagen für längerfristige wirtschaftliche Dispositionen). Unzulässig waren auch die rückwirkende Beseitigung des Anspruchs auf vorzeitige Alterspension wegen dauernder Erwerbsunfähigkeit im Bauern-Sozialversicherungsgesetz (plötzlicher und intensiver Eingriff in erworbene Rechtspositionen sachlich nicht gerechtfertigt – *VfSlg* 16.689/2002), die Änderung von Bestimmungen im Wohnungsgemeinützigkeitsrecht wegen gravierenden Eingriffs in die rechtlichen Dispositionsmöglichkeiten und in die wirtschaftliche Substanz der betroffenen Unternehmen (*VfSlg* 16.752/2002) sowie die Unfallrentenbesteuerung, weil sie ohne Rücksicht auf ihre tatsächlichen Auswirkungen plötzlich (nämlich ohne einen der Intensität des Eingriffs angemessenen Übergangzeitraum) in Wirksamkeit gesetzt worden ist (*VfSlg* 16.754/2002).
67 So bezeichnet der VfGH die Erhöhung des Anfallsalters und die Verschärfung der Anspruchsvoraussetzungen bei der vorzeitigen Alterspension als erheblichen Eingriff in das Pensionsrecht, hält ihn aber im Hinblick auf die Budgetsituation für nicht unvertretbar (*VfSlg* 16.764/2002); begründend wird dort die bisherige Rechtsprechung zum Vertrauensschutz so zusammengefaßt: „Der Rechtsstaat beruht auf dem Grundwert der Rechtssicherheit und er muss das Vertrauen seiner Bürger, die im Hinblick auf eine bestehende Rechtslage Dispositionen treffen, schützen. Anderseits ist der regelungsintensive Sozialstaat der Gegenwart darauf angewiesen, die Rechtsordnung fortwährend an geänderte Bedürfnisse und neue Notwendigkeiten anzupassen". Freilich erachtete der VfGH (bei der Pensionsregelung für Notare) Abschläge von der Netto-Pension in Höhe von 20 v.H. als „sicher verfassungswidrig" und als Verstoß gegen den Vertrauensgrundsatz (*VfSlg* 17.254/2004).
68 Z.B. *VfSlg* 13.492/1993.
69 So wurde eine aus Gründen der Budgetpolitik (allerdings nicht rückwirkend) verfügte Verschlechterung der Einkommenssituation für Politiker und Beamte als zulässig angesehen (*VfSlg* 14.846, 14.867, 14.888/1997).

nach keinen absoluten Bestandsschutz für bestehende soziale Rechtspositionen (keine Rückschrittssperre), wohl aber eine Schranke gegen „überfallsartige" und schwerwiegende Verschlechterungen[70]. Die Rechtsprechung nimmt auf die wirtschaftliche und soziale Lage der Betroffenen ausdrücklich Rücksicht; sie legt bei Eingriffen in die Rechtsposition wirtschaftlich schwächerer Gruppen einen strengeren Beurteilungsmaßstab an und fordert insbesondere auch eine Berücksichtigung des Umstandes, ob die betroffene Gruppe in zeitlicher Hinsicht noch sinnvoll disponieren und reagieren kann. Über Anwartschaften mit längerer Vorlaufzeit bis zum Anfall der Leistungsansprüche kann daher vom Gesetzgeber eher verfügt werden als über solche kurz vor Realisierung des Anspruches. Eine wesentliche Konsequenz dieser Rechtsprechung ist, daß der Gesetzgeber insbesondere bei den (zumindest zum Teil auf eigenen Beiträgen der Sozialversicherten beruhenden[71]) sozialen Leistungsansprüchen mit zeitlich abgestuften Übergangsbestimmungen arbeiten muß, um den Normadressaten die Anpassung an Systemumstellungen zu erleichtern und solcherart eine mit dem Gleichheitssatz und Vertrauensschutz verträgliche Lösung zu treffen („soziale Abfederung")[72].

„Soziale Abfederung"

C. Soziale Garantien auf Grund völkerrechtlicher Bindungen Österreichs

I. Europäische Sozialcharta

1. Entstehung und Einbau in die österreichische Rechtsordnung

33
Ergänzung zur EMRK

Als Gegenstück und Ergänzung zur Europäischen Menschenrechtskonvention wurde – nach den im Europarat bereits seit 1954 laufenden Vorarbeiten – erst am 18. Oktober 1961 von dreizehn Mitgliedstaaten des Europarats die Europäische Sozialcharta (ESC) in Turin unterzeichnet, so auch von Österreich. Freilich wurde schon damals im Schrifttum vorsorglich erklärt, daß der Ratifizierung noch innerstaatliche legistische Hindernisse entgegenstünden[73].

---

70 Z.B. *VfSlg* 11.309/1987, 11.665/1988, 12.658/1990, 12.732/1991, 15.269/1998, 15.936/2000, 16.292/2001, 16.689, 16.764/2002, 16.923/2003, 17.254/2004.
71 Das Pensionsversicherungssystem kann in Österreich allerdings schon seit längerem nur durch einen erheblichen Staatszuschuß aus allgemeinen Budgetmitteln aufrechterhalten werden.
72 Dazu insb. *Öhlinger*, Verfassungsrechtliche Schranken der Gesetzgebung im Sozialrecht, in: Österreichische Juristenkommission – ÖJK (Hg.), Rechtsstaat – Liberalisierung und Strukturreform, 1998, S. 153; *Tomandl*, Der verfassungsrechtliche Schutz von Sozialanwartschaften und Sozialleistungen, in: Österreichische Parlamentarische Gesellschaft (Hg.), 75 Jahre Bundesverfassung. FS aus Anlaß des 75. Jahrestages der Beschlußfassung über das Bundes-Verfassungsgesetz, 1995, S. 618 ff.; *Stelzer*, Verfassungsrechtliche Grenzen des Eingriffs in Rechte oder Vertragsverhältnisse, DRdA 2001, S. 508 ff.
73 Europäische Sozialcharta samt Anhang und Erklärung der Republik Österreich – authentisch in englischer und französischer Sprache, mit deutscher Übersetzung, ratifiziert am 10. 9. 1969, kundgemacht am 31. 12. 1969 (BGBl 1969/460). Allgemein zu Entstehung und Inhalt der ESC: *Frans van der Ven*, Soziale Grundrechte, 1963; *Khol*, Die europäische Sozialcharta und die österreichische Rechtsordnung, JBl 1965, S. 75 ff.; *Hellmut Georg Isele*, Die Europäische Sozialcharta, 1967; *Herbert Schambeck*, Grundrechte und Sozialordnung. Gedanken zur Europäischen Sozialcharta, 1969.

Die Ratifikation erfolgte österreichischerseits erst Ende 1969 nach einer besonders sorgfältigen Begutachtung und Auswahl der zu übernehmenden Verpflichtungen. Die Transformation dieses völkerrechtlichen Vertrages wurde schließlich in der schwächsten der möglichen Formen, nämlich unter „Erfüllungsvorbehalt"[74] vollzogen, womit von vornherein klargestellt wurde, daß der Vertrag non-self-executing sein sollte; ferner wurde die Europäische Sozialcharta bewußt *nicht* als *verfassungsändernder* Vertrag behandelt und somit auf der Stufe des einfachen Gesetzesrechts in die österreichische Rechtsordnung übernommen.

34 Transformation unter „Erfüllungsvorbehalt"

Diese Vorgangsweise beruhte neben anderen (verfassungs-)politischen Gründen vor allem auf der Einschätzung, daß die in der Europäischen Sozialcharta angesprochenen Rechte innerstaatlich weitestgehend durch die einfache Gesetzgebung gewährleistet sind. Immerhin erging knapp vor der Ratifikation der Europäischen Sozialcharta ein eigenes Arbeitsmarktförderungsgesetz[75], das im Interesse von Vollbeschäftigung und optimaler Funktionsfähigkeit des Arbeitsmarktes die Arbeitsvermittlung näher regelte und diverse arbeitsmarktpolitische Förderungsmaßnahmen vorsah, nämlich verschiedene Beihilfen (sowohl für Arbeitnehmer als auch für Unternehmen) wie Ausbildungs- und Schulungseinrichtungen[76].

35 Parallele innerstaatliche Gewährleistungen

Die Bindungswirkung der Europäischen Sozialcharta ist – als völkerrechtlicher Vertrag – zwar stärker als die der Menschenrechts-Deklaration der Vereinten Nationen von 1948, aber geringer als jene der Europäischen Menschenrechtskonvention. Man hat die Europäische Sozialcharta nicht zu Unrecht als die „ungleiche Schwester der EMRK" bezeichnet.

36 Bindungswirkung der ESC

2. Ziele

In der Präambel betonen die Vertragsparteien – die Vorarbeiten begannen nur vier Jahre nach der auf die „bürgerlichen und politischen Rechte und Freiheiten" bezogenen Europäischen Menschenrechtskonvention (1950) und nur zwei Jahre nach dem 1. Zusatzprotokoll zur Europäischen Menschenrechtskonvention (1952) – ihre Ziele:

37 Präambel der ESC

– daß der Europarat die Herstellung einer engeren Verbindung zwischen seinen Mitgliedern zur Aufgabe hat, um die Ideale und Grundsätze, die ihr gemeinsames Erbe sind, zu bewahren und zu verwirklichen und um ihren wirtschaftlichen und sozialen Fortschritt, insbesondere durch Erhaltung und Entwicklung der Menschenrechte und Grundfreiheiten zu fördern;

---

74 D.h.: Der Nationalrat (NR) hat anläßlich der Genehmigung der ESC beschlossen, daß dieser Vertrag im Sinne von Art. 50 Abs. 2 B-VG „durch Erlassung von Gesetzen zu erfüllen ist".
75 BGBl 1969/31.
76 Über den Zusammenhang mit der ESC siehe die Materialien (RV: 1339 BlgNR XI. GP.) und *Dirschmid*, Das soziale Grundrecht „Recht auf Arbeit", in: Katholische Sozialakademie Österreichs (Hg.), Die sozialen Grundrechte, 1971, S. 43f.

- daß die Ausübung sozialer Rechte ohne Diskriminierung gesichert sein muß und
- daß sie gemeinsam alle Anstrengungen unternehmen wollen, um durch geeignete Einrichtungen und Maßnahmen den Lebensstandard ihrer Bevölkerung in Stadt und Land zu verbessern und ihr soziales Wohl zu fördern.

3. Inhalt

38
Maximalkatalog sozialer Garantien

Die Sozialcharta zerfällt in mehrere Teile, von denen Teil I in neunzehn Punkten stichwortartig einen Maximalkatalog sozialer Garantien von unterschiedlicher Konkretheit formuliert. Relativ konkret formuliert scheint zum Beispiel die Klausel, daß Kinder und Jugendliche das Recht auf besonderen Schutz gegen körperliche und sittliche Gefahren haben, denen sie ausgesetzt sind (Punkt 7), relativ unbestimmt hingegen der Grundsatz, daß alle Arbeitnehmer das Recht auf gerechte Arbeitsbedingungen haben (Punkt 2). Besonders zentral erscheinen der Grundsatz, daß „jedermann ... die Möglichkeit haben [soll], seinen Lebensunterhalt durch eine frei übernommene Tätigkeit zu verdienen" (Punkt 1; eine Art „Recht auf Arbeit") sowie die Aussage „Alle Arbeitnehmer und ihre Angehörigen haben das Recht auf soziale Sicherheit"

Keine subjektiven Rechte

(Punkt 12). Der Einleitungssatz zum Teil I macht klar, daß die umschriebenen „Rechte und Grundsätze" nur Ziele und Richtlinien der staatlichen Sozialpolitik formulieren, nicht aber subjektive Rechte, denn die Vertragsparteien „anerkennen als Ziel ihrer Politik, das sie mit allen zweckmäßigen Mitteln auf staatlicher und zwischenstaatlicher Ebene verfolgen werden, geeignete Voraussetzungen zu schaffen, damit die tatsächliche Ausübung der [im folgenden formulierten] Rechte und Grundsätze gewährleistet ist".

39
Völkerrechtliche Verpflichtung

In Teil II erfahren die (nun stets als „Rechte" bezeichneten) Grundsätze ihre nähere Ausgestaltung[77], die freilich nach der klaren Formulierung des Einleitungssatzes[78] *lediglich* völkerrechtliche Verpflichtungen der Staaten darstellen. So wird zum Beispiel das „Recht auf Arbeit" dahingehend konkretisiert, daß sich die Vertragsparteien unter anderem zu einer Vollbeschäftigungspolitik, zur Einrichtung und Aufrechterhaltung unentgeltlicher Arbeitsvermittlungsdienste sowie zu einer geeigneten Berufsberatung, Berufsausbildung und Förderung der Wiedereingliederung verpflichten (Teil II Art. 1 Abs. 1, 3 und 4 ESC). In ähnlicher Weise besteht das „Recht auf soziale Sicherheit" (Teil II Art. 12 ESC) zunächst in der Verpflichtung der Vertragsparteien, „ein System der Sozialen Sicherheit einzuführen und beizubehalten" (Absatz 1). Dieses soll dauerhaft den Mindestnormen der sozialen Sicherheit[79] entsprechen (Absatz 2). Zugleich wollen sich die Vertragsparteien „bemühen, das System der Sozialen Sicherheit fortschreitend auf einen höheren Stand zu bringen"

---
[77] Jeder Artikel des Teils II korrespondiert in der Zählung dem entsprechenden Punkt in Teil I.
[78] Siehe oben RN 37.
[79] ILO-Übereinkommen Nr. 102.

(Absatz 3: „Fortschrittsklausel") und durch geeignete zwei- oder mehrseitige Abkommen (oder andere Maßnahmen) die Gleichbehandlung der Angehörigen anderer Vertragsstaaten hinsichtlich sozialrechtlicher Ansprüche zu bewirken. In ähnlicher Weise und zum Teil noch detaillierter ausgestaltet finden sich die übrigen Rechte und Grundsätze.

Insgesamt formuliert die Europäische Sozialcharta folgenden Katalog: das Recht auf Arbeit (Artikel 1), das Recht auf gerechte Arbeitsbedingungen (Artikel 2), das Recht auf sichere und gesunde Arbeitsbedingungen (Artikel 3), das Recht auf ein gerechtes Arbeitsentgelt (Artikel 4), das Vereinigungsrecht (Artikel 5), das Recht auf Kollektivverhandlungen (Artikel 6), das Recht der Kinder und Jugendlichen auf Schutz (Artikel 7), das Recht der Arbeitnehmerinnen auf Schutz (Artikel 8), das Recht auf Berufsberatung (Artikel 9), das Recht auf berufliche Ausbildung (Artikel 10), das Recht auf Schutz der Gesundheit (Artikel 11), das Recht auf Soziale Sicherheit (Artikel 12), das Recht auf soziale und ärztliche Hilfe (Fürsorge) – (Artikel 13), das Recht auf Inanspruchnahme sozialer Dienste (Artikel 14), das Recht der körperlich oder geistig Behinderten auf berufliche Ausbildung sowie auf berufliche und soziale Wiedereingliederung (Artikel 15), das Recht der Familie[80] auf sozialen, gesetzlichen und wirtschaftlichen Schutz (Artikel 16), das Recht der Mütter und der Kinder auf sozialen und wirtschaftlichen Schutz (Artikel 17), das Recht auf Ausübung einer Erwerbstätigkeit im Hoheitsgebiet der anderen Vertragsparteien (Artikel 18) sowie das Recht der Wanderarbeiter und ihrer Familien auf Schutz und Beistand (Artikel 19). Die Europäische Sozialcharta kennt übrigens in ihren Schlußbestimmungen auch eine Notstandsklausel (Artikel 30) und einen allgemeinen Beschränkungsvorbehalt (Artikel 31)[81].

40
Katalog der ESC

4. Übernommene Verpflichtungen

Teil III (Art. 20 ESC) umschreibt näherhin die von den Vertragsparteien zu übernehmenden (völkerrechtlichen) Verpflichtungen. Vorweg wird nochmals klargestellt, daß Teil I als eine „Erklärung der Ziele" anzusehen ist, die „mit allen geeigneten Mitteln" verfolgt werden sollen. Zur Erhöhung der „Annahmewirksamkeit" erhält die Europäische Sozialcharta eine besondere Konstruktion. Jede Vertragspartei muß sich verpflichten,

41
„Annahmewirksamkeit"

---

80 Die Familie wird hier als „Grundeinheit der Gesellschaft" bezeichnet, für deren „Entfaltung" die erforderlichen Voraussetzungen geschaffen werden sollen: wirtschaftlicher, gesetzlicher und sozialer Schutz des Familienlebens, Förderung „insbesondere durch Sozial- und Familienleistungen, steuerliche Maßnahmen, Förderung des Baues von familiengerechten Wohnungen, Hilfe für junge Eheleute oder andere geeignete Mittel".
81 Danach dürfen die „Rechte und Grundsätze" nach ihrer endgültigen Verwirklichung anderen als den in den Spezialbestimmungen vorgesehenen Einschränkungen nur unterliegen, „wenn diese gesetzlich vorgeschrieben und in einer demokratischen Gesellschaft zum Schutz der Rechte und Freiheiten anderer oder zum Schutze der öffentlichen Ordnung (ordre public), der Staatssicherheit, der öffentlichen Gesundheit und der Sittlichkeit notwendig sind". Diese Formulierung ähnelt weitgehend den materiellen Gesetzesvorbehalten der EMRK.

a) einerseits (neben der Zielbindung an Teil I) wenigstens fünf der sieben wichtigsten Artikel aus Teil II „für sich als bindend anzusehen" (sogenannte Kernartikel)[82] und

b) zusätzlich so viele Artikel und nummerierte Absätze des Teiles II auszuwählen und für sich als bindend anzusehen, daß insgesamt eine bestimmte Mindestanzahl an Konventionspflichten zustande kommt (nicht weniger als zehn Artikel oder fünfundvierzig nummerierte Absätze). Österreich hat in seiner Erklärung gemäß Art. 20 Abs. 2 ESC fünf Kernartikel (Artikel 1, 5, 12, 13, 16) und die meisten übrigen Verpflichtungen als bindend angenommen; nur wenige wurden (offenbar aus optischen oder innenpolitischen Gründen bzw. vorsichtshalber) nicht akzeptiert[83].

5. Überwachung

42
Durchsetzungsmechanismus

Der Durchsetzungsmechanismus ist ganz auf die völkerrechtliche Struktur der Verpflichtungen zugeschnitten. Es besteht ein *Berichtssystem*, dem gemäß die Vertragsparteien jedenfalls alle zwei Jahre einen Bericht an den Generalsekretär des Europarats[84] über die von ihnen übernommenen Verpflichtungen erstatten müssen (Artikel 21); darüber hinaus soll in „angemessenen Zeitabständen" auch zu den übrigen Teilen der Europäischen Sozialcharta berichtet werden (Artikel 22). Die innerstaatlichen Arbeitgeber- und Arbeitnehmerorganisationen haben ein Stellungnahmerecht. Alle Berichte (samt Stellungnahmen) werden von einem *Expertenkomitee* (Sachverständigenausschuß) geprüft, dem sieben Mitglieder von höchster Integrität und anerkannter Sachkenntnis in sozialen Fragen angehören und zu dem in beratender Eigenschaft auch ein Vertreter der Internationalen Arbeitsorganisation beigezogen wird (Artikel 25, 26). Die Berichte der Vertragsparteien und die Schlußfolgerungen des Expertenkomitees werden sodann einem Unterausschuß des Sozialausschusses (der Regierungen des Europarats) zur *Prüfung* vorgelegt und vom Generalsekretär auch der Beratenden Versammlung des Europarats mitgeteilt. Nach Befassung der Beratenden Versammlung kann das *Ministerkomitee* (mit Zweidrittel-Mehrheit) „an jede Vertragspartei alle notwendigen *Empfehlungen* richten" (Artikel 27 bis 29). Bei diesem Procedere und der Äußerung des Ministerkomitees (Empfehlung) handelt es sich ersichtlich um die mildeste Form einer möglichen Kritik gegenüber einem Mitgliedstaat bezüglich seines Verhaltens auf dem Gebiete der Sozialpolitik.

---

82 Diese „Kernartikel" sind Art. 1 (Recht auf Arbeit), Art. 5 (Vereinigungsrecht), Art. 6 (Recht auf Kollektivverhandlungen), Art. 12 (Recht auf Soziale Sicherheit), Art. 13 (Recht auf soziale und ärztliche Hilfe [Fürsorge]), Art. 16 (Recht der Familie auf soziale, gesetzlichen und wirtschaftlichen Schutz) und Art. 19 (Recht der Wanderarbeiter und ihrer Familien auf Schutz und Beistand).
83 Ausgespart blieben hier insb. fortschreitende Arbeitszeitverkürzung, eine ausdrückliche Anerkennung des Streikrechts, das Mindestbeschäftigungsalter von 15 Jahren sowie verschiedene, die Ausländerbeschäftigung betreffende Fragen (Liberalisierungszusage und Gleichbehandlungsgarantie in bestimmten Fragen).
84 In einer vom Ministerkomitee festzulegenden Form.

II. Internationaler Pakt über wirtschaftliche, soziale und kulturelle Rechte

1. Entstehung

Die Wurzeln dieses weltweiten Paktes reichen weit zurück in die Vorgeschichte[85] und Gründungsgeschichte der Vereinten Nationen. Der Grundgedanke sozialer Rechte kommt schon in den Zielen der UN-Charta 1945 zum Ausdruck, ihr Inhalt wurde später in der Allgemeinen Erklärung der Menschenrechte 1948 programmatisch vorgezeichnet[86]. Vorarbeiten der Vereinten Nationen für Menschenrechts-Pakte liefen 1946 bis 1950 und waren danach lange Zeit durch den Kalten Krieg blockiert. Erst am 16. Dezember 1966 wurde der Welt-Pakt von der UN-Generalversammlung beschlossen. Österreich hat den Pakt am 10. Dezember 1973 unterzeichnet; auch die Vorlage an das Parlament und die parlamentarische Behandlung zogen sich in die Länge. Über den Pakt wurde in einem Unterausschuß des außenpolitischen Ausschusses des Nationalrats erst in den Jahren 1977 und 1978 beraten, die parlamentarische Genehmigung erfolgte schließlich 1978[87].

43 Längere Vorgeschichte

2. Inhalt

Der UN-Pakt geht als weltweites Dokument ideologisch vom „Selbstbestimmungsrecht der Völker" aus und leitet daraus nicht nur ab, daß die Völker frei über ihren politischen Status entscheiden, sondern auch, daß sie „in Freiheit ihre wirtschaftliche, soziale und kulturelle Entwicklung" gestalten (Artikel 1), was die im folgenden artikulierten Garantien erheblich relativiert. Nach seinem Inhalt verpflichtet der Pakt die Vertragsstaaten lediglich zu einer schrittweisen Verwirklichung. Er begründet (wie die Europäische Sozialcharta) keine subjektiven Rechte. Die Verpflichtungen werden nicht einmal sofort wirksam, sondern die Ziele sind von den Vertragsstaaten mit allen geeigneten Mitteln – vor allem durch gesetzgeberische Maßnahmen, jedoch unter Berücksichtigung der ressources disponibles – anzustreben. Sofort wirksam waren nur das Diskriminierungsverbot (Artikel 2 Abs. 1) und die Pflicht zur Gleichbehandlung von Mann und Frau (Artikel 3).

44 Schrittweise Verwirklichung

Der Pakt enthält – wenn auch in vergleichsweise lapidar verkürzter Formulierung – ähnliche Rechte wie die Europäische Sozialcharta, so insbesondere das Recht auf Arbeit (Artikel 6), das Recht auf gerechte und günstige Arbeitsbedingungen (Artikel 7), eine Garantie für Gewerkschaften und Streikrecht

45 Katalog der Rechte

---

[85] Erinnert sei an das von US-Präsidenten *Franklin D. Roosevelt* (Kongreßrede v. 6. 1. 1941) – zeitbedingt verständlich – aufgestellte Postulat von vier elementaren Freiheiten: Freiheit von Not, Freiheit von Furcht, Freiheit der Meinungsäußerung und Freiheit des religiösen Bekenntnisses. Erinnert sei ferner an die Atlantik-Charta (v. 14. 8. 1941) und an die Erklärung von Philadelphia (1944). Vgl. allgemein → Bd. VI/2: Allgemeine Menschenrechtspakte, § 174.
[86] AEMR, Art. 22–27.
[87] Vgl. BGBl 1978/590. Die Ratifikationsurkunde wurde am 10. 9. 1978 hinterlegt; der Vertrag ist dementsprechend am 10. 12. 1978 für Österreich in Kraft getreten.

(Artikel 8), das Recht auf soziale Sicherheit (Artikel 9). Ähnlich wie nach der Europäischen Sozialcharta soll die Familie (hier als „natürliche Keimzelle der Gesellschaft" bezeichnet) größtmöglichen Schutz und Beistand genießen[88]; in Verbindung damit sind ferner Mutterschutz sowie Schutz und Beistand für Kinder und Jugendliche angesprochen (Artikel 10). Eher visionär klingen die „Rechte eines jeden" auf angemessenen Lebensstandard und stetige Verbesserung der Lebensbedingungen sowie eine – in Anerkennung des „grundlegenden Rechtes eines jeden, vor Hunger geschützt zu werden", – angedachte „gerechte Verteilung der Nahrungsmittelvorräte der Welt" (Artikel 11). Ferner nennt der Pakt ganz allgemein und breit formulierte Rechte auf Gesundheit[89] (Artikel 12) und Bildung (Artikel 13)[90], die klarerweise nur durch Gesundheitsprogramme sowie durch die Vorhaltung eines obligatorischen Grundschulunterrichts und die Entwicklung eines höheren und berufsbildenden Schulwesens zu verwirklichen sind.

3. Überwachung

46
Berichtssystem

Die Kontrolle der Einhaltung erfolgt ebenfalls durch ein Berichtssystem[91]. Nationale Berichte sind an den Generalsekretär der Vereinten Nationen zu erstatten, der sie dem Wirtschafts- und Sozialrat (ECOSOC) zur Prüfung (jedoch ohne eigene Nachforschung) übermittelt. Dieser kann die Berichte der UN-Menschenrechtskommission zur Prüfung und allgemeinen Empfehlung oder gegebenenfalls zur Unterrichtung zuleiten (Artikel 19). Der Wirtschafts- und Sozialrat kann der Generalversammlung „von Zeit zu Zeit" Berichte mit Empfehlungen allgemeiner Art und einer Zusammenfassung der Angaben vorlegen, die er von den Staaten oder Sonderorganisationen der Vereinten Nationen über Maßnahmen oder Fortschritte hinsichtlich der allgemeinen Beachtung der im Pakt anerkannten Rechte erhalten hat.

4. Einbau in die österreichische Rechtsordnung

47
Verfassungsrang?

Auch beim UN-Pakt stellte sich wieder die Frage: Wie – das heißt: in welcher Form und in welchem Rang im Stufenbau der Rechtsordnung – soll ein derartiger völkerrechtlicher Vertrag (mit Bezug auf zum Teil elementare soziale Rechte) in die österreichische Rechtsordnung transformiert werden? Art. 44

---

88 Interessanterweise ist in Art. 10 Abs. 1 auch das Verbot der Zwangsehe artikuliert.
89 Der Pakt spricht vom „Recht eines jeden auf das für ihn erreichbare Höchstmaß an körperlicher und geistiger Gesundheit". Nach der sehr (vielleicht zu) anspruchsvollen offiziellen Definition der WHO ist Gesundheit „ein Zustand vollkommenen körperlichen, geistigen und sozialen Wohlbefindens und nicht bloß die Abwesenheit von Krankheit oder Gebrechen".
90 Hier ist interessanterweise ein dem Art. 2 des 1. ZP EMRK vergleichbares „Elternrecht" verankert, die religiöse und sittliche Erziehung ihrer Kinder in Übereinstimmung mit ihren eigenen Überzeugungen sicherzustellen (d.h. Schutz vor religiöser und weltanschaulicher Indoktrination).
91 Eine Verstärkung der Durchsetzung wird derzeit erörtert. Vgl. *Malinverai*, Le contrôle du respect des droits économiques et sociaux: privilégier la soumission de rapports ou l'examen de plaintes?, in: *George P. Politakis* (ed.), Protecting Labour Rights as Human Rights: Present and Future of International Supervision, ILO, 2007, S. 93 ff.

Abs. 2 B-VG gebietet nämlich, nicht nur verfassungsändernde, sondern auch „verfassungsergänzende Staatsverträge" anläßlich ihrer parlamentarischen Genehmigung nach den für Verfassungsgesetze geltenden Beschlußerfordernissen und Formvorschriften zu behandeln. Diese Willensbildungsregeln und Formerfordernisse gelten also nicht nur für die förmliche Abänderung bestehenden Verfassungsrechts, sondern auch für solche Vorschriften, welche die Verfassung gleichsam erweitern. Ob dies zutraf, konnte strittig sein. Eindeutig verfassungsändernden Charakter hätte ein Staatsvertrag nur, wenn der Vertrag selbst (ausdrücklich oder schlüssig) die Überprüfung nationaler Gesetze am Maßstab eben dieses Vertrages anordnete. Vertretbar erschien aber auch eine andere Deutung: nämlich eine Abgrenzung durch Vergleich mit dem geltenden österreichischen Bundesverfassungsrecht. Dieser Weg schien zwar praktikabel, aber doch nicht geeignet, eine eindeutige und präzise Abgrenzung zu bilden. Die dazu im Vorfeld konsultierten Experten gaben folglich unterschiedliche Empfehlungen ab. Einerseits solle die Einordnung als letztlich (verfassungs-)politische Entscheidung dem Nationalrat überlassen werden[92], andererseits gab es die Empfehlung, den Pakt als „verfassungswürdig" und damit verfassungsergänzend zu behandeln, denn „auch vom Standpunkt der Außenpolitik aus wäre eine Genehmigung lediglich im einfachgesetzlichen Rang durch den Nationalrat keine sehr eindrucksvolle Geste ..."[93].

Die Regierungsvorlage hat dann dem Nationalrat tatsächlich die Behandlung des UN-Paktes als „verfassungsergänzend" vorgeschlagen, der Ausschußbericht empfahl hingegen die Behandlung als gesetzeskoordinierter Staatsvertrag[94]. Der UN-Pakt über wirtschaftliche, soziale und kulturelle Rechte wurde schließlich (wie die Europäische Sozialcharta) ebenfalls ohne Verfassungsrang und unter Beifügung eines Erfüllungsvorbehaltes (im Sinne von Art. 50 Abs. 2 B-VG) vom Nationalrat genehmigt, womit eine generelle Transformation ausgeschlossen wurde[95]. Neben anderen (verfassungs)politischen Gründen war dafür auch hier zum Teil die Einschätzung maßgeblich, daß die in diesem Pakt verankerten Rechte innerstaatlich im wesentlichen durch die einfache Gesetzgebung gewährleistet sind. Immerhin erging knapp nach der Ratifikation des UN-Paktes das Gleichbehandlungsgesetz hinsichtlich der Gleichbehandlung von Frauen und Männern in der Arbeitswelt[96].

48
Gesetzeskoordinierter Staatsvertrag

---

92 *Theo Öhlinger*, in: *Hans Floretta/ders.*, Die Menschenrechtspakte der Vereinten Nationen. Ein Beitrag zum Stand der Grundrechte in Österreich, insbesondere zu den sozialen Grundrechten, 1978, S. 27 (37).
93 So wörtlich *Hans Floretta*, in: *ders./ Öhlinger* aaO., S. 9 (26).
94 RV: 229, AB: 858 BlgNR XIV. GP.
95 Daraus folgt: Keine Bestimmung des Paktes kann als Einräumung subjektiver Rechte gedeutet werden: Kein Urteil oder Bescheid kann unmittelbar auf die Vertragsnormen gestützt werden, und der VfGH ist nicht berufen, darüber zu entscheiden, ob der Gesetzgeber die völkerrechtlichen Verpflichtungen eingehalten hat.
96 BGBl 1979/108. Heute gilt an seiner Stelle das unter dem Einfluß des Gemeinschaftsrechts weiter ausgebaute Gleichbehandlungsgesetz (BGBl I 2004/66).

D. Der Einfluß des Gemeinschaftsrechts[97]

I. Österreich in der Europäischen Union

49
Vorrangprinzip

Österreich ist nach einer kurzen Übergangsphase im Europäischen Wirtschaftsraum zum 1. Januar 1995 der Europäischen Union beigetreten. Wie alle später beigetretenen Mitgliedstaaten hatte es – nach den Spielregeln der Integration – den bis zum Beitritt entwickelten acquis communautaire des Gemeinschaftsrechts zu übernehmen[98]. Dementsprechend ist die vom Europäischen Gerichtshof richterrechtlich geschaffene Regel vom Vorrang des Gemeinschaftsrechts auch für Österreich maßgeblich geworden[99] und wird von der Staatspraxis einschließlich des Verfassungsgerichtshofs beachtet und sichergestellt[100]. Unter Berufung auf diesen Vorrang sind aus europarechtlichen Normen in der österreichischen Rechtsprechung bestimmte individuelle soziale Rechte anerkannt worden, selbst wenn das nationale Recht anderes vorsah[101].

II. Die Gemeinschaftscharta der sozialen Grundrechte der Arbeitnehmer (1989)

50
Primärrecht

Das Gemeinschaftsrecht selbst enthielt lange Zeit keine eigentlichen sozialrechtlichen Bestimmungen[102], geschweige denn soziale Grundrechte. Von gestaltendem Einfluß auf das Sozialrecht der Mitgliedstaaten sind jedoch einige zentrale Normen des Primärrechts, allen voran die Freizügigkeit der

---

97 Dazu *Dirschmid*, Soziale Grundrechte in der Europäischen Union, DRdA 1997, S. 72 ff.
98 Zu diesem gemeinschaftlichen Rechtsbesitzstand gehören „die ursprünglichen Verträge und die vor dem Beitritt erlassenen Rechtsakte der Organe" (Art. 2 der EU-Beitrittsakte), somit nicht nur das geschriebene Gemeinschaftsrecht, sondern auch dessen allgemeine Rechtsgrundsätze und die Rechtsprechung des EuGH, in der diese Grundsätze (auch das Vorrangprinzip) zum Ausdruck kommen.
99 Nach der Rechtsprechung des EuGH soll dieser Vorrang gegenüber jedwedem innerstaatlichen Recht, auch gegenüber Verfassungsrecht (ja sogar einschließlich der Strukturprinzipien einer staatlichen Verfassung) gelten. Diese Auffassung wird in den meisten Mitgliedstaaten allerdings nicht uneingeschränkt anerkannt, man neigt – wohl zutreffend – dazu, einen integrationsfesten Verfassungskern anzunehmen. Vgl. z. B. *R. Arnold*, Die Rolle der Mitgliedstaaten in der Europäischen Verfassungsordnung, in: Dieter Scheuing (Hg.), Europäische Verfassungsordnung, 2003, S. 85 ff; für Österreich insb. *Theo Öhlinger/Michael Potacs*, Gemeinschaftsrecht und staatliches Recht, ³2006, und *Heinz Schäffer*, Auslegung im gemeinsamen Markt – Die Rolle der Gerichte, in: FS H.P. Rill, 2008.
100 *Schäffer*, Vorrang des Gemeinschaftsrecht, in: Thomas Eilmansberger/Günter Herzig (Hg.), 10 Jahre Anwendung des Gemeinschaftsrechts in Österreich, 2006, S. 29 ff.
101 So hat der VwGH (dem EuGH folgend) dem Assoziationsratsbeschluß EWG ./. Türkei (ARB) Nr. 1/80 unmittelbare Wirkung zuerkannt. Daher konnten sich türkische Arbeitnehmer, welche die im ARB genannten Voraussetzungen erfüllen, unmittelbar auf die dort festgelegten Rechte berufen; somit ist ihnen – mittelbar – auch ein Aufenthaltsrecht gewährleistet (*VwSlg* A 14.950/1998). Zwar betrifft die Regelung primär die beschäftigungsrechtliche Stellung von „Assoziationstürken", doch dürfen solche Berechtigten keinesfalls nach fremdengesetzlichen Bestimmungen ausgewiesen werden. Schon zuvor ist auch das Ausländerbeschäftigungsgesetz wegen des Anwendungsvorrangs in solchen Fällen für unanwendbar erklärt worden (*VwSlg* A 14.483/1996).
102 Entwicklung und heutiger Stand bei *Peter Hanau/Heinz-Dietrich Steinmeyer/Rolf Wank*, Handbuch des europäischen Arbeits- und Sozialrechts, 2002, passim (insb. S. 297 ff.), und Maximilian Fuchs (Hg.), Europäisches Sozialrecht, ⁴2005, S. 5 f.

Arbeitnehmer (Artikel 39 EG [ex-Art. 48 EGV])[103]; sie umfaßt (in Verbindung mit dem Diskriminierungsverbot) die Abschaffung jeder auf der Staatsangehörigkeit beruhenden unterschiedlichen Behandlung der Arbeitnehmer der Mitgliedstaaten in Bezug auf Beschäftigung, Entlohnung und sonstige Arbeitsbedingungen[104]; hinzu treten Art. 42 (Koordinierung der sozialen Sicherheit)[105] und Art. 141 EG (Gleichbehandlung von Mann und Frau)[106]. Schwierige Abgrenzungsfragen können sich daraus ergeben, daß die Inanspruchnahme von Leistungen durch Versicherte im Ausland oder die Beschaffung von Leistungen durch die Sozialversicherungsträger in den Anwendungsbereich der Marktfreiheiten fallen, während die Ausgestaltung der sozialen Sicherheit in die Zuständigkeit der Mitgliedstaaten fällt.

Die Europäische Union ist auch nicht Vertragspartei der Europäischen Sozialcharta[107]. Gleichwohl haben sich die Mitgliedstaaten der Gemeinschaft 1987 in der Präambel zur Einheitlichen Europäischen Akte auf die in der „Sozialcharta anerkannten Grundrechte, insbesondere Freiheit, Gleichheit und soziale Gerechtigkeit" bezogen, um ihr Bekenntnis zu diesen Grundwerten zu bekräftigen. Es dauerte jedoch bis zum Amsterdamer Vertrag (1997), daß dieses Bekenntnis in der Präambel des EU-Vertrags (4. Erwägungsgrund) „bestätigt" und damit optisch aufgewertet wurde. Vom Europäischen Ge-

51 Bezugnahme auf die Grundrechte der Sozialcharta

---

103 Träger des Freizügigkeitsrechts sind heute grundsätzlich alle Unionsbürger (Übergangsfristen für die völlige Öffnung des Arbeitsmarktes sind jedoch bei der jüngsten Osterweiterung der Europäischen Union festgelegt worden) und die EWR-Bürger, ferner Begünstigte aus Assoziationsabkommen. Als Grundlage für die Freizügigkeit zwischen den sozialen Sicherungssystemen der Mitgliedstaaten ist auch das Solidaritätsprinzip angerufen worden. Eine solche Freizügigkeit, sich im Hoheitsgebiet der Mitgliedstaaten zu bewegen und aufzuhalten, ist zunächst nur für Arbeitnehmer, später für die EU-Bürger allgemein und ihre Familienangehörigen – durch das Zusammenwirken von Art. 12, 18, 39 und 42 EG – anerkannt worden. Bezüglich der Erweiterung der nationalstaatlichen Systeme der sozialen Sicherheit zugunsten der (als Arbeitnehmer oder Unionsbürger) zugewanderten Staatsangehörigen anderer Mitgliedstaaten hat die EuGH-Rechtsprechung im Bereich der Anwendung der Verordnung 1408/71/EWG und der Freizügigkeitsrichtlinie sehr viel bewirkt und auch Begrenzungen des Sozialhilfetourismus (wie z. B. Begrenzungen nach dem Verhältnismäßigkeitsprinzip) zu entwickeln versucht. Vgl. *Hailbronner*, Unionsbürgerschaft und Zugang zu den Sozialsystemen, JZ 2005, S. 1138 ff.; *Gráinne de Búrca*, Towards European Welfare?, in: dies. (ed.), EU Law and the Welfare State, Oxford, 2005, S. 1 ff.; *Ferrara*, Towards an „open" Social Citizenship?, ebd., S. 11 ff.
104 Der Binnenmarkt und die Grundfreiheiten des Gemeinschaftsrechts machen in ihrer liberalisierenden Tendenz auch vor dem Bereich des nationalen (kollektiven) Arbeitsrechts nicht halt. Über den Konflikt zwischen Marktöffnung und den Sozial- und Arbeitsstandards der nationalen Sozialmodelle (Gefahr des „Sozialdumping"; ein europäisches Sozialmodell existiert noch nicht) vgl. *A. Mair*, Arbeitskampf contra Grundfreiheiten, in: Wirtschaftsrechtliche Blätter 2007, S. 405 ff. und *Rebhahn*, Grundfreiheit versus oder vor Streikrecht, in: Wirtschaftsrechtliche Blätter 2008, S. 63 ff.
105 Siehe VO 883/2004/EG zur Koordinierung der Systeme der sozialen Sicherheit (sie ersetzte ab 20. 5. 2004 die VO 1408/71/EWG). Die Regelung bezweckt kein einheitliches europäisches Sozialrecht, sondern koordiniert die verschiedenen nationalen Sozialrechte dahingehend, daß die Erwerbstätigkeit in einem anderen EU-Staat nicht zu Nachteilen beim Bezug sozialrechtlicher Leistungen führt. Vgl. dazu Walter Pfeil (Hg.), Soziale Sicherheit in Österreich und Europa, 1998, und *Johann Egger*, Das Arbeits- und Sozialrecht der EU und die österreichische Rechtsordnung, ²2005.
106 RL 79/7/EWG zur schrittweisen Verwirklichung der Gleichbehandlung von Männern und Frauen im Bereich der sozialen Sicherheit.
107 Offen ist – ebenso wie bei der EMRK – nach wie vor die Frage, ob die EG/EU der ESC beitreten soll. Das EP war stets dafür, der EuGH ist jedoch der Ansicht, daß die hiefür erforderliche Rechtsgrundlage fehlt (*EuGH*, Gutachten 2/94 v. 28. 3. 1996, Slg. 1996, I-1759).

richtshof wird die Europäische Sozialcharta schon seit längerem gelegentlich argumentativ verwendet[108].

52
Politisches Signal

Angesichts der Fortschritte des Binnenmarktes und der Entwicklung der Europäischen Wirtschaftsgemeinschaft zu einer politischen Union hat man Ende der achtziger Jahre ein politisches Signal an die Arbeitnehmer in Europa für unerläßlich angesehen, das den Weg zu sozialen Mindeststandards in der Gemeinschaft ebnen sollte. So wurde am 9. Dezember 1989 vom Europäischen Rat (jedoch mit Ausnahme des Vertreters des Vereinigten Königreichs[109]) eine „Gemeinschaftscharta der sozialen Grundrechte der Arbeitnehmer" angenommen.

53
„Sozialer Konsens"

In den Erwägungsgründen wird betont, „daß den sozialen Fragen im Zuge der Schaffung des europäischen Binnenmarktes die gleiche Bedeutung wie den wirtschaftlichen Fragen beizumessen ist und daß sie daher in ausgewogener Weise weiter zu entwickeln sind". Die Verwirklichung des Binnenmarktes solle allen Arbeitnehmern Verbesserungen im sozialen Bereich bringen. Besonders betont wird auch der „soziale Konsens" als Voraussetzung für eine kräftige Wirtschaftsentwicklung und zur Stärkung der Wettbewerbsfähigkeit. Die Gemeinschaftscharta formuliert in ihrem Titel I (in sechsundzwanzig Punkten) zu mehreren Themenkomplexen „soziale Grundrechte der Arbeitnehmer", die sich wie eine kurze Inhaltsangabe der Europäischen Sozialcharta lesen. Vergleichsweise moderner klingt allerdings das Ziel, jene Maßnahmen auszubauen, die es Männern und Frauen ermöglichen, ihre beruflichen und familiären Pflichten besser in Einklang zu bringen. Angesichts der voranschreitenden Integration und Globalisierung ist es verständlich und legitim, daß eine (rechtzeitige) Unterrichtung, Anhörung und Mitwirkung der Arbeitnehmer in bestimmten Fällen jedenfalls vorgesehen sein soll – nämlich bei Massenentlassungen, bei Umstrukturierung oder Verschmelzung von Unternehmen sowie bei Einführung technologischer Veränderungen, wenn hierdurch die Beschäftigung der Arbeitnehmer einschneidend berührt wird.

Subsidiarität

Zur Verwirklichung der sozialen Rechte sind grundsätzlich die Mitgliedstaaten und ihre Gebietskörperschaften zuständig, die Europäische Gemeinschaft – angesichts der Prinzipien der Subsidiarität und der Einzelermächtigung – nur im Rahmen ihrer Befugnisse[110]. Die Umsetzung in den Mitgliedstaaten kann durch Gesetze oder Tarifverträge erfolgen oder sich nach den „Gepflogenheiten" auf den verschiedenen Ebenen richten. Dies erfordert in zahlreichen Bereichen die aktive Beteiligung der Sozialpartner. Eine Aktivität der Europäischen Union war hier zunächst nur insoweit vorgesehen, als die Kom-

Mitwirkung der Sozialpartner

---

108 Dem EuGH dient die ESC offenbar als Rechtserkenntnisquelle bei der Ermittlung der „allgemeinen Grundsätze des Gemeinschaftsrechts"; z.B. *EuGH*, Urt. v. 28. 10. 1975, Rs. 36/75 (Roland Rutili ./. Minister des Inneren), Slg. 1975, 1219; Urt. v. 13. 2. 1985, Rs. 293/83 (Françoise Gravier ./. Stadt Lüttich), Slg. 1985, 593; bemerkenswerterweise betrafen auf die ESC gestützte Entscheidungen sogar Staaten, die diese gar nicht ratifiziert haben, z.B. *EuGH*, Urt. v. 15. 6. 1978, Rs. 149/77 (Defrenne ./. Sabena – „Defrenne III"), Slg. 1978, 1365.
109 Dieses Beiseitestehen hatte erst mit dem Vertrag von Amsterdam ein Ende.
110 Dies wird bereits in der Präambel erwähnt und in Titel II (Punkt 27) der Gemeinschaftscharta ausdrücklich klargestellt.

mission jährlich einen Bericht über die Umsetzung der Charta erstatten und diesen an Rat, Parlament und Wirtschafts- und Sozialausschuß übermitteln sollte.

Die Gemeinschaftscharta ist weder ein verbindlicher Rechtsakt der Europäischen Gemeinschaft noch ist sie – im Unterschied zur Europäischen Sozialcharta – ein völkerrechtlich verbindlicher Vertrag zwischen den Signatarstaaten, sondern bloß ein politisches Dokument. Sie stellt lediglich eine feierliche Erklärung der Staats- und Regierungschefs der (unterzeichnenden) Mitgliedstaaten dar. Ungeachtet dessen konnte sie als Hilfsmittel zur Auslegung von Bestimmungen des Gemeinschaftsrechts herangezogen werden, da sie gemeinsame Ansichten und Traditionen der Mitgliedstaaten widerspiegelt und eine Erklärung von Grundprinzipien darstellt, an die sich die Europäische Union und ihre Mitgliedstaaten halten wollen. Sie diente der Kommission zusammen mit den von den Staats- und Regierungschefs gebilligten Aktionsprogrammen für die Umsetzung der Gemeinschaftscharta zur Legitimation für zahlreiche von ihr vorgeschlagene Richtlinien[111].

54 Bloßes politisches Dokument

III. Gemeinschaftsrecht und Sozialpolitik

Bald danach vollzog die Europäische Wirtschaftsgemeinschaft den Schritt zur politischen Union. Mit dem Vertrag von *Maastricht* (1992) wurde eine „Sozialpolitik" (einschließlich eines Sozialfonds) als neue Politik im Primärrecht festgeschrieben (Art. 117 bis 127 EGV [Fassung Maastricht])[112], jedoch in extrem „weicher" Form. Die Kommission soll die Zusammenarbeit der Mitgliedstaaten in sozialen Fragen sowie den Dialog der Sozialpartner auf europäischer Ebene „fördern", und die Mitgliedstaaten sind zu verschiedenen sozialpolitischen Vorhaben, insbesondere zur Verbesserung der Arbeitsumwelt, bloße Bemühungsverpflichtungen eingegangen.

55 Primärrechtliche Verankerung

Erst mit dem Vertrag von *Amsterdam* (1997) kam das Primärrecht noch einen Schritt voran. Der EG-Vertrag inkludiert nun schon in seinen neu und weiter gefaßten allgemeinsten Zielen[113] und im Katalog der „Aufgaben" (Politiken)[114] eine Art sozialpolitischen Auftrags[115]. Der seit dem Vertrag von Am-

56 Sozialpolitischer Auftrag

---

111 Freilich ist zu beachten, daß auf die Gemeinschaftscharta allein keine verbindlichen Rechtsakte gestützt werden können; sie kann allenfalls neben Bestimmungen des EG-Vertrags mitzitiert werden.
112 Einem gleichzeitig formulierten *Protokoll über die Sozialpolitik* und einem dieses näher ausführenden Abkommen blieb das Vereinigte Königreich ebenfalls fern.
113 Art. 2 EG erwähnt bei der Umschreibung der allgemeinen Aufgabe der Gemeinschaft abgesehen von einer harmonischen, ausgewogenen und nachhaltigen Entwicklung des Wirtschaftslebens auch „ein hohes Beschäftigungsniveau und ein hohes Maß an sozialem Schutz".
114 Art. 3 EG nennt in seiner langen Liste gemeinsamer Politiken und Maßnahmen u.a.: „i) die Förderung der Koordinierung der Beschäftigungspolitik der Mitgliedstaaten im Hinblick auf die Verstärkung ihrer Wirksamkeit durch die Entwicklung einer koordinierten Beschäftigungsstrategie; j) eine Sozialpolitik mit einem Europäischen Sozialfonds; k) die Stärkung des wirtschaftlichen und sozialen Zusammenhalts".
115 Ein sozialrechtliches Verfassungsprinzip der Gemeinschaft läßt sich hingegen nicht nachweisen. Die verschiedentlich beschworene Solidarität hat letztlich keine eigenständige Relevanz gegenüber dem allgemeinen Integrationsgedanken. Dazu (m.w.N.) *Anzon-Demmig*, Das Verfassungsprinzip der Solidarität in Europa, in: Christian Calliess/Hartmut Bauer (Hg.), Verfassungsprinzipien in Europa, SIPE 4 (2008), S. 45 ff.

sterdam neue Titel VIII (Art. 125 ff. EG; künftig: Titel IX, Art. 145 ff. AEUV) betrifft eine zwischen der Gemeinschaft und den Mitgliedstaaten „koordinierte Beschäftigungsstrategie"; die Mitgliedstaaten sollen ihre Beschäftigungspolitik allerdings nur im Rahmen der „allgemeinen Grundzüge der Wirtschaftspolitik"[116] untereinander abstimmen. Der ebenfalls neu konzipierte Titel XI (Sozialpolitik, allgemeine und berufliche Bildung und Jugend – Artikel 136 ff. EG [ex-Art. 117 ff. EGV]; künftig: Titel X, Art. 151 ff. AEUV) enthält an seiner Spitze ein primärrechtliches Bekenntnis zu den sozialen Grundrechten der Europäischen Sozialcharta sowie zu allgemeinen sozialpolitischen Zielsetzungen und integriert im wesentlichen die Formulierungen des Protokolls über Sozialpolitik mit Wirkung für alle Mitgliedstaaten in den EG-Vertrag. Es bleibt aber bei der durch Subsidiarität und Einzelermächtigung geprägten Aufgabenverteilung zwischen Gemeinschaft und Mitgliedstaaten.

57
Unterstützende und ergänzende Kompetenzen

Die Europäische Gemeinschaft hat bei der Zusammenarbeit in sozialen Fragen gemäß Art. 137 EG nur unterstützende und ergänzende Kompetenzen, und zwar vor allem auf folgenden Gebieten:

– Verbesserung der Arbeitsumwelt (Schutz der Gesundheit und Sicherheit der Arbeitnehmer);
– Arbeitsbedingungen;
– soziale Sicherheit und sozialer Schutz der Arbeitnehmer;
– Schutz der Arbeitnehmer bei Beendigung des Arbeitsvertrages;
– Unterrichtung und Anhörung der Arbeitnehmer;
– Vertretung und kollektive Wahrnehmung der Arbeitnehmer- und Arbeitgeberinteressen, einschließlich der Mitbestimmung;
– Beschäftigungsbedingungen der Staatsangehörigen dritter Länder, die sich rechtmäßig im Gebiet des Gemeinschaft aufhalten;
– Berufliche Eingliederung der aus dem Arbeitsmarkt ausgegrenzten Personen;
– Chancengleichheit von Männern und Frauen auf dem Arbeitsmarkt und Gleichbehandlung am Arbeitsplatz.

58
Mindestvorschriften

Immerhin kann der Rat auf diesen Gebieten durch Richtlinien Mindestvorschriften erlassen. In den größten und wichtigsten Bereichen kann der Rat nur einstimmig beschließen, das heißt es ist ein Konsens zwischen allen Mitgliedstaaten erforderlich. Ferner kann der Rat zur Bekämpfung der sozialen Ausgrenzung und zur Modernisierung der Systeme des sozialen Schutzes – unter Ausschluß jeglicher Harmonisierung – Maßnahmen zur Förderung der Zusammenarbeit zwischen den Mitgliedstaaten treffen.

59
Mitgliedstaaten als „Herren" ihrer Sozialordnung

Art. 137 Abs. 4 EG (künftig: Art. 153 Abs. 4 AEUV) betont die Befugnis der Mitgliedstaaten, die Grundprinzipien ihres Systems der sozialen Sicherheit festzulegen, und hält fest, daß die europarechtlichen Bestimmungen das finanzielle Gleichgewicht der nationalen Systeme nicht beeinträchtigen dür-

---

116 Zur Koordinierung der Wirtschaftspolitik über „Grundzüge" vgl. Art. 99 Abs. 2 EG.

fen[117]. Überhaupt von der Gemeinschaftskompetenz ausgenommen sind jedoch die Materien Arbeitsentgelt, Koalitionsrecht, Streikrecht und Aussperrungsrecht[118]; sie verbleiben damit in der ausschließlichen Zuständigkeit der Mitgliedstaaten.

Weiterentwickelt wurde der Grundsatz gleichen Entgelts für Männer und Frauen zum Postulat der *vollen Gleichstellung* von Männern und Frauen im Arbeitsleben; der Rat hat die Kompetenz für Maßnahmen zur Gewährleistung der Anwendung des Grundsatzes der Chancengleichheit und der Gleichbehandlung von Männern und Frauen in Arbeits- und Beschäftigungsfragen (Art. 141 EG). Insgesamt unterliegen die unterschiedlichen Sozialsysteme einer „sanften" Harmonisierung nach den Maßstäben der gebotenen Gleichbehandlung, der Grundfreiheiten sowie Kautelen des Wettbewerbs- und Vergaberechts[119]. Ungeachtet ihrer schwachen Kompetenzausstattung und des schwierigen Willensbildungsprozesses hat die Europäische Gemeinschaft eine rege Programm- und Rechtsetzungstätigkeit entfaltet[120].

60
„Sanfte" Harmonisierung

Die „sozialen Bestimmungen" des EG-Vertrags schaffen keine individuellen Rechte und die „sozialen Grundrechte" der Europäischen Sozialcharta und der Gemeinschaftscharta sollen nur „eingedenk" im Rahmen der europäischen Sozialpolitik wirken. Diese Sozialpolitik der Europäischen Gemeinschaft besteht aus mehreren relativ unbestimmten Zielen, deren Umsetzung Sache der Mitgliedstaaten bleibt und die von der Gemeinschaft nur eine äußere Unterstützung erhalten kann. Auch die den Unionsbürgern beschränkt anerkannte Freizügigkeit zwischen den sozialen Sicherungssystemen der Mitgliedstaaten berührt deren Herrschaft in Sachen der sozialen Wohlfahrt nicht und dient eher der Gewährleistung des Marktes und des wirtschaftlichen Wettbewerbes auf der europäischen Ebene als der Solidarität zwischen den EU-Bürgern[121].

61
Keine individuellen Rechte

---

117 Nur eine erhebliche Beeinträchtigung des finanziellen Gleichgewichts wäre daher ein Rechtfertigungsgrund, um von europarechtlichen Vorgaben abzuweichen oder gar, um Grundfreiheiten einzuschränken. *EuGH*, Urt. v. 28. 4. 1998, Rs C-120/95 (Nicolas Decker ./. caisse de maladie des employés privés), Slg. 1998, I-1831; Urt. v. 28. 4. 1998, Rs C-158/96 (Raymond Kohll ./. Union des caisses de maladie), Slg. 1998, I-1931.
118 Art. 137 Abs. 6 des Vertrags von Amsterdam (Art. 137 Abs. 5 [Nizza], entspricht Art. 155 AEUV [Lissabon, konsolidierte Fassung]).
119 Dazu näher *Walter Schrammel/Gottfried Winkler*, Arbeits- und Sozialrecht der Europäischen Gemeinschaft, 2002, S. 144 ff., und *Angelika Schlögl-Jettmar*, Europäisches Sozialrecht (Diplomarbeit Wirtschaftsuniversität Wien), 2006, S. 34 ff.
120 VO 1612/68/EWG; VO 1408/71/EWG; RL 98/49/EG; Bericht der Kommission über den sozialen Schutz in Europa KOM (93) 531 endg.; Grünbuch KOM (93) 551 endg.; Weißbuch Europäische Sozialpolitik KOM (94) 333 endg.; Aktionsprogramme 1995–1997, 1998–2000 KOM (95) 143 endg. und KOM (98) 259 endg.; Bericht über die soziale Sicherheit in Europa KOM (98) 243 endg., sowie die Programme TESS (Telematik in der sozialen Sicherheit) und MISSOC (Mutual Information System on Social Protection). Jüngst insb.: Mitteilung der Kommission zum Thema „Chancen, Zugangsmöglichkeiten und Solidarität: Eine neue gesellschaftliche Vision für das Europa des 21. Jahrhunderts" [KOM (2007) 726 endg v. 20. 11. 2007]; ferner Aktionsplan für berufliche Mobilität (2007–2011) [KOM (2007) 773 endg v. 6. 12. 2007] und Bericht zur Gleichstellung von Frauen und Männern (2008) [KOM (2008) 10 endg v. 23. 1. 2008].
121 So auch die Beurteilung von *Anzon-Demmig* (FN 115): All dies schließe eine wachsende Achtung Europas für die sozialen Erfordernisse der EU-Bürger nicht aus; aus politischen Gründen erscheine die Wirkung noch ziemlich begrenzt.

§ 199   *Dreizehnter Teil: II. Einzelgrundrechte*

62
Vertrag von Lissabon

Bei der geschilderten Struktur bleibt es grundsätzlich auch nach dem Reformvertrag von Lissabon[122]. Hatte es im Entwurf des gescheiterten Verfassungsvertrages (2004) noch geheißen, die Union biete ihren Bürgern „einen Binnenmarkt mit freiem und unverfälschtem Wettbewerb", so findet sich die Finalität der Europäischen Union heute im Reformvertrag von Lissabon geringfügig modifiziert. Er lautet nunmehr (2007): „Die Union errichtet einen Binnenmarkt. Sie wirkt auf die nachhaltige Entwicklung Europas auf der Grundlage eines ausgewogenen Wirtschaftswachstums und von Preisstabilität, eine in hohem Maße wettbewerbsfähige *soziale Marktwirtschaft*, die auf *Vollbeschäftigung und sozialen Fortschritt* abzielt, sowie ein hohes Maß an Umweltschutz und Verbesserung der Umweltqualität hin. Sie fördert den wissenschaftlichen und technischen Fortschritt"[123]. Diese neue horizontale Sozialklausel soll der Verpflichtung der Union zum Schutz von Beschäftigung und sozialer Sicherheit eine herausgehobene Stellung verschaffen.

63
„Geteilte Zuständigkeit"

In der neuen Kompetenzverteilung der Union wird die Sozialpolitik allerdings nur hinsichtlich der im Vertrag genannten Aspekte unter die Kategorie der „geteilten Zuständigkeit" eingereiht[124]. Noch schwächer ist die Beschäftigungspolitik ausgebildet. Sie verbleibt gänzlich im Bereich der Mitgliedstaaten. Von Seiten der Union sind nur „Maßnahmen der Koordinierung" möglich, und zwar durch die „Festlegung von Leitlinien" für diese Politik. In ähnlicher Weise kann die Europäische Union Initiativen zur Koordinierung der Sozialpolitik der Mitgliedstaaten ergreifen[125].

IV. Die Charta der Grundrechte der Europäischen Union

64
Verbindlichkeit durch den Reformvertrag

Nur wenige Jahre nach dem Vertrag von Amsterdam haben die langjährigen Bemühungen um geschriebene Grundrechte der Europäischen Union Gestalt angenommen. Das vom Grundrechtskonvent erarbeitete Dokument wurde anläßlich der Ratstagung von *Nizza* von den drei europäischen Verfassungsorganen am 7. Dezember 2000 als Charta der Grundrechte der Europäischen Union feierlich proklamiert. Auch diese Grundrechte-Charta blieb vorerst und – nach dem Scheitern des Entwurfs einer „Verfassung für Europa", in den sie textlich eingebunden werden sollte – bis auf weiteres ein rechtlich unverbindliches Dokument. Sie soll aber nun im Rahmen des „Reformvertrages" von *Lissabon* durch einen Querverweis[126] in das Primärrecht gehoben und damit[127] rechtsverbindlich werden[128] (nur Großbritannien und Polen halten sich davon abseits[129]).

---

122 ABl. EG C 306 v. 17.12.2007
123 Art. 3 Abs. 3 EUV (i.d.F. von Lissabon, konsolidierte Artikelzählung; Hervorhebung vom Verf.).
124 Art. 4 AEUV (Vertrag über die Arbeitsweise der EU [Nachfolger des EG-Vertrags i.d.F. von Lissabon]), konsolidierte Artikelzählung.
125 Art. 5 Abs. 2 und 3 AEUV, konsolidierte Artikelzählung.
126 Auf die in Straßburg am 12.12.2007 angepaßte Fassung.
127 Zum Zeitpunkt des Inkrafttretens des „Reformvertrages" (geplant: 1. 1. 2009).
128 Art. 6 EUV (i.d.F. von Lissabon), konsolidierte Artikelzählung.
129 Vgl. dazu das Protokoll über die Anwendung der Charta der Grundrechte der Europäischen Union auf Polen und das Vereinigte Königreich.

Die Bedeutung der Grundrechtecharta liegt freilich darin, daß sie gleichsam ein „Modell eines Grundrechtsverbundes verschiedener Ebenen [darstellt], der durch ausdrückliche textliche Verknüpfung mit der Europäischen Menschenrechtskonvention, dem Unterschreitungsverbot gegenüber internationalen Konventionen wie nationalen Verfassungstexten entsteht"[130]. Zugleich handelt es sich um den ersten Grundrechtstext auf internationaler Ebene, der die klassischen Grundrechte mit den sozialen Grundrechten in einem Text zu verbinden sucht. Die Systematik der Charta ist neuartig. Nach einer Präambel und den (mit der Menschenwürde-Idee verbundenen) elementaren Grundrechten werden die klassischen Freiheits- und Gleichheitsrechte behandelt. Ein eigenes Kapitel enthält unter der Bezeichnung „Solidarität" (Kapitel IV Artikel 27 bis 38) wirtschaftliche und soziale Grundrechte, wie sie sich teilweise in der Europäischen Sozialcharta, in der Gemeinschaftscharta bzw. im UN-Pakt finden[131]. Danach folgen „Bürgerrechte" (für Unionsbürger) sowie justitielle Rechte und abschließend allgemeine Bestimmungen. Die zentrale Stellung des Kapitels Solidarität erinnert an die Ideen der französischen Revolution von „Freiheit, Gleichheit, Brüderlichkeit". Auch regelungstechnisch verbinden sich hier zum Teil Freiheitsrechte (wie das Recht auf Tarifverhandlungen, Artikel 28) mit sozialrechtlichen Schutzansprüchen, zum Beispiel dem Kündigungsschutz (Artikel 30), dem Verbot der Kinderarbeit und dem Jugendschutz (Artikel 32), dem Mutterschutz (Artikel 33 Abs. 2) und mit sozialen Teilhaberechten, wie beispielsweise dem Recht auf Zugang zu den Leistungen der sozialen Sicherheit und zu sozialen Diensten, dem Gesundheitsschutz und sogar dem Zugang zu Dienstleistungen von allgemeinem wirtschaftlichen Interesse (Artikel 34 bis 36). Darüber hinaus umfaßt dieses Kapitel sehr allgemeine Grundsätze, wie hohes Umweltschutzniveau und hohes Verbraucherschutzniveau (Artikel 37, 38), die nicht nur als Ziele, sondern auch als Auftragsnormen gedeutet werden könnten. Grundlegende soziale Aspekte sind zum Teil systematisch an anderen Stellen der Charta eingeordnet, wie etwa die Rechte älterer Menschen auf ein würdiges und unabhängiges Leben (Artikel 25) und der Anspruch behinderter Menschen auf Eigenständigkeit sowie auf soziale und berufliche Integration (Artikel 26), die im Kapitel der Gleichheitsrechte figurieren. Der Wortlaut der Charta läßt häufig keine klare Zuordnung zu „Rechten" oder bloßen „Grundsätzen" zu[132].

65
„Grundrechtsverbund"

„Solidarität"

Allgemeine Grundsätze

---

130 So *Albrecht Weber*, Charta der Grundrechte der Europäischen Union, 2002, S. 15. Schon vor ihrer Verbindlicherklärung hat man gemutmaßt, daß sie im Laufe der Zeit doch Einfluß auf die Rechtsprechung ausüben wird.
131 Dazu *Funk,* Die sozialen Rechte der Grundrechtscharta vor dem Hintergrund des EG-Rechtsbestandes und im Vergleich zur Europäischen Sozialcharta, in: Alfred Duschanek/Stefan Griller (Hg.), Grundrechte für Europa, 2002, S. 39 ff.
132 Die Terminologie „Rechte"/„Grundsätze" erinnert an die ESC. Nach der Einschätzung von *Anzon-Demmig* (FN 115) begründet die Grundrechtecharta keine regelrechten Rechtsansprüche des Individuums; sie sei eher ein „rechtspolitischer Auftrag" zur Umgestaltung der europäischen Rechtsgemeinschaft in eine nicht nur rein wirtschaftliche und marktbedingte Richtung. Eine exaktere Zuordnung zu den Rechten und Grundsätzen versucht in seiner Kommentierung der Charta *Hans-Peter Folz*, in: Vedder/Heintschel v. Heinegg, Verfassungsvertrag (LitVerz.), passim, insb. S. 289 ff.

66
Anwendungsbereich

Unter ausdrücklichem Hinweis auf das Subsidiaritätsprinzip normiert die Charta, daß sie nur „im Anwendungsbereich des Vertrages" gelten soll: das heißt für die Organe und Einrichtungen der Union, für die Mitgliedstaaten jedoch ausschließlich bei der Durchführung des Unionsrechts. Sie begründet weder neue Zuständigkeiten noch Aufgaben der Union. Gleichwohl ist eine weitergehende interpretative (Ausstrahlungs-)Wirkung der Grundrechtecharta nach Beginn ihrer Rechtsverbindlichkeit denkbar und insbesondere angesichts des bisherigen Aktivismus des Europäischen Gerichtshofs nicht auszuschließen.

E. Hauptargumente pro und contra Verankerung sozialer Grundrechte

67
Verfassungspolitische Debatte

Im Folgenden seien die wesentlichen Argumente der verfassungspolitischen Debatte skizziert[133], die dafür maßgeblich sind, daß es bis heute noch nicht zu einer verfassungskräftigen Verankerung von sozialen Grundrechten in Österreich gekommen ist.

I. Freiheit versus Sicherheit

68
Freiheits- und Leistungsrechte

Ein klassischer Haupteinwand gegen die verfassungsrechtliche Positivierung von sozialen Grundrechten ist ihr Spannungsverhältnis zu den „liberalen" Grund- und Freiheitsrechten. Mit ihrer Verankerung wäre – so ist gesagt worden – die „prinzipielle Absolutheit" der Freiheitsrechte beseitigt und der Konflikt zwischen Freiheit und Sicherheit zum Verfassungsprinzip erhoben[134]. Diese Sicht knüpft bei der bekannten Statuslehre von *Georg Jellinek*[135] an, die eine gewiß auch heute noch gültige Sicht der Stellung des Einzelnen im und zum Staat vermittelt, weil sie eine normative Analyse dieses Verhältnisses bietet[136]. Der Einwand verabsolutiert jedoch die begrifflichen Gegensatzpaare. Die klassischen liberalen Grundrechte umschreiben eine staatsfreie Sphäre, indem sie dem Staat den Eingriff verbieten und dem Einzelnen einen Anspruch auf Unterlassen staatlicher Eingriffe verbriefen (*status negativus*):

---

133 Dazu schon *Richard Novak*, Das Problem der sozialen Grundrechte (Grazer Universitätsreden H. 10), 1972.
134 *Tomandl*, Der Einbau sozialer Grundrechte in das positive Recht (Recht und Staat, Heft 337/338), 1967, S. 11 ff. Noch schärfer ablehnend *Franz van der Ven*, Soziale Grundrechte, 1963, S. 96: Soziale Grundrechte würden geradezu ein „verwerfliches absolutes und totalitäres Element" in unsere Rechtsordnung hineintragen.
135 *Georg Jellinek*, System der subjektiven öffentlichen Rechte, ²1905, S. 85 ff.
136 Der Pflichtenkreis des Einzelnen – seine Normunterworfenheit unter die Hoheitsgewalt des Staates (heute teilweise auch unter die der supranationalen Gemeinschaft) – ist im *status passivus* (*subjectionis*) erfaßt. Hingegen wird die rechtliche Fähigkeit des Einzelnen, als Staatsorgan tätig zu werden, als Status der aktiven Zivität (*status activus*) bezeichnet und umfaßt daher seine Beteiligung an der Staatswillensbildung (politische Rechte).

Sie sind Rahmen und Voraussetzung für ein selbstbestimmtes, eigenverantwortliches Leben. Demgegenüber charakterisiert schon *Jellinek* den *status positivus* als „Basis für die Gesamtheit staatlicher Leistungen im individuellen Interesse". Solche Ansprüche sind auf ein positives Tun (ein „dare facere praestare") des Staates gerichtet, auf staatliche Leistung und Intervention, als soziale Grundrechte mit dem Ziel sozialer Gerechtigkeit (ökonomischer Sicherheit und materieller Gleichheit). Ungeachtet der tiefgreifenden Unterschiede zwischen liberalen und sozialen Rechten – jene sind statisch, diese dynamisch; jene sind „im Prinzip" absolut, diese sind zeitbedingt relativ – stellen Freiheit und Sicherheit nur im ideologischen Sinn und bei äußerster Überspitzung einen unvereinbaren Gegensatz dar.

Angesichts der sozialen Wirklichkeit[137] und in der realen Gestaltung der Rechtsordnung kommt es auf das Maß an: *wieviel Freiheit – wieviel Sicherheit?* Zu Recht ist im Vergleich zu den liberalen Grundrechten darauf hingewiesen worden, daß auch die klassischen Freiheitsrechte in der Regel keineswegs absolut garantiert wurden, vielmehr Einschränkungsvorbehalte enthalten und zum Teil durchaus mehr waren als eine Verbürgung von Freiheit gegen staatliche Eingriffe und eben auch aktiver staatlicher Vorkehrungen bedürfen[138] (wie etwa der Justizgewährungsanspruch) und daß ihre weitgespannten Formeln vielfach erst durch die nachfolgende Rechtsprechung konkretisiert bzw. justitiabel gemacht wurden[139].

69
Ausgleich von Freiheit und Sicherheit

Eine vermittelnde Position anerkennt heute die Wichtigkeit des Sozialstaates; dieser müsse dem Menschen diejenigen elementaren Risiken abnehmen, die er allein nicht tragen kann. Zugleich betont diese Sicht die freiheitliche Dimension eines so verstandenen Sozialstaates: Seine Funktion dürfe nicht losgelöst von der freiheitlichen Grundlage und Ausrichtung der Verfassung gesehen werden. Dementsprechend kann ein Sozialstaat keine Vollversicherung und keinen Lebensplan bieten, weder für den Einzelnen, noch für die Gesellschaft insgesamt[140]. Dies gilt nicht nur angesichts der Verfassungsstruktur[141], sondern auch wegen der Notwendigkeit einer angemessenen Lasten-

70
Freiheitliche Dimension des Sozialstaats

---

137 *Anatol France* hat die soziale Kluft infolge eines ungehemmten Kapitalismus treffend mit einem traurig-sarkastischen Aperçu umschrieben: Der Liberalismus hat uns allen die Freiheit beschert, die gleiche Freiheit für den Millionär und den Bettler, die Nacht unter einer Seine-Brücke zu verbringen. Dies trifft ganz offensichtlich nicht nur für die frühliberale Ära (19. Jh.), sondern auch für den Neoliberalismus unserer Tage (20./21. Jh.) zu.
138 Hinweise darauf schon bei *Lehne*, Grundrechte achten und schützen? 1862 und 1867, JBl 1985, S. 129 ff., 216 ff., und JBl 1986, S. 341 ff., 424 ff.; jüngst wieder bei *Wiederin*, Soziale Grundrechte in Österreich, in: ÖJK (Hg.), Aktuelle Fragen des Grundrechtsschutzes, 2005, S. 153 (159).
139 *Floretta*, Bürgerliche Freiheitsrechte und soziale Grundrechte, DRdA 1969, S. 1 ff; *Loebenstein*, Soziale Grundrechte und die Frage ihrer Justiziabilität, in: FS Floretta (FN 57), S. 209 ff.; *Öhlinger*, Sozialstaat und Bundesverfassung, ZAS 1988, S. 92 ff., *Golden*, Soziale und wirtschaftliche Rechte neu betrachtet. Innerstaatliche und internationale Perspektiven, in: Iris Eisenberger u.a. (Hg.), FS Funk, 2003, S. 215 ff.; *Matscher*, Freiheitsrechte, Gewährleistungsansprüche, Drittwirkung, soziale Grundrechte. Gedanken zur Weiterentwicklung der Grundrechtsschutzes, vornehmlich im System der EMRK in: Gertraud Putz u.a. (Hg.), FS Schmölz, 1992, S. 187 (206).
140 So ausdrücklich *Papier*, Leistungsgrenzen und Finanzierung des Sozialstaats, in: Siegfried Magiera/Hans-Peter Sommermann (Hg.), Freiheit, Rechtsstaat und Sozialstaat in Europa. Symposium für Detlef Merten, 2007, S. 93 (97 ff).
141 S. sogleich II, RN 71.

II. Derzeitige Verfassungsstruktur

71
Marktwirtschaft ohne Sozialgestaltungsauftrag

Die Bundesverfassung enthält (außer den staatsorganisatorischen Entscheidungen für Demokratie, Republik und Bundesstaat) keine expliziten Strukturentscheidungen, vor allem keine zur Wirtschafts- und Sozialpolitik. Die ältere Rechtsprechung hat dementsprechend die wirtschaftspolitische Neutralität der Verfassung betont: weder sei eine soziale Wirtschafts- und Gesellschaftspolitik[142] noch sei die freie Marktwirtschaft ein Verfassungsgrundsatz der österreichischen Rechtsordnung[143]. Diese Aussage ist nicht nur durch das klare Bekenntnis des EG-Vertrags zur freien Marktwirtschaft (Wettbewerbswirtschaft) überholt; auch der Verfassungsgerichtshof gewinnt mittlerweile dem Zusammenspiel der Eigentumsgarantie mit der Erwerbsfreiheit eine grundsätzlich marktwirtschaftliche Orientierung ab (jedenfalls aber den Ausschluß des Systems einer Zentralverwaltungswirtschaft)[144]. Gleichwohl kennt die Bundesverfassung keinen Sozialgestaltungsauftrag.

verteilung zwischen den Generationen („Gleichheit in der Zeit") und einer nachhaltigen Sicherung sozialer Leistungen überhaupt.

72
Ermächtigung zum sozialen Ausgleich

Immer schon war aber in den Gesetzesvorbehalten der Grundrechte eine Ermächtigung an den einfachen Gesetzgeber eingeschlossen, einen sozialen Ausgleich zwischen der – insoweit gar nicht so absoluten – Position der Grundrechtsträger mit den Rechten anderer, vor allem aber auch mit (anderen) öffentlichen Interessen vorzunehmen[145]. Rechtspolitischen, insbesondere sozialpolitischen Überlegungen des Gesetzgebers ist daher der Verfassungsgerichtshof (nach einer lange gepflegten Formel) nicht entgegengetreten, außer es hätte sich um eine Verletzung der Wesensgehaltssperre von Grundrechten oder – gemessen am Gleichheitssatz – um einen „gesetzgeberischen Exzeß" gehandelt. Zwar ist dieser judicial self-restraint der älteren Judikatur in neuer Zeit einer genaueren Kontrolle gesetzgeberischer Grundrechtseingriffe am Maßstab materiell interpretierter Grundrechtstatbestände und vor allem anhand des Verhältnismäßigkeitsprinzips gewichen. Dies ändert nichts am grundsätzlichen Befund: Der in der Rechtsprechung zur Auffangnorm mutierte Gleichheitssatz bleibt – in seiner Deutung als allgemeines „Sachlichkeitsgebot"[146] – der zentrale Maßstab. Der Verfassungsgerichtshof versteht

Gleichheitssatz als Sachlichkeitsgebot

den Gleichheitssatz als Verbot unsachlicher Differenzierungen, er hat ihn jedoch nicht zu einer alle Pforten öffnenden Auftragsnorm umgedeutet. Er hat es strikt abgelehnt, aus dem Gleichheitssatz eine Verpflichtung des Ge-

---

142 *VfSlg* 4753/1964.
143 *VfSlg* 5653, 5831/1968, 5966/1969.
144 *Schäffer*, Europäische und nationale Wirtschaftsverfassung, in: Herbert Haller u. a. (Hg.). FS G. Winkler, 1997, S. 931 ff., und *Bernhard Raschauer* (Hg.), Österreichisches Wirtschaftsrecht, ²2003, RN 18, 33 ff. (m.w.N.).
145 Zu dieser Funktion der Gesetzesvorbehalte schon *Schäffer*, Legal Restraints on Personal Liberties, ÖZöR 1969, S. 37 ff.
146 → Oben *Pöschl*, Gleichheitsrechte, § 192.

setzgebers zu positivem Tun abzuleiten[147] (*kein Gebot zu ökonomischer Egalisierung*). Weder die Kompetenzverteilung[148] noch der Gleichheitssatz erzeugen Schutzpflichten[149]. In diesem Sinne fordert die Bundesverfassung keine sozialpolitische Aktivität des Staates, sie läßt ihr aber breiten Raum[150].

Gewarnt wird[151] vor einer „leistungsstaatlichen Überformung" der (bestehenden) Grundrechte, denn darin liege die Gefahr einer tiefgreifenden Umdeutung verfassungsrechtlich gesicherter Freiheit. Vor allem in Deutschland haben die Verfechter der sogenannten Teilhabe-Lehre[152] unter Berufung auf die in der sozialen Realität veränderte Stellung des Einzelnen zum (Leistungs-)Staat verschiedenartige Leistungsansprüche postuliert (zum Beispiel auf Vorhaltung eines Mindeststandards an medizinischer Versorgung, auf Förderung von Kunst und Wissenschaft, auf funktionsgerechte Finanzierung öffentlichrechtlicher Rundfunkanstalten und anderes), was sich freilich mit dem Instrumentarium juristischer Grundrechtsinterpretation kaum überzeugend begründen läßt. Dem Gedanken solcher „originärer Teilhaberechte" wurden zu Recht schwerwiegende Bedenken entgegengehalten, dahin, daß sie die (wirtschafts- und sozial-)politische Gestaltungsfreiheit des Gesetzgebers übermäßig einengen, ja in letzter Konsequenz die Haushaltskompetenz auf die Gerichte verlagern würden und überdies wegen fehlender Bestimmtheit des Anspruchsinhalts einem richterlichen Dezisionismus den Weg bahnen und letztlich die Effektivität der Grundrechte insgesamt gefährden würden. Außerdem müßten solche Teilhaberechte jedenfalls „unter dem Vorbehalt des Möglichen im Sinne dessen, was der Einzelne vernünftigerweise von der Gesellschaft beanspruchen kann", stehen[153].

73
„Teilhabe"-Lehre

---

147 *VfSlg* 2583/1953, 3160/1957, 5854/1968 u.v.a.m.
148 Normen der Kompetenzverteilung, die auf eine Gestaltung der Sozialordnung Bezug nehmen, sind bloße Ermächtigungen an den Bund und die Länder. Sie können nicht als Sozialgestaltungsaufträge qualifiziert werden. Die Bundesverfassung kannte niemals einen „Konjunktur-Artikel" wie er in der (alten) schweizerischen BV dem Bund die Aufgabe zuwies, Maßnahmen zur Verhütung von Wirtschaftskrisen und nötigenfalls zur Bekämpfung eingetretener Arbeitslosigkeit zu treffen. Erst mit der Schaffung eines modernen Haushaltsrechts (B-VG [BGBl 1986/212]) wurde eine äußerst allgemein gehaltene Staatszielbestimmung geschaffen, wonach die Gebietskörperschaften (Bund, Länder, Gemeinden) die Sicherstellung eines gesamtwirtschaftlichen Gleichgewichts „anzustreben" haben (Art. 13. Abs. 2 B-VG). Damit ist – unter Beachtung der Restriktionen eines „magischen Vielecks" gesamtwirtschaftlicher Ziele – auch eine Vollbeschäftigungspolitik zumindest anzustreben.
149 So jüngst auch *Wiederin*, Umverteilung und Existenzsicherung durch Sozialversicherungsrecht: Verfassungsrechtliche Absicherung sozialer Mindeststandards auch ohne „Sozialstaatsprinzip"?, in: Benjamin Kneihs/Georg Lienbacher/Ulrich Runggaldier (Hg.), Wirtschaftssteuerung durch Sozialversicherung, 2005, S. 79 (97). Er konstatiert deshalb sarkastisch (und angesichts der Realität überzogen): „... Österreich zählt in der Tat zu den letzten Staaten der Erde, die ihre Bürger und Einwohner ohne Verfassungsbruch verhungern lassen können".
150 Siehe oben B III 1, RN 14.
151 Auch in der deutschen Lehre, z.B. von *Reiner Schmidt*, Öffentliches Wirtschaftsrecht, Bd. I: Allgemeiner Teil, ²2006, § 4/I/1/c, S. 106 ff m.w.N.
152 Z.B. schon *Häberle*, Grundrechte im Leistungsstaat, in: VVDStRL 30 (1972), S. 43 ff. passim; Nachweise bei *R. Schmidt* aaO. → Bd. II: *Rüfner*, Leistungsrechte, § 40 RN 2 ff., 42 ff. Auch in Österreich hat man auf Grund eines „erweiterten Grundrechtsverständnisses" weitgehende Förderungspflichten des Staates postuliert, etwa (aus einem gewandelten Eigentumsbegriff) eine strukturverbessernde Arbeitsplatzförderung und (auf Grund einer „neuen Dimension" der Pressefreiheit) positive Stützungsmaßnahmen für die Vielfalt von Presseerzeugnissen und Presseunternehmungen; so z.B. *J. Haider*, Sozialer Grundrechtsschutz und Jugendarbeitslosigkeit, ÖJZ 1978, S. 225 (229).
153 So ausdrücklich *BVerfGE 33*, 303 (333); 75, 40 (68).

74
Wandel des Sozialstaats

Neuere Lehren betonen im Hinblick auf die Verfassungsstruktur der freiheitlichen Demokratie die Gedanken einer selbstverantwortlichen Eigenvorsorge in Verbindung mit „Grundrechtssolidarität": gemeinschaftliche Grundrechtsverwirklichung und wechselseitige Selbsthilfe der Grundrechtsträger (zum Beispiel Gesundheitsvorsorge und Betreuung durch Selbstorganisation, freiwillige und gesellschaftliche Sozialarbeit, nichtstaatliche Bildungssysteme und anderes mehr)[154]. Tatsächlich zeichnet sich schon aus Gründen der Leistbarkeit (besonders in den Bereichen der Alterssicherung und Pflegevorsorge) ein Wandel des Sozialstaats ab – vom „produzierenden" Wohlfahrtsstaat, der Geld und Dienstleistungen selbst oder durch staatsnahe Träger bereitstellt, hin zum „regulierenden" Wohlfahrtsstaat, der Eigeninitiative fördert und Aktivitäten nichtstaatlicher Anbieter steuert.

III. Ökonomische Rahmenbedingungen

75
Grenzen sozialer Grundrechte

Ein zentraler Kritikpunkt gegen die verfassungskräftige Verankerung ist seit jeher die Frage der Leistbarkeit von sozialen Grundrechten, weil sie einerseits eine Gesamtsituation voraussetzen, die der Staat bestenfalls global steuern kann (insbesondere gesamtwirtschaftliches Gleichgewicht, ökologische Gesichtspunkte, ein funktionierendes Bildungs- und Kulturleben) oder Ansprüche betreffen, die der Staat aus eigenen Mitteln und ohne Zugriff auf die Ressourcen Privater in Form vollständiger Reglementierung (im Sinne einer Zentralverwaltungswirtschaft) nicht realisieren könnte: Nur wenn der Staat über alle Arbeitsplätze oder alle Wohnungen (oder zumindest über einen Großteil des Wohnraums)[155] verfügte, könnte er ein subjektives Recht auf Arbeit oder auf Wohnung erfüllen. Daß eine derartige Positivierung von sozialen Grundrechten als subjektive Forderungsrechte nicht realisierbar ist, kann heute als unbestritten gelten. Der Gedanke ist jedoch etwas zu relativieren. Denn immerhin wäre es möglich, für bestimmte Situationen ein soziales Grundrecht als subjektives Recht im Verfassungsrang zu positivieren, soweit der Staat eine Dispositionsmöglichkeit über den Anspruchsgegenstand hat[156]. In diesem Sinne denkbar sind gewisse Mindeststandards, wie zum Beispiel das Existenzminimum, unentgeltliche Krankenbehandlung, die Unterstützung bei Arbeitslosigkeit – also eine Art „Ersatzrechte".

76
Problem eines Ressourcenvorbehalts

Das Bewußtsein um die Problematik der Finanzierung ist heute angesichts der demographischen und staatsfinanziellen Entwicklung geschärft. Im Vordergrund steht weniger das Anliegen der Verankerung einzelner sozialer Garantien als die Sicherung einer ausreichenden Anpassung an sich verändernde

---

154 *Pernthaler*, Bundesstaatsrecht (FN 2), S. 622, in Anlehnung an Gedanken des Schweizers *Peter Saladin*.
155 Daß die Stadt Wien auf Grund ihres Sozialwohnbauprogramms der zwanziger und dreißiger Jahre des 20. Jh. der größte Hausherr Österreichs und vielleicht Europas ist, ändert nichts an diesem Befund, sondern verpflichtet diesen Großeigentümer der öffentlichen Hand jedenfalls (nur) zu einer gleichheitskonformen (d.h. sachlichen) Wohnungsvergabepolitik (Fiskalgeltung!).
156 *Theo Öhlinger*, in: Hans Floretta/ders. (Hg.), Die Menschenrechtspakte der Vereinten Nationen. Ein Beitrag zum Stand der Grundrechte, insbesonders zu den sozialen Grundrechten, S. 27 ff.

wirtschaftliche Rahmenbedingungen. Die neuere verfassungspolitische Diskussion hat sich daher teilweise verschoben: Während manche eine explizite Leistbarkeitsklausel fordern[157], halten sie andere für völlig entbehrlich[158]. Die zweitgenannte Position beruht auf der Verbindung moralischer Wertung mit rechtstechnischen Überlegungen: Eine Minimalgarantie sozialer Sicherheit (Untergrenze für menschenwürdige Existenz) müsse einfach außer Streit stehen und „abwägungsfest" konzipiert sein. Bei darüber hinausgehenden, in der Regel gesetzesvermittelten Gewährleistungen stellt sich das Problem anders. Eine verfassungsrechtliche Verankerung ziele nicht auf eine Sperre finanziell notwendig werdender Einschnitte und Kürzungen, sondern darauf ab, den „Rückbau von Schutz mit einer Rechtfertigungshypothek zu belasten". Aber auch bei solchen „relativen" Gewährleistungen sei ein Ressourcenvorbehalt überflüssig, weil bei abwägungsoffenen Garantien die Begrenztheit öffentlicher Mitteln immer mit zu bedenken ist[159]. In eine umfassende Verhältnismäßigkeitsprüfung müsse ohnedies die Abwägung zwischen dem Sozialaufwand und den für sonstige öffentliche Aufgaben fehlenden Mitteln eingehen[160].

IV. Mögliche Wege zur Positivierung sozialer Garantien

Über vier Jahrzehnte hat man nun Vor- und Nachteile einer verfassungsrechtlichen Verankerung sozialer Garantien diskutiert. Als rechtstechnische Möglichkeiten wurden Ermächtigungsnormen, unverbindliche Programmsätze, Staatszielbestimmungen, verbindliche Verfassungsaufträge (Gesetzgebungsaufträge), Einrichtungsgarantien und die Einräumung subjektiver Rechte erörtert. Der theoretische Fortschritt erscheint gering, die Meinungen über Realisierbarkeit und Verfassungswürdigkeit mancher Garantien scheinen sich allerdings langsam zu wandeln.

77
Rechtstechnische Gestaltung

1. Welche sozialen Garantien sind als subjektive Rechte vorstellbar?

Gegenüber der Schaffung subjektiver verfassungsgesetzlich gewährleisteter Rechte besteht große Skepsis.

78
Skepsis

a) Echte subjektive öffentliche Rechte auf klar definierte öffentliche Leistungen können im allgemeinen nicht im Verfassungsrang gewährleistet werden, weil eine Handlungspflicht des Staates eine vollständige Verfügungsmacht desselben über alle ökonomischen Instrumente und Gegebenheiten zur Vor-

79
„Auffangrechte"

---

157 So der – auf *Grabenwarter* zurückgehende – ÖVP-Entwurf im Österreich-Konvent (siehe unten F II 1, RN 101 ff.).
158 So *Wiederin*, Soziale Grundrechte (FN 138), S. 153 (158).
159 Ähnlich schon *Thienel* (FN 26), S. 873 ff. mit ausführlichen Überlegungen zu den ökonomischen Rahmenbedingungen sozialer Garantien. Ein expliziter Vorbehalt des wirtschaftlich Möglichen versteht sich für ihn ohnedies von selbst [unter Bezugnahme auf *BVerfGE 33*, 303 (333)].
160 Nach Ansicht von *Wiederin*, Soziale Grundrechte in Österreich (FN 138), S. 153 (158) würde die Positivierung eines Ressourcenvorbehaltes bei sozialen Grundrechten wiederum bei den Freiheitsrechten zu unrichtigen Umkehrschlüssen führen.

aussetzung hätte[161]. Ausnahmsweise für subjektivierbar hält man einzelne näher umschriebene Rechtspositionen, wenn bestimmte Leistungen wegen ihres unverzichtbaren Charakters (als „Auffangrechte") in die Verfassung aufgenommen werden (zum Beispiel Existenzminimum, Minimalfürsorge, kostenloser Rechtsschutz oder ähnliches) oder wenn besondere Gleichbehandlungsgarantien verankert werden sollen.

80
Abwehrrechte

b) Als durchsetzbare soziale Rechte kommen zweifelsfrei nur *Abwehrrechte* in Frage, die ähnlich den traditionellen Freiheitsrechten auf ein Unabhängigsein von staatlicher und kollektiver Macht abstellen: zum Beispiel Koalitionsfreiheit[162], Streikrecht[163].

81
Organisationsgarantien?

c) Erwogen werden gelegentlich besondere Organisations- und Verfahrensgarantien: Entsprechend der Qualität der sozialen Grundrechte als Teilhaberechte wären Organisationsgarantien für öffentliche und gesellschaftliche Einrichtungen sowie besondere individuelle oder kollektive Partizipationsrechte (in den Verfahren der Vollziehung, der Planung und der Rechtsetzungsvorbereitung) denkbar[164].

82
Wirkungsdimensionen

In Anknüpfung an die Ansicht, daß Grundrechte verschiedene „Dimensionen" aufweisen und daß liberale Grundrechte neben ihrer negativen (abwehrrechtlichen) Natur auch positive Gehalte (Gewährleistungsansprüche, Schutzpflichten bzw. Einrichtungsgarantien) vermitteln können, ist neuerdings die Ansicht vertreten worden, daß sich die Struktur von sozialen Grundrechten von der traditioneller Grundrechte eigentlich nicht unterscheide[165]: Grundrechte erfassen bestimmte Schutzinteressen, und die Pflicht zum Schutz derselben träfe primär den Gesetzgeber. Grundrechte – liberale wie soziale – seien daher primär an den Gesetzgeber adressiert und unterlägen der Beschränkung oder Ausgestaltung durch den einfachen Gesetzgeber. Und dementsprechend sei die Durchsetzung sozialer Grundrechte mit dem vorhandenen Instrumentarium (Verfassungsbeschwerde, Normenkontrolle) weitgehend unproblematisch. Dem ist zu Recht entgegen gehalten worden[166], daß jedenfalls die traditionellen Grundrechte als Abwehrrechte auch die Vollziehung binden und zum Teil unmittelbar anwendbar sein können bzw. daß Abwehrrechte als verletzt anzusehen sind, wenn die Vollziehung gesetzlos oder (in Verletzung des Gleichheitssatzes) willkürlich handelt. Es wird freilich einge-

---

161 Dies anerkennen auch die Befürworter einer verfassungsrechtlichen Verankerung: *Cerny*, Das Recht auf Arbeit als soziales Grundrecht, DRdA 1967, S. 4 ff.; *Floretta* (FN 139), DRdA 1969, S. 1 (5); *Haider* (FN 152), ÖJZ 1978, S. 260.
162 Art. 11 EMRK, Art. 5 ESC. *Floretta* aaO., S. 5.
163 *Pernthaler*, Bundesstaatsrecht (FN 2), S. 623. Er weist auf ähnliche Situationen im Bereich des Bildungswesens (Elternrecht), des Gesundheitswesens (Schutz vor Zwangsbehandlung), der Arbeitsbedingungen und des Umweltschutzes hin.
164 *Pernthaler*, ibidem.
165 *Holoubek*, Zur Struktur sozialer Grundrechte, in: Stefan Hammer u. a. (Hg.), FS Öhlinger, 2004, S. 507 (514).
166 *Thienel* (FN 26), S. 870 f., kritisiert zu Recht, daß die „elegante" Formulierung *Holoubeks* (vorige FN), die sozialen Grundrechte verpflichteten „primär" den Gesetzgeber, völlig offenlasse, inwieweit Leistungsansprüche auch ohne Tätigwerden des (einfachen) Gesetzgebers geltend gemacht werden könnten.

räumt, daß im Sinne der neueren Grundrechtsjudikatur die Verankerung subjektiver Rechte auf Leistung nicht undenkbar ist. Sollen soziale Garantien als „Grundrechte" im eigentlichen Sinn verstanden werden, dürften sie jedoch nichts Unmögliches versprechen und müßten so formuliert sein, daß sie als Schutz individualisierter Interessen verstanden werden können.

Die Verankerung justitiabler subjektiver Rechte erfordert

- einen individualisierbaren Anspruchsberechtigten (allgemeine Vorgaben für die staatliche Politik können nicht als Statuierung eines subjektiven Rechts verstanden werden),
- einen individualisierten Anspruchsgegner als Verpflichteten: Welcher öffentliche oder private Rechtsträger ist zur Leistungserbringung verpflichtet?, und
- einen bestimmbaren Leistungsgegenstand (über den der Leistungsträger Verfügungsbefugnis haben muß).

83
Gerichtliche Durchsetzung

Neuerdings wird auch die verfassungsrechtliche Verankerung von sozialen Garantien als subjektiven Leistungsrechten für vorstellbar gehalten, wenn Verpflichteter und Anspruchsgegenstand einigermaßen präzise festgelegt werden. Besteht tatsächlich der Wille zur Einräumung subjektiver Rechte, so sei es nicht notwendig, die Ansprüche verfassungsrechtlich im Detail zu umschreiben, sondern es reiche aus, wenn die Verfassung die Konkretisierung dem einfachen Gesetzgeber überlasse: soziale Grundrechte mit Ausgestaltungsvorbehalt, also zum Beispiel ein „Recht auf Wohnen" in Form eines verfassungsgesetzlich gewährleisteten Anspruchs auf angemessene Wohnbeihilfe oder Wohnbauförderung „nach Maßgabe näherer einfachgesetzlicher Bestimmungen"[167].

84
Ausgestaltungsvorbehalt

Die Verkündung sozialer Ansprüche mit ganz allgemein gehaltenen „großen Formeln" ist jedoch nicht zur Statuierung durchsetzbarer Rechte geeignet und würde subjektive Rechte nur vortäuschen.

85
Problem „großer Formeln"

Denkt man etwa an die Formeln von einem „Recht auf Arbeit, auf Wohnung und auf soziale Sicherheit", so ist unmittelbar einsichtig, daß derartiges nur durch staatliche Beschäftigungspolitik, Wohnbau(förderungs)politik und ähnliches gesichert werden kann. Die in diesem Zusammenhang zu erbringenden staatlichen Leistungen beruhen auf „sekundären" Rechten, die nicht eigentlich eine Rechtsstellung des einzelnen, sondern ein System bezeichnen (je ein detailliertes Normengeflecht als System der Arbeitsmarktpolitik, der sozialen Sicherheit, von Wohnbauförderung und Wohnungsbeihilfen etc.). Da ein solches System auf Verfassungsebene nicht integral formuliert werden kann, müßte sich eine verfassungsrechtliche Regelung auf grundsätzliche Vorgaben (zum Beispiel Zielbestimmung, Einrichtungsgarantie bzw. Gesetzgebungsauftrag) beschränken und die nähere Ausgestaltung dem Gesetzgeber überlassen, der das eigentliche Leistungssystem schafft.

86
Sozialrechtliche Teilsysteme

---

167 *Thienel* (FN 26), S. 872 f. Von „verfassungsgesetzlichen Anspruchsgarantien genereller Natur" (d.h. mit formellem oder materiellem Gesetzesvorbehalt) sprach bereits *Haider* (FN 152), ÖJZ 1978, S. 260.

2. Einrichtungsgarantien

87
Bestandssicherung des Wesenskerns

Die Verfassung kann bestimmte öffentlich-rechtliche Einrichtungen, wie insbesondere die einfachgesetzlich geschaffenen Sozial- oder Leistungssysteme, in der Verfassung verankern (institutionelle Garantie) oder auch Rechtsinstitute des sozialen Lebens unter den Schutz der Verfassung stellen (Institutsgarantie, zum Beispiel für Ehe und Familie)[168] und dabei auch Systemgrundsätze, Mindeststandards oder ähnliches festschreiben. Derartige Regelungen zielen darauf ab, die typische Erscheinungsform einer durch einen Normenkomplex gebildeten Einrichtung in ihrem Bestand zu sichern, freilich nicht in allen Einzelheiten, sondern nur in ihrem (typologischen) Wesenskern; es handelt sich um eine verfassungsrechtliche Rahmenregelung, die den Gesetzgeber bindet, aber zugleich der näheren Ausführung und Konkretisierung durch

Einfachgesetzliche Ausgestaltung

den einfachen Gesetzgeber bedarf. Einrichtungsgarantien vermitteln folglich subjektive Rechte und Ansprüche nur nach Maßgabe der einfachgesetzlichen Ausgestaltung, und sie sind unter Wahrung der typologischen Grenzen politischer Gestaltung und Veränderung zugänglich. Wegen dieser Verbindung von Stabilisierung und Flexibilität wurden die Einrichtungsgarantien in der älteren Literatur häufig als Modell für soziale Garantien empfohlen[169], freilich weniger für ein „Recht auf Arbeit", denn für die Sozialversicherung als System der sozialen Sicherheit. Wenn freilich die Einrichtungsgarantie mit einem Auftrag zu einer dynamischen Sozialpolitik[170] (Fortschrittsklausel) verbunden wäre, handelte es sich rechtstechnisch um etwas anderes, nämlich in Wahrheit um einen Verfassungsauftrag.

88
Sozialpolitisches „Rückschrittsverbot"

Gleich, ob als Fortschrittsklausel oder als in der Verfassung verankertes sozialpolitisches „Rückschrittsverbot"[171] verstanden, muß sich eine solche Deutung auf ihre Realisierbarkeit hinterfragen lassen. Die Wirtschaftsentwicklung als notwendige Basis ist keine von stetigem und gesichertem Wachstum gekennzeichnete Einbahnstraße, und im Verhältnis der Generationen können Vorteile und Errungenschaften der einen Generation für die nachfolgenden als ungerecht und im System dysfunktional erscheinen[172]. Heute sieht man eher die tendenziell versteinernde Wirkung von Einrichtungsgarantien[173] und warnt davor, daß sie einem Umbau sozialer Systeme hinderlich sein könnten, wenn ein solcher wirtschaftlich und gesellschaftlich notwendig wird. Denkbar

---

168 Zu den Kategorien schon *Carl Schmitt*, Verfassungslehre, 1928, S. 117, und *Erwin Melichar*, Die Entwicklung der Grundrechte in Österreich, 2. ÖJT 1964, I/2, S. 26. Näher *Baumgartner*, Die grundrechtlichen Einrichtungsgarantien, ZÖR 59 (2004), S. 321 ff. und → oben *Baumgartner*, Institutsgarantien und institutionelle Garantien, § 188, sowie allgemein → Bd. II: *Kloepfer*, Einrichtungsgarantien, § 43.
169 Z.B. *Novak* (FN 133), S. 26 ff.; *Loebenstein*, Soziale Grundrechte und die Frage ihrer Justiziabilität, in: FS Floretta (FN 57), S. 209 (221 f.).
170 *Haider* (FN 152), ÖJZ 1978, S. 260.
171 Postuliert von *M. Nowak*, Diskussionsbeitrag in: Bundeskanzleramt-Verfassungsdienst (Hg.), 4. Grundrechtsreform-Enquete, S. 24.
172 So schon *Öhlinger*, Soziale Grundrechte im Verfassungsrecht, in: Margit Appel/Markus Blümel (Hg.), Soziale Grundrechte – Kriterien der Politik, 1998, S. 29 (36). Gegen absolute Garantien daher auch *Cerny*, in: Rudolf Machacek/Oswin Martinek (Hg.), FS W. Rosenzweig, 1988, S. 68 f., und *Franz Merli*, in: Rainer Hofmann/Pavel Holländer/ders./Ewald Wiederin (Hg.), Armut und Verfassung, 1998, S. 19 f.
173 *Thienel* (FN 26), S. 878.

ist zwar auch noch das Verständnis als relatives Rückschrittsverbot in Form eines besonderen Rechtfertigungszwanges für sozialstaatlichen Rückbau, dies ginge aber im Ergebnis nicht über das in der Rechtsprechung ohnehin etablierte Vertrauensschutzprinzip[174] hinaus.

3. Programmsätze

Soweit subjektive Rechte und Einrichtungsgarantien nicht in Betracht kommen, bleibt als schwächste Möglichkeit die Aufnahme von Programmsätzen in die Verfassung – und dies ist rechtsvergleichend betrachtet die häufigste Normierungstechnik[175]. Schwerwiegende Einwände gegen programmatische Verheißungen gehen dahin, daß zu allgemein formulierte Programmsätze Gefahr laufen, als Phraseologie abgetan zu werden, und daß das Bestreben, Programmnormen justitiabel zu machen, der (Verfassungs-)Gerichtsbarkeit eine ungeahnte richterstaatliche Dimension eröffnen würde[176]. Andere sehen hingegen – angesichts der umfassenden Bereiche und der politischen Dimension der Grundrechte – in Programmsätzen sogar eine besonders geeignete Rechtstechnik[177].

89 Diskussion um Justitiabilität

Mit der ausdrücklichen Verankerung sozialer und wirtschaftlicher, unter Umständen auch ökologischer, kultureller und anderer *Zielsetzungen* des Staatshandelns in der Verfassung werden den Normadressaten zwar keine unmittelbaren Rechte eingeräumt, aber immerhin grundlegende Wertorientierungen für die Rechtsordnung und ihre weitere Ausgestaltung festgelegt. Mag es sich dabei auch primär um eine politische Absichtserklärung handeln, so kann ihr in gewissen Grenzen doch rechtliche Bedeutung zukommen: eine gewisse dirigierende Wirkung für die Gesetzgebung und eine auslegungssteuernde Wirkung für die Rechtsanwendung (insbesondere für die Normenkontrolle durch den Verfassungsgerichtshof)[178]. Die in Zielnormen verfassungsrechtlich hervorgehobenen öffentlichen Interessen bilden Kriterien der Sachlichkeitsprüfung im Rahmen des Gleichheitssatzes oder rechtfertigende Gründe für Schranken, die der Gesetzgeber dem Gebrauch bestimmter Freiheiten setzt. Staatszielbestimmungen können auch Gesichtspunkte einer verfassungskonformen Interpretation liefern, die bei Entscheidungen im Ermessensbereich (Verwaltungsermessen, Förderungen, Budget), bei der Handhabung von Planungsermessen und Abwägungsklauseln, bei der Ausübung der Finanzkontrolle usw. zu beachten sind. Je nach Formulierung könnte ihnen unter Umständen sogar eine Sperrwirkung gegenüber der Beseitigung oder Minderung eines einmal eingeführten Schutzniveaus zukommen.

90 Staatszielbestimmungen

---

174 Oben B III 4, RN 30.
175 So schon *Novak* (FN 133), S. 29; *Butt/Kübert/Schulz* (FN 14). Dieser Befund ist nach wie vor gültig und bestätigt sich auch durch neuere Verfassungen, welche die sozialen Grundrechte als „leitende Grundsätze" des Wirtschafts- und Soziallebens, aber nicht als subjektive Ansprüche kodifiziert haben.
176 Kritisch *Robert Walter*, in: ders./Gerhard Schnorr, Die Grundrechte mit Arbeitsrechtsbeziehung und die Neufassung des österreichischen Grundrechtskatalogs, 1967, S. 12; *Loebenstein* (FN 169), S. 209 ff.
177 *Pernthaler*, Bundesstaatsrecht (FN 2), S. 622.
178 Vgl. *Berka*, Die Grundrechte (LitVerz.), RN 1044 ff.

91
Verfassungsaufträge

Eine graduell gesteigerte Verbindlichkeit haben Verfassungsaufträge, das heißt verfassungsgesetzlich festgelegte Aufträge an die Gesetzgebung, bestimmte Wert- oder Zielvorstellungen umzusetzen und näher zu konkretisieren. Programmatische Anordnungen dieser Art zielen ausdrücklich auf eine Handlungspflicht des Gesetzgebers. Die mangelhafte Umsetzung solcher Aufträge kann schon heute verfassungsgerichtlich kontrolliert werden; die gänzlich fehlende Umsetzung bedürfte hingegen – um die Handlungspflicht des Gesetzgebers justiziabel zu machen – einer Weiterentwicklung des bestehenden Rechtsschutzsystems[179].

4. Verfassungsrechtliche Verankerung – cui bono?

92
Verstärkter Bestandsschutz und Überprüfbarkeit

Wenn die verfassungsrechtliche Verankerung sozialer Garantien für den Einzelnen kaum reale Bedeutung erlangen kann, dann liegt ihre juristische Bedeutung woanders. Tatsächlich erhofft man sich, abgesehen von einem verstärkten Bestandsschutz, davon eine Überprüfbarkeit einfachgesetzlicher Anordnungen und unter Umständen sogar die Erzwingbarkeit der Tätigkeit des einfachen Gesetzgebers[180].

93
Gewandeltes Verfassungsverständnis?

Darüber hinaus erwartet man sich eine „stimulierende" Wirkung auf die politische Meinungsbildung und letztlich auf die Gesetzgebung (politische Appell-Funktion von Verfassungsnormen) sowie eine „soziale Tönung" der Rechtsordnung insgesamt[181]. Dies allein vermag nicht so recht zu überzeugen, weil es vielfältige Gegenargumente gibt: Staatsziele ohne echte Verbindlichkeit würden Rechtsklarheit und Rechtssicherheit beeinträchtigen bzw. überhaupt eine Ideologisierung des Rechts herbeiführen. Je allgemeiner und programmatischer eine verfassungsrechtliche Verankerung ausfällt, desto geringer wäre die *Justitiabilität*, oder man würde bei der Kontrolle der Übereinstimmung wirtschafts- und sozialpolitischer Regelungen mit verfassungsrechtlichen Vorgaben dem Verfassungsgericht eine im wesentlichen *rechtspolitische Aufgabe* zumuten. Bei der Frage nach der Eignung bestimmter Regelungsinhalte für eine verfassungsrechtliche Verankerung geht es letztlich um das Verfassungsverständnis: Was soll die Verfassung leisten?[182] Soll sie nur die relativ dauerhaften Spielregeln für den politischen Prozeß abstecken und diesem angesichts sozialer und ökonomischer Kräfteverschiebungen seinen Lauf lassen oder soll sie den politischen Prozeß wie ein großer Sozialplan steuern? Zielentfaltung und Dynamisierung staatlicher Politik sind – gerade im Bereich des Sozialen – in der schwerfälligen Form des Verfassungsrechts nach österreichischem Verfassungsverständnis nicht zureichend zu leisten. Gleichwohl hat seit den sechziger Jahren des 20. Jahrhunderts ein Wandel eingesetzt: Die *bewußtseinsbildende* Funktion der Verfassung und die *auslegungssteuernde* Kraft von verfassungskräftigen Wertentscheidungen hat im

---

179 Siehe unten F II 2, RN 104.
180 *Cerny*, Wie steht es um die Ausprägung sozialer Grundrechte in Österreich?, DRdA 1965, S. 109 ff.
181 *Floretta* (FN 139), DRdA 1969, S. 1 (3 u. 5 f.).
182 So schon *Novak* (FN 133), S. 30 ff.

immer häufigeren Gebrauch von Staatszielbestimmungen und in einem veränderten (nun materialen) Grundrechtsverständnis seinen Ausdruck gefunden.

Im folgenden sollen die konkreten Versuche zur verfassungsrechtlichen Verankerung von sozialen Grundrechten skizziert werden.

94
Verankerungsversuche

F. Die neuere verfassungspolitische Debatte

I. Überlegungen unter dem Einfluß internationaler Dokumente

1. Das „Expertenkollegium" für Grundrechtsreform

Im Zusammenhang mit den Problemen um die verfassungsrechtliche Verankerung der Europäischen Menschenrechtskonvention in der österreichischen Rechtsordnung (1964) wurden ein „Expertenkollegium" und ein (kleineres) „Redaktionskomitee" zur Neukodifikation der Grundrechte eingesetzt. Die damals schon abgeschlossene und später auch von Österreich ratifizierte Europäische Sozialcharta löste eine Debatte um die Möglichkeit der verfassungsrechtlichen Verankerung sozialer Grundrechte aus und beeinflußte auch die Arbeiten beider Gremien[183]. Man kam dabei zu der Überzeugung, daß eine Neukodifikation der Grundrechte auch soziale Grundrechte einschließen müsse. Die Formulierungsentwürfe wurden – angesichts weltanschaulicher Divergenzen – zum Teil in Alternativen gefaßt. Die Arbeiten auf Expertenebene schleppten sich allerdings unter Ausschluß der Öffentlichkeit über zwanzig Jahre hin und gelangten nicht zur Entscheidungsreife.

95
Reformdebatte ohne Publizität

2. Die „politische Grundrechtskommission"

In der Ära der zweiten „Großen Koalition" (1987 bis 1999) wurde eine sogenannte „politische Grundrechtskommission"[184] eingesetzt, von der man sich eine Belebung und eine parlamentarisch-politische Umsetzung der Reformdebatte erhoffte. Diese Kommission hat sich strategisch einer Grundrechtsreform in Teilschritten verschrieben[185]. Immerhin brachte sie in Bezug auf soziale Garantien zwei Entwürfe hervor, die auf Enquêten von einer breiten Fachöffentlichkeit diskutiert wurden. Der erste Entwurf betraf ein „BVG ...

96
Belebung und Umsetzung der Reformdebatte

---

183 Dazu *Holzinger*, Grundrechtsreform in Österreich, in: Machacek/Pahr/Stadler, Grund- und Menschenrechte (LitVerz.), Bd. I, S. 459 ff.; *Loebenstein*, Die Behandlung des österreichischen Grundrechtskatalogs durch das Expertenkollegium zur Neuordnung der Grund- und Freiheitsrechte, ebenda, S. 365 ff.; *Neisser*, Grundrechtsreform im politischen Spannungsfeld, in: Rudolf Machacek/Oswin Martinek (Hg.), FS Rosenzweig, 1988, S. 427 ff.; *Okresek*, Die Durchsetzung wirtschaftlicher und sozialer Grundrechte – die Entwicklung in Österreich, in: Franz Matscher (Hg.), Die Durchsetzung wirtschaftlicher und sozialer Grundrechte, 1991, S. 185.
184 In der die im Parlament vertretenen Parteien ebenso repräsentiert waren wie die Länder und die großen Interessenvertretungen.
185 Und tatsächlich nur eine Neukodifikation des Schutzes der persönlichen Freiheit (in Orientierung an der EMRK) bewirkt. Die übrigen Vorschläge blieben letztlich erfolglos.

über das Recht auf Sozialversicherung und Sozialhilfe" (1987)[186], drei Jahre später präsentierte man den Entwurf eines wesentlich umfangreicheren „BVG ... über wirtschaftliche und soziale Rechte" (1990)[187].

97
Recht auf soziale Sicherheit

a) Zum Inhalt des erstgenannten Entwurfes: Absatz 1 sah vor, daß die Gesetzgebung „die soziale Sicherheit jedenfalls durch ein umfassendes System der Sozialversicherung, insbesondere zum Schutz gegen die Folgen von Krankheit, Unfall, Invalidität, Alter und Arbeitslosigkeit zu gewährleisten" habe. Damit sollte die Institution „Sozialversicherung" – im wesentlichen in der bisher erreichten Ausprägung – verfassungsrechtlich verankert werden und zugleich dem Einzelnen ein Recht auf gleichberechtigte Teilnahme an der Sozialversicherung eingeräumt werden. Mit dem Wörtchen „jedenfalls" sollte signalisiert werden, daß die Institution Sozialversicherung wenn auch einen wesentlichen, so doch nur einen Teilaspekt eines umfassend verstandenen Systems der sozialen Sicherheit darstellt. Absatz 2 des erwähnten Entwurfes wollte überdies „jedermann, der sich rechtmäßig im Bundesgebiet aufhält und hilfsbedürftig ist", ein subsidär geltendes subjektives „Recht auf Sicherung des erforderlichen Lebensbedarfes durch öffentliche Hilfe" einräumen[188].

Grundsätzliche Zweifel

Abgesehen von einer Zustimmung zum Einsatz einer differenzierten Palette rechtstechnischer Instrumente zur Verankerung sozialer Garantien ergab die öffentliche Diskussion jedoch gravierende Zweifel: juristische Kritik an einer institutionellen Garantie der Sozialversicherung (es wäre ein schlechter Anfang zur Positivierung sozialer Grundrechte, eine reformbedürftige Institution gleichsam zu petrifizieren; aktuelle Probleme und absehbare Zukunftsfragen des Systems der sozialen Sicherheit seien mit einer Bestandsgarantie nicht zu lösen), sowie wirtschafts- und sozialpolitisch die Warnung vor einer Einengung der Gestaltungsbefugnis des Sozialgesetzgebers angesichts der unabweislichen Notwendigkeit zur Redimensionierung von Sozialleistungen. Tatsächlich war nach dem Zusammenbruch der verstaatlichten Industrie im Jahre 1987 ganz allgemein deutlich geworden, daß es ohne Eingriffe in die berühmten wohlerworbenen Rechte nicht abgehen könne.

98
Zum Recht auf Sozialhilfe

Hinsichtlich des geplanten „Rechts auf Sozialhilfe" wurden die kompetenzrechtlichen Probleme, die unterschiedlichen Sozialhilfestandards der Länder, offene Fragen hinsichtlich der Einbeziehung von Fremden (Gastarbeitern und Asylwerbern) sowie vor allem das Fehlen geeigneter Hilfen in „besonderen Lebenslagen" thematisiert. Während sich die sozialpolitische Gesetzgebung in der Folge (1993) immerhin zur Schaffung eines Bundespflegegeldgeset-

---

186 Abgedruckt in: Bundeskanzleramt-Verfassungsdienst (Hg.), Soziale Grundrechte: Sozialversicherung, Sozialhilfe. Beiträge anlässlich der 3. Grundrechtsreform-Enquete, 1988.
187 Abgedruckt in: Bundeskanzleramt-Verfassungsdienst (Hg.), Wirtschaftliche und soziale Rechte. Recht auf Arbeit. Referate und Diskussionsbeiträge anlässlich der 4. Grundrechtsreform-Enquete am 13.6.1990, 1991.
188 Notabene: nicht nur des „notwendigen" Lebensbedarfes!

zes[189] aufraffte, wurde eine institutionelle Absicherung der Sozialversicherung stillschweigend fallengelassen.

b) Der später als zweiter Schritt präsentierte *Entwurf einer Teilkodifikation wirtschaftlicher und sozialer Rechte* („Recht auf Arbeit") war bereits im Ansatz von unterschiedlichen Auffassungen darüber geprägt, wie weitreichend die geplanten „Rechte" gefaßt und garantiert werden könnten, und dementsprechend in Alternativen formuliert. Dabei wurde zwar die Abhängigkeit sozialer Rechte von der Leistungsfähigkeit des Staates betont, zugleich aber die verfassungsmäßige Festschreibung einer „Rahmenordnung der Sozialpolitik" („Visitkartenfunktion" in der Verfassung)[190] befürwortet. Inhaltlich berücksichtigt wurden dabei verschiedene internationale Verpflichtungen (Europäische Sozialcharta, UN-Pakt für wirtschaftliche, soziale und kulturelle Rechte, ferner zahlreiche ILO-Übereinkommen) sowie auch die damals bereits im Rahmen der Europäischen Gemeinschaft als „feierliche Erklärung" angenommene „Gemeinschaftscharta der sozialen Grundrechte"[191]. Der Entwurf selbst enthielt eine Art Bekenntnis zum besonderen Wert der Arbeit und im Zusammenhang damit eine Neufassung der bestehenden Freiheiten der Berufswahl, des Berufsantritts und der Berufsausübung. Ob das Recht auf angemessenes Arbeitsentgelt und entsprechende Arbeitsschutzbestimmungen (Jahresurlaub, Arbeitszeitbeschränkungen, Ruhezeiten, Schutz vor unangemessener Inanspruchnahme usw.) als subjektive Rechte oder Gesetzgebungsaufträge auszugestalten seien, wurde offengelassen.

99
Zum Recht auf Arbeit

Der Entwurf enthielt neben individuellen auch kollektive Rechte (Koalitions- und Kollektivvertragsfreiheit). Auch die „Arbeitnehmer-Mitbestimmung" war angesprochen, freilich in einer viele Deutungen offenlassenden Formulierung von einem „Recht, an der Wirtschaftsführung und an der Gestaltung der Arbeitsbedingungen mitzuwirken"[192]. Schließlich sollten die Grundsätze des geltenden Rechts für den Kinder-, Jugendlichen- und Mutterschutz in die Verfassung übernommen und ein besonderer Auftrag zur Förderung und Integration behinderter Menschen verankert werden. Die öffentliche Diskussion zu diesem Teilentwurf ortete einerseits noch mehr rechtspolitische Desiderate (fehlende Verankerung des Streikrechts, der Koalitionsfreiheit öffentlich Bediensteter und von Beschäftigungsgarantien für Ausländer, Ergänzungsbedürftigkeit um „Recht auf Wohnen" und „Recht auf Bildung"), andererseits erbrachte sie aber auch gravierende Einwände, wie die Verlagerung sozialpolitischer Entscheidungen zum Verfassungsgericht, die Sorge vor arbeitsmarkt-

100
Weitere Inhalte des Teilentwurfs

---

189 BGBl 1993/110, vielfach novelliert (zuletzt BGBl I 2007/51). Der Bund überwand die Probleme der Kompetenzverteilung und übernahm die Verantwortung mit einer eigens für diesen Regelungsbereich formulierten Verfassungsbestimmung („Vorschalt-Artikel").
190 *Neisser*, Wirtschaftliche und soziale Rechte – Recht auf Arbeit, in: Bundeskanzleramt-Verfassungsdienst (Hg.), Wirtschaftliche und soziale Rechte. Recht auf Arbeit. Referate und Beiträge anlässlich der 4. Grundrechtsreform-Enquete am 13. Juni 1990, 1991, S. 12 u. 52.
191 Im Sinne einer autonomen Anpassungspolitik (Österreich wurde erst zum 1.1.1995 EU-Mitglied).
192 Gerade eine Mitwirkung an der Unternehmens*führung* mußte für viele (nach dem Desaster der verstaatlichten Industrie und dem Zusammenbruch des „realen Sozialismus" im Ostblock) als unvertretbare Forderung erscheinen.

§ 199   *Dreizehnter Teil: II. Einzelgrundrechte*

politischer Überforderung des Staates und die Warnung vor dem Irrglauben, Wohlstand könne durch Gesetze dekretiert werden. Dieser Teilentwurf war in der Tat ein „Halbfertigprodukt" und zu kontrovers, um weiter verfolgt zu werden, so daß die verfassungspolitische Debatte um soziale Grundrechte in der Folge erlahmte. Sie konnte angesichts der (innen-)politischen Wende im Jahr 2000 auch durch einen einschlägigen Initiativantrag[193] der Sozialdemokratie im Parlament (zunächst) nicht neu angestoßen werden.

II. Neue Anläufe zur Grundrechtsreform (seit 2003)

1. Österreich-Konvent

101

Vorschläge für grundlegende Verfassungsreform

Inspiriert vom Verfassungskonvent der Europäischen Union kam auch in Österreich eine grundsätzliche Verfassungsreformdebatte in Gang. In einem „Österreich-Konvent" genannten politischen Forum wurden auf breiter Basis (unter Teilnahme von Vertretern der Parteien, der Gebietskörperschaften, der Interessenvertretungen und unter Heranziehung eines „Expertenpools" sowie unter Anhörung von Vertretern der „Zivilgesellschaft") Vorschläge für eine grundlegende Staats- und Verfassungsreform beraten. Die Vorarbeit in zehn Ausschüssen und mehreren Plenarsitzungen des Konvents (vom 30. Juni 2003 bis 31. Januar 2005) erbrachte reiches Material, aber trotz mannigfacher inhaltlicher Übereinstimmung keinen Verfassungsentwurf. Als Hindernis erwies sich vor allem die seit langem umstrittene Kompetenzverteilung.

Fiedler-Entwurf

Der „große Wurf" ist also nicht gelungen. Der Konventspräsident hat aber dann noch vor Ende der Konventsarbeiten versucht, die konzertierten Lösungen und weitgehend konsensfähig erscheinenden Punkte – darunter auch eine Reihe sozialer Grundrechte[194] – in einem Textentwurf zu einer neuen Bundes-

---

193 Antrag der Abg. Dr. *Kostelka, Verzetnitsch, Lore Hostasch* und Genossen betreffend ein BVG über wirtschaftliche und soziale Rechte (Initiativantrag v. 26. 1. 2000, 81/A BlgNR 21. GP). Dieser Entwurf wiederholte die von sozialdemokratischer Seite bevorzugte Variante des zuvor referierten Entwurfs einer Teilkodifikation sozialer und wirtschaftlicher Rechte und übernahm sogar über weite Strecken die Erläuterungen seines Vorläufers wörtlich. Im Unterschied zu seinem Vorläufer wurde an zahlreichen Textstellen die Form von verfassungsgesetzlichen Aufträgen an Gesetzgebung und Vollziehung gewählt, einfachgesetzliche Rechte „wirksam zu gewährleisten", womit es dem Gesetzgeber zur Pflicht gemacht werden sollte, subjektive Rechte festzulegen. So sollte zugleich ein verfassungsgesetzlicher Maßstab für Gesetzgebung und Vollziehung vorgegeben werden. Die Einhaltung der Bestimmungen sollte vom VfGH wahrgenommen werden. Im übrigen wurde sowohl auf den Grundsatz der verfassungskonformen Interpretation wie auf die Pflicht der Gerichte zur Stellung von Normenkontrollanträgen im Falle verfassungsrechtlicher Bedenken hingewiesen. Der Entwurf beruft sich auf die bereits 1993 abgeschlossenen Arbeiten der politischen Grundrechtskommission sowie auf später zwischen den Sozialpartnern „akkordierte Ergänzungen und Klarstellungen". Daß dieser im Jänner 2000 eingebrachte Entwurf wohl eher ein politisch-demonstrativer Akt war, zeigt sich daran, daß er eine Inkrafttretensklausel „mit 1. Juli 1997" enthielt, was wohl nur aus einer früheren Textversion (Initiativantrag 344/A BlgNR 20. GP) erklärbar ist.
194 Im Ausschuß 4 („Grundrechte") waren die meisten Mitglieder optimistisch und überzeugt davon, die Zeit sei „reif für soziale Grundrechte" (s. Pressedienst des Österreich-Konvents 18. 06. 2004/Nr.18 und 10. 12. 2004/Nr.26). Vor allem bei den leistungsstaatlichen Garantien wurden freilich die Konsenschancen mit fortschreitendem Schwierigkeitsgrad dünner. Hier standen einander als Modelle subjektive Rechte versus gesetzesvermittelte Gewährleistungen (mit ihren jeweiligen Konsequenzen im Rechtsschutzsystem) gegenüber. Details im Endbericht: 1/EndB-K–Teil 3 (S. 95 ff.).

verfassung zusammenzuführen; dieser Text muß freilich als sein Privatentwurf gelten (*Fiedler*-Entwurf).

Zum Abschluß seiner Arbeitsperiode hat der Österreich-Konvent einen umfassenden Bericht präsentiert (28. Januar 2005)[195]. Dieser wurde dann vom Bundeskanzler dem Nationalrat übermittelt[196], der in einem „Besonderen Ausschuß"[197] über den weiteren Weg der Staats- und Verfassungsreform beraten sollte[198]. Die Meinungen über die Ausschußarbeit blieben bis zum Ende der 22. Gesetzgebungsperiode geteilt und führten auch zu keiner Teilrevision der Bundesverfassung.

102
Abschlußbericht

Immerhin ist in den Ausschußberatungen der Meinungsstand zu den sozialen Grundrechten durch eine synoptische Darstellung der Entwürfe aller vier Parlamentsfraktionen (V, S, F, G) hervorragend dokumentiert[199]. Dabei zeigten sich hinsichtlich der klassischen Grundrechte weitgehende Übereinstimmungen bis in die Formulierungen, hingegen weiterreichende Auffassungsunterschiede und zum Teil doch sehr gegensätzliche Positionen bei den sozialen und kulturellen Rechten. Weitgehend identisch sind die Formulierungen aller Parlamentsfraktionen hinsichtlich des

103
Aktueller Meinungsstand

– Rechts auf Arbeit, des Rechts auf Arbeitsvermittlung, bemerkenswerterweise auch hinsichtlich des
– Rechts auf Vereinbarkeit von Beruf und Familie, sowie für ein
– Recht auf Zugang zu Leistungen von allgemeinem Interesse[200].

Grundsätzlich konsensual, wenn auch weniger detailliert und wohl mit unterschiedlichen Vorstellungen über die Ausgestaltung durch den Gesetzgeber finden sich auch Formulierungen über das

– Recht auf existenzielle Mindestversorgung[201] und das Recht auf soziale Sicherheit,
– Recht auf Wohnung (bzw. Wohnen), den
– Schutz der Gesundheit und den Schutz der Umwelt.

---

195 Der Bericht umfaßt ca. 1 200 Seiten; er kann (gegliedert in Teilbereiche) auf der Website des Konvents abgerufen werden: http://www.konvent.gv.at/portal/page?_pageid=905,844401&_dad=portal&_schema=PORTAL. Der *Fiedler*-Entwurf ist Teil 4 B des Gesamtberichtes. Auch er kann auf der website des Konvents abgerufen werden (so zuletzt am 18.2.2008): http://www.parlament.gv.at/K/DE/ENDB-K/ENDB-K–00001/pmh.shtml bzw. http://www.konvent.gv.at/K/DE/ENDB-K/ENDB-K–00001/pmh.shtml.
196 III-136 BlgNR 22. GP.
197 Nicht im Verfassungsausschuß.
198 Zehn Ausschußsitzungen in einem Jahre brachten die Einigung nicht wesentlich weiter voran. Konsensmöglichkeiten für eine Verfassungsreform zeichneten sich am ehesten ab bezüglich Verfassungsbereinigung, Grundrechtsbereich und Einführung einer mehrstufigen Verwaltungsgerichtsbarkeit.
199 Siehe die Arbeitsunterlage für die 5. Sitzung des „Besonderen Ausschusses" (17.1.2006), 1/ARB (XXII. GP): Synopse der Gesamtvorschläge und Positionen der parlamentarischen Klubs zum Themenbereich „Grundrechte".
200 Übereinstimmend in den Entwürfen von SP, FP und Grünen; es ist wohl nur ein Zufall, daß eine entsprechende Formulierung im VP-Entwurf fehlt. Der *Fiedler*-Entwurf hatte diesen Vorschlag als konsensual übernommen.
201 Der *Fiedler*-Entwurf formulierte (in seinem Art. 62) ein „Recht auf Daseinsvorsorge", welches u. a. einen Anspruch auf „Unterstützung und Betreuung, auf Nahrung, Kleidung, Unterkunft, medizinische Versorgung und auf jene Mittel, die für ein menschenwürdiges Dasein unerlässlich sind", umfassen soll.

Weiter auseinander klaffen – weltanschaulich bedingt – die Formulierungsentwürfe beim

- Schutz von Ehe und Familie: Kontrovers ist offensichtlich, welcher Familienbegriff zugrunde gelegt werden soll und ob (auch gleichgeschlechtliche) Lebensgemeinschaften in diesen Schutzbereich einbezogen werden sollen. Ähnliches gilt für das
- Recht auf Bildung, bei welchem der Zugang unbestritten ist. Umstritten ist hingegen schon die Frage der Unentgeltlichkeit öffentlicher Bildungseinrichtungen, und fraglich ist, ob eine Regelung über die Mitsprache von Eltern und Schülern „verfassungswürdig" ist. Geteilt sind die Meinungen weiters, ob man ganz abstrakt „kulturelle Teilhaberechte" verankern und dies mit einem Förderungsauftrag an den Staat verbinden soll.
- Ob es ein verfassungskräftiges „Recht auf Verbraucherschutz" geben soll, blieb ebenfalls völlig kontrovers.

2. Staatsreform-Kommission

104
Grundrechtsreform einschließlich sozialer Grundrechte

Das Regierungsprogramm der nach den Herbstwahlen 2006 gebildeten neuen Großen Koalition knüpft an die zuvor skizzierten Arbeiten an. Gegenwärtig wird durch eine siebenköpfige Arbeitsgruppe („Expertengruppe Staats- und Verwaltungsreform im Bundeskanzleramt") – wieder – eine Verfassungsreform in Teilschritten konzipiert. Nach einem ersten eher rechtstechnischen Schritt (Ausbau des Rechtsschutzes und der demokratischen Kontrollen)[202] soll eine zeitgemäße Grundrechtsreform einschließlich sozialer Grundrechte angegangen werden; in einem dritten Schritt sollen dann Grundlagen für eine Staatsvereinfachung (Verwaltungsreform und Kompetenzbereinigung) geschaffen werden.

105
Realitätsbezogenheit

In der Diskussion um die Verfassungsverankerung sozialer Grundrechte ist eine neue realitätsbezogene Sicht festzustellen. Erörtert wird unter anderem[203], wieviel der Einzelne selbst beitragen muß, um in den Genuß staatlicher Leistungen zu kommen (zum Beispiel unter Hinnahme von Auflagen beim Bezug von Sozialhilfe). Ferner wird darüber diskutiert, soziale Grundrechte davon abhängig zu machen, wie es jeweils um die Wettbewerbsfähigkeit der Wirtschaft oder die Leistungsfähigkeit des Staates bestellt ist. Eine solche „Leistbarkeitsklausel" soll dem Vernehmen nach auch der übereinstimmenden Auffassung der Sozialpartner entsprechen. Niemand verkennt, daß die wirtschaftliche und soziale Lage ein halbes Jahrhundert nach Einfüh-

„Leistbarkeitsklausel"

---

[202] Der erste (am 23.7.2007 zur Begutachtung ausgesendete) Teilentwurf plant insb. die Einrichtung von Landesverwaltungsgerichten (als Verwaltungsgerichten 1. Instanz in Unterordnung unter den VwGH), verbunden mit der Auflösung von Sonderbehörden, einige Verbesserungen der Kontrolle (u. a. Ausweitung der Kontrolle der Volksanwaltschaft sowie eine (textliche) Verfassungsbereinigung. Die jüngste Verfassungsnovelle – BVG BGBl I 2008/2 – realisiert nur eine kleinere Lösung (Einführung eines Asylgerichtshofes als Sonderverwaltungsgericht), ungewiß bleibt, ob es in Zukunft zur Schaffung von Verwaltungsgerichten 1. Instanz kommt.

[203] Laut Medienberichten, z.B. PRESSE v. 8.5.2007, Wiener Zeitung v. 9.6.2007, Kurier v. 10.6. und v. 7.7.2007.

rung des Allgemeinen Sozialversicherungsgesetzes völlig verändert ist (die Wirtschaft einigermaßen stabilisiert, das Sozialsystem aber durch demographische Entwicklung und Migrationsströme gefährdet). Bedenken bestehen nach wie vor, dem Verfassungsgerichtshof als obersten Maßstab für die Umsetzung sozialer Rechte die Beurteilung der Leistbarkeit anzuvertrauen bzw. aufzubürden.

Nichtsdestoweniger wird in der Staatsreform-Kommission ernsthaft die Einklagbarkeit sozialer Grundrechte erörtert. Naturgemäß soll nicht der Anspruch auf einen konkreten Arbeitsplatz, auf eine konkrete Wohnung oder auf bestimmte medizinische Behandlungen durchsetzbar sein, wohl aber soll der Bürger eine Handhabe gegen Untätigkeit des Gesetzgebers und Versagen der Politik erhalten (sogenannte „Gewährleistungsklage"). Zur Diskussion steht folgendes Modell: Kommt der Verfassungsgerichtshof auf Grund eines solchen Rechtsmittels zu der Auffassung, daß die Beschwerde zutrifft, so hätte er in erster Linie die rechtswidrige Untätigkeit des Gesetzgebers festzustellen und ihm eine Frist zur Behebung des Mangels zu setzen; dem Kläger sollte jedenfalls Schadenersatz zugesprochen werden. Wenn die Frist zur Behebung des Mangels vom Gesetzgeber nicht eingehalten wird, sollen darüber hinaus alle Betroffenen auf Schadenersatz klagen können. Man ist sich bewußt, daß hier dem Verfassungsgericht eine große und neuartige Verantwortung aufgebürdet würde und die Gefahr besteht, daß dieses seine Vorstellungen der Gesundheits-, Arbeitsmarkt- und Wohnungspolitik vorgibt.

106
Einklagbarkeit sozialer Grundrechte?

III. Gegenwärtige Überlegungen de constitutione ferenda

Angesichts des Umstandes, daß in der neueren Lehre der Unterschied zwischen den verschiedenen Grundrechtskategorien relativiert erscheint[204] und sich ein Konsens über die Aufnahme sozialer Garantien in einen neuen Grundrechtskatalog abzeichnet, stellen sich zwei grundlegende Fragen:

107
Grundrechtskatalog mit sozialen Grundrechten

– Welche wirtschaftlichen, sozialen und kulturellen Rechte können so formuliert werden, daß sich durchsetzbare Ansprüche daraus ableiten lassen; und vor allem:
– Wie können (sonstige) soziale Garantien ausgestaltet werden, damit ein effektiver Schutz gewährleistet wird, und welche Kontrollmechanismen sind dafür denkbar – erforderlichenfalls unter teilweiser Umgestaltung des verfassungsrechtlichen Rechtsschutzsystems? Gerade in der Frage der Durchsetzungsmechanismen hat die neuere Lehre gründlich weitergedacht.

1. Die normativ schwächste Art der Verankerung stellen Kompetenzbestimmungen dar: Sie ermächtigen bloß, verpflichten aber nicht. Nur wenig stärker ist die „dirigierende" Wirkung von verfassungsrechtlichen Programmsätzen

108
„soft law"

---
204 Öhlinger in ders./Floretta (FN 92) S. 46 f.; Öhlinger, in: Oswin Martinek (Hg.), FS Floretta, 1983, S. 273 ff.; Matscher (FN 139), S. 187 (206 f); Thienel (FN 26), S. 867.

oder Staatszielbestimmungen: Sie sind eigentlich nur Absichtserklärungen; normativ gedeutet, können sie allenfalls für die Auslegung bzw. für Abwägungs- und Ermessensentscheidungen Bedeutung erlangen, begründen aber ebenfalls nicht unmittelbar subjektive Rechte. Für soziale Garantien in den erwähnten Regelungsformen kommt daher eine Durchsetzung im engeren Sinne nicht in Betracht. Denkbar sind Kontrollen durch eine regelmäßige Berichterstattung an das zuständige Parlament (Nationalrat, Landtage) über die Umsetzung sozialer Staatsziele (durch Gesetzgebung und/oder Vollziehung) und allfällige Interventionen der Volksanwaltschaft. Solche Wege wären dem Bereich des „soft law" zuzuordnen[205].

109
Durchsetzung

2. Eine eigentliche Durchsetzung verfassungsrechtlicher Sozialgarantien kommt nur in Betracht, wenn die verfassungsrechtliche Regelung ein unmittelbar einklagbares subjektives Recht vorsieht (berechtigende Norm) oder zumindest einen Auftrag zu einer bestimmten Ausgestaltung der einfachgesetzlichen Rechtslage enthält.

a) Gesetzesvermittelte soziale Garantien und Normenkontrolle

110
Ausgestaltungsvorbehalt

Dazu wird mit guten Gründen die Auffassung vertreten, daß soziale Grundrechte unter Ausgestaltungsvorbehalt mit verfassungsrechtlichen Gesetzgebungsaufträgen „funktionell weitgehend gleichwertig" seien. Ein solches Konkretisierungsmodell[206] erlaubte eine Normenkontrolle, und zwar insbesondere nach Umbau bzw. Ausbau des Rechtsschutzsystems in systemkonformer Weise. Durch die Verankerung derartiger verfassungsgesetzlich gewährleisteter Rechte wäre der einfache Gesetzgeber verpflichtet, die sozialen Garantien durch die Schaffung subjektiver Rechte näher auszugestalten[207]. Die gesamte einschlägige Sozialgesetzgebung wäre als Ausführung der verfassungsrechtlichen Vorgaben zu sehen und erforderlichenfalls vom Verfassungsgerichtshof an diesen Vorgaben zu messen. Hinsichtlich des Prüfungsschemas bewegt man sich im Grunde auf „vertrautem Terrain", gleichgültig, ob man fehlende Leistung als „Eingriff" qualifiziert (und nach dem Übermaßverbot prüft) oder man von einem unzureichenden Schutzniveau ausgeht (und nach dem Untermaßverbot prüft)[208].

111
Normenkontrolle

Probleme entstehen, wo der einfache Gesetzgeber den Vorgaben teilweise nicht entspricht oder überhaupt untätig bleibt. In den Fällen einer Regelungslücke[209] ist allerdings zwischen partieller oder gänzlicher Untätigkeit des Gesetzgebers zu unterscheiden[210]: Schon bisher hat der Verfassungsgerichts-

---

205 In diesem Sinne *Pernthaler*, Bundesstaatsrecht (FN 2), S. 623 f.
206 Ausdruck von *Wiederin*, Soziale Grundrechte in Österreich (FN 138), S. 153 (155).
207 Der Gesetzgeber dürfte sich nicht auf die Schaffung von „Selbstbindungsnormen" beschränken, sondern müßte „außenwirksame" Regelungen mit durchsetzbaren Rechtsansprüchen schaffen.
208 *Wiederin*, Soziale Grundrechte in Österreich (FN 138), S. 153 (157f.).
209 Nur wenn es sich um eine „planwidrige" Lücke handeln sollte, könnte dieselbe im Wege verfassungskonformer Interpretation geschlossen und mittels des Gleichheitssatzes ein derivativer Leistungsanspruch zuerkannt werden.
210 Siehe dazu schon *Schäffer*, in: Rill/ders., Bundesverfassungsrecht (LitVerz.), Art. 140 B-VG RN 86. Diese Problemsicht schon bei *Martens*, Grundrechte im Leistungsstaat, in: VVDStRL 30 (1972), S. 7 ff.

hof die partielle Untätigkeit des Gesetzgebers, wenn sie die bestehende Regelung mit Verfassungswidrigkeit belastete, mit Aufhebung des Gesetzes sanktioniert[211].

Das Hauptproblem liegt aber in der Sanktionierung einer *völligen Untätigkeit des Gesetzgebers* angesichts einer verfassungsrechtlichen Vorgabe. Hier müßte dem Verfassungsgerichtshof die Kompetenz zur Feststellung der verfassungswidrigen Untätigkeit eingeräumt werden; ergänzend ist allenfalls ein Schadenersatzanspruch wegen gesetzgeberischer Fehlleistung denkbar. Diese Konstruktion beließe dem Verfassungsgerichtshof weiterhin die Rolle des nachprüfenden Organs und dem Gesetzgeber weiterhin seinen rechtspolitischen Gestaltungsspielraum (einschließlich der Abschätzung wirtschaftlicher Möglichkeiten). Darin könnte man eine bedeutende, aber immer noch systemgerechte Fortentwicklung des bestehenden Rechtsschutzsystems erblicken[212].

112
„Gewährleistungsklage"

b) „Selbsttragende Gewährleistungen"[213]

Die Normierung unmittelbar einklagbarer subjektiver Leistungsansprüche ist zwar nicht völlig unvorstellbar, jedoch für die Mehrzahl denkbarer sozialer Garantien kaum geeignet. Empfohlen werden solche verfassungsunmittelbaren Leistungsansprüche nur bei Garantien, die „greifbare Konturen" aufweisen. Selbst wenn sie die Formulierung unbestimmter Gesetzesbegriffe bedingen, hält man die Gerichte im allgemeinen für befähigt, solche Ansprüche zu judizieren. Wenn es auf einfachgesetzlicher Ebene den Gerichten möglich ist, darüber zu befinden, was ein angemessenes Entgelt oder ein angemessener Unterhalt ist, so sei es auch auf verfassungsrechtlicher Ebene nicht unmöglich, die Höhe etwa eines „angemessenen Existenzminimums" durch richterliche Entscheidung zu konkretisieren.

113
Direktanwendung?

Auch kommt eine unmittelbare Anwendbarkeit angesichts einer weit ausgebauten Sozialrechtsordnung ohnedies kaum zum Tragen (denn zunächst ist jedenfalls die einfachgesetzliche Vorschrift oder die Verordnung, die eine außenwirksame und abschließende Regelung eines sozialen Anspruchs trifft, anzuwenden, auch wenn die Regelung hinter der verfassungsrechtlichen Garantie zurückbleibt). Eine unmittelbare Anwendung eines sozialen Grundrechts käme nur in Betracht,

114
Ausgebaute Sozialrechtsordnung

– wenn überhaupt keine einschlägige unterverfassungsrechtliche Regelung besteht, oder

---

211 Aufhebung jener gesetzlichen Bestimmung, die als Sitz der Verfassungswidrigkeit identifiziert wird. Insoweit es um die Herstellung der Gleichheit geht, hat der Gesetzgeber nach der Aufhebung die Gestaltungsfreiheit zwischen dem Entfall der gleichheitswidrigen Begünstigung und der Ausdehnung der Leistung auf die gleichheitswidrig Benachteiligten zu wählen.
212 Den VfGH selbst zur Erlassung einer Ersatzregelung zu ermächtigen oder ihm die Befugnis zur Erteilung konkreter Handlungsaufträge an den Gesetzgeber einzuräumen, würde klar gegen das demokratische und gegen das gewaltentrennende Prinzip verstoßen, und wäre daher keinesfalls systemkonform. So auch *Thienel*, Soziale Grundrechte in Österreich? Zur Durchsetzung sozialer Garantien in Verfassungsrang, in: ÖJK (Hg.), Aktuelle Fragen des Grundrechtsschutzes, 2005, S. 119 (135f.).
213 *Wiederin*, Soziale Grundrechte in Österreich (FN 138), S. 153 (155).

- wenn die unzureichende gesetzliche Regelung keinen abschließenden Charakter hat, bzw.
- nach Aufhebung einer unzureichenden einfachgesetzlichen Regelung durch den Verfassungsgerichtshof.

Nicht unerwähnt soll bleiben, daß hier erhebliche Probleme auftauchen können, wenn es an einer klaren Regelung über die für die Rechtsdurchsetzung maßgeblichen Elemente mangelt: über den Anspruchsverpflichteten, über den konkreten Anspruchsinhalt und über den zur Durchsetzung zu beschreitenden Rechtsweg.

IV. Ausblick

115
Bedarfsorientierte Mindestsicherung

Da die Verwirklichung einer großen Staatsreform und die Verankerung sozialer Grundrechte nach wie vor höchst ungewiß sind, hat sich die österreichische Innenpolitik nach langem parteipolitischen Gezänk aufgerafft und (im Rahmen der bestehenden Verfassungsordnung) eine Initiative zur Bekämpfung der „neuen Armut" ergriffen. Unbestreitbar ist nämlich die Anzahl der Menschen, die auf eine Hilfe zur Sicherung ihres Lebensbedarfs (für sich und ihre Angehörigen) aus dem Titel der Sozialhilfe der Länder angewiesen sind, in den letzten zehn Jahren beträchtlich gestiegen. Zur verstärkten Armutsbekämpfung und zur Herstellung eines bundesweit einheitlichen Mindeststandards sowie harmonisierter landesgesetzlicher Regelungen soll das Instrument einer „Bedarfsorientierten Mindestsicherung" eingeführt werden. Dies erfordert ein Zusammenwirken aller Gebietskörperschaften. Dementsprechend sollen in einer staatsrechtlichen Vereinbarung gemäß Art. 15a B-VG gemeinsame Zielsetzungen und Grundsätze für eine Bedarfsorientierte Mindestsicherung zwischen dem Bund und den Ländern festgelegt werden. Der Bund und die Länder werden die in ihren jeweiligen Zuständigkeitsbereich fallenden Finanzierungsanteile tragen (Bund: Weiterbildungsangebote und Fördermaßnahmen für Arbeitslose sollen die Verweildauer in der Mindestsicherung verkürzen; Länder: Anhebung der Sozialhilfe auf das Niveau des Mindeststandards[214]).

---

214 Vgl. den Entwurf einer Vereinbarung zwischen dem Bund und den Ländern gemäß Art. 15a B-VG über eine bundesweite Bedarfsorientierte Mindestsicherung", zur Begutachtung ausgesendet vom BMSK GZ 40.101/0013-IV/9/2008 vom 16.4.2008.

G. Bibliographie

Cerny, Josef, Wie steht es um die Ausprägung sozialer Grundrechte in Österreich?, in: Das Recht der Arbeit (DRdA) 1965, S. 109 ff.
Floretta, Hans: Bürgerliche Freiheitsrechte u. soziale Grundrechte, DRdA 1969, S. 1 ff.
ders., Gedanken zu einer Verankerung eines verfassungsmäßig garantierten Rechtes auf Arbeit, in: Rudolf Machacek u.a. (Hg.), FS Wilhelm Rosenzweig, 1988, S. 133 ff.
Gutknecht, Brigitte, Das Recht auf Wohnen und seine Verankerung in der österreichischen Rechtsordnung, JBl 1982, S. 173 ff.
dies., Soziale Grundrechte in Österreich, in: Bundesministerium für Arbeit und Sozialordnung (Hg.), Soziale Grundrechte in der Europäischen Union, 2001, S. 135 ff.
Holoubek, Michael, Zur Struktur sozialer Grundrechte, in: FS Öhlinger, 2004, S. 507 ff.
Horner, Franz, Soziale Grundrechte, 1974.
Korinek Karl, Zur Problematik sozialer Grundrechte, Berichte und Informationen 1965, 1000/1001, S. 11 ff.
ders., Betrachtungen zur juristischen Problematik sozialer Grundrechte, in: Katholische Sozialakademie Österreichs, Fragen des sozialen Lebens, 1971, S. 9 ff.
Krejci, Heinz, Zur Problematik verfassungsmäßig gewährleisteter sozialer Rechte, in: Versicherungsrundschau 1965, S. 186 ff.
Loebenstein, Edwin, Soziale Grundrechte und die Frage ihrer Justitiabilität, in: Oswin Martinek (Hg.), FS Floretta, 1983, S. 209 ff.
ders., Rechtsschutz – soziale Grundrechte, in: FS Ermacora, 1974, S. 1 ff.
Machacek, Rudolf, Die Justiziabilität sozialer Grundrechte, in: Oswin Martinek/ Gustav Wachter (Hg.), FS Schnorr, 1988, S. 521 ff.
Matscher, Franz, Freiheitsrechte, Gewährleistungsansprüche, Drittwirkung, soziale Grundrechte. In: Gertraud Putz u.a. (Hg.), FS Schmölz, 1992, S. 187 ff.
Merli, Franz, Rechtliche Grenzen für den für Umbau und Abbau des Sozialstaates, in: Rainer Hofmann u.a. (Hg.), Armut und Verfassung, 1998, S. 13 ff.
Novak, Richard, Das Problem der sozialen Grundrechte, in: Grazer Universitätsreden Heft 10, 1972.
Oberndorfer, Peter, Soziale Verantwortung im österreichischen Verfassungsrecht, in: Alois Mock u.a. (Hg.), Verantwortung in Staat und Gesellschaft, 1977, S. 29 ff.
Öhlinger, Theo, Soziale Grundrechte, in: O. Martinek (Hg.), FS Floretta, 1983, S. 271 ff.
Okresek, Wolf, Die Durchsetzung wirtschaftlicher und sozialer Grundrechte, in: Franz Matscher (Hg.), Die Durchsetzung wirtschaftlicher und sozialer Grundrechte – eine rechtsvergleichende Bestandsaufnahme, 1991, S. 185 ff.
Thienel, Rudolf, Überlegungen zur Ausgestaltung sozialer Grundrechte, in: Metin Akyürek u.a. (Hg.), FS Schäffer 2006, S. 859 ff.
ders., Soziale Grundrechte in Österreich? in: ÖJK (Hg.), Aktuelle Fragen des Grundrechtsschutzes, 2005, S. 119 ff.
Tomandl, Theodor, Der Einbau sozialer Grundrechte in das positive Recht, 1967.
van der Ven, Frans, Soziale Grundrechte, 1963.
Walter, Robert/Gerhard Schnorr, Die Grundrechte mit Arbeitsrechtsbeziehung und die Neufassung des österreichischen Grundrechtskataloges, 1967.
Wiederin, Ewald, Soziale Grundrechte in Österreich? in: ÖJK (Hg.), Aktuelle Fragen des Grundrechtsschutzes, 2005, S. 153 ff.
ders., Sind soziale Grundrechte durchsetzbar? in: Die Zukunft 2004/9, S. 35 ff.

§ 200
Grundrechtliche Organisations- und Verfahrensgarantien

Heinz Schäffer

Übersicht

	RN
A. Petitionsrecht	1– 6
B. Justizgewähr und Rechtsschutz	7–11
I. Rechtsstaatsprinzip	7– 9
II. Einzelgarantien	10
III. Europäische Union	11
C. Anspruch auf den „gesetzlichen Richter"	12–31
I. Grundbedeutung und Entwicklung in der Rechtsprechung	12
II. Bedeutung für die Vollziehung	13–24
1. Arrogation eines nicht zustehenden Entscheidungsrechtes	14–22
2. Verweigerung der Sachentscheidung	23–24
III. Bedeutung für die Gesetzgebung	25–27
IV. Grundrechtsträger – Anspruch auf Parteistellung?	28–31
D. Rechtsstaatliche Verfahrensgrundsätze als Grundrechte	32–43
I. Zugang zu Gericht	33
II. Organisationsrechtliche Konsequenzen	34–39
III. Verfahrensrechtliche Konsequenzen	40–42
IV. (Verwaltungs-)Rechtsschutz für Fremde im Ausweisungsverfahren	43
E. Verfahrensgarantien in Zivil- und Strafsachen	44–72
I. Tribunal	44–50
1. „Auf Gesetz beruhend"	44
2. Unabhängigkeit	45
3. Unparteilichkeit	46–48
4. Volle Kognition	49
5. Zur Tribunalqualität einzelner Organe	50
II. Faires Verfahren	51– 62
1. Allgemeines	51– 55
2. Waffengleichheit	56– 58

	RN
3. Persönliche Teilnahme an der Verhandlung	59– 61
4. Geordnetes Beweisverfahren	62
III. Öffentlichkeit und Mündlichkeit	63– 69
IV. Entscheidung in angemessener Frist	70– 72
F. Rechte des Angeklagten	73– 87
I. Unschuldsvermutung	73– 79
1. Grundsatz	73
2. Grundrechtsverpflichtete	74
3. Beweislast	75– 76
4. Verletzung des Grundrechts	77– 78
5. Spannungslage zur Informationsfreiheit	79
II. Selbstbelastungsfreiheit	80– 81
III. „Mindestgarantien" des rechtsstaatlichen Strafverfahrens	82– 87
1. Verständliche Information über die Anschuldigung	83
2. Position der Verteidigung	84– 85
3. Fragerecht	86
4. Dolmetscher	87
G. Weitere grundrechtliche Garantien in Strafsachen	88–101
I. „Nullum crimen, nulla poena sine lege (praevia)"	89– 94
1. Strafrechtliches Legalitätsprinzip	89
2. Verbot rückwirkender Strafgesetze	90– 92
3. Eigenes Verhalten	93– 94
II. Verbot der Doppelbestrafung	95– 98
III. Rechtsmittel in Strafsachen	99
IV. Entschädigung bei Fehlurteilen	100–101
H. Wirksame Beschwerde	102–108
J. Grundrechtsgefährdungen – präventiver Rechtsschutz	109–112
K. Bibliographie	

A. Petitionsrecht

1 **Begriff**

Die älteste und allgemeinste Verfahrensgarantie, die sich die Grundrechtsträger im Kampf um die Grundrechte (1848) zunächst einfach „genommen" haben, ist das Petitionsrecht[1]. Es wird, da Instrument zur Artikulierung politischer Wünsche, auch als politisches Recht gesehen.

2 **Jedermann-Recht**

Art. 11 StGG 1867 gewährt das Petitionsrecht ausdrücklich als Jedermann-Recht[2]. Das Wesentliche am Petitionsrecht als „Recht" und nicht als Bitte um Gnadenerweis besteht darin, daß eben jedermann sein Anliegen vorbringen darf, ohne Rechtsnachteile befürchten zu müssen. Unter Petitionen versteht man Anträge allgemeiner Art an Organe der Gesetzgebung oder der Vollziehung, mit denen die Erlassung bestimmter genereller Anordnungen oder die Abstellung bestimmter rechtlicher Zustände begehrt wird[3]. Die Behörden sind verpflichtet, Petitionen entgegenzunehmen und einzusehen. Das verfassungsgesetzlich gewährleistete Petitionsrecht allein gibt aber noch keinen Anspruch darauf, daß die Staatsorgane zum Inhalt der Petition Stellung nehmen oder sie beantworten; dazu bedarf es ergänzender oder näher ausführender Gesetzesregeln.

3 **Keine „Sturmpetitionen"**

Das verfassungsgesetzlich gewährleistete Petitionsrecht steht unter der einzigen Einschränkung, daß „Petitionen unter einem Gesamtnamen ... nur von gesetzlich anerkannten Körperschaften oder Vereinen ausgehen" dürfen (Art. 11 Abs. 2 StGG). Die Regelung soll offensichtlich nach den Erfahrungen von 1848 sogenannte „Sturmpetitionen" verhindern, die keiner bestimmten Person oder Organisation zugerechnet werden können[4]. Einfachgesetzlich bestimmt § 10 Versammlungsgesetz 1953, daß Petitionen, die von Versammlungen ausgehen, von nicht mehr als zehn Personen überbracht werden dürfen[5]. Die Bestimmung hat einen offensichtlichen Ordnungszweck und soll den von Massendemonstrationen vor einem Behördensitz ausgehenden Druck kanalisieren.

4 **Volksanwaltschaft**

Seit der Einführung der Volksanwaltschaft[6] kann sich dort jedermann wegen behaupteter Mißstände in der Verwaltung[7] des Bundes[8] beschweren, sofern er

---

[1] Man beachte, daß auch im englischen Staatsrecht die „Petition of Rights" (1628) der „Bill of Rights" (1688) vorangegangen ist.
[2] Für die supranationale Ebene siehe *Obwexer*, Petitions- und Beschwerderecht in der EU, in: ecolex 1995, S. 772 ff.
[3] *VfSlg* 4065, 4295, 6131, 6441.
[4] *Ermacora*, Handbuch (LitVerz.), S. 279.
[5] Eine ähnliche Bestimmung galt früher für Vereine. Seit 2002 ist im neuen Vereinsrecht eine solche Anordnung nicht mehr vorgesehen, wohl deshalb, weil nun für Vereinsversammlungen das Versammlungsgesetz gilt.
[6] Ursprünglich einfachgesetzlich (BGBl 1977/121) als „Gesetzesexperiment" ausgestaltet, ist es Dauerrecht seit BVG BGBl 1981/350 im Rahmen der Bundesverfassung (Art. 148a–148j B-VG, seit BVG BGBl I 2008/2 im 8. Hauptstück der Bundesverfassung). Die Volksanwaltschaft ist organisatorisch und funktionell ein Hilfsorgan der Legislative.
[7] Hoheits- und Privatwirtschaftsverwaltung.
[8] Durch Landesvolksanwaltsgesetz (LVG) können sich die Länder der Volksanwaltschaft des Bundes anschließen (d. h. sie können diese auch für die Verwaltung des betreffenden Landes für zuständig erklären); das haben sieben der neun Bundesländer getan. In Tirol und Vorarlberg besteht hingegen je ein eigener Landesvolksanwalt.

von diesen Mißständen betroffen ist und soweit ihm ein Rechtsmittel nicht oder nicht mehr zur Verfügung steht[9]. Hier sind dem Beschwerdeführer das Ergebnis der Prüfung sowie die allenfalls getroffenen Veranlassungen mitzuteilen (Art. 148a Abs. 1 B-VG). Neuerdings kann sich jedermann auch „wegen behaupteter Säumnis eines Gerichtes mit der Vornahme einer Verfahrenshandlung" bei der Volksanwaltschaft beschweren, sofern er davon betroffen ist[10].

Der Volksanwaltschaft obliegt ferner die Mitwirkung an der Erledigung der an den Nationalrat gerichteten „parlamentarischen Petitionen und Bürgerinitiativen"[11]. Die parlamentarische Behandlung derartiger Anliegen ist in §§ 100 bis 100d GOGNR[12] näher geregelt. Petitionen bilden nur dann einen Gegenstand der Verhandlungen des Nationalrates, wenn sie von einem seiner Mitglieder überreicht werden. Der Nationalrat hat einen eigenen „Ausschuss für Petitionen und Bürgerinitiativen", der ein solches Anbringen je nach Inhalt des Anliegens und Ergebnis der Beratungen

5
Volksanwaltschaft

– entweder als zur weiteren Behandlung offenkundig ungeeignet betrachten („ablegen") oder
– der Bundesregierung (bzw. einem bestimmten Bundesminister) zur geeigneten Verfügung weiterleiten oder
– der Volksanwaltschaft zur weiteren Behandlung übermitteln kann.

Ein selbstständiger Ausschußantrag auf Erlassung eines Gesetzes ist in diesem Zusammenhang nicht zulässig.

Das verfassungskräftig verbriefte Petitionsrecht kann auch als Verfassungsgrundlage für die Anhörung der Verbände im Gesetzgebungs- und Verordnungsgebungsverfahren angesehen werden, vor allem in jenen Situationen, für die in den Gesetzen ein Stellungnahme- bzw. Anhörungsrecht nicht ausdrücklich statuiert ist[13].

6
Anhörung der Verbände

B. Justizgewähr und Rechtsschutz

I. Rechtsstaatsprinzip

Die österreichische Grundrechtsordnung kennt anders als etwa Art. 19 Abs. 4 GG keine ausdrückliche allgemeine Rechtsweggarantie. Gleichwohl bietet das historisch gewachsene, in der Bundesverfassung verankerte Rechtsschutzsystem mit grundsätzlich trialistischer Höchstgerichtsbarkeit (Oberster

7
Grundsätzlich lückenloser Rechtsschutz

---

9 Nebenbei: Dies gilt selbst dann, wenn der Verlust der Rechtsmittelmöglichkeit durch Verschulden oder Versehen erfolgte.
10 Art. 148a Abs. 3 B-VG, neu seit der B-VG-Novelle BGBl I 2008/2.
11 Dazu *Blümel*, ... sich Gehör verschaffen. Petitionen und Bürgerinitiativen, in: Forum Parlament 2005, S. 60.
12 BG über die Geschäftsordnung des Nationalrates vom 4.7.1975 (BGBl 1975/410 i.d.F. zuletzt BGBl I 2005/29). Analoge Bestimmungen enthält § 25 der Geschäftsordnung des Bundesrates (BGBl 1988/361).
13 *Karl Korinek*, Das Petitionsrecht im demokratischen Rechtsstaat, 1977.

Gerichtshof als Spitze der ordentlichen Gerichtsbarkeit in Zivil- und Strafsachen, Verfassungsgerichtshof und Verwaltungsgerichtshof als „Garantien der Verfassung und Verwaltung") im Ergebnis eine grundsätzlich vollständige und lückenlose Rechtsweggarantie und institutionelle Verfahrensgarantie. Eine Umbildung dieses Systems zu einem anderen, zum Beispiel stärker justizstaatlichen Modell durch den (einfachen) Verfassungsgesetzgeber wäre denkbar und zulässig, solange die Umgestaltung im Ergebnis zumindest gleichwertigen Rechtsschutz bietet. Eine Beseitigung oder wesentliche Einschränkung der erwähnten Rechtsschutzgarantien würde eine Gesamtänderung der Bundesverfassung darstellen und dürfte dementsprechend nur mit obligatorischer Volksabstimmung erfolgen (Art. 44 Abs. 3 B-VG)[14]. Gewisse Ergänzungen und Veränderungen des Systems, wie insbesondere der Einbau der – verwaltungsgerichtsähnlichen – Unabhängigen Verwaltungssenate (1988) und die Schaffung eines eigenen Asylgerichtshofes (2008) haben die Grundstruktur des öffentlich-rechtlichen Rechtsschutzes unberührt gelassen und seine Effizienz erhöht[15].

8
Korrigierbarkeit fehlerhafter Staatsakte

Nach dem in Österreich herrschenden Verfassungsverständnis ist ein umfassender Rechtsschutz Bestandteil des rechtsstaatlichen Grundprinzips. Dieses hat nach einer mittlerweile zur Standardformel gewordenen Aussage des Verfassungsgerichtshofs den Sinn, daß alle Akte staatlicher Organe im Gesetz und mittelbar letzten Endes in der Verfassung begründet sind[16]. Außerdem muß „ein System von Rechtsschutzeinrichtungen dafür Gewähr bieten, dass nur solche Akte in ihrer rechtlichen Existenz dauernd gesichert erscheinen, die in Übereinstimmung mit den sie bedingenden Akten höherer Stufe erlassen worden sind"[17]. Die Aufgabe des Rechtsschutzsystems besteht somit von Verfassungs wegen vor allem darin, eine Korrigierbarkeit fehlerhafter Staatsakte zu gewährleisten.

9
Mindestmaß faktischer Effizienz

Die neuere Rechtsprechung betont in diesem Zusammenhang überdies, das Rechtsstaatsprinzip gebiete ein bestimmtes Mindestmaß an faktischer Effizienz für den Rechtsschutzwerber[18]. Faktische Effizienz bedeutet demnach, daß der Betreffende sowohl die Möglichkeit haben muß, eine „Entscheidung rechtsrichtigen Inhalts" zu erlangen als auch deren „Umsetzung in den Tatsachenbereich" zu bewirken. Einschränkungen dieser Elemente rechtsstaatskonformer Ausgestaltung werden aus verfassungsrechtlicher Sicht nur aus sachlich gebotenen, triftigen Gründen für zulässig angesehen. Diese Sicht korrespondiert inhaltlich mit dem in Art 13 EMRK normierten Erfordernis einer wirksamen Beschwerde bei einer nationalen Instanz[19].

---

14 Dazu *Rill/Schäffer*, in: dies., Bundesverfassungsrecht (LitVerz.), Art 44 B-VG RN 35.
15 *Rill/Schäffer* aaO., Vorbem. zum 7. Hauptstück des B-VG.
16 So schon *VfSlg* 2455 (obiter dictum), dann *VfSlg* 2929 u.a.m.
17 *VfSlg* 11.196, 16.245 u.a.
18 Verfassungswidrig war daher z.B. der generelle Ausschluß der aufschiebenden Wirkung einer Berufung (*VfSlg* 11.196, 16.460), ebenso eine nur zweitägige Berufungsfrist für Asylwerber (*VfSlg* 15.529).
19 Näher mit Judikaturnachweisen *Kucsko-Stadlmayer*, Rechtsschutz und Verfassung, in: Bundesministerium für Inneres (Hg.), Der Rechtsschutzbeauftragte, 2004, S. 27 (36 ff.); *Schäffer*, Entwicklungsperspektiven des Rechtsstaats, in: Siegfried Magiera/Karl-Peter Sommermann (Hg.), Freiheit, Rechtsstaat und Sozialstaat in Europa. Merten-Symposium, 2007, S. 17 ff.; *Öhlinger*, Verfassungsrecht (LitVerz.), RN 84.

II. Einzelgarantien

Neben der prinzipienhaften Verankerung des Rechtsschutzes bestehen besondere Rechtsweg-Garantien:

- Art. 5 Abs. 3 EMRK verbrieft einem Festgenommenen das Recht auf Vorführung vor einen Richter und auf Entscheidung (Aburteilung oder Haftentlassung) innerhalb angemessener Frist.
- Art. 5 Abs. 4 EMRK garantiert den Rechtsweg im Falle der Freiheitsentziehung durch Festnahme oder Haft (Anspruch auf Entscheidung bzw. Überprüfung durch ein Gericht).
- Art. 6 Abs. 1 EMRK garantiert den Rechtsweg bei Vorliegen eines Zivilrechtsanspruchs oder einer strafrechtlichen Anklage; dabei handelt es sich nicht notwendigerweise um Rechtspositionen, die als solche von der Konvention geschützt sind.
- Art. 13 EMRK verlangt eine Beschwerdemöglichkeit im Falle der behaupteten Verletzung konventionsgeschützter Rechte[20].

Die drei erstgenannten Verfahrensgarantien sind leges speciales gegenüber Art. 13 EMRK und „absorbieren" gleichsam dessen Anwendungsmöglichkeit[21].

10
Besondere Rechtsweggarantien

III. Europäische Union

Auch die Europäische Union stellt ein Rechtsschutzsystem zur Verfügung, welches dem der nationalen Gerichtsbarkeit im wesentlichen vergleichbar ist. Die „Wahrung des Rechts" der Gemeinschaft ist dem Europäischen Gerichtshof als Institution anvertraut. Die Richter des Europäischen Gerichtshofs und des Europäischen Gerichts 1. Instanz sind persönlich und sachlich unabhängig. Die Garantie eines fairen und zügigen Verfahrens – ohne Einschränkung auf bestimmte Materien – gilt nach der Rechtsprechung als allgemeiner Rechtsgrundsatz und somit als Bestandteil des Primärrechts.

11
Rechtsschutz im Gemeinschaftsrecht

C. Anspruch auf den „gesetzlichen Richter"

I. Grundbedeutung und Entwicklung in der Rechtsprechung

Entwicklungsgeschichtlich hängt dieses Grundrecht mit den Verfassungsgarantien einer unabhängigen Justiz und der Gewaltentrennung – Trennung von Justiz und Verwaltung – zusammen. Die Formulierung ist Antwort auf die

12
Unabhängige Justiz, Gewaltentrennung

---

20 Näheres siehe unten H.
21 *Matscher*, Zur Funktion und Tragweite der Bestimmung des Art. 13 EMRK, in: Karl-Heinz Böckstiegel u. a. (Hg.), FS Seidl-Hohenveldern, 1988, S. 324 (336).

historisch bekannte Gefahr einer „Kabinettsjustiz"[22]. In Österreich stand diese Garantie ursprünglich im Kontext des Gesetzes zum Schutz der persönlichen Freiheit[23]. Aber schon das Reichsgericht interpretierte sie teleologisch weit und verstand unter dem gesetzlichen Richter jede staatliche Behörde, die – durch die Verhängung von Strafen – in die persönliche Freiheit des Einzelnen eingreifen konnte[24]. In der Republik knüpfte der Verfassungsgerichtshof unmittelbar daran an und wertete als Verletzung des gesetzlichen Richters nicht nur, wenn jemand wegen einer strafbaren Handlung einem anderen als dem gesetzlichen Richter unterstellt worden war, sondern auch, wenn eine Behörde die Befugnis eines Strafrichters wegen einer Handlung ausübte, die nach dem Gesetz einer strafrechtlichen Beurteilung überhaupt nicht unterlag[25].

Ausweitung auf die „kompetente Behörde"

Wenig später hat der Verfassungsgerichtshof den im Art. 83 Abs. 2 B-VG ursprünglich genannten „ordentlichen Richter" mit dem „gesetzlichen Richter" im Sinne des § 1 des Gesetzes zum Schutze der persönlichen Freiheit von 1862 gleichgesetzt[26] und als ordentlichen Richter auch ausdrücklich die zur Ahndung von Gesetzesübertretungen berufenen „politischen Behörden" gewertet[27], ja die „kompetente Behörde" überhaupt dem gesetzlichen Richter gleichgehalten[28]. Damit hat er dieses Grundrecht letztlich zum „Schutz der gesetzlich begründeten Behördenzuständigkeiten" ausgeweitet[29] – einschließlich gewisser Regelungen über die korrekte Bildung und Zusammensetzung von Behörden.

II. Bedeutung für die Vollziehung

13

Extensive Auslegung

Folgendes ist der Grundgedanke der extensiven Auslegung: Eine Verletzung des Rechts auf den gesetzlichen Richter liegt einerseits vor, wenn jemand eine Entscheidungsmacht in der Sache in Anspruch nimmt, die ihm keinesfalls zukommt, umgekehrt aber auch, wenn eine Behörde eine Entscheidung ablehnt, die ihr nach dem Gesetz obliegt und damit eine Sachentscheidung verweigert[30].

---

22 In vorkonstitutioneller Zeit haben der Monarch als Gerichtsherr oder seine Verwaltung gelegentlich Angelegenheiten, die eigentlich in die Gerichtszuständigkeit fielen, an sich gezogen und durch „Machtspruch" entschieden oder die Sache zur Entscheidung einem besonderen (abhängigen) Gericht zugewiesen.
23 RGBl. 1862/87.
24 *RGE* 253, 373, 432, 1842.
25 *VfSlg* 57/1920, 118/1922. Gedankliche Brücke zum Grundsatz nulla poena sine lege (ursprünglich einfachgesetzlich): Kundmachungspatent zum StGG, § 1 VStG; heute im Verfassungsrang angesichts Art. 7 EMRK.
26 *VfSlg* 450/1925. „Gesetzlicher Richter" heißt es auch in Art. 83 Abs. 2 B-VG seit der B-VG-Nov. 1929.
27 *VfSlg* 639/1926.
28 Ab *VfSlg* 1443/1932.
29 *VfSlg* 2536/1953.
30 Z.B. *VfSlg* 7457, 9696, 12.889, 14.590, 14.997.

1. Arrogation eines nicht zustehenden Entscheidungsrechtes

Dies trifft zu,

- wenn eine Entscheidung ohne jede Grundlage im materiellen Recht getroffen wird[31];
- wenn eine Strafe nach eingetretener Verjährung verhängt wird[32];
- wenn ein Bescheid im Säumnisbeschwerdeverfahren nach Verstreichen der vom Verwaltungsgerichtshof gesetzten Frist erlassen wird[33];
- wenn keine Zuständigkeit zur Erlassung eines Feststellungsbescheides besteht[34] oder,
- wenn wegen entschiedener Sache eine Bescheiderlassung überhaupt nicht mehr in Frage kommt[35].

14 Arrogation von Entscheidungsmacht

Sogar Zusammensetzung und Willensbildung von (Kollegial-)Behörden spielen nach der Judikatur eine Rolle: Der Grundsatz des gesetzlichen Richters wird auch verletzt, wenn eine unrichtig zusammengesetzte Kollegialbehörde oder wenn ein Einzelorgan anstelle des gesetzlich vorgesehenen Kollegialorgans entscheidet[36].

15 Kollegialbehörden

Im Handeln von Kollegialorganen können die Verfassungssphäre (dieses Verfahrensgrundrechts) verletzende Fehler unterlaufen, etwa wenn ein ausgeschlossenes, nicht bloß befangenes Organ (mit-)entschieden hat[37]; ferner bei der Teilnahme nicht stimmberechtigter Personen; bei der rechtswidrigen Stimmenthaltung; bei Entscheidung im Umlaufweg, wenn eine solche nicht vorgesehen ist[38], oder auch, wenn ein im Gesetz vorgesehenes Einvernehmen mehrerer Behörden nicht hergestellt wurde[39] oder wenn umgekehrt ein Bescheid gesetzwidrigerweise von mehreren Behörden einvernehmlich erlassen wird[40].

16 Grundrechtsrelevante Verfahrensfehler

Kollegialbehörden mit richterlichem Einschlag (im Sinne des Art. 133 Z 4 B-VG), die oft nicht der Kontrolle durch den Verwaltungsgerichtshof unterliegen, werden vom Verfassungsgerichtshof in der Handhabung des Verfahrens einem besonders strengen Maßstab unterworfen[41], so etwa bei Durchführung fortgesetzter Verhandlungen denselben strengen Regeln wie kollegial besetzte Gerichte[42].

17 Kollegialbehörden mit richterlichem Einschlag

Eine nochmalige Erweiterung der teleologischen Betrachtungsweise liegt in der neueren Rechtsprechung, wonach die Nichterfüllung der an ein „Tribunal" als gerichtsähnliche Verwaltungsbehörde zu stellenden Anforderungen

18 Unabhängige Verwaltungssenate

---

31 VfSlg 4, 5, 15, 3702, 5489, 7084, 10.137, 11.073, 15.240.
32 VfSlg 3093, 6749, 7118, 7192, 7205, 8092, 8273, 8804, 11.060, 10.008, 16.550.
33 VfSlg 16.717.
34 VfSlg 17.178, 17.788.
35 VfSlg 15.230, 17.051.
36 VfSlg 2609, 3506, 7037, 10.022, 11.350, 13.946, 15.408, 15.427, 15.588, 15.720, 15.731, 15.846, 15.971, 17.292.
37 VfSlg 6123, 6387, 7360, 11.336, 15.668, 15.731.
38 VfSlg 11.408, 15.239, 17.709.
39 VfSlg 5922, 6472, 6744, 17.244.
40 VfSlg 4312, 5930.
41 VfSlg 3506, 5296, 8845, 11.336, 13.756.
42 VfSlg 11.108, 11.336, 13.756, 15.668, 16.572, 16.907.

§ 200   *Dreizehnter Teil: II. Einzelgrundrechte*

der Unabhängigkeit und Unparteilichkeit bei einem Einzelmitglied des Unabhängigen Verwaltungssenats wegen möglichen Anscheins von Befangenheit als Verletzung des gesetzlichen Richters qualifiziert wird[43]. Ferner wird bei den Unabhängigen Verwaltungssenaten die feste Geschäftsverteilung als eine zuständigkeitsbegründende Vorschrift gesehen, deren Nichteinhaltung das Recht auf den gesetzlichen Richter verletzt[44].

19
Keine Verletzung des Rechts auf gesetzlichen Richter

Hingegen wird das Recht auf den gesetzlichen Richter *nicht* verletzt, wenn eine Entscheidung bloß gesetzwidrig ist und keine Verletzung der Zuständigkeitsordnung bewirkt, so zum Beispiel,

– wenn ein befangenes Organ an der Entscheidung mitwirkt[45];
– wenn zwei Mitglieder einer Kollegialbehörde gesetzwidrigerweise ihre Funktionen (Vorsitzender und Stimmführer) vertauschen[46];
– wenn die innerbehördlichen Regelungen über die Approbationsbefugnis mißachtet werden[47];
– wenn dem Bescheid nicht entnommen werden kann, wie die bescheiderlassende Kollegialbehörde zusammengesetzt war[48];
– wenn ein nichtamtlicher Sachverständiger mit der Begründung beigezogen wird, er treffe ja keine Entscheidung[49];
– wenn die Entscheidung der zuständigen Behörde durch Erteilung einer Weisung vollständig determiniert wird[50];
– wenn ein Antrag mit zutreffender Begründung ab- statt zurückgewiesen wird[51], sowie überhaupt,
– wenn Verfahrensvorschriften mißachtet werden oder die Entscheidung sonst gesetzwidrig ist.

20
Gesetzlose Entscheidungen

Entscheidungen, die geradezu gesetzlos ergehen, werden in der Rechtsprechung je nach Blickwinkel und Beschwerdebehauptung teils als Verletzung des gesetzlichen Richters, teils auch als Verletzung des Willkürverbots (Gleichheit) gesehen. Die Abgrenzung kann im Einzelfall schwierig und problematisch sein, zumal je nach Beschwerdebehauptung die einfache Gesetzesverletzung beim Verwaltungsgerichtshof und die qualifizierte unter Berufung auf die Verletzung des „gesetzlichen Richters" beim Verfassungsgerichtshof bekämpft werden kann.

21
Qualifizierte Verfahrensfehler

Solche Verfahrensfehler, die einer Arrogation der Entscheidungskompetenz gleichkommen, stellen jedenfalls eine Verletzung des gesetzlichen Richters dar. Dies ist der Fall,

---

43 *VfSlg* 15.439.
44 *VfSlg* 14.985.
45 *VfSlg* 3408, 6554, 7738, 7798, 14.843, 15.473, 16.348, 16.467, 16.959.
46 *VfSlg* 6295.
47 Ständige Rechtsprechung des *VwGH*, z.B. v. 4.10.2001, 97/08/0078; v. 18.3.2003, 2000/21/0173; v. 26.1.2006, 2002/06/0205.
48 *VfSlg* 17.086.
49 *VfSlg* 6172.
50 *VfSlg* 7772.
51 *VfSlg* 5592, 9512, 10.890, 14.864, 15.697.

- wenn ein antragsbedürftiger Verwaltungsakte von Amts wegen erlassen wird[52], ferner,
- wenn die Behörde nur über einen Eventualantrag, nicht aber über den Hauptantrag entscheidet oder
- wenn eine Disziplinarstrafe ohne entsprechende Anschuldigung verhängt wird[53],
- wenn ein kompletter Verfahrensabschnitt übersprungen wurde,
- wenn eine Berufungsbehörde über eine Sache entscheidet, die nicht Gegenstand des erstinstanzlichen Verfahrens war, zum Beispiel wenn sie einen anderen Sachverhalt zum Gegenstand ihrer Entscheidung macht als die erstinstanzliche Behörde[54] oder überhaupt den Verfahrensgegenstand auswechselt[55],
- wenn ein Ladungsbescheid außerhalb des örtlichen Zuständigkeitsbereiches erlassen wurde[56].

Weil es im Grunde auf die „Sache" ankommt, greift nach der Rechtsprechung eine differenzierte Betrachtung von sachlicher und örtlicher Zuständigkeit Platz. Hat in erster Instanz eine örtlich unzuständige Behörde entschieden, dann ist das Recht auf den gesetzlichen Richter nicht verletzt, sofern in höherer Instanz die örtlich und sachlich zuständige Behörde im gleichen Vollzugsbereich einschreitet[57]; damit ist der Fehler gleichsam geheilt. Hat jedoch in erster Instanz eine sachlich unzuständige Behörde entschieden, so ist der gesetzliche Richter durch die höhere Instanz dann verletzt, wenn diese die Unzuständigkeit nicht aufgegriffen hat, unabhängig davon, ob sie selbst sachlich zuständig war[58].

22
Sachliche und örtliche Zuständigkeit

2. Verweigerung der Sachentscheidung

Eine Verletzung des gesetzlichen Richters liegt, wie erwähnt, auch darin, daß eine Behörde in gesetzwidriger Weise ihre Zuständigkeit abgelehnt und damit eine Sachentscheidung verweigert hat[59], also immer dann,

- wenn ein Antrag von der Behörde aus zuständigkeits- oder verfahrensrechtlichen Gründen fälschlich zurückgewiesen wird und diese nicht in der Sache selbst entscheidet[60];

23
Verweigerung der Sachentscheidung

---

52 *VfSlg* 4730, 5419, 5685, 11.502, 16.462, 16.785.
53 *VfSlg* 12.698, 15.585, 15.841, 17.125.
54 *VfSlg* 2869, 6416, 8886.
55 *VfSlg* 14.928, 15.070.
56 *VfSlg* 5746.
57 *VfSlg* 3966, 5236.
58 *VfSlg* 1953, 3966, 4184, 4401, 5385, 5700, 14.992.
59 *VfSlg* 10.374, 11.405, 11.496, 11.601, 12.221, 13.280, 13.987, 14.997, 15.130, 15.178, 16.156. Voraussetzung der Beschwerde beim VfGH ist freilich ein eingreifender Verwaltungsakt. Die bloße Untätigkeit kann nicht unter Berufung auf den gesetzlichen Richter nach Art. 144 B-VG bekämpft werden; vielmehr steht für diesen Fall die Säumnisbeschwerde an den VwGH offen.
60 *VfSlg* 14.997, 15.095, 15.140, 15.873, 16.079, 16.794, 16.888, 17.104, 17.157.

– wenn die Erlassung eines Feststellungsbescheides verweigert wird, auf den die Partei Anspruch hat[61].

Bei Nichtanerkennung prozessualer Parteirechte liegt eine Rechtsverletzung freilich nur dann vor, wenn aus diesem Grund die Sachentscheidung verweigert wird[62], also etwa,

– wenn eine Berufung nur als Aufsichtsbeschwerde behandelt wird,
– wenn ein Devolutionsantrag (§ 73 AVG) zu Unrecht abgelehnt wird oder
– wenn eine verfahrensrechtlich zulässige Berufung als unzulässig zurückgewiesen wird.

24
Unterlassung der Vorabentscheidung

Ein neuer Anwendungsfall ist mit dem Beitritt zur Europäischen Union entstanden: „Gesetzlicher Richter" ist auch der Europäische Gerichtshof. Wie schon früher in Deutschland wird auch nach österreichischer Auffassung das Recht auf ein Verfahren vor dem gesetzlichen Richter dann verletzt, wenn eine vorlagepflichtige Behörde, ein „Gericht" im Sinne des Art. 234 EGV[63], eine entscheidungserhebliche Frage dem Europäischen Gerichtshof als dem hiefür zuständigen Gericht nicht zur Vorabentscheidung vorlegt[64].

III. Bedeutung für die Gesetzgebung

25
Bindungswirkung für das Gesetz

Wurde das Recht auf den gesetzlichen Richter in der älteren Rechtsprechung nur auf die Vollziehung bezogen[65], so hat man in der Nachkriegszeit schrittweise auch die Bindung der Gesetzgebung erkannt und ausdrücklich ausgesprochen. Der Gedanke klang schon an, als man sagte, der gesetzliche Richter müsse aus dem Gesetz bestimmbar sein; und dieses Recht werde verletzt, wenn die Behörde eine Kompetenz in Anspruch nimmt, obwohl gar keine (eindeutige) gesetzliche Grundlage vorhanden ist[66]. Dementsprechend wurde es als verfassungswidrig angesehen, wenn ein und dieselbe Sache Vollziehungsorganen verschiedenen Typus zugewiesen wurde und dem Gesetz keine objektiv erfaßbaren Voraussetzungen für die Zuständigkeitsabgrenzung zu entnehmen waren[67]. Schließlich wurde in aller Klarheit ausgesprochen, „dass die sachliche Zuständigkeit einer Behörde ... aus dem Gesetz festzustellen sein muß"[68].

---

61 Einen derartigen Anspruch hat die Partei des Verwaltungsverfahrens nach der übereinstimmenden Rechtsprechung von VwGH und VfGH, wenn die Erlassung eines solchen im Gesetz ausdrücklich vorgesehen ist oder – ohne eine solche Klausel –, wenn die Erlassung im öffentlichen Interesse liegt bzw. für die Partei „ein notwendiges Mittel zweckentsprechender Rechtsverteidigung ist".
62 VfSlg 6746, 7771, 9094, 14.943, 15.123, 15.365, 15.475.
63 Nicht nur Gerichte im Sinne der Bundesverfassung, sondern auch weisungsfreie Verwaltungsbehörden, die Rechtsstreitigkeiten zu entscheiden haben (z. B. das Bundesvergabeamt). Vorlagepflichtig sind nur Gerichte, die (funktionell) letztinstanzlich entscheiden.
64 St.Rspr., z.B. VfSlg 14.390, 16.988. Eine Vorlage muß freilich nur dann erfolgen, wenn die Auslegung bzw. die Gültigkeit einer Norm des Gemeinschaftsrechts nicht ohnedies i.S. der acte claire-Doktrin unzweifelhaft ist. Keine Vorlagepflicht besteht, sofern gegen die verwaltungsbehördliche Entscheidung noch Beschwerde an den VwGH möglich ist. Der VfGH erachtet jede Verletzung der Vorlagepflicht für relevant und nimmt dabei nicht nur eine Grobprüfung vor.
65 So noch VfSlg 2470, 3085, 4127, 4347.
66 VfSlg 2224.
67 VfSlg 2909.
68 VfSlg 6675/1972.

Ist die Behördenzuständigkeit im Gesetz nicht eindeutig festgelegt, so ist das Gesetz nach Auffassung des Verfassungsgerichtshofs wegen Verstoßes gegen Art. 18 B-VG (Legalitätsprinzip) in Verbindung mit Art. 83 Abs. 2 B-VG (gesetzlicher Richter) verfassungswidrig. Daraus ergeben sich unter anderem das Verbot einer generellen alternierenden Zuständigkeitsordnung und die Unzulässigkeit einer inhaltlich nicht näher bestimmten Ermächtigung („formalgesetzlichen Delegation") zur Zuständigkeitsverlagerung durch Verwaltungsakt.

26
Nicht-Eindeutigkeit der Behördenzuständigkeit

Art. 83 Abs. 2 B-VG gebietet nicht die Einrichtung von Instanzenzügen, auch nicht für jene Fälle, in denen die Anrufung des Verwaltungsgerichtshofs ausgeschlossen ist.

27
Kein Gebot von Instanzenzügen

IV. Grundrechtsträger – Anspruch auf Parteistellung?

Ungeachtet seiner negativen Formulierung („Niemand darf seinem gesetzlichen Richter entzogen werden") handelt es sich um ein Jedermann-Recht, dessen – so schon die alte Judikatur – sowohl natürliche als auch juristische Personen teilhaftig sind, die im Verfahren Parteistellung haben.

28
Jedermann-Recht

Nach langjähriger Rechtsprechung des Verfassungsgerichtshofs ist dem „gesetzlichen Richter" nicht zu entnehmen, welche Personen Parteistellung genießen[69]. Die Auffassung, es sei Sache des Gesetzgebers, den Kreis der Parteien und deren Rechte zu gestalten, wird in der Literatur zwar grundsätzlich gebilligt, aber mit einer Art Wesensgehalt-Argument kritisiert: Die Gestaltungsfreiheit des Gesetzgebers könne nicht soweit reichen, das Recht auf das Verfahren vor dem gesetzlichen Richter „leerlaufen" zu lassen[70]. Freilich: Nicht so sehr aus dem individuellen Verfahrensgrundrecht, sondern aus prinzipiellen Überlegungen zum Verfassungsstaat ist herzuleiten, daß der Rechtsstaat neben organisationsrechtlichen auch geeignete verfahrensrechtliche Vorkehrungen für einen wirksamen Rechtsschutz aufweisen muß. Erforderlich ist daher auch die Einräumung *subjektiver Rechte* gegenüber der Verwaltung, soweit es um wesentliche, schutzbedürftige Interessen geht.

29
Wesentliche schutzbedürftige Interessen

Gewiß ist es Sache der einfachen Gesetzgebung zu bestimmen, was im Allgemeininteresse von den Behörden zu beachten und zu schützen ist, und was dem Einzelnen als eine von ihm zu verteidigende und durchsetzbare Rechtsposition zugewiesen wird. Dem hat in verfahrensrechtlicher Hinsicht grundsätzlich eine Parteistellung zu korrespondieren. Wem eine solche eingeräumt wird und wie sie im Detail auszugestalten ist, fällt nach Ansicht des Verfassungsgerichtshofs grundsätzlich in die Verantwortung des Gesetzgebers. Dieser kann – im Rahmen sachlicher Überlegungen – durchaus Verfahrensvereinfachungen, Abkürzungen von Rechtsmittelfristen und Instanzenzügen, Einschränkungen von Einwendungsmöglichkeiten etc. vorsehen, sofern da-

30
Subjektive Rechte

---

[69] Z.B. *VfSlg* 3085.
[70] *Walter/Mayer/Kucsko-Stadlmayer*, Bundesverfassungsrecht (LitVerz.), RN 1518.

durch die zur Verteidigung subjektiver Rechte nötige Verfahrensposition nicht geradezu beseitigt wird – so die neuere Rechtsprechung zur Verfahrensderegulierung beispielsweise im Baurecht oder im Gewerberecht[71].

31
Anerkennung unverzichtbarer Verfahrenspositionen

Auf der Ebene der Europäischen Menschenrechtskonvention gewinnt der Europäische Gerichtshof für Menschenrechte seit längerer Zeit aus der Lebensschutz-Garantie (Art. 2 EMRK) nicht nur materiell-rechtlich eine positive Schutzpflicht, sondern entnimmt diesem elementaren Konventionsrecht überdies bei Todesfällen, die potentiell eine Verantwortung des Staates begründen können, unter prozessualem Aspekt eine Pflicht zu angemessener Untersuchung[72]. Ähnlich scheint nun auch der österreichische Verfassungsgerichtshof aus verfassungsrechtlichen Gründen gewisse unverzichtbare Verfahrenspositionen anzuerkennen. Jüngst hat er – allerdings unter Berufung auf das Rechtsstaatsprinzip – im Fremdenrecht eine Bestimmung, welche die Zuerkennung eines Aufenthaltstitels „aus humanitären Gründen" nur von Amts wegen vorsah und dem betroffenen Fremden kein Antragsrecht und somit keine eigene verfahrensrechtliche Position gab, als verfassungswidrig aufgehoben[73]. Im Ergebnis wird damit hochrangigen Rechtsgütern bei potentieller Gefährdung ein korrespondierender Verfahrensanspruch zur Seite gestellt.

D. Rechtsstaatliche Verfahrensgrundsätze als Grundrechte

32
Art. 6 EMRK

Nach Art. 6 EMRK hat jedermann Anspruch darauf, daß über seine zivilrechtlichen Ansprüche und Verpflichtungen oder über eine gegen ihn erhobene strafrechtliche Anklage ein „Gericht"[74] (in den authentischen Sprachen der Konvention: „tribunal")[75] „in billiger Weise" (das heißt in einem fairen Verfahren) und innerhalb angemessener Frist entscheidet.

---

71 Dazu näher *Grabenwarter*, Subjektive Rechte und Verwaltungsrecht, in: Verhandlungen des 16. Österreichischen Juristentages 2006, Bd. I/1, S. 10 ff., und *Öhlinger*, Verfassungsrecht (LitVerz.), RN 775 (m.w.N.).
72 *EGMR*, Urt. v. 30. 11. 2004 (GK), Öneryildiz ./. Türkei, NL 2004, S. 296; Urt. v. 20. 3. 2008, Budayeva ./. Rußland, NL 2008, S. 73.
73 *VfGH*, Erk. v. 27. 6. 2008, G 246/07 u. a.; der VfGH hält zwar grundsätzlich fest, es gebe kein Recht von Fremden auf Entfaltung des Privat- und Familienlebens in einem bestimmten Aufenthaltsstaat ihrer Wahl. Dennoch kann sich nach seiner Ansicht – in einem System, das die Erteilung von Aufenthaltstiteln vorsieht – aus Art. 8 EMRK unter besonderen Umständen eine Verpflichtung des Staates ergeben, den Aufenthalt eines Fremden zu ermöglichen (mit der Folge, daß die Verweigerung der Erteilung eines Aufenthaltstitels einen Eingriff in dieses Grundrecht bildet). Die geprüften Bestimmungen des Niederlassungs- und Aufenthaltsgesetzes stellten zwar unter dem Aspekt humanitärer Gründe wesentlich auf Interessen von Fremden ab, schlossen aber generell die Möglichkeit aus, daß der Einzelne diese Interessen als „seine Rechte" unabhängig vom Tätigwerden der Behörden geltend machen kann. Aus rechtsstaatlichen Gründen sei es jedoch unzulässig, in diesen Fällen lediglich ein Tätigwerden der Behörden von Amts wegen vorzusehen und keine Antragstellung des in seinen Rechten betroffenen Einzelnen zuzulassen. Diese in ihrer Tragweite noch nicht voll abschätzbare Entscheidung wurde unter dem etwas plakativen Motto verkündet: „Im Rechtsstaat ist für Gnadenerweise kein Platz".
74 Das ist nicht notwendigerweise ein Gericht i.S. der österreichischen Bundesverfassung.
75 Siehe unten E I, RN 44 ff.

I. Zugang zu Gericht

Damit sieht Art. 6 EMRK für Zivil- und Strafverfahren eine Reihe von Organisations-, Zuständigkeits- und Verfahrensgarantien vor, die über das Recht auf den „gesetzlichen Richter" weit hinausgehen. Die grundlegende Anordnung besteht in einem Recht auf Zugang zu einem Gericht[76]: Für den Fall einer materiellen Berechtigung (gemäß dem nationalen Recht) muß ein individueller Durchsetzungsanspruch gegeben sein.

33
Durchsetzungsanspruch

II. Organisationsrechtliche Konsequenzen

Darüber hinaus bedeutet die Anordnung des Art. 6 EMRK aber – entgegen der im österreichischen Verfassungsrecht ursprünglich rein formell-organisatorisch gedachten Trennung von Justiz und Verwaltung (Art. 94 B-VG) – auch eine Art „materielle Gewaltentrennung", die sich an den autonomen Konventionsbegriffen des Zivil- und Strafrechts zu orientieren hat.

34
Materielle Gewaltentrennung

In organisatorischer Hinsicht verlangt die Bestimmung eine zumindest nachprüfende[77] Entscheidung durch ein unabhängiges und unparteiliches Tribunal mit umfassender Entscheidungsbefugnis. Dieser Vorgabe wurde in Österreich durch die Einführung der Unabhängigen Verwaltungssenate (UVS) in den Ländern (Art. 129 a, 129 b B-VG)[78] oder von besonderen Kollegialbehörden Rechnung getragen (zum Beispiel dem Bundesvergabeamt), die dem Tribunalbegriff der Konvention entsprechen.

35
Unabhängigkeit und umfassende Entscheidungsbefugnis

Die Begriffe „Zivilrecht" und „Strafrecht" sind autonom auszulegen[79], und zwar schon deshalb, weil es um einen gemeinsamen europäischen Standard geht und weil es sonst jeder nationale Gesetzgeber in der Hand hätte, den Anwendungsbereich der Garantie beliebig zu verändern.

36
Autonome Abgrenzung

Als zivilrechtlich im Sinn von Art. 6 EMRK werden alle Verfahren angesehen, die unmittelbare Auswirkungen auf zivilrechtliche Ansprüche oder vermögensrechtliche Positionen haben. Neben den traditionellen Zivilrechtsstreitigkeiten gehören hierzu auch zahlreiche Angelegenheiten, die man in Österreich traditionell zum Verwaltungsrecht zählt, wie etwa die grundverkehrsbehördliche Genehmigung von Rechtsgeschäften über Liegenschaften, die

37
Zivilrecht

---

76 → Bd. VI/1: *Gundel*, Verfahrensrechte, § 146.
77 Vgl. aus neuerer Zeit *EGMR*, Urt. v. 1. 3. 2005, Linnekogel, Beschwerde Nr. 43.874/98; Urt. v. 21. 7. 2005 Mihailov, Beschwerde Nr. 52.367/99. Österreich betreffend: *EGMR*, Urt. v. 24. 2. 2005, Nowicky, Beschwerde Nr. 34.983/02, ÖJZ 2006, S. 36: Es ist mit Art. 6 EMRK nicht unvereinbar, die Befugnis, über zivilrechtliche Ansprüche und Verpflichtungen abzusprechen, Verwaltungsbehörden zu überlassen, vorausgesetzt, daß deren Entscheidungen einer nachprüfenden Kontrolle durch ein Tribunal unterliegen, das volle Jurisdiktion besitzt.
78 Die UVS in den Ländern wurden eingeführt mit BVG BGBl 1988/685 (wirksam ab 1991). Der später als UVS des Bundes gegründete Unabhängige Bundesasylsenat (UBAS) wurde jüngst durch ein echtes (Sonderverwaltungs-)Gericht ersetzt: Asylgerichtshof, eingeführt mit BVG BGBl I 2008/2 (wirksam ab 1. 7. 2008).
79 Hierbei sind Ziel und Zweck der EMRK und die nationalen Rechtssysteme der übrigen Vertragsstaaten zu berücksichtigen.

Erteilung und der Entzug von Berufsberechtigungen oder auch sozialversicherungsrechtliche Ansprüche[80].

38
Strukturvorbehalte des VfGH

Der Verfassungsgerichtshof hat diese evolutive und im einzelnen konturlose Rechtsprechung des Europäischen Gerichtshofs für Menschenrechte wegen ihrer Konsequenzen für die österreichische Staatsorganisation zu Recht nicht zur Gänze nachvollzogen[81]. Er hat gleichsam als Gegenstrategie eine Differenzierung zwischen dem *Kernbereich* des Zivilrechts und solchen Angelegenheiten vorgeschlagen, die civil rights nur in ihren Auswirkungen betreffen (*Randbereich*). Während im Kernbereich ein mit voller Kognition in Tat- und Rechtsfragen ausgestattetes Tribunal entscheiden muß, sei im Randbereich die bloß nachprüfende Kontrolle der verwaltungsbehördlichen Entscheidung durch ein Tribunal – insbesondere durch den Verwaltungsgerichtshof – als ausreichend anzusehen. Inhaltlich orientiert sich die Unterscheidung im wesentlichen daran, ob das den Gegenstand der traditionellen Ziviljustiz bildende Verhältnis der Bürger „unter sich" oder die – traditionell dem öffentlichen Recht zuzuordnende – Stellung des Einzelnen gegenüber der Allgemeinheit das Verfahrensthema bildet. Die Frage verschiebt sich damit auf die ausreichende Tribunalqualität der im innerstaatlichen Recht zur Vollziehung berufenen Organe.

39
Strafrecht

Auch bei der strafrechtlichen Anklage kann die Zuordnung nicht auf nationalem Recht allein beruhen, sondern wird „autonom" nach der Art der Zuwiderhandlung und nach der Art und der Schwere der Sanktion qualifiziert. An die Allgemeinheit gerichtete Anordnungen mit präventiven und repressiven Zwecken sind grundsätzlich Strafrecht[82], auch wenn nur geringe Strafen angedroht sind. Eine strafrechtliche Anklage liegt jedenfalls vor, wenn längere Freiheitsstrafen drohen. Strafrecht im Sinn des Art. 6 EMRK umfaßt das Justizstrafrecht und das Verwaltungsstrafrecht, grundsätzlich aber nicht bloße Disziplinarsanktionen. Letztere können aber in den Anwendungsbereich des Art. 6 EMRK fallen, wenn besonders schwere Strafen angedroht sind.

III. Verfahrensrechtliche Konsequenzen

40
Faires und zügiges Verfahren

In verfahrensrechtlicher Hinsicht fordert Art. 6 EMRK ein faires Verfahren, eine angemessene Verfahrensdauer, eine öffentliche – und damit auch mündliche – Verhandlung vor einem Tribunal sowie die öffentliche Verkündung der Entscheidung durch das Tribunal. Weitere besondere Garantien gelten für Strafverfahren (Art. 6 Abs. 2 und 3 EMRK)[83].

41
Einschränkbarkeit aus öffentlichen Interessen

Die Verfahrensgarantien des Art. 6 EMRK gelten nach der Rechtsprechung des Europäischen Gerichtshofs für Menschenrechte weithin nicht absolut, sondern sind Einschränkungen aus öffentlichen Interessen zugänglich.

---

80 Judikaturübersicht z. B. bei *Adamovich/Funk/Holzinger*, Staatsrecht III (LitVerz.), S. 89. Jüngst wurde z. B. auch das Verfahren auf Zulassung eines Arzneimittels dem Zivilrechtsbegriff unterstellt.
81 Seine Gefolgschaft verweigert hat der VfGH im Fall Miltner (*VfSlg* 11.150).
82 → Bd. VI/1: *Gundel*, Verfahrensrechte, § 146 RN 46 ff.
83 Siehe weiter unten F., RN 73 ff.

Beschränkungen des Zugangs zu Gericht sind zulässig, sofern sie verhältnismäßig sind und den „Wesenskern" des Rechts nicht verletzen. Zulässig ist daher die Immunität internationaler Organisationen vor der staatlichen Gerichtsbarkeit bzw. die sogenannte „berufliche Immunität" von Parlamentariern. Auch Gerichtsgebühren sind – wenn sie nicht unverhältnismäßig hoch sind – keineswegs als Einschränkung des Zugangs zu Gericht zu werten. Beim Recht auf öffentliche Verhandlung erlaubt die Rechtsprechung des Gerichtshofs neben der in der Konvention ausdrücklich vorgesehen Möglichkeit des Ausschlusses der Öffentlichkeit in bestimmten Fällen auch das gänzliche Unterbleiben einer Verhandlung.

Art. 6 EMRK statuiert keine unmittelbare Pflicht der Konventionsstaaten, für jedermann Prozeßkostenhilfe in Zivilsachen vorzusehen, wenngleich nicht zu übersehen ist, daß ein solches System ein geeignetes Mittel ist, das Recht auf Zugang zu Gericht und auf ein faires Verfahren wirksam sicherzustellen[84]. Das europäische Gemeinschaftsrecht will hingegen künftig tatsächlich ein allgemeines Recht auf Prozeßkostenhilfe zusichern, und zwar für alle „Personen, die nicht über ausreichende Mittel" zu ihrer Rechtsvertretung und -verteidigung „verfügen, um den Zugang zu den Gerichten wirksam zu gewährleisten" (Art. 47 GR-Charta).

42
Verfahrenshilfe

IV. (Verwaltungs-)Rechtsschutz für Fremde im Ausweisungsverfahren

Die Menschenrechtskonvention gewährleistet dem Fremden kein Recht, sich in einem bestimmten Staat aufzuhalten, aber sie gibt ihm rechtsstaatliche Minimalgarantien. Nach Art. 1 7. ZP EMRK dürfen Fremde, die sich rechtmäßig im Inland aufhalten, nur auf Grund einer rechtmäßig ergangenen Entscheidung ausgewiesen werden. Sie haben das Recht,

- gegen die Ausweisung Gründe vorzubringen,
- den Fall prüfen zu lassen und
- sich in dem Verfahren vertreten zu lassen.

Eine Ausweisung vor Durchführung eines solchen Verfahrens ist im Interesse der öffentlichen Ordnung oder aus Gründen der nationalen Sicherheit zulässig, bedarf aber nach dem allgemeinen Legalitätsprinzip (Art. 18 Abs. 1 B-VG) einer gesetzlichen Grundlage.

43
Minimalgarantien

---

84 Zur Verteidigung im Strafverfahren vgl. Art. 6 Abs. 3 lit. c EMRK.

E. Verfahrensgarantien in Zivil- und Strafsachen

I. Unabhängiges und unparteiisches Gericht (Tribunal)

44
Umfassende Kognitionsbefugnis

Der Europäischen Menschenrechtskonvention liegt ein Gerichtsbegriff zu Grunde, der mit dem formellen Gerichtsbegriff des österreichischen Bundes-Verfassungsgesetzes nicht identisch ist[85], sondern materielle Anforderungen aufstellt. Ein Tribunal muß nach Art. 6 EMRK auf dem Gesetz beruhen, unabhängig und unparteiisch sein und eine sowohl in der Tat- wie auch in der Rechtsfrage umfassende Kognitionsbefugnis besitzen[86].

1. „Auf Gesetz beruhend"

Dies bedeutet: „auf staatlicher Norm beruhend"[87].

2. Unabhängigkeit

45
Garantien gegen äußere Beeinflussung

Die Unabhängigkeit des Tribunals muß sowohl gegen andere Staatsorgane, insbesondere gegen die Exekutive, als auch gegen die Parteien bestehen[88]. Als Kriterien der Unabhängigkeit sieht die Straßburger Rechtsprechung

- die Art der Bestellung der Mitglieder,
- die Dauer ihrer Amtszeit,
- Garantien gegen äußere Beeinflussung sowie
- den aus dem angelsächsischen Rechtskreis übernommenen Grundsatz „justice must not only be done, it must also be seen to be done". Das bedeutet nach einer materiellen Betrachtungsweise, daß das Tribunal auch seinem äußeren Erscheinungsbild nach als unabhängig anzusehen sein muß[89]. Daß die Mitglieder eines Tribunals von einem Verwaltungsorgan ernannt werden, stellt ihre Unabhängigkeit und Unparteilichkeit noch nicht in Frage, solange die ernannten Mitglieder ihr Amt in ihrer individuellen Kapazität ausüben und gesetzlich festgelegt ist, daß sie insofern keinen Weisungen unterliegen[90]. Auch eine begrenzte Amtsdauer von etwa drei Jahren gilt als ausreichend, wenn die Mitglieder des Tribunals vor Ablauf der Amtsdauer nur aus besonderen Gründen und in einem besonderen Verfahren abberufen werden können[91].

---

[85] *EGMR*, Urt. v. 16. 7. 1971, Ringeisen, JBl 1972, S. 488.
[86] → Bd. VI/1: *Gundel*, Verfahrensrechte, § 146 RN 85ff.
[87] So waren die vor der Erlassung des Arbeits- und Sozialgerichtsgesetzes bestehenden Arbeitsgerichte seinerzeit durch Verordnung eingerichtet, was nach Ansicht der Straßburger Rechtsprechung unbedenklich war; EKMR, B. v. 12. 10. 1978, Zand, ÖJZ 1980, S. 43.
[88] *EGMR*, Urt. v. 23. 4. 1987, Ettl, ÖJZ 1988, S. 22.
[89] *EGMR*, Urt. v. 28. 6. 1984, Campbell, EuGRZ 1985, S. 534.
[90] *EGMR*, Urt. v. 22. 10. 1984, Sramek, Beschwerde Nr. 8790/79, EuGRZ 1985, S. 336.
[91] *EGMR*, Urt. v. 28. 6. 1984, Campbell, EuGRZ 1985, S. 534.

3. Unparteilichkeit

Naturgemäß besteht ein funktionaler Zusammenhang zwischen Unparteilichkeit und Unabhängigkeit; letztere ist Voraussetzung der Unparteilichkeit. Nach einem *subjektiven* Maßstab kommt es auf die persönliche Einstellung der Richter an: Sie sollen ihre Entscheidungen ohne Ansehen der Person, sachgemäß und nach bestem Wissen und Gewissen fällen. Diese Einstellung wird grundsätzlich bis zum Beweis des Gegenteils unterstellt[92]. Nach einem *objektiven* Maßstab ist unabhängig vom persönlichen Verhalten des Richters zu prüfen, ob feststellbare Umstände Anlaß zu Zweifeln an der Unparteilichkeit geben[93].

46 Subjektiver oder objektiver Maßstab

Probleme mit der Unparteilichkeit können auftreten, wenn ein Richter mit einer Sache mehrfach und in unterschiedlichen Funktionen befaßt wird. Mehrfachbefassung als solche muß aber grundsätzlich als unproblematisch angesehen werden, sofern es sich nicht geradezu um Befangenheits- oder Ausschließungsgründe handelt. So ist es mit Art. 6 EMRK zwar unvereinbar, wenn auch nur ein Mitglied eines Tribunals über die Rechtmäßigkeit eines Genehmigungsaktes zu befinden hätte, an dem es selbst mitgewirkt hat; denn das liefe darauf hinaus, Richter in eigener Sache zu sein[94]. Doch es bestehen keine Bedenken, wenn dasselbe Mitglied des Unabhängigen Verwaltungssenats, das den ersten Bescheid erlassen hat, auch den Ersatzbescheid erläßt – also eine ganz normale Situation auf Grund eines Rechtsmittels mit kassatorischer Wirkung[95]. Die Unparteilichkeit kann auch in Frage stehen, wenn zwischen dem rechtsprechenden Organ, einer Prozeßpartei oder einem am Prozeßausgang Interessierten besondere Beziehungen bestehen. Doch muß einem Richter grundsätzlich Unparteilichkeit zugebilligt werden, auch wenn er bereits andere Verfahren gegen dieselbe Person geführt hat[96]. Konflikte, Nahebeziehungen und sonstige Verbindungen zwischen einer Verfahrenspartei und einem Tribunal-Mitglied können Anlaß zu Zweifeln an der Unparteilichkeit des Tribunals geben[97]. Der erforderliche Anschein der Unabhängigkeit und Unparteilichkeit ist auch bei organisatorischen Verquickungen nicht ausreichend gewährleistet[98].

47 Mehrfachbefassung

Anlaß zu Zweifeln

Die Bindung eines Tribunals an die in einem anderen Verfahren ergangene Entscheidung (wie etwa früher nach § 268 ZPO die Bindung des Zivilgerichts an ein verurteilendes Erkenntnis des Strafgerichts) verletzt das Recht, durch ein unabhängiges und unparteiisches Gericht gehört zu werden, wenn ein für die Entscheidung wesentlicher Umstand nicht mehr in Frage gestellt werden kann und die Partei zu dem anderen Verfahren keinen Zugang hatte[99].

48 Bindung an Entscheidungen

---

92 *EGMR*, Urt. v. 10. 2. 1983, Albert und Le Compte, EuGRZ 1983, S. 190.
93 *EGMR*, Urt. v. 23. 10. 2001, Vogl und Vogl ./. Österreich, ÖJZ 2002, S. 393.
94 VfSlg 13.553, 14.564.
95 *EGMR*, Urt. v. 2. 9. 2004, Bachmayer ./. Österreich, ÖJZ 2005, S. 358.
96 *EKMR*, B. v. 6. 4. 1995, Oberschlick ./. Österreich, Beschwerde Nr. 20834/92, NL 1995, S. 110.
97 VfSlg 14.901.
98 Z.B. VfSlg 15.507, 15.668, 17.616 u. a.
99 VfSlg 12.504, 14.145, 16.663; vgl. dazu auch *Klicka*, Bindung an Strafurteile vom VfGH aufgehoben!, JAP, 1990/91, S. 103; *Spitzer*, Die Bindungswirkung von Verwaltungsakten im Zivilprozeß, ÖJZ 2003, S. 48 ff.

4. Volle Kognition

49
Prüfungsbefugnis

Um den Anforderungen des Art. 6 Abs. 1 EMRK zu entsprechen, muß ein Tribunal alle Sach- und Rechtsfragen prüfen können, die für den Rechtsstreit maßgeblich sind[100]. Das Tribunal muß jedoch nicht zwingend selbst in der Sache entscheiden; auch eine bloß kassatorische Entscheidungsbefugnis kann mit Art. 6 EMRK vereinbar sein. In diesem Sinne ist die grundsätzlich kassatorische Wirkung der Erkenntnisse des Verwaltungsgerichtshofs im Hinblick auf die Verpflichtung der Verwaltungsbehörden, unverzüglich den der Rechtsanschauung des Verwaltungsgerichtshofs entsprechenden Rechtszustand herzustellen (§ 63 VwGG) und im Hinblick auf die Möglichkeit der Säumnisbeschwerde an den Verwaltungsgerichtshof (Art. 132 B-VG) zumindest aus der Sicht des österreichischen Verfassungsgerichtshofs grundsätzlich konventionskonform[101]. Die Bindung eines Tribunals an die Entscheidung einer anderen Behörde entspricht dem Art. 6 EMRK nur dann, wenn diese andere Behörde und ihr Verfahren ihrerseits dem Art. 6 EMRK genügen[102].

5. Zur Tribunalqualität der einzelnen Organe des österreichischen Rechtsschutzsystems

50
Tribunalqualität

a) Die *ordentlichen Gerichte* sind jedenfalls Tribunale.

b) Auch die *Unabhängigen Verwaltungssenate* sind – obwohl formell Verwaltungsorgane – aus materieller Sicht und im Hinblick auf ihre Unabhängigkeitsgarantien Tribunale[103].

Kollegialbehörden mit richterlichem Einschlag

c) Auch sogenannte Kollegialbehörden mit richterlichem Einschlag (im Sinne des Art. 133 Z 4 B-VG), die eben wegen ihrer Konstruktion von der Kontrolle durch den Verwaltungsgerichtshof ausgeschlossen sein können[104], können Tribunale sein, wenn sie den Anforderungen an Unabhängigkeit und Unparteilichkeit nach Art. 6 EMRK entsprechen[105].

---

100 *EGMR*, Urt. v. 17.12.1997, Terra Woningen, ÖJZ 1998, S. 69.
101 *VfSlg* 11.500.
102 *EGMR*, Urt. v. 28.6.1990, Obermayer, EuGRZ 1990, S. 209; zuvor schon Urt. v. 17.12.1997, Terra Woningen, ÖJZ 1998, S. 69.
103 *EGMR*, Urt. v. 20.12.2001, Baischer ./. Österreich, ÖJZ 2002, S. 394. Probleme gab es anfänglich mit dem Einfluß der Exekutive bei der (Wieder-)Bestellung von für eine zeitlich begrenzte Funktionsperiode bestellten Mitgliedern von Unabhängigen Verwaltungssenaten. In solchen Fällen konnte die Unabhängigkeit und Unparteilichkeit im Einzelfall fraglich sein, etwa, wenn ein nur zeitlich befristet bestelltes Mitglied des UVS über die Rechtmäßigkeit der Akte jener Behörde zu entscheiden hatte, deren Personalstand er angehörte (*VfSlg* 14.939).
104 Kein Ausschluß jedoch von jener des VfGH.
105 Hinsichtlich der die Unabhängigkeit sichernden festen Amtsperiode (*VfSlg* 10.800) hat der VfGH ebenso wie der EGMR eine Bestellungsdauer von drei Jahren für ausreichend angesehen (*VfSlg* 10.639). Freilich dürfen keine berechtigten Zweifel an der Unabhängigkeit der Mitglieder entstehen; dabei ist vor allem auch der äußere Anschein von Bedeutung (*VfSlg* 11.131, 12.074, 15.507, 15.668). Personelle Verflechtungen oder Abhängigkeiten im Verhältnis zwischen Tribunalmitgliedern und Exekutive verstoßen gegen Art. 6 EMRK (*VfSlg* 15.507, 15.668). Die Mitwirkung entsandter Interessenvertreter in einer *anderen* Funktion weisungsgebundener Beamter in ein Tribunal wurde mit dem Erfordernis der Unparteilichkeit als vereinbar angesehen (*VfSlg* 13.895).

d) Bezüglich der *Gerichtshöfe des öffentlichen Rechts* ist zu unterscheiden. Der Verfassungsgerichtshof ist wegen seiner auf die Prüfung der Verfassungsmäßigkeit von Bescheiden beschränkten Entscheidungsbefugnis als Sonderverwaltungsgericht kein Tribunal im Sinne des Art. 6 EMRK.
VfGH

Beim Verwaltungsgerichtshof konnte die Tribunalqualität im Hinblick darauf fraglich sein, daß er nach § 41 VwGG den angefochtenen Bescheid nur auf Grund des von der Behörde angenommenen Sachverhaltes prüfen kann und die Möglichkeiten zur gerichtlichen Kontrolle der verwaltungsbehördlichen Sachverhaltsermittlung begrenzt sind (§ 42 Abs. 1 Ziff. 3 VwGG), wenngleich die Rechtsprechung des Verwaltungsgerichtshofs diese Bestimmung extrem extensiv nutzt und unter dem Aspekt der Denkgesetze seit langem auch die Beweiswürdigung der belangten Behörden als Verfahrensfrage prüft. Der Europäische Gerichtshof für Menschenrechte hat in seiner neueren Rechtsprechung jeweils sehr einzelfallbezogen beurteilt, ob der Verwaltungsgerichtshof die maßgeblichen Rechts- und Sachfragen ausreichend geprüft hat. Dabei hat er in den civil rights betreffenden Entscheidungen in der Regel die Kognitionsbefugnis des Verwaltungsgerichtshofs für ausreichend befunden[106]. In Bezug auf verwaltungsstrafrechtliche Sanktionen wurde die Tribunalqualität des Verwaltungsgerichtshofs dagegen verneint[107].
VwGH

II. Recht auf ein faires Verfahren

1. Allgemeines

Der Begriff des fair trial wird in der Europäischen Menschenrechtskonvention nicht definiert. Doch läßt sich allgemein sagen, daß es im Kern darum geht, daß den Parteien, sei es dem Kläger oder dem Beklagten im zivilgerichtlichen Streitverfahren, sei es dem Angeklagten im Verhältnis zur Anklagebehörde im Strafverfahren, ausreichende, angemessene und gleiche Gelegenheit zur Stellungnahme in tatsächlicher und rechtlicher Hinsicht gegeben werden muß (rechtliches Gehör) und daß nicht eine Verfahrenspartei gegenüber einer anderen benachteiligt werden darf (Waffengleichheit). Auch die Effektivität des Rechtsschutzes ist Bestandteil des fairen Verfahrens[108].
51
Grundsätze

Die Rechtsprechung – insbesondere jene des Europäischen Gerichtshofs für Menschenrechte – hat (im wesentlichen vom common law-System inspiriert) eine Reihe von weiteren typologischen Merkmalen herausgearbeitet: Die Verständlichkeit der Verfahrenseinleitung ist jedenfalls eine Grundvoraussetzung. Daher ist es mit einem fairen Verfahren unvereinbar, wenn verfahrenseinleitende Schriftstücke in fremder Sprache ohne deutsche Übersetzung
52
Verständlichkeit
und Akteneinsicht

---

[106] *EGMR*, Urt. v. 21. 9. 1993, Zumtobel, JBl 1994, S. 396; Urt. v. 25. 11. 1994, Ortenberg, ÖJZ 1995, S. 225; Urt. v. 26. 4. 1995, Fischer, ÖJZ 1995, S. 633.
[107] Vgl. *EGMR*, Urt. v. 23. 10. 1995, Schmautzer, A/328-A (Ziff. 34–36), und die gleichgelagerten Fälle *EGMR*, Urt. v. 23. 10. 1995, Gradinger, ÖJZ 1995, S. 954; Urt. v. 3. 2. 2005, Blum, ÖJZ 2005, S. 766.
[108] *VfSlg* 10.291.

durch die Post zugestellt werden; eine solche Zustellung ist unwirksam[109]. Zu den elementaren Parteirechten auf Grund des Art. 6 EMRK gehört auch das Recht auf Akteneinsicht.

53
Begründungspflicht

Zu einem fairen Verfahren gehört ferner die Verpflichtung, Entscheidungen zu begründen (Begründungspflicht). Ihr Zweck besteht darin, daß der von einer Entscheidung oder Verfügung Betroffene deren Stichhaltigkeit überprüfen und sich gegen eine fehlerhafte Begründung wehren kann. Allerdings wird der Umfang des Begründungsanspruchs durch Aspekte der Angemessenheit und der Verfahrensökonomie begrenzt. Ein genereller Anspruch auf ausführliche Begründung besteht nicht; dies bedeutet zum Beispiel, daß nicht auf jedes Argument einer Partei eine detaillierte Antwort gegeben werden muß. Die Begründungspflicht variiert auch nach der Art der Entscheidung. So kann sich ein Rechtsmittelgericht in einer abweisenden Entscheidung der hinreichend begründeten Meinung der Unterinstanz anschließen und diese bestätigen[110].

54
Beweismittel

Art. 6 EMRK enthält keine generellen Regeln über die Zulässigkeit von Beweismitteln oder deren Beweiswert. Auch rechtswidrig erlangte Beweismittel sind grundsätzlich zulässig, wenn das Verfahren insgesamt fair gewesen ist. Wesentlich ist dabei, daß die Rechte der Verteidigung gewahrt wurden und eine Verurteilung nicht ausschließlich auf einem rechtswidrig erlangten Beweismittel beruht[111]. Zu einem fairen Verfahren gehört schließlich auch,

Vollstreckung

daß Entscheidungen tatsächlich durchgeführt, also vollstreckt bzw. wirksam gemacht werden.

55
„Arbeitsteilung"

Die Garantien des Art. 6 EMRK beziehen sich auf alle Verfahren, in denen über zivile Rechte oder strafrechtliche Anklagen (in dem weiten Sinn der Straßburger Rechtsprechung) entschieden wird, daher auch für Nachprüfungsverfahren wie etwa die Verfahren vor den Unabhängigen Verwaltungssenaten, vor dem Verwaltungsgerichtshof und dem Verfassungsgerichtshof[112]. Das Ausmaß der in diesen Verfahren zu gewährleistenden Rechte bestimmt sich allerdings auch nach dem Umfang, in dem diese Rechte bereits auf der Ebene des „vorgeschalteten" Verwaltungsverfahrens garantiert sind. Insofern wird eine Art „Arbeitsteilung" zwischen Verwaltungsverfahren und (Sonder-)Verwaltungsgerichtsbarkeit in Rechnung gestellt[113].

---

109 *OGH* v. 16.6.1998, 4 Ob 159/98f, ÖJZ 1998, S. 863.
110 *EGMR*, Urt. v. 21.1.1999, Garcia Ruiz ./. Spanien, EGMR 1999-I, Nr. 28; Urt. v. 10.4.2003, Alge ./. Österreich, ÖJZ 2003, S. 816.
111 *EGMR*, Urt. v. 12.7.1988, Schenk ./. Schweiz, Serie A Nr. 140, sowie EuGRZ 1998, S. 390; Urt. v. 12.5.2000, Khan ./. Vereinigtes Königreich, ÖJZ 2001, S. 654; Urt. v. 5.11.2002, Allan ./. Vereinigtes Königreich, ÖJZ 2004, S. 196.
112 Dazu *Matscher*, Art. 6 EMRK und verfassungsgerichtliche Verfahren, EuGRZ 1993, S. 449 ff.
113 *EGMR*, Urt. v. 20.12.2001, Baischer ./. Österreich, ÖJZ 2002, S. 394.

2. Der Grundsatz der Waffengleichheit

Im *Strafverfahren* verlangt dieser Grundsatz eine gleichmäßige Ausstattung der Anklagebehörde wie auch des Angeklagten bzw. der Verteidigung mit prozessualen Rechten. Daraus folgt insbesondere die Notwendigkeit eines kontradiktorischen Verfahrens[114]. Dazu gehört die Befugnis, in die von der anderen Partei gemachten Bemerkungen oder vorgebrachten Beweise Einsicht zu nehmen und sie zu erörtern[115]. Im besonderen hat der Angeklagte das Recht, zu schriftlichen Stellungnahmen der Staatsanwaltschaft (Generalprokuratur) Stellung zu nehmen[116].

56
Kontradiktorisches Verfahren

Normalerweise müssen alle Beweise in Anwesenheit des Beklagten in öffentlicher Verhandlung aufgenommen werden. Doch ist die Verwendung von Aussagen aus dem Stadium des polizeilichen Vorverfahrens nicht unzulässig, wenn die Verteidigungsrechte beachtet werden. Wesentlich ist, daß der Angeklagte eine entsprechende Gelegenheit erhält, gegen ihn aussagende Zeugen zu befragen, sei es im Zeitpunkt der Aussage oder in einem späteren Verfahrensstadium. Jedenfalls darf sich ein Schuldspruch nicht ausschließlich oder überwiegend auf die Aussage einer Person stützen, die vom Angeklagten nicht befragt werden konnte. Hingegen ist die Verwertung von Aussagen anonymer Zeugen nicht unter allen Umständen unzulässig, zumal die Konvention selbst des Schutzes von Zeugen vor Repressalien gedenkt.

57
Beweisverwertung

Der Grundsatz der Waffengleichheit wird verletzt, wenn eine Verfahrenspartei oder ein Verfahrensbeteiligter (Disziplinaranwalt, Amtssachverständiger) im Verfahren gegenüber dem Beschuldigten privilegiert wird. Der Grundsatz der Waffengleichheit gilt auch für *Zivilverfahren*. Jede Partei muß die Möglichkeit haben, ihre Ansprüche vorzubringen und die entsprechenden Beweise darzutun. Dies muß auf eine solche Weise geschehen, daß keine Partei gegenüber der anderen benachteiligt wird[117].

58
Benachteiligungsverbot

3. Persönliche Teilnahme an der Verhandlung

Im *Strafverfahren* ist die persönliche Teilnahme des Angeklagten an der Hauptverhandlung ein essentielles Element des Rechts auf ein faires Verfahren. Die Teilnahme wird in Art. 6 Abs. 3 lit. c, d und e EMRK vorausgesetzt. Ein Strafverfahren gegen einen abwesenden Angeklagten ohne dessen Kenntnis ist nicht mit Art. 6 EMRK vereinbar, es sei denn, daß dem Betroffenen die Möglichkeit eines neuen Verfahrens eingeräumt wird, sobald er von

59
Anwesenheit im Verfahren

---

114 *VfSlg* 16.560. → Bd. VI/1: *Gundel*, Verfahrensrechte, § 146 RN 105 ff.
115 *EGMR*, Urt. v. 28. 8. 1991, Brandstetter, EuGRZ 1992, S. 190; Urt. v. 22. 1. 2002, Oyston, ÖJZ 2003, S. 236.
116 Unzulässig war daher die seinerzeitige Verfahrenspraxis des „Croquis" (einer Stellungnahme der Generalprokuratur) zu der vom Angeklagten eingelegten Berufung, über die dieser nicht in jedem Fall informiert wurde: *EGMR*, Urt. v. 22. 2. 1996, Bulut ./. Österreich, ÖJZ 1996, S. 430, ähnlich im Urt. v. 31. 1. 2002, Lanz ./. Österreich, ÖJZ 2002, S. 433.
117 *EGMR*, Urt. v. 27. 10. 1993, Dombo-Beheer ./. Niederlande, ÖJZ 1994, S. 464; Urt. v. 6. 2. 2001, Beer ./. Österreich, ÖJZ 2001, S. 516; *OGH* v. 24. 1. 2002, 8 Ob 282/01f, JBl 2002, S. 737.

seiner Verurteilung erfährt[118]. Daher wäre auch eine Auslieferung eines in einem anderen Staat in Abwesenheit Verurteilten rechtswidrig, wenn nicht gesichert ist, daß in diesem Staat eine neue Verhandlung stattfinden wird[119]. Hingegen ist ein vorübergehender kurzzeitiger Ausschluß des Angeklagten von der Verhandlung mit Art. 6 EMRK vereinbar, wenn ein Verteidiger während dieses Ausschlusses die Rechte des Angeklagten wahrnimmt[120].

60
Persönliche Anwesenheit

Im Rechtsmittelverfahren besteht ein Recht auf persönliche Teilnahme, wenn dieses zu einer reformatio in peius führen kann[121]. Im übrigen ist im Rechtsmittelverfahren nicht unter allen Umständen ein Recht auf mündliche Verhandlung und damit auf persönliche Anwesenheit gewährleistet[122]. Geht es in erster Linie um Rechtsfragen, so wird Art. 6 EMRK nicht verletzt, wenn der Angeklagte nicht persönlich anwesend sein darf. Wenn ein Berufungsverfahren aber nicht nur die Beurteilung des Charakters des Berufungswerbers und seines Geisteszustands zum Tatzeitpunkt, sondern auch die Beurteilung seines Motivs betrifft, dann ist dessen Anwesenheit im Berufungsverfahren und die Gelegenheit, daran gemeinsam mit seinem Verteidiger teilzunehmen, für ein faires Verfahren wesentlich[123].

61
Persönliche Anhörung

Für das Verfahren über zivilrechtliche Ansprüche, in dem die Interessenwahrnehmung im Anwaltsprozeß durch Prozeßvertreter und im schriftlichen Verfahren durch die Gelegenheit zur schriftlichen Stellungnahme erfolgt, garantiert Art. 6 EMRK kein unumschränktes Recht auf persönliche Anhörung. Bestimmte Streitigkeiten oder Umstände können diese jedoch erforderlich machen und zur Wahrung eines fairen Verfahrens gebieten (insbesondere in Fällen, in denen der persönliche Eindruck des Gerichts von der Partei und Informationen über ihre Lebensumstände entscheidungserheblich sein können).

4. Geordnetes Beweisverfahren

62
Rechtsstaatliche Beweisprinzipien

Zur Fairneß des Verfahrens gehören auch bestimmte Vorgaben hinsichtlich Beweisaufnahme und Beweiswürdigung. Die Beweisaufnahme hat – wie die gesamte mündliche Verhandlung – kontradiktorisch zu erfolgen[124]. Wie schon erwähnt, sind vor allem im Strafverfahren grundsätzlich alle Beweise in Gegenwart des Angeklagten zu erheben. Ist dies nicht möglich, darf die Verurteilung zumindest nicht ausschließlich auf früheren Zeugenaussagen oder Polizeiprotokollen beruhen[125]. Die Konvention enthält keine generellen Regelungen über die Zulässigkeit von Beweismitteln. Rechtswidrig erlangte Beweismittel können dann zulässig sein, wenn das Verfahren insgesamt fair

---

118 *EGMR*, Urt. v. 12. 2. 1985, Colozza, EuGRZ 1985, S. 631.
119 *EGMR*, Urt. v. 16. 10. 2001, Einhorn ./. Frankreich, ÖJZ 2003, S. 34.
120 *EKMR*, B. v. 8. 7. 1978, Ensslin, Baader und Raspe, EuGRZ 1978, S. 314.
121 *EKMR*, B. v. 13. 10. 1981, Peschke, EuGRZ 1983, S. 430.
122 *EGMR*, Urt. v. 3. 10. 2002, Kutschera ./. Österreich, ÖJZ 2003, S. 156.
123 *EGMR*, Urt. v. 21. 9. 1993, Kremzow ./. Österreich, ÖJZ 1994, S. 210.
124 *VfSlg* 15.945.
125 *EGMR*, Urt. v. 24. 11. 1996, Unterpertinger ./. Österreich, ÖJZ 1988, S. 22.

gewesen ist. Wesentlich ist dabei, daß die Rechte der Verteidigung gewahrt wurden und die Verurteilung nicht ausschließlich auf rechtswidrig erlangten Beweismitteln beruht.

III. Öffentlichkeit und Mündlichkeit

Art. 6 Abs. 1 EMRK verlangt die Durchführung einer öffentlichen mündlichen Verhandlung und die öffentliche Verkündung der Entscheidung[126]. Ein Ausschluß der Öffentlichkeit ist nur aus besonderen Gründen (Interesse der Sittlichkeit, der öffentlichen Ordnung oder der nationalen Sicherheit, Interessen von Jugendlichen oder Schutz des Privatlebens, Interessen der Rechtspflege) zulässig. Österreich hatte zu Art. 6 EMRK den Vorbehalt abgegeben, daß die in Art. 90 B-VG festgelegten Grundsätze über die Öffentlichkeit im gerichtlichen Verfahren durch diese Bestimmung in keiner Weise beeinträchtigt werden[127]. Da dieser Vorbehalt zu allgemein gefaßt ist, wurde er in der neueren Rechtsprechung als ungültig qualifiziert[128].

63 Öffentlichkeit

Vorbehalt

Der Europäische Gerichtshof für Menschenrechte hat in langjähriger Judikatur die Position bezogen, daß eine mündliche Verhandlung nicht notwendig sei, wenn die Partei ausdrücklich darauf verzichtet oder wenn sich die Erörterung auf nicht besonders komplexe Rechtsfragen beschränkt und der Sachverhalt unbestritten ist[129]. Damit wird betont, daß bei mündlichen Verhandlungen die Klärung des Sachverhalts im Vordergrund steht. Weiter erachtet der Gerichtshof öffentliche mündliche Verhandlungen in neuerer Rechtsprechung auch dann als nicht nötig, wenn alle Tat- und Rechtsfragen anhand von schriftlichen Stellungnahmen erörtert werden konnten[130]. Ebenso ist eine öffentliche mündliche Verhandlung dann nicht zwingend angezeigt, wenn die Erörterung nur technischer Fragen ansteht, deren mündliche Behandlung nur wenig zur Aufklärung des Sachverhalts beitragen würde[131]. Der Gerichtshof betont in diesem Zusammenhang, daß das auf Effizienz der Verfahrensabwicklung gerichtete Ziel der Behörden zu berücksichtigen sei und daß systematisch durchgeführte mündliche Verhandlungen letztlich sogar das ebenfalls im Art. 6 EMRK verankerte Gebot zu zügiger Verfahrensabwicklung torpedieren könnten.

64 Mündliche Verhandlung

a) In Verwaltungsverfahren, in denen über civil rights abgesprochen wird, ist prinzipiell eine (volks-)öffentliche Verhandlung vor einem Tribunal durchzuführen. Einschränkungen sind nur nach Maßgabe des Art. 6 EMRK zulässig. Der Verfassungsgerichtshof ist daher – abweichend von seiner früheren Auffassung – in der neueren Rechtsprechung davon ausgegangen, daß nicht nur

65 Öffentliche Verhandlung

---
126 → Bd. VI/1: *Gundel*, Verfahrensrechte, § 146 RN 113 ff.
127 Art. 90 B-VG ermächtigt den Gesetzgeber, Ausnahmen zu bestimmen.
128 *EGMR*, Urt. v. 3. 10. 2000, Eisenstecken, ÖJZ 2001, S. 194. Der VfGH ist dem gefolgt (z. B. *VfSlg* 16.402, 17.373 u. a.).
129 Z. B. *EGMR*, Urt. v. 5. 9. 2000, 42.057/98.
130 *EGMR*, Urt. v. 19. 4. 2007, Beschwerde Nr. 63.235/00.
131 *EGMR*, Urt. v. 24. 6. 1993, Schuler-Zgraggen ./. Schweiz, ÖJZ 1994, S. 138.

die Unabhängigen Verwaltungssenate, sondern auch andere als Tribunale zu qualifizierende Verwaltungsbehörden, wie zum Beispiel Grundverkehrsbehörden, gegebenenfalls eine öffentliche mündliche Verhandlung durchzuführen haben[132].

66
Keine Vollkognition des VwGH

b) Im Verwaltungsstrafverfahren muß die Garantie der mündlichen Verhandlung beim Unabhängigen Verwaltungssenat erfüllt werden, da dem Verwaltungsgerichtshof keine Vollkognition in Tatsachenfragen zukommt. Eine solche Verhandlung muß durchgeführt werden, sofern die Parteien nicht unmißverständlich darauf verzichten[133]. Auch in Disziplinarverfahren, die in den Bereich des Art. 6 EMRK fallen, also schwere Disziplinarstrafen betreffen, ist eine öffentliche Verhandlung durchzuführen[134].

67
Verzicht auf mündliche Verhandlung

c) Art. 6 EMRK schließt den freiwilligen ausdrücklichen oder stillschweigenden Verzicht des Betroffenen auf eine mündliche Verhandlung nicht aus[135]. Dieser muß jedoch unzweideutig erklärt werden und darf nicht mit einem wichtigen öffentlichen Interesse im Widerspruch stehen[136]. Von einem Verzicht ist auch auszugehen, wenn ein vorgesehener Antrag auf Durchführung einer mündlichen Verhandlung nicht gestellt wurde[137]. Eine Ladung über den Anwalt der Partei verletzt an sich nicht Art. 6 EMRK, doch ist in einem solchen Fall besonders sorgfältig zu prüfen, ob auf das Recht auf Anwesenheit verzichtet wurde[138].

68
Fehlende Öffentlichkeit

d) Ein öffentliches Verfahren vor einem Rechtsmittelgericht kann das Fehlen einer öffentlichen Verhandlung in unterer Instanz nicht rechtfertigen, wenn der Umfang des Rechtsmittelverfahrens eingeschränkt ist. Das Fehlen der Öffentlichkeit kann nur durch eine vollständige neuerliche Verhandlung vor dem Rechtsmittelgericht geheilt werden. Hat dagegen in unterer Instanz (mit Tribunalqualität, etwa beim Unabhängigen Verwaltungssenat) eine mündliche Verhandlung stattgefunden, so kann das Fehlen einer weiteren Verhandlung in zweiter und dritter Instanz gerechtfertigt sein (zum Beispiel unstritti-

---

132 *VfSlg* 16.704.
133 Z.B. *VfSlg* 16.624, 16.894.
134 *VfSlg* 17.373.
135 Wenn der Beschwerdeführer weiß, daß Verfahren vor der betreffenden Instanz i.d.R. ohne öffentliches mündliches Verfahren durchgeführt werden, kann von ihm erwartet werden, daß er ein solches beantragt, falls ihm dies wichtig ist. Andernfalls könne vermutet werden, daß er eindeutig auf die Durchführung einer solchen öffentlichen mündlichen Verhandlung verzichtet hat (*EGMR*, Urt. v. 24. 6. 1993, Beschwerde Nr. 14.518/89).
136 Beantragt die Partei vor dem VwGH ausdrücklich eine mündliche Verhandlung und liegen keine außergewöhnlichen Umstände vor, die ein Absehen von der Verhandlung rechtfertigen könnten, so ist Art. 6 EMRK verletzt: *EGMR*, Urt. v. 10. 4. 2008, Abrahamian ./. Österreich, NL 2008/2, S. 94.
137 *EGMR*, Urt. v. 28. 5. 1979, Pauger, ÖJZ 1997, S. 836; Urt. v. 21. 9. 1993, Zumtobel, ÖJZ 1993, S. 782; Urt. v. 24. 11. 1997, Werner, ÖJZ 1998, S. 233; Urt. v. 29. 1. 2004, Haider, ÖJZ 2004, S. 574. Wenn aber eine mündliche Verhandlung von Gesetzes wegen ausgeschlossen ist oder die Praxis dahin geht, keine mündliche Verhandlung durchzuführen, kann die Unterlassung des Antrags auf Durchführung einer Verhandlung nicht als Verzicht ausgelegt werden (*VfSlg* 17.373); ein schlüssiger Verzicht setzt außerdem Kenntnis von der Möglichkeit eines solchen Antrags voraus (*VfSlg* 17.375). Eine nicht rechtskundige Partei ist daher über die Möglichkeit eines Antrags auf Durchführung einer mündlichen Verhandlung zu belehren (*VfSlg* 16.624 u.a.; dort auch zur verfassungskonformen Deutung der in §51e VSDG geregelten Ermächtigung an den UVS, von einer Berufungsverhandlung abzusehen).
138 *EGMR*, Urt. v. 8. 6. 2006, Kaya ./. Österreich, ÖJZ 2006, S. 972.

ger Sachverhalt, nur Rechtsfragen). Es kommt aber auf das Verfahrensthema an: So hat der Europäische Gerichtshof für Menschenrechte die Übertragung der Obsorge für ein Kind an das Jugendamt nicht als eine Zivilrechtsangelegenheit zwischen Familienmitgliedern, sondern als eine Auseinandersetzung zwischen dem Einzelnen und dem Staat gewertet. In dieser Sphäre sind nach seiner Ansicht die Gründe für den Ausschluß der Öffentlichkeit genau zu prüfen. Wenn in solchen Fällen die Gerichte ohne Darlegung ihrer Ermessensüberlegungen einfach der langjährigen Praxis (hier: zum früheren Außerstreitgesetz) folgten, Verhandlungen unter Ausschluß der Öffentlichkeit durchzuführen, so begründet dies eine Verletzung des Art. 6 Abs. 1 EMRK[139].

e) Im Hinblick auf die öffentliche Urteilsverkündung genügt nach der Rechtsprechung auch die Hinterlegung der Entscheidung von Rechtsmittelinstanzen in der Gerichtskanzlei zur Einsichtnahme[140]. Hat aber überhaupt keine öffentliche Verkündung stattgefunden, so ist zu prüfen, ob der Öffentlichkeit auf anderem Wege Genüge getan wurde. In einem Österreich betreffenden Fall hat der Europäische Gerichtshof für Menschenrechte die Möglichkeit, interessierten Personen Zugang zu den Akten zu gewähren und ausgewählte Fälle im Rechtsinformationssystem zu veröffentlichen, als nicht ausreichend angesehen[141].

69
Urteilsverkündung

IV. Recht auf Entscheidung in angemessener Frist

Aus der Verpflichtung zur Entscheidung innerhalb angemessener Frist[142] folgt die Verpflichtung der Konventionsstaaten, die angemessene Verfahrensdauer bei der Ausgestaltung ihres Gerichtswesens durch geeignete Vorkehrungen, vor allem durch ausreichendes Personal und entsprechende verfahrensrechtliche Regelungen sicherzustellen[143]. Die angemessene Dauer eines Verfahrens muß jeweils nach den Umständen des Einzelfalles beurteilt werden. Hauptsächliche Beurteilungskriterien – gleichsam als ein „bewegliches System" – sind für den Europäischen Gerichtshof für Menschenrechte

70
Angemessene Verfahrensdauer

– die Komplexität, also Umfang und Schwierigkeit des Falles in tatsächlicher und rechtlicher Hinsicht,
– das Verhalten sowohl der Behörden als auch des Beschwerdeführers, etwa mit Blick auf eventuelle Verzögerungstaktik, sowie
– die Bedeutung des Ausgangs der Sache für den Betroffenen.

Angesichts dieser Kriterien gibt es eine große Bandbreite für die Einschätzung durch den Europäischen Gerichtshof für Menschenrechte. Eine Verletzung des Art. 6 EMRK beruht aber nie auf der Verfahrensdauer allein, son-

71
Versäumnisse der Behörden

---

139 *EGMR*, Urt. v. 21. 9. 2006, Moser ./. Österreich, NL 2006/5, S. 226.
140 *EGMR*, Urt. v. 8. 12. 1983, Pretto, EuGRZ 1995, S. 548.
141 *EGMR*, Urt. v. 8. 12. 1983, Moser ./. Österreich, NL 2006/5, S. 226.
142 Dazu *Thienel*, Die angemessene Verfahrensdauer (Art. 6 Abs. 1 MRK) in der Rechtsprechung der Straßburger Organe, ÖJZ 1993, S. 473 ff.; *Pesendorfer*, Angemessene Verfahrensdauer im Verwaltungsverfahren, in: Michael Holoubek/Michael Lang (Hg.), Allgemeine Grundsätze des Verwaltungs- und Abgabenverfahrens, 2006, S. 277 ff.
143 → Bd. VI/1: *Gundel*, Verfahrensrechte, § 146 RN 117 ff.

72
Folgen der Rechtsverletzung

dern muß auf Verzögerung bzw. Versäumnisse der Behörden zurückzuführen sein. In der kasuistischen Rechtsprechung ist keine feste Obergrenze in der zulässigen Verfahrensdauer auszumachen; nach Ansicht des Verfassungsgerichtshofs sind aber Verfahren mit mehr als fünfjähriger Dauer nur unter besonderen Umständen als angemessen zu bewerten[144].

Als mögliche Rechtsfolge einer unangemessen langen Verfahrensdauer kommt im Verfahren vor dem Europäischen Gerichtshof für Menschenrechte die Feststellung der Konventionsverletzung und allenfalls die Gewährung einer „gerechten Entschädigung" (nach Art. 41 EMRK) in Betracht. Im innerstaatlichen Bereich hat der Verfassungsgerichtshof die Auffassung vertreten, bei überlanger Verfahrensdauer würde die Aufhebung eines bekämpften Bescheides angesichts der dadurch bewirkten zusätzlichen Verfahrensdauer keine Abhilfe bieten, ja geradezu kontraproduktiv wirken, weshalb er sich in solchen Fällen in der Regel auf die Feststellung der Rechtsverletzung beschränkt[145]. Aufgehoben werden jedoch Strafbescheide, bei denen die überlange Verfahrensdauer nicht als Milderungsgrund berücksichtigt wurde[146]. Das Gebot einer angemessenen Verfahrensdauer gilt auch für ein Verfassungsgericht, wenn der Ausgang des Verfahrens für civil rights oder strafrechtliche Anklagen maßgebend ist[147]. Der Staat ist im Rahmen des Konventionssystems auch für die Dauer der Verfahren von Selbstverwaltungsorganen verantwortlich[148].

F. Besondere Rechte des Angeklagten

I. Unschuldsvermutung

1. Grundsatz

73
Art. 6 Abs. 2 EMRK

Nach Art. 6 Abs. 2 EMRK ist bis zum gesetzlichen Nachweis seiner Schuld zu vermuten, daß der wegen einer strafbaren Handlung Angeklagte unschuldig ist[149]. Dieses allen Rechtsstaaten gemeinsame Prinzip wird vom Verfassungsgerichtshof als ein „die gesamte österreichische Rechtsordnung beherrschender Grundsatz" gewertet[150]. Dementsprechend gilt er für alle strafrechtlichen Anklagen im Sinne der Konvention, also auch für das Verwaltungsstrafrecht.

---

144 *VfSlg* 16.268, 16.385. Leider hat die Überlastung des VwGH bereits mehrfach zu Verurteilungen Österreichs geführt. Extrem war der Fall *EGMR*, Urt. v. 5. 10. 2006, Müller ./. Österreich, NL 2006/5, S. 239, mit einer Gesamtdauer des Verfahrens von 8 Jahren und 2 Monaten (und einer festgestellten Dauer der Untätigkeit des VwGH von 3 Jahren und 3 Monaten).
145 *VfSlg* 13.146.
146 *VfSlg* 16.385, 17.821, 17.854.
147 *EGMR*, Urt. v. 16. 9. 1996, Süßmann, EuGRZ 1996, S. 514; Urt. v. 1. 7. 1997, Pammel, ÖJZ 1998, S. 316 (zu einem mehr als 5 Jahre dauernden Gesetzesprüfungsverfahren vor dem deutschen Bundesverfassungsgericht, das von einem Zivilgericht beantragt worden war).
148 *EGMR*, Urt. v. 12. 6. 2003, Malek ./. Österreich, ÖJZ 2003, S. 855 (Verfahren vor Disziplinarbehörden für Rechtsanwälte).
149 → Bd. VI/1: *Gundel*, Verfahrensrechte, § 146 RN 135 ff.
150 *VfSlg* 11.062.

2. Grundrechtsverpflichtete

Die Unschuldsvermutung gilt zunächst vor allem für das erkennende Organ in der Strafsache, also für Strafrichter oder für das in einer Verwaltungsstrafsache entscheidende Organ. Darüber hinaus sind auch andere staatliche Organe, etwa die Staatsanwaltschaft, Polizeiorgane oder Mitglieder der Regierung, an die Unschuldsvermutung gebunden[151]; die Garantie hat sogar Ausstrahlungswirkung auf Private.

74
Weites Verständnis

3. Beweislast

Das erkennende Organ darf bis zum gesetzlichen Schuldnachweis nicht von der Überzeugung ausgehen, der Beschuldigte habe die ihm zur Last gelegte Tat begangen[152]. Die Beweislast liegt bei der Behörde. Sie hat den Nachweis eines schuldhaften strafbaren Verhaltens in der gesetzlich dafür vorgesehenen Weise zu erbringen. Dem Angeklagten muß Gelegenheit gegeben werden, seine Unschuld unter Beweis zu stellen. Wenn der gesetzliche Schuldnachweis nicht erbracht wird, ist das Strafverfahren zu beenden. Eine Regelung, die für ein Strafverfahren die Umkehr der Beweislast bestimmt, verstößt jedenfalls gegen die Unschuldsvermutung[153].

75
Schuldnachweis

Beweislastumkehr

Im Hinblick auf die Unschuldsvermutung könnte die Regelung über „Ungehorsamsdelikte" (§ 5 Abs. 1 VStG) problematisch erscheinen, der zufolge bei Zuwiderhandeln gegen ein Verbot dann ohne weiteres Fahrlässigkeit anzunehmen ist, wenn zum Tatbestand einer Verwaltungsübertretung der Eintritt eines Schadens oder einer Gefahr nicht gehört und der Täter nicht glaubhaft macht, daß ihn an der Verletzung einer Verwaltungsvorschrift kein Verschulden trifft. Dies ist nach Ansicht des Verfassungsgerichtshofs verfassungskonform interpretierbar[154]: Die Bestimmung bewirkt nicht, daß ein Verdächtiger seine Unschuld nachzuweisen hat. Vielmehr hat die Behörde die Verwirklichung des Tatbestandes durch den Beschuldigten nachzuweisen und bei Vorliegen von Anhaltspunkten, die an seinem Verschulden zweifeln lassen, auch die Verschuldensfrage von Amts wegen zu klären. Die Regelung befreit die Behörde nur insoweit von weiteren Nachforschungen über die subjektive Tatseite (Verschulden in Form der Fahrlässigkeit), als das entgegen dem Anschein behauptete Fehlen des Verschuldens nicht glaubhaft ist. Im Nichtkennen oder Nichtbefolgen einer Ordnungsvorschrift wird in der Regel die Verletzung einer Sorgfaltspflicht und damit strafbegründendes Verschulden liegen. Der Europäische Gerichtshof für Menschenrechte hat in diesem Zusammenhang mehrfach ausgesprochen, daß Art. 6 Abs. 2 EMRK die Anwendung gesetzlicher Tatsachen- und Rechtsvermutungen nicht verbie-

76
„Ungehorsamsdelikte"

---

151 *EGMR*, Urt. v. 10.2.1995, Allenet de Ribemont, ÖJZ 1995, S. 509.
152 *VfSlg* 8483.
153 *VfSlg* 11.195. Die Regelung erging zum ehemaligen § 3 a Salzburger Landes-Polizeistrafgesetz – Landstreichereitatbestand.
154 *VfSlg* 13.790.

§ 200   Dreizehnter Teil: II. Einzelgrundrechte

tet, solange sie in angemessenen Grenzen bleiben, welche die Verteidigungsrechte wahren[155].

4. Verletzung des Grundrechts

77
Niedrige Verletzungsschwelle

Die Unschuldsvermutung wird schon dann verletzt, wenn das erkennende Organ in irgendeiner Weise eine Äußerung trifft, die nahelegt, es sehe den Beschuldigten als schuldig an, bevor noch die Schuld gesetzlich nachgewiesen wurde[156].

78
Verwaltungsstrafrecht

Im österreichischen System des Verwaltungsstrafrechts ist der Schuldnachweis mit der verurteilenden Entscheidung der zweiten Verwaltungsinstanz (Unabhängiger Verwaltungssenat) erbracht, auch wenn in der Folge noch die Gerichtshöfe des öffentlichen Rechts angerufen werden sollten[157]. Verletzt wird der Grundsatz, wenn bei der Strafbemessung eine noch nicht formell rechtskräftige Vorstrafe als erschwerender Umstand berücksichtigt wird[158]. Verletzt wird er ferner, wenn ein Gericht einen durch strafrechtliche Anhaltung oder Verurteilung entstandenen vermögensrechtlichen Nachteil nach dem Strafrechtlichen Entschädigungsgesetz trotz rechtskräftigen Freispruchs mit der Begründung ablehnt, der Verdacht sei nicht völlig zerstreut worden, weil es ein Freispruch *in dubio pro reo*[159] gewesen sei. Eine vorläufige Untersagung der Berufsausübung ist gegenüber einem Anwalt, gegen den ein Strafverfahren anhängig ist, eine sichernde Maßnahme und stellt die Unschuldsvermutung nicht in Frage[160].

Sicherungsmaßnahmen

5. Spannungslage zur Informationsfreiheit

79
Gefahr der Präjudizierung

Behörden dürfen die Öffentlichkeit über laufende strafrechtliche Ermittlungen informieren, freilich nur mit gebotener Diskretion und ohne die Beurteilung des Sachverhalts durch das zuständige Gericht zu präjudizieren[161]. Darüber hinaus verpflichtet die Regelung den Gesetzgeber – ungeachtet der Informationsfreiheit der Medien – dazu, durch positive Maßnahmen dafür zu sorgen, daß sich die Medien bei der Berichterstattung über anhängige Strafverfahren in den Grenzen der gebotenen Sachlichkeit halten (Schutzpflicht). Um einer möglichen medialen Vorverurteilung entgegenzuwirken, darf niemand ausdrücklich oder auch bloß der Sache nach als Täter einer strafbaren Handlung gekennzeichnet werden, solange er nicht von den verfassungsmäßig hiezu berufenen Instanzen schuldig gesprochen wurde. Die Berichterstattung muß vielmehr klar zum Ausdruck bringen, daß es sich nur um Verdachts-

Sachlichkeitsgebot

---

155 Zuletzt *EGMR*, Urt. v. 5. 10. 2006, Müller ./. Österreich, ÖJZ 2007, S. 298.
156 *EGMR*, Urt. v. 10. 2. 1995, Allenet de Ribemont, ÖJZ 1995, S. 509.
157 *VfSlg* 8483.
158 *VfSlg* aaO.
159 *EGMR*, Urt. v. 25. 8. 1993, Sekanina ./. Österreich, ÖJZ 1993, S. 816. Das Strafrechtliche Entschädigungsgesetz läßt sich jedoch diesbezüglich verfassungskonform interpretieren (*VfSlg* 13.879).
160 *VfSlg* 15.587.
161 Nochmals *EGMR*, Urt. v. 10. 2. 1995, Allenet de Ribemont, ÖJZ 1995, S. 509.

momente handelt[162]. Dementsprechend gibt das Medienrecht sekundären Rechtsschutz für Unterlassung, Veröffentlichung von Gegendarstellungen und eventuell auch durch Strafen[163].

II. Selbstbelastungsfreiheit

Als weiteres Element eines fairen Verfahrens gilt das Recht, sich nicht selbst beschuldigen zu müssen (nemo tenetur se ipsum accusare)[164]. Ein solches Grundrecht ist im Text der österreichischen Bundesverfassung nicht enthalten, gleichwohl entnimmt der Verfassungsgerichtshof dem „Anklageprinzip in seiner materiellen Bedeutung" ein derartiges subjektives Recht[165], indem er auf der rechtsstaatlichen Grundvorstellung aufbaut, der Beschuldigte sei nicht Objekt, sondern Subjekt des Verfahrens, also Prozeßpartei[166]. Nun ist der Anklageprozeß in der Bundesverfassung als Strukturprinzip der Gerichtsbarkeit normiert: Der Strafanspruch des Staates muß dementsprechend von einem vom Richter verschiedenen Organ – von der Staatsanwaltschaft oder im Fall von Privatanklagedelikten durch den Privat- bzw. Subsidiarankläger – erhoben werden. Aus der Überhöhung des genannten gerichtsorganisatorischen Prinzips zu einem allgemeinen materiellen Strafrechtsprinzip leitet der Verfassungsgerichtshof auch ein echtes Grundrecht und nicht nur einen Rechtsreflex ab. In Wahrheit hat damit der Verfassungsgerichtshof ein neues „ungeschriebenes Grundrecht" kreiert[167]. Obwohl es an sich näher gelegen hätte, dieses Grundrecht aus Art. 6 EMRK herzuleiten, hat der Verfassungsgerichtshof also den Anklagegrundsatz material gedeutet und auch auf das Verwaltungsstrafverfahren übertragen, obwohl dieses anerkanntermaßen vom Inquisitionsprinzip gekennzeichnet ist. Das so konstruierte Selbstbezichtigungsverbot gilt umfassend, nicht nur im gerichtlichen Strafverfahren, sondern auch im Verwaltungsstrafverfahren und überhaupt gegenüber jedem hoheitlichen Handeln, das der Vorbereitung eines Strafverfahrens dient.

80
nemo tenetur-Grundsatz

Die rechtschöpferischen Entscheidungen des Verfassungsgerichtshofs[168] betrafen die ursprüngliche Regelung der „Lenkerauskunft" (§ 103 Abs. 2 KraftfahrG), also die Verpflichtung des Zulassungsbesitzers zur Mitteilung an die Behörde, wer sein Kraftfahrzeug zu einem bestimmten Zeitpunkt gelenkt hat. Da ein solches Auskunftsverlangen im Regelfall auf die Feststellung des einer Verwaltungsübertretung Verdächtigen abzielt, meinte der Verfassungsgerichtshof, die Mitteilung komme einem Geständnis derart nahe, daß es materiell mit einem solchen gleichgesetzt werden müsse. Es kann nicht uner-

81
Auskunftspflichten

---
162 VfSlg 11.062, 14.260.
163 Vgl. insbesondere § 7 b Mediengesetz.
164 EGMR, Urt. v. 17. 12. 1996, Saunders, ÖJZ 1998, S. 32; vgl. auch OGH v. 12. 7. 1994, 14 Os 84/94, JBl. 1995, S. 186.
165 VfSlg 9950.
166 So schon VfSlg 5235.
167 Öhlinger, Das Recht auf Parteistellung im Strafverfahren, im besonderen das Recht, nicht gegen sich selbst aussagen zu müssen, in: Machacek/Pahr/Stadler (LitVerz.), Bd. II, S. 767 ff.
168 VfSlg 9950 und 10.394.

wähnt bleiben, daß diese Regelung wenig später aus praktischen Erwägungen durch eine Verfassungsbestimmung in ihrem Bestand abgesichert wurde, der gemäß „gegenüber der Befugnis der Behörde, eine Lenkerauskunft zu verlangen, Rechte auf Auskunftsverweigerung zurücktreten". Dies zeigt das allgemeine Spannungsverhältnis zwischen verwaltungsrechtlichen Auskunftspflichten, welche die Wahrung des Ordnungscharakters des Verwaltungsstrafrechts überhaupt erst ermöglichen, und dem allgemein und weit gedachten Selbstbezichtigungsverbot. Die zahlreichen Auskunftsregelungen, die sich im Verwaltungsrecht zum Zwecke der verwaltungsbehördlichen Aufsicht finden, können bei verfassungskonformer Deutung Bestand haben. Die Verwaltungsbehörden dürfen Auskünfte nur insoweit verlangen, als die Information nicht zur Aufklärung eines konkreten Tatverdachtes gegen den Betroffenen oder seine geschützten Angehörigen dient. Nicht verfassungswidrig ist die in der Straßenverkehrsordnung enthaltene Verständigungspflicht nach einem Verkehrsunfall.

Verständigungspflicht

III. „Mindestgarantien" des rechtsstaatlichen Strafverfahrens

82
Demonstrative Aufzählung

Art. 6 Abs. 3 EMRK normiert über die allgemeinen Grundsätze des Artikels 6 hinaus Rechte, die im englischen Text als Mindestrechte und im französischen Text als demonstrative Aufzählung bezeichnet werden. Letzteres ist zutreffender, zumal es sich hier um konkrete Ausformungen der allgemeinen Gebote eines fairen Strafverfahrens handelt.

1. Verständliche Information über die Anschuldigung

83
Vorbereitung der Verteidigung

Nach Art. 6 Abs. 3 lit. a und b muß der Angeklagte in möglichst kurzer Frist in einer für ihn verständlichen Sprache in allen Einzelheiten über die Art und den Grund der gegen ihn erhobenen Beschuldigung in Kenntnis gesetzt werden und außerdem über ausreichende Zeit und Gelegenheit zur Vorbereitung seiner Verteidigung verfügen können. Diese Rechte betreffen nicht allein die Situation des Angeklagten, sondern auch das Verhältnis zu seinem Verteidiger.

2. Position der Verteidigung

84
Wahl- oder Pflichtverteidigung

Nach Art. 6 Abs. 3 lit. c EMRK hat der Angeklagte das Recht, sich selbst zu verteidigen oder den Beistand eines Verteidigers seiner Wahl zu erhalten und, falls er nicht über die Mittel zur Bezahlung eines Verteidigers verfügt, unentgeltlich den Beistand eines Pflichtverteidigers in Anspruch zu nehmen, wenn dies im Interesse der Rechtspflege erforderlich ist[169]. Die staatlichen Organe sind verpflichtet, einzugreifen, wenn eine mangelhafte Vertretung durch den Pflichtverteidiger offensichtlich ist; der Staat ist aber nicht für jedes Versäumnis des Pflichtverteidigers verantwortlich.

---

169 Dazu *Tipold*, Notwendige Verteidigung und Verfahrenshilfe im Lichte des Strafprozessänderungsgesetzes 1993, ÖJZ 1994, S. 1 ff.

Eine wirksame Verteidigung erfordert Kontakte des (Untersuchungs-)Häftlings mit seinem Verteidiger; eine Beschränkung derselben oder eine Überwachung bedürfen gewichtiger Rechtfertigungsgründe. Die Informationsbeziehung zwischen dem Angeklagten und seinem Verteidiger erfordert naturgemäß einen Austausch von Informationen. Um das Recht wirksam zu schützen, darf es nicht durch die Beschlagnahme von Gegenständen, die dem Zeugnisverweigerungsrecht des berufsmäßigen Parteienvertreters unterliegen, umgangen werden. Das Recht, mit seinem Rechtsbeistand ungehindert und vertraulich zu kommunizieren, ist in Art. 6 EMRK (in Verbindung mit Art. 4 Abs. 7 BVG zum Schutz der persönlichen Freiheit) verfassungsgesetzlich gewährleistet. Es darf nicht sinnwidrig eingeschränkt werden; eine Einschränkung wäre nur bei konkreten Sicherheitsgefahren zulässig. Dementsprechend wurde die Untersagung eines „Tischbesuchs" und die Einschränkung der Kommunikation durch eine Trennscheibe aus Glas als verfassungswidrig gewertet[170]. Das Recht, sich eines Rechtsbeistandes zu bedienen, kann auch in anderen Verfahrensarten als in Strafverfahren als Element eines fairen Verfahrens geboten sein[171].

85
Kontakte mit dem Verteidiger

Rechtsbeistand

3. Fragerecht

Das in Art. 6 Abs. 3 lit. d EMRK verankerte Recht, Fragen an die Belastungszeugen zu stellen oder stellen zu lassen und die Ladung und Vernehmung der Entlastungszeugen unter denselben Bedingungen wie die der Belastungszeugen zu erwirken, dient vor allem der Wahrung des Grundsatzes der Waffengleichheit.

86
Waffengleichheit

4. Dolmetscher

Nach Art. 6 Abs. 3 lit. e EMRK hat der Angeklagte überdies das ausdrücklich normierte Recht auf unentgeltliche Beiziehung eines Dolmetschers, wenn er die Verhandlungssprache des Gerichts nicht versteht oder sich nicht darin ausdrücken kann[172]. Dies bedeutet, daß ihm sämtliche Schriftstücke und mündlichen Erklärungen übersetzt werden müssen, die zum Strafverfahren gehören, und auf deren Verständnis er angewiesen ist, um ein faires Verfahren zu haben[173]. Dieses Recht gilt auch schon für das Vorverfahren und ist nicht auf Fälle der Mittellosigkeit beschränkt.

87
Unentgeltliche Beiziehung

---

170 *VfGH*, Erk. v. 13. 3. 2008, B 1065/07, ÖJZ 2008, S. 461.
171 *VfSlg* 10.291.
172 Dazu *Tipold*, Die Übersetzungshilfe im österreichischen Strafprozess, ÖJZ 1995, S. 409 ff.
173 *EGMR*, Urt. v. 22. 10. 1978, Luedicke, EuGRZ 1979, S. 34.

G. Weitere grundrechtliche Garantien in Strafsachen

88
Klare Straftatbestände

In jeder menschlichen Gesellschaft müssen die grundlegenden und unerläßlichen Grenzen zwischen der Freiheit (und Willkür) des Einzelnen und dem Schutz der Rechte anderer vor Übergriffen durch strafrechtliche Gebote und Verbote gezogen werden. Klare Straftatbestände sind als Verhaltens- und Orientierungsnormen die Voraussetzung dafür, daß der Rechtsunterworfene seinen Freiheitsspielraum erkennen und eigenverantwortlich nutzen kann[174]. Strafrechtliche Verfolgungsmaßnahmen können andererseits schwerwiegend in individuelle Rechte eingreifen. Auch diesbezüglich sind nach historischen Erfahrungen einige elementare Festlegungen erforderlich.

I. „Nullum crimen, nulla poena sine lege (praevia)"

1. Strafrechtliches Legalitätsprinzip

89
Art. 7 EMRK

Gemäß Art. 7 EMRK[175] darf niemand wegen einer Handlung oder Unterlassung verurteilt werden, die zur Zeit ihrer Begehung nach inländischem oder internationalem Recht nicht strafbar war; ebenso darf keine höhere als die im Zeitpunkt der Begehung der strafbaren Handlung angedrohte Strafe verhängt werden. Ausgenommen ist aber nach Art. 7 Abs. 2 EMRK die Verurteilung oder Bestrafung wegen Handlungen oder Unterlassungen, die im Zeitpunkt ihrer Begehung nach den von den zivilisierten Völkern allgemein anerkannten Rechtsgrundsätzen strafbar waren[176]. Damit sind – im Sinne der Rechtssicherheit – die elementaren rechtsstaatlichen Grundsätze „nullum crimen sine lege" und „nulla poene sine lege" (seit 1958) ausdrücklich verfassungsrechtlich verankert[177]. Sie waren bzw. sind einfachgesetzlich schon lange Bestandteil der österreichischen Rechtsordnung, so in Art. IV und IX Kundmachungspatent zum Strafgesetz (1852), in § 1 Abs. 1 Verwaltungsstrafgesetz (1925), in § 4 Abs. 1 Finanzstrafgesetz (1958) und in § 1 Abs. 1 Strafgesetzbuch (1974)[178]. Während das allgemeine Legalitätsprinzip als Organisationsprinzip grundsätzlich kein subjektives Recht verleiht, ist das Legalitätsprinzip für den Bereich des Strafrechts in Art. 7 EMRK explizit als Grundrecht verankert.

Elementare rechtsstaatliche Grundsätze

---

174 *VfSlg* 11.776; *Frowein/Peukert*, EMRK (LitVerz.), S. 322; *Berka*, Grundrechte (LitVerz.), RN 854.
175 Vgl. *Lewisch*, in: Rill/Schäffer, Bundesverfassungsrecht (LitVerz.), Art. 7 EMRK; *Thienel*, in: Korinek/Holoubek, Bundesverfassungsrecht (LitVerz.), Art. 7 EMRK.
176 Dieser Ausnahmetatbestand sollte vor allem das ex post facto-law der Nürnberger Kriegsverbrecherprozesse legitimieren.
177 Mittelbar folgen sie auch aus anderen Anknüpfungspunkten: gesetzlicher Richter (z.B. *VfSlg* 5233, 6762), Gleichheitsgrundsatz und Rechtsstaatsprinzip; vgl. *Peter Lewisch*, Verfassung und Strafrecht. Verfassungsrechtliche Schranken der Strafgesetzgebung, 1993, S. 90ff.
178 § 1 StGB 1974 bezieht das Legalitätsprinzip und Rückwirkungsverbot ausdrücklich auf „Strafen" und „vorbeugende Maßnahmen".

Derselbe Rechtsgedanke findet sich auch in einer Reihe anderer internationaler Rechtsakte verankert[179].   *Internationale Rechtsakte*

2. Verbot rückwirkender Strafgesetze

Das Rückwirkungsverbot gilt für alle strafrechtlichen Anklagen, das heißt auch für das Verwaltungsstrafrecht und für die unter Art. 6 EMRK fallenden Disziplinarverfahren[180].   **90** *Umfassende Geltung*

Nach der Straßburger Rechtsprechung[181] und der ihr folgenden österreichischen Judikatur[182] steckt in Art. 7 EMRK auch ein den Gesetzgeber bindendes Klarheitsgebot. Der Gesetzgeber muß klar und unmißverständlich zum Ausdruck bringen, wo er strafen will. Straftatbestände müssen so bestimmt sein, daß der Rechtsunterworfene das Unerlaubte seines Handelns vorhersehen kann (Recht als Verhaltensnorm)[183]. Dies hat auch Bedeutung für die Rechtsanwendung; es kann eine restriktive Auslegung von Straftatbeständen gebieten[184]. Problematisch wäre eine ausdehnende Auslegung bzw. eine nicht vorhersehbare Änderung der Rechtsprechung zum Nachteil des Beschuldigten[185]. Jedenfalls mit Art. 7 EMRK unvereinbar ist die Ausdehnung eines Straftatbestandes in Wege der Analogie (Analogieverbot). Die gesetzestechnische Trennung von Tatbild und Strafdrohung (sogenannte Blankettstrafnorm) ist grundsätzlich zulässig. Auf Grund einer solchen Strafnorm darf aber ein Verhalten nur insoweit bestraft werden, als es vom Normadressaten zweifelsfrei als unerlaubt und daher strafbar erkannt werden kann[186].   **91** *Bestimmtheits- und Klarheitsgebot*   *Analogieverbot*   *Blankettstrafnorm*

Art. 6 EMRK hindert nicht, daß ein Angeklagter im Falle seines gesetzlichen Schuldnachweises selbst bei einer einem staatlichen Organwalter zurechenbaren Tatprovokation (durch einen verdeckten Fahnder) für eine Tat verurteilt wird. Denn aus einem Konventionsverstoß ist kein materieller Straflosigkeitsgrund für die provozierte Straftat abzuleiten[187]. Allerdings kann das Vorliegen   **92** *agent provocateur*

---

179 Art. 7 EMRK knüpft an Art. 11 Abs. 2 AEMR an und hat in diesem seine inhaltliche Entsprechung; weitgehend ähnlich gefaßt ist Art. 15 des UN-Pakts über bürgerliche und politische Rechte. Besonders ausführlich geregelt findet sich das strafrechtliche Legalitätsprinzip in den Art. 22 ff. IStGH-Statut (BGBl III 2002/180); vgl. dazu Otto Triffterer (Hg.), Commentary on the Rome Statute of the International Criminal Court, 1999. Gemeinschaftsrechtlich ist das Verbot der Rückwirkung von Strafvorschriften als allgemeiner Rechtsgrundsatz in der Rechtsprechung des EuGH anerkannt (*EuGH*, Urt. v. 10. 7. 1984, Rs. 63/83 [Kirk], Slg 1984, 2689; Urt. v. 12. 12. 1996, verb. Rs. C-74/95 und C-129/95 [X], Slg 1996, I-6609; Urt. v. 28. 6. 2005, verb. Rs. C-189/02 [P u. a. ./. Dansk Rorindustri], Slg. 2005, I-5425). Das strafrechtliche Legalitätsprinzip ist überdies in Art. 49 GR-Charta enthalten.
180 *VfSlg* 11.776.
181 Seit *EKMR*, B. v. 4. 4. 1974, Handyside, EuGRZ 1977, S. 38; *EGMR*, Urt. v. 25. 5. 1993, Kokkinakis, ÖJZ 1994, S. 59.
182 *VfSlg* 11.776.
183 Nachträgliche (rückwirkende) Änderungen der Rechtslage im Bereich des Verfahrensrechts und des Strafvollzugs berühren Art. 7 EMRK nicht.
184 *VfSlg* 13.012, 13.233.
185 Nach Straßburger Rechtsprechung wird dem Art. 7 EMRK nur entsprochen, wenn sich die Auslegung im Rahmen dessen bewegt, was sich in vorhersehbarer Weise und ohne Willkür unter eine Strafbestimmung subsumieren läßt („reasonable interpretation").
186 *VfSlg* 14.319.
187 *EGMR*, Urt. v. 9. 6. 1998, Texeira de Castro ./. Portugal, EuGRZ 1999, S. 660, sowie ÖJZ 1999, S. 434; *OGH* v. 11. 1. 2005, 11 Os 126/04, ÖJZ 2005, S. 468.

einer Tatprovokation[188] bei der Sanktionsfindung angemessen in Rechnung gestellt und ein gerechter Ausgleich dafür gefunden werden, daß der Angeklagte das dessen ungeachtet verpönte Verhalten ohne diese Einflußnahme nicht gesetzt hätte.

3. Eigenes Verhalten

93
Eigenes Verhalten

Nach Auffassung des Verfassungsgerichtshofs ist der Grundsatz, daß strafrechtliche Verantwortlichkeit nur an eigenes Verhalten geknüpft sein darf, so selbstverständlich, daß er in einschlägigen Verfassungsgarantien (Anklageprozeß: Art. 90 B-VG, Art. 6 und 7 EMRK) unausgesprochen vorausgesetzt wird[189]. Verfassungswidrig ist eine Strafbestimmung, die an das strafbare Verhalten einer anderen Person anknüpft, ohne auch nur ansatzweise erkennen zu lassen, welche Verhaltensanforderungen sie an den strafrechtlich Verantwortlichen stellt[190].

94
Strafbarkeit juristischer Personen

Umstritten ist daher die Strafbarkeit juristischer Personen. Dies hat den österreichischen Gesetzgeber aber nicht gehindert, Verbandsstrafen einzuführen[191]. Der Sache nach sind die im Verbandsverantwortlichkeitsgesetz[192] statuierten „Verbandsgeldbußen" deshalb Strafen, weil sie alle Strafzwecke, Spezial- und Generalprävention sowie sozial-ethischen Tadel erfüllen[193]. Bestraft werden nun aber juristische Personen (in der Regel Unternehmen), obwohl nicht diese selbst, sondern physische Personen die zugrundeliegenden Taten begangen haben. Dabei wäre es dem Gesetzgeber außerhalb des Bereichs der Strafsanktionen unbenommen, einer juristischen Person sonstige (nicht-strafende) Unrechtsfolgen für das Fehlverhalten von Führungskräften oder Mitarbeitern kraft Zurechnungsprinzips aufzuerlegen: etwa durch Bereicherungsabschöpfung oder mittels Anordnung neutraler (nicht tadelnder) Bußgelder[194].

---

188 Provokation durch einen Lockspitzel ist gesetzlich verboten (§ 25 StPO). Von einer solchen kann aber nur die Rede sein, wenn ein Organwalter des Staates auf ein kriminelles Verhalten bestimmenden Einfluß nimmt, der über das bloße Erforschen hinausgeht. Ein verbotener Einfluß liegt nicht vor, wenn der Angeklagte die strafbare Handlung ihrer Art nach ohne Intervention des verdeckten Ermittlers begangen hätte.
189 Schon wesentlich früher hatte der VfGH treffend gesagt, keine Person müsse für etwas einstehen, „womit sie nichts verbindet" (*VfSlg* 5318). Vgl. auch *Karollus*, Zur verfassungsrechtlichen Verankerung des strafrechtlichen Schuldprinzips, ÖJZ 1987, S. 677ff., der dem Schuldprinzip Verfassungsrang beimißt.
190 VfSlg 15.200: Aufhebung einer Bestimmung im Ausländerbeschäftigungsgesetz, der zufolge bei illegaler Beschäftigung von Ausländern neben dem „Beschäftiger" auch dessen Auftraggeber bzw. Generalunternehmer verwaltungsstrafrechtlich verantwortlich war.
191 Unter Berufung auf europarechtliche Erfordernisse. Eine kriminalstrafrechtliche Bestrafung juristischer Personen ist aber durch Art. 4 des sog. „2. EU-Protokolls" gerade nicht gefordert. Vgl. *Peter Lewisch/Jeffrey Parker*, Strafbarkeit der juristischen Person? Die Unternehmensstrafe in rechtspolitischer und rechtsdogmatischer Analyse, 2001, S. 13ff.
192 BGBl I 2005/151.
193 Die Materialien enthalten keine grundrechtsrelevanten Äußerungen (vgl RV 994 BlgNR 22. GP).
194 So *Lewisch*, in: Rill/Schäffer, Bundesverfassungsrecht (LitVerz.), Art 7 EMRK RN 9. Gegenteilig *Wiederin*, Die Zukunft des Verwaltungsstrafrechts: Sanktionen, Rechtsschutz, europäische Zusammenarbeit, Gutachten für den 16. Österreichischen Juristentag, 2006, S. 73: „Wenn juristische Personen als Adressaten von Rechtspflichten taugen und wenn sie diese Pflichten zu erfüllen in der Lage sind, dann können sie diese Pflichten auch verletzen; und wenn eine solche Verletzung auf Organisationsversagen zurückgeht, dann spricht nichts dagegen, die juristische Person für ihre Organisationsmängel strafrechtlich einstehen zu lassen".

II. Verbot der Doppelbestrafung

Nach Art. 4 des 7. ZP EMRK darf niemand, der wegen einer strafbaren Handlung entweder bereits rechtskräftig verurteilt oder freigesprochen worden ist, erneut vor Gericht gestellt oder bestraft werden. Die Wiederaufnahme des Verfahrens ist jedoch nicht ausgeschlossen, falls neue oder neu bekanntgewordene Tatsachen vorliegen oder das vorausgegangene Verfahren schwere, den Ausgang des Verfahrens berührende Mängel aufweist. Die Bestimmung ist „notstandsfest" im Zusammenhang mit Art. 15 EMRK. Eine vergleichbare Gewährleistung enthält auch Art. 14 Abs. 7 des UN-Paktes über bürgerliche und politische Rechte. Die von Österreich abgegebene auslegende Erklärung, Art. 4 des 7. ZP EMRK beziehe sich nur auf das gerichtliche Strafverfahren (im Sinne der Strafprozeßordnung), ist kein gültiger Vorbehalt, weil sie keine kurze Inhaltsangabe des relevanten Gesetzes enthält, wie dies die Europäische Menschenrechtskonvention (seinerzeit mit Art. 64 Abs. 2, jetzt in Art. 57 Abs. 2) fordert[195]. Das Doppelbestrafungsverbot gilt daher auch im Verhältnis von Justiz und Verwaltungsstrafrecht und für das Verhältnis zwischen Verwaltungsstrafen untereinander[196]. Art. 4 Ziff. 1 7. ZP EMRK verbietet nicht nur, jemanden nach Verurteilung oder Freispruch neuerlich zu verurteilen, sondern schon die Durchführung einer neuen Hauptverhandlung, wenn nicht die Voraussetzungen einer Wiederaufnahme des Verfahrens im Sinne der Ziffer 2 vorliegen[197].

95
ne bis in idem

Verhältnis von Justiz und Verwaltungsstrafrecht

Verbot neuer Hauptverhandlung

Die neuere Straßburger Rechtsprechung tendiert offenbar dazu, das Kumulationsprinzip grundsätzlich in Frage zu stellen, weil sie – ohne nachvollziehbare Kriterien – darauf abstellt, daß „dasselbe tatsächliche Verhalten" nicht neuerlich verfolgt und bestraft werden darf[198]. Kritisch ist dazu anzumerken: Tatbild und Lebenssachverhalt werden nicht klar unterschieden. Offenbar mangelt es auch an einer tauglichen strafrechtsdogmatischen Erfassung der verschiedenen Arten von Konkurrenzen. Aus der Rechtsprechung läßt sich nun folgende grobe Orientierung gewinnen: Eine Strafverfolgung ist unzulässig, wenn die strafbare Handlung bereits Gegenstand eines Strafverfahrens war und wenn der herangezogene Deliktstypus den Unrechts- und Schuldgehalt eines Täterverhaltens vollständig erschöpft, so daß ein weitergehendes Strafbedürfnis entfällt, weil das eine Delikt den Unrechtsgehalt des anderen Deliktes in seinen wesentlichen Aspekten mit umfaßt: „Scheinkonkurrenz" (Subsidiarität, Spezialität, Konsumtion).

96
Deliktskonkurrenzen

Eine „Doppelbestrafung" ist jedoch nach der Rechtsprechung nicht ausgeschlossen, wenn eine einzige Straftat in zwei getrennte strafbare Handlungen

97
Idealkonkurrenz

---

195 *EGMR*, Urt. v. 23. 10. 1995, Gradinger ./. Österreich, ÖJZ 1995, S. 954.
196 Eine Verurteilung in einem Disziplinarverfahren ist unbeachtlich, es sei denn, sie wäre in Anbetracht der Schwere der verhängten Sanktion als strafrechtlich zu werten.
197 *VfSlg* 16.245.
198 In der Formulierung des *EGMR* (Urt. v. 23. 10. 1995, Gradinger ./. Österreich, ÖJZ 1995, S. 954): Im Falle der Verfolgung von mehreren Straftatbeständen habe der Gerichtshof zu prüfen, „ob die Straftatbestände letztlich dieselbe Sache betreffen" oder ob sie sich in ihren wesentlichen Elementen unterscheiden.

zerfällt[199], wenn also durch dieselbe Handlung mehrere Delikte verwirklicht werden (Idealkonkurrenz)[200]. Eine unzulässige Doppelbestrafung läge aber vor, wenn der wesentliche Gesichtspunkt eines Straftatbestandes, der bereits Teil eines von den Strafgerichten zu ahndenden Straftatbestandes ist, neuerlich der Beurteilung und Bestrafung durch die Verwaltungsstrafbehörden unterworfen werden würde[201]: So hat der Verfassungsgerichtshof unter Beachtung dieser Grundsätze eine in der Straßenverkehrsordnung enthaltene Regelung als verfassungswidrig aufgehoben, nach der das Lenken eines Fahrzeugs in einem durch Alkohol beeinträchtigten Zustand unter Strafe gestellt wurde, und zwar unabhängig davon, ob die Tat auch nach dem gerichtlichen Straftatbestand des § 81 Ziff. 2 StGB strafbar war, bei dem das Lenken in einem durch Alkohol beeinträchtigten Zustand ebenfalls ein tatbestandliches Qualifikationskriterium – und damit maßgeblicher Gesichtspunkt im Sinne der EGMR-Judikatur – ist[202].

98
Verfassungskonforme Interpretation

Entziehung der Lenkerberechtigung

In anderen Fällen können mögliche Verstöße gegen das Verbot der Doppelbestrafung durch eine verfassungskonforme Interpretation „bewältigt" werden, vor allem dann, wenn ein Verwaltungsstraftatbestand seine Subsidiarität gegenüber gerichtlichen Straftatbeständen nicht ausdrücklich ausschließt[203]. Hingegen wird die Entziehung der Lenkerberechtigung auf Grund von Delikten, derentwegen eine rechtskräftige gerichtliche Bestrafung vorliegt, nicht als unzulässige Doppelbestrafung gewertet; es handelt sich nicht um eine Strafe, sondern um eine administrative Maßnahme zum Schutz der anderen Verkehrsteilnehmer oder sonstiger Rechtsgüter vor verkehrsunzuverlässigen Kraftfahrzeuglenkern[204].

III. Rechtsmittel in Strafsachen

99
Nachprüfende Instanz in Strafsachen

Art. 2 7. ZP EMRK gibt jedem, der von einem Gericht wegen einer strafbaren Handlung verurteilt wurde, das Recht, das Urteil von einem übergeordneten Gericht nachprüfen zu lassen[205]. Ausnahmen von diesem Recht sind für Strafsachen geringfügiger Art oder in Fällen zulässig, in denen das Verfahren gegen eine Person in erster Instanz vor dem obersten Gericht stattgefunden hat oder in denen sie auf Grund eines nach ihrem Freispruch eingelegten Rechtsmittels verurteilt worden ist. Nach der interpretativen Erklärung Österreichs zum 7. Zusatzprotokoll sind als übergeordnete Gerichte im Sinn

---

199 *EGMR*, Urt. v. 30. 7. 1998, Oliveira, ÖJZ 1999, S. 77.
200 *VfSlg* 15.824. – Im Fall Schutte ./. Österreich, Urt. v. 26. 7. 2007, NL 2007, S. 197, hat der EGMR die rechtliche Beurteilung der nationalen Gerichte (Idealkonkurrenz) gebilligt: § 97 Abs. 5 StVO enthält lediglich das Gebot, den Aufforderungen der Polizei Folge zu leisten, wogegen § 269 Abs. 1 StGB die Verhinderung einer Amtshandlung durch Gewalt oder Drohung mit Gewalt unter Strafe stellt.
201 *VfSlg* 14.696, im Gefolge von *EGMR*, Urt. v. 23. 10. 1995, Gradinger ./. Österreich, ÖJZ 1995, S. 954.
202 *VfSlg* 14.696.
203 *VfSlg* 15.128, 15.199.
204 *VwSlg* 11.103A; *VwGH* v. 10. 11. 1998, 97/11/0107; *VfSlg* 17.025.
205 Eine ähnliche Gewährleistung enthält Art. 14 Abs. 5 des UN-Paktes über bürgerliche und politische Rechte.

des zitierten Artikels 2 auch der Verwaltungsgerichtshof und der Verfassungsgerichtshof anzusehen. Die gesetzliche Ausgestaltung dieses verfahrensrechtlichen Anspruchs liegt grundsätzlich im Ermessen der Konventionsstaaten. Die Möglichkeit, daß der Verwaltungsgerichtshof eine Beschwerde gegen den Bescheid eines Unabhängigen Verwaltungssenats ablehnt, weil der von ihm zu lösenden Rechtsfrage keine grundsätzliche Bedeutung zukommt (vgl. § 33 a VwGG), ist konventionskonform. Die Prüfung einer Beschwerde unter diesem Aspekt kommt bereits einer Nachprüfung gleich[206].

Gestaltungsermessen der Konventionsstaaten

IV. Entschädigung bei Fehlurteilen

Nach Art. 3 7. ZP EMRK hat derjenige, der wegen einer strafbaren Handlung rechtskräftig verurteilt wurde, einen aus der Konvention herleitbaren verfassungsrechtlichen Anspruch auf Entschädigung, wenn „das Urteil später aufgehoben oder der Verurteilte begnadigt worden [ist], weil eine neue oder eine neu bekanntgewordene Tatsache schlüssig beweist, daß ein Fehlurteil vorlag". Keine Pflicht zur Entschädigung besteht indessen, wenn das nicht rechtzeitige Bekanntwerden der betreffenden Tatsache ganz oder teilweise dem Beschuldigten zuzuschreiben ist.

100
ultima ratio

Für den Bereich des gerichtlichen Strafrechts ist dieser Anspruch im Strafrechtlichen Entschädigungsgesetz[207] näher umschrieben und nach dessen Bestimmungen geltend zu machen. Soweit jedoch ein Entschädigungsanspruch nicht auf dieses Gesetz gestützt werden kann, etwa für den Bereich des Verwaltungsstrafrechts, unter Umständen auch für einen immateriellen Schaden, wird ein unmittelbar auf Grund der Verfassung bestehender Anspruch angenommen, der unter sinngemäßer Anwendung des Amtshaftungsgesetzes bei den ordentlichen Gerichten geltend zu machen ist[208].

101
Verfassungsunmittelbarer Anspruch

H. Wirksame (Grundrechts-) Beschwerde[209]

„Sind die in der Konvention festgelegten Rechte und Grundfreiheiten verletzt worden, so hat der Verletzte das Recht, eine wirksame Beschwerde bei einer nationalen Instanz einzulegen" (Art. 13 EMRK)[210]. Diese Garantie bezieht sich – ungeachtet des Umstandes, daß sie selbst ein *subjektives Recht* gewährt – nur auf die Durchsetzung der in der Europäischen Menschenrechtskonven-

102
Art. 13 EMRK

---

206 *EKMR*, B. v. 16.1.1996, ÖJZ 1996, S. 718; *EGMR*, Urt. v. 4.7.2002, Weh und Weh ./. Österreich, ÖJZ 2002, S. 736.
207 BGBl 1969/270.
208 *OGH* v. 21.6.2000, 1 Ob 88/00.
209 Dazu insb. *Bernegger*, Das Recht auf eine wirksame Beschwerde – Art. 13 EMRK, in: Machacek/Pahr/Stadler (LitVerz.), Bd. II, S. 733 ff.; *Matscher* (FN 21), S. 315; *Holoubek*, Das Recht auf eine wirksame Beschwerde bei einer nationalen Instanz, JBl 1992, S. 137.
210 Ähnliche Formulierungen enthält Art. 2 Abs. 3 des UN-Paktes über bürgerliche und politische Rechte. Vgl. ferner Art. 47 Abs. 1 GR-Charta, der sich allerdings nicht auf die Grundrechte beschränkt, sondern alle durch das Unionsrecht garantierten Rechte und Freiheiten einbezieht.

§ 200   Dreizehnter Teil: II. Einzelgrundrechte

Akzessorische Gewährleistung

tion und ihren materiellen Zusatzprotokollen enthaltenen Konventionsrechte. Es handelt sich daher um eine akzessorische Gewährleistung[211] und nicht um eine eigenständige Rechtsschutzgarantie, wenngleich sie angesichts des weiten Spektrums der Konventionsrechte einer solchen nahekommt. Im Rahmen des Konventionssystems kann eine zulässige Beschwerde an den Europäischen Gerichtshof für Menschenrechte erst nach Erschöpfung der innerstaatlichen – wirksamen – Rechtsbehelfe erhoben werden; Art. 35 EMRK enthält die exhaustion of remedies-rule als Ausdruck der Subsidiarität des europäischen Rechtsschutzsystems[212].

103
Anforderungen an nationales Rechtsschutzsystem

Art. 13 EMRK ist dahin zu verstehen, daß ein Rechtsweg zur Verfügung stehen muß, wenn die Verletzung eines Konventionsrechts in vertretbarer Weise behauptet werden kann (arguable claim) und nicht nur im Fall einer tatsächlichen Verletzung[213]. Die Garantie der wirksamen Beschwerde enthält einige allgemeine und sehr grundsätzliche Anforderungen an das nationale Rechtsschutzsystem, um dem Einzelnen die wirksame Durchsetzung der Konventionsrechte vor nationalen Organen zu ermöglichen. Die in Art. 13 EMRK angesprochene Instanz muß nicht notwendigerweise eine richterliche Instanz sein; wenn sie es nicht ist, sind aber ihre Befugnisse und die durch sie gebotenen Verfahrensgarantien dafür maßgeblich, ob eine wirksame Beschwerdemöglichkeit vorliegt[214].

104
Inhaltliche Prüfung

Voraussetzung einer wirksamen Beschwerde ist ferner ein *Rechtsanspruch* auf inhaltliche Prüfung und auf Entscheidung. Das Recht auf wirksame Beschwerde bedeutet keinen individuellen Anspruch auf Geltendmachung der Konventionskonformität von Gesetzen[215]. Die Tendenz des Europäischen Gerichtshofs für Menschenrechte geht jedoch neuerdings dahin, einen Staat bei beharrlicher oder im System der nationalen Rechtsordnung liegender Konventionsverletzungen zur Anpassung seiner Rechtsordnung zu verpflichten[216].

105
Abhilfe

Im Falle einer festgestellten Rechtsverletzung muß die Entscheidung eine wirksame Abhilfe bieten. Als effektive Rechtsmittel gelten solche, die eine andauernde Verletzung verhindern[217] oder adäquate Entschädigung für bereits erfolgte Verletzungen gewährleisten. Art. 13 EMRK bietet daher bei Verfahrensverzögerungen eine Wahlmöglichkeit: Eine Beschwerde ist dann wirksam, wenn sie entweder dazu verwendet werden kann, die Entscheidung

---

211 → Bd. VI/1: *Gundel*, Verfahrensrechte, § 146 RN 170 ff.
212 Für den nationalen Bereich wichtiger ist das aus einer Gesamtschau der Verfassung, insb. aus dem Rechtsstaatsprinzip hergeleitete (objektive) „Gebot faktisch effizienten Rechtsschutzes".
213 St.Rspr. seit *EGMR*, Urt. v. 6.9.1978, Klass, EuGRZ 1979, S. 278; Urt. v. 25.3.1983, Silver, EuGRZ 1984, S. 147; *Grabenwarter*, EMRK (LitVerz.), S. 389 ff.
214 *EGMR*, Urt. v. 25.3.1983, Silver, EuGRZ 1984, S. 147.
215 Immerhin wurde dies von *Matscher* (FN 21), und *Bernegger* (FN 209) erwogen.
216 Das ist zwar vom Durchsetzungsmechanismus der Konvention her gesehen problematisch, für die Durchsetzung der Konventionsstandards aber zukunftweisend und (gegenüber bestimmten Staaten) möglicherweise notwendig. Vgl. EGMR (GK), Urt. v. 22.6.2004, Broniowski ./. Polen; Urt. v. 22.2.2005, Hutten-Czapska ./. Polen; kritisch gewürdigt bei *Schäffer*, Die Grundrechte im Spannungsverhältnis von nationaler und europäischer Perspektive, ZÖR 62 (2007), S. 1 (32 ff.).
217 Insb. durch Aufhebung des rechtsverletzenden Aktes.

zu beschleunigen oder wenn sie dem Beschwerdeführer angemessene Wiedergutmachung für bereits eingetretene Verzögerungen gewährt.

Wie steht es mit der Erfüllung der Anforderungen des Art. 13 EMRK in der österreichischen Rechtsordnung? Die Konvention steht zur Gänze im Verfassungsrang, ihre Rechte sind daher mittels Verfassungsbeschwerde gemäß Art. 144 B-VG beim Verfassungsgerichtshof durchsetzbar. Wirksame Beschwerden im Sinne des Art. 13 sind ferner

106 Umsetzung in Österreich

- die ordentlichen und außerordentlichen Rechtsmittel und die Rechtsbehelfe im Zivil- und Strafverfahrensrecht sowie im Verwaltungsverfahren,
- die Beschwerden an die Unabhängigen Verwaltungssenate und (allenfalls anschließend) an die Gerichtshöfe des öffentlichen Rechts[218],
- der Individualantrag auf Normenkontrolle (Gesetzes- und Verordnungsprüfung),
- die Geltendmachung von Amtshaftungsansprüchen,
- die Geltendmachung von Entschädigungsansprüchen nach dem Strafrechtlichen Entschädigungsgesetz,
- die Subsidiaranklage nach § 48 StPO sowie
- der Fristsetzungsantrag gemäß § 91 GOG[219], mit dem eine Verfahrenspartei im Bereich der ordentlichen Justiz im Falle der Säumnis beim übergeordneten Gerichtshof die Anordnung begehren kann, dieser möge dem Gericht für die Vornahme einer Verfahrenshandlung eine angemessene Frist setzen[220].

Hingegen entsprechen Aufsichtsbeschwerden, wie man sie ganz allgemein im gerichtlichen und im Verwaltungsverfahren erheben kann und auf deren Erledigung kein Rechtsanspruch besteht, sowie auch die Beschwerden an die Volksanwaltschaft, die allenfalls mit Empfehlungen erledigt werden, nicht den Anforderungen des Art. 13 EMRK.

Aufsichtsbeschwerden

Der Europäische Gerichtshof für Menschenrechte sieht die primäre Pflicht eines Staates darin, ein Justizsystem zu schaffen, dessen Verfahren in Zivil- und Strafsachen einschließlich der Verfahren vor den Höchstgerichten innerhalb einer angemessenen Zeit erledigt werden[221]. Bei der Angemessenheit der Verfahrensdauer muß nach seiner Rechtsprechung einerseits die Komplexität des Falles, anderseits aber auch das Verhalten des Beschwerdeführers und jenes der Behörden berücksichtigt werden.

107 Verfahrensdauer

Die Modalitäten zur Ausübung der Rechtsmittel sind Sache der Staaten, denen nach der EGMR-Rechtsprechung ein weiter Spielraum offensteht, um den Anforderungen des Art. 13 EMRK zu genügen. Hinsichtlich der konkreten Ausgestaltung von Rechtsbehelfen gegen überlange Verfahrensdauer wird den Staaten eine „beträchtliche Entscheidungsfreiheit" konzediert. In jüng-

108 Ausgestaltungsspielräume

---

218 Vgl. *VfSlg* 13.708.
219 Gerichtsorganisationsgesetz (RGBl 1896/217 i.d.g.F.).
220 Eingeführt mit der „Erweiterten Wertgrenzennovelle" (BGBl 1989/343).
221 *EGMR*, Urt. v. 26. 10. 2000, Kudła ./. Polen, ÖJZ 2001, S. 904. *Thienel*, Die angemessene Verfahrensdauer (Art 6 Abs 1 MRK) in der Rechtsprechung der Straßburger Organe, ÖJZ 1993, S. 473 ff.

ster Zeit mußte Österreich allerdings – offensichtlich wegen chronischer Überlastung des Verwaltungsgerichtshofs – von Straßburger Seite mehrfach eine Verurteilung wegen Verletzung des Art. 13 EMRK unter dem Aspekt der überlangen Verfahrensdauer hinnehmen. Dabei wurde jeweils ausdrücklich das Fehlen eines Rechtsbehelfes gegen Verfahrensverzögerungen vor den Gerichtshöfen des öffentlichen Rechts (Verwaltungsgerichtshof und Verfassungsgerichtshof) moniert[222].

J. Grundrechtsgefährdungen – „informeller" (präventiver) Rechtsschutz[223]

109
Neuartige Eingriffe

Die äußere und innere Sicherheit des Staates erfährt in der Gegenwart immer größere und neuartige Bedrohungen. Um den Gefahren von Terrorismus und organisierter Kriminalität zu begegnen, wurden deshalb auch neue Mittel der Informationsbeschaffung entwickelt, und sie werden – ihrem Zweck entsprechend – vor allem verdeckt eingesetzt: „Lauschangriff" und „Rasterfahndung", elektronische Ortung, sodann auch die Online-Fahndung. Diese Aufklärungsmethoden können – weil die Betroffenen von den erwähnten Maßnahmen zumeist keine Kenntnis haben – die Grundrechtssphäre des Einzelnen massiv in Frage stellen. Neuartige Eingriffe dieser Art treten nicht in den traditionellen Formen staatlicher Hoheitsakte in Erscheinung und können daher nicht auf den klassischen Wegen des Rechtsschutzes bekämpft werden. Um diese „faktische Rechtsschutzlücke" zu schließen, wurde ein neuartiger Typus von Organen erdacht, die im wesentlichen die Rechtmäßigkeit des staatlichen Vorgehens begleitend kontrollieren und erforderlichenfalls anstelle des uninformierten Betroffenen Rechtsbehelfe ergreifen können.

110
Rechtsschutzbeauftragte

Derzeit kennt die österreichische Rechtsordnung drei sogenannte Rechtsschutzbeauftragte (RSB), deren Aufgaben ähnlich, wenn auch nicht völlig deckungsgleich sind. Die erste derartige Einrichtung war der Rechtsschutzbeauftragte im Rahmen der Strafprozeßordnung[224]; diesem wurde wenig später der Rechtsschutzbeauftragte nach dem Sicherheitspolizeigesetz[225] und auch

---

222 *EGMR*, Urt. v. 26. 7. 2007, *Schutte ./. Österreich*, NL 2007, S. 197; Urt. v. 26. 7. 2007, *Stempfer ./. Österreich*, NL 2007, S. 199. Der österreichische Regierungsstandpunkt, Art. 13 EMRK verlange von den Vertragsstaaten nicht, ein Rechtsmittel gegen Verzögerungen durch die Höchstgerichte zur Verfügung zu stellen, fand beim EGMR keine Billigung. Dieser hielt vielmehr ausdrücklich fest, die Staaten seien verpflichtet, ihr Rechtsprechungssystem so zu gestalten, daß die Gesamtdauer der Verfahren *einschließlich der Dauer vor den Höchstgerichten* angemessen bleibt.
223 Dazu insbesondere *R. Novak*, Rechtsschutz und Verfahrensgarantien im Öffentlichen Recht, in: Norbert Schoibl (Hg.), Rechtsschutz und Verfahrensgarantien, FG Matscher, 2003, S. 33 (45 f.); *Schäffer*, Grundrechtsgefährdungen – neue Wege eines vorbeugenden Rechtsschutzes, in: Ferdinand Kirchhof/Hans-Jürgen Papier/Heinz Schäffer (Hg.), FS Merten, 2007, S. 131 ff.
224 Heute §§ 145 ff StPO i.d.g.F.
225 Heute § 91 a SPG i.d.g.F zur „erweiterten Gefahrenforschung" (Abwehr krimineller Verbindungen und zur Verhinderung gefährlicher Angriffe).

jener nach dem Militärbefugnisgesetz[226] nachgebildet. Die potentiell grundrechtsgefährdenden Handlungen, wie verdeckte Ermittlungen, optische und akustische Überwachungen oder ein automationsunterstützter Datenabgleich, müssen dem Rechtsschutzbeauftragten jedenfalls zur Kenntnis gebracht werden; bestimmte Handlungen (vor allem Ermittlungsmaßnahmen gegen Berufsgeheimnisträger) bedürfen überdies seiner „Ermächtigung", das heißt Zustimmung. Schließlich ist der Rechtsschutzbeauftragte, wenn er die Verletzung des Datenschutzes wahrnimmt, befugt, den Betroffenen zu informieren oder, falls eine solche Information wegen der in § 26 Abs. 2 DSG genannten öffentlichen Interessen unterbleiben muß, Beschwerde an die Datenschutzkommission zu erheben. Damit wird dem Umstand Rechnung getragen, daß der von geheim geführten Ermittlungen Betroffene mangels Kenntnis von seiner Betroffenheit selbst nicht die Möglichkeit hat, eine Überprüfung der behördlichen Eingriffe in sein Recht auf „informationelle Selbstbestimmung" herbeizuführen[227].

Anfänglich hielt man diese Neuregelungen mit der Begründung für problemlos und verfassungskonform, der Rechtsschutzbeauftragte agiere eben als interimistische Verfahrenspartei zur Rechtsschutzwahrung während der Dauer einer Observation anstelle des von den schwebenden Ermittlungen uninformierten Observierten. Offen blieb, ob derartige Organe einer besonderen verfassungsrechtlichen Verankerung im Rechtsschutzkapitel der Bundesverfassung bedurften. Später hat der Verfassungsgerichtshof eine dieser Bestimmungen aufgehoben, weil er sie für systemwidrig und die Weisungsfreistellung des Rechtsschutzbeauftragten (nach dem Militärbefugnisgesetz[228]) für verfassungswidrig hielt[229]. In der Tat unterscheiden sich die Rechtsschutzbeauftragten sehr wesentlich von jenen Rechtsschutzeinrichtungen, die in der Verfassung das Rechtsschutzsystem tragen[230]. Die Rechtsschutzbeauftragten sind Organe einer begleitenden Kontrolle[231], ohne im allgemeinen einen entscheidungswesentlichen Anteil an der Willensbildung und damit an der Verwaltungsführung zu haben. Sie üben diese Tätigkeit vor allem im Interesse der Allgemeinheit aus und wirken damit im Dienste des objektiven Rechtsschutzes. Darüber hinaus sind sie teilweise zur Unterstützung oder Supplierung der

111
Begleitende Kontrolle

---

226 § 57 MBG zur Prüfung der Rechtmäßigkeit von Maßnahmen der nachrichtendienstlichen Aufklärung und Abwehr (Aufgaben der militärischen Nachrichtendienste).
227 So ausdrücklich die Regierungsvorlage zur SPG-Novelle BGBl. I 2000/85 (81 BlgNR 21. GP). Sie verwendete dabei eine dem österreichischen Recht bis dahin unbekannte Grundrechtsformel („informationelle Selbstbestimmung"), die zuvor in der deutschen Rspr. (Volkszählungs-Urteil des BVerfG) inauguriert worden war.
228 BGBl I 2000/86.
229 *VfSlg* 17.102.
230 Jene Rechtsschutzeinrichtungen, die im Siebenten Hauptstück des B-VG verankert sind und damit das Kernstück des öffentlich-rechtlichen Rechtsschutzes bilden (VfGH, VwGH, AsylGH und UVS), sind durchwegs zur Entscheidung über die Rechtmäßigkeit staatlicher Rechtsakte – von Verwaltungsakten bis hin zum Gesetz – berufen.
231 Sie sind auch nur insoweit in das Geschehen der Vollziehung einbezogen, als sie diese beobachtend begleiten. Sie üben damit ähnliche Funktionen aus, wie sie – freilich mit anderer Zielsetzung – im Rahmen der inneren Organisation der Verwaltung vorgesehen werden können; z.B. Einrichtung einer „internen Revision" (nach § 7 Abs 4 BundesministerienG) oder das aus der Betriebswirtschaftslehre in die öffentliche Verwaltung übernommene „Controlling" (vgl §§ 15 a, 15 b BHG).

§ 200   *Dreizehnter Teil: II. Einzelgrundrechte*

<small>Keine selbständige Entscheidungskompetenz</small>

Wahrnehmung subjektiver Rechte[232] der Betroffenen berufen, welche ihre Rechte in der Regel nicht selbst ausüben können (sogenannter „kommissarischer" Rechtsschutz). Ein Rechtsschutzbeauftragter ist also nicht zur „Führung von Verwaltung" bestimmt. Er hat grundsätzlich keine selbständigen, hoheitlichen Entscheidungen zu treffen. Entscheidungsanteil hat er nur, insoweit er an der Willensbildung einer anderen Behörde (der Strafanklagebehörde bzw. der Sicherheitsbehörden) dadurch mitwirkt, daß bestimmte Akte derselben nur mit seiner „Ermächtigung" (das heißt Zustimmung) oder auf seinen Antrag gesetzt werden dürfen.

112
<small>Menschenrechtsbeirat</small>

Ein ähnliches Organ ist der Menschenrechtsbeirat (MRB), der den Bundesminister für Inneres „in Fragen der Wahrung der Menschrechte" zu beraten hat (§ 15 SPG). Hiezu obliegt es ihm, die Tätigkeit der Sicherheitsbehörden, der sonstigen dem Bundesminister für Inneres nachgeordneten Behörden und der zur Ausübung unmittelbarer verwaltungsbehördlicher Befehls- und Zwangsgewalt ermächtigten Organe unter dem Gesichtspunkt der Wahrung der Menschenrechte zu beobachten und begleitend zu überprüfen[233]. Dem Menschenrechtsbeirat sind gleichsam als „Augen und Ohren" (also für die operative Kontrolle durch eigene Wahrnehmung) sechs regional zuständige und multidisziplinär zusammengesetzte Kommissionen beigegeben. Deren Besuchstätigkeit entfaltet eine nicht unerhebliche Präventivwirkung im Sinne vorbeugenden Menschenrechtsschutzes und objektiver Rechtswahrung. Der Menschenrechtsbeirat ist daher sowohl ein Beratungs-, als auch ein Kontrollorgan und weist gerade in der letztgenannten Funktion starke Gemeinsamkeiten mit den zuvor behandelten Rechtsschutzbeauftragten auf[234]. Auch seine Tätigkeit ist nicht Führung der Verwaltung; er ist organisationsrechtlich betrachtet kein Entscheidungsorgan, sondern ein konsultatives Verwaltungsorgan[235].

<small>Verfassungsgrundlage</small>

Heute ist für alle erwähnten Organe des präventiven Grundrechtsschutzes eine eindeutige Verfassungsgrundlage zur (einfachgesetzlichen) Weisungsfreistellung in Art. 20 Abs. 2 Ziff. 2 B-VG[236] gegeben.

<small>232 Und seien es auch nur Verfahrensrechte.
233 Im Ergebnis sollen ein „erweitertes Grundrechtsverständnis" und eine neue (grundrechtsbewußte) Polizeikultur entstehen.
234 Seine Prüfungstätigkeit kann der Menschenrechtsbeirat aus eigener Initiative oder auf Ersuchen des Bundesminister für Inneres entfalten; jedenfalls hat der Beirat – auf Grund der Ergebnisse seiner Ermittlungen oder Beobachtungen – Verbesserungen vorzuschlagen.
235 Es mag daher – rückblickend – für die politische Optik zweckmäßig erschienen sein, war aber von Anfang an überflüssig, die Einrichtung des Menschenrechtsbeirats und die Weisungsfreiheit seiner Mitglieder mit Verfassungsbestimmung zu normieren.
236 Eingeführt mit B-VG Novelle BGBl I 2008/2.</small>

K. Bibliographie

Baumgartner, Gerhard, Die unabhängigen Verwaltungssenate und der Tribunalsbegriff des Art. 6 EMRK, ZUV 1995/1, S. 4 ff.
Berchtold, Klaus, Verfahrensgarantien im österreichischen Recht, in: Franz Matscher (Hg.), Erweitertes Grundrechtsverständnis, 2003, S. 127 ff.
Fuchs, Helmut, Der Einfluss der Europäischen Menschenrechtskonvention auf das österreichische Straf- und Strafverfahrensrecht, ZStW 1988, S. 444 ff.
Grabenwarter, Christoph, Verfahrensgarantien in der Verwaltungsgerichtsbarkeit, 1997.
ders., Die öffentliche mündliche Verhandlung im verwaltungsgerichtlichen Verfahren, in: Rudolf Thienel (Hg.), Verwaltungsgerichtsbarkeit im Wandel, 1999, S. 153 ff.
Holzinger, Gerhart, Die Bedeutung der Unabhängigen Verwaltungssenate für das Rechtsschutzsystem der österreichischen Bundesverfassung, ZUV 2000, S. 11 ff.
Lienbacher, Georg, Verwaltungsstrafverfahren – Anklageprinzip – Menschenrechtskonvention, ZfV 1996, S. 536 ff.
ders., Der Öffentlichkeitsgrundsatz des Zivil- und Strafverfahrens im österreichischen Verfassungsrecht, ÖJZ 1990, S. 425 ff., 515 ff.
Loebenstein, Edwin, Einige Überlegungen über ein Grundrecht auf Rechtsschutz, in: Manfred Nowak/Dorothea Steurer/Hannes Tretter (Hg.), FS Ermacora, 1988, S. 249 ff.
Matscher, Franz, Die Verfahrensgarantien der EMRK in Zivilrechtssachen, ZÖR 31 (1980), S. 1 ff.
ders., Die Einwirkungen der EMRK auf das Internationale Privat- und zivilprozessuale Verfahrensrecht, in: F. Matscher/I. Seidl-Hohenveldern (Hg.), FS Schwind, 1993, S. 71 ff.
ders., Probleme der österreichischen Strafrechtspflege im Lichte der neueren Rechtsprechung der Straßburger Konventionsorgane, RZ 1993, S. 154 ff.
Novak, Richard, Rechtsschutz und Verfahrensgarantien im Öffentlichen Recht, in: Norbert Schoibl (Hg.), Rechtsschutz und Verfahrensgarantien, FG Matscher, 2003, S. 33 ff.
Okresek, Wolf, Subsidiarität im Verfahren nach der EMRK, in: Metin Akyürek (Hg.), FS Schäffer 2006, S. 575 ff.
Ratz, Eckart, Grundrechte in der Strafjudikatur des OGH, ÖJZ 2006, 318 ff.
Rechberger, Walter, Rechtsschutz und Verfahrensgarantien im Zivilverfahren, in: Norbert Schoibl (Hg.), FG Matscher, 2003, S. 13 ff.
Rill, Heinz Peter, Die Artikel 5 und 6 der Europäischen Menschenrechtskonvention, die Praxis der Straßburger Organe und des Verfassungsgerichtshofes und das österreichische Verfassungssystem, in: Bernhard Raschauer (Hg.), FS Winkler, 1989, S. 13
Schopf, Norbert, Das Recht auf ein Verfahren vor dem gesetzlichen Richter, 2000.

III. Schutz und Durchsetzung der Grundrechte

§ 201
Bestandsschutz und Durchsetzung der Grundrechte

Dietmar Jahnel

Übersicht

	RN
A. Einleitung	1– 2
B. Schutz gegen wesentliche Veränderungen der Grundrechte	3–24
I. Verfassungsänderung	3– 7
1. Zweidrittel-Mehrheit	5– 6
2. Volksabstimmung	7
II. Spezifische Voraussetzungen für Grundrechtsbeschränkungen durch Akte der Gesetzgebung	8–24
1. Regelungstechnik	8– 9
2. Formelle Gesetzesvorbehalte	10–11
3. Institutionelle Garantien	12
4. Materieller Gesetzesvorbehalt	13
5. Grundrechte ohne Gesetzesvorbehalt	14–15
6. Verhältnismäßigkeitsprinzip	16–18
7. Abhängigkeit von Verfassungs- und Gesetzesnorm	19–22
8. Verfassungskonforme Interpretation	23
9. Richtlinienkonforme Interpretation	24
C. Spezifische Verfahren und Organe zum effektiven Schutz der Grundrechte	25–82
I. Vorbemerkung	25–27
II. Spezifische Rechtsbehelfe vor dem VerfGH	28–44
1. Verfassungsbeschwerde gegen Verwaltungsakte	29–35
2. Normenkontrollverfahren	36–39
3. Verfahrensergebnisse des gerichtsförmigen Grundrechtsschutzes	40–44

	RN
III. Grundrechtsschutz durch die ordentliche Gerichtsbarkeit	45–55
1. Ordentliche Gerichte und Grundrechtsbeschwerde an den Verfassungsgerichtshof	45
2. Strafrecht	46–48
3. Zivilprozeßrecht	49–50
4. Datenschutz in der Justiz	51–52
5. Tätigkeit von Verwaltungsbehörden in Befolgung eines richterlichen Befehls	53
6. Einschätzung des Grundrechtsschutzes in der Justiz	54–55
IV. Spezifische Rechtsbehelfe zum Schutz gegen Akte der Verwaltung	56–61
1. Unabhängige Verwaltungssenate (UVS)	57–59
2. Datenschutzkommission	60–61
V. Außergerichtlicher Schutz	62–82
1. Die Volksanwaltschaft	63–64
2. Präventive Kontrolle und objektiver Rechtsschutz	65–82
a) Menschenrechtsbeirat	67–68
b) Rechtsschutzbeauftragte	69–81
c) Zusammenfassung	82
D. Das Verhältnis der Grundrechtsgewährleistungen auf europäischer und nationaler Ebene	83–88
I. Allgemeines	83–84
II. EGMR und VerfGH	85
III. Erschöpfung innerstaatlicher Rechtsbehelfe	86
IV. Wirkung der Urteile des EGMR	87–88
E. Bibliographie	

A. Einleitung

1
Ebenen des Grundrechtsschutzes

Der Schutz von Grundrechten ist ein ebenso anspruchsvolles wie vielschichtiges Unterfangen und erfolgt auch in Österreich auf ganz unterschiedlichen Ebenen[1]: Im Vordergrund steht zunächst die Grundrechtsgerichtsbarkeit in ihrer spezifischen Ausprägung als konzentrierte Verfassungsgerichtsbarkeit. Daneben sind aber in einem gewissen Ausmaß auch potentiell alle anderen staatlichen Institutionen (Behörden und Gerichte), insbesondere die allgemeinen Gerichte, auch Grundrechts-„Gerichte", wenn und soweit sie im Rahmen ihrer Zuständigkeiten auch Grundrechte anzuwenden und Mißachtungen als Rechtsverletzungen aufzugreifen haben. Dies gilt in Österreich nicht nur für die ordentlichen Gerichte, sondern im besonderen für den Rechtsschutz durch die unabhängigen Verwaltungssenate und zum Teil auch für den Verwaltungsgerichtshof.

2
Menschenrechtsbeirat und Rechtsschutzbeauftragte

In Österreich sind aber auch andere unabhängige Institutionen, wie vor allem der Menschrechtsbeirat und verschiedene Rechtsschutzbeauftragte, mit der Wahrung von Grund- und Menschenrechten betraut. Und schließlich liegt bereits in einer erschwerten Abänderbarkeit von gesetzlich festgelegen Grundrechten ein gewisser Grundrechtsschutz ebenso wie in der allgemeinen Bindung des Gesetzgebers an die Grundrechte[2].

B. Schutz gegen wesentliche Veränderungen der Grundrechtsverbürgungen

I. Verfassungsänderung

3
„Allgemeine Rechte der Staatsbürger"

Das positive österreichische Verfassungsrecht verwendet den Begriff der Grund- oder Menschenrechte nur ganz sporadisch[3], im Staatsgrundgesetz (StGG)[4] hingegen ist nur von den „allgemeinen Rechten der Staatsbürger" die Rede. Erst durch die Europäische Menschenrechtskonvention[5] wurden auch die Begriffe „Menschrechte und Grundfreiheiten" zu Begriffen des innerstaatlichen Verfassungsrechts.

---

1 Vgl. dazu → Bd. I: *Korinek/Dujmovits*, Grundrechtsdurchsetzung und Grundrechtsverwirklichung, § 23 RN 15.
2 Vgl. zum Grundrechtsschutz in Österreich die allgemeine Übersicht bei *Schäffer/Jahnel*, Der Schutz der Grundrechte, ZÖR 1999, S. 71 ff.
3 Z.B. in § 1 Datenschutzgesetz (DSG 2000): Bundesgesetz über den Schutz personenbezogener Daten (BGBl I 1999/165 i.d.F. 2005/13). → Bd. II: *Merten*, Begriff und Abgrenzung der Grundrechte, § 35 RN 41 ff.
4 Staatsgrundgesetz v. 21.12.1867 über die allgemeinen Rechte der Staatsbürger für die im Reichsrathe vertretenen Königreiche und Länder (RGBl 1867/142 i.d.F. BGBl 1988/684).
5 Die EMRK steht seit dem Beitritt Österreichs im Jahr 1958 im Verfassungsrang. Vgl. dazu *Berka*, Verfassungsrecht (LitVerz.), RN 46.

Für den Grundrechtsschutz des österreichischen Bundes-Verfassungsgesetzes (B-VG)[6] ist der formale Begriff des „verfassungsgesetzlich gewährleisteten Rechts" maßgeblich. Mit der Behauptung, in einem solchen Recht verletzt zu sein, wird die Zuständigkeit des Verfassungsgerichtshofs begründet. Da es im österreichischen Verfassungsrecht – trotz wiederkehrender Bemühungen[7] – bis heute keinen einheitlichen Grundrechtskatalog gibt, gehören zu den verfassungsgesetzlich gewährleisteten Rechten die im Staatsgrundgesetz und in der Europäischen Menschenrechtskonvention verbürgten Freiheitsrechte und sonstigen Grundrechte, die Gleichheitsrechte und die im Bundes-Verfassungsgesetz oder in anderen Bundesverfassungsgesetzen verankerten Grundrechte. Allen gemeinsam ist, daß es sich dabei um Normen auf der Stufe des Verfassungsrechts handelt. Damit liegt ein gewisser Schutz der Grundrechte bereits in den erschwerten Bedingungen, die für eine Abänderung von Verfassungsnormen vorgesehen sind.

1. Zweidrittel-Mehrheit

Nach Art. 44 Abs. 1 B-VG können Verfassungsgesetze oder in einfachen Gesetzen enthaltene Verfassungsbestimmungen vom Nationalrat nur in Anwesenheit von mindestens der Hälfte der Mitglieder und mit einer Mehrheit von zwei Dritteln der abgegebenen Stimmen beschlossen werden. Damit werden gegenüber der einfachen Gesetzgebung erschwerte Erzeugungsbedingungen festgelegt und das österreichische Verfassungsrecht verbürgt – zumindest der Idee nach – eine erhöhte Bestandskraft. Diese ist allerdings in der Wirklichkeit des politischen Prozesses alles andere als gesichert[8].

Verfügt eine Regierung über eine Zweidrittel-Mehrheit im Nationalrat, was vor allem bei großen Koalitionen immer wieder der Fall sein kann, bildet diese erschwerte Erzeugungsbedingung für die Abänderung von Verfassungsrecht kein Hindernis. Die Erfahrung hat aber auch gezeigt, daß selbst dann, wenn sich eine Regierung nur auf eine einfache parlamentarische Mehrheit stützen kann, die Zustimmung der Opposition zu Verfassungsänderungen erlangt werden kann, etwa im Wege politischer Tauschgeschäfte. Im Ergebnis zählt die österreichische Verfassung (einschließlich der in ihr verankerten Grundrechte) also zu den relativ einfach zu revidierenden Verfassungen, was auch durch die Häufigkeit ihrer Änderung belegt wird[9].

2. Volksabstimmung

Art. 44 Abs. 3 B-VG unterscheidet weiters zwischen einer Teiländerung und einer Gesamtänderung der Bundesverfassung. Bei einer Teiländerung ist eine Volksabstimmung nur dann notwendig, wenn diese von einem Drittel der Mit-

---

6 Bundes-Verfassungsgesetz (BGBl 1930/1 i.d.F. I 2008/2).
7 Vgl. zum steinigen „Weg zum österreichischen Grundrechtskatalog" für viele *Berka*, Verfassungsrecht (LitVerz.), RN 1163 ff.
8 *Berka* aaO., RN 82 ff.
9 Allein nach 1945 gab es mehr als 90 Novellen des B-VG!

§ 201   Dreizehnter Teil: III. Schutz und Durchsetzung der Grundrechte

Teil- oder Gesamtänderung der Bundesverfassung

glieder das Nationalrates oder des Bundesrates verlangt wird (fakultatives Referendum). Verfassungsgesetze, die eine Gesamtänderung der Bundesverfassung zum Inhalt haben, sind hingegen einer obligatorischen Volksabstimmung zu unterziehen. Zu diesen leitenden Grundsätzen der Verfassung gehören nach der Rechtsprechung des Verfassungsgerichtshofs[10] jedenfalls das demokratische, das republikanische, das bundesstaatliche und das rechtsstaatliche Prinzip. Darüber hinaus werden teilweise auch das gewaltentrennende und das liberale Prinzip zu den Baugesetzen der Verfassung gezählt[11]. Manche rechnen auch den Bestand der Grundrechtsordnung (als „liberales" Prinzip) und den effektiven Schutz der Grundrechte durch eine Gerichtsbarkeit öffentlichen Rechts zu den mit erhöhter Bestandsgarantie ausgestatteten Verfassungsprinzipien. Da die Gesamtheit der verfassungsrechtlich garantierten Grundrechte als wesentlicher Bestandteil vor allem des rechtsstaatlichen Prinzips betrachtet werden kann, würde eine gänzliche Beseitigung, radikale Modifizierung oder eine Reduktion der Grundrechte auf eine bloße Proklamation (ohne gerichtliche Durchsetzbarkeit) eine Gesamtänderung der Bundesverfassung bedeuten.

Bloße Proklamation als Gesamtänderung

II. Spezifische Voraussetzungen für Grundrechtsbeschränkungen durch Akte der Gesetzgebung (Gesetzesvorbehalte)

1. Regelungstechnik

8
Politische Ausgleichsfunktion der Legislative

Von ihrer sprachlichen Formulierung her sind Grundrechte meist formelhaft garantiert. Die Regelungstechnik der Gesetzesvorbehalte zeigt jedoch, daß die Grundrechte fast nie schrankenlos gewährleistet werden sollten und daß dem Gesetzgeber die politische Ausgleichsfunktion (soziale Bindung, Abwägung widerstreitender Grundrechtspositionen) zugedacht war.

9
Eingriffs- und Ausgestaltungsvorbehalte

Zunächst wird bei den Gesetzesvorbehalten zwischen Eingriffsvorbehalten und Ausgestaltungsvorbehalten unterschieden[12]. Eingriffsvorbehalte ermächtigen den Gesetzgeber zur Einschränkung eines grundrechtlich geschützten Freiheitsbereichs. Ausgestaltungsvorbehalte werden dagegen als Auftrag an den Gesetzgeber verstanden, das Grundrecht überhaupt erst zu gestalten[13]. Schließlich ist die Regelungstechnik insbesondere bei den älteren Grundrechten des Staatsgrundgesetzes dadurch charakterisiert, daß diese unter einem sogenannten formellen Gesetzesvorbehalt stehen, während die neueren Grundrechte durchwegs mit einem materiellen Gesetzesvorbehalt ausgestaltet sind.

---

10 *VfSlg* 2455/1952.
11 *Berka*, Verfassungsrecht (LitVerz.), RN 114 ff.; *Öhlinger*, Verfassungsrecht (LitVerz.), RN 66 ff.; *Walter/Mayer/Kucsko-Stadlmayer*, Grundriss (LitVerz.), RN 162 f, 164; *Adamovich/Funk/Holzinger*, Staatsrecht I (LitVerz.), RN 10.001 ff.
12 *Berka* aaO., RN 1286 ff.; *Öhlinger* aaO., RN 711.
13 Vgl. dazu näher B II 7 a, RN 20 f.

2. Formelle Gesetzesvorbehalte

Mehrere Grundrechte des Staatsgrundgesetzes stehen unter einem – dem Wortlaut nach – unbeschränkten Gesetzesvorbehalt (sogenannter „formeller Gesetzesvorbehalt")[14]. Danach ist das Vorliegen einer förmlichen gesetzlichen Ermächtigung notwendige, aber auch ausreichende Bedingung für Eingriffe in das Grundrecht. Damit scheint die Befugnis des Gesetzgebers zur Bestimmung der Grundrechtsschranken prinzipiell unbegrenzt zu sein. So wurde auch zunächst in der älteren Rechtsprechung des Verfassungsgerichtshofs judiziert, daß der einfache Gesetzgeber den Antritt und die Ausübung von Berufen im Rahmen der nach Art. 6 StGG gewährleisteten Erwerbsfreiheit nahezu beliebig beschränken durfte.

10
Hinreichende gesetzesförmliche Ermächtigung

Seit den fünfziger Jahren hat sich der Verfassungsgerichtshof jedoch schrittweise von dieser Auffassung entfernt. In einer Entscheidung aus dem Jahre 1956[15] vertritt er – bezüglich der Verstaatlichungsaktion nach dem Zweiten Weltkrieg – erstmals die Ansicht, daß ein Grundrecht durch den Gesetzgeber nicht völlig beseitigt werden dürfe. In weiterer Folge entwickelte sich aus diesem Ansatz in ähnlicher Weise wie im Bonner Grundgesetz die Wesensgehaltstheorie[16]: Gesetzliche Beschränkungen eines Grundrechts dürfen nicht gegen das „Wesen" eines Grundrechts verstoßen, was dann der Fall sei, wenn sie in ihrer Wirkung der Aufhebung des Grundrechts gleichkommen. Worin der Wesensgehalt der einzelnen Grundrechte besteht, blieb in dieser Rechtsprechung freilich äußerst undeutlich.

11
Wesensgehaltstheorie

3. Institutionelle Garantien

Eine entfernte Ähnlichkeit damit haben sogenannte Institutsgarantien und institutionelle Garantien[17]. Sie bedeuten ein Verbot der gänzlichen Abschaffung oder auch Denaturierung des betreffenden Rechtsinstituts. Institutsgarantien stellen bestimmte privatrechtliche Regelungskomplexe unter grundrechtlichen Schutz und verwehren dem Gesetzgeber, die entsprechenden Rechtsinstitute zu beseitigen oder in ihrem wesentlichen Kern umzugestalten. So garantiert etwa das Eigentumsgrundrecht nach Art. 5 StGG eine grundsätzlich privatrechtliche Eigentumsordnung. Auch bei dem in Art. 12 EMRK gewährleisteten Recht auf Eheschließung wird die Ehe als ein bestimmtes rechtliches Institut vorausgesetzt. Institutionelle Garantien beziehen sich auf bestimmte öffentlich-rechtliche Organisationen, deren Bestehen und leitbildgerechte Ausgestaltung grundrechtlich garantiert ist. Eine solche Garantie wird nach überwiegender Auffassung für die Universitäten aus dem Grund-

12
Verbot einer Denaturierung des Rechtsinstituts

---

14 Vgl. dazu *Öhlinger*, Verfassungsrecht (LitVerz.), RN 712 f.
15 *VfSlg* 3118/1956.
16 Für Deutschland s. → Bd. III: *Leisner-Egensberger*, Wesensgehaltsgarantie, § 70.
17 Vgl. *Berka*, Verfassungsrecht (LitVerz.), RN 1225; vgl. für Deutschland → Bd. II: *Kloepfer*, Einrichtungsgarantien, § 43.

recht der Wissenschaftsfreiheit abgeleitet[18]. Eine bestimmte Organisationsform ist damit aber nicht vorgegeben.

4. Materieller Gesetzesvorbehalt

13
Keine unbegrenzte Geltung

Eine Neuerung für die österreichische Rechtsordnung brachte die Menschenrechtskonvention[19] mit ihren materiellen Gesetzesvorbehalten, die schon dem Wortlaut nach nicht unbegrenzt gelten, sondern zu gesetzlichen Eingriffen nur unter bestimmten Voraussetzungen ermächtigen. Zum einen werden die Rechtsgüter aufgezählt, zu deren Schutz dem Gesetzgeber ein Eingriff in die grundrechtlich gewährleistete Freiheit erlaubt ist. Dazu zählen zum Beispiel die nationale Sicherheit, die territoriale Unversehrtheit, die Aufrechterhaltung der Ordnung und die Verbrechensverhütung, der Schutz der Gesundheit und der Moral, der Schutz des guten Rufes oder der Rechte anderer etc.[20]. Zum anderen erfolgt eine Rückbindung der Eingriffe an die Erfordernisse in einer demokratischen Gesellschaft, und mit dem Element der „Erforderlichkeit" ist auch schon das Verhältnismäßigkeitsprinzip[21] angedeutet.

5. Grundrechte ohne Gesetzesvorbehalt

14
Absolute Grundrechte

Schließlich sind einzelne Grundrechte als vorbehaltslose Grundrechte ohne Gesetzesvorbehalt gewährleistet. Zum Teil handelt es sich bei ihnen tatsächlich um absolute Grundrechte, die keiner Beschränkung unterworfen werden dürfen, wie etwa das Verbot der Folter oder der Unterziehung einer unmenschlichen oder erniedrigenden Strafe oder Behandlung bzw. das Verbot der Todesstrafe[22].

15
Immanente Gewährleistungsschranken

Ansonsten gelten aber auch Grundrechte ohne Gesetzesvorbehalt nicht unbeschränkt[23]. Zum einen ergeben sich systematische Schranken daraus, daß verschiedene Grundrechte mit unterschiedlichen, einander teilweise widersprechenden Schutzrichtungen existieren. Daneben nimmt die Judikatur immanente Gewährleistungsschranken[24] an, die den einfachen Gesetzgeber zur Beschränkung des jeweiligen Grundrechts ermächtigen. Nach der neueren Rechtsprechung sind jedenfalls intentionale Eingriffe untersagt, also Regelungen, die unmittelbar auf die Beschränkung des jeweiligen Grundrechts abzielen[25]. Dagegen können allgemeine, nicht intentional gegen das Grund-

---

18 → Oben *Kröll*, Kulturelle Rechte, § 194 RN 9–12. Für Deutschland s. → Ed. II: *Kloepfer*, § 43 RN 52 ff.; → Bd. IV: *Geis*, Autonomie der Universitäten, § 100.
19 → Oben *Schäffer*, Die Entwicklung der Grundrechte, § 186 RN 71.
20 Art. 10 Abs. 2 EMRK.
21 Siehe dazu B II 6, RN 16 ff.; für Deutschland → Bd. III: *Merten*, Verhältnismäßigkeitsgrundsatz, § 68.
22 Vgl. dazu mit weiteren Beispielen *Berka*, Verfassungsrecht (LitVerz.), RN 1314.
23 → Bd. III: *Papier*, Beschränkung vorbehaltlos gewährleisteter Grundrechte, § 64.
24 → Bd. III: *Merten*, Immanente Grenzen und verfassungsunmittelbare Schranken, § 60.
25 Grundlegend: VfSlg 11.737/1988; vgl. *Öhlinger*, Verfassungsrecht (LitVerz.), RN 719 ff.; in der jüngsten Rechtsprechung wird anerkannt, daß ein unzulässiger Eingriff auch vorliegt, wenn die grundrechtsbeschränkende Regelung zwar nicht geradezu intentional ist, aber im Effekt schwerwiegend und unvertretbar in das Grundrecht eingreift (Beispiel: Keine Ausnahme für Künstler vom Kontingent für Ausländerbeschäftigung als Verletzung der Kunstfreiheit, VfSlg 11.737/1988).

recht gerichtete Gesetze auch durch ihre objektive Wirkung in das Grundrecht eingreifen.

6. Verhältnismäßigkeitsprinzip

Das Problem der Verhältnismäßigkeit wurde ursprünglich in der älteren Judikatur des Verfassungsgerichtshofs nicht gesehen. Gleichwohl entwickelte der Verfassungsgerichtshof den Gleichheitssatz zum allgemeinen Sachlichkeitsprinzip und damit zu einer Art allgemeiner Auffangnorm. Diese Haltung wurde von der Lehre mit der Argumentation kritisiert, die Gleicheitsargumentation sei nicht ausreichend, weil der Verfassungsgerichtshof sich in entscheidenden Fragen zu stark zurückhalte (judicial self restraint).

16 Entwicklung zum allgemeinen Sachlichkeitsprinzip

Von der Mitte der achtziger Jahre an hat der Verfassungsgerichtshof seine Judikatur deutlich verändert[26]. Er hat die Grundrechte stärker materiell interpretiert und die Grenze des zulässigen gesetzlichen Eingriffs bei Grundrechten mit dem (formellen) Gesetzesvorbehalt im Sinne des Verhältnismäßigkeitsprinzips bestimmt. Die „neue Rechtsprechung" wurde zunächst vor allem im Zusammenhang mit der Erwerbsfreiheit entwickelt, aber im Laufe der Zeit wegen der offensichtlich gleichliegenden Normstruktur auf zahlreiche andere Grundrechte übertragen. Nach der inzwischen fest etablierten Spruchpraxis[27] zum Verhältnismäßigkeitsprinzip ist zur Klärung der Frage, ob ein bestimmter gesetzlicher Eingriff in die Grundrechte zulässig ist, folgende schrittweise Prüfung vorzunehmen:

17 Hinwendung zu materieller Interpretation

Spruchpraxis

– In erster Linie ist zu klären, welches Ziel das Gesetz verfolgt und ob die Zielsetzung im öffentlichen Interesse gelegen ist; in unmittelbarem Zusammenhang damit ist zu prüfen,
– ob der Eingriff zur Zielerreichung erforderlich ist;
– ob er zur Erreichung des Zieles überhaupt geeignet ist, und schließlich,
– ob die Schwere des Eingriffs in einem angemessenen Verhältnis zum Gewicht der (rechtfertigenden) öffentlichen Interessen steht.

Damit ist das Verhältnismäßigkeitsprinzip zum allgemeinen Grundrechtsinterpretationsmuster geworden. Diese neue Interpretation der Grundrechte war eine Folge verschiedener Faktoren, nämlich des Gedankenaustausches der europäischen Verfassungsgerichte untereinander, der verstärkten Auseinandersetzung mit den allgemeinen Grundrechtslehren und der intensiveren Beschäftigung mit den materiellen Gesetzesvorbehalten der Europäischen Menschenrechtskonvention.

18 Allgemeines Interpretationsmuster

---

26 Zur Entwicklung im Rollenverständnis des VfGH und zum Stilwandel seiner Rechtsprechung siehe *Heinz Schäffer*, Verfassungsgericht und Gesetzgebung, in: ders./Walter Berka/Harald Stolzlechner/Josef Werndl (Hg.), FS Koja, 1998, S. 101 (118 ff.).
27 Vor allem geprägt in den Erkenntnissen *VfSlg* 10.179/1984, 10.386/1985, 10.692/1985, 10.718/1985.

7. Gegenseitige Abhängigkeit von Verfassungs- und Gesetzesnorm

19
Interdependenz der Grundrechte

Zunächst besteht eine Interdependenz zwischen den Grundrechten selbst. Gemeint sind damit diejenigen Fälle, in denen der eine grundrechtlich gewährleistete Freiraum einen anderen ebenfalls grundrechtlich gewährleisteten Freiraum beschränkt. Solche Zusammenhänge bestehen etwa zwischen dem Eigentumsgrundrecht und der Erwerbsfreiheit oder zwischen der Berufswahlfreiheit und der Erwerbsfreiheit.

a) Ausgestaltungsvorbehalt

20
Ausführungsgesetzverletzung als Grundrechtsverletzung

Der sogenannte „Ausgestaltungsvorbehalt" wurde bereits oben als eine Art der Regelungstechnik von Gesetzesvorbehalten erwähnt[28]. Der Verfassungsgerichtshof versteht den Gesetzesvorbehalt des Art. 12 StGG (Vereins- und Versammlungsfreiheit) als Ausgestaltungsvorbehalt und leitet daraus ab, daß im Prinzip jede Verletzung des jeweiligen Ausführungsgesetzes eine Verletzung des Grundrechtes selbst darstellt, die zu einer Zuständigkeit des Verfassungsgerichtshof führt. Diese Ansicht ist historisch dadurch bedingt, daß das Vereinsgesetz und das Versammlungsgesetz bereits vor der Verfassung von 1867 existiert haben.

21
Recht auf Auskunft

Eine ähnliche Formulierung findet man in einem Grundrecht aus jüngster Zeit, nämlich in § 1 Abs. 3 und 4 DSG 2000. Danach ist das Recht auf Auskunft bzw. auf Richtigstellung und auf Löschung nach „Maßgabe gesetzlicher Bestimmungen" eingeräumt. Dennoch wird diese Bestimmung lediglich als Ausgestaltungsauftrag verstanden, der dem Gesetzgeber einen gewissen Spielraum eröffnet und ihn ermächtigt, die Art und Weise der Geltendmachung der Betroffenenrechte zu regeln[29], der sich jedoch nur auf die Modalitäten bezieht und grundsätzlich nichts daran ändert, daß Beschränkungen dieser Rechte als Eingriff nach § 1 Abs. 2 DSG auf ihre Rechtfertigung hin zu überprüfen sind. Deshalb liegt auch kein Ausgestaltungsvorbehalt vor, der § 1 Abs. 3 und 4 DSG zu einem Feinprüfungsgrundrecht machen würde, bei dem die Bescheidprüfungszuständigkeit des Verwaltungsgerichtshofs durch jene des Verfassungsgerichtshofs zur Gänze nach Art. 133 Ziff. 1 B-VG ausgeschlossen wäre[30].

---

[28] Siehe oben B II 1, RN 8 f.
[29] *Berka*, Grundrechte (LitVerz.), RN 484; *Öhlinger*, Verfassungsrecht (LitVerz.), RN 831; *Jahnel*, Datenschutzrecht, in: *ders./Alfred Schramm/Elisabeth Staudegger*, Informatikrecht, ²2002, S. 241 (252); anders noch *Rill*, Das Grundrecht auf Datenschutz, in: *Alfred Duschanek* (Red.), Datenschutz in der Wirtschaft, 1981, S. 15 (39 f.).
[30] Dies wurde vom VfGH im Erk. *VfSlg* 11.548/1987 für das Grundrecht auf Auskunft und in *VfSlg* 12.768/1991 für das Grundrecht auf Richtigstellung und Löschung ausgesprochen. In *VfSlg* 16.986/2003 wurde die zum DSG 1978 ergangene Judikatur für § 1 Abs. 3 DSG 2000 bestätigt. Vgl. dazu m.w.N. *Jahnel*, Das Grundrecht auf Datenschutz nach dem DSG 2000, in: Metin Akyürek (Hg.), FS Schäffer, 2006, S. 313 (326 f.).

b) Ausgestaltungsnotwendigkeit der Verfahrensgrundrechte

Diejenigen Grundrechte, die man durch den Begriff „Verfahrensgrundrechte" zusammenfassen kann, sind das Recht auf Entscheidung durch den gesetzlichen Richter, das Recht auf persönliche Freiheit, das Recht auf Unterlassung ungesetzlicher Hausdurchsuchungen und das Recht auf ein faires Verfahren. Alle diese Grundrechte verlangen eine sehr genaue gesetzliche Regelung des jeweiligen staatlichen Handelns, auf das sie sich beziehen (zum Beispiel Verhaftung, Hausdurchsuchung etc.). Gleichzeitig werden der Gesetzgebung vielfach sehr detaillierte Regelungssachverhalte vorgegeben, die einen viel geringeren Gestaltungsspielraum lassen als der Verhältnismäßigkeitsgrundsatz oder die materiellen Gesetzesvorbehalte der Menschenrechtskonvention. Der Gesetzgeber ist hier vielfach auf eine bloße „Ausführung" der verfassungsgesetzlich vorgegebenen Regelungsinhalte beschränkt[31].

22 Detailgenauer Regelungsbedarf

8. Verfassungskonforme Interpretation

Verfassungskonforme Interpretation bedeutet, daß einem Gesetz im Zweifelsfall nicht eine Auslegung gegeben werden darf, die zu seiner Verfassungswidrigkeit führt[32]. Von mehreren im Gesetzeswortlaut angelegten Normbedeutungen darf nur eine solche gewählt werden, die das Gesetz als verfassungsrechtlich einwandfrei erscheinen läßt. Damit wird eine Aufhebung der in Zweifel gezogenen Norm verhindert (normkonservierende Funktion). Zu beachten ist allerdings, daß der mögliche Wortlaut die Grenze der Auslegung bilden muß. Der Verfassungsgerichtshof darf nicht etwa ein Element der Regelung hinzuerfinden, um eine verfassungskonforme Interpretation zu erzielen[33]. Die verfassungskonforme Interpretation darf – korrekt angewendet – nicht zur ergänzenden Fortbildung des Gesetzesrechts durch Richterspruch führen. Im Bereich des Grundrechtsschutzes verlangt der Verfassungsgerichtshof in diesem Zusammenhang von der Behörde, daß das von ihr angewendete Gesetz grundrechtskonform interpretiert wird[34].

23 Normkonservierende Funktion

Keine Fortbildung des Gesetzesrechts durch Richterspruch

9. Richtlinienkonforme Interpretation

Gemeinschaftsrechtskonforme Auslegung bedeutet, daß das mitgliedstaatliche Recht im Zweifel so ausgelegt werden muß, daß es mit gemeinschaftsrechtlichen Bindungen vereinbar ist. Diese Interpretationsmethode kann eine

24

---

31 *Öhlinger*, Verfassungsrecht (LitVerz.), RN 721.
32 Z.B. *VfSlg* 9367/1982, 11.296/1987; vgl. *Öhlinger* aaO., RN 36ff.; *Adamovich/Funk/Holzinger*, Staatsrecht I (LitVerz.), RN 03.029.
33 Vgl. hingegen als Gegenbeispiel einer (methodisch unsauberen) über das Ziel schießenden Auslegung in *VfSlg* 7759/1976 zu § 129 Wr BauO. Dort hat der VfGH das verfassungskonforme Ergebnis erzielt, indem er zu einer spezifischen öffentlichen Pflicht (Erhaltung von Gebäuden in sog. „Altstadterhaltungszonen") das im Gesetzestext nicht erscheinende Tatbestandsmerkmal „wirtschaftliche Zumutbarkeit" hinzuinterpretierte.
34 Vgl. zu dieser Variante der von VfGH entwickelten Prüfungsformal *Öhlinger*, Verfassungsrecht (LitVerz.), RN 730.

grundrechtsfreundliche Wirkung haben, etwa bei wirtschaftlichen Grundrechten[35]. In anderen Fällen kann eine richtlinienkonforme Interpretation hingegen grundrechtseinschränkend wirken. So können etwa gesetzliche Schranken im Recht der Tierversuche einen Eingriff in das Grundrecht der Forschungsfreiheit oder der Wissenschaftsfreiheit darstellen[36].

Gemeinschafts-rechtskonforme Auslegung

C. Spezifische Verfahren und Organe zum effektiven Schutz der Grundrechte

I. Vorbemerkung

25
Verwaltungs-staatliche Struktur

Österreich hat traditionell eher eine verwaltungsstaatliche als eine justizstaatliche Struktur. Dies hatte Auswirkungen auf das Rechtsschutzsystem in seiner ursprünglichen Konzeption im Jahre 1867 und in seiner Weiterentwicklung unter dem Einfluß der Europäischen Menschenrechtskonvention ab 1958. Mit dem Sieg des politischen Liberalismus und Konstitutionalismus wurde zugleich das Prinzip der Gewaltentrennung verfassungsrechtlich verankert.

26
Instanzenzüge

Für den Grundrechtsschutz bedeutet dies: Im Bereich der ordentlichen Gerichtsbarkeit sah man den Rechtsschutz durch die Instanzenzüge (letzten Endes bis zum Obersten Gerichtshof) bereits ausreichend verwirklicht. In der Verwaltung wurden nach und nach Instanzenzüge und geordnete Verfahren eingeführt. Als Rechtskontrolle über die Verwaltung installierte schon die Dezemberverfassung von 1867 das Reichsgericht für die Kontrolle von Grundrechtsverletzungen und den Verwaltungsgerichtshof für die Rechtskontrolle der gesamten öffentlichen Verwaltung. Damit war die trialistische Struktur der österreichischen Höchstgerichte grundgelegt. Sie wurde in der Republik (ab 1918) beibehalten. Die Funktion der beiden Gerichtshöfe des öffentlichen Rechts (Verfassungsgerichtshof, Verwaltungsgerichtshof) besteht wegen des Prinzips der Gewaltentrennung im wesentlichen in einer Kassation rechtswidriger (grundrechtswidriger oder sonst verfassungswidriger) Verwaltungsakte.

Trialistische Struktur

27
Gerichtsähnliche Verwaltungs-behörden

Die Gewaltentrennung war ursprünglich formell verstanden worden. Seit Österreich am Rechtsschutzsystem der Europäischen Menschenrechtskonvention teilnimmt, haben sich die Vorstellungen einer materiellen Gewaltentrennung und justizförmiger Kontrollen verstärkt. Den Anforderungen des Art. 6 EMRK, der für bestimmte Materien, die national durchaus dem öffentlichen Recht angehören können, als Verfahrensgarantien Tribunale fordert, wurde in jüngerer Zeit durch die Einführung gerichtsähnlicher Verwaltungsbehörden, insbesondere der unabhängigen Verwaltungssenate, entsprochen[37].

---

35 Siehe *VfSlg* 14.391/1995 zur Mineralwasserverordnung.
36 *Harrer*, Anpassungserfordernisse im Recht der Tierversuche, ÖJZ 1995, S. 854 (855).
37 Vgl. dazu C V 1, RN 63 f.

II. Spezifische Rechtsbehelfe vor dem Verfassungsgerichtshof

Die Verfassungsgerichtsbarkeit wird in Österreich zentralisiert durch den Verfassungsgerichtshof ausgeübt. Der Verfassungsgerichtshof ist damit der wichtigste Garant der verfassungsrechtlich gewährleisteten Grundfreiheiten und Menschenrechte. Die Verletzung oder Einschränkung von Grundrechten kann dabei konkret auf zwei Wegen vor den Verfassungsgerichtshof gelangen, nämlich durch eine Verfassungsbeschwerde gegen Verwaltungsakte oder im Rahmen der Normenkontrolle. Dies ergibt sich aus Art. 144 Abs. 1 B-VG: Danach erkennt der Verfassungsgerichtshof über Beschwerden gegen letztinstanzliche Bescheide der Verwaltungsbehörden einschließlich der unabhängigen Verwaltungssenate sowie der Urteile des im Jahre 2008 errichteten Asylgerichtshofs (Art. 144a B-VG), soweit der Beschwerdeführer behauptet, durch den Bescheid in einem verfassungsgesetzlich gewährleisteten Recht oder wegen Anwendung einer gesetzwidrigen Verordnung oder eines verfassungswidrigen Gesetzes oder eines rechtswidrigen Staatsvertrags in seinen Rechten verletzt zu sein.

28
Garant der Grundfreiheiten und Menschenrechte

1. Verfassungsbeschwerde gegen Verwaltungsakte

Die Bescheidbeschwerde, mit der die konkrete Verletzung von Grundrechten durch Verwaltungsakte geltend gemacht wird, stellt diejenige Kompetenz des Verfassungsgerichtshofs dar, die am häufigsten in Anspruch genommen wird. Ihr kommt eine über die Entscheidung des konkreten Falles hinausgehende Bedeutung zu, weil die in den Bescheidbeschwerden vorgebrachten Rechtsfragen für den Verfassungsgerichtshof immer wieder zum Anlaß genommen werden, von Amts wegen ein Normenkontrollverfahren einzuleiten[38]. Insofern trägt die Bescheidbeschwerde auch zur Sicherung der objektiven Verfassungsmäßigkeit der österreichischen Rechtsordnung bei.

29
Über den Anlaß hinausgehende Bedeutung

Die wichtigsten Prozeßvoraussetzungen für die Bescheidbeschwerde sind die Ausschöpfung des Instanzenzuges, die Einhaltung der Beschwerdefrist von sechs Wochen und das Vorliegen einer Beschwerdelegitimation.

30
Prozeßvoraussetzungen

Die Beschwerdelegitimation hat zur Voraussetzung, daß der Beschwerdeführer jedenfalls in denkbarer Weise Träger des geltend gemachten Grundrechts sein muß und in der geltend gemachten Angelegenheit eine Grundrechtsverletzung nicht gänzlich ausgeschlossen sein darf.

31
Beschwerdelegitimation

Seit 1991 besteht im Beschwerdeverfahren die weitere Voraussetzung, daß der Eingriff durch einen Bescheid geschehen ist, also einen Verwaltungsakt im formellen Sinn. Ursprünglich war der Verfassungsgerichtshof auch als Rechtsschutzinstanz gegen formlose obrigkeitliche Akte vorgesehen (faktische Amtshandlungen). Dies war eine Zeit lang, nämlich von 1976 bis 1990, sogar ausdrücklich im Bundes-Verfassungsgesetz normiert. Heute ist die Beschwerde gegen Akte verwaltungsbehördlicher Befehls- und Zwangsgewalt zunächst

32
Eingriff durch förmlichen Bescheid

---
38 Vgl. dazu C II 2, RN 36 ff.

an die unabhängigen Verwaltungssenate[39] zu richten, die somit auch über die Verletzung von Grundrechten judizieren. Nur wenn man ihre Erledigung, die ein Bescheid ist, anfechten will, kann die Grundrechtsbeschwerde nach Ausschöpfung dieses vorgängigen Rechtsbehelfs an den Verfassungsgerichtshof herangetragen werden.

33
Konstellationen einer Grundrechtsbeeinträchtigung

Im verfassungsgerichtlichen Verfahren der Grundrechtsbeschwerde sind zwei verschiedene Konstellationen zu unterscheiden: Entweder ist der Grundrechtseingriff durch den Verwaltungsakt direkt erfolgt oder die Grundrechtsbeeinträchtigung resultiert daraus, daß der Verwaltungsakt auf einer verfassungswidrigen Norm beruht.

a) Grundrechtsverletzung durch einen Verwaltungsakt

34
Berührung der Verfassungssphäre

Eine Grundrechtsverletzung durch den Verwaltungsakt selbst ist bei Grundrechten mit Gesetzesvorbehalt nur dann vorstellbar, wenn es sich nicht bloß um eine fehlerhafte Rechtsanwendung handelt, sondern wenn die Rechtswidrigkeit so schwerwiegend ist, daß sie die Verfassungssphäre des Grundrechtsträgers berührt. Dies ist nach der Rechtsprechung insbesondere der Fall:

– wenn der Verwaltungsakt geradezu gesetzlos erging;
– wenn der Verwaltungsakt eine gesetzliche Grundlage nur zum Schein angibt;
– wenn der Verwaltungsakt auf einer denkunmöglichen Interpretation des Gesetzes beruht und dadurch in die Grundrechtssphäre eingreift[40].

b) Verfassungswidrigkeit einer Norm

35
Anregung zur Normenkontrolle

Keine actio popularis

In diesem Fall wendet sich die Grundrechtsbeschwerde eigentlich nicht gegen den Verwaltungsakt an sich, sondern gegen die durch die verfassungsrechtswidrige Rechtslage ausgelöste Grundrechtsbeschränkung. Dabei kann der Beschwerdeführer allerdings den Verfassungsgerichtshof nur anregen, die verfassungswidrige Norm zu kontrollieren und aufzuheben. Der Verfassungsgerichtshof hat ein Normenkontrollverfahren einzuleiten, wenn er die Bedenken gegen die Norm teilt. Hebt er die Norm in diesem zweiten Verfahren auf, so hat er die Beschwerde an der bereinigten Rechtslage zu messen. Das bedeutet in der Regel, daß der Beschwerdeführer mit seiner Beschwerde gegen den angefochtenen Verwaltungsakt durchdringen wird. Diese Konstruktion verlangt weiters, daß eine konkrete „Beschwer" des Beschwerdeführers gegeben sein muß; die österreichische Rechtsordnung kennt nämlich keine actio popularis gegen Normen wegen Grundrechtsbeschränkungen.

---

39 Vgl. dazu C IV 1, RN 57 ff.
40 Z.B. *VfSlg* 9720/1983, 10.482/1985, 10.615/1985, 11.638/1988 u.v.a.

2. Normenkontrollverfahren

Die Befugnis zur Normenkontrolle, also zur Prüfung von Gesetzen und Verordnungen, ist beim Verfassungsgerichtshof monopolisiert, womit in Österreich das Modell der „konzentrierten Verfassungsgerichtsbarkeit" realisiert ist[41]. Zu unterscheiden ist zwischen einem abstrakten und einem konkreten Normenkontrollverfahren, je nachdem, wer dieses Verfahren in Gang setzen kann.

36 Kontrollmonopol

a) Abstrakte Normenkontrolle

Bei der abstrakten Normenkontrolle erkennt der Verfassungsgerichtshof über die Verfassungswidrigkeit von Landesgesetzen auf Antrag der Bundesregierung und über die Verfassungswidrigkeit von Bundesgesetzen auf Antrag einer Landesregierung, eines Drittels der Mitglieder des Nationalrates oder eines Drittels der Mitglieder des Bundesrates[42].

37 Verfassungswidrigkeit von Bundes- bzw. Landesgesetzen

b) Konkrete Normenkontrolle

Im Falle der konkreten Normenkontrollverfahren erkennt der Verfassungsgerichtshof nach Art. 140 Abs. 1 B-VG über die Verfassungswidrigkeit eines Bundes- oder Landesgesetzes auf Antrag des Verwaltungsgerichtshofes, des Obersten Gerichtshofes, von Gerichten zweiter Instanz, eines unabhängigen Verwaltungssenates oder des Bundesvergabeamtes, sowie, wenn der Verfassungsgerichtshof ein solches Gesetz selbst in einer anhängigen Rechtssache anzuwenden hat, von Amts wegen. In diesen Fällen kommt es nur über einen konkreten „Anlaßfall" zur Einleitung eines Normenkontrollverfahrens. Zu beachten ist dabei, daß nach Art. 89 Abs. 1 B-VG alle Höchstgerichte und alle in zweiter Instanz zuständigen Gerichte verpflichtet sind, bei Bedenken wegen Verfassungswidrigkeit (Grundrechtswidrigkeit) ihr Verfahren zu unterbrechen und einen entsprechenden Aufhebungsantrag an den Verfassungsgerichtshof zu richten.

38 Erfordernis eines Anlaßfalls

c) Individualantrag

Schließlich besteht noch die Möglichkeit des sogenannten Individualantrages: Danach erkennt der Verfassungsgerichtshof über Verfassungswidrigkeit von Gesetzen auf Antrag einer Person, die unmittelbar durch diese Verfassungswidrigkeit in ihren Rechten verletzt zu sein behauptet, sofern das Gesetz ohne Fällung einer gerichtlichen Entscheidung oder ohne Erlassung eines Bescheides für diese Person wirksam geworden ist. Nach der Judikatur des Verfassungsgerichtshofs werden die Voraussetzungen für diesen Anlaßfall jedoch sehr einschränkend interpretiert. Gefordert werden vor allem eine „Betroffenheit in einer Rechtsposition" und die „Unzumutbarkeit eines Umweges".

39 Behauptung unmittelbarer Rechtsverletzung

---

41 Auch als „österreichisches Modell" bezeichnet. Vgl. → Bd. I: *Korinek/Dujmovits*, Grundrechtsdurchsetzung und Grundrechtsverwirklichung, § 23 RN 15.
42 Eine Drittelanfechtung von Landesgesetzen ist zulässig, wenn die Landesverfassung dies ausdrücklich vorsieht.

Insgesamt gibt es zur Frage der Zulässigkeit von Individualanträgen eine umfangreiche und sehr kasuistische Rechtssprechung. Insbesondere betont der Verfassungsgerichtshof dabei immer die „Subsidiarität" des Individualantrages[43].

3. Verfahrensergebnisse des gerichtsförmigen Grundrechtsschutzes

40
Aufspaltung des Verfahrens

Bei den Verfahrensergebnissen des Grundrechtsschutzes vor dem Verfassungsgerichtshof ist zwischen Bescheidbeschwerdeverfahren und Normenkontrollverfahren zu unterscheiden[44]:

a) Bescheidbeschwerdeverfahren

41
Ersatzbescheid

Wurde der Beschwerdeführer im geltend gemachten verfassungsrechtlich gewährleisteten Recht verletzt, so hebt der Verfassungsgerichtshof den Bescheid der Verwaltungsbehörde auf, andernfalls wird die Beschwerde abgewiesen. Das stattgebende Erkenntnis des Verfassungsgerichtshofs hat daher (nur) kassatorische Wirkung, der Bescheid ist aufgehoben und die Rechtssache tritt in die Lage zurück, in der sie sich vor Erlassung des aufgehobenen Bescheids befunden hat. Nun hat die belangte Behörde unverzüglich mit den ihr zu Gebote stehenden Mitteln den der Rechtsanschauung des Verfassungsgerichtshofs entsprechenden Rechtszustand herzustellen. Die Behörde hat

Bindungswirkung

daher einen Ersatzbescheid zu erlassen, wobei sie an die Rechtsauffassung des Verfassungsgerichtshofs gebunden ist. Die Nichtbeachtung dieser Bindung belastet den Ersatzbescheid mit Verfassungswidrigkeit.

42
Folgenbeseitigung

Neben dem Erlaß eines Ersatzbescheids ist die Behörde auch zur Beseitigung der Folgen des verfassungswidrigen Bescheids verpflichtet, wie zum Beispiel zur Rückzahlung eines zu Unrecht eingehobenen Strafbetrags oder zur Ausfolgung beschlagnahmter Gegenstände.

b) Normenkontrollverfahren

43
Aufhebung pro futuro

Hat der Verfassungsgerichtshof aus Anlaß einer Beschwerde nach Art. 144 B-VG ein Normprüfungsverfahren eingeleitet und eine präjudizielle Norm aufgehoben, so wirkt diese Aufhebung grundsätzlich nur pro futuro. Dies bedeutet, daß die verfassungswidrige Gesetzesbestimmung oder die gesetzwidrige Verordnung für bereits in der Vergangenheit verwirklichte Sachverhalte weiter anzuwenden ist. Anderes gilt nach Art. 140 Abs. 7 Satz 2 B-VG nur für den Anlaßfall, also den Beschwerdefall, der zur Aufhebung der Norm geführt hat: Für den Anlaßfall ist die Aufhebung der Norm bereits wirksam, so daß das wieder aufgenommene Bescheidverfahren anhand der bereinigten Rechtslage zu entscheiden ist. Dies hat regelmäßig zur Folge, daß der ange-

---

43 Z.B. *VfSlg* 8009/1977, 8059/1977, 8118/1977; vgl. *Berka*, Verfassungsrecht (LitVerz.), RN 1088, 1091; *Walter/Mayer/Kucsko-Stadlmayer* (LitVerz.), RN 1115 ff.
44 Vgl. dazu auch *Berka* aaO., RN 1063 ff.

fochtene Bescheid, der auf einer verfassungs- bzw. gesetzwidrigen Rechtgrundlage beruhte, als verfassungswidrig aufzuheben sein wird[45].

Nach der Judikatur des Verfassungsgerichtshofs zählen alle Beschwerden, die vor Beginn der mündlichen Verhandlung im Normenkontrollverfahren eingebracht worden sind, zu diesen Anlaßfällen. Kommt es nicht zu einer mündlichen Verhandlung, dann sind es alle Fälle, die vor Beginn der nicht-öffentlichen Beratung beim Verfassungsgerichtshof eingelangt sind („Quasi-Anlaßfälle"). Außerdem kann die Anlaßfallwirkung erweitert werden, indem der Verfassungsgerichtshof nach Art. 140 Abs. 7 B-VG eine Rückwirkung des aufhebenden Erkenntnisses anordnet.

44
Anlaßfälle

III. Grundrechtsschutz durch die ordentliche Gerichtsbarkeit

1. Ordentliche Gerichte und Grundrechtsbeschwerde an den Verfassungsgerichtshof

Wie bereits oben ausgeführt[46], gibt es in Österreich kein allgemeines Judicial Review-System. Im Rahmen von gerichtlichen Verfahren jeder Art ist der Hinweis auf die Verletzung von Grundrechten zunächst ein juristisches Argument unter vielen anderen. Das jeweilige Gericht hat sich mit dieser zur Rechtsfrage gehörenden Argumentation auseinanderzusetzen. Die Grundrechtsfrage kann auch im gerichtlichen Instanzenzug ausgetragen werden und führt letzten Endes zum Obersten Gerichtshof. Damit ist jedenfalls im Prinzip sichergestellt, daß auch die Wahrung der Grundrechte in einem entsprechenden justizförmigen Verfahren überwacht und im Instanzenzug durchgesetzt werden kann. In diesem System gibt es aber keine Grundrechtsbeschwerde gegen Entscheidungen der Straf- und Zivilgerichte an den Verfassungsgerichtshof[47]. Der Oberste Gerichtshof gilt als ausreichende Rechtsschutzeinrichtung auch für Grundrechte. Beruht die Grundrechtsbeeinträchtigung in Justizakten auf dem anzuwendenden Gesetz, dann sind bestimmte obere Gerichte nach Art. 89 Abs. 2 bzw. Art. 144 B-VG (Gerichte zweiter Instanz und der Oberste Gerichtshof) verpflichtet, eine Gesetzesprüfung beim Verfassungsgerichtshof zu initiieren[48].

45
Keine Grundrechtsbeschwerde gegen Straf- und Zivilgerichtsurteile

2. Strafrecht

Im strafrechtlichen Bereich allerdings hat der Schutz der Grundrechte durch die ordentlichen Gerichte für das besonders hochrangige Rechtsgut des Grundrechts der persönlichen Freiheit eine spezifische Ausgestaltung gefunden: Wer meint, im Recht auf persönliche Freiheit durch eine strafgerichtliche

46
Grundrecht der persönlichen Freiheit als Ausnahme

---

45 Dies wird als „Ergreiferprämie" für den Beschwerdeführer bezeichnet, der den Anstoß zum Normenkontrollverfahren gegeben hat: vgl.. z.B. *Berka* aaO., RN 1066, und *Öhlinger*, Verfassungsrecht (LitVerz.), RN 1032.
46 Vgl. C II 1, RN 29 ff.
47 Dies wird aber immer wieder gefordert. Vgl. dazu *Berka*, Verfassungsrecht (LitVerz.), RN 1004.
48 Vgl. zum Normenkontrollverfahren vor dem Verfassungsgerichtshof C II 2, RN 36 ff.

Verfügung oder Entscheidung, insbesondere durch eine unverhältnismäßige Untersuchungshaft, verletzt worden zu sein, kann nach dem sogenannten Grundrechtsbeschwerde-Gesetz[49] Beschwerde beim Obersten Gerichtshof erheben. Ausgenommen sind allerdings die Verhängung oder der Vollzug von Freiheitsstrafen sowie vorbeugender Maßnahmen. Als Ergebnis des Verfahrens hat der Oberste Gerichtshof auszusprechen, ob eine Verletzung des Grundrechts auf persönliche Freiheit stattgefunden hat und erforderlichenfalls die angefochtene Entscheidung oder Verfügung aufzuheben.

47
Vermeidung vorausgreifender Beweiswürdigung

Grundsätzlich hat sich der Oberste Gerichtshof bei der Überprüfung jener Sachverhaltsgrundlagen, aus denen die Dringlichkeit des Tatverdachtes gefolgert wird, an den vom Beschwerdeführer vorzutragenden Mängeln zu orientieren und jede vorausgreifende, nur dem erkennenden Gericht vorbehaltene Beweiswürdigung zu vermeiden. Als verfassungsmäßig letzte Instanz zur Wahrung des Grundrechtsschutzes im Bereich der ordentlichen Gerichtsbarkeit erachtet sich der Oberste Gerichtshof jedoch auch dazu befugt, anläßlich einer Grundrechtsbeschwerde bei materiell gesetzwidriger Beurteilung oder bei erheblichen Bedenken gegen die Sachverhaltsgrundlagen des dringenden Tatverdachts von Amts wegen zugunsten des Beschwerdeführers einzuschreiten[50].

48
Wahrung der Prozeßgrundrechte

Daneben wird vom Obersten Gerichtshof aber auch im Verfahren über Nichtigkeitsbeschwerden auf die Einhaltung verschiedener weitere Grundrechte geachtet: Dies betrifft vor allem Art. 6 EMRK im Zusammenhang mit der rechtzeitigen Information über Anklage und im Zusammenhang mit der Wahrung des rechtlichen Gehörs und betrifft Art. 4 des 7. ZP EMRK hinsichtlich des Verbots mehrfacher Strafverfolgung[51]. Die Staatsanwälte treffen nicht nur umfangreiche Kontrollpflichten nach § 34 Abs. 3 StPO; sie sind ebenfalls zur Erhebung von Rechtsmitteln und zur Stellung von Wiederaufnahmeanträgen auch zugunsten des Betroffenen verpflichtet. Schließlich kommt ein Schutz der Grundrechte auch noch durch die Generalprokuratur im Rahmen einer Nichtigkeitsbeschwerde zur Wahrung des Gesetzes in Betracht[52].

3. Zivilprozeßrecht

49
Zivilprozeßrecht

Im Bereich des zivilrechtlichen Verfahrensrechts sind die grundrechtlichen Verfahrensgarantien des Art. 6 Abs. 1 EMRK in mehrfacher Weise umgesetzt: zunächst durch den Gesetzgeber selbst, der die Nichtbeachtung der Öffentlichkeit des Verfahrens, des Grundsatzes eines fairen Verfahrens und den Ent-

---

49 Bundesgesetz über die Beschwerde an den Obersten Gerichtshof wegen Verletzung des Grundrechtes auf persönliche Freiheit (BGBl 1992/864); vgl. dazu *Ratz*, Grundrechte in der Strafjudikatur des OGH, ÖJZ 2006, S. 318 (319f.).
50 Zufolge § 10 GRBG sind in sinngemäßer Anwendung des § 362 StPO sich aus aktenkundigen Umständen ergebende erhebliche Bedenken gegen die Richtigkeit der die Verdachtsintensität tragenden Sachverhaltsprämissen auch dann wahrzunehmen, wenn sie in der Grundrechtsbeschwerde nicht aufgezeigt werden: zuletzt *OGH* v. 6. 4. 2006, 11 Os 31/06b, nachgewiesen in: EvBl 2006/125, S. 651. Ebenso *Ratz* aaO., S. 319.
51 Vgl. dazu ausführlich *Ratz* aaO., S. 318.
52 Vgl. dazu *Strasser*, Zur Gewährleistung von Rechtsschutz im Strafverfahren, ÖJZ 2006, S. 155 ff.

zug der Möglichkeit, vor Gericht zu verhandeln, in den Nichtigkeitsgründen des § 477 Abs. 1 ZPO[53] erfaßt hat[54].

Im materiellen Zivilrecht wird den Grundrechten[55] im Zuge der verfassungskonformen Interpretation durch die ordentlichen Gerichte Rechnung getragen: So mußte sich der Oberste Gerichtshof mit dem Grundrecht auf Meinungsäußerungsfreiheit und dem Grundrecht der Versammlungsfreiheit als möglichen Rechtfertigungsgründen für Eigentumsverletzungen auseinandersetzen – und hat dies in beiden Fällen verneint. Vor allem die Generalklausel des § 879 ABGB (Sittenwidrigkeit von Verträgen und Vertragsbestimmungen) ist im Sinne der Einheit der Rechtsordnung grundrechtskonform zu konkretisieren. So kann sich nach ständiger Judikatur der Staat auch im Bereich der Privatwirtschaftsverwaltung nicht der Bindung durch die Grundrechte entziehen. Diese Grundrechtsbindung verpflichtet nicht nur dann zum Vertragsabschluß, wenn die öffentliche Hand rechtlich oder faktisch als Monopolist auftritt, sondern auch in denjenigen Fällen, in denen die Verweigerung des Vertragsabschlusses der Pflicht zur Gleichbehandlung widerspräche. Auch bei privatrechtlicher Subventionsvergabe sind Körperschaften öffentlichen Rechts zur Gleichbehandlung aller abstrakt als Empfänger in Betracht kommenden Privaten verpflichtet[56].

50
Materielles Zivilrecht

Einheit der Rechtsordnung

4. Datenschutz in der Justiz

Eine Sonderregelung besteht hinsichtlich der Durchsetzung des Grundrechts auf Datenschutz im Bereich der Gerichtsbarkeit[57]: Durch die Zivilverfahrensnovelle 2004[58] wurde mit dem 1. Januar 2005 im Bereich der Gerichtsbarkeit ein eigener justizinterner Rechtsschutz eingerichtet und damit eine schon länger bestehende Rechtsschutzlücke geschlossen. Danach richtet sich die Durchsetzung der im Datenschutzgesetz geregelten Betroffenenrechte nach den Bestimmungen des Gerichtsorganisationsgesetzes[59]. Die Rechte auf Auskunft, Richtigstellung und Löschung sind vor dem Gericht geltend zu machen, das für die Eintragung der Daten zuständig ist. Die Entscheidung ergeht in bürgerlichen Rechtssachen im Außerstreitverfahren, in Strafsachen nach den Bestimmungen der Strafprozeßordnung. Gegen eine den Antrag abweisende Entscheidung ist ein ordentliches Rechtsmittel nicht zulässig. Zusätzlich kann ein Betroffener, der durch ein Organ der Gerichtsbarkeit in seinen Betroffe-

51
Justizinterner Rechtsschutz

---

53 Zivilprozeßordnung (RGBl 1895/113 i.d.F. BGBl I 2006/7).
54 Vgl. dazu und für weitere Beispiele aus der OGH-Judikatur *Griss*, Die Grundrechte in der zivilrechtlichen Rechtsprechung, in: Österreichische Juristenkommission (Hg.), Aktuelle Fragen des Grundrechtsschutzes, 2006, S. 54 (55 f.).
55 Vgl. dazu und für weitere Beispiele aus der OGH-Judikatur *Griss* aaO., S. 55 f.
56 Z.B. *OGH* v. 26. 1. 1995, 6 Ob 514/95, in: ecolex 1995, S. 405 ff.
57 Vgl. dazu *Weiss/Knyrim*, Datenschutz in der Justiz. Die neuen datenschutzrechtlichen Bestimmungen in ZPO und GOG, in: ecolex 2006, S. 74 ff., und *Spenling*, Zivilverfahren und Datenschutz – Eine erste Orientierung zu den neuen §§ 83 bis 85 GOG, in: Bundesministerium für Justiz (Hg.), Vorarlberger Tage (Schriftenreihe des BMJ) 117 (2005), S. 135 ff.
58 BGBl I 2004/128.
59 GOG (RGBl 1896/217 i.d.F. BGBl I 2006/928).

nenrechten verletzt wurde, nach § 85 GOG dem Bund gegenüber die Feststellung dieser Verletzung begehren. In bestimmten Fällen ist ein Instanzenzug bis zum Obersten Gerichtshof vorgesehen. Für die Erhebung der Beschwerde besteht Rechtsanwaltszwang; in einem stattgebenden Erkenntnis hat der Bund dem Beschwerdeführer die Beschwerdekosten zu ersetzen.

52
Anrufung des EGMR

Nicht ausgeschlossen ist damit allerdings die Möglichkeit der Anrufung des Europäischen Gerichtshofs für Menschenrechte gegen Urteile oder Beschlüsse von Gerichten, was im Zusammenhang mit dem im Datenschutzgesetz geschützten Rechtsgut der Privatsphäre vor allem als Eingriff in § 8 EMRK denkbar ist[60].

5. Tätigkeit von Verwaltungsbehörden in Befolgung eines richterlichen Befehls

53
Akte der Justizverwaltung

Schließlich ist noch zu erwähnen, daß der Grundrechtsschutz auch in denjenigen Fällen durch die ordentlichen Gerichte zu gewähren ist, in denen Verwaltungsbehörden in Befolgung eines richterlichen Befehls tätig werden, weil insoweit das Einschreiten der Behörden der Gerichtsbarkeit zugerechnet wird. Dies ist vor allem bei gerichtlich angeordneten Hausdurchsuchungen oder Verhaftungen auf der Grundlage der entsprechenden Ermächtigungen in der Strafprozeßordnung praktisch bedeutsam[61].

6. Einschätzung des Grundrechtsschutzes in der Justiz

54
Divergierende Intensität höchstgerichtlicher Verfassungskultur

Die geschilderte Situation, daß der Schutz der Grundrechte im Bereich der Justiz im wesentlichen vom Obersten Gerichtshof wahrgenommen wird und es keinen Rechtszug zum Verfassungsgerichtshof gibt, wird in der rechtswissenschaftlichen Diskussion durchaus unterschiedlich beurteilt. Auf der einen Seite gibt es starke Fürsprecher für die Einführung einer Verfassungsbeschwerde, wobei insbesondere mit der stark divergierenden Verfassungskultur zwischen den beiden Höchstgerichten argumentiert wird. Nicht von der Hand zu weisen ist die Tatsache, daß ein Gerichtshof wie der Verfassungsgerichtshof, der sich seit Jahrzehnten mit der Interpretation und Weiterentwicklung von Grundrechten befaßt, der die Judikatur des Europäischen Gerichtshofs für Menschenrechte im Detail kennt und mit anderen Verfassungsgerichten in engem Kontakt steht, mehr Kompetenzwissen und Expertise besitzt als ein Gerichtshof, der sich hauptsächlich mit dem Zivil- oder Strafrecht befaßt und nur ganz ausnahmsweise Grundrechtsfragen behandelt[62].

---

60 Vgl. zum Verhältnis von DSG und § 8 EMRK *Ewald Wiederin*, Privatsphäre und Überwachungsstaat, 2003, S. 62 f.
61 Vgl. dazu *Berka*, Verfassungsrecht (LitVerz.), RN 1416 ff.
62 So *Schilcher*, Gedanken zum Ausbau des Grundrechtsschutzes, in: Österreichische Juristenkommission (Hg.), Aktuelle Fragen des Grundrechtsschutzes, 2006, S. 169 (173).

Genau in die entgegengesetzte Richtung geht die Einschätzung insbesondere der Richter des Obersten Gerichtshofs selbst[63]. Sie lehnen eine Verfassungsbeschwerde ab, bei der neben der Verfassungswidrigkeit der Gesetze in jedem Einzelfall auch eine behauptete Grundrechtsverletzung durch die Entscheidung der ordentlichen Gerichte an den Verfassungsgerichtshof herangetragen werden kann. Diese würde den Verfassungsgerichtshof als vierte Instanz mit zusätzlichen Aufgaben belasten und damit eine zu starke Inanspruchnahme des Verfassungsgerichtshofs, eine Verteuerung der Verfahren, bedenkliche Verfahrensverzögerungen, beinahe unauflösbare Widersprüche zum Gemeinschaftsrecht und schließlich den Verlust der Bedeutung der jeweils auf die Kernaufgaben der ordentlichen Gerichtsbarkeit bzw. der Verfassungsgerichtsbarkeit ausgerichteten Konstruktionsmerkmale der einzelnen Höchstgerichte bewirken. Akzeptabel erscheint allenfalls das Konzept der „Gesetzesbeschwerde", die eine Bekämpfbarkeit von letztinstanzlichen Entscheidungen beim Verfassungsgerichtshof auf die überschaubaren Fälle der Bekämpfung der angewendeten Gesetze beschränkt und nur im Falle der Aufhebung des Gesetzes eine Wiederaufnahme des abgeschlossenen Verfahrens vorsieht[64].

IV. Spezifische Rechtsbehelfe zum Schutz gegen Akte der Verwaltung

Zunächst ist festzuhalten, daß Grundrechtsargumente auch in jedem Rechtsmittelverfahren innerhalb der Verwaltung innerhalb des administrativen Instanzenzugs vorgebracht werden können und dort darüber als Rechtsfrage zu entscheiden ist. Das ist zwar kein spezifischer Rechtsbehelf, aber es können bereits innerhalb des Verwaltungsverfahrens die Argumente der verfassungskonformen Interpretation und des Willkürverbots bei Auslegungs- und Ermessensfragen eine Rolle spielen.

1. Unabhängige Verwaltungssenate (UVS)

Zu den spezifischen Rechtsbehelfen zum Schutz gegen Akte der Verwaltung zählt die Bekämpfungsmöglichkeit von Akten unmittelbarer verwaltungsbehördlicher Befehls- und Zwangsgewalt vor den unabhängigen Verwaltungssenaten (Art. 129a Abs. 1 Ziff. 2 B-VG). Die unabhängigen Verwaltungssenate sind gerichtsähnliche, unabhängige Verwaltungsbehörden, die auf Landesebene eingerichtet wurden, um den Anforderungen der Europäische Menschenrechtskonvention im Bereich der Verwaltungsrechtspflege gerecht zu werden[65]. Auch wenn es sich bei den unabhängigen Verwaltungssenaten um einen Kompromiß handelt, weil man sich zur Einrichtung echter Landesverwaltungsgerichte mit umfassenden Zuständigkeiten nicht entschließen konnte, ist damit das Recht auf eine Entscheidung durch ein Tribunal bei strafrechtli-

---

63 Vgl. dazu zuletzt ausführlich *Kuras*, Gedanken zum Ausbau des Grundrechtsschutzes, in: ÖJK aaO., S. 179 ff.
64 *Kuras* aaO., S. 179 (211).
65 Vgl. dazu für viele *Berka*, Verfassungsrecht (LitVerz.), RN 897 ff.

chen Anklagen und zivilrechtlichen Ansprüchen und Verpflichtungen gewährleistet. Die unabhängigen Verwaltungssenate sind die erste Anlaufstelle für Beschwerden gegen „faktische Grundrechtsbeeinträchtigungen" durch Maßnahmen (Verhaftung, Beschlagnahme etc.). Da die von den unabhängigen Verwaltungssenaten erlassenen Bescheide ihrerseits beim Verfassungsgerichtshof angefochten werden können, ist ihre Grundrechtsrechtsprechung dem Verfassungsgerichtshof „vorgeschaltet".

Faktische Grundrechtsbeeinträchtigungen

58
Richtlinienbeschwerde

Eine weitere Besonderheit stellt die sogenannte Richtlinienbeschwerde nach dem Sicherheitspolizeigesetz[66] dar. Dieses Gesetz hat zur Konkretisierung bestimmter grundrechtlicher Wertvorstellungen Richtlinien für das Einschreiten der Polizeiorgane festgelegt (§ 31), die in einer Verordnung des Bundesministers für Inneres noch genauer konkretisiert wurden (vor allem: Achtung der Menschenwürde, Vermeidung erniedrigender Behandlung insbesondere bei Personendurchsuchungen, Regeln über den Umgang mit Betroffenen). Es handelt sich um Dienstpflichten der Organe und somit um Innenrecht der Verwaltung, aus dem nicht unmittelbar subjektive Rechte der Bevölkerung abzuleiten sind. Gleichwohl hat nach § 87 SPG jedermann ein „Recht auf Gesetzmäßigkeit sicherheitspolizeilicher Maßnahmen".

Innenrecht der Verwaltung

59
Rechtsbehelf bei Verletzung von Richtlinien

Soweit es um die Verletzung subjektiver Rechte geht, ist die bereits dargestellte „Maßnahmenbeschwerde" an den unabhängigen Verwaltungssenat zu richten. So weit es aber nur um die Verletzung von Richtlinien geht, gibt das Sicherheitspolizeigesetz in § 89 einen spezifischen Rechtsbehelf: Danach ist die Beschwerde in diesem Fall vom unabhängigen Verwaltungssenat der zur Behandlung einer Aufsichtsbeschwerde in dieser Sache zuständigen Behörde zuzuleiten. Diese äußert sich zur Frage, ob eine Verletzung vorliegt. Wird mitgeteilt, daß die Verletzung einer Richtlinie nicht festgestellt worden ist, so ist letztendlich wieder der unabhängige Verwaltungssenat zuständig, um festzustellen, ob eine Richtlinie verletzt worden ist.

2. Datenschutzkommission

60
Fehlgebrauch von Informationen und Daten

Eine andere Konstellation entsteht beim Datenschutz, weil in dieser Materie eine Grundrechtsverletzung in der Regel nicht in Form eines Verwaltungsaktes geschieht, sondern durch Gebrauch oder Fehlgebrauch von Informationen und Daten bzw. dadurch, daß dem Recht auf Auskunft, Richtigstellung oder Löschung nicht nachgekommen wird. Für diesen Bereich wurde in Österreich eine eigene Datenschutzkommission (DSK) eingerichtet[67], soweit eine Verletzung der Datenschutzvorschriften im öffentlichen Bereich vorliegt. Im privaten Bereich ist die Datenschutzkommission nur für die Verletzung des Auskunftsrechts des Betroffenen zuständig. Die Entscheidung der Datenschutzkommission ergeht als Bescheid und kann ihrerseits vor dem Verwaltungsgerichtshof und/oder dem Verfassungsgerichtshof angefochten werden.

---

66 SPG (BGBl 1991/566 i.d.F. I 2006/56).
67 §§ 35 ff. Datenschutzgesetz.

Soweit es sich jedoch um Verletzungen des Grundrechtes auf Datenschutz im privaten Bereich – mit Ausnahme des Auskunftsrechts – handelt, sind die ordentlichen Gerichte zuständig. Durch die Verfassungsbestimmung des § 1 Abs. 5 DSG ist dem Grundrecht auf Datenschutz damit unmittelbare Drittwirkung zuerkannt worden; es ist auf zivilrechtlichem Weg, etwa durch eine Unterlassungs- und Schadenersatzklage geltend zu machen[68].

61
Unmittelbare Drittwirkung

V. Außergerichtlicher Schutz von Grundrechten

Neben dem gerichtlichen Grundrechtsschutz sind in Österreich auch andere unabhängige Institutionen mit der Wahrung von Grund- und Menschenrechten betraut. Im Unterschied zu Rechtsmitteln sollen diese Instrumentarien aber zumeist bereits im Vorfeld im Zuge präventiver Kontrollen und einer dauernden Beobachtung und Überwachung wirken. Daneben kommt auch eine nachträgliche Mißstandskontrolle in Betracht. Im einzelnen ist die Aufgabe des außergerichtlichen Grundrechtsschutzes folgenden Institutionen übertragen.

62
Präventive Grundrechtskontrollen

1. Die Volksanwaltschaft

Schon im Jahr 1977 wurde zunächst einfachgesetzlich[69] und nach mehrjähriger Bewährung durch Einbau in die Verfassungsordnung[70] eine Volksanwaltschaft geschaffen, die nicht bloß psychologisch die Funktion einer „Klagemauer" erfüllt, sondern tatsächlich das Rechtsschutzsystem wirksam ergänzt. Diese dem Ombudsmann ähnliche Institution kann unabhängig vom formellen Rechtsschutzsystem – das heißt gleichzeitig mit dessen Inanspruchnahme oder auch nach dessen Erschöpfung[71] – vom Einzelnen wegen beliebiger „Mißstände" in der Verwaltung mit Beschwerde angerufen werden. Die Mißstandskontrolle erstreckt sich, wie der Begriff schon aussagt, auf alle Arten und Stufen staatlichen Verwaltungshandelns ungeachtet seiner Form (hoheitlich, privatwirtschaftlich) und seines Reifegrades (Vorhaben, Planungen, Realakte etc.). Unter dem Begriff des Mißstandes können daher auch Grundrechtsverletzungen erfaßt sein.

63
Mißstandskontrolle

Die Volksanwaltschaft ihrerseits kann jede Art von „Mißstand" auch von Amts wegen aufgreifen und Empfehlungen aussprechen. Die Feststellung eines Mißstandes seitens der Volkanwaltschaft und ihre Empfehlungen schaffen zwar nur „soft law", welches gleichwohl – zusammengefaßt in den an das Parlament erstatteten Tätigkeitsberichten und in Verbindung mit Auftritten

64
Aufgreifen auch von Amts wegen

---

68 Vgl. für einen Überblick zu den Besonderheiten des Grundrechts auf Datenschutz *Berka*, Verfassungsrecht (LitVerz.), RN 1407 ff., für eine detaillierte Darstellung *Jahnel* (FN 30).
69 BGBl 1977/121 (wvb 1982/433; heute i.d.F. BGBl I 1997/64 und I 1998/158).
70 7. Hauptstück der österreichischen Bundesverfassung (Art. 148 a bis 148 i B-VG, eingefügt durch BVG [BGBl 1981/350]). Vgl. dazu insb. *Fritz Schönherr*, Volksanwaltschaft, 1977.
71 Hervorzuheben ist, daß die Anrufung der Volksanwaltschaft auch möglich ist, wenn die formellen Wege des Rechtsschutzes durch Fehler oder Säumnis eines Betroffenen erschöpft sein mögen!

§ 201 *Dreizehnter Teil: III. Schutz und Durchsetzung der Grundrechte*

der Volksanwaltschaft in den Medien – einen öffentlichkeitswirksamen Druck erzeugen und so eine erhebliche, regelmäßig effektive Motivation zur Behebung der Mißstände und zur Änderung einer Verwaltungspraxis auslösen kann.

2. Präventive Kontrolle und objektiver Rechtsschutz

65
Beobachtung grundrechtskonformen Staatsverhaltens

Die Sensibilisierung für mögliche Grundrechtsverletzungen in Österreich führte schon Ende der neunziger Jahre des 20. Jahrhunderts zur Einrichtung präventiv wirkender und verfahrensbegleitender Organe[72]. Derartige Institutionen wirken zumeist durch eine regelmäßige, dauernde Überwachung und Beobachtung, gelegentlich auch durch besonders verfügte vorbeugende Maßnahmen. Es fehlt somit das Sanktionselement des klassischen Rechtsschutzes (im engeren Sinne), dafür wird die gebotene Einhaltung rechtlicher Standards, insbesondere die Wahrung und Effektuierung der Grundrechte schon früher und nicht erst im regelwidrigen Fall wirksam. Parallel zum bestehenden Rechtsschutzsystem werden verschiedene Instrumente zur Beobachtung grundrechtskonformen Staatsverhaltens bzw. zum Monitoring bestimmter Bereiche eingesetzt. Dies erfolgt derzeit in der Regel durch bestimmte, für einen Bereich spezialisierte und sachverständige Organe, denen Unabhängigkeit zugesichert ist.

66
Spezifisch grundrechtssichernde Organe

Die österreichische Rechtsordnung hat für diese Aufgaben einen „Menschenrechtsbeirat" und die Figur des Rechtsschutzbeauftragten entwickelt. Als ein spezifisch grundrechtssichernder Organtyp werden ferner kraft ihrer verfahrensrechtlichen Stellung auch die Gleichbehandlungskommissionen im Arbeitsleben tätig[73].

a) Menschenrechtsbeirat

67
Beobachtung und Begleitung

Ein präventives Rechtsschutzorgan wurde bereits im Jahr 1999 mit dem Menschenrechtsbeirat beim Bundesministerium für Inneres (MRB) geschaffen[74]. Dieser Beirat ist grundsätzlich dazu bestimmt, den Bundesminister für Inneres „in Fragen der Wahrung der Menschrechte" zu beraten. Hierzu obliegt es – nach dem Wortlaut des Gesetzes – dem Menschenrechtsbeirat, die Tätigkeit der Sicherheitsbehörden, der sonst dem Bundesministerium für Inneres nachgeordneten Behörden und der zur Ausübung unmittelbarer verwaltungsbehördlicher Befehls- und Zwangsgewalt ermächtigten Organe unter dem Gesichtspunkt der Wahrung der Menschenrechte zu beobachten und beglei-

---

72 Vgl. ausführlich dazu *Schäffer*, Entwicklungsperspektiven des Rechtsstaats in: Siegfried Magiera/Karl-Peter Sommermann (Hg.), Freiheit, Rechtsstaat und Sozialstaat in Europa. Symposium aus Anlaß der Emeritierung von Detlef Merten, Schriften zum Europäischen Recht, 2007, Bd. 131, S. 17 ff.
73 Vgl. dazu *Robert Rebhahn*, GlBG, Gleichbehandlungsgesetz Kommentar, 2005.
74 §§ 15a–15c Sicherheitspolizeigesetz (eingefügt mit Novelle BGBl I 1999/146); dabei wurde der Menschenrechtsbeirat beim Bundesministerium für Inneres in § 15a Abs.1 SPG mit Verfassungsbestimmung eingerichtet. Vgl. dazu *Lienbacher*, Neue Rechtsschutzformen im Bereich der Sicherheitsverwaltung, in: Bundesministerium für Inneres (Hg.), Verfassung – Reform – Rechtsschutz, 2006, S. 95 ff.

tend zu überprüfen. Dem Menschenrechtsbeirat sind – gleichsam als „Augen und Ohren" – sechs regional zuständige multidisziplinär zusammengesetzte Kommissionen beigegeben, deren Besuchstätigkeit eine nicht unerhebliche Präventivwirkung entfaltet (vorbeugender Menschenrechtsschutz). Seine Prüfungstätigkeit kann der Menschenrechtsbeirat aus eigener Initiative oder auf Ersuchen des Bundesministeriums für Inneres entfalten, jedenfalls hat der Beirat – auf Grund der Ergebnisse seiner Ermittlungen oder Beobachtungen – Verbesserungen vorzuschlagen.

Vorbeugender Menschenrechtsschutz

Der Menschenrechtsbeirat ist daher sowohl ein Beratungs- als auch ein Kontrollorgan: Er ist zur begleitenden Kontrolle bestimmt und soll zur objektiven Rechtswahrung beitragen. Seine Tätigkeit ist jedoch nicht „Führung" der Verwaltung. Er ist ein konsultatives Verwaltungsorgan.

68
Beratungs- und Kontrollorgan

b) Rechtsschutzbeauftragte (RSB)

Derzeit kennt die österreichische Rechtsordnung drei Rechtsschutzbeauftragte, deren Aufgaben einander ähnlich, aber nicht völlig deckungsgleich sind. Mit der Einrichtung der Rechtsschutzbeauftragten sollte erklärtermaßen einem Manko an Rechtsschutz entgegengewirkt werden, das angesichts der Bekämpfung der sogenannten „organisierten Kriminalität" und im Rahmen der „nachrichtendienstlichen Aufklärung" auftritt. Die dabei zum Einsatz gelangenden neuartigen Mittel der Informationsbeschaffung werden ihrem Zweck entsprechend verdeckt eingesetzt (Stichworte: „Lauschangriff" und „Rasterfahndung")[75] und können – besonders, weil der Betroffene in der Regel davon keine Kenntnis hat – massiv in die Grundrechtssphäre des Einzelnen eingreifen. Die Rechtsschutzbeauftragten sollen daher im wesentlichen die Rechtmäßigkeit des staatlichen Vorgehens begleitend kontrollieren und anderseits anstelle des Betroffenen Rechtsbehelfe ergreifen können.

69
Drei Ausprägungen

Doppelfunktion

Rechtspolitisch ging es vor allem darum, die Beeinträchtigung der Rechte von observierten Personen hintanzuhalten und so eine „faktische Rechtsschutzlücke" zu schließen. Offen blieb zunächst die Frage, ob derartige Organe einer besonderen verfassungsrechtlichen Verankerung, insbesondere in jenen dem Rechtsschutz im Bereich des öffentlichen Rechts gewidmeten Sechsten Hauptstück des Bundes-Verfassungsgesetzes bedürfen. In der Literatur ist zum Teil für die Einfügung eines eigenen neuen Hauptstückes in das Bundes-Verfassungsgesetz plädiert worden, welches für kommissarische Rechtsschutzvarianten, und zwar auch für künftige, derzeit noch nicht absehbare

70
Schließung „faktischer Rechtsschutzlücke"

---

75 Vgl. dazu *Miklau/Pilnacek*, Optische und akustische Überwachungsmaßnahmen zur Bekämpfung schwerer und organisierter Kriminalität („Lauschangriff"). Paradigmenwechsel im Verfahrensrecht, in: Journal für Rechtspolitik 1997, S. 286 ff.; *Machacek*, Die Bekämpfung der organisierten Kriminalität in Österreich, ÖJZ 1998, S. 553 ff.; *Michael Lepuschitz*, „Lauschangriff". Technische Bekämpfung organisierter Kriminalität, 2000; *Jabloner*, Verfassungsrechtliche Probleme um die Rechtsschutzbeauftragten, in: Walter Pilgermair (Hg.), FS Herbert Steininger, 2003, S. 23 ff.

Entwicklungen, eine verfassungsrechtliche Grundlage bilden soll[76]. Der Verfassungsgerichtshof hat dann im Jahr 2004 in einer Entscheidung zum Militärbefugnisgesetz (MBG)[77] die Funktion von Rechtsschutzbeauftragten in den größeren Zusammenhang einer insbesondere im Sechsten Hauptstück zum Ausdruck kommenden bundesverfassungsrechtlichen Systematik des Rechtsschutzes gestellt und darauf zwar nicht die Verfassungswidrigkeit des Rechtsinstituts insgesamt, aber die Aufhebung der Weisungsfreistellung gegründet[78].

aa) Der Rechtsschutzbeauftragte im Rahmen der Strafprozeßordnung

71
„Besonderer Rechtsschutz" der StPO

Die erste derartige Einrichtung, nach deren Vorbild später die anderen in situationsangepaßter Form nachgebildet wurden, ist unter der Abschnittsüberschrift „Besonderer Rechtsschutz" in der Strafprozeßordnung verankert worden (insbesondere durch § 149 n, 149 o StPO)[79]. Dem Rechtsschutzbeauftragten (nach der Strafprozeßordnung) obliegt gegenwärtig die „Prüfung und Kontrolle der Anordnung und Durchführung" bestimmter optischer und akustischer Überwachungen[80], der Überwachung einer Telekommunikation[81] und die Prüfung und Kontrolle von Maßnahmen eines automationsunterstützten Datenabgleichs[82].

72
Befugnisse nach der Strafprozeßreform

Eine ähnliche, noch weiterreichende Regelung gilt ab 1. Januar 2008 nach Inkrafttreten des Strafprozeßreformgesetzes[83]. Der Kontrolle eines unabhängigen Rechtsschutzbeauftragten unterliegen (auf Grund einfachgesetzlicher Bestimmungen in den §§ 146, 147 StPO geltender Fassung) folgende Handlungen:

- systematische und längerfristige verdeckte Ermittlungen,
- der Abschluß eines Scheingeschäftes,
- die optische und akustische Überwachung von Personen,

---

76 *Mathias Vogl*, Der Rechtsschutzbeauftragte in Österreich, 2004; ihm grundsätzlich zustimmend *Burgstaller* (Rezension zu *Vogl*), in: Juristische Blätter 2005, S. 272 ff.
77 VfSlg 17.102/2004; vgl. dazu *Strasser*, Die Rolle des Rechtsschutzbeauftragten im Verfassungsgefüge. Allfällige Konsequenzen eines aktuellen Erkenntnisses des Verfassungsgerichtshofes, in: Journal für Strafrecht 2005, S. 9 ff.
78 Vgl. zur Kritik an der Begründung des VfGH *Rill/Schäffer*, in: *dies.*, Bundesverfassungsrecht (LitVerz.), B-VG, Vorbemerkungen zum Sechsten Hauptstück, RN 21 ff.
79 Eingefügt durch BG (BGBl I 1997/105), inzwischen mehrfach novelliert (zuletzt BGBl I 2002/134, und zwar ohne Verfassungsbestimmungen, da die hiefür erforderlichen parlamentarischen Mehrheiten im Hinblick auf die unterschiedlichen politischen Auffassungen nicht erzielbar waren und auch nicht notwendig erschienen). *Machacek*, in: Stefan Hammer u.a. (Hg.), FS Öhlinger, 2004, S. 621 ff., berichtet dies und führt begründend aus: „[...] da es sich um eine Amtspartei zur Wahrung von Grundrechtsschutz für Betroffene einer Observation in einem Strafverfahren, also um ein Justizorgan und nicht um ein Verwaltungsorgan zur Kontrolle der Rechtmässigkeit eines Verwaltungsverfahrens handelte". Nur *Michael Lepuschitz*, „Lauschangriff". Technische Bekämpfung Organisierter Kriminalität, 2000, hielt die „vom einfachen Gesetzgeber gewählte Form der Einrichtung und konkreten Aufgabenstellung" des RSB für verfassungswidrig, weil im Widerspruch zu der verfassungsrechtlichen Differenzierung zwischen richterlichen Organen und Verwaltungsorganen stehend.
80 VI. Abschnitt des XII. Hauptstückes (§§ 149 d–149 h) StPO.
81 V. Abschnitt des XII. Hauptstückes (§§ 149 a–149 c) StPO.
82 VII. Abschnitt des XII. Hauptstückes (§§ 149 i–149 l) StPO.
83 BGBl I 2004/19; vgl. dazu *Christian Pilnacek/Werner Pleischl*, Das neue Vorverfahren, 2005, S. 126 (229 ff.).

- ein automationsunterstützter Datenabgleich sowie
- bestimmte Ermittlungsmaßnahmen gegen Berufsgeheimnisträger.

Zur Wahrnehmung dieser Kontrollaufgaben ist dem Rechtsschutzbeauftragten jederzeit Akteneinsicht zu gewähren und Gelegenheit zu geben, die Durchführung der Ermittlungsarbeiten zu überwachen und alle Räume zu betreten, in denen Aufnahmen und sonstige Überwachungsergebnisse aufbewahrt werden oder ein Datenabgleich durchgeführt wird.

73
Befugnisse im Rahmen des Kontrollauftrags

Jeder Antrag des Staatsanwalts auf Durchführung der zu überwachenden Maßnahmen ist dem Rechtsschutzbeauftragten zur Kenntnis zu bringen. Betrifft der Antrag die optische oder akustische Überwachung von ausschließlich der Berufsausübung gewidmeten Räumlichkeiten jenes Personenkreises, der in § 152 Abs. 1 Ziff. 4[84] und 5[85] StPO und in § 31 Abs. 1 MedienG[86] erfaßt ist, so bedarf der Antrag des Staatsanwaltes überdies einer Ermächtigung durch den Rechtsschutzbeauftragten zu einer derartigen Antragstellung. Der Rechtsschutzbeauftragte darf nur ermächtigen, „wenn besonderes schwerwiegende Gründe vorliegen, die diesen Eingriff verhältnismäßig erscheinen lassen".

74
Beteiligung des Rechtsschutzbeauftragten

Der über seinen Antrag ergehende Beschluß der Ratskammer ist samt allen wesentlichen Unterlagen dem Rechtsschutzbeauftragten zu übermitteln, der gegen den Beschluß noch Beschwerde an den Gerichtshof zweiter Instanz erheben kann. Außerdem gibt das Gesetz dem Rechtsschutzbeauftragten das Recht, die Vernichtung von Überwachungsergebnissen und Datenabgleichen beim Untersuchungsrichter zu beantragen (§ 149 o Abs. 4 StPO). Ferner besteht eine Berichtspflicht: Der Rechtsschutzbeauftragte hat alljährlich bis zum 31. März dem Bundesminister für Justiz und dem Bundesminister für Inneres einen Bericht über seine Tätigkeit und seine Wahrnehmungen in bezug auf die besonderen Ermittlungsmaßnahmen im vorangegangen Jahr zu übermitteln[87].

75
Beschluß der Ratskammer

Berichtspflicht

Dieser Rechtsschutzbeauftragte ist gemäß (der einfachgesetzlichen Vorschrift des) § 149 n Abs. 4 StPO „in Ausübung seines Amtes unabhängig und an keine Weisungen gebunden"[88].

76
Unabhängigkeit und Weisungsfreiheit

---

84 Verteidiger, Rechtsanwälte, Notare, Wirtschaftstreuhänder.
85 Psychiater, Psychotherapeuten, Psychologen, Bewährungshelfer, eingetragene Mediatoren, Mitarbeiter anerkannter psychosozialer Hilfsdienste.
86 Diese Bestimmung betrifft das sog. „Redaktionsgeheimnis". Nach dieser Bestimmung haben Medieninhaber (Verleger), Herausgeber, Medienmitarbeiter und Arbeitnehmer eines Medienunternehmens oder Mediendienstes das Recht, in einem Verfahren vor Gericht oder einer Verwaltungsbehörde als Zeugen die Beantwortung von Fragen zu verweigern, welche die Person des Verfassers, Einsenders oder Gewährsmannes von Beiträgen und Unterlagen oder die ihnen im Hinblick auf ihre Tätigkeit gemachten Mitteilungen betreffen.
87 § 149 o Abs. 5 StPO.
88 *Machacek* (FN 79), S. 629, hält die Weisungsfreiheit im Rahmen des kommissarischen Rechtsschutzes für einen Verfahrensbetroffenen für „vorgegeben", die im Gesetz enthaltene Aussage über die Weisungsfreistellung sei insofern „deklarativ". Ein Weisungsrecht für Anklage und Rechtsschutz in einer Hand wäre nach seiner Ansicht auch mit dem Gebot des „fair trial" (Art. 6 EMRK) unvereinbar.

§ 201   *Dreizehnter Teil: III. Schutz und Durchsetzung der Grundrechte*

bb) Der Rechtsschutzbeauftragte nach dem Sicherheitspolizeigesetz

77
„Besonderer Rechtsschutz im Ermittlungsdienst"

Kontrolle verdeckter Ermittlungen und erweiterter Gefahrenforschung

Eine im Grunde gleichartige Einrichtung sieht das Sicherheitspolizeigesetz[89] vor, um einen „Besonderen Rechtsschutz im Ermittlungsdienst" zu gewähren, ursprünglich – seit dem Jahre 2000 – einfachgesetzlich durch § 62a SPG, mittlerweile ab 2006 mit Verfassungsbestimmung durch § 91a SPG[90] gewährleistet. Der Rechtsschutzbeauftragte nach dem Sicherheitspolizeigesetz ist zur rechtlichen Kontrolle verdeckter Ermittlungen und der erweiterten Gefahrenerforschung (im Sinne des § 21 Abs. 3 SPG) berufen. Den Sicherheitsbehörden obliegt nach § 21 Absatz 3 „die Beobachtung von Gruppierungen, wenn im Hinblick auf deren bestehende Strukturen und auf zu gewärtigende Entwicklungen in deren Umfeld damit zu rechnen ist, daß es zu mit schwerer Gefahr für die öffentliche Sicherheit verbundener Kriminalität, insbesondere zu weltanschaulich oder religiös motivierter Gewalt kommt (erweiterte Gefahrenforschung)"[91].

78
Begleitende Kontrolle

Im Sinne einer begleitenden Kontrolle hat der Rechtsschutzbeauftragte Einblick in die Tätigkeit der Sicherheitsbehörden (insbesondere durch das Recht auf Einsicht, auf Ausfolgung von Kopien, Auskunftserteilung, durch das Recht zur Betretung von Räumen – § 91d Abs. 1 und 2 SPG). Vor jeder Ermittlung personenbezogener Daten durch verdeckte Ermittlung (§ 54 Abs. 3 SPG), durch den verdeckten Einsatz von Bild- oder Tonaufzeichnungsgeräten (§ 54 Abs. 4 SPG) oder durch Verarbeitung von Daten, die andere Personen durch Bild- und Tonaufzeichnungsgeräte[92] ermittelt oder übermittelt haben (§ 53 Abs. 5 SPG), müssen die Sicherheitsbehörden den Rechtsschutzbeauftragten unter Angabe der wesentlichen Gründe informieren. Soweit sich den Sicherheitsbehörden eine Aufgabe der erweiterten Gefahrenforschung (gemäß § 21 Abs. 3 SPG) stellt, haben sie vor der Durchführung – im Wege des Bundesministeriums für Inneres – die „Ermächtigung" des Rechtsschutzbeauftragten einzuholen (§ 91c Abs. 3 SPG)[93].

79
Jährlicher Wahrnehmungsbericht

Information des Betroffenen

Auch der Rechtsschutzbeauftragte nach dem Sicherheitspolizeigesetz hat einen jährlichen Wahrnehmungsbericht an den Bundesminister für Inneres zu erstatten, den dieser seinerseits dem ständigen Unterausschuß (des Ausschusses für innere Angelegenheiten) „zur Überprüfung von Maßnahmen zum Schutz der verfassungsmäßigen Einrichtungen und ihrer Handlungsfähigkeit" nach Art. 52a B-VG zugänglich zu machen hat (§ 91d Abs. 4 SPG). Schließlich kann der Rechtsschutzbeauftragte, falls er die Verletzung datenschutz-

---

[89] BGBl 1991/566 i.d.F. I 2006/56.
[90] I.d.F. der SPG-Novelle 2006 (BGBl I 2006/158).
[91] Näher dazu *Lienbacher*, Neue Rechtsschutzformen im Bereich der Sicherheitsverwaltung, in: Bundesministerium für Inneres (Hg.), Verfassung – Reform – Rechtsschutz, 2006, S. 95 ff., und *Franz Matscher*, Die erweiterte Gefahrenforschung aus der Sicht des Rechtsschutzbeauftragten im BMI, in: Bundesministerium für Inneres (Hg.), Terror – Prävention – Rechtsschutz. 2. Rechtsschutztag des Bundesministeriums für Inneres, 2005, S. 59 ff.
[92] Auch die Aufzeichnungen Privater (z.B. mittels Video) können in Anspruch genommen werden!
[93] Neu seit der SPG-Novelle 2006. Vor dieser Novelle war dem RSB (auf sein Verlangen) vom BMI nur Gelegenheit zur Äußerung zu geben; insoweit war die Äußerung des RSB bloß tatbestandliche Voraussetzung für die Tätigkeit der Sicherheitsbehörden und beruhte nicht auf einer einschlägigen „Ermächtigung".

rechtlicher Bestimmungen wahrnimmt, den Betroffenen informieren oder, falls eine solche Information wegen der im § 26 Abs. 2 DSG genannten öffentlichen Interessen nicht erfolgen kann, Beschwerde an die Datenschutzkommission erheben.

Auch dieser Rechtsschutzbeauftragte war bereits ursprünglich kraft ausdrücklicher Anordnung des (einfachen) Gesetzes „in Ausübung seines Amtes unabhängig und an keine Weisungen gebunden" (§ 62 a Abs. 4 Satz 1 SPG); der Rechtsschutzbeauftragte und seine Stellvertreter sind nunmehr kraft Verfassungsbestimmung bei der Besorgung der ihnen nach dem Sicherheitspolizeigesetz zukommenden Aufgaben „unabhängig und weisungsfrei" (§ 91 a Abs. 1 SPG)[94].

80 Weisungsfreiheit

cc) Der Rechtsschutzbeauftragte nach dem Militärbefugnisgesetz

Eine weitgehend ähnliche Regelung findet sich auch im Militärbefugnisgesetz hinsichtlich der militärischen Nachrichtendienste. Derzeit bestehen in Österreich das Heeres-Nachrichtenamt (es dient der nachrichtendienstlichen Aufklärung gegenüber Bedrohungen aus dem Ausland) und das Abwehramt (zuständig für „nachrichtendienstliche Abwehr" und Observation „nach innen"). In Reaktion auf das oben erwähnte Erkenntnis des Verfassungsgerichtshofs[95] wurde inzwischen die Weisungsfreistellung des Rechtsschutzbeauftragten in § 57 Abs. 1 Militärbefugnisgesetz mittels Verfassungsbestimmung verankert[96].

81 Auftrag in den militärischen Nachrichtendiensten

Weisungsfreistellung

c) Zusammenfassung

Die im Überblick dargestellten Organe unterscheiden sich sehr wesentlich von jenen Rechtsschutzeinrichtungen, die nach der Verfassung traditionell das Rechtsschutzsystem tragen. Die klassischen Rechtsschutzeinrichtungen (wie sie im Sechsten Hauptstück des Bundes-Verfassungsgesetzes verankert sind und damit das Kernstück des öffentlich-rechtlichen Rechtsschutzes bilden) sind durchwegs zur Entscheidung über die Rechtmäßigkeit staatlicher Rechtsakte – von Verwaltungsakten bis hin zum Gesetz – berufen. Der Menschenrechtsbeirat beim Bundesministerium für Inneres und die Rechtsschutzbeauftragten hingegen sind Organe einer begleitenden Kontrolle, ohne im allgemeinen einen entscheidungswesentlichen Anteil an der Willensbildung und damit an der Verwaltungsführung zu haben. Sie üben diese Tätigkeit vor allem im Interesse der Allgemeinheit aus und wirken damit im Dienste des objektiven Rechtsschutzes. Darüber hinaus sind sie allerdings auch zum Teil zur Unterstützung oder Supplierung der Wahrnehmung subjektiver Rechte der durch Überwachungsmaßnahmen betroffenen Personen berufen, welche diese mangels Kenntnis von der Eingriffssituation nicht selbst ausüben können (sogenannter „kommissarischer" Rechtsschutz).

82 Wesentliche Unterschiede zum klassischen Rechtsschutz

Begleitende Kontrolle als objektiver Rechtsschutz

„Kommissarischer" Rechtsschutz

---

94 I.d.F. der SPG-Novelle 2006 (BGBl I 2006/158).
95 *VfSlg* 17.102/2004; vgl. oben C V 2 b, RN 70.
96 BGBl I 2006/115.

D. Das Verhältnis der Grundrechtsgewährleistungen auf europäischer und nationaler Ebene

I. Allgemeines

83
Individualbeschwerde zum EGMR

Der Einzelne kann wegen einer behaupteten Verletzung der in der Europäische Menschenrechtskonvention gewährleisteten Grundfreiheiten und Menschenrechte eine Individualbeschwerde einbringen, über die der Europäische Gerichtshof für Menschenrechte (EGMR) entscheidet. Weil diese Beschwerde erst nach Erschöpfung des innerstaatlichen Instanzenzuges zulässig ist, ergänzt der Gerichtshof für Menschenrechte den nationalen Grundrechtsschutz, wirkt aber zugleich auch als eine weitere Instanz, die gegen Urteile der nationalen Gerichte angerufen werden kann.

84
Parallelzuständigkeit des Verfassungsgerichtshofs

In Österreich gibt es dabei folgende Besonderheit: Da die Europäische Menschenrechtskonvention in Österreich formelles Verfassungsrecht darstellt, können Verletzungen der Grundrechte der Menschenrechtskonvention nicht nur vor den Straßburger Organen, sondern auch schon vor dem nationalen Verfassungsgerichtshof geltend gemacht werden, weil die Grundrechte der Europäischen Menschenrechtskonvention in Österreich innerstaatlich als subjektive Rechte in Verfassungsrang gelten. Eine Verfassungsbeschwerde gegen Verwaltungsakte[97] kann daher auch mit der Behauptung erhoben werden, der Beschwerdeführer sei in einem Recht verletzt, das ihm nach der Europäischen Menschenrechtskonvention garantiert ist.

II. EGMR und Verfassungsgerichtshof

85
Keine Präjudizwirkung des EGMR

Eine Bindung des Verfassungsgerichtshofs an die Judikatur des Europäischen Gerichtshofs für Menschenrechte – im Sinne einer Präjudizienwirkung – ist in der Europäischen Menschenrechtskonvention allerdings nicht normiert und der Verfassungsgerichtshof fühlt sich daher auch nicht an diese Judikatur strikt gebunden[98]. Insbesondere im Zusammenhang mit der Judikatur des Gerichtshofs für Menschenrechte zu Art. 6 EMRK, die in den achtziger Jahren vor Einführung der unabhängigen Verwaltungssenate mit dem damaligen österreichischen Rechtsschutzsystem in Verwaltungsverfahren kaum kompatibel war, hat der Verfassungsgerichtshof die grundsätzliche Eigenständigkeit seiner eigenen Interpretation ausdrücklich betont[99]. Bestimmten Auslegungsergebnissen könne etwa auch das innerstaatliche „Staatsorganisationsrecht im Verfassungsrang entgegenstehen". Allerdings hat der Verfassungsgerichtshof in diesem Erkenntnis auch festgehalten, daß bei der Auslegung der Europäischen Menschenrechtskonvention der Rechtsprechung des Gerichtshofs für Menschenrechte „als dem zur Auslegung der MRK zunächst berufenen Organ besonderes Gewicht einzuräumen" ist. Grundsätzlich ist der Verfas-

---

97 Siehe dazu C II 1, RN 29 ff.
98 Vgl. dazu *Kucsko-Stadlmayer*, Die Beziehungen zwischen dem Verfassungsgerichtshof und den anderen Gerichten, einschließlich der europäischen Rechtsprechungsorgane, EuGRZ 2004, S. 16 (28 f.).
99 VfSlg 11.500/1987.

sungsgerichtshof in seiner ständigen Judikatur aber bestrebt – schon zur Vermeidung von Völkerrechtswidrigkeiten –, der dynamischen Entwicklung der europäischen Judikatur in Straßburg Rechnung zu tragen[100].

III. Erschöpfung innerstaatlicher Rechtsbehelfe

In Art. 35 EMRK ist vorgesehen, daß eine Individualbeschwerde an den Gerichtshof für Menschenrechte erst „nach Erschöpfung aller innerstaatlichen Rechtsbehelfe" erhoben werden kann. Zu diesen innerstaatlich vorgesehenen Rechtsbehelfen gehört auch die Beschwerde an den Verfassungsgerichtshof. Allerdings ist zu beachten, daß in Österreich Individualbeschwerden an den Verfassungsgerichtshof grundsätzlich nur gegen letztinstanzliche Bescheide (und ausnahmsweise gegen unmittelbar wirksame Gesetze und Verordnungen) zulässig sind, nicht aber gegen gerichtliche Urteile[101]. Sieht der Adressat eines gerichtlichen Urteils dieses in Widerspruch mit einem Grundrecht der Europäischen Menschenrechtskonvention, so muß und kann er vor einer Beschwerde beim Gerichtshof für Menschenrechte nur den Instanzenzug innerhalb der ordentlichen Gerichtsbarkeit ausschöpfen.

86
Individualbeschwerden an den VfGH

Rechtswegerschöpfung bei Gerichtsurteilen

IV. Wirkung der Urteile des EGMR

Die Urteile des Europäischen Gerichtshofs für Menschenrechte sind endgültig. Wird eine Konventionsverletzung festgestellt, kann der Gerichtshof der verletzten Partei eine gerechte Entschädigung zusprechen (Art. 41 EMRK). Die Staaten sind verpflichtet das rechtskräftige Urteil mit den ihnen zur Verfügung stehenden Mitteln zu erfüllen und gegebenenfalls auch die Rechtsordnung anzupassen.

87
Unanfechtbarkeit

Die innerstaatliche Wirkung der Entscheidungen des Europäischen Gerichtshofs für Menschenrechte kann im einzelnen schwierige Fragen aufwerfen[102]: Die verbindliche Wirkung bezieht sich jedenfalls nur auf den Einzelfall. Eine Entscheidung des Gerichtshofs kann konventionswidrige Gesetzesbestimmungen weder aufheben noch abändern, und auch die allfällige Aufhebung einer innerstaatlichen Entscheidung bleibt den nationalen Behörden überlassen, weil im Urteil des Europäischen Gerichtshofs für Menschenrechte nur die Tatsache einer Konventionswidrigkeit festgestellt wird. Um dem Urteil zu entsprechen müssen sich die Vertragsstaaten der entsprechenden Mittel des inländischen Rechts bedienen. So sieht § 363a StPO beispielsweise eine Erneuerung des Strafverfahrens vor, wenn durch ein Urteil des Europäischen Gerichtshofs festgestellt wurde, daß durch eine Entscheidung eines Strafgerichts die Konvention oder eines ihrer Zusatzprotokolle verletzt worden ist. Über den entsprechenden Antrag entscheidet der Oberste Gerichtshof[103].

88
Komplexe innerstaatliche Wirkung

---

100 Vgl. z.B. *VfSlg* 17.855/2006, 17.792/2006, 17.375/2004.
101 Vgl. C II 1, RN 29 ff.
102 *Berka*, Verfassungsrecht (LitVerz.), RN 1332.
103 Vgl. *VfSlg* 16.747/2002.

E. Bibliographie

Berka, Walter, Lehrbuch Verfassungsrecht, 2005.
Griss, Irmgard, Die Grundrechte in der zivilrechtlichen Rechtsprechung, in: Österreichische Juristenkommission (Hg.), Aktuelle Fragen des Grundrechtsschutzes, 2006, S. 54 ff.
Jahnel, Dietmar, Das Grundrecht auf Datenschutz nach dem DSG 2000, in: Metin Akyürek (Hg.), FS Schäffer, 2006, S. 313 ff.
Kucsko-Stadlmayer, Gabriele, Die Beziehungen zwischen dem Verfassungsgerichtshof und den anderen Gerichten, einschließlich der europäischen Rechtsprechungsorgane, EuGRZ 2004, S. 16 ff.
Kuras, Gerhard, Gedanken zum Ausbau des Grundrechtsschutzes, in: Österreichische Juristenkommission (Hg.), Aktuelle Fragen des Grundrechtsschutzes, 2006, S. 179 ff.
Lienbacher, Georg, Neue Rechtsschutzformen im Bereich der Sicherheitsverwaltung, in: Bundesministerium für Inneres (Hg.), Verfassung – Reform – Rechtsschutz, 2006, S. 95 ff.
Öhlinger, Theo, Verfassungsrecht, [7]2007.
Ratz, Eckart, Grundrechte in der Strafjudikatur des Obersten Gerichtshofs, ÖJZ 2006, S. 318 ff.
Rill, Heinz Peter/Schäffer, Heinz, Vorbemerkungen zum Sechsten Hauptstück des B-VG, RN 21 ff., in: dies., Bundesverfassungsrecht. Kommentar, 2001 ff, 4. Lfg. 2006.
Schäffer, Heinz, Entwicklungsperspektiven des Rechtsstaats in: Siegfried Magiera/Karl-Peter Sommermann (Hg.), Freiheit, Rechtsstaat und Sozialstaat in Europa. Symposium aus Anlass der Emeritierung von Detlef Merten, Schriften zum Europäischen Recht, Bd. 131, S. 17 ff.
Schilcher, Bernd, Gedanken zum Ausbau des Grundrechtsschutzes, in: Österreichische Juristenkommission (Hg.), Aktuelle Fragen des Grundrechtsschutzes, 2006, S. 169 ff.
Spenling, Anton, Zivilverfahren und Datenschutz – Eine erste Orientierung zu den neuen §§ 83 bis 85 GOG, in: Bundesministerium für Justiz (Hg.), Vorarlberger Tage, Schriftenreihe des BMJ 117 (2005), S. 135 ff.
Strasser, Gottfried, Zur Gewährleistung von Rechtsschutz im Strafverfahren, ÖJZ 2006, S. 155 ff.
Vogl, Mathias, Der Rechtsschutzbeauftragte in Österreich, 2004.
Walter, Robert/Mayer, Heinz/Kucsko-Stadlmayer, Gabriele, Grundriss des österreichischen Bundesverfassungsrechts, [10]2007.
Weiss, Ernst/Knyrim, Rainer, Datenschutz in der Justiz. Die neuen datenschutzrechtlichen Bestimmungen in ZPO und GOG, in: ecolex 2006, S. 74 ff.

Anhang: Zusammenstellung der geltenden nationalen Grundrechte

I. Staatsgrundgesetz (StGG)

vom 21. Dezember 1867
über die allgemeinen Rechte der Staatsbürger
[*für die im Reichsrathe vertretenen Königreiche und Länder*]*,1,2

Art. 1.[3] [Staatsbürgerschaft]
(1) [*Für alle Angehörigen der im Reichsrathe vertretenen Königreiche und Länder besteht ein allgemeines österreichisches Staatsbürgerrecht.*
(2) *Das Gesetz bestimmt, unter welchen Bedingungen das österreichische Staatsbürgerrecht erworben, ausgeübt und verloren wird.*]

Art. 2. [Gleichheit vor dem Gesetz]
Vor dem Gesetze sind alle Staatsbürger gleich.[4]

Art. 3. [Zugänglichkeit zu öffentlichen Ämtern]
(1) Die öffentlichen Ämter sind für alle Staatsbürger gleich zugänglich.[5]
(2) Für Ausländer wird der Eintritt in dieselben von der Erwerbung des österreichischen Staatsbürgerrechts abhängig gemacht.

Art. 4. [Freizügigkeit]
(1) Die Freizügigkeit der Person und des Vermögens innerhalb des Staatsgebietes unterliegt keiner Beschränkung.[6]
(2) [*Allen Staatsbürgern, welche in einer Gemeinde wohnen und daselbst von ihrem Realbesitze, Erwerbe oder Einkommen Steuer entrichten, gebührt das aktive und passive Wahlrecht zur Gemeindevertretung unter denselben Bedingungen, wie den Gemeindeangehörigen.*][7]
(3) Die Freiheit der Auswanderung ist von Staatswegen nur durch die Wehrpflicht beschränkt.
(4) Abfahrtsgelder dürfen nur in Anwendung der Reziprozität erhoben werden.

Art. 5. [Unverletzlichkeit des Eigentums]
Das Eigentum ist unverletzlich. Eine Enteignung gegen den Willen des Eigentümers kann nur in den Fällen und in der Art eintreten, welche das Gesetz bestimmt.[8]

Art. 6. [Aufenthaltsrecht; Erwerb von Liegenschaften; Berufsausübung]
(1) Jeder Staatsbürger kann an jedem Orte des Staatsgebietes seinen Aufenthalt und Wohnsitz nehmen,[9] Liegenschaften jeder Art erwerben und über dieselben frei verfügen, sowie unter den gesetzlichen Bedingungen jeden Erwerbszweig ausüben.

---

* Der Kursivdruck kennzeichnet nicht in Kraft befindliche Bestimmungen.
1 Gemäß Art. 149 Abs. 1 B-VG gilt das Staatsgrundgesetz als Verfassungsgesetz. Der Staatsname (der österreichischen Reichshälfte) der Monarchie Österreich-Ungarn ist gegenstandslos.
2 RGBl. 1867/142.
3 Nicht rezipiert wegen Widerspruchs zu Art. 6 B-VG.
4 Beachte hiezu Art. 7 B-VG, Art. 66 und 67 StV von Saint-Germain, Art. 6 sowie 7 Z 1 und 4 StV von Wien, Art. 14 EMRK und Art. 1 Abs. 1 BVG 3.7.1973 zur Durchführung d Int Übereink über die Beseitigung aller Formen rassischer Diskriminierung BGBl. 390 sowie die Konvention zur Beseitigung jeder Form von Diskriminierung der Frau (BGBl. 1982/443).
5 Beachte hiezu Art. 66 Abs. 2 StV von Saint-Germain und Art. 8 StV von Wien.
6 Vgl. auch Art. 4 Abs. 2 B-VG, § 13 ÜG 1920, Art. 4 EMRK, Art. 2 des 4. ZP EMRK (Nr. 67).
7 Wegen Widerspruchs zu Art. 119 Abs. 2 B-VG (ursprüngliche Fassung) nicht Bestandteil der bundesstaatlichen Ordnung geworden.
8 Beachte auch Art. 1 des 1. ZP EMRK.
9 Vgl. jedoch HabsburgerG (BGBl. 1919/209) in der geltenden Fassung.

(2) Für die tote Hand sind Beschränkungen des Rechtes, Liegenschaften zu erwerben und über sie zu verfügen, im Wege des Gesetzes aus Gründen des öffentlichen Wohles zulässig.

Art. 7. [Aufhebung des Untertänigkeits- und Hörigkeitsverbandes]
Jeder Untertänigkeits- und Hörigkeitsverband ist für immer aufgehoben. Jede aus dem Titel des geteilten Eigentumes auf Liegenschaften haftende Schuldigkeit oder Leistung ist ablösbar, und es darf in Zukunft keine Liegenschaft mit einer derartigen unablösbaren Leistung belastet werden.[10]

Art. 8.[11]
(aufgehoben)

Art. 9. [Hausrecht]
(1) Das Hausrecht ist unverletzlich.[12]
(2) Das bestehende Gesetz vom 27. Oktober 1862 (RGBl. Nr. 88) zum Schutze des Hausrechtes wird hiemit als Bestandteil dieses Staatsgrundgesetzes erklärt.

Art. 10. [Briefgeheimnis]
Das Briefgeheimnis darf nicht verletzt[13] und die Beschlagnahme von Briefen, außer dem Falle einer gesetzlichen Verhaftung oder Haussuchung, nur in Kriegsfällen oder auf Grund eines richterlichen Befehles in Gemäßheit bestehender Gesetze vorgenommen werden.

Art. 10a.[14] [Fernmeldegeheimnis]
(1) Das Fernmeldegeheimnis darf nicht verletzt werden.
(2) Ausnahmen von der Bestimmung des vorstehenden Absatzes sind nur auf Grund eines richterlichen Befehles in Gemäßheit bestehender Gesetze zulässig.

Art. 11. [Petitionsrecht]
(1) Das Petitionsrecht steht jedermann zu.

(2) Petitionen unter einem Gesamtnamen dürfen nur von gesetzlich anerkannten Körperschaften oder Vereinen ausgehen.

Art. 12. [Versammlungs- und Vereinsfreiheit]
Die österreichischen Staatsbürger haben das Recht, sich zu versammeln und Vereine zu bilden. Die Ausübung dieser Rechte wird durch besondere Gesetze geregelt.[15]

Art. 13. [Meinungsäußerung und Pressefreiheit]
(1) Jedermann hat das Recht, durch Wort, Schrift, Druck oder durch bildliche Darstellung seine Meinung innerhalb der gesetzlichen Schranken frei zu äußern.[16]
(2)[17] Die Presse darf weder unter Zensur gestellt, noch durch das Konzessionssystem beschränkt werden. Administrative Postverbote finden auf inländische Druckschriften keine Anwendung.

Art. 14.[18,19] [Glaubens- und Gewissensfreiheit]
(1) Die volle Glaubens- und Gewissensfreiheit ist jedermann gewährleistet.
(2) Der Genuß der bürgerlichen und politischen Rechte ist von dem Religionsbekenntnisse unabhängig; doch darf den staatsbürgerlichen Pflichten durch das Religionsbekenntnis kein Abbruch geschehen.
(3) Niemand kann zu einer kirchlichen Handlung oder zur Teilnahme an einer kirchlichen Feierlichkeit gezwungen werden, insofern er nicht der nach dem Gesetze hiezu berechtigten Gewalt eines anderen untersteht.

---

10 Vgl. Art. 4 EMRK.
11 Art. 8 (betraf persönliche Freiheit) aufgehoben durch BVG 29.11.1988 (BGBl. 684). Siehe jetzt BVG PersFr. Beachte auch Art. 63 Abs. 1 StV von Saint-Germain sowie Art. 4, 5 und 8 EMRK.
12 Vgl. Art. 8 EMRK.
13 Vgl. Art. 8 EMRK und XII. Hptstk StPO.
14 Art. 10a eingefügt durch BVG 19.11.1973 (BGBl. 1974/8).

15 VersammlungsG 1953 und VereinsG 2002 jeweils in der geltenden Fassung. Vgl. auch Z 3 Satz 2 Beschluß der Provisorischen Nationalversammlung 30.10.1918 (StGBl. 3), Art. 11 EMRK sowie das Internationale Übereinkommen über die Vereinigungsfreiheit und den Schutz des Vereinigungsrechtes (BGBl. 1950/228).
16 Vgl. Art. 10 EMRK.
17 Beachte hiezu Z 1 und 2 Beschluß der Provisorischen Nationalversammlung 30.10.1918 (StGBl. 3).
18 Beachte auch Art. 67 StV von Saint-Germain.
19 Vgl. Art. 63, 66 Abs. 1 und 2 sowie 67 StV von Saint-Germain, Art. 7 B-VG, Art. 9 EMRK und G 25.5.1868 (RGBl. 49), wodurch die interkonfessionellen Verhältnisse der Staatsbürger in den darin angegebenen Beziehungen geregelt werden.

Art. 15. [Kultfreiheit; innere Angelegenheiten der Kirchen und Religionsgesellschaften]

Jede gesetzlich anerkannte Kirche und Religionsgesellschaft[20][21] hat das Recht der gemeinsamen öffentlichen Religionsübung, ordnet und verwaltet ihre inneren Angelegenheiten selbständig, bleibt im Besitze und Genusse ihrer für Kultus-, Unterrichts- und Wohltätigkeitszwecke bestimmten Anstalten, Stiftungen und Fonds[22], ist aber, wie jede Gesellschaft, den allgemeinen Staatsgesetzen unterworfen.

Art. 16. [Häusliche Religionsausübung]

Den Anhängern eines gesetzlich nicht anerkannten Religionsbekenntnisses ist die [*häusliche*][23] Religionsübung gestattet, in soferne dieselbe weder rechtswidrig, noch sittenverletzend ist.

Art. 17.[24] [Freiheit der Wissenschaft und Lehre; Unterrichtsfreiheit][25]

(1) Die Wissenschaft und ihre Lehre ist frei.
(2) Unterrichts- und Erziehungsanstalten zu gründen und an solchen Unterricht zu erteilen, ist jeder Staatsbürger berechtigt, der seine Befähigung hiezu in gesetzlicher Weise nachgewiesen hat.[26]
(3) Der häusliche Unterricht unterliegt keiner solchen Beschränkung.
(4) Für den Religionsunterricht in den Schulen ist von der betreffenden Kirche oder Religionsgesellschaft Sorge zu tragen.[27]
(5) Dem Staate steht rücksichtlich des gesamten Unterrichts- und Erziehungswesens das Recht der obersten Leitung und Aufsicht zu.

Art. 17a.[28] [Freiheit der Kunst]

Das künstlerische Schaffen, die Vermittlung von Kunst sowie deren Lehre sind frei.

---

20 Beachte hiezu AnerkennungsG (RGBl. 1874/68) und BG über die Rechtspersönlichkeit von religiösen Bekenntnisgemeinschaften (BGBl. I 1998/19).
21 Beachte hiezu ferner § 1 des BG über äußere Rechtsverhältnisse der Evangelischen Kirche (BGBl. 1961/182); die darin umschriebene „verfassungsgesetzlich gewährleistete Stellung" ist auch für andere gesetzlich anerkannte Religionsgesellschaften von Bedeutung:
„§ 1. (1) Verfassungsbestimmung. Die Evangelische Kirche Augsburgischen und Helvetischen Bekenntnisses in Österreich sowie die in dieser zusammengeschlossene Evangelische Kirche Augsburgischen Bekenntnisses in Österreich und die Evangelische Kirche Helvetischen Bekenntnisses in Österreich – im folgenden sämtliche „Evangelische Kirche" genannt – sind gesetzlich anerkannte Kirchen im Sinne des Artikels 15 des Staatsgrundgesetzes vom 21. Dezember 1867 (RGBl. Nr. 142), über die allgemeinen Rechte der Staatsbürger.
(2) Die Evangelische Kirche hat daher insbesondere folgende verfassungsgesetzlich gewährleistete Stellung:
I. Die Evangelische Kirche genießt die Stellung einer Körperschaft des öffentlichen Rechts.
II. Die Evangelische Kirche ordnet und verwaltet ihre inneren Angelegenheiten selbständig. Sie ist in Bekenntnis und Lehre und in deren Verkündigung sowie in der Seelsorge frei und unabhängig und hat das Recht der gemeinsamen öffentlichen Religionsausübung.
Insbesondere ist sie berechtigt, selbständig für alle oder für einzelne ihrer Angehörigen allgemein oder im Einzelfall verbindliche Anordnungen zu treffen, die innere Angelegenheiten zum Gegenstand haben.
III. Alle Akte der Gesetzgebung und Vollziehung, die die Evangelische Kirche betreffen, haben den Grundsatz der Gleichheit vor dem Gesetz im Verhältnis zur rechtlichen und tatsächlichen Stellung der anderen gesetzlich anerkannten Kirchen und Religionsgesellschaften zu beachten.
IV. Der Besitz und der Genuß ihrer für Kultus-, Unterrichts- und Wohltätigkeitszwecke bestimmten Anstalten, Stiftungen und Fonds ist der Evangelischen Kirche gewährleistet.
V. Die Evangelische Kirche ist berechtigt, zur Deckung des kirchlichen Personal- und Sachaufwandes von ihren Angehörigen Beiträge einzuheben und über die Erträgnisse aus diesen Beiträgen im Rahmen der Ordnung und Verwaltung der inneren Angelegenheiten frei zu verfügen.
Die Gemeinden der Evangelischen Kirche sind überdies berechtigt, zur Deckung ihrer örtlichen Bedürfnisse Zuschläge (Gemeindeumlagen) einzuheben."
22 Beachte auch Art. 67 StV von Saint-Germain.
23 Materiell derogiert durch Art. 63 Abs. 2 StV von Saint-Germain.
24 Zu Art. 17 Abs. 2 bis 5 beachte auch Abschnitt V des III. Teiles (Art. 62 bis 68) StV von Saint-Germain.
25 Vgl. Art. 2 des 1. ZP EMRK.
26 Vgl. PrivatschulG (BGBl. 1962/244) in der geltenden Fassung.
27 Vgl. ReligionsunterrichtsG (BGBl. 1949/190) in der geltenden Fassung sowie Schule-Kirche-G (RGBl. 1868/48) in der geltenden Fassung.
28 Art. 17a eingefügt durch BVG 12. 5. 1982 (BGBl. 262).

Art. 18. [Freiheit der Berufswahl und Berufsausbildung]
Es steht jedermann frei, seinen Beruf zu wählen und sich für denselben auszubilden, wie und wo er will.[29]

Art. 19.[30] **[Rechte der Minderheiten]**
(1) *Alle Volksstämme* des Staates sind gleichberechtigt, und *jeder Volksstamm* hat ein unverletzliches Recht auf Wahrung und Pflege seiner Nationalität und Sprache.

(2) Die Gleichberechtigung aller landesüblichen Sprachen in Schule, Amt und öffentlichem Leben wird vom Staate anerkannt.

(3) In den Ländern, in welchen mehrere *Volksstämme* wohnen, sollen die öffentlichen Unterrichtsanstalten derart eingerichtet sein, daß ohne Anwendung eines Zwanges zur Erlernung einer zweiten Landessprache jeder dieser *Volksstämme* die erforderlichen Mittel zur Ausbildung in seiner Sprache er hält.

Art. 20.[31]
(aufgehoben)

II. „Zensur-Beschluß"

vom 30. Oktober 1918[32]

1. Jede Zensur ist als dem Grundrecht der Staatsbürger widersprechend als rechtsungültig aufgehoben.

2. Die Einstellung von Druckschriften und die Erlassung eines Postverbotes gegen solche findet nicht mehr statt. Die bisher verfügten Einstellungen und Postverbote sind aufgehoben, die volle Freiheit der Presse ist hergestellt.

3. Die Ausnahmsverfügungen betreffs des Vereins- und Versammlungsrechtes sind aufgehoben. Die volle Vereins- und Versammlungsfreiheit ohne Unterschied des Geschlechts ist hergestellt.

---

29 Vgl. Art. 4 EMRK.
30 Zu Art. 19 beachte auch Abschnitt V des III. Teiles (Art. 62 bis 68) StV von Saint-Germain. Die Geltung des Art. 19 ist umstritten, da es keine Nationalitäten im Sinne der Monarchie mehr gibt.
31 Art. 20 aufgehoben durch Art. 149 Abs. 2 B-VG.
32 Beschluß der Provisorischen Nationalversammlung (StGBl. 3). Dieser Beschluß gilt bis heute (gem. Art. 149 B-VG) als Verfassungsgesetz.

Zusammenstellung der geltenden nationalen Grundrechte

III. Bundes-Verfassungsgesetz[33]
– Auszug –

Art. 7.[34] [Gleichheit vor dem Gesetz]
(1) Alle *Bundesbürger*[35] sind vor dem Gesetz gleich. Vorrechte der Geburt,[36] des Geschlechtes,[37] des Standes, der Klasse und des Bekenntnisses sind ausgeschlossen.[38] [39] Niemand darf wegen seiner Behinderung benachteiligt werden. Die Republik (Bund, Länder und Gemeinden) bekennt sich dazu, die Gleichbehandlung von behinderten und nichtbehinderten Menschen in allen Bereichen des täglichen Lebens zu gewährleisten.
(2) Bund, Länder und Gemeinden bekennen sich zur tatsächlichen Gleichstellung von Mann und Frau. Maßnahmen zur Förderung der faktischen Gleichstellung von Frauen und Männern insbesondere durch Beseitigung tatsächlich bestehender Ungleichheiten sind zulässig.
(3) Amtsbezeichnungen können in der Form verwendet werden, die das Geschlecht des Amtsinhabers oder der Amtsinhaberin zum Ausdruck bringt. Gleiches gilt für Titel, akademische Grade und Berufsbezeichnungen.
(4) Den öffentlichen Bediensteten, einschließlich der Angehörigen des Bundesheeres, ist die ungeschmälerte Ausübung ihrer politischen Rechte gewährleistet.

Art. 9a.[40] [Umfassende Landesverteidigung]
(4) Wer die Erfüllung der Wehrpflicht aus Gewissensgründen verweigert und hievon befreit wird, hat die Pflicht, einen Ersatzdienst (Zivildienst) zu leisten.

---

33 Gesetz vom 1. Oktober 1920, womit die Republik Österreich als Bundesstaat eingerichtet wird.
34 Art. 7 Abs. 2 neugefaßt durch BVG 10. 7. 1974 (BGBl. 444), Abs. 3 angefügt durch BVG 23. 6. 1988 (BGBl. 341), Abs. 1 Sätze 3 und 4 angefügt durch BVG (BGBl. I 1997/87), Abs. 2 eingefügt, Abs. 3 neugefaßt und bisheriger Abs. 2 wird Abs. 4 durch BVG (BGBl. I 1998/68).
35 Derzeit: Staatsbürger.
36 Vgl. HabsburgerG (StGBl. 1919/209) in der geltenden Fassung und AdelsaufhebungsG (StGBl. 1919/211).
37 Beachte hiezu das BG 23. 2. 1979 (BGBl. 108) über die Gleichbehandlung von Frau und Mann bei der Festsetzung des Entgelts (GleichbehandlungsG) in der geltenden Fassung, das BG über die Gleichbehandlung von Frauen und Männern und die Förderung von Frauen im Bereich des Bundes (Bundes-GleichbehandlungsG) (BGBl. 1993/100), die Konvention zur Beseitigung jeder Form von Diskriminierung der Frau (BGBl. 1982/443), das BG über Berichte der Bundesregierung betreffend den Abbau von Benachteiligungen von Frauen (BGBl. 1992/837).
Beachte außerdem: **BVG über unterschiedliche Altersgrenzen von männlichen und weiblichen Sozialversicherten** (BGBl. 1992/832):
„§ 1. Gesetzliche Regelungen, die unterschiedliche Altersgrenzen von männlichen und weiblichen Versicherten der gesetzlichen Sozialversicherung vorsehen, sind zulässig.
§ 2. Beginnend mit 1. Jänner 2019 ist für weibliche Versicherte die Altersgrenze für die vorzeitige Alterspension jährlich bis 2028 mit 1. Jänner um sechs Monate zu erhöhen.
§ 3. Beginnend mit 1. Jänner 2024 ist für weibliche Versicherte die Altersgrenze für die Alterspension jährlich bis 2033 mit 1. Jänner um sechs Monate zu erhöhen.
§ 4. Dieses Bundesverfassungsgesetz tritt mit 1. Jänner 1993 in Kraft und hinsichtlich des § 2 mit Ablauf des 31. Dezember 2028, hinsichtlich der §§ 1 und 3 mit Ablauf des 31. Dezember 2033 außer Kraft.
§ 5. Mit der Vollziehung dieses Bundesverfassungsgesetzes ist die Bundesregierung betraut."
38 Beachte hiezu auch Art. 2, 3 StGG, Art. 66 StV von Saint-Germain, Art. 7 StV von Wien, BVG 3. 7. 1973 (BGBl. 390) zur Durchführung des Int Übereink über die Beseitigung aller Formen rassischer Diskriminierung.
39 Beachte außerdem das – zur Korrektur eines VfGH-Erk ergangene – BVG 5. 6. 1987, BGBl. 281 idF 1989/344 (Art. VI), 1990/446 (Art. I) über die Begrenzung von Bezügen oberster Organe; sein Art. I lautet:
„Gesetzliche Regelungen, die vorsehen, daß Bezüge, einschließlich Diensteinkommen, sowie Ruhe- und Versorgungsbezüge, an Personen, die bezügerechtlichen Regelungen des Bundes oder der Länder unterliegen, im Falle des Zusammentreffens mit anderen Zuwendungen von Gebietskörperschaften, von gesetzlichen beruflichen Vertretungen oder von Einrichtungen, die der Kontrolle des Rechnungshofes unterliegen, nur bis zu einem Höchstausmaß geleistet werden, sind zulässig."
40 Art. 9a Abs. 4 in der Fassung des Bundesgesetzes BGBl. I Nr. 30/1998. Vgl. hierzu Zivildienstgesetz 1986 (BGBl. 1986/679, i.d.F. BGBl. I 2008/2).

Art. 44.[41] **[Verfassungsgesetze; Verfassungsbestimmungen; Gesamtänderung der Bundesverfassung]**
(1) Verfassungsgesetze oder in einfachen Gesetzen enthaltene Verfassungsbestimmungen können vom Nationalrat nur in Anwesenheit von mindestens der Hälfte der Mitglieder und mit einer Mehrheit von zwei Dritteln der abgegebenen Stimmen beschlossen werden; sie sind als solche („Verfassungsgesetz", „Verfassungsbestimmung") ausdrücklich zu bezeichnen.
(2) Verfassungsgesetze oder in einfachen Gesetzen enthaltene Verfassungsbestimmungen, durch die die Zuständigkeit der Länder in Gesetzgebung oder Vollziehung eingeschränkt wird, bedürfen überdies der in Anwesenheit von mindestens der Hälfte der Mitglieder und mit einer Mehrheit von zwei Dritteln der abgegebenen Stimmen zu erteilenden Zustimmung des Bundesrates.
(3) Jede Gesamtänderung der Bundesverfassung, eine Teiländerung aber nur, wenn dies von einem Drittel der Mitglieder des Nationalrates oder des Bundesrates verlangt wird, ist nach Beendigung des Verfahrens gemäß Art. 42, jedoch vor der Beurkundung durch den Bundespräsidenten, einer Abstimmung des gesamten Bundesvolkes zu unterziehen.
[...]

Art. 83.[42] **[Verfassung und Zuständigkeit der Gerichte; gesetzlicher Richter]**
(1) [...]
(2) Niemand darf seinem gesetzlichen Richter entzogen werden.
(3) *(aufgehoben)*
[...]

Art. 144.[43] **[Verfassungsbeschwerde gegen Bescheide]**
(1) Der Verfassungsgerichtshof erkennt über Beschwerden gegen Bescheide der Verwaltungsbehörden einschließlich der unabhängigen Verwaltungssenate, soweit der Beschwerdeführer durch den Bescheid in einem verfassungsgesetzlich gewährleisteten Recht oder wegen Anwendung einer gesetzwidrigen Verordnung, eines verfassungswidrigen Gesetzes oder eines rechtswidrigen Staatsvertrages in seinen Rechten verletzt zu sein behauptet. Die Beschwerde kann erst nach Erschöpfung des Instanzenzuges erhoben werden.
(2) Der Verfassungsgerichtshof kann die Behandlung einer Beschwerde bis zur Verhandlung durch Beschluß ablehnen, wenn sie keine hinreichende Aussicht auf Erfolg hat oder von der Entscheidung die Klärung einer verfassungsrechtlichen Frage nicht zu erwarten ist. Die Ablehnung der Behandlung ist unzulässig, wenn es sich um einen Fall handelt, der nach Art. 133 von der Zuständigkeit des Verwaltungsgerichtshofes ausgeschlossen ist.
(3) Findet der Verfassungsgerichtshof, daß durch den angefochtenen Bescheid der Verwaltungsbehörde ein Recht im Sinne des Abs. 1 nicht verletzt wurde, und handelt es sich nicht um einen Fall, der nach Art. 133 von der Zuständigkeit des Verwaltungsgerichtshofes ausgeschlossen ist, so hat der Verfassungsgerichtshof auf Antrag des Beschwerdeführers die Beschwerde zur Entscheidung darüber, ob der Beschwerdeführer durch den Bescheid in einem sonstigen Recht verletzt wurde, dem Verwaltungsgerichtshof abzutreten. Dies gilt sinngemäß bei Beschlüssen nach Abs. 2.

---

41 Art. 44 Abs. 2 und bisheriger Abs. 2 wird Abs. 3 durch BVG 27.11.1984 (BGBl. 490).
42 Art. 83 Abs. 3 aufgehoben durch BVG 7.2.1968 (BGBl. 73).
43 Art. 144 neugefaßt durch BVG 15.5.1975 (BGBl. 302), Abs. 3 angefügt durch BVG 1.7.1981 (BGBl. 350), Abs. 2 neugefaßt durch BVG 26.6.1984 (BGBl. 296), Abs. 1 neugefaßt und Abs. 3 Satz 1 geänd durch B-VGN 1988, Abs. 3 geänd durch BVG (BGBl. I 1999/8).

Zusammenstellung der geltenden nationalen Grundrechte

IV. Datenschutzgesetz 2000[44]

Artikel 1
(Verfassungsbestimmung)

§ 1 Grundrecht auf Datenschutz

(1) Jedermann hat, insbesondere auch im Hinblick auf die Achtung seines Privat- und Familienlebens, Anspruch auf Geheimhaltung der ihn betreffenden personenbezogenen Daten, soweit ein schutzwürdiges Interesse daran besteht. Das Bestehen eines solchen Interesses ist ausgeschlossen, wenn Daten infolge ihrer allgemeinen Verfügbarkeit oder wegen ihrer mangelnden Rückführbarkeit auf den Betroffenen einem Geheimhaltungsanspruch nicht zugänglich sind.

(2) Soweit die Verwendung von personenbezogenen Daten nicht im lebenswichtigen Interesse des Betroffenen oder mit seiner Zustimmung erfolgt, sind Beschränkungen des Anspruchs auf Geheimhaltung nur zur Wahrung überwiegender berechtigter Interessen eines anderen zulässig, und zwar bei Eingriffen einer staatlichen Behörde nur auf Grund von Gesetzen, die aus den in Art. 8 Abs. 2 der Europäischen Konvention zum Schutze der Menschenrechte und Grundfreiheiten (EMRK), BGBl. Nr. 210/1958, genannten Gründen notwendig sind. Derartige Gesetze dürfen die Verwendung von Daten, die ihrer Art nach besonders schutzwürdig sind, nur zur Wahrung wichtiger öffentlicher Interessen vorsehen und müssen gleichzeitig angemessene Garantien für den Schutz der Geheimhaltungsinteressen der Betroffenen festlegen. Auch im Falle zulässiger Beschränkungen darf der Eingriff in das Grundrecht jeweils nur in der gelindesten, zum Ziel führenden Art vorgenommen werden.

(3) Jedermann hat, soweit ihn betreffende personenbezogene Daten zur automationsunterstützten Verarbeitung oder zur Verarbeitung in manuell, d.h. ohne Automationsunterstützung geführten Dateien bestimmt sind, nach Maßgabe gesetzlicher Bestimmungen

1. das Recht auf Auskunft darüber, wer welche Daten über ihn verarbeitet, woher die Daten stammen, und wozu sie verwendet werden, insbesondere auch, an wen sie übermittelt werden;

2. das Recht auf Richtigstellung unrichtiger Daten und das Recht auf Löschung unzulässigerweise verarbeiteter Daten.

(4) Beschränkungen der Rechte nach Abs. 3 sind nur unter den in Abs. 2 genannten Voraussetzungen zulässig.

(5) Gegen Rechtsträger, die in Formen des Privatrechts eingerichtet sind, ist, soweit sie nicht in Vollziehung der Gesetze tätig werden, das Grundrecht auf Datenschutz mit Ausnahme des Rechtes auf Auskunft auf dem Zivilrechtsweg geltend zu machen. In allen übrigen Fällen ist die Datenschutzkommission zur Entscheidung zuständig, es sei denn, daß Akte der Gesetzgebung oder der Gerichtsbarkeit betroffen sind.

---

44 Bundesgesetz über den Schutz personenbezogener Daten, Datenschutzgesetz 2000 – DSG 2000 (BGBl. I Nr. 165/1999 i.d.F. BGBl. I 2001/136, BGBl. I 2005/13, BGBl. I 2008/2).

Personenregister

Nachgewiesen sind ausschließlich historische Persönlichkeiten.

Brandeis, Louis Dembitz **190** 2, 37

Ceausescu, Nicolae **195** 43

Danneberg, Robert **186** 50

Ermacora, Felix **186** 51

Ferdinand I. (Kaiser von Österreich) **186** 11, 22, **193** 5
Ferdinand II. (römisch-deutscher Kaiser) **193** 3
Firmian, Leopold Anton Freiherr von **193** 3
Franz Joseph I. (Kaiser von Österreich) **186** 22

Glaser, Julius **190** 87

Hitler, Adolf **193** 10
Humboldt, Wilhelm von **194** 1

Jellinek, Georg **186** 38, **199** 68
Joseph II. (römisch-deutscher Kaiser) **188** 1, 17, **193** 3 f.

Karl VI. (römisch-deutscher Kaiser) **193** 3
Kelsen, Hans **186** 50
Klaus, Josef **186** 86
Kollesberg, Theodor Dantscher Ritter von **186** 39 f.
Kreisky, Bruno **186** 88

Maria Theresia (Erzherzogin von Österreich, [Titular-]Kaiserin) **186** 3, **188** 1, 17, **193** 34, **194** 25
Martini, Karl Anton von **186** 3
Mayr, Michael **186** 50
Melichar, Erwin **188** 6, 40
Metternich, Clemens Fürst von **186** 11

Pillersdorff, Franz Xaver Freiherr von **186** 2, 5, 13 ff.

Renner, Karl **186** 50
Rotteck, Carl von **186** 8

Schmitt, Carl **188** 88
Sinowatz, Fred **186** 88
Sommeruga, Franz Seraph Freiherr von **194** 1
Stadion, Franz Seraph Graf **186** 20
Stephani, Joachim **193** 1
Sturm, Eduard **186** 34

Thun-Hohenstein, Leo Graf von **194** 1

Warren, Samuel Dennis **190** 2, 37
Welcker, Carl Theodor **186** 8

Zeiller, Franz von **186** 5

Halbfette Zahl = §§; magere Zahl = RN

Sachregister

Bearbeitet von Dr. Christina Rüth

Abgaben
- Eigentumsgrundrecht, ~ und **192** 60, **196** 34 *siehe auch* Eigentum
- Leistungsfähigkeit als Bemessungsgrundlage **192** 62
- Verbot der Doppelbesteuerung **192** 61

Abschiebung 189 11
Abstammung 192 20 f.
Abtreibung 187 55
actio popularis 201 35

Adoption
- Eingriff ins Familienleben, ~ als **190** 60 f.
- Inkognito~ **190** 53

agent provocateur 200 92
Akteneinsicht 190 53
allgemeiner Gleichheitssatz
  siehe Gleichheitssatz, allgemeiner

Allgemeines Bürgerliches Gesetzbuch (ABGB)
- § 16 als Auffangnorm **186** 5
- angeborene Rechte **186** 4

Amtshaftung 187 60

Arbeit
- Beruf **196** 6 ff.
  siehe auch Berufsfreiheit
- Ort der ~ **191** 4 f.
- Recht auf ~ **199** 75, <u>84 ff.</u>, 99

Arbeitnehmer
- Meinungsfreiheit der ~ **195** 51 f.
- Schutz der ~ **199** 16
- soziale Grundrechte **199** <u>50 ff.</u>

Arbeitslosenversicherung 199 17

Arbeitsrecht
- Drittwirkung von Grundrechten im ~ **187** 47
- kollektives ~ **199** 18

Asylgerichtshof 200 7, **201** 28
Aufklärung 186 1
Augsburger Religionsfrieden (1555) 193 1

Ausgestaltungsvorbehalt
  siehe auch Grundrechtsbeschränkungen
- § 1 DSG **187** 77, **190** 137, **201** 21
- Eingriffsvorbehalt und ~ **197** 7 ff.
- soziale Grundrechte mit ~ **199** 84, 110

- Vereins- und Versammlungsrecht, ~ im **187** 76, **197** 7 ff., **201** 20

Auskunftspflicht
- Auskunftsrecht nach § 1 Abs. 3 und 4 DSG **201** 21
- Behörden, ~ gegenüber **200** 81

Ausländer
- Abschiebung **189** 11
- Aufenthaltsberechtigung **198** 18, **200** 31
- Ausweisung **198** 19
- Bleiberecht **191** 40, **198** 21
- Erwerbsfreiheit **198** 27
- Familiennachzug **198** 20
- Freizügigkeit **198** 18
- Gleichheitssatz, ~ und **192** 20 ff., **198** 10
- Grundrechtsberechtigung von ~n **198** 1 ff.
- prozessuale Gleichstellung mit Staatsbürgern **198** 10
- Rechte nach EMRK **200** 43
- Ungleichbehandlung von ~n **198** 14
- Verbot der Kollektivausweisung **191** 45, **198** 3 *siehe auch* Ausweisung
- zweite Generation **190** 71

Ausländerwahlrecht
- Entwicklung **198** 8
- Kommunalwahlen **192** 89, **198** 9
- Wahlen zu allgemeinen Vertretungskörpern **198** 4 f.
- Wahlen zum Europäischen Parlament **198** 9
- Zulässigkeit von Wahlrechtsänderungen **198** 6, 8

Auslegung, verfassungskonforme 187 41, **201** 23, 50

Auslieferungsverbot
- Rechtsqualität **191** 46
- Zurückstellung, ~ und **191** 46

Ausnahmeverfügungen 197 2

Auswanderungsfreiheit
- Deutsche Bundesakte **186** 9
- zulässige Beschränkungen **191** 42

Ausweisung
- Ausweisungsgründe **198** 19
- Begründung der ~ **190** 68
- Freiheitsentzug zur Sicherung der ~ **191** 22

Sachregister

- Freizügigkeit, ~ und **191** 40
- Schutz des Familienlebens, ~ und **190** 66 ff.
- Situation im Heimatstaat **190** 70
- Straftaten, ~ bei **190** 69
- Verbot der Kollektiv~ **191** 45, **198** 3, 21
- Verfahrensanforderungen **190** 72
- Willkürverbot **198** 21
- zweite Generation **190** 71

Beamte *siehe auch* öffentlicher Dienst
- Ausübung politischer Rechte **192** 94
- Besoldung und Dienstpflichten **192** 75
- Dienstrecht und Arbeitsrecht **192** 51

Befehl, richterlicher
- Briefgeheimnis **190** 27, 113
- Hausdurchsuchungen **190** 4, 88, 92

Behinderung
- Benachteiligungsverbot **192** 113, 115
- Definition **192** 114
- Privilegierung Behinderter **192** 118
- Rechtfertigung von Ungleichbehandlungen **192** 116
- Staatszielbestimmung in Art. 7 Abs. 1 Satz 4 B-VG **192** 117

Beihilfe **192** 15

Bekenntnisgemeinschaft **193** 59 ff.
siehe auch Religionsgemeinschaft

Beleidigung
- Meinungsfreiheit und ~ **195** 34 f. *siehe auch dort*
- strafrechtlicher Schutz vor ~ **195** 28

Berufsfreiheit
- Adressaten der ~ **196** 7
- Beschränkbarkeit **196** 8
- Freiheit der Berufsausbildung **196** 9 ff.
- Produktionsfaktor Arbeit, ~ und **196** 6

Bescheid
- Fehlen einer Begründung **192** 83
- gleichheitswidriger ~ **192** 79 ff.
- verfahrensrechtlicher ~ und Grundrechtseingriff **187** 85

Bescheidbeschwerde **201** 29 ff.
siehe auch Verfassungsbeschwerde
- Bedeutung **201** 29
- Beschwerdelegitimation **201** 30
- Ersatzbescheid und Folgenbeseitigung **201** 41 f.
- förmlicher Bescheid **201** 32
- Grundrechtsbindung der Verwaltung **187** 37
- Grundrechtsverletzung durch Verwaltungsakt **201** 34

Beschlagnahme
- Briefe **190** 113
- medizinische Daten **190** 47
- persönliche Papiere **190** 44

Bestimmtheitsgebot **200** 91

Betriebsrat
- Kandidatur von Ausländern **198** 27 *siehe auch* Wahlen
- Zustimmung bei Berührung der Menschenwürde **189** 75 f.

Beweislast **200** 75 f.

Bildung
- Ausbildungspflicht des Staates **194** 37
- Bildungswesen, staatliches und Elternrechte **194** 38 ff.
- diskriminierungsfreier Zugang zur ~ **194** 35
- gesetzgeberischer Gestaltungsspielraum **194** 34
- Recht auf ~ nach Art. 2 1. ZP EMRK **194** 33
- Schulwesen **194** 36 *siehe auch* Schule

Blutentnahme **190** 42

Briefgeheimnis
- Absicht der Kenntnisnahme **190** 112
- Beschlagname von Briefen **190** 113
- Briefbegriff **190** 106
- Eingriff mit richterlichem Befehl **190** 27, 113
- Eingriffsarten **190** 111
- Entbehrlichkeit richterlichen Befehls **190** 114
- staatliche Schutzpflichten **190** 127
- StGG, ~ nach dem **190** 5, 111 ff.
- strafrechtlicher Schutz **190** 18
- Teil der kommunikativen Privatsphäre, ~ als **190** 105

Briefverkehr
- Anforderungen an Eingriffsgrundlage **190** 123
- Begriff **190** 108
- Eingriff durch Ermächtigungsnorm **190** 121
- Geschlossenheit des Kommunikationswegs **190** 110
- Haft, ~ und **190** 125
- mündliche Mitteilungen **190** 109
- Schutzgut des Art. 8 EMRK **190** 120
- „Spam-Mails" **190** 126

Sachregister

- Überwachung **190** 51
- Verhältnismäßigkeit von Eingriffen **190** 124
- **Bundesgebiet** **192** 56
- **Bundesverfassung**
  - Ausländerwahlrecht, ~ und **198** <u>4ff.</u>
  - Ehe und Familie **188** 23
  - Menschenwürde, ~ und **189** <u>52ff.</u>, 79
  - soziale Garantien
    - Abwehrrechte **199** 80
    - Auffangrechte **199** 79
    - Einrichtungsgarantien **199** 87f.
    - Gremien und Entwürfe zur Grundrechtsreform **199** 95ff.
    - Organisationsgarantien **199** 81
    - Programmsätze **199** <u>89ff.</u>
    - soziale Grundrechte **199** 82ff.
      siehe auch Grundrechte, soziale
    - Zielsetzung **199** 92ff.
  - Stammgesetz und Inkorporationen **186** 53ff.
  - Teil- und Gesamtänderung **201** 7
  - Verfassungsausschuß **186** 52
  - Verfassungsentwürfe **186** 49ff.
  - wirtschaftspolitische Neutralität der ~ **199** 71
- **Bundes-Verfassungsgesetz (B-VG)**
  - allgemeiner Gleichheitssatz **192** 1ff.
    siehe auch Gleichheitssatz, allgemeiner
  - besondere Gleichheitssätze **192** 88ff.
  - Garantien der Verfassung und Verwaltung **186** 56ff.
  - Gleichbehandlung von Mann und Frau **192** 99
  - Grundrechte im ~ **186** 55
  - Inkorporationen
    - StGG **186** 53
    - Zensurbeschluß und Gleichheitsgesetze **186** 55
  - religiöse Freiheiten **193** 9
  - Staatsvertrag von St. Germain en Laye, ~ und **186** 68
  - Übernahme des Grundrechtsbestands des StGG **192** 9
  - verfassungsgesetzlich gewährleistete Rechte **187** 1ff., 7, 9, 11, 13f., 19, 33, **201** 4
  - Zwei-Drittel-Mehrheit für Verfassungsgesetze **201** 5
- **Bundesverfassungsgesetz zum Schutz der persönlichen Freiheit**
  - abgestufte Schutzbereiche **189** 59
- benachbarte Rechtsordnungen **189** 61
- Bezugnahme in Art. 1 Abs. 4 PersFrG **189** 57
- Eingriffstatbestände **191** 10
- Fehlen eines umfassenden Schutzes **189** 60
- Haftbedingungen **189** 64
- Inhalt der Menschenwürdegarantie **189** 62f.
- Mißachtung der Person **189** 58
- Regelungsgegenstand **191** 2f.
- Verhältnismäßigkeitsgrundsatz **191** 25
- **Bundesverfassungsgesetz über die Beseitigung rassischer Diskriminierung 198** 14, 27
- Ausländer und Gleichheitssatz **192** 21
- Behördenwillkür **192** 22
- Wortlaut des Art. 1 Abs. 1 **192** 20
- **Bundesvolk** **198** 5
- **Bürgergesellschaft** **197** 1

- **Chancengleichheit** **197** 26
  siehe auch Parteien, politische

- **Datenschutz**
  - allgemein verfügbare Daten **190** 131
  - anonymisierte Daten **190** 132
  - Anspruch auf Geheimhaltung **190** 8, 128 *siehe auch* Daten
  - Ausgestaltungsvorbehalt **187** 77
  - Auskunfts-, Richtigstellungs- und Löschungsanspruch **190** 137
  - Beschränkung von Nebenrechten **190** 143
  - Bestimmtheit der Eingriffsgrundlage **190** 142
  - Datenschutzkommission **201** 60
  - Datenübermittlung an andere Behörden **190** 46
  - Datenübermittlung und Fernmeldegeheimnis **190** 107
  - Drittwirkung von § 1 DSG **190** 21ff., 144, **201** 59
  - Einkommensdaten **190** 48
  - Geheimhaltungsinteresse **190** 130, 133ff., 139
  - Informationseingriffe ins Privatleben **190** 46ff. *siehe auch* Privatleben
  - justizinterner Rechtsschutz **201** 51f.
  - Patientendaten **190** 46
  - personenbezogene Daten **190** 129

Halbfette Zahl = §§; magere Zahl = RN; unterstrichene Zahl = Hauptfundstelle

- private Datenverwendung **190** 145
- Rechtsschutzbeauftragter **200** 110, **201** 79 *siehe auch dort*
- Schutz vor Datenermittlung und -weitergabe **190** 138
- Schutzzweck des § 1 DSG **190** 136
- sicherheitspolizeiliche Informationssammlungen **190** 48
- Speichern öffentlich zugänglicher Informationen **190** 31
- Speicherung und Aufbewahrung von Daten **190** 46
- Verhältnismäßigkeit von Eingriffen **190** 26
- Wahrung wichtiger öffentlicher Interessen **190** 141
- Zulässigkeit von Eingriffen **190** 140

Demokratie
- Ausländerwahlrecht **198** 4 ff.
- Staatsbürgervorbehalt **198** 4

Deutscher Bund (1815) **186** 6 ff.
- Freizügigkeitsrechte **186** 9
- Programmsatzfunktion von Rechten **186** 10

Dezemberverfassung (1867) **192** 7
- Grundrechte als subjektive Rechte **186** 44
- liberale Rechte in der ~ **199** 3
- Staatsgrundgesetz über die allgemeinen Rechte der Staatsbürger (StGG) **186** 31 ff. *siehe auch dort*
- Staatsgrundgesetze in der ~ **186** 31
- Wissenschaftsfreiheit **194** 2

Diskriminierungsverbot
- allgemeiner Gleichheitssatz, ~ und **189** 69
- Art. 14 EMRK, ~ aus **189** 68, **192** 96
- Auslegungshilfe für Gleichheitssatz, ~ als **192** 15
- Beschränkungen wirtschaftlicher Rechte **198** 23
- BV-RD, ~ nach **192** 20, 96, **198** 14
- Diskriminierungsmerkmale **192** 97
- Erwerbstätigkeit von Nicht-Unionsbürgern **198** 26
- EWR-Abkommen, ~ nach **192** 26
- Grundrechtsberechtigung von Ausländern **198** 13
- Judikatur des Verfassungsgerichtshofs, ~e in der **192** 98
- Menschenwürde, ~ und **189** 65
- Pillersdorffsche Verfassung **192** 3
- Quotenregelungen **192** 105 f.

- Staatsvertrag von St. Germain en Laye **189** 2, **192** 96
- Zugang zur Bildung **194** 35 *siehe auch* Bildung

Disziplinarpflichten **192** 95

Drittwirkung (Grundrechte)
- Arbeitsrecht und Persönlichkeitsschutz **187** 47
- Datenschutz (§ 1 Abs. 5 DSG) **190** 24, 144, **201** 61
- Eigentumsgrundrecht **196** 50
- EMRK **190** 22
- Fehlen einer unmittelbaren ~ **187** 44
- Fiskalgeltung **187** 48
- Folterverbot **189** 45
- gesetzlich angeordnete Drittwirkung **187** 45
- Grundrechte nach dem StGG **190** 23
- Kunstfreiheit, ~ der **194** 57 ff.
- mittelbare ~ **187** 46
- Streikrecht **197** 21
- Verbot von Sklaverei und Leibeigenschaft **188** 20

Durchsuchung
- Personen und Gepäck **190** 44
- PKW **190** 44
- Wohnungen **190** 81 ff. *siehe auch* Hausrechtsgesetz
- Abgrenzung zu anderen Maßnahmen **190** 84
- Bescheinigung der Durchsuchung **190** 91
- Bestätigung negativer Ergebnisse **190** 96
- enge Auslegung des Durchsuchungsbegriffs **190** 82
- Gefahr im Verzug **190** 89 ff.
- gesetzliche Grundlage **190** 97
- Kritik am Durchsuchungsbegriff **190** 87
- polizeiliche und finanzielle Aufsicht **190** 92 ff.
- richterlicher Befehl **190** 4, 88
- systematische Besichtigung **190** 83
- Zustandsveränderung als Eingriffsmerkmal **190** 85

Ehe
- Begriff der Ehe **188** 26, 32
- eheähnliche Lebensgemeinschaft **190** 56, **192** 69

612   Halbfette Zahl = §§; magere Zahl = RN; unterstrichene Zahl = Hauptfundstelle

Sachregister

- Gleichbehandlungsgrundsatz, ~ und **188** 29, **192** 67 ff., 110 ff.
- gleichgeschlechtliche Beziehungen, ~ und **188** 27, **192** 69
- Institutsgarantie **201** 12
- islamisches Eherecht (Mehrfachehe) **188** 30
- Schutz durch EMRK **188** 24
- Staatszielbestimmung **188** 23
- Strukturmerkmale
  - dauerhafte Verbindung **188** 31
  - Formgebundenheit **188** 28
  - Heterosexualität **188** 26, **190** 56
  - Monogamie **188** 30
  - Rechtsverbindlichkeit **188** 28
- verfassungsrechtliche Garantie **188** 25

Ehre
- Beleidigungen **195** 34 f.
- Schutz der ~ und Meinungsfreiheit **195** 28 f.

Eigentum *siehe auch* Enteignung
- Bedeutung für Wirtschaftsverfassung **196** 21
- Beschränkungen und Belastungen
  - Abgaben **196** 34
  - allgemeines Wohl und Verhältnismäßigkeit **196** 32 f.
  - Definition **196** 29
  - Entschädigung **196** 41, 43 ff., 46
  - Sonderopfertheorie **196** 42
  - wirtschaftliche Zumutbarkeit **196** 47
- Bestands- und Wertgarantie **196** 26
- Bundes- und Landesverfassungen **196** 21
- Dimensionen der ~sgarantie **196** 68
- Drittwirkung **196** 50
- Eigentumseinschränkungen
  - Entschädigungspflichten **196** 35 ff.
  - Systematik **196** 27
- Einrichtungsgarantie, ~ als *siehe dort*
- gesetzgeberische Ausgestaltung **196** 48
- Grundrechtsberechtigung juristischer Personen **198** 28
- persönlicher Schutzbereich **196** 24 ff.
- sachlicher Schutzbereich **196** 22 f.
- Staatsbürgerschaft, ~ und **198** 25
- Substitutionsgrundrecht für ausländische Erwerbstätige, ~ als **198** 27
- Verletzung durch Exekutive **196** 49

Eingriffsvorbehalt **187** 71 ff., **201** 9
siehe auch Grundrechtsbeschränkungen

Einreise
- Beschränkung der ~ und Familienleben **190** 61
- Beschränkung der ~ und Freiheit der Person **191** 8
- Familiennachzug **198** 20
- Recht der Staatsbürger auf ~ **191** 44
- ~verweigerung als Schutzpflichtverletzung **190** 65

Einrichtungsgarantie
- abwehrrechtlicher Grundrechtsgehalt, ~ und **188** 13
- Auftrag an den einfachen Gesetzgeber, ~ als **188** 6
- Begriffsverständnis **188** 1 f.
- Durchsetzbarkeit grundrechtlicher ~n **187** 63
- Ehe **188** 25 ff., **201** 12 *siehe auch dort*
- Eigentum **188** 10
- Elternrecht **188** 41
  siehe auch Erziehungsrecht, elterliches
- Familie **188** 33 ff. *siehe auch dort*
- gesetzgeberisches Unterlassen, ~ und **188** 14
- Gestaltungsmöglichkeiten des Gesetzgebers **188** 10 f.
- Gewährleistungspflicht, ~ als **188** 10
- institutionelle Grundrechtsgehalte **187** 62
- Minderheitenschutz nach Art. 8 Abs. 2 B-VG **188** 43 ff.
- negative ~
  - exekutive Schuldhaft **188** 18
  - Folterverbot **188** 17
  - Grundherrschaft **188** 19
  - Schutzwirkung **188** 15
  - Verbot der Todesstrafe **188** 16
  - Verbot von Sklaverei **188** 20
  - Zensurverbot **188** 21
- normativer Gehalt **188** 11
- Normenkontrolle, ~ und **188** 7
- Oberbegriff, ~ als **188** 5
- objektivrechtliche Figur, ~ als **188** 1
- Schutzobjekt **188** 5
- Schutzumfang
  - Entwicklungsoffenheit **188** 9
  - Existenzwahrung **188** 8
  - maßgebliche Rechtslage **188** 9
  - Selbstverwaltungsrecht der Gemeinden **188** 47 f. *siehe auch* Selbstverwaltung, gemeindliche

Sachregister

- Sozialsystem **199** 87 f.
- staatsrechtliche Einrichtungen, ~ und **188** 6
- subjektive Rechte, ~ und **188** 12

Einzelfallprüfung
- Gleichheitssatz **192** 48
- Typisierung, ~ und **192** 46

elterliches Erziehungsrecht
 siehe Erziehungsrecht, elterliches

Enteignung
- allgemeines Wohl **196** 30
- Ausmaß von Entschädigungen **196** 39
- Definition **196** 28
- Entschädigung **196** 36 ff., 40
- Rückübereignungspflicht **196** 37
- Zweckbezug **196** 31

erkennungsdienstliche Behandlung **190** 44

Ermessen **192** 85

Ersatzbescheid **201** 41

Ertragsteuer **192** 62

Erwerbsfreiheit
- Diskriminierungsverbot, ~ und **198** 27
- Nicht-Unionsbürger, und **198** 26
- persönlicher Schutzbereich **196** 51 f.
- Rechtfertigung von Eingriffen
  - Abwägungserfordernis **196** 61
  - Eignung der Maßnahme **196** 58
  - Erforderlichkeit **196** 60
  - öffentliche Interessen **196** 63 f.
  - Schwere des Eingriffs **196** 62
  - Übermaßverbot **196** 59
  - Verfassungsgerichtshof **196** 56
  - Vertretbarkeitskontrolle **196** 57
  - Wesensgehaltssperre **196** 55
- sachlicher Schutzbereich **196** 53 f.
- Staatsbürgervorbehalt **198** 12, 27
- Unionsbürger, ~ und **198** 23 f.
- Wettbewerbswirtschaft, ~ und **196** 65 f.

Erziehungsheim **191** 21

Erziehungsrecht, elterliches
- Art. 6 Abs. 2 GG, ~ im Sinne von **188** 39
- B-VG, ~ und **188** 40
- Sexualkundeunterricht **194** 40
- staatliche Neutralitätspflicht, ~ und **194** 40
- staatliches Erziehungswesen, ~ und **188** 41, **194** 38 ff. siehe auch Schulwesen

Europäische Grundrechte-Charta (GRCh)
- Anwendungsbereich **199** 66
- Eigentumsschutz **198** 28
- Entstehung **199** 64
- fehlende Rechtsverbindlichkeit **187** 7
- soziale Grundrechte **199** 65
- Verfassungsvertrag, ~ und **186** 84

Europäische Menschenrechtskonvention (EMRK)
- Ausländerrechte **200** 43
- Auslegung durch Verfassungsgerichtshof **201** 82
- Bedeutung für nationales Verfassungsrecht **186** 72, **187** 5
- Beschwerde (Art. 13)
  - Abhilfe bei Rechtsverletzung **200** 105
  - akzessorische Gewährleistung **200** 102
  - Anforderungen an nationales Recht **200** 103
  - Anspruch auf inhaltliche Prüfung **200** 104
  - Ausgestaltungsspielräume **200** 108
  - Umsetzung in Österreich **200** 106
  - Verfahrensdauer **200** 107
- Diskriminierungsverbot (Art. 14) **189** 68, **192** 98
- Elternrecht **188** 40
- Folterverbot (Art. 3) **189** 40 ff. siehe auch dort
  - Absolutheit des Folterverbots und Schranken **189** 46
  - Drittwirkung **189** 45
  - eingriffsfester Kernbereich **189** 47
  - Folter und Erniedrigung **189** 43
  - Folter und unmenschliche Behandlung **189** 42
  - Grausamkeit und Erniedrigung **189** 49
  - Menschenwürde **189** 55 siehe auch dort
  - psychische und physische Integrität **189** 44
- Freiheitsentzug **191** 27
- Geltung als Bundesverfassungsrecht **188** 24
- Glaubens- und Gewissensfreiheit (Art. 9) **193** 16
- Günstigkeitsprinzip **186** 72
- Haftentschädigung **191** 33
- innerstaatliche Grundrechte, ~ und **187** 5, 27 f., **191** 1 ff.
- innerstaatliche Grundrechtsquelle, ~ als **188** 49

Sachregister

- Jedermann-Rechte **186** 72, **187** 27 f.
- Kommunikationsfreiheit (Art. 10)
  - Kunstfreiheit **194** 43, 50
    siehe auch dort
  - materieller Gesetzesvorbehalt **195** 25
  - Meinungs- und Pressefreiheit
    195 4 ff. *siehe auch dort*
  - Persönlichkeitsschutz **195** 27 ff.
  - Rundfunkfreiheit **195** 61 ff.
    siehe auch dort
  - Schutzbereich des Art. 10 **195** 5 ff.
  - Werbung und Wettbewerbsrecht
    195 46 ff.
- Konventionsverletzungen und Verfassungsgerichtshof **201** 84
- Lebensschutz nach Art. 63 StV, ~ und
  189 4
- Legalitätsprinzip (Art. 7)
  200 89
- Menschenrechte und Grundfreiheiten
  201 3
- nationales Verfassungsrecht, ~ als
  186 71 f.
- Recht auf Bildung **194** 33 ff.
  siehe auch Bildung
- Schutz der Ehe (Art. 12) **188** 24 ff.,
  201 12 *siehe auch* Ehe
- Schutz der Familie (Art. 12) **188** 33 ff.
  siehe auch Familie
- Schutz der Wohnung (Art. 8)
  - Anforderungen an Eingriffe **190** 98
  - Betreten als Eingriff **190** 99
  - Fälle von Wohnbeschränkungen
    190 101
  - Immissionen **190** 102
  - mittelbare Beeinträchtigungen
    190 100
  - räumlicher Schutzbereich **190** 78 ff.
  - staatliche Schutzpflichten **190** 103 f.
- Schutz des Briefverkehrs (Art. 8)
  190 108 ff., 120 ff.
  siehe auch Briefverkehr
- Schutz des Lebens (Art. 2)
  - Festnahme und Tötung **189** 18
  - Lebensgefährdung **189** 9 ff., 17
  - legislativer Gestaltungsspielraum
    189 13
  - Nothilfe staatlicher Organe **189** 16
  - persönlicher Schutzbereich **189** 6 ff.
  - pränataler Lebensschutz **189** 7
  - sachlicher Schutzbereich **189** 9 ff.

- Schrankenvorbehalt **189** 20
- Schutzrichtung **189** 12
- Tötung und Verhältnismäßigkeit **189** 9
- Verbot von Abstufungen **189** 6
- Verhältnis von Art. 8 und Art. 2
  189 51
- Vollstreckung der Todesstrafe **189** 14
- Wortlaut der Norm **189** 1
- Schutz des Privat- und Familienlebens
  (Art. 8) *siehe auch* Familie, Privatleben
  - Datenschutz **190** 139
  - eingriffsrechtfertigende Ziele **189** 35
  - Familiennachzug **198** 20
  - Gesetzesvorbehalt **189** 34
  - Gestaltungsspielraum **190** 16
  - Gewährleistung umfassender Privatsphäre **190** 6
  - Grundrechtsträgerschaft **190** 10
  - immanente Grundrechtsschranken
    189 36
  - Intimsphäre **189** 29
  - körperlich-geistige Integrität **189** 31,
    190 36, 40 ff.
  - Menschenwürde **189** 67
  - Notwendigkeit von Eingriffen **189** 38,
    190 26
  - Öffentlichkeitsbezug **189** 32, **190** 30,
    33
  - Schrankenvorbehalt und
    Schutzpflicht **189** 39
  - Schutz der Willenssphäre **189** 30
  - Schutzbereich des Familienlebens
    188 35 ff., **190** 54 ff.
  - Schutzbereich des Privatlebens **190** 28
  - Schutzpflichten **190** 53
  - Schutzrichtung **189** 33, **190** 11, 22
  - Toleranzgebot bei Eingriffen **189** 37
  - Verhältnismäßigkeit bei Informationseingriffen **190** 47
- staatliche Gewährleistungspflichten aufgrund der ~ **187** 56 ff.
- Staatsbürgerrechte und Staatsbürgervorbehalt **198** 1, 12
- Verbot der Ausweisung **198** 3, 16
- Verbot der Todesstrafe **188** 16
- Verfahrensgarantien (Art. 6) *siehe auch*
  Rechtsstaatsprinzip
  - Beschränkungsmöglichkeiten **200** 41
  - faires und zügiges Verfahren **200** 40,
    51 ff.
  - materielle Gewaltentrennung **200** 34

Sachregister

- Mindestgarantien im Strafprozeß **200** 82 ff. *siehe auch* Strafprozeß
- Öffentlichkeit und Mündlichkeit **200** 63 ff.
- Prozeßkostenhilfe **200** 42
- Strafrecht **200** 39
- Tribunal **200** 35, 44 ff., **201** 27 *siehe auch dort*
- Unschuldsvermutung **200** 73 ff.
- Zivilrecht **200** 37 f., **201** 49
- Zugang zu Gericht **200** 33
- Wahl- und Stimmrecht **198** 3
- Wissenschaftsfreiheit **194** 2

Europäische Sozialcharta (ESC)
- Bindungswirkung **186** 73, **199** 36
- Durchsetzung und Überwachung **199** 42
- einfaches nationales Recht, ~ und **199** 35
- Ergänzung der EMRK **199** 33
- Europäische Union, ~ und **199** 51
- Rassendiskriminierung **186** 75
- Ratifikation **199** 34
- Rechte der Frau **186** 74
- soziale Garantien **199** 38, 40
- völkerrechtliche Verpflichtungen **199** 39, 41
- Ziele **199** 37

Europäische Union
- gemeinschaftsrechtliche Grundrechtsnormen **187** 6
- österreichische und europäische Grundrechte **186** 81
- Rechtsschutz und Verfahrensgarantien **200** 11
- Vertrag von Amsterdam **199** 56
- Vertrag von Lissabon **199** 62 f.
- Vertrag von Maastricht **199** 55

Europäischer Gerichtshof (EuGH)
- Schmidberger **187** 8
- Verletzung der Vorlagepflicht nationaler Gerichte **200** 24

Europäischer Gerichtshof für Menschenrechte (EGMR)
- Effektuierung von Grundrechten **188** 49
- Entscheidungen
  - Amuur gegen Frankreich **191** 7
  - Golder **190** 120
  - Lingens **195** 32 f.
- fehlende Präjudizwirkung von Entscheidungen **201** 85
- Individualbeschwerde

- Ergänzung des nationalen Grundrechtsschutzes **201** 83
- Erschöpfung innerstaatlicher Rechtsbehelfe **201** 86
- Rechtsprechung
  - Eingriffe in die Privatsphäre **201** 52
  - Religionsfreiheit **193** 13
  - Telefonüberwachung **190** 123
  - Verfahrensdauer **200** 71 f.
  - Verhältnismäßigkeit von Eigentumsbeschränkungen **196** 40, 47
  - Verwaltungsübertretung **191** 3
  - Wirkung von Urteilen **201** 87 f.

Europäischer Haftbefehl 191 47
Europäischer Wirtschaftsraum (EWR) 192 25 ff.
europäisches Gemeinschaftsrecht *siehe* Gemeinschaftsrecht, europäisches

fair trial-Grundsatz
siehe Rechtsstaatsprinzip
Familie *siehe auch* EMRK
- Art. 8 EMRK, ~ im Sinne von **188** 35 ff., **190** 54 ff.
- Art. 12 EMRK, ~ im Sinne von **188** 33
- Ausgleich zwischen Eltern- und Kindesinteressen **190** 61
- Benachteiligungsverbot **192** 68
- Ehe und eheähnliche Beziehungen **190** 56
- Ehe und ~ als Staatszielbestimmung **188** 23
- Eltern-Kind Beziehungen **188** 36, **190** 57
- Familiengründungsfreiheit **188** 33 f.
- Familiennachzug **198** 20
- Formenvielfalt **190** 54
- fremdenrechtliche Maßnahmen **190** 63 ff.
- Großfamilie **190** 58
- Haft und Freiheitsentzug **190** 73
- Leitbild der natürlichen Familie **190** 55
- Namensregelungen **190** 62
- Schutzgut des Beieinanderseins **190** 59
- Schutzpflichten **190** 74
- Schutzumfang **188** 38
- verwandtschaftliche Beziehungen **188** 37, **190** 55

Februarpatent (1861) 186 28
Festnahme
- Festnahmegründe **191** 10 ff. *siehe auch* Freiheitsentzug

616   Halbfette Zahl = §§; magere Zahl = RN; unterstrichene Zahl = Hauptfundstelle

Sachregister

- Tatverdächtiger, ~
  - allgemeine Voraussetzungen **191** 12
  - Recht auf Verfahrensbeendigung **191** 15
  - Richtervorbehalt **191** 13
  - Verdacht einer Finanzstraftat **191** 14
  - Verdacht einer Verwaltungsübertretung **191** 15 f.
- Tötung zum Zwecke der ~ **189** 18
- Verletzung der persönlichen Freiheit **191** 23

Finanzausgleich **192** 119 ff.

Finanzstraftat
- Voraussetzungen für Festnahme **191** 14
- Wiederaufnahme beendeter Finanzstrafverfahren **192** 71

Fiskalgeltung, grundrechtliche **187** 48
Fluchthelfervertrag **191** 43
Flugblätter **195** 40
Folgenbeseitigung **201** 42
Folterverbot **188** 17 *siehe auch* EMRK
- absolutes Verbot von Grausamkeit und Erniedrigung **189** 49
- absolutes ~ **189** 46, **201** 14
- Art. 3 EMRK **189** 40 ff.
- Drittwirkung **189** 45
- eingriffsfester Kernbereich **189** 47
- erniedrigende Behandlung, ~ und **189** 43
- UN-Konvention **186** 78
- unmenschliche Behandlung, ~ und **189** 42
- Verbotsbereich **189** 40 f.
- Verhältnismäßigkeit von Eingriffen **189** 46

Französische Revolution (1789) **198** 1
Freiheit der Person **191** 2 ff.
- Aufenthalt in Sondertransitbereichen **191** 8
- Beschwerde zum Obersten Gerichtshof **201** 46 ff.
- Freiheitsentzug und Freiheitsbeschränkung **191** 7
- Gesetz zum Schutz der persönlichen Freiheit **186** 29, **191** 2
- Maßnahmen unterhalb der Eingriffsschwelle **191** 6
- Schutzbereich **191** 3 ff.

Freiheitsentzug
- Beugemittel, ~ als **191** 18
- Beweislast bei Verletzung von Art. 3 EMRK **189** 45

- Formel für Grundrechtsverletzung **191** 23
- Freiheitsbeschränkung, ~ und **191** 7
- Freiheitsstrafe **191** 11
- Geisteskrankheit, ~ bei **191** 19 f.
- Grundrechtsgarantien bei ~ **191** 26
- Haftentschädigung **191** 33
  siehe auch dort
- lebensrechtliche Schutzpflicht, ~ und **189** 12
- Menschenwürde, ~ und **189** 53, 63
- Rechtsschutz gegen ~
  - gerichtliche Entscheidung **191** 27
  - Grundrechtsbeschwerde **191** 31
  - Unabhängige Verwaltungssenate **191** 30
  - Wochenfrist **191** 29
- Schutz des Familienlebens, ~ und **190** 73 *siehe auch dort*
- Sicherung der Ausweisung, ~ zur **191** 22
- Unterbringung in Erziehungsheim **191** 21
- Verhältnismäßigkeit, ~ und **191** 25
- zulässige Dauer bei Festnahme Tatverdächtiger **191** 13, 17

Freizügigkeit
- Ausländer **198** 18 f.
- Ausweisung, ~ und **191** 40
- Deutsche Bundesakte **186** 9
- Fälle zulässiger Beschränkungen **191** 38
- Freiheit der Person, ~ und **191** 1
- Gewährleistungsinhalt **191** 36
- Grundrechtsbefund **191** 41
- Kurtaxe **191** 38
- Produktionsfaktor Arbeit, ~ und **196** 4 f.
- Schranken **191** 37, **198** 17
- Vermögens~
  - Jedermannrecht **196** 12
  - praktische Relevanz **196** 14
  - vorbehaltlose Gewährleistung **196** 13
  - vorbehaltlose Gewährleistung **191** 35
  - wirtschaftliche Betätigung und ~ **198** 22

Fremde *siehe* Ausländer

Gebietskörperschaft
- Finanzausgleich **192** 119 ff.
- Gemeinde **188** 46
- Träger von Grundrechten, ~ als **192** 30

Gefahrenerforschung **201** 77

Sachregister

Gegenreformation 193 3
Gemeinde
– Reichsgemeindegesetz 1862 186 29
– Selbstverwaltung 188 46 ff. *siehe auch* Selbstverwaltung, gemeindliche
Gemeinschaftscharta der sozialen Grundrechte der Arbeitnehmer
– Entstehung 199 50 ff.
– politisches Dokument, ~ als 199 54
– sozialer Konsens 199 53
Gemeinschaftsrecht, europäisches
siehe auch Europäische Union
– gemeinschaftsrechtliche Grundrechtsnormen 187 6 ff.
– gemeinschaftsrechtsfreundliche Auslegung 201 24
– Gleichbehandlungsgebot 192 25
siehe auch Gleichbehandlung
– Sozialpolitik, ~ und
  – Art. 137 EG 199 57
  – Fehlen individueller Rechte 199 61
  – Gleichstellung von Mann und Frau 199 60
  – Kompetenzen des Rats 199 58
  – mitgliedstaatliche Sozialordnungen 199 59
  – sozialrechtliche Bestimmungen im Gemeinschaftsrecht 199 50 ff.
  – Vertrag von Amsterdam 199 56
  – Vertrag von Lissabon 199 62 f.
  – Vertrag von Maastricht 199 55
– Vorrangprinzip 199 49
Gerechtigkeit
– Gleichheitssatz, ~ und 192 2
Geschäftsräume
– Hausrecht 190 76
– Wohnung im Sinne von Art. 8 EMRK, ~ als 190 79
Gesetz
– Auslegung
  – gemeinschaftsrechtskonforme ~ 201 24
  – gleichheitswidrige ~ 192 81
  – verfassungskonforme ~ 201 23, 50
– Gesetzesänderung und Vertrauensschutz 192 64
– Gesetzesbindung 201 2
– Rückwirkung von ~en 192 65
Gesetzesvorbehalt *siehe auch* Grundrechtsbeschränkungen
– Ausgestaltungsvorbehalte 187 75, 201 9

– Eingriffsvorbehalte 187 71 ff., 201 9
– formelle und materielle ~ 187 71 ff., 201 10 ff.
– Grundrechte ohne ~ 187 66 ff., 201 14 f.
– Regelungstechnik 201 8
Gesetzgeber
– Ausgestaltung des Eigentums 196 48
– Begründungszwang bei Systemdurchbrechungen 192 50
– Bindung an Gleichheitssatz 187 38, 79, 104, 192 55
– Bindung an Grundrechte 187 34 ff.
  siehe auch Grundrechtsbindung
– Ermächtigung zum sozialen Ausgleich 199 72
– gesetzlicher Richter, ~ und 200 25 ff.
  siehe auch Richter, gesetzlicher
– Gestaltungsspielraum
  – Einräumung von Staatsbürgerrechten 198 12
  – Finanzausgleich 192 121
  – Fristen und Stichtage 192 54
  – Grundrechte mit Gesetzesvorbehalt 187 72 *siehe auch* Grundrechtsbeschränkungen
  – Privilegierung Behinderter 192 118
  – Schutz der Privatsphäre 190 16
    siehe auch Privatsphäre
  – Sozialrecht 192 77
  – Sozialversicherungsrecht 192 63
  – Strafrecht 192 57
  – Verfahrensgrundrechte 201 22
– Gleichheitssatz, ~ und 192 31, 35, 44
  siehe auch Gleichheitssatz, allgemeiner
– politische Ausgleichsfunktion 201 8
– Schutzpflichten des Staates
  siehe Schutzpflichten, staatliche
– Unterlassen des ~s und Sanktionsmöglichkeiten 199 111 f.
gesetzlicher Richter *siehe* Richter, gesetzlicher
Gewährleistungsklage 199 112
Gewaltanwendung
– Festnahme, ~ bei 189 48
– Folter und unmenschliche Behandlung 189 42 *siehe auch* Folterverbot
– staatliche ~ und Lebensschutz 189 16 ff.
Gewaltentrennung 201 25 ff.
– materielle ~ nach Art. 6 EMRK 200 34 *siehe auch* Rechtsstaatsprinzip
– Unabhängigkeit der Justiz 200 12

Gewaltverhältnis, besonderes 187 23, 192 94, 193 32 *siehe auch* Grundrechtsberechtigung
Gewerkschaft 197 19
Glaubens- und Gewissensfreiheit
siehe auch Religionsfreiheit
- aggregierte Grundrechtsnorm, ~ als 193 17
- Art. 9 EMRK 193 16, 19
- Art. 14 bis 16 StGG 193 15
- Beschränkungsmöglichkeiten 193 33 ff.
- Freiheit der Religionsausübung (Kultusfreiheit)
  - Beschränkungsmöglichkeiten 193 34 ff. *siehe auch* Kultusfreiheit
  - Schutzbereich 193 26 ff. *siehe auch* Kultusfreiheit
- Freiheit der Weltanschauung (Art. 9 EMRK) 193 19 *siehe auch* Weltanschauung
- Grundrechtsadressaten 193 21
- Grundrechtsmündigkeit 193 22 f.
- grundrechtswidrige Verwaltungsakte 193 42
- kollektive Glaubensfreiheit 193 46 ff. *siehe auch* Religionsgemeinschaften
- Kopftuchverbot 193 39
- Rechtsgrundlagen 193 14 ff.
- religionsunabhängige Gleichbehandlung 193 24 f.
- religiöse Kindererziehung 193 23
- Schutzbereich 193 18
- Tierschutz und Schächten 193 38
- Wehrdienst 193 20, 43 ff.
- weltanschauliche Neutralitätspflicht des Staates 193 40 *siehe auch* Weltanschauung

Gleichbehandlung
siehe auch Gleichheitssatz, allgemeiner
- Behinderte 186 64, 192 113 ff.
- Differenzierungen aus externen Zwecken 192 34
- Differenzierungen bei tatsächlichen Unterschieden 192 33
- Ehegatten 192 110 ff.
- Gleichbehandlungsgebot, gemeinschaftsrechtliches 192 25
- Mann und Frau 186 64
  - faktische Gleichstellung 192 104 ff.
  - sprachliche Gleichbehandlung 192 107 ff.
  - Verbot von Vorrechten 192 99 ff.
- Religionszugehörigkeit, ~ und 193 24 f. *siehe auch* Glaubens- und Gewissensfreiheit
- Subventionsrecht, ~ im 187 48
- wesentlich Gleiches 192 32

Gleichheit *siehe auch* Gleichheitssatz, allgemeiner
- Begriff des wesentlich Gleichen 192 41 ff.
- Beseitigung von Ungleichbehandlungen, ~ als 192 12
- Ermessen und ~ 192 85
- Gesetz, ~ vor dem 192 4 f.
- Gleichheitsgebot nach Art. 7 Abs. 1 Satz 2 B-VG 192 99
- keine ~ im Unrecht 192 84
- komparative Bedeutung des ~begriffs 192 11
- materielle ~ 192 13
- nachträgliche ~swidrigkeit von Normen 192 53
- nicht-komparative Bedeutung des ~begriffs 192 14, 36
- öffentlich Bediensteter 192 94 f.
- republikanische ~ 186 47
- Stellung des ~ssatzes 187 22
- Vielfältigkeit des ~begriffs 192 10
- Wahlrechts~ 192 90 *siehe auch* Wahlrecht

Gleichheitsgebot 192 99
Gleichheitssatz, allgemeiner
- Abänderbarkeit durch Volksabstimmung 192 16
- allgemeines Sachlichkeitsgebot, ~ als 187 36, 104, 192 28, 36 ff., 201 16 *siehe auch* Sachlichkeitsgebot
- Anforderungen an Gesetzgebung 192 31
- Anwendungsbereiche 192 2
- Art. 14 EMRK, ~ und 192 98
- Ausländer 192 23
- Auslegungsmaßstab für andere Grundrechte, ~ als 187 22
- außerrechtliche Wertungen, ~ und 192 1
- B-VG, ~ und 192 9
- Differenzierungsgebot, ~ als 192 35
- Ehe und Familie 192 67 ff.
- Einzelfallprüfung 192 48
- faktische Gleichheit 192 10
- Geschichte 192 3 ff.
- Gesetzesänderungen 192 64

Sachregister

- Gleichheitsbegriff **192** 10 ff. *siehe auch* Gleichheit
- gleichheitswidrige Auslegung **192** 81
- Gleichheitswidrigkeit von Normen **192** 53, 80
- Grundrechtsformel **192** 79
- Grundrechtsträger
  - Fremde **192** 19 ff.
  - juristische Personen des öffentlichen Rechts **192** 30
  - juristische Personen des Privatrechts **192** 28 f.
  - Staatsbürger **192** 18 *siehe auch dort*
- Haftungsvorschriften, ~ und **192** 59
- keine Gleichheit im Unrecht **192** 84
- Kremsierer Grundrechtsentwurf, ~ im **192** 4
- Lasten- und Pflichtengleichheit **192** 61
- Märzverfassung, ~ in der **192** 5
- Menschenwürde, ~ und **189** 69
- öffentliche und private Dienstverhältnisse **192** 74
- Ordnungssysteme **192** 51 f., 70
- Pillersdorffsche Verfassung, ~ und **192** 3 *siehe auch dort*
- Prüfungsmaßstab bei zumutbarem Verhalten **192** 49
- Rechtsstaats- und Demokratieprinzip, ~ und **192** 15
- Rückwirkung von Gesetzen **192** 65
- Sachlichkeitsgebot **199** 72
- Schutz staatlich veranlaßter Erwartungen **192** 66
- sozialer Gestaltungsauftrag **192** 17
- Sozialleistungen **199** 29
- Steuerrecht, ~ und **192** 60
- StGG, ~ im **192** 7
- Strafrecht, ~ und **192** 57 f.
- Subventionsrecht, ~ und **187** 48
- Systemdurchbrechungen, ~ und **192** 50
- Verfahrensordnungen und ~ **192** 70 ff.
- Verfahrensrecht, ~ und **192** 70 ff.
- Vertretbarkeitskontrolle **192** 45
- Wesentlichkeitsbegriff **192** 41 ff.
- Willkür **192** 82 f.

Gleichstellung
- Ausländer und Staatsbürger
  - materielle Gleichstellung **198** 13
  - prozessuale Gleichstellung **198** 10
- erwerbstätige Unionsbürger und Staatsbürger **198** 23
- Mann und Frau **186** 64, **192** 104 ff.

Grundrechte
- absolute ~ **201** 14
- Abwehrfunktion **187** 50
- Begriff **187** 1 ff.
- Beschränkungen
  siehe Grundrechtsbeschränkungen
- Bindungswirkung **187** 16
  siehe auch Grundrechtsbindung
- Drittwirkung von ~n
  siehe Drittwirkung (Grundrechte)
- Durchbrechung durch Verfassungsbestimmungen **186** 65
- Eingriff *siehe* Grundrechtseingriff
- Einrichtungsgarantien, ~ und **188** 13
- EMRK, ~ und **186** 72, **187** 5
  siehe auch dort
- Fehlen eines Grundrechtskatalogs **187** 4
- Fiskalgeltung **187** 48
- formeller Gesetzesvorbehalt, ~ und **201** 10 f. *siehe auch* Gesetzesvorbehalt
- Freiheitsrechte, ~ als **187** 12
- fundamentaler Charakter von ~n **199** 1
- Gemeinde, ~ der **188** 48
  siehe auch Gemeinde
- gemeinschaftsrechtliche Grundrechtsnormen **187** 6 ff.
- Geschichte
  - ABGB **186** 4 f.
  - Christentum als Fundament **186** 1
  - Deutscher Bund **186** 6 ff.
  - Erste Republik **186** 53 ff.
  - Februarpatent 1861 **186** 28
  - Gesetz zum Schutz der persönlichen Freiheit **186** 29
    siehe auch Freiheit der Person
  - Grundrechtskataloge des 18. Jahrhunderts **186** 2
  - kontinuierliche Grundrechtsentwicklung **186** 94
  - Kremsierer Verfassungsentwurf **186** 18 ff.
    siehe auch Kremsierer Reichstag
  - landständische Verfassungen **186** 7
  - Märzrevolution 1848 **186** 11 f.
    siehe auch dort
  - Märzverfassung 1849 **186** 22 ff.
    siehe auch dort
  - naturrechtliche Kodifikationsansätze **186** 3
  - NS-Zeit **186** 60
  - Oktoberdiplom 1860 **186** 27

Sachregister

- Pillersdorffsche Verfassung
  186 13 ff. *siehe auch dort*
- Rezeption des StGG **186** 45
- Sistierungsepoche 1865 bis 1867
  186 30
- Sylvesterpatente **186** 26
- „Verfassung 1934" **186** 59
- Zeit von 1852 bis 1867 **186** 25 ff.
- Gesetzesvorbehalt
  - Grundrechte ohne
    Gesetzesvorbehalt **201** 14 f.
  - materieller Gesetzesvorbehalt **201** 13
- Gliederung der ~
  - nach Bindungswirkung **187** 16
  - nach Gewährleistungszweck **187** 17
  - nach thematischer Verwandtschaft
    187 18
- Grundrechtsbindung und Privatwirtschaftsverwaltung **201** 50
- Grundrechtsgefährdung **200** 109 ff.
- grundrechtskonforme Auslegung
  187 41
- Grundrechtsmündigkeit und Religionsfreiheit **193** 22 f.
  siehe auch Grundrechtsmündigkeit
- Grundrechtsquellen **187** 9
- Interdependenz **201** 19
- Internationalisierung der ~
  - EMRK **186** 71 f.
  - Europäische Sozialcharta **186** 73 f.
  - Minderheitenschutz nach Erstem Weltkrieg **186** 66 ff.
  - Staatsvertrag von Wien **186** 70
  - Vereinte Nationen **186** 69
- liberale ~ **187** 12, **199** 68
- Naturrecht, ~ und **186** 1, 3
- objektiv-rechtlicher Gehalt **188** 1
- originäre Teilhaberechte, ~ als **199** 73
- österreichische und europäische ~
  - allgemeine primärrechtliche Rechtsgrundsätze **186** 82
  - Anwendungsvorrang **187** 8
  - Bedeutung gemeinschaftsrechtlicher Grundrechtsnormen **187** 6
  - EU als Grundrechtsverbund **186** 81
  - Gemeinschaftsgrundrechte **186** 83
  - Grundrechte-Charta **186** 84
- politische ~
  - Grundrechte aktiver Zivität **198** 1 ff.
  - Wahl- und Stimmrecht **198** 2
- Rangverhältnis innerhalb der ~

- Gleichheitssatz **187** 22
- Höherrangigkeit der verfassungsrechtlichen Grundordnung **187** 20
- Ranggleichheit **187** 19
- unterschiedliche Beschränkbarkeit
  187 21
- Reform der ~
  siehe Grundrechtsreform
- Reichsgericht, ~ und **186** 41 ff.
  siehe auch Grundrechtsbeschwerde
- Schranken von ~n
  siehe Grundrechtsschranken
- Schutz von ~n *siehe* Grundrechtsschutz
- Schutzbereich *siehe dort*
- Sozialbezogenheit des Menschen **197** 1
- soziale Gehalte in ~n **199** 20 ff.
  siehe auch Grundrechte, soziale
- Staatsbürgervorbehalt, ~ und **198** 1
- status activus, ~ und **187** 13, 54, **198** 1
- status negativus **199** 2, 68
- status positivus **187** 14, **199** 2, 68
- subjektive Rechte, ~ als **187** 2, **199** 3
- Verletzung von ~en
  siehe Grundrechtsverletzung
- Weiterentwicklung einzelner ~ **186** 64
- wirtschaftliche ~
  - Berufsfreiheit **196** 6 ff.
    siehe auch dort
  - Eigentum **196** 21 ff. *siehe auch dort*
  - Erwerbsfreiheit **196** 51 ff.
    siehe auch dort
  - Konstituanten der
    Wirtschaftsordnung **196** 69
  - Rechtsquellen **196** 1
  - Regelungskomplexe **196** 2

Grundrechte, negative
siehe auch Einrichtungsgarantien
- Arten negativer Grundrechte **187** 53
- exekutive Schuldhaft **188** 18
- Folterverbot **188** 17
- Grundherrschaft **188** 19
- negative Kultusfreiheit **193** 31
- negative Vereinsfreiheit **197** 12
- Schutzwirkung negativer Einrichtungsgarantien **188** 15
- Verbot der Todesstrafe **188** 16
- Verbot von Sklaverei **188** 20
- Zensurverbot **188** 21

Grundrechte, soziale
- Ausgestaltungsvorbehalt, ~ mit **199** 84, 110

Sachregister

- Einklagbarkeit **199** 106, 109
- Europäische Grundrechte-Charta **199** 64 ff. *siehe auch dort*
- Fehlen verfassungsgesetzlicher Absicherung **199** 4, 12, 68 ff.
- Gefahr originärer Teilhaberechte **199** 73
- Gemeinschaftsrecht
  - Gemeinschaftscharta der sozialen Grundrechte der Arbeitnehmer **199** 50 ff.
- Geschichte
  - Erste Republik **199** 6
  - Monarchie **199** 5
  - Zweite Republik **199** 7
- Gleichheitssatz, ~ und **192** 2, **199** 29 *siehe auch* Gleichheitssatz, allgemeiner
- Grenzen **199** 75
- Grundrechtsreform, ~ und
  - Gestaltungsmöglichkeiten **199** 108 f.
  - Gremien und Entwürfe **199** 95 ff.
  - Katalog sozialer Grundrechte **199** 107
- Leistungsfähigkeit des Staates, ~ und **199** 105
- liberale Freiheitsrechte, ~ und **199** 68
- Österreich-Konvent **186** 90, **187** 14 *siehe auch dort*
- Recht auf Arbeit **199** 99
- Recht auf soziale Sicherheit **199** 97
- Recht auf Sozialhilfe **199** 98
- Schweizerische Bundesverfassung **199** 7
- soziale Garantien in Grundrechten mit Ausgestaltungsvorbehalt **199** 82 ff.
- soziale Garantien in Landesverfassungen **199** 13
- soziale Gehalte in ~n
  - Berufsfreiheit **199** 21
  - Bildung **199** 24
  - Eigentumsgarantie **199** 22
  - Gleichheitssatz **199** 28
  - Koalitionsfreiheit **199** 23
  - Kultur und Ausbildung **199** 26
  - Privatleben und Wohnung **199** 25
  - Versorgung **199** 28
- status positivus **187** 14, **199** 3
- Teilhaberechte, ~ als **187** 54
- verfassungsrechtliche Verankerung sozialer Garantien
  - Expertenkollegium für Grundrechtsreform **199** 95
  - Gestaltungsmöglichkeiten **199** 79 ff., 108 f. *siehe auch* Sozialstaat
  - politische Grundrechtskommission **199** 96 ff.

Grundrechtsadressaten
- Glaubens- und Gewissensfreiheit **193** 21 *siehe auch dort*

Grundrechtsberechtigung
- Ausländer
  - Achtung des Familienlebens **198** 20
  - Diskriminierungsverbot **198** 13
  - Eigentumsgarantie **198** 28
  - Freizügigkeit **198** 18 f.
  - Wahlrecht **198** 1 ff.
  - wirtschaftliche Betätigung **198** 22 ff.
- besonderes Gewaltverhältnis **187** 23
- Geburt als Beginn der Grundrechtssubjektivität **187** 24
- Grundrechtsmündigkeit **187** 25 *siehe auch dort*
- juristische Personen
  - des öffentlichen Rechts **187** 30 f.
  - Eigentumsgarantie **198** 28
  - Gleichbehandlung im Bundesstaat **187** 32
  - Hausrecht **190** 77, 79
  - Rechtsprechung des Verfassungsgerichtshofs **187** 29
  - schutzbereichsspezifische Differenzierung **187** 28, **190** 10
- Prozeßfähigkeit **187** 26
- Staatsbürgerrechte **187** 27

Grundrechtsbeschränkungen
- Grundrechte mit Gesetzesvorbehalt *siehe auch* Gesetzesvorbehalt
  - Ausgestaltungsvorbehalte **187** 75 ff.
  - Bedeutung für Freiheitsrechte **187** 64
  - Eingriffsvorbehalte **187** 71
  - Gestaltungsspielraum der Legislative **187** 72
  - Grob- und Feinprüfung von Bescheiden **187** 74
  - Schrankenschranken **187** 73
- vorbehaltlos gewährleistete Grundrechte
  - absolute Gewährleistungen **187** 66
  - Freizügigkeit **198** 17
  - Grundrechte mit immanenten Schranken **187** 68
  - Verbot intentionaler Eingriffe **187** 69, **198** 24
  - Wissenschafts- und Kunstfreiheit **187** 68

Grundrechtsbeschwerde **201** 28 ff. *siehe auch* Bescheidbeschwerde
- Anforderungen der EMRK **200** 102 ff.

Sachregister

- Beschwerdebefugnis von Ausländern **198** 10, 26
- Grundrechtsbeschwerde-Gesetz **201** 46
- Reichsgericht und Verfassungsgerichtshof **186** 57
- Reichsgericht, ~ beim
  - Grundrechte als subjektive Rechte **186** 44
  - Interpretation der Grundrechte **186** 43
  - Kompetenzen des Reichsgerichts **186** 41
  - Verletzung politischer Rechte **186** 42
- strafgerichtlichen Entscheidungen, ~ bei **187** 42, **191** 31

Grundrechtsbindung
- Art und Umfang **187** 49 ff.
- Bindung aller Staatsfunktionen **187** 33
- Gesetzgebung, ~ der
  - Geschichte **187** 34
  - Gesetzesvorbehalte und Verhältnismäßigkeit **187** 36
  - Normenkontrolle durch Verfassungsgerichtshof **187** 35
- Judikative, ~ der
  - Fehlen fachgerichtlicher Normenkontrolle **187** 40
  - Grundrechtsbeschwerde gegen strafgerichtliche Entscheidung **187** 42
  - grundrechtskonforme Auslegung **187** 41
  - umfassende Bindung **187** 39
- Private **187** 43 ff.
  siehe auch Drittwirkung
- Verwaltung, ~ der
  - Bescheidbeschwerde zum Verfassungsgerichtshof **187** 37
  - Bindung des Verordnungsgebers **187** 38

Grundrechtsdogmatik
- Gliederung von Grundrechten **187** 16
- Status-Lehre **187** 12 ff.
  siehe auch Grundrechte

Grundrechtseingriff
- Abwehrfunktion von Freiheitsrechten **187** 81
- Anforderungen an gesetzliche Eingriffsgrundlagen
  - Anwendung von Art. 8 Abs. 2 EMRK **187** 92
  - Bestimmtheit von Gesetzen **187** 91
  - formellgesetzliche Grundlage **187** 90
- Eingriffsintensität **187** 88
- Einwilligung, ~ und **187** 86
- informelles Verwaltungshandeln **187** 83

- öffentliches Interesse
  - als allgemeines Eingriffsziel **187** 95
  - Schutz der Allgemeinheit **187** 93
  - weiter Rahmen **187** 94
- privatrechtliche Sanktionen **187** 87
- Rechtfertigung von ~en
  - Proportionalität von Ziel und Eingriff **187** 96
- Reflexwirkungen **187** 89
- Schrankenschranken, ~ und **187** 82
- staatlicher Zwang, ~ als **187** 84
- verfahrensrechtliche Bescheide, ~ und **187** 85
- Verhältnismäßigkeit
  - als Schrankenschranke **187** 97
  - Angemessenheit **187** 102 ff.
  - Eignung **187** 98 f. *siehe auch* Verhältnismäßigkeitsgrundsatz
  - Erforderlichkeit **187** 100 f.

Grundrechtsmündigkeit
- Religionsfreiheit, ~ und **193** 22 f.
- Urteilsfähigkeit und Geschäftsfähigkeit **187** 25

Grundrechtsreform
- Expertenkollegium **186** 86, **199** 95
- Österreich-Konvent **186** 89 ff., **199** 101 ff. *siehe auch dort*
- politische Grundrechtskommission **186** 88, **199** 96 ff.
- Redaktionskomitee **186** 87
- Reformbedarf **186** 85
- Staatsreform-Kommission **186** 93, **199** 104 ff.

Grundrechtsschranken
- immanente ~ **201** 15 *siehe auch* Grundrechtsbeschränkungen

Grundrechtsschutz
- außergerichtlicher ~ **201** 62 ff.
- Ebenen des ~es **201** 1
- Entwicklung **201** 26 f.
- Günstigkeitsprinzip **197** 6
- Justizverwaltungsakte **201** 53
- Verfassungsgerichtshof, ~ durch **198** 14

Grundrechtsträgerschaft
siehe Grundrechtsberechtigung

Grundrechtsverletzung
- Fein- und Grobprüfung **197** 8
- Feinprüfung bei Ausgestaltungsvorbehalt **197** 8
- Feinprüfung bei Eingriffsvorbehalt **197** 8

Halbfette Zahl = §§; magere Zahl = RN; unterstrichene Zahl = Hauptfundstelle

- Konstellationen im verfassungsgerichtlichen Verfahren **201** 33
- Rechtsnorm, ~ durch **201** 35 ff.
  siehe auch Normenkontrolle
- Verwaltungsakt, ~ durch **201** 34
  siehe auch Bescheidbeschwerde

Günstigkeitsprinzip
- innerstaatliche und konventionsrechtliche Grundrechte **191** 1
- Vereins- und Versammlungsfreiheit **197** 6

Haft
- Beschränkungen des Briefverkehrs **190** 125
- Eingriff in persönliche Freiheit, ~ als **191** 4
- Haftentschädigung **191** 33 f.
- menschenwürdige ~bedingungen **189** 64
- Rechtsschutz **191** 27
  siehe auch Freiheitsentzug
- Schutz des Familienlebens, ~ und **190** 73 *siehe auch dort*
- Stimmenaufnahmen im ~raum **190** 45
- Zugang zu Kommunikationswegen **190** 127

Haftung 192 59

Handlungspflichten, legislative 188 14
siehe auch Gesetzgeber

Härtefall 192 47

Hauptwohnsitz 190 78

Hausdurchsuchung 190 81 ff.
siehe auch Durchsuchung

Hausrecht
- Eingriff mit richterlichem Befehl **190** 27
- fehlende Drittwirkung **190** 23
- Hausrechtsgesetz **186** 29, **190** 4
  siehe auch dort
- räumlicher Schutzbereich **190** 76
- Reichweite des Art. 8 EMRK, ~ und **190** 80
- Schutz gegen willkürliche Hausdurchsuchungen **190** 81 ff.
  siehe auch Durchsuchung
- Schutzpflichten **190** 20
- umfassender Schutz des ~ s **190** 86
- Unbeachtlichkeit der Nutzungsart **190** 77

Hausrechtsgesetz 190 4, 81 ff.
siehe auch Hausrecht
- Gefahr im Verzug **190** 89

- polizeiliche und finanzielle Aufsicht **190** 92 ff.
- Verweisung **190** 95

HIV-Infektion 190 47
Homogenitätsgebot 198 4, 7
Homosexualität
- Achtung des Familienlebens, ~ und **190** 56
- Ehe, ~ und **192** 69
- Entlassung aus dem öffentlichen Dienst **190** 40
- Verbot homosexueller Handlungen **189** 38, **190** 50

Hörigkeitsverbände, bäuerliche 192 6

Identität
- identitätsbezogene Merkmale und Gleichheitssatz **192** 42
- Identitätsfeststellung **190** 44, **191** 7
- Schutz des Privatlebens, ~ und **190** 36 ff. *siehe auch* Privatleben

Immissionen
- Recht auf Wohnung, ~ und **190** 102
- staatliche Schutzpflicht **190** 53

Informationseingriffe
- Datenschutz, ~ und **190** 139
- Eingriffsarten **190** 44 ff.
  siehe auch Privatleben
- heimliche Datenerhebungen **190** 138
- Verhältnismäßigkeit **190** 47

Inländerdiskriminierung
- Berufsrecht, ~ im **198** 15
- Verbot der ~ **192** 24

Institutsgarantien und institutionelle Garantien 187 61, **188** 2 ff.
siehe auch Einrichtungsgarantie

Internationaler Pakt über wirtschaftliche, soziale und kulturelle Rechte (IPWSKR)
- Berichtsystem **199** 46
- Entstehungsgeschichte **199** 43
- Fehlen subjektiver Rechte **199** 44
- Katalog von Rechten **199** 45
- Umsetzung in nationales Recht **199** 47 f.

Intimsphäre 189 29
siehe auch Privatsphäre
ius reformandi 193 1, 3

Josephinismus 186 3
juristische Personen
- Eigentumsgarantie **196** 24, **198** 28
- Erwerbsfreiheit **196** 52

Sachregister

- Grundrechtsberechtigung **190** 10
  siehe auch dort
- Hausrecht **190** 77, 79
- Strafbarkeit **200** 94
- ~ des öffentlichen Rechts **192** 30
  siehe auch Grundrechtsberechtigung
- ~ des Privatrechts **192** 28 f.
  siehe auch Grundrechtsberechtigung

Justiz
- Recht auf den gesetzlichen Richter **200** 12 ff. *siehe auch* gesetzlicher Richter
- Unabhängigkeit der ~ **200** 12
- Verwaltungsstrafrecht, ~ und **200** 95

Karikaturenstreit **193** 30
Katholische Kirche **194** 25
Kinder
- Entführung durch nichtberechtigten Elternteil **198** 20
- Kindererziehung **193** 23
- Kinderrechte **186** 79

Kollegialbehörden **200** 50
Kollektivausweisung **191** 45, **198** 21
Kommunalwahlen **192** 89, **198** 9
Kommunikationsfreiheit
- Bedeutung der EMRK **195** 2
- Eingriff **195** 19 ff.
- Entwicklung **195** 1 ff.
- Fusionskontrolle **195** 54 ff.
- Handlungsgebot an Gesetzgeber **195** 54
- Medienfreiheit **195** 8 *siehe auch dort*
- Meinungsfreiheit **195** 7 *siehe auch dort*
- Persönlichkeitsschutz, ~ und **195** 27 ff.
- Pressefreiheit **195** 10 ff. *siehe auch dort*
- Rundfunkfreiheit **195** 61 ff.
  siehe auch dort
- Schranken **195** 23 ff.
- Schutzbereich des Art. 10 Abs. 1 EMRK **195** 5 f.
- Zensurverbot **195** 9

Konstitutionalismus **201** 25
Konzessionspflicht
- Vereinigungen, ~ für **197** 10
- Versammlungen, ~ für **197** 15

Kopftuchverbot **193** 39
körperliche Integrität
  siehe Unversehrtheit, körperliche
Körperschaften des öffentlichen Rechts
- Vereinsfreiheit **197** 12

Kremsierer Reichstag (1849) **192** 4
- Grundrechtsfunktionen **186** 21

- normative Grundrechte **186** 19
- religiöse Freiheiten **193** 6
- soziale Grundrechte **199** 5
- Verfassungsberatungen **186** 18, 20

Kultusfreiheit *siehe auch* Religionsfreiheit
- Begriff des Kultus **193** 28
- Beschränkungsmöglichkeiten
  - gute Sitten **193** 37
  - öffentliche Ordnung **193** 36
- besonderes Gewaltverhältnis, ~ und **193** 32
- Formen der Religionsausübung **193** 29
- Gesetzesvorbehalte **193** 34 f.
- Kopftuchverbote **193** 39
- negative ~ **193** 31
- persönlicher Geltungsbereich **193** 27
- Rechtsgrundlagen und Inhalt **193** 26
- staatliche Schutzpflicht **193** 30
- Tierschutz und Schächten **193** 38

Kunstfreiheit
- absolutes Grundrecht, ~ als **194** 51, **195** 3
- dynamischer Kunstbegriff **194** 46
- Geschichte
  - Aufnahme in StGG **194** 41, 44
  - Schutz durch Meinungsfreiheit **194** 43
  - Verfassungsentwürfe vor 1982 **194** 42
- Grundrechtsverletzung durch Vollzugsakte **194** 56
- immanente Gewährleistungsschranken **187** 68 ff.
  - allgemeine Schranken der Rechtsordnung **194** 54 f.
  - intentionale Beschränkungen **194** 53
  - Verhältnismäßigkeit von Beschränkungen **194** 55
- Kommunikationsfreiheit, ~ als Teil der **194** 50, **195** 5
- Kunstförderung **194** 60 f.
- Lehre der Kunst **194** 49
- objektivierbare Tatbestandsmerkmale **194** 47
- offener Kunstbegriff **194** 45
- Persönlichkeitsrecht und ~ **194** 57 ff.
  siehe auch Drittwirkung (Grundrechte)
- Werk- und Wirkbereich **194** 48

Kurtaxe **191** 38 *siehe auch dort*

Landesverfassungen
- soziale Garantien in ~ **199** 13
- Sozialstaatsklausel in ~ **199** 9
- Verfassungsautonomie der Länder **187** 11

Lastenadäquanz **192** 119 f.
Leben *siehe auch* EMRK
- Festnahme und Tötung **189** 18
- legislativer Gestaltungsspielraum **189** 13
- Nothilfe staatlicher Organe **189** 16
- persönlicher Schutzbereich **189** 6 ff.
- pränataler Lebensschutz **187** 56, **189** 7
- sachlicher Schutzbereich **189** 9 ff.
- Schrankenvorbehalt **189** 20
- Schutzrichtung **189** 12
- Tötung und Verhältnismäßigkeit **189** 9
- Verbot von Abstufungen **189** 6
- Verhältnis von Art. 8 und Art. 2 EMRK **189** 51
- Vollstreckung der Todesstrafe **189** 14
- Wortlaut Art. 2 EMRK **189** 1

Lebensgefährdung
- Schutz von Vermögensgütern, ~ zum **189** 17, 24
- Schutzbereich des Art. 2 EMRK **189** 9, 50
- sozial adäquates Restrisiko **189** 11
- Verhältnis von Art. 8 Abs. 2 und Art. 2 EMRK **189** 51

Legalitätsprinzip **200** 89
Lernfreiheit **194** 24
Liegenschaftserwerbsfreiheit **186** 9
Liegenschaftsverkehrsfreiheit
- Bedeutung **196** 15
- eigentumsrechtlicher Gesetzesvorbehalt **196** 18
- Eingriffsgrenzen **196** 20
- Gleichheitsverbürgung, ~ als **196** 17
- immanenter Schrankenvorbehalt **196** 16
- Rechtsprechung des Verfassungsgerichtshofs **196** 19

Maigesetze (1868 und 1874) **193** 8
Märzrevolution (1848)
- Beginn der Grundrechtsentwicklung **186** 11
- Ständischer Zentralausschuß **186** 12

Märzverfassung (1849)
- Bedeutung für StGG **186** 34
- Gleichheitsgarantie, ~ und **192** 5 f.
- Kaiser Franz Joseph I. **186** 22
- oktroyierte ~ **186** 23
- rechtsstaatliche Verfassung **186** 24
- religiöse Freiheiten **193** 7
- Wissenschaftsfreiheit **194** 1

Medienfreiheit *siehe auch* Pressefreiheit, Rundfunkfreiheit

- Fusionskontrolle **195** 55 ff.
- politische Meinung, ~ und **195** 50
- Teil der Meinungsfreiheit, ~ als **195** 8 f.
- unternehmensinterner Mitarbeiterschutz **195** 49

Mehrparteiendemokratie **197** 26
Meinungsfreiheit *siehe auch* Kommunikationsfreiheit, Pressefreiheit
- Arbeitsverhältnis, ~ im **195** 51 f.
- Eingriff
  - enger Eingriffsbegriff **195** 19
  - Rechtsprechung der ordentlichen Gerichte **195** 22
  - Streitigkeiten zwischen Privaten **195** 20
  - weiter Eingriffsbegriff **195** 21
- Kommunikationsfreiheit, ~ als **195** 7
- Medienfreiheit **195** 8 f., 49 f.
  siehe auch dort
- öffentliche Sicherheit und Ordnung, ~ und
  - Aufrufe zu Gewalt **195** 37
  - „hatred speech" **195** 38
  - Straßennutzung **195** 40
  - Verbreitungsbeschränkungen in öffentlichen Räumen **195** 41
- Persönlichkeitsschutz, ~ und
  - Bildberichterstattung **195** 36
  - Ehrenschutz **195** 28
  - Schadensersatz- und Unterlassungsanspruch **195** 29
  - Schutz des wirtschaftlichen Rufs **195** 30
  - Spannungsverhältnis **195** 27, 31
  - Tatsachenbehauptung und Werturteil **195** 33 ff.
  - Vorgaben des EGMR **195** 32
- Pressefreiheit **195** 10 ff. *siehe auch dort*
- Schranken
  - dreifache Eingriffsschranke **195** 26
  - formeller Gesetzesvorbehalt in Art. 13 StGG **195** 1, 23
  - materieller Gesetzesvorbehalt in Art. 10 EMRK **195** 25
  - Verbot der Vorzensur **195** 24
  siehe auch Zensur
- Schutzbereich des Art. 10 Abs. 1 EMRK **195** 5 f.
- Schutzbereich des Art. 13 Abs. 1 StGG **195** 4
- Unabhängigkeit der Rechtsprechung, ~ und **195** 42 ff.

Sachregister

- Werbung, ~ und **195** 46
- Wettbewerbsrecht, ~ und **195** 47f.
- Zensurverbot **195** 9 *siehe auch* Zensur

Menschenrechte
- Allgemeine Erklärung der ~ **186** 69
- Bürgerrechte, ~ und **187** 3, **198** 11
- Menschenrechtsbeirat **200** 112, **201** 2, 66ff.

Menschenwürde
- Absicherung durch verschiedene Grundrechte **189** 80
- Achtungsanspruch der Person **189** 78
- benachbarte Rechtsordnungen **189** 66
- Bundesverfassung, ~ und **189** 54
- Diskriminierungsschutz, ~ und **189** 65
- Diskriminierungsverbot
  - allgemeiner Gleichheitssatz **189** 69
  - Art. 14 EMRK **189** 68
- einfaches Recht
  - Grundrechtskatalog und § 16 ABGB **189** 73f.
  - Normtext § 16 ABGB **189** 71
  - Persönlichkeitsrechte in § 16 ABGB **189** 72
  - Vorschrift des § 5a KAKuG **189** 77
  - Vorschrift des § 96 Abs. 1 Ziff. 3 ArbVG **189** 75f.
- Fehlen ausdrücklicher Gewährleistung **189** 53
- Gewährleistung aus Art. 3 EMRK **189** 55
- Gewährleistung aus Art. 8 EMRK **189** 67
- Gewährleistung aus PersFrG **189** 57ff. *siehe auch* Bundesverfassungsgesetz zum Schutz der persönlichen Freiheit
- Gewährleistung aus Präambel zur EMRK **189** 56
- normative Garantie **189** 62
- Persönlichkeitsrechte, ~ und **189** 72ff.
- umfassender Schutz **189** 79
- verfassungsrechtliche Verankerung **189** 52
- würdevolles Sterben **189** 77

Militärbefugnisgesetz **201** 81

Minderheitenschutz
- Ausgestaltung **188** 44
- autochtone Volksgruppen **186** 64, **188** 43
- Einschränkung der Vereinsfreiheit, ~ durch **197** 14
- Einschränkung der Versammlungsfreiheit, ~ durch **197** 5
- Internationalisierung der Grundrechte, ~ und **186** 66
- Schutz des Lebensstils **190** 104
- Staatsvertrag von St. Germain en Laye **189** 2
- Staatszielbestimmung, ~ als **188** 45
- verfassungsrechtliche Wertentscheidung, ~ als **188** 44
- Völkerbund **186** 67

Minderjährige **191** 21

Mißstandskontrolle **201** 63f.

Monarchie
- Abschaffung der ~ **192** 8
- Zensur in der ~ **195** 2

Nachrichtendienst **201** 81
Nachtarbeitsverbot **192** 101
Namenszusatz **192** 108

Nationalrat
- Petitionen, ~ und **200** 5 *siehe auch* Petitionsrecht
- Wahlberechtigte nach § 26 B-VG i.d.F. von 1929 **198** 5
- Zweidrittel-Mehrheit bei Verfassungsgesetzen **201** 5

Nationalsozialismus
- Fehlen von Grundrechten im NS-Staat **186** 60
- nationalsozialistische Organisationen **197** 14
- nationalsozialistische Partei **197** 5
- nationalsozialistische Wiederbetätigung
  - „hatred speech" **195** 38
  - Parteigründung, ~ und **197** 23, 25
  - Prognoseentscheidung **197** 25
  - Versagung eines Reisepasses **191** 42
  - Wahlvorschlag **192** 89
- wehrhafte Demokratie **186** 62

Naturrechtslehre
- Bedeutung für Grundrechte **186** 1
- naturrechtliche Kodifikationsansätze **186** 3

Nebenwohnsitz **190** 78
nemo tenetur-Grundsatz **200** 80f.
Niederlassungsfreiheit **191** 39

Normenkontrolle
- abstrakte ~ **201** 37
- Ausländer und ~ **198** 10

Sachregister

- Bindung des Gesetzgebers an Grundrechte **199** 3
- Entscheidungsausspruch **201** 43
- Fehlen fachgerichtlicher Normenkontrolle **187** 40
- gesetzgeberisches Unterlassen **199** 111
- Grundrechtsbeschwerde und ~ **201** 35
- Individualantrag **201** 39
- konkrete ~ **201** 38
- Verfassungsgerichtshof und ~ **186** 58

Nothilfe und Notwehr
- Notwehrrecht Privater **189** 22, 24
- Schutz von Vermögensgütern, ~ zum **189** 24
- staatlicher Organe **189** 16

nulla poena-Grundsatz 200 89

Oberster Gerichtshof
- Grundrechtsbeschwerde und Beweiswürdigung **201** 47
- Grundrechtsschutz im Instanzenzug **201** 45
- Prüfung von Eingriffen in die persönliche Freiheit **191** 24, **201** 46
- Wahrung der Prozeßgrundrechte **201** 48

öffentlicher Dienst *siehe auch* Beamte
- Ausübung politischer Rechte, ~ und **192** 94
- Besoldung und Dienstpflichten **192** 39, 75
- Bewerbung für öffentliche Ämter **192** 91 ff.
- Dienstrecht und Arbeitsrecht **192** 51, 74

Oktoberdiplom (1860) 186 27

ordentliche Gerichtsbarkeit
- Akte der Justizverwaltung **201** 53
- Grundrechtsschutz durch ~ **201** 26, 45 ff.
- Strafrecht **201** 46 ff.
- Zivilprozess **201** 49

Österreich
- Dezemberverfassung 1867 **186** 31
- Erste Republik
  - Bundesverfassung 1920 **186** 53 ff.
  - religiöse Freiheiten **193** 9
  - soziale Grundrechte **199** 6
- konstitutionelle Monarchie **186** 31 ff.
- Kremsierer Reichstag *siehe dort*
- Märzrevolution 1848 **186** 11 f.
- Märzverfassung 1849 **186** 22 ff.
- Oktoberdiplom 1860 **186** 27
- Österreich-Konvent *siehe dort*
- Pillersdorffsche Verfassung *siehe dort*

- Sistierungsepoche (1865 – 1867) **186** 30
- Staatsvertrag von Wien **186** 70
- Sylvesterpatente 1851 **186** 26
- Zweite Republik
  - NS-Verbot **186** 62
  - religiöse Freiheiten **193** 11
  - soziale Grundrechte **199** 7
  - Verfassung der Ersten Republik **186** 63
  - Vorläufige Verfassung 1945 **186** 61

Österreich-Konvent 186 89 ff., **187** 14, **199** 101 ff. *siehe auch* Grundrechtsreform

Parteien, politische
- Chancengleichheit, ~ und **197** 26
- Geschichte **197** 22
- Organisations- und Programmfreiheit **197** 25
- Parteigründung **197** 23 f.
- Rechtsfähigkeit **197** 22 f.
- Träger von Regierungsgewalt, ~ als **197** 22

Parteistellung
- Bewerber für öffentliche Ämter **192** 92 f. *siehe auch* Verwaltungsverfahrensgemeinschaft
- Sachlichkeitsgebot, ~ und **192** 73

Patientenrechte 189 77
Personendurchsuchung 191 6
persönliche Freiheit
siehe Freiheit der Person

Persönlichkeit
- Drittwirkung der Grundrechte und ~sschutz **187** 47
- Persönlichkeitsrecht nach § 16 ABGB **189** 72 ff.
- Schutz der ~
  - Kunstfreiheit **194** 57 ff.
  - Meinungsfreiheit **195** 27 ff.
  - Menschenwürde **189** 75

Petitionsrecht
- älteste Verfahrensgarantie **200** 1
- Anhörung von Verbänden **200** 6
- Jedermann-Recht **200** 2
- Sturmpetitionen **200** 3
- Volksanwaltschaft **200** 4 f.

Pillersdorffsche Verfassung (1848) 192 3
- Einfluß Belgischer Verfassung von 1831 **186** 15
- Entstehung **186** 13 f.
- Glaubens- und Gewissensfreiheit **193** 5

Sachregister

- staatsbürgerliche und politische Rechte **186** 14
- **politische Rechte** *siehe* Rechte, politische
- **Polizei**
  - Aufsicht durch die ~ **190** 93
  - Nothilfe durch die ~ **189** 12
- **Pressefreiheit** *siehe auch* Meinungsfreiheit
  - Auseinandersetzungen zwischen Medien **195** 18
  - Begriff der Presse **195** 10
  - Ehrenschutz und ~ **195** 28 f.
  - Eingriff **195** 19 ff.
  - Fusionskontrolle für Medienunternehmen **195** 57
  - geistige Auseinandersetzung **195** 14
  - journalistische Bildberichterstattung **195** 36
  - Kritik an Politikern und Privatpersonen **195** 13, 16
  - Medienkonzentration und staatliche Gewährleistungen **195** 55 ff.
  - Meinungsfreiheit, ~ und **195** 15
  - Presseunternehmerfreiheit **195** 11
  - Sammlung und Verbreitung von Informationen **195** 12
  - Schranken **195** 23 ff.
  - Schutz des Redaktionsgeheimnisses **195** 60
  - Zensurbeschluß **186** 46
  - Zugangsrechte für Journalisten **195** 17
- **Privatautonomie 196** 22
- **Privatleben** *siehe auch* Privatsphäre
  - aufenthaltsbeendende Maßnahmen **190** 52
  - Definitionsansätze **190** 35 ff.
  - fehlende Auffangeigenschaft des Grundrechts **190** 39
  - Identität **190** 36, 40
  - individueller Lebensstil **190** 41
  - Informationseingriffe
    - Eingriffsarten **190** 44 ff.
    - Einzelfälle **190** 48
    - Verhältnismäßigkeit **190** 47
  - körperliche Integrität **190** 42
  - Öffentlichkeitsbezug **190** 30, 33
  - psychische Integrität **190** 43
  - Recht auf Interaktion **190** 40, 49
  - Recht auf „privacy" **190** 37
  - sachlicher Schutzbereich **190** 28 f.
  - Schutz gegen unnötige staatliche Kenntnisnahme **190** 34
  - Schutz vor Immissionen **190** 53
  - Schutz vor sexuellen Übergriffen **190** 53
  - Schutzpflichten **190** 53
- Sexualität und Öffentlichkeit **190** 50
- Sphären des ~s **190** 32
- Zensur und Überwachungsmaßnahmen **190** 51
- **Privatschule**
  - Aufnahmekriterien **194** 29
  - Finanzierung **194** 30
  - Öffentlichkeitsrecht **194** 28
- **Privatsphäre 189** 28 ff., **190** 1 ff.
  siehe auch Privatleben
  - abwehrrechtliche Dimension **190** 11 ff.
  - Anforderungen an Eingriffe **190** 25 ff.
  - Anrufung des EGMR **201** 52
  - Briefgeheimnis, ~ und **190** 18
    siehe auch dort
  - Drittwirkung grundrechtlicher Bestimmungen **190** 21
  - Eingriff durch abstrakte Maßnahmen **190** 13
  - Fernmeldegeheimnis, ~ und **190** 19
    siehe auch dort
  - Gewährleistung nach Art. 8 EMRK **190** 6 *siehe auch* EMRK
  - grundrechtliche Verbürgungen **190** 3
  - Grundrechtsträgerschaft juristischer Personen **190** 10
  - Minderjährige als Grundrechtsträger **190** 9
  - Rechtsformunabhängigkeit des Eingriffs **190** 14
  - Schutz des Hausrechts **190** 75 ff.
    siehe auch Hausrecht
  - Schutz des Privatlebens **190** 28 ff.
    siehe auch Privatleben
  - Schutzpflichten **190** 15 ff.
  - soziale und technische Entwicklungen **190** 2
  - Voraussetzung der Persönlichkeitsentfaltung, ~ als **190** 1
- **Produktionsfaktoren**
  - Arbeit **196** 4 ff.
    siehe auch Berufsfreiheit
  - Grund und Boden **196** 15 ff.
    siehe auch Liegenschaftsverkehrsfreiheit
  - Grundrechte und Einsatz von ~ **196** 1 ff.
  - Kapital **196** 12 ff. *siehe auch* Vermögen
- **Prognoseentscheidung**
  - nationalsozialistische Wiederbetätigung **197** 25
  - Versammlungsrecht **197** 18

Sachregister

Prostitution 190 50
Protestanten 193 3f.
Prozeßfähigkeit 187 26
Prozeßkostenhilfe 200 42

Quotenregelung 192 105

Rechte, politische
– Gleichheitssatz, ~ und   192 42
– öffentlich Bedienstete und ~   192 94f.
Rechtsanwalt
– contempt of court   195 42f.
– Rechtsanwaltskammer, Kritik an   195 44
– Werbung   195 45
Rechtsfortbildung 201 23
Rechtsschutz
 siehe auch Rechtsstaatsprinzip
– außergerichtlicher „kommissarischer" ~   201 82
– faktische Effizienz   200 9
– Gemeinschaftsrecht, ~ im   200 11
– Lückenlosigkeit des ~es   200 7ff.
– Rechtsschutzbeauftragter   siehe dort
– Rechtsweggarantie   200 10
Rechtsschutzbeauftragter
– Allgemeines   200 110
– Aufgaben nach
 Strafprozeßreformgesetz   201 72
– Befugnisse im Rahmen des Kontrollauftrags   201 73
– Berichtspflicht   201 75
– Funktionen   201 69
– Militärbefugnisgesetz, ~ nach dem
 201 81
– Organe begleitender Kontrolle   200 111
– rechtspolitische Zielsetzung   201 70
– Sicherheitspolizeigesetz, ~ nach dem
 201 77ff.
– Strafprozeßordnung   201 71
– Unabhängigkeit und Weisungsfreiheit
 201 76, 80
Rechtsstaatsprinzip
 siehe auch Verfahrensgrundsätze
– Anhörungsrechte   200 61
– Anwesenheit in gerichtlichen
 Verfahren   200 59ff.
– Begründungspflicht von
 Entscheidungen   200 53
– Benachteiligungsverbot   200 58
– Beweismittel und -verfahren   200 54,
 57, 62

– Effizienz des Rechtsschutzes   200 9
– faires und zügiges Verfahren   200 40,
 51ff.
– fehlerhafte Staatsakte   200 8
– kontradiktorisches Verfahren   200 56
– materielle Gewaltentrennung   200 34
– Mündlichkeitsprinzip   200 64, 67
– Öffentlichkeitgrundsatz   200 63, 65, 68f.
– Prozeßkostenhilfe   200 42
– Rechtsweggarantie   200 7ff., 10
– Strafrecht   siehe auch dort
 – Entschädigung bei Fehlurteilen
   200 100
 – Legalitätsprinzip   200 89
 – „ne bis in idem"   200 95ff.
 – Rechtsmittelinstanz   200 99
 – Rückwirkungsverbot   200 90ff.
 – Unschuldsvermutung   200 73ff.
   siehe auch dort
 – verfahrensrechtliche
   Mindestgarantien   200 82ff.
   siehe auch Strafprozeß
– Tribunal i.S.d. Art. 6 EMRK   200 35
 siehe auch Tribunal
– Verfahrensdauer   200 70ff., 107
– Zivil- und Strafrecht i.S.d. Art. 6
 EMRK   200 32, 37f.
– Zugang zu Gericht   200 33
Rechtsweg
– Erschöpfung des ~s   201 86
– Verletzung gemeinschaftsrechtlich
 verbürgter Rechte   198 14
Referendum, fakultatives 201 7
Regionalförderung 192 56
Reichsgericht
– Grundrechtsbeschwerde   186 41ff.
 siehe auch dort
– Grundrechtsschutz durch ~   201 26
– Verletzung politischer Rechte   186 42
Reisepaß
– Versagung und Auswanderungsfreiheit
 191 42
Religionsfreiheit   siehe auch Glaubens-
 und Gewissensfreiheit, Kultusfreiheit
– Augsburger Religionsfrieden   193 1
– B-VG und Staatsvertrag von St. Germain
 en Laye   193 9
– Gegenreformation   193 3
– Grundrechtsmündigkeit   187 25
 siehe auch dort
– Katholiken und Akatholiken   193 4

Sachregister

- Kremsierer Verfassungsentwurf **193** 6
- Märzverfassung **193** 7
- Pillersdorffsche Verfassung **193** 5
- Staatsvertrag von St. Germain en Laye **193** 9
- StGG, ~ im **193** 8
- Westfälischer Friede **193** 2
- Zweite Republik **193** 11

Religionsgemeinschaft
- anerkannte ~en **192** 43
    - Anerkennung durch Verordnung **193** 53
    - Außenverhältnis **193** 57
    - Bewährungszeiten für Anerkennung **193** 51
    - gesetzliche Anerkennung **193** 8, 49
    - Mindestanzahl an Mitgliedern **193** 52
    - Schutzpflicht des Staates **193** 56
    - Selbstverwaltungsrecht **193** 55
    - Statusverleihung **193** 54
    - Voraussetzung nach Anerkennungsgesetz **193** 50
    - Vorrechte anerkannter Religionsgesellschaften **193** 48, 58
- Bekenntnisgemeinschaften **193** 12, 59 ff.
- korporatives Selbstbestimmungsrecht **193** 46
- nicht anerkannte ~en und öffentliche Religionsausübung **193** 9, 27
- Religionsunterricht in Schulen **194** 32
    siehe auch Religionsunterricht
- staatliche Neutralität gegenüber ~en **193** 46 f.
- Vereinsgesetz, ~ und **193** 62

Religionsunterricht
- Entwicklung des Rechts auf Erteilung von ~ **194** 25
- gemeinsame Angelegenheit von Staat und Kirchen, ~ als **194** 32

Richter, gesetzlicher
- Arrogation von Entscheidungsmacht **200** 14
- Entwicklung des Grundrechts **200** 12
- extensive Auslegung **200** 13
- Gesetzeswidrigkeit von Entscheidungen **200** 19
- Gesetzgebung **200** 25 f.
- Gesetzlosigkeit von Entscheidungen **200** 20
- Instanzenzüge **200** 27
- Jedermann-Recht **200** 28
- Kollegialbehörden **200** 15, 17
- subjektive Rechte **200** 29 f.
- Unabhängige Verwaltungssenate **200** 18
- unklare Behördenzuständigkeit **200** 26
- Verfahrensfehler **200** 16, 21
- Verweigerung der Sachentscheidung **200** 23
- Vorlagepflichtverletzung **200** 24
- Willkürverbot, ~ und **200** 20
- Zuständigkeitsverstöße **200** 22

richterlicher Befehl
siehe Befehl, richterlicher

Richtlinienbeschwerde **201** 58
Risikengemeinschaft **192** 63
Rückwirkung
- Gesetze(n), ~ von **192** 65
- strafrechtliches ~sverbot **200** 90
- Vertrauensschutz, ~ und **199** 31 f.

Rundfunkfreiheit
- Begriff des Rundfunks **195** 64
- bundesverfassungsgesetzliche Absicherung **195** 61
- gesetzgeberischer Auftrag **195** 62
- individualrechtliche Komponente **195** 65
- Unabhängigkeit des Rundfunks **195** 63
- Werbeeinnahmen **195** 59

Sachlichkeitsgebot
- Ausfluß des Gleichheitssatzes, ~ als **192** 36, **199** 72 *siehe auch* Gleichheitssatz, allgemeiner
- einzelne Ausprägungen **192** 39
- Finanzausgleich, ~ und **192** 120
- Rechtfertigung von Ungleichbehandlungen **198** 15
- Schutz kollektiver Interessen durch ~ **192** 40
- Sozialrecht, ~ im **192** 77 ff.
- Sozialversicherungsrecht, ~ im **192** 63
- Steuerrecht, ~ im **192** 60 ff.
- Strafrecht, ~ im **192** 57 ff.
- Verfahrensordnungen, ~ und **192** 70 ff.
- Verhältnismäßigkeitsgrundsatz, ~ und **187** 104, **198** 38 *siehe auch dort*
- Verschuldenshaftung, ~ und **192** 57

Säkularität **193** 47
Salzburger Länderkonferenz **186** 51
Schächten **193** 38 *siehe auch* Glaubens- und Gewissensfreiheit
Schubhaftbeschwerde **191** 28

Schule
- diskriminierungsfreier Zugang **194** 35
  siehe auch Bildung
- Einrichtungsgarantie, ~ als **194** 36
- Elternrecht, ~ und **188** 41, **194** 38 ff.
  siehe auch Erziehungsrecht, elterliches
- Fehlen eine staatlichen Schulmonopols
  194 27 *siehe auch* Unterrichtsfreiheit
- Kirche, ~ und **194** 25 f.
  siehe auch Unterrichtsfreiheit
- Privat~ **194** 28 ff. *siehe auch dort*
- Religionsunterricht **194** 32
  siehe auch dort
- Schulpflicht und häuslicher Unterricht
  194 31
- Sexualkundeunterricht **194** 40

Schutzbereich, grundrechtlicher
- Briefverkehr **190** 120
- Ehe **188** 26
- Eigentum **196** 22 ff.
- Eingriff, ~ und **187** 83
  siehe auch Grundrechtseingriff
- Fehlen eines Auffanggrundrechts **187** 79
- Freiheit der Person **191** 3 ff.
- Geltungsbereich und ~ **187** 80
- Glaubens- und Gewissensfreiheit
  193 18 *siehe auch dort*
- Kommunikationsfreiheit **195** 5 f.
- Kultusfreiheit **193** 27
- Kunstfreiheit **194** 48
- Lebensschutz **189** 9 ff.
- Meinungsfreiheit **195** 4 ff.
- Pressefreiheit **195** 10
- Reichweite des ~s als Auslegungsfrage
  187 78
- Rundfunkfreiheit **195** 64
- Vereinsfreiheit **197** 11 f.
- Versammlungsfreiheit **197** 16 f.

Schutzpflichten, staatliche
- Abwehrrechte, ~ als **189** 21
- Amtshaftung, ~ und **187** 60
- Briefgeheimnis **190** 127
- Durchsetzbarkeit **187** 59
- EMRK, ~ aufgrund der **187** 56 ff.
- Familienleben **190** 74
- Fernmeldegeheimnis **190** 127
- Folterverbot **189** 45
- körperliche Integrität **189** 33, 39
- Privatsphäre nach Art. 8 EMRK
  190 15 f.
- Privatsphäre nach StGG **190** 17
- Rechtsprechung des EGMR und
  VfGH **187** 57
- Schutz des Lebens **187** 55, **189** 2 f., 12 f.,
  23 *siehe auch* Leben
- Schutz des Privatlebens **190** 53
  siehe auch Privatleben
- Verweigerung von Einreisetiteln **190** 65
- Wohnung
  - Lärm **190** 103
  - Lebensstil von Minderheiten **190** 104

Schweizerische Bundesverfassung (1999)
199 7

Selbstbestimmung **189** 29 ff.
  siehe auch Privatsphäre

Selbstverwaltung, gemeindliche **188** 4,
  46 ff., 48

Sexualität
- Schutzauftrag an den Gesetzgeber
  190 53
- Sexualkundeunterricht **194** 40
- ~ und Öffentlichkeit **190** 50
  siehe auch Privatleben

Sicherheit
- Recht auf ~ **191** 9
- Terrorismus **200** 109

Sicherheitsbehörden
- erweiterte Gefahrenforschung **201** 77
- Rechtsschutzbeauftragter, ~ und
  201 78

Sicherheitspolizeigesetz **201** 77 ff.

Sinti und Roma
- Anspruch auf Unterkunft **190** 104
- Schutz des individuellen Lebensstils
  190 41

Sistierungsepoche (1865 – 1867) **186** 30
Sittenwidrigkeit **201** 50
Sonderopfer **192** 61, **196** 42
Sonderverwaltungsgerichtsbarkeit **197** 8
Sorgerecht **192** 112
Sozialrecht
- europäisches Gemeinschaftsrecht
  199 50 ff.
- Gleichheitssatz, ~ und **192** 77, **199** 29
- Kürzung von Sozialleistungen **192** 78
- Sozialhilfe **192** 77, **199** 98
- umfängliche ~sordnung **199** 114
- Vertrauensschutz im ~ **199** 30 ff.

Sozialstaat
- Arbeitnehmerschutz im ~ **199** 16 ff.
- einfachgesetzlich ausgebauter ~
  199 14 ff.

Sachregister

- Fehlen eines sozialstaatlichen Grundprinzips
  - Bundesverfassung **199** 8
  - Einzelelemente **199** 11
  - Herleitung aus Demokratieprinzip **199** 10
- freiheitlicher ~ **199** 70
- Gewährung gleicher Leistungen **199** 29
- Recht auf soziale Sicherheit **199** 97
- regulierender Wohlfahrtsstaat, ~ als **199** 74
- soziale Grundrechte **199** 4, 68 ff.
  siehe auch Grundrechte, soziale
- sozialrechtliche Ansprüche und Vertrauensschutz **199** 30 ff.
- Sozialstaatsklausel in Landesverfassungen **199** 9
- System sozialer Leistungen **199** 14
- verfassungsrechtliche Verankerung sozialer Garantien
  - als Abwehrrechte **199** 80
  - als Auffangrechte **199** 79
  - als Einrichtungsgarantien **199** 87 f.
  - als Organisationsgarantien **199** 81
  - als Programmsätze **199** 89 ff.
  - als soziale Grundrechte **199** 82 ff., 110
  - als verfassungsunmittelbare Leistungsansprüche **199** 113 f.

Sozialversicherung
- Ansprüche aus der ~ und Eigentumsschutz **196** 23
- Leistungen der ~ **199** 15
- Ordnungssystemjudikatur **192** 51
- Systemgrundsätze **192** 63

Staatsbürger
- allgemeine Rechte der ~ **201** 3
- Auslieferungsverbot **191** 47
- Berechtigte des Gleichheitssatzes, ~ als **192** 18
- Diskriminierungsverbot für EWR-Bürger **192** 26 f.
- Einräumung von ~rechten **198** 12
- gleicher Zugang zu öffentlichen Ämtern **192** 81
- Grundrechtsträger, ~ als **187** 27, **198** 1 ff. *siehe auch* Grundrechtsberechtigung
- Menschenrechte und ~rechte **187** 3
- Recht auf Wiedereinreise **191** 44
- Staatsbürgervorbehalt
  - Ausländerwahlrecht, ~ und **198** 4

- beschränkter gesetzgeberischer Gestaltungsspielraum **198** 12
- Zulässigkeit **198** 1
- Verbot der Ausweisung eigener ~ **191** 45
- Verbot der Entziehung der ~schaft **191** 45
- Wahlrecht als ~recht **192** 89

Staatsgrundgesetz (StGG)
- allgemeine Rechte der Staatsbürger **186** 36, **201** 3
- Ämterzugang **192** 91 ff. *siehe auch dort*
- Bericht des Verfassungsausschusses **186** 33
- Briefgeheimnis **190** 5, 111 ff.
- Dantschersche Systematik **186** 39 f.
- Dezemberverfassung 1867, ~ als Teil der **186** 31 *siehe auch dort*
- Dogmatik **186** 38
- Entstehungsphasen **186** 32
- Entwicklung des Gleichheitssatzes, ~ und **192** 7
- Fernmeldegeheimnis **190** 7, 115 ff.
- formelle Gesetzesvorbehalte **201** 10
- Freizügigkeit **198** 17
- Glaubens- und Gewissensfreiheit **193** 15 *siehe auch dort*
- Grundrechtekatalog 1867 **186** 37
- Hausrecht **190** 81 ff. *siehe auch dort*
- Kunstfreiheit **194** 41, **195** 3 *siehe auch dort*
- Märzverfassung, ~ und **186** 34
- Meinungsfreiheit **195** 1 f. *siehe auch dort*
- negatorische Funktion **187** 55
- Privatsphäregewährleistungen
  - Schutzpflichten **190** 17
  - Verhältnismäßigkeit **190** 26
- religiöse Freiheiten **193** 8
- Rezeption in der Republik **186** 45
- wirtschaftliche Grundrechte **196** 1 *siehe auch* Grundrechte
- Zensurbeschluß **186** 46

Staatskirchenrecht
- Konkordat von 1933 **193** 10
- Maigesetze 1868 und 1874 **193** 8
- Neutralität des Staates **193** 46
- Säkularitätsprinzip **193** 47

Staatsreformkommission 186 93
siehe auch Grundrechtsreform

Staatsvertrag von St. Germain en Laye (StV)
- religiöse Freiheiten **193** 9

Sachregister

- Rezeption durch B-VG **186** 68
- Schutz des Lebens **189** 2
- Schutzbereich **189** 1
- Verhältnis zu Art. 2 EMRK **189** 4

Staatsvertrag von Wien (1955) 186 70

Staatszielbestimmung
- Gleichbehandlung Behinderter **192** 117
- Gleichstellung von Mann und Frau **192** 105
- Minderheitenschutz **188** 45
- soziale Gestaltungsaufträge **192** 17, **199** 90

Ständestaat 186 59

status quo-Garantie *siehe* Selbstverwaltung, gemeindliche

Sterbehilfe 189 12, 25

Steuerrecht
- Besteuerung nach Leistungsfähigkeit **192** 62
- Gleichheitssatz, ~ und **192** 60 ff.

Stimmrecht 198 2

Strafprozeß
- Anwesenheit des Angeklagten **200** 59 ff.
- Dolmetscher **200** 87
- Entschädigung bei Fehlurteilen **200** 100 f.
- grundrechtskonforme Auslegung im ~ **187** 41
- Mindestgarantien nach Art. 6 EMRK **200** 82 ff.
- nemo tenetur-Grundsatz **200** 80 f.
- Rechtsmittelinstanz **200** 99
- Rechtsschutzbeauftragter **201** 71 ff.
- Unschuldsvermutung **200** 73 ff.
- Verteidigung im ~
  - Kontakt mit dem Verteidiger **200** 85
  - Vorbereitung **200** 83
  - Wahl- oder Pflichtverteidigung **200** 84
- Waffengleichheit **200** 86

Strafrecht
- agent provocateur **200** 92
- Bestimmtheitsgebot **200** 88, 91
- Entschädigungsgesetz **200** 101
- Gleichheitssatz, ~ und **192** 57 f.
- Konkurrenzen
  - Idealkonkurrenz **200** 97
  - Kumulationsprinzip **200** 96
  - Verbot der Doppelbestrafung **200** 98
- Legalitätsprinzip **200** 89
- ne bis in idem **200** 95, 98
- Rückwirkungsverbot **200** 90

- Strafbarkeit juristischer Personen **200** 94
- Strafhaft **191** 11
- Verantwortlichkeit für eigenes Verhalten **200** 93
- Verbot mehrfacher Strafverfolgung **201** 48
- Verbot übermäßiger Strafe **192** 58

Straßennutzung 195 40

Streikrecht
- Fehlen ausdrücklicher Regelungen **199** 18
- grundrechtliche Gewährleistung **197** 19 ff. *siehe auch* Vereinsfreiheit
- Schutzbereich **197** 21

Streikverbot
- Eingriff in die Vereinsfreiheit, ~ als **197** 21
- strafrechtliches ~ **197** 20

Subventionsvergabe 201 50

Sylvesterpatente (1851) 186 26, **192** 6

Telefonüberwachung
- Anforderungen an Überwachungsmaßnahmen **190** 123
- Eingriff in das Privatleben, ~ als **190** 51

Telekommunikation
- Überwachung der ~ durch Rechtsschutzbeauftragten **201** 71

Terrorismus
- Beteiligung an terroristischer Bewegung **198** 19
- Grundrechtseingriffe zur Abwehr von ~ **200** 109

Tierschutz
- Schächten, ~ und **193** 38 *siehe auch* Glaubens- und Gewissensfreiheit
- Tierversuche **201** 24

Tod
- Definition **189** 8
- Recht auf den eigenen Tod **189** 10

Todesstrafe
- Abschaffung der ~ **189** 9
- negative Einrichtungsgarantie, ~ als **188** 17
- Verbot der ~ **201** 14
- Vollstreckung der ~ und Lebensschutz **189** 14

Tötung
- Festnahme oder Fluchtverhinderung, ~ zur **189** 18

Sachregister

- Maßstab strikter Verhältnismäßigkeit **189** 9
- **Transsexualität 190** 53
- **Tribunal (Art. 6 EMRK)**
- Bindung an Entscheidungen **200** 48
- Kognitionsbefugnis **200** 44, 49
- Kollegialbehörden mit richterlichem Einschlag **200** 50
- Mehrfachbefassung **200** 47
- ordentliche Gerichte **200** 50
- Unabhängige Verwaltungssenate **191** 30, **200** 35, **201** 27 siehe auch Verwaltungssenate, Unabhängige
- Unabhängigkeit **200** 45
- Unparteilichkeit **200** 46 f.
- **Tuberkulose 191** 20
- **Typisierung 192** 46

- **Unfallrentenbesteuerung 192** 78
- **Ungarn 186** 30
  siehe auch Sistierungsepoche
- **Ungleichbehandlung**
- Änderung der Rechtslage, ~ durch **192** 54
- Ausländer und EU-Bürger **192** 25
- Ausländer und Staatsbürger **192** 23, **198** 13
- Behinderte **192** 116
- Ehegatten, ~ von **192** 111 f.
- Einkommensarten, ~ von **192** 62
- EWR-Bürger und Staatsbürger **192** 27
- geschlechtsspezifische ~ **192** 99 ff.
- Gleichheitsbegriff **192** 12
  siehe auch Gleichheit
- Ordnungssysteme, ~ und **192** 52
- Rechtfertigung **192** 45
- Sachlichkeitsgebot **192** 36, **198** 15
- uneheliche Kinder **192** 67
- Vermeidbarkeitsprüfung **192** 48
  siehe auch Gleichheitssatz, allgemeiner
- **Universitäten**
- Drittelparität **194** 10
- institutionelle Garantie **188** 4, **201** 12
- Wissenschaftsfreiheit, ~ und **194** 8
  siehe auch Wissenschaftsfreiheit
- **Unschuldsvermutung 200** 80
- Beweislast **200** 75 f.
- Grundrechtsverletzung **200** 77
- Grundrechtsverpflichtete **200** 74
- Grundsatz **200** 73
- Informationsfreiheit, ~ und **200** 79
- Verwaltungsstrafverfahren **200** 78

- **Unterlassen, gesetzgeberisches**
- Sanktionsmöglichkeiten **199** 111
- Verfassungsverstoß, ~ als **188** 14
- **Unterrichtsfreiheit**
- Entwicklung der ~ **194** 25 f.
- häuslicher Unterricht **194** 31
- staatliche Unterrichtshoheit, ~ und **194** 27
- **Untersuchungshaft**
- Beschwerde zum Obersten Gerichtshof **201** 46
- **Unversehrtheit, körperliche**
- Art. 8 EMRK **189** 28 ff. siehe auch EMRK
- Eingriffe gegen den Willen des Betroffenen **189** 31
- Eingriffsziele **189** 35
- Folterverbot **189** 40 ff. siehe auch dort
- Gesetzesvorbehalt **189** 34
- immanente Grundrechtsschranken **189** 36
- Öffentlichkeitsbezug **189** 32
- Rechtsgrundlagen **189** 26 ff.
- Schutzpflichten **189** 33
- Verhältnismäßigkeit von Eingriffen **189** 38

- **Verbot nationalsozialistischer Organisationen 197** 14
- **Vereinigung, wirtschaftliche 197** 11
- **Vereinsfreiheit 197** 1 ff.
- Ausgestaltungsvorbehalt **187** 76, **197** 7
- Betätigungsgarantie **197** 20
- Einschränkungen **197** 5
- Feinprüfung I2080 **197** 8
- Geschichte **197** 10
- Grundrechtsberechtigung von Ausländern **197** 7
- ideeller Verein **197** 11
- innere kirchliche Angelegenheiten **197** 14
- Menschenrecht, ~ als **197** 4
- nationalsozialistische Organisationen, ~ und **197** 14
- negative ~ **197** 12
- Rechtsquellen **197** 2
- religiöser Verein **193** 62
- Schranken **197** 13
- Schutzobjekt **197** 11
- Staatsbürgerrecht, ~ als **197** 3
- Streikrecht, ~ und **197** 19 f.

Sachregister

- Verein zur Verbreitung katholischer Glaubenslehre **193** 56
- Vereinsbegriff **197** 11
- Verhältnis von Art. 12 StGG und Art. 11 EMRK **197** 6

Vereinsgesetz
- Bildung religiöser Vereine **193** 62
- Fassung von 1867 **197** 10
- Fassung von 2002 **197** 10
- verfassungskonforme Auslegung **197** 13

Vereinte Nationen (UN)
- Allgemeine Erklärung der Menschenrechte **186** 69
- Folter-Konvention **186** 78
- Kinderrechte-Konvention **186** 79
- Konvention zur Beseitigung der Diskriminierung der Frau **186** 77
- Menschenrechtspakte **186** 76

Verfahrensgrundrechte
- Ausgestaltung **201** 22
- Schutz durch Obersten Gerichtshof **201** 48
- Zivilprozeß **201** 49
  siehe auch Verfahrensgrundsätze

Verfahrensgrundsätze
  siehe auch EMRK, Rechtsstaatsgebot
- angemessene Verfahrensdauer **200** 70 ff.
- Anhörung **200** 61
- Anwesenheit im Verfahren **200** 59 ff.
- Begründungspflicht für Entscheidungen **200** 53
- Benachteiligungsverbot **200** 58
- Beweismittel und -verfahren **200** 54, 57, 62
- fair trial-Grundsatz **200** 51
- Festnahme und Haft, ~ bei **191** 27 f.
- kontradiktorisches Verfahren **200** 56
- Mündlichkeit **200** 64, 67
- Öffentlichkeit **200** 63, 65, 68 f.
- Strafhaft, ~ bei **191** 11
- Urteilsverkündung **200** 69
- Verständlichkeit des Verfahrens **200** 52
- Verwaltungsstrafverfahren, ~ im **200** 66
- Verwaltungsverfahren und Verwaltungsgerichtsbarkeit, ~ in **200** 55

Verfassung *siehe auch* Bundesverfassung
- Bestandskraft von ~srecht **201** 5
- Reform der ~ **199** 101 ff.

Verfassungsänderung **201** 6 f.
Verfassungsautonomie **187** 11
Verfassungsbeschwerde
- Verletzung der EMRK, ~ bei **201** 83

- Verwaltungsakte, ~ gegen **201** 29
  siehe auch Bescheidbeschwerde

Verfassungsgerichtsbarkeit
- Rechtsbehelfe **201** 28 ff.
- Schutz der Grundrechte **201** 1

Verfassungsgerichtshof
- deutschösterreichischer ~ **186** 48
- EGMR, ~ und **201** 85 f.
- Entscheidungen
  - Ausländerwahlrecht (Wiener Bezirksvertretungen) **198** 4
  - Drittelparität (Universitätsorganisationsgesetz) **194** 10
  - Fristenlösungs-Erkenntnis **189** 4
  - Zwentendorf-Erkenntnis **198** 25
- Gesetzesbeschwerde **201** 55
- Gleichheitsprüfung **192** 48 ff.
- Grobprüfung **187** 74, **197** 8
- Grundrechtsbeschwerde **186** 57
  siehe auch dort
- Grundrechtsinterpretation **201** 17, 54
- Kompetenzabgrenzung zum Verwaltungsgerichtshof **187** 10
- Normenkontrolle **186** 58, **187** 35, **201** 36 ff. *siehe auch dort*
- Prüfungskompetenz im Versammlungsrecht **197** 8
- Prüfungsumfang bei Eingriff in persönliche Freiheit **191** 23
- Rechtsbehelfe vor dem ~ **201** 28 ff.
- Rechtsprechung
  - Begriff des Zivilrechts i.S.d. Art. 6 EMRK **200** 38
  - gesetzlicher Richter **200** 12, 29 f.
  - Gleichheitssatz **192** 37 ff.
  - Grundrechtsberechtigung juristischer Personen **187** 29
  - Meinungsfreiheit **195** 25
  - öffentlich-rechtliche Ansprüche und Eigentumsschutz **196** 23
  - pränataler Lebensschutz **189** 7
  - überlange Verfahrensdauer **200** 72
  - unternehmerische Dispositionsfreiheit **196** 66
  - Tribunalqualität **200** 50
  - Verletzung der EMRK, ~ und **201** 84
  - Wahrnehmung von Diskriminierungsschutz **198** 14

Verfassungsgrundsätze **201** 7
Verfassungswidrigkeit **201** 37 ff.
  siehe auch Normenkontrolle

Sachregister

Verhältnismäßigkeitsgrundsatz
- Adäquanz 187 103
- Angemessenheit 187 102 ff.
- Eignung 187 98 f.
- Erforderlichkeit 187 100 f.
- Grundrechtsinterpretation, ~ und 201 17
- materielle Gesetzesvorbehalte 201 13
- Sachlichkeitsgebot, ~ und 187 104, 192 38
- Schrankenschranke 187 97
- Vereinsrecht, ~ im 197 13
- Verfassungsgerichtshof, ~ und 201 17
- Versammlungsrecht, ~ im 197 18

Verhältniswahlrecht 192 90

Vermögen 196 12 ff. *siehe auch dort*

Vernehmung 191 6

Verordnung
- Anforderungen aus Gleichheitssatz 192 87
- Normenkontrolle 201 43
siehe auch dort

Versammlungsfreiheit 197 1 ff.
- Ausgestaltungsvorbehalt 187 76, 197 7
- Begriff 197 16
- Einschränkungen der ~ 197 5
- Feinprüfung durch Verfassungsgerichtshof 197 8
- Geschichte 197 15
- Grundrechtsberechtigung von Ausländern 197 7
- Herstellung von Videoaufnahmen 190 45
- Menschenrecht, ~ als 197 4
- Prüfung von Grundrechtsverletzungen 197 16
- Rechtsquellen 197 2
- Schranken 197 18
- Schutzbereich 197 16 f.
- Staatsbürgerrecht, ~ als 197 2
- Verhältnis von Art. 12 StGG und Art. 11 EMRK 197 6

Versammlungsgesetz
- Ausgestaltung der Versammlungsfreiheit, ~ als 197 17
- Fassung von 1867 197 15

Vertrauensschutz
- Änderungen im Finanzausgleich 192 123
- Besoldung 192 75
- Gleichheitssatz, ~ und 192 64
- rückwirkende Gesetzesänderungen 199 31 f.
- Sozialleistungen 192 78, 199 30
- Verwaltungspraxis, ~ und 192 86

Verwaltung
- Grundrechtsbindung der ~ 187 37 f.
siehe auch Grundrechtsbindung
- Vertrauensschutz und ~spraxis 192 86
- Verwaltungsakt
 - Eigentumsverletzung durch ~ 196 49
 - Grundrechtsverletzung durch ~ 201 34
 - Verfassungsbeschwerde gegen ~e 201 29
siehe auch Bescheidbeschwerde

Verwaltungsgerichtshof
- Feinprüfung von Rechtsverletzungen 187 74, 197 8
- Kassation von Verwaltungsakten 200 49, 201 26
- Kompetenzabgrenzung zum Verfassungsgerichtshof 187 10
- Tribunalqualität 200 50

Verwaltungssenate, Unabhängige
siehe auch Tribunal
- Art. 6 EMRK 200 35, 47, 50, 65 f., 201 27
- Beschwerde i.S.d. Art. 13 EMRK, ~ und 200 106
- Entscheidung über Rechtmäßigkeit von Freiheitsentzug 191 11, 30, 32
- gesetzlicher Richter, ~ und 200 18
siehe auch Richter, gesetzlicher
- öffentliche mündliche Verhandlung 200 65
- Rechtsschutz gegen faktische Amtshandlungen 201 32, 57
- Schutz der Grundrechte 201 1
- Verletzung von Richtlinien 201 59
- Verwaltungsstrafverfahren 200 66

Verwaltungsstrafverfahren
- Justiz, ~ und 200 95
- mündliche Verhandlung 200 66

Verwaltungsübertretung
- Festnahmerecht 191 16
- Vorbehalt für ~ bei Ratifikation der EMRK 191 3

Verwaltungsverfahren
- fair trial-Grundsatz 200 55
- Geltendmachung von Grundrechten 201 56

Verwaltungsverfahrensgemeinschaft 192 92

Halbfette Zahl = §§; magere Zahl = RN; unterstrichene Zahl = Hauptfundstelle

Sachregister

Volksabstimmung
- Änderung der Bundesverfassung **201** 7
- Änderung des Gleichheitssatzes, ~ und **192** 16

Volksanwaltschaft **200** 4 f., **201** 63 f.
Volksgruppe, autochthone **186** 64, **188** 43
Volkszählung **190** 44
Vormärz
- Grundrechte im ~ **186** 6 ff.
- Vereinsbildung **197** 10
- Versammlungsrecht **197** 15

Wahlen
- allgemeine Vertretungskörper
  - kein Ausländerwahlrecht **198** 4
  - Wahlberechtigung in der Ersten Republik **198** 5
- Betriebsrat und Kandidatur von Ausländern, ~ zum **198** 27
- Europäisches Parlament **198** 8
- Wahlkreise **192** 90

Wahlrecht
- aktives und passives ~ **192** 89
- allgemeines ~ **192** 8
- Änderung des ~s
  - Änderung der Bundesverfassung **198** 7
  - Ausländerwahlrecht **198** 6, 8
- Entwicklung des Ausländerwahlrechts **198** 8
- gleiches ~
  - gleicher Zähl- und Erfolgswert **192** 90
  - spezielles Gleichheitsgebot **192** 88
- Reichstagswahlordnung 1848 **186** 16
- wesentliches politisches Grundrecht, ~ als **198** 2

Wehrdienst **191** 42, **193** 20, 43 ff.
Weltanschauung
- Freiheit der ~ nach Art. 9 EMRK **193** 19
- Neutralitätspflicht des Staates **193** 40 f.

Werbung **195** 46
Werturteil **195** 33 ff.
 siehe auch Meinungsfreiheit
Wesensgehaltstheorie **201** 11
Westfälischer Friede (1648) **193** 2
Wettbewerbsrecht **195** 47 f.
Wiedereinsetzung in den vorigen Stand **192** 71
Willkürverbot
- Ausweisung und ~ **198** 21

- gesetzlicher Richter, ~ und **200** 20
 siehe auch Richter, gesetzlicher
- Gleichheitssatz als ~ **192** 14
- objektive Willkür **192** 83
- Schlechterstellung von Ausländern
  - Steuer- und Sozialversicherungsrecht **198** 15
  - wirtschaftliche Betätigung **198** 27
- subjektive Willkür **192** 82

Wirtschaftsverfassung
- Bedeutung des Eigentumsgrundrechts **196** 21 ff., 68 *siehe auch* Eigentum
- Grundrechtsverbürgungen als zentrale Elemente der ~ **196** 3, 67
 siehe auch Grundrechte

Wissenschaftsfreiheit
- absolut gewährleistetes Grundrecht, ~ als **194** 13
- Freiheit der Forschung **194** 4
- Freiheit der Lehre **194** 5
- Geschichte **194** 1 f.
- Grundrecht der Hochschule **194** 8
- grundrechtswidrige Vollzugsakte **194** 23
- immanente Gewährleistungsschranken **187** 68 ff.
  - allgemeine Rechtsordnung **194** 18
  - intentionale Beschränkungen **194** 17
  - Regelungen zur äußeren Ordnung der Forschung und Lehre **194** 15 f.
- institutioneller Gehalt
  - Autonomiesicherung **194** 11
  - historische Entwicklung **194** 9
  - Sachlichkeitsgebot **194** 10
  - Satzungsrecht **194** 12
- Lernfreiheit **194** 24
- persönlicher Schutzbereich **194** 6 ff.
- sachlicher Schutzbereich **194** 3 ff.
- Verhältnis von Art. 17 StGG und Art. 10 EMRK
  - Art. 17 StGG als lex specialis **194** 21
  - Günstigkeitsprinzip **194** 20
  - Kumulation von Grundrechtsgarantien **194** 22
- wissenschaftliche Meinungsäußerungen **194** 19 ff.

Wohnung
- Anforderungen an Eingriffe **190** 98
- Betreten als Eingriff **190** 99
- Durchsuchung **190** 81 ff.
 siehe auch dort

Sachregister

- Fälle von Wohnbeschränkungen **190** 101
- Hausrecht, ~ und **190** 76 ff.
- Immissionen **190** 102
- mittelbare Beeinträchtigungen **190** 100
- räumlicher Schutzbereich **190** 78 ff.
- Recht auf Wohnsitznahme **198** 24
- Recht auf ~ **199** 75, 84 ff.
- staatliche Schutzpflichten **190** 103 f.
- Versagung einer Baugenehmigung **190** 100
- Wohnraumüberwachung **190** 45
- Zerstörung von Häusern **190** 101

Würde des Menschen
  siehe Menschenwürde

Zensur
- Brief~ und Abhörmaßnahmen **190** 51
- Schülerzeitung **195** 53
- Verbot der Vor~ **188** 21, **195** 1, 9
  siehe auch Meinungsfreiheit

Zivildienst **193** 44

Zivilprozeß **201** 49

Zollgebiet **192** 56

Zusammenschluß, Recht auf **197** 1
  siehe auch Versammlungsfreiheit

Zwangsuntersuchung **189** 31, **190** 42 f.

Zwischenzölle **192** 56